EXTREME LOCATIONS

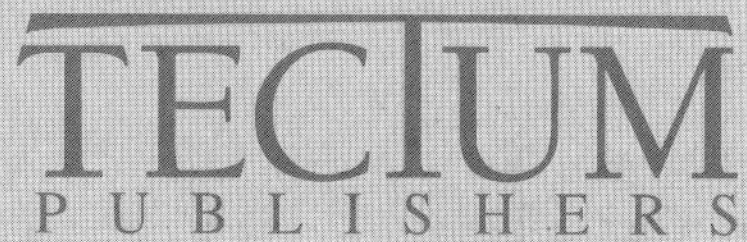

TECTUM
PUBLISHERS

CONTENTS
INTRODUCTION

AUTHOR
Birgit Krols

ENGLISH TRANSLATION
Gregory Ball, Alison Lacy

FRENCH TRANSLATION
Manuela Hollanders-Favart

DESIGN
Gunter Segers

© 2011 Tectum Publishers
Godefriduskaai 22
2000 Antwerp
Belgium
info@tectum.be
+ 32 3 226 66 73
www.tectum.be

ISBN: 978-90-79761-68-5
WD: 2011/9021/07
(128)

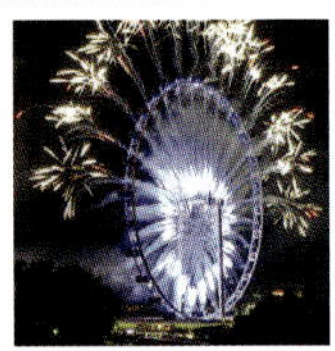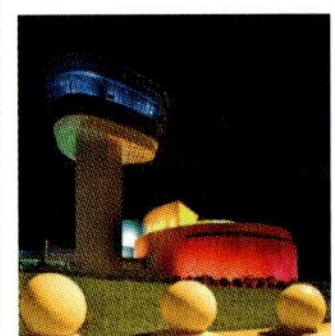

Intro

There is no other sector in the business world that's quite as innovating and susceptive to change as the catering industry: new businesses shoot up like mushrooms and disappear like snow in the summer. Being original, revolutionising and high-profile is a must for those who wish to stand out in these digital times where the consumer market has an overabundance of choices on offer.

The 118 bars, clubs, restaurants, hotels and event locations covered in this 500 page book got the message. Whether it is a club that stands out because of its breathtaking location, a bar with an experiential concept, a restaurant that prides itself with a pioneering interior, a hotel that offers extreme entertainment or a party room located within an architectural wonder, they all aim to offer their customers a unique experience.

Extreme Locations presents the most spectacular hotels, restaurants, clubs and pubs in the world, divided into different chapters such as interior design, amusement, transport, location and architecture.

Some are exclusive and top of the range, others creative and budget-friendly, however, one thing is certain: this book provides a dream location for everyone's ideal get-away.

Sleep in a sewer pipe, grab a drink in a tree, dine in the air or throw a party on a bridge - going down the rabbit hole isn't just for Alice anymore!

Dans le monde des entreprises, aucun secteur n'est aussi novateur ni aussi éphémère que celui de l'hébergement et de la restauration : les nouvelles affaires poussent comme des champignons et disparaissent tout aussi vite. Sortir du lot de manière originale, novatrice et spectaculaire est donc un must pour qui, en ces temps numériques d'offre surabondante, veut rafler sa part du gâteau des consommateurs.

Les 118 bars, restaurants, hôtels, clubs et lieux d'événements qui sont répertoriés dans ce livre de 500 pages l'ont parfaitement compris. Qu'il s'agisse d'un club qui se distingue par sa situation extraordinaire, d'un bar qui exploite un concept expérimental, d'un restaurant qui peut s'enorgueillir d'un décor intérieur rompant avec la tradition, d'un hôtel axé principalement sur le divertissement ou d'un lieu de festivités logé dans une merveille d'architecture, toutes ces entreprises, tant qu'elles sont, ont pour but d'offrir à leurs visiteurs une expérience à nulle autre pareille.

Extreme Locations présente, en textes et en images, les plus sensationnels de ces lieux voués au gîte, au couvert et à la boisson. Ils sont répartis en divers chapitres tels décoration intérieure, divertissement, transport, situation et architecture. Certains sont exclusifs et onéreux, d'autres créatifs et à prix raisonnable, mais une chose est sûre, chacun trouvera dans ce livre l'endroit idéal dont il rêve pour une petite escapade.

Passez la nuit dans un conduit d'égout, faites la nouba dans un arbre, faites-vous servir dans les airs ou organisez une fête sur un pont - désormais, s'introduire dans un terrier de lapin n'est plus un privilège réservé à Alice !

In de bedrijvenwereld is er geen enkele sector die zo vernieuwend en vergankelijk is als de horeca: nieuwe zaken rijzen als paddenstoelen uit de grond en gaan al even snel weer kopje onder. Origineel, grensverleggend en spraakmakend uit de hoek komen is dan ook een must voor wie in deze digitale tijden van overaanbod een stuk van de consumentenkoek wil inpikken.

De 118 bars, clubs, restaurants, hotels en evenementenlocaties in dit 500 pagina's tellende boek hebben dat goed begrepen. Of het nu gaat om een club die eruit springt omwille van zijn adembenemende locatie, een bar met een experimenteel concept, een restaurant dat prat kan gaan op een baanbrekend interieur, een hotel dat extreem is op het gebied van entertainment of een feestzaal die gevestigd is in een architecturaal wonder, stuk voor stuk hebben deze zaken als doel hun bezoekers een unieke ervaring aan te bieden.

Extreme Locations toont 's werelds meest opzienbarende horecazaken in woord en beeld, onderverdeeld in hoofdstukken als interieurontwerp, amusement, transport, locatie en architectuur. Sommige zijn exclusief en prijzig, andere creatief en budgetvriendelijk, maar één ding is zeker: in dit boek vindt iedereen de droomlocatie voor zijn eigen ideale uitje.

Logeer in een rioolbuis, ga aan de boemel in een boom, laat je bedienen in de lucht of organiseer een feestje op een brug - het konijnenhol induiken is niet langer alleen iets voor Alice!

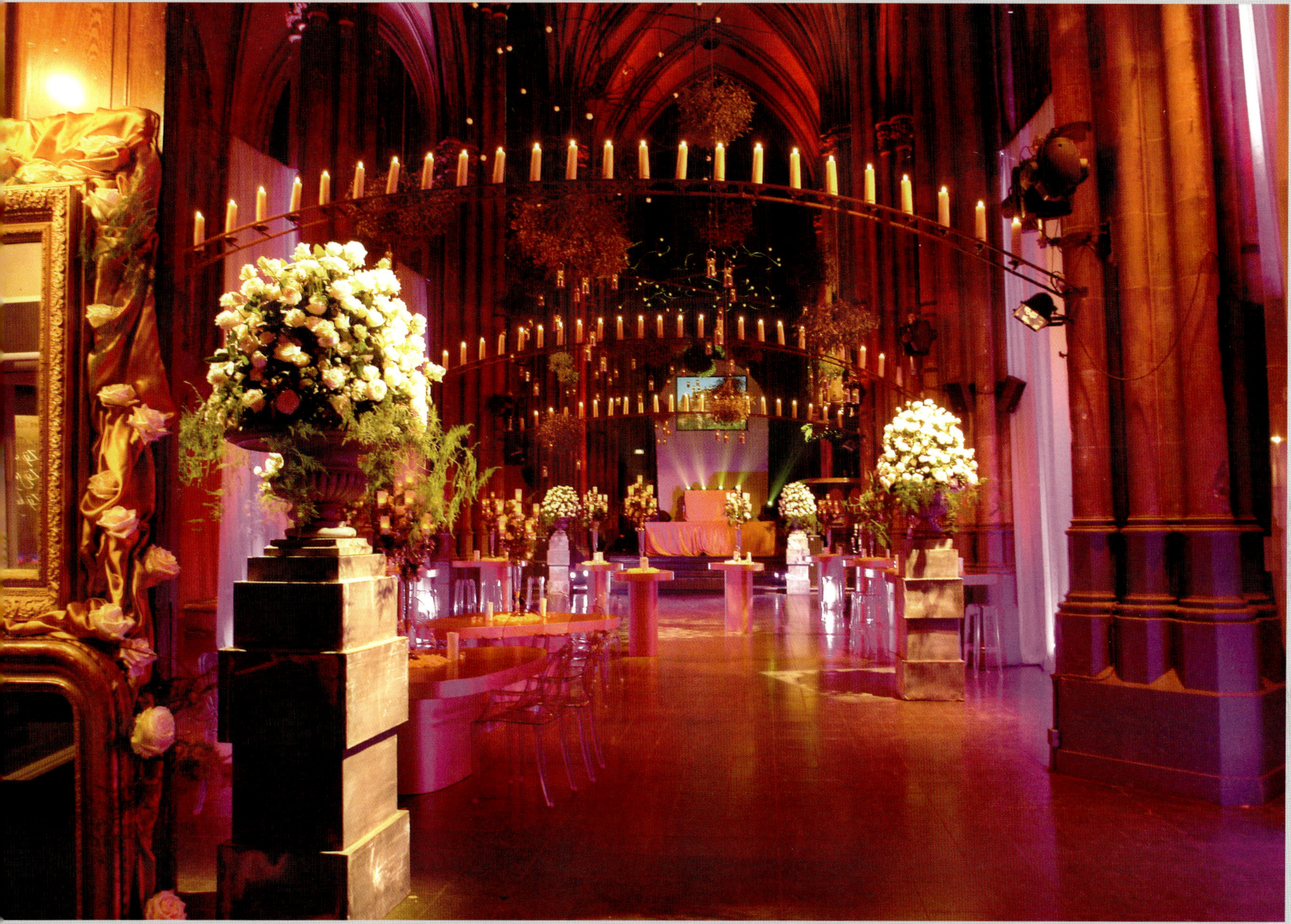

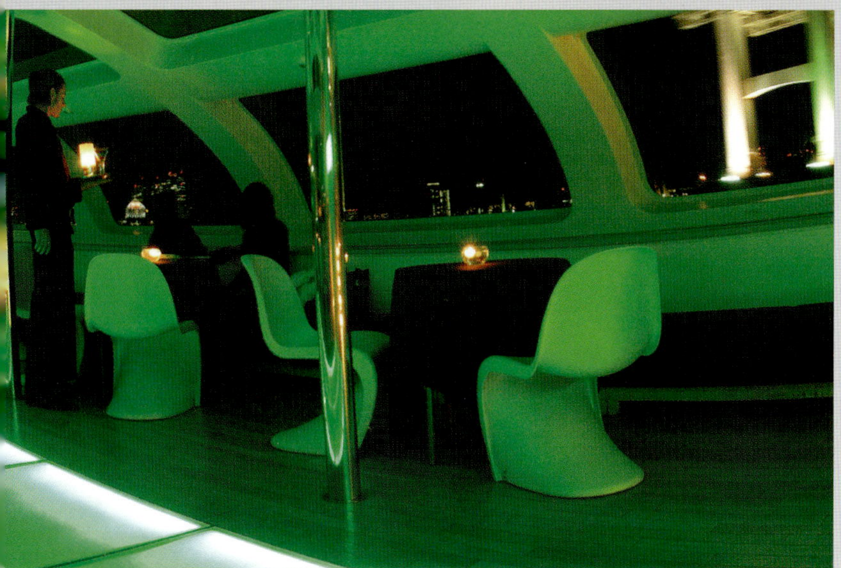

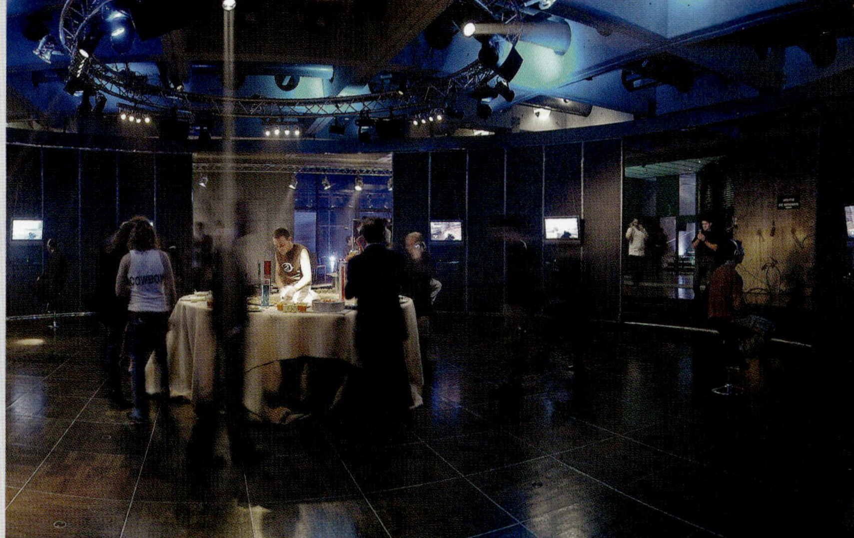

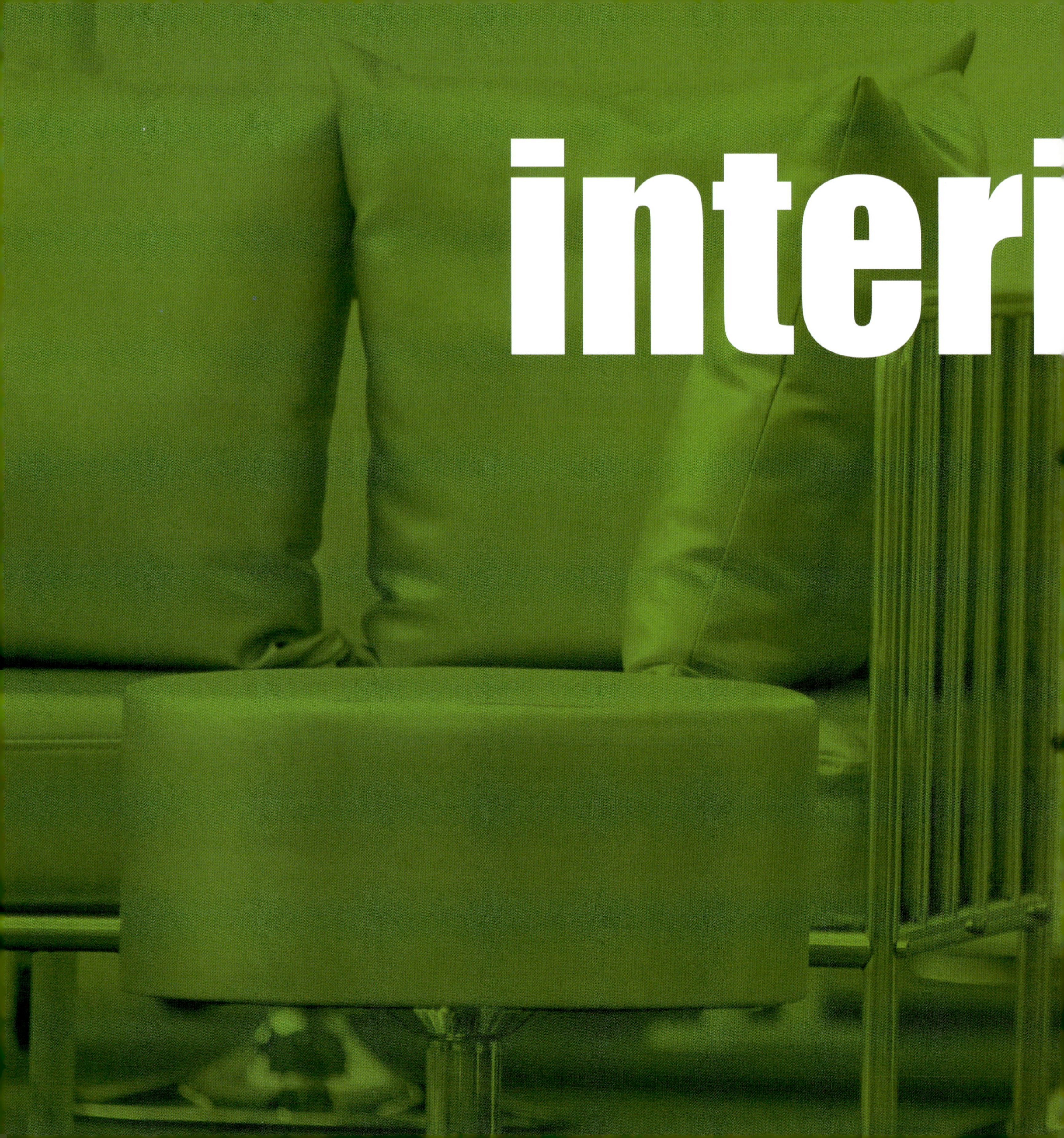
interi

or design

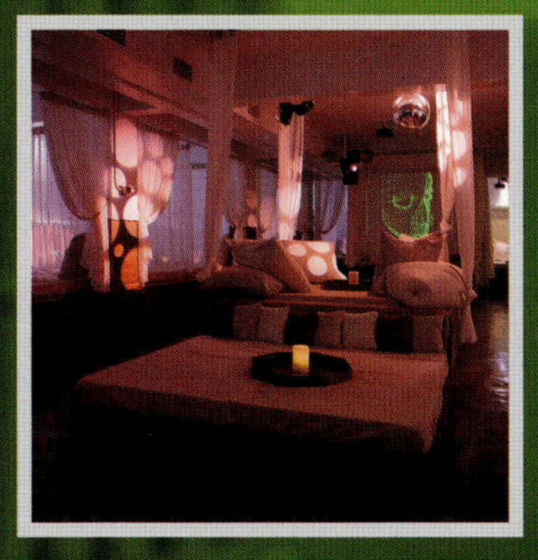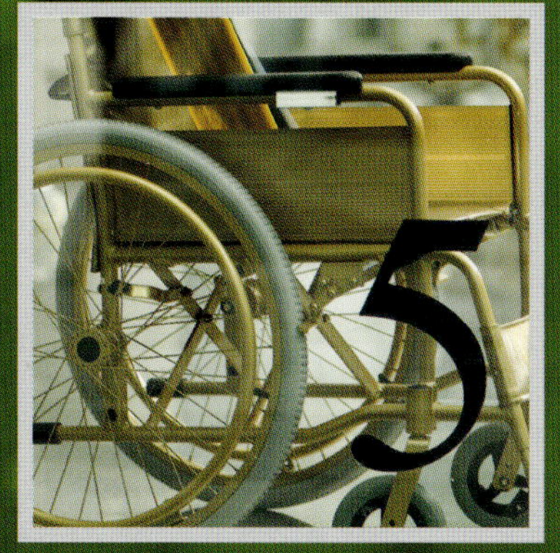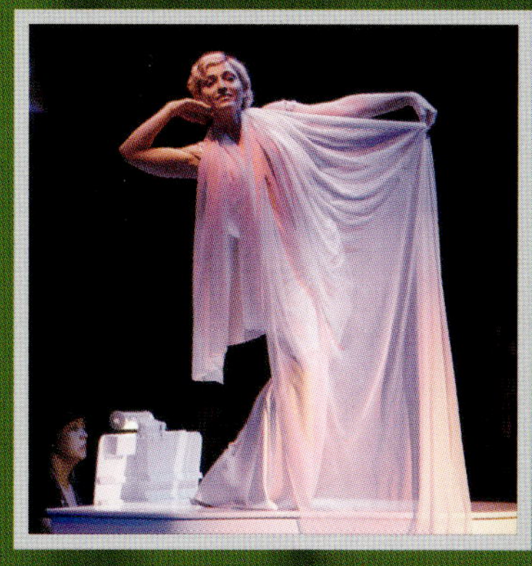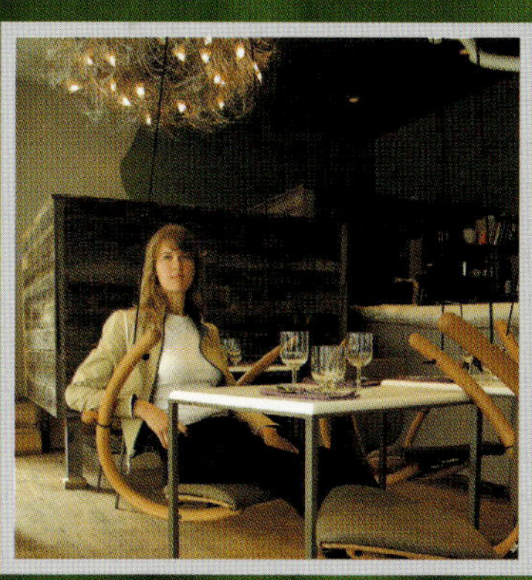

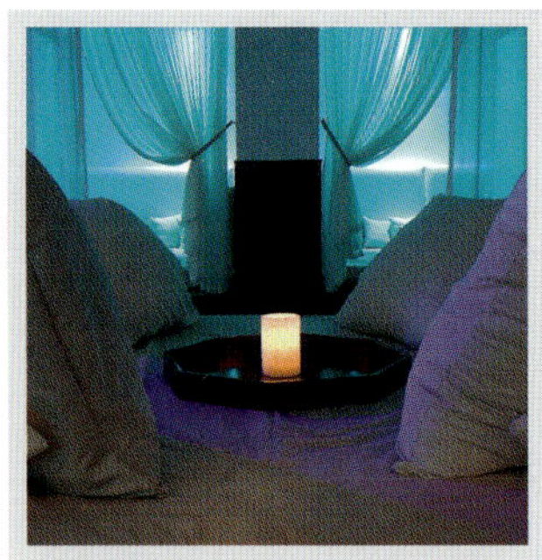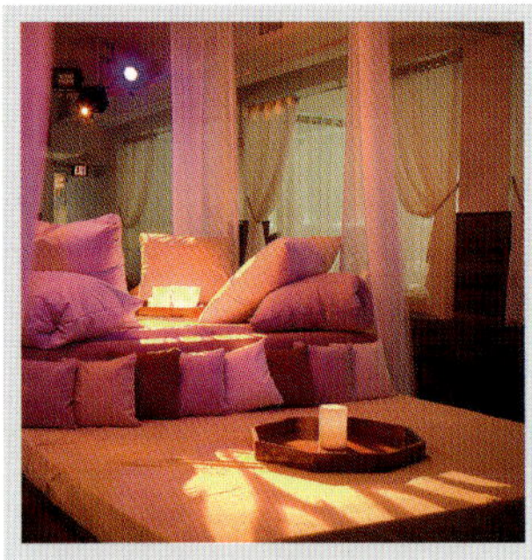

Roman restaurant ^{USA}

Spend a night in bed

Exclusivity, originality and extravagance, that is what B.E.D. Miami aims to radiate. With an interior that mainly consists of gigantic mattresses, mountains of cushions, white chiffon curtains and cool light effects; a famous clientele including Paris Hilton, Will Smith and Gwen Stefani; and a menu that can be described as exceptional both in terms of composition and price, these goals are easily achieved. B.E.D. is strangely enough not a reference to the décor, which implies that dining takes place Roman style – lying down – but is an abbreviation of Beverage, Entertainment and Dining. The establishment seats 262 dinner guests and the sheets are changed and beds filled twice an evening. B.E.D. Miami is situated in the middle of South Beach's most lively entertainment district - something the restaurant capitalises on when it transforms into a hip nightclub after 11 pm.

Exclusivité, originalité et extravagance, voilà ce que veut dégager le B.E.D. Miami. L'intérieur se compose de matelas gigantesques, de montagnes de coussins, de rideaux en soie et d'effets de lumière relaxante. Le public compte des célébrités telles que Paris Hilton, Will Smith et Gwen Stefani. Le menu est exceptionnel tant au niveau de sa composition que de ses prix. Ce qui permet à B.E.D. d'atteindre ses objectifs. Etrangement, le nom du restaurant ne fait pas référence aux dîners allongés de la Rome antique, mais à l'abréviation de Beverage, Entertainment and Dining. L'établissement peut accueillir 262 clients et les lits sont changés et occupés deux fois par soir. B.E.D. Miami se trouve au centre du quartier le plus vivant de South Beach's, et contribue à animer cet endroit en se transformant dès 23 heures en un night-club branché.

Exclusiviteit, originaliteit en extravagantie, dat is wat B.E.D. Miami wil uitstralen. Met een interieur dat vooral bestaat uit gigantische matrassen, bergen kussens, witte chiffon gordijntjes en coole lichteffecten; een publiek dat beroemdheden telt als Paris Hilton, Will Smith en Gwen Stefani; en een menu dat zowel qua samenstelling als prijzen exceptioneel te noemen is, worden die doelstellingen probleemloos gehaald. B.E.D. slaat niet op het decor, dat impliceert dat er op Romeinse wijze - dus liggend - gedineerd wordt, maar is een afkorting voor Beverage, Entertainment and Dining. De zaak biedt plaats aan 262 dineergasten en de bedden worden 2 maal per avond verschoond en gevuld. B.E.D. Miami ligt midden in South Beach's uitgaansdistrict, en verzilvert die locatie door zich na 23.00 uur te transformeren in een hippe nachtclub.

B.E.D. MIAMI - 929 Washington Avenue, Miami Beach, Miami, Florida 33139, United States of America - +1 305 532 9070 – www.bedmiami.com

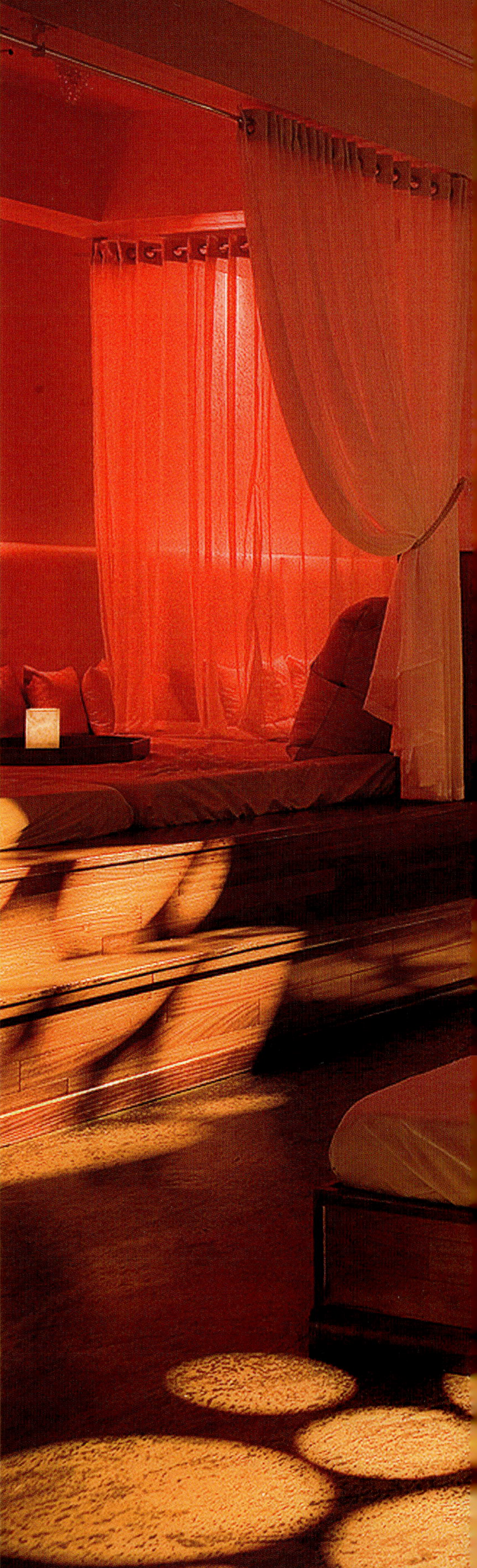

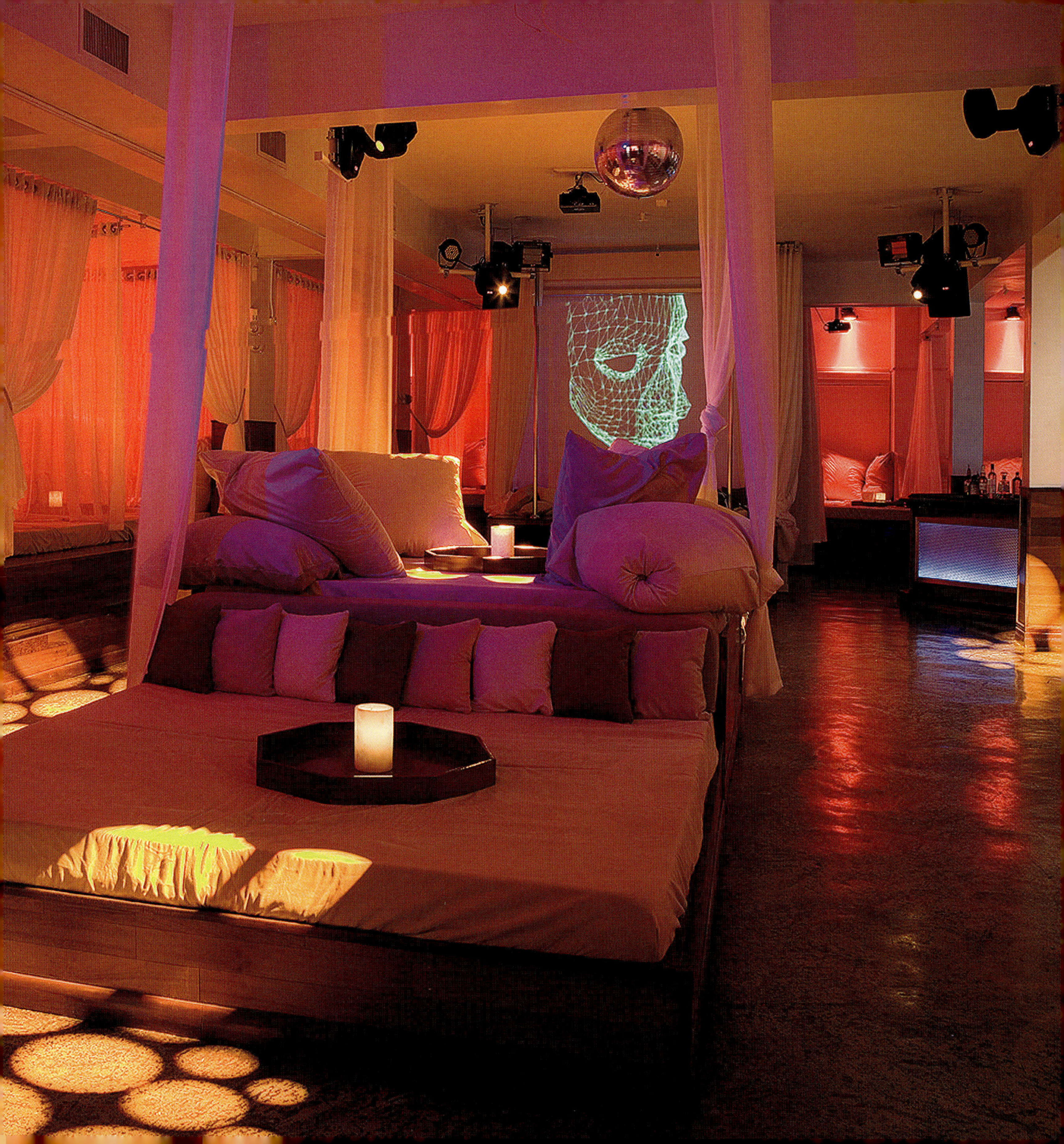

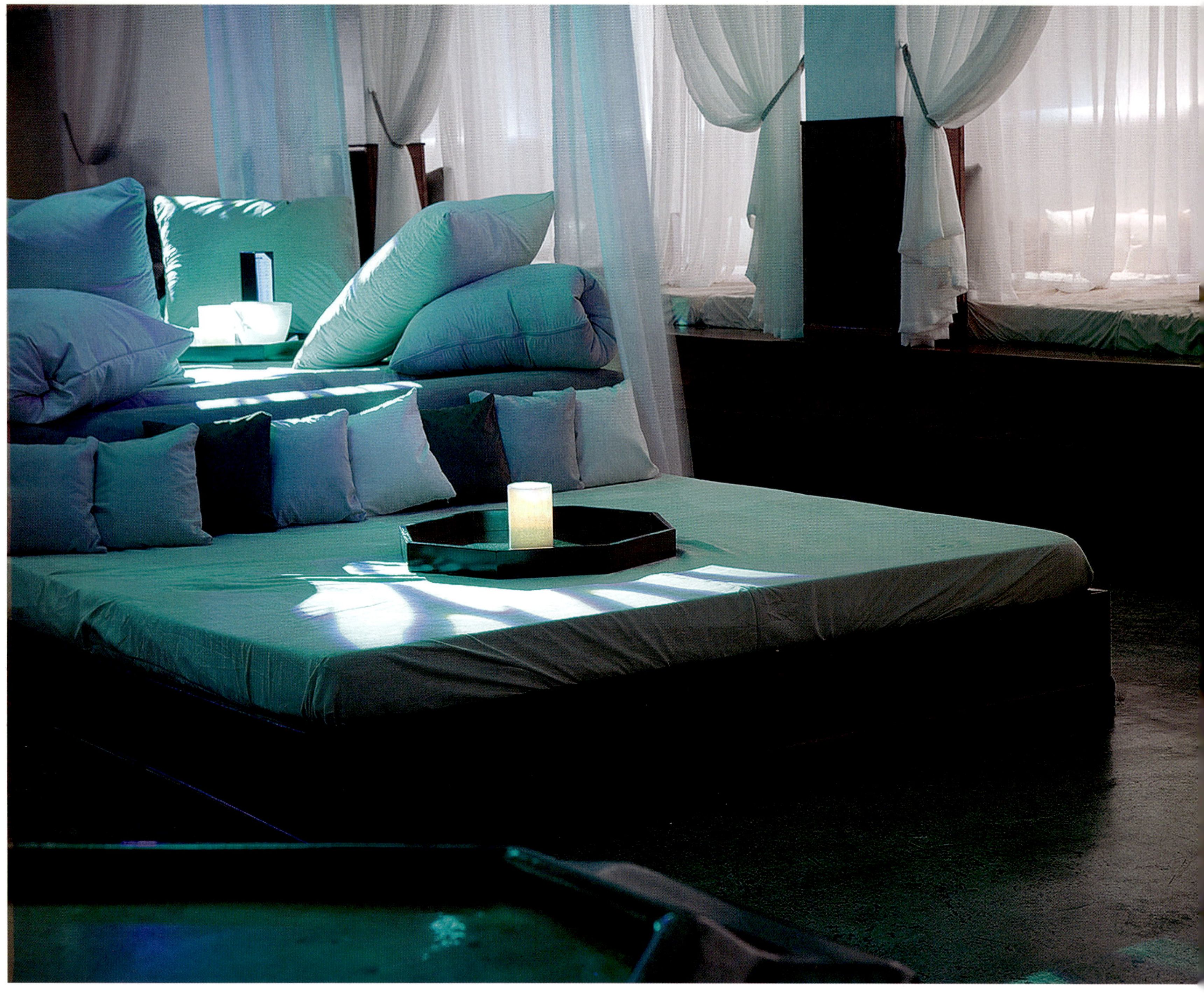

B.E.D. was established in 1999 but was fully renovated in 2007. The kitchen specialises in fusion cuisine with Caribbean influences.

Le restaurant existe depuis 1999 et a été totalement rénové en 2007. La cuisine propose des spécialités fusion avec des influences des Caraïbes.

De zaak bestaat sinds 1999, maar werd in 2007 volledig vernieuwd. De keuken is gespecialiseerd in fusiongerechten met Caribische invloeden.

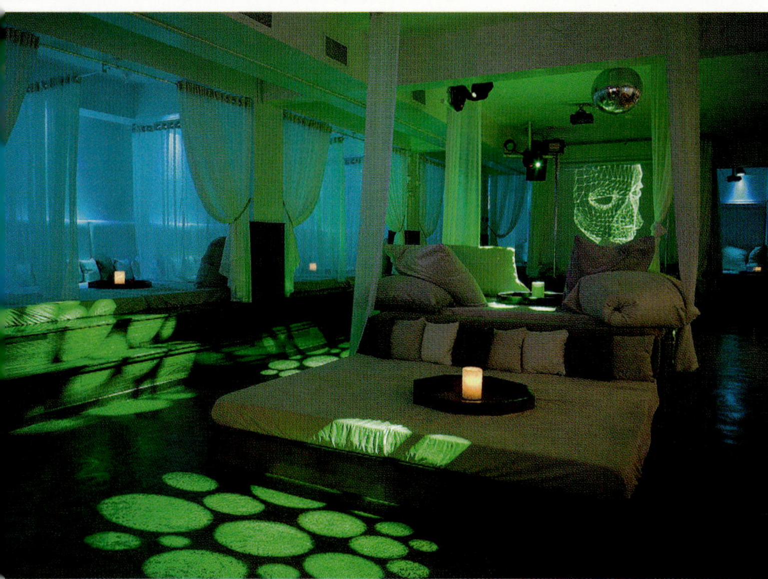

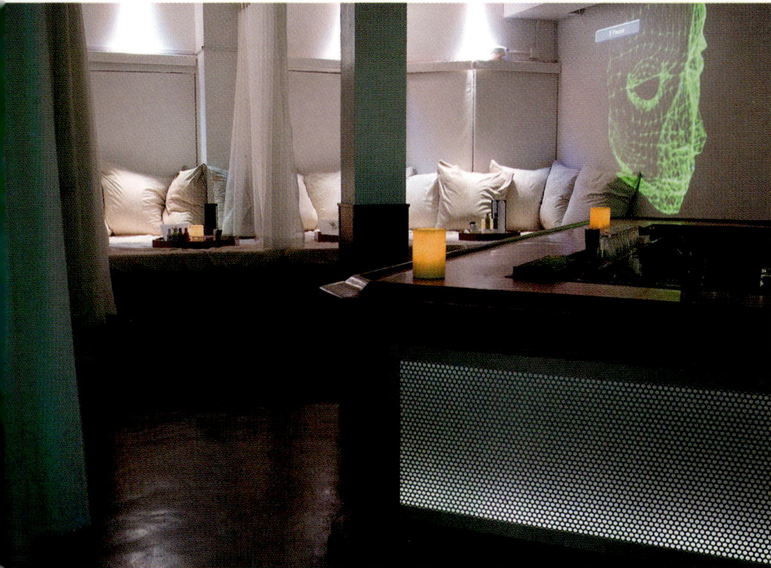

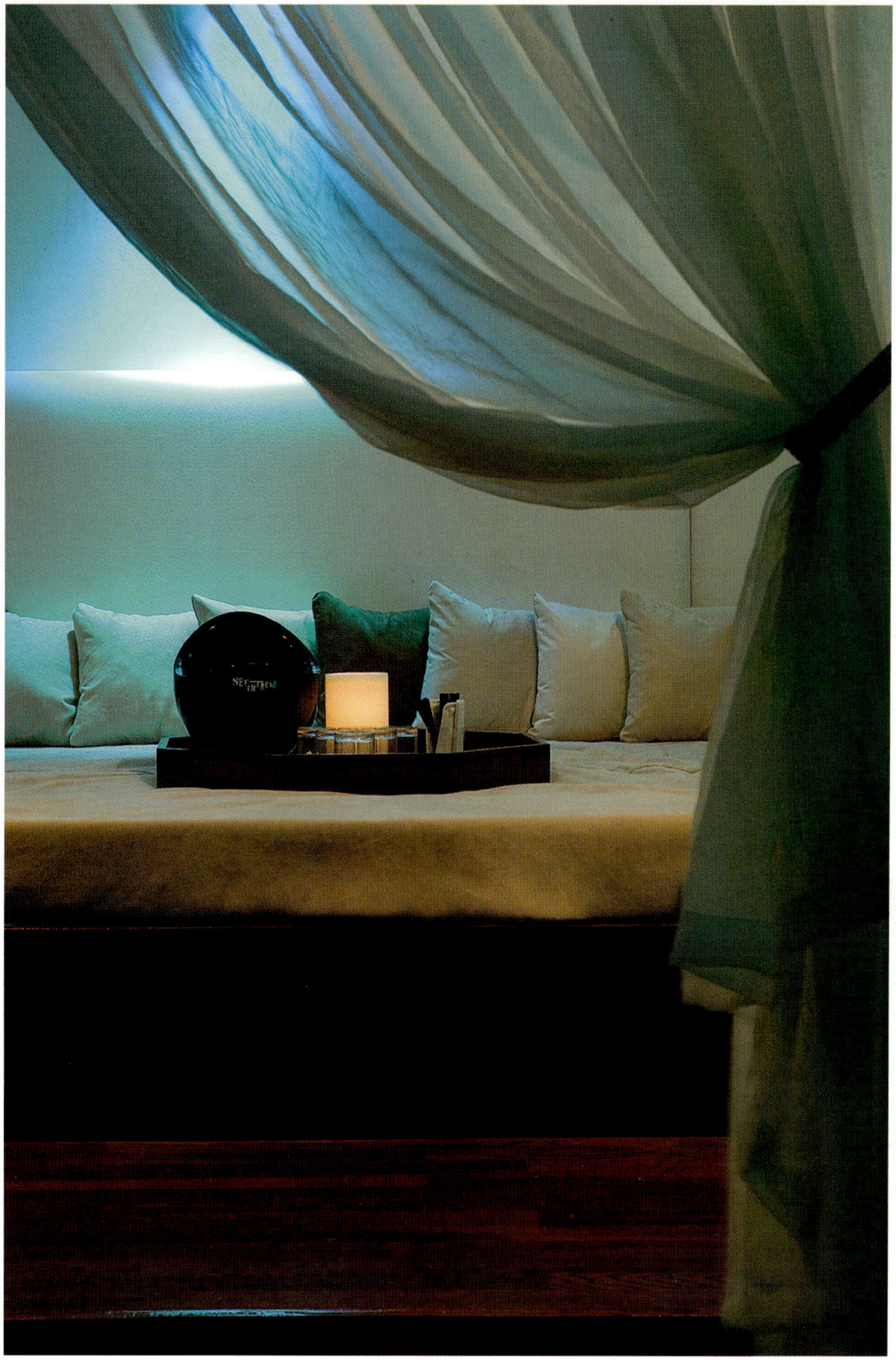

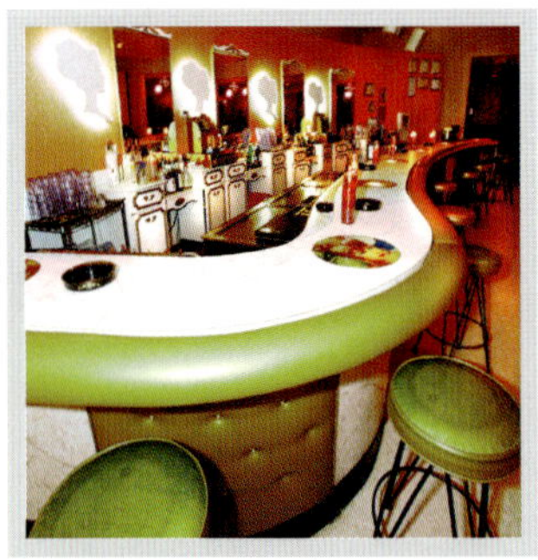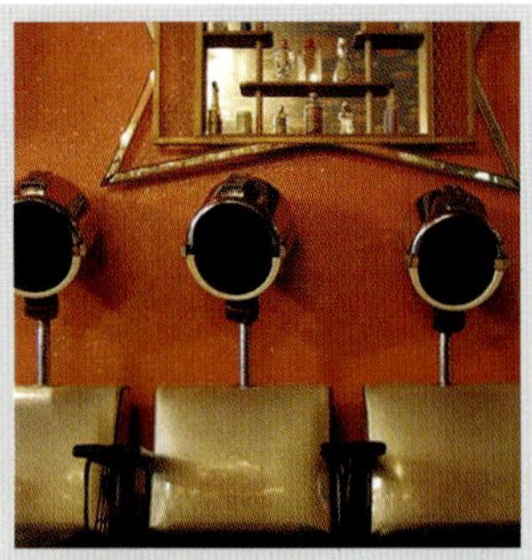

Beauty bar ^{USA}

Martinis and manicures

Unsuspecting grannies who step inside the Beauty Bar for a blue rinse could get a nasty shock. Behind the 1950s beauty salon interior, characterised by retro hairdryer hoods, vintage hairdresser's chairs and mirrors, plastic sofas and jukeboxes, hides an extremely trendy bar. The original bar in New York where the first cocktail was served in 1995 was inside the former Thomas Beauty Salon, meanwhile affiliates in 9 cities have opened, each one kitted out with an authentic retro décor. These kitch bars attract an artistic public who love the relaxed atmosphere, 80s music, original cocktail menu and the unrivalled happy hour, where you can get a cocktail and a manicure for 10 dollars... Maybe this is something for granny!

Une grand-mère qui franchirait le seuil du Beauty Bar pour refaire sa coloration sursauterait à coup sûr. Derrière le décor années 50 de ce salon de beauté, avec ses séchoirs rétro, ses sièges et miroirs vintage, sofas en plastique et juke-box, se cache un bar des plus tendance. Le premier bar de ce type à New York, a servi son premier cocktail en 1995, à l'intérieur de l'ancien Thomas Beauty Salon. Entre temps, neuf filiales ont ouvert, chacune décorée, pièce par pièce, d'authentiques objets rétro. Cet établissement kitsch attire un public d'artistes, avant tout séduits par l'atmosphère informelle, la musique des années 80, la carte originale des cocktails et un happy hour unique, où pour 10 dollars vous recevez un cocktail et une manicure... Peut-être quand même un truc de grand-mère?

Nietsvermoedende oma's die de Beauty Bar binnenstappen voor een paarse kleurspoeling, zouden wel eens lelijk kunnen schrikken. Achter het schoonheidssaloninterieur uit de jaren '50, dat gekenmerkt wordt door retrodroogkappen, vintage kappersstoelen en -spiegels, plastic sofa's en jukeboxen, gaat immers een uiterst trendy bar verscholen. De originele bar in New York, waar in 1995 de eerste cocktail geschonken werd in het interieur van het voormalige Thomas Beauty Salon, heeft er intussen 9 filialen bij, stuk voor stuk uitgerust met een authentiek retrodecor. De kitscherige zaken trekken een artistiek publiek dat vooral valt voor de ongedwongen sfeer, de jaren 80 muziek, het originele cocktailmenu en het onovertroffen happy hour, waarbij je voor 10 dollar een cocktail met manicure kan scoren... Misschien is dit laatste toch iets voor oma?

The cocktails have been given appropriate names like 'Shampoo', 'Conditioner', 'Blue Rinse', 'Drop Dead Gorgeous' and 'Platinum Blonde'.

Les cocktails ont été baptisés de noms tels que Shampoo, Conditioner, Blue Rinse, Drop Dead Gorgeous, ou Platinum Blonde.

De cocktails kregen toepasselijke namen mee als "Shampoo", "Conditioner", "Blue Rinse", "Drop Dead Gorgeous" en "Platinum Blonde".

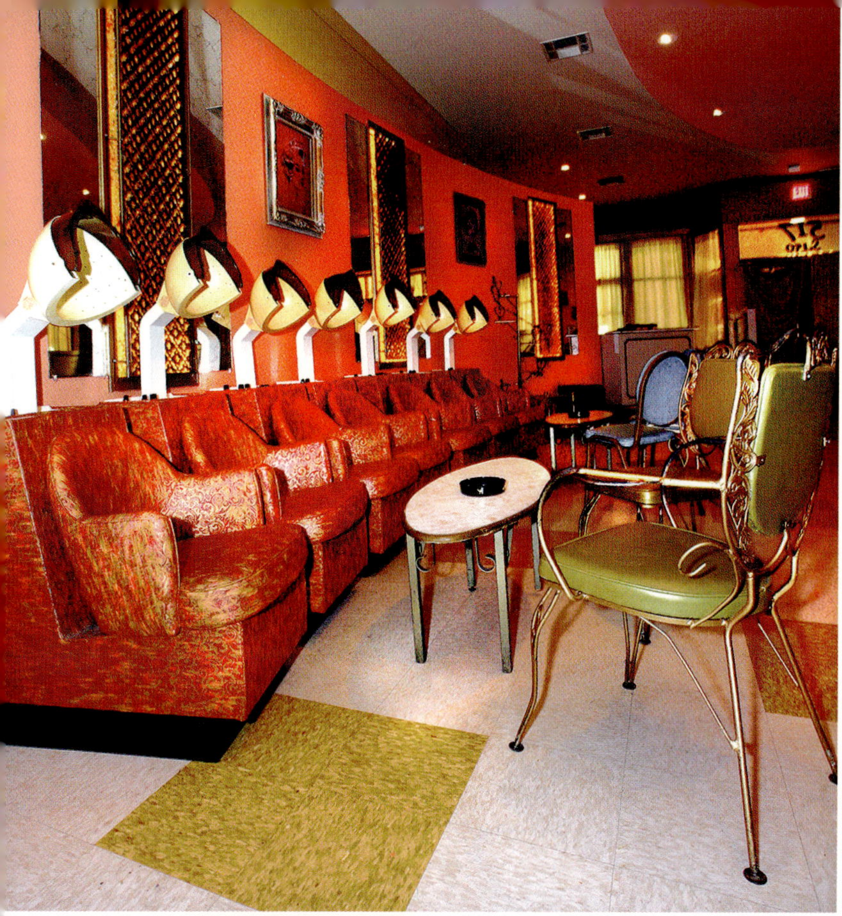

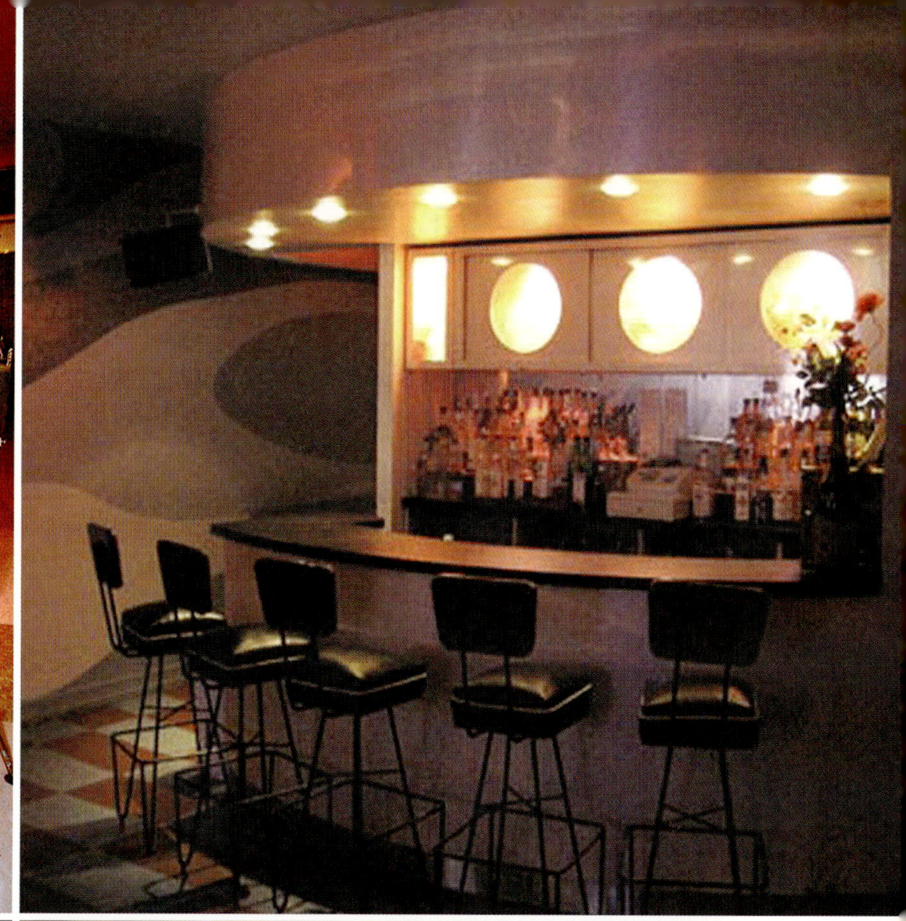
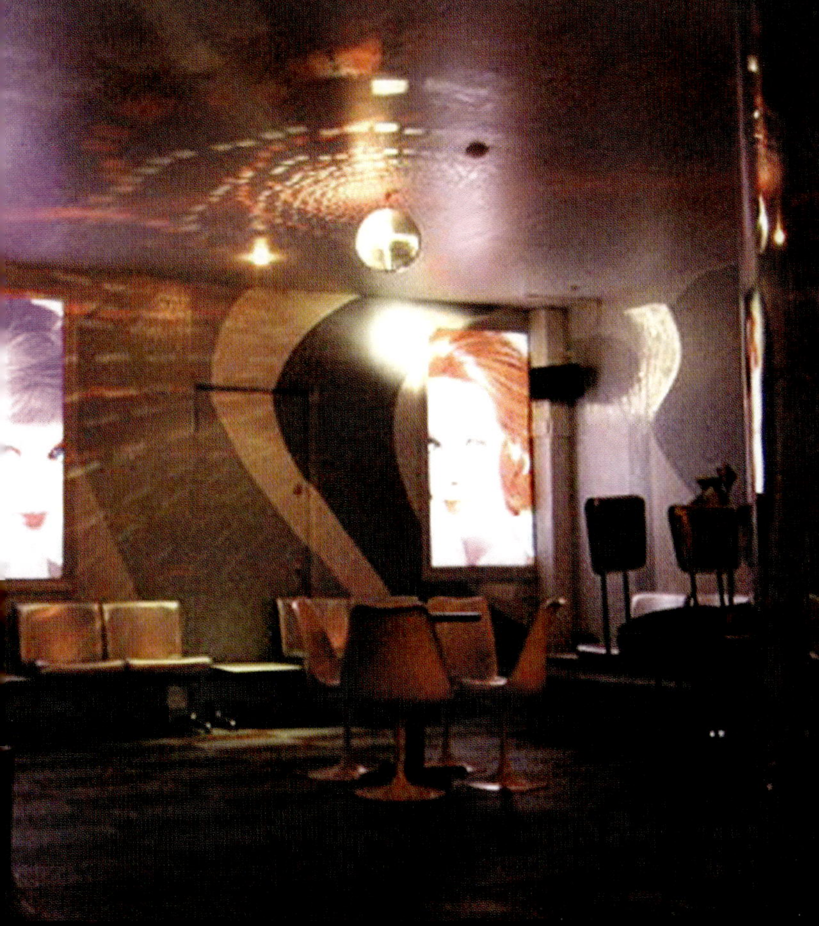
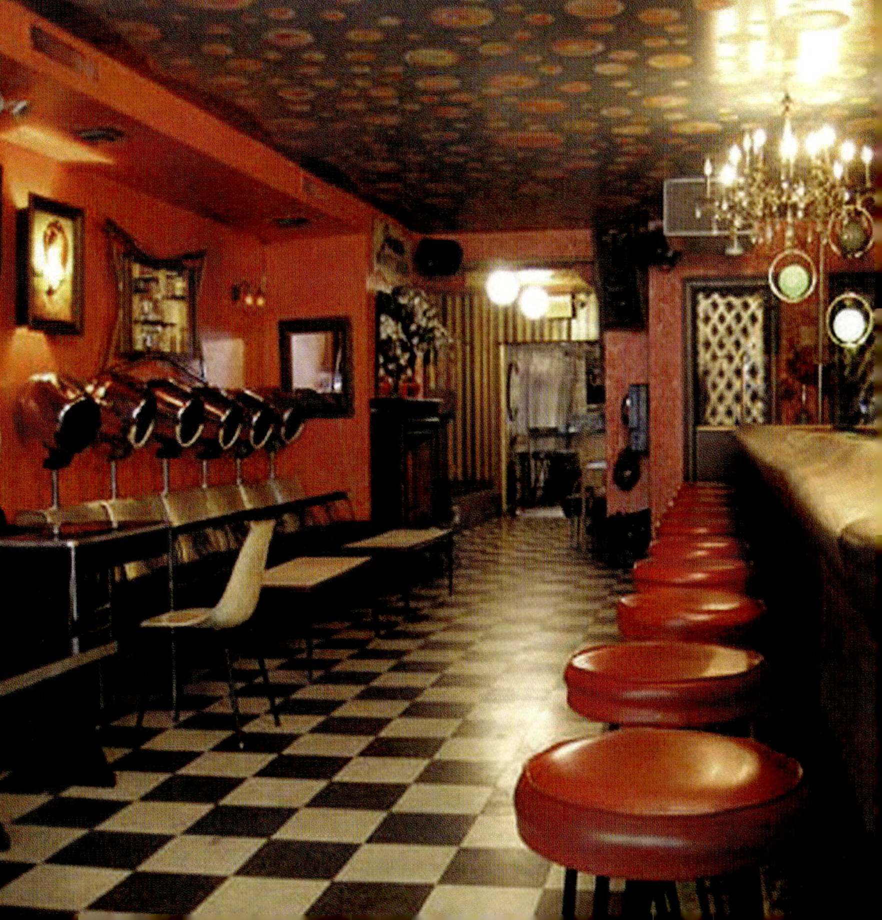

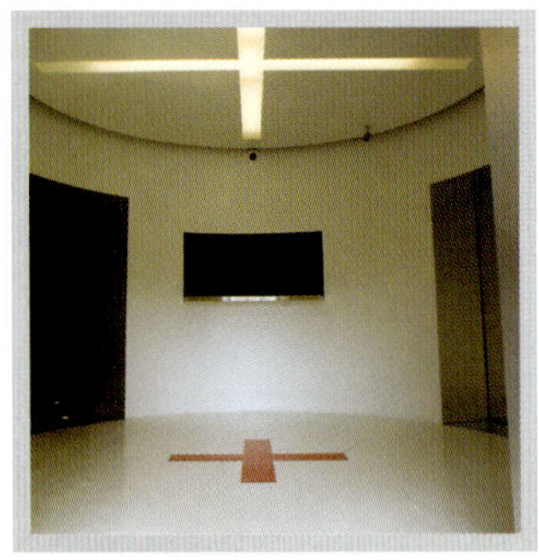 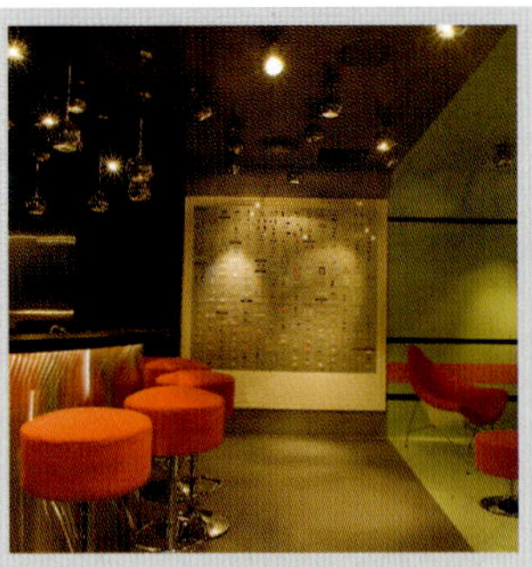

Medicine club Singapore

E.R. meets Sex and the City

When Concrete Architectural Associates were asked to produce a club concept based on the name The Clinic, they decided to start with the idea that a hospital you go to when you're not ill must aim at making you feel better, ecstatic even! They threw a handful of pills onto a piece of paper, arranged them and there was the floor plan. The 1,200 m² establishment is divided into 13 rooms over 2 floors: the bars and dance club on the ground floor were given the names and shapes of medications and the lounges upstairs are named after syndromes. Thus the pill shaped red/blue dance floor is called Morphine, the triangular Caffeine room is fitted with coloured strips that illuminate to the rhythm of the music and the black semicircular Anthrax contains the main bar.

Lorsque les Concrete Architectural Associates furent sollicités pour concevoir un concept de club autour du nom The Clinic, ils partirent du principe que si l'on se rendait en bonne santé dans une ''clinique'', on devait en sortir en meilleure forme encore ! Ils jetèrent une poignée de pilules sur un morceau de papier, les ajustèrent et ainsi fut dessiné le plan. L'établissement, qui couvre 1 200 m², est divisé en 13 espaces répartis sur deux étages : les bars et clubs au rez-de-chaussée portent des noms et formes de médicaments tandis que les lounges, à l'étage, ont été baptisés selon des symptômes. La piste de danse en forme de pilule rouge et bleue a ainsi reçu le nom de Morphine. La chambre triangulaire Caffeïne a été décorée de néons multicolores vibrant au rythme de la musique. Le bar central est abrité dans un demi cercle noir en forme de pilule d'Anthrax.

Toen Concrete Architectural Associates gevraagd werd een club-concept uit te werken rond de naam The Clinic, besloten ze ervan uit te gaan dat een ziekenhuis waar je naartoe gaat als niet ziek bent, wel als doel moest hebben om ervoor te zorgen dat je je nog beter zou gaan voelen -extatisch zelfs! Ze gooiden een handvol pillen op een stuk papier, schikten ze, en het vloerplan was een feit. De 1.200 m² grote zaal is verdeeld in 13 ruimten over 2 verdiepingen: de bars en dansclub op het gelijkvloers kregen namen en vormen mee van medicijnen, en de lounges boven werden vernoemd naar ziektebeelden. Zo kreeg de rood-blauwe pilvormige dansvloer de naam Morphine mee, werd de driehoekige Caffeïne-kamer uitgerust met gekleurde strips die verlicht worden op de maat van de muziek, en bevat de zwarte halfronde pilvorm Anthrax de belangrijkste bar.

THE CLINIC – THE CANNERY, CLARKE QUAY, SINGAPORE – +65 688 73733 – INFO@THECLINIC.SG – WWW.THECLINIC.SG

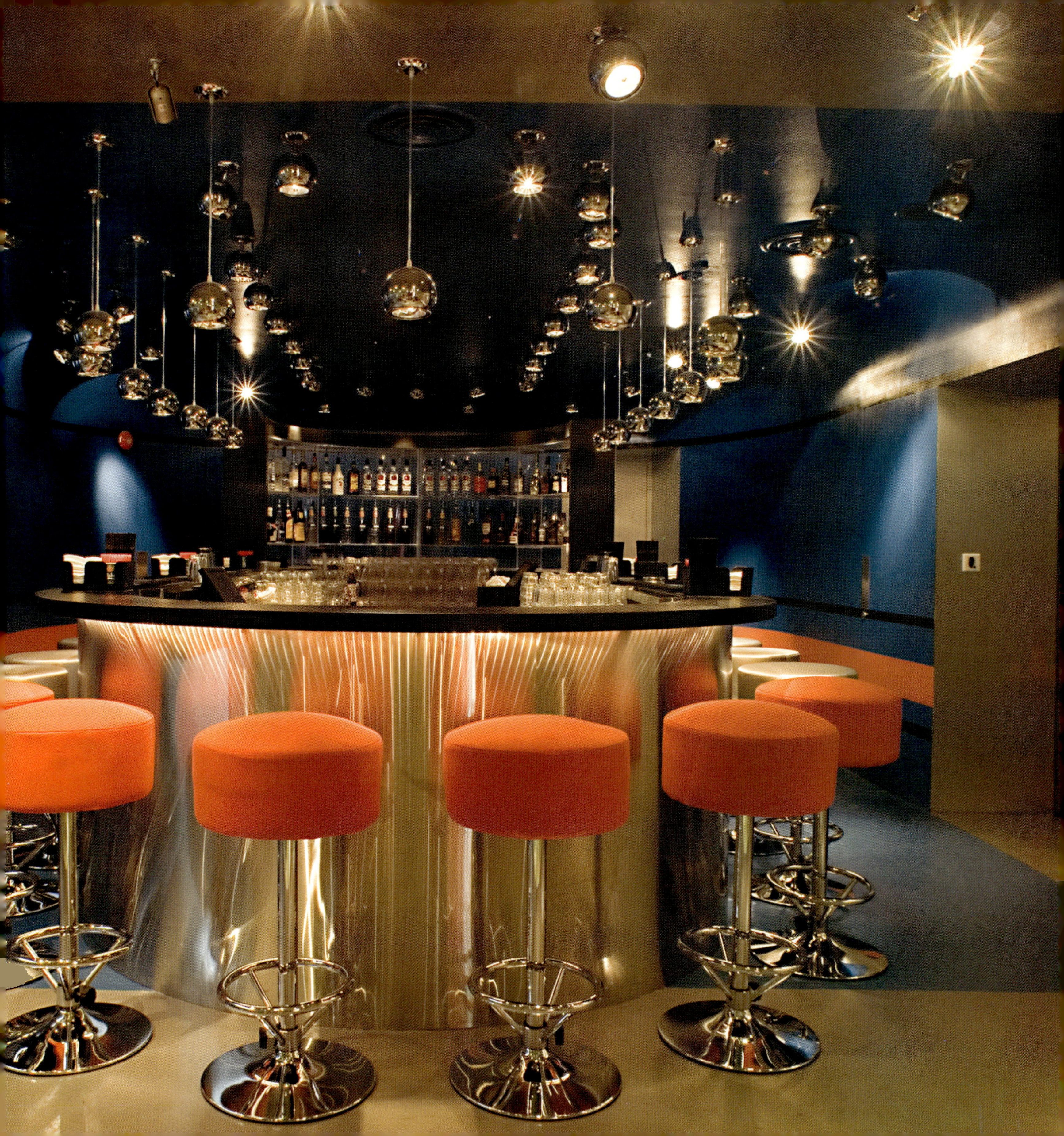

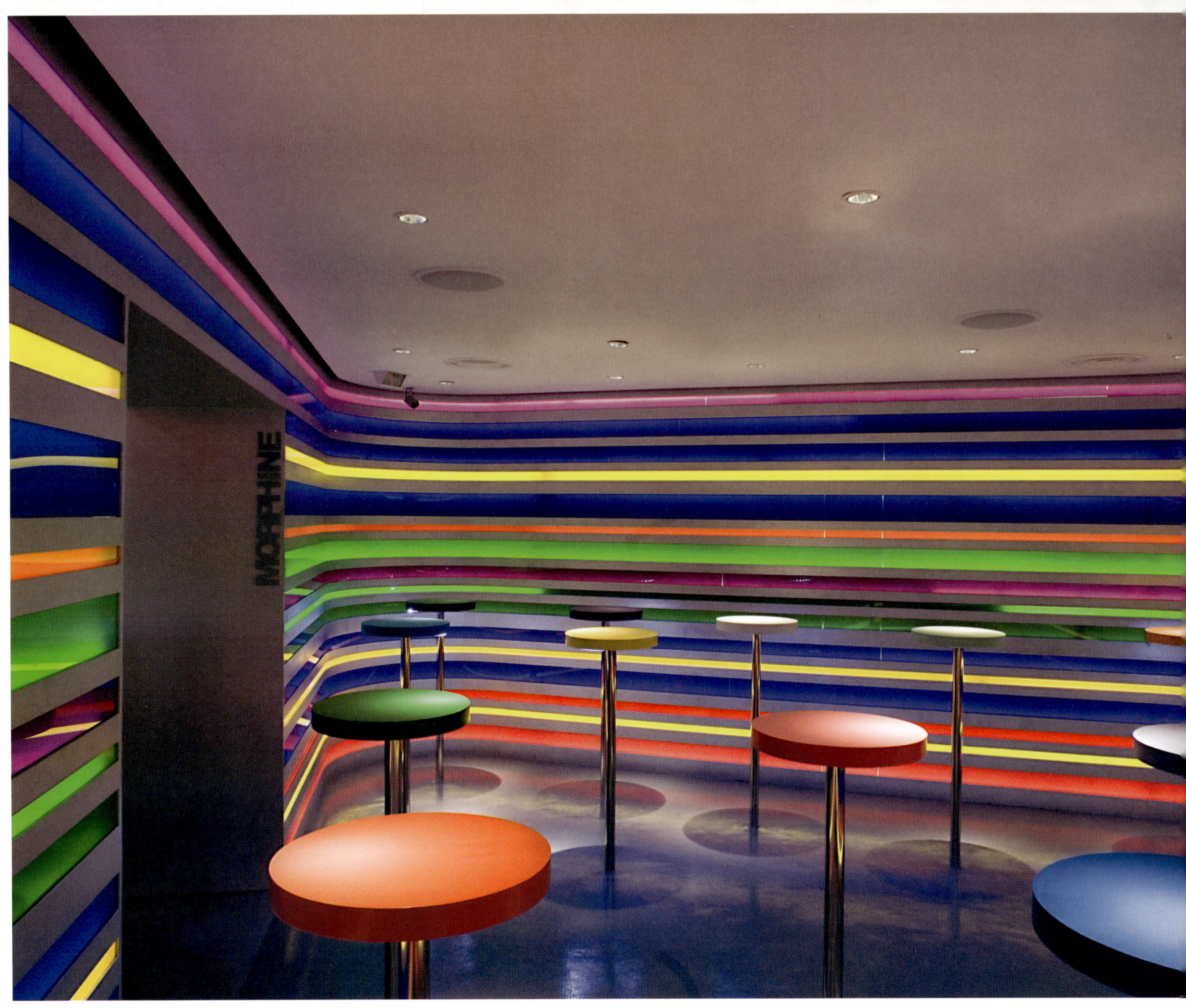
MORPHINE

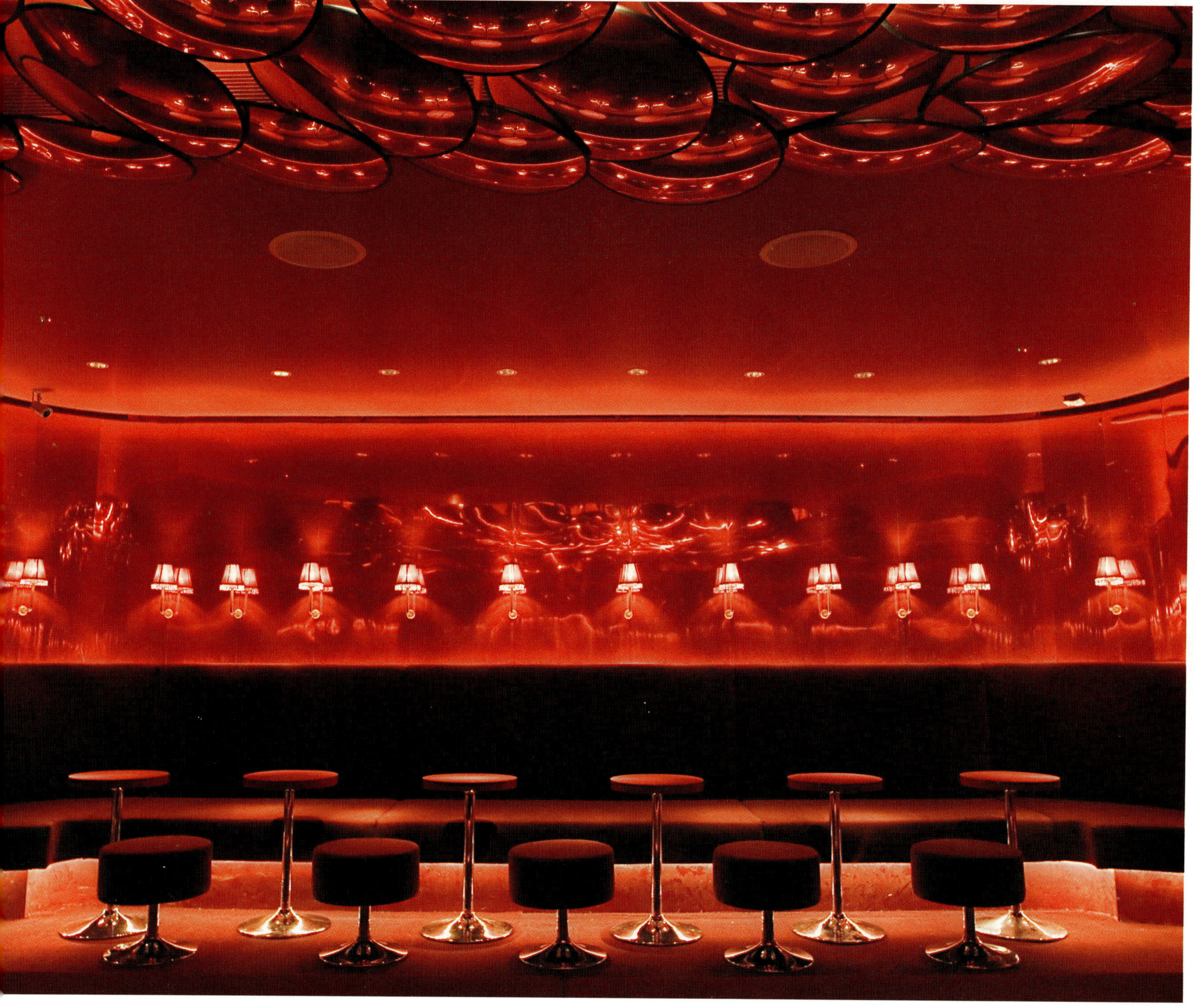

Delusion is a girls only lounge. The space contains a ceiling made of parabolic red mirrors, red couches and is lit by red lights.

Delusion est un lounge réservé aux femmes. L'espace comprend un plafond réalisé avec des miroirs paraboliques rouges, des sièges et un éclairage rouge eux aussi.

Delusion is een girls only-lounge. De ruimte bevat een plafond gemaakt van parabolische rode spiegels, rode zetels en is verlicht met rode lampen.

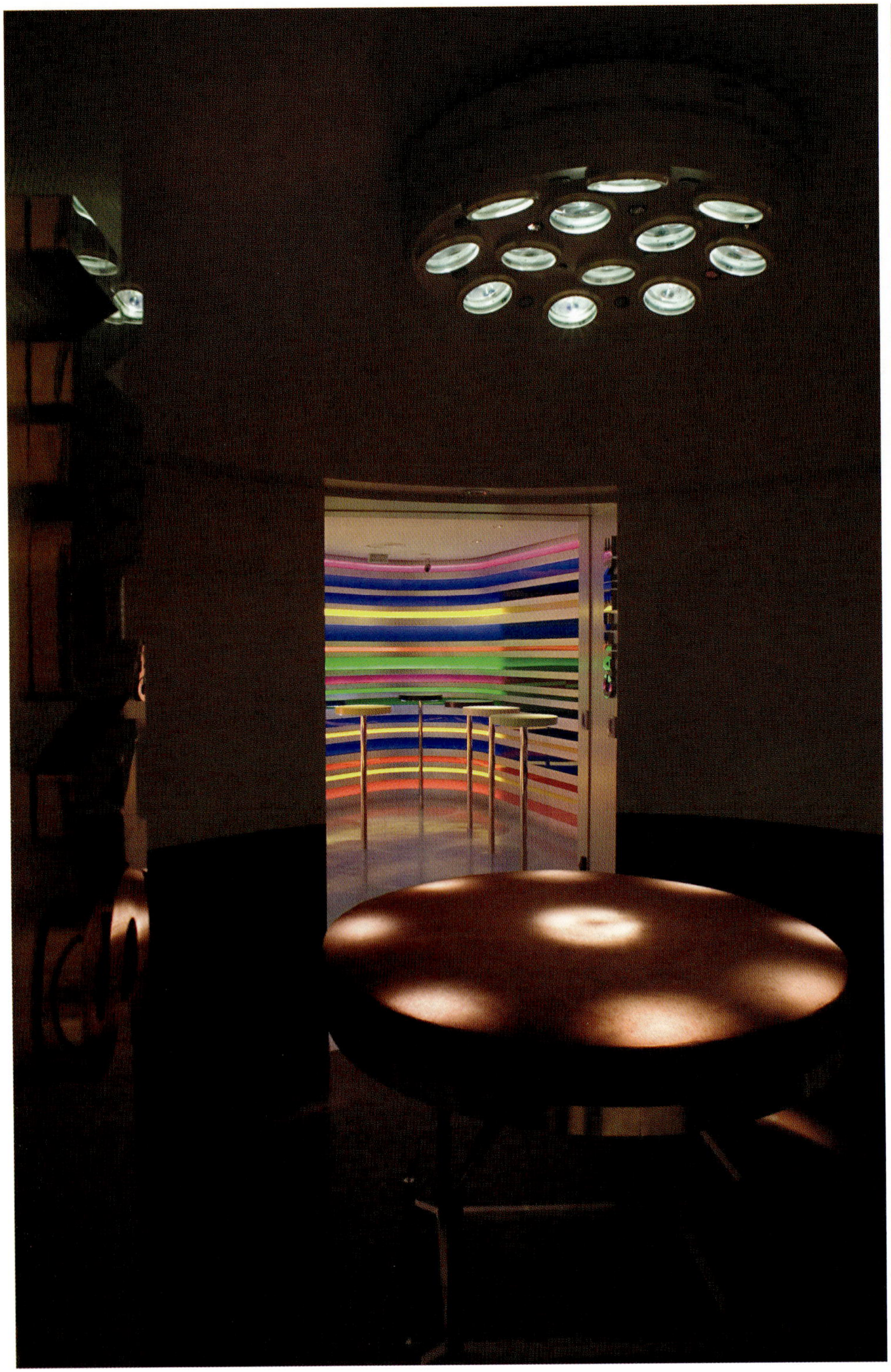

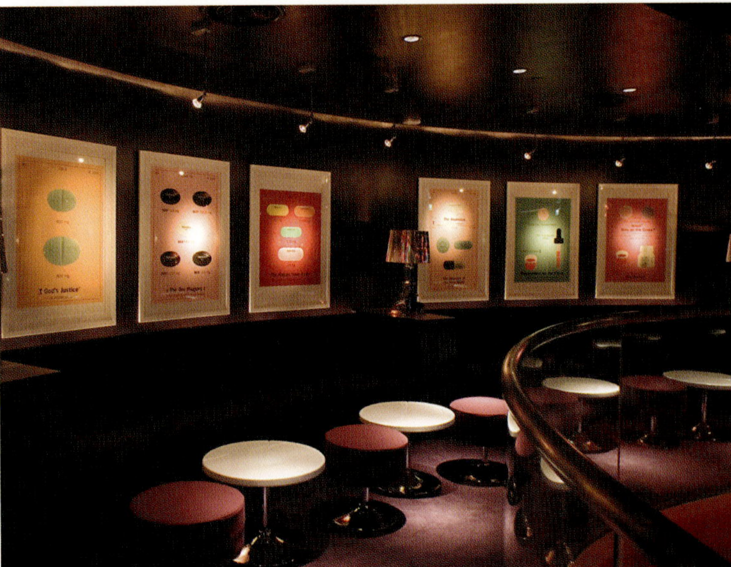

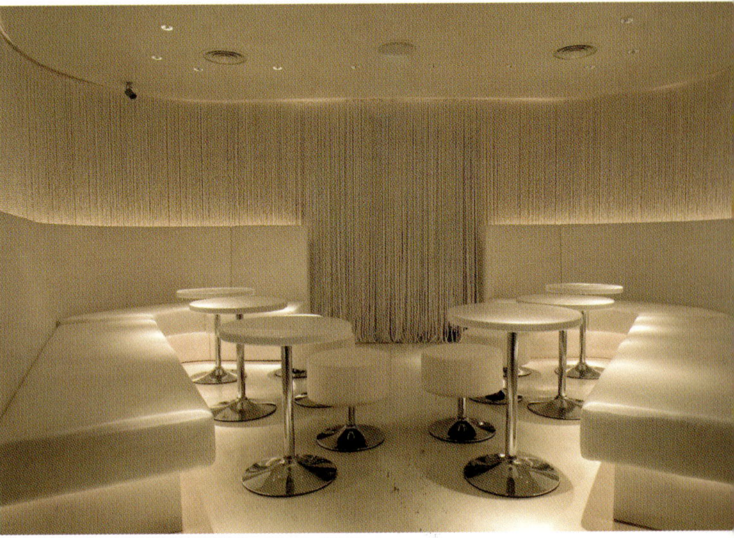

*Morphine's main event is the video arch made of LEDs.
Images of eyeballs are interchanged with dripping blood.*

*L'attraction principale de Morphine est l'arc vidéo réalisé en LED.
Des images de globes oculaires alternent avec les gouttes de sang.*

*Morphines blikvanger is de video-boog gemaakt van leds. Beelden
van oogballen worden afgewisseld met die van bloeddruppels.*

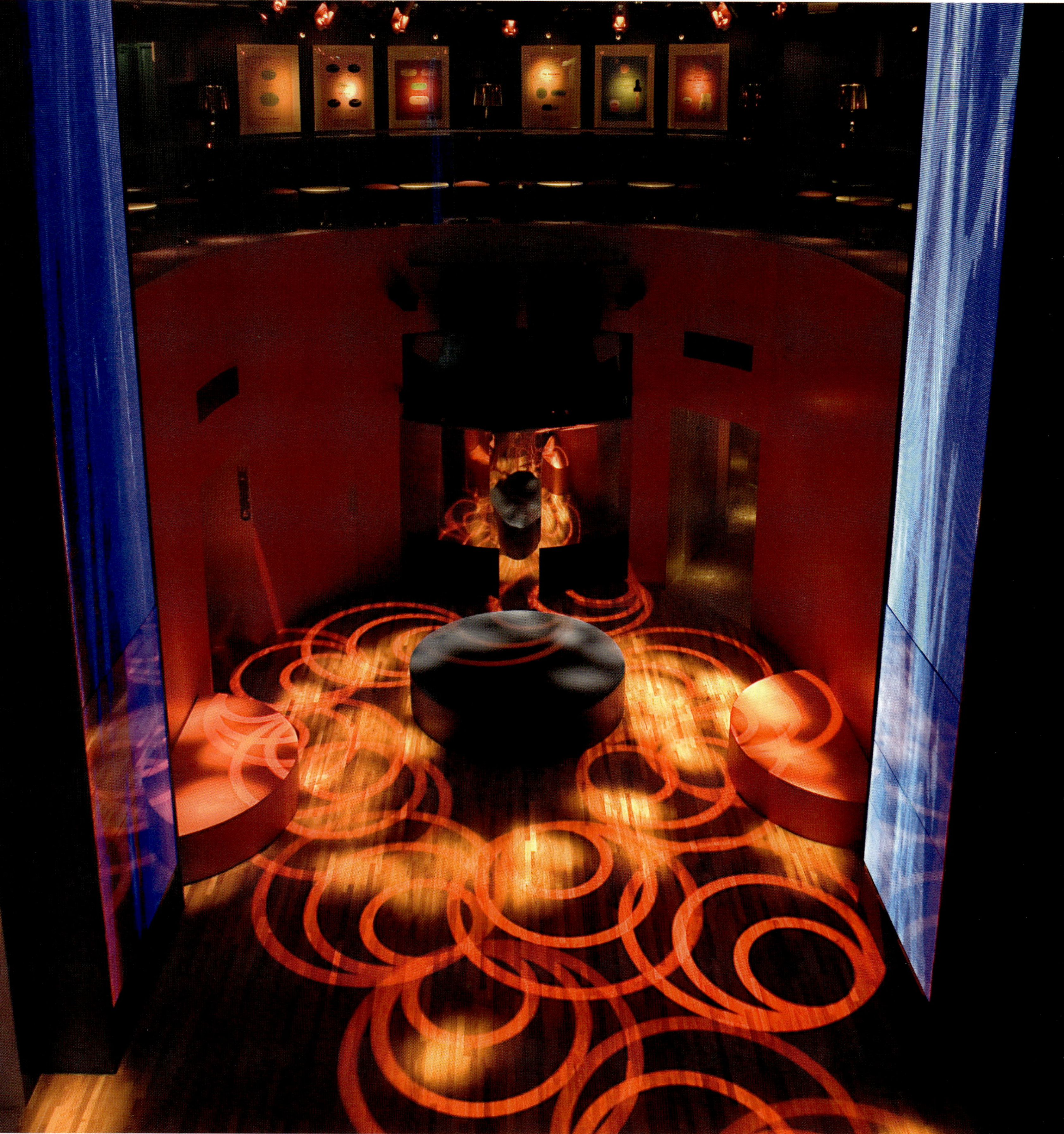

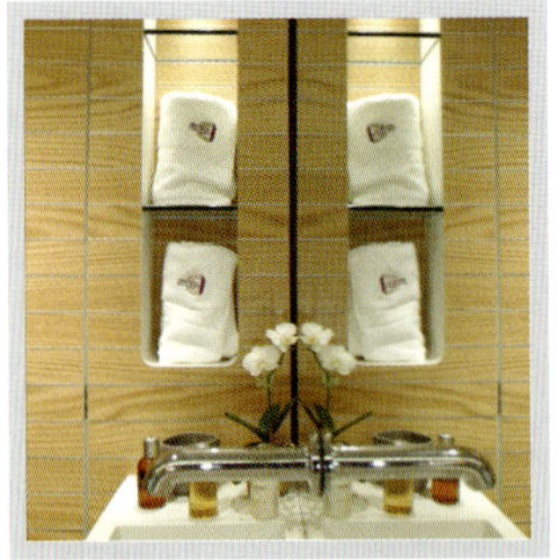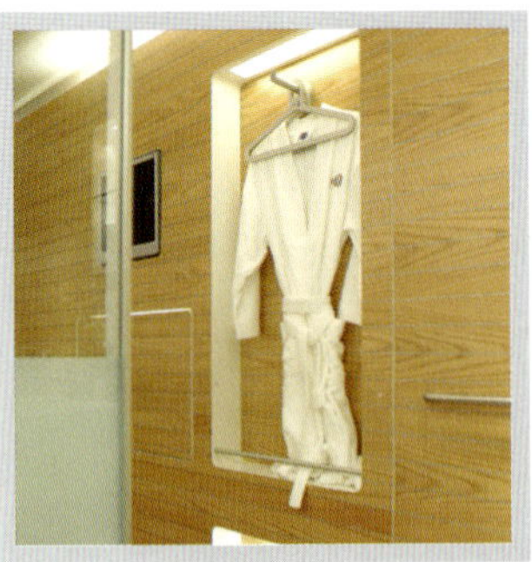

Cubicle hotel United Kingdom

To boldly go...

Hypermodern 10 sq. m. rooms in airport terminals, packed with electronic devices, which one books for 4-hour periods. This is Yotel, a new concept by the Yo! guru Simon Woodroffe. Their futuristic design, inspired by first-class aircraft cabins and Japanese capsule hotels, enables you to enjoy all the luxury facilities of a business class hotel but at very affordable prices and without the need for a receptionist. Anyone who has to catch an early morning flight or is waiting for a transfer can use the cabins to catch forty winks. But according to insiders the most revolutionary element is the windows, which look inwards rather than outwards, which means that this sort of hotel can be located in any sort of environment, even underground if necessary.

Des chambres hypermodernes de 10 m² dans des terminaux d'aéroports, suréquipées de gadgets électroniques et à louer par blocs de quatre heures. C'est Yotel, le dernier concept du gourou Yo! Simon Woodroffe. Le design futuriste, inspiré des premières classes d'avion et des hôtels capsules japonais permet de profiter de tout le luxe qu'offre un hôtel d'affaires mais à un prix très abordable et sans l'intervention d'un réceptionniste. Elles se destinent autant à ceux qui doivent prendre un avion très tôt matin qu'aux passagers en transit et qui veulent encore profiter d'une petite sieste. Et pourtant l'élément le plus révolutionnaire, à entendre les initiés, se situe dans les fenêtres qui regardent vers l'intérieur au lieu de l'extérieur, ce qui signifie que ce type d'hôtel convient à n'importe quel environnement, même souterrain, s'il le devait.

Hypermoderne kamers van 10 m² in luchthaventerminals, volgepropt met elektronische snufjes, en te boeken in blokken van vier uur. Dat is Yotel, een nieuw concept van Yo!-goeroe Simon Woodroffe. Het futuristische design, geïnspireerd op eersteklas vliegtuigcabines en Japanse capsulehotels, biedt de mogelijkheid om te genieten van alle luxevoorzieningen van een business class-hotel, maar aan zeer betaalbare prijzen en zonder tussenkomst van een receptionist. Zowel wie 's morgens vroeg een vlucht moet halen als wie op een transfer wacht, kan gebruik maken van de cabines om nog snel een uiltje te knappen. Toch zit het meest revolutionaire element 'm volgens insiders in de ramen, die uitkijken naar binnen in plaats van naar buiten, wat betekent dat dit soort hotels in eender welke soort omgeving ingepast kan worden - als het moet zelfs ondergronds.

Each room contains a double or single bed, a techno wall, a workstation, a flatscreen TV, internet access and interactive lighting.

Une chambre comporte entre autres un lit simple ou un lit double, un mur techno, un poste de travail, un écran tv plat, l'accès à internet et un éclairage interactif.

Een kamer bevat onder meer een dubbel of enkel bed, een technomuur, een werkstation, een flatscreen tv, internettoegang en interactieve verlichting.

YOTEL - Heathrow Airport, Terminal 4 / Gatwick Airport, South Terminal, United Kingdom - www.yotel.com

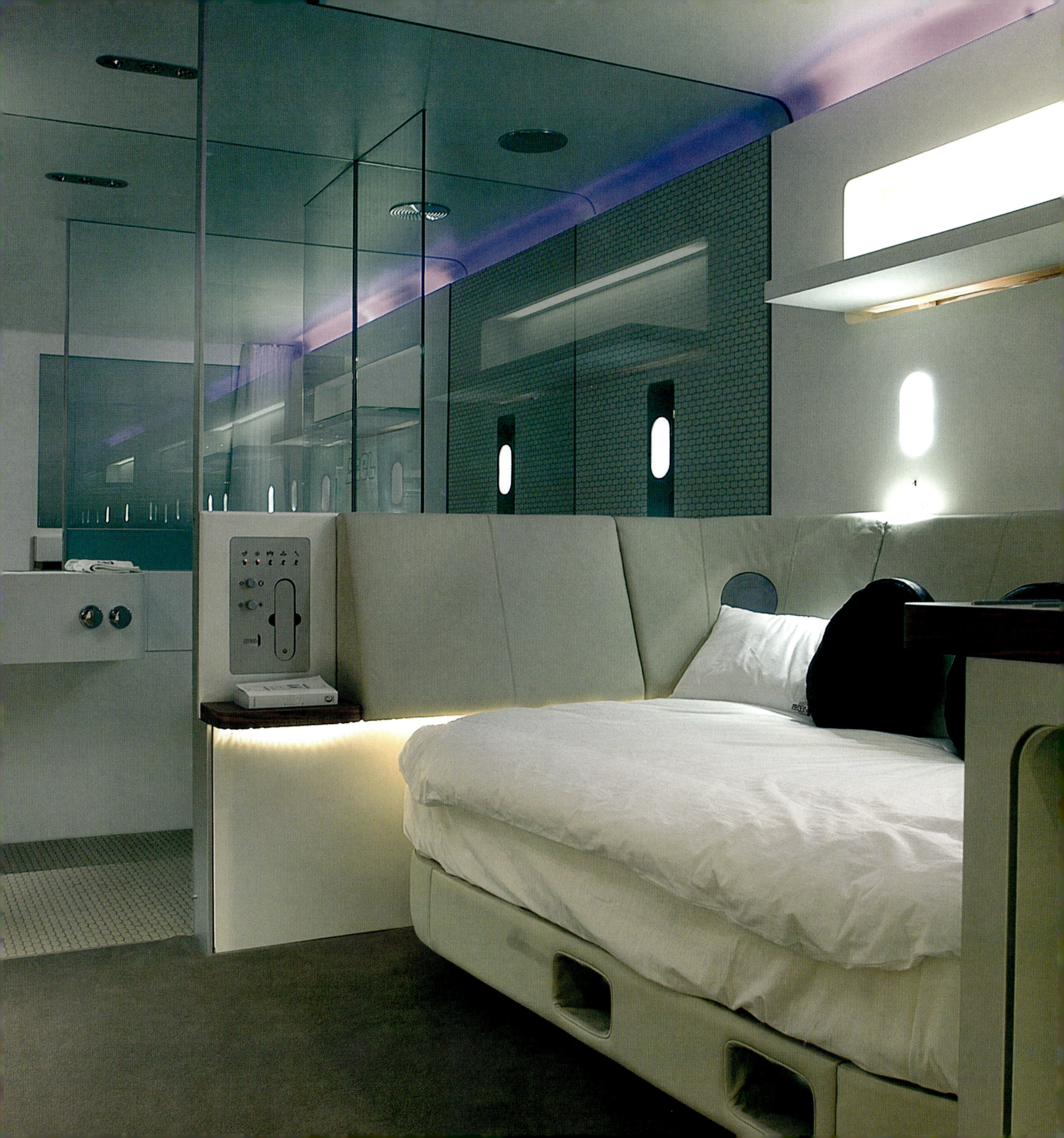

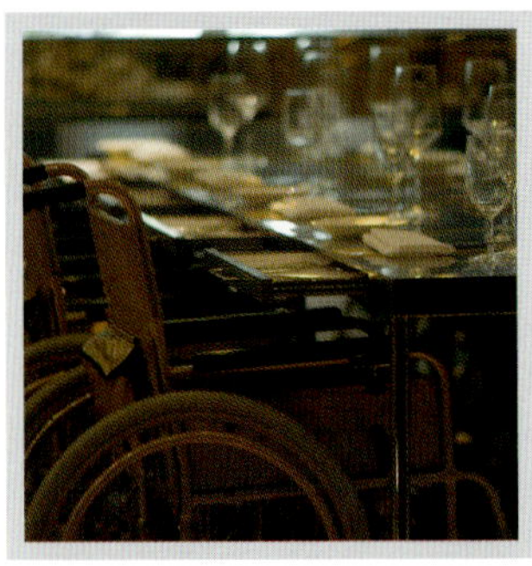
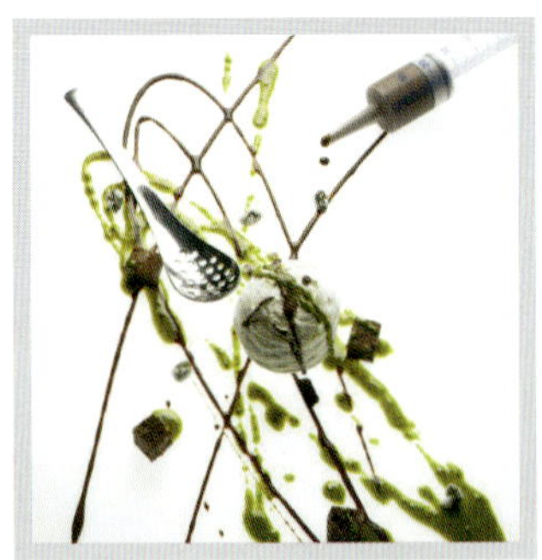

Medic design restaurant

Singapore

Pills a gogo

Clinic, a cross between a club, a bar and a restaurant, wants to be the medicine that takes people to a new party high. The floor plan of the 1200 m² establishment was conceived as a mixture of syndromes and medication, each with its own atmosphere, colour, shape and side effects. You access Aurum restaurant via a hidden door behind a row of mortuary drawers in 'the morgue' or reception area with its stainless steel interior and glass façade. The restaurant, which opened at the end of 2006, is painted gold from floor to ceiling and decorated with reflective dots. Guests are seated in golden wheelchairs at clinically scrubbed operation tables with special drawers for napkins and cutlery, and from which there is a clear view of the stainless steel kitchen where dishes are prepared according to the laws of molecular gastronomy.

Clinic, au croisement du club, du bar et du restaurant, se veut être le remède pour guider les gens vers les nouvelles sphères de la fête. Les 1.200 m² de l'établissement se comprennent comme une série d'évocations à la médecine et aux maladies, chacune avec sa propre ambiance, couleur, forme et effets secondaires. On entre au restaurant Aurum par une porte dissimulée derrière les tiroirs d'une petite morgue, après être passé par un hall d'accueil en inox et sa façade de verre. Le restaurant, qui a ouvert en 2006, est peint en doré du sol au plafond et décoré de facettes réfléchissantes. Les clients peuvent prendre place dans des chaises roulantes dorées face à des tables d'opération aseptisées, équipées de tiroirs spéciaux pour les serviettes et les couverts. De là, ils ont une vue sur la cuisine en acier inoxydable, où sont préparés les repas suivant les préceptes de la gastronomie moléculaire.

Clinic, een kruising tussen een club, bar en restaurant, wil het medicijn zijn dat mensen tot nieuwe feesthoogten brengt. Het vloerplan van de 1.200 m² grote zaak is dan ook opgevat als een combinatie van medicijnen en ziektebeelden, elk met een eigen sfeer, kleur, vorm en bijwerkingen. Restaurant Aurum betreed je via een verborgen deur achter een rij lijkenlades in 'het lijkenhuisje', de ontvangstruimte met inox interieur en glazen façade. De zaak, die eind 2006 haar deuren opende, is van vloer tot plafond goud geschilderd en versierd met glanzende stippen. De gasten mogen plaatsnemen in gouden rolstoelen aan klinisch geboende operatietafels met speciale lades voor servetten en bestek. Van hieruit heb je een ongehinderd zicht op de roestvrijstalen keuken, waar gerechten worden bereid volgens de wetten van de moleculaire gastronomie.

AURUM AT THE CLINIC - The Cannery, Clarke Quay, Singapore – info@theclinic.sg – www.theclinic.sg

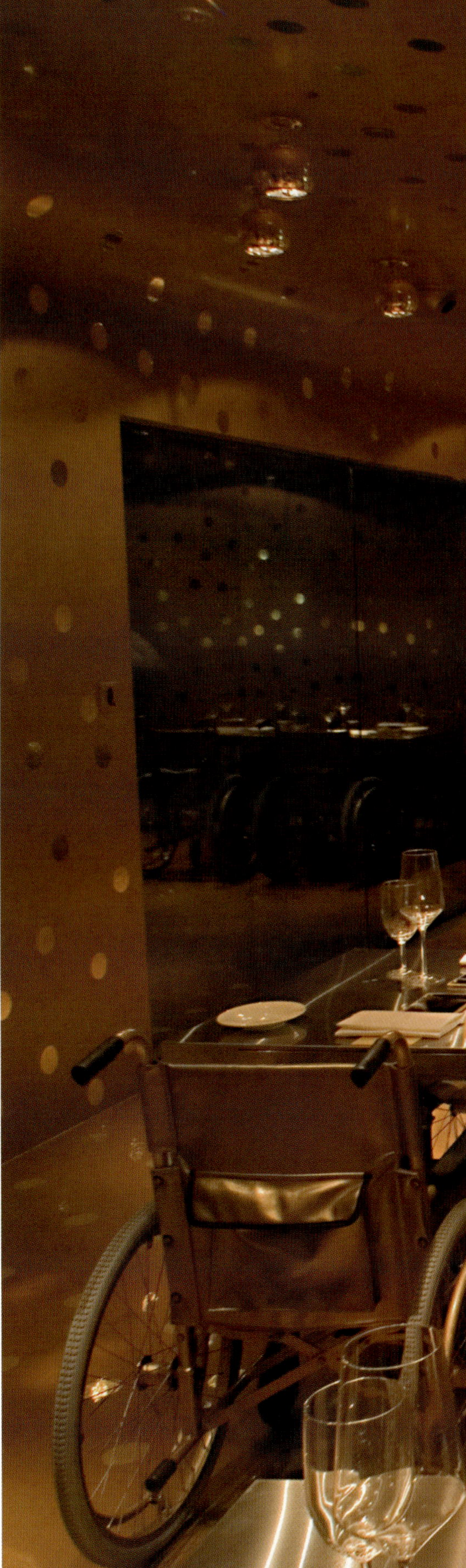

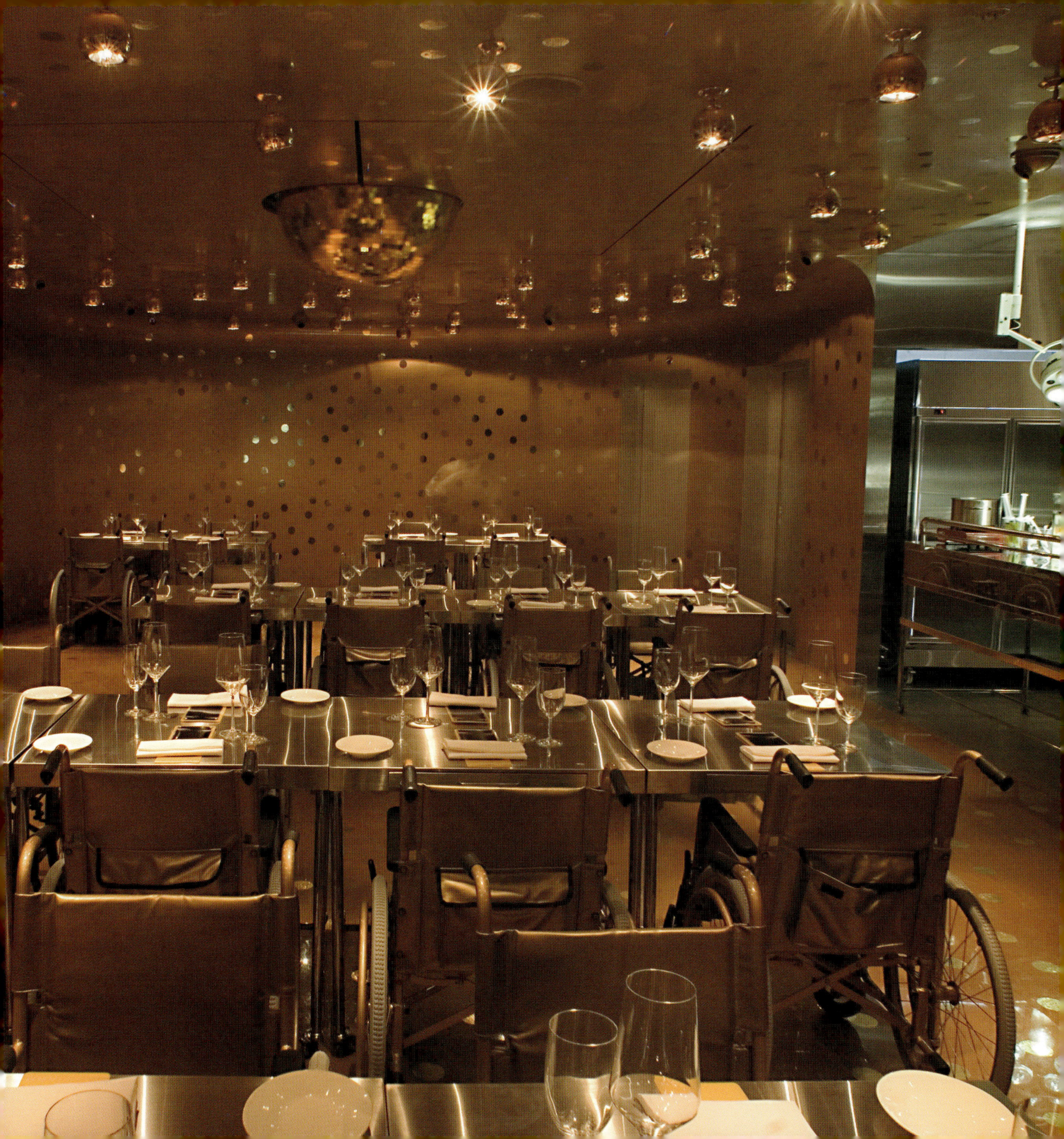

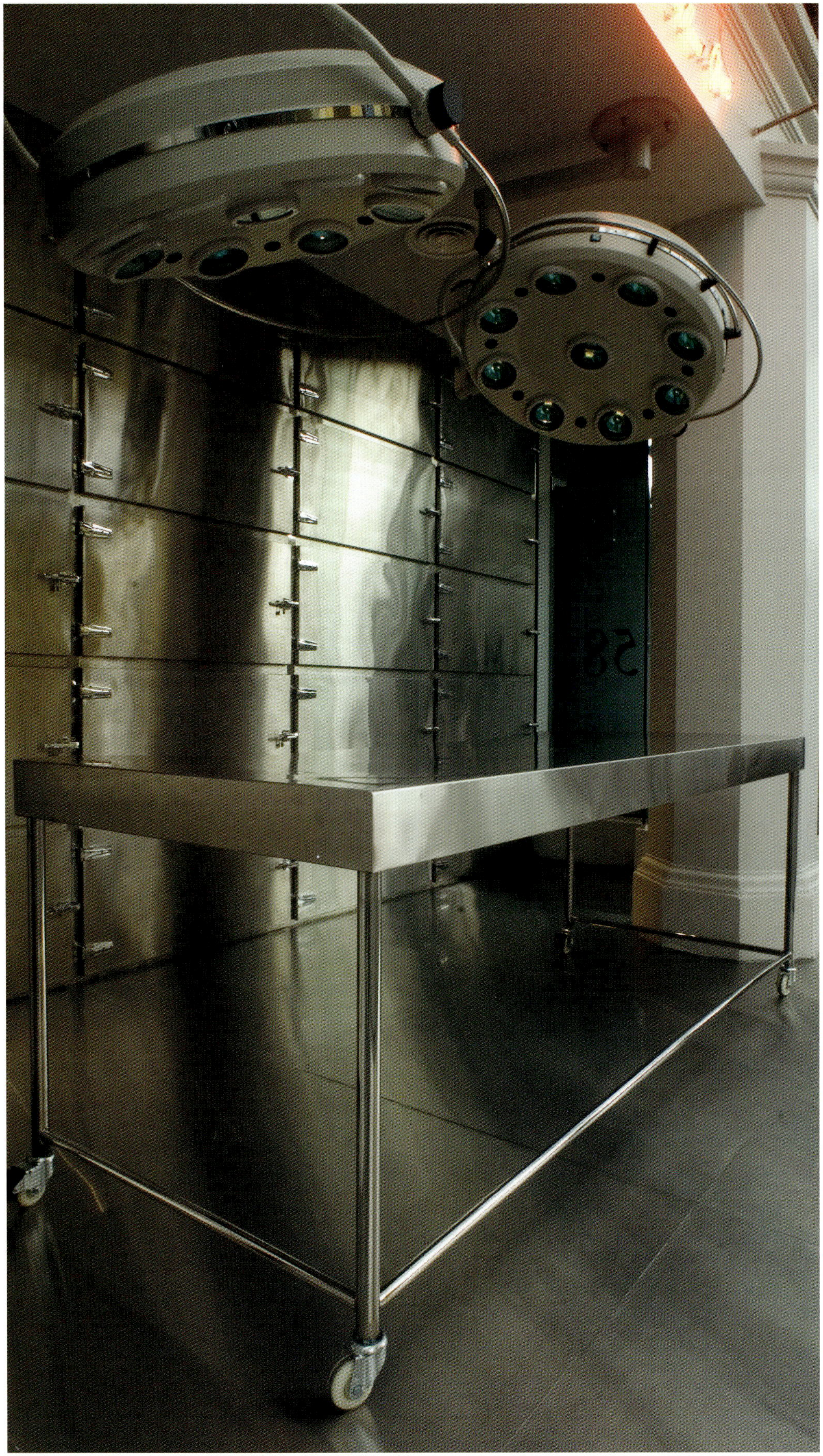

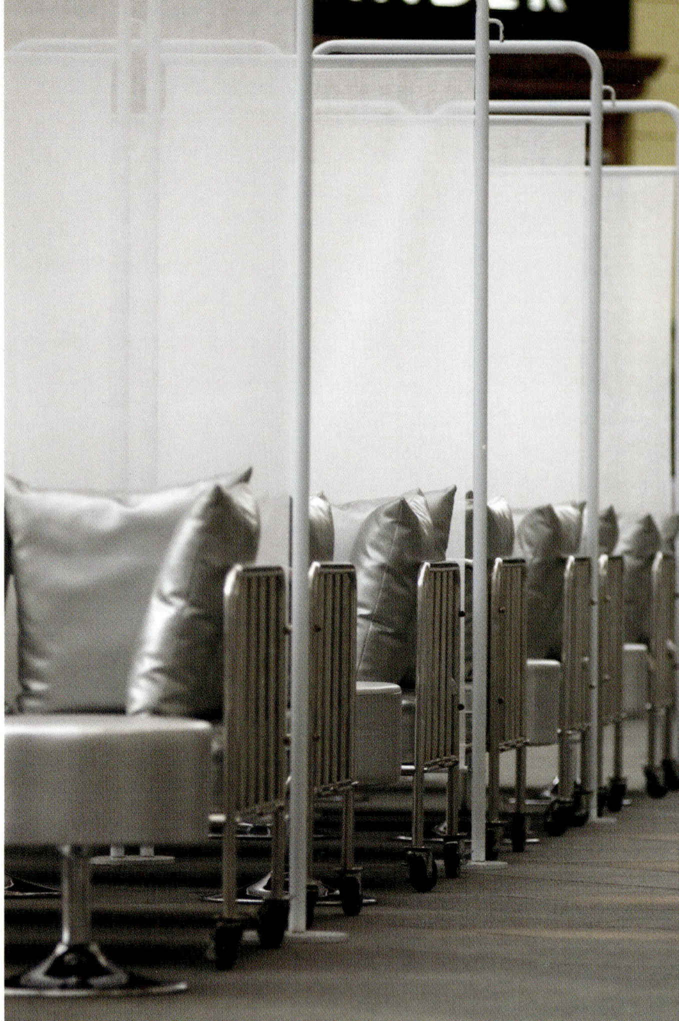

In this 'medic chic' restaurant devoted to molecular gastronomy, the food is regularly served in syringes and metal test tubes.

Dans ce restaurant medic chic dédié à la gastronomie moléculaire, les plats sont souvent présentés dans des seringues et des tubes de métal.

In dit 'medic chic'-restaurant, gewijd aan de moleculaire gastronomie, wordt het voedsel regelmatig geserveerd in spuitjes en metalen tubes.

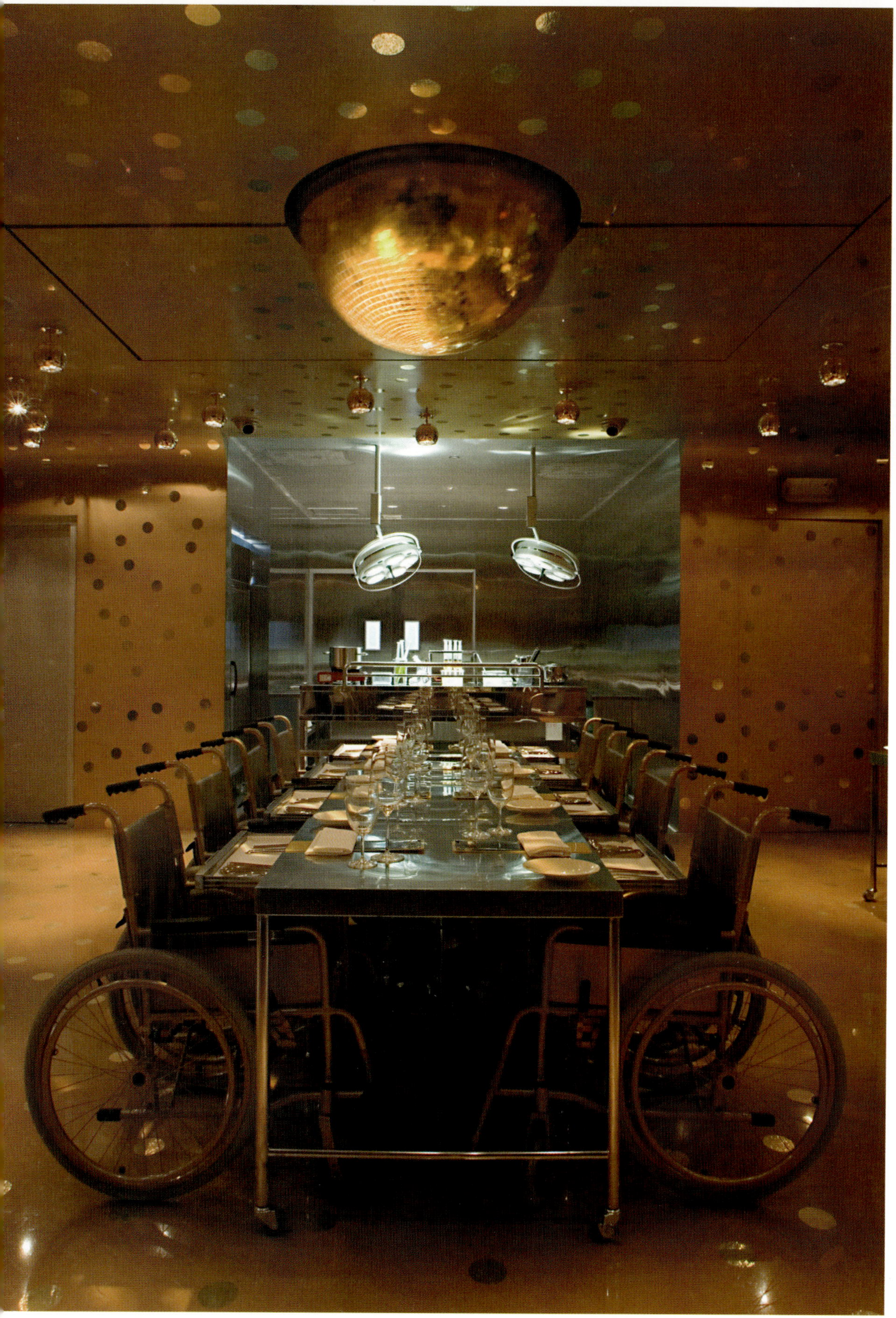

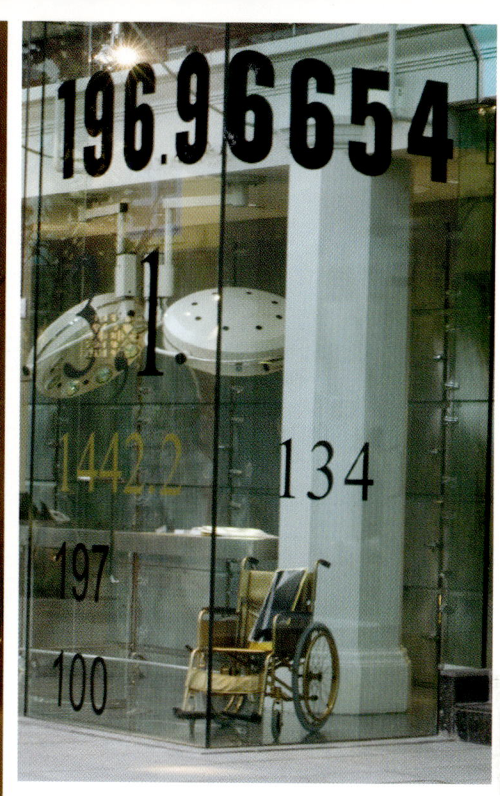

196.96654
3.1.
1442.2   134
197
100

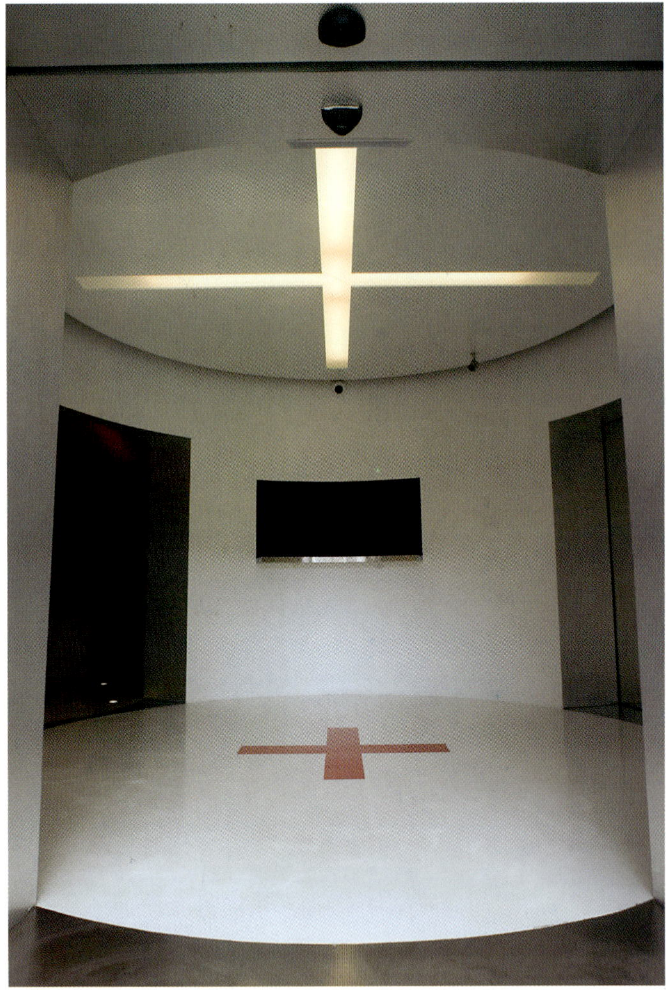

Behind the double doors is the black triangular dining room Phobia. The door looks like a mirror from Aurum, but is see-through from within Phobia.

Derrière cette double porte se trouve la salle à manger triangu-laire et noire, Phobia. D'Aurum, la porte semble être un miroir mais de l'intérieur de Phobia, on voit tout.

Achter de dubbele deur ligt de zwarte driehoekige eetkamer Phobia. De deur ziet eruit als een spiegel vanuit Aurum, maar is doorzichtig vanuit Phobia.

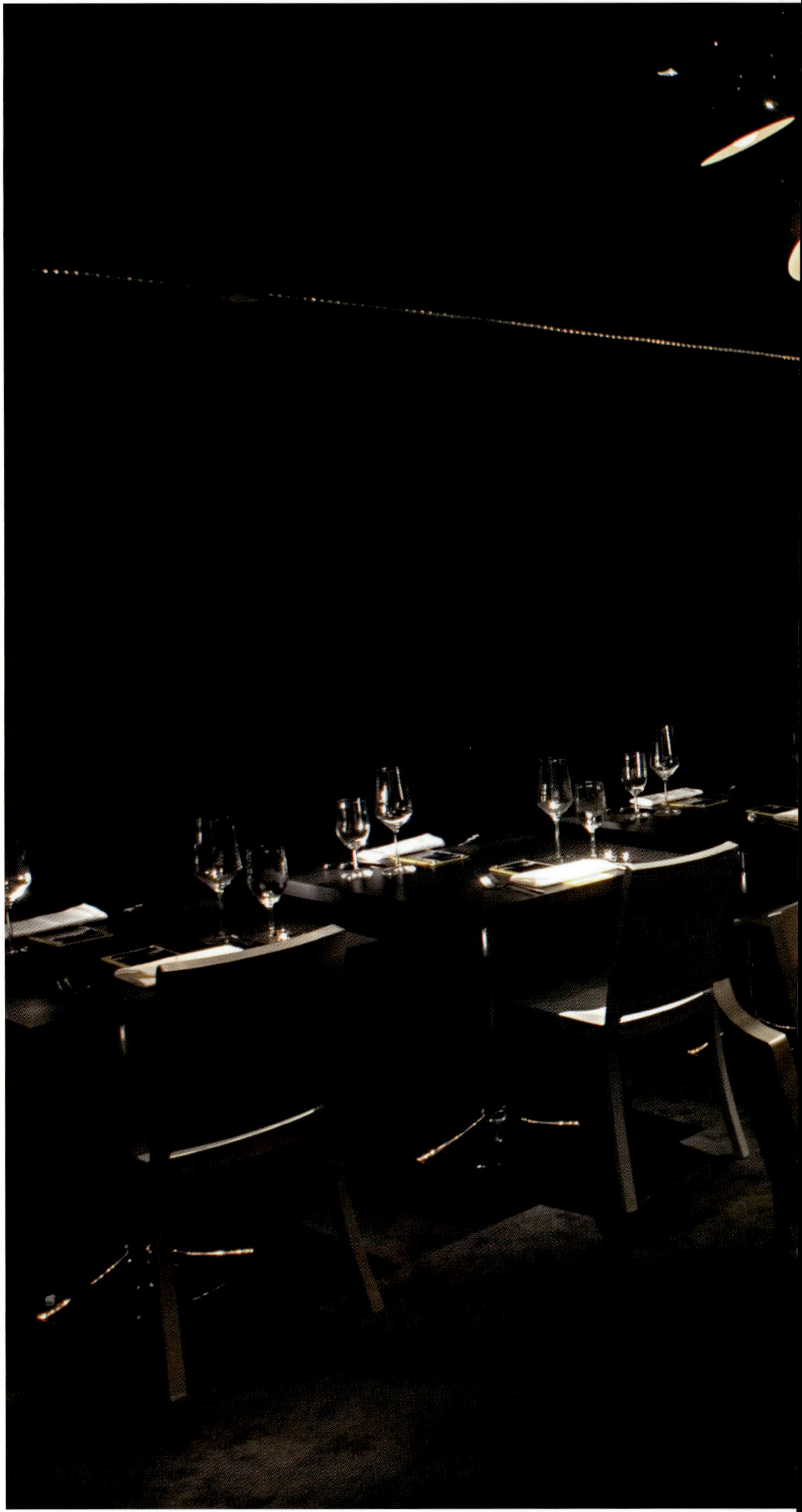

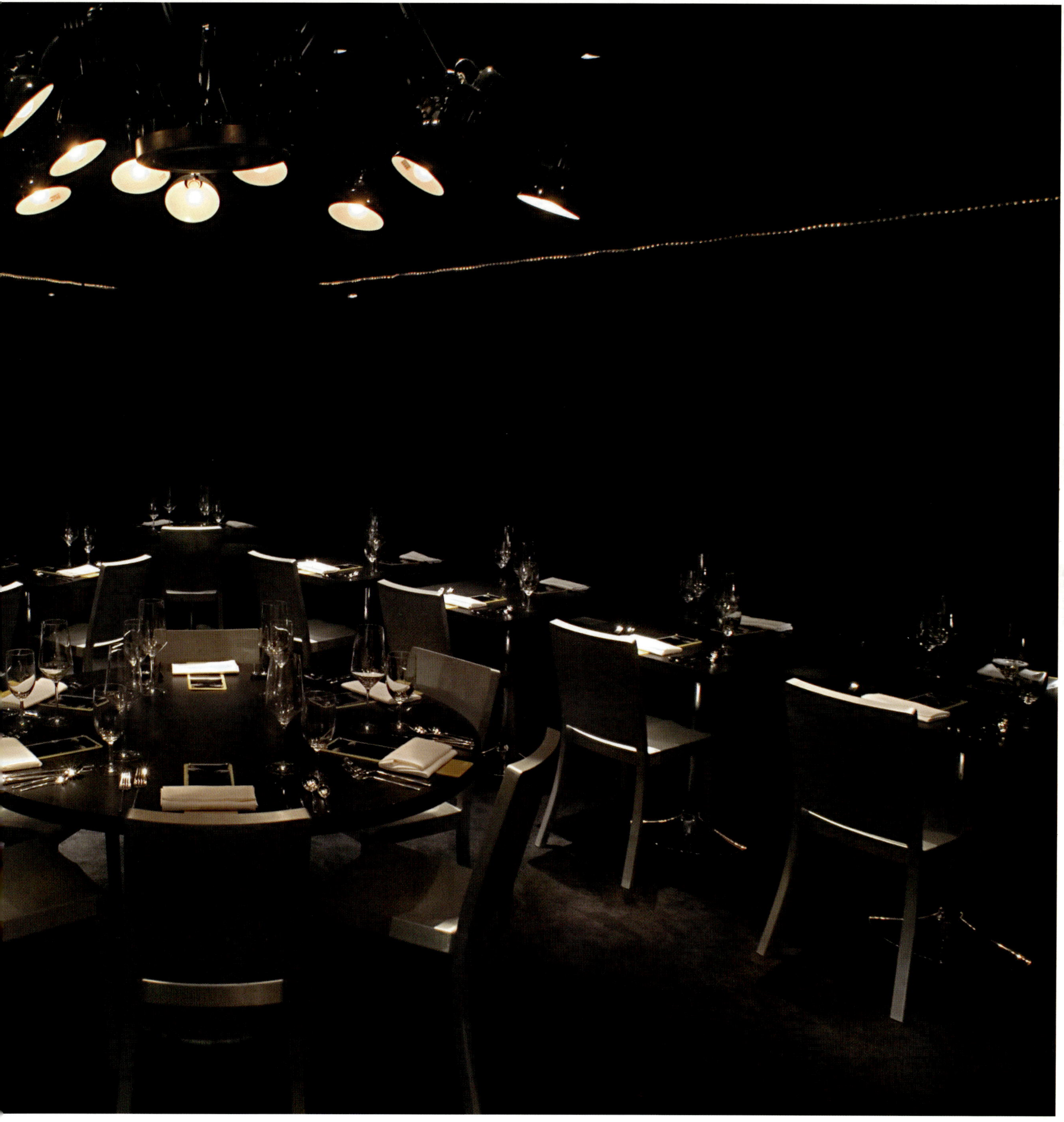

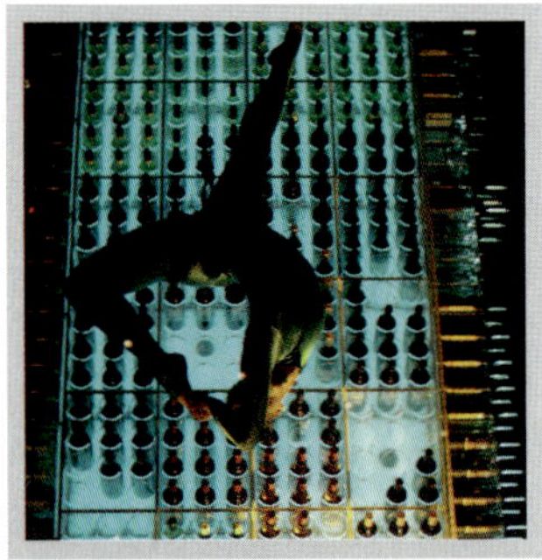
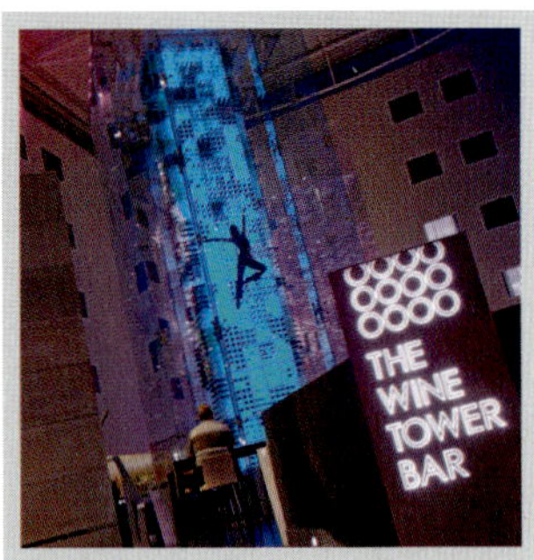

Wine tower bar

UK

Fly angel, fly!

A 13 metre high wine tower forms the dazzling centre point of the Radisson SAS Hotel lounge and bar at Stansted Airport. The temperature controlled structure, constructed out of 6.5 tons of laminated glass, a steel core and a pyramid shaped roof, is fitted with an acrylic rack filled with 4,000 bottles of red and white wine. The enchantingly lit column, which was inaugurated along with the hotel in 2004, not only serves as a large, open wine rack but also functions as a theatre in which 4 graceful 'wine angels' suspended on cables collect the bottles ordered by guests. With the help of remote control and computer controlled winches, these women glide effortlessly up and down, whilst also slipping in a few acrobatics in between. So that you don't need to have one too many to see angels fly here!

Une tour à vin de 13 mètres de haut constitue l'attraction du lounge et du bar de l'hôtel Radisson SAS, à l'aéroport de Stansted. Cet édifice à la température contrôlée est faite de 6,5 tonnes de verre laminé, d'un cœur en acier et d'un toit pyramidal. Il est équipé d'une étagère en acrylique qui supporte 4 000 bouteilles de vins rouges ou blancs. Le pilier, éclairé de manière féerique, a été érigé en même temps que l'hôtel, en 2004. Il ne fait pas seulement office de porte bouteille géant mais fonctionne comme un théâtre où 4 ''anges des vins'', suspendus à des câbles, vont gracieusement chercher les bouteilles choisies par les clients. Commandées par des ordinateurs ces dames évoluent sans effort, exécutant de temps à autre une acrobatie. Pas besoin, donc, de boire beaucoup pour les voir voler !

Een 13 meter hoge wijntoren vormt het stralende middelpunt van de lounge en bar van het Radisson SAS Hotel in Stansted Airport. De temperatuurgecontroleerde constructie, opgebouwd uit 6,5 ton gelamineerd glas, een stalen kern en een piramidevormig dak, is uitgerust met een acryl rek dat plaats biedt aan 4.000 flessen rode en witte wijn. De feeëriek verlichte zuil, die samen met het hotel werd ingehuldigd in 2004, doet niet enkel dienst als groot uitgevallen wijnrek, maar fungeert tevens als een theater waarin 4 gracieuze "wijnengelen" zwevend aan draden de door de gasten bestelde flessen opduikelen. Met behulp van draadloze afstandsbedieningen en computergestuurde lieren zweven deze dames moeiteloos op en neer, intussen ook nog eens een aardig staaltje acrobatie weggevend. Hier hoef je dus echt niet veel te drinken om ze te zien vliegen!

THE WINE TOWER BAR – Radisson SAS Hotel London Stansted Airport, Waltham Close, Stansted Airport, Essex, CM24 1PP, United Kingdom - +44 (0)1279 661 012 - info.stansted@radissonsas.com - www.stansted.radissonsas.com

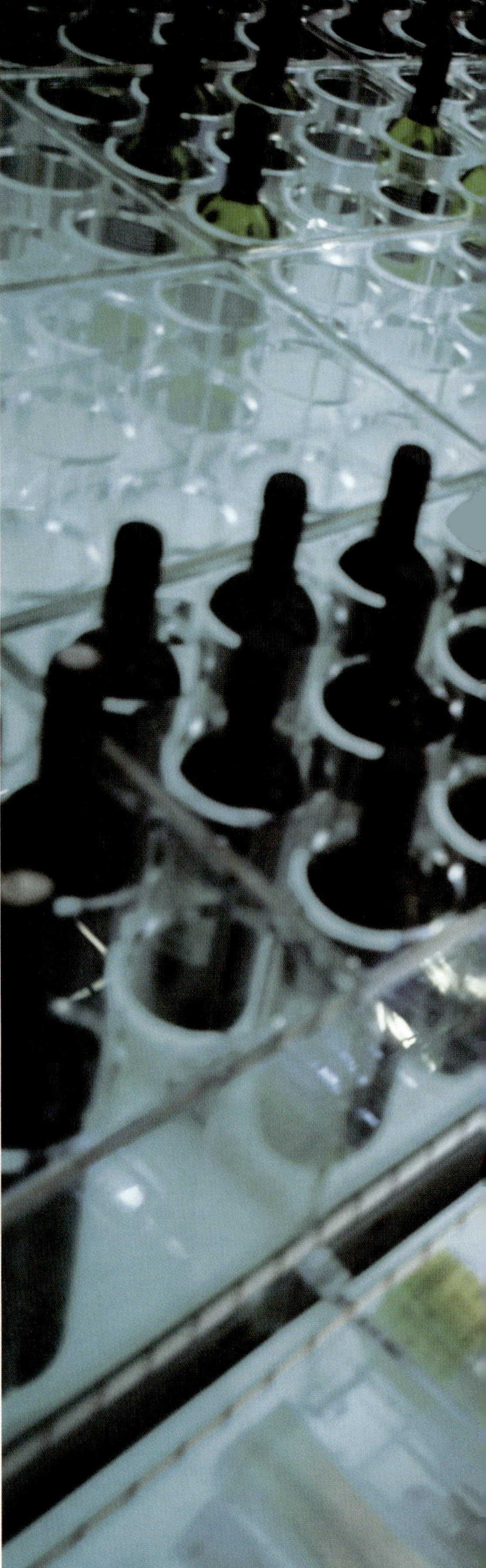

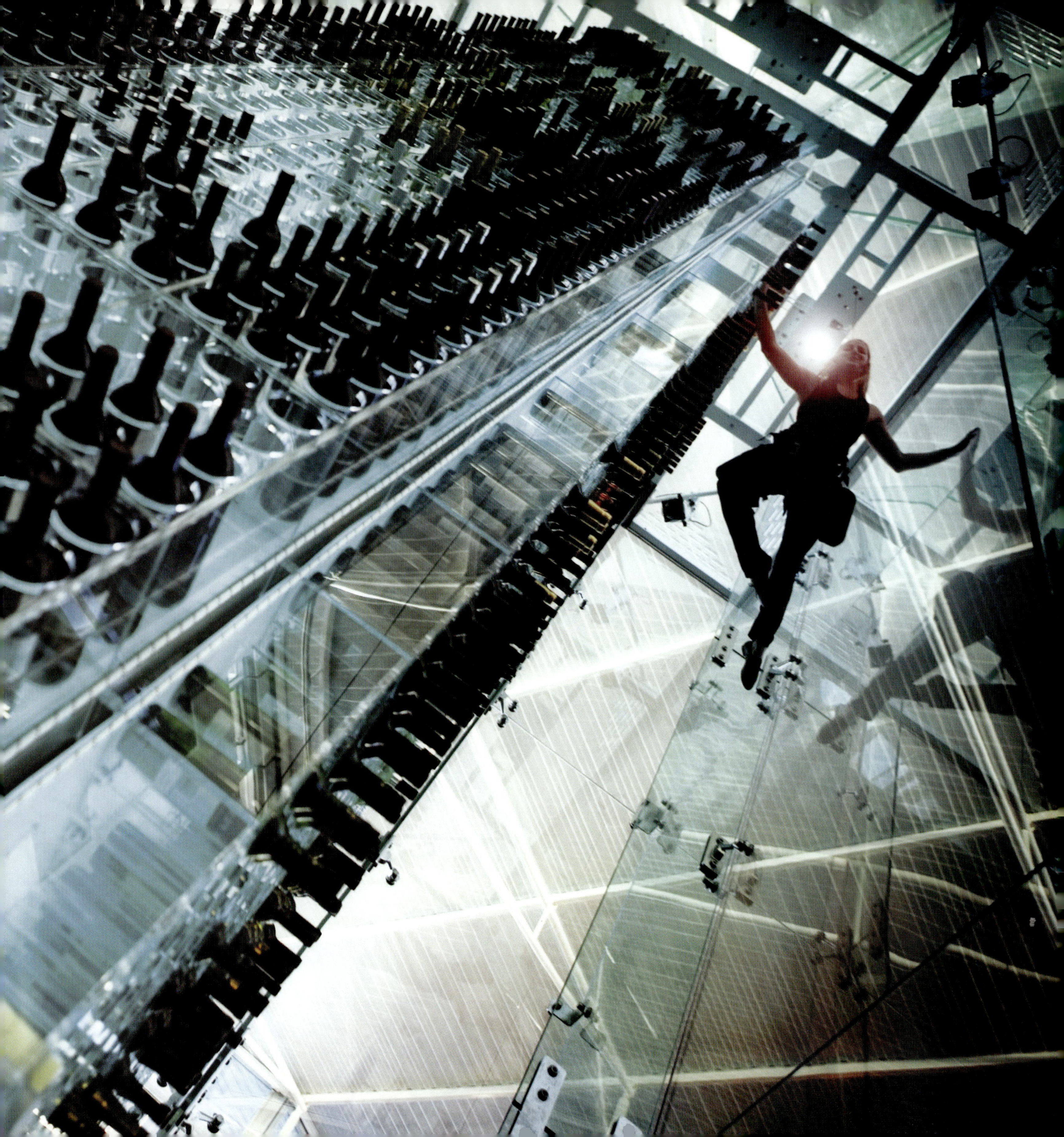

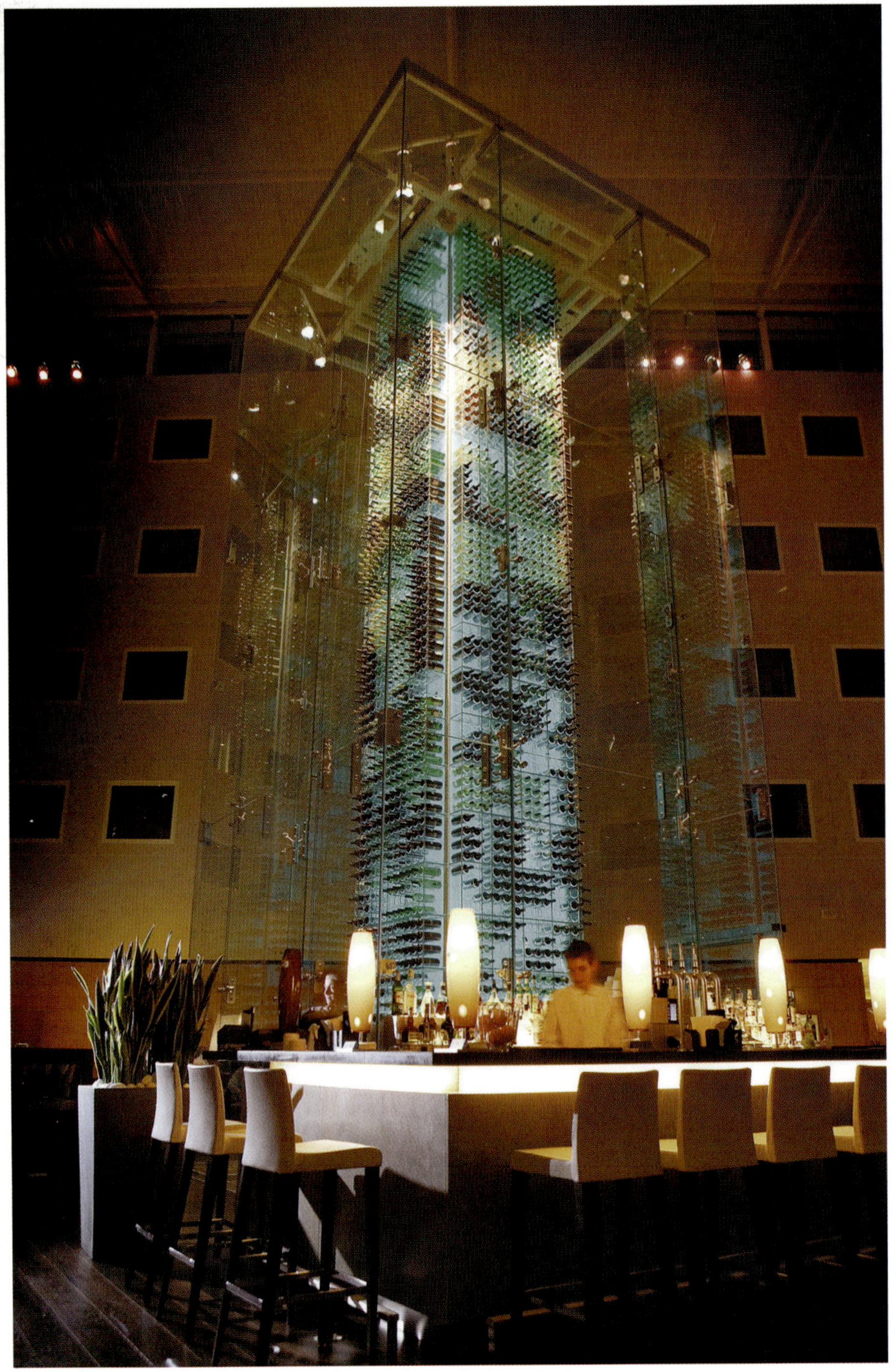

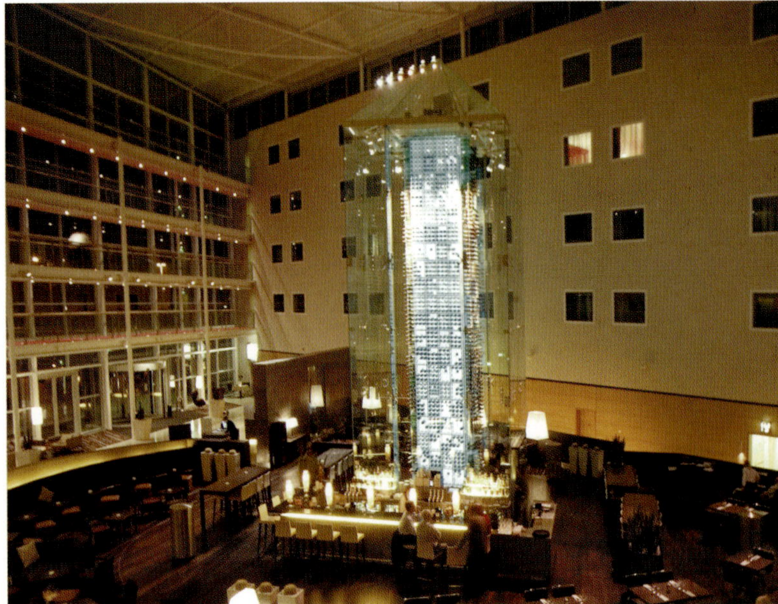

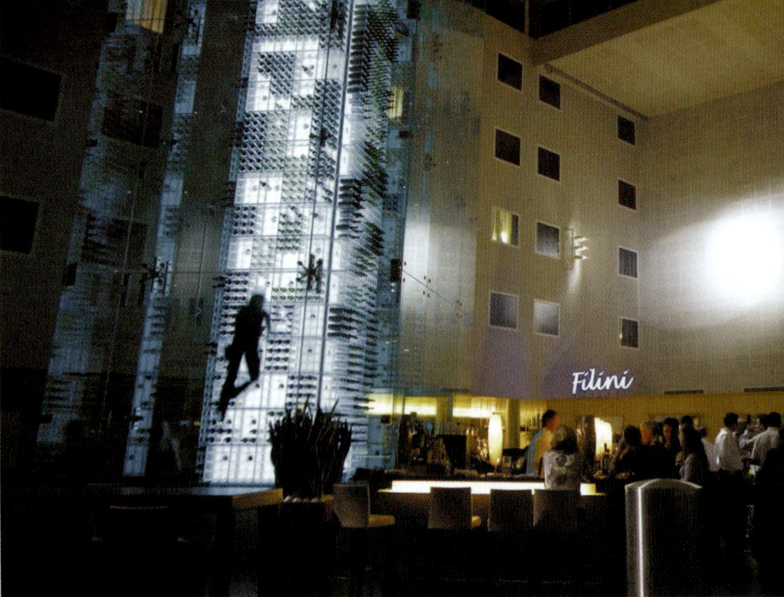

There is no other tower like this in Europe and it was only preceded by a similar tower in the Mandalay Bay Hotel in Las Vegas.

Cette tour est unique en Europe. Sa seule jumelle se trouve au Mandalay Bay Hotel de Las Vegas.

Deze toren is de enige in Europa, en werd enkel voorafgegaan door een gelijkaardige toren in het Mandalay Bay Hotel in Las Vegas.

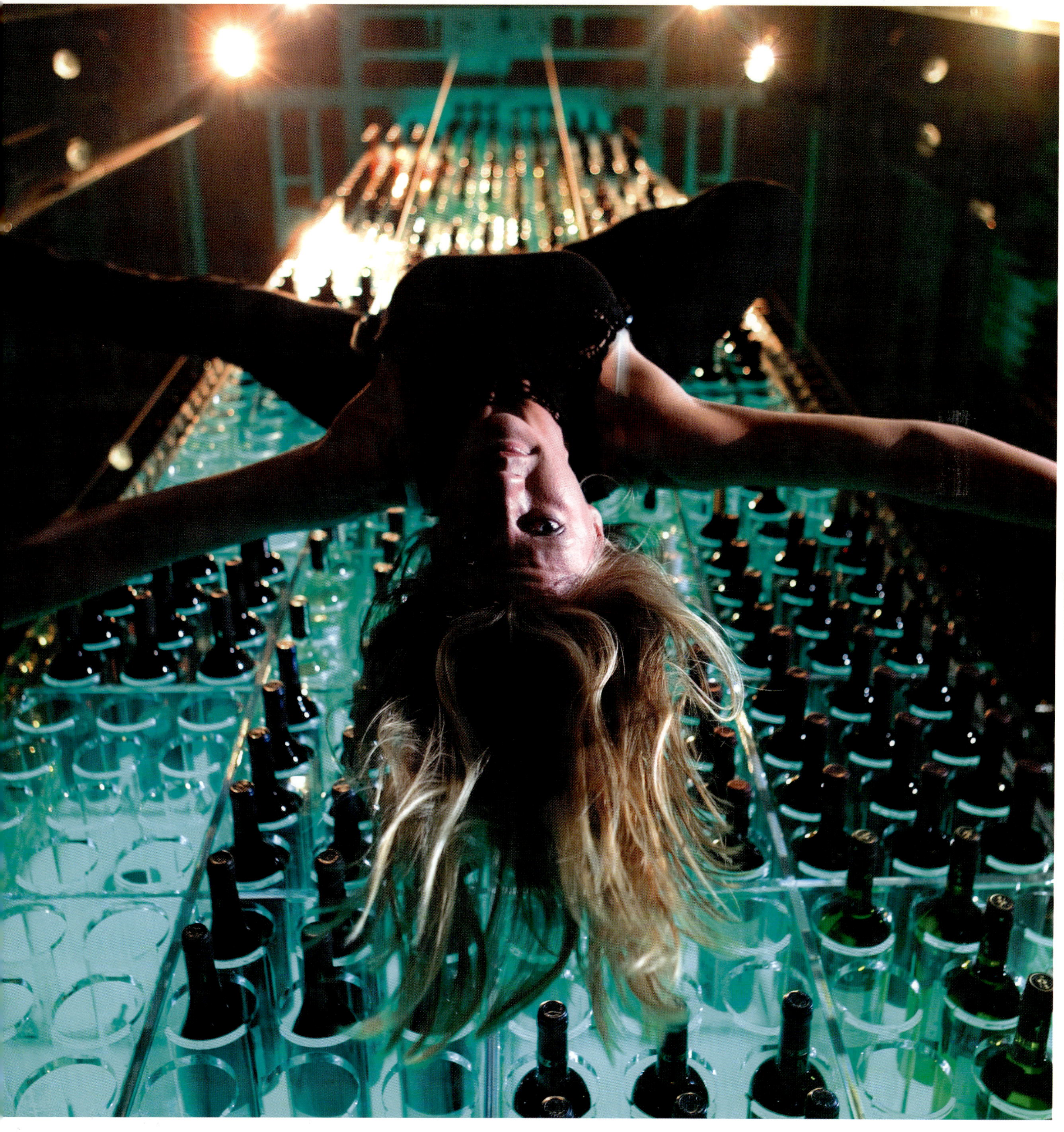

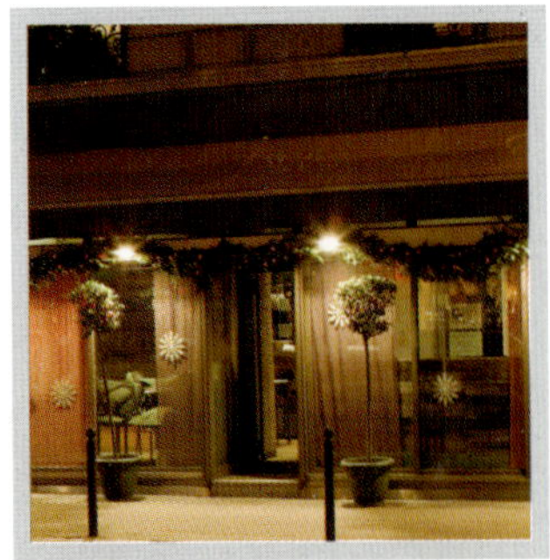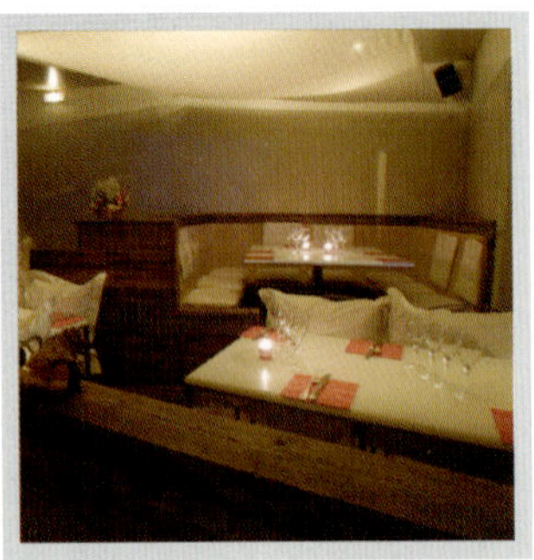

Swing seat restaurant France

Poetry in motion

The name of this restaurant refers to the title of a famous fable by Jean de la Fontaine, about a fox that using flattery succeeds in tricking a piece of cheese from a raven who sits high in a tree. There is also something mythical about dining at Sur Un Arbre Perché. The inspired interior of this Parisian restaurant is dominated by a stylized white tree, with branches that fan out over the ceiling. Here you can either eat in one of the swing seats that are fixed to the ceiling with cables, or hidden in one of the comfortable wooden 'nests' that are fixed at various heights or deep in one of the cushion filled chairs. The lighting fixtures are made of wire that is shaped to look like birds nests. The service is young and efficient and the kitchen is fresh and inventive.

Le nom de ce restaurant évoque la célèbre fable de Jean de la Fontaine, où un renard réussit, par la flatterie, à chiper un fromage à un corbeau, pourtant haut perché dans son arbre. Dîner Sur Un Arbre Perché est une expérience féerique. Le décor de ce restaurant parisien, inspiré de la fable, met en scène un arbre blanc stylisé dont les branches se balancent jusqu'au plafond. Ici, on mange assis sur une balançoire accrochée au plafond, dans l'un des confortables nids de bois perchés à différentes hauteurs ou bien enfoncé dans un fauteuil pourvu de gros coussins. L'éclairage est réalisé à partir de fils qui sont assemblés de manière à ressembler à des nids. Le service est jeune et efficace, la cuisine fraîche et inventive.

De naam van dit restaurant slaat op de titel van een bekende fabel van Jean de la Fontaine, over een vos die er met behulp van vleierei in slaagt een raaf die hoog in een boom zit een stuk kaas te ontfutselen. Dineren in Sur Un Arbre Perché heeft dan ook echt iets fabelachtigs. Het geïnspireerde interieur van dit Parijse restaurant wordt bepaald door een witte gestileerde boom, met takken die tegen het plafond over de ruimte uitwaaieren. Eten doe je hier ofwel gezeten in een van de schommelstoelen die met kabels aan het plafond vastgemaakt zijn, verscholen in een van de gezellige houten 'nesten' die op verschillende hoogtes bevestigd zijn of weggezakt in een van de zetels die van dikke kussens voorzien zijn. De verlichting bestaat uit draden, die zo gevormd zijn dat ze op vogelnesten lijken. De bediening is jong en efficiënt, de keuken vers en inventief.

SUR UN ARBRE PERCHÉ – 1 RUE DU QUATRE SEPTEMBRE, 75002 PARIS, FRANCE · +33 1 42 96 97 01 – CONTACT@SURUNARBREPERCHE.COM – WWW.SURUNARBREPERCHE.COM

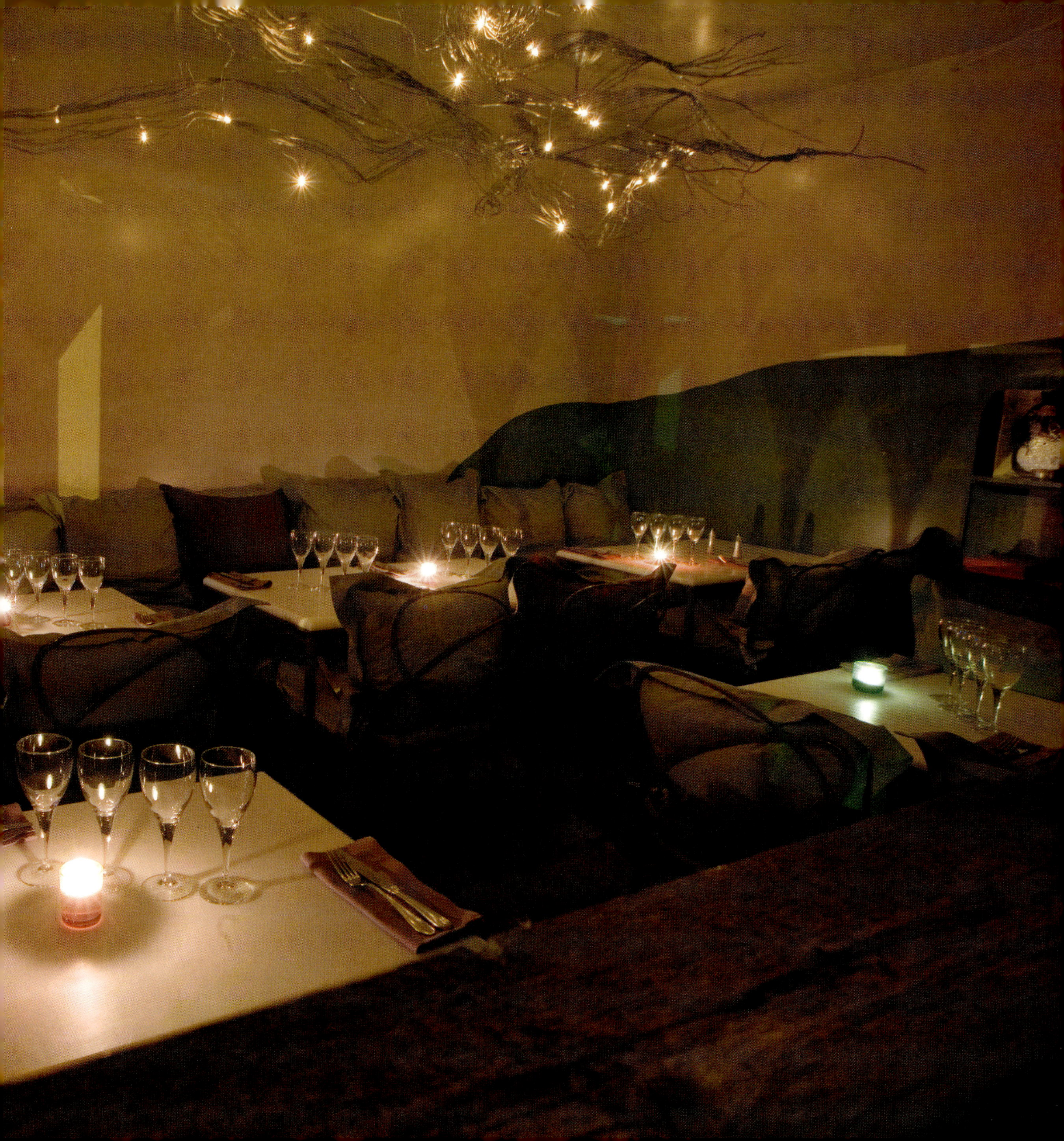

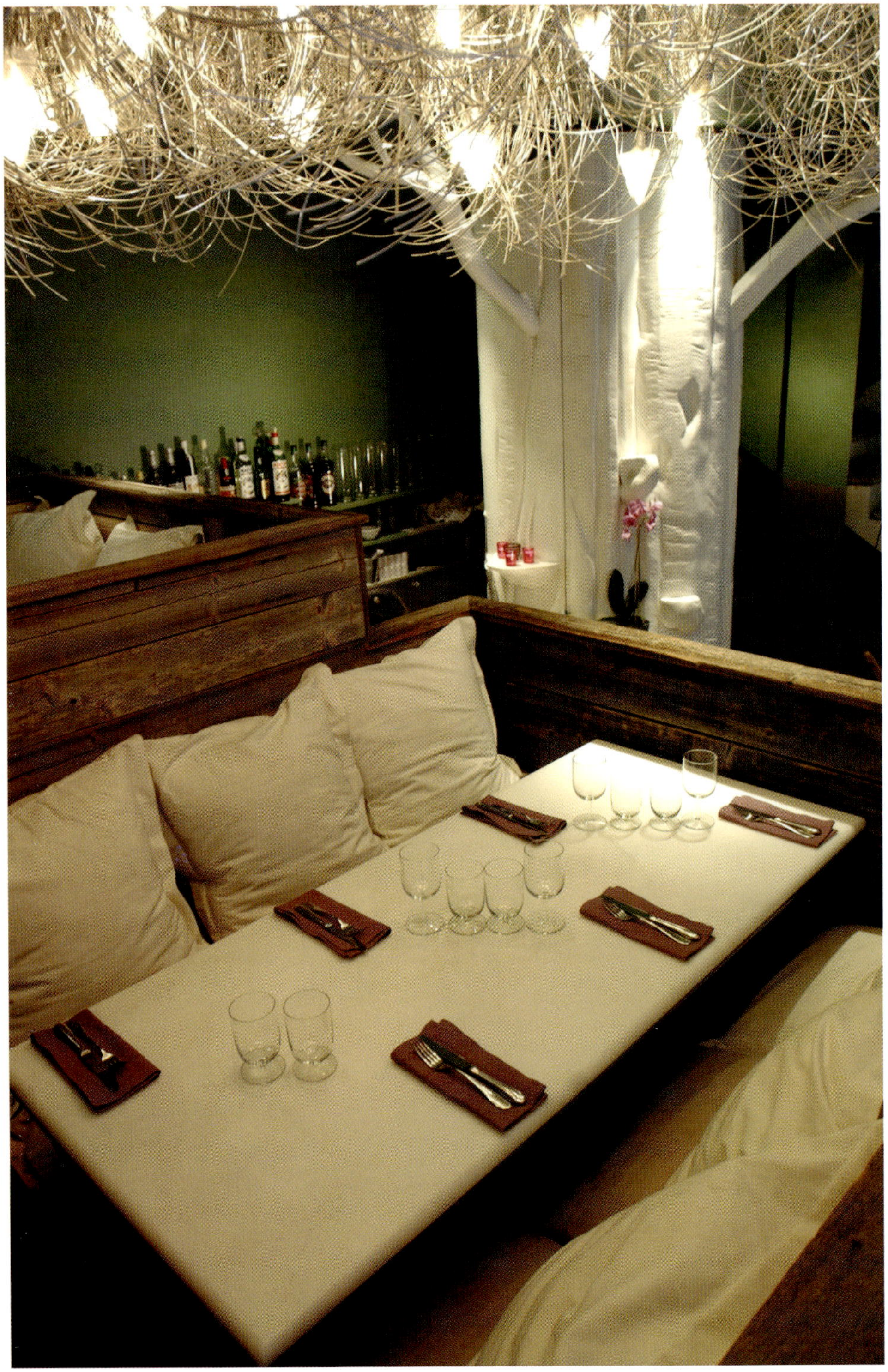

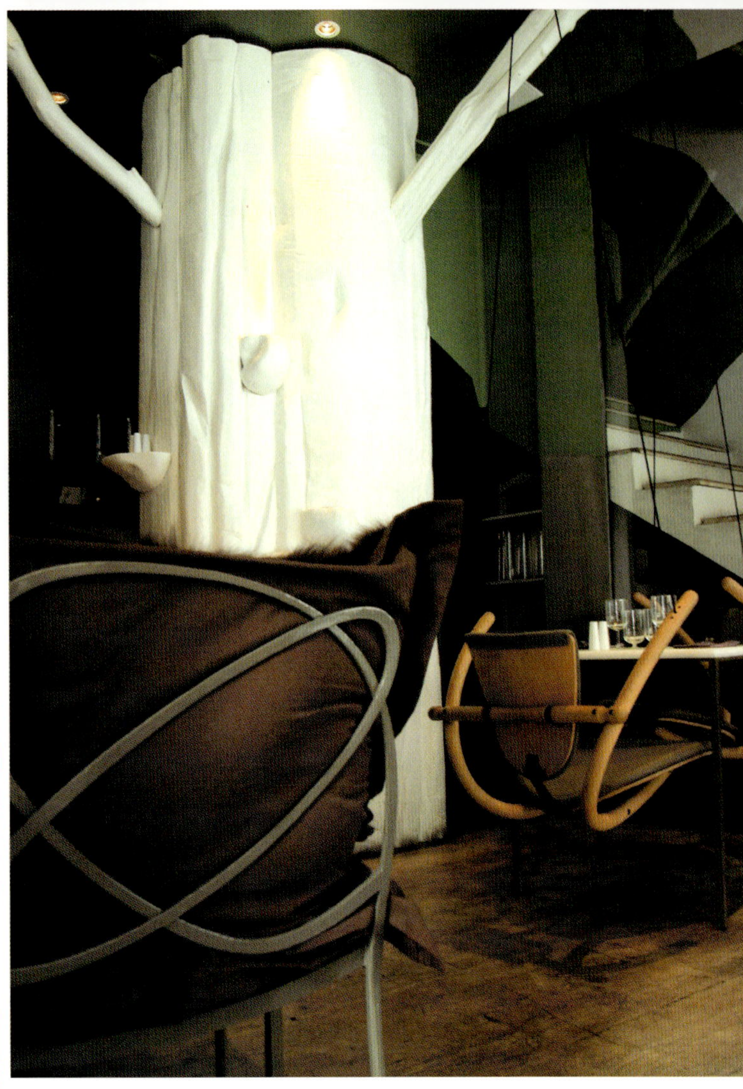

As a little extra, before or after your meal, you can have a professional massage in the shiatsu space that is situated above the dining room.

En extra, il est possible de se faire masser avant ou après le repas, dans l'espace shiatsu animé par des professionnels.

Als extraatje kun je voor of na de maaltijd een professionele massage meepikken in de erboven gelegen shiatsuruimte.

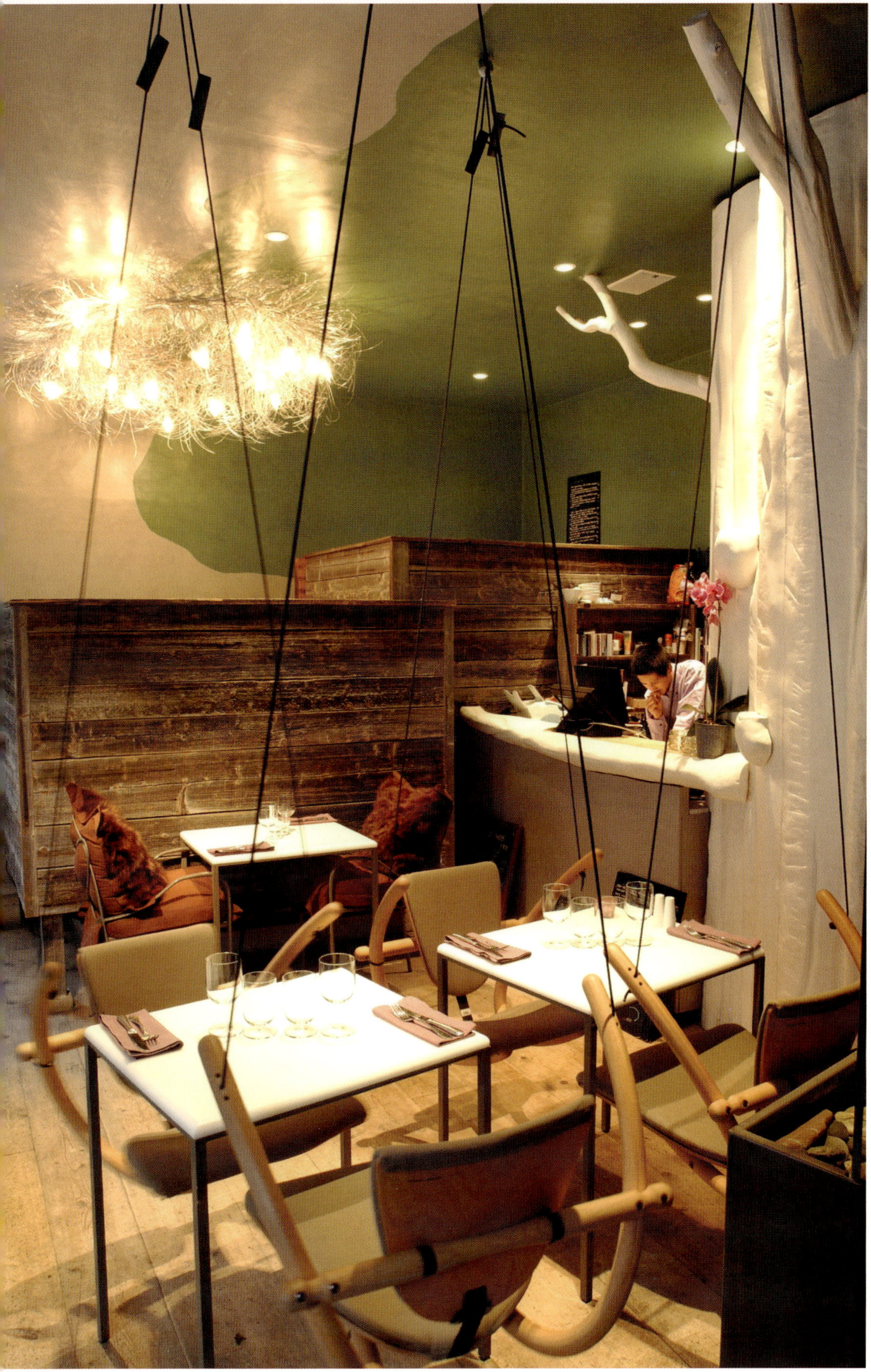

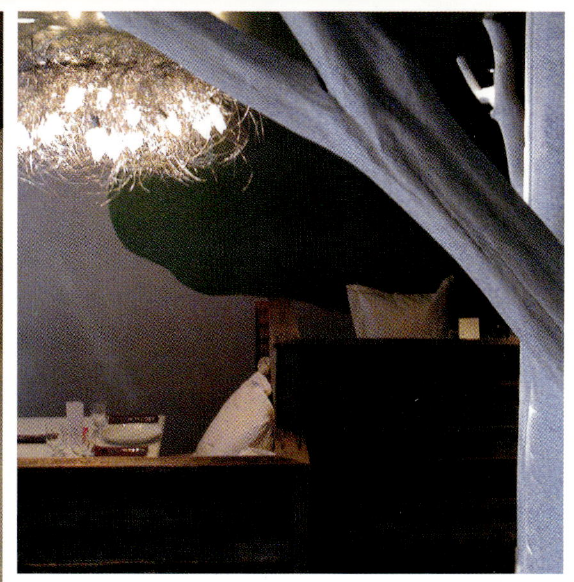

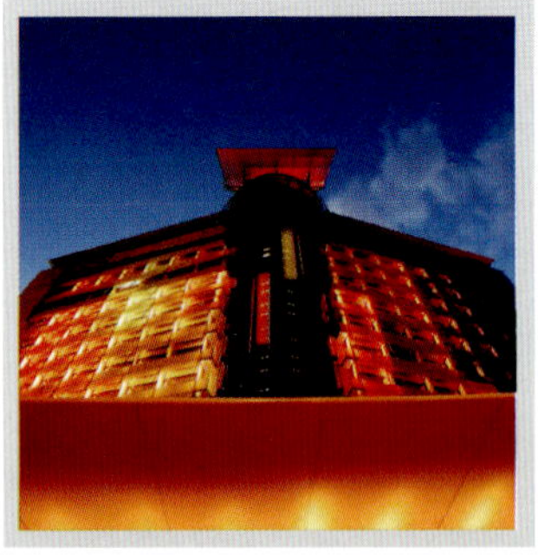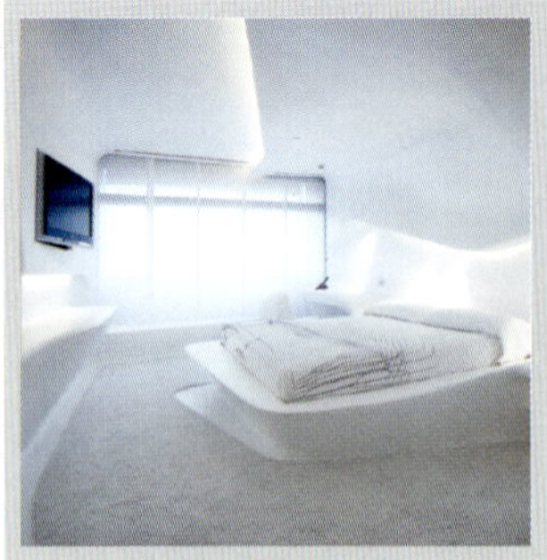

Design hotel **Spain**

A designer's dream

There are masses of design hotels. Yet Hotel Silken Puerta América is quite unique. No less than nineteen top designers and architects from thirteen countries worked on this twelve-floor temple of design in Madrid. Each floor is the result of an individual view of hotel life. Together they make up 34,000 sq. m. of space, a fusion of the best in avant-garde design and architecture. So, who are we talking about here? Norman Foster, David Chipperfield, Victorio & Lucchino, Marc Newson, Ron Arad, Oscar Niemeyer, and more of that ilk. And what's most fun? Jason Bruges' Memory Wall, which records the movements of passing guests and screens them at a later time, Zaha Hadid's furniture, which grows out of the walls like ceps, the angular rooms by Plasma Studio, Kathryn Findlay's floating bed and Jean Nouvel's swimming pool with black water.

Il en existe beaucoup. Et pourtant, l'hôtel Silken Puerta América est unique. Ce temple du design madrilène de 12 étages a vu collaborer 19 architectes et créateurs de renom de 13 nationalités différentes. Chaque étage reflète une vision différente de la vie d'hôtel. Ensemble, ils offrent 34.000 m² d'espace rassemblant ce qu'il y a de mieux dans l'architecture et le design d'avant garde. Les plus grands noms? Norman Foster, David Chipperfield, Victorio & Lucchino, Marc Newson, Ron Arad, Oscar Neimeyer, etc. Les plus chouettes découvertes? Le Memory Wall de Jason Bruges, qui enregistre les mouvements des passants pour les restituer sous forme d'images ensuite. Le mobilier de Zaha Hadid qui semble extrudé des murs. Les chambres géométriques de Plasma Studio. Le lit suspendu de Kathryn Findlays et le bassin d'eau noire de Jean Nouvel.

Er zijn hopen designhotels. En toch is Hotel Silken Puerta América uniek. Aan deze Madrileense designtempel van twaalf verdiepingen werkten in totaal immers maar liefst negentien topontwerpers en –architecten uit dertien verschillende landen mee. Elke verdieping is de neerslag van een andere visie op het hotelleven. Samen vormen ze 34.000 m² ruimte die het beste in avant-garde design en architectuur met elkaar laat versmelten. De grootste namen? Norman Foster, David Chipperfield, Victorio & Lucchino, Marc Newson, Ron Arad, Oscar Neimeyer, enz. De leukste vondsten? Jason Bruges' Memory Wall, die de bewegingen van voorbijlopende gasten registreert om ze later terug te projecteren, de meubels van Zaha Hadid die als eekhoorntjesbrood uit de wanden groeien, de hoekige kamers van Plasma Studio, Kathryn Findlays zwevende bed en Jean Nouvels zwembad met zwart water.

HOTEL SILKEN PUERTA AMÉRICA - AVENIDA DE AMÉRICA 41, 28002 MADRID, SPAIN - +34 917 445 400 - WWW.HOTELPUERTAMERICA.COM - HOTEL.PUERTAMERICA@HOTELES-SILKEN.COM

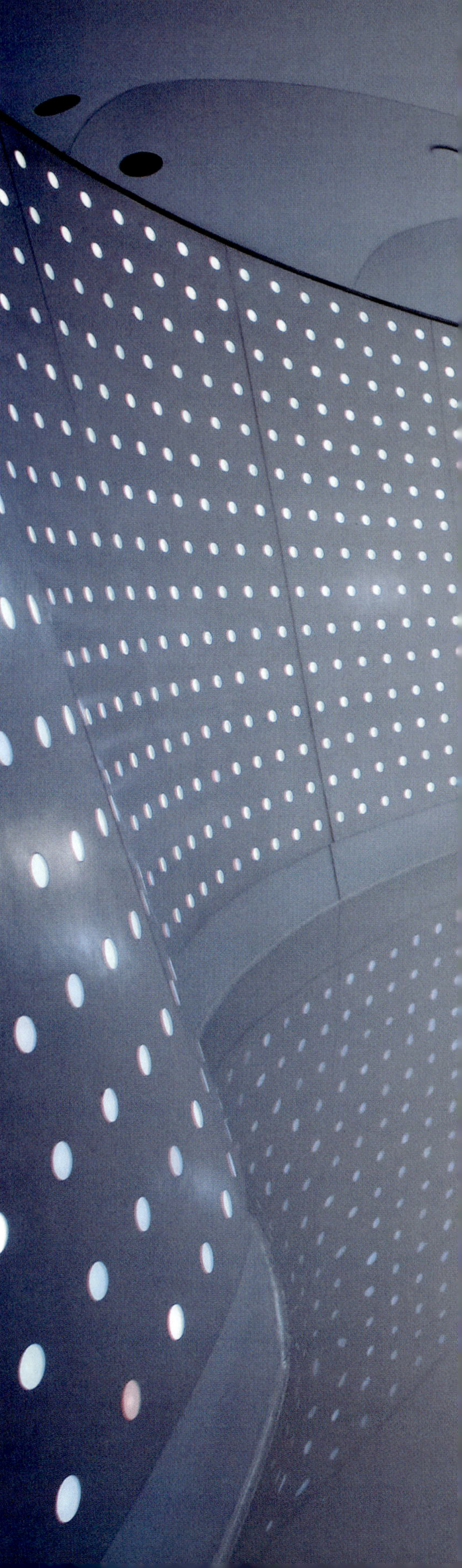

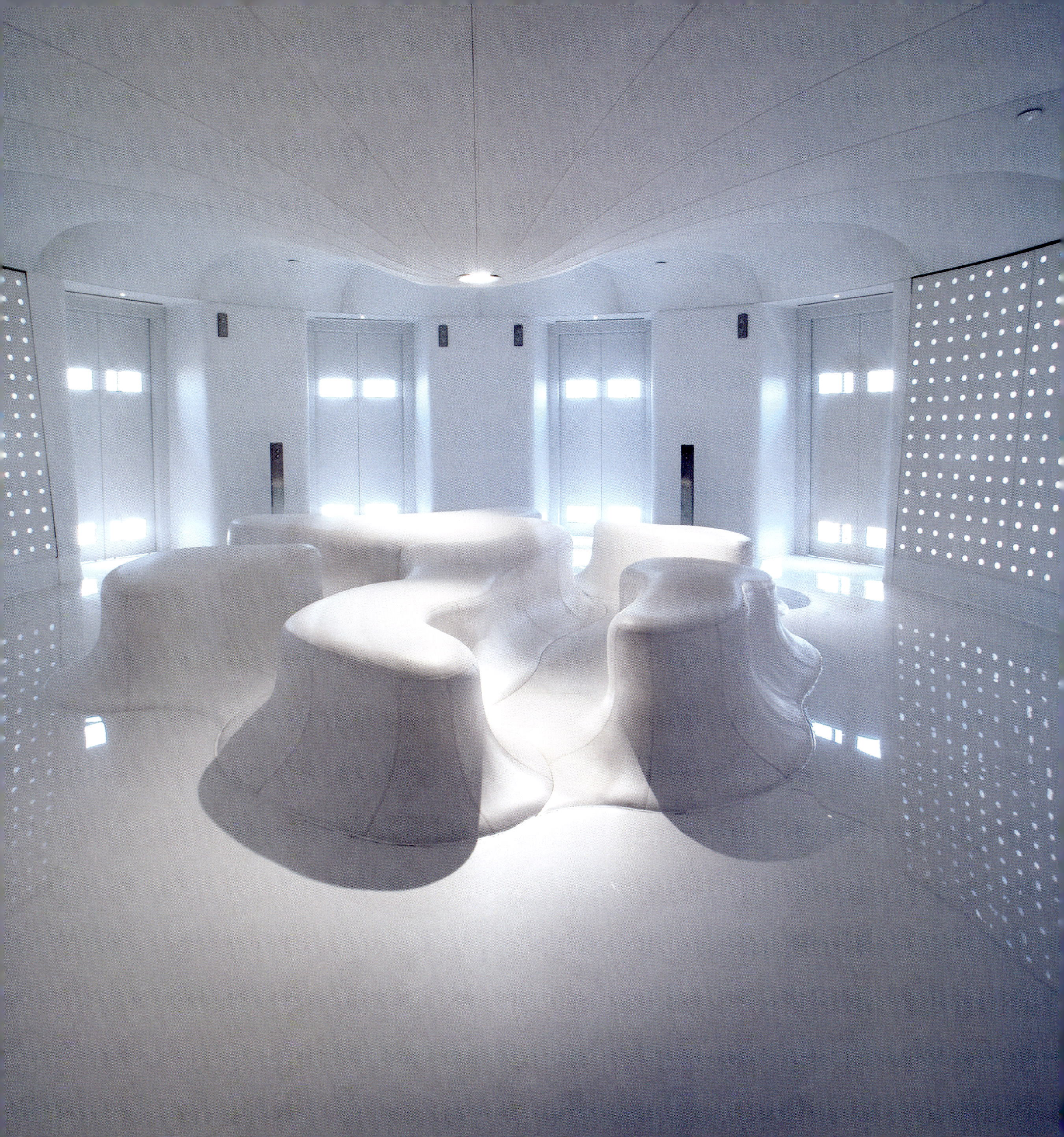

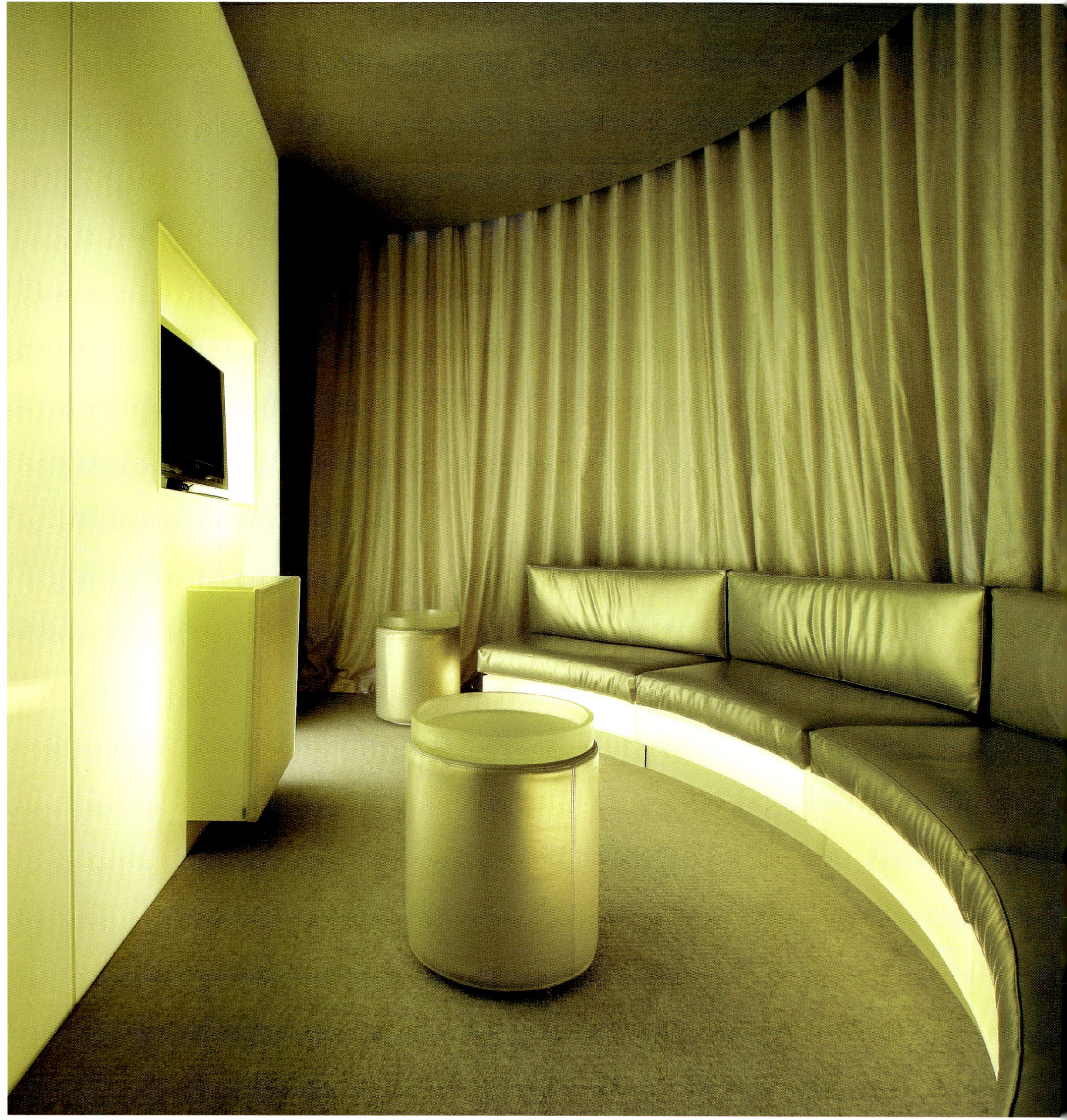

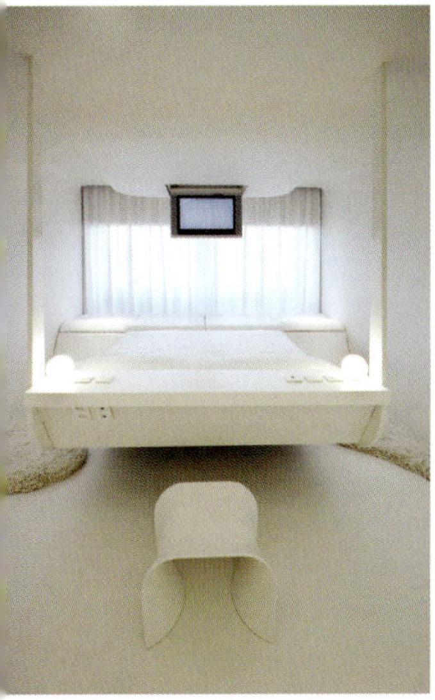

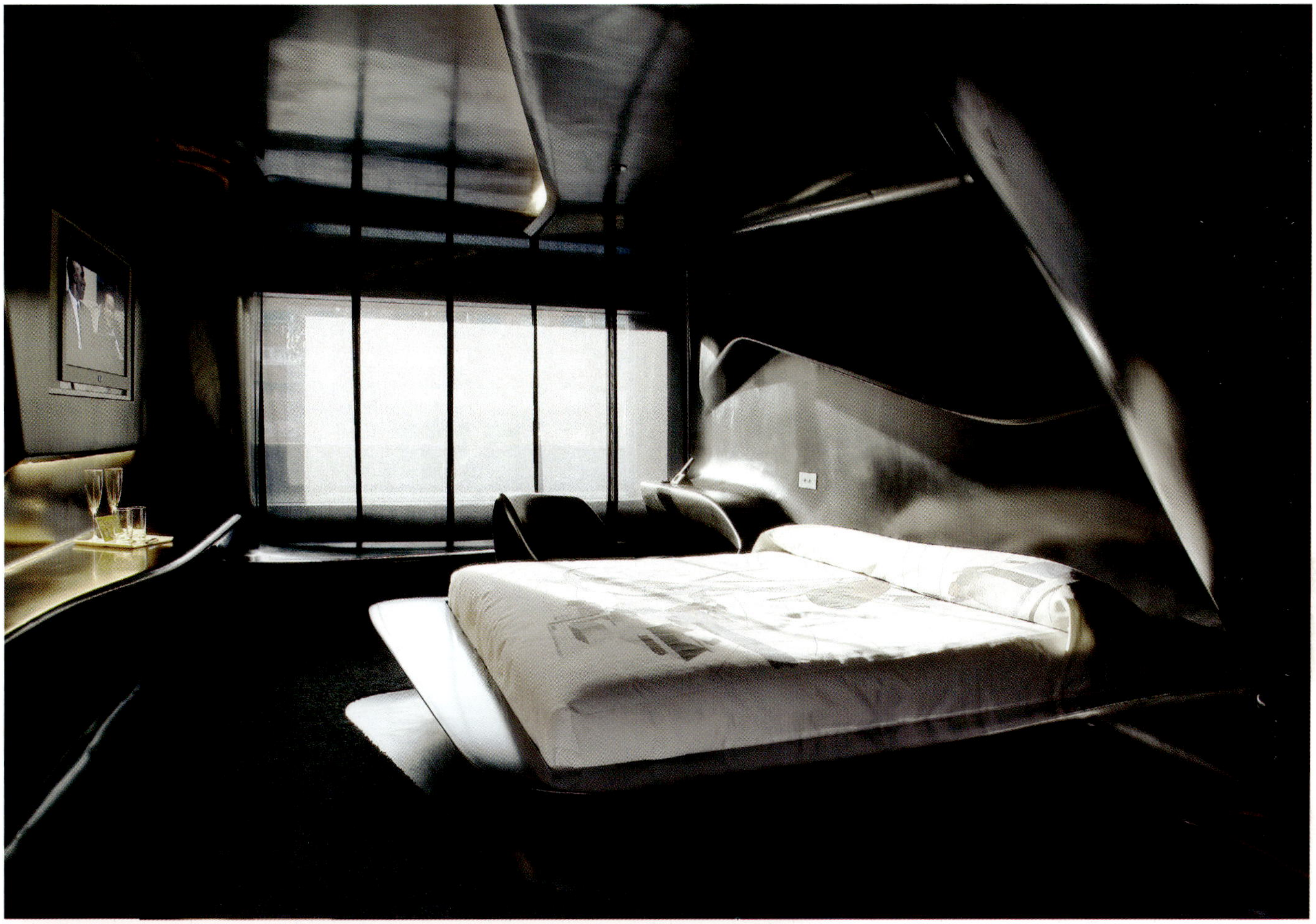

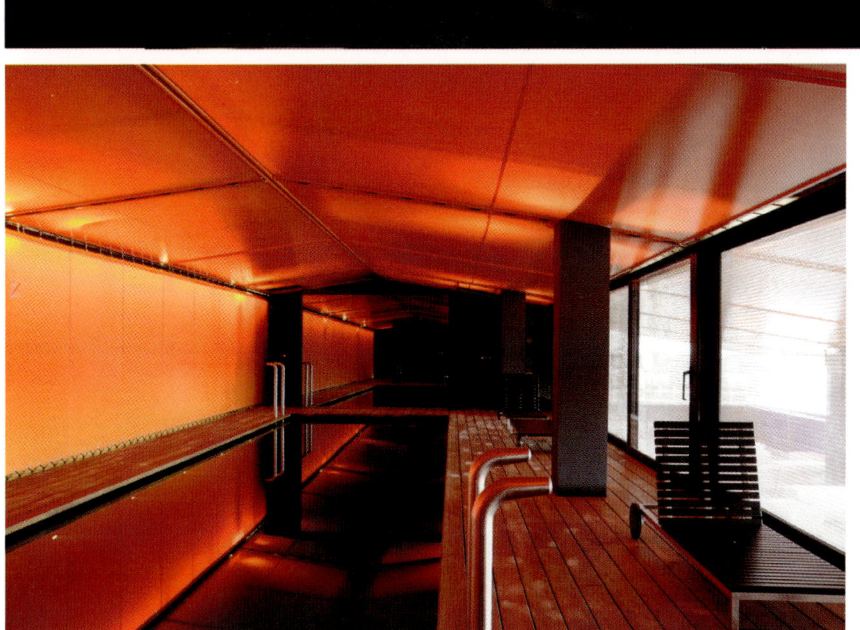

This design hotel contains twelve suites –all located on the twelfth floor–, 22 junior suites and 308 premium rooms. At reservation you get to choose on which floor you want to sleep.

Cet hotel design comporte douze suites - toutes situées au douzième étage -, 22 suites junior et 308 chambres classiques. Lors de la réservation, vous pourrez choisir l'étage où vous souhaitez loger.

Dit designhotel bevat twaalf suites –alle gelegen op de twaalfde verdieping–, 22 junior suites en 308 gewone kamers. Bij reservatie kan je kiezen op welke verdieping je wil slapen.

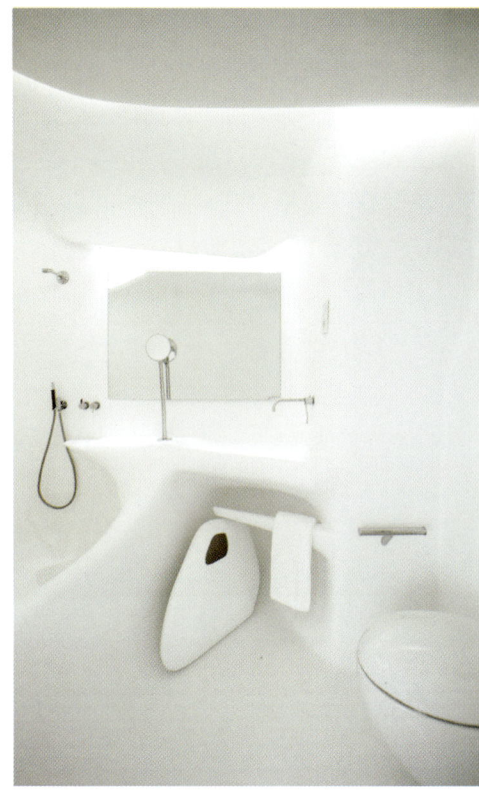

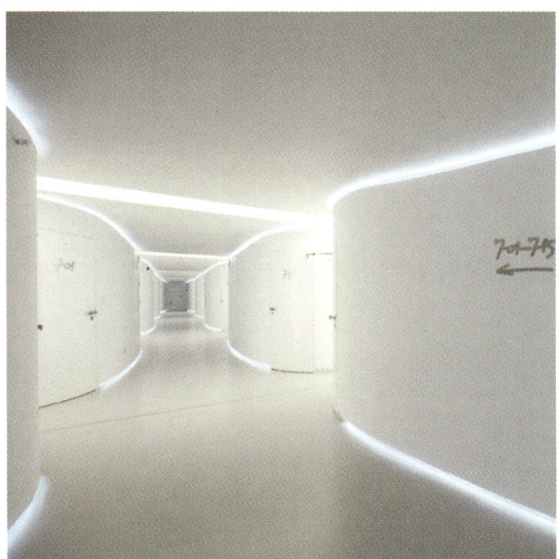

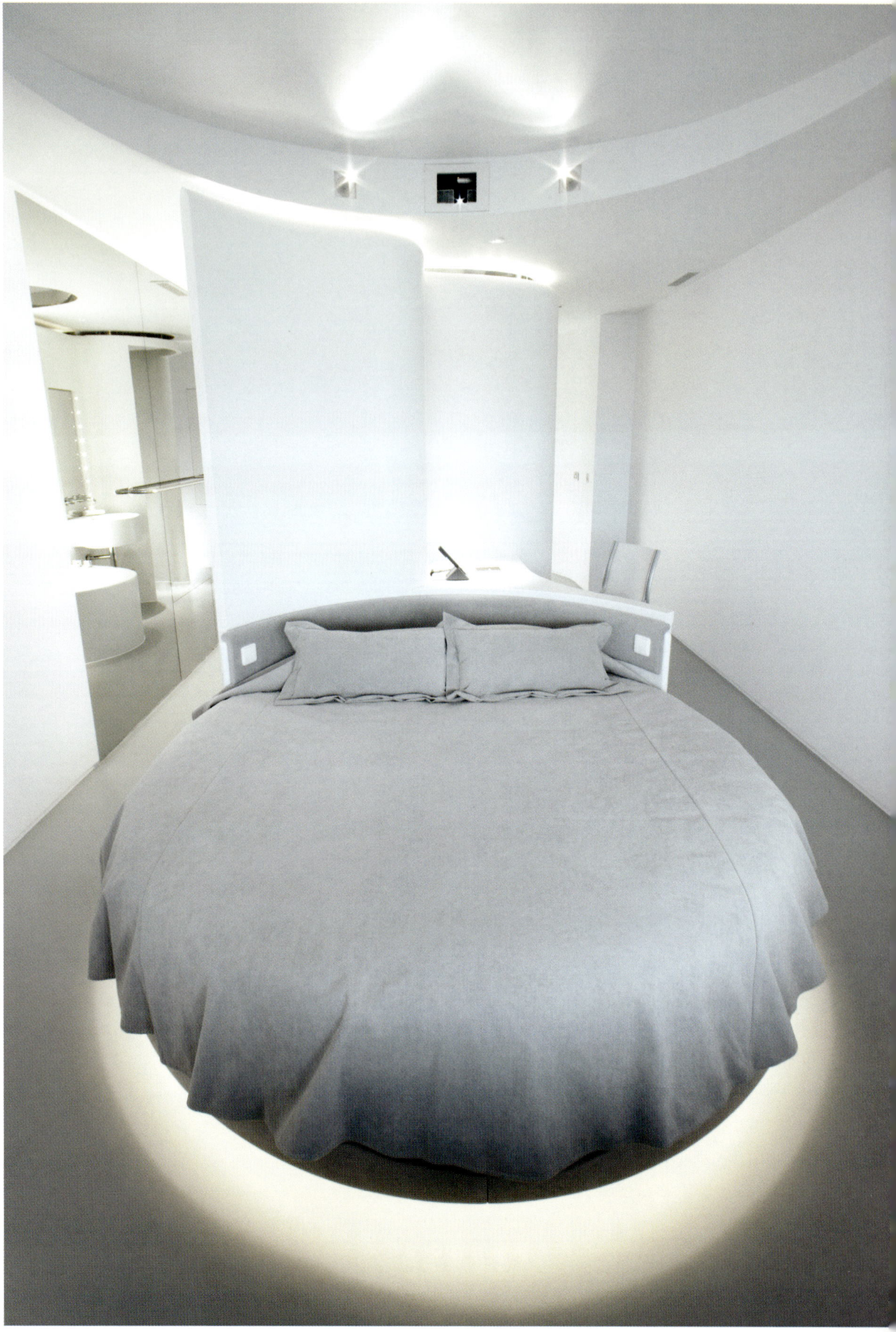

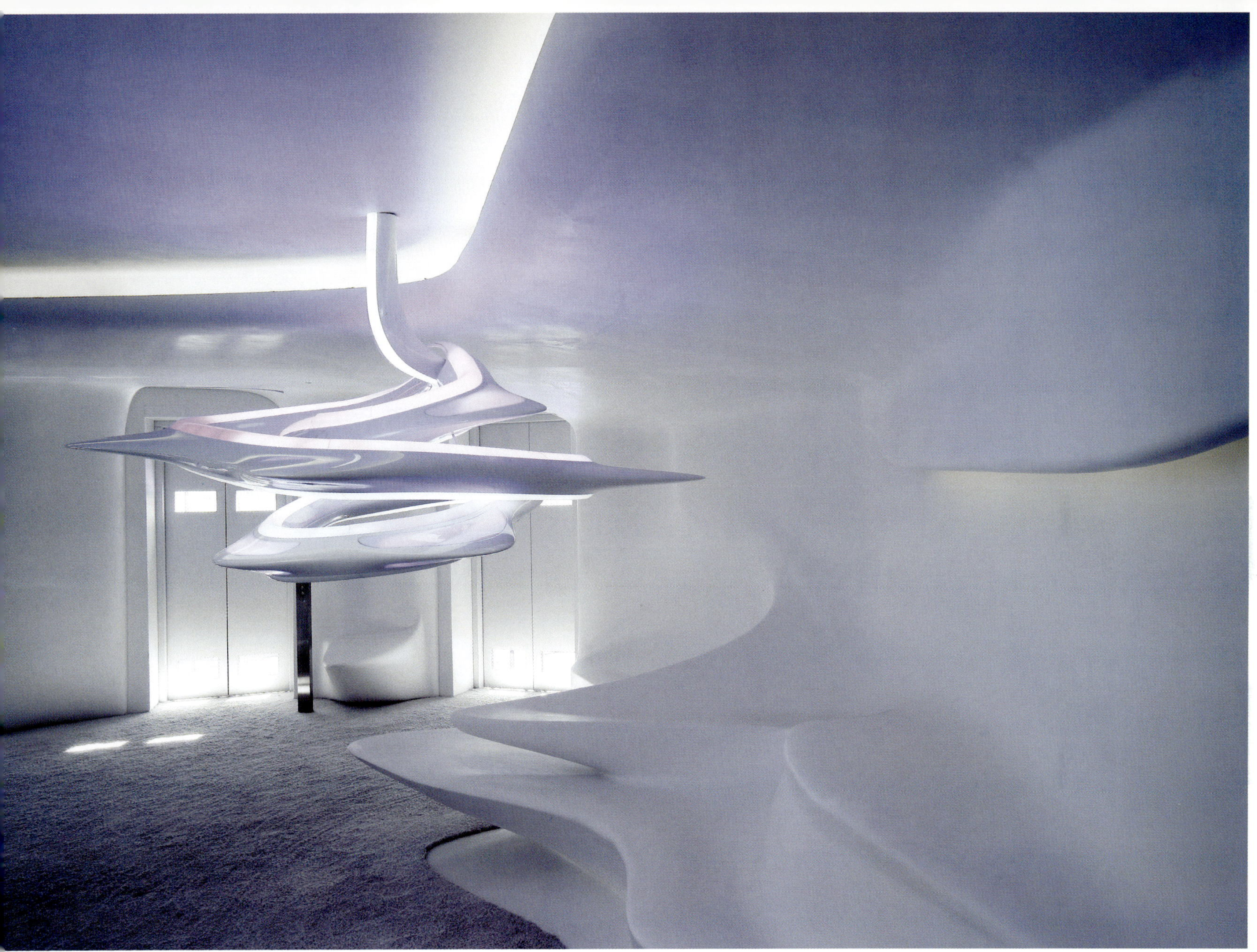

All the floors boast the same layout, with a central lobby upon exiting the lift and a hallway which leads to rooms on either side. Zaha Hadids lobby is dominated by Vortexx, a sinuously shaped lamp that changes colour every so often.

Tous les étages sont aménagés de la même façon : un lobby central où arrive l'ascenseur et, des deux côtés, un couloir menant aux chambres. Le lobby de Zaha Hadids est dominé par Vortexx, un lustre aux courbes sensuelles qui change de couleur au fil du temps.

Alle verdiepingen hebben dezelfde indeling: een centrale lobby voor de lift met aan weerskanten een gang naar de kamers. Zaha Hadids lobby wordt gedomineerd door Vortexx, een zinnelijk gevormde lamp die geregeld van kleur verandert.

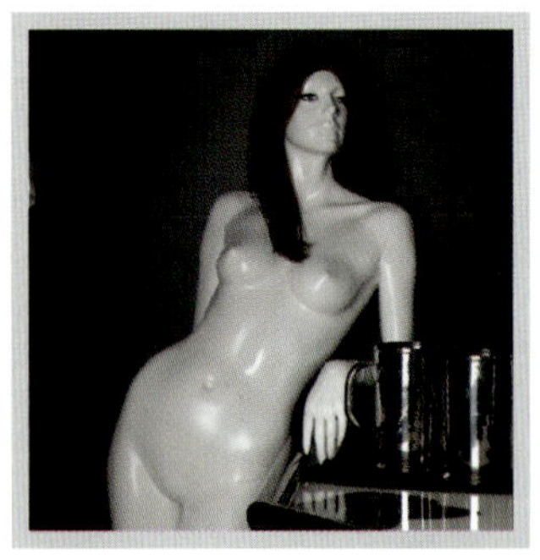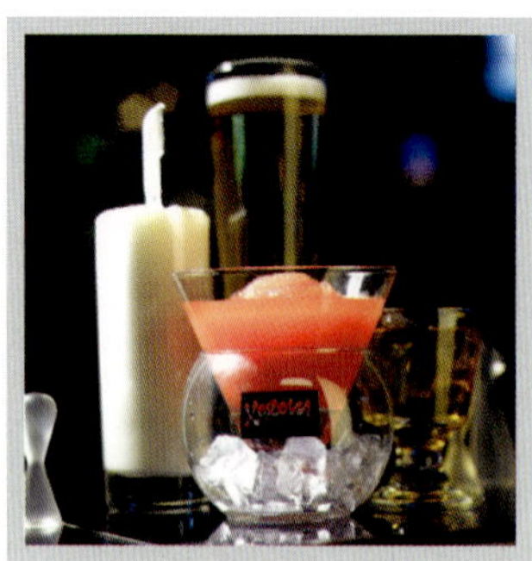

A clockwork orange bar ^{USA}

Milk plus

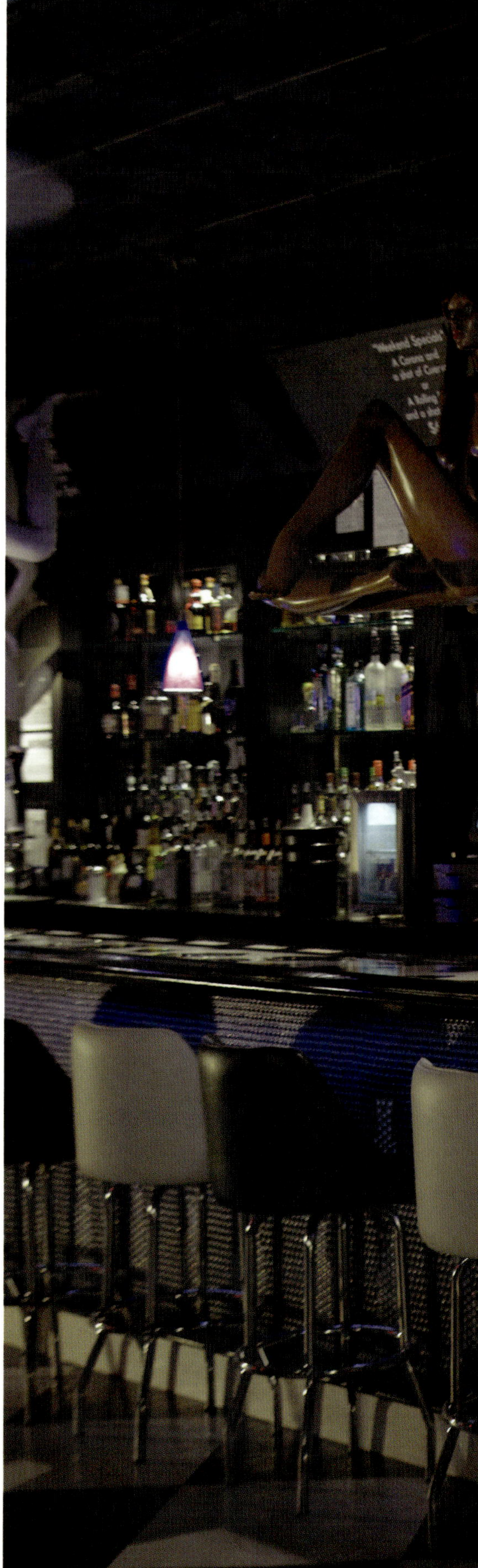

"There was me, that is Alex, and my three droogs, that is Pete, George, and Dim,(...) and we sat in the Korova Milkbar making up our rassoodocks what to do with the evening...." So begins the cult book *A Clockwork Orange* by Anthony Burgess and Stanley Kubrick's film of the same name. Korova Milkbar - in the book and the film it is a sinister place that mixed drugs with milk, which poured from the breasts of white painted mannequins - is also the name of a bar in White Plains, New York. The décor is entirely inspired by the film: shiny, sophisticated and sexy, with a lot of black and white, naked mannequins in all sorts of positions, comfortable couches and several video screens. Alongside spirits, cocktails, beer, champagne and wine, you can also get 'molokos' here; milk and ice cream cocktails named after unfortunate celebrities like Natalie Wood and Karen Carpenter.

''Il y avait moi, Alex, et mes trois *droogies*, Pete, Georgie et Dim. Nous étions installés au Korova Milkbar à nous creuser le *rassoudok* pour savoir où passer la soirée ''. C'est ainsi que démarre le livre culte *Orange mécanique* d'Anthony Burgess, dont Stanley Kubrick a tiré son film. Dans ce livre, le *Korova Milk Bar* est un établissement sinistre, qui sert du lait mélangé à des drogues sortant tout droit des seins de mannequins peints en blanc. C'est aussi le nom d'un bar de White Plains, dans l'état de New York. Le décor est totalement inspiré du film : lisse, sophistiqué et sexy, offrant des contrastes en noir et blanc, des mannequins nus dans toutes les positions, des banquettes confortables et plusieurs écrans vidéos. Outre les boissons fortes, les cocktails, la bière, le champagne et le vin, vous pouvez également commander des molokos : des cocktails à base de glace et de lait portant les noms de personnalités malchanceuses telles que Natalie Wood ou Karen Carpenter.

"Daar was ik dan, Alex, en mijn drie hipmaats, Pete, Georgie en Dim. En we zaten in de Korova Milk Bar te prakkidenken over wat we die avond zouden doen." Zo begint het cultboek *A Clockwork Orange* van Anthony Burgess en de gelijknamige film van Stanley Kubrick. Korova Milk Bar -in boek en film een sinistere zaak die melk vermengd met drugs schenkt uit de borsten van witgeschilderde modepoppen- is tevens de naam van een bar in White Plains, New York. Het decor is volledig geïnspireerd op de film: glad, gesofistikeerd en sexy, met veel zwart en wit, naakte modepoppen in allerlei houdingen, comfortabele banken en meerdere videoschermen. Naast sterke drank, cocktails, bier, champagne en wijn, kan je hier ook "molokos" krijgen; melk- en ijscocktails met de namen van onfortuinlijke beroemdheden zoals Natalie Wood en Karen Carpenter.

KOROVA MILK BAR – 213 EAST POST RD. WHITE PLAINS, NEW YORK 10601, UNITED STATES OF AMERICA - +001 914 949 8838 - WWW.KOROVAMILKBAR.COM

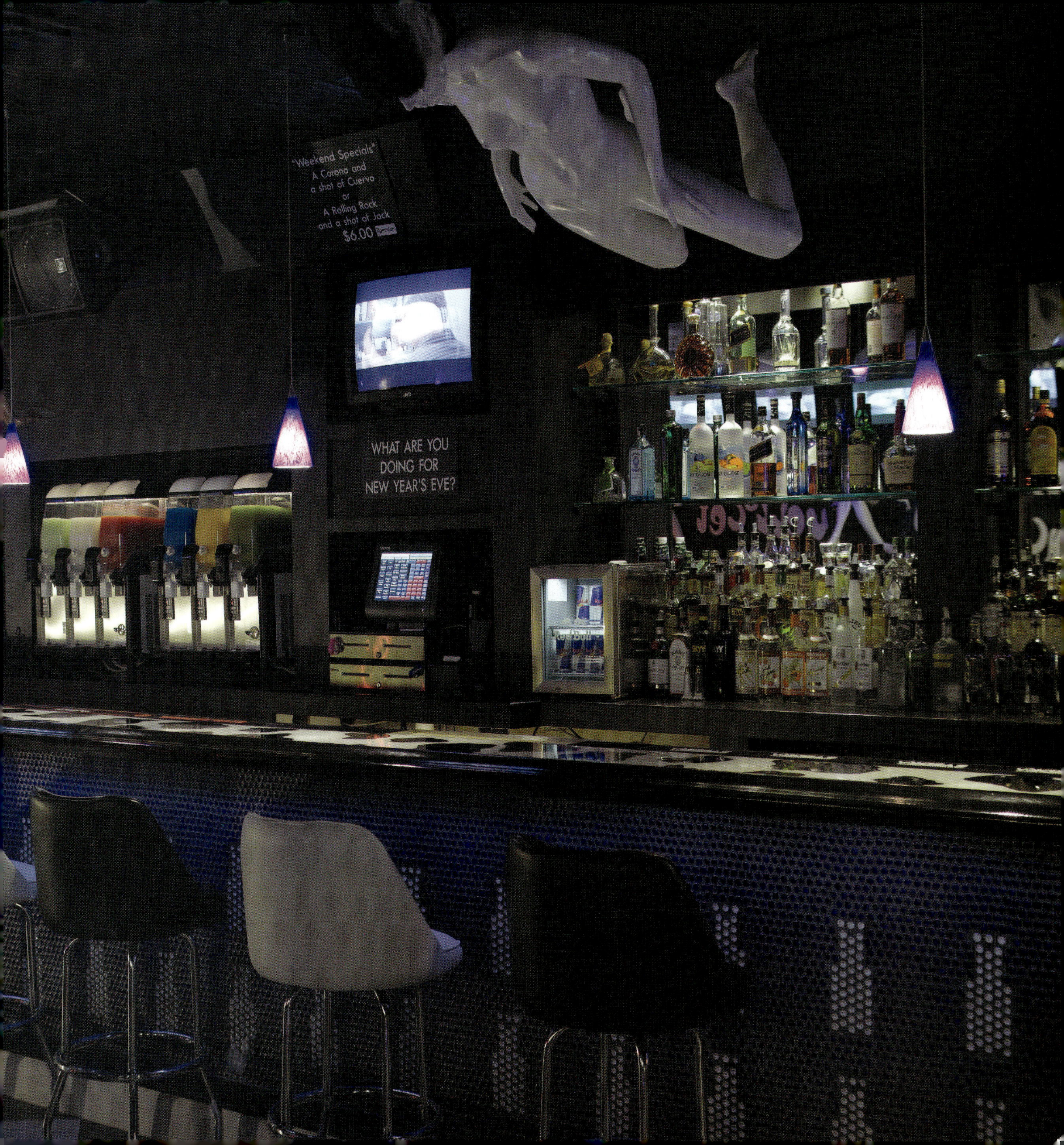

"Weekend Specials"
A Corona and
a shot of Cuervo
or
A Rolling Rock
and a shot of Jack
$6.00

WHAT ARE YOU
DOING FOR
NEW YEAR'S EVE?

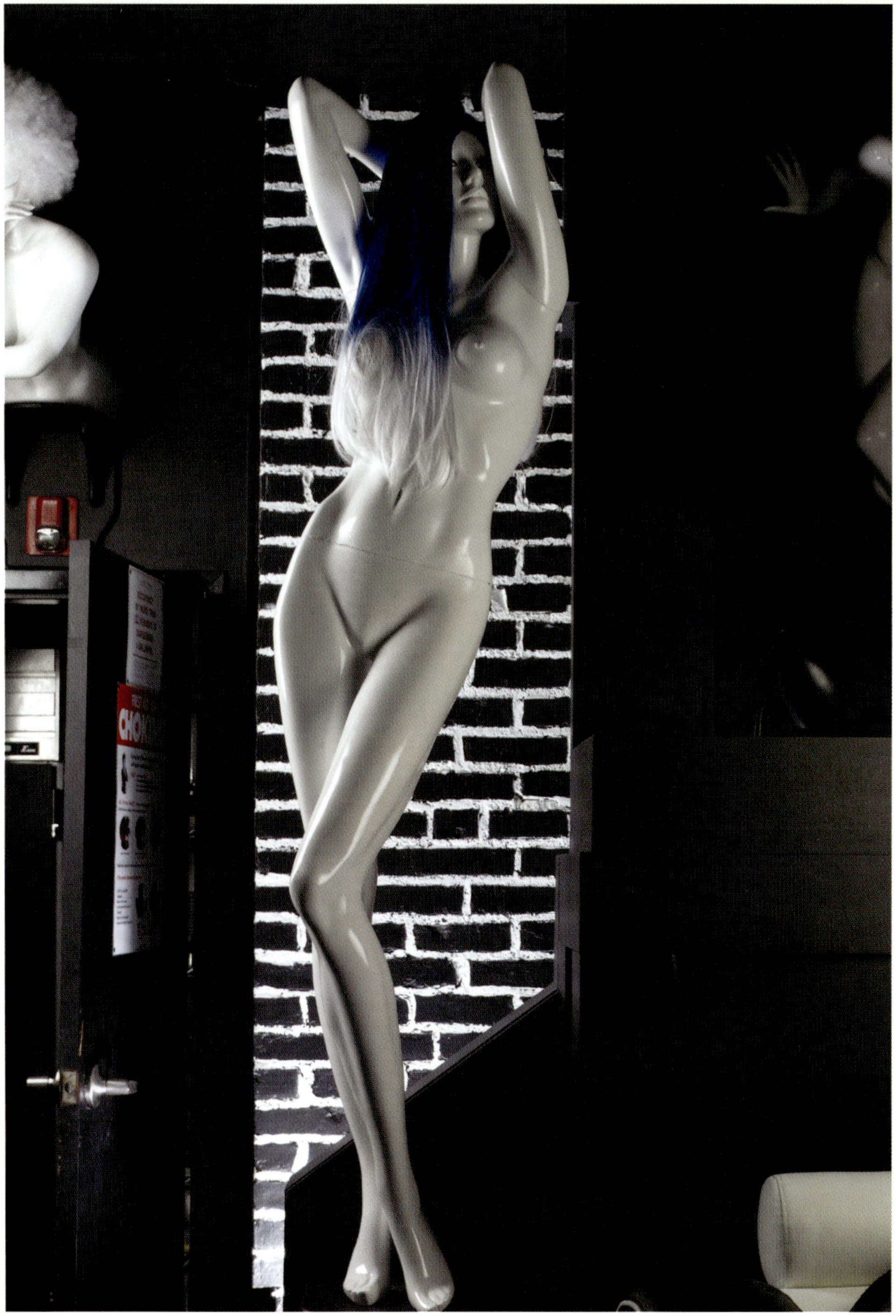

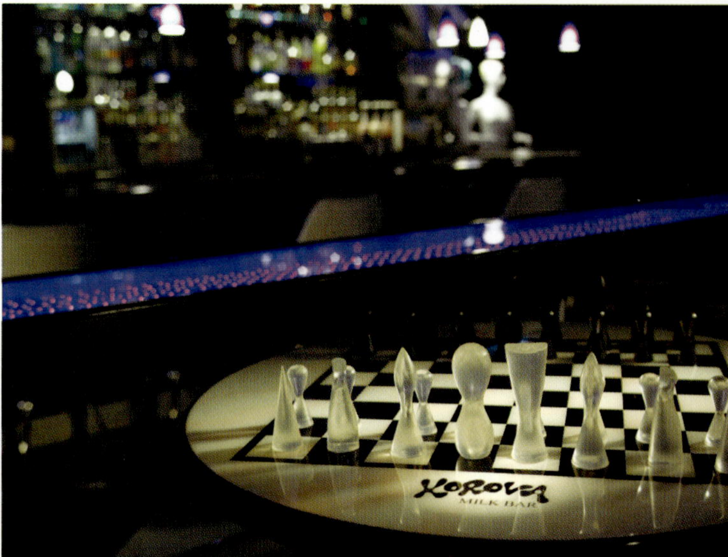

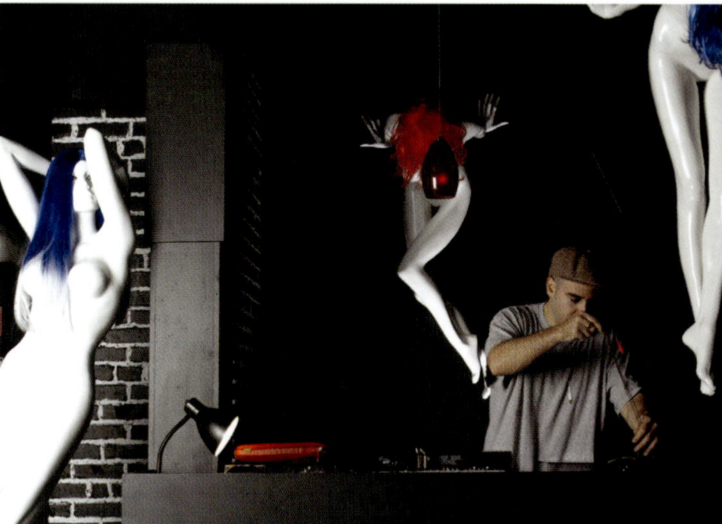

Top DJs create a nightclub atmosphere after 11 pm.

Après 23h, d'excellents DJs transforment le lieu en club.

Na 23u wordt er een clubachtige sfeer gecreëerd met de hulp van top-DJ's.

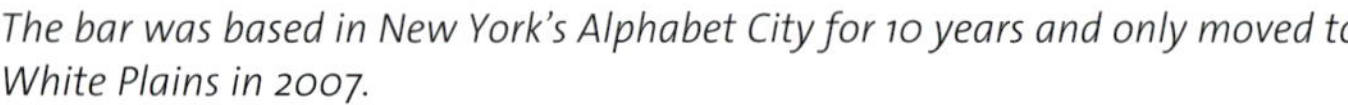

The bar was based in New York's Alphabet City for 10 years and only moved to White Plains in 2007.

Le bar existait déjà depuis dix ans dans Alphabet City, à New York et a déménagé en 2007 à White Plains.

De bar was 10 jaar lang gevestigd in het New Yorkse Alphabet City en verhuisde in 2007 naar White Plains.

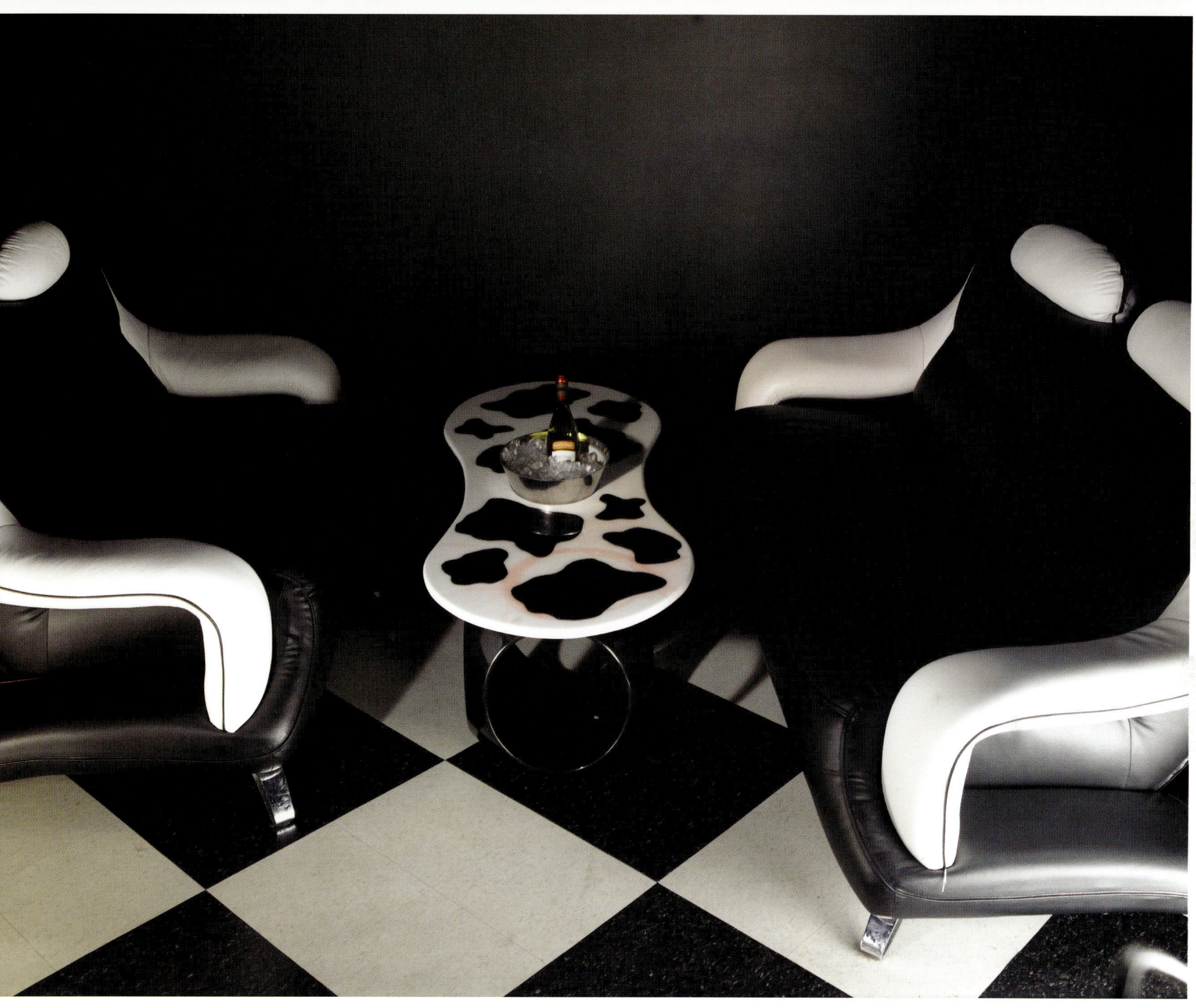

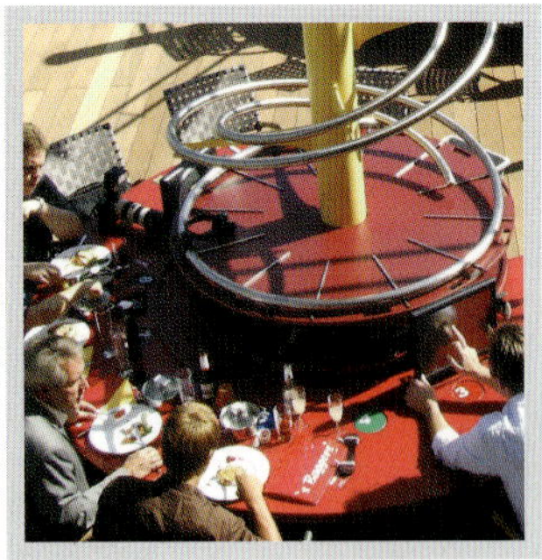
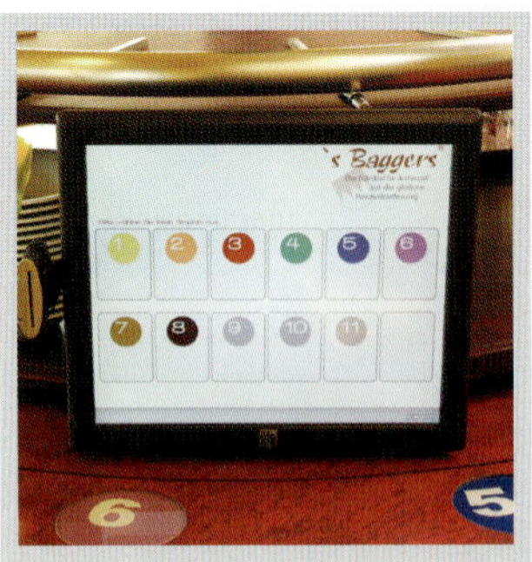

Automated restaurant Germany

The rollercoaster experience

In this German restaurant, opened in 2007, you don't have to go to the trouble of persuading a waiter to come and take your order. Instead you make your choice via the touchscreen computer, after which your meal or drink is brought directly to your table via a kind of roller coaster. The patented system, which makes use of gravity, was invented by Michael Mack, an enthusiastic amateur chef who was fed up with racing back and forth between his oven and dining room. The management claims the system is not only economical and efficient but it also increases customer comfort. They see the large number of visitors as proof of this: those who would like a table in the evening need to reserve early. They also hope to be able to start the worldwide expansion of a franchise network in the near future.

Dans ce restaurant allemand ouvert en 2007, pas la peine d'essayer de convaincre un serveur de venir prendre votre commande. Tapotez plutôt votre choix sur l'écran tactile face à vous : votre repas ou votre boisson atterriront directement sur votre table, portés sur une sorte de rail. Le système ingénieux, qui exploite la pesanteur, est une trouvaille de Michael Mack, chef inventif, las d'effectuer le va-et-vient entre ses fourneaux et la salle à manger. La direction affirme que, non seulement le système est efficace et économique, mais que le confort des clients s'en trouve même amélioré. Ils en veulent pour preuve les chiffres de fréquentation : pour obtenir une table, le soir, il faut s'y prendre à l'avence. On espère voir ce concept s'internationaliser rapidement au travers d'un réseau de franchisés.

In dit in 2007 geopende Duitse restaurant hoef je geen moeite te doen om een ober te overhalen je bestelling te komen opnemen. In plaats daarvan voer je je keuze gewoon in via de touchscreen computer, waarna je maaltijd of drankje via een soort achtbaan rechtstreeks naar je tafel zoeft. Het gepatenteerde systeem, dat dankbaar gebruik maakt van de zwaartekracht, is een uitvinding van Michael Mack, een enthousiaste hobbykok die het beu was om heen en weer te racen tussen zijn fornuis en zijn eetkamer. Het management beweert dat het systeem niet alleen kostenbesparend en efficiënt is, maar tevens het comfortniveau van de gasten verhoogt. In de hoge bezoekerscijfers zien ze hiervan een bewijs: wie 's avonds een tafeltje wil, moet al vroeg reserveren. Men hoopt dan ook snel van start te kunnen gaan met het wereldwijd uitbouwen van een franchisenetwerk.

'S BAGGERS® GMBH - AM STEINACHER KREUZ 28, 90427 NUREMBERG, GERMANY - +49 911 477 90 90 - WWW.SBAGGERS.DE

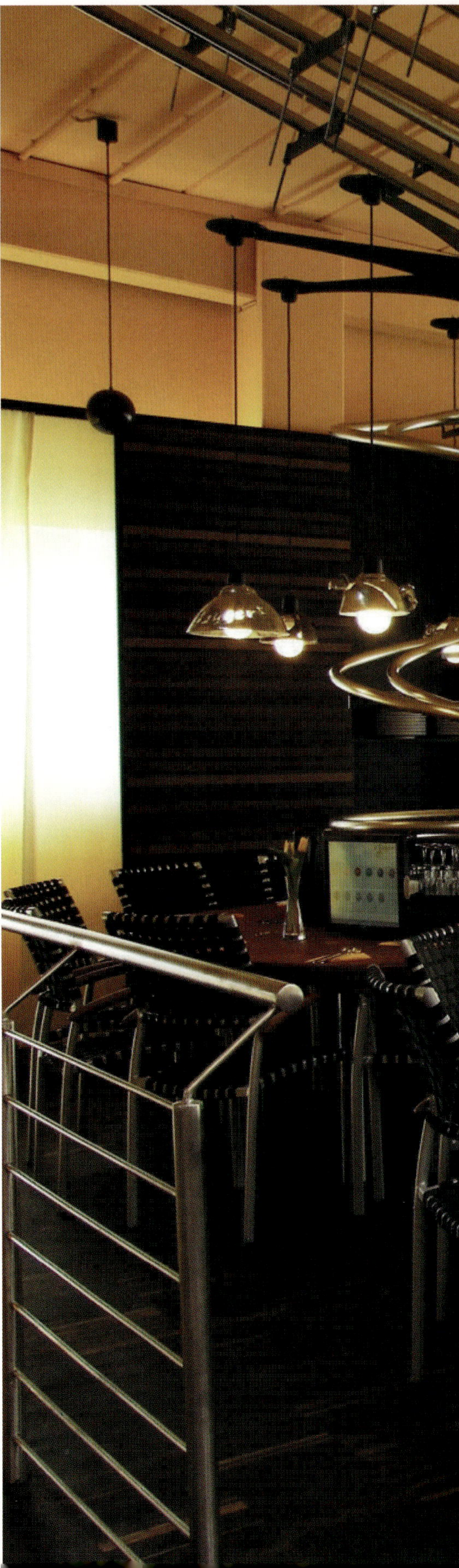

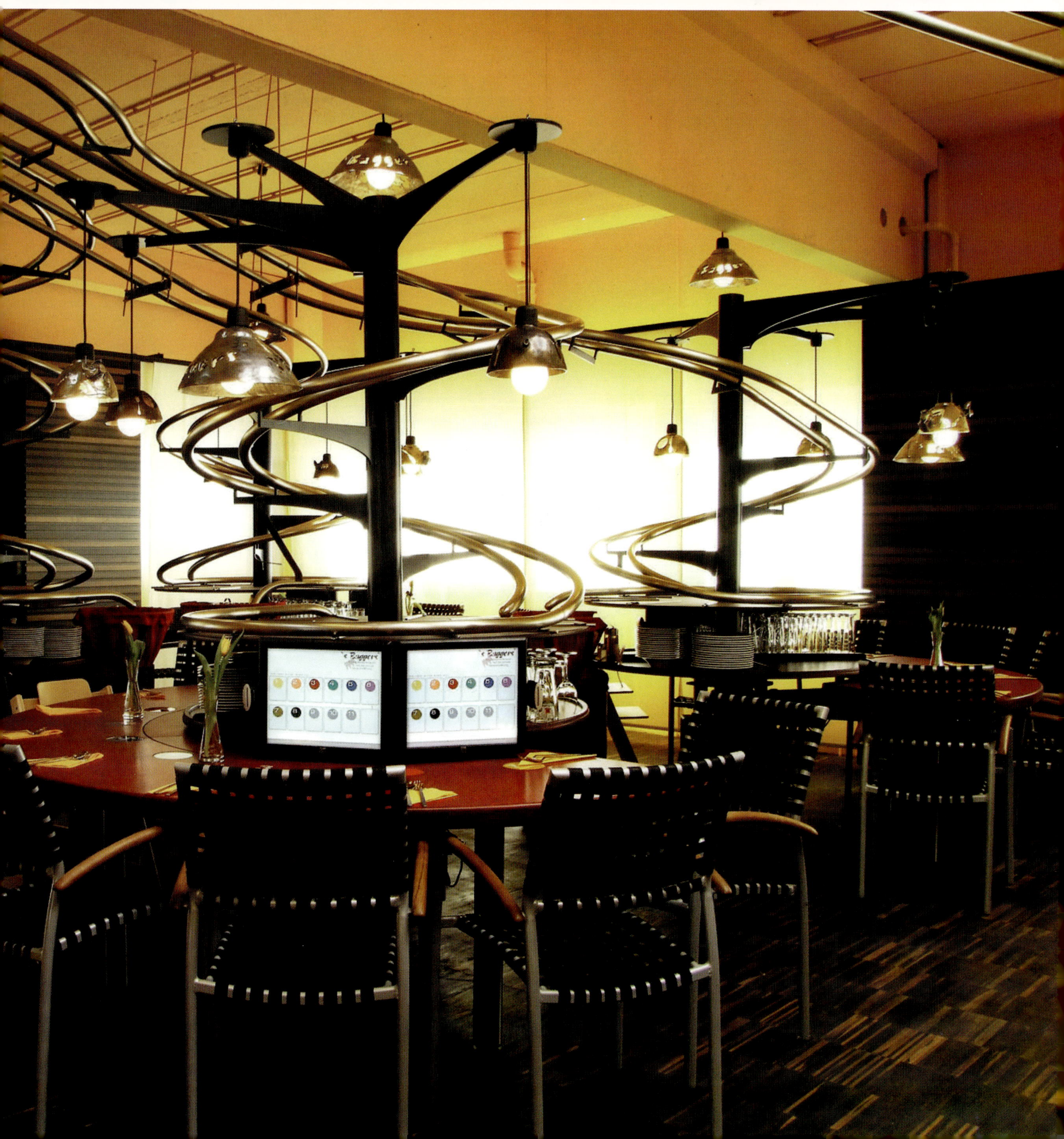

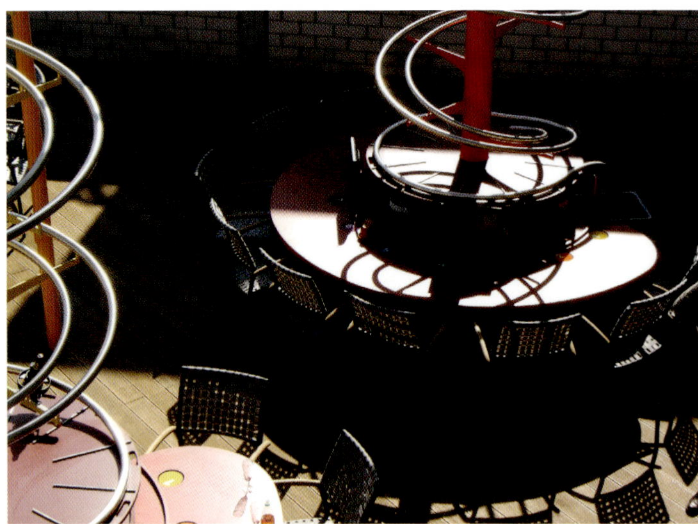

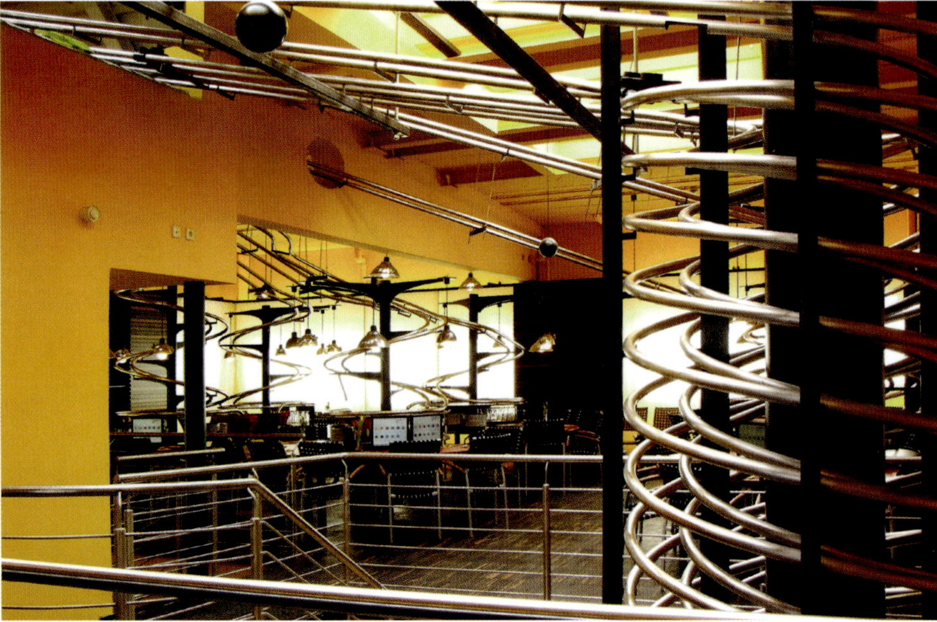

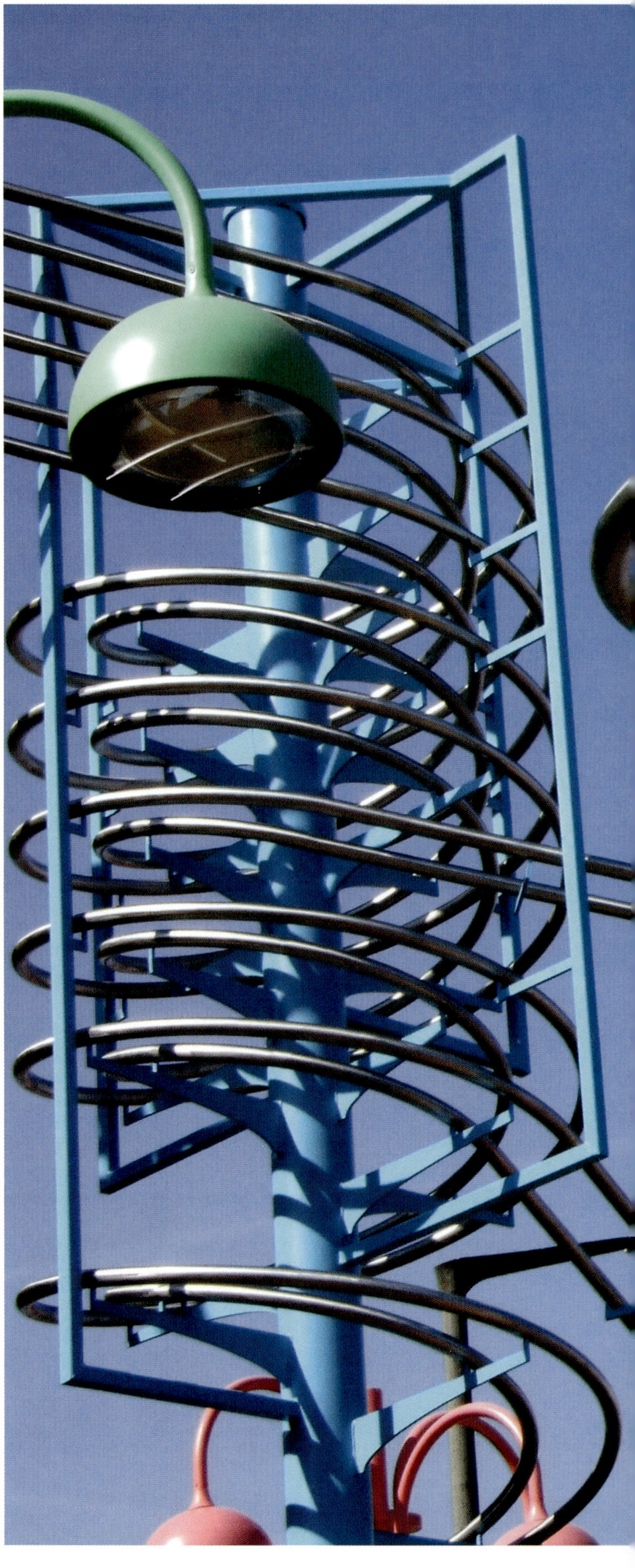

There are Frankish specialities and original low fat dishes made with Frankish ingredients.

Au menu figurent de spécialités franciques et des plats originaux à base d'ingrédients franciques, allégés en graisse.

Op het menu staan Frankische specialiteiten en originele gerechten op basis van Frankische ingrediënten met een laag vetgehalte.

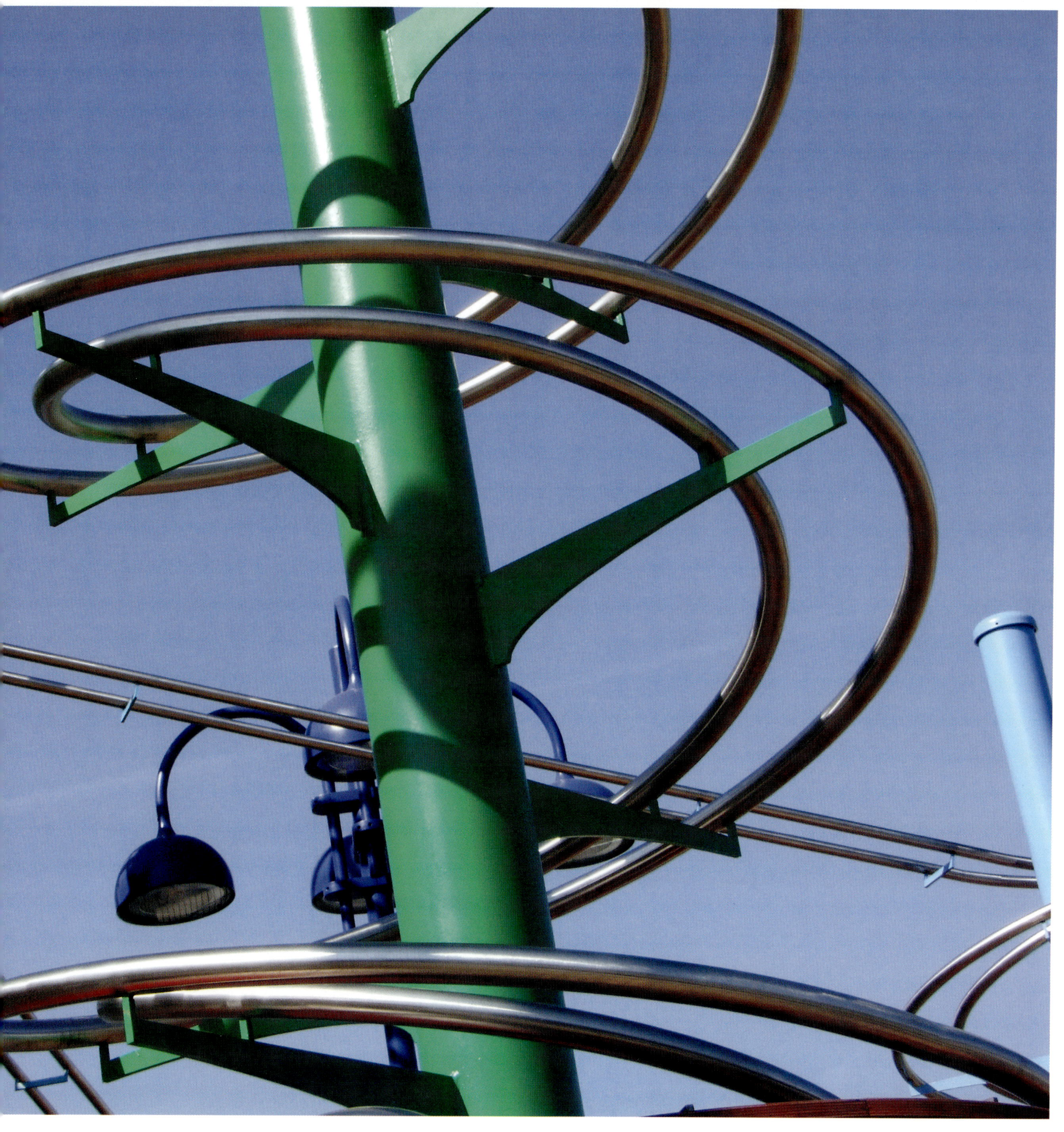

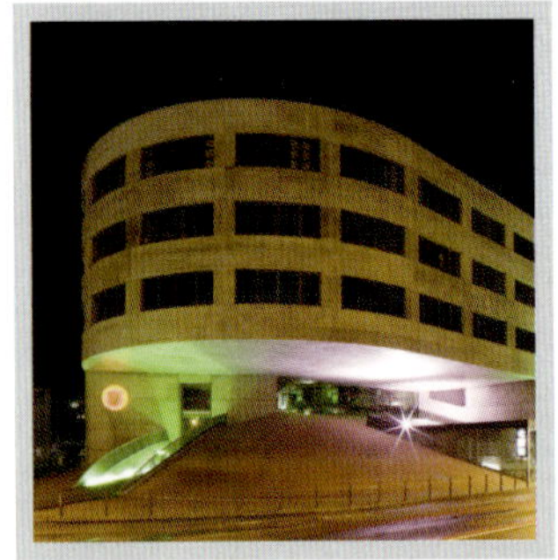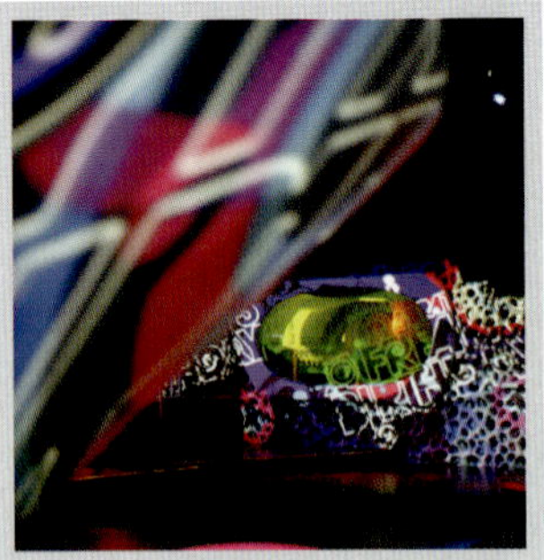

Symbiotic club **Germany**

Welcome to the Starship Enterprise

The interior of this 2,664 m² club forms a symbiosis between architecture, multi-media and graphic elements. A white wall with a membrane structure defines the triangular space and serves as a projection screen upon which a range of visuals can be projected, changing the atmosphere, the view and energy levels. From the imposing DJ cockpit that is located above the membrane wall, the DJ and VJ have complete control over the music, projections and light show. The membrane wall is punctured at ground level by 13 oval cocoons, covered in bright green leather, in which guests can lounge in between dancing. Five extra cocoons at the top of the wall serve as VIP boxes, while a VIP lounge accommodates 20 people. The dance floor, divided into 5 levels, includes a podium, 2 dance columns and 3 bars.

L'intérieur de cet immense club couvrant 2 664 m² résulte de la symbiose entre architecture, multimédia et éléments graphiques. Un mur blanc figurant la structure d'une membrane définit un espace triangulaire et sert d'écran de projection pour des visuels divers, afin de créer une atmosphère, changer la vue et l'énergie du lieu. Du haut de l'imposant cockpit du DJ, situé au-dessus du mur membrane, les DJ's et VJ's exercent un contrôle total sur la musique, les projections et le show lumières. Le mur membrane est percé, au niveau du sol, de 13 cocons ovales, recouverts de cuir vert vif, où les clients peuvent se reposer entre deux tours de piste. Cinq cocons supplémentaires, logés dans la partie haute du mur, font office d'espaces VIP tandis qu'un lounge VIP permet d'accueillir 20 personnes. La piste de danse divisée en cinq niveaux dispose d'un podium, de deux piliers de danse et de 3 bars.

Het interieur van deze 2.664 m² grote club vormt een symbiose tussen architectuur, multimedia en grafische elementen. Een witte muur met de structuur van een membraan definieert de driehoekige ruimte en dient als projectiescherm waarop een gamma visuals geprojecteerd kunnen worden om de sfeer, het uitzicht en het energie-niveau te veranderen. Vanuit de imposante DJ-cockpit die bovenaan de membraanmuur bevestigd is, hebben de DJ en VJ volledige controle over de muziek, projecties en lichtshow. De membraanmuur wordt op vloerniveau doorbroken door 13 ovalen cocons, bekleed in felgroen leer, waar gasten kunnen loungen tussen het dansen door. Vijf extra cocons bovenin de muur dienen als vipboxen, terwijl een viplounge plaats biedt aan 20 personen. De dansvloer, onderverdeeld in 5 niveaus, biedt plaats aan een podium, 2 danszuilen en 3 bars.

COCOONCLUB – Carl-Benz-Strasse 21, 60386 Frankfurt am Main, Germany · +49 69 900 200 · info@cocoonclub.net or club@cocoonclub.net · www.cocoonclub.net

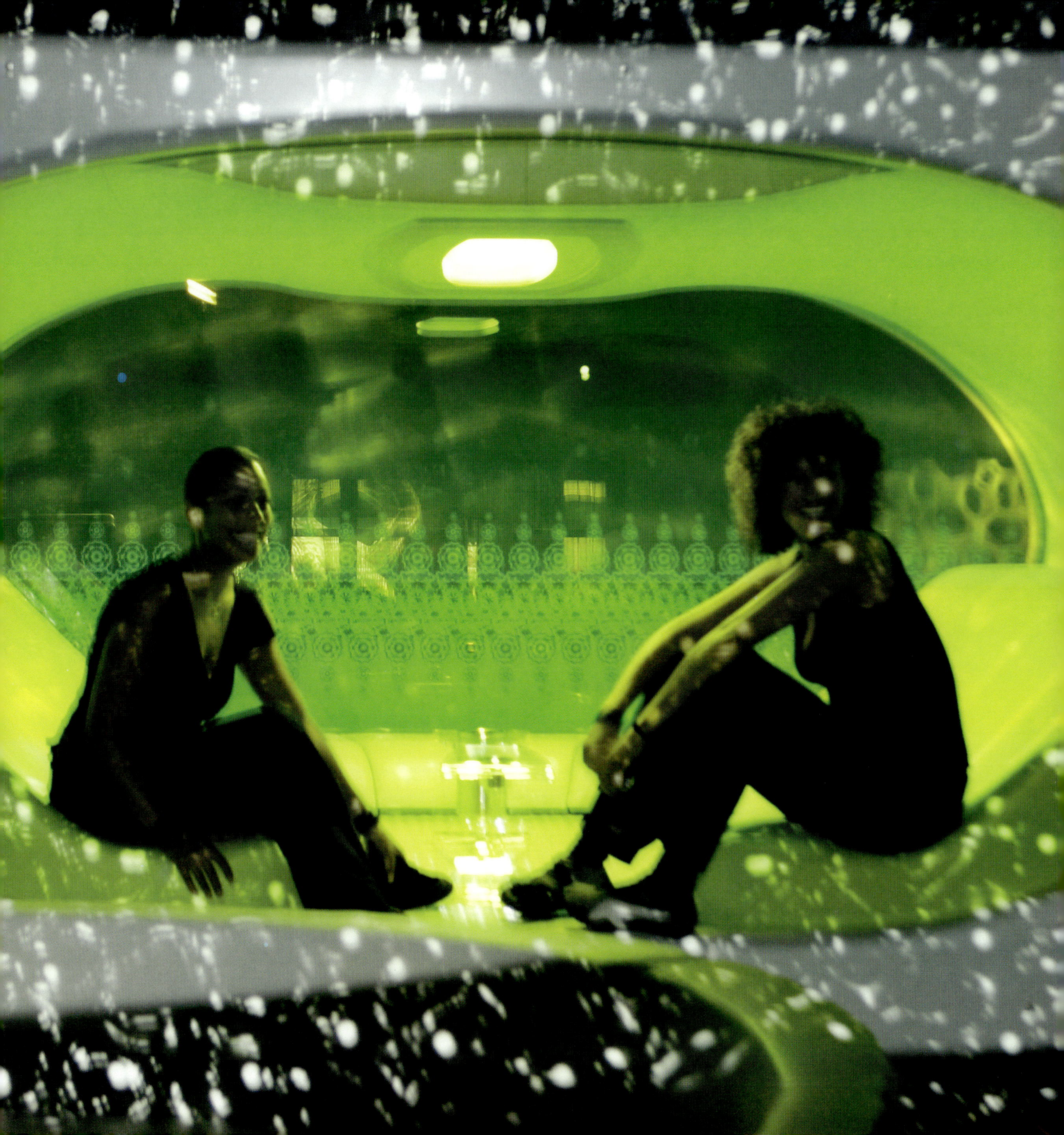

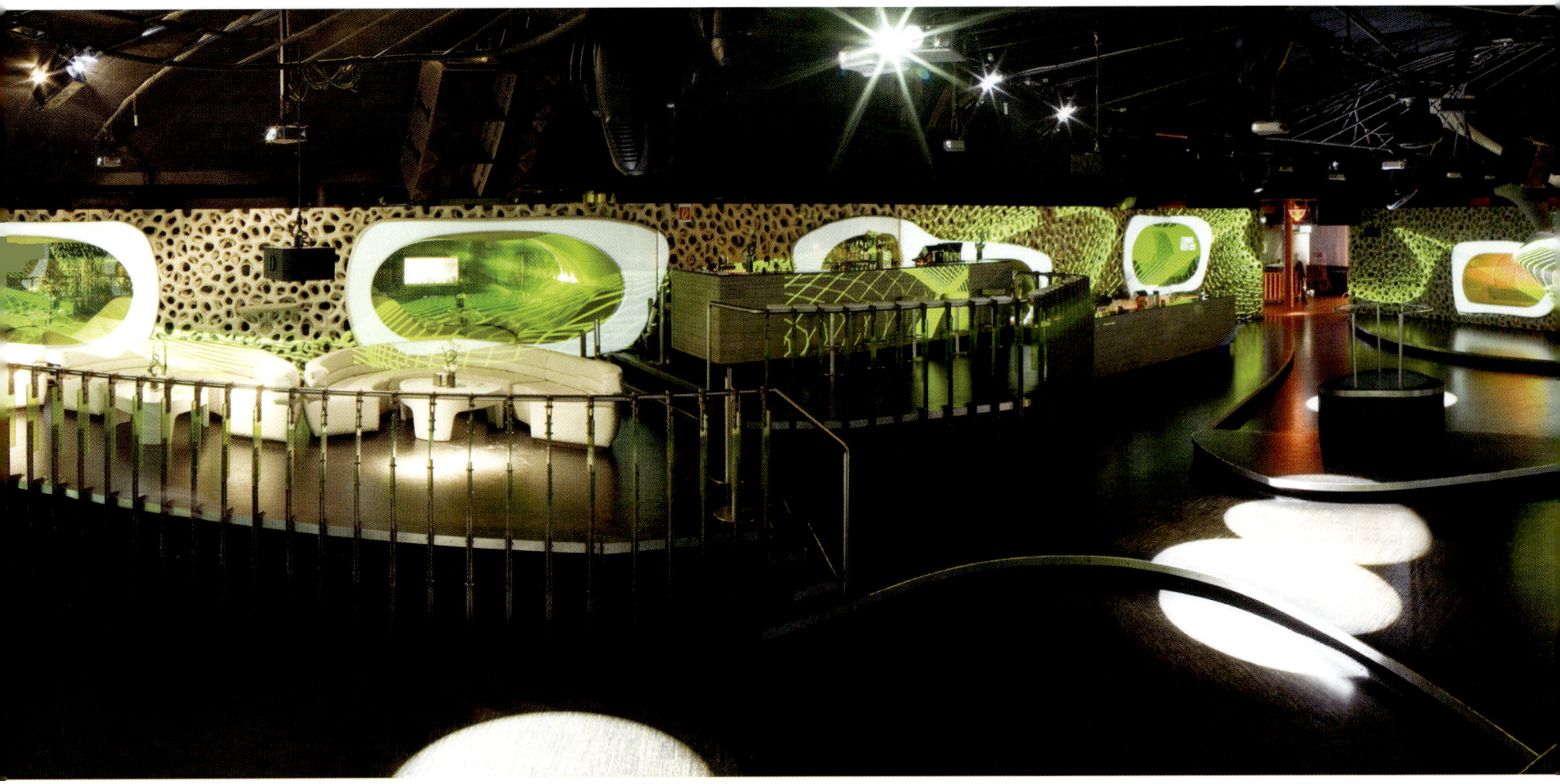

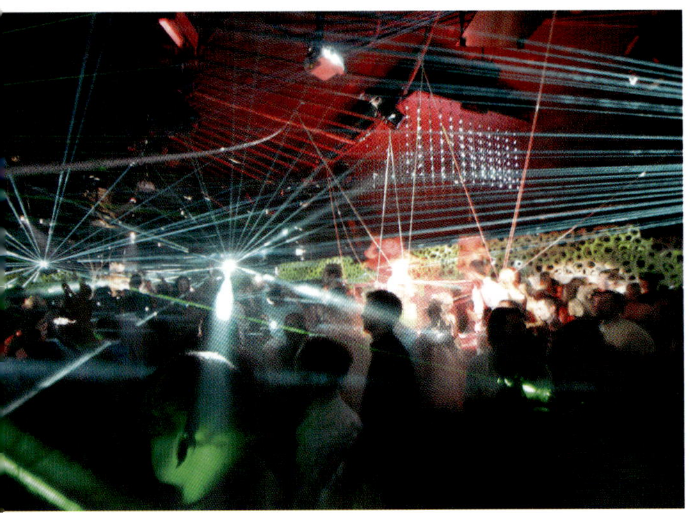

The Cocoonclub was created as an experimental avant-garde place in which space and perception could be transformed.

Le Cocoonclub a été créé comme un lieu avant-gardiste expérimental où transformer l'espace et la perception.

De Cocoonclub werd gecreëerd als experimentele avant-gardeplek waarin ruimte en perceptie getransformeerd konden worden.

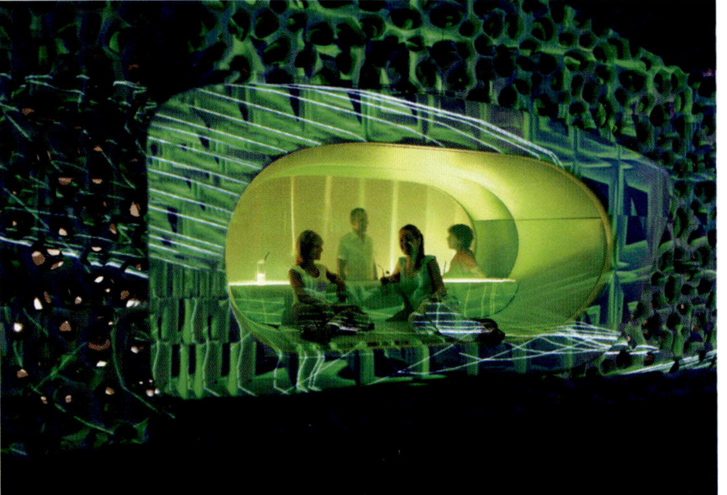

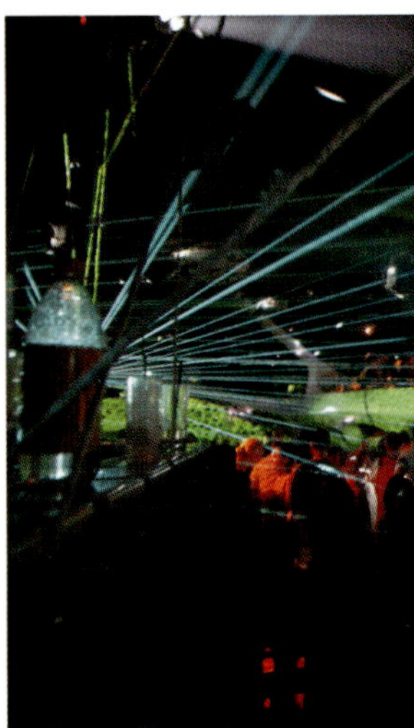

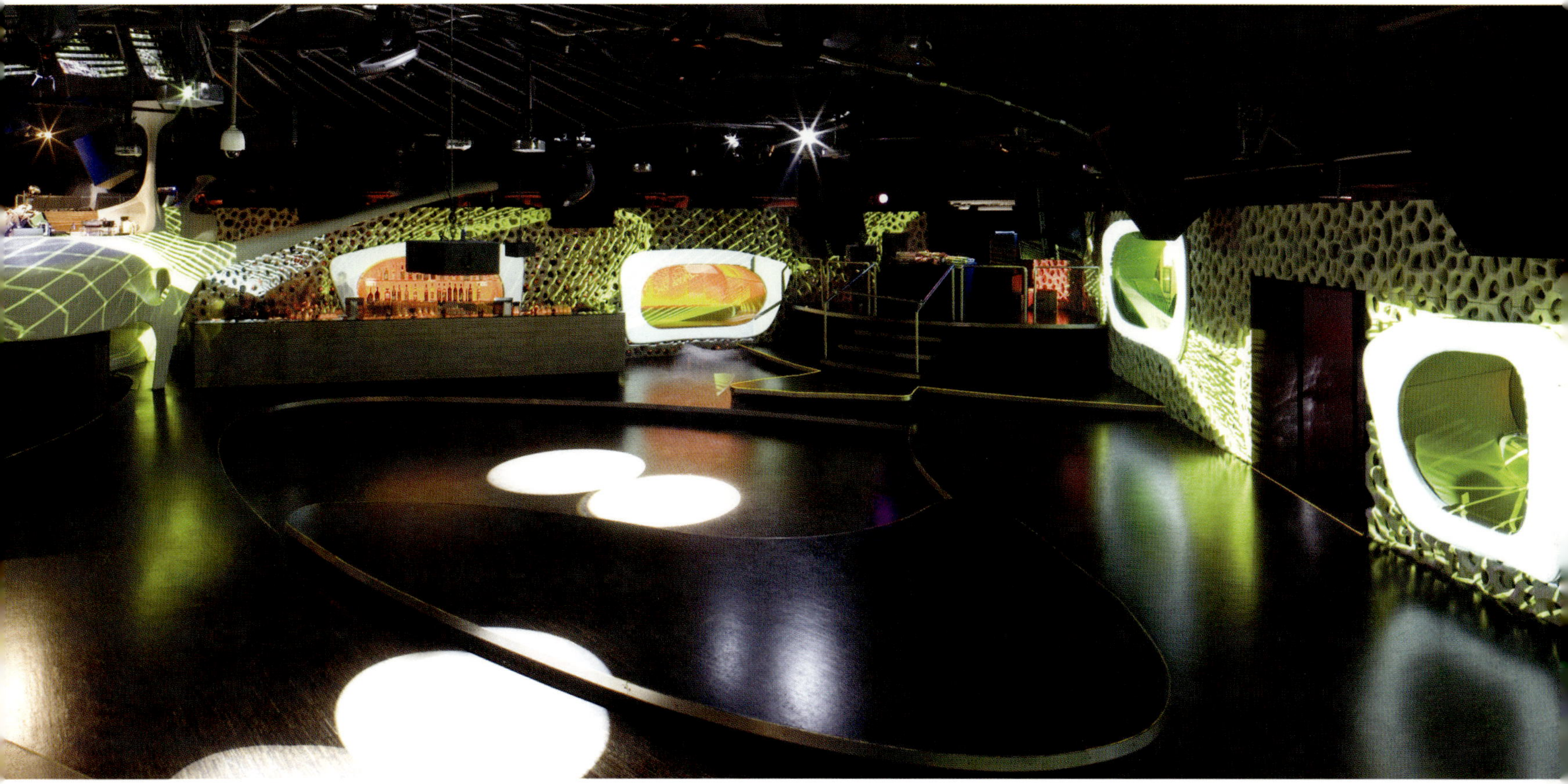

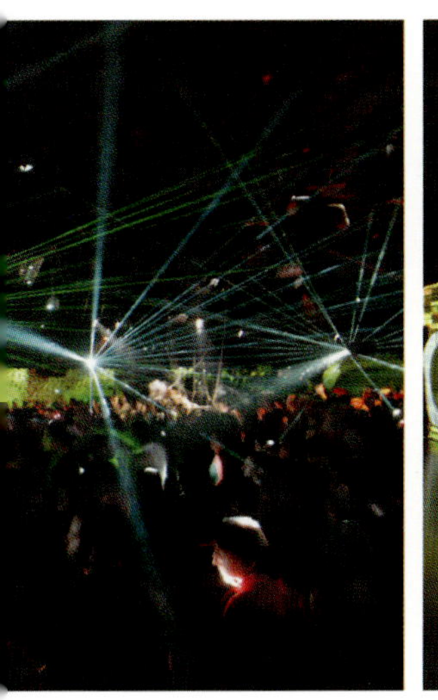
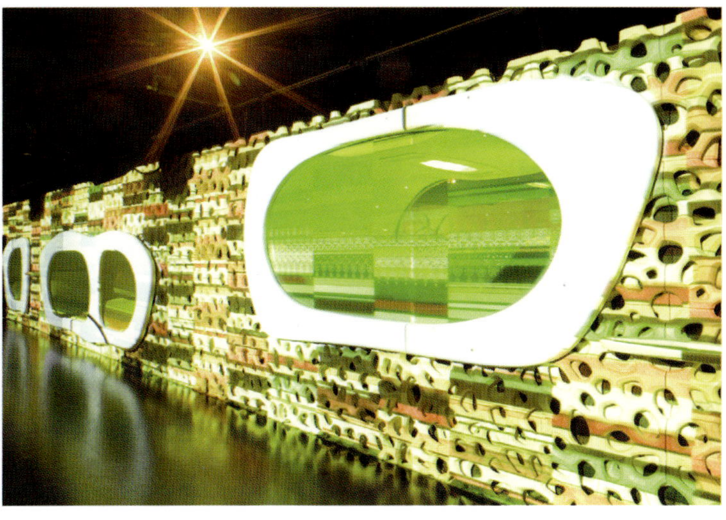
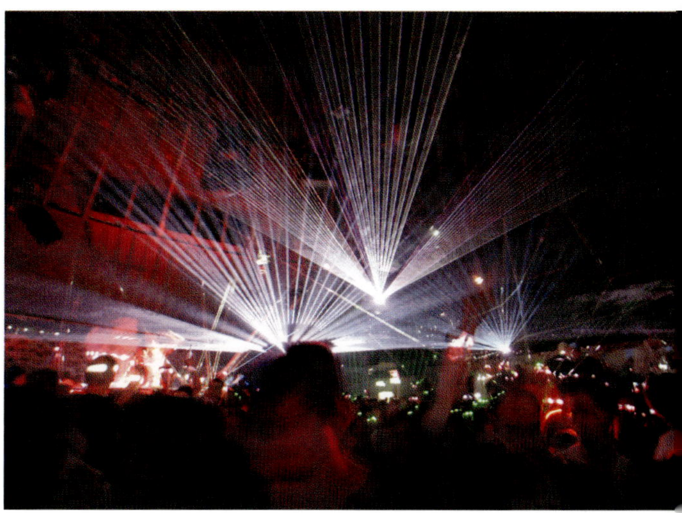

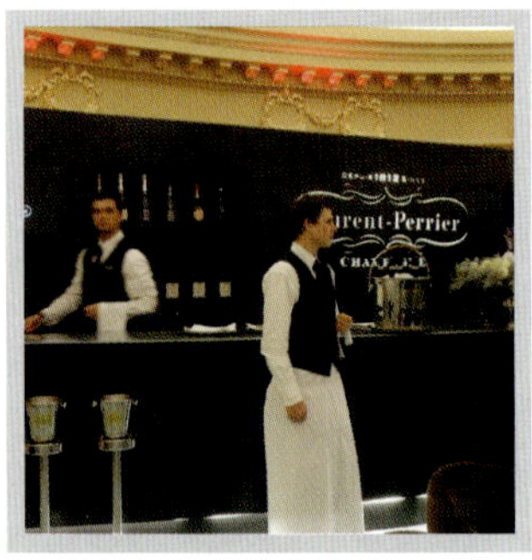
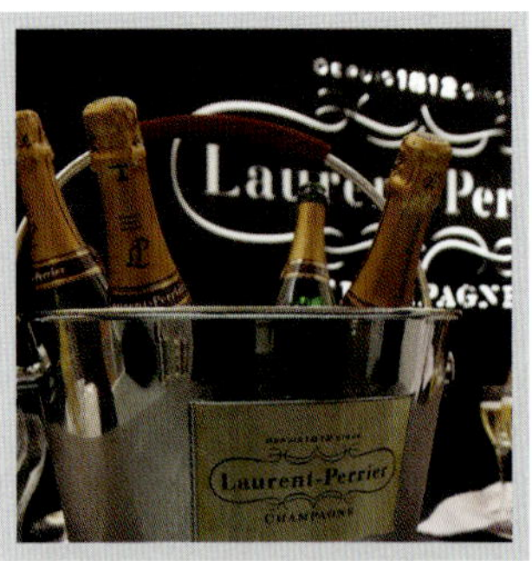

Champagne glass bar Belgium

Bottoms up

One of the biggest eye catchers at the brand new shopping centre in Antwerp's Festival Hall is without doubt the enormous champagne glass that is the Laurent Perrier bar. The glass platform, at 7.5 metres high, offers a magnificent view of the neoclassical building, which was devastated by fire in 2000 and re-opened at the end of 2007 after undergoing serious modernisation. This exclusive bar can accommodate 120 people and specializes in champagne and everything to do with champagne, although you can also enjoy coffee, tea, breakfast and other small snacks. To ensure that the steel construction does not break it is equipped with minimal level of mobility. This makes some people queasy - although that could also have something to do with the champagne...

L'une des plus grandes attractions du nouveau centre commercial du Stadsfeestzaal à Anvers est sans aucun doute l'énorme coupe de champagne qui sert de bar à Laurent Perrier. Sa plate-forme vitrée, de 7,5 mètres de haut, offre une vue magnifique sur le site néo-classique. Dévasté en 2000 par un incendie, il a rouvert en 2007 après une profonde rénovation. Le bar exclusif accueille jusqu'à 120 personnes et est dédié au champagne et à tout ce qui s'y rapporte. On peut toutefois commander du café, du thé, un petit-déjeuner, et d'autres snacks. Afin de s'assurer que la structure d'acier ne se brise pas, un léger mouvement a été prévu. C'est sans doute cela qui donne à certaines personnes une sensation de mal de mer... à moins que ce ne soit le champagne...

Een van de grootste blikvangers van het splinternieuwe winkelcentrum in de Antwerpse Stadsfeestzaal is zonder twijfel het enorme champagneglas dat dienst doet als Laurent Perrier-bar. Het glazen platform, dat 7,5 meter hoog is, biedt een prachtig uitzicht over het neo-classicistische pand, dat in 2000 verwoest werd door een brand en pas eind 2007 na een ingrijpende renovatie heropend werd. De exclusieve bar biedt plaats aan 120 personen en is volledig toegespitst op champagne en alles wat met champagne te maken heeft, al kan je er ook koffie, thee, ontbijt en andere kleine snacks verkrijgen. Om ervoor te zorgen dat de stalen constructie niet kan breken, werd een minimale beweeglijkheid voorzien. Dit zorgt bij sommige mensen voor een gevoel van zeeziekte - al kan dat ook wel een beetje met de champagne te maken hebben...

CHAMPAGNEBAR LAURENT-PERRIER — Stadsfeestzaal, Meir 48, 2000 Antwerp, Belgium - www.laurent-perrier.com

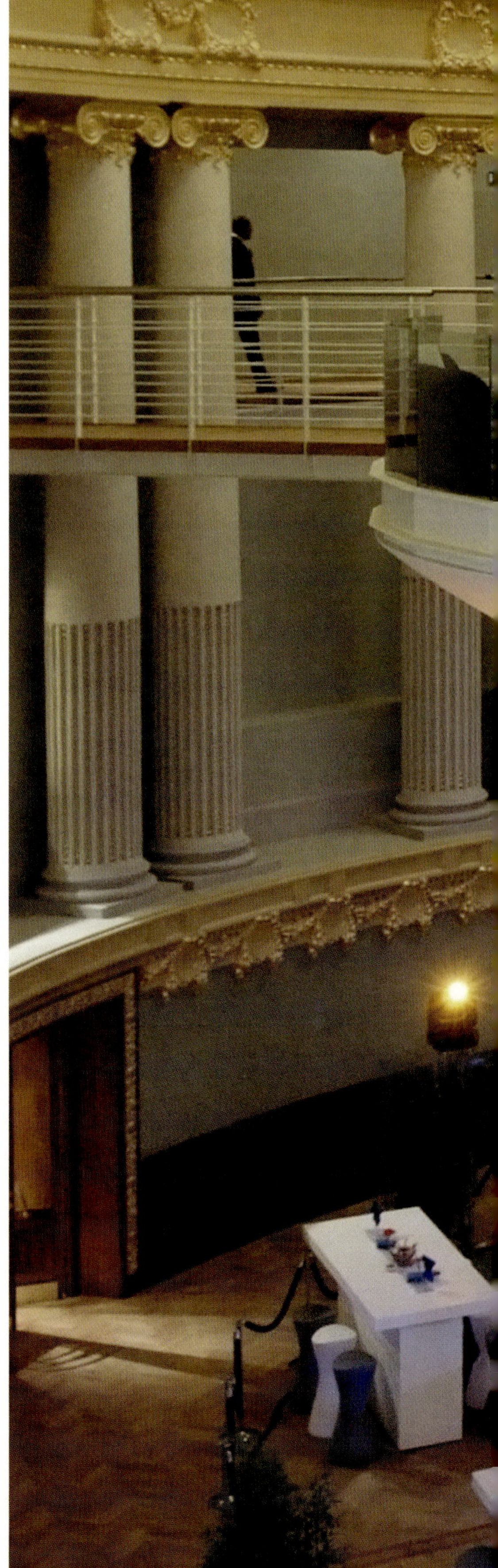

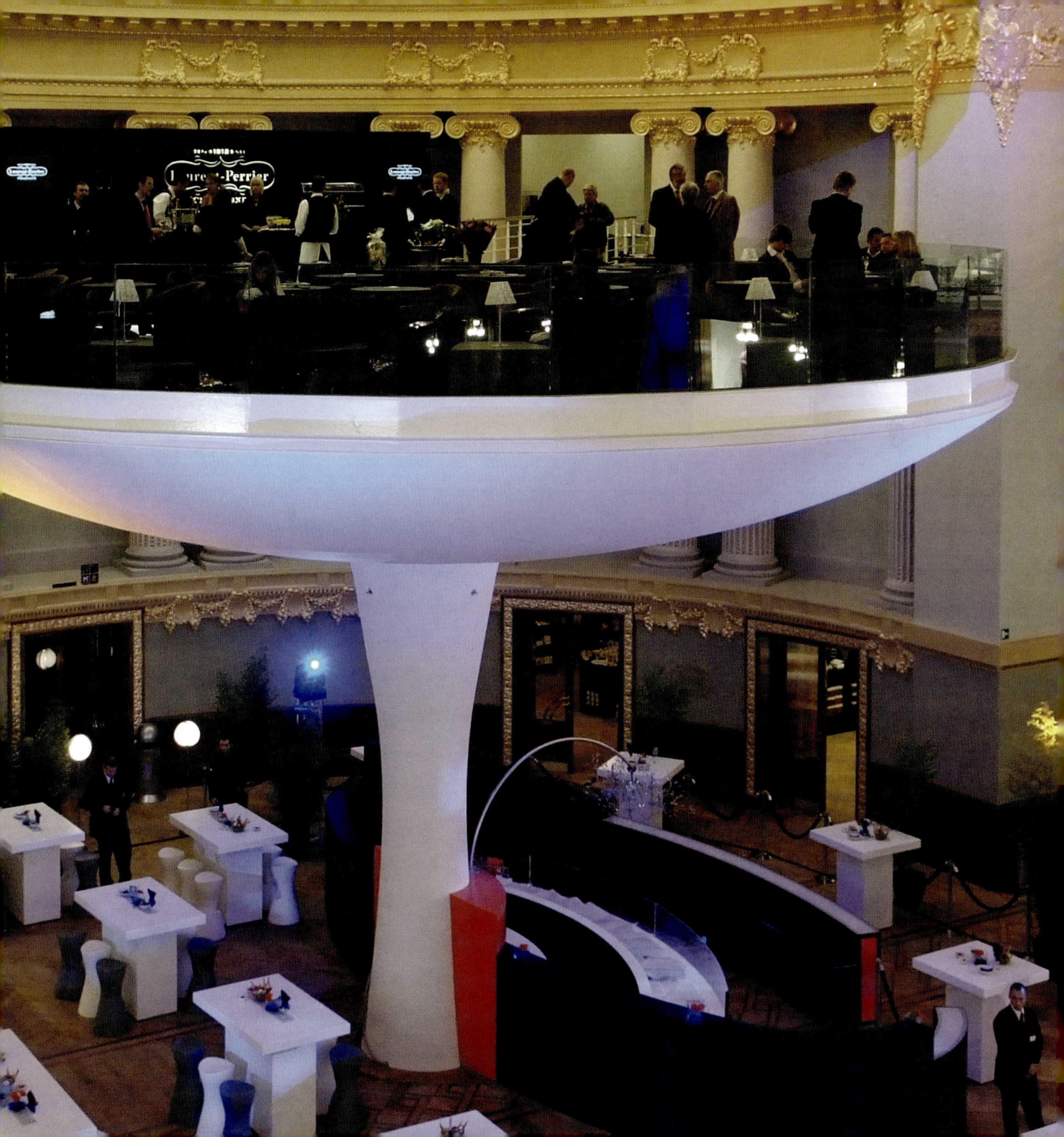

Laurent-Perrier

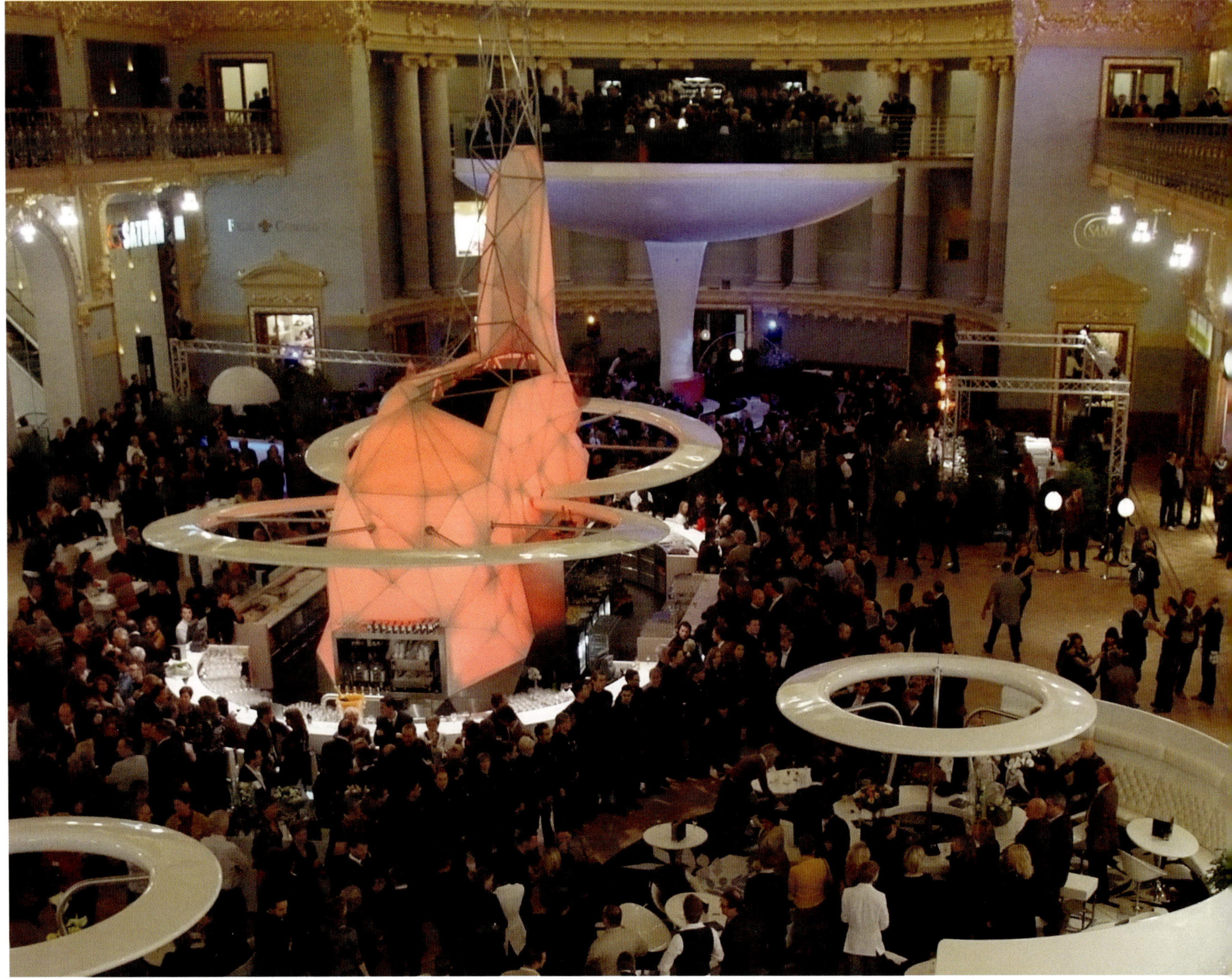

The second Laurent Perrier bar on the ground floor is also striking due to its futuristic design and coloured lighting effects.

Le deuxième bar Laurent Perrier, au rez-de-chaussée, capte également le regard par sa forme futuriste et ses couleurs changeantes.

Ook de tweede Laurent Perrier-bar op de begane grond valt op omwille van de futuristische vormgeving en wisselende kleuren.

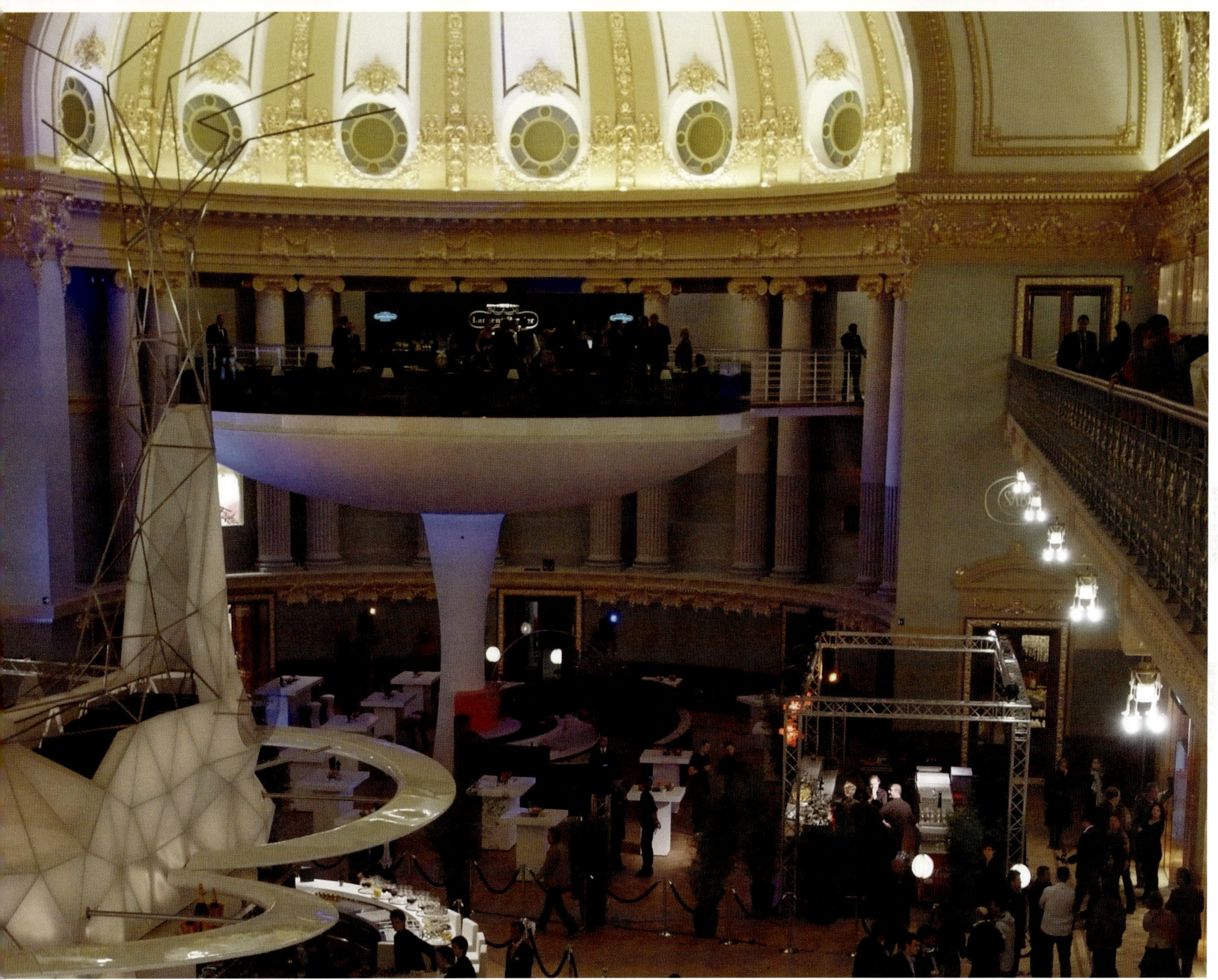

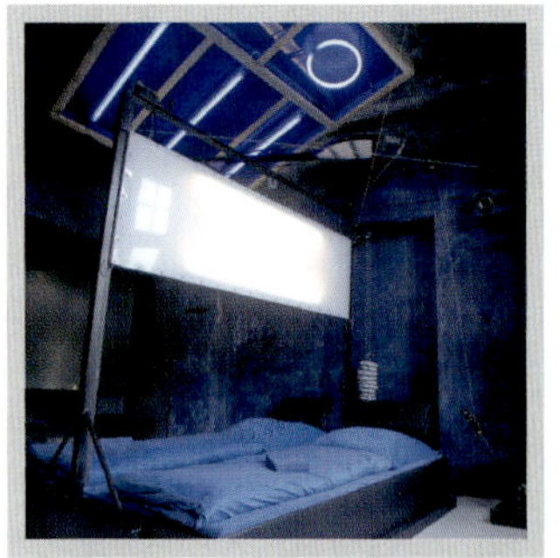
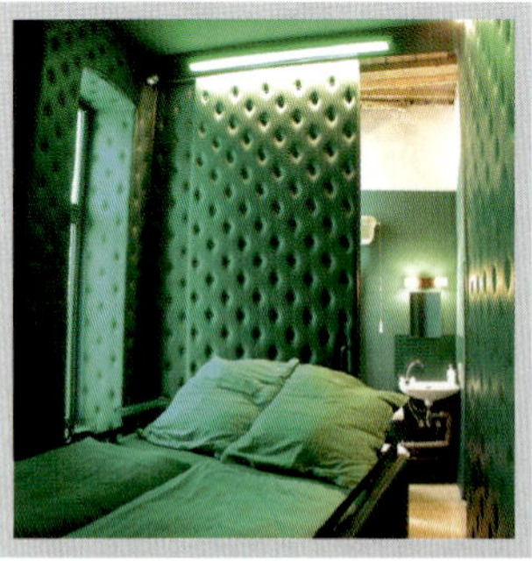

Art hotel ^{Berlin}

Stay-in work of art

A room with a flying bed, a prison cell whose occupant has just escaped, grandma's room with shower and WC in the cupboard, a midget's room 1.43 m. high that you have to share with dwarves, a room with a peephole to spy on the neighbours, who sleep in a cage on stilts, an 'inverted' room with furniture on the ceiling – in Berlin's most bizarre hotel you imagine yourself in Alice in Wonderland. It arose out of a hobby that got out of hand. When the German artist Lars Stroschen decided to let two rooms of his flat to finance music projects, this Propeller Island City Lodge rapidly expanded into a madly popular art hotel with 45 unique rooms. The artist himself designed every piece of furniture and decorative detail, so the building feels more like a gallery than a hotel.

Un lit volant, une cellule de prison dont l'occupant vient de s'échapper, une chambre de grand'mère avec douche et wc dans le placard, une chambre de nain dont le plafond est à 1,43 mètre de haut à partager avec des lutins, un chambre avec un oeil-leton pour reluquer les voisins qui dorment dans une cage perchée sur des échasses, une chambre inversée où le mobilier est collé au plafond. Dans l'hôtel le plus bizarre de Berlin, on se prendrait pour Alice aux pays des merveilles. Propeller Island City Lodge est né du hobby de l'artiste allemand Lars Stroschen, qui un jour décida de louer deux chambres dans son appartement afin de financer des projets musicaux. En un rien de temps, l'endroit est devenu un hôtel d'art de 45 chambres incroyablement populaire. Chaque pièce de mobilier, chaque détail décoratif a été élaboré par l'artiste lui-même, d'où la sensation de se trouver davantage dans un musée plus que dans un hôtel.

Een kamer met een vliegend bed, een gevangeniscel waaruit de bewoner net ontsnapt is, oma's kamer met douche en wc in de kast, een dwergenkamer van 1,43 meter hoog die je moet delen met kabouters, een kamer met gluurgat naar de buren, die slapen in een kooi op stelten, een 'omgekeerde' kamer met meubilair tegen het plafond - in het bizarste hotel van Berlijn waan je je Alice in Wonderland. Ontstaan dankzij een uit de hand gelopen hobby van de Duitse kunstenaar Lars Stroschen, die ooit besloot om twee kamers in zijn appartement te verhuren om muziekprojecten te financieren, is Propeller Island City Lodge in een mum van tijd uitgegroeid tot een waanzinnig populair kunsthotel met 45 unieke kamers. Elk meubelstuk en decoratief detail is door de kunstenaar zelf ontworpen, waardoor het pand meer aanvoelt als een museum dan als een hotel.

PROPELLER ISLAND CITY LODGE - ALBRECHT ACHILLES STRASSE 58, 10709 BERLIN, GERMANY - +49 30 891 90 16 - WWW.PROPELLER-ISLAND.DE

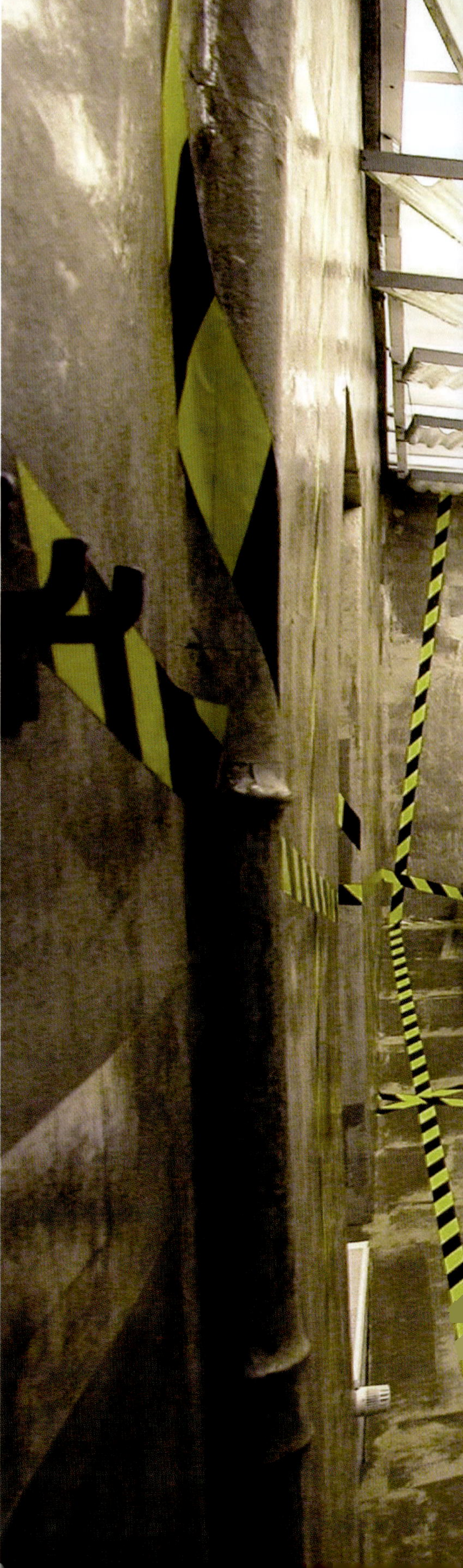

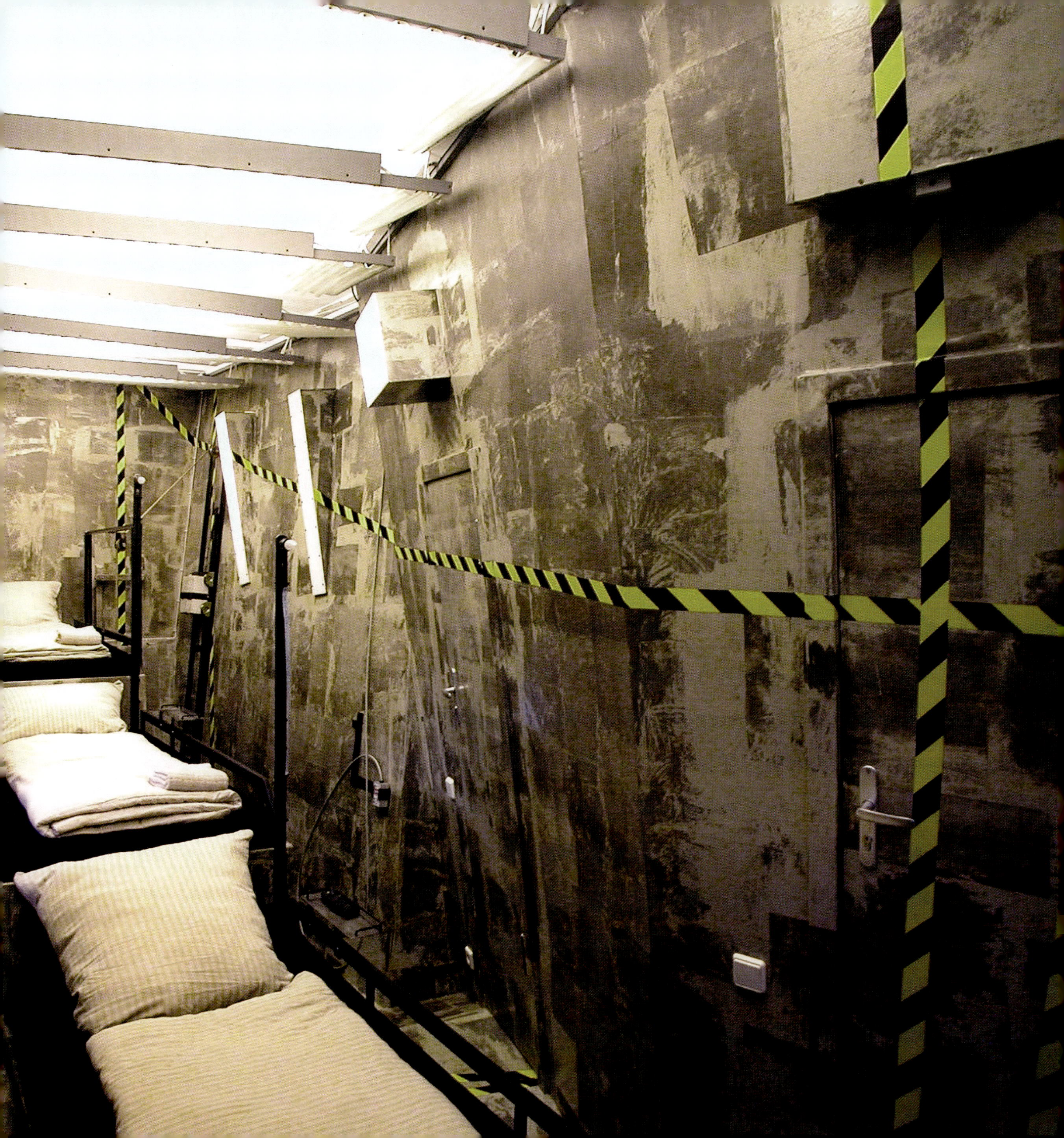

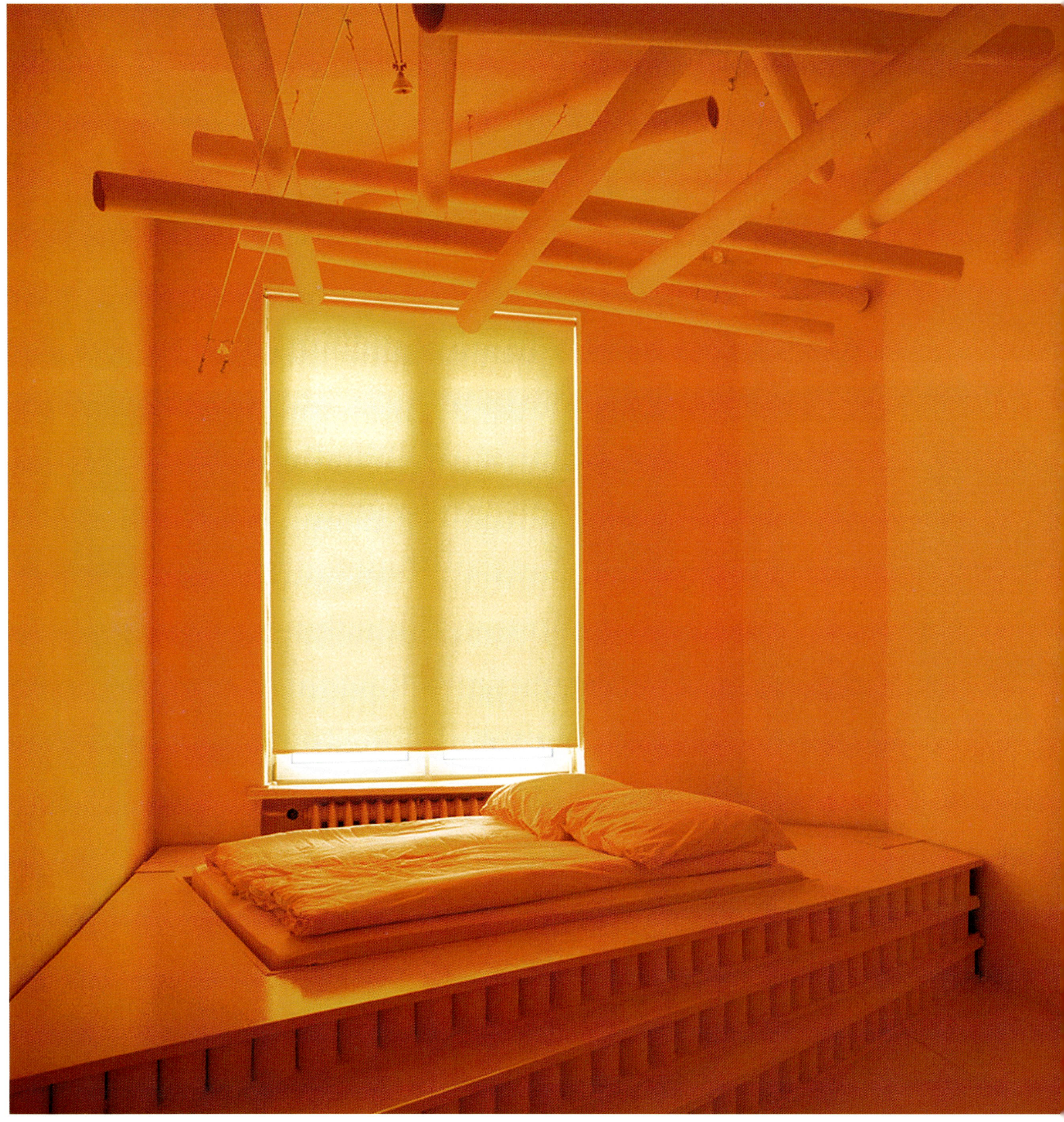

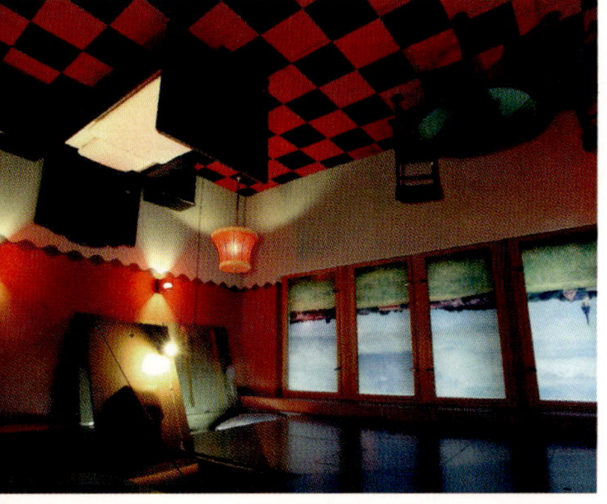

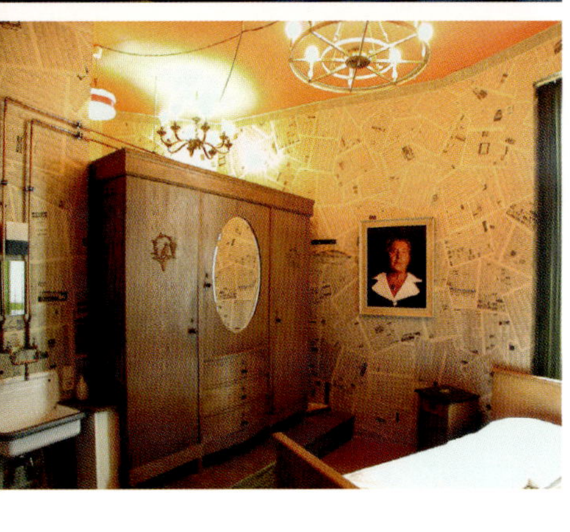

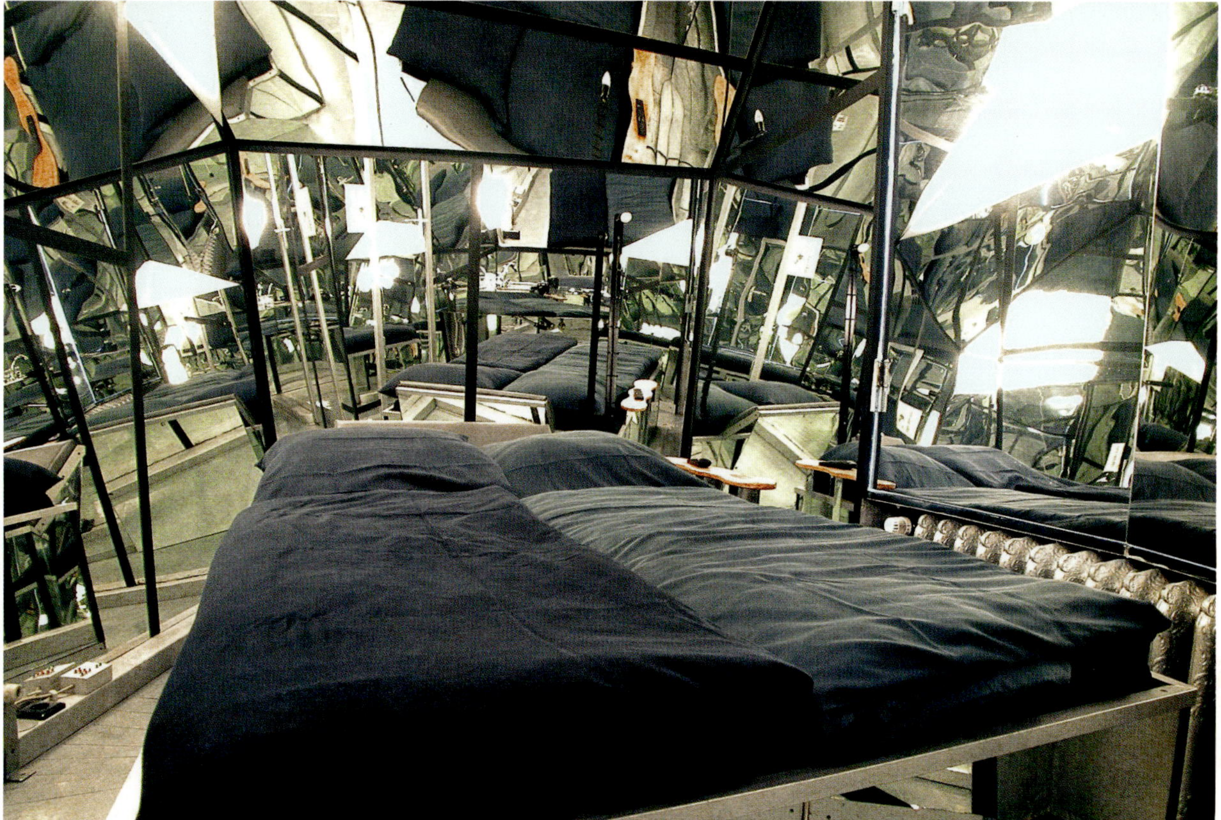

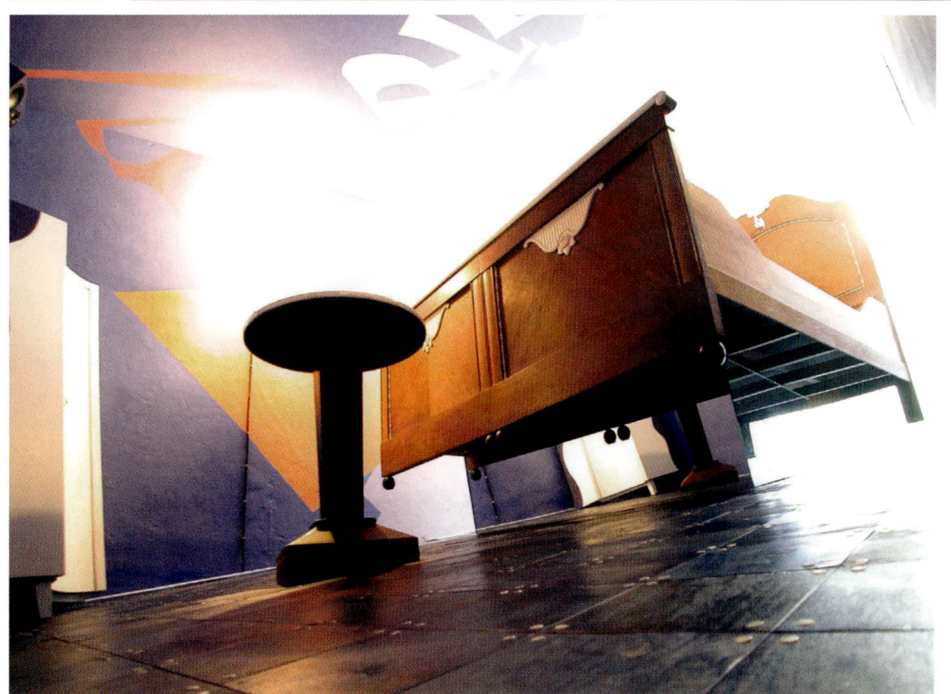

When you book you can choose three rooms where you would like to spend the night. Changing rooms during your stay costs €25.

A la réservation vous pouvez choisir jusqu'à trois chambres où dormir. Le changement de chambre durant le séjour coûte 25 euros.

Bij reservatie mag je drie kamers kiezen waarin je wel eens wil overnachten. Van kamer wisselen tijdens je verblijf kost 25 euro.

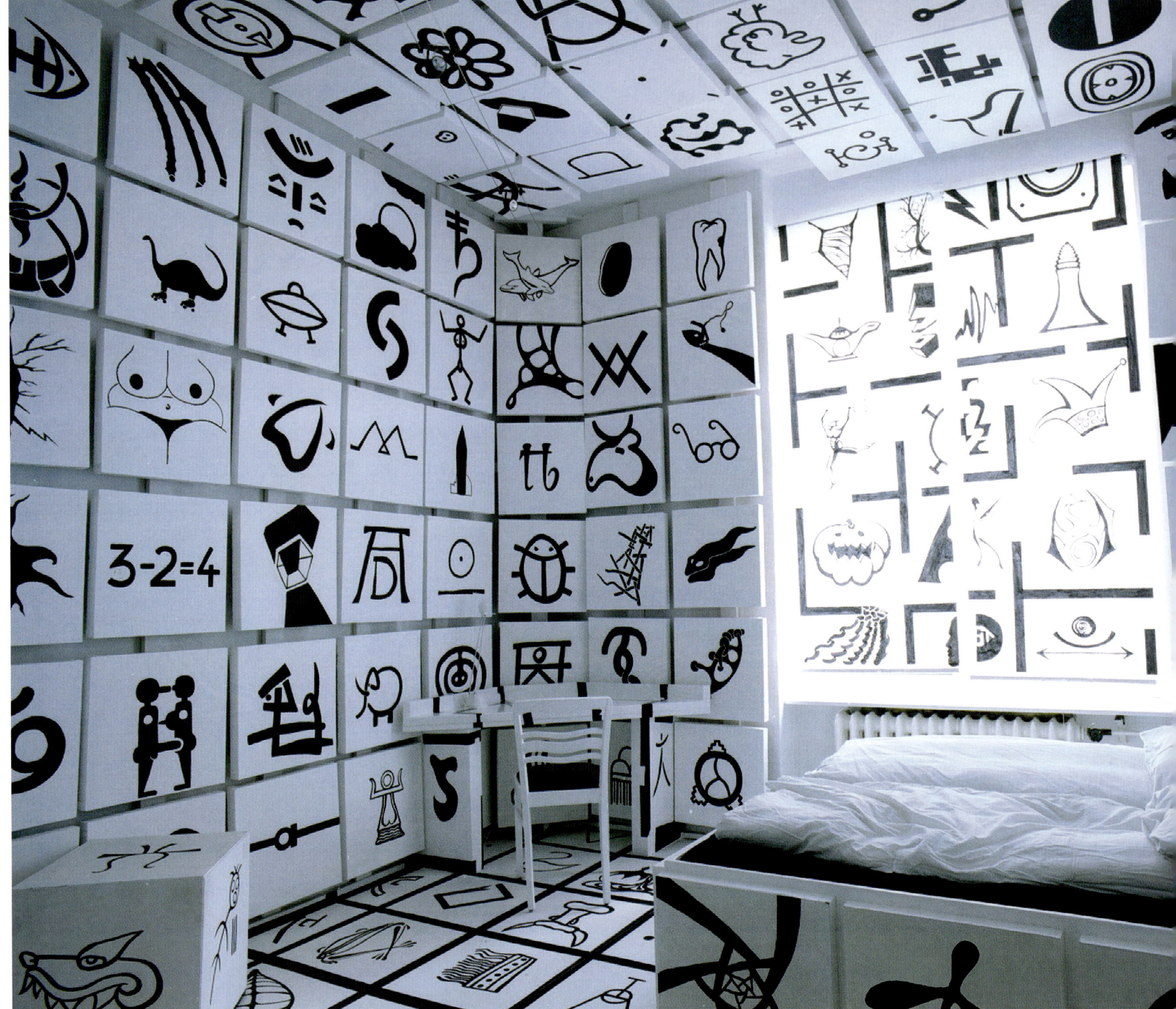

Anyone who is very keen on Stroschen's work can buy his furniture and art in the adjacent gallery.

Les amateurs du travail de Stroschen peuvent acquérir du mobilier ou des objets d'art de sa main, dans la galerie voisine.

Wie Stroschens werk fantastisch vindt, kan in de aangrenzende galerie meubelstukken en kunstwerken van zijn hand kopen.

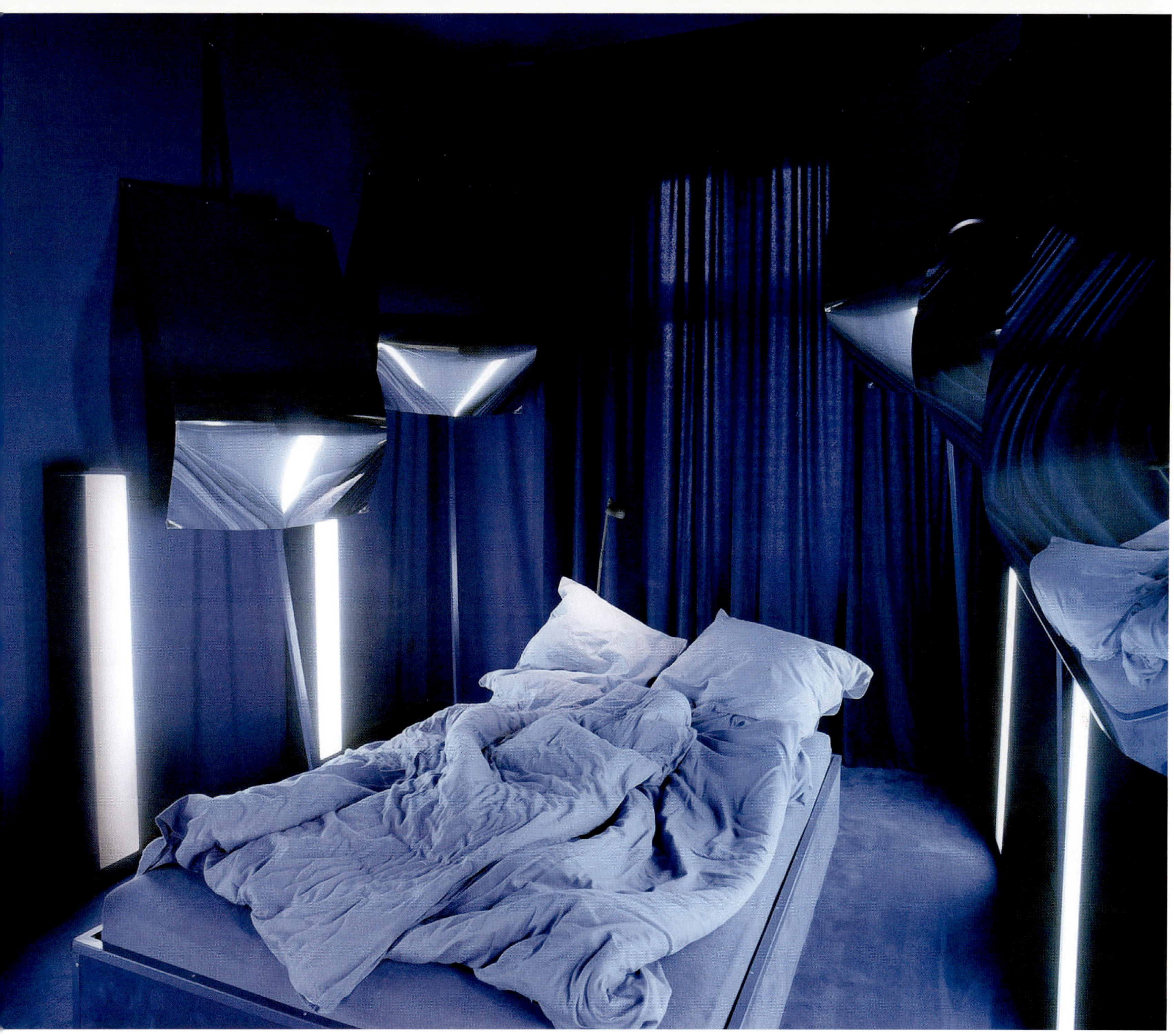

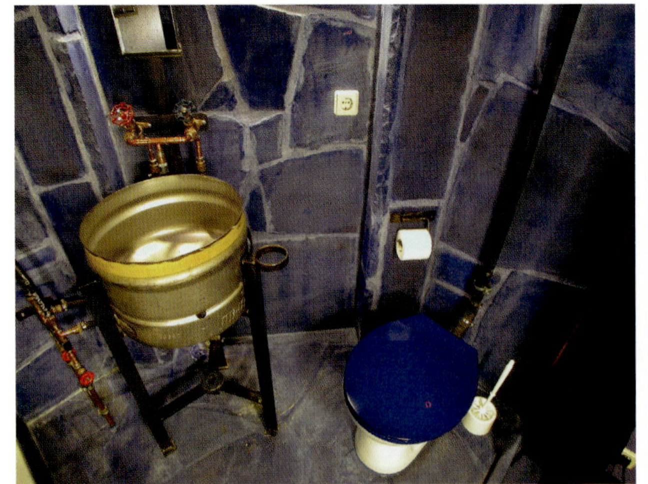

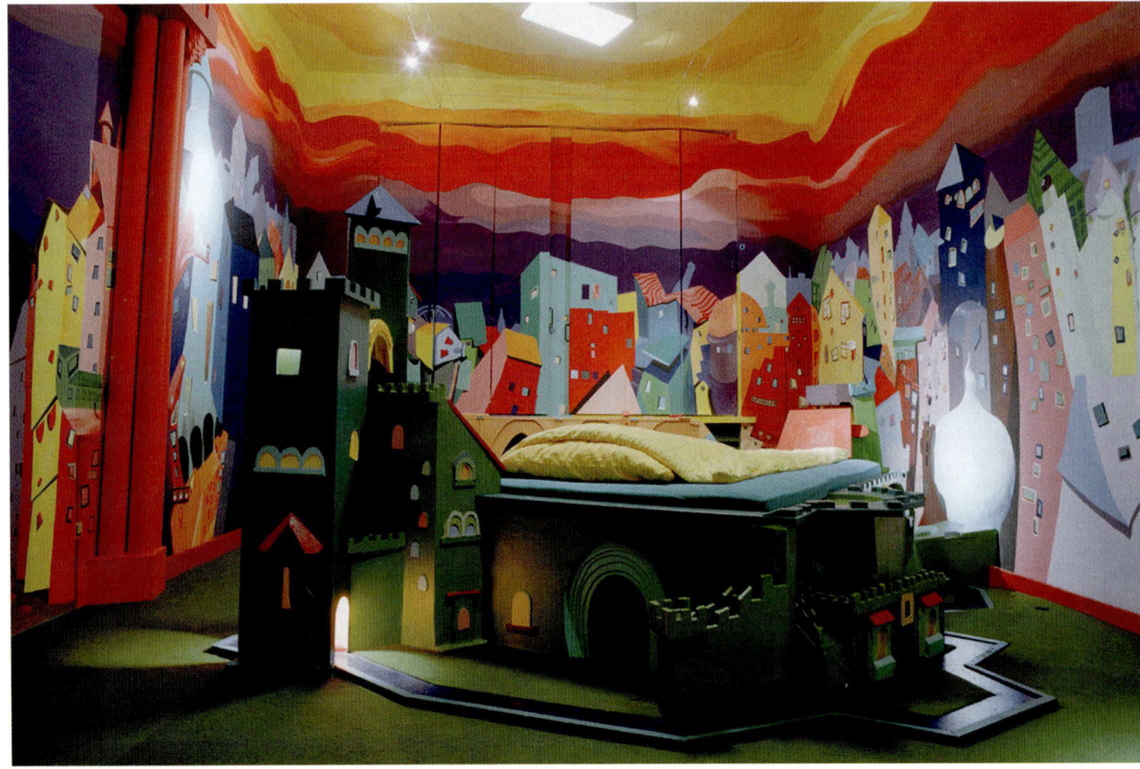

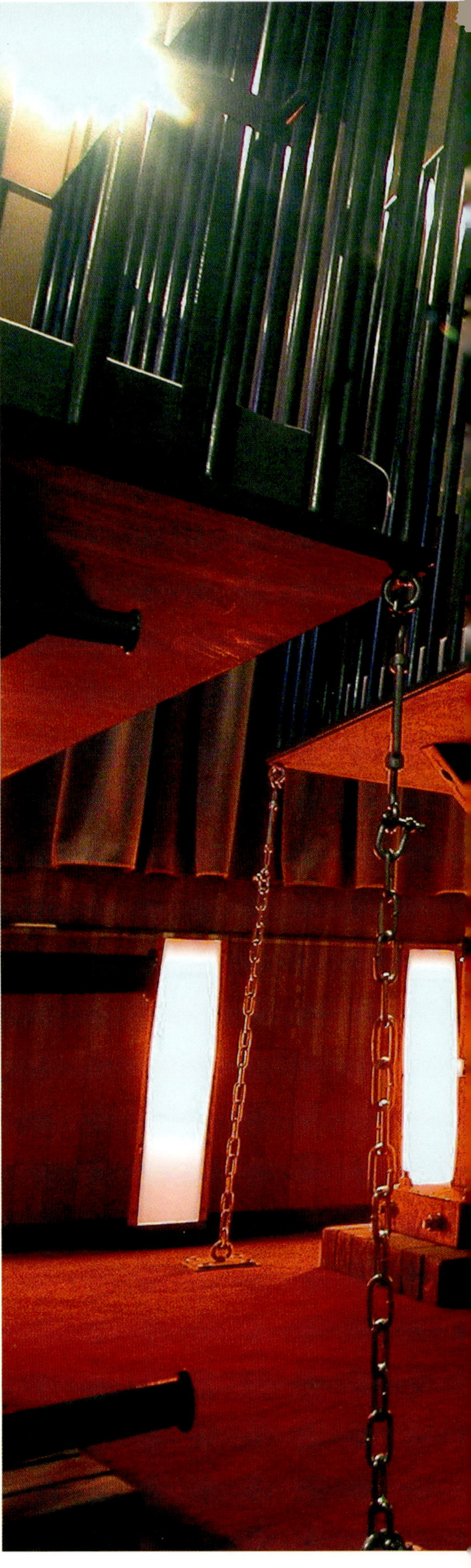

Standard services that you encounter in other hotels are lacking here. Don't expect room service, a mini bar, a trouser press or satellite TV. Oh, and checking in is only possible from 8 am to 12 noon....

Oubliez l'équipement standard des hôtels ordinaires. Ici, pas de service de chambre, de mini bar, de valet de chambre ou télévision par satellite. Et l'enregistrement n'est possible qu'entre 8 heures et midi.

De standaardvoorzieningen die je tegenkomt in gewone hotels zijn hier niet te vinden. Verwacht dus geen room service, minibar, broekpers of satelliettelevisie. En inchecken kan enkel tussen 8 en 12 uur 's morgens...

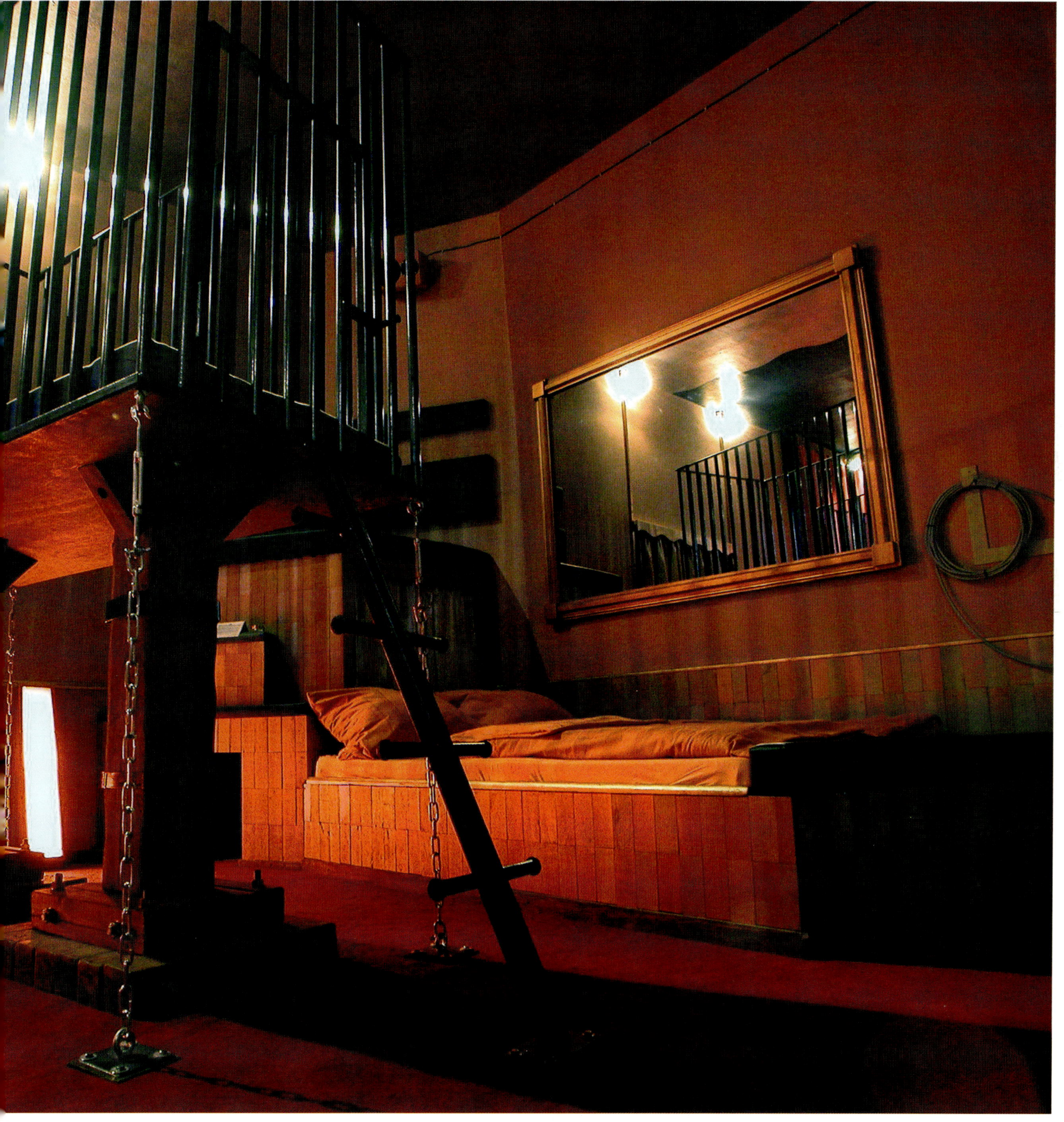

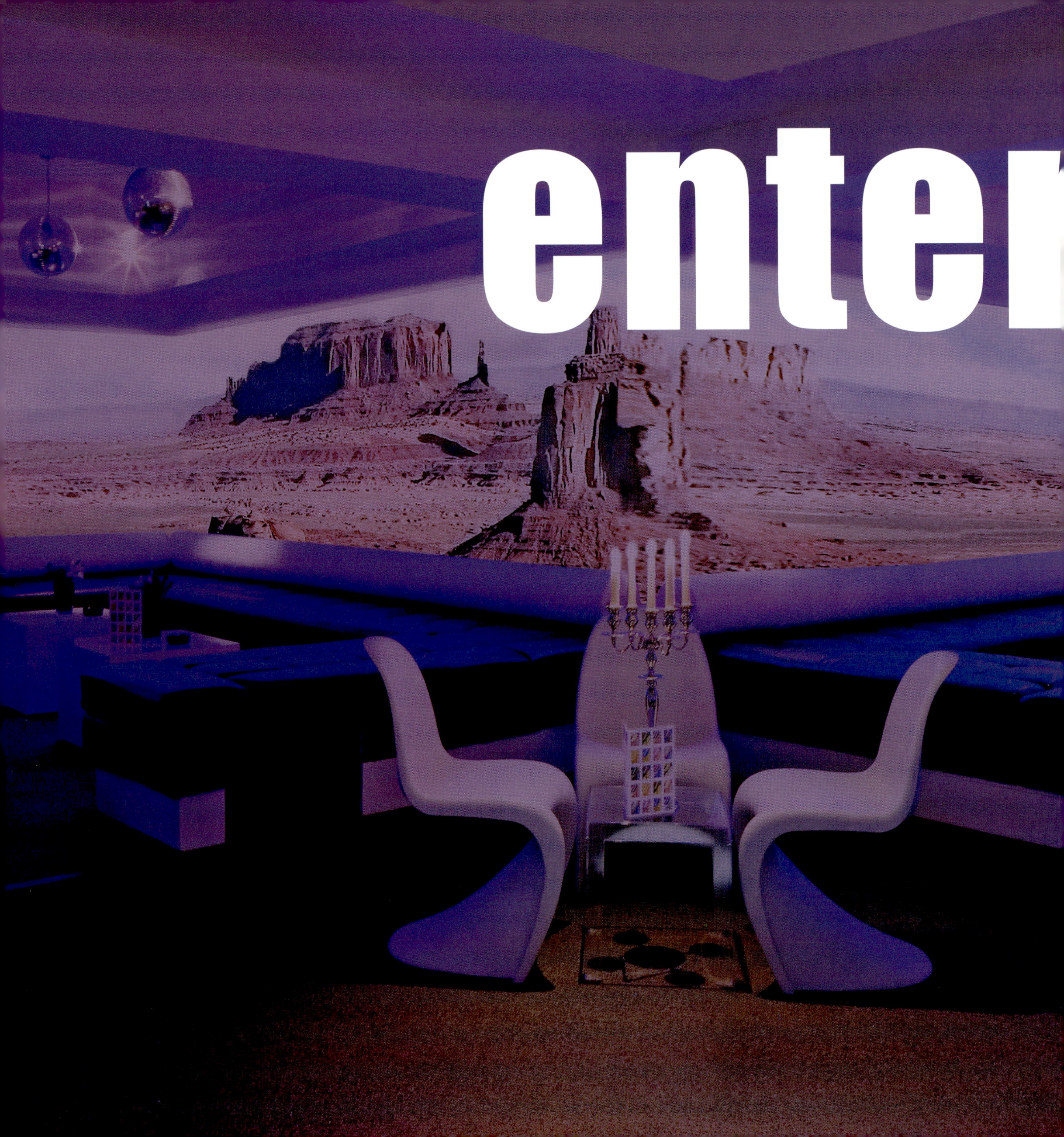

enter

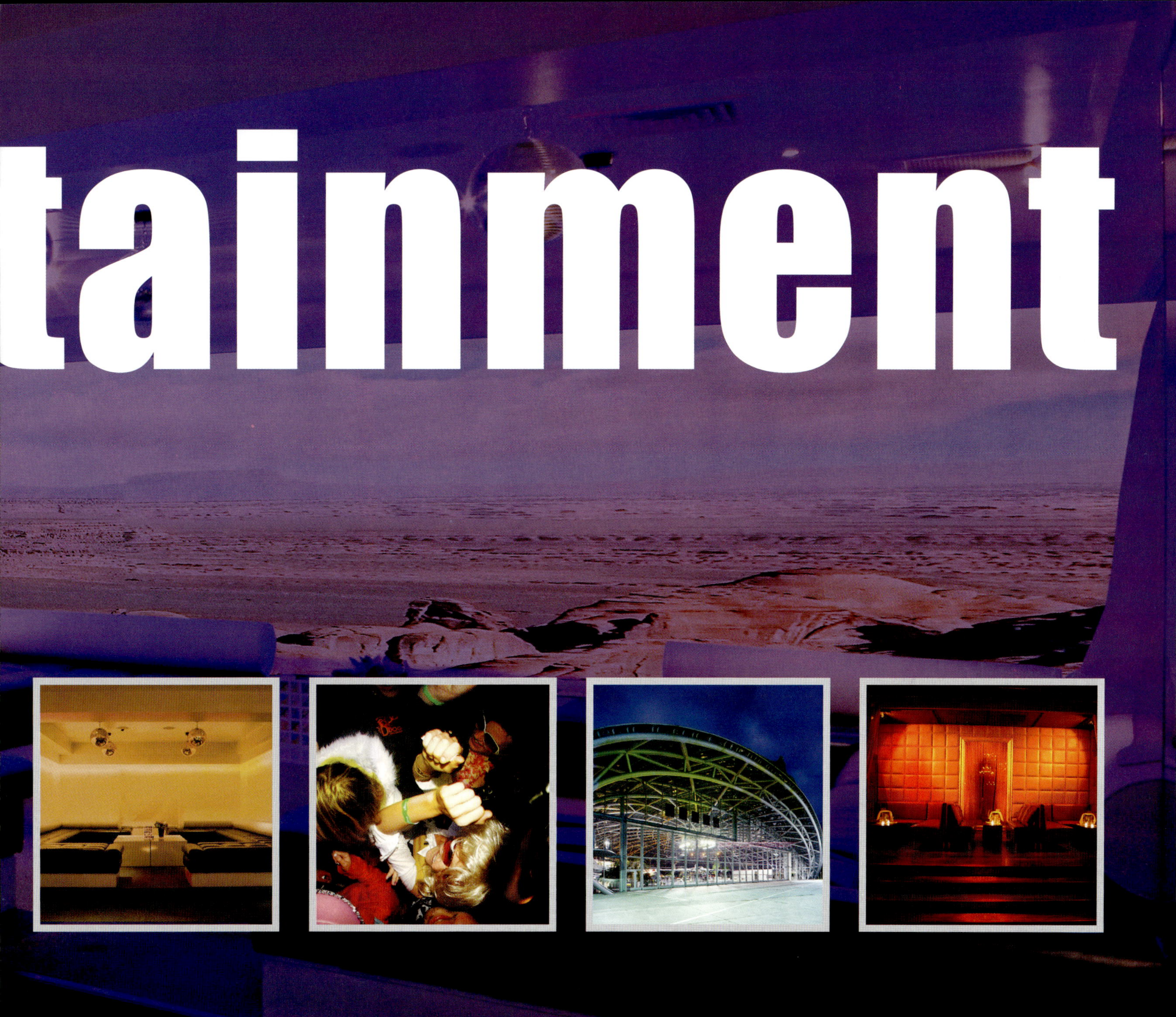
tainment

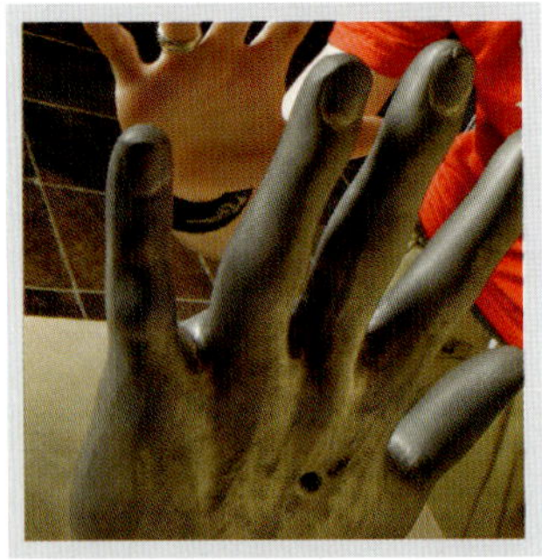 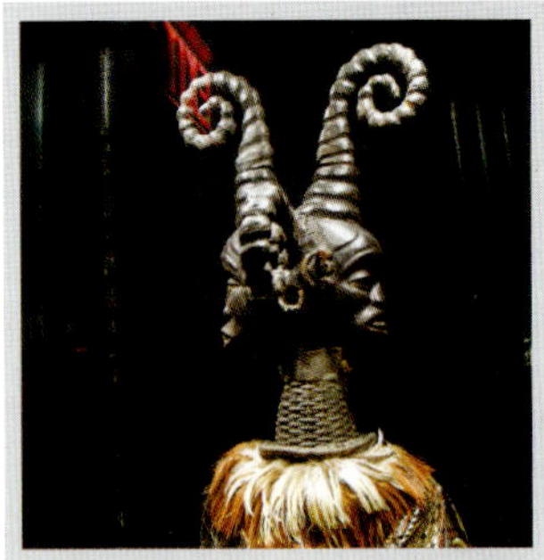

Odditorium ^{USA}

Do you believe?

Do you feel the need to introduce your guests to a shrunken Indian head, an albino giraffe or a six-legged cow? Then throw a party in Ripley's Believe It or Not! - a cabinet of curiosities that is the modern day equivalent of the old freak shows. The cartoonist Robert Ripley travelled for more than 40 years looking for bizarre, inconceivable and intriguing objects, animals and people. The result? Dozens of books, a TV series and 68 museums full of mysterious objects from the fields of history, art and science. The Times Square odditorium covers more than 1,600 m² and is filled with more than 500 objects, displayed in 25 interactive exhibitions. Children's parties, office parties or any kind of gathering - everyone is drawn here (who has a sense of humour).

Seriez-vous tenté de confronter vos invités à la tête réduite d'un indien, à une girafe albinos ou à une vache à 6 pattes ? Alors, organisez votre soirée dans le Ripley's Believe It or Not ! un cabinet de curiosités qui est l'équivalent contemporain des anciens *freakshows*. Pendant plus de 40 ans, l'auteur de cartoons, Robert Ripley a sillonné le monde à la recherche d'objets, d'animaux ou d'êtres bizarres, inattendus et surprenants. Le résultat ? Des dizaines de livres, une série télévisée et 68 musées remplis d'objets mystérieux appartenant au monde de l'histoire, de l'art et de la science. C'est ainsi que l'*odditorium* de Times Square, qui fait plus de 1.600 m², est rempli d'environ 500 objets, présentés en 25 expositions interactives. Que ce soient des fêtes enfantines, des soirées d'entreprises ou toute autre sorte de réunion, personne ici ne reste sur sa faim (pour autant qu'il ait un peu le sens de l'humour).

Voel je de behoefte om je gasten te laten kennismaken met een gekrompen indianenhoofd, een albinogiraf of een koe met 6 poten? Geef dan een feestje in Ripley's Believe It or Not!, een rariteitenkabinet dat het hedendaagse equivalent vormt van de vroegere *freakshows*. Meer dan 40 jaar lang reisde cartoonist Robert Ripley de wereld rond op zoek naar bizarre, onvoorstelbare en intrigerende spullen, dieren en mensen. Het resultaat? Tientallen boeken, een tv-serie en 68 musea vol mysterieuze objecten uit de wereld van de geschiedenis, kunst en wetenschap. Zo beschikt het Times Square odditorium over meer dan 1.600 m², gevuld met ruim 500 objecten, opgesteld in 25 interactieve tentoonstellingen. Kinderfeestjes, bedrijfsfeesten of andersoortige bijeenkomsten - hier komt iedereen (met een beetje gevoel voor humor) aan zijn trekken.

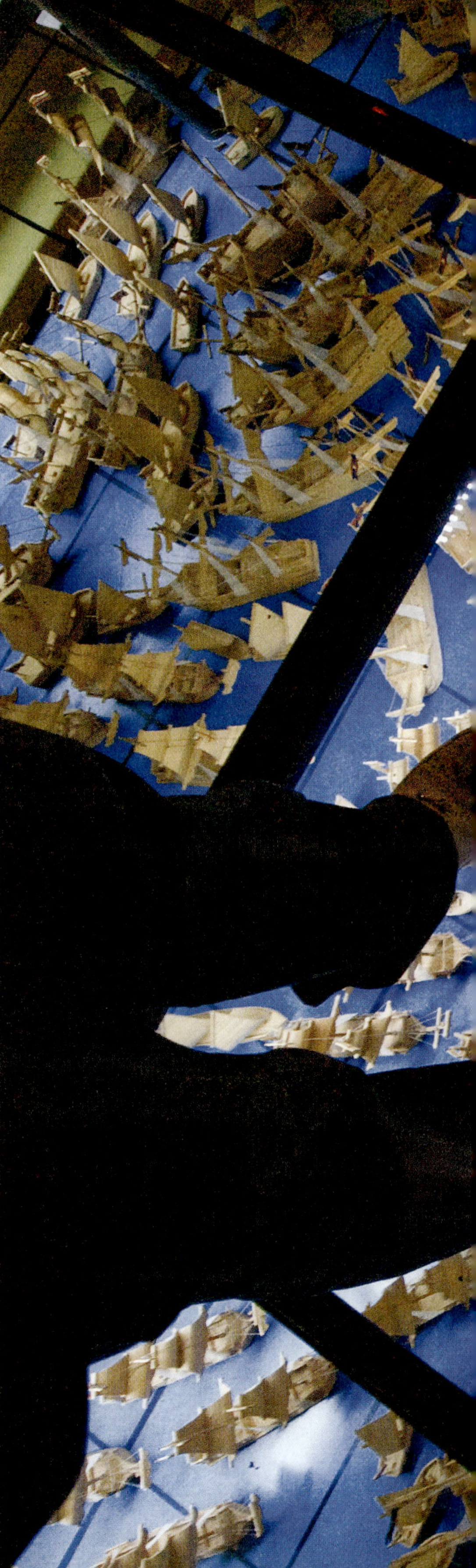

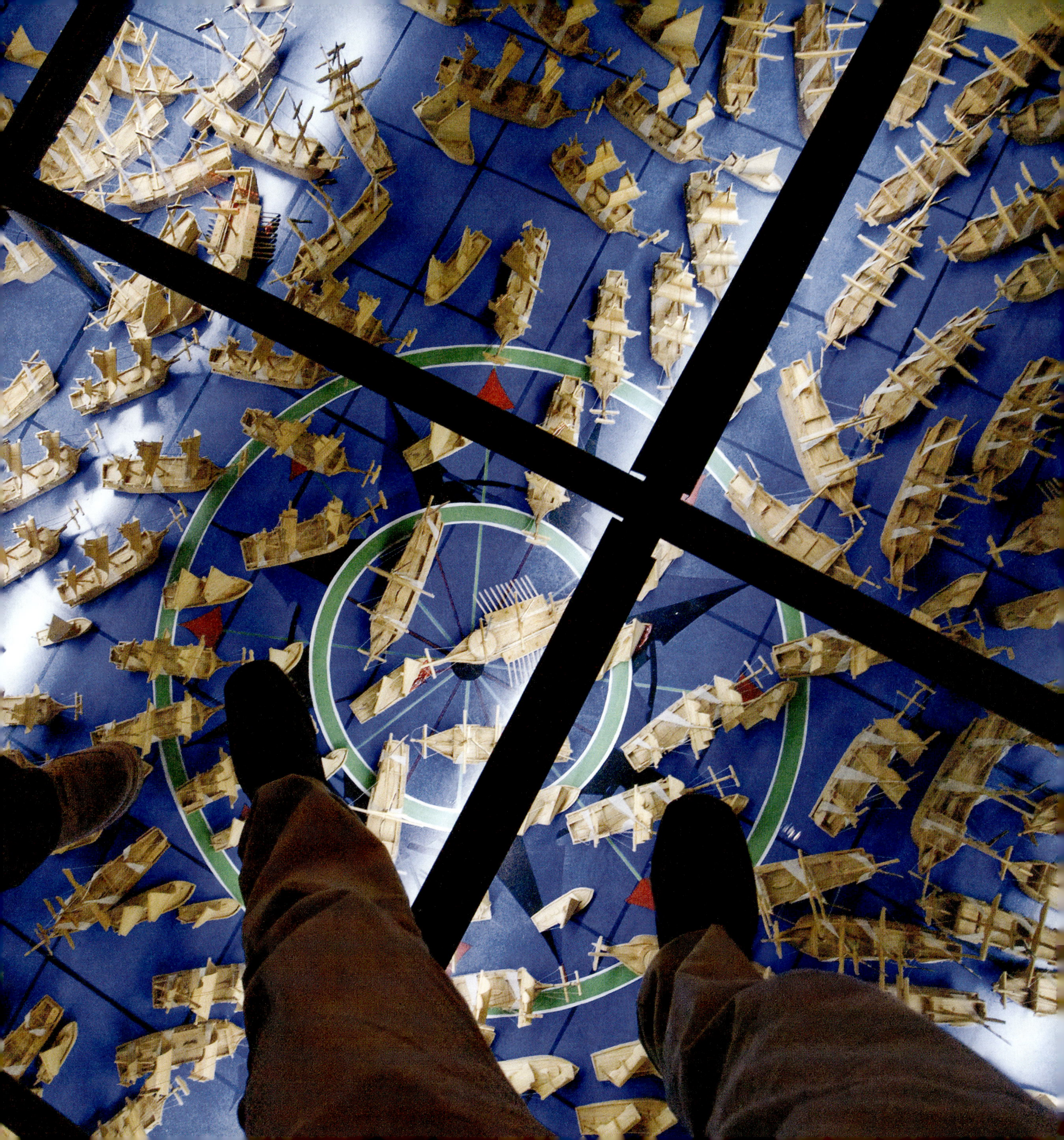

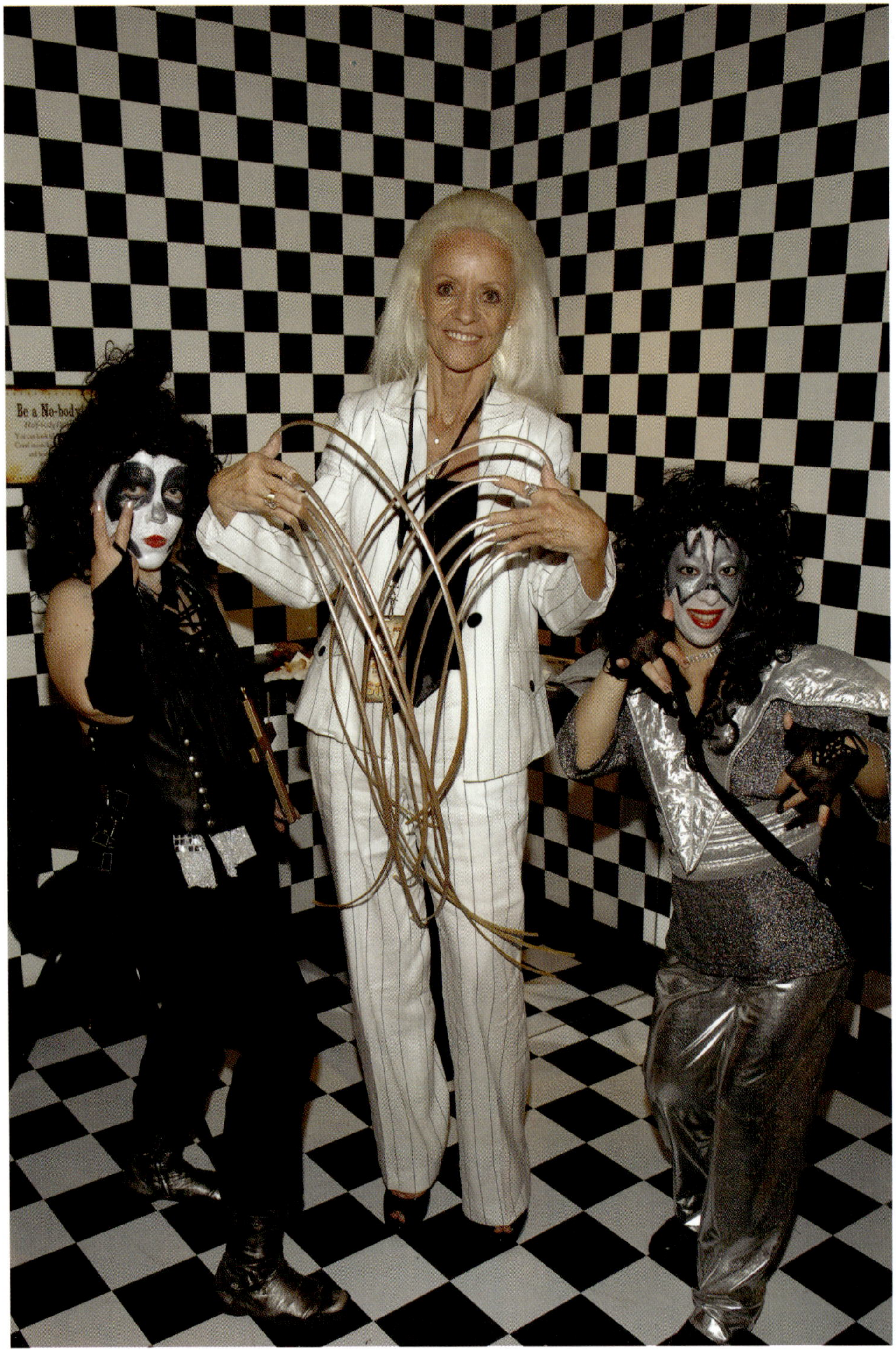

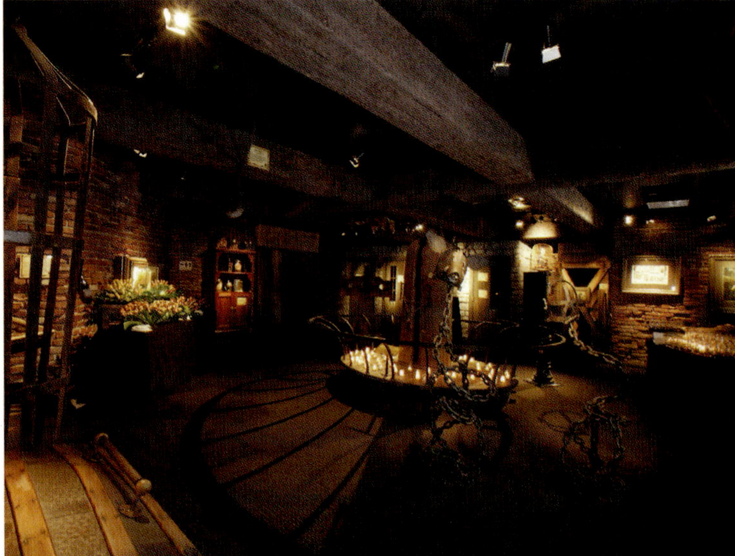

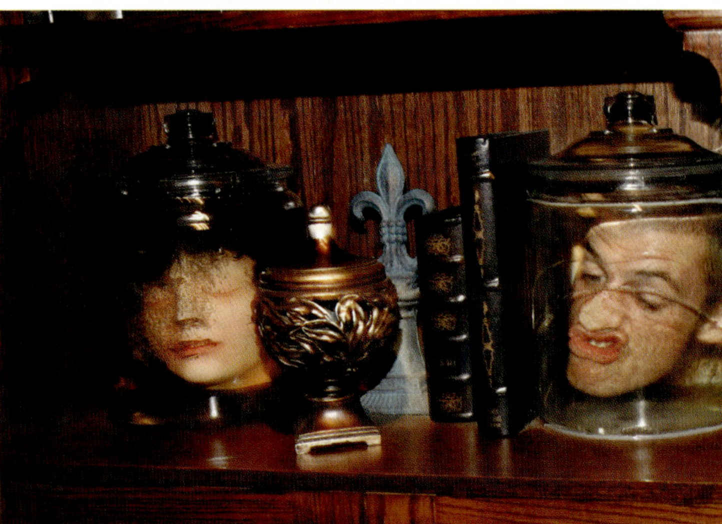

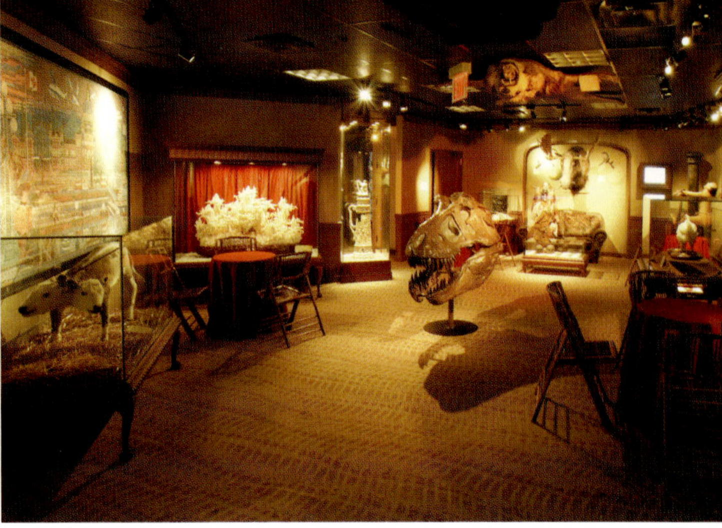

For those who think big, extra amusement can be ordered in the form of an appearance by mini-KISS, The Enigma or a woman with nails measuring a metre long.

Pour qui voit les choses en grand, il est possible de commander une distraction supplémentaire sous forme du tour de chant de MiniKiss, de l'homme-puzzle The Enigma ou de la dame qui a des ongles longs de plusieurs mètres.

Wie het groots ziet, kan extra amusement bestellen in de vorm van een optreden van mini-KISS, puzzelstukjesman The Enigma of een dame met meterslange nagels.

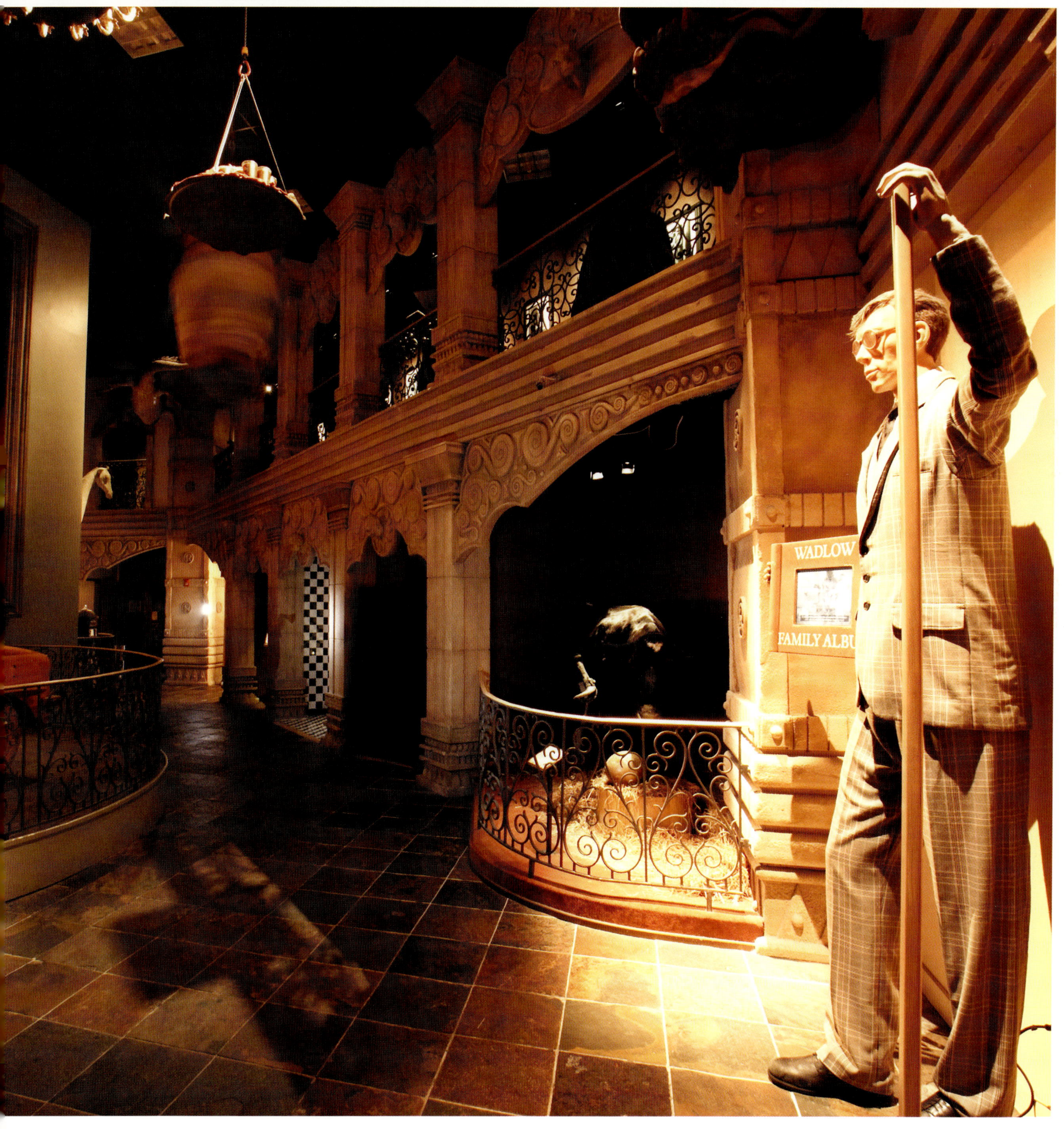

WADLOW
FAMILY ALBUM

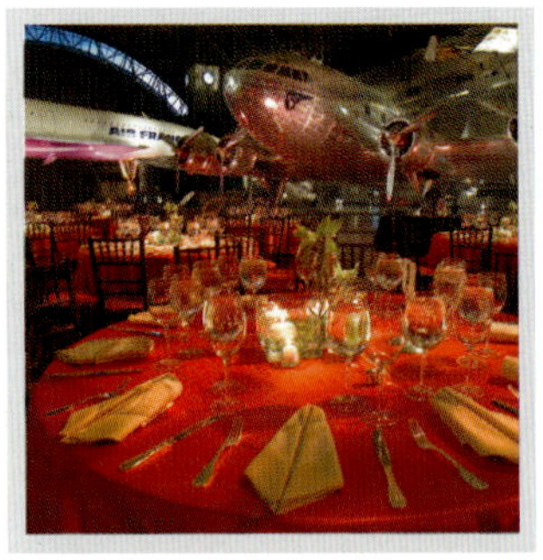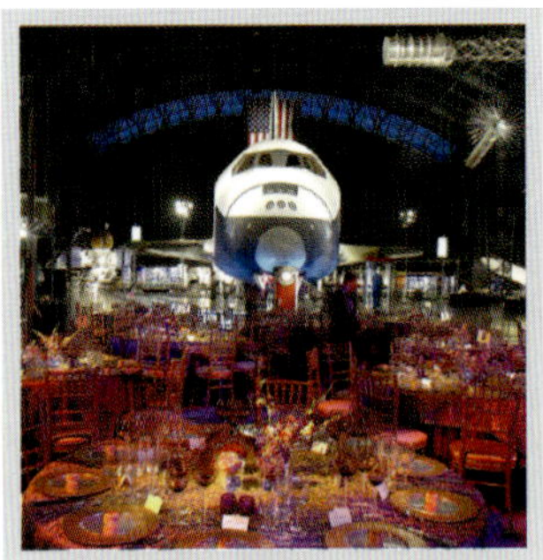

Air and space museum USA

Flying high

The Smithsonian National Air and Space Museum has the world's largest collection of air and space craft, a collection that is so broad 2 locations are needed in order to house it properly. With an annual average of over 7 million visitors, it is one of the best visited museums in the world. Organising an event here is guaranteed to deliver an unforgettable experience. For a cocktail party next to the Wright brothers' first aeroplane, Charles Lindbergh's Spirit of St. Louis or the commando module of Apollo 11, the National Mall in Washington DC is the right address. Would you rather hold your reception around the dramatic SR-71 Blackbird or in the shadow of the Space Shuttle? If you hurry over to the Steven F. Udvar-Hazy Center in Virginia you can also marvel at Enola Gay and the Starship Enterprise.

Le Smithsonian National Air and Space Museum possède la plus grande collection du monde d'engins aériens et spatiaux, une collection tellement étendue qu'il a fallu 2 endroits distincts pour tout présenter de manière appropriée. Avec un nombre de visiteurs avoisinant 7 millions annuellement, ces 2 sites réunis constituent le musée le plus visité au monde. Organiser un évènement en ces lieux permet de vivre, à coup sûr, une expérience inoubliable. S'il s'agit d'un cocktail à côté du premier avion des frères Wright, du Spirit of St. Louis de Charles Lindbergh ou du module de commande d'Apollo 11, c'est bien au bâtiment sur le National Mall à Washington DC que vous devez être. Préférez-vous une réception près du spectaculaire SR-71 Blackbird ou dans l'ombre du Space Shuttle ? Rendez-vous au Steven F. Udvar-Hazy Center en Virginie, et profitez-en pour admirer au passage le Enola Gay et le Starship Enterprise.

Het Smithsonian National Air and Space Museum beschikt over 's werelds grootste collectie vlieg - en ruimtetuigen - een verzameling die zo uitgebreid is, dat er 2 locaties voor nodig waren om alles een deftig plaatsje te geven. Met een jaarlijks gemiddelde van ruim 7 miljoen bezoekers vormen deze sites samen een van de best bezochte musea ter wereld. Hier een evenement organiseren, levert dan ook gegarandeerd een onvergetelijke ervaring op. Voor een cocktailparty naast het eerste vliegtuig van de gebroeders Wright, de Spirit of St. Louis van Charles Lindbergh of de commandomodule van de Apollo 11 ben je in het National Mall gebouw in Washington DC aan het juiste adres. Verkies je een receptie rond de dramatische SR-71 Blackbird of in de schaduw van de Space Shuttle? Rep je naar het Steven F. Udvar-Hazy Center in Virginia, en bewonder meteen ook de Enola Gay en Starship Enterprise.

SMITHSONIAN NATIONAL AIR AND SPACE MUSEUM — Independence Avenue at Sixth Street, SW, Washington, DC 20560 / Smithsonian Steven F. Udvar-Hazy Center - 14390 Air and Space Parkway, Chantilly, VA 20151, United States of America - +001 202 633 2340 - www.nasm.si.edu/spevents

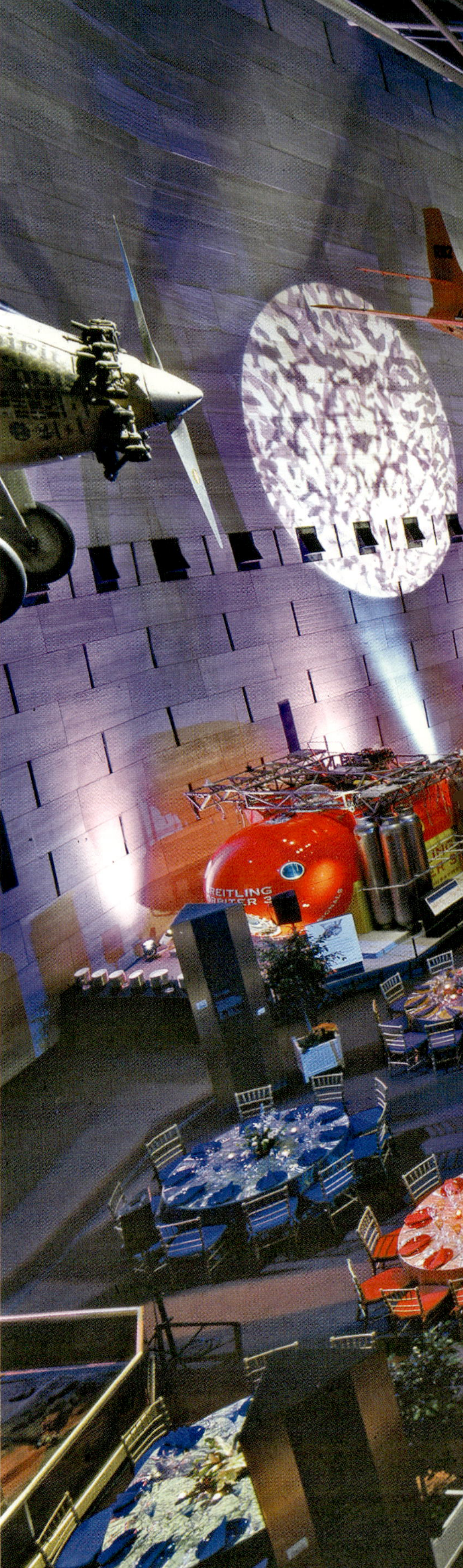

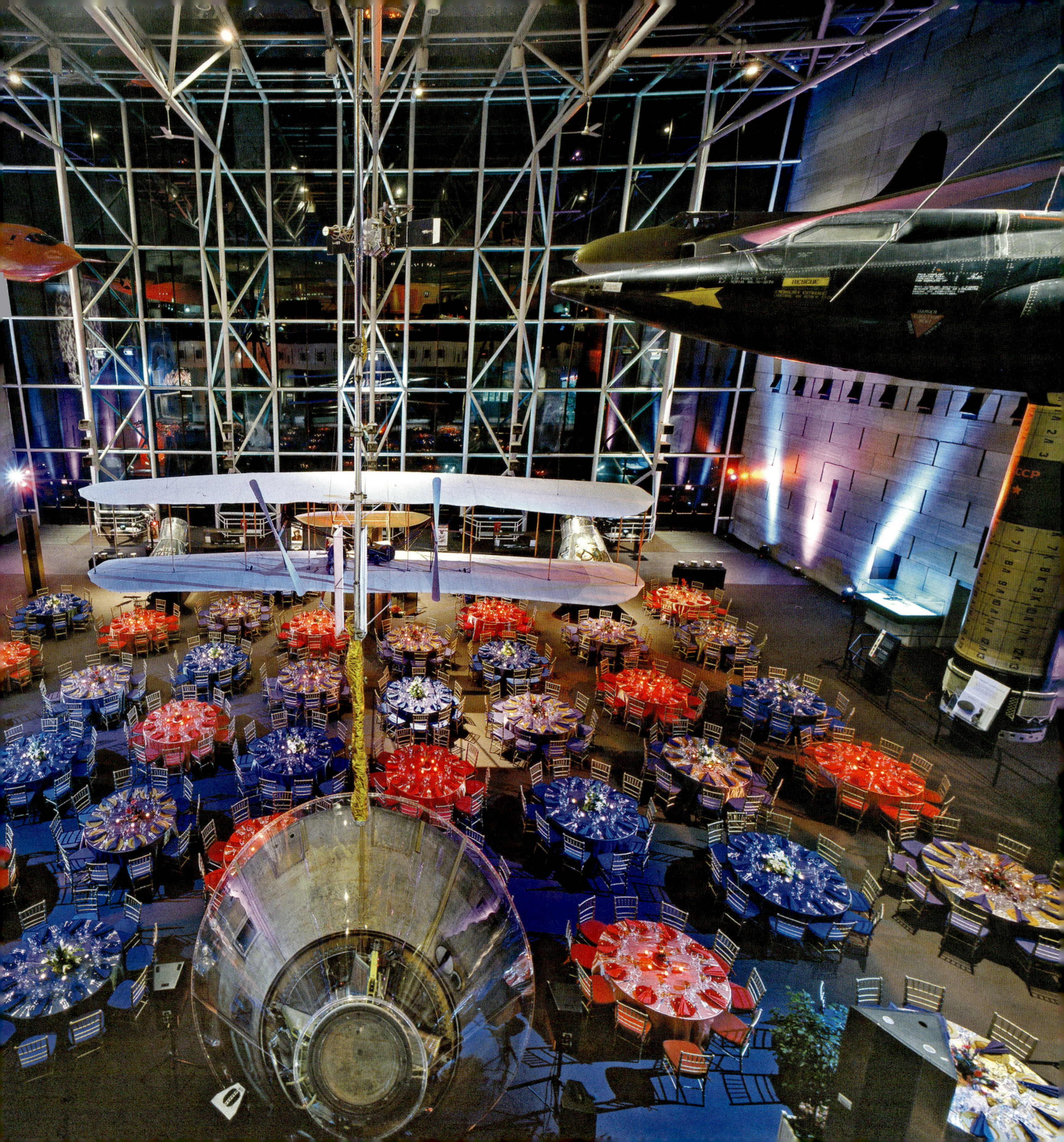

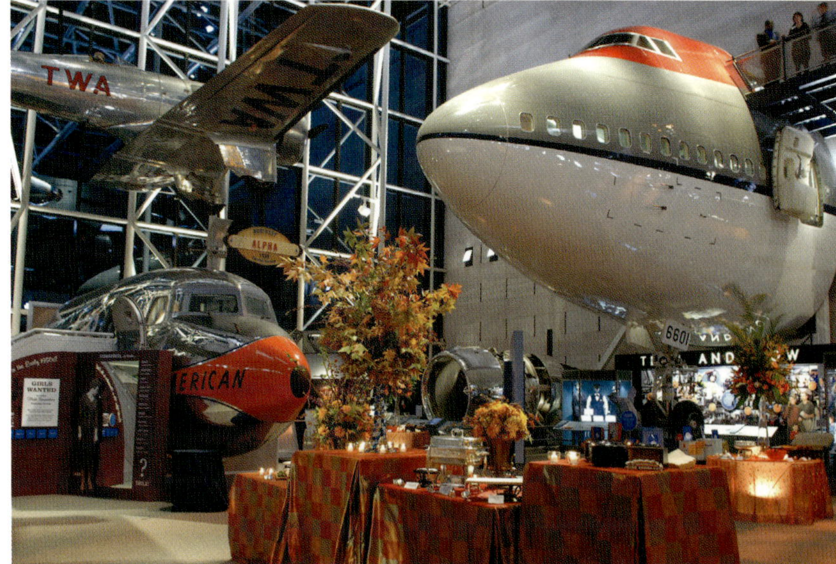

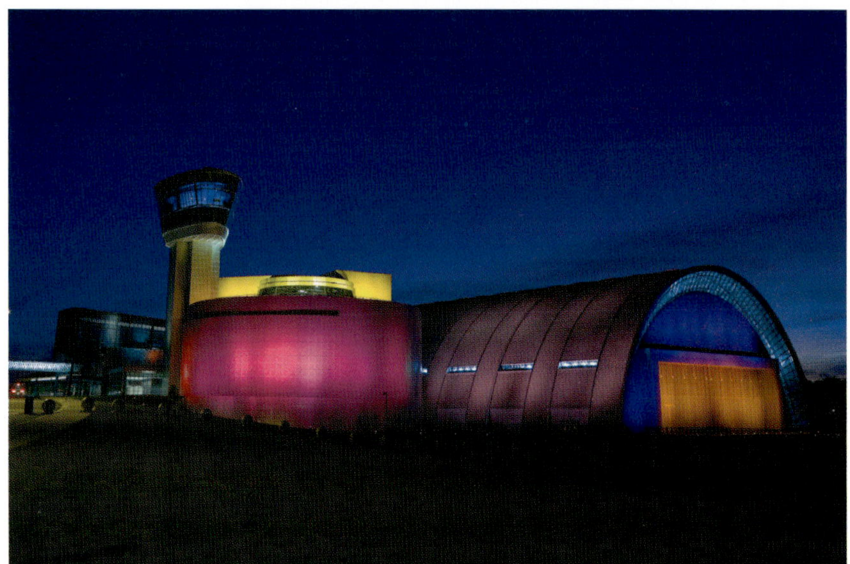

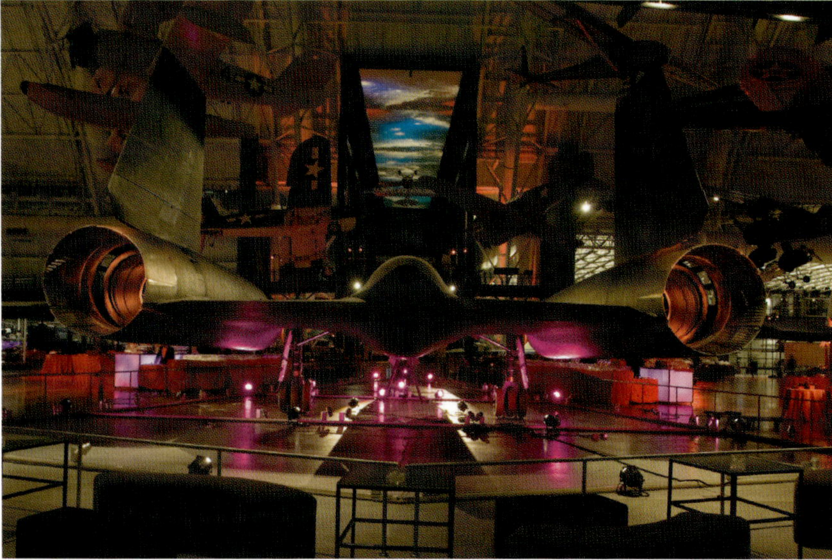

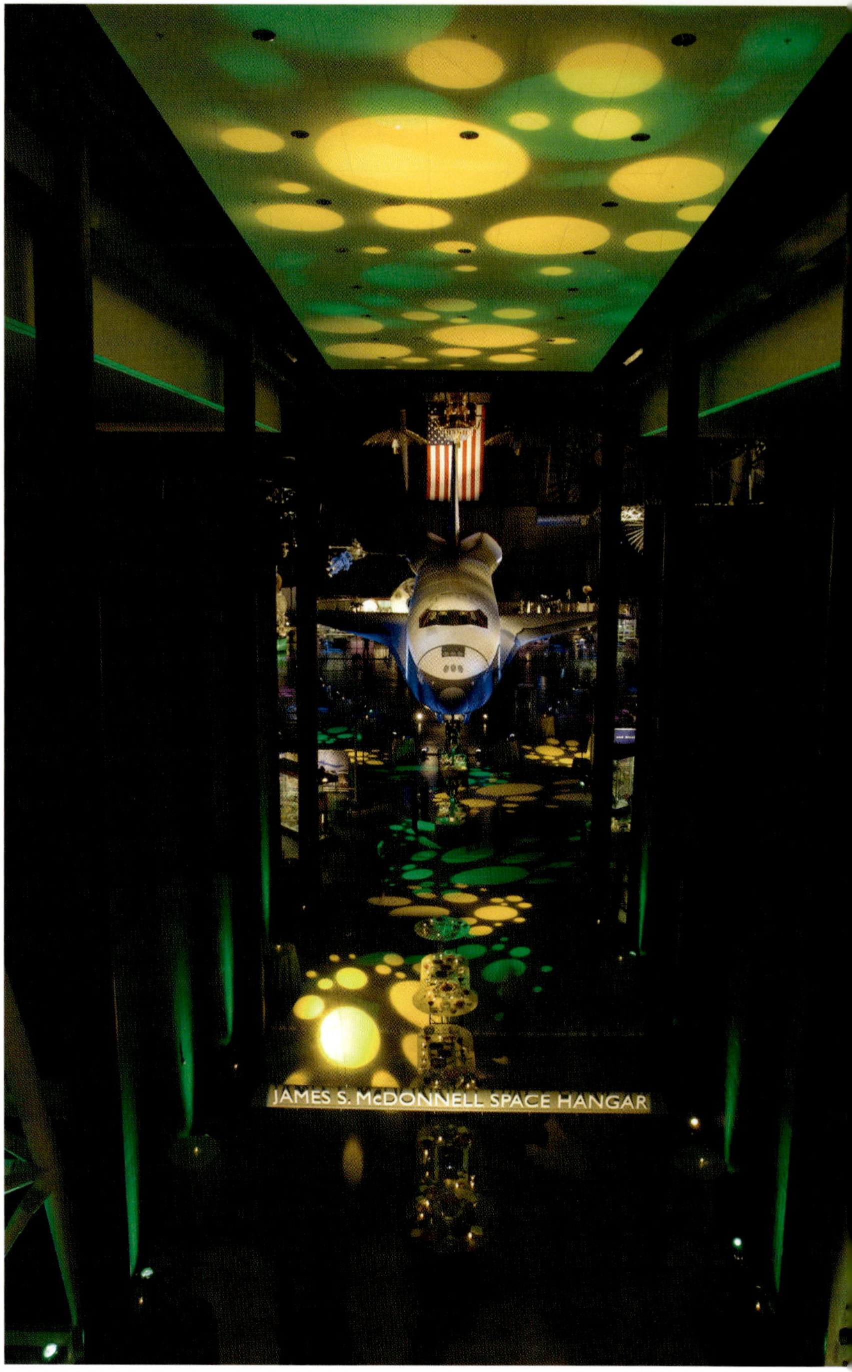

The building on the National Mall can accommodate 4,000 people,
the Udvar-Hazy Center has space enough for 7,000 visitors.

*Le bâtiment sur le National Mall peut abriter 4.000 personnes,
le Udvar-Hazy Center accueillir 7.000 invités.*

*Het gebouw op de National Mall kan 4.000 personen herbergen,
het Udvar-Hazy Center heeft plaats voor 7.000 gasten.*

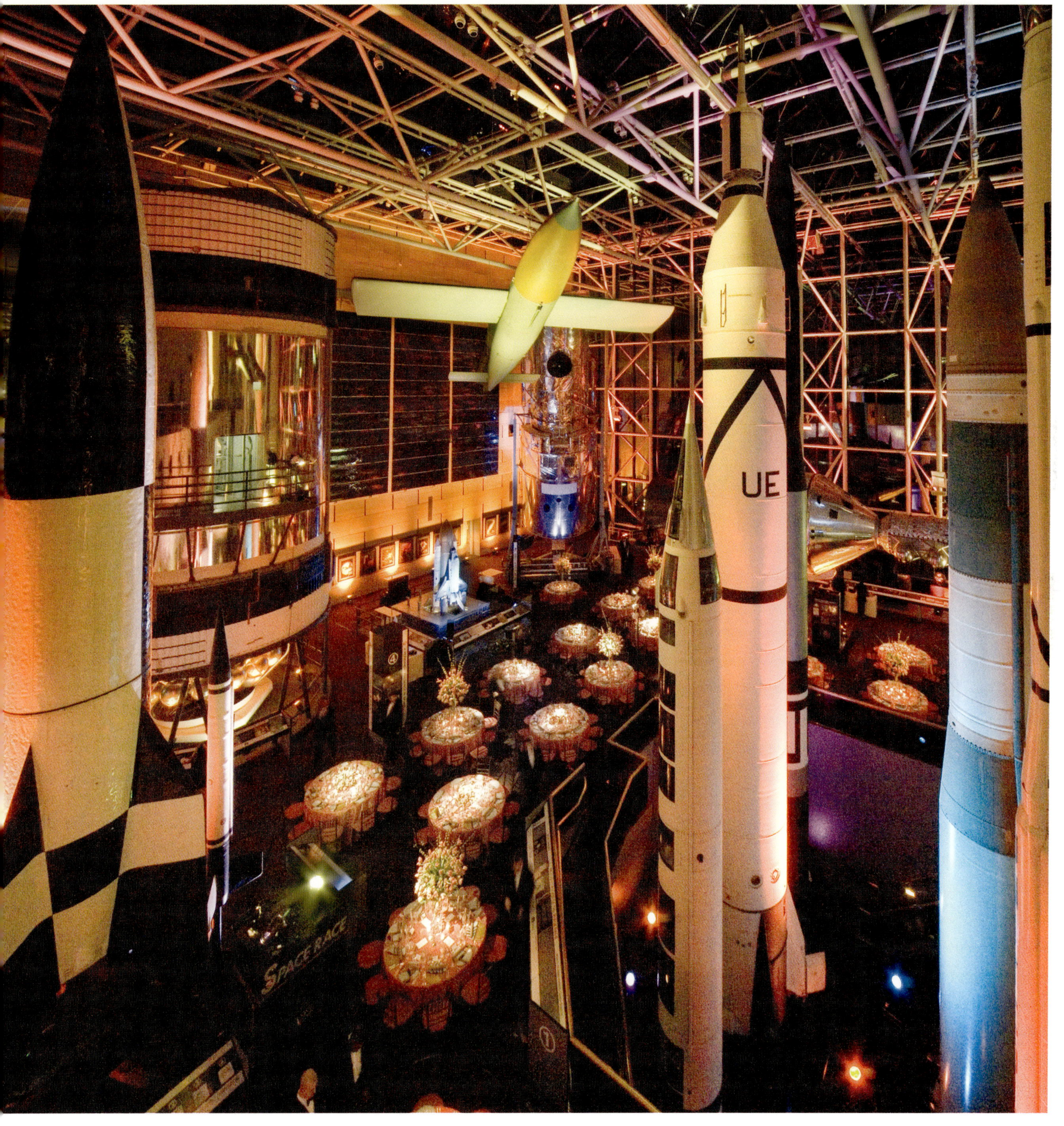
UE
SPACE RACE

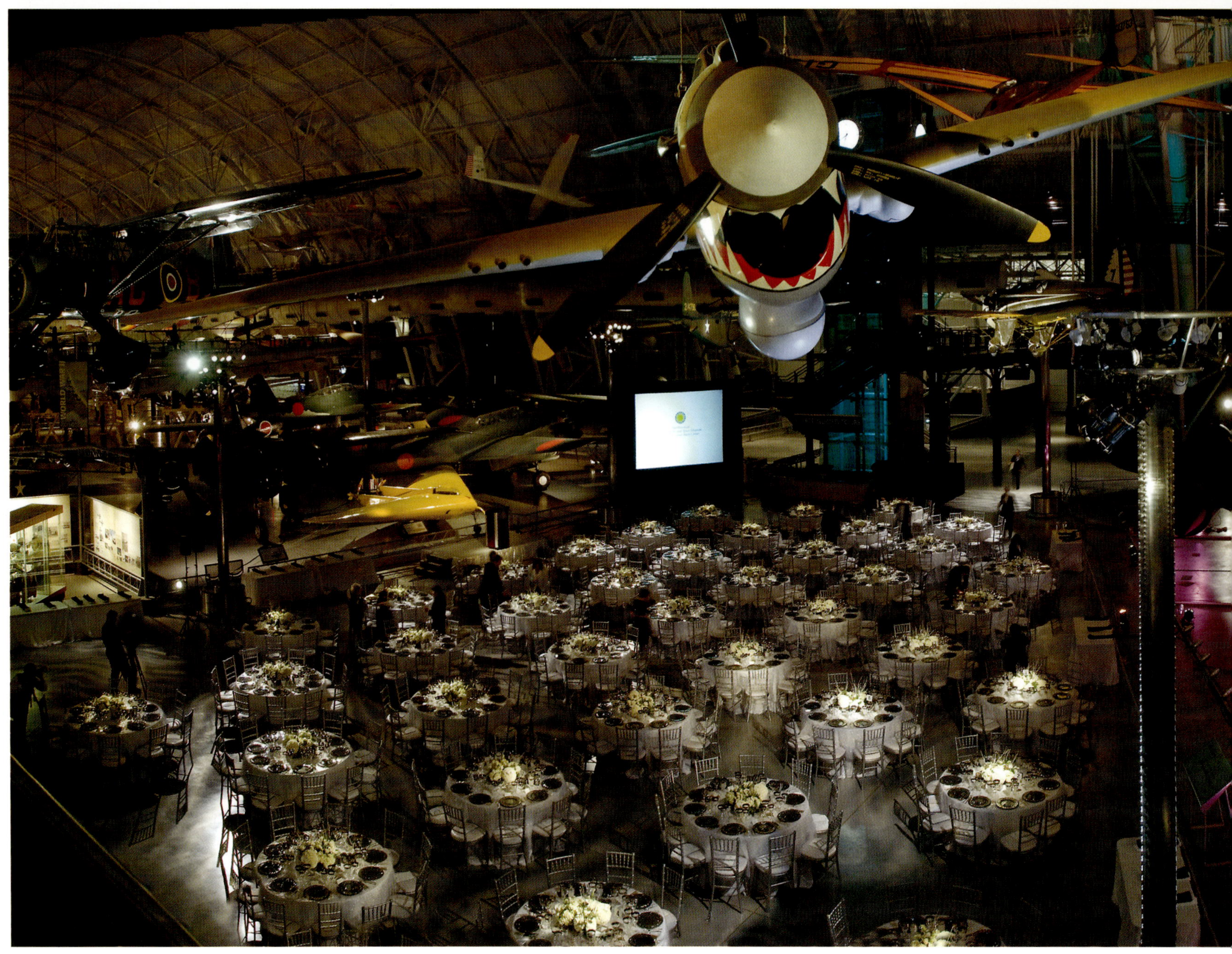

The Smithsonian Institution is a research institute that has 19 museums, a zoo and 8 research centres. Most of them are clustered together on the National Mall in Washington DC.

La Smithsonian Institution est un institut de recherche qui regroupe 19 musées, un zoo et 8 centres de recherche. La plupart d'entre eux sont regroupés au National Mall à Washington DC.

Het Smithsonian Institution is een researchinstituut dat 19 musea, een zoo en 8 researchcentra bezit. De meeste ervan zitten in een kluitje op de National Mall in Washington DC.

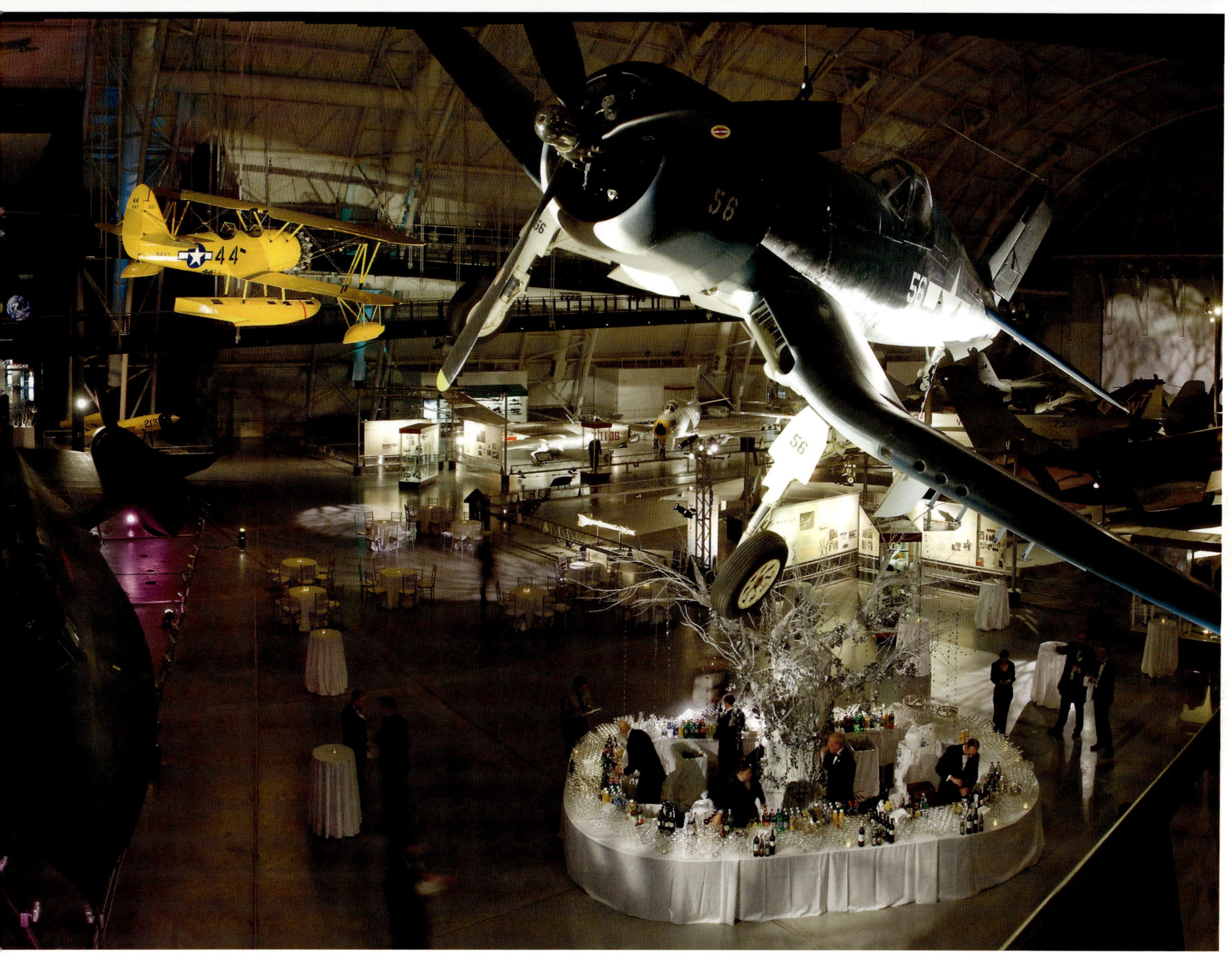

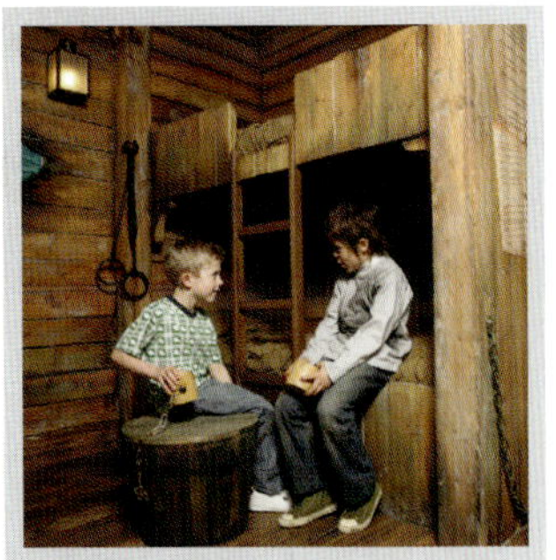
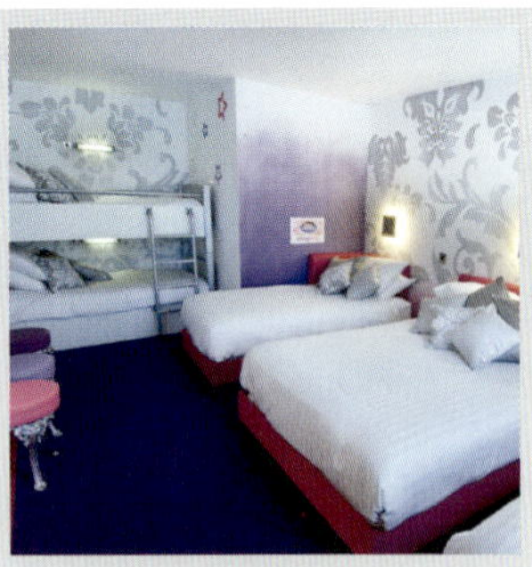

Sleepover suite ^{UK}

Party chicks, unite!

Looking for the ultimate party spot for your teenage daughter's birthday party or your best friend's hen night? Head to Alton Towers and demand a key to the Sleepover Suite (you can book but then you'll be at the end of a very long waiting list), your best bet for an evening of uninterrupted girly fun. What did you expect from a soundproof party room equipped with a plasma TV, PlayStation, dance floor, karaoke machine, chick flick DVD library and a pink freezer full of chocolate and ice cream? Not persuaded?
Take a look at the bedroom, fitted with 6 beds that can clip together for all night chatting. The bathroom finally, will dispel all your doubts, with wall to wall mirrors, heaps of hairdryers and lots of complimentary pampering products. Have I already mentioned that the hotel is located in the middle of an amusement park? Disadvantages? There's only room for 6!

À la recherche du lieu le plus approprié pour l'anniversaire de votre adolescente ou l'enterrement de la vie de jeune fille de votre amie ? Précipitez-vous à Alton Towers et demandez la clé de la Sleepover Suite. Cette suite rose bonbon est le plus sûr garant d'une franche rigolade entre filles. Que penseriez-vous d'une pièce insonorisée et équipée d'un écran plasma de télévision, d'une Play Sation, d'une piste de danse , d'une installation karaoké, d'une vidéothèque *chick flick* et d'un réfrigérateur rose, rempli de chocolat et de glace ? Pas convaincue ? Jetez un coup d'œil dans la chambre à coucher, équipée de 6 lits qui peuvent être rattachés les uns aux autres pour une longue nuit de papotages. La salle de bain, enfin, fera s'envoler vos derniers doutes : avec ses miroirs couvrant tout le mur, ses sèche-cheveux, ses innombrables petites gâteries, elle est l'accomplissement des rêves de toute jeune fille. Ai-je déjà mentionné que l'hôtel se trouve au milieu d'un parc d'attractions ? Le désavantage ? Il n'y a place que pour 6 !

Op zoek naar de ultieme feestplek voor de verjaardag van je tienerdochter of de vrijgezellenavond van je beste vriendin? Rep je naar Alton Towers en eis de sleutel van de Sleepover Suite (boeken kan ook, maar verwacht je dan wel aan een ellenlange wachtlijst). Deze snoeproze suite is je beste garantie voor een avondje ongestoorde meidenlol. Of wat dacht je van een geluidsdichte partykamer uitgevoerd met plasma tv, PlayStation, dansvloer, karaokemachine, *chick flick* videotheek en roze koelkast vol chocolade en ijs? Niet overtuigd? Werp een blik op de slaapkamer, uitgerust met 6 bedden die aan elkaar geklikt kunnen worden voor nachtenlang kletsplezier. De badkamer tenslotte, doet je laatste twijfels wegsmelten: met kamerbrede spiegels, de nodige haardrogers en krultangen, en hopen gratis verwenproducten is ze de vervulling van elke meisjesdroom. Had ik trouwens al gezegd dat het hotel zich midden in een pretpark bevindt? Nadelen? Er is maar plaats voor 6!

ALTON TOWERS HOTEL — Alton Towers Resort, Alton, Staffordshire, ST10 4DB, United Kingdom – +44 1538 703344 · www.altontowers.com

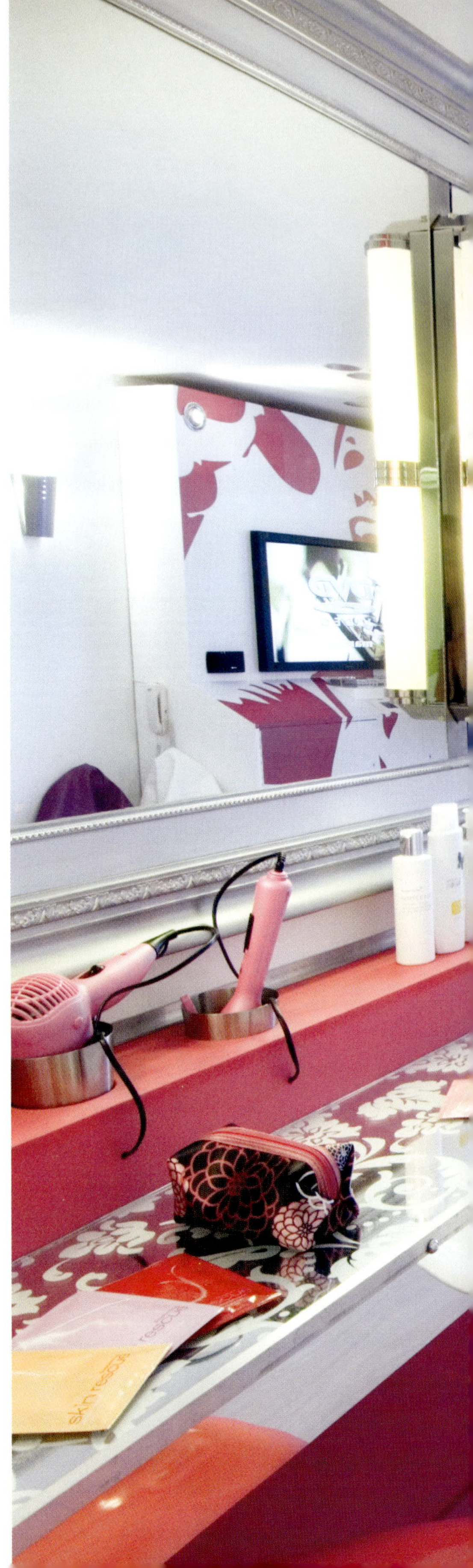

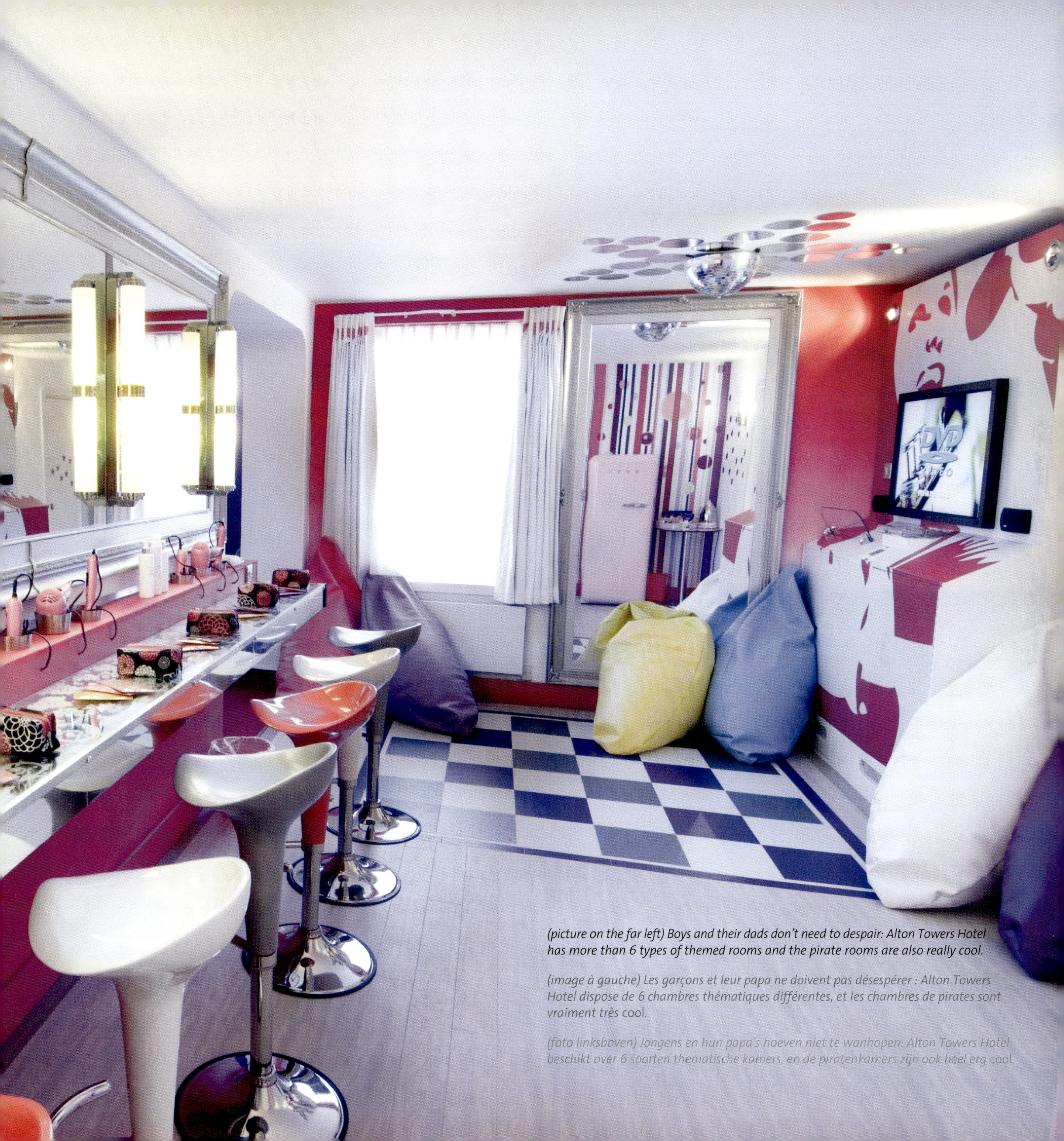

(picture on the far left) Boys and their dads don't need to despair: Alton Towers Hotel has more than 6 types of themed rooms and the pirate rooms are also really cool.

(image à gauche) Les garçons et leur papa ne doivent pas désespérer : Alton Towers Hotel dispose de 6 chambres thématiques différentes, et les chambres de pirates sont vraiment très cool.

(foto linksboven) Jongens en hun papa's hoeven niet te wanhopen: Alton Towers Hotel beschikt over 6 soorten thematische kamers, en de piratenkamers zijn ook heel erg cool.

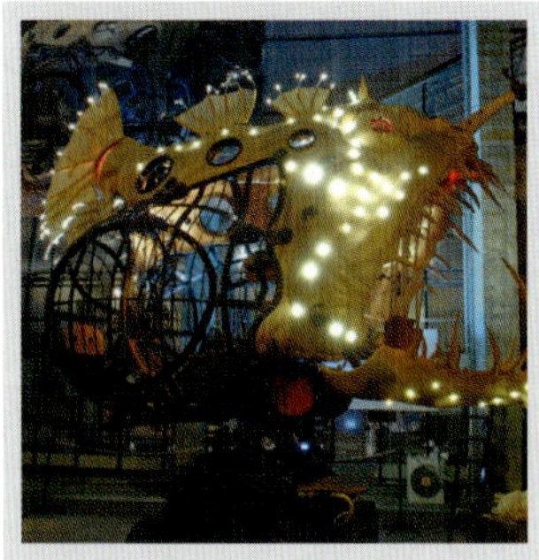 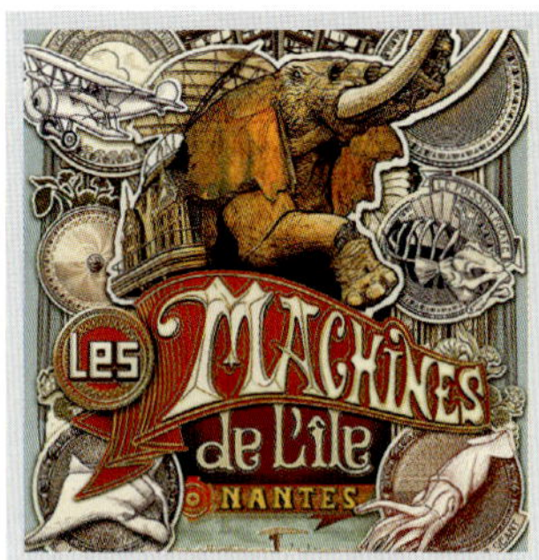

Factory of dreams France

Welcome to my world

Step inside a dream factory, where you can climb onto the back of a 45 ton elephant or dine amidst the most bizarre creatures. Les Machines de l'Île is an exhibition and events space that is dominated by the fantasies of artists Pierre Orefice and François Delarozière. Under their direction, a devoted team of engineers work on a fantasy world based on the books of Jules Verne, Leonardo Da Vinci's mechanical inventions and the industrial past of Nantes. The space, which can accommodate 800 people, offers a sense of the mysterious thanks to the creatures placed here and there, which can be broadly divided into 3 categories: the Great Elephant, the Underwater World (a 25 metre high carrousel construction with 27 moving creatures) and the Heron Tree.

Entrez dans une usine à fabriquer des rêves, où vous pourrez escalader le dos d'un éléphant pesant 45 tonnes ou dîner parmi les créatures les plus étranges. Les Machines de l'Île est un espace voué aux expositions et aux évènements qui est né de l'imagination des artistes Pierre Orefice et François Delarozière. Une équipe dévouée de machinistes travaille sous leur direction à créer un monde fantastique inspiré des livres de Jules Verne, des trouvailles mécaniques de Léonard de Vinci et du passé industriel de la ville de Nantes. L'espace, qui peut accueillir 800 personnes, dégage une atmosphère mystérieuse grâce aux créatures, disséminées çà et là, que l'on peut grosso modo répartir en 3 catégories : le Grand Éléphant, les Monde Marins (un manège en construction, haut de 25 mètres, peuplé de 27 créatures mobiles) et l'Arbre aux Hérons.

Stap binnen in een droomfabriek, waar je de rug van een 45 ton wegende olifant kan beklimmen of kan dineren te midden van de meest bizarre creaturen. Les Machines de l'Ile is een expositie- en evenementenruimte die gedomineerd wordt door de hersenspinsels van kunstenaars Pierre Orefice en François Delarozière. Onder hun leiding werkt een toegewijd team van machinebouwers aan een fantasiewereld gebaseerd op de boeken van Jules Verne, de mechanische uitvindingen van Leonardo Da Vinci en het industriële verleden van Nantes. De ruimte, die 800 mensen kan herbergen, biedt een mysterieuze aanblik dankzij de her en der verspreid staande schepsels, die ruwweg onder te verdelen zijn in 3 categorieën: de Grote Olifant, de Onderwaterwereld (een 25 meter hoge draaimolen in aanbouw met 27 bewegende dieren) en de Reigerboom.

LES MACHINES DE L'ILE — SITE DES CHANTIERS, BOULEVARD LÉON BUREAU, NANTES 44200, FRANCE - CONTACT@LESMACHINES-NANTES.FR - WWW.LESMACHINES-NANTES.FR

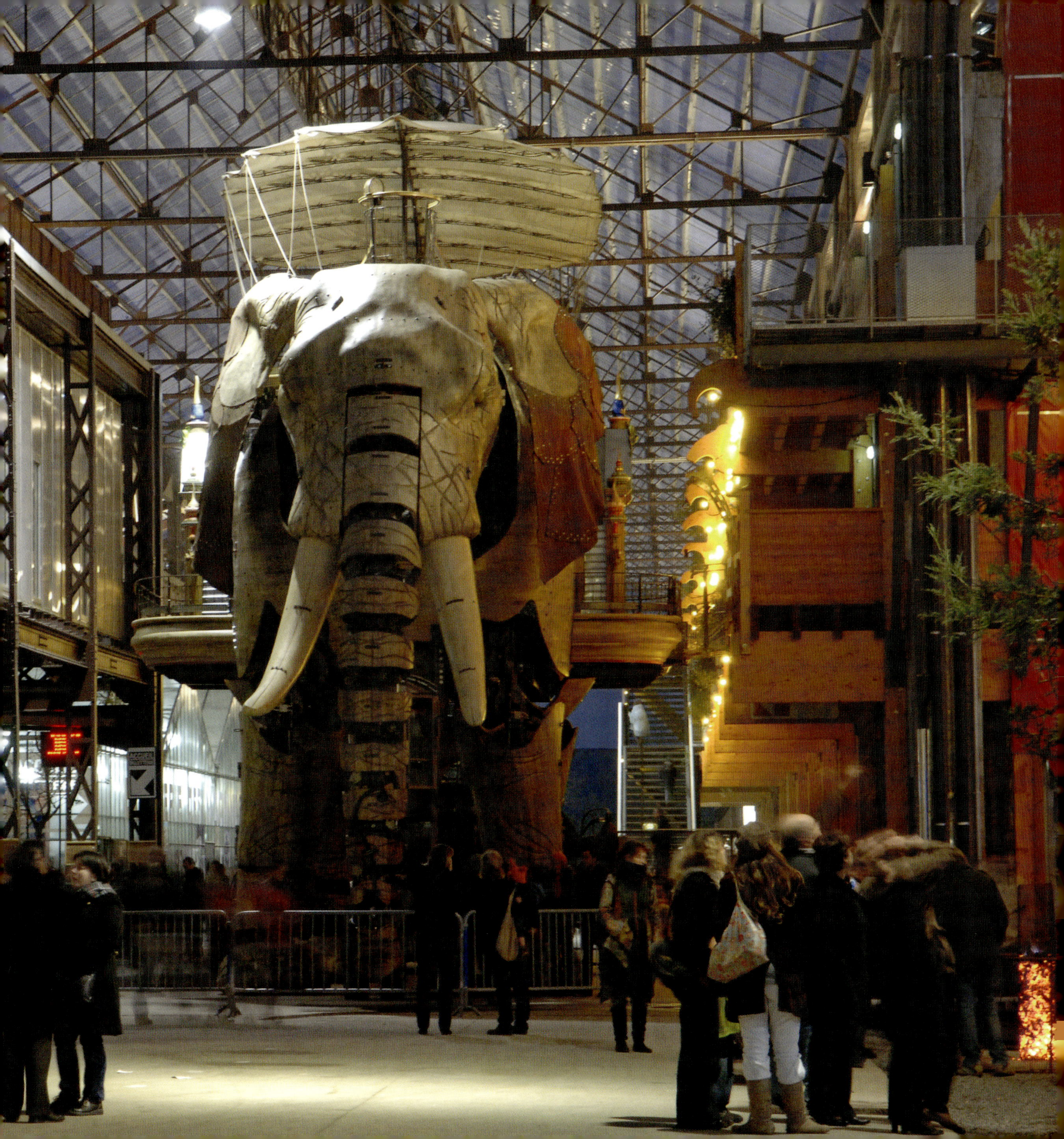

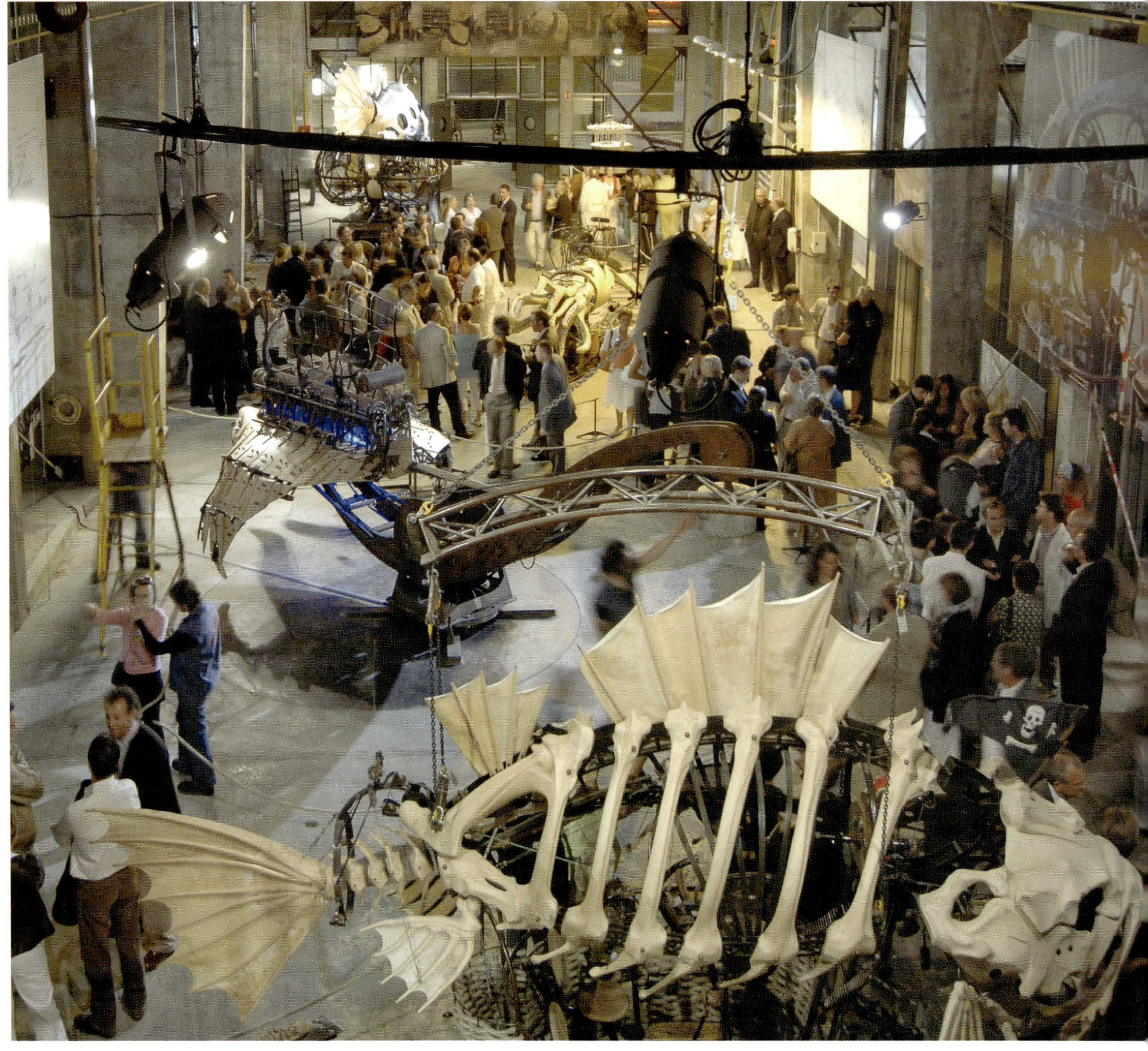

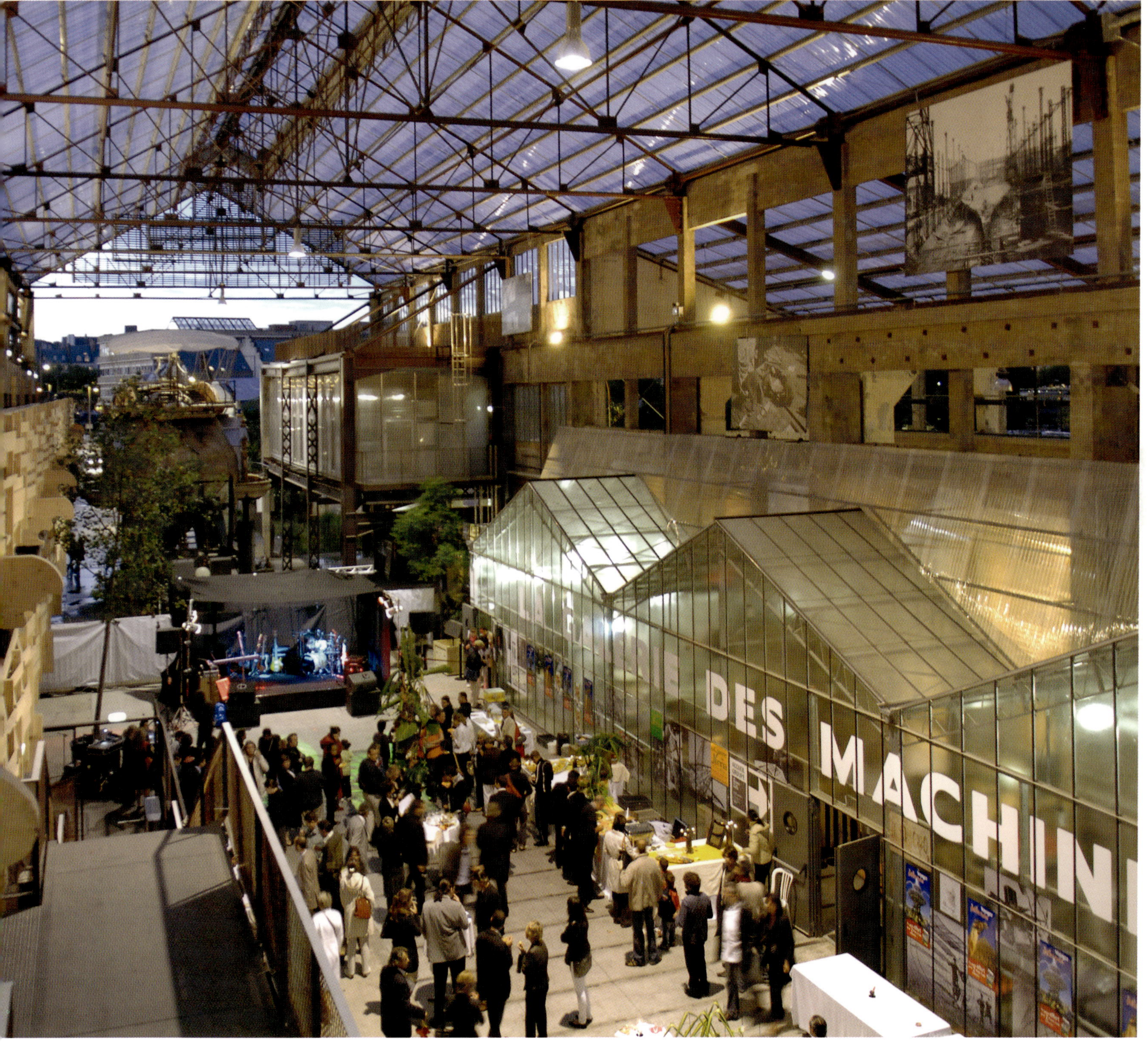

DES MACHIN

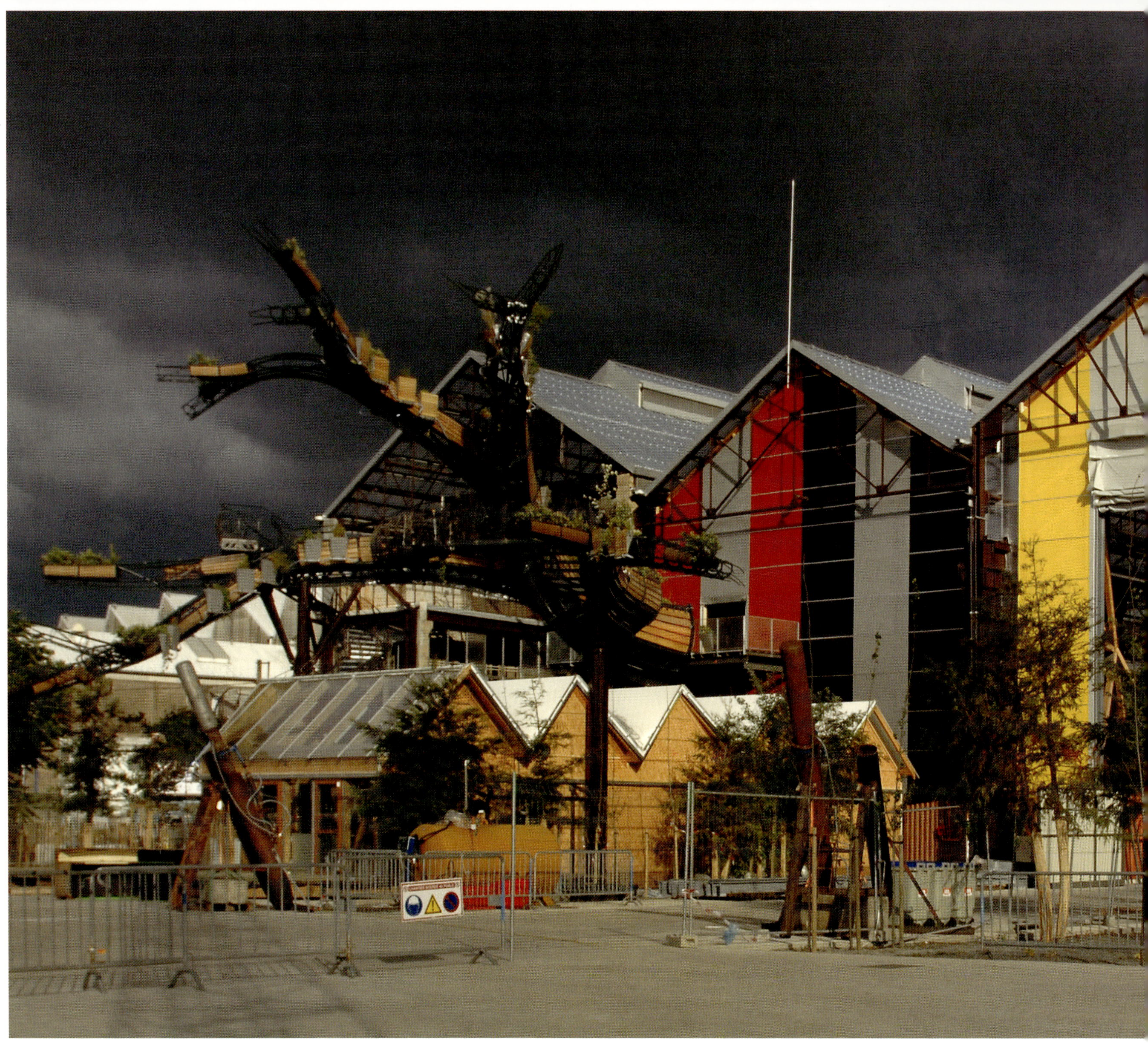

Riding on the back of a 12 metre high elephant gives you the feeling that you're on the 4th floor of a moving house. This construction can accommodate 45 people.

Se balader sur le dos d'un éléphant haut de 12 mètres vous donne l'impression d'être au 4ème étage d'une maison en mouvement. L'ouvrage peut accueillir quarante-cinq personnes.

Meerijden op de rug van de 12 meter hoge olifant geeft je het gevoel dat je je op de 4de verdieping van een bewegend huis bevindt. De constructie biedt plaats aan 45 mensen.

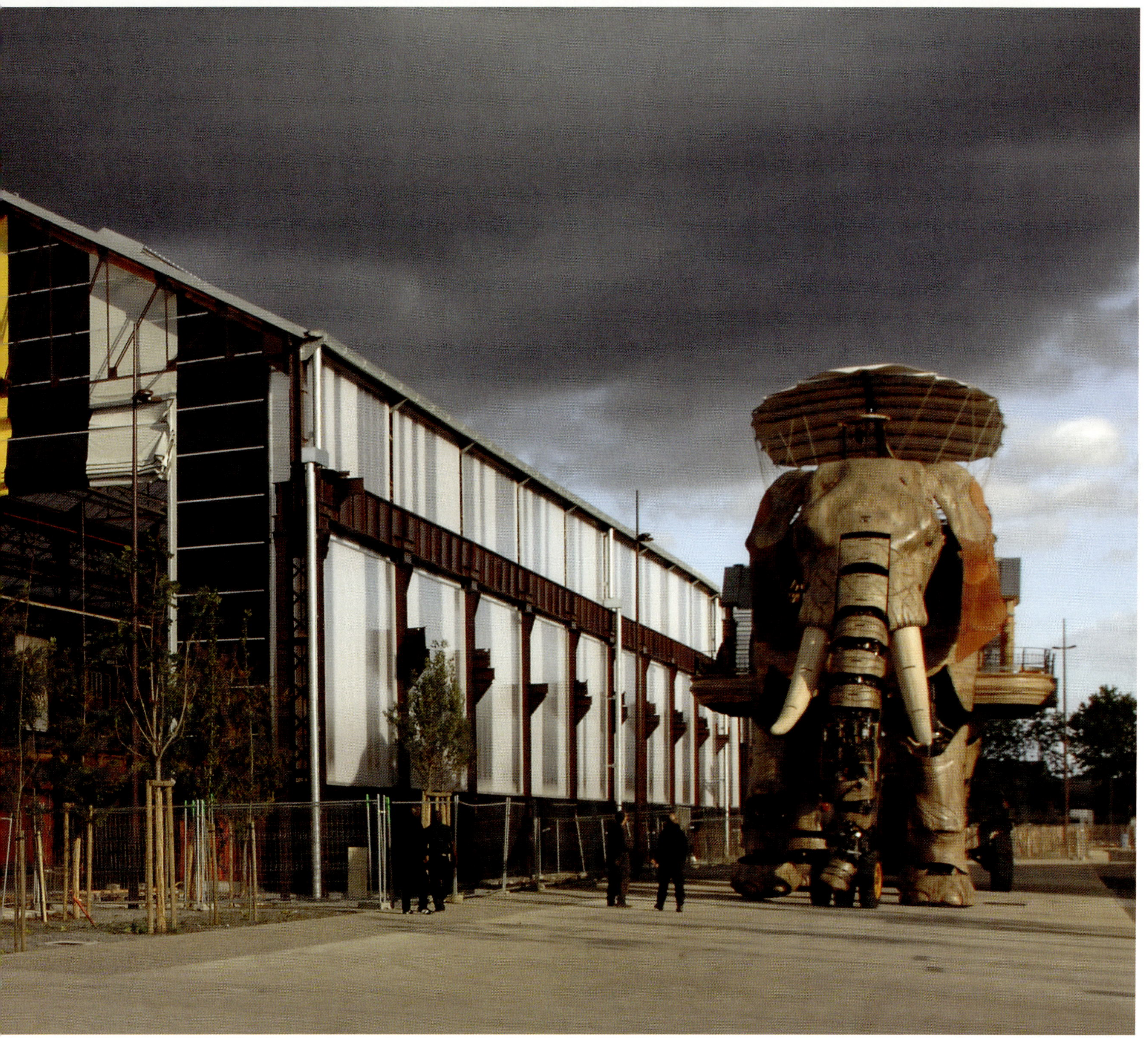

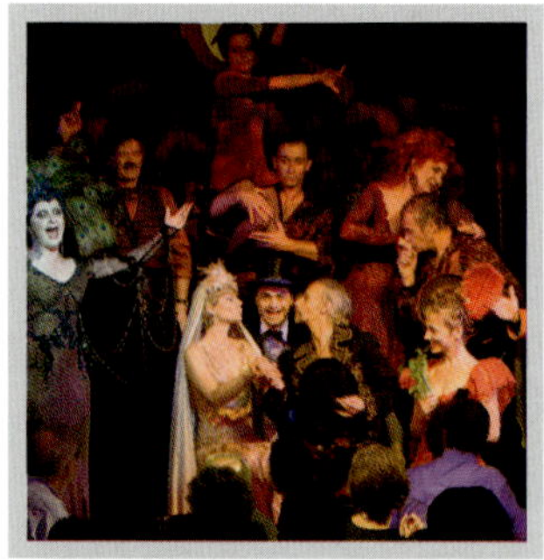
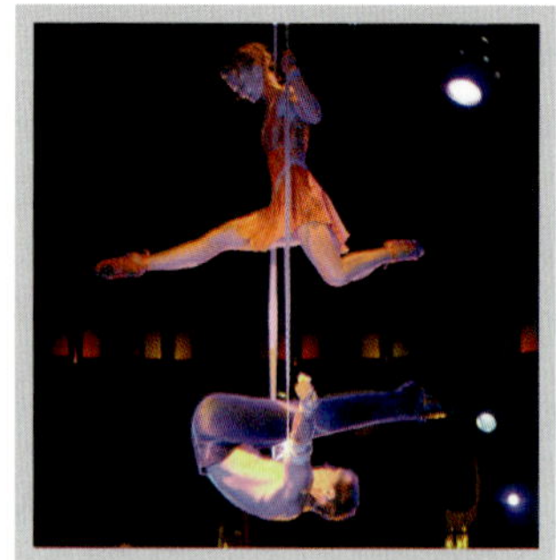

Theatre restaurant ^{USA}

Love, chaos & dinner

Teatro ZinZanni offers an enthusiastic combination of European cabaret, circus arts, interactive theatre, live music and a gastronomic 5 course meal in an exclusive interior. Le Palais Nostalgique and Le Moulin Rouge, the antique Belgian spiegeltents where the shows are performed, are 2 of only a handful of handmade Jugendstil spiegeltents from the 1920s that have remained fully intact. The first time the artistic director of the One Reel production company saw them he was so inspired that he created this magical dinner show. Since then, Teatro ZinZanni has garnered success for 8 years, 4 times a week in San Francisco and Seattle. The cast, which includes amongst its ranks folk singer Joan Baez and R&B singer Thelma Houston, also contains some of the world's best circus artists and musical performers.

Teatro ZinZanni combine le cabaret européen, l'art du cirque, le théâtre interactif, la musique live et un menu gastronomique de cinq plats, dans un décor exclusif. Le Palais Nostalgique et Le Moulin Rouge, les deux antiques spiegeltenten belges où se déroulent les spectacles, comptent parmi les rares kiosques à miroirs Jugenstiel construites dans les années 20 et toujours intactes. En les apercevant pour la première fois, le directeur artistique de la société de production One Reel a ressenti l'inspiration nécessaire pour créer ce dîner spectacle magique. Teatro ZinZanni rencontre depuis 8 ans un franc succès, 4 fois par semaine, à San Francisco et à Seattle. La troupe compte dans ses rangs, outre la chanteuse folk Joan Baez et la chanteuse R&B Thelma Houston, des artistes de cirque et des musiciens qui figurent parmi les meilleurs du monde.

Teatro ZinZanni biedt een begeesterende combinatie van Europees cabaret, circuskunsten, interactief theater, live muziek en een gastronomische 5-gangenmaaltijd in een exclusief decor. Le Palais Nostalgique en Le Moulin Rouge, de 2 antieke Belgische spiegeltenten waar de shows in plaatsvinden, behoren immers tot de weinige handgemaakte Jugendstil spiegeltenten uit de jaren '20 die volledig intact gebleven zijn. Toen de artistieke directeur van productiemaatschappij One Reel ze voor het eerst onder ogen kreeg, leverde dat genoeg inspiratie op voor de creatie van deze magische dinner show. Intussen oogst Teatro ZinZanni al 8 jaar lang 4 maal per week succes in San Francisco én Seattle. De cast, die onder meer folkzangeres Joan Baez en R&B zangeres Thelma Houston in haar rangen telt, bestaat dan ook uit 's werelds beste circusartiesten en muzikale performers.

TEATRO ZINZANNI - PIER 29 ON THE EMBARCADERO, SAN FRANCISCO, CALIFORNIA 94102, USA - TZSFBOXOFFICE@ONEREEL.ORG & 222 MERCER STREET, SEATTLE, WASHINGTON 98124, USA - DREAMS-INFO@ONEREEL.ORG - WWW.ZINZANNI.COM

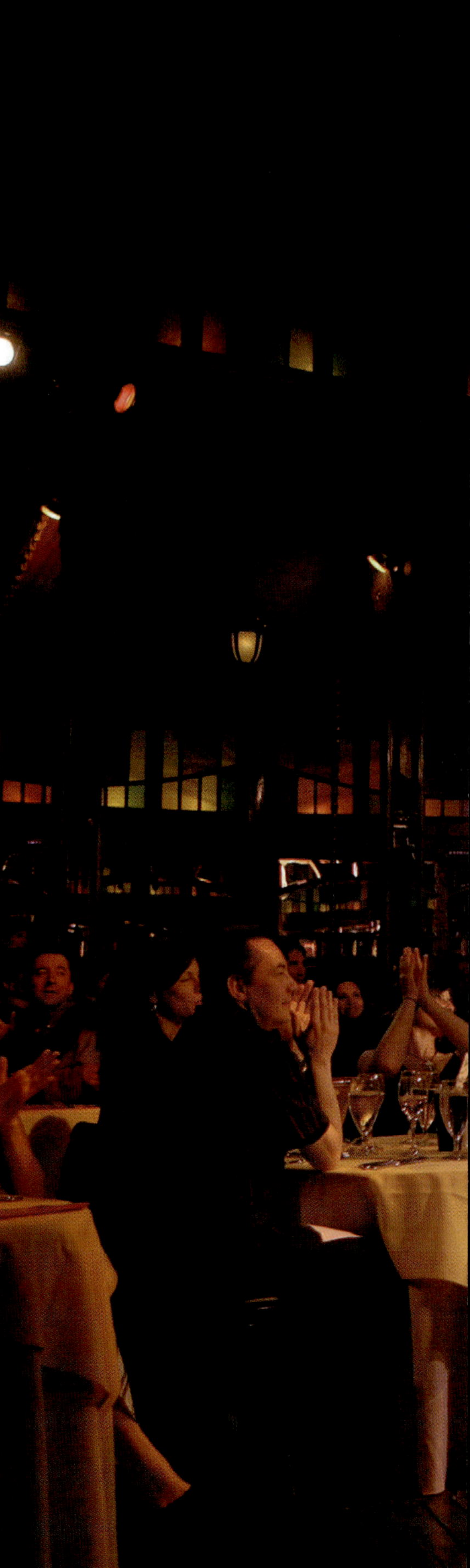

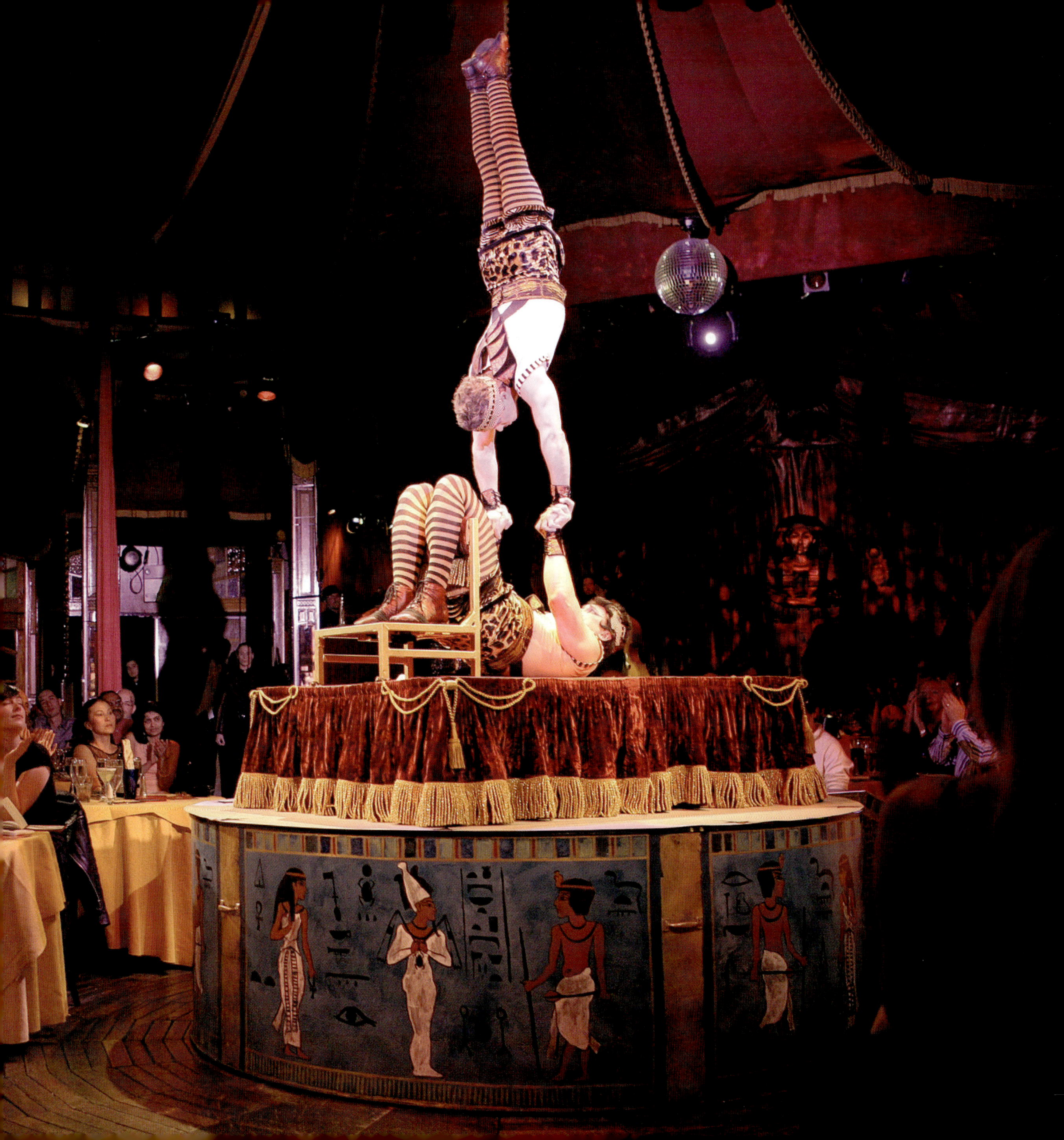

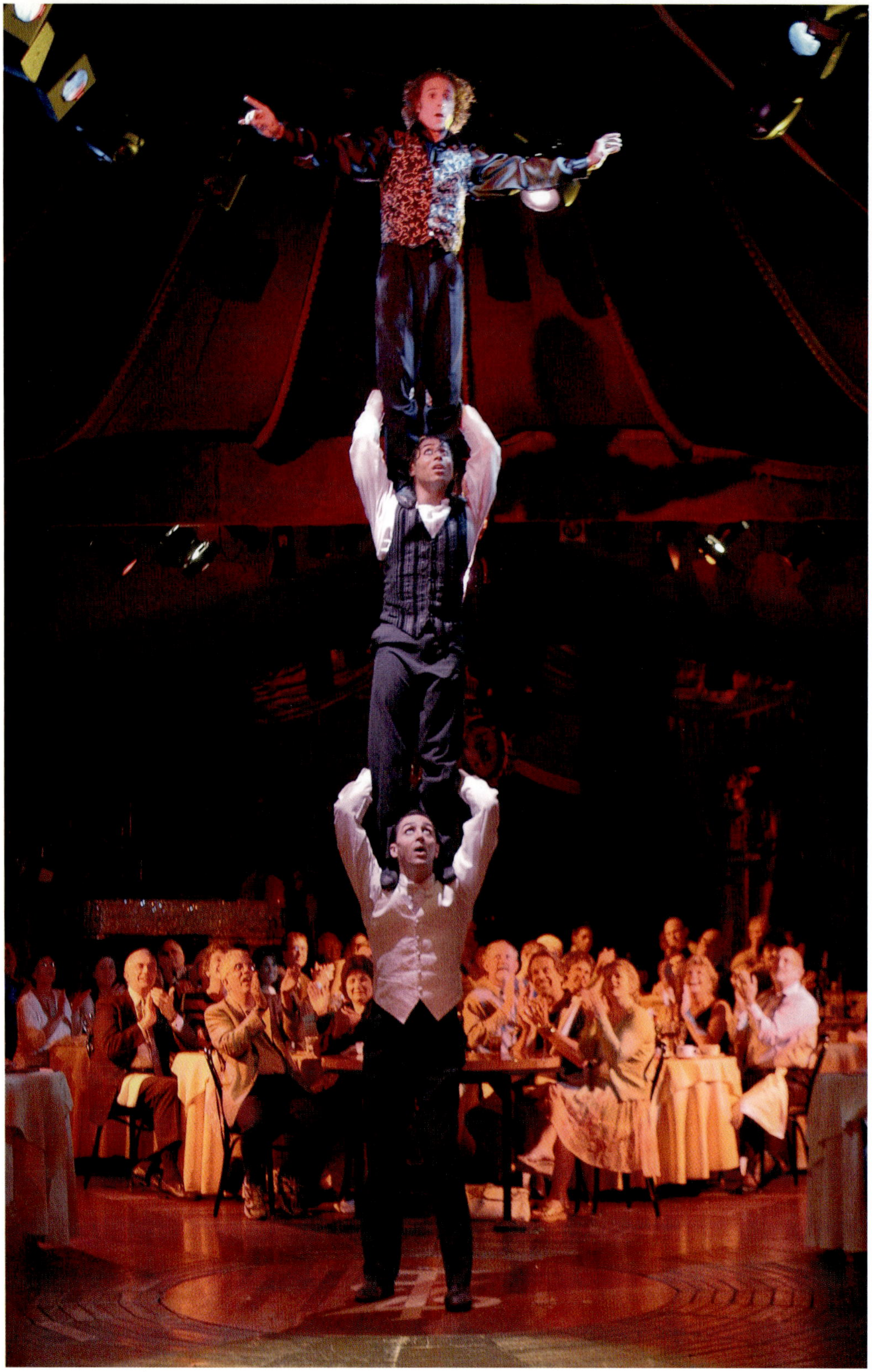

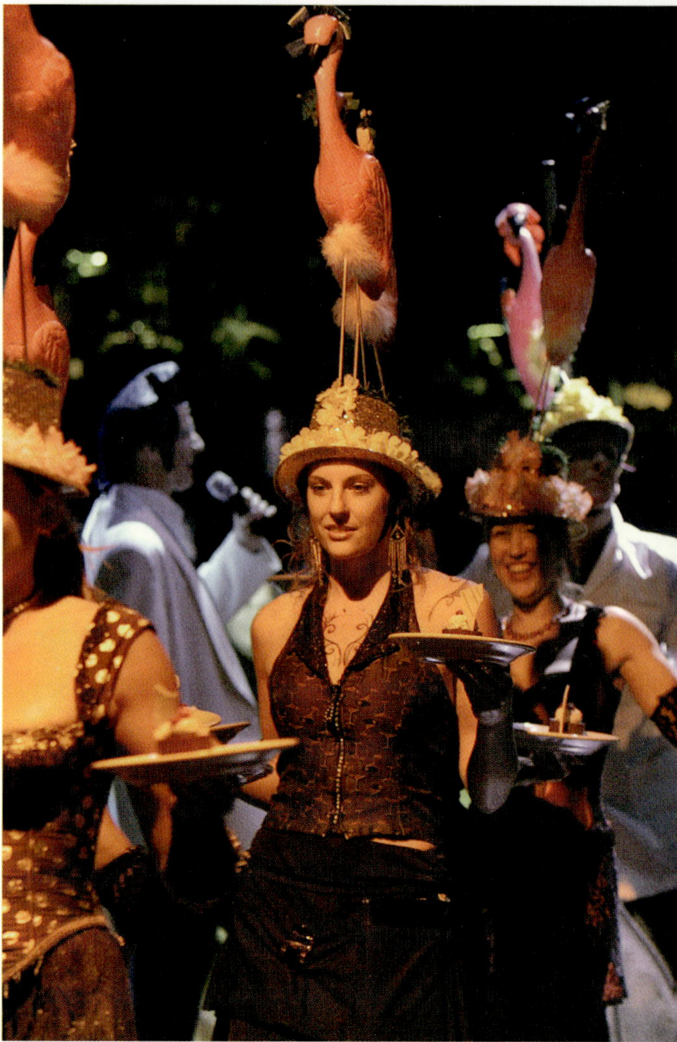

The menu consists of 5 courses, within which there are 3 main courses to choose from. Food is included in the price, drinks and tips are not.

Le menu cinq services permet de choisir parmi trois plats principaux. Le repas est compris mais pas les boissons, ni les pourboires.

Het menu bestaat uit 5 gangen, waarbij vrij gekozen kan worden uit 3 hoofdgerechten. Het eten is inbegrepen in de prijs, drankjes en fooien niet.

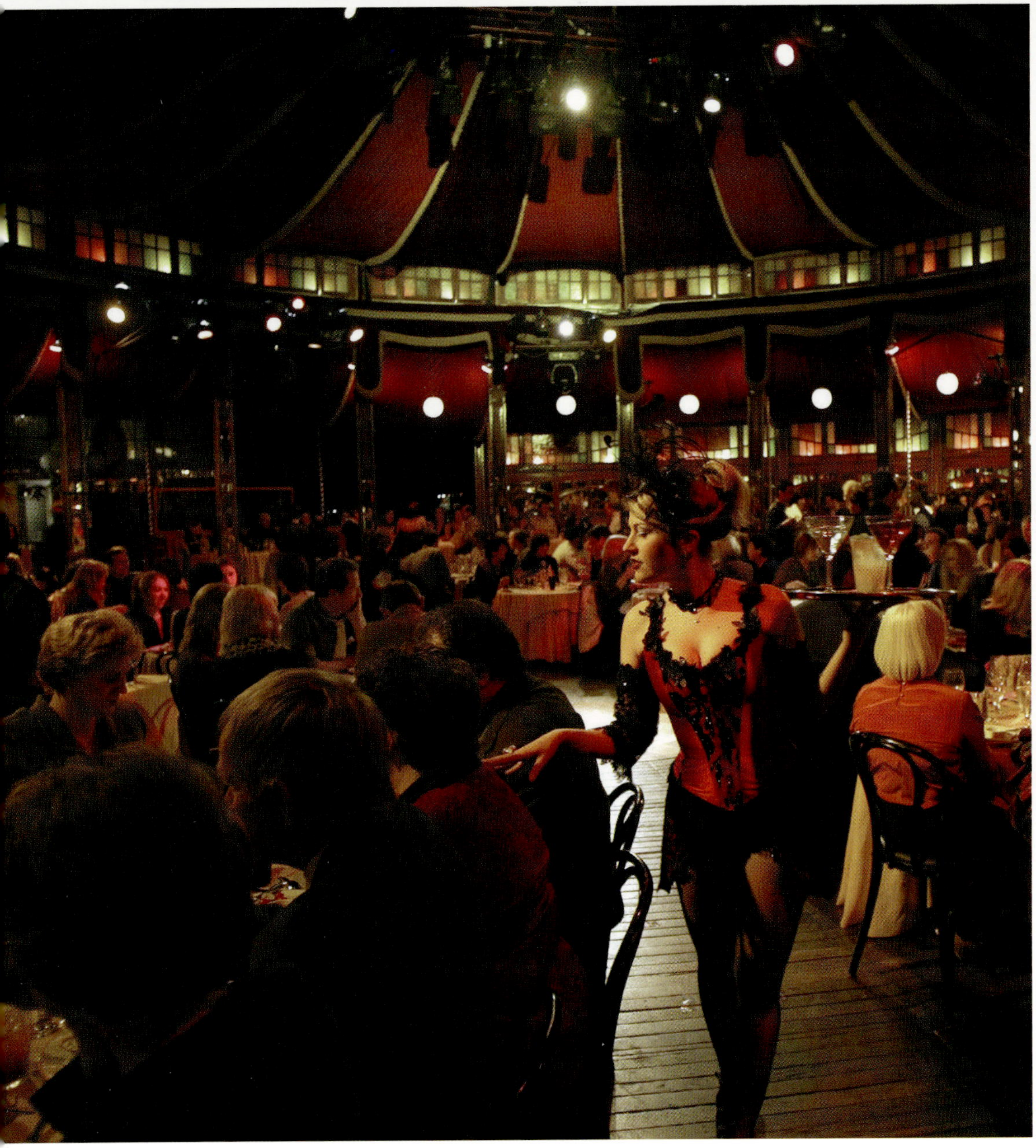

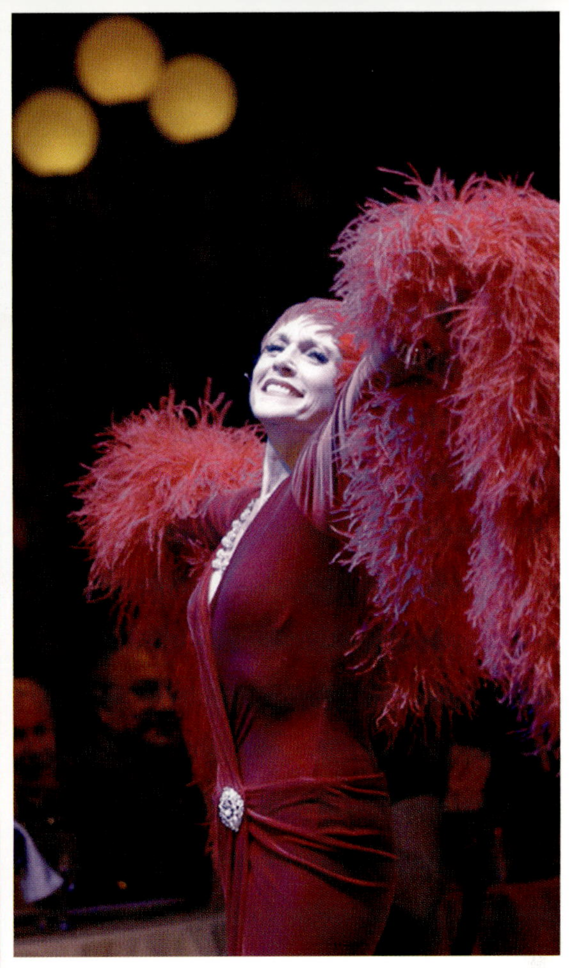

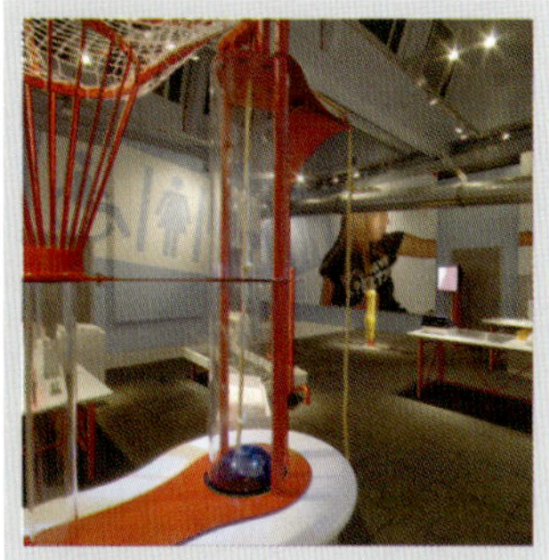
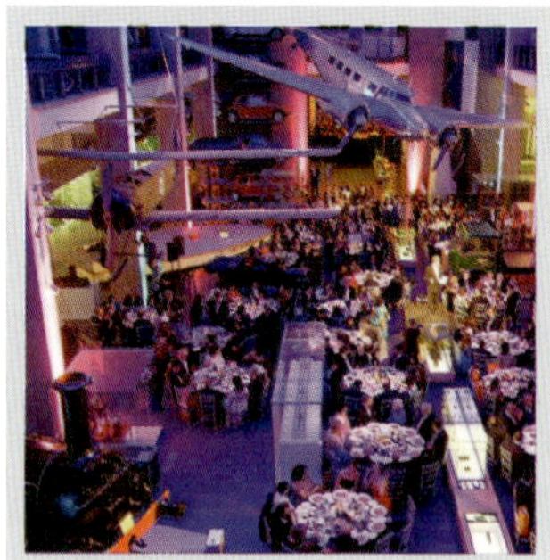

Science museum ^{UK}

Bringing science to life

With more than 40 rooms and 2,000 exhibitions, The London Science Museum is not only the largest of its kind but also houses the world's most significant scientific collection. As a visitor here, you can witness and experience the most important inventions of the last 300 years. Meetings, dinners, galas, fashion shows, screenings, concerts... there is an inspiring location for every event. Not only are 8 of the largest exhibition rooms available but you can also enjoy the temporary exhibitions or make use of the IMAX cinema. Invite your guests to capture their own shadow, let them daydream amidst the many historical aeroplanes or introduce them to the various milestones of the industrial revolution. One thing is certain; guests will never run out of things to talk about.

Avec plus de 40 salles et pas moins de 2.000 installations, le Musée des Sciences et des Techniques à Londres n'est pas seulement le plus vaste en son genre, il abrite aussi la collection scientifique la plus intéressante au monde. Le visiteur peut y voir, tâter et expérimenter les plus grandes inventions des 300 dernières années. Que ce soit pour des réunions, des dîners, des galas, des défilés de mode, des projections de films, des concerts... chaque évènement trouvera ici un cadre approprié. Outre la disponibilité des 8 plus vastes salles d'exposition, il est possible de tirer parti des expositions temporaires ou d'utiliser la salle de cinéma IMAX. Invitez vos amis à capturer leur ombre, permettez leur de rêver pendant une réception au milieu d'avions historiques ou faites leur découvrir les jalons de la révolution industrielle. Une chose est certaine : les conversations ne connaîtront pas de temps mort.

Het Londense museum voor wetenschap en techniek is met meer dan 40 zalen en 2.000 tentoonstellingen niet enkel het grootste in zijn soort, het biedt ook onderdak aan 's werelds meest betekenisvolle wetenschappelijke verzameling. Hier kan je als bezoeker de grootste uitvindingen van de laatste 300 jaar zien, voelen én ondervinden. Vergaderingen, diners, gala's, modeshows, filmvertoningen, concerten... voor elk evenement is hier wel een inspirerende locatie te vinden. Zo zijn niet enkel 8 van de belangrijkste expositieruimtes beschikbaar, maar kan je onder meer ook inspelen op de tijdelijke tentoonstellingen of gebruik maken van de IMAX-bioscoop. Nodig je gasten uit om hun eigen schaduw te vangen, laat hen wegdromen tijdens een receptie onder tal van historische vliegtuigen of laat hen kennismaken met de mijlpalen van de industriële revolutie. Eén ding is zeker: de gesprekken zullen hier niet snel stilvallen.

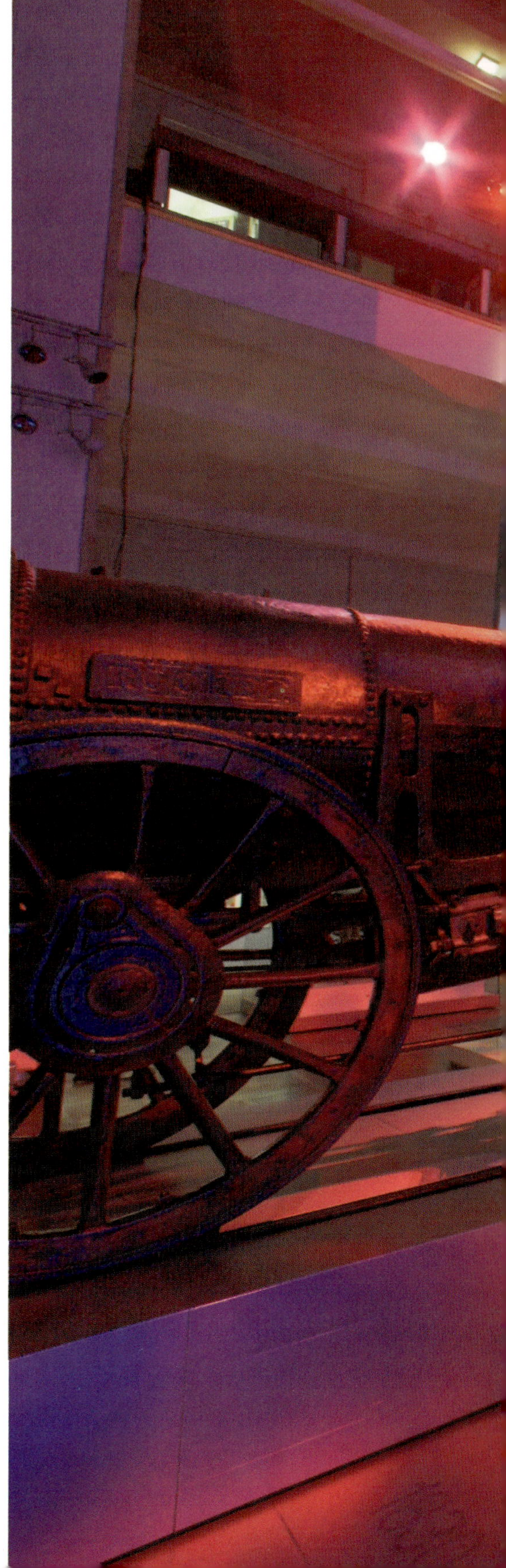

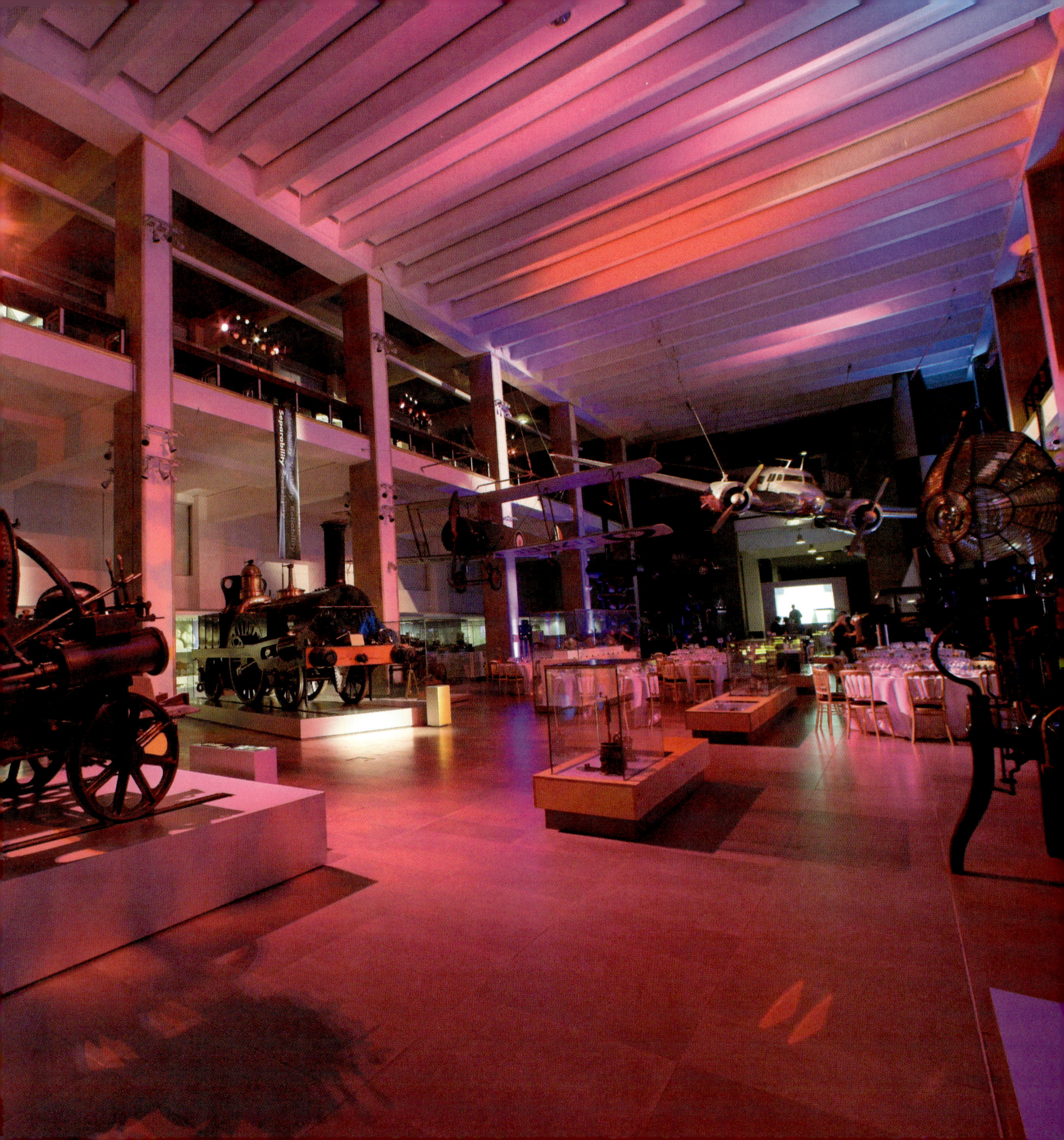

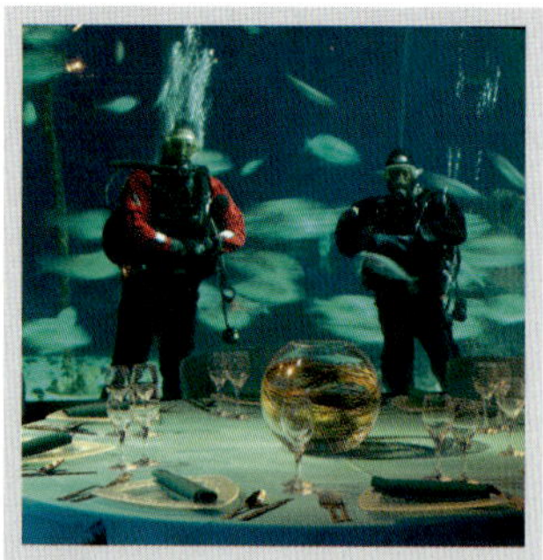
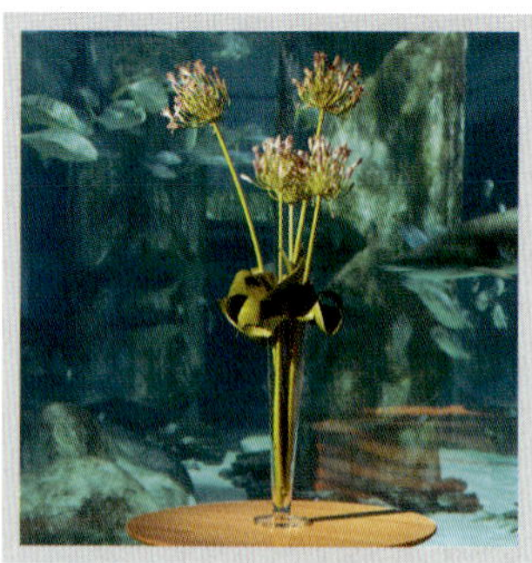

London Aquarium UK

Fishy business

Did you know that deep under the Thames you could come face to face with 2 metre long sharks? Not in the river itself, of course, but at the Sea Life London Aquarium, one of Europe's largest aquariums. This attraction, that occupies 3 levels of the historic County Hall on the banks of the Thames, is home to over 400 different species of creatures from a number of oceans, rivers and lakes. The recent serious renovation of the tanks and infrastructure has put it back on the map as an international attraction and first class events location. The spectacular new aquariums connect seamlessly in specific areas and together with the breathtaking underwater tunnel ensure a unique décor. Specially developed packages include the possibility of divers entering the shark tank carrying a logo or message or for marine life experts to answer your guests' questions.

Saviez-vous qu'il est possible de se trouver face à des requins de 2 mètres de long bien en dessous de la Tamise? Pas dans le fleuve lui-même bien entendu, mais dans Sea Life London Aquarium qui est l'un des plus grands d'Europe. Cette attraction, logée au niveau inférieur du célèbre County Hall, abrite pas moins de 400 espèces animales en provenance des océans, rivières et lacs les plus divers. Une rénovation profonde des bassins et de l'infrastructure a permis récemment de faire à nouveau figurer London Aquarium au rang des attractions mondiales et des lieux d'évènements les plus prisés. Spectaculaires, les nouveaux aquariums font suite aux espaces réaménagés et contribuent, avec le stupéfiant tunnel sous-marin, à créer un décor exceptionnel. Des propositions, spécialement étudiées, comprennent par exemple la possibilité d'envoyer des plongeurs, pourvus d'un logo ou d'un message, dans le bassin aux requins ou encore de demander à des experts de la faune marine de répondre aux questions des invités.

Wist je dat je diep onder de Theems oog in oog kan komen te staan met 2 meter lange haaien? Niet in de rivier zelf uiteraard, maar wél in Sea Life London Aquarium, een van Europa's grootste aquaria. Deze attractie, die 3 verdiepingen in beslag neemt van de historische County Hall aan de oevers van de Theems, biedt onderdak aan ruim 400 verschillende diersoorten uit tal van oceanen, rivieren en meren. Een ingrijpende renovatie van de bassins en infrastructuur zette London Aquarium onlangs opnieuw op de kaart als wereldattractie en eersteklas evenementenlocatie. De spectaculaire nieuwe aquaria sluiten naadloos aan bij de heringerichte zones en zorgen samen met de adembenemende onderwatertunnel voor een uniek decor. Speciaal uitgewerkte pakketten omvatten onder meer de mogelijkheid om duikers met een logo of boodschap het haaienbassin in te sturen of om marine-experts vragen van je gasten te laten beantwoorden.

SEA LIFE LONDON AQUARIUM – County Hall, Westminster Bridge Road, London SE1 7PB, United Kingdom - +44 20 7487 0224 - events@merlinvenues.com - www.merlinvenues.com

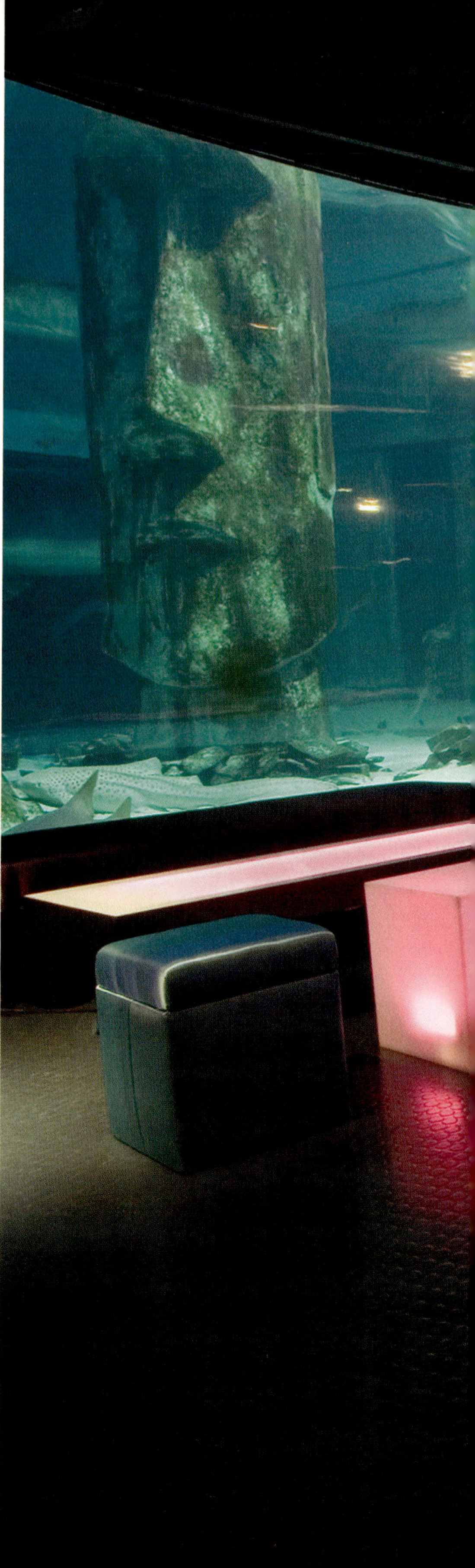

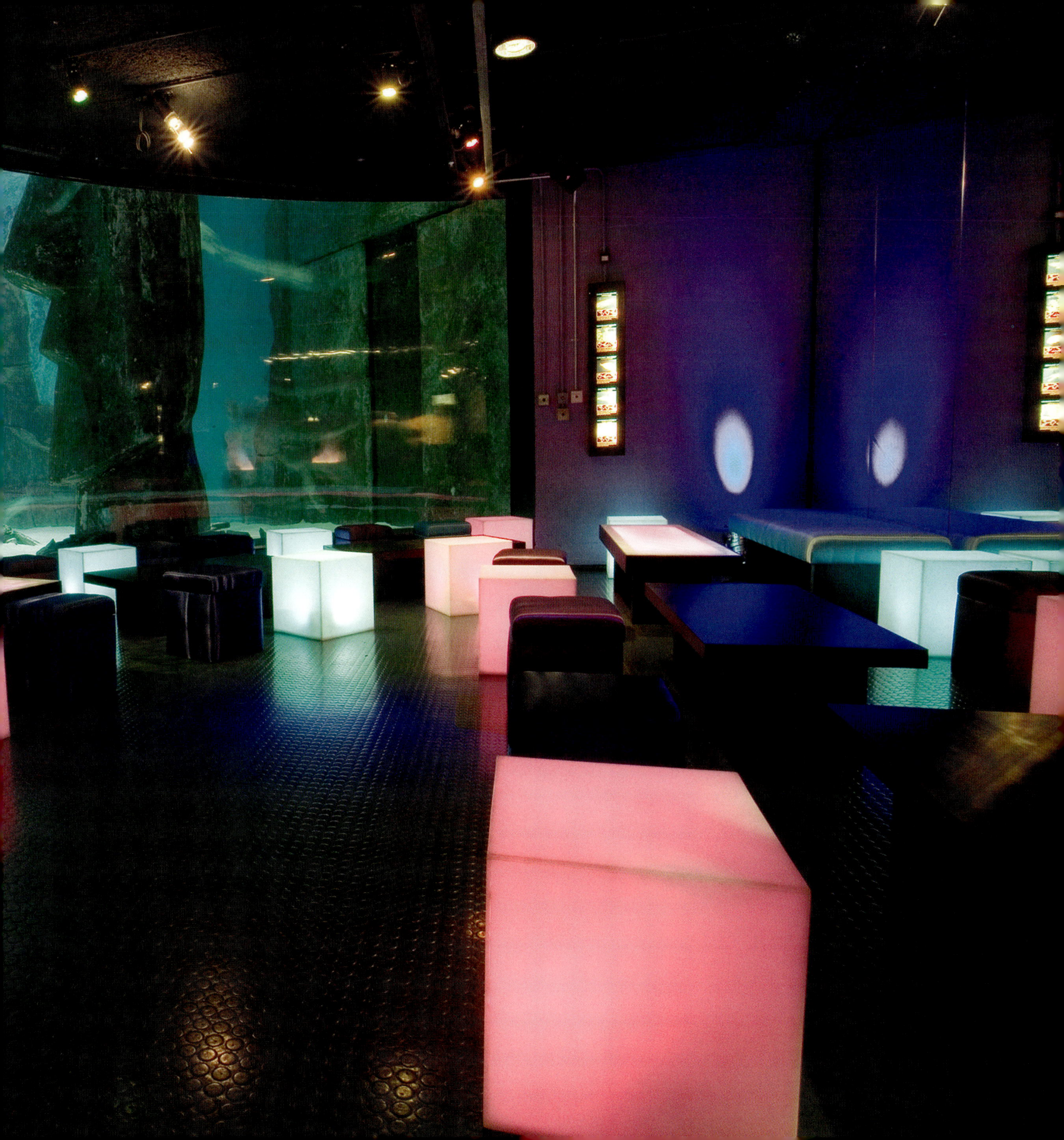

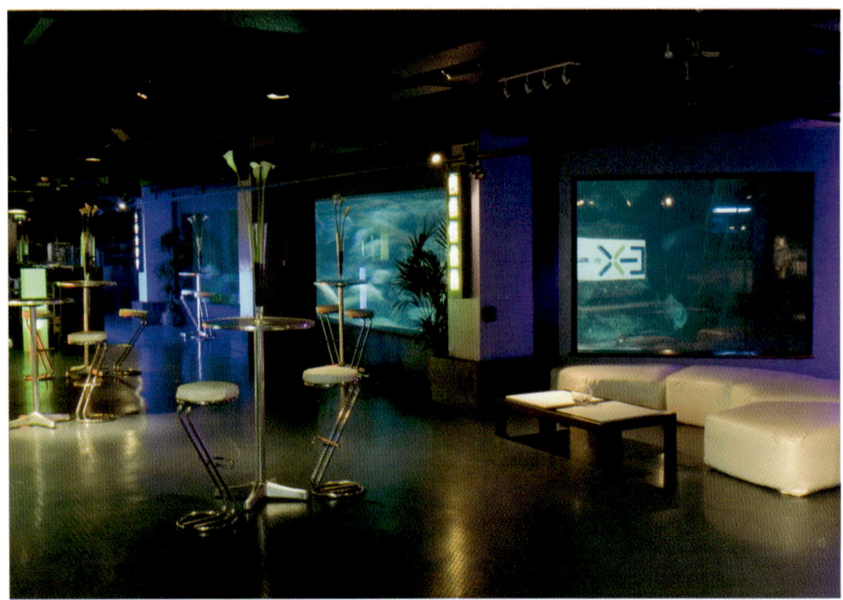

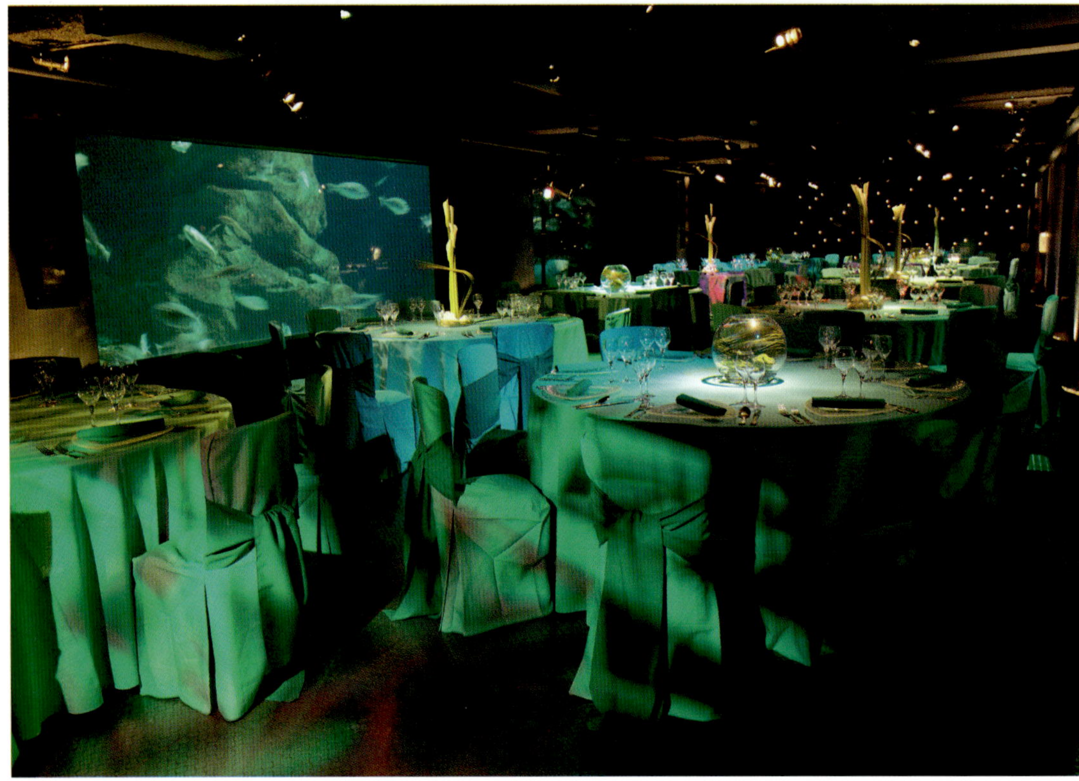

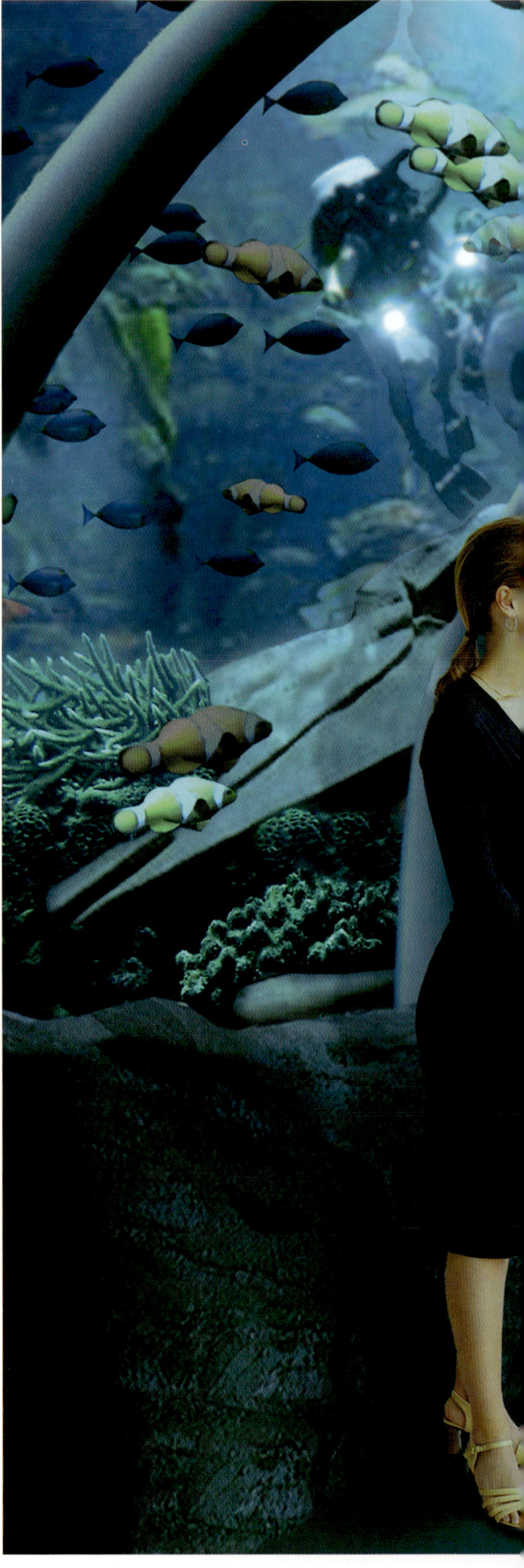

The aquarium is divided into 14 zones, in which swim all sorts of aquatic life, from rivers and ponds to oceans and tropical rainforests.

L'aquarium est subdivisé en 14 départements qui vous promènent à travers tous les aspects de la vie aquatique, des rivières et des étangs jusqu'aux océans, en passant par les forêts tropicales humides.

Het aquarium is opgedeeld in 14 zones, die je doorheen alle soorten waterleven voeren, van rivieren en vijvers tot oceanen en tropische regenwouden.

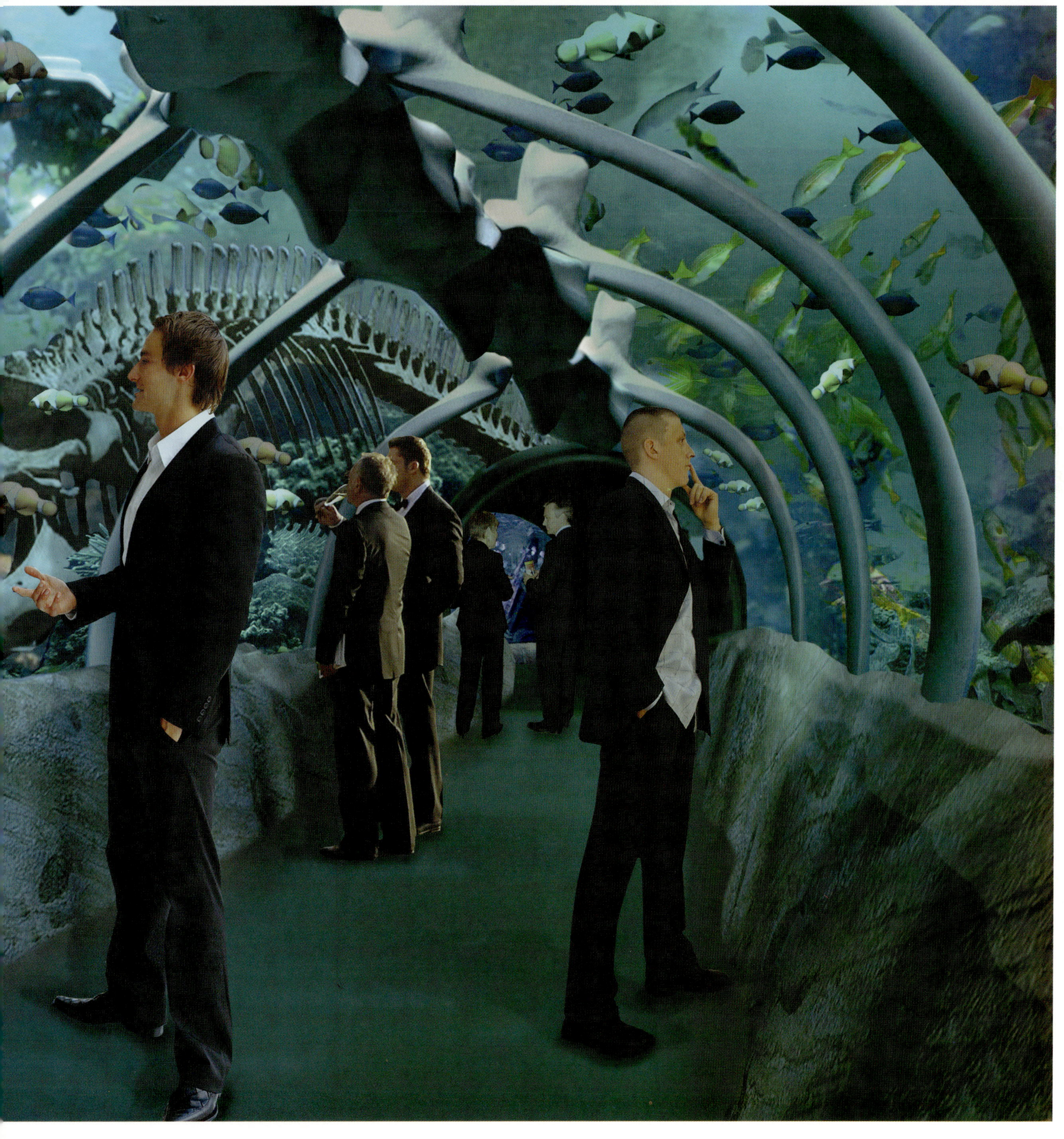

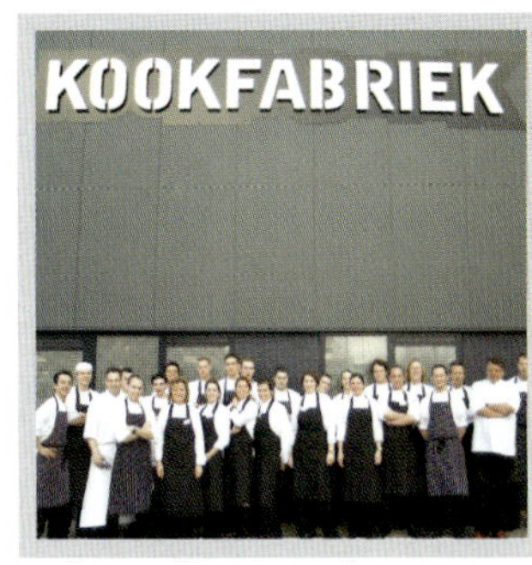

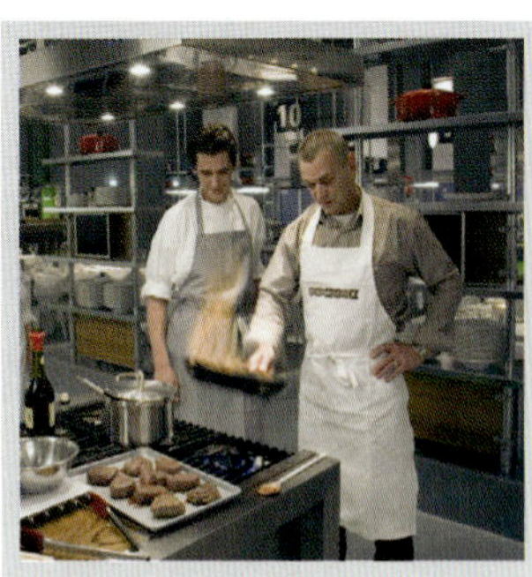

Do-it-yourself restaurant
The Netherlands

Cooking factory

Forget 'cooking studio', think in terms of 'culinary theatre' and discover the Kookfabriek (cooking factory) in Amsterdam. This innovative restaurant established in a former printing house with a spacious, austerely stylized space of 1200 m², has an industrial feel and is equipped with designer furniture. Watch the culinary art of the chef in the demonstration kitchen via a big screen so that you can start enjoying yourself at one of the 16 professionally equipped cooking islands. Along with ultra modern light, sound and communication systems, this arrangement ensures a theatrical environment with a focus on cooking, tasting, eating and drinking. The Kookfabriek specialises in cooking workshops for groups of up to 240 people but is also equipped for culinary events with a maximum of 500 guests and sociable nights out in unpretentious company.

Oubliez le concept "studio culinaire", pensez désormais en termes de "théâtre culinaire" et faites connaissance avec De Kookfabriek Amsterdam. Ce restaurant original est logé dans une ancienne imprimerie et occupe un espace en hauteur de 1.200 m², d'un style épuré, à l'esthétique industrielle et équipé de meubles design. Par le biais d'une projection en grande dimension vous avez l'œil sur les performances culinaires du chef dans la cuisine de démonstration ; vous pouvez ensuite donner libre cours à votre fantaisie sur l'un des 16 îlots de cuisson professionnels. Grâce à un équipement ultramoderne en matière d'éclairage, de sonorisation et de communication, cette section crée un environnement théâtral où l'accent est mis sur le fait de cuisiner, goûter, déguster et boire ensemble. De Kookfabriek est spécialisée en ateliers culinaires pour des groupes jusqu'à 240 personnes, mais est aussi tout indiqué pour des évènements gastronomiques avec un maximum de 500 invités ou d'agréables soirées en plus petit comité.

Vergeet het begrip "kookstudio", denk in termen van "culinair theater" en maak kennis met De Kookfabriek Amsterdam. Dit originele restaurant is gehuisvest in een voormalige drukkerij en omvat een hoge, strak gestileerde ruimte van 1.200 m², industrieel vormgegeven en met designmeubelen ingericht. Via grootbeeldprojectie kijk je naar de kookkunsten van de chef in de demonstratiekeuken om je daarna uit te leven op één van de 16 professioneel uitgeruste kookeilanden. Samen met de ultramoderne licht-, geluids- en communicatieapparatuur zorgt deze indeling voor een theatrale omgeving, waarin samen koken, proeven, eten en drinken centraal staan. De Kookfabriek is gespecialiseerd in kookworkshops voor groepen tot 240 personen, maar is ook geschikt voor culinaire evenementen met maximum 500 gasten en gezellige avondjes uit met bescheidenere gezelschappen.

DE KOOKFABRIEK AMSTERDAM – DE FLINESSTRAAT 2-4, 1099 CB AMSTERDAM-DUIVENDRECHT, THE NETHERLANDS - +31 20-4635 635 - AMSTERDAM@KOOKFABRIEK.NL - WWW.KOOKFABRIEK.NL

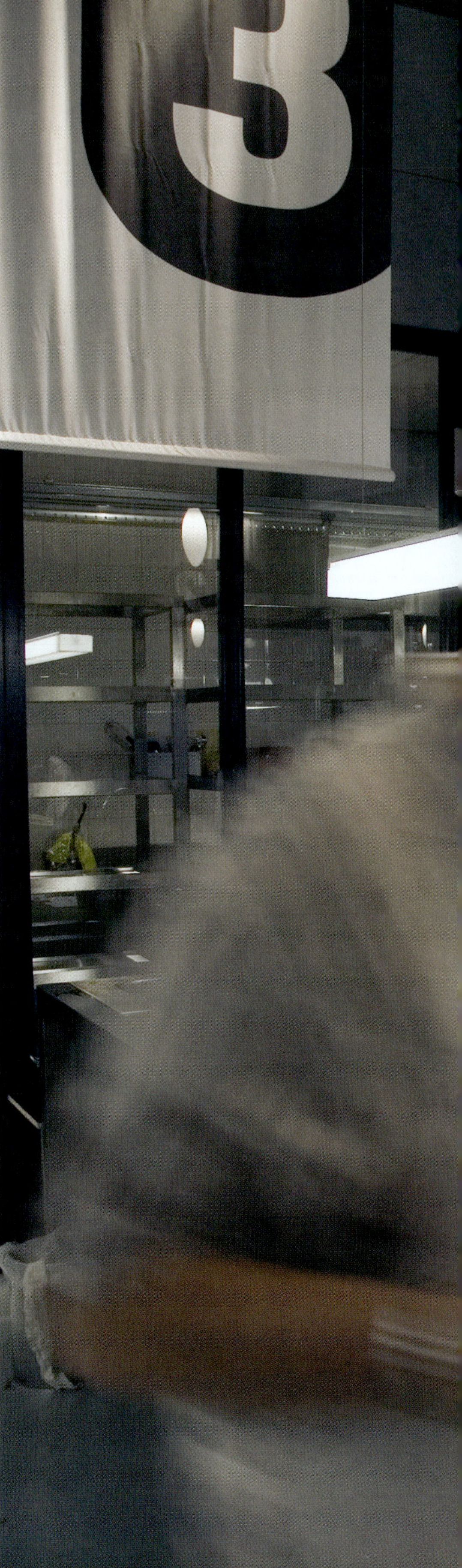

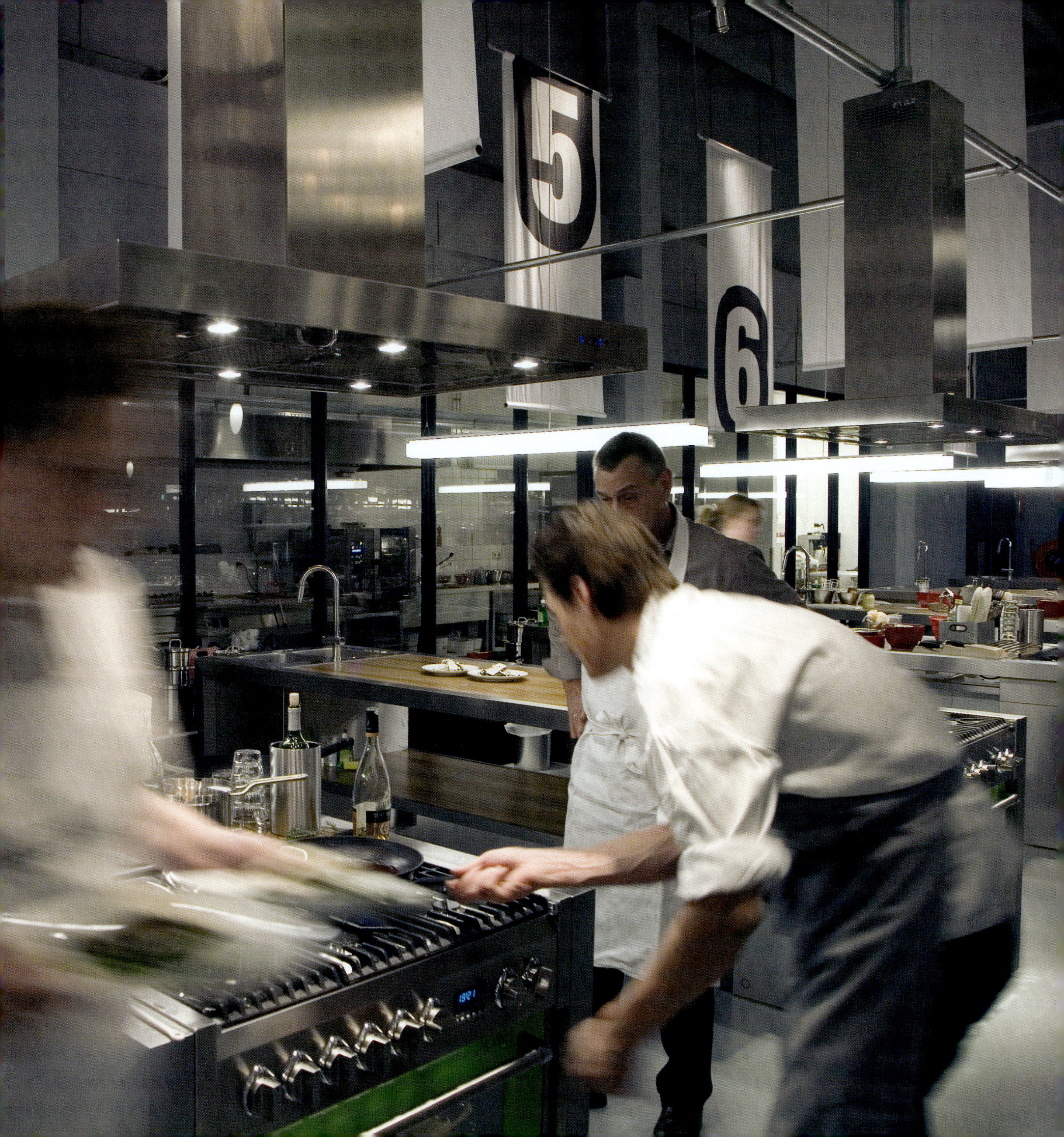

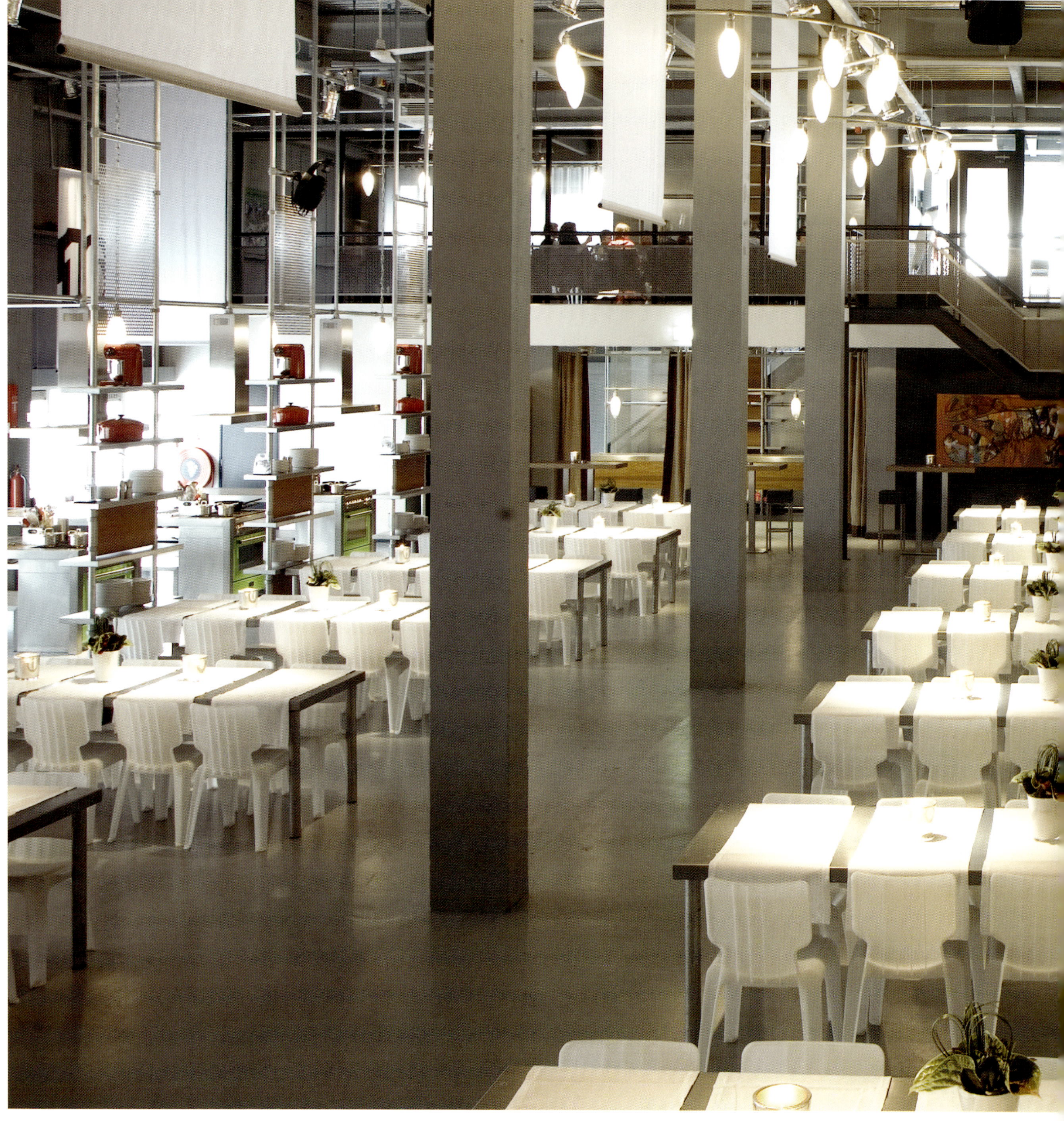

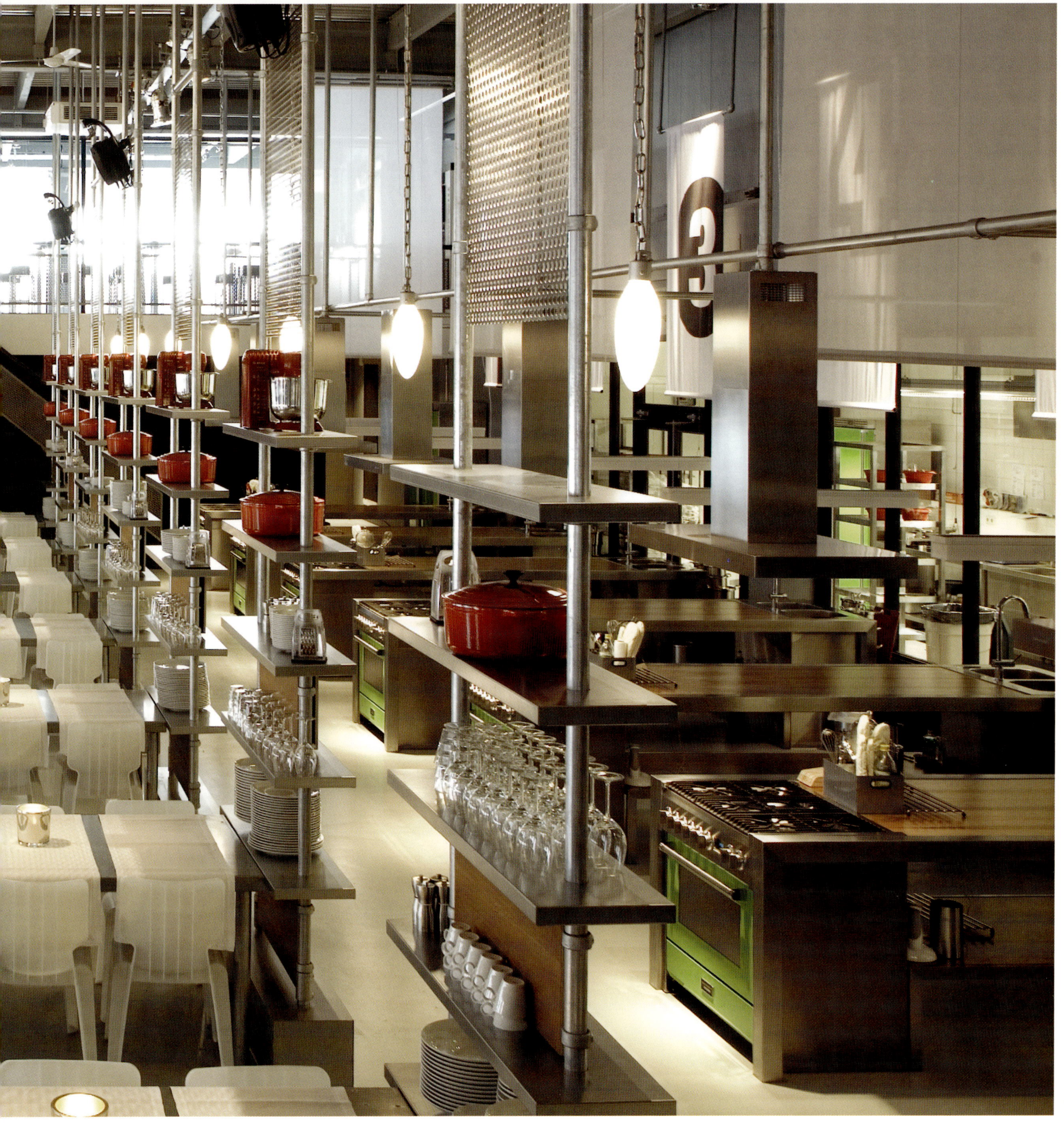

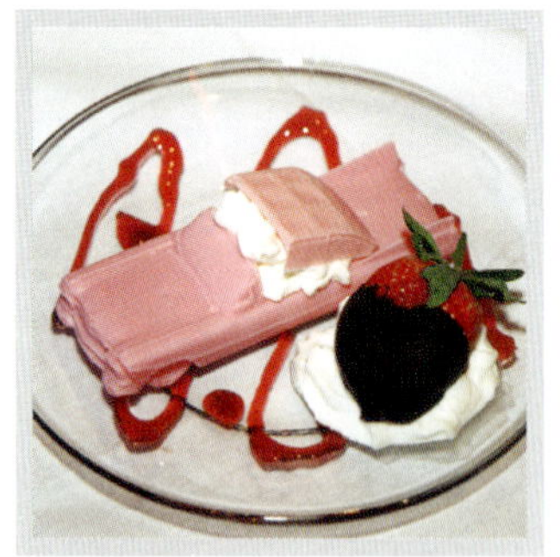

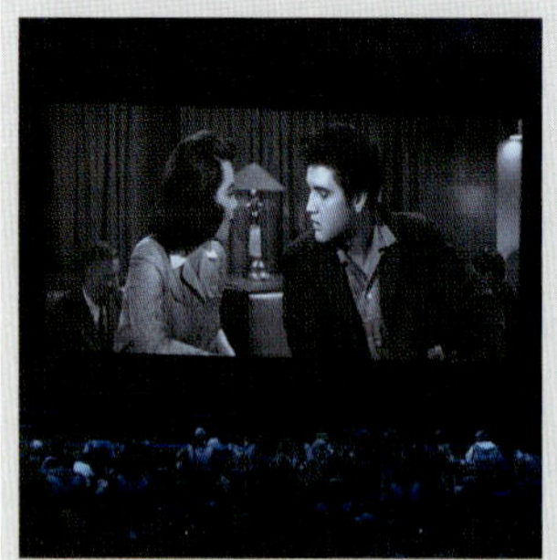

Graceland ^{USA}

Party with Elvis

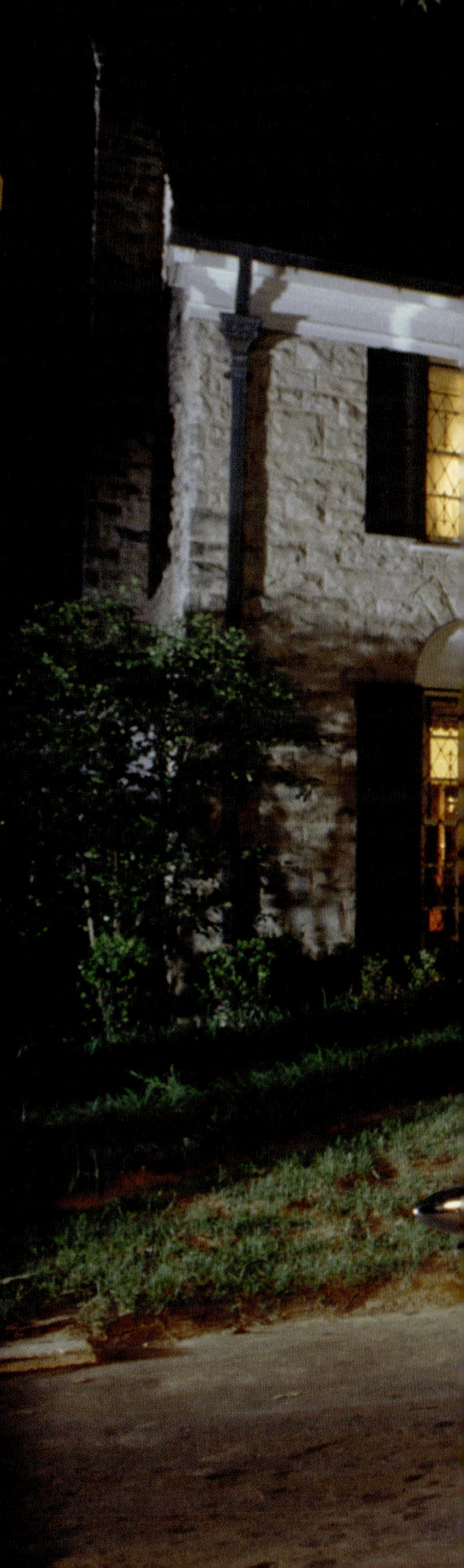

Elvis Presley might have died 31 years ago but real fans still use his former home as a place of pilgrimage. With 600,000 visitors each year, Graceland is, after the White House, the most visited home in the States. Only the ground floor of the house is open to the public but on the other side of Elvis Presley Boulevard there is a large museum, hotel and shopping complex that will satisfy everyone's curiosity (and other primal needs). Are you really under the King's spell? Then you might consider organising a birthday party, company party or any other sort of gathering in the Chrome Grill, Rockabilly Diner or Car Museum. Romantics with a preference for kitsch will find plenty at the Chapel in the woods, Elvis' private wedding chapel. But take note, the King's name should not be taken in vain here!

Alors qu'Elvis Presley est mort il y a 31 ans, ses vrais fans considèrent encore toujours son ancienne propriété comme un lieu de pèlerinage. Avec ses 600.000 visiteurs par an, Graceland est, après la Maison Blanche, la maison d'habitation la plus visitée des Etats-Unis. De la villa elle-même, on ne visite que le rez-de-chaussée, mais de l'autre côté d'Elvis Presley Boulevard se trouve un grand complexe rassemblant musée, hôtel et magasin, destiné à satisfaire la curiosité (et d'autres besoins essentiels) de chacun. Êtes-vous complètement sous le charme du King ? Dans ce cas, à vous de choisir si vous souhaitez organiser votre fête d'anniversaire, votre soirée d'entreprise ou toute autre sorte de réunion dans le Chrome Grille, le Rockabilly's Diner ou l'Automuseum. Les romantiques, s'ils ont un penchant pour le kitsch, seront comblés dans la Chapel, chapelle privée dans les bois où se maria Elvis. N'oubliez pas : dans ces parages, le nom du King ne peut pas être invoqué à la légère.

Elvis Presley mag dan 31 jaar dood zijn, echte fans gebruiken zijn voormalige woning nog altijd als bedevaartsoord. Met 600.000 bezoekers per jaar is Graceland na het Witte Huis het meest bezochte woonhuis in de States. Van de villa zelf is enkel de benedenverdieping te bezichtigen, maar aan de andere kant van Elvis Presley Boulevard bevindt zich een groot museum-, hotel- en winkelcomplex dat ieders nieuwsgierigheid (en andere primaire behoeftes) bevredigt. Ben je echt helemaal in de ban van de King, dan kan je overwegen om je verjaardagspartijtje, bedrijfsfeest of eender welke andere soort bijeenkomst te organiseren in de Chrome Grille, Rockabilly's Diner of het Automuseum. Romantici met een voorliefde voor kitsch komen ruimschoots aan hun trekken in de Chapel in the woods, Elvis' privé-trouwkapel. Let wel: de naam van the King mag in deze contreien niet ijdel gebruikt worden!

GRACELAND – Div. of Elvis Presley Enterprises, Inc., a CKX Co., 3734 Elvis Presley Boulevard, Memphis, TN 38116, United States of America - +1 901 332 3322 - specialevents@elvis.com - www.partywithelvis.com

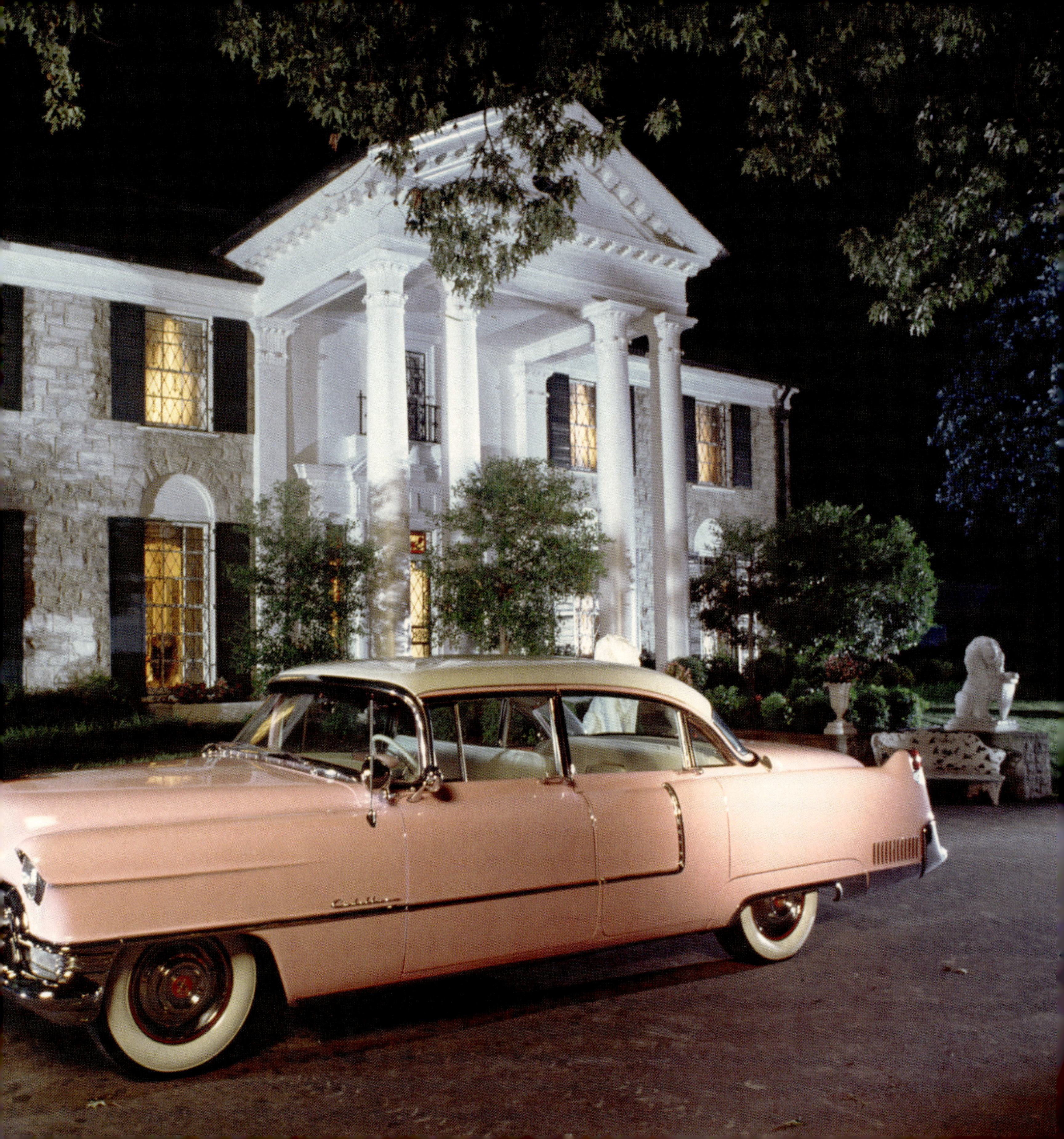

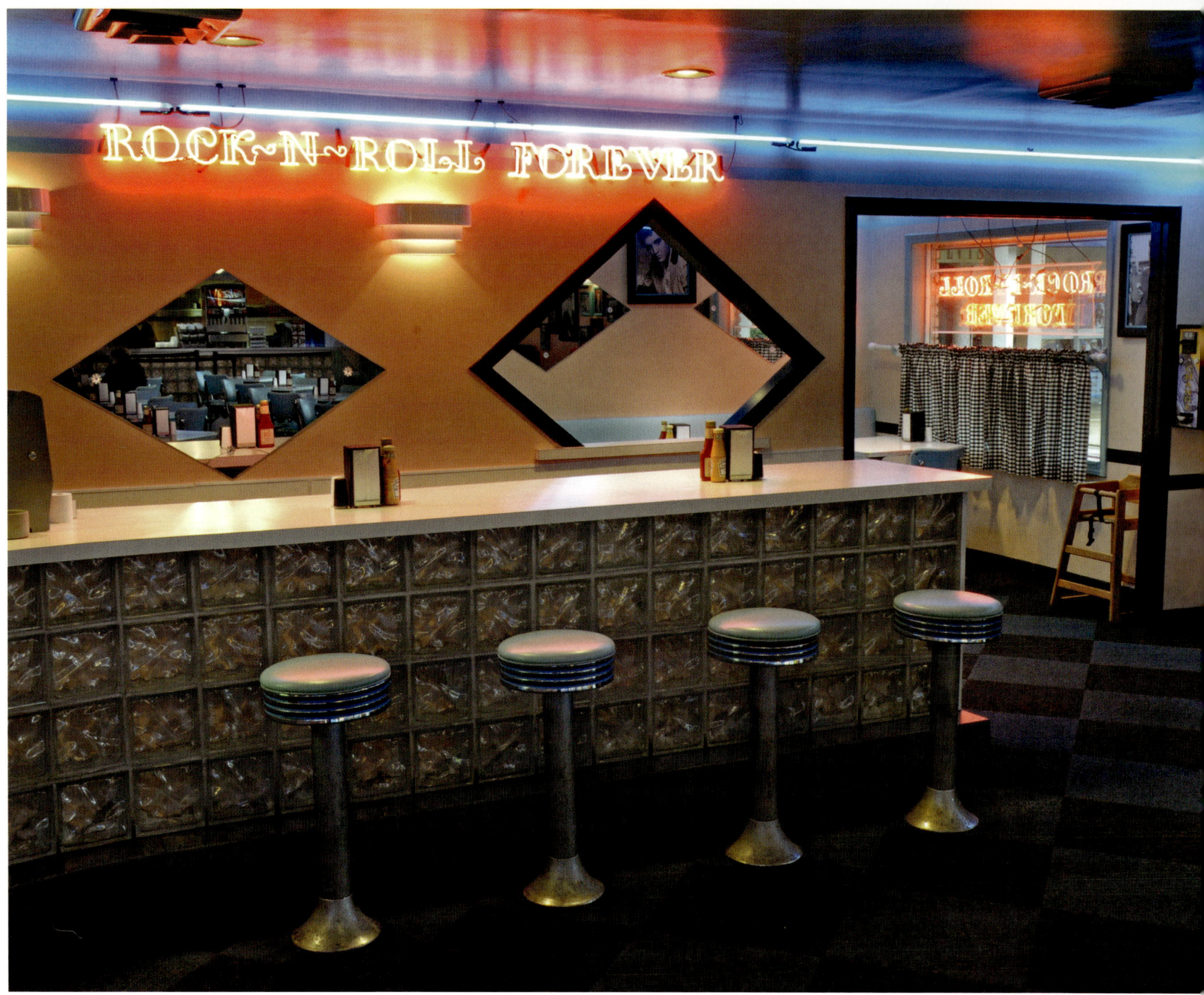

The house was already called Graceland when Elvis bought it. It was named after the aunt of the former owner, Grace Tooten.

La maison s'appelait déjà Graceland lorsque le King l'acheta. Elle portait le nom de Grace Tooten, tante du propriétaire précédent.

Het huis heette al Graceland toen Elvis het kocht. Het werd vernoemd naar de tante van de vorige eigenaar, Grace Tooten.

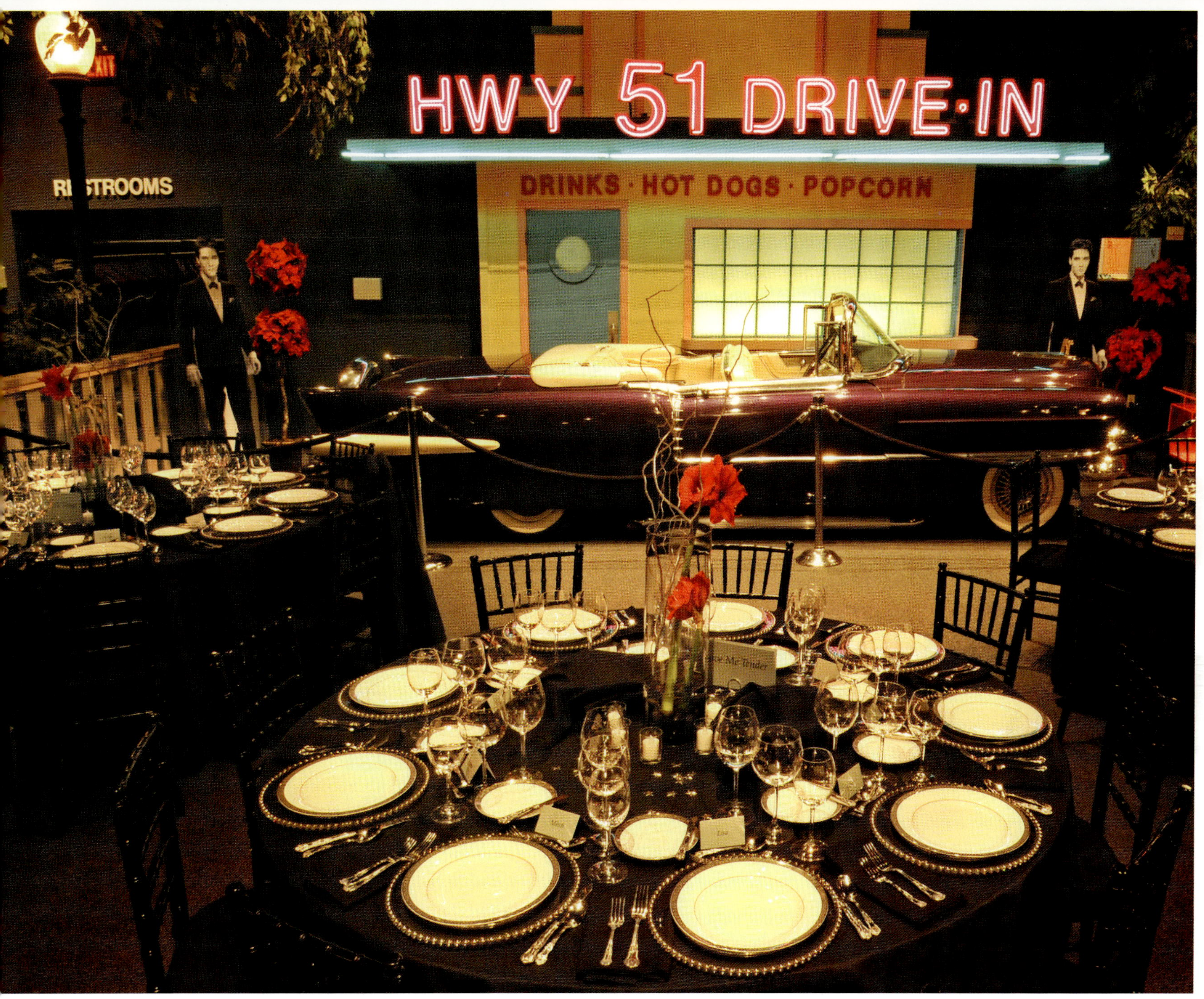

HWY 51 DRIVE·IN
DRINKS · HOT DOGS · POPCORN
RESTROOMS
EXIT

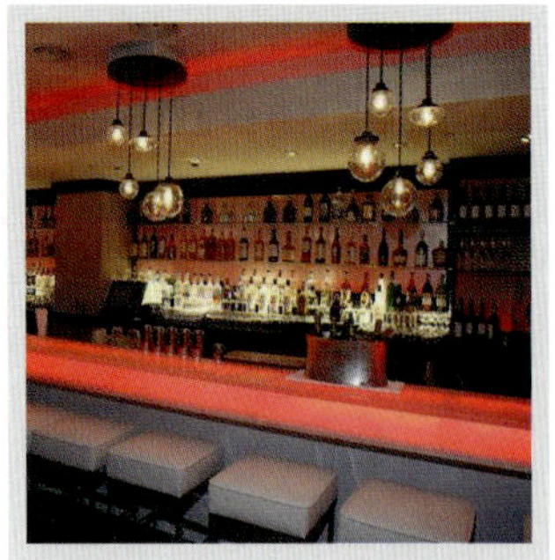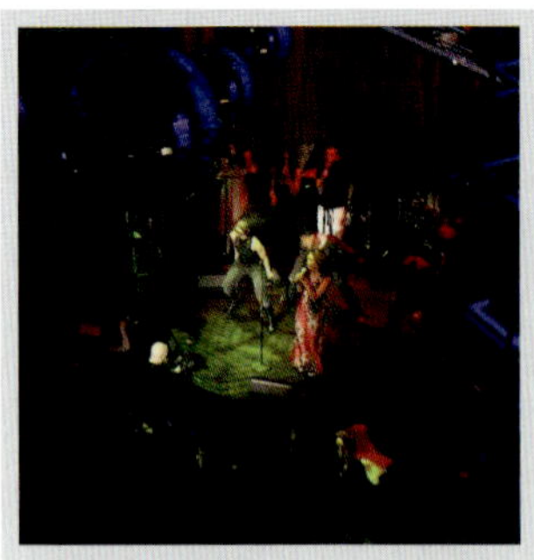

Karaoke restaurant ^{USA}

Eat. Drink. Be famous.

"If I can make it there, I'll make it anywhere." This phrase from New York, New York takes on new meaning thanks to this 4 floor, 2,000m² karaoke palace that puts all other karaoke bars and talent contests in the shade. Fake paparazzi accost you at the door and a record contract waits for you inside. If you choose to sing a number, you and your act are taken in hand by chorographers and stylists in the green room. After which it's straight to the stage, where a band and backing singers are waiting to make you sound like a star, whilst your performance is fed live onto the internet and a screen on Times Square. What with the 5 recording studios and the touchscreens that allow the public to comment on and rate your performance, you almost forget that this is actually a restaurant.

"If I can make it there, I'll make it anywhere." Cette phrase tirée de la chanson New York, New York prend un sens nouveau grâce à ce royaume du karaoké, qui s'étend sur 4 étages et 2.000 m². Tous les bars à karaoké et concours de chant du monde font pâle figure à côté. A l'entrée, on est assailli par des paparazzis et un contrat avec une maison de disque vous attend à l'intérieur. Une fois choisie votre prestation, des chorégraphes et des stylistes vous prennent en charge dans la green room. Ensuite, direction le podium où des musiciens et un choeur attendent de vous faire passer pour une star tandis que votre numéro est diffusé en direct sur internet et un grand écran de Times Square. Ajoutez-y cinq studios d'enregistrement et des écrans tactiles qui permettent au public de commenter et noter la prestation et on en oublierait presque que l'on est dans un restaurant.

"If I can make it there, I'll make it anywhere." Deze zin uit New York, New York krijgt een nieuwe betekenis dankzij dit 2.000 m² grote, 4 verdiepingen tellende karaokepaleis dat alle andere karaokebars en talentenjachten ter wereld doet verbleken. Aan de deur word je bestormd door nep-paparazzi en binnen ligt er een platencontract op je te wachten. Als je een nummer gekozen hebt, worden jij en je act in de green room onder handen genomen door choreografen en stylisten. Daarna ga je rechtstreeks naar het podium, waar een band en achtergrondkoor klaarstaan om je te doen klinken als een ster, terwijl je prestatie live doorgestuurd wordt naar het internet en het beeldscherm op Times Square. Tel daar nog eens 5 opnamestudio's bij en de touchscreens die het publiek in staat stellen om je prestatie te becommentariëren en van punten te voorzien, en je zou bijna vergeten dat dit eigenlijk een restaurant is.

SPOTLIGHT LIVE - Times Square 1604, Broadway @49th, New York, New York 10019, United States of America - +1 212 262 1111 – www.spotlightlive.com

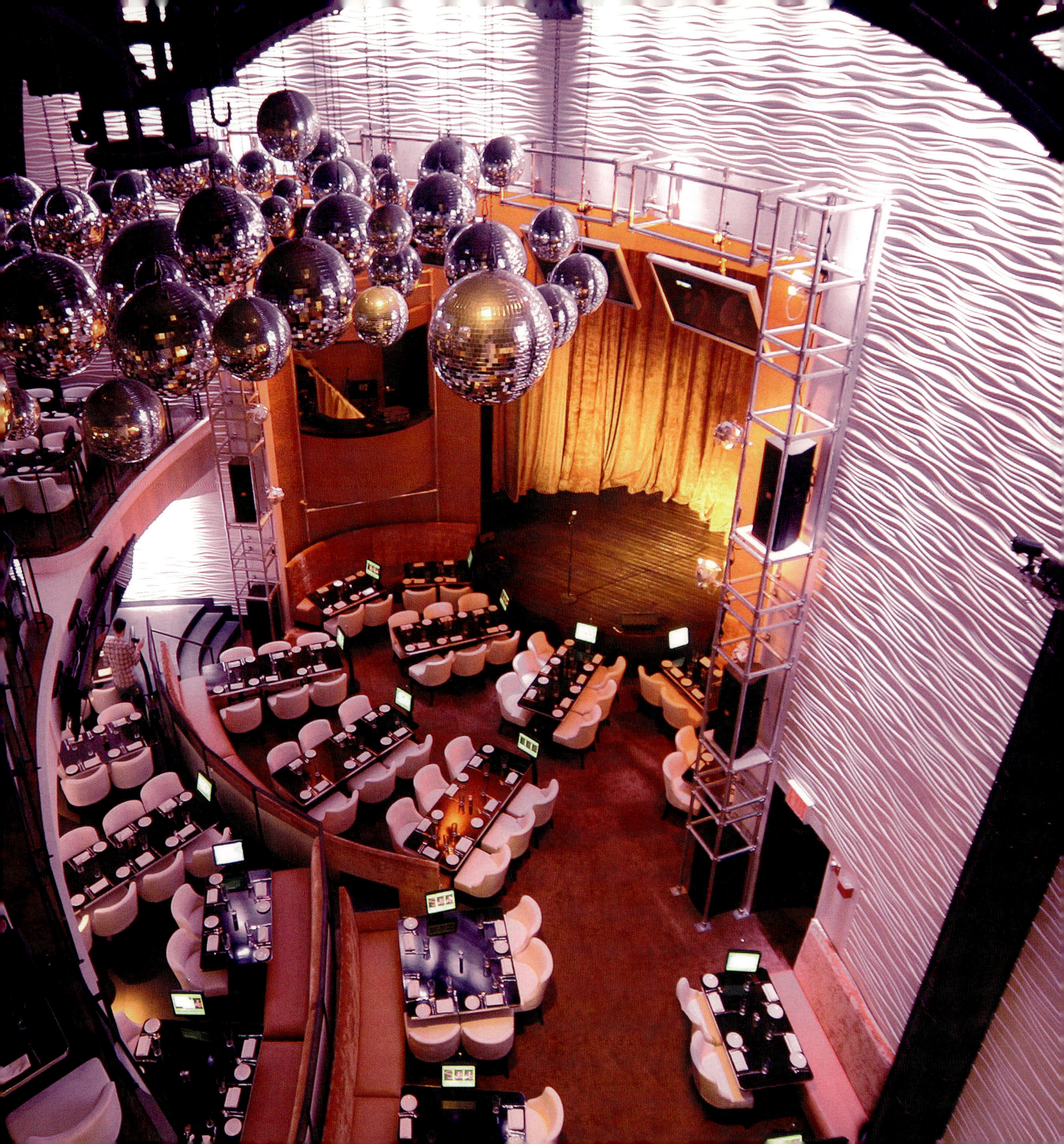

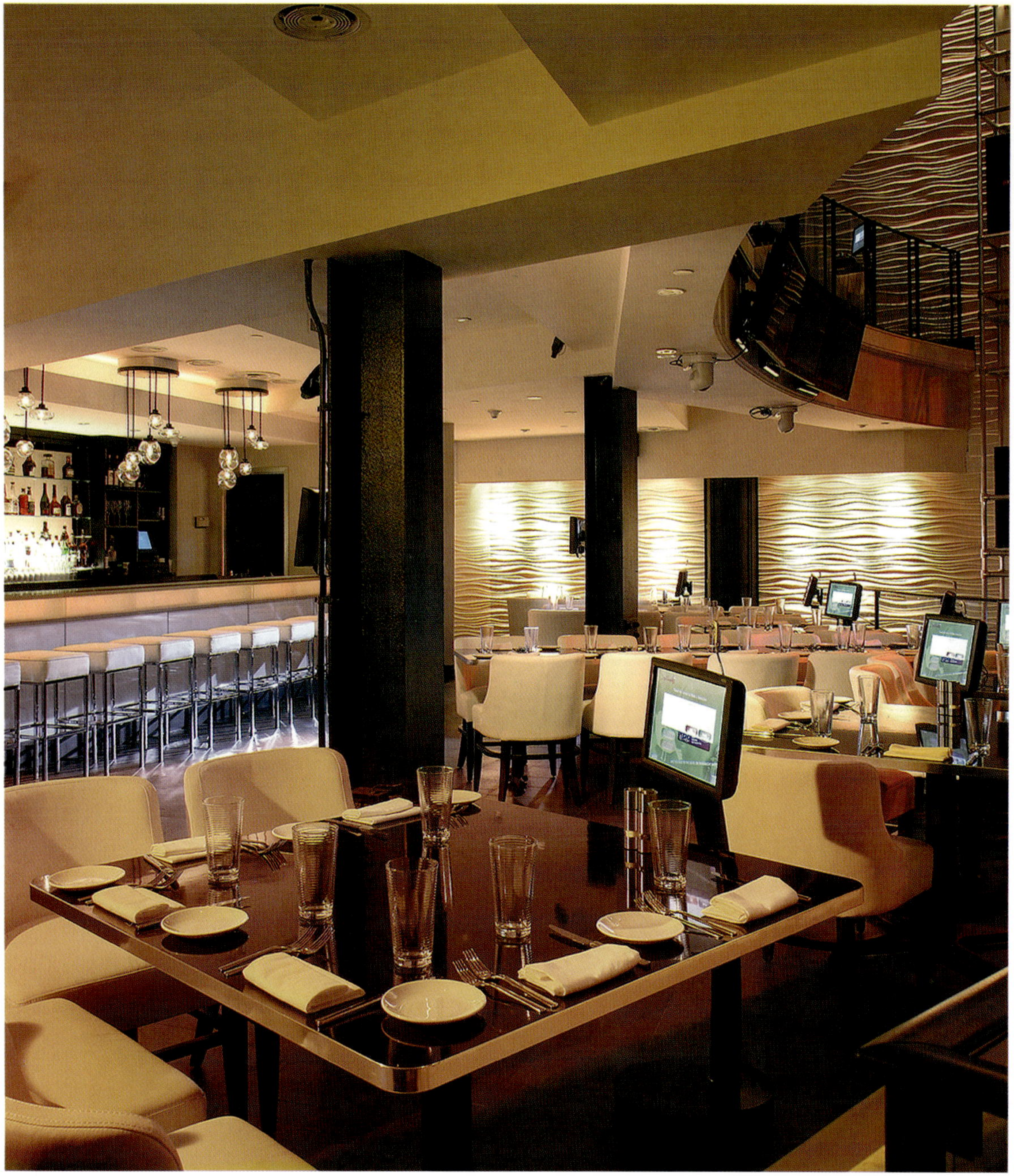

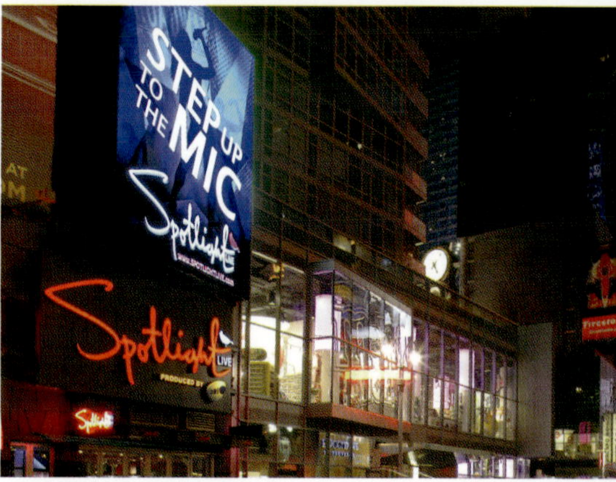

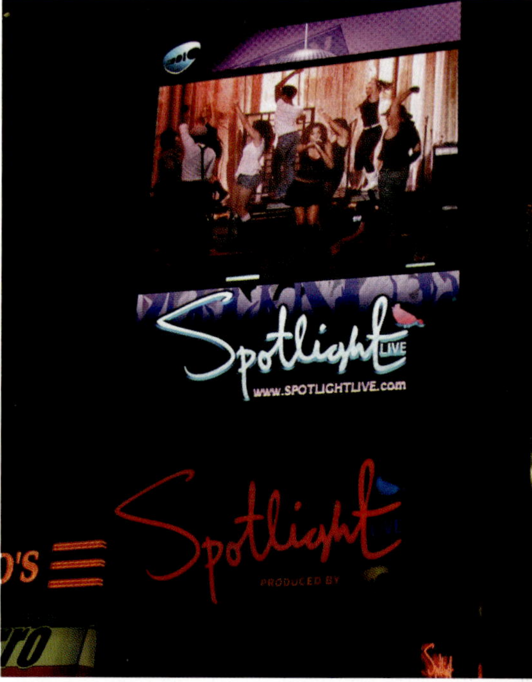

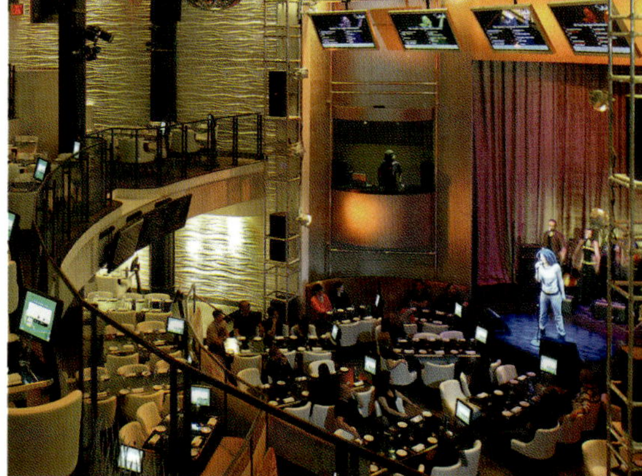

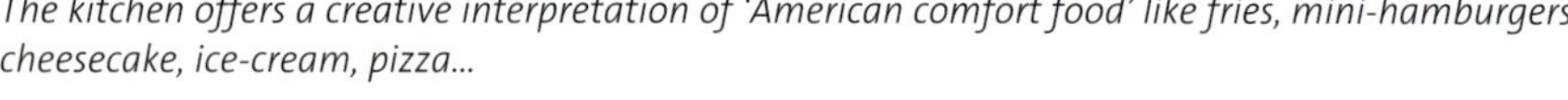

The kitchen offers a creative interpretation of 'American comfort food' like fries, mini-hamburgers, cheesecake, ice-cream, pizza...

La cuisine propose une interprétation créative de l''American comfort food', telles que des frites, mini hamburgers, cheese-cakes, glaces, pizzas...

De keuken biedt een creatieve invulling van 'American comfort food', zoals frietjes, mini-hamburgers, cheesecakes, ijsjes, pizza's...

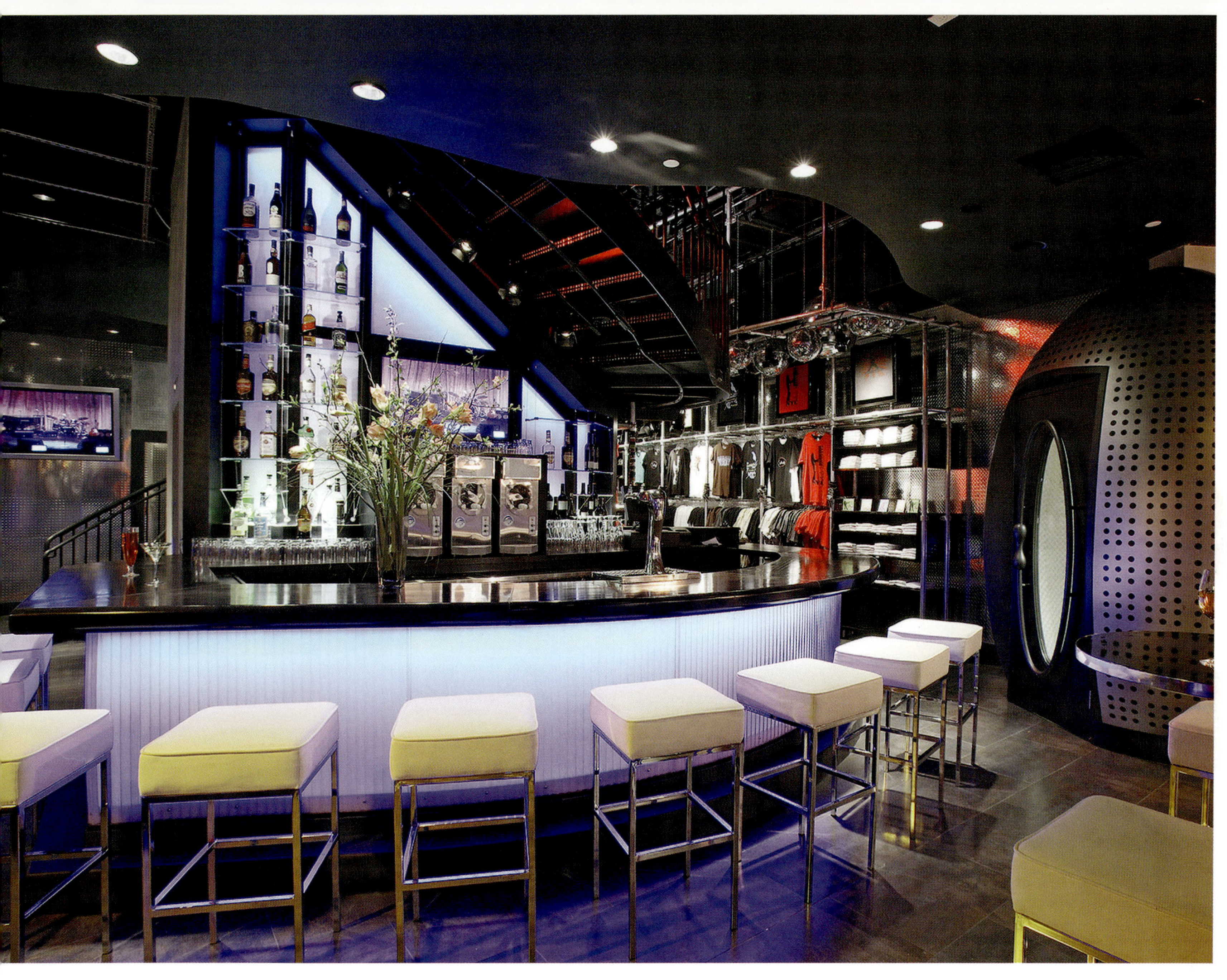

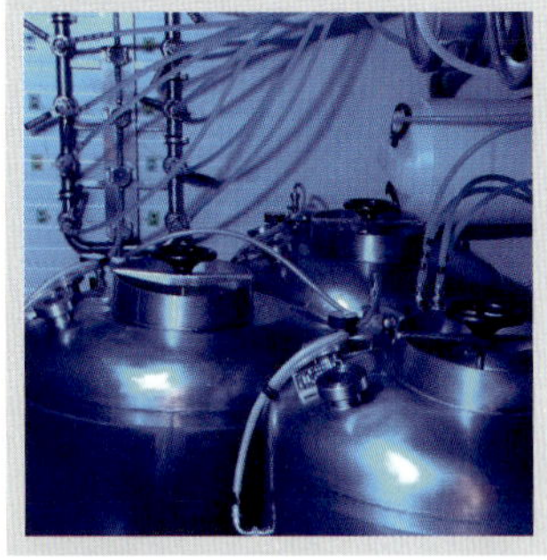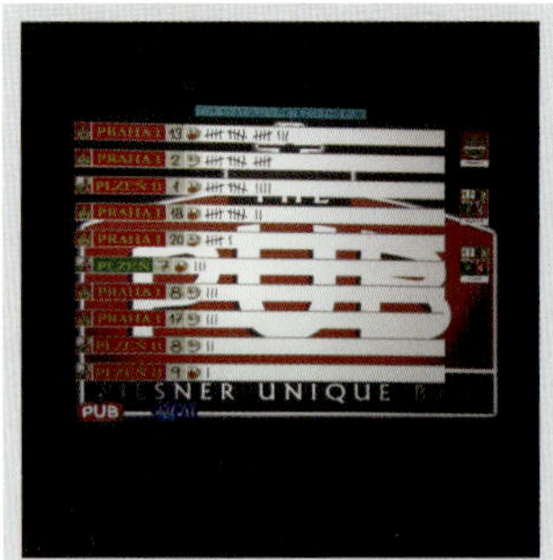

Do-It-Yourself pub Czech Republic

Drink until you drop

Do you hate queuing endlessly at the bar trying in vain to get the barman's attention too? Those days are long gone in the Czech Republic. The Pilsner Unique Bar has tables that are equipped with their own tap, from which you can pour your pints at your our own tempo. You have the choice of various beers, including Pilsner Urquell; the unpasteurized variety delivered straight from the brewery that is displayed in glass cool box next to the bar; a non-alcoholic beer and a dark Kozel beer that seems to be mostly appreciated by women. A display tells you how many you've had and thanks to an electronic counting system you can not only have a drinking contest with everyone else in the bar but also with the guests who are at any one of the other 6 branches.

Vous détestez les files d'attente interminables au bar et n'en pouvez plus de devoir vous égosiller pour attirer l'attention du barman? En Tchéquie, ce temps est désormais révolu. Le Pilsner Unique Bar possède des tables équipées chacune de leur propre pompe, où l'on peut se servir ses bières à son propre rythme. Vous avez le choix entre diverses bières comme la Pilsner Urquell ; sa variante non pasteurisée, en provenance directe de la brasserie, qui est exposée dans une cellule de refroidissement en verre, à côté du bar. Vous pouvez également déguster une bière non alcoolisée ou la brune Kozel, apparemment très appréciée des femmes. Un écran vous indique le niveau de vos consommations. Grâce à un système électronique télécommandé, vous pouvez aussi participer à des concours avec les autres clients de l'établissement ou de l'une de ses six filiales.

Heb je ook zo'n hekel aan ellenlange wachtrijen voor de bar en vergeefse pogingen om de aandacht van de barman te trekken? In Tsjechië is die tijd voorgoed voorbij. De Pilsner Unique Bar beschikt over tafels die stuk voor stuk uitgerust zijn met een eigen tap, waardoor je op je eigen tempo pintjes kan schenken. Je hebt de keuze uit verscheidene bieren, zoals Pilsner Urquell; de recht uit de fabriek geleverde, ongepasteuriseerde variant, die tentoongesteld wordt in een glazen koelcel naast de bar; een non-alcoholisch biertje en het donkere Kozelbier dat blijkbaar vooral door vrouwen geapprecieerd wordt. Een display vertelt je hoeveel stuks je al binnen hebt, en dankzij een elektronisch telsysteem kan je niet alleen drankwedstrijdjes houden met iedereen in de zaak, maar met alle gasten die zich in een van de 6 filialen bevinden.

THE PUB - PILSNER UNIQUE BAR — Prešovská 16, 301 00 Pilsen, Czech Republic and on several other locations in the Czech Republic and Germany - +420 377 22 11 31 - plzen@thepub.cz - www.thepub.cz

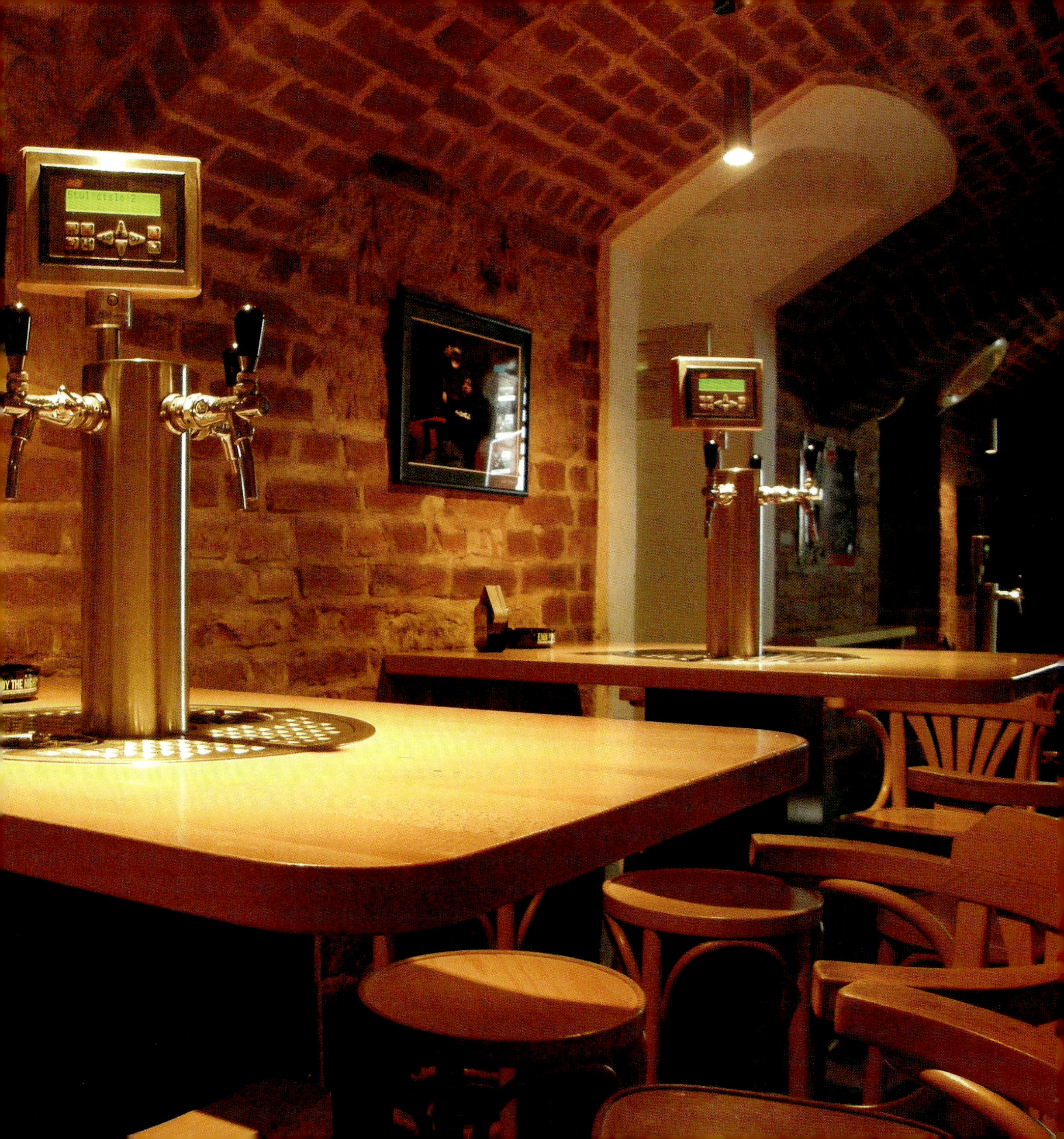

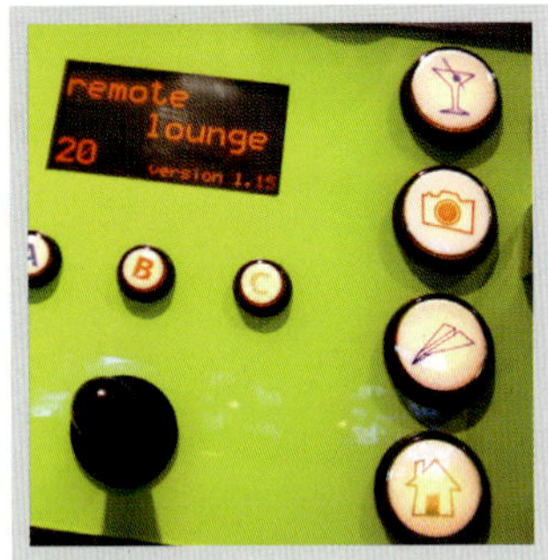
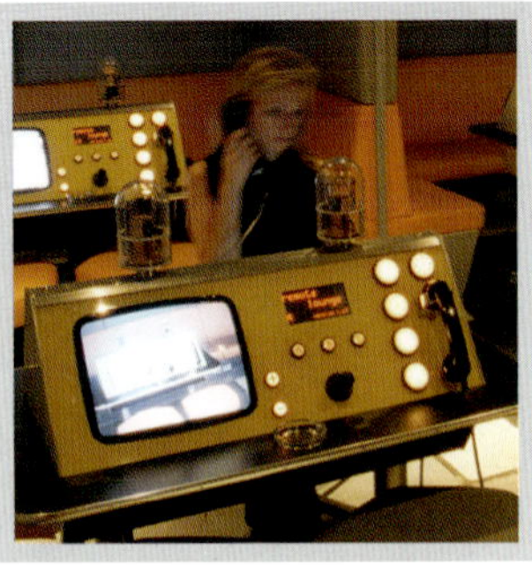

Camera bar USA

Somebody's watching me

For those not shy of the spotlight and up for their 15 minutes of fame, there was for a short time only, just one address: Remote Lounge. This club had more than 60 cameras that enabled it to keep an eye on you throughout every square inch of the place. The cameras were operated by the guests with help of video screens equipped with joysticks, telephones and software to send graphic messages. The images were shown on more than 100 screens and could even be uploaded onto the Remote Lounge website. An ideal place to spy on people then, although you have to accept that you will also be and remain the object of curious looks. Because despite the fact that some people didn't like to find evidence of their behaviour on the internet, the bar's motto was "whatever goes online, stays online."

Pour les amateurs de spotlights, sorti pour *15 minutes of fame*, il y avait, jusqu'à il y a peu, une adresse incontournable: le Remote Lounge. Cet établissement, truffé de plus de 60 cameras, vous permettait de surveiller cet espace, au centimètre carré près. Les caméras étaient commandées par les clients munis de joysticks qui, grâce à des écrans vidéo, des téléphones et un logiciel adapté, pouvaient s'envoyer des messages graphiques. Les images étaient alors diffusées sur plus de cent écrans et pouvaient même être postées sur le site internet du Remote Lounge. L'endroit idéal, donc pour espionner les gens même si, bien sûr, vous aussi, vous faisiez l'objet d'une curiosité permanente. Car malgré le fait que certains n'appréciaient pas de retrouver les preuves de leur comportement sur internet, le mot d'ordre du bar était "ce qui est mis en ligne, reste en ligne".

Voor wie de *spotlights* niet schuwde en uit was op zijn 15 *minutes of fame*, was er tot voor kort maar 1 adres: Remote Lounge. Deze zaak beschikte over 60 camera's die je in staat stelden om elke vierkante centimeter van de ruimte in de gaten te houden. De camera's werden door de gasten bediend met behulp van videoschermen uitgerust met joysticks, telefoons en software om grafische boodschappen te versturen. De beelden werden weergegeven op meer dan 100 schermen, en konden door de bezoekers zelfs op de Remote Lounge-website gegooid worden. De ideale plek dus om mensen te bespieden, al moest je er wél bij nemen dat je zelf ook het onderwerp van nieuwsgierige blikken vormde -én bleef. Want ondanks het feit dat sommigen het niet leuk vonden om bewijzen van hun gedrag op het internet terug te zien, huldigde de bar het motto "wat *online* gaat, blijft *online*".

REMOTE LOUNGE – 322 BOWERY, NEW YORK, NEW YORK 10010, UNITED STATES OF AMERICA - UNFORTUNATELY, THIS VENUE HAS CLOSED ITS DOORS.

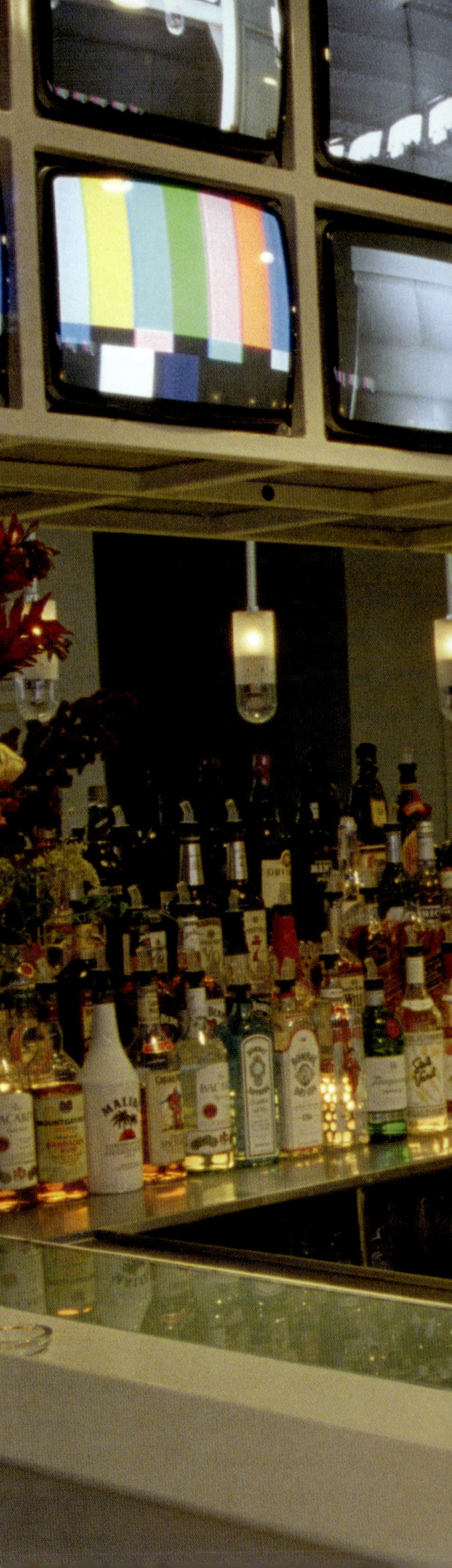

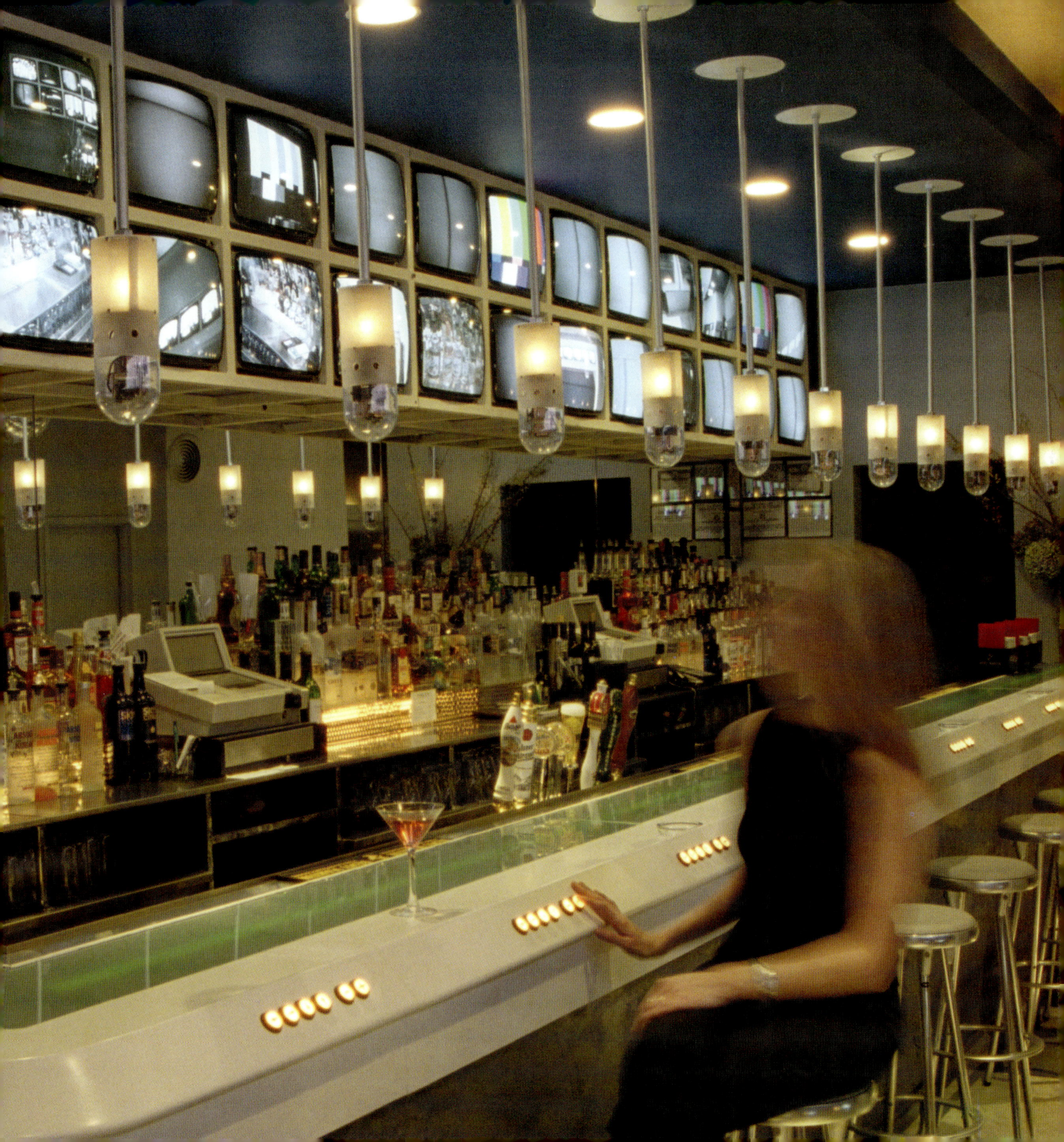

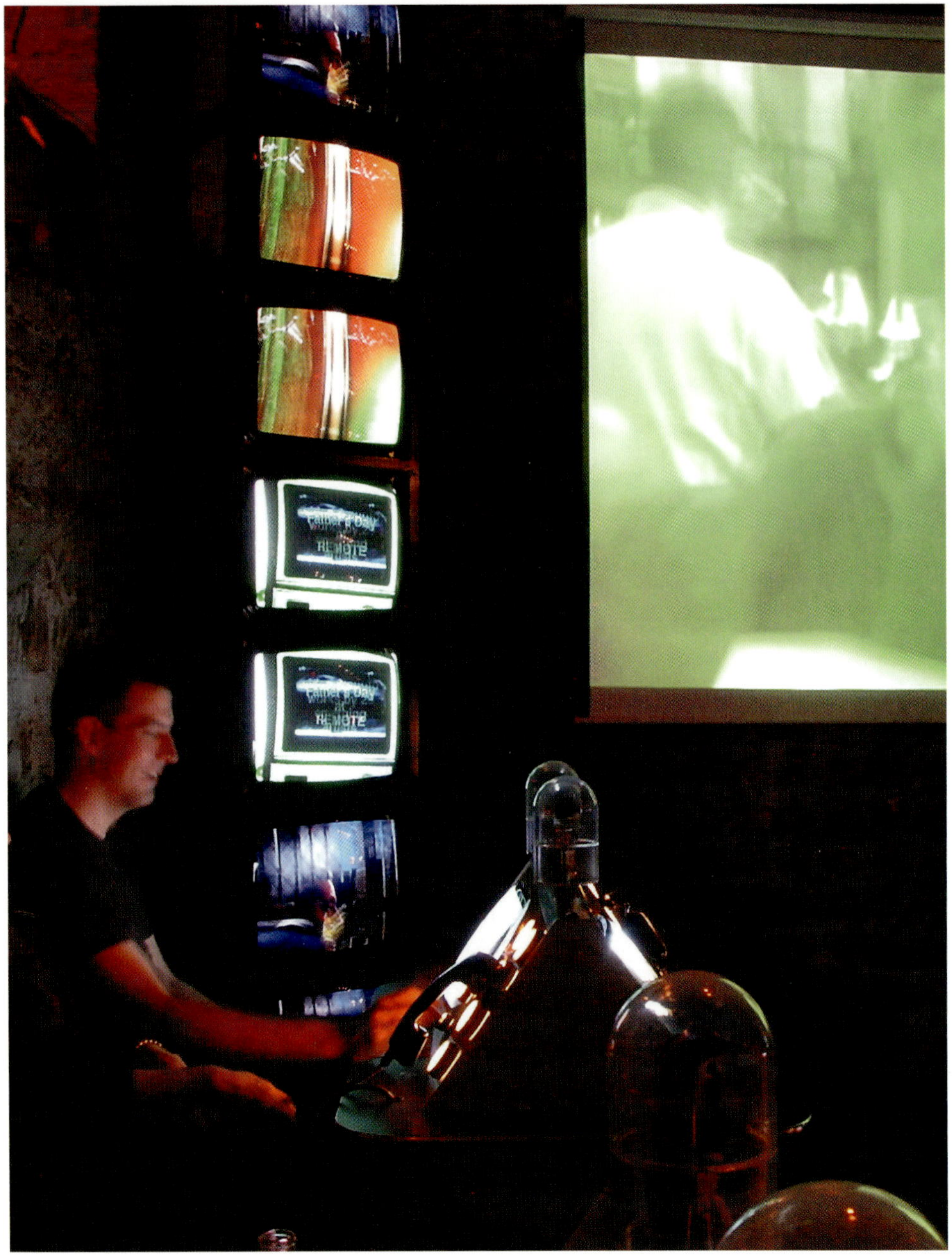

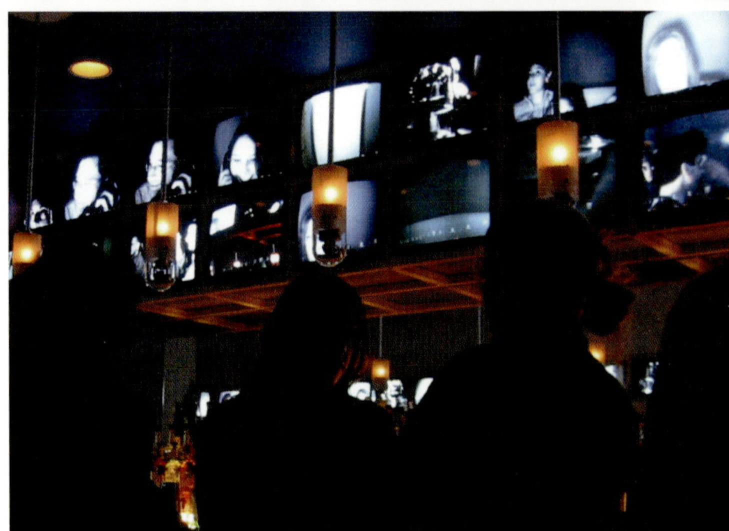

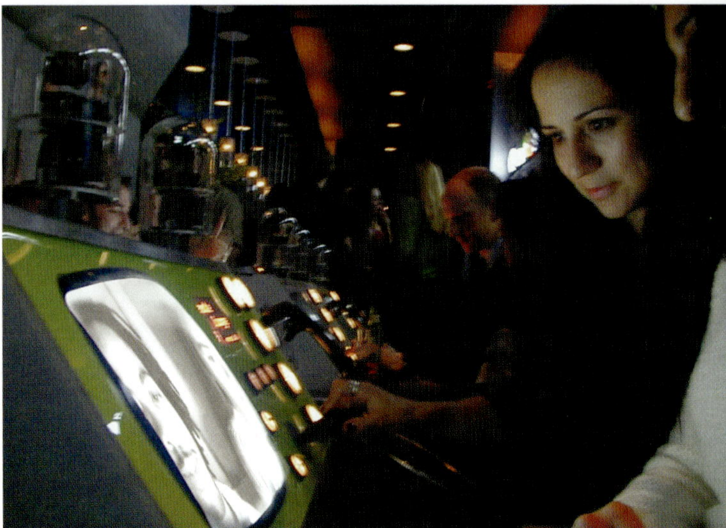

The bar, designed by Jordan Parnass Digital Architecture, encompassed 2 floors and could accommodate 300 people.

Le bar, dessiné par Jordan Parnass Digital Architecture, se développe sur deux étages et offre 300 places.

De bar, ontworpen door Jordan Parnass Digital Architecture, besloeg 2 verdiepingen en bood plaats aan 300 mensen.

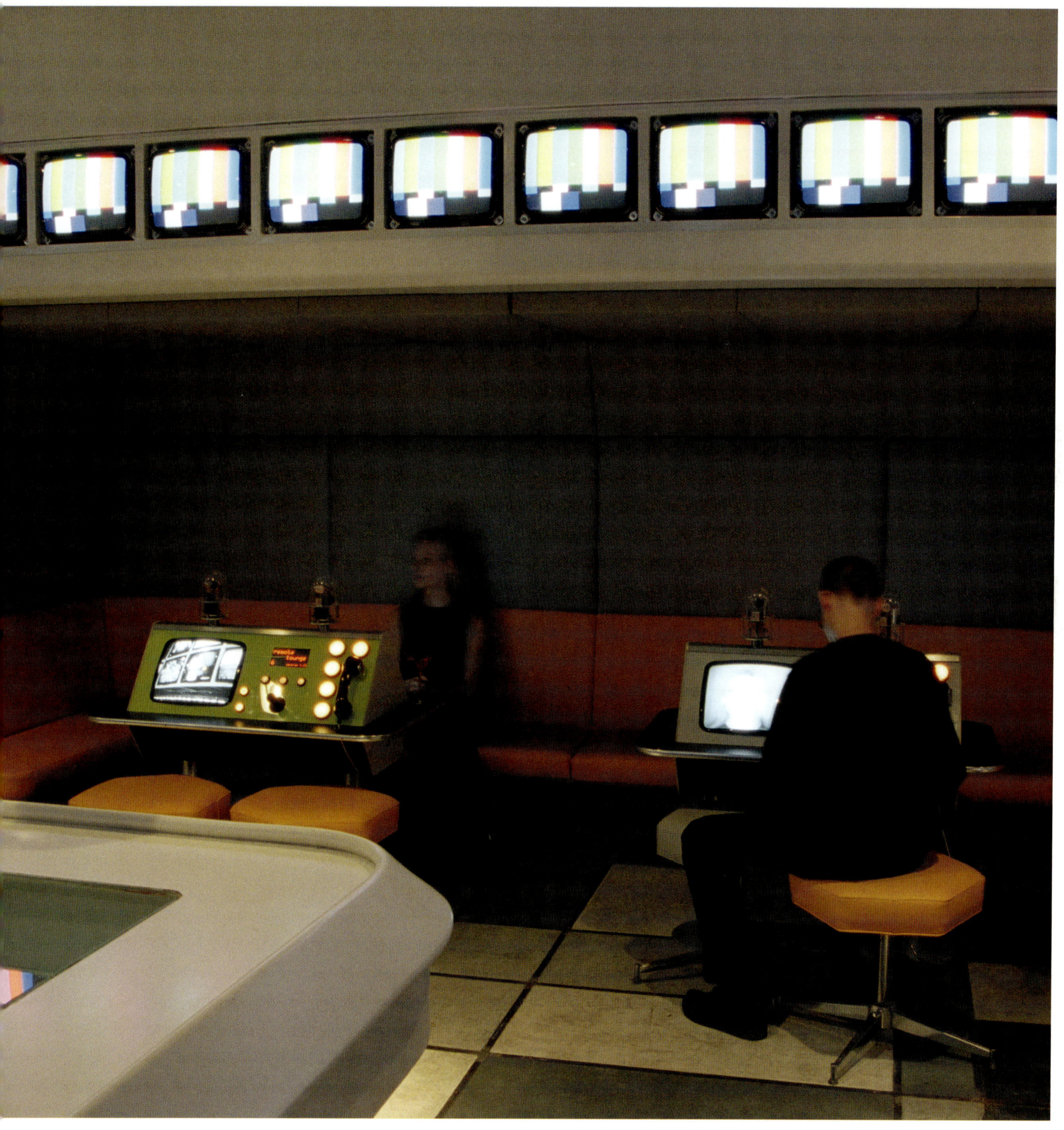

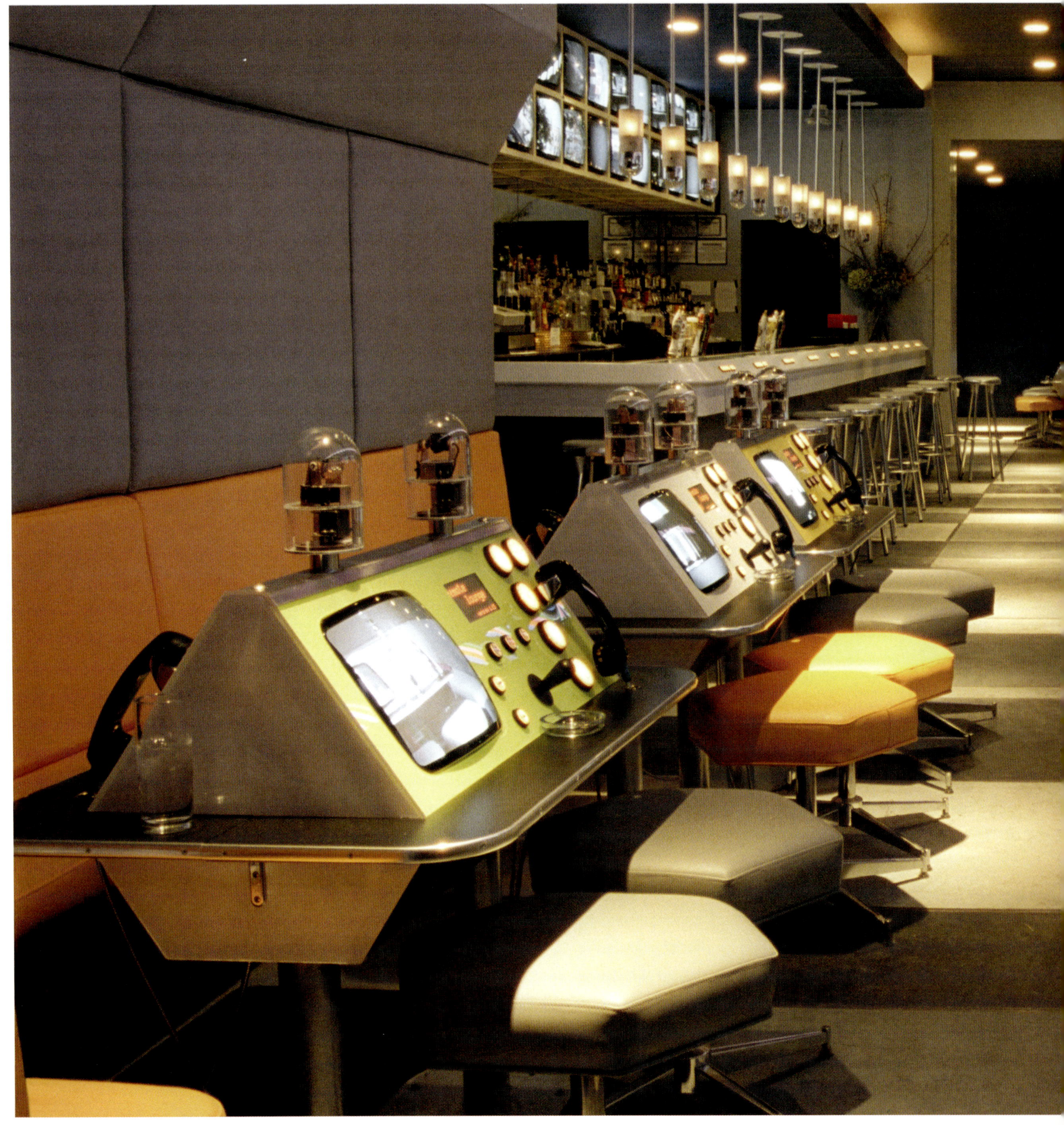

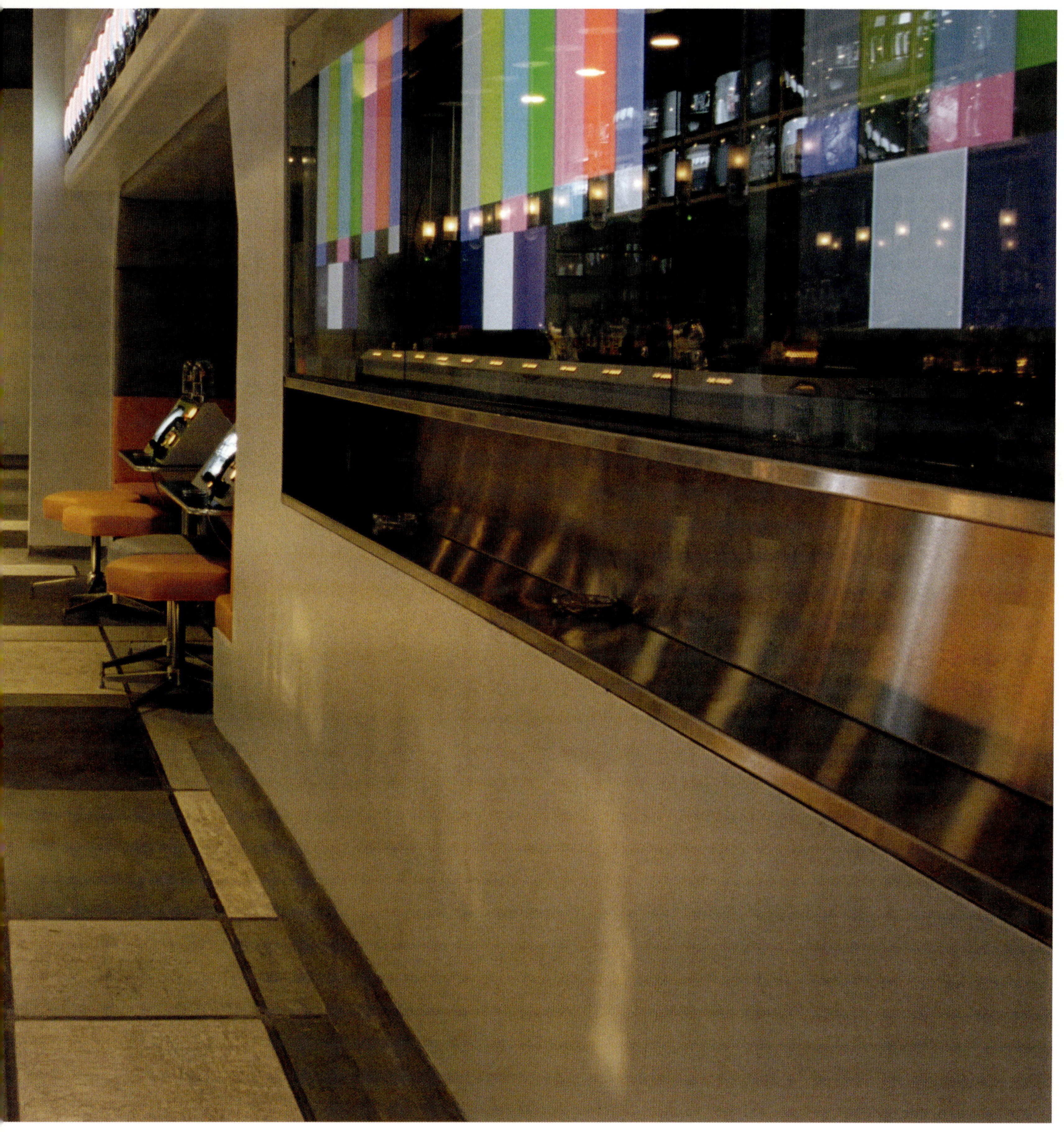

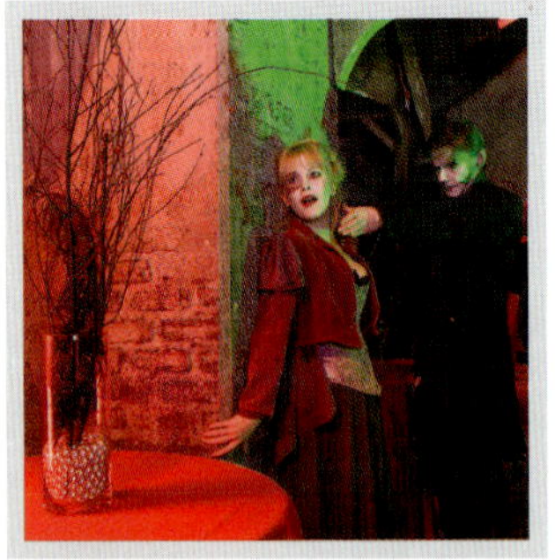
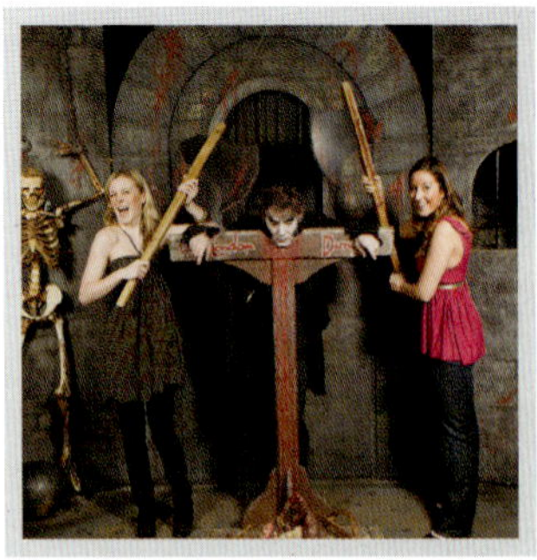

Horror museum ^{UK}

History, horror and humour

In the dark underbelly of the British capital, directly beneath arches of London Bridge, the notorious London Dungeon dwells. With some help from the latest technology, realistic props and skilful actors this gruesome museum depicts the history of superstition, torture and death in over 40 attractions. And when the daytime visitors have disappeared and night falls, the dungeon becomes a stage for something entirely different... From Transylvanian parties to medieval buffets, grizzly birthday parties and gothic wedding receptions to Rocky Horror theme parties, it's all possible. Climb aboard a vessel that will lead you to hell, discover the truth behind 2 of the most atrocious events in history or take a seat on a very special roller coaster... in the London Dungeon you are always more than just a spectator.

Dans les entrailles obscures de la capitale britannique, précisément sous les arcades de London Bridge, se trouve le célèbre London Dungeon. Grâce à des technologies avancées, des attributs réalistes et des acteurs ingénieux, ce musée des horreurs illustre, en une quarantaine de tableaux, des faits historiques relevant de la superstition, du martyre et de la mort. Lorsque les visiteurs du jour s'en sont allés et que tombe le soir, ces oubliettes deviennent le théâtre de tout autre chose... Des fêtes transylvaniennes aux buffets médiévaux, en passant par de macabres soirées d'anniversaires et des mariages gothiques, sans oublier les soirées d'épouvante Rocky, tout est possible. Choisissez d'être condamné à mort lors d'une promenade en bateau, découvrez la vérité qui se cache derrière certains des faits les plus horrifiants de l'histoire ou prenez place dans un Grand 8 vraiment très particulier... au London Dungeon vous serez bien plus qu'un simple spectateur.

In de donkere onderbuik van de Britse hoofdstad, vlak onder de gewelven van London Bridge, ligt de beruchte London Dungeon. Met behulp van de nieuwste technologieën, realistische attributen en spitsvondige acteurs illustreert dit griezelmuseum in een 40-tal opstellingen historische feiten over bijgeloof, marteling en dood. En wanneer de dagelijkse bezoekers verdwenen zijn en de avond valt, wordt de kerker het toneel voor iets totaal anders... Van Transylvaanse feesten over middeleeuwse buffetten, via griezelige verjaardagspartijtjes en gothic trouwrecepties tot Rocky horrorfeesten, het is allemaal mogelijk. Word ter dood veroordeeld tijdens de boottocht, ontdek de waarheid achter een paar van de meest gruwelijke gebeurtenissen uit de geschiedenis of neem plaats in een wel heel speciale achtbaan... in de London Dungeon ben je meer dan alleen maar een toeschouwer.

LONDON DUNGEON – 28/34 TOOLEY STREET, LONDON SE1 2SZ, UNITED KINGDOM - +44 20 7487 0224 - EVENTS@MERLINVENUES.COM - WWW.MERLINVENUES.COM

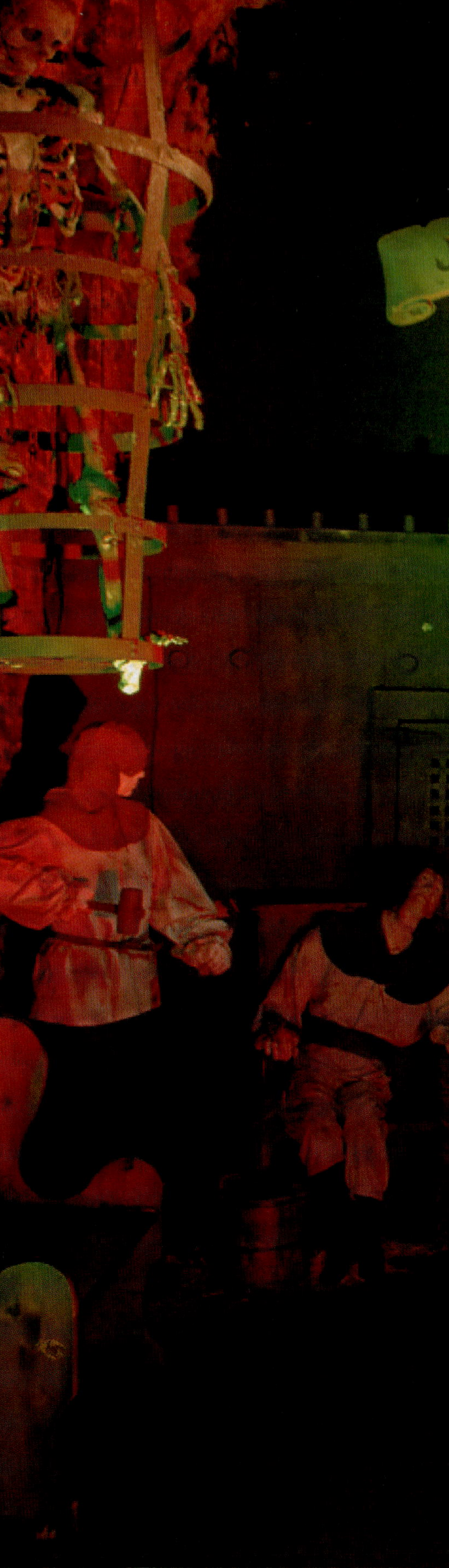

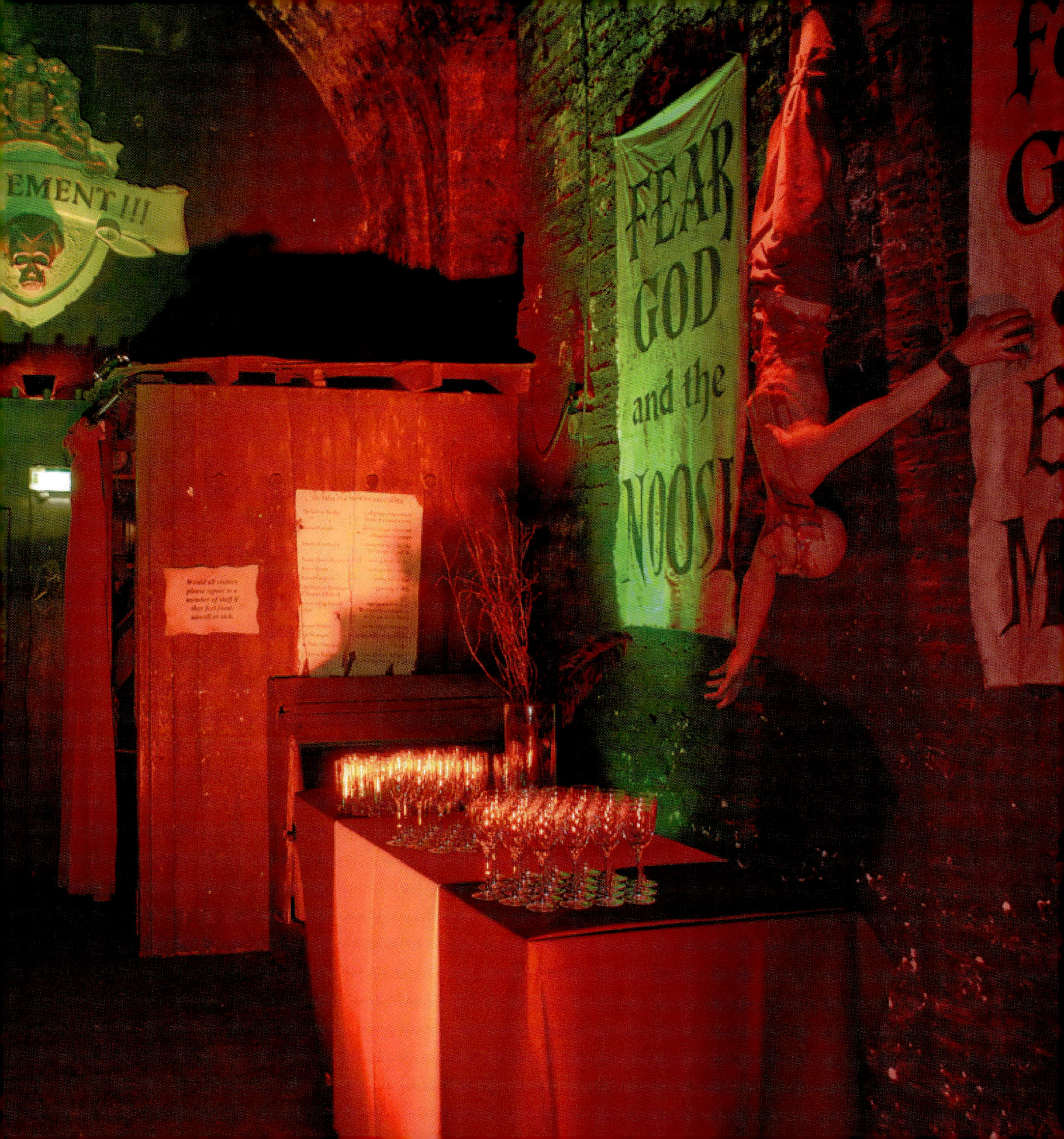
EMENT !!!
FEAR
GOD
and the
NOOSE

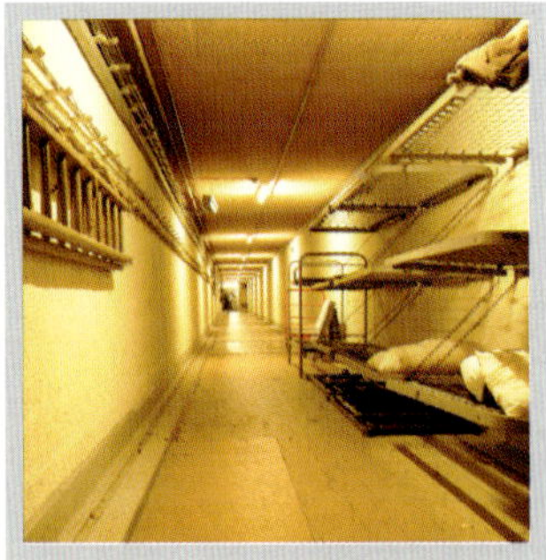
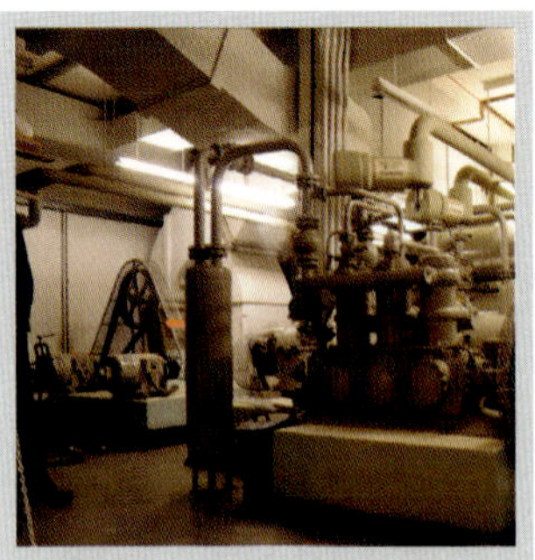

Nuclear bunker UK

Going underground

In an inconspicuous bungalow in the rolling Essex countryside, slumbers the twilight world of the Cold War. There lies the entrance to a surprising labyrinth of rooms and passageways, constructed out of reinforced concrete 3 metres thick. The Kelvedon Hatch Secret Nuclear Bunker would have been where the British government and military commanders would have run the region if a nuclear bomb had been dropped. The complex, 25 metres underground, that could accommodate 600 people and was equipped with its own water supply, generator, radio studio, radar room and laboratory was dismantled in 1992 and sold back to the original owners. It now serves as a museum and can be hired for parties, conferences and meetings. Both the bunker and the surrounding landscape are often used as a location for films and photo shoots.

Dans un bungalow insignifiant, au cœur du paysage en déclivité de l'Essex, sommeille le monde irréel de la Guerre froide. C'est là que se trouve l'entrée d'un incroyable labyrinthe de chambres et de couloirs, construit en béton armé de 3 mètres d'épaisseur. Le Kelvedon Hatch Secret Nuclear Bunker était l'endroit à partir duquel le gouvernement britannique et les commandants militaires étaient censés diriger le pays au cas où se déclencherait une guerre nucléaire. Le complexe, logé à 25 mètres de profondeur, pouvait abriter 600 personnes et était équipé de son propre système d'adduction des eaux, d'un générateur, d'un studio radiophonique, d'une chambre radar et d'un laboratoire ; démantelé en 1992, il fut revendu aux premiers propriétaires du terrain. Il fait maintenant office de musée et peut être loué pour des fêtes, des réunions et des assemblées diverses. Tant le bunker que le paysage qui l'entoure sont régulièrement utilisés comme lieu de tournage de films ou de reportages photographiques.

In een onopvallende bungalow in het glooiende landschap van Essex sluimert de schemerwereld van de Koude Oorlog. Daar ligt de ingang van een verbazingwekkend labyrint van kamers en gangen, uitgevoerd in gewapend beton van 3 meter dik. De Kelvedon Hatch Secret Nuclear Bunker was de plek van waaruit de Britse overheid en militaire bevelhebbers de regio geleid zouden hebben als er ooit een kernoorlog was losgebarsten. Het 25 meter diep gelegen complex, dat plaats bood aan 600 mensen en uitgerust was met een eigen wateraanvoer, generator, radiostudio, radarkamer en laboratorium, werd in 1992 ontmanteld en terug verkocht aan de originele landeigenaars. Hij doet nu dienst als museum en kan afgehuurd worden voor feesten, vergaderingen en bijeenkomsten. Zowel de bunker als het omliggende landschap worden trouwens regelmatig gebruikt als locatie voor filmopnamen en fotoshoots.

KELVEDON HATCH SECRET NUCLEAR BUNKER — Brentwood, Essex CM15 0LA, United Kingdom · +44 1277 364883 · bunker@japar.demon.co.uk · www.secretnuclearbunker.co.uk

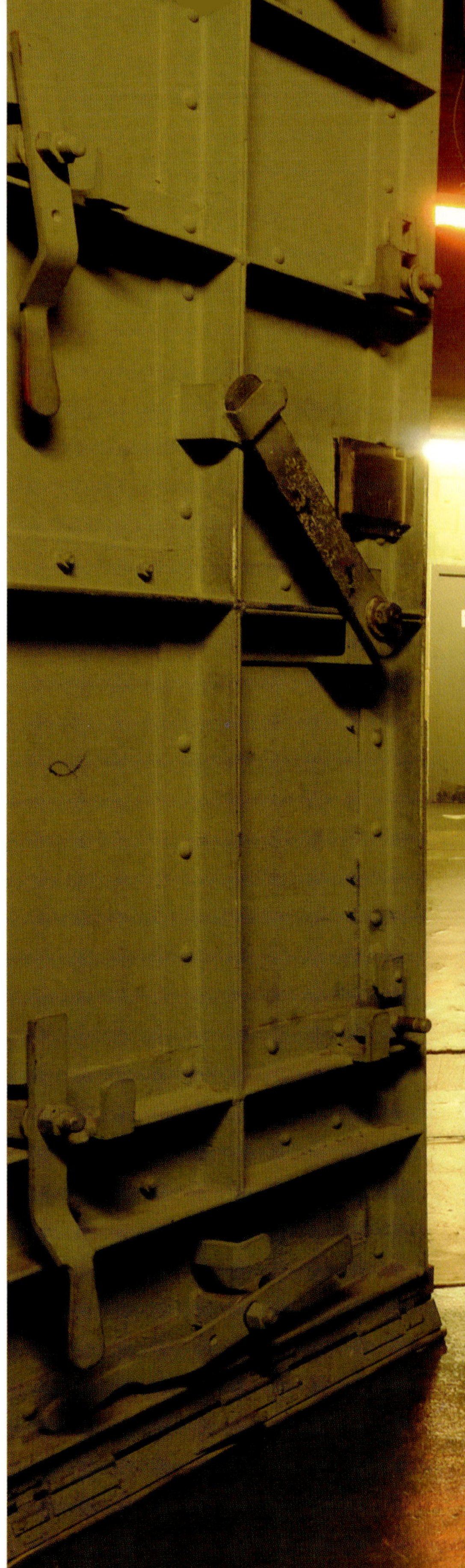

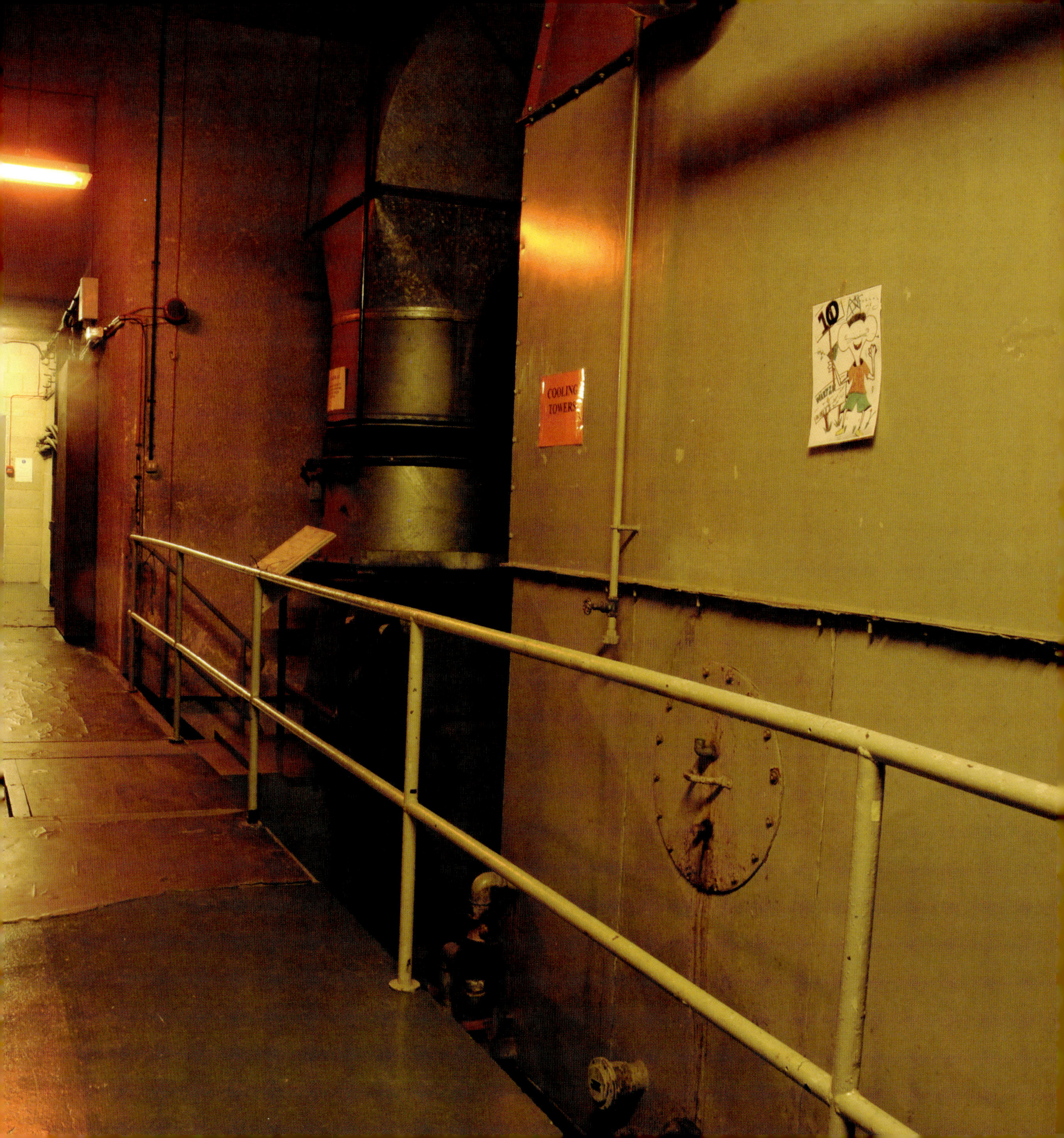
COOLING
TOWERS

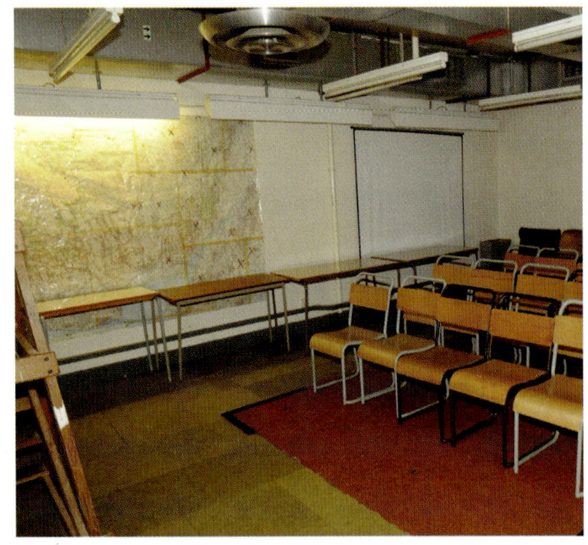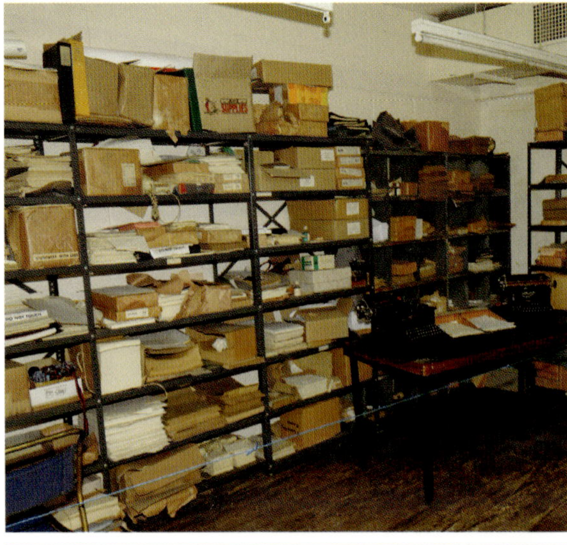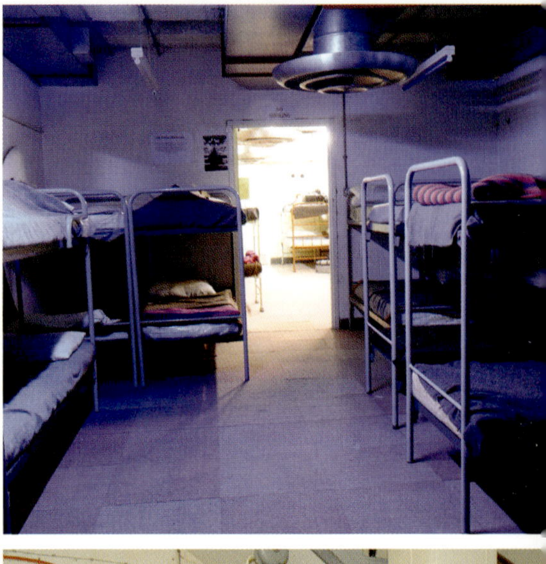
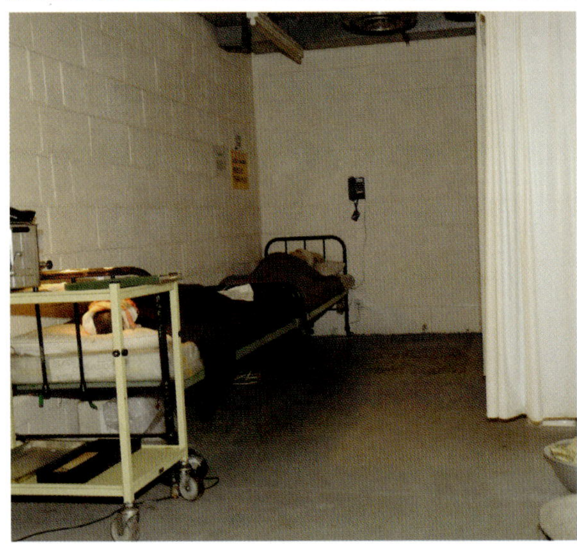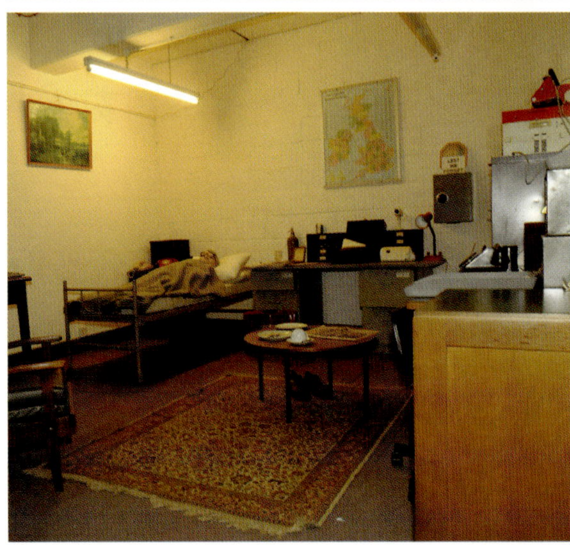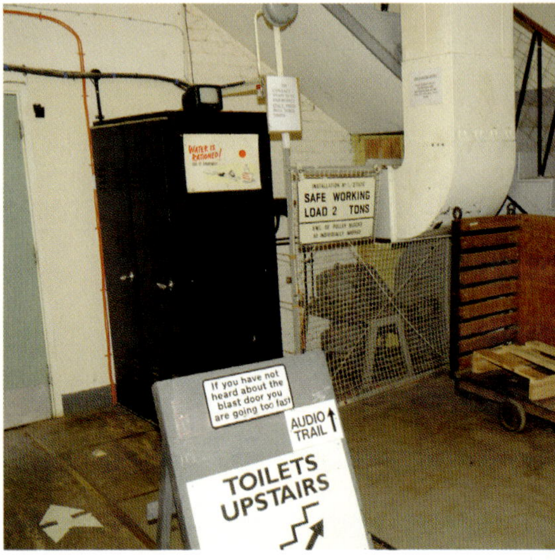
SAFE WORKING
LOAD 2 TONS
If you have not
heard about the
blast door you
are going to; fast
AUDIO
TRAIL
TOILETS
UPSTAIRS
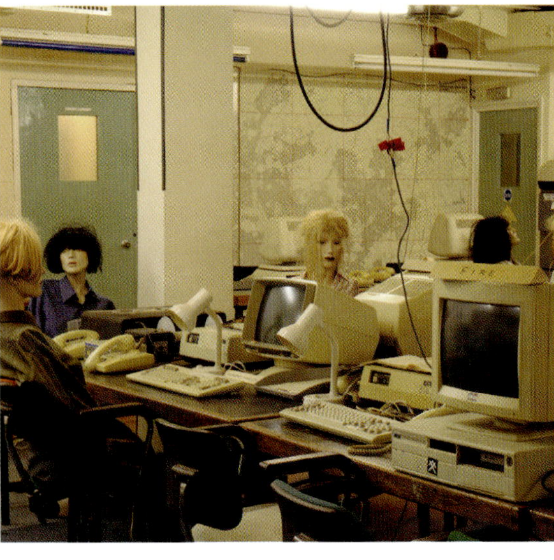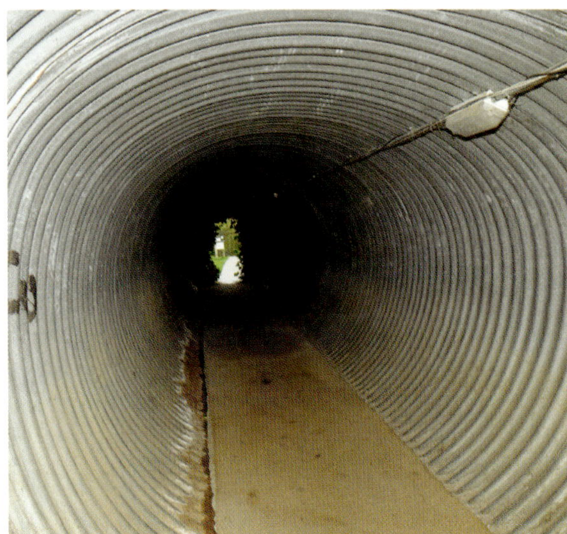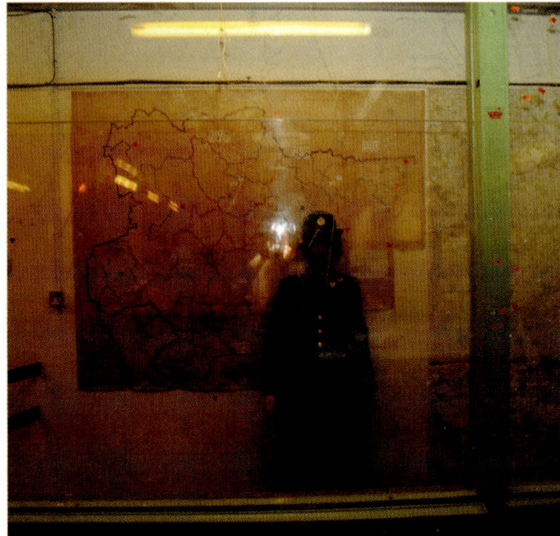

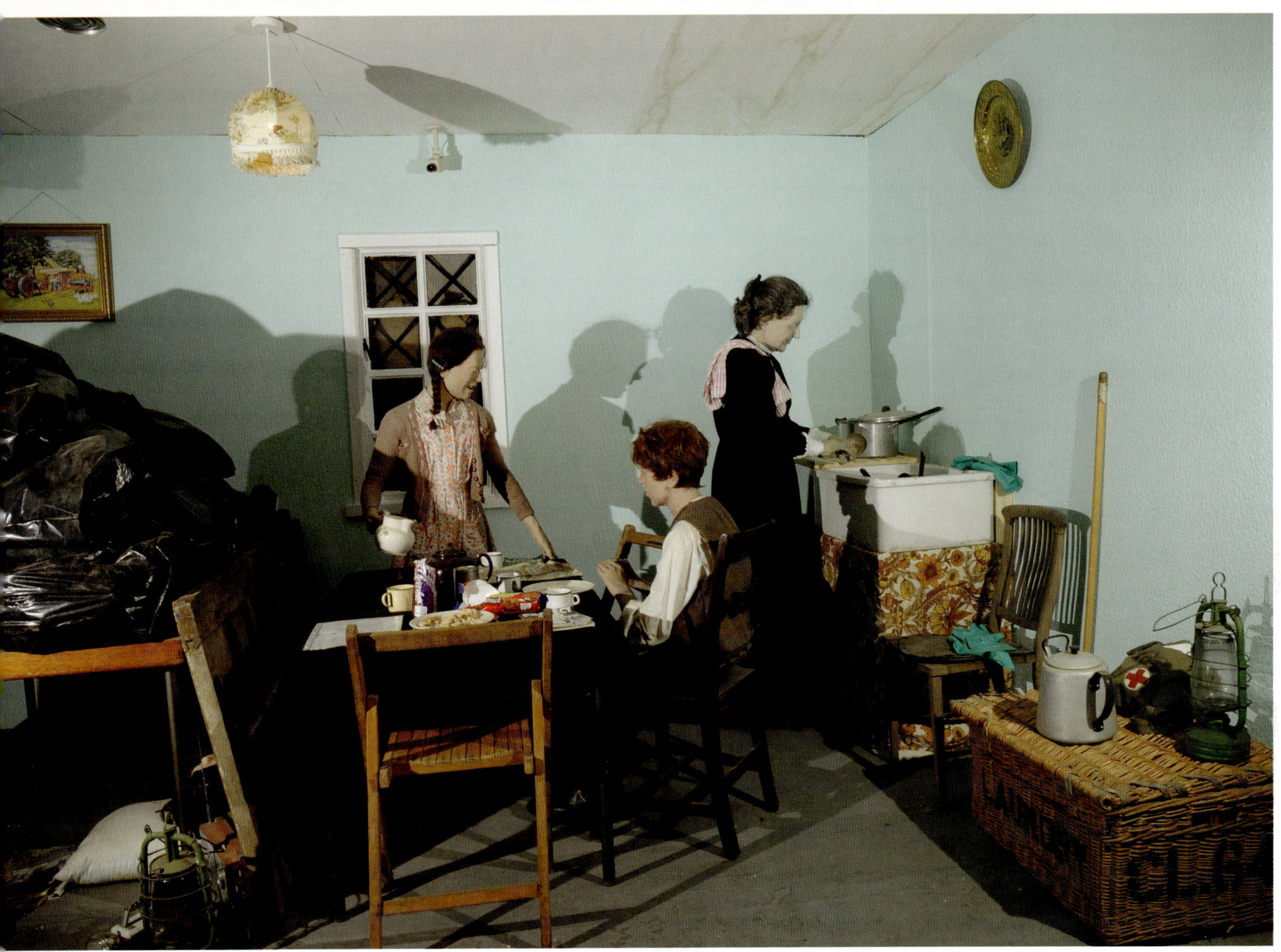

It cost the British government about 3 million pounds a year to keep all the systems in the bunker operational.

Le gouvernement britannique dépensait annuellement environ 3 millions de livres sterling pour maintenir tous les équipements du bunker en ordre de marche.

Het kostte de Britse overheid jaarlijks zo'n 3 miljoen pond om alle systemen in de bunker operationeel te houden.

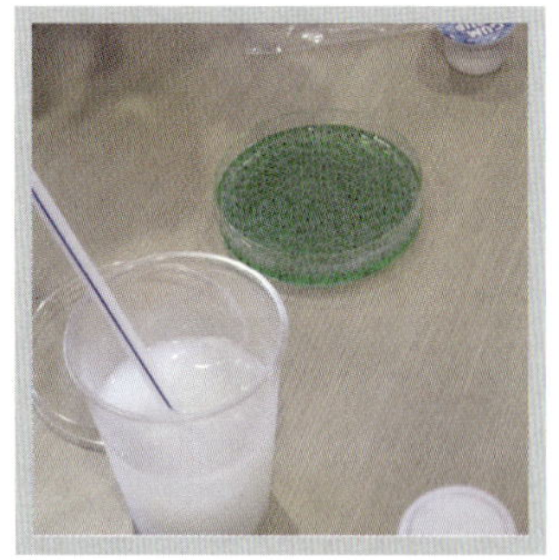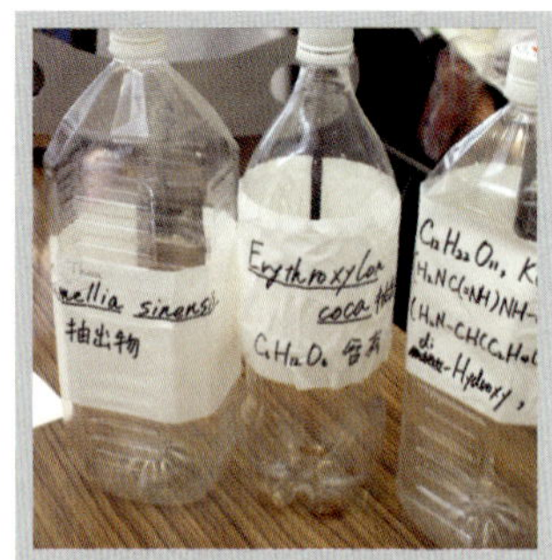

Scientist cafe

Japan

Meet the mad scientist

For the Japanese nothing is too crazy, and themed bars are popping up like mushrooms. Without doubt amongst the most popular are the 'maid cafés', places where sexily dressed waitresses behave like subservient maids who would do anything for their 'masters'. *Maid cafés* are mainly frequented by *otaku*, men who are interested in manga and find it difficult to talk to women. In response to this, some Japanese feminists set up a science café. In this café men and women wearing lab coats and glasses deal with the customers, while maids and geisha's with a winding mechanism on their backs robotically take care of the waitressing. When they make a mistake the scientists apologize for the poor performance of their robots.

Aux yeux des Japonais, rien n'est trop fou. Et les cafés à thème fleurissent partout. Les *maid cafés*, où officient des serveuses en tenue sexy, obéissant aux ordres du maître, figurent parmi les plus populaires. Les *maid cafés* sont fréquentés par les *otaku*, des hommes souvent passionnés de mangas qui éprouvent des difficultés à nouer le dialogue avec les femmes. En réaction à ce phénomène, quelques féministes japonaises ont décidé de démarrer un café des scientifiques. Ce café est tenu par des hommes et des femmes, chaussés de lunettes et vêtus en tenue de labo. Pour s'occuper du service, il y a les soubrettes et des geishas équipées d'un mécanisme de commande dans le dos qui leur confèrent les mouvements saccadés des robots. Chaque fois qu'elles commettent une erreur, les scientifiques se confondent en excuses pour les disfonctionnements de leurs robots.

Voor de Japanners is niks te gek, en themacafés schieten er dan ook als paddenstoelen uit de grond. Tot de populairste horen ongetwijfeld de "*maid cafés*", zaken waarin sexy geklede serveersters zich gedragen als onderdanige bedienden die alles over hebben voor hun "meesters". *Maid cafés* worden vooral bezocht door *otaku*, mannen die in manga geïnteresseerd zijn en moeite hebben met het aanspreken van vrouwen. Als reactie hierop besloten enkele feministische Japanse vrouwen een wetenschappercafé te beginnen. In dit café onderhouden vrouwen en mannen met laboratorium-jassen en brillen de klanten, terwijl kamermeisjes en geisha's met een opwindmechanisme op hun rug op robotische manier zorgen voor de bediening. Telkens zij een fout maken, putten de wetenschappers zich uit in verontschuldigingen voor de slechte werking van hun robots.

CAFE SCIFI+TIQUE – INFO@SCIFITIQUE.ORG · HTTP://SCIFITIQUE.ORG

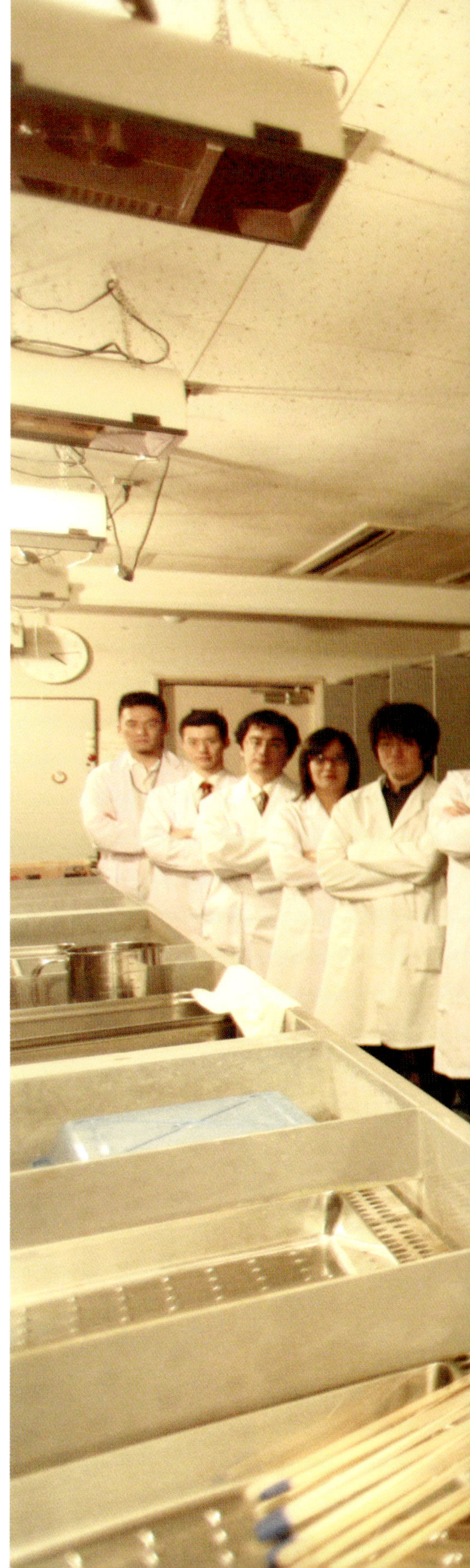

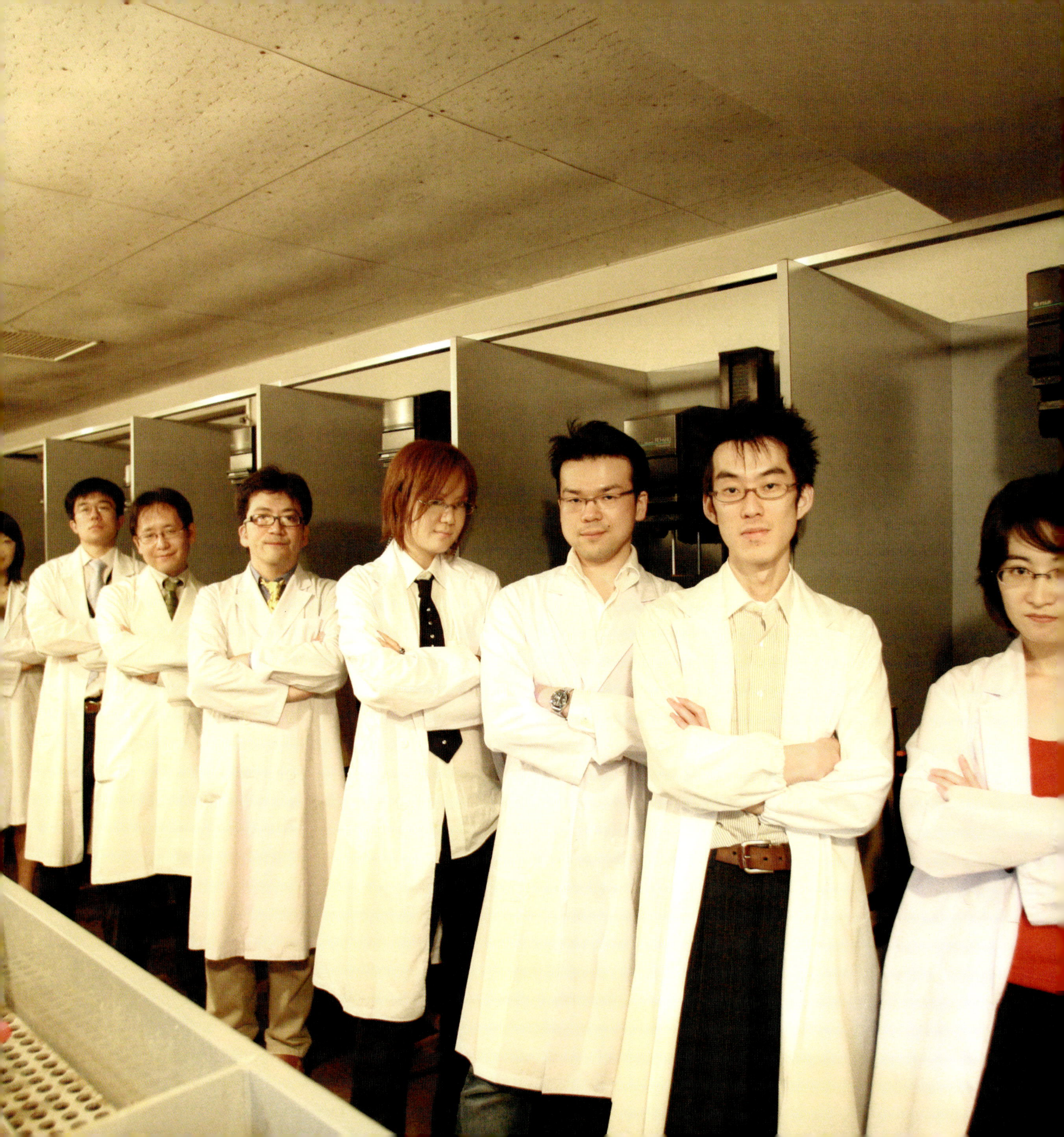

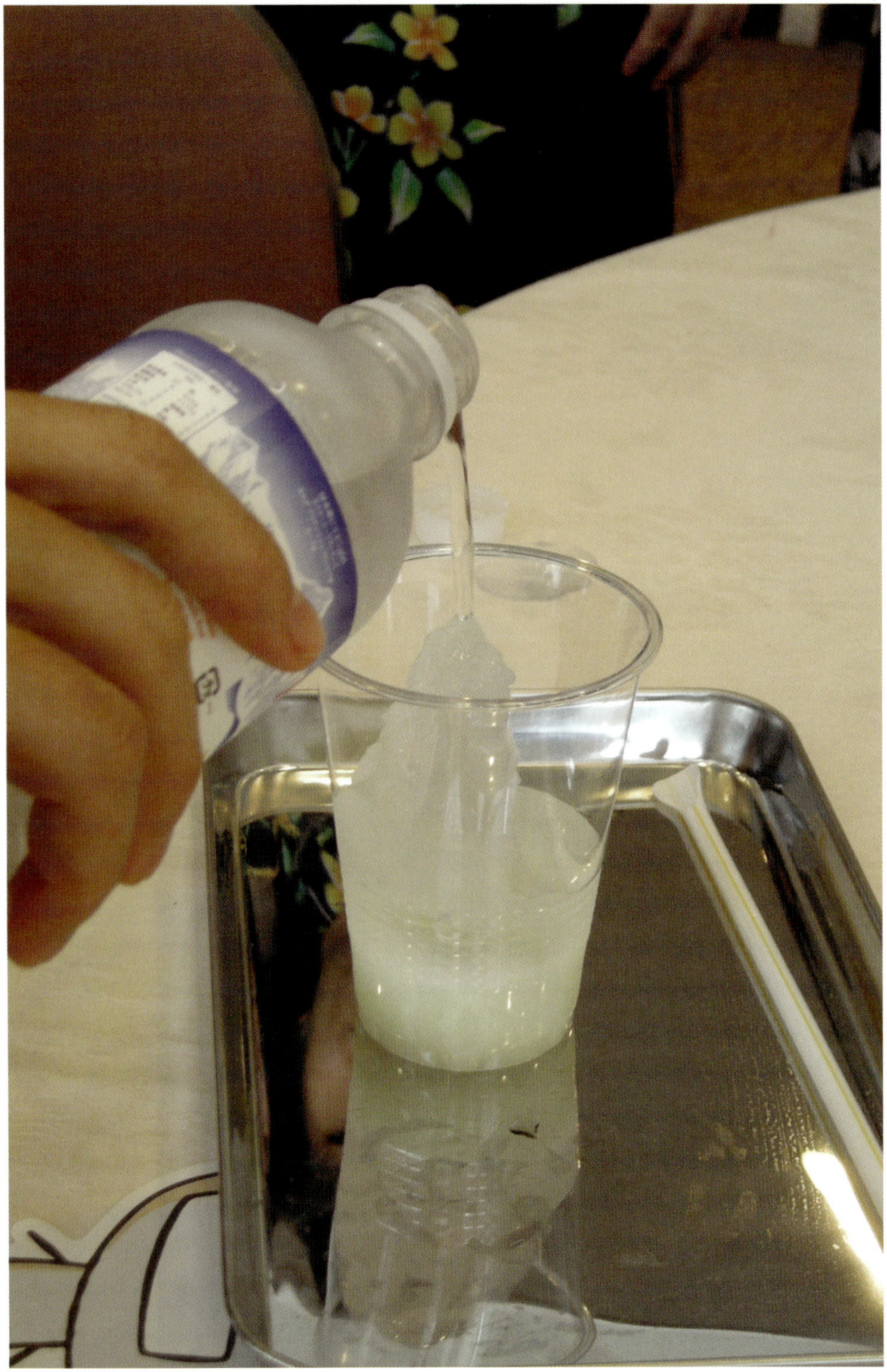

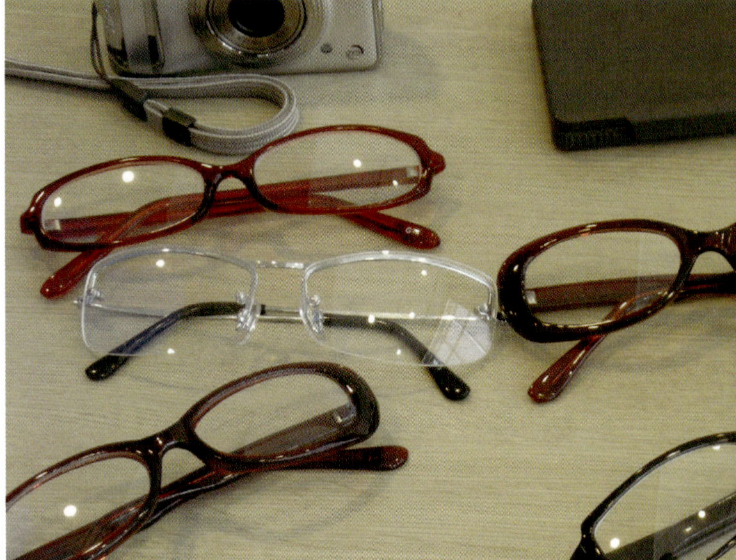
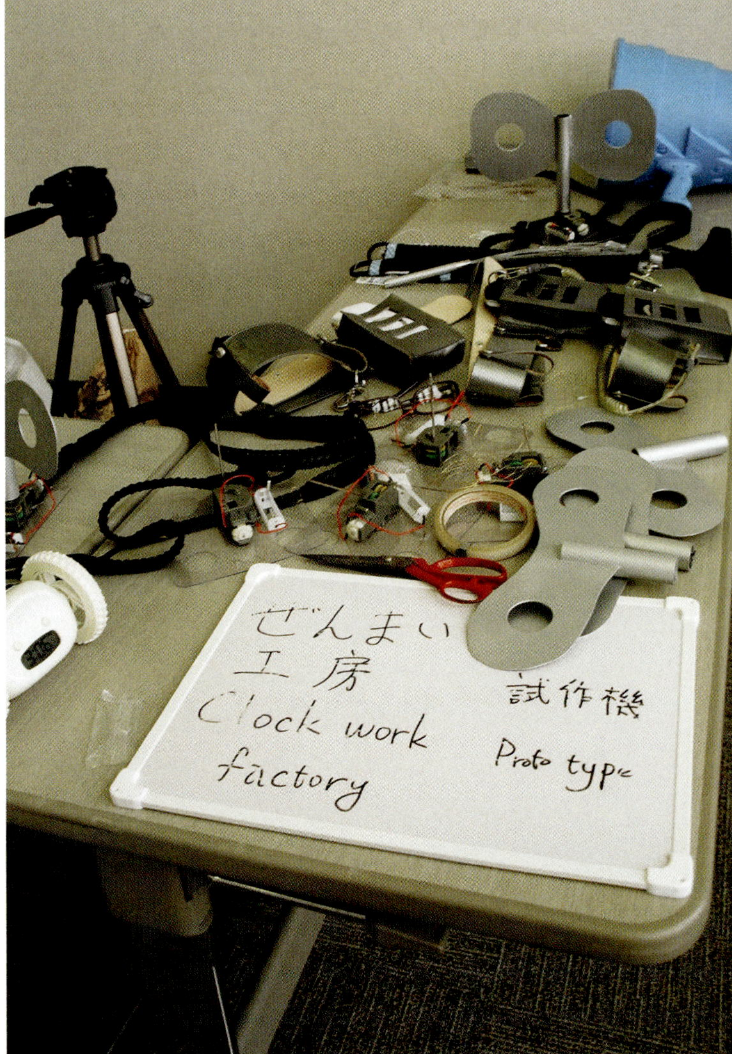
ぜんまい
工房
Clock work
factory
試作機
Proto type

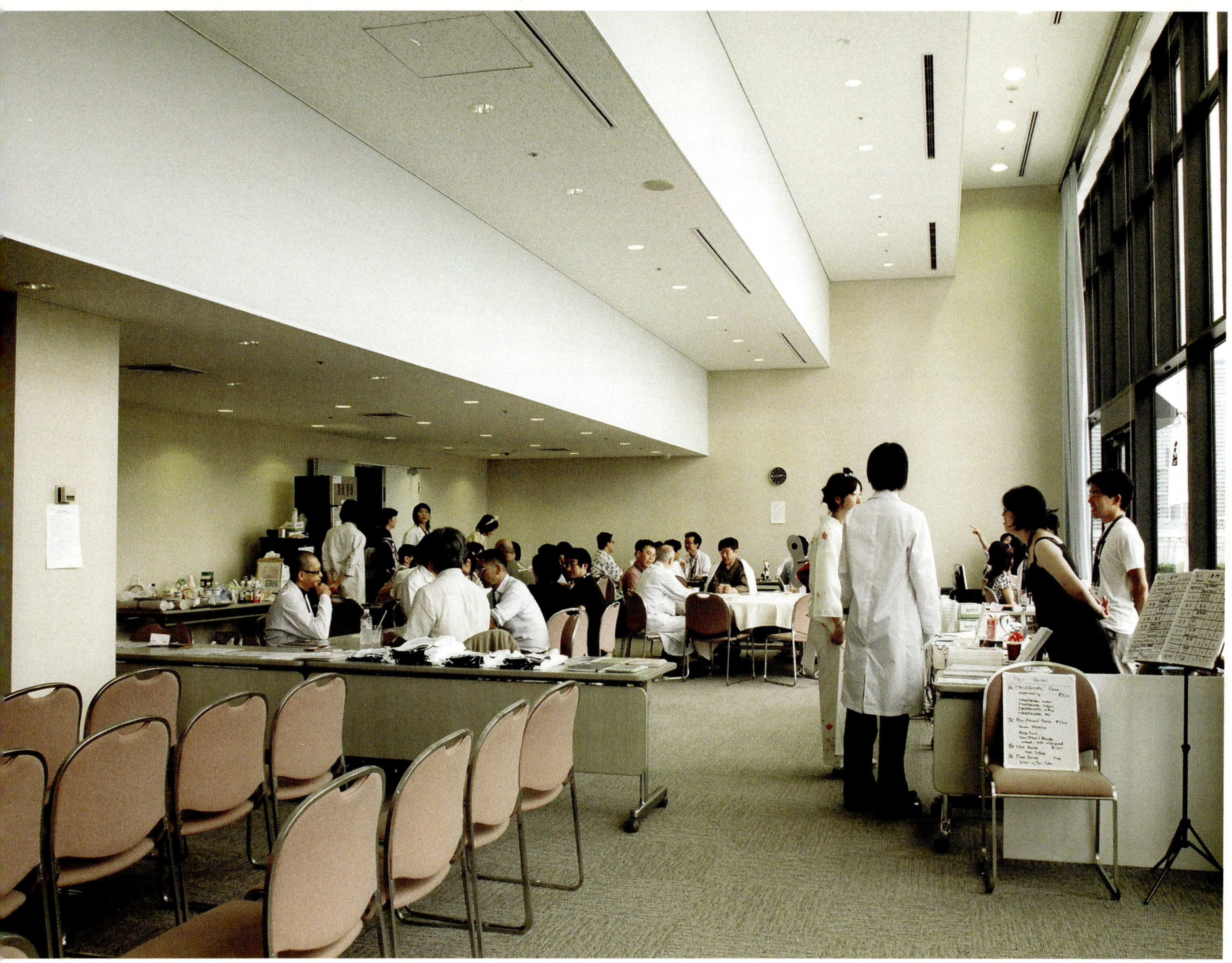

The café does not have a fixed location and is mainly set up at fairs and events.

Ce café n'a pas d'adresse fixe. Le plus souvent, il est installé lors de foires ou d'événements.

Het café heeft geen vaste locatie en wordt vooral opgesteld op beurzen en evenementen.

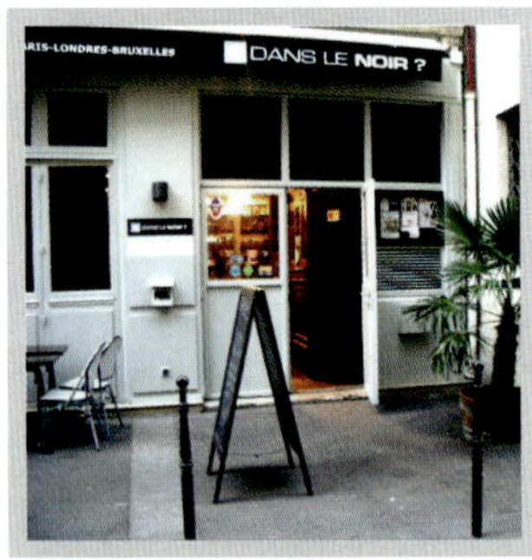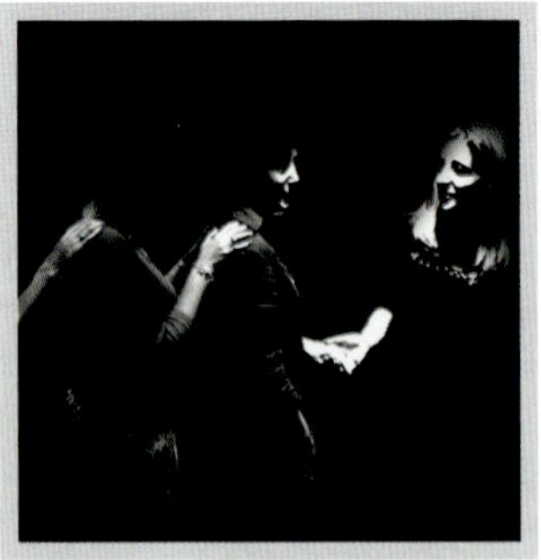

Pitch-Black Restaurant ^{UK}

The true taste of food

Do you know the taste of tuna and white wine? In the darkened restaurant Dans Le Noir?, these two tastes are often confused with veal and red wine. The unusual experience of dining in the dark not only causes you to suspend your preconceptions about your fellow guests but it also leads to complete honesty where taste is concerned. Both branches have a lit bar and lounge and a dark dining room that is filled with 60 people twice an evening. Guests can make their choices from the menu in the bar but have to leave all potential light sources such as mobile phones, cigarettes and watches there and follow their blind waiter inside the restaurant. Even though, from that moment on, to enjoy the French influenced European cuisine your rely more on your sense of hearing, touch and smell it seems that darkness does not necessarily lead to messy eating.

Connaissez-vous le goût du thon et du vin blanc? Plongé dans l'obscurité du restaurant Dans Le Noir?, il arrive de les confondre avec du veau et du vin rouge. Dîner dans le noir constitue une expérience à part, qui conduit non seulement à abandonner tous vos préjugés sur ceux qui dînent avec vous, mais aussi à une honnêteté absolue en ce qui concerne le goût. Chaque établissement comprend un lounge et un bar éclairé ainsi qu'une salle à manger obscure, qui accueille, deux fois par soir, 60 personnes. C'est au bar que les clients choisissent dans le menu, avant d'abandonner toute source potentielle de lumière - portable, cigarette ou montre - pour suivre leur serveur aveugle à l'intérieur. A partir de ce moment, ils ne peuvent se fier qu'à leur ouïe, odorat et goût, pour profiter d'un repas d'influence européenne et française, sans pour autant le renverser.

Ken jij de smaak van tonijn en witte wijn? In het verduisterde restaurant Dans Le Noir? worden deze 2 namelijk wel eens verward met kalfsvlees en rode wijn. Dineren in het donker is dan ook een aparte ervaring, een die niet alleen leidt tot opschorting van vooroordelen over je medegasten, maar ook tot volstrekte eerlijkheid wat betreft smaak. Beide zaken omvatten een verlichte bar en lounge, en een donkere eetzaal die 2 maal per avond gevuld wordt met 60 personen. Gasten mogen in de bar hun keuze uit het menu maken, moeten daarna alle potentiële lichtbronnen zoals gsm's, sigaretten en horloges inleveren en hun blinde ober naar binnen volgen. Aangezien men vanaf dat moment meer voortgaat op gehoor, tast- en reukzin leidt de duisternis blijkbaar niet noodzakelijk tot geknoei met het eten, dat Europees is met Franse invloeden.

Waiters also lead guests to the (lit) toilets. In order to ensure everyone's safety, everything is filmed with infrared cameras.

Les serveurs accompagnent également les clients vers les toilettes, qui sont éclairées. Afin de sécuriser chacun, tout est filmé par caméra infrarouge.

De obers begeleiden de gasten ook naar de (verlichte) toiletruimte. Om eenieders veiligheid te waarborgen, wordt alles gefilmd met infraroodcamera's.

DANS LE NOIR? - 30-31 CLERKENWELL GREEN, LONDON EC1R 0DU, UK (ALSO IN PARIS, NEW YORK AND BARCELONA) - +44 207 253 1100 - BOOKING@DANSLENOIR.COM - +33 1 42 77 98 04 - RESA@DANSLENOIR.COM - WWW.DANSLENOIR.COM

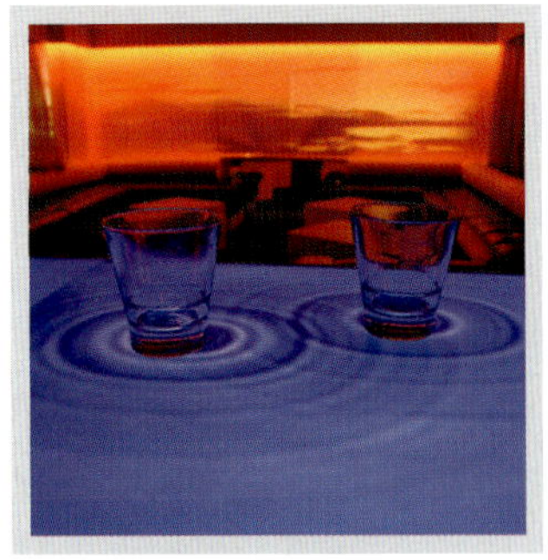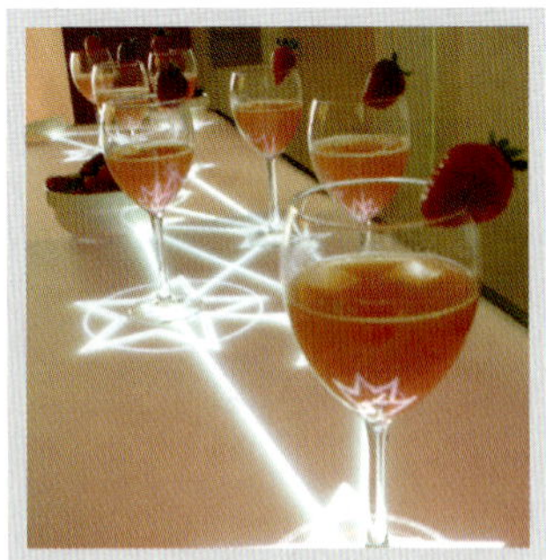

iClub ^{UK}

iCame, iSaw & iDid

Looking for a club where creativity is just as important as wearing the right clothes? Then hurry down to Bond Club! At its launch, this place was described as having the most technologically advanced club interior in the world and this was not a word of a lie. Thanks to the iWalls you can not only choose which background you would like, a Matrix décor, a stormy sea or the Californian desert, you can also let tree grow or fishes swim or smear interactive paint on the walls. Thirsty? Put your empty glass or rest your hand on the iBar and a beam of light alerts the barman to your condition. In addition, the club is equipped with an LED system that can create more than 1,000 colour combinations, so that the place can be immersed in a sea of blue, green or purple, depending on your mood.

Cherchez-vous un bar où la créativité importe autant que le port de vêtements ? Direction le Club Bond à Londres! A son lancement, en 2007, cet établissement pouvait se targuer de disposer de l'intérieur le plus avancé au monde sur un plan technologique. Grâce au *iWalls*, on peut non seulement choisir l'arrière-plan – le décor de *Matrix*, une mer sereine ou le désert californien – on peut aussi faire pousser les arbres, faire nager des poissons, ou badigeonner de la peinture interactive sur le mur. Soif? Déposez votre verre vide ou votre main languissante sur le *iBar* et un rayon lumineux informe le barman. Le club est équipé en outre d'un système d'éclairage *LED* qui peut créer plus de 1 000 combinaisons de couleurs. Selon l'humeur, elles vous plongent dans un océan bleu, vert ou mauve.

Op zoek naar een club waar creativiteit even belangrijk is als de juiste kleren dragen? Rep je naar Club Bond in Londen! Deze zaak ging er bij de lancering in 2007 prat op over het meest technologisch geavanceerde clubinterieur ter wereld te beschikken, en daar is geen letter van gelogen. Dankzij de iWalls kan je niet enkel kiezen tegen welke achtergrond je wil afsteken – een *Matrix*-decor, een bulderende zee of de Californische woestijn – je kan ook bomen laten groeien, visjes laten zwemmen of interactieve verf op de muur smeren. Dorst? Zet je lege glas of leg je hunkerende hand op de iBar en een lichtstraal verwittigt de barman van je toestand. De club is bovendien uitgerust met een LED-systeem dat meer dan 1.000 kleurencombinaties kan creëren, waardoor ze naargelang je stemming ondergedompeld kan worden in een zee van blauw, groen of paars.

CLUB BOND – 24 KINGLY STREET, LONDON W1B 5QB, UNITED KINGDOM - +44 (0)20 7494 9835 - WWW.CLUBBOND.CO.UK

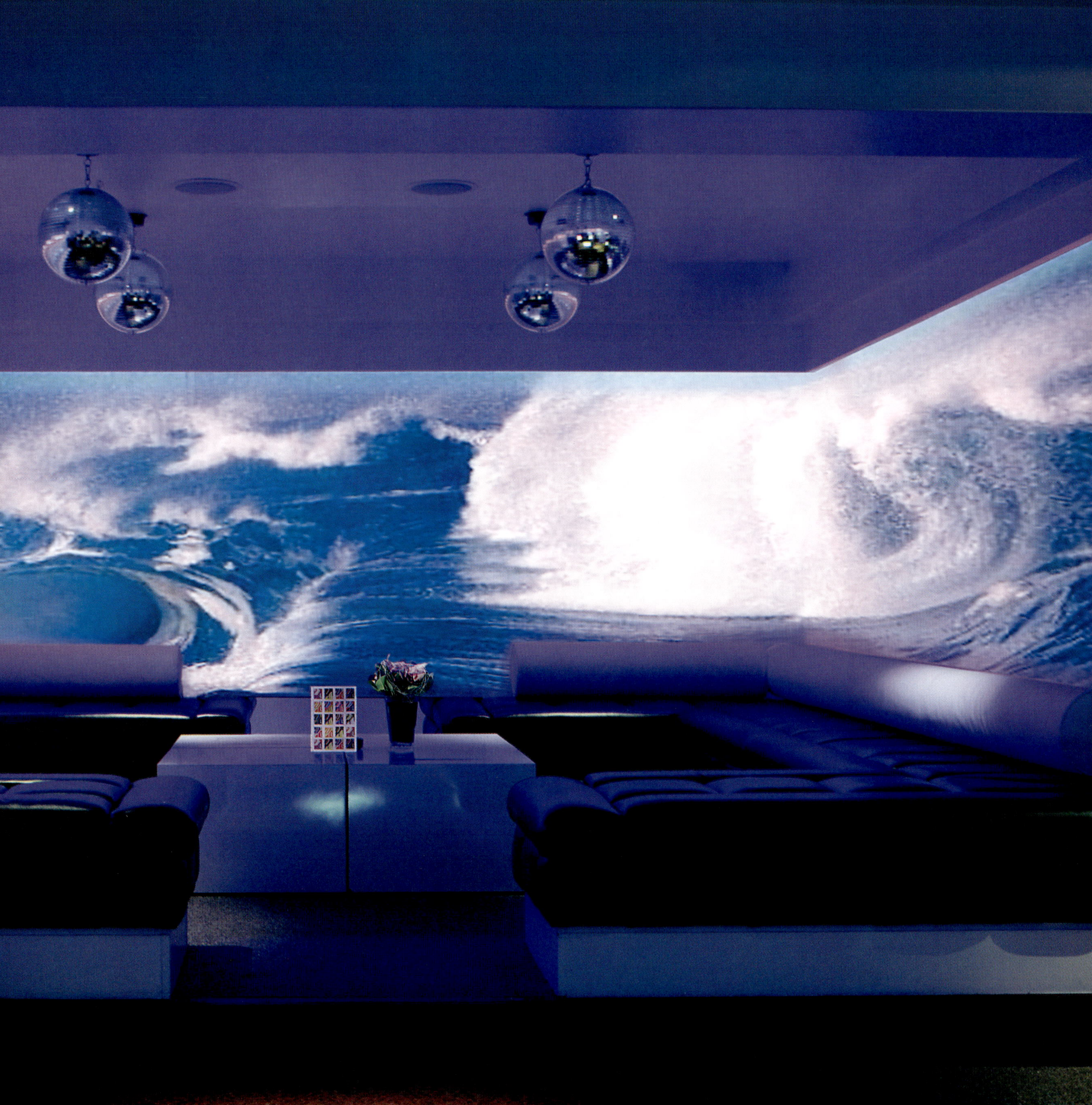

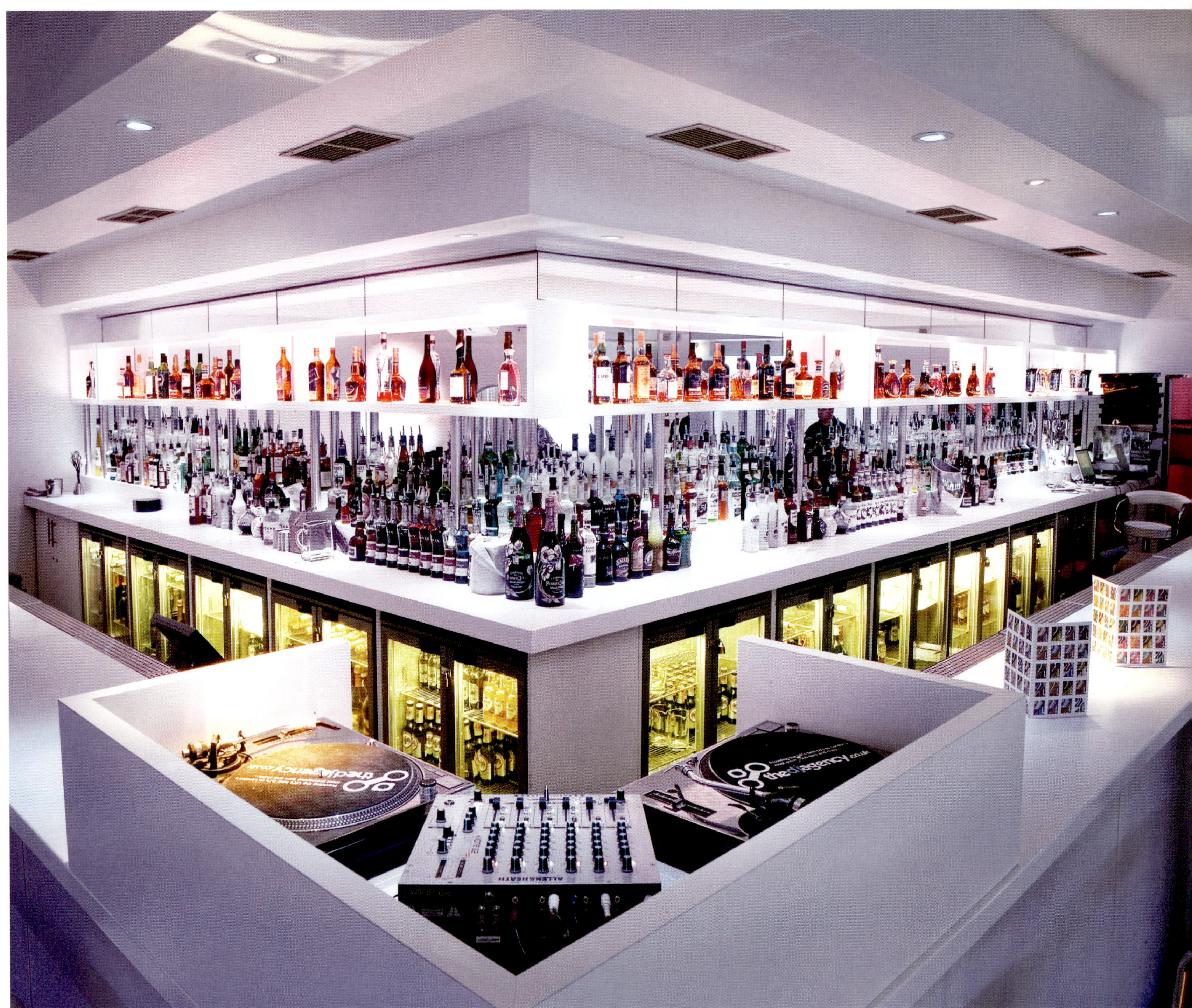

Soon it will also be possible, with the help of the iWalls, to flick through the menu and to order without having to be face to face with the barman.

Il sera bientôt possible, grâce aux iWalls, de passer commande sans avoir à regarder le barman dans les yeux.

Binnenkort zal het ook mogelijk zijn om met behulp van de iWalls het menu te doorbladeren en te bestellen zonder de barman in de ogen te moeten kijken.

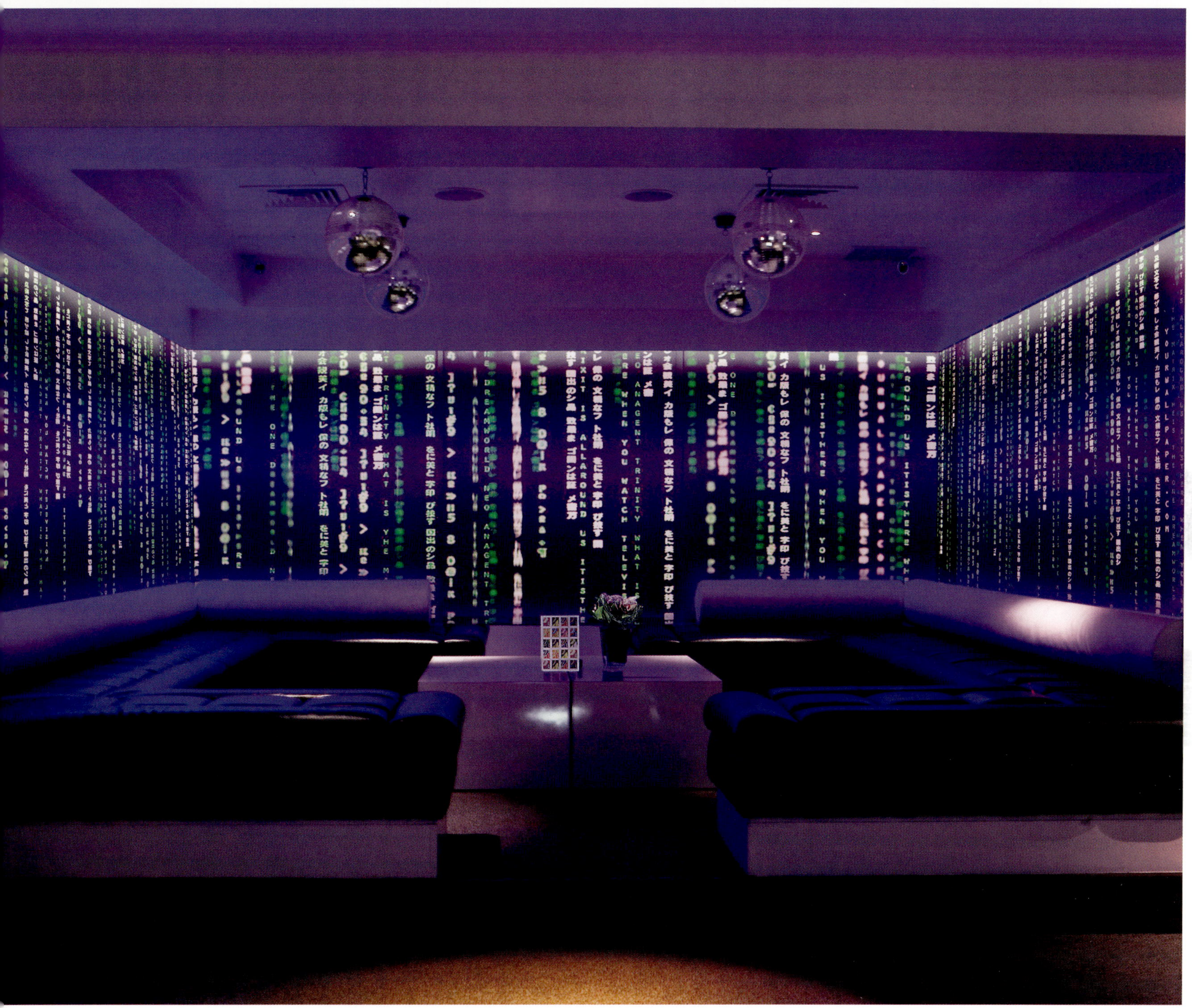

The iBar and iWalls were designed by Mindstorm Interactive Surface Solutions, a company
that has fitted out numerous establishments with interactive surfaces.

*Le iBar et ses iWalls ont été développés par Mindstorm Interactive Surface Solutions, une
entreprise qui a entre-temps équipé de nombreux autres établissements de surfaces interactives.*

*De iBar en iWalls werden ontworpen door Mindstorm Interactive Surface Solutions – een bedrijf
dat intussen tal van zaken uitrustte met interactieve oppervlakken.*

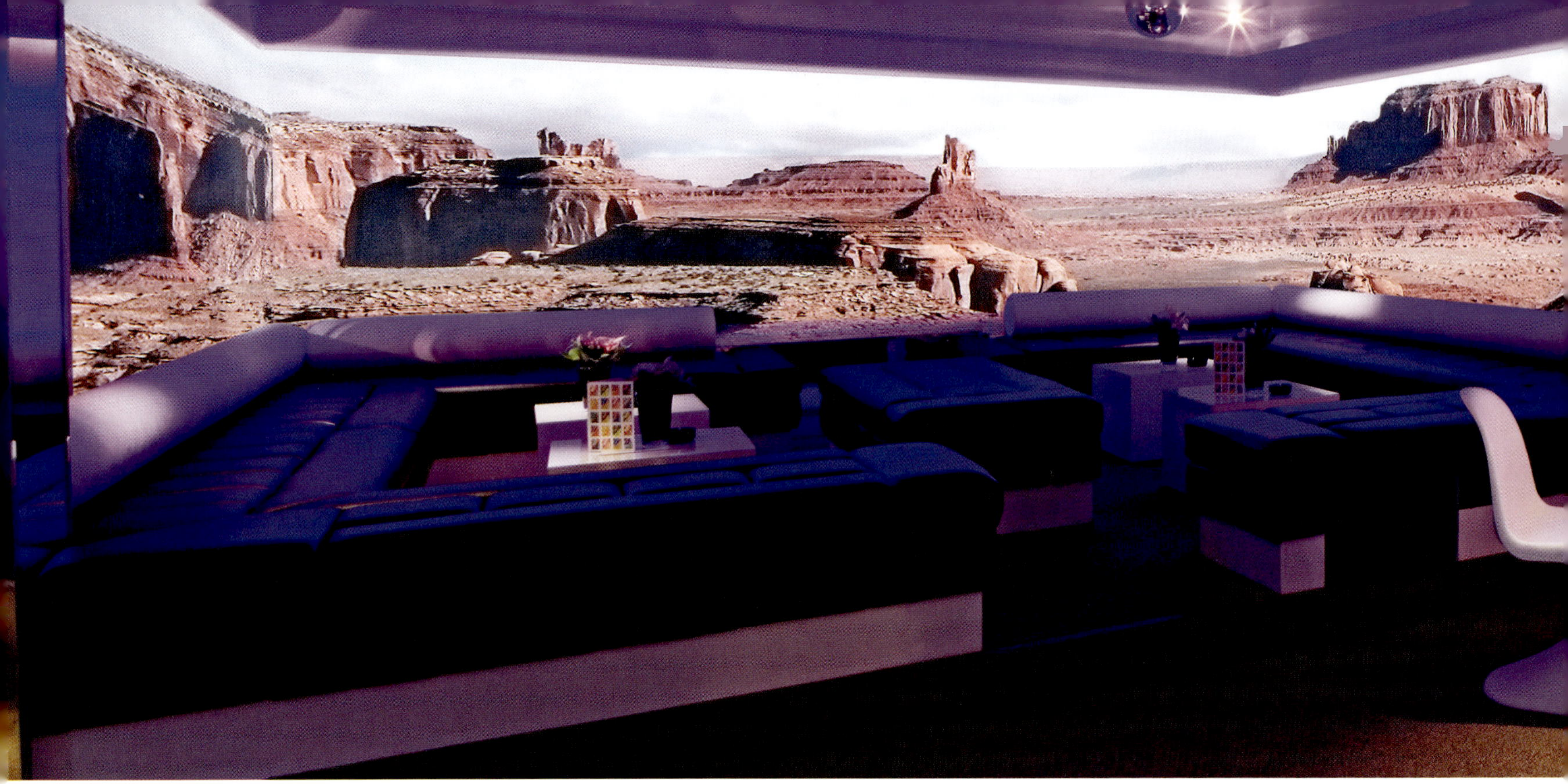

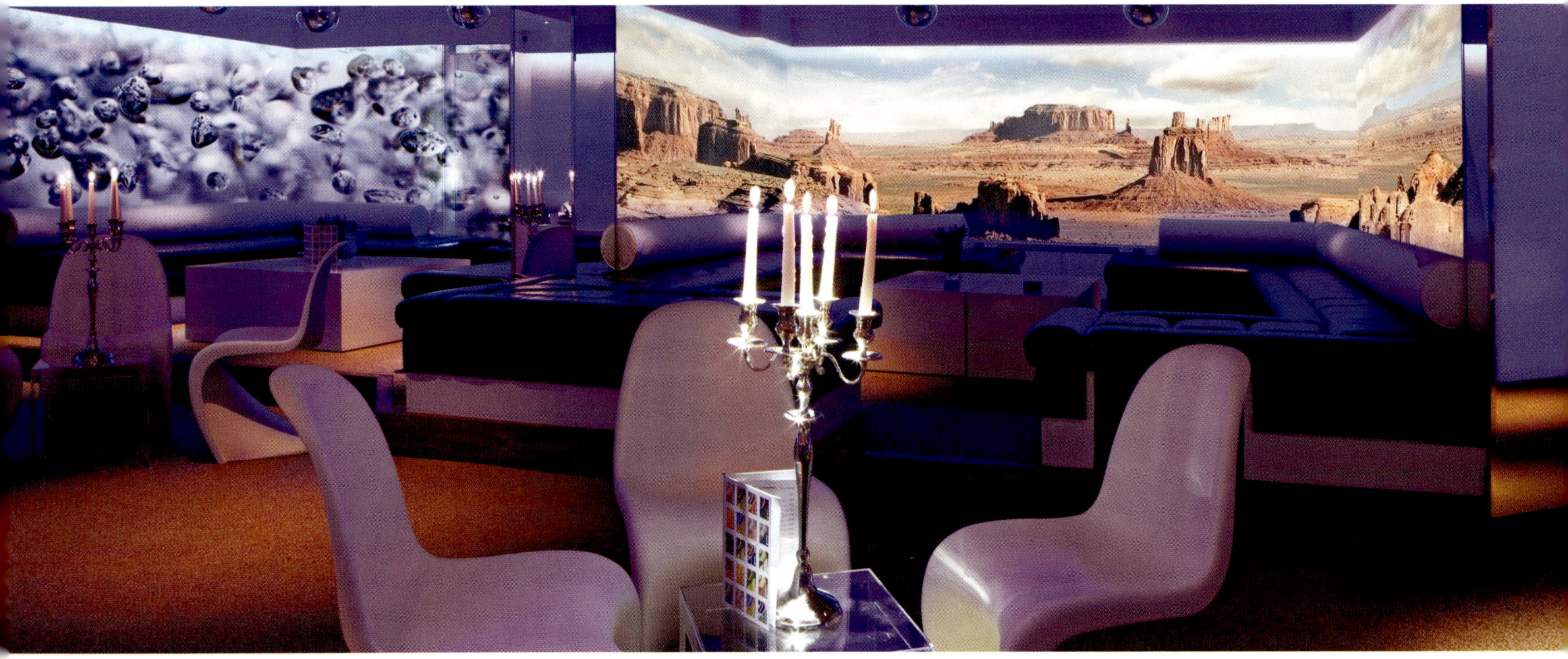

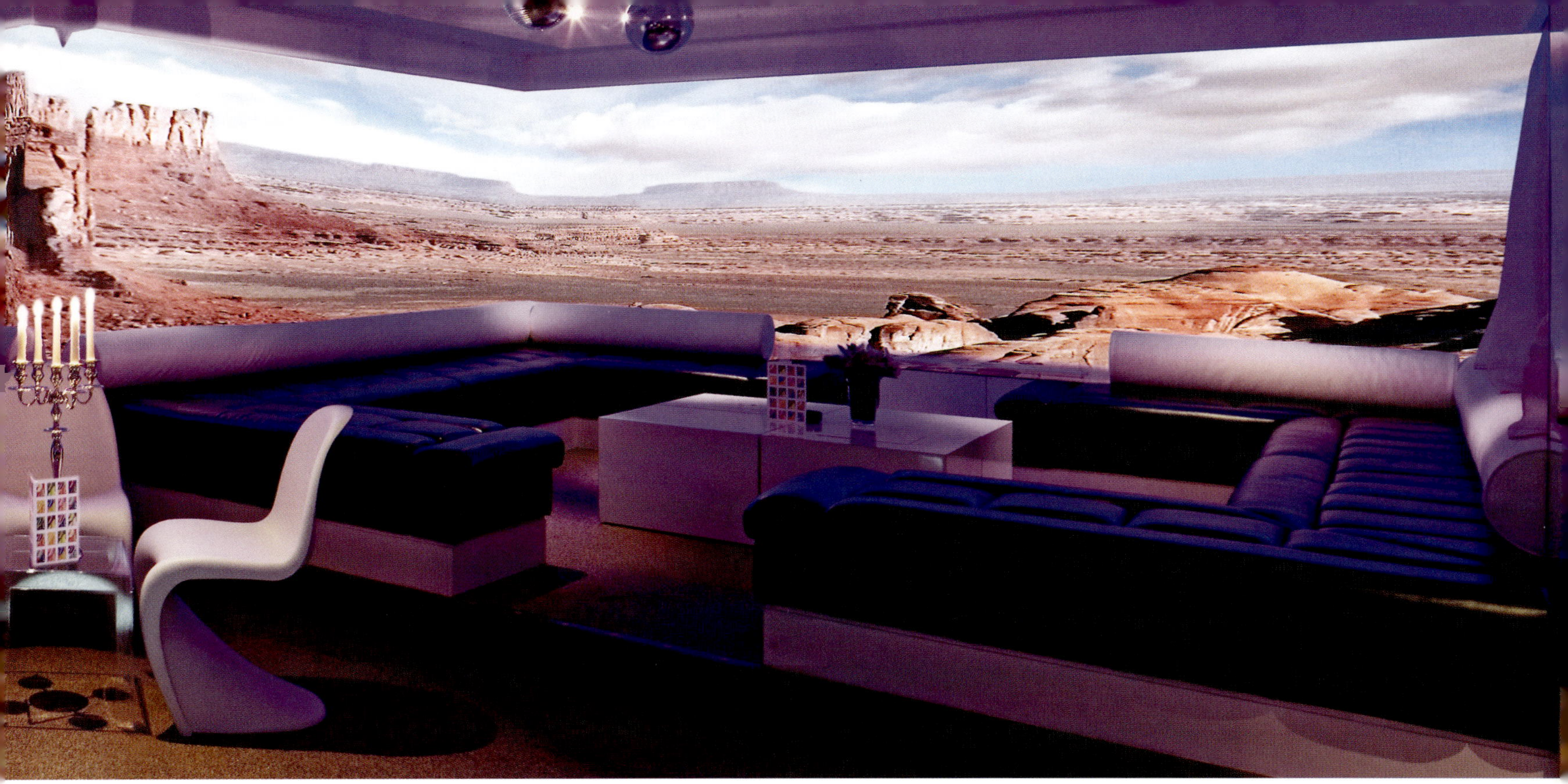

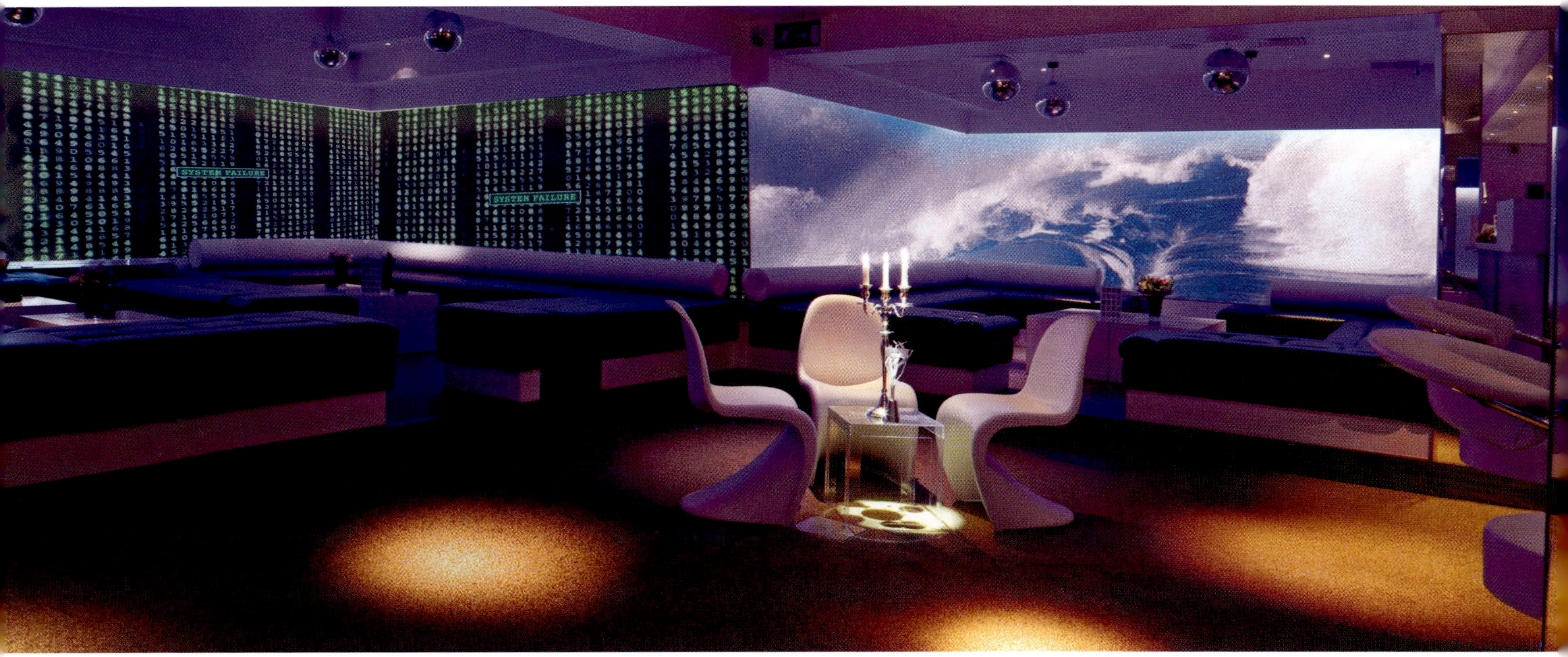

SYSTEM FAILURE
SYSTEM FAILURE

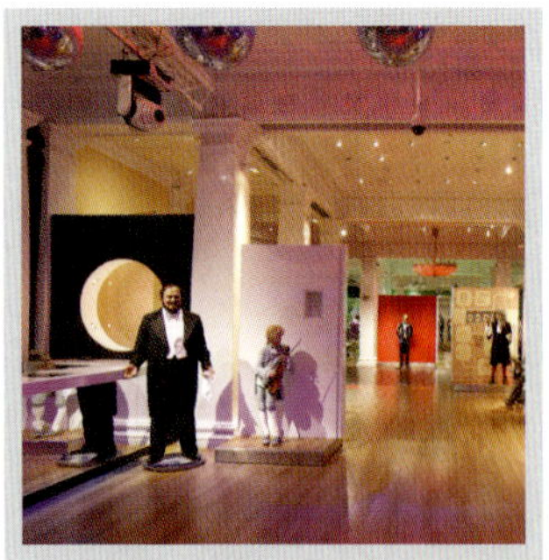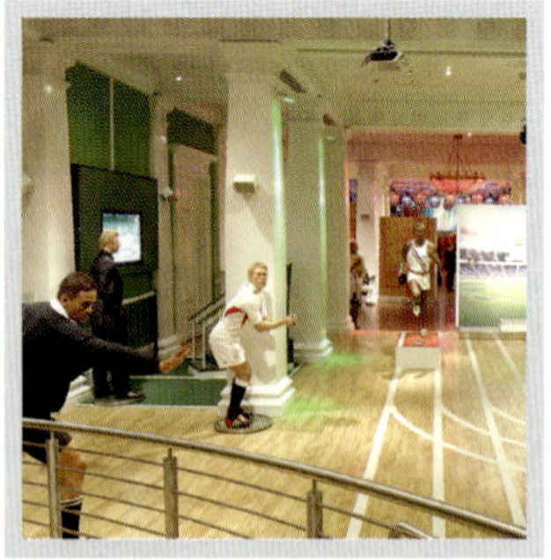

Wax museum ^{UK}

Meet and greet

There is not much more we can say about Madame Tussaud's. This waxwork museum is an international icon that has been around for more than 200 years and has acquired 9 branches in the meantime. But have you ever stopped to think that this museum is in fact a first class event location? Nowhere else can you find so many famous faces in one place: from film stars to sporting heroes, historical figures to modern icons, national and international artists, they're all here. Dance with Prince, have a chat with Kate Moss, shake Barack Obama's hand, see how you measure up to Lance Armstrong or even posthumously get to know Lady Di - it's all possible. Madame Tussaud's London has 5 themed areas that can be fully adapted for formal and informal events and can accommodate 380 to 1,000 guests. One thing is certain; your guest list will never be as impressive again!

On ne présente plus Madame Tusssaud's. Ce musée de sculptures en cire est une icône internationale qui existe depuis 200 ans et compte depuis lors pas moins de 9 filiales. Auriez-vous jamais imaginé que ces musées sont aussi des lieux pour des évènements de qualité? Nulle part ailleurs vous ne trouverez tant de célébrités rassemblées : des vedettes de cinéma aux héros sportifs, des figures historiques à nos icônes modernes, des artistes nationaux ou internationaux, ils sont tous là. Danser avec Prince, bavarder avec Kate Moss, serrer la main de Barack Obama, vous mesurer à Lance Armstrong ou même faire connaissance, à titre posthume, avec Lady Di - tout est possible. Madame Tussaud's à Londres possède 5 espaces à thème qui peuvent être entièrement adaptés à des évènements formels ou informels et accueillir de 380 à 1.000 personnes. Une chose est sûre : votre liste d'invités n'aura jamais été aussi impressionnante!

Madame Tussaud's hoeven we niet meer voor te stellen. Dit wassenbeeldenmuseum is een internationaal icoon dat al 200 jaar bestaat en intussen maar liefst 9 filialen telt. Maar heb je er ooit al eens bij stilgestaan dat deze musea eersteklas evenementenlocaties zijn? Nergens anders vind je zoveel beroemdheden op een kluitje: van filmsterren tot sporthelden, historische figuren tot moderne iconen, nationale tot internationale artiesten, je vindt ze hier allemaal. Dansen met Prince, kletsen met Kate Moss, de hand schudden van Barack Obama, je meten met Lance Armstrong of zelfs postuum kennismaken met Lady Di - het kan allemaal. Madame Tussaud's Londen beschikt over 5 thematische ruimtes die volledig aangepast kunnen worden aan formele en informele evenementen, en plaats bieden aan 380 tot 1.000 gasten. Eén ding is zeker: je gastenlijst zal er nog nooit zo indrukwekkend uitgezien hebben!

MADAME TUSSAUD'S — Marylebone Road, London NW1 5LR, United Kingdom · +44 20 7487 0224 · events@merlinvenues.com · www.merlinvenues.com

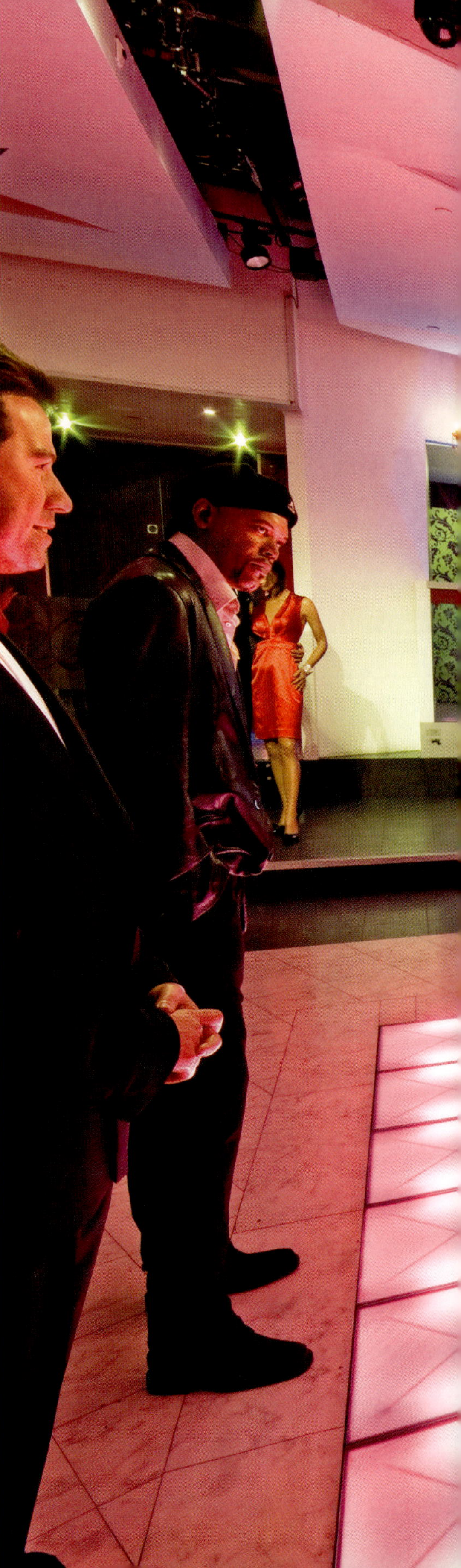

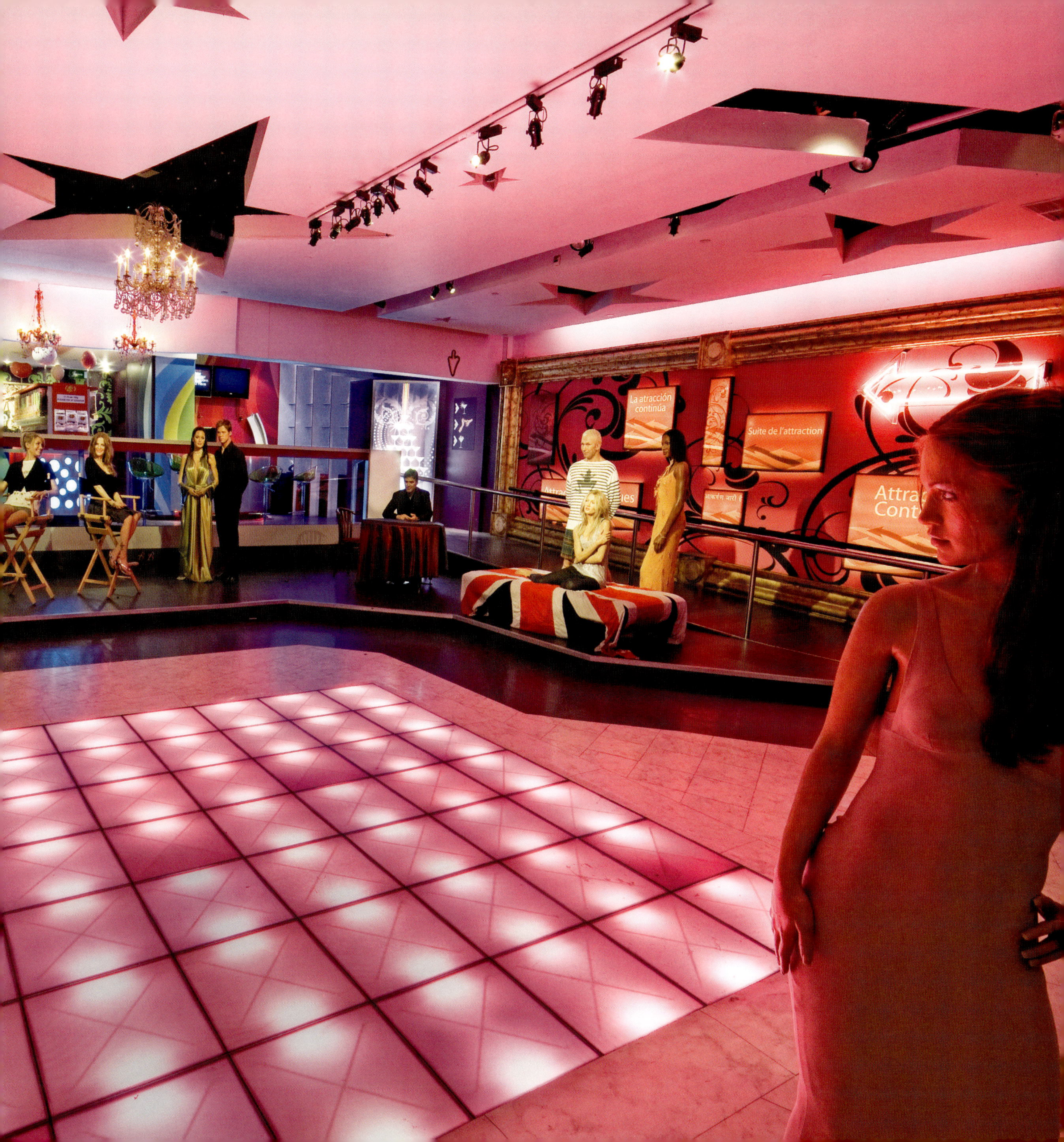

La atracción continúa
Suite de l'attraction
Attrac... ...ues
Attrac... Conti...

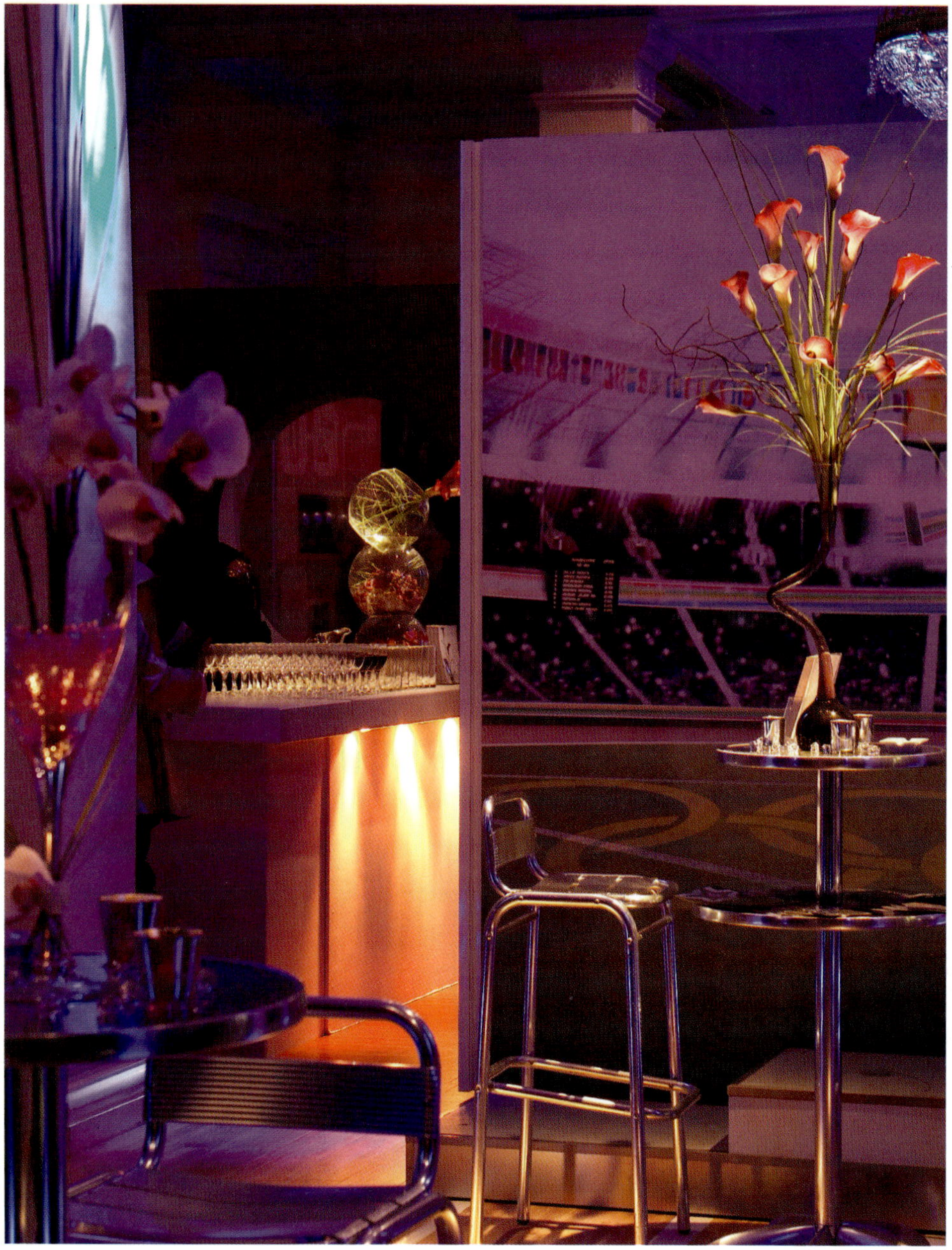

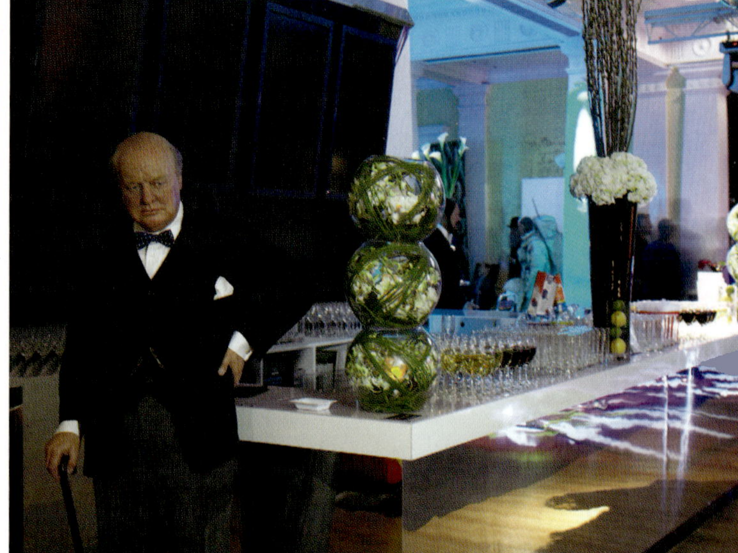

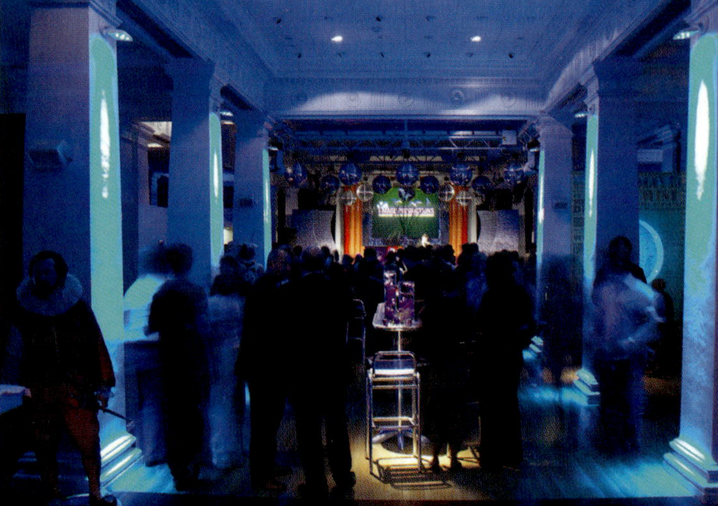

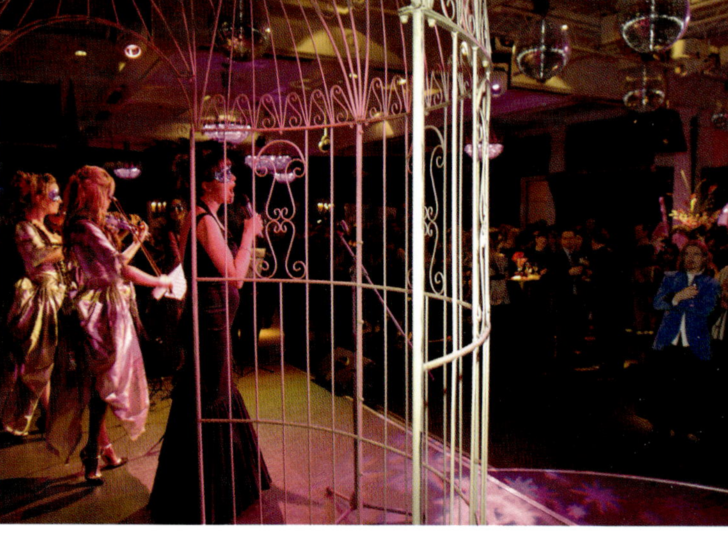

Madame Tussaud was an artist who was forced to make death masks during the French revolution. She later went on to exhibit their wax moulds.

Madame Tussaud était une artiste qui, pendant la Révolution française, fut contrainte de confectionner les masques mortuaires des condamnés. Plus tard, elle en exposa les moulages de cire.

Madame Tussaud was een kunstenares die tijdens de Franse revolutie gedwongen werd om van de veroordeelden dodenmaskers te maken. De wassen afdrukken hiervan stelde ze later tentoon.

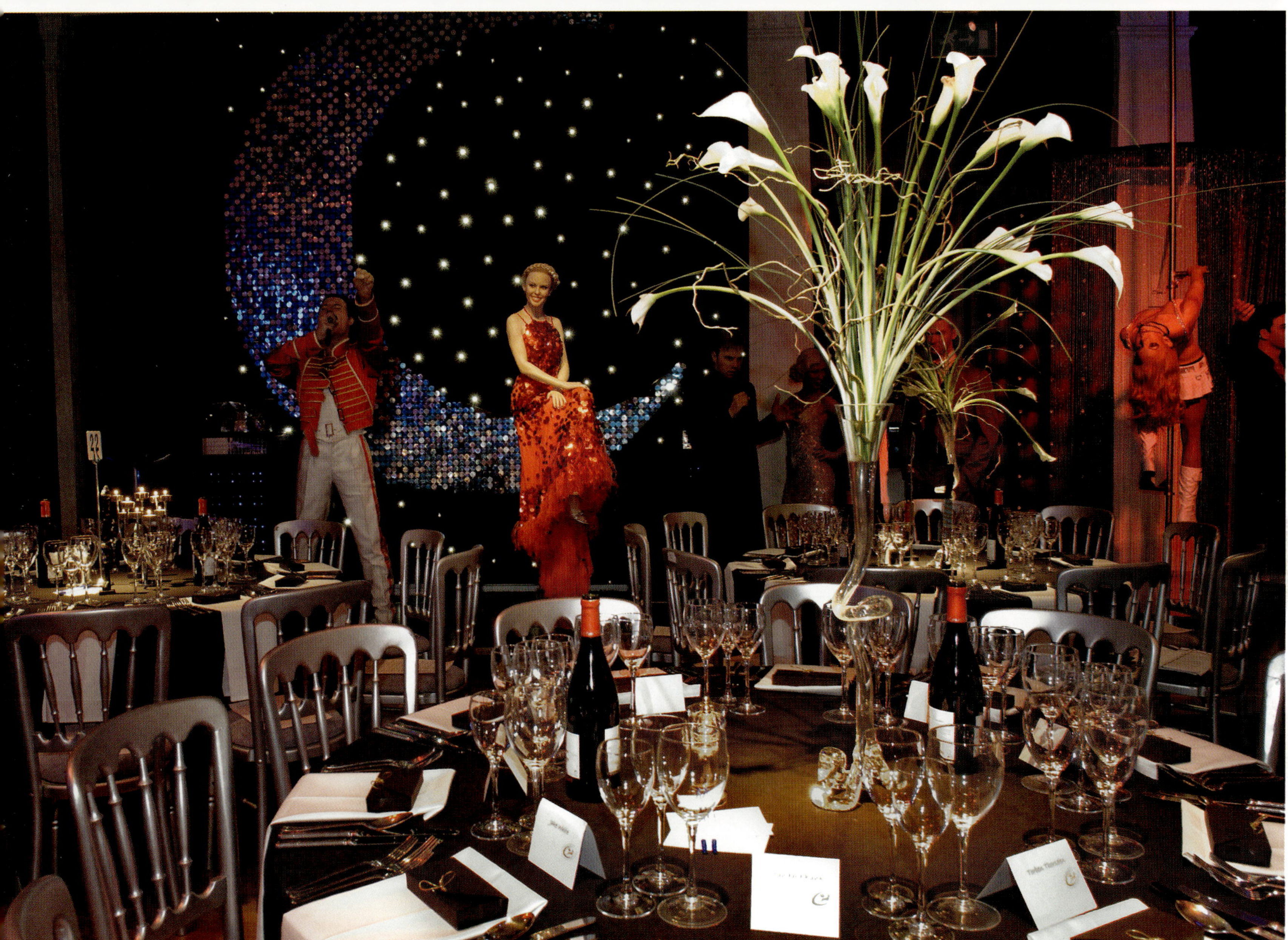

A wax work costs about 100,000 euro and takes about 3 months to make.

La réalisation d'un personnage coûte 100.000 euros et exige environ 3 mois de travail.

Het maken van een beeld kost 100.000 euro en neemt ongeveer 3 maanden tijd in beslag.

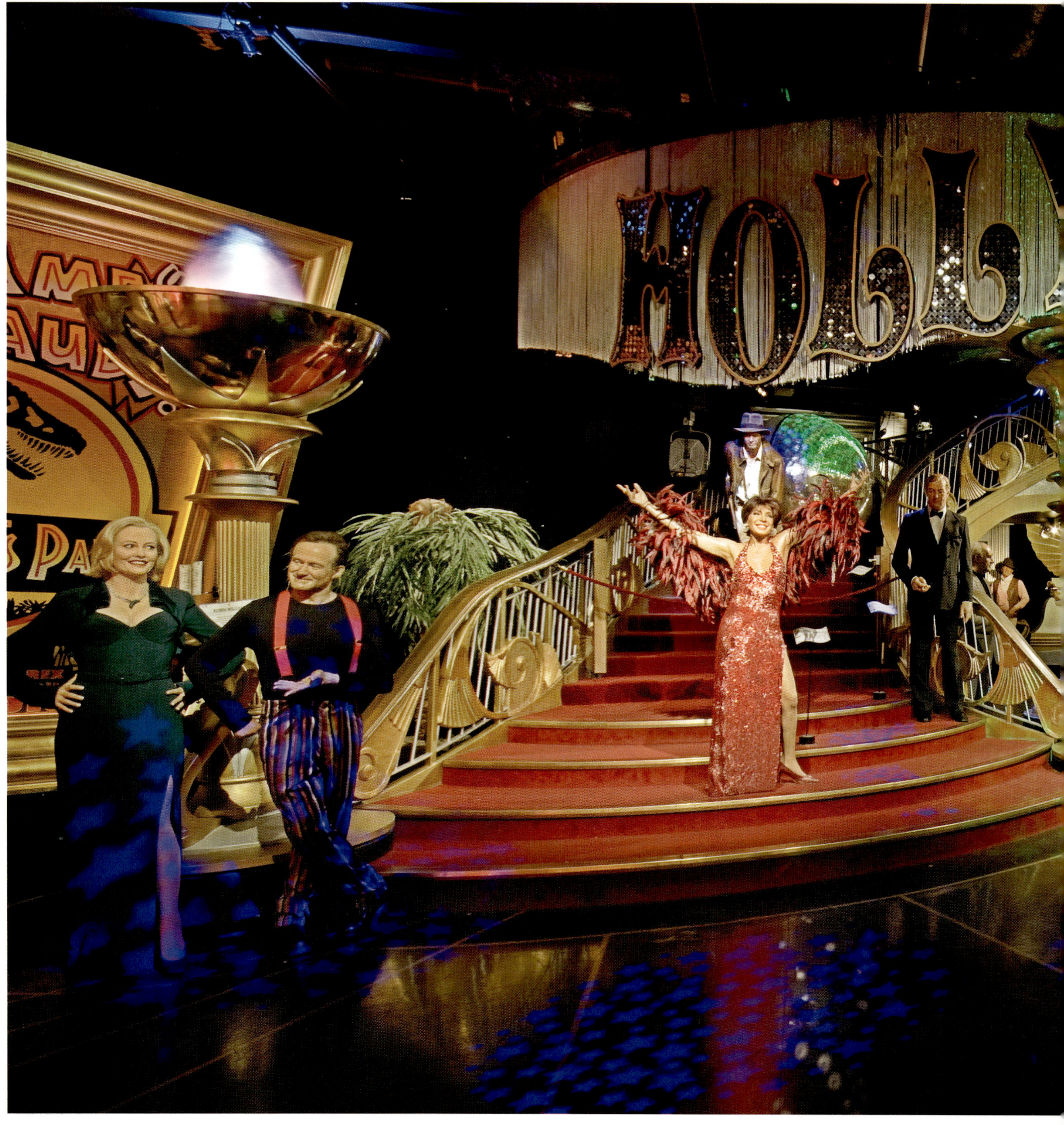

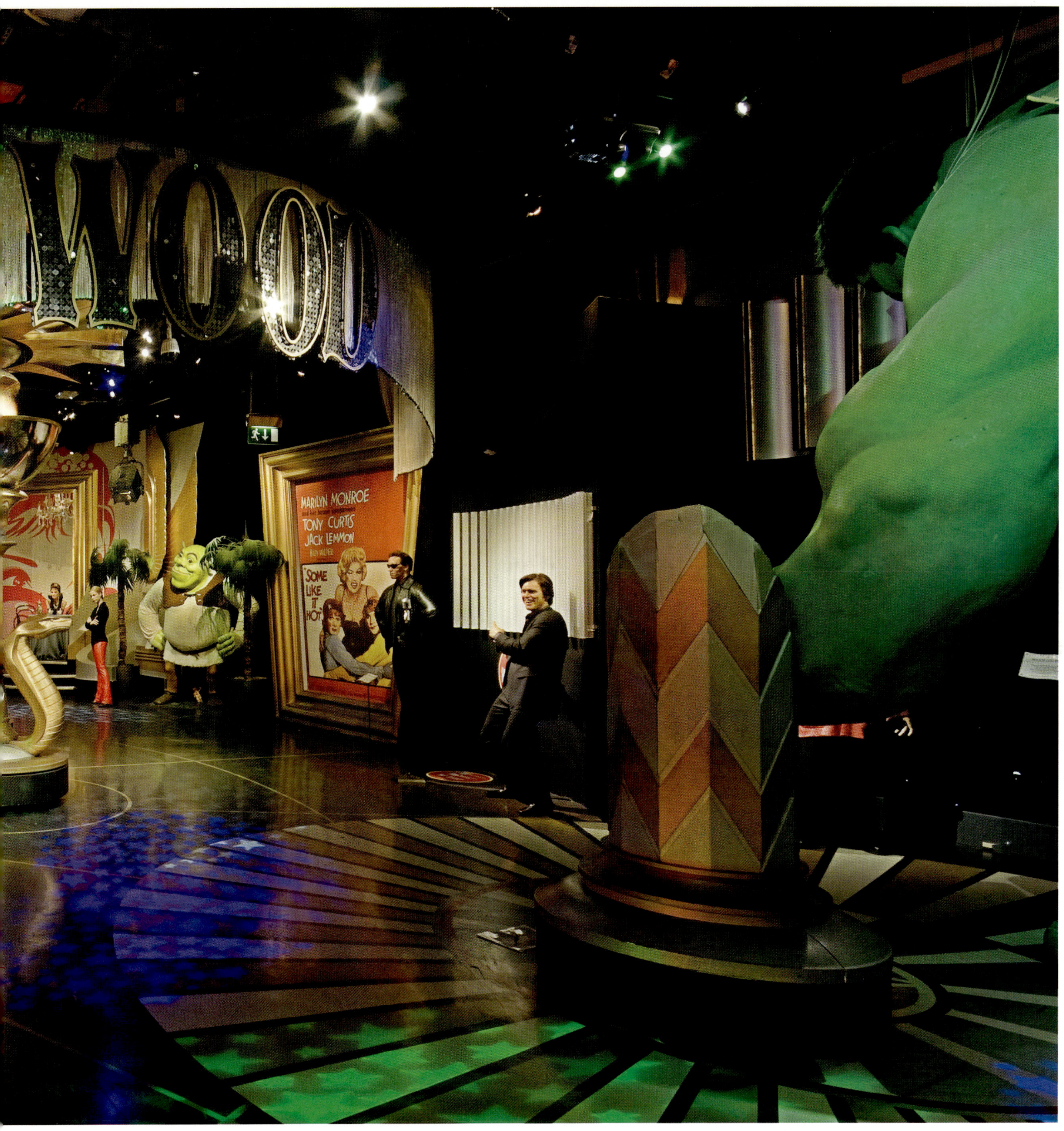
WOOD
MARILYN MONROE
TONY CURTIS
JACK LEMMON
SOME LIKE IT HOT

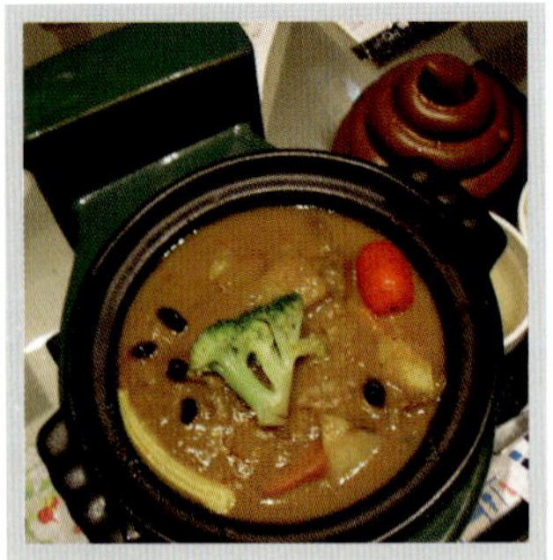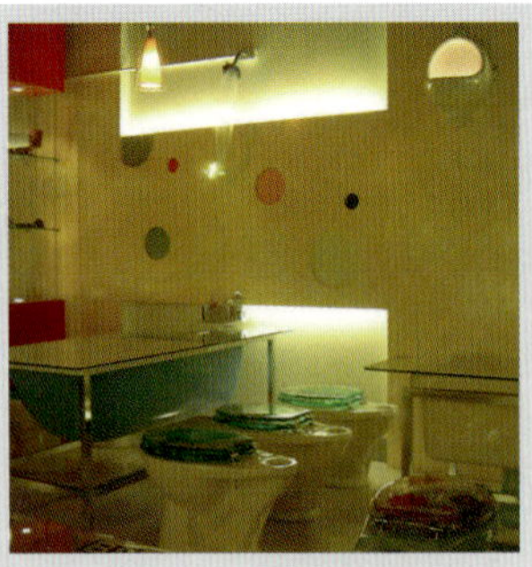

Toilet theme restaurant Taiwan

Pull up a toilet

Just as the name suggests, restaurant chain Modern Toilet is dominated by everything related to the smallest room. This means that you shouldn't expect ordinary tables and chairs but rather bathtubs covered with sheets of glass and lots of toilets to sit on. The food is served in miniature toilets and you wipe you mouth with – yes indeed! – toilet paper. Owner Wang Tzi-Wei came up with the idea for the restaurant while reading the Manga comic Dr. Slump on the toilet, and set up his first toilet-ice cream business in 2004. Although initial reactions were mixed, the concept did seem to go down well with young people with a special sense of humour. Modern Toilet now has no less than 12 branches and the menu also includes main courses. The restaurant is so successful that it is usually advisable to book a table.

Comme son nom l'indique, au Modern Toilet, tout évoque les petits coins. Cela veut dire que vous ne devez pas vous attendre à des simples tables et chaises mais à manger sur des baignoires couvertes de plaques de verre et vous asseoir sur des cuvettes de WC. Les aliments sont servis dans des toilettes miniatures et on s'essuie la bouche avec du papier toilette, naturellement ! L'idée est venue au propriétaire Wang Tzi-Wei à la lecture du manga Dr. Slump on the toilet. En 2004, il ouvre son premier salon de glaces. Malgré quelques réactions mitigées, il semble que le concept plaise aux jeunes au sens de l'humour particulier. Depuis, Modern Toilet a ouvert 12 filiales et ajouté des plats à son menu. Les établissements rencontrent un succès tel qu'il est conseillé de réserver.

Zoals de naam het al zegt, staat restaurantketen Modern Toilet volledig in het teken van het kleinste kamertje. Dat wil zeggen dat je je hier niet hoeft te verwachten aan doorsnee tafels of stoelen, maar wel aan badkuipen met een glazen blad en een hoop toiletpotten om op te zitten. Het eten wordt geserveerd in miniatuurtoiletpotjes en je mond afvegen doe je –uiteraard!– met wc-papier. Eigenaar Wang Tzi-Wei kwam op het idee voor het restaurant tijdens het lezen van de manga Dr. Slump on the toilet, en stampte in 2004 een eerste wc-ijsjeszaak uit de grond. Hoewel de reacties aanvankelijk verdeeld waren, bleek het concept toch aan te slaan bij jonge mensen met een speciaal gevoel voor humor. Intussen heeft Modern Toilet maar liefst 12 filialen en omvat het menu ook hoofdgerechten. De zaken kennen zoveel succes dat reserveren meestal wel aan te raden is.

The company slogan: "In an age where creative marketing is king, even faeces can be turned into gold!"

Le slogan de l'entreprise est: "À une époque où le marketing créatif est roi, même les matières fécales peuvent se muer en or."

De slogan van het bedrijf: "In een tijdperk waar creatieve marketing koning is, kunnen zelfs uitwerpselen omgetoverd worden in goud."

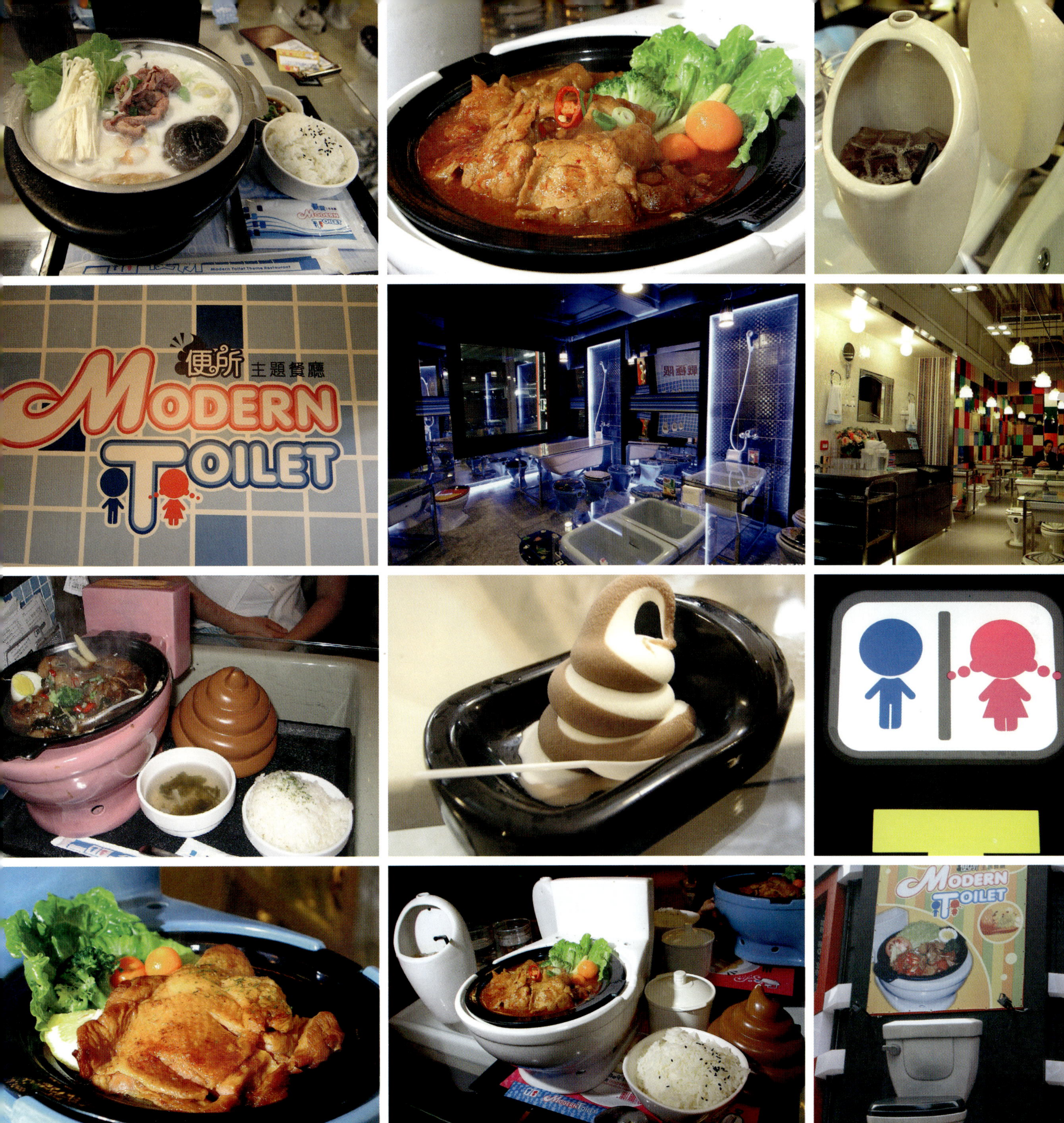
便所 主題餐廳
MODERN TOILET

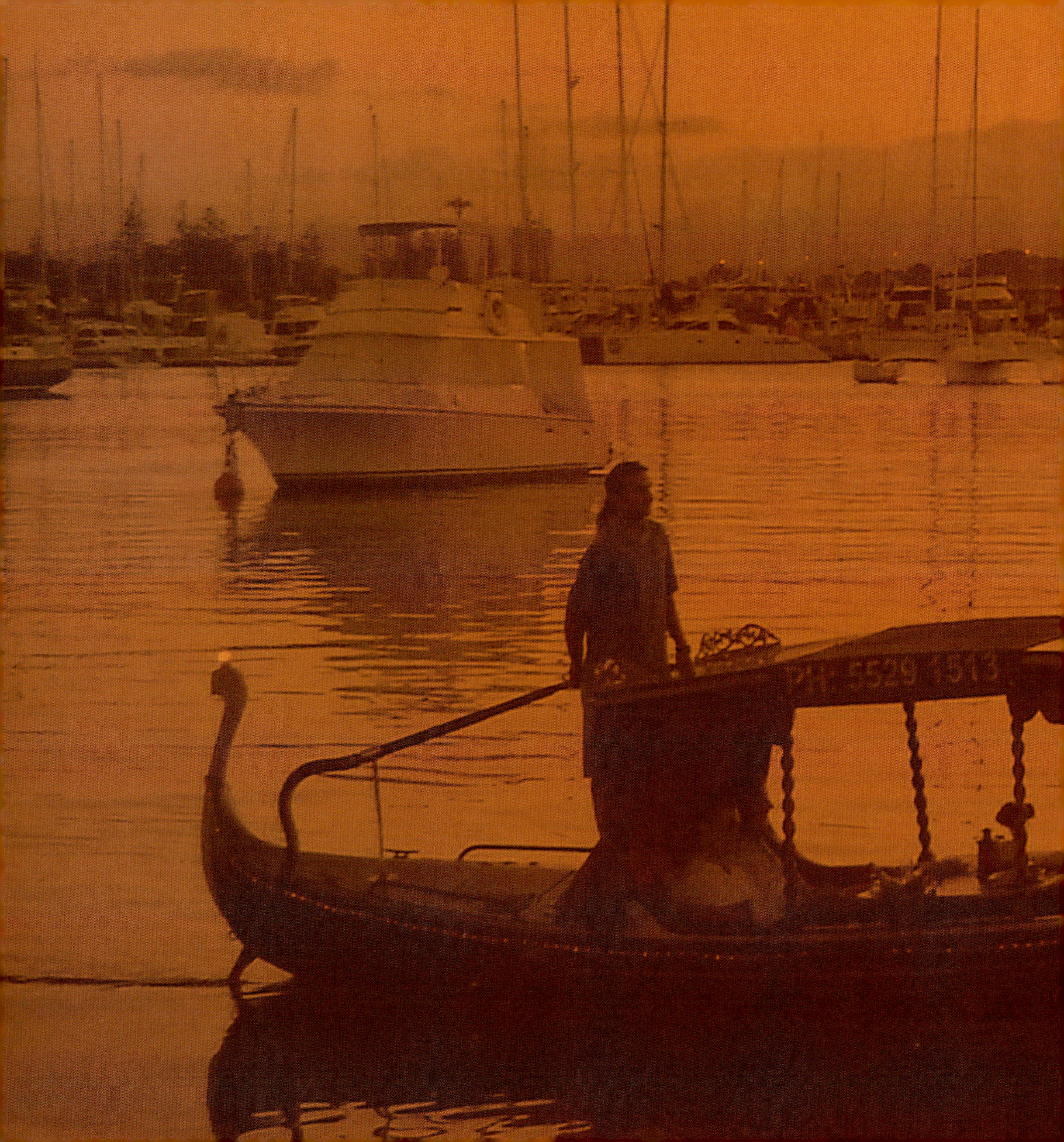

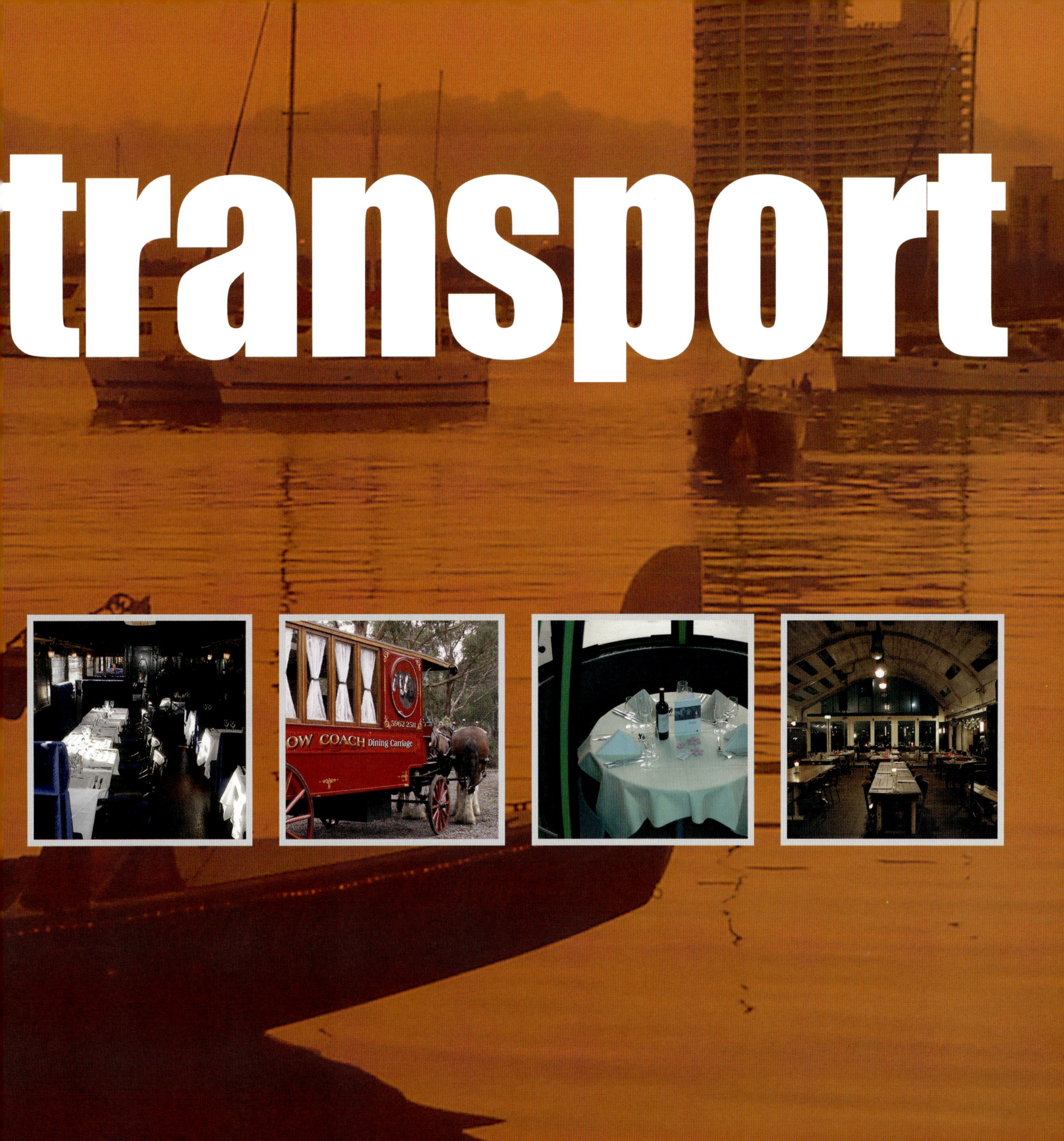

transport

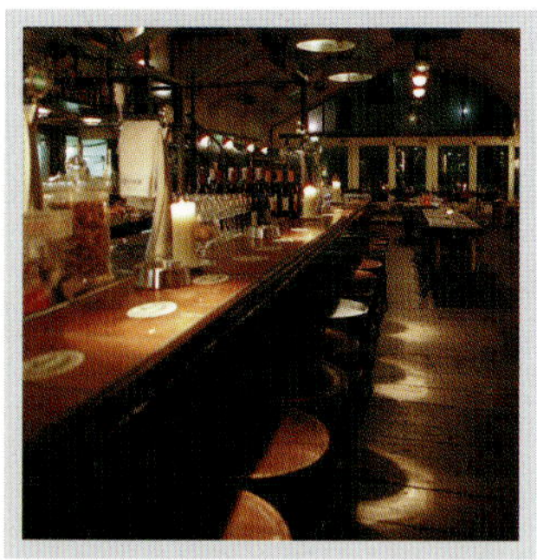 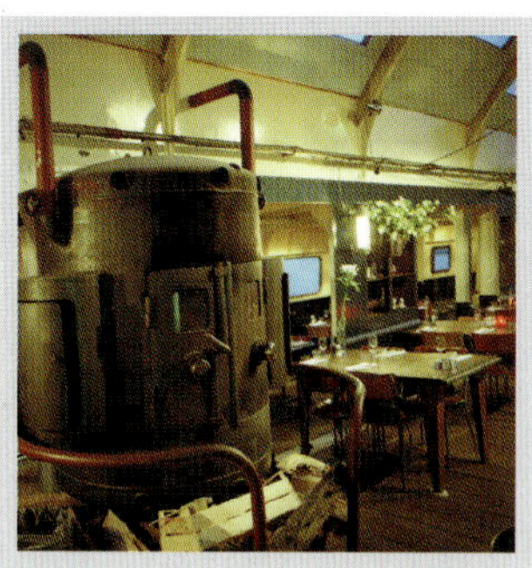

Ferry restaurant

All aboard

This ferry, built in 1927, was used to transport foot passengers and motor vehicles across the river IJ until the end of the 1990s. After a short career as a cargo ship, the ferry boat was offered for sale as 'scrap iron' in Zaandam in 2004. René Langendijk saw possibility in this piece of shipping history and renovated it into a unique dining/ entertainment opportunity with a special emphasis on cabaret, music and theatre. The appearance of the ferry has remained authentic: original details were restored and some elements have even been given a new function. The most striking change was to the roof that was fitted with glass panels on each side. In this way, the ferry looks totally at home in its unique mooring in Amsterdam's Houthavens (timber docks). The cooking is innovative and many dishes are prepared on an open fire.

Ce ferry de 1927 était emprunté jusqu'à la fin des années 90 par des piétons et des véhicules à moteur pour traverser la rivière IJ. Utilisé un court moment pour le transport de marchandises, le bac fut mis à la ferraille en 2004, à Zaandam. Identifiant le potentiel de ce témoin de l'histoire de la navigation, René Langendijk le transforma en un lieu de restauration unique, dédié au cabaret, à la musique et au théâtre. L'extérieur du bac est demeuré intact : les détails d'origine ont été restaurés et certains éléments ont même trouvé une nouvelle fonction. En revanche, une transformation radicale est intervenue, avec l'installation de verrières de part et d'autre du navire. Le bac a donc parfaitement trouvé sa place, amarré dans les Houthavens (anciens "dock au bois") d'Amsterdam. La cuisine a conservé son caractère d'origine, avec des plats préparés au fourneau.

Deze veerboot uit 1927 werd tot eind de jaren 90 gebruikt voor het vervoer van voetgangers en motorvoertuigen over de rivier het IJ. Na een korte loopbaan als vrachtschip werd de pont in 2004 in Zaandam als 'oud ijzer' te koop aangeboden. René Langendijk zag de mogelijkheden van dit stukje scheepvaartgeschiedenis in en verbouwde het tot een unieke horecagelegenheid met aandacht voor kleinkunst, muziek en theater. Het uiterlijk van de pont is authentiek gebleven: originele details werden hersteld en sommige elementen hebben zelfs een nieuwe functie gekregen. Een opvallende verandering is de overkapping, die aan weerszijden voorzien is van een glazen pui. Als dusdanig hoort de pont volledig thuis op zijn unieke ligplaats in de Houthavens van Amsterdam. De keuken heeft een oorspronkelijk karakter, waarbij gerechten op een open vuur worden bereid.

CAFÉ / RESTAURANT PONT 13 – STAVANGERWEG 891, 1013 AX AMSTERDAM, THE NETHERLANDS – +31 20 770 27 22 – INFO@PONT13.NL – WWW.PONT13.NL

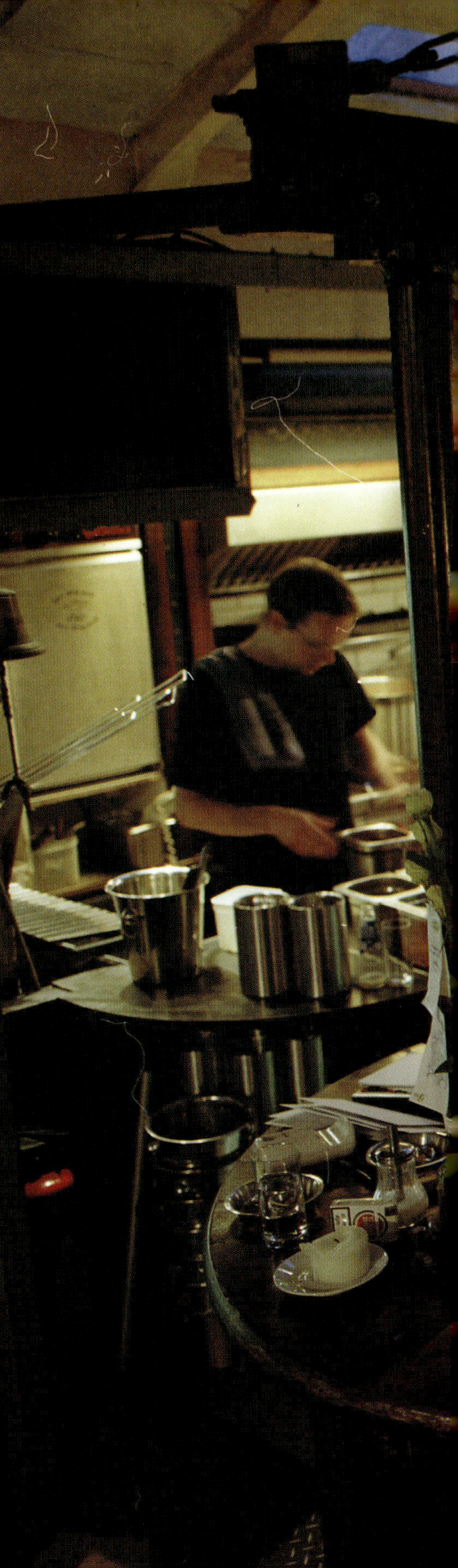

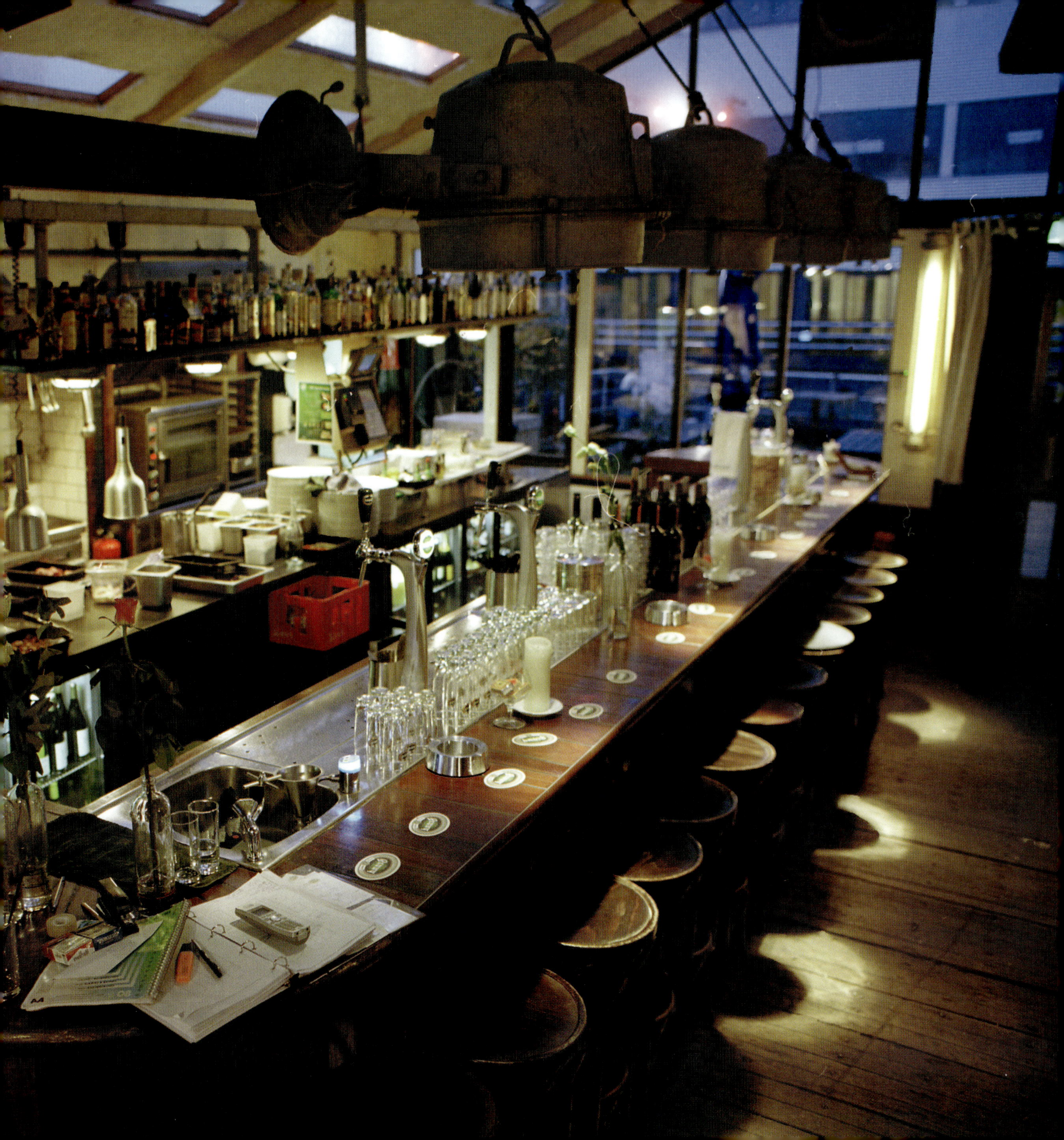

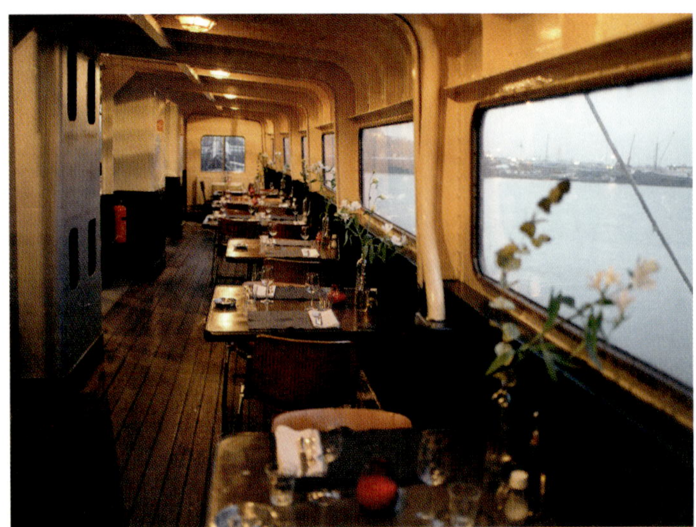

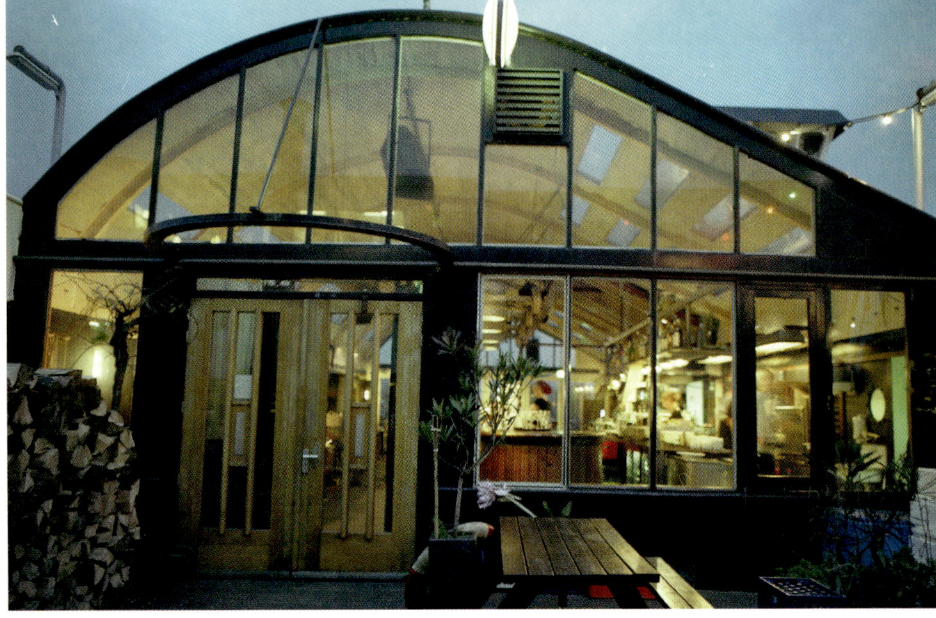

Sometimes Pont 13 sails to another location and brings its guests along.

Le Pont 13 navigue parfois, emmenant ses passagers vers d'autres destinations.

Soms vaart Pont 13 naar een andere locatie, en varen de gasten mee.

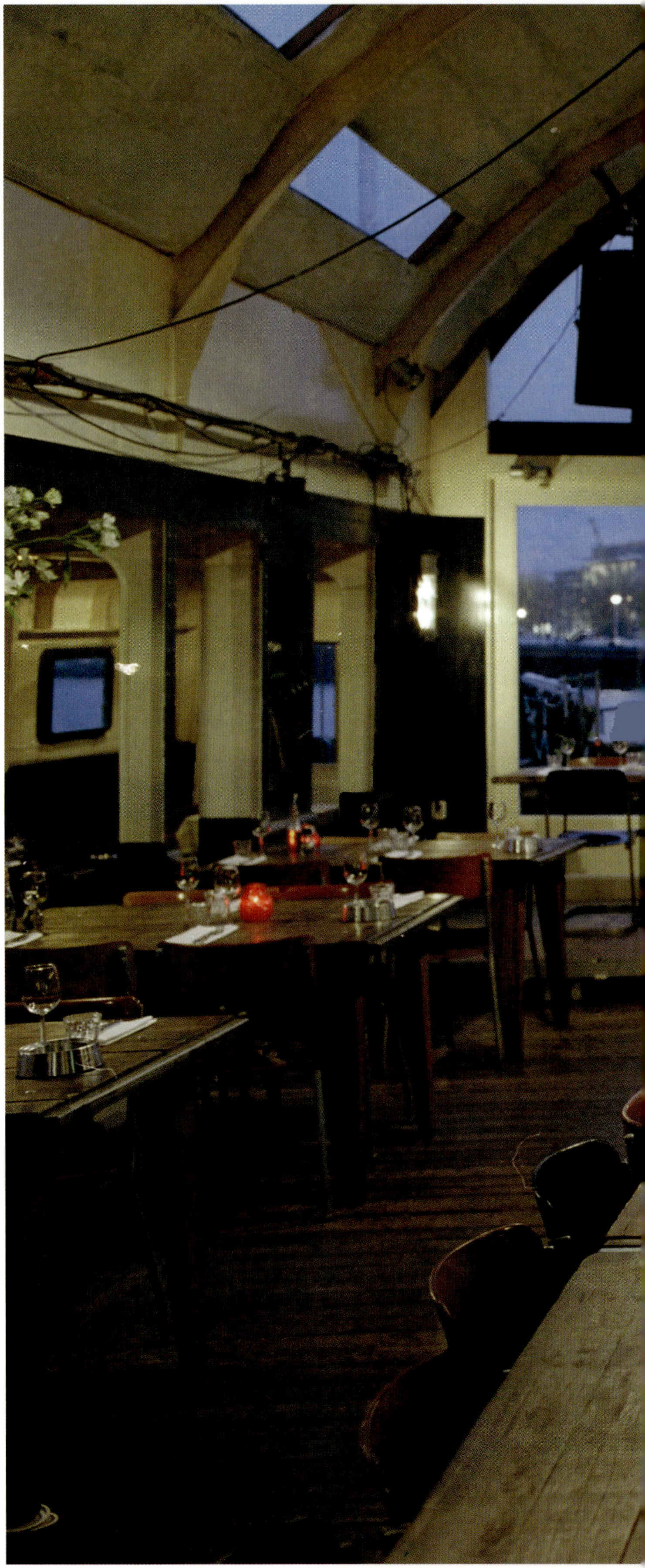

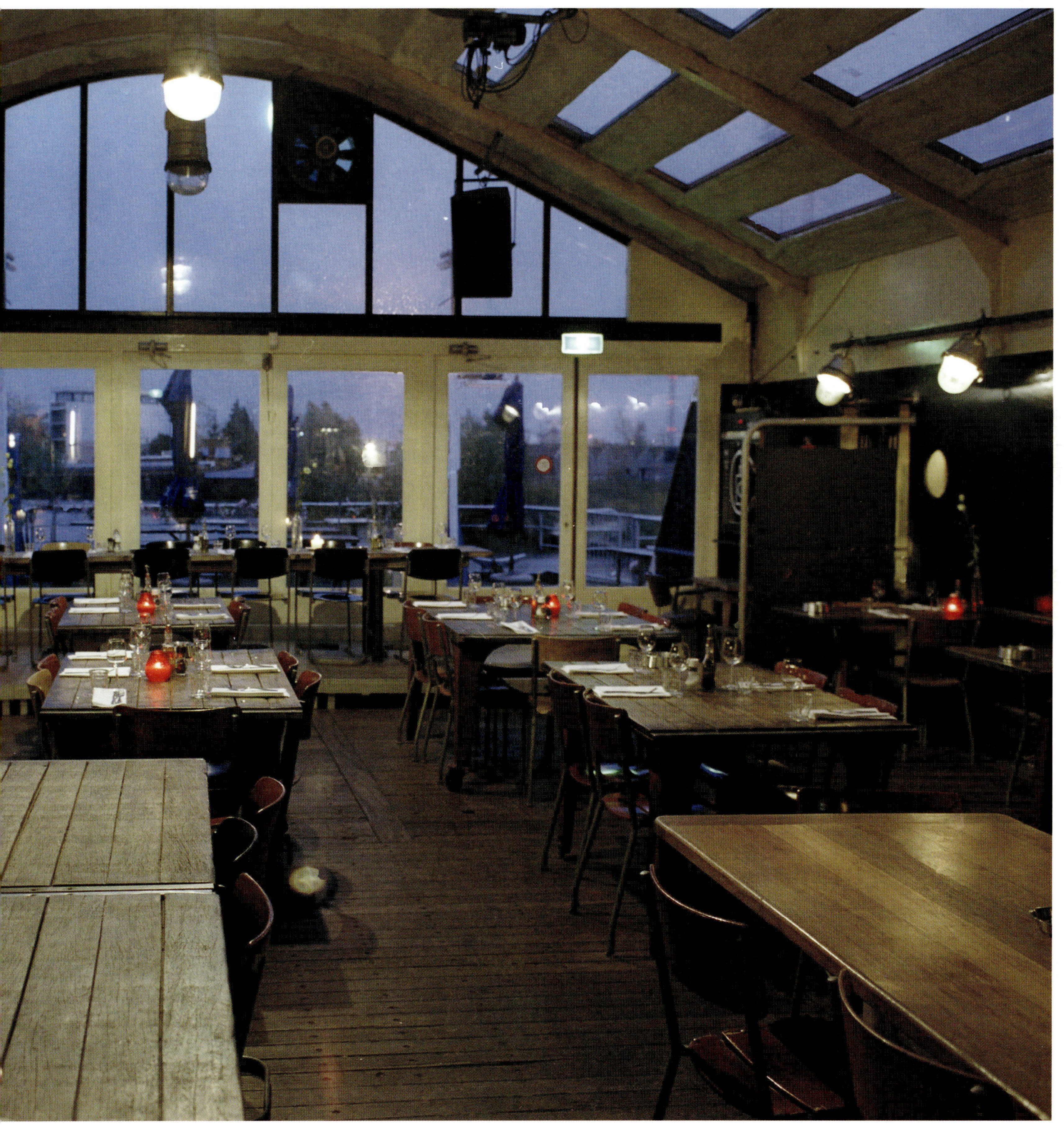

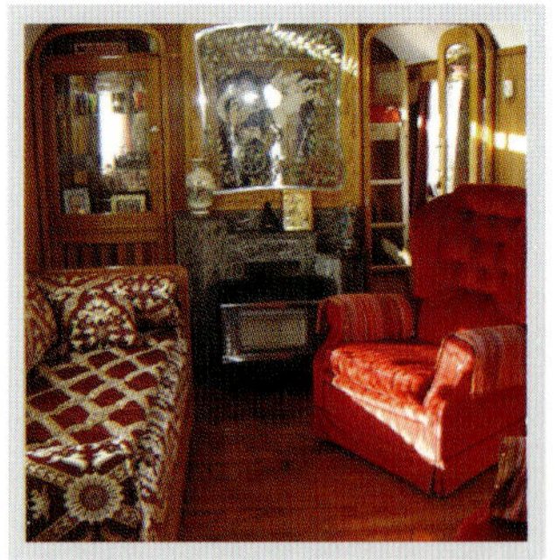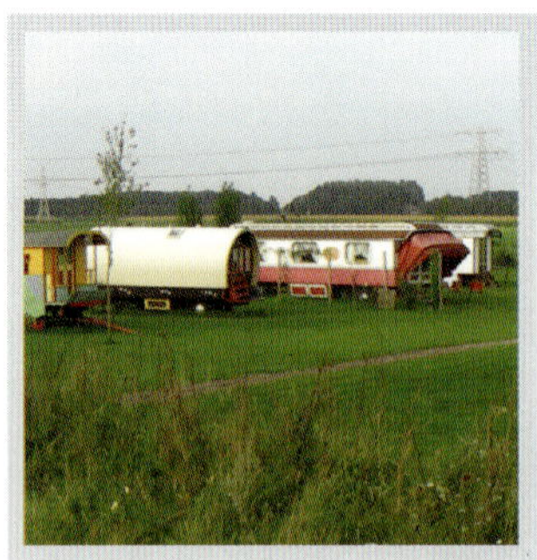

Gipsy camp

The Netherlands

Circus living

For the last two years, the tiny village of Den Hool in the Dutch province of Drenthe, with its ten thatched farms around an old-fashioned green, has been the setting for an extraordinary caravan encampment. Eleven authentic circus caravans dating from 1952-65 together form Bohemian Paradise, a mini-campsite where nostalgia and romance are of paramount importance. Most of the caravans are from Belgium and the Netherlands, were previously used by circus people and gypsies, and are suitable for two to eight people. They were lovingly refitted one by one, using antique furniture, atmospheric lighting, old-fashioned beds and kitschy knickknacks. Most of them are equipped with one or more bedrooms, a kitchen, a living room and a stove. The experience is completed by a campfire and a ride in a covered wagon.

Den Hool, un minuscule village de Drenthe comptant dix fermes au toit de chaume autour d'un enclos archaïque, est depuis deux ans le décor d'un camping exceptionnel. Onze roulottes de cirque authentiques datant des années 1952 à 1965 forment le Boheems Paradijs, un mini camping où la nostalgie et le romantisme sont exacerbés. La majorité des roulottes proviennent de Belgique et des Pays-bas, précédemment utilisés par les gens du cirque et les tziganes. Elles conviennent pour deux ou huit personnes. Elles ont été amoureusement aménagées à l'aide de meubles antiques, d'éclairage d'ambiance, de lits démodés et d'objets de pacotille. La plupart des voitures sont équipées d'une ou plusieurs chambres, une cuisine, un séjour et un poêle. Un feu de camp et une balade en roulotte complètent l'expérience.

Den Hool, een piepklein dorpje in Drenthe met tien rietgedekte boerderijen rond een ouderwetse brink, vormt sinds twee jaar het decor voor een uitzonderlijk woonwagenkamp. Elf authentieke circuswoonwagens uit de periode 1952 - 1965 vormen er Boheems Paradijs, een minicamping waar nostalgie en romantiek hoog in het vaandel gedragen worden. De woonwagens stammen grotendeels uit België en Nederland, werden vroeger gebruikt door circusmensen en zigeuners, en zijn geschikt voor twee tot acht personen. Stuk voor stuk werden ze op liefdevolle wijze opnieuw ingericht met behulp van antieke meubels, sfeervolle verlichting, ouderwetse bedden en kitscherige prullaria. De meeste wagens zijn uitgerust met een of meerdere slaapkamers, een keuken, een woonkamer en een kachel. Een kampvuur en een huifkarrenrit completeren de ervaring.

It is hard to imagine how in days gone by the present four-person caravans housed no less than eight to ten people.

Difficile de s'imaginer que votre roulotte de quatre personnes hébergeait jadis jusqu'à huit à dix individus.

Je kan je moeilijk indenken dat de huidige vierpersoonswagens in vervlogen tijden onderdak boden aan wel acht tot tien personen.

BOHEEMS PARADIJS - Den Hool 5, 7845 TG Holsloot, The Netherlands - +31 6 28777473 - www.boheemsparadijs.nl - info@boheemsparadijs.nl

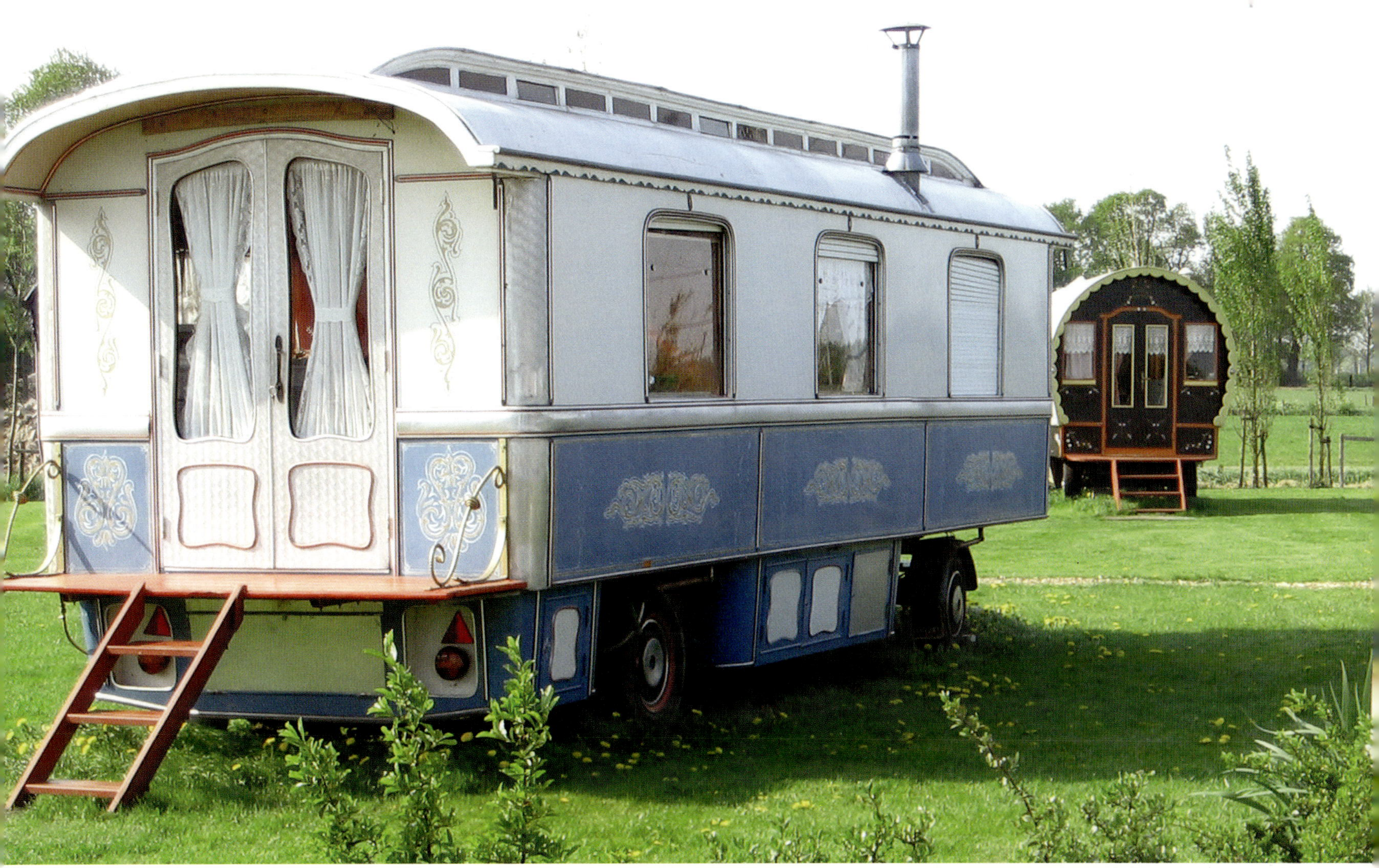

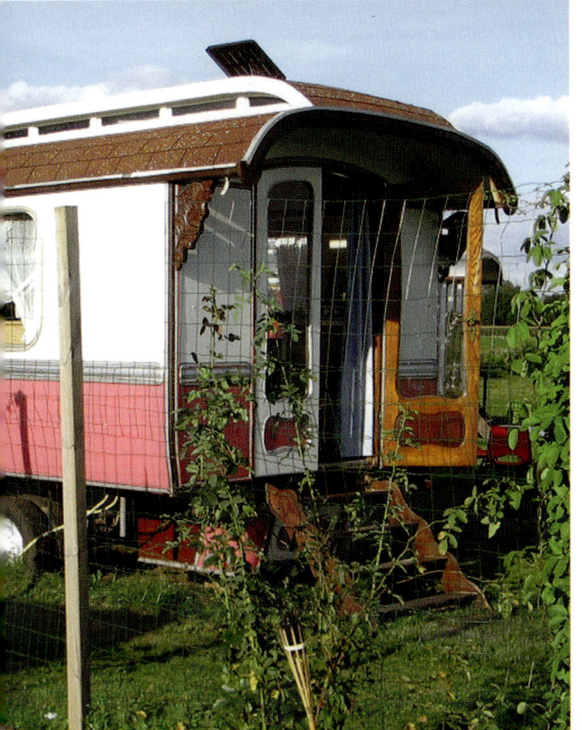
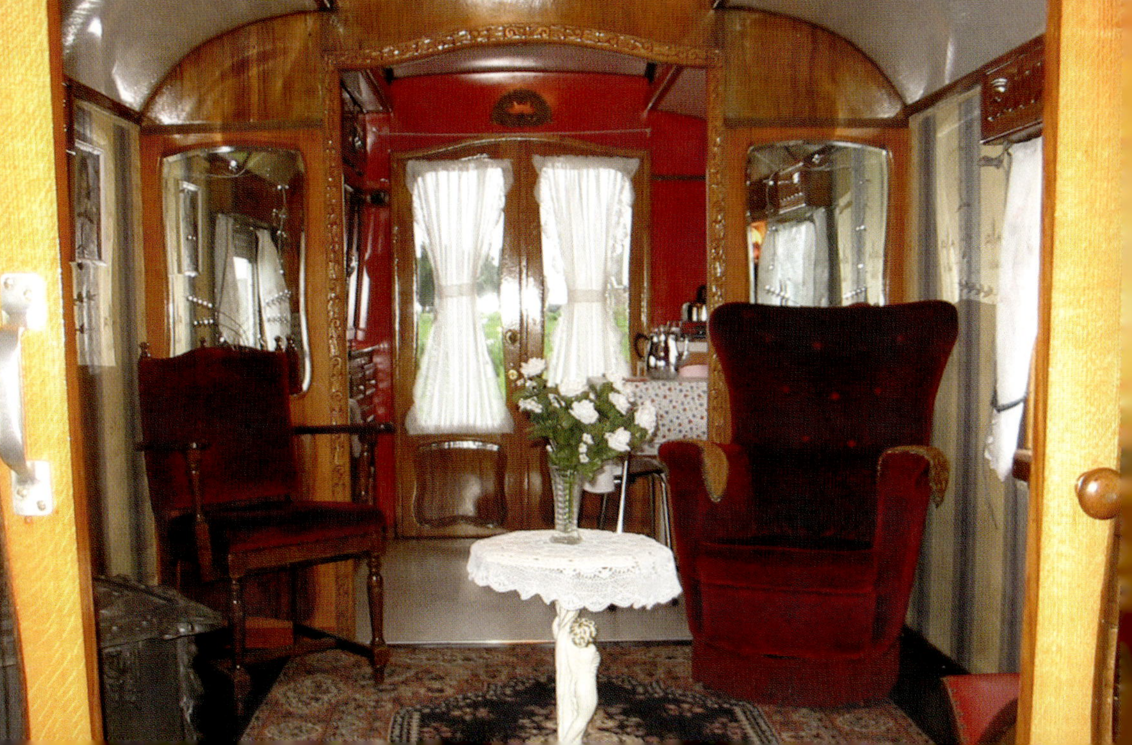

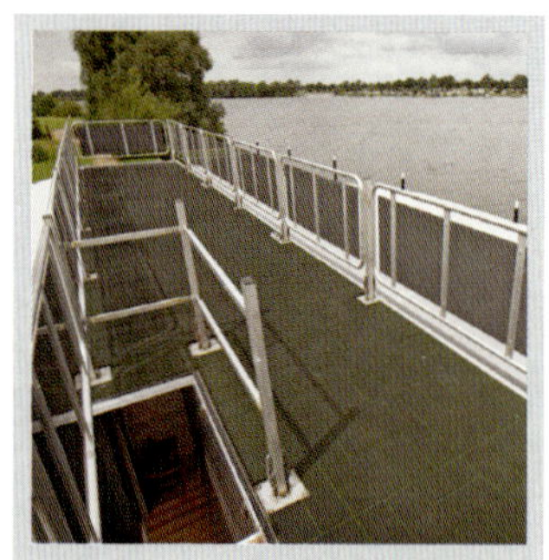
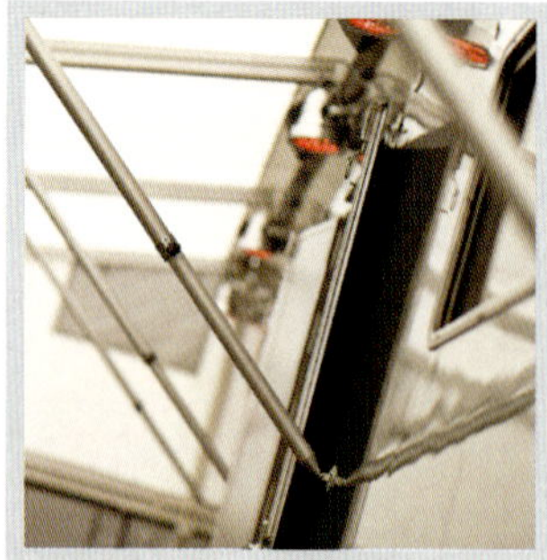

Event trailer The Netherlands

The mobile experience

Meet the mobile venue of the future: the Finley Mobile Experience is fully self-supporting, equipped with the newest technology in terms of light and sound, and furnished according to the latest trends in styling and design. Using this high tech trailer has one great advantage: you can decide to the centimetre exactly where your event will take place, whether in a forest, on a beach or in the middle of a meadow.
Set the tone with an eye-catching entrance via the trailer's tailgate, across the water or by helicopter. Searching for the place with best view? Try the VIP deck above the roof. The trailer was designed for sporting events but can be set up in all situations that require vision, from product presentation to a top location for sponsors or VIP area.

Faites connaissance avec un espace d'évènements mobile et futuriste : le Finley Mobile Experience est totalement autosuffisant, équipé de la technologie la plus récente pour ce qui concerne la lumière et le son et aménagé suivant les dernières tendances en matière de stylisme et de design. Faire usage de ce semi-remorque high-tech présente un énorme avantage : vous pouvez déterminer au centimètre près où votre évènement se déroulera, que ce soit dans un bois, sur une plage ou au beau milieu d'une île. Donnez le ton avec une entrée surprenante : par la plate-forme de chargement, sur l'eau ou en hélicoptère. Vous cherchez l'endroit qui vous fournit le meilleur angle de vue ? Essayez donc le pont V.I.P. sur le toit. La remorque a été conçue pour des manifestations sportives, mais peut être aménagée pour tous les évènements qui exigent une préparation soignée, depuis la présentation d'un produit jusqu'à l'aménagement d'un stand pour des sponsors ou un espace V.I.P.

Maak kennis met de mobiele evenementenruimte van de toekomst: de Finley Mobile Experience is volledig zelfvoorzienend, uitgerust met de nieuwste technologie op het gebied van licht en geluid, en ingericht volgens de laatste trends op het gebied van styling en design. Gebruik maken van deze hightech trailer heeft één enorm voordeel: je kan tot op de centimeter nauwkeurig bepalen waar je evenement zal plaatsvinden, of dat nu in een bos is, op een strand of midden in een weiland. Zet de toon met een verrassende entree: via de laadklep van de trailer, over het water of per helikopter. Op zoek naar het plekje met het beste uitzicht? Probeer het vipdek bovenop het dak. De trailer werd ontworpen voor sportmanifestaties, maar kan worden ingezet in alle situaties die vragen om een vooruitziende blik, van productpresentatie tot stand voor sponsors of vipruimte.

FINLEY – Nieuw Loosdrechtsedijk 242, 1231 LG Nieuw Loosdrecht, The Netherlands – +31 35 577 4040 – sales@finley.nl – www.finley.nl

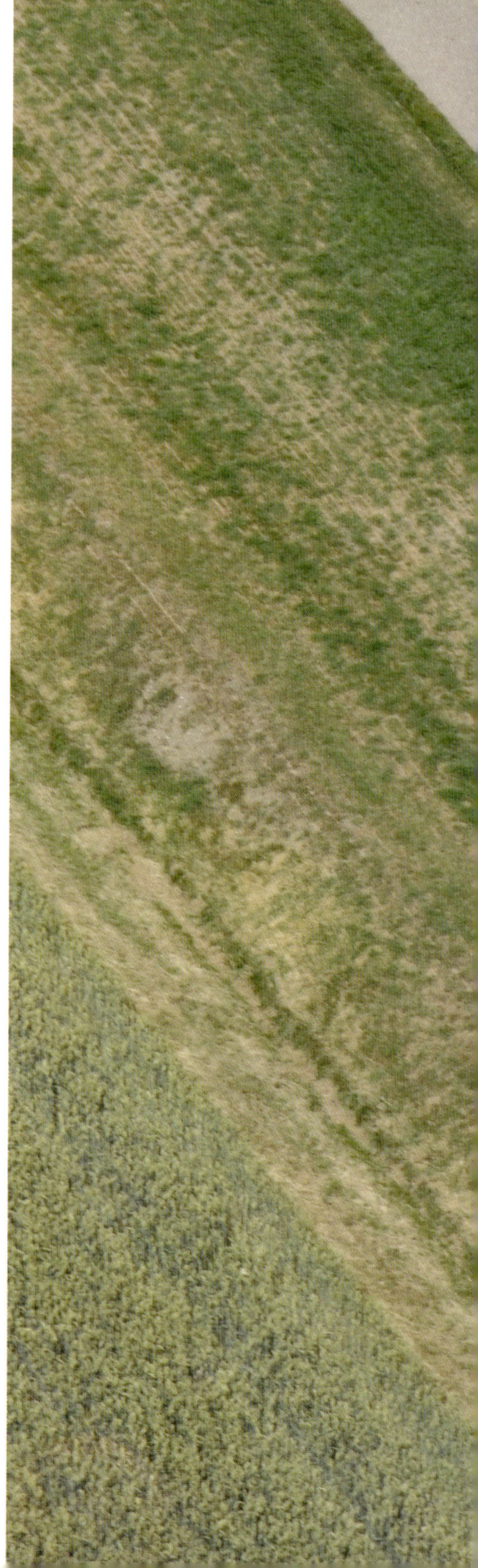

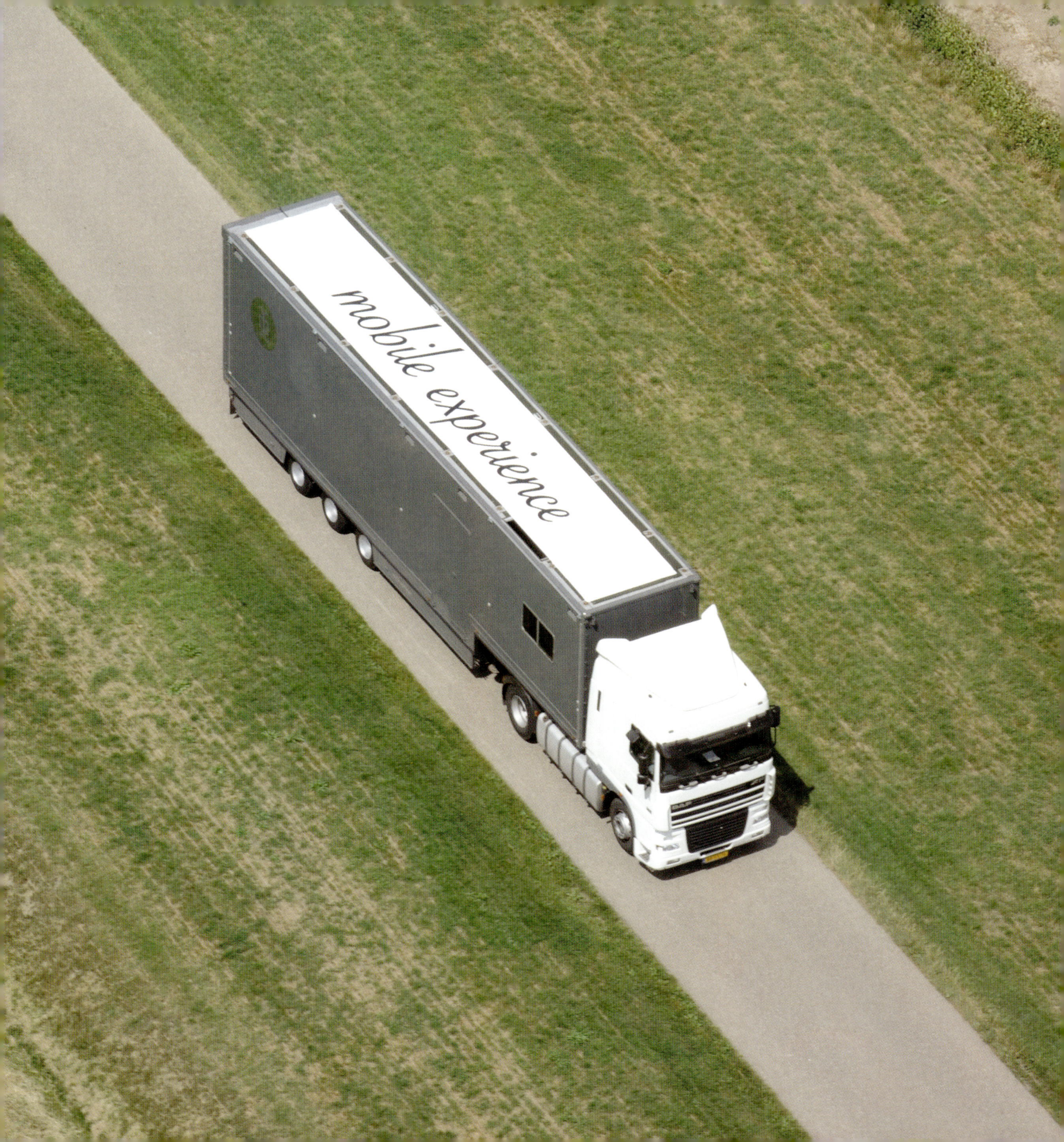
mobile experience

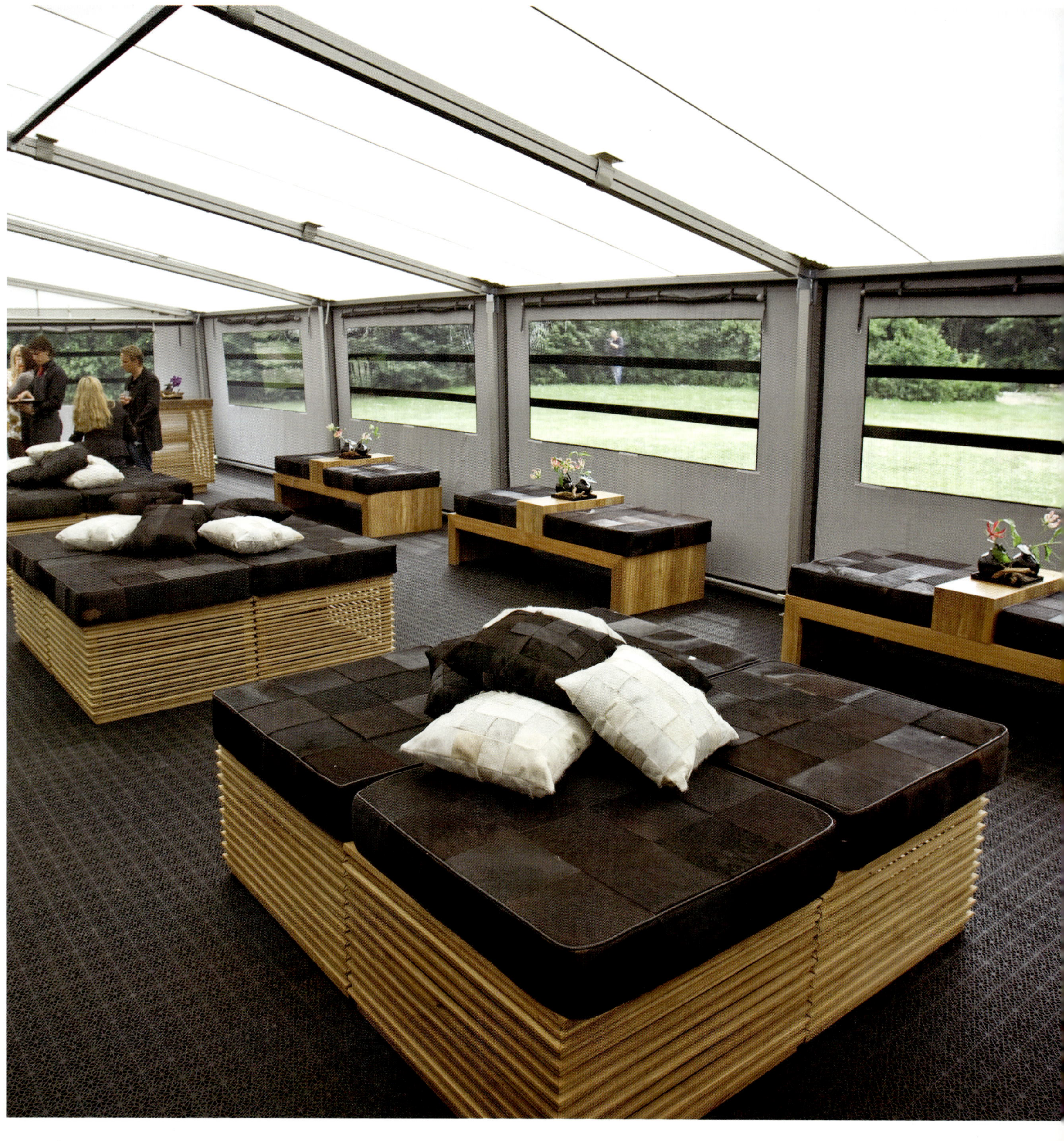

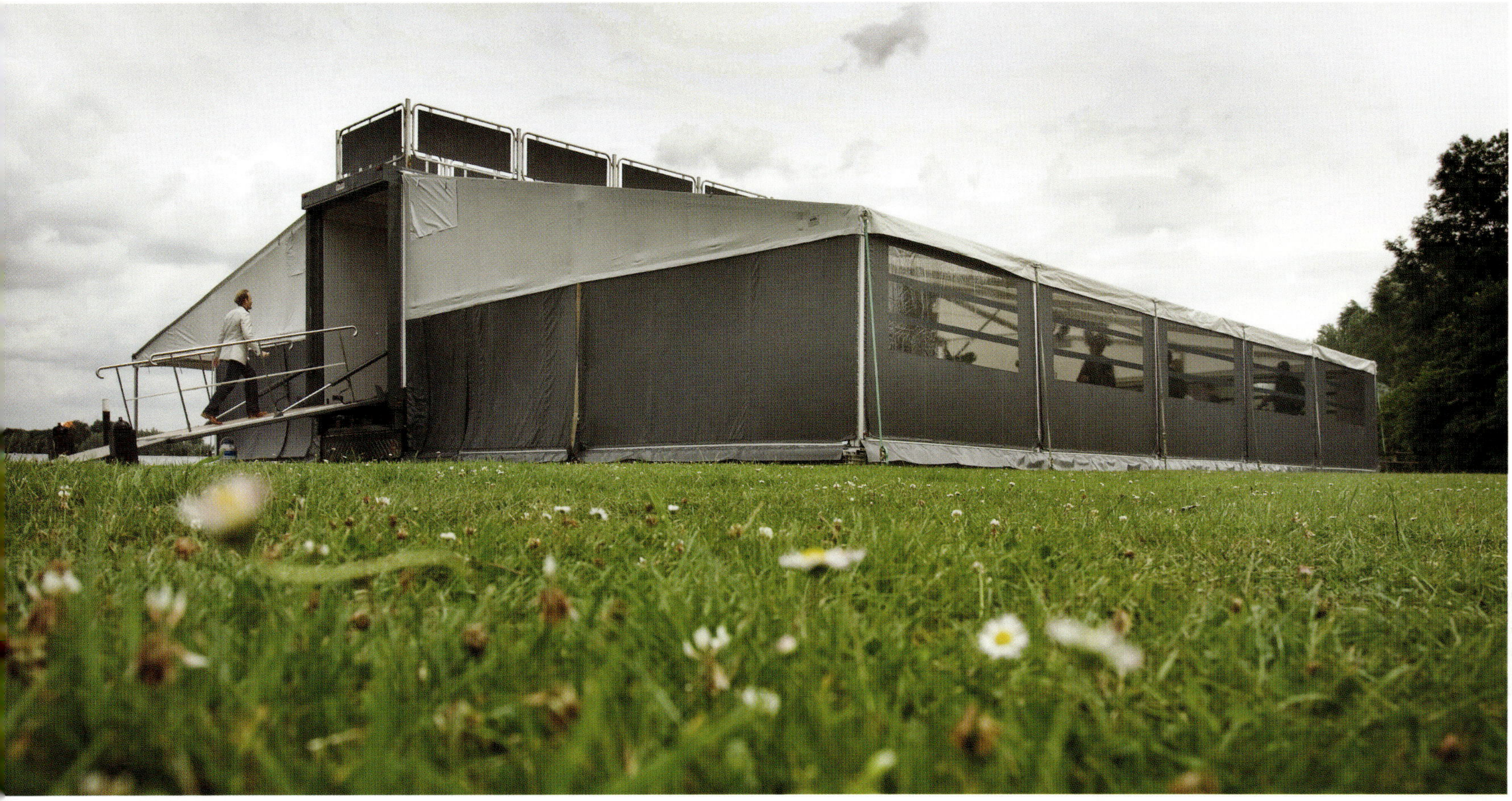

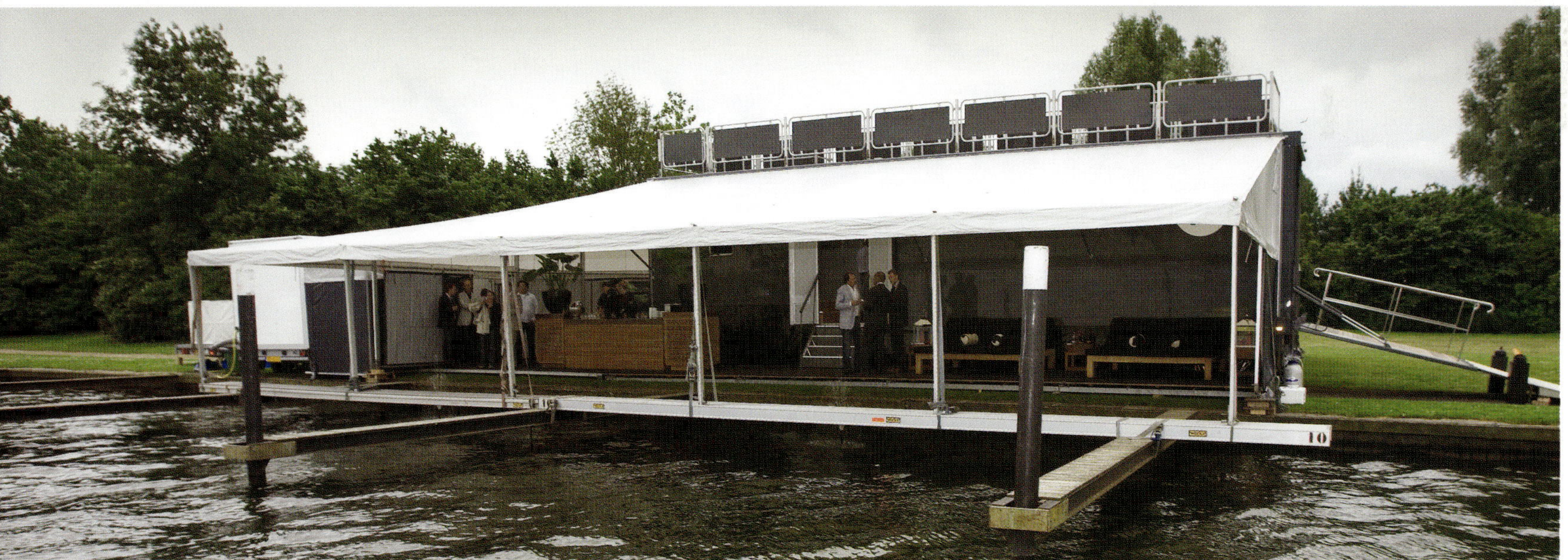

The Finley Mobile Experience can be set up within 5 hours and will accommodate 25 to 500 people.

Le Finley Mobile Experience peut être mis en place en 5 heures. Il peut abriter de 25 à 500 personnes.

De Finley Mobile Experience kan binnen 5 uur geplaatst worden en biedt ruimte aan 25 tot 500 personen.

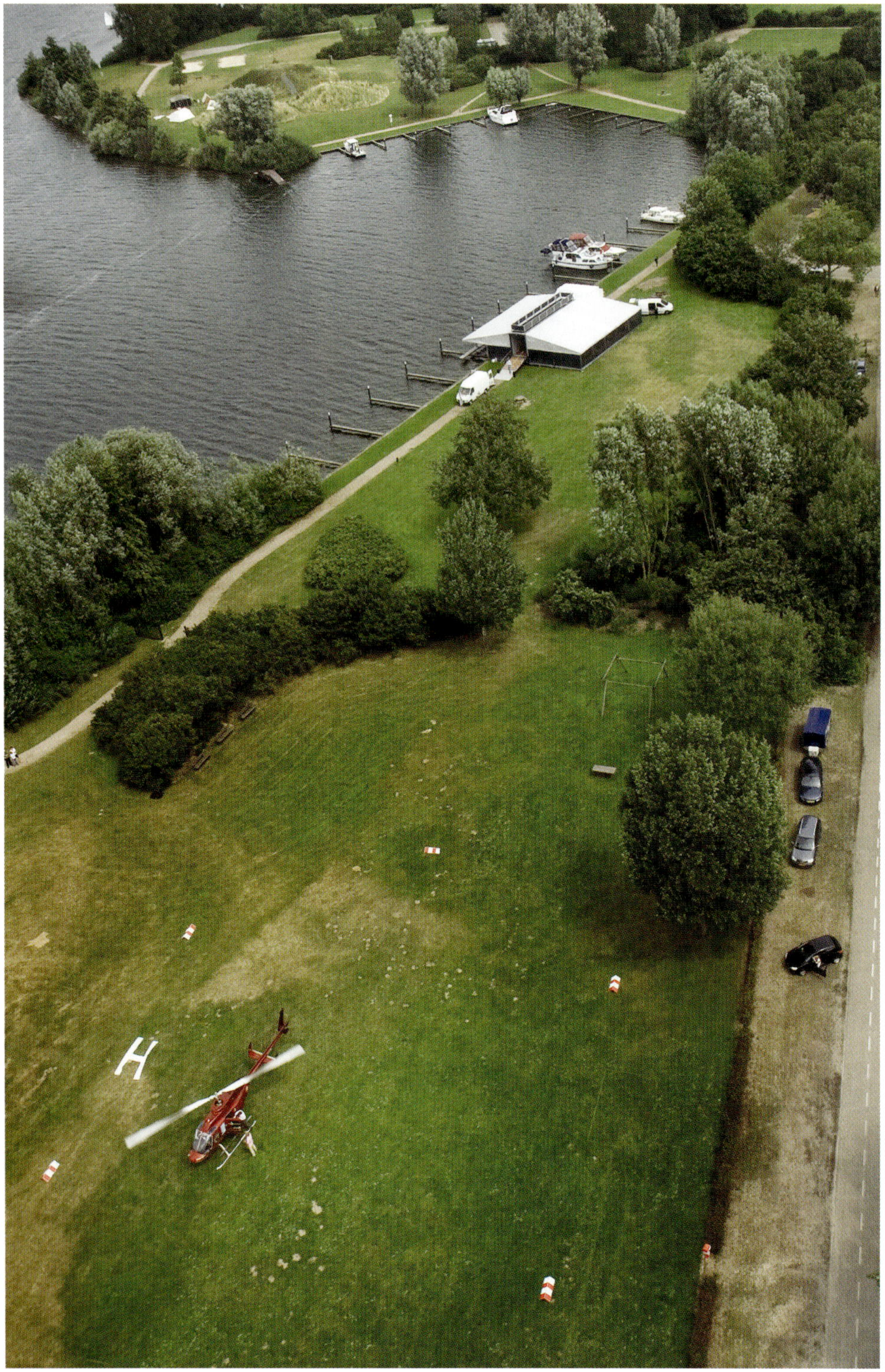

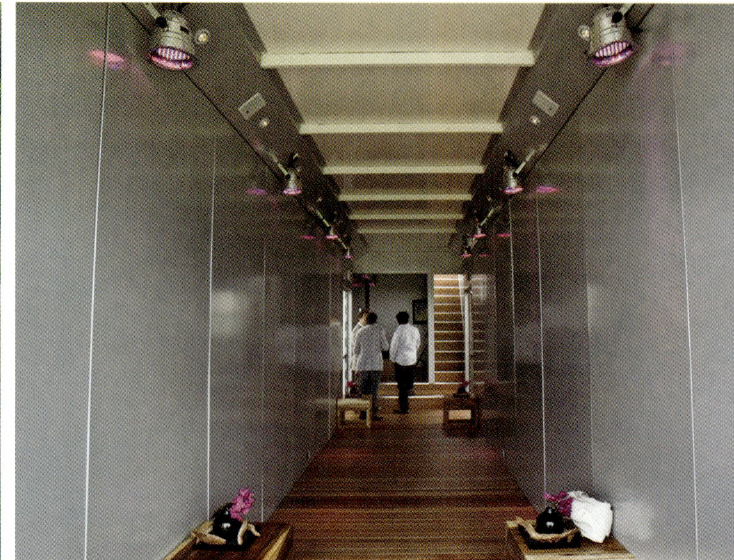

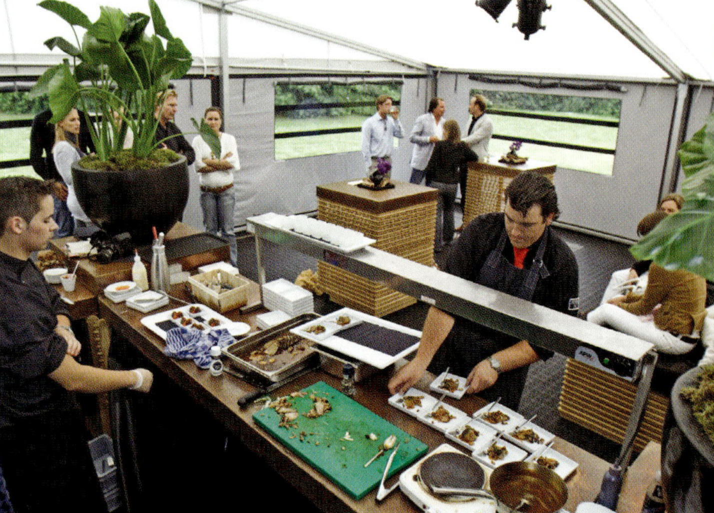

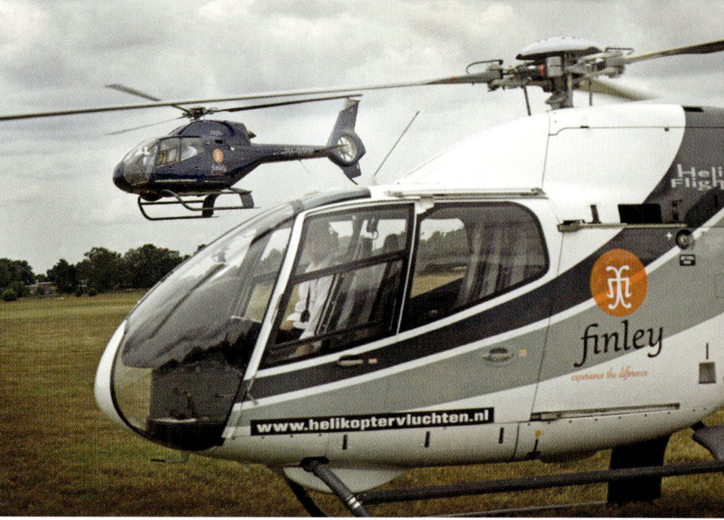

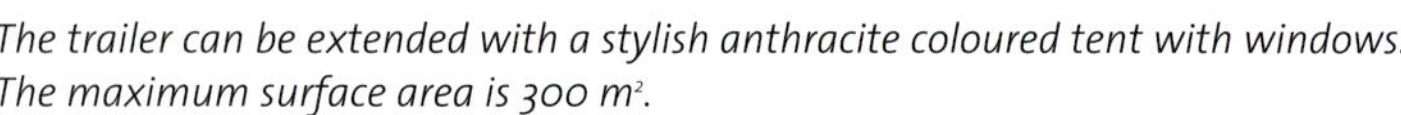

*The trailer can be extended with a stylish anthracite coloured tent with windows.
The maximum surface area is 300 m².*

*La remorque peut être prolongée par une élégante tente en toile de couleur anthracite et
dotée d'un ensemble de fenêtres de type "Amsterdam". Sa superficie maximale est de 300 m².*

*De trailer kan worden uitgebreid met een stijlvolle tent van antracietkleurig doek
en Amsterdamse raampartij. Het maximale oppervlak is 300 m².*

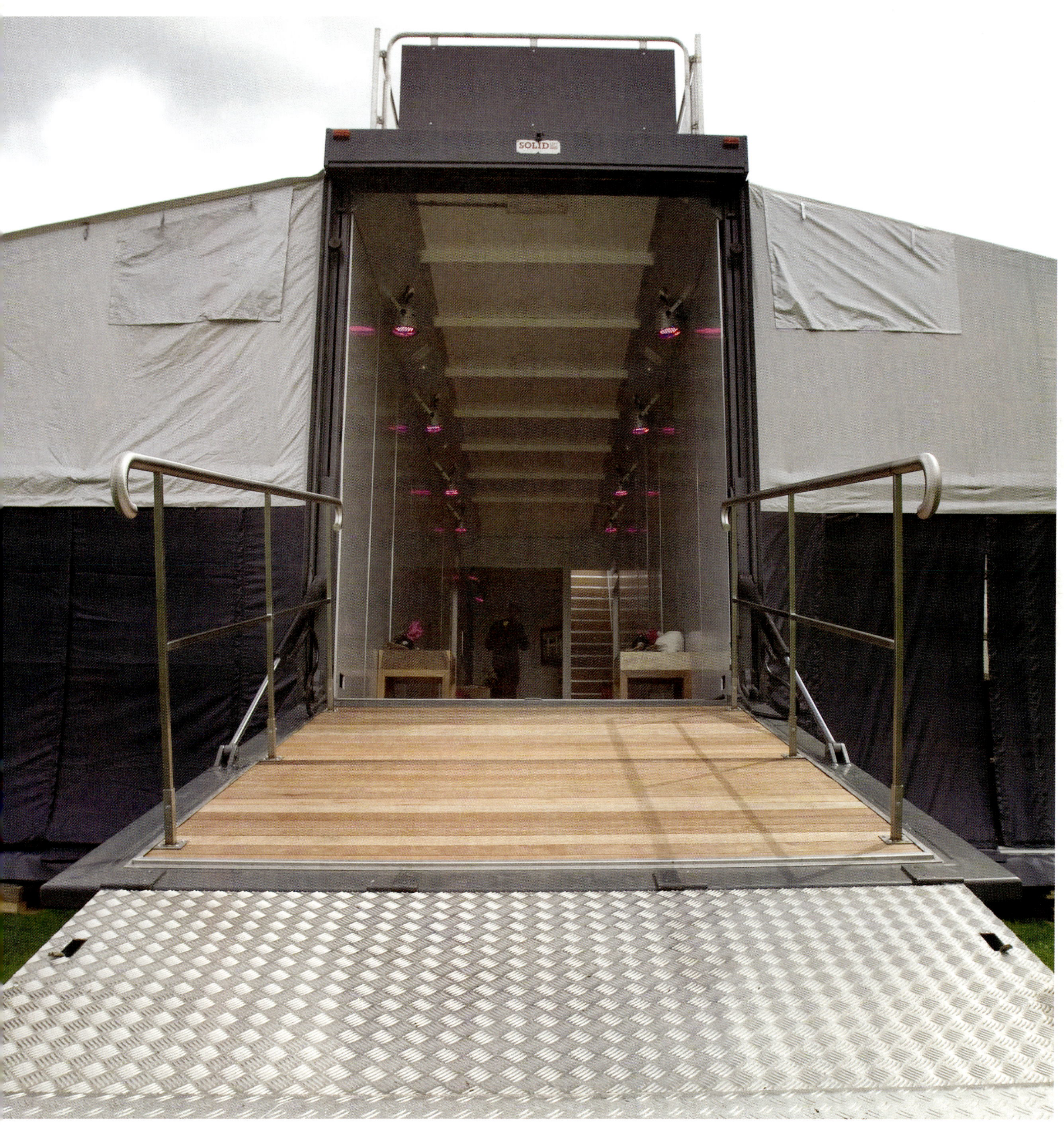

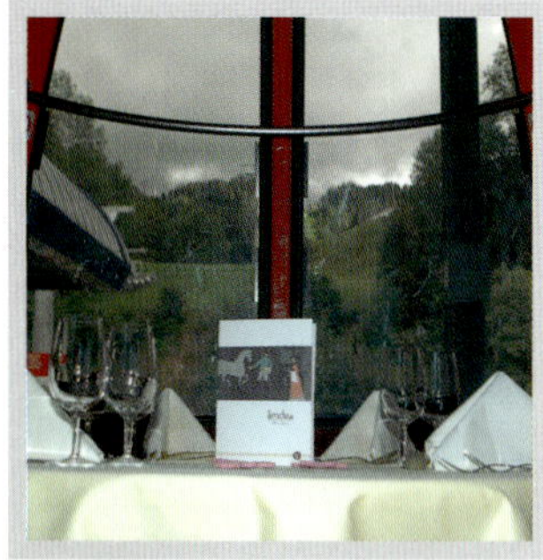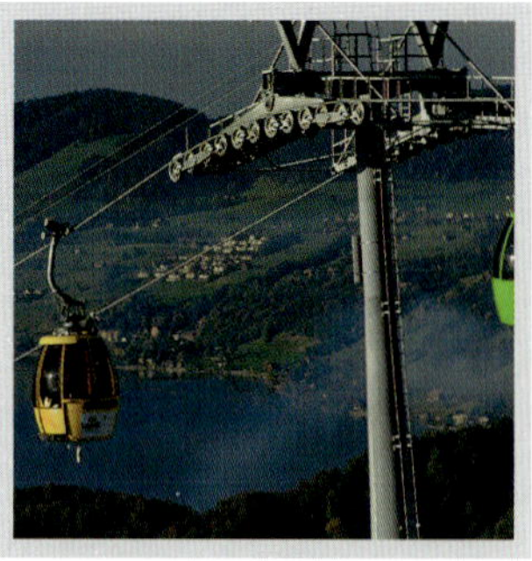

Cable car restaurant Switzerland

Somewhere between heaven and earth

In Sattel, Switzerland, you can gently sway between heaven and earth, enjoying a breathtaking 360° view, while feasting upon a delicious 5 course menu. The revolving gondolas of the Sattel-Hochstuckli AG cable car seat 8 people and at specific times in the summer they serve as a restaurant. The red carpet is laid out at the base station for the aperitif, a glass of red wine and a piece of creamy mountain cheese. Once seated in the gondola you are served the next course each time you pass the base station. All in all you make the trip from bottom to top 4 times. During and in between eating there is plenty to do and to see: you can relax into the gentle rocking sensation, enjoy the wooded surroundings and the lake or gaze at the one of the most beautiful sunsets you will ever experience.

Oscillant doucement entre ciel et terre, profitant d'une vue à couper le souffle à 360°, dans le Zwitserse Sattel vous vous régalerez d'un excellent menu à cinq plats. Les cabines tournantes du téléphérique Sattel-Hochstuckli AG, d'une capacité de huit personnes, servent de restaurant à certains moments de l'été. A la station de base, le tapis rouge est déroulé pour un apéritif constitué d'un verre de vin rouge et d'un savoureux morceau de fromage de montagne. Une fois installé dans la nacelle, la suite est livrée à chaque passage à la station de base. En tout, vous réalisez donc 4 fois le parcours. Durant et entre les plats il y a assez à faire et à voir : se laisser bercer, profiter du panorama verdoyant, de la vue sur le lac, ou profiter de l'un des plus beaux couchers de soleil qui soit.

Zachtjes zwevend tussen hemel en aarde, genietend van een adembenemend uitzicht van 360 graden, kan je in het Zwitserse Sattel smullen van een heerlijk 5-gangen-menu. De 8-persoons ronddraaiende cabines van kabelbaan Sattel-Hochstuckli AG doen op welbepaalde tijdstippen in de zomer immers dienst als restaurant. In het basisstation wordt de rode loper uitgerold voor het aperitief, dat bestaat uit een glaasje rode wijn en een smeuïg stukje bergkaas. Eenmaal gezeten in de gondel krijg je de volgende gang geserveerd telkens je het basisstation passeert. Al bij al maak je dus 4 maal de tocht naar boven en beneden. Tijdens en tussen het eten door valt er genoeg te doen en te zien: je kan je overgeven aan het zachte wiegende gevoel, genieten van de bosrijke omgeving en het meer, of je vergapen aan een van de mooiste zonsondergangen uit je leven.

You can choose from a dining arrangement, an aperitif arrangement or a VIP arrangement in a special gondola with a haute cuisine meal.

Vous avez le choix entre une formule dînatoire, un simple apéritif ou encore une formule VIP, dans une nacelle spéciale, avec de la haute cuisine.

Je kan kiezen uit een dineerarrangement, een aperitiefarrangement of een viparrangement in een speciale gondel met haute cuisine-maaltijd.

SATTEL-HOCHSTUCKLI AG - STUCKLI SKY DINING, P.O. BOX 36, 6417 SATTEL, SWITZERLAND – +41 41 836 80 80 – INFO@SATTEL-HOCHSTUCKLI.CH – WWW.SATTEL-HOCHSTUCKLI.CH

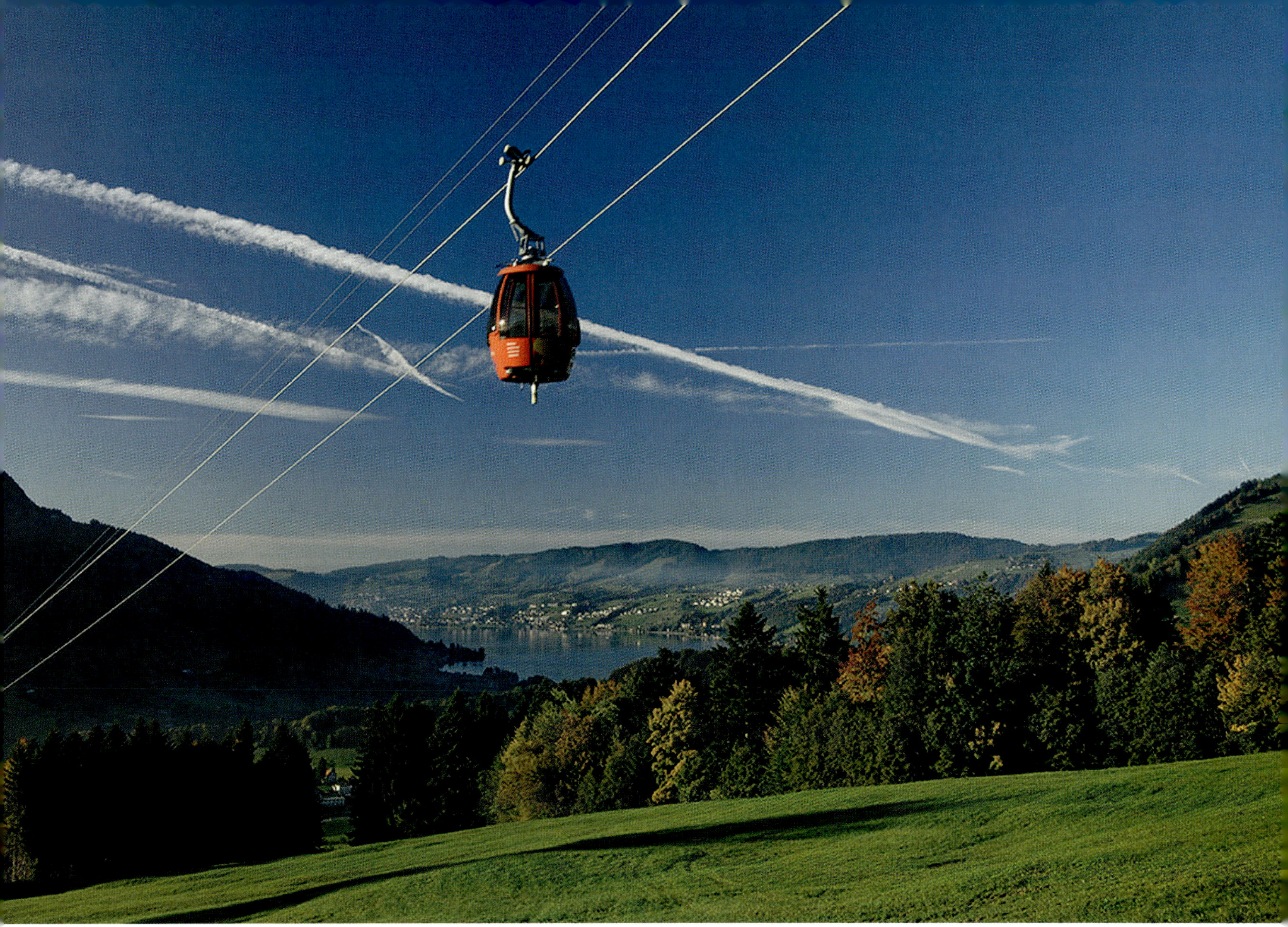

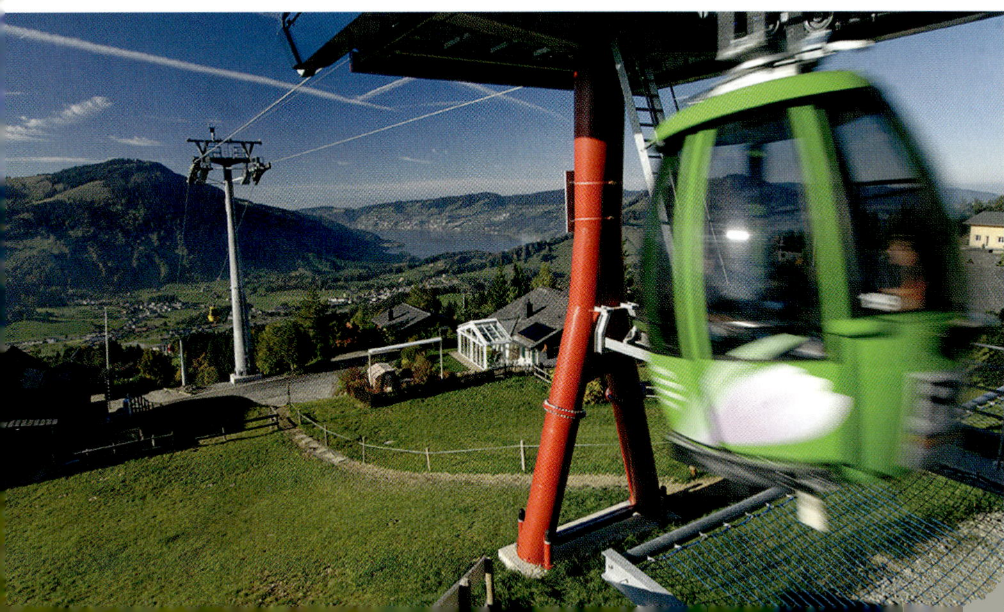
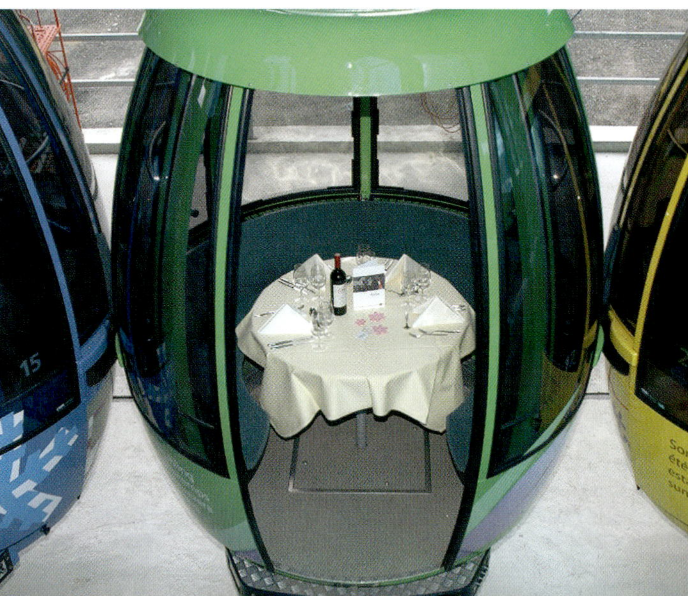

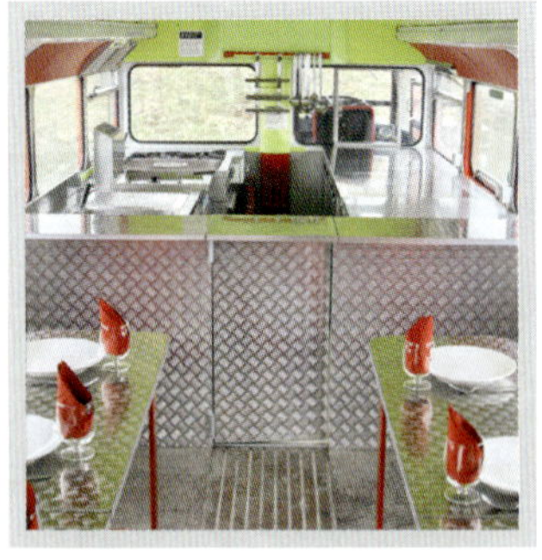

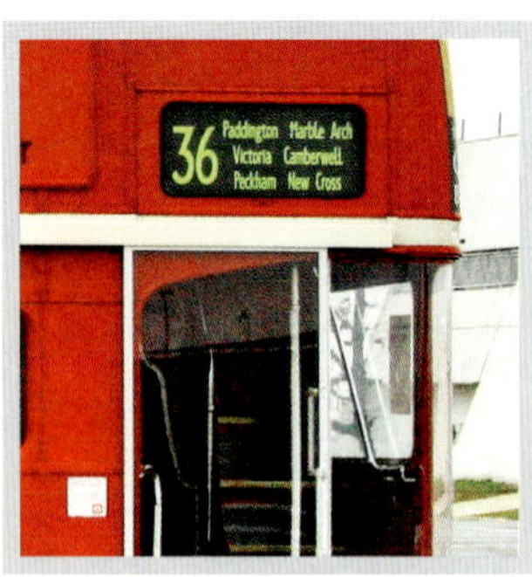

Bus restaurant France

Doubledecker Dining

The young French chef Alexandre Soissons had long dreamt of opening an original restaurant. When a good friend put him on to the idea of renovating a bus into a restaurant he was immediately enthusiastic. After a long search in France, he eventually found his dream bus in Great Britain, where in 2005 they decided to retire the majority of the London Routemaster double-decker buses. Soissons converted his new acquisition into a restaurant with his own hands and also turned a London phone box into a convenient portable toilet. On the ground floor of the bus there is an American style kitchen and a small dining area for 6 people, whilst upstairs there is seating for 28 guests. The chef is currently looking for a fixed location and in the meantime he hires out his mobile restaurant for promotional stunts, parties and conferences.

Le jeune chef français Alexandre Soissons rêvait depuis longtemps d'ouvrir un établissement original. Lorsqu'un ami lui suggère de transformer un bus en restaurant, il s'enthousiasme immédiatement. Après de longues recherches en France, il finit par trouver le bus de ses rêves en Grande-Bretagne où, en 2005, on remisa la plus grande partie des Double Deckers de la London Routemaster. Soissons a transformé sa nouvelle acquisition de ses propres mains, réaffectant aussi une cabine téléphonique londonienne en toilettes ambulantes bien pratiques. Le rez-de-chaussée est équipé d'une cuisine américaine et d'une table pour six tandis qu'à l'étage, 28 clients peuvent s'asseoir. En attendant de trouver un emplacement fixe pour son bus, le chef loue son restaurant mobile pour des actions promotionnelles, des fêtes privées et des réunions.

De jonge Franse kok Alexandre Soissons droomde er allang van een origineel restaurant te openen. Toen een goede vriend hem het idee aan de hand deed om een bus te verbouwen tot restaurant, was hij dan ook meteen enthousiast. Na een lange zoektocht in Frankrijk vond hij zijn droombus uiteindelijk in Groot-Brittannië, waar men in 2005 net besloten had het grootste deel van de Londense Routemaster dubbel-dekkerbussen met pensioen te sturen. Soissons bouwde zijn nieuwe aanwinst eigenhandig om tot restaurant en vormde meteen ook een Londense telefooncel om tot handig meeneemtoilet. De bus bevat op het gelijkvloers een Amerikaanse keuken en kleine eetzaal voor 6 personen, en biedt bovenin plaats aan 28 gasten. De chef is op dit moment nog op zoek naar een vaste standplaats en verhuurt zijn mobiele restaurant intussen voor promotiestunts, feestjes en vergaderingen.

ALEX'CELLENT SUR TOUTE LA LIGNE - 161 RUE DES CAPUCINS, 51100 REIMS, FRANCE - +33 6 88 35 12 67 – CONTACT.ALEXCELLENT@FREE.FR –HTTP://CONTACT.ALEXCELLENT.FREE.FR/

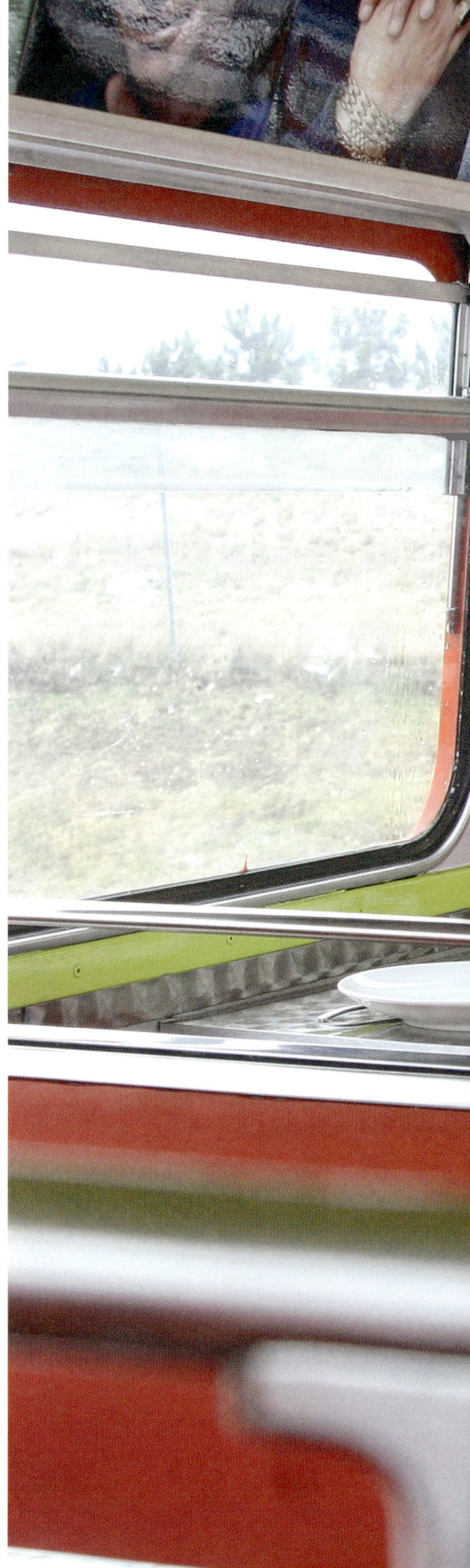

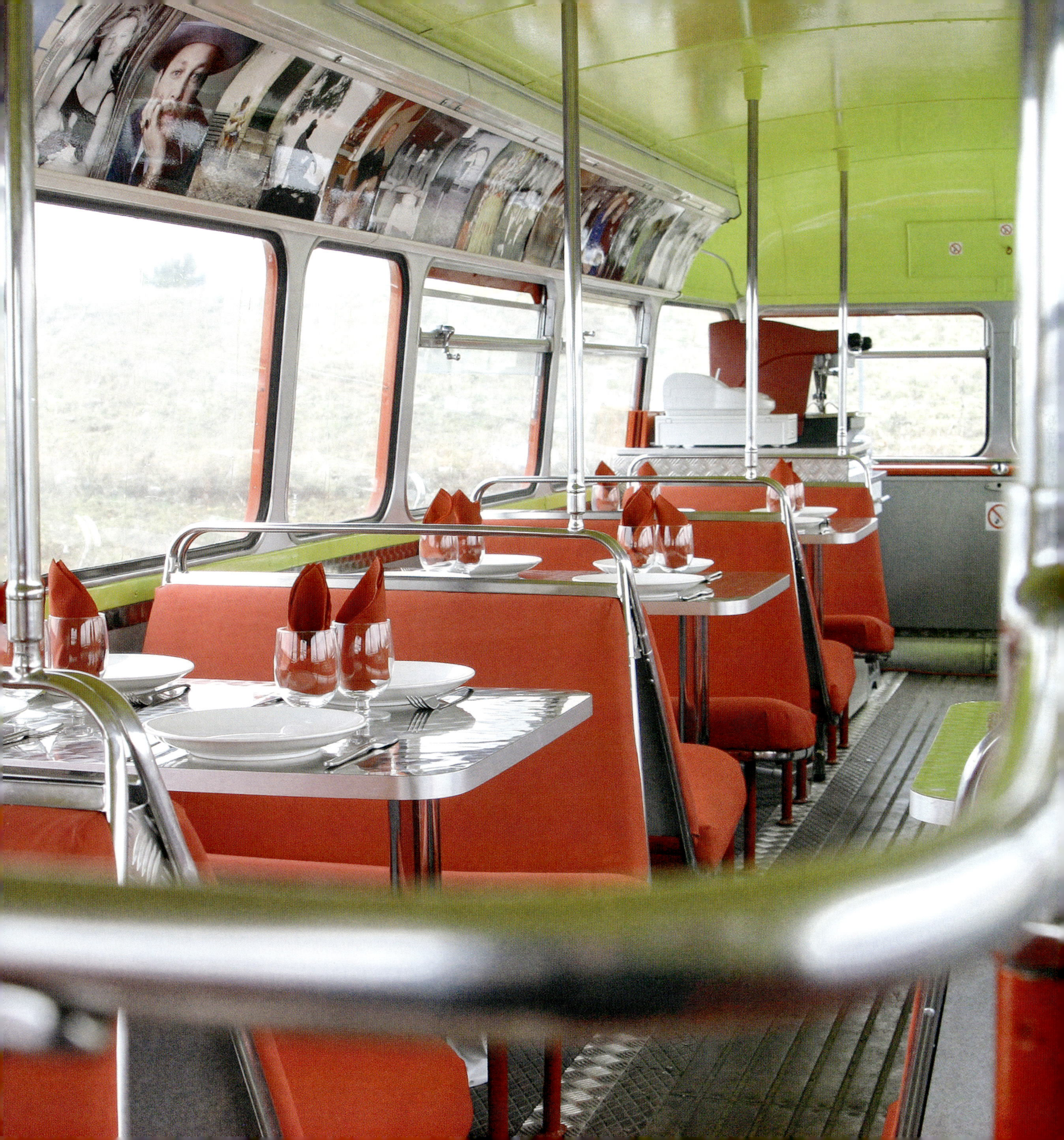

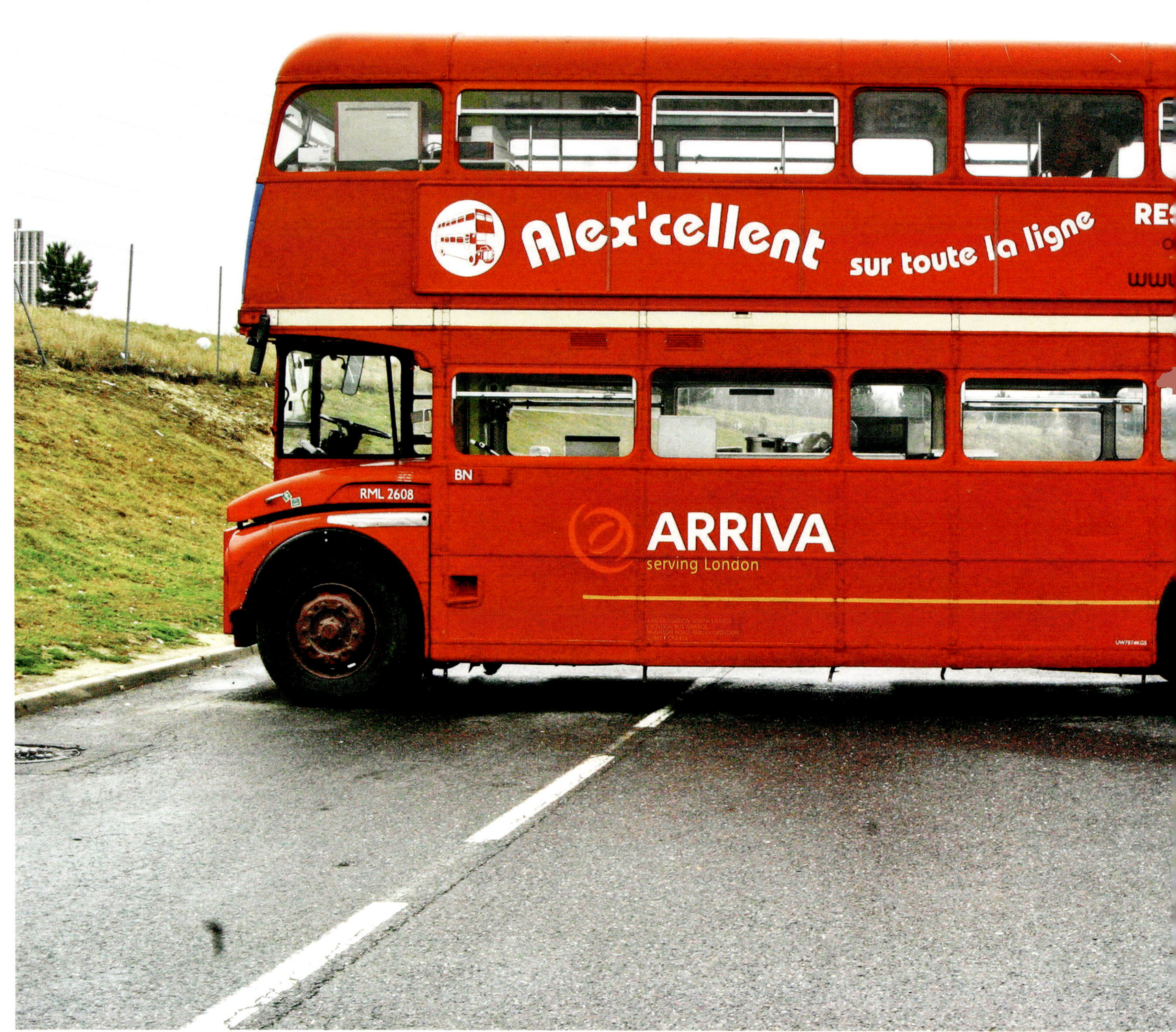
Alex'cellent
sur toute la ligne
RES
RML 2608
BN
ARRIVA
serving London

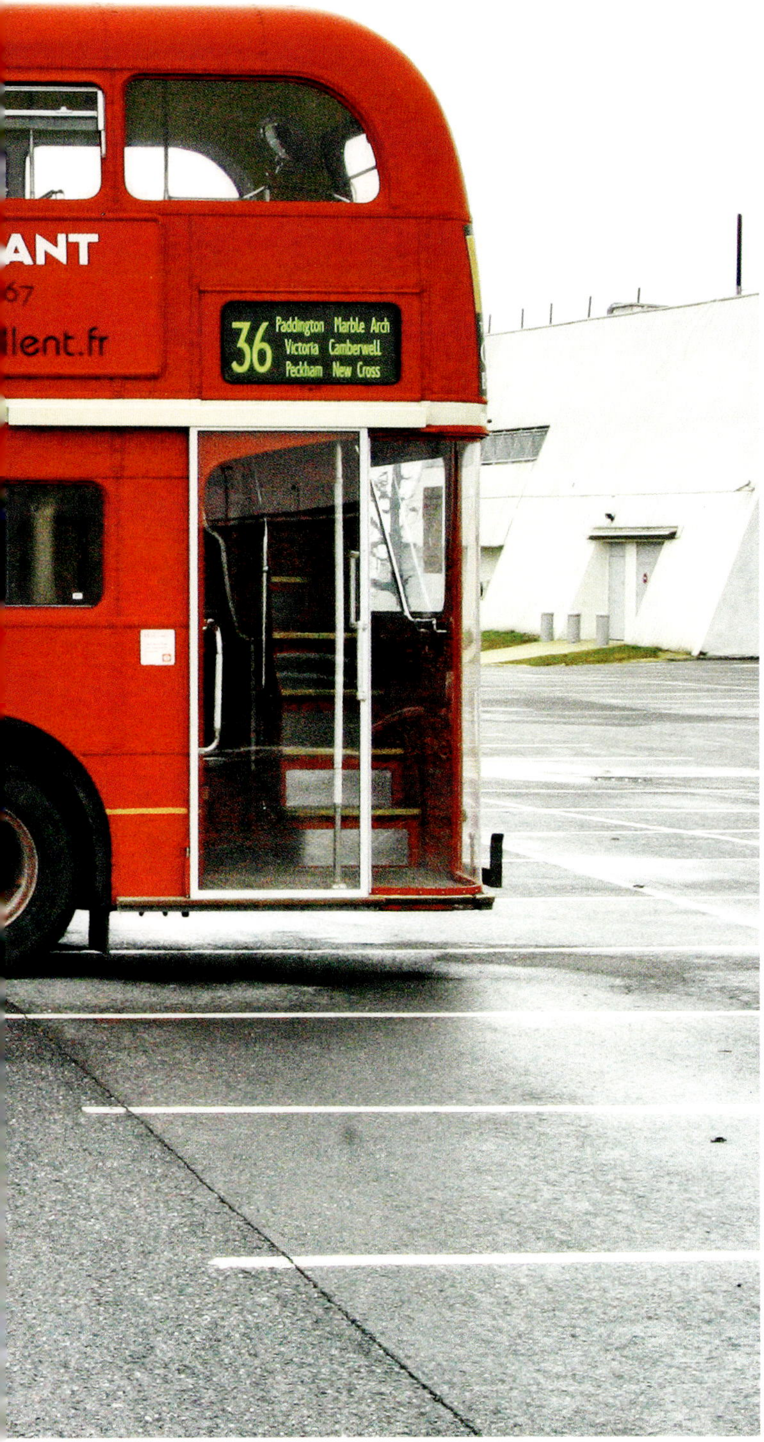

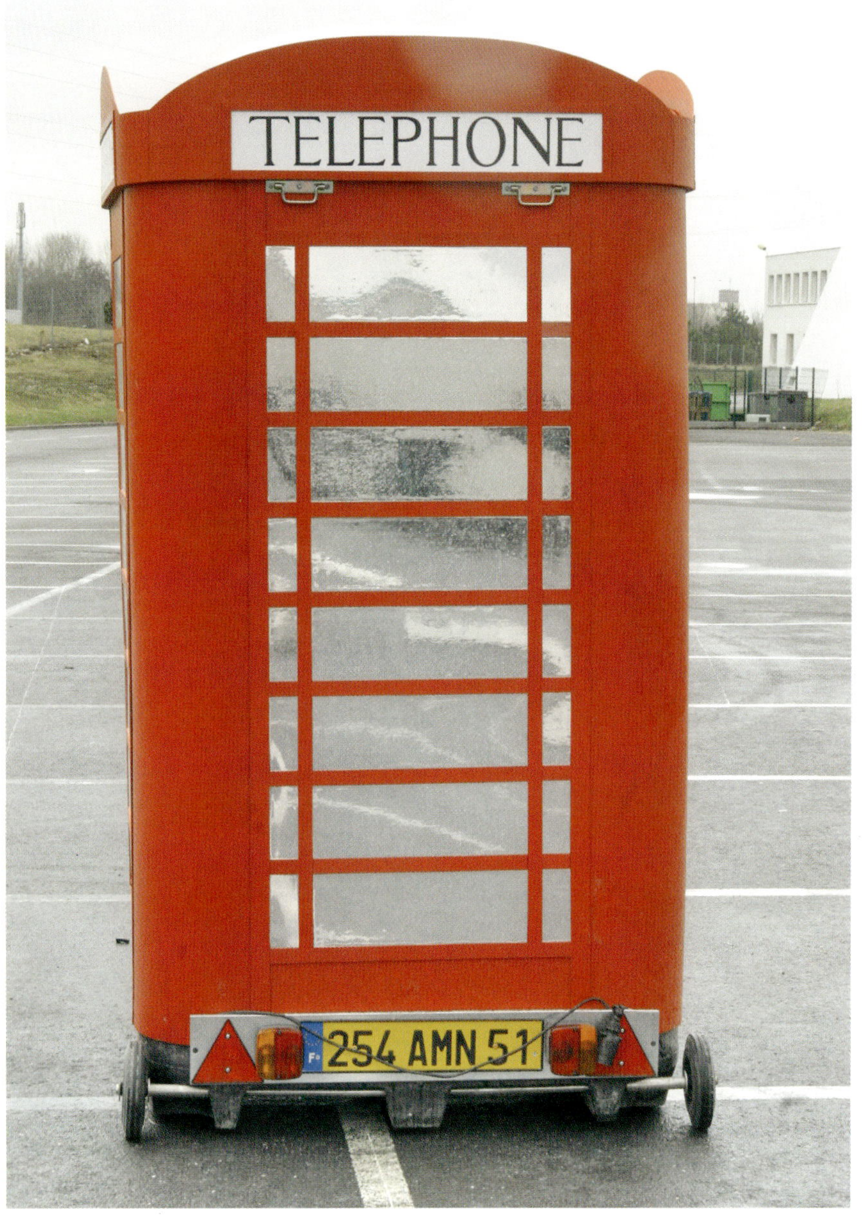

There are all sorts of salads, soups, stews, quiches and sweet things on the menu.

On trouve au menu toutes sortes de salades, de soupes, de pots au feu, tartes aux légumes ainsi que des douceurs.

Op het menu staan allerlei salades, soepen, stoofschotels, groententaarten en zoetigheden.

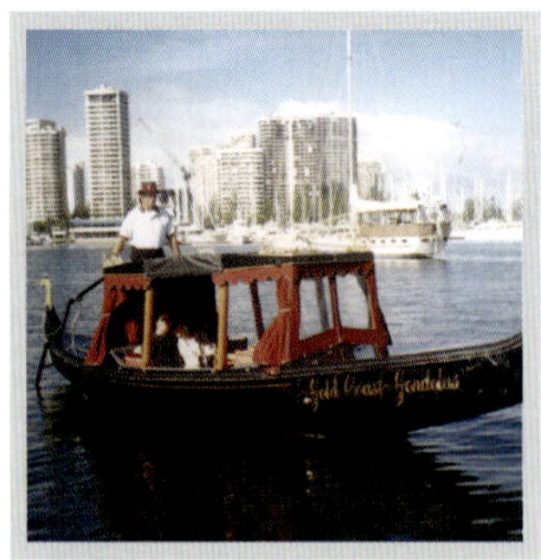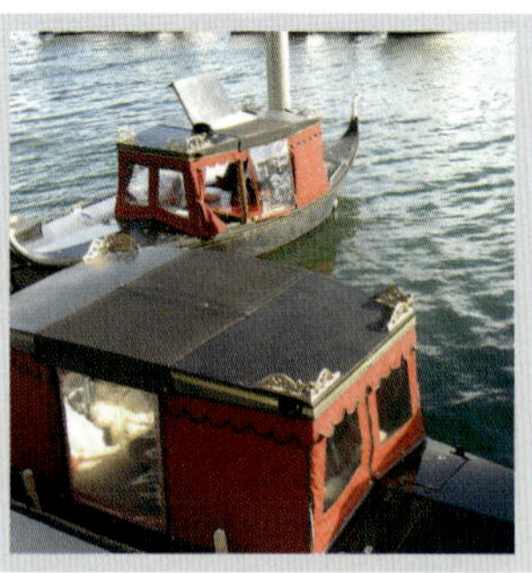

Gondola dinner cruise Australia

Italy down under

No other form of transport is as intrinsically linked with love as the Italian gondola. On board a similar little boat on the Australian Gold Coast not only can you enjoy the rocking sensation, the lapping sound and the closeness of your partner but at the same time you can also share a highly romantic meal. Even though these boats were inspired by Venetian gondolas, Gold Coast Gondolas are equipped with watertight cabins that because of their soundproof qualities also ensure absolute privacy. The comfortable interior, which can accommodate 6 people, is provided with sheepskin covered seats, fleecy blankets during the colder months and a table laid with flowers, a candle lantern and an ice bucket. A dinner cruise lasts for around an hour and a half and consists of a main course and dessert, a bottle of sparkling wine and a box of chocolates.

Aucun moyen de transport au monde n'est plus intrinsèquement lié à l'amour que la gondole vénitienne. Sur la Côte d'Or australienne, on peut se laisser bercer par le mouvement de ces embarcations et le murmure de l'eau, profiter de la proximité de son partenaire, mais aussi dîner de façon romantique. Bien qu'inspirées des gondoles vénitiennes, les barques de Gold Coast Gondolas sont équipées de cabines étanches et insonorisées, intimes à souhait. Six personnes peuvent prendre place dans ce confortable intérieur dont les sièges sont pourvus, durant la saison fraîche, de peaux de moutons et de plaids. Des fleurs, un photophore et un seau à glace complètent le décor. Un dîner sur les flots dure en moyenne une heure trente. Le repas est accompagné de vin pétillant et d'une boite de chocolats.

Geen enkel voertuig ter wereld is zo intrinsiek met liefde verbonden als de Italiaanse gondel. Aan de Australische Goudkust kan je aan boord van een dergelijk bootje niet enkel genieten van het wiegende gevoel, het kabbelende geluid en de nabijheid van je partner, maar ondertussen ook nog eens zeer romantisch dineren. Hoewel geïnspireerd door de Venetiaanse gondels, zijn de bootjes van Gold Coast Gondolas uitgerust met waterdichte cabines die door hun geluidsdichte eigenschappen meteen ook voor de nodige privacy zorgen. Het comfortabele interieur, dat tot 6 mensen kan herbergen, voorziet in schapenvelletjes op de zitjes, fleece dekentjes tijdens de koude maanden, en een gedekte tafel met bloemen, een windlicht en een ijsemmer. Een dinner cruise duurt gemiddeld anderhalf uur en omvat hoofdgerecht en dessert, een fles schuimwijn en een doos chocolaatjes.

Gondolas in Venice are not equipped for dining. Thus, the Australian gondola dinner cruises definitely fill a gap in the market!

À Venise, les gondoles ne sont pas équipées pour dîner. Les Australian Gondola comblent donc un vide sur le marché !

Gondels worden in Venetië niet ingezet voor dineertochtjes. De Australische gondola dinner cruises vullen dus een gat in de markt!

GOLD COAST GONDOLAS - BOOKINGS THROUGH GODO - +61 0800 555 031- ENQUIRY@GODO.COM.AU - WWW.GODO.COM.AU

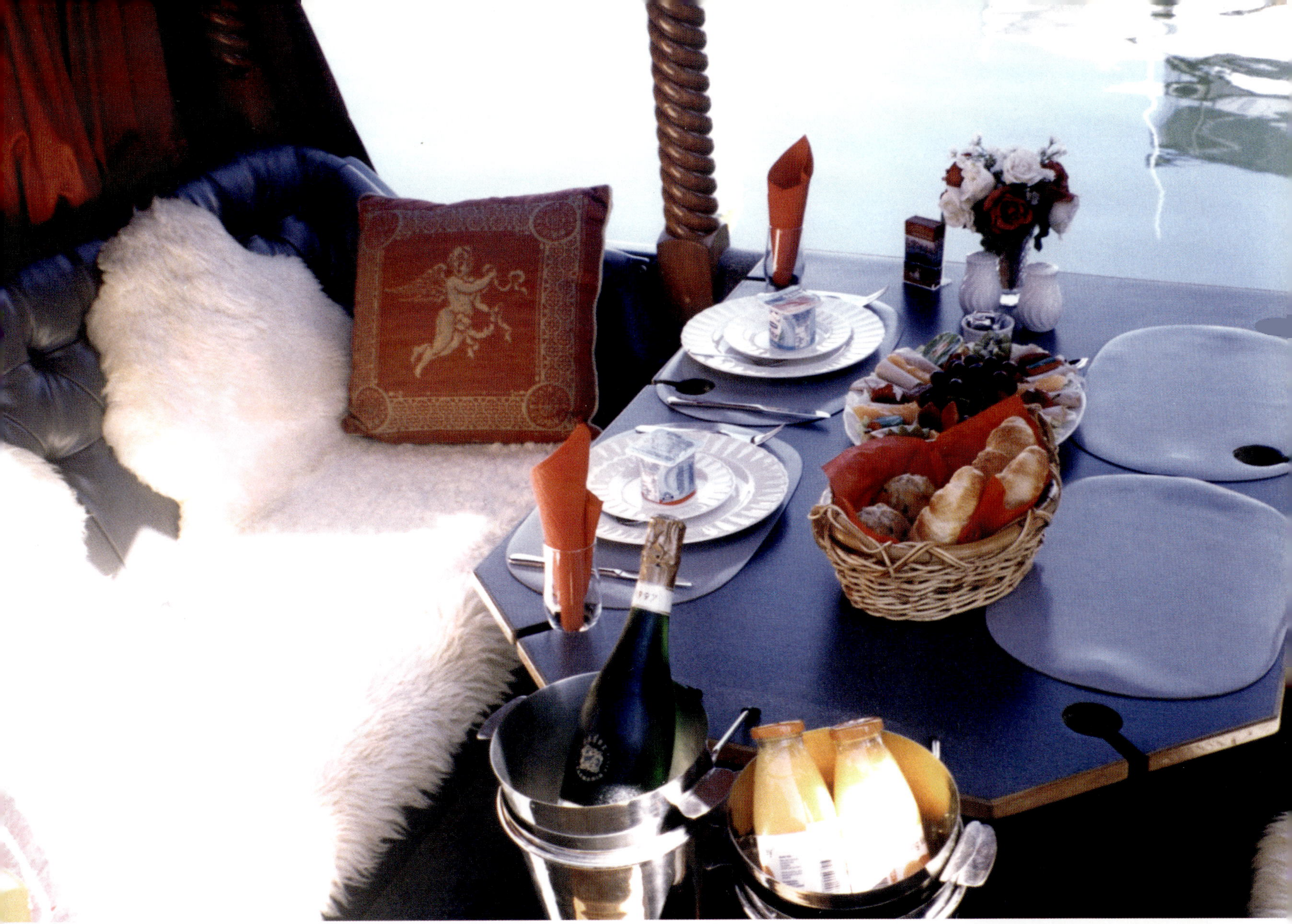

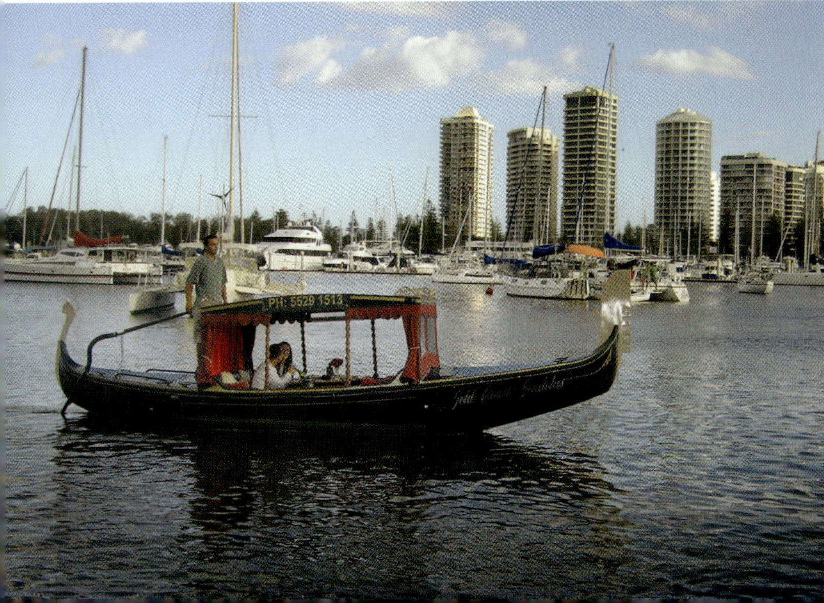

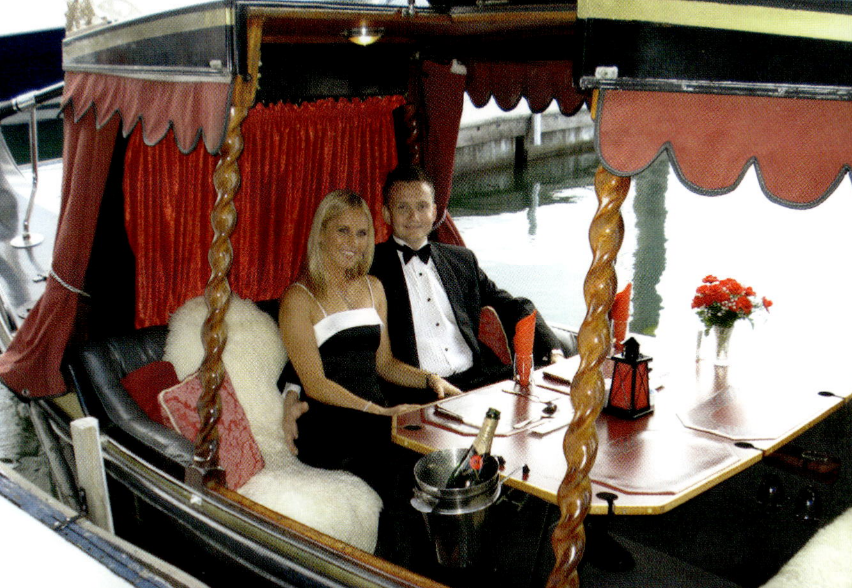

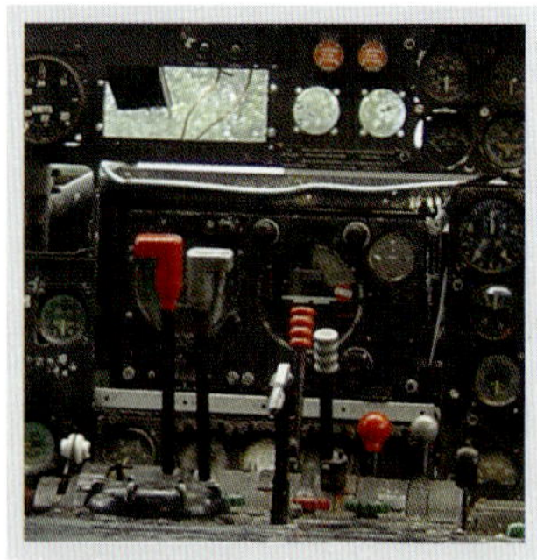
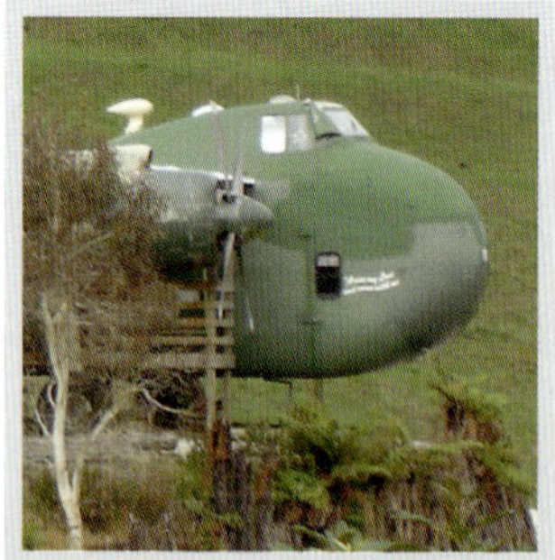

Airplane motel New Zealand

Fasten your seatbelts

Nodding off in an aircraft, OK, but bunking down in the cockpit?! No problem at Waitomo World Unique Motels! The military Bristol Freighter that entertainer and owner Billy Woodlyn parked in his back garden was one of the last planes to leave Vietnam at the end of the war. It was completely restored and converted into an extraordinary motel containing two suites: one in the tail and one in the cockpit. Both can accommodate four people and have a double bed, bunk beds, a kitchen, toilet and shower. Activities include enjoying Billy Woodlyn's Kiwi Culture Shows or working on his Waitomo farm, but you can also see what it's like to stay in a Hobbit House (see p. 106), a train or a WWII patrol boat.

Piquer un somme dans un avion, soit. Mais ronfler dans un cockpit? C'est possible dans les Waitomo World Unique Motels! Le Bristol Freighter parqué dans le jardin de son propriétaire et gérant Billy Woodlyn était l'un des derniers appareils à quitter le Vietnam après la guerre. Complètement restauré et aménagé en motel, il offre deux suites. L'une dans la queue et l'autre dans le cockpit. Chaque hébergement convient à quatre personnes. Il dispose d'un lit double, de lits superposés, d'une cuisine, d'une toilette et d'une douche. Sur place, vous pouvez profiter du spectacle de Billy Woodlyn sur la culture des kiwis ou l'aider dans sa ferme Waitomo, expérimenter le logement dans une maison hobbit (voir p. 106), un train ou un patrouilleur de la seconde guerre mondiale.

Een uiltje vangen in een vliegtuig, ok. Maar pitten in een cockpit? Bij Waitomo World Unique Motels kan het! De militaire Bristol Freighter die entertainer en eigenaar Billy Woodlyn in zijn achtertuintje parkeerde, was een van de laatste vliegtuigen dat Vietnam na de oorlog verliet. Het werd volledig gerestaureerd en omgebouwd tot een bijzonder motel met twee suites: één in de staart en één in de cockpit. Beide accommodaties zijn geschikt voor 4 personen en beschikken over een dubbel bed, een stapelbed, een keuken, toilet en douche. Ter plekke kan je niet enkel genieten van Billy Woodlyns Kiwi Culture Shows of meewerken op zijn Waitomo-boerderij, maar kan je ook ervaren wat het is om te logeren in een hobbithuis (zie p. 106), een trein of een patrouilleboot uit WOII.

WAITOMO WORLD UNIQUE MOTELS · 1177 WAITOMO VALLEY ROAD, OTOROHANGA, NEW-ZEALAND · +64 7 878 6666 · WWW.WOODLYNPARK.CO.NZ · BILLY@WOODLYNPARK.CO.NZ

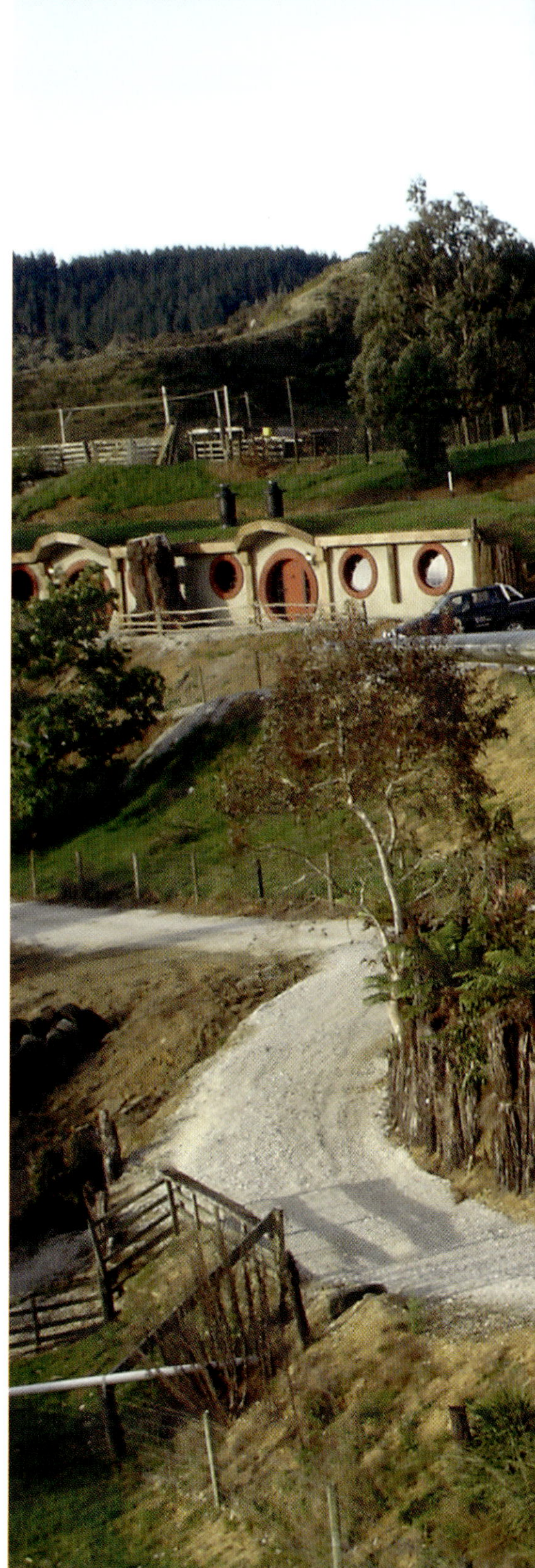

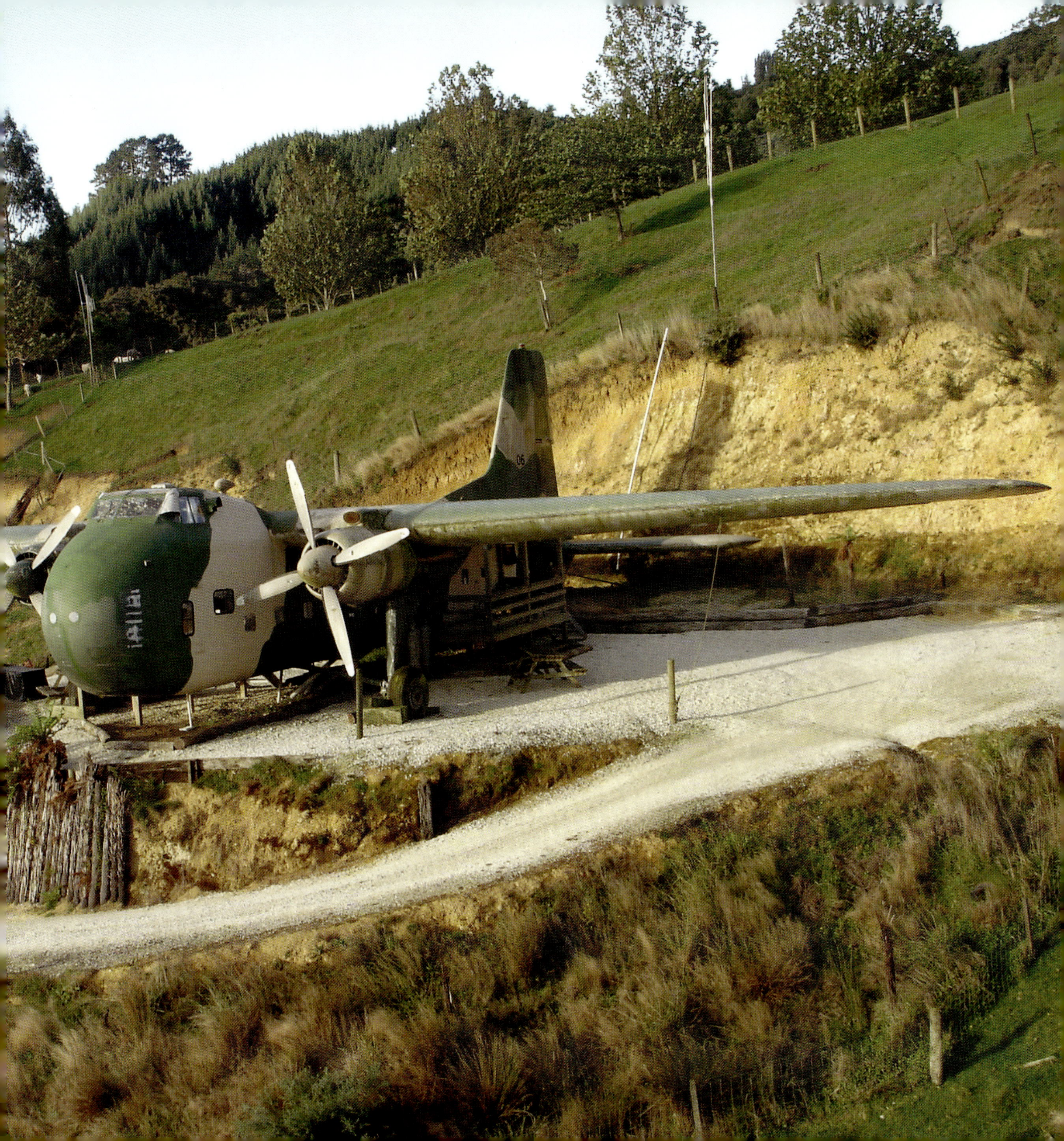

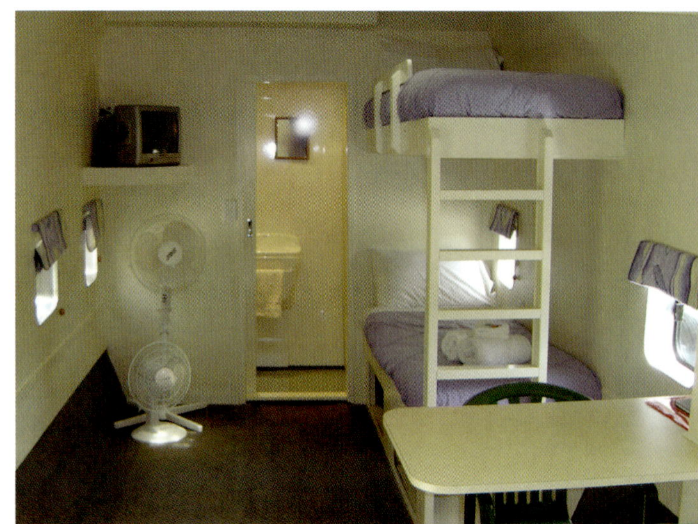

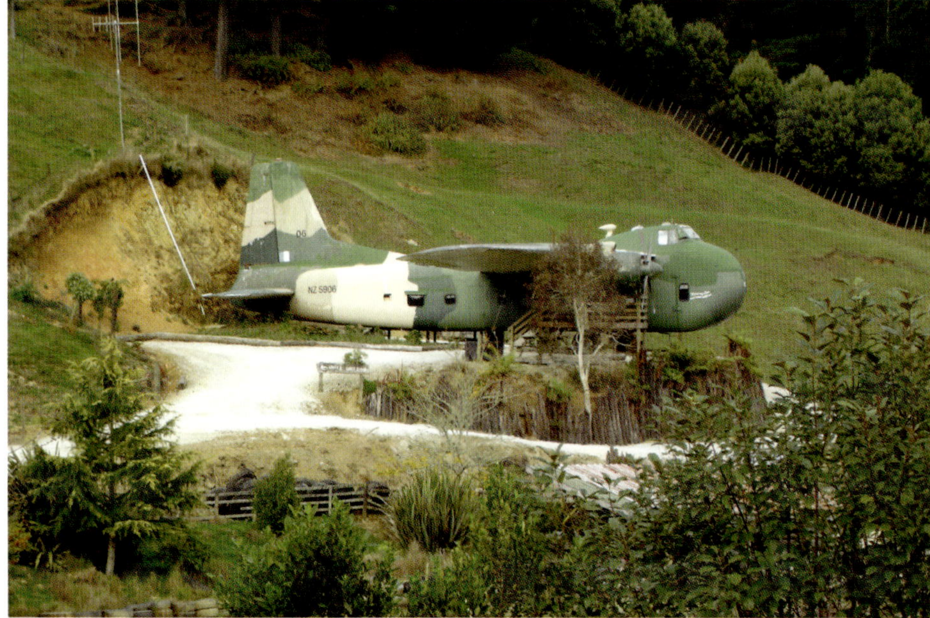

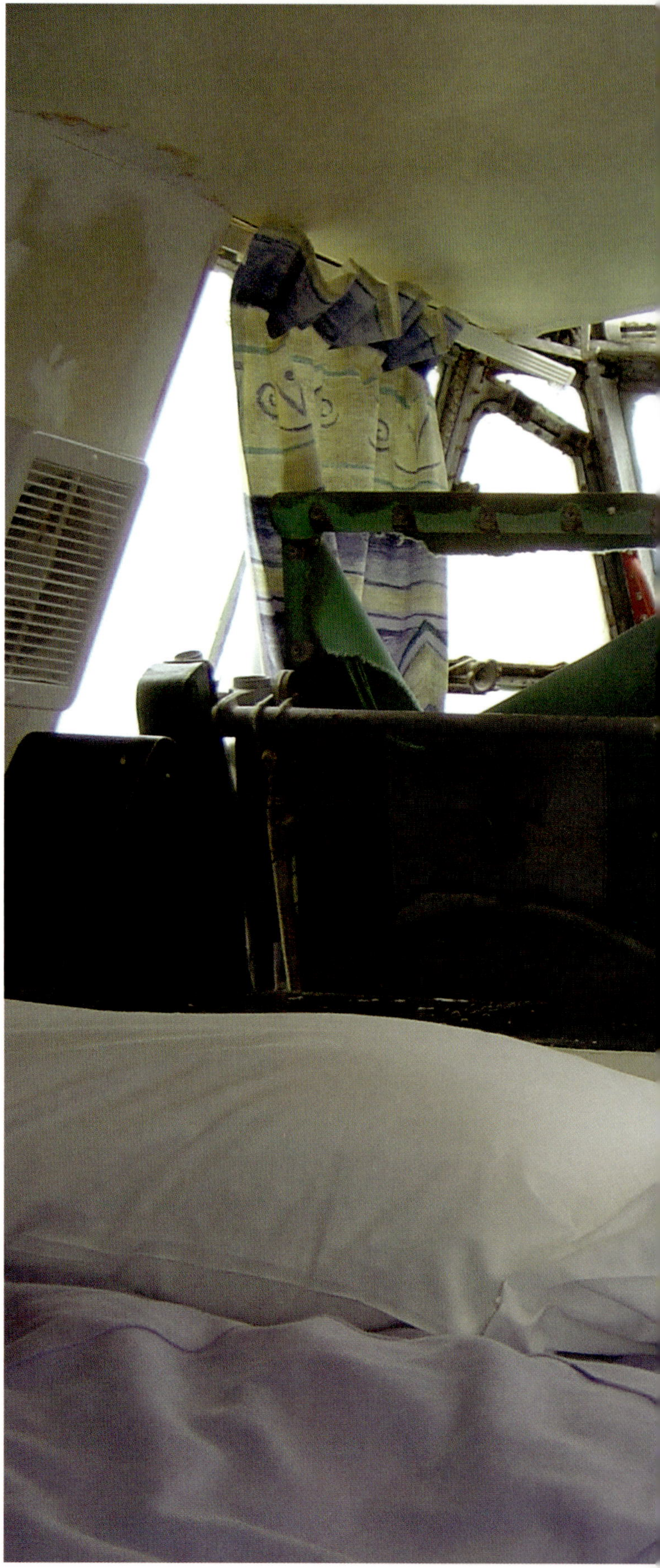

This is the only military aircraft in the
world that's used as a motel.

*Il s'agit du seul avion militaire réaffecté
en motel.*

*Dit is het enige militaire vliegtuig ter
wereld dat dienst doet als motel.*

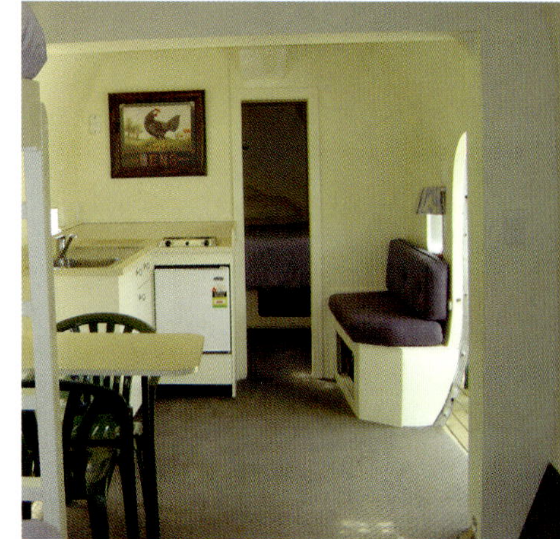

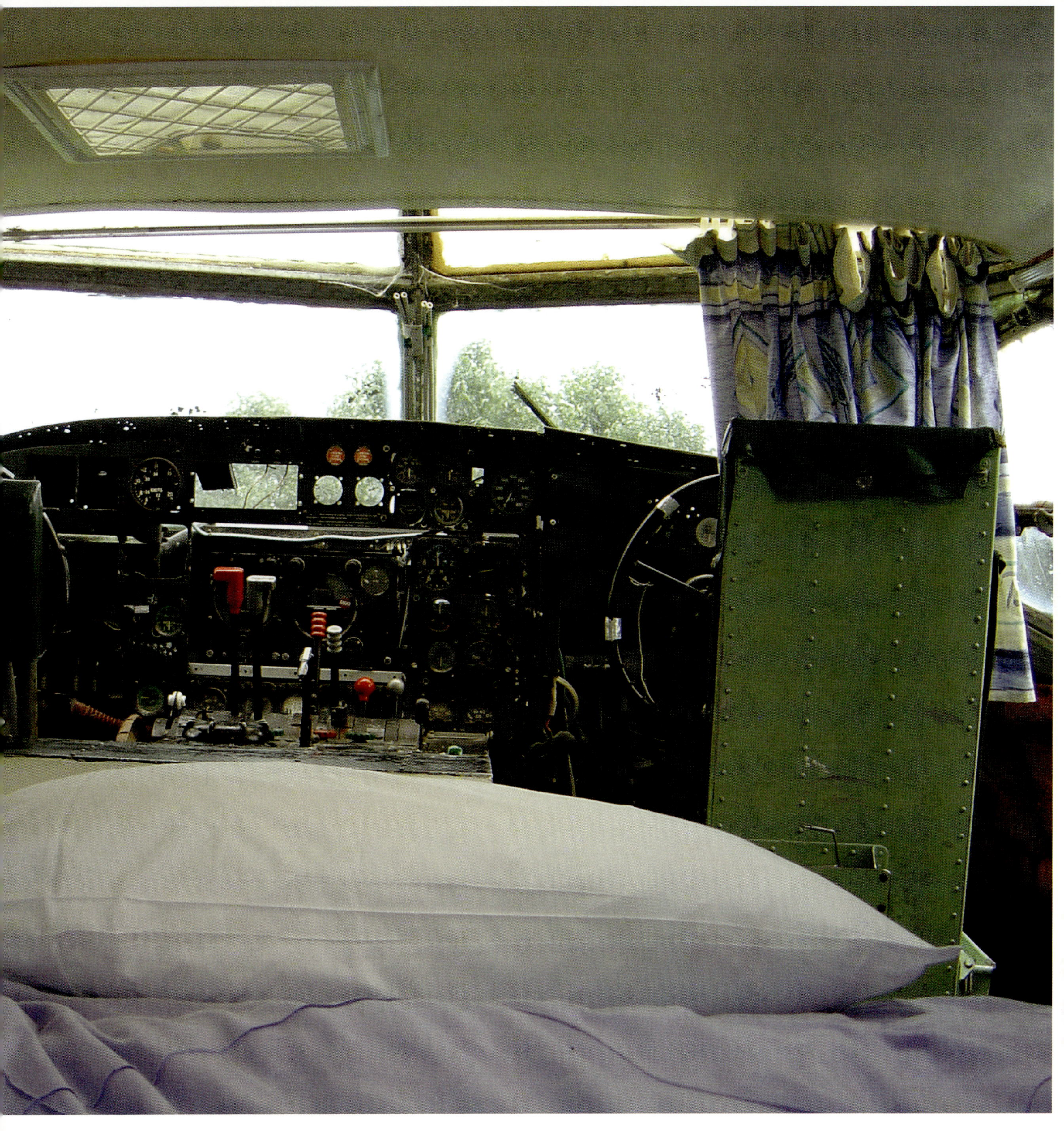

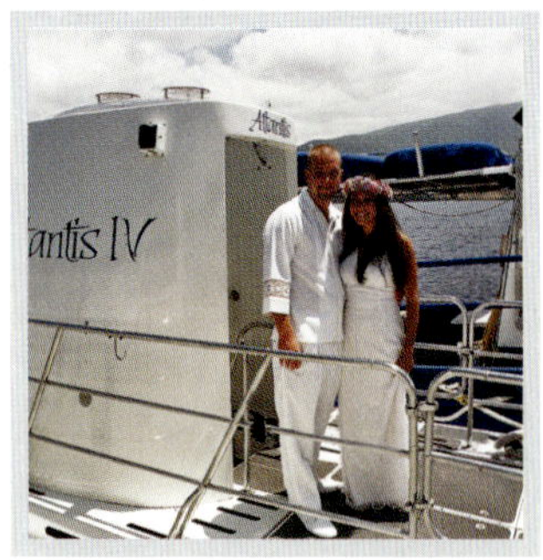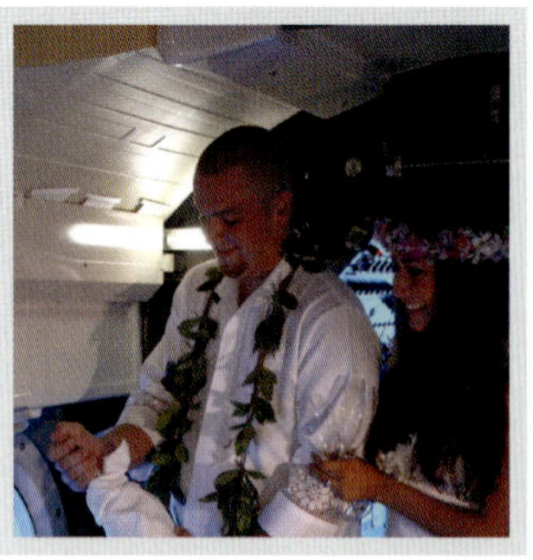

Submarine USA
Wedding

Underwater love

If your beloved tells you his love for you is 'as deep as the ocean,' look no further and book tickets for 'the love boat'. Atlantis is a comfortable and spacious air-conditioned submarine that can dive to a depth of 45 metres and can accommodate a bridal couple and up to 40 guests. You set sail from the base at Lahaina in Hawaii for a trip that you are guaranteed never to forget. You exchange vows and say 'I do' amidst exotic marine life and coral reefs, while a local musician adds lustre to the ceremony with his guitar. The services of a non denominational minister, 2 traditional Hawaiian leis, a photo and video reportage and 2 bottles of champagne are all included in the price. And there is always one advantage: running from the altar is not an option!

Si vous dites à votre bien-aimé que son amour pour vous "est aussi profond que l'océan", sachez ce qu'il vous reste à faire : embarquer le plus rapidement possible avec lui sur le vaisseau du mariage ! Atlantis est un sous-marin confortable, spacieux et pourvu d'air conditionné qui peut descendre à 45 mètres de profondeur et recevoir un couple accompagné de 40 invités au maximum. Depuis sa base de Lahaina à Hawaï, vous embarquerez pour un voyage à coup sûr inoubliable. Au milieu de la faune marine et des récifs de coraux naturels, vous échangerez promesses et consentements, tandis qu'un musicien hawaïen agrémentera la cérémonie au son de sa guitare. Dans le prix sont inclus les services d'un officiant - sans liens avec aucune religion -, 2 couronnes de fleurs, un reportage photo et un reportage vidéo et 2 bouteilles de champagne. Un avantage pour vous : prendre la fuite au pied de l'autel ne sera plus possible !

Als je geliefde je vertelt dat zijn liefde voor jou "zo diep is als de oceaan", weet je wat je te doen staat: zo snel mogelijk met hem in het huwelijksbootje stappen! Atlantis is een comfortabele, ruime en met airco uitgeruste duikboot die tot 45 meter diep kan duiken en plaats biedt aan een bruidspaar en maximum 40 gasten. Vanuit thuis-basis Lahaina in Hawaii vaar je af voor een reis die je gegarandeerd nooit meer zal vergeten. Te midden van de exotische zeewezens en natuurlijke koraalriffen wisselen jullie geloften en jawoorden uit, terwijl een plaatselijke muzikant de ceremonie opluistert met zijn gitaar. Inbegrepen in de prijs zijn de diensten van de - niet aan enige godsdienst gebonden - geestelijke, 2 traditionele Hawaiiaanse bloemen-kransen, een foto- en video-reportage en 2 flessen champagne. Eén voordeel heb je alvast: weglopen voor het altaar is géén optie!

SUBMARINE WEDDING – Maui - Hawaiian Island Weddings, Inc - P.O. Box 2098 Kihei, Maui, Hawaii 96753, United States of America - +1 808 875 0350 - www.hawaiianislandweddings.com / Submarine by Atlantis Adventures - 658 Front Street #175, Lahaina, Maui, Hawaii 98761, United States of America - +1 808 667 2224 - www.atlantisadventures.com/maui.cfm

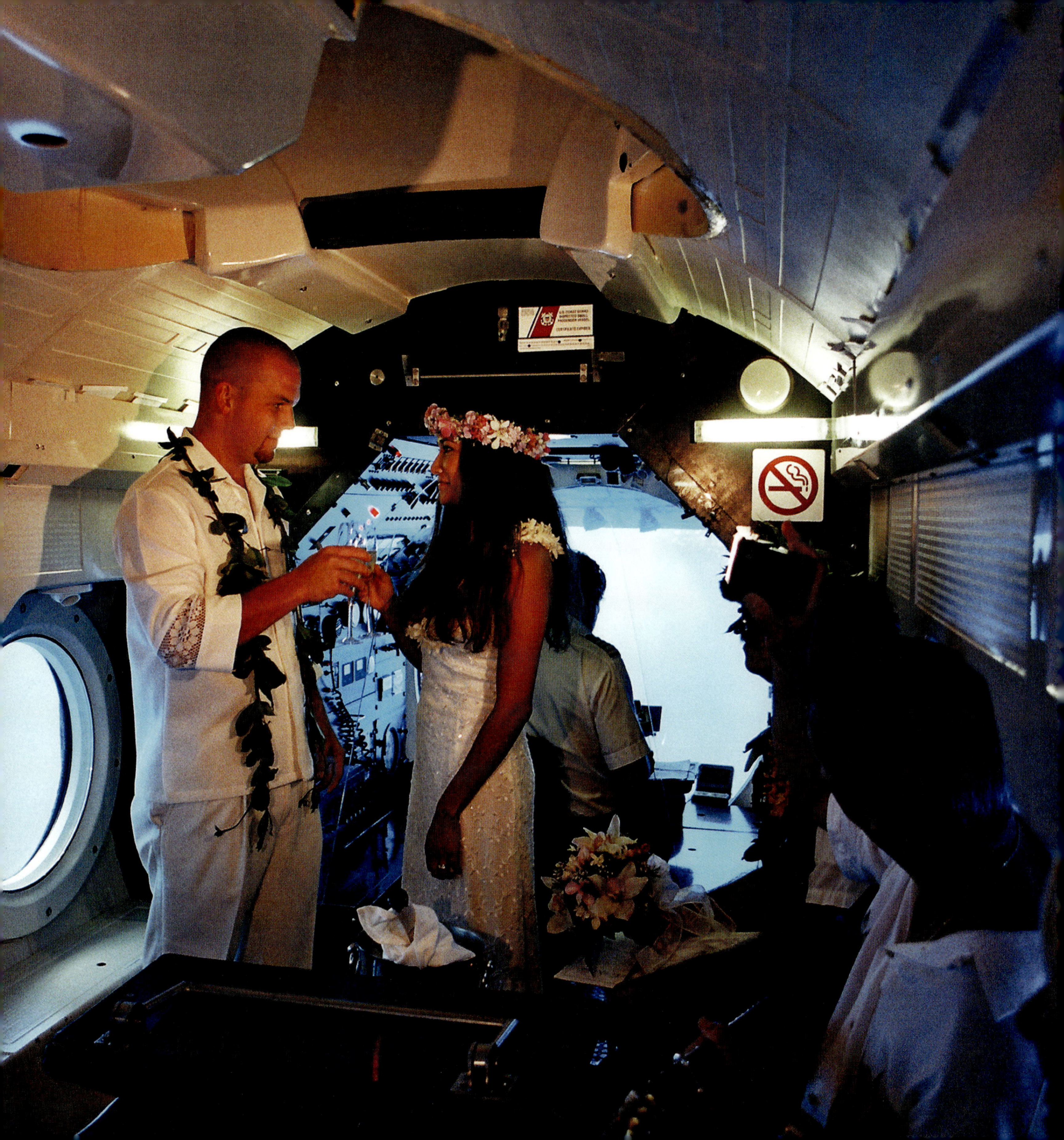

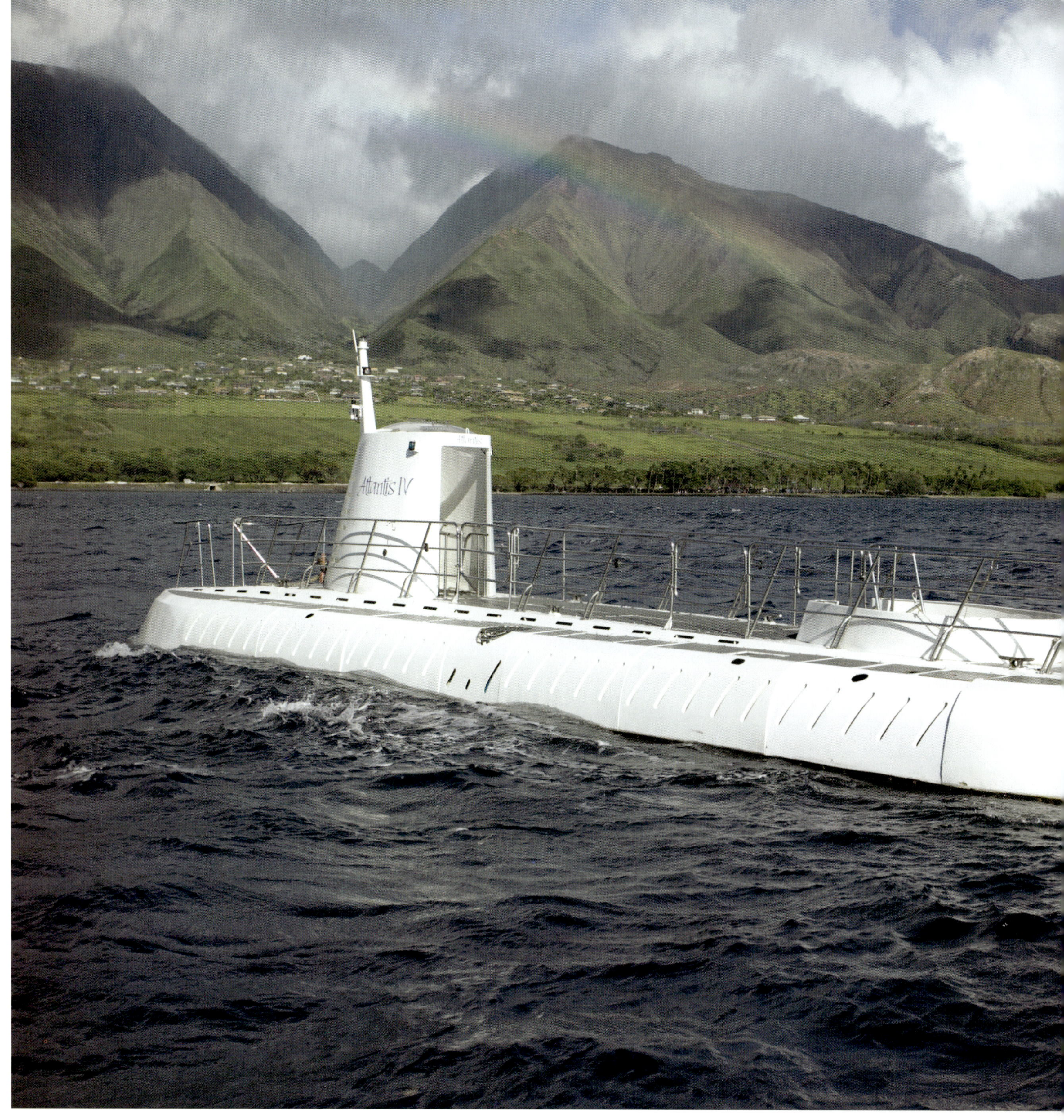
Atlantis IV

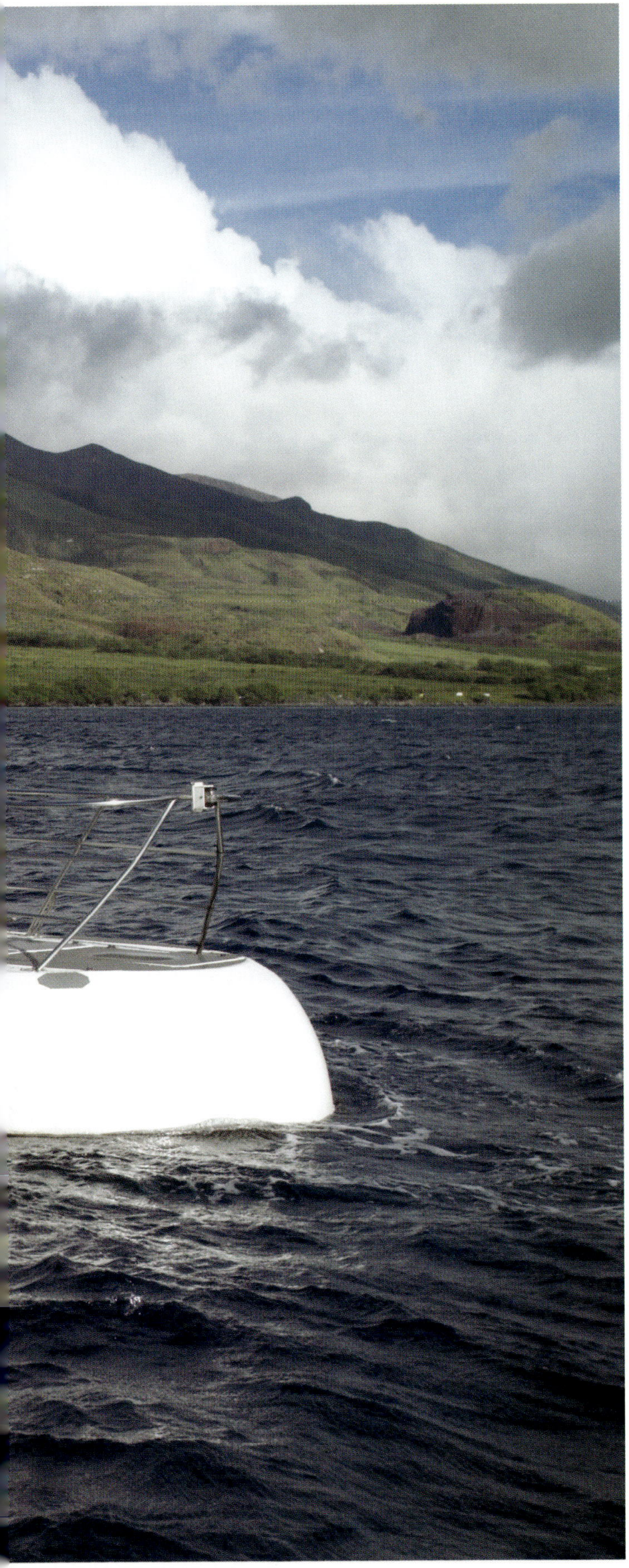

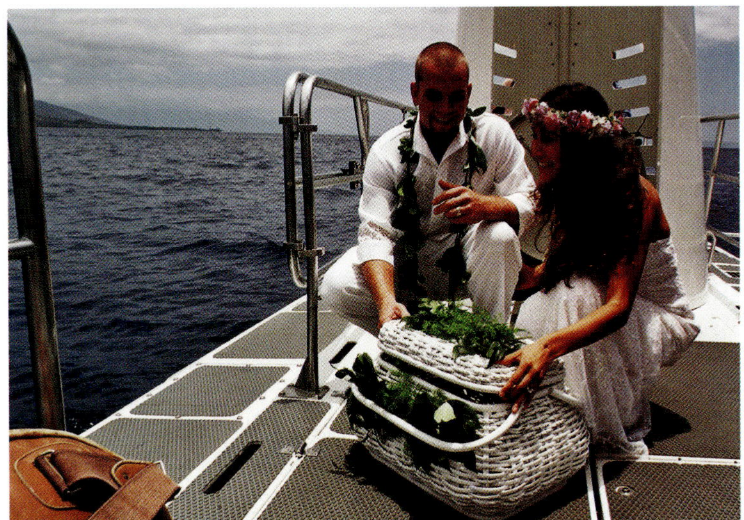

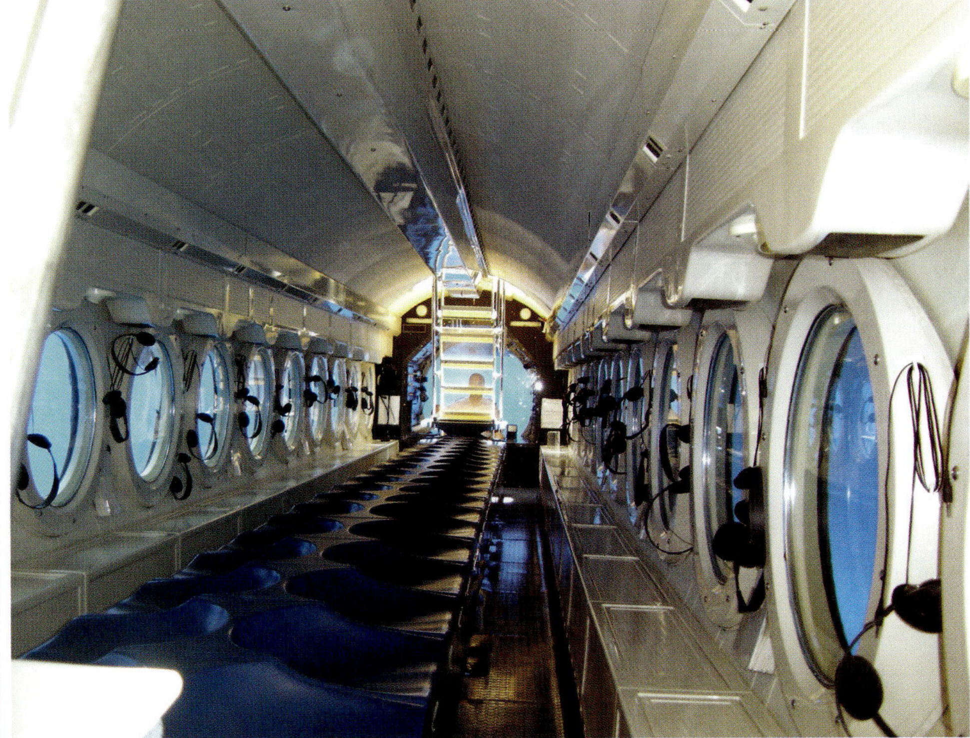

A Hawaiian wedding is usually accompanied by the Hawaiian Wedding Song, a song that Elvis made famous in 1961 in the film Blue Hawaii.

Un mariage hawaïen est encore et toujours agrémenté de Hawaiian Wedding Song, une mélodie qu'Elvis a rendue célèbre dans le monde entier en 1961 dans le film Blue Hawaii.

Een Hawaiiaanse bruiloft wordt nog altijd standaard opgeluisterd met Hawaiian Wedding Song, een liedje dat Elvis in 1961 wereldberoemd maakte met de film Blue Hawaii.

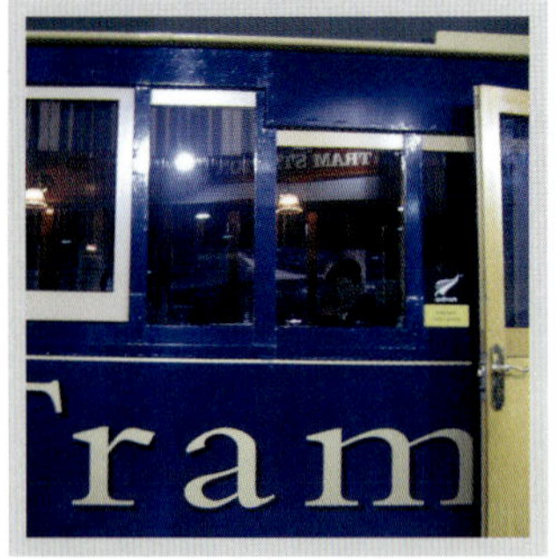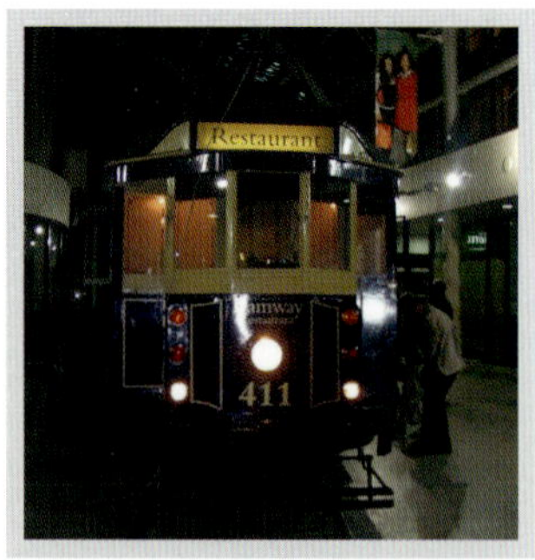

Tram restaurant New Zealand

Next stop: main course

The city of Christchurch in New Zealand, famous for its top class restaurants, relaxation opportunities, breathtaking views and cultural history, offers tourists and romantics the tram ride of their lives on board the Christchurch Tramway Restaurant. In the air conditioned, luxurious, colonial style dining tram, dining is not only a true pleasure but also a journey back in time. The personnel, dressed in impeccable vintage uniforms, serve guests with astonishing grace while the rocking vehicle, with a maximum capacity of 36 people, makes a culinary journey of discovery passing a great number of sights along a 2.5 kilometre track. The 4 and 5 course menus that are prepared on board form a unique selection of international cuisine.

La petite ville néo-zélandaise de Christchurch, réputée pour ses restaurant chics, son cadre relaxant, ses vues à couper le souffle et son héritage culturel, promet aux touristes et aux romantiques le voyage en tram de leur vie, à bord du Christchurch Tramway Restaurant. Dîner dans ce luxueux tram de style colonial équipé d'air conditionné, constitue un vrai délice, mais c'est aussi un voyage dans le temps. Le personnel, impeccable dans son uniforme d'époque, sert les clients avec une grâce étonnante tandis que le véhicule, d'une capacité maximale de 36 personnes, effectue chaque soir un parcours d'exploration culinaire, passant des dizaines de curiosités situées le long des 2,5 kilomètres de voies. Les menus à quatre et cinq plats préparés à bord constituent une sélection unique de la cuisine du monde.

Het Nieuw-Zeelandse stadje Christchurch, beroemd voor zijn klasserestaurants, ontspanningsmogelijkheden, adembenemende uitzichten en culturele erfenis, biedt toeristen en romantici de tramrit van hun leven aan boord van het Christchurch Tramway Restaurant. In de luxueuze, in koloniale stijl ingerichte dineertram met airco is dineren niet alleen een waar genot, maar ook een reis terug in de tijd. Het personeel, gekleed in onberispelijke vintage uniformen, bedient de gasten met verbazingwekkende gratie terwijl het wiegende voertuig, met een maximale capaciteit van 36 personen, elke avond een culinaire ontdekkingstocht maakt voorbij tientallen bezienswaardigheden gelegen langs het 2,5 kilometer lange spoor. De 4- en 5-gangenmenu's die aan boord klaargemaakt worden, vormen een eigenzinnige selectie uit de wereldkeuken.

Groups of 20 or more can book the tram restaurant for breakfast, lunch, morning or afternoon tea.

Les groupes à partir de 20 personnes peuvent réserver le restaurant pour le petit déjeuner, le déjeuner, le thé de onze heures ou de quatre heures.

Groepen vanaf 20 personen kunnen het tramrestaurant ook boeken voor een ontbijt, lunch, ochtendthee of vieruurtje.

CHRISTCHURCH TRAMWAY RESTAURANT · 7 TRAMWAY LANE, CHRISTCHURCH, NEW ZEALAND · +64 3 366 7511 · RESERVATIONS@TRAM.CO.NZ – WWW.TRAM.CO.NZ

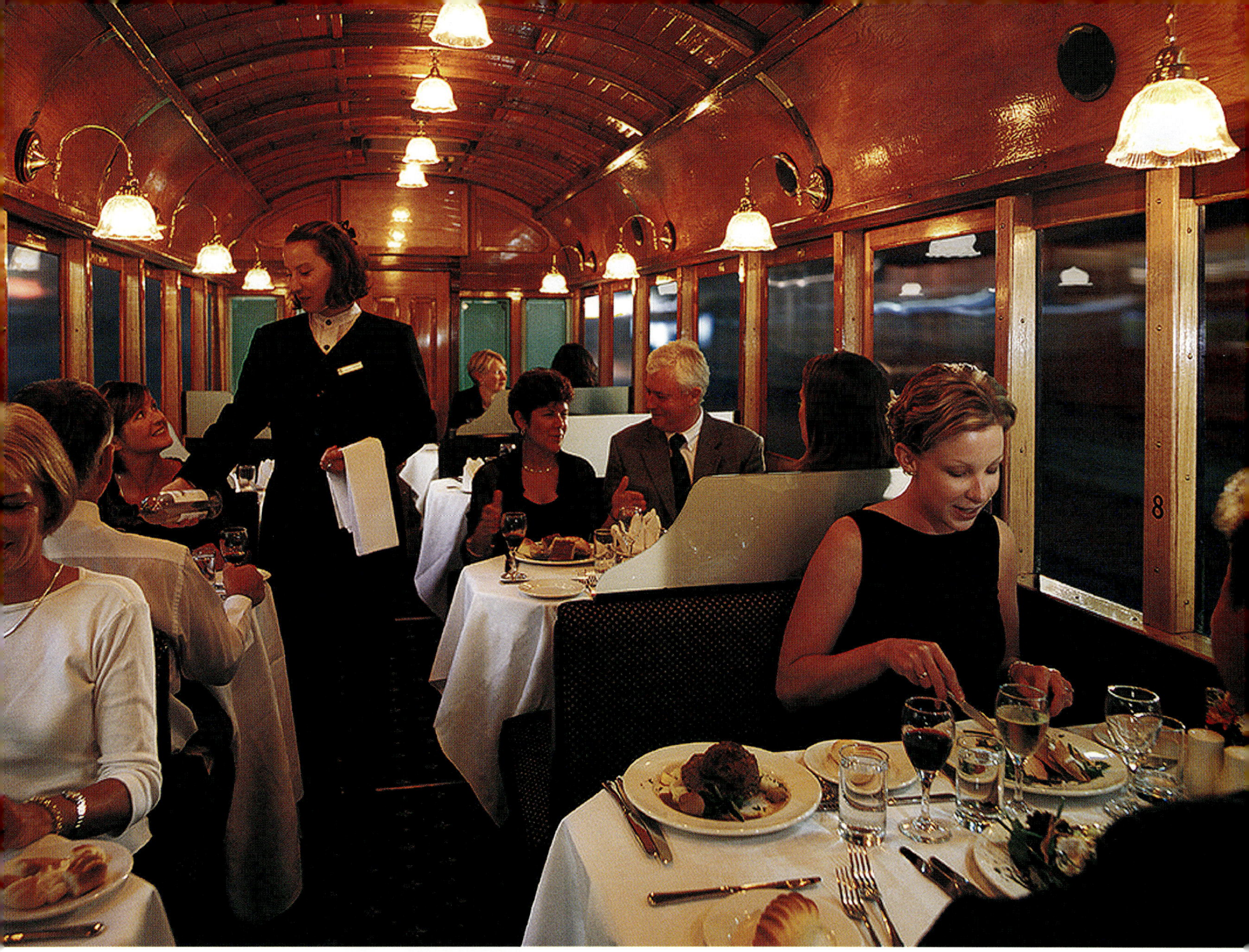

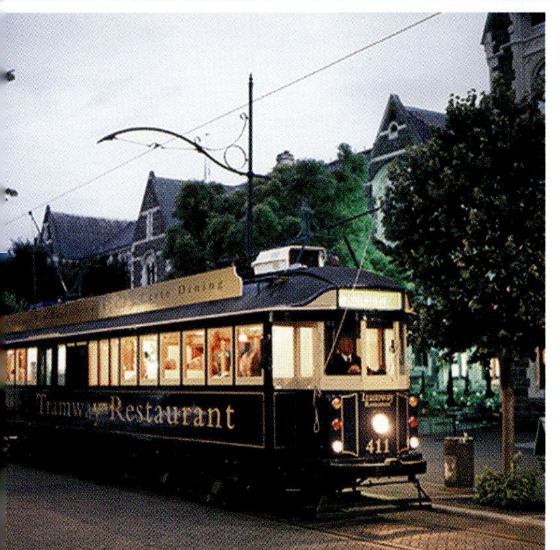

Tramway Restaurant
411

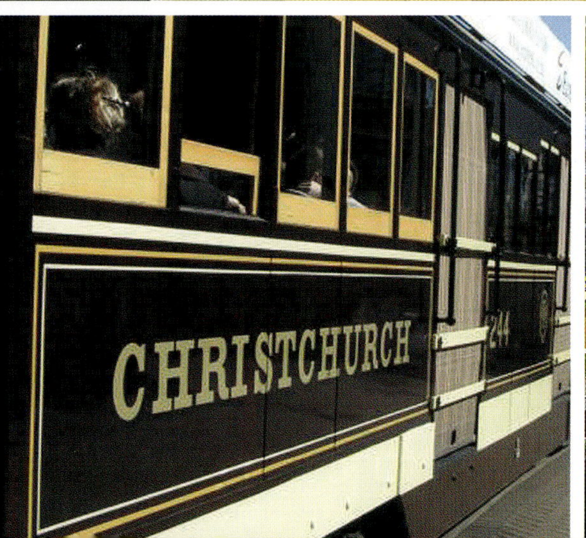

CHRISTCHURCH
244

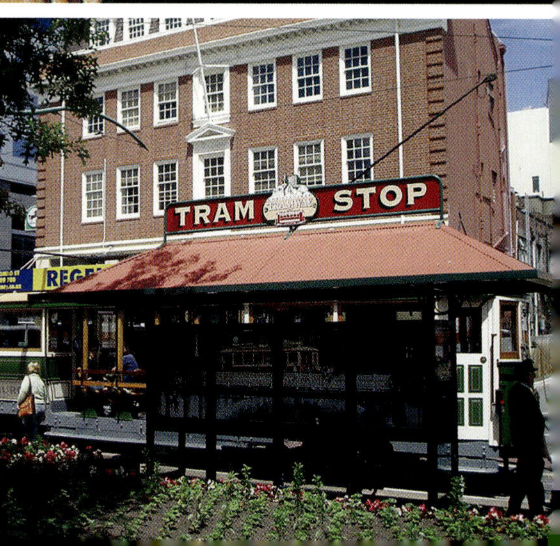

TRAM STOP
REGE

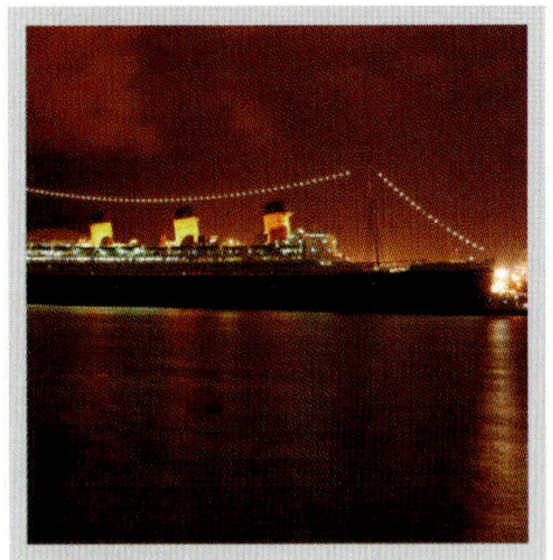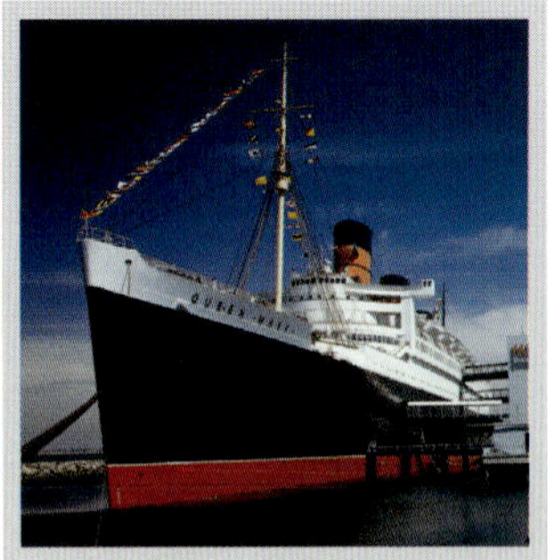

Haunted ship USA

Who ya gonna call?

Looking for a combination of romance and excitement in luxurious surroundings? The RMS Queen Mary has it all. This ocean steamer, that cruised the North Atlantic ocean between 1936 and 1967 and since 1971 served as a hotel in Long Beach, is not only a beautiful example of the art deco style but according to reports is also one of the most haunted places in the entire United States. More than 200 ghosts would regularly scare the life out of guests by pulling sheets off beds and leaving a trail of wet footprints next to the empty swimming pool, amongst other things. Whether you catch a glimpse of them or not, there's plenty of partying space, accommodating a total of 650 guests, a wedding chapel, theatre, 2 bars, 3 award winning restaurants, 307 hotel rooms and a wide variety of shops.

A l'affût d'un mélange de romantisme et de sensationnel dans un environnement luxueux ? Le RMS Queen Mary peut vous l'offrir. Ce transatlantique à vapeur, qui régna sur l'océan Atlantique de 1936 à 1967, est devenu un hôtel à Long Beach depuis 1971. Ce n'est pas seulement un magnifique exemple de style art déco, mais il a aussi la réputation d'être l'un des lieux les plus hantés par les fantômes aux Etats-Unis. Quelque 200 revenants créeraient régulièrement la panique chez les clients, notamment en arrachant les draps de leur lit et en laissant les empreintes humides de leurs pieds à côté de la piscine vide. Que vous les voyiez ou non s'envoler, vous trouverez là de quoi faire la fête : le navire possède 17 salles de fête, pour un total de 650 invités, une chapelle pour les mariages, une salle de théâtre, 2 bars, 3 restaurants réputés, 307 chambres et de nombreuses boutiques.

Op zoek naar een mengeling van romantiek en sensatie in een weelderige omgeving? De RMS Queen Mary heeft het allemaal. Deze oceaanstomer, die van 1936 tot 1967 de Noord-Atlantische Oceaan bedwong en sinds 1971 dienst doet als hotel in Long Beach, vormt niet enkel een prachtig voorbeeld van de art deco-stijl, maar is naar verluidt ook een van de meest door spoken geplaagde plaatsen in de hele Verenigde Staten. Ruim 200 geesten zouden de gasten regelmatig de stuipen op het lijf jagen, onder meer door lakens van de bedden af te trekken en een spoor van natte voetafdrukken achter te laten naast het lege zwembad. Of je ze nu ziet vliegen of niet, feestruimte is er in elk geval genoeg: het schip beschikt over 17 feestruimtes met plaats voor in totaal 650 gasten, een trouwkapel, een theaterzaal, 2 bars, 3 gelauwerde restaurants, 307 hotelkamers en een ruim aanbod aan winkels.

THE QUEEN MARY – 1126 Queens Highway, Long Beach, CA 90802, United States of America - +001 562 435 3511 - www.queenmary.com

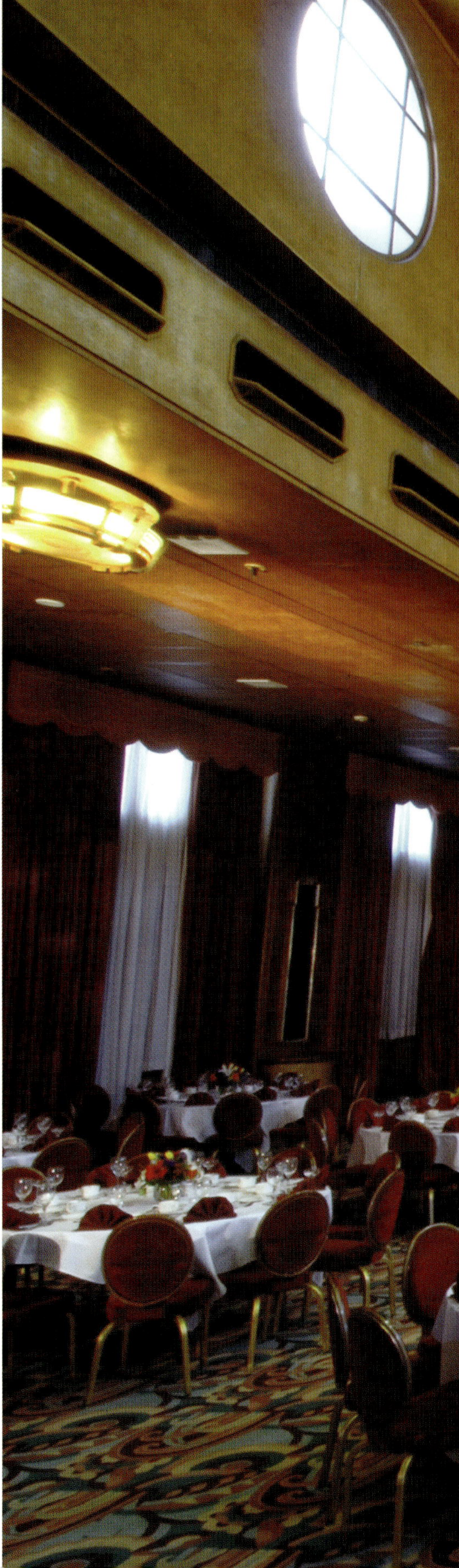

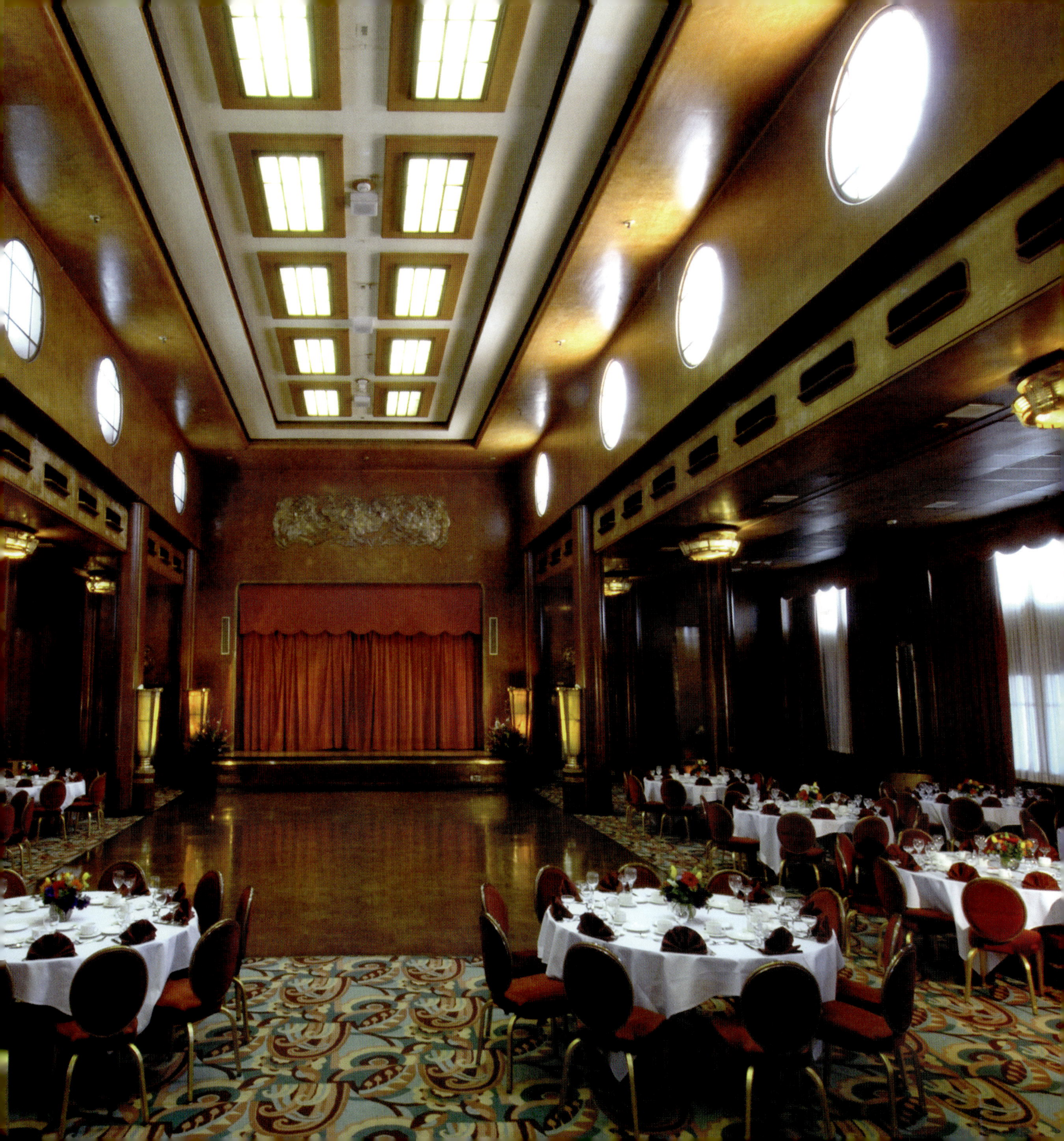

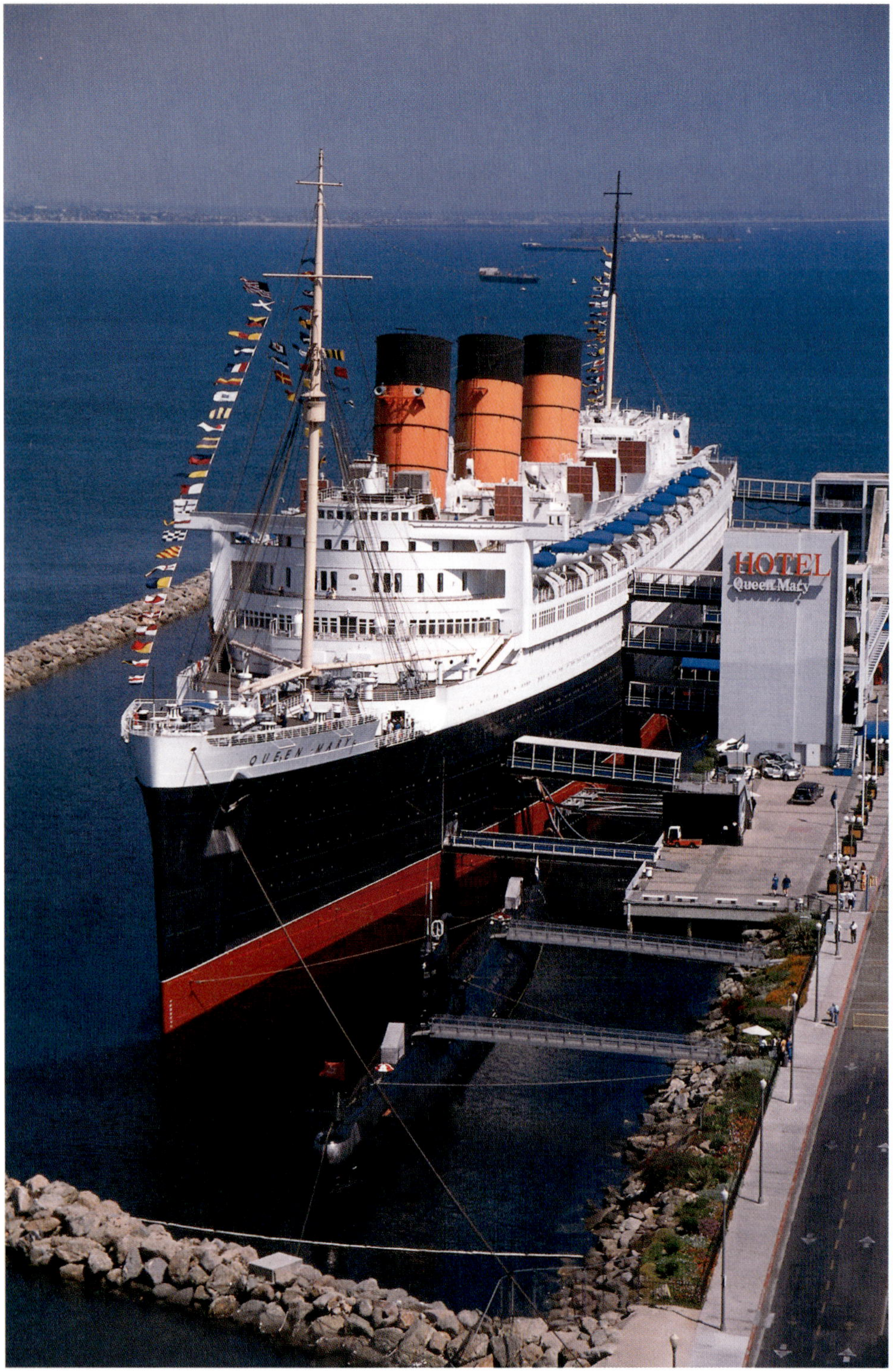

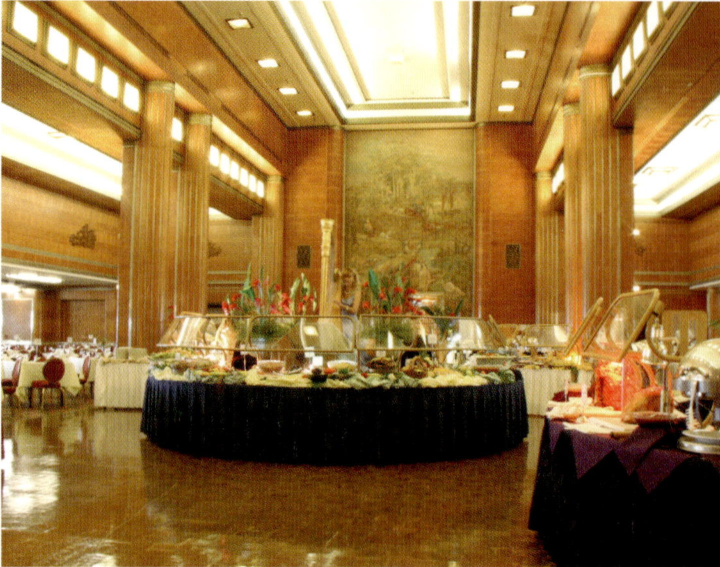

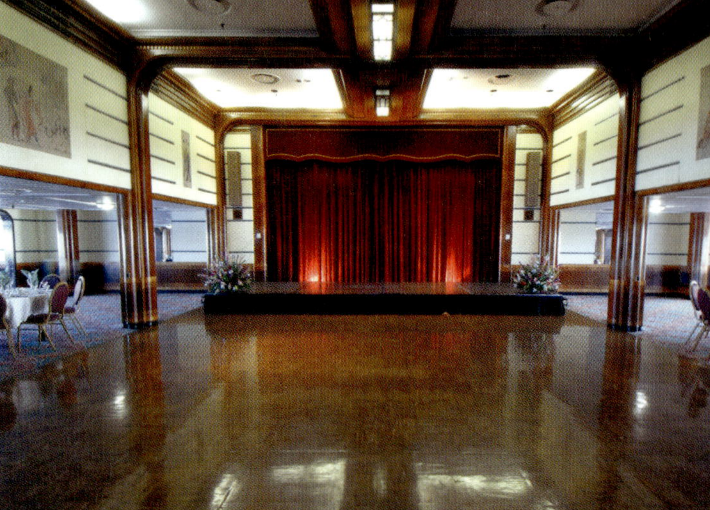

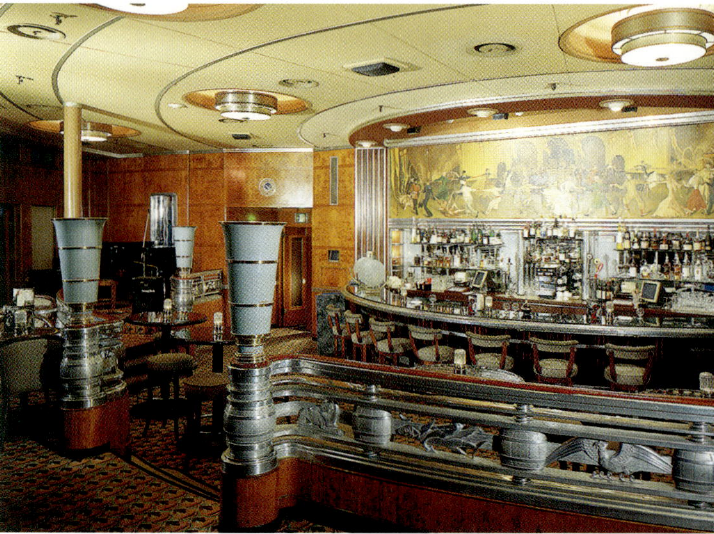

The Queen Mary served as a luxury passenger ship from 1934 to 1940, during World War II she acted as a troop ship and she has been a floating hotel and museum since 1971.

De 1934 à 1940 le Queen Mary a fait office de paquebot de luxe pour le transport de passagers ; pendant la Deuxième Guerre mondiale, il a véhiculé des troupes. Depuis 1971, il est devenu un hôtel flottant et un musée.

Van 1934 tot 1940 deed de Queen Mary dienst als luxepassagiersboot, tijdens WO II fungeerde ze als troepenschip, en sinds 1971 is ze een drijvend hotel en museum.

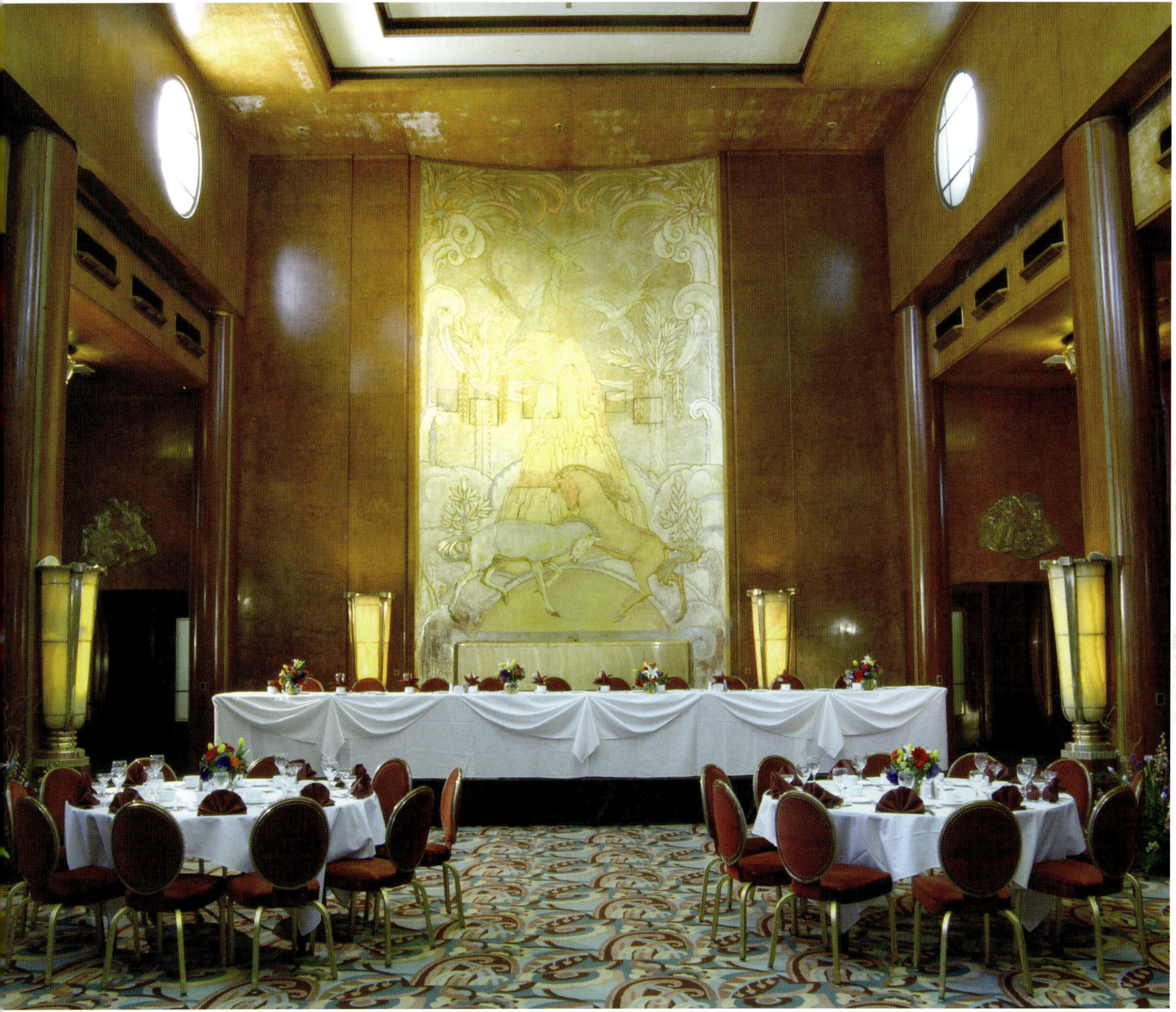

She was actually supposed to be called RMS Victoria but when King George V was asked if she could be named after the "Britain's greatest queen" he replied that his wife, Queen Mary, would be delighted.

En fait on aurait voulu le baptiser "RMS Victoria", mais lorsque l'on demanda au roi Georges V si le paquebot pouvait porter le nom de "la plus grande reine qu'il y ait jamais eu", ce dernier répondit que son épouse, la reine Mary, en serait très honorée.

Eigenlijk wilde men haar "RMS Victoria" noemen, maar toen koning George V gevraagd werd of ze vernoemd mocht worden naar de "grootste koningin ooit", antwoordde deze dat zijn vrouw, koningin Mary, vereerd zou zijn.

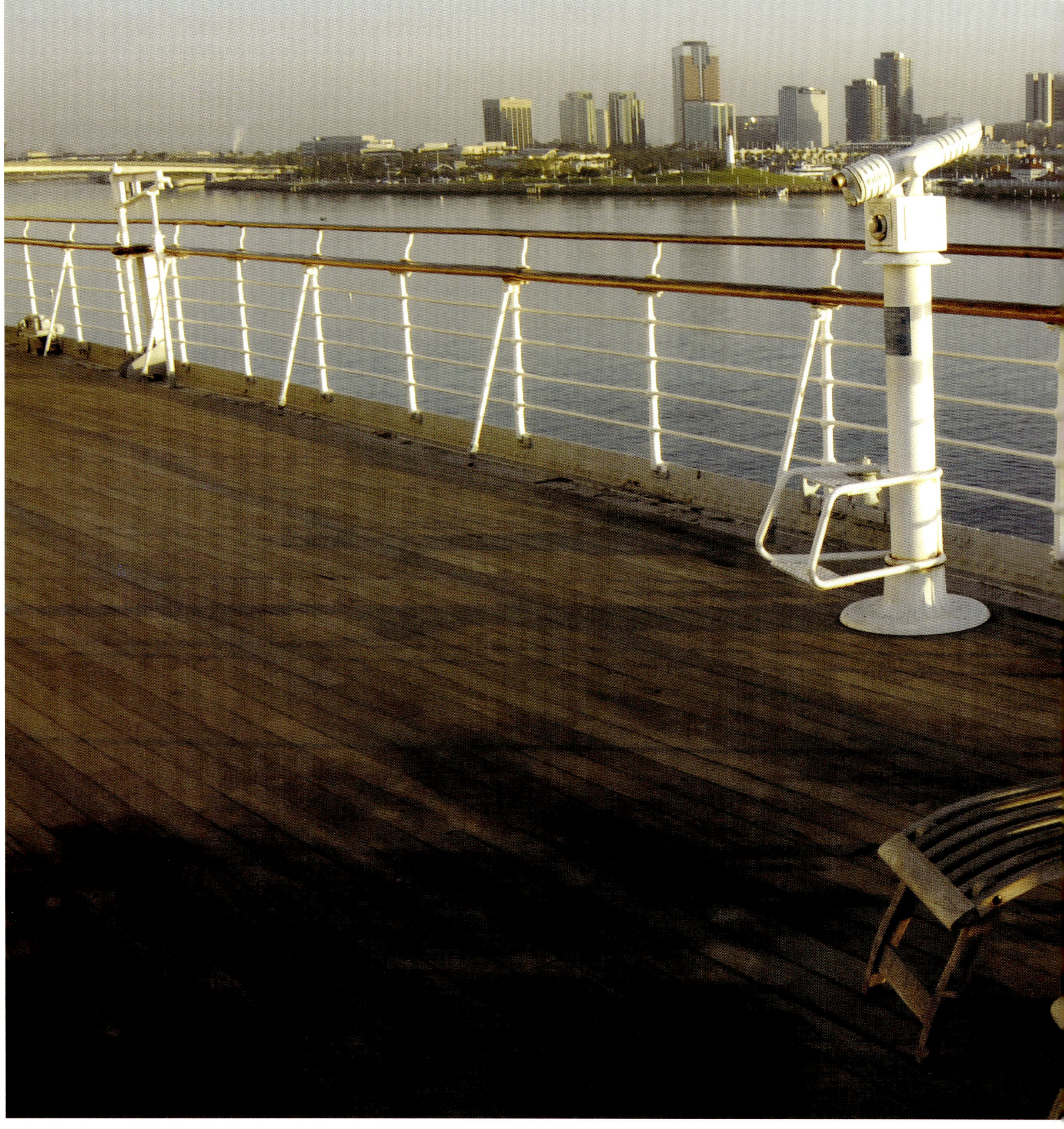

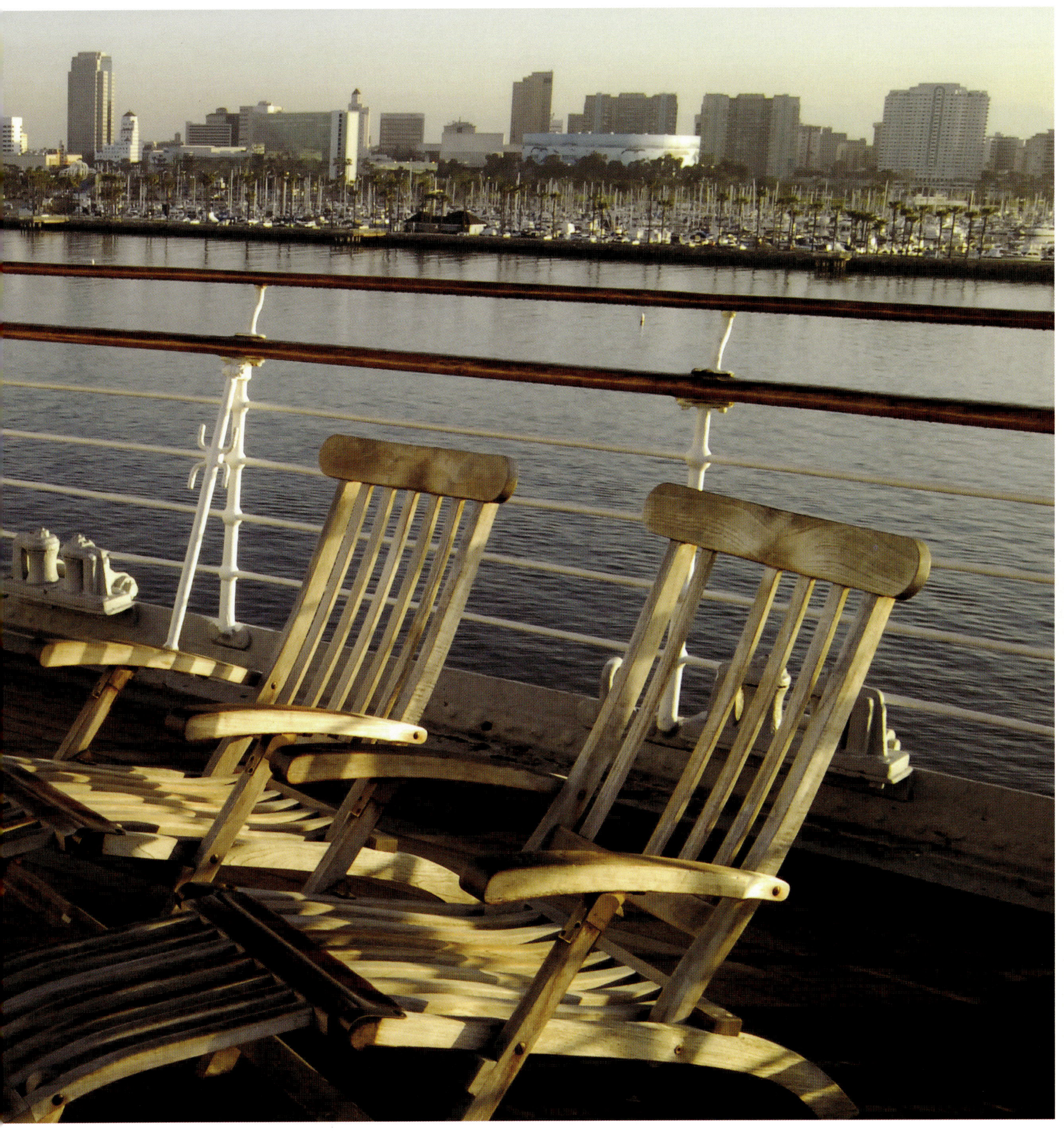

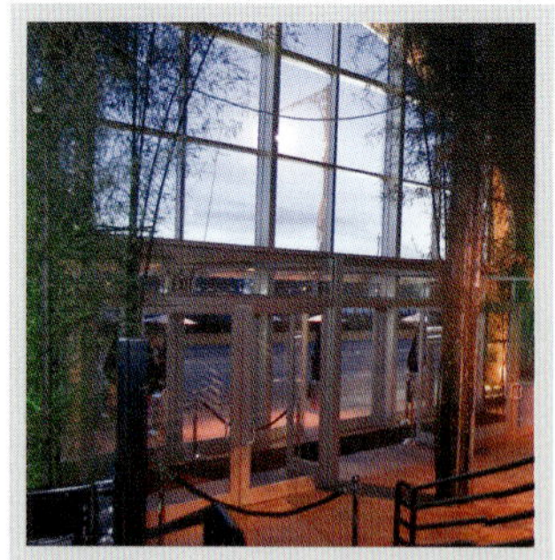
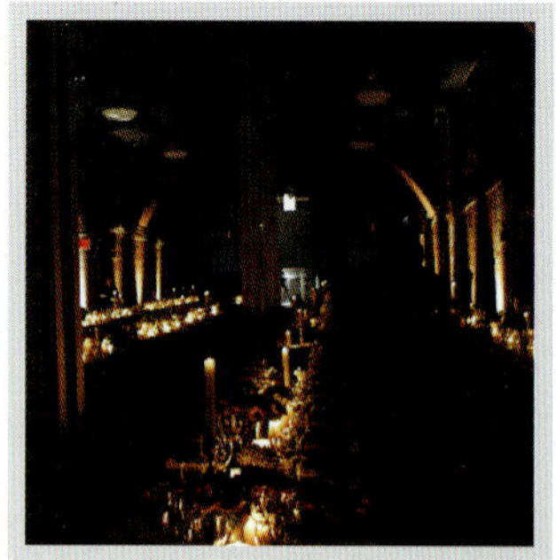

Railroad tunnel ^{UK}

Chugga chugga choo choo

Throwing a party in an abandoned railway tunnel, admit it, it fires the imagination. In The Waterfront, a 2000 m² train tunnel in the artistic Chelsea district of New York, it's possible. The building, also know as the Terminal Stores, was built in 1891 to provide a track connection between the Hudson River and the processing companies and factories in Manhattan. In the eighties, the upper floors of this imposing building were converted into mini storage units, while the ground level became a legendary NYC night club known as The Tunnel. Since 2004 the 217 metre long and 6 metre high train tunnel serves as a remarkable event space, equipped for everything from company parties, product launches, exhibitions and fashion shows to receptions, cocktail parties and shindigs.

Le fait de pouvoir donner une soirée dans un tunnel de chemin de fer désaffecté excite l'imagination, n'est-il pas vrai ? Eh bien, c'est ce qui se passe dans The Waterfront, un tunnel ferroviaire de 2.000 m² dans Chelsea, le quartier artistique de New York. La construction, également connue sous le nom de Terminal Stores, fut élevée en 1891 pour assurer la jonction entre le fleuve Hudson et les entreprises de transformation et usines de Manhattan. Dans les années 80, les étages supérieurs du tunnel furent convertis en cellules de stockage, tandis que la galerie proprement dite, au niveau du sol, se transforma, sous l'appellation The Tunnel, en un véritable mythe de la vie nocturne new-yorkaise. Depuis 2004, le tunnel ferroviaire qui mesure 217 mètres de long et a une hauteur de 6 mètres, accueille des évènements d'exception : il se prête tout autant aux fêtes d'entreprises, lancements de produits, expositions et défilés de mode qu'aux réceptions, cocktails ou surboums.

Een feestje geven in een verlaten spoorwegtunnel, geef toe, het spreekt tot de verbeelding. In The Waterfront, een 2.000 m² grote trein-tunnel in de artistieke New Yorkse wijk Chelsea, kan het. Het gebouw, ook gekend onder de naam Terminal Stores, werd in 1891 opgetrokken om te zorgen voor een spoorverbinding tussen de rivier de Hudson en de verwerkingsbedrijven en fabrieken in Manhattan. In de jaren 80 werden de bovenverdiepingen van dit imposante gebouw omgebouwd tot individuele opslagplaatsen, terwijl de treinkoker op de begane grond onder de naam The Tunnel uitgroeide tot een ware mythe in het Newyorkse nachtclubmilieu. Sinds 2004 doet de 217 meter lange en 6 meter hoge treintunnel dienst als opmerkelijke evenementenruimte, geschikt voor alles gaande van bedrijfsfeesten, productlanceringen, tentoonstellingen en modeshows tot recepties, cocktailparty's en fuiven.

THE WATERFRONT – 224, 12TH AVENUE, NEW YORK, NY 10001, UNITED STATES OF AMERICA - +1 212 695 8090 - EVENTS@TUNNELEVENTS.COM - WWW.TUNNELEVENTS.COM

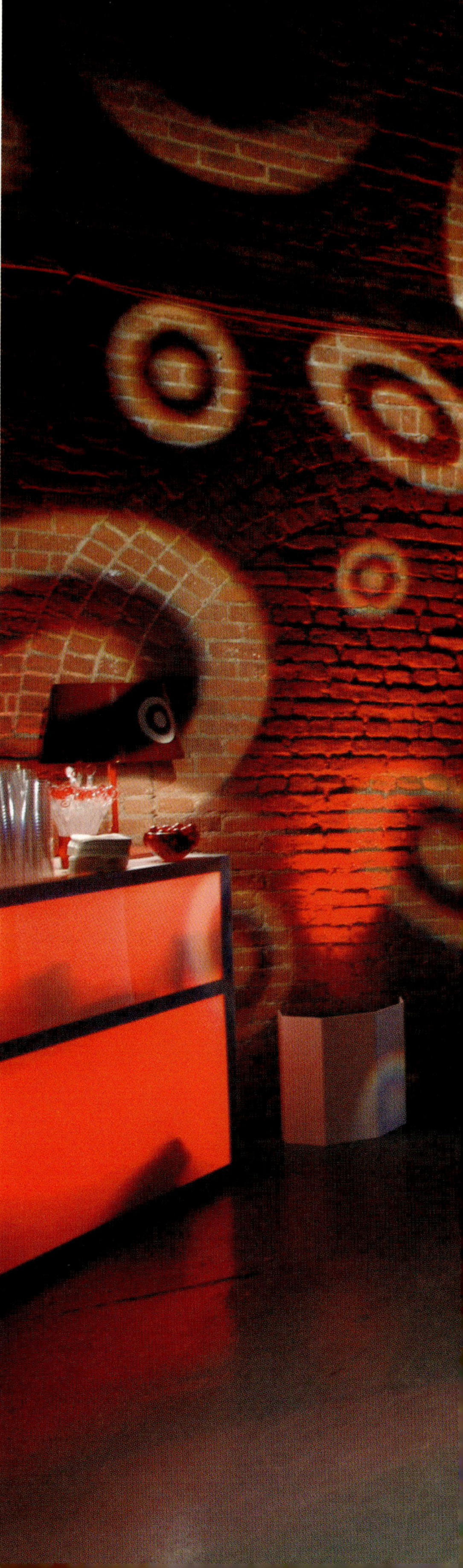

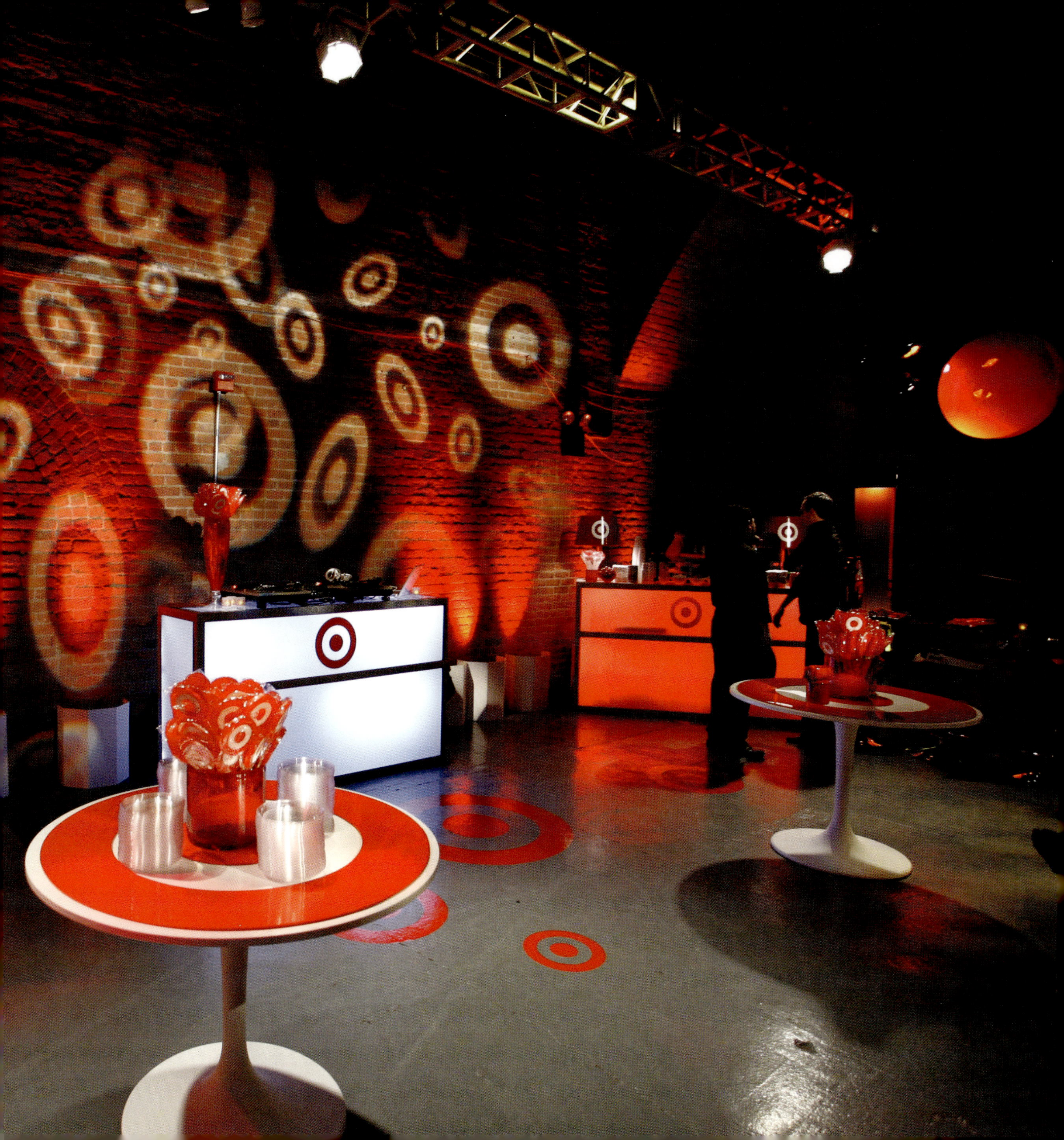

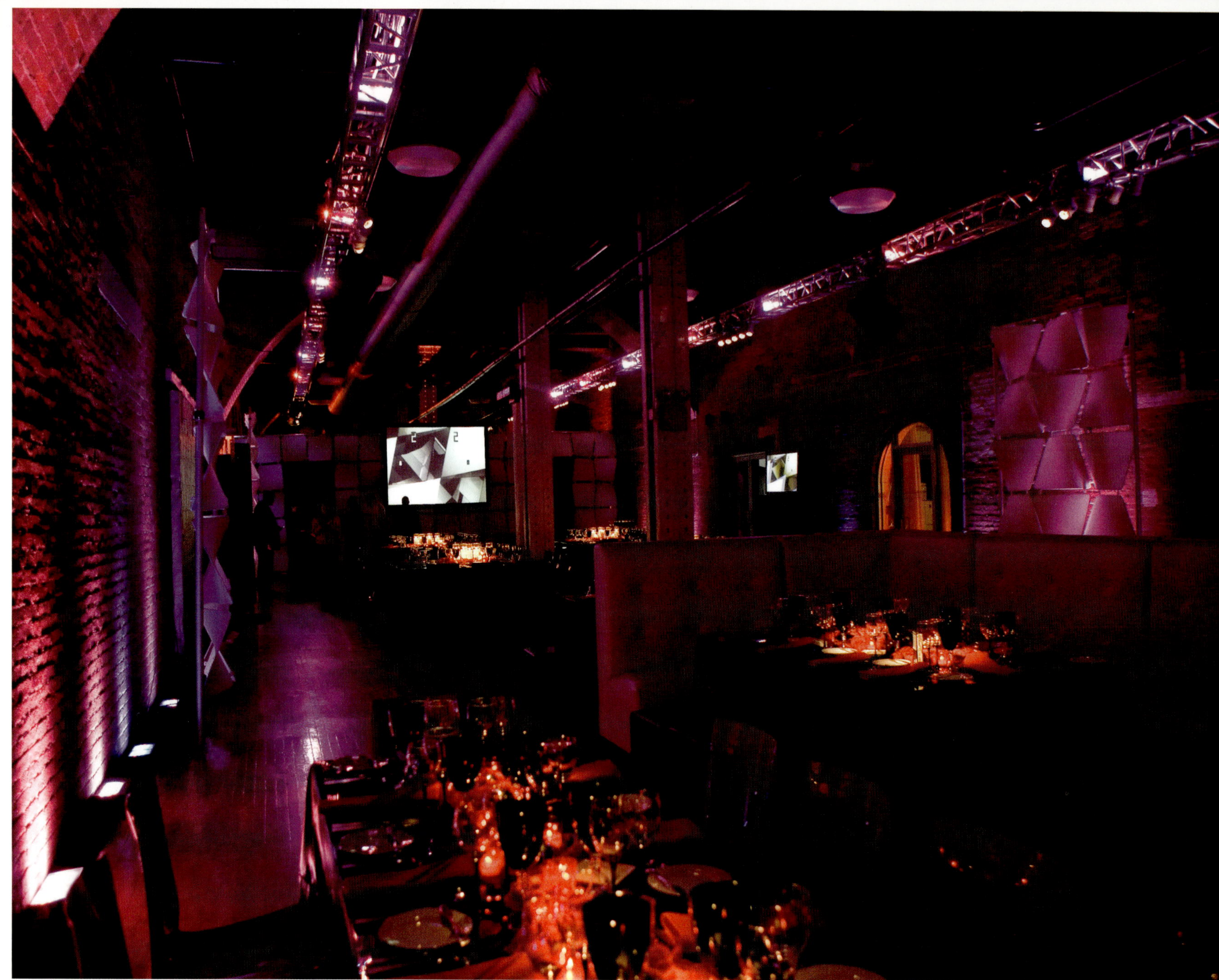

The trendy Chelsea district is well known for its many galleries, hip nightclubs and the popular sport facilities and eateries on Chelsea Piers.

Le quartier branché de Chelsea est connu pour ses nombreuses galeries, ses night-clubs excentriques ainsi que pour les installations sportives et les restaurants très fréquentés aux Chelsea Piers.

De trendy wijk Chelsea staat bekend voor zijn vele galerieën, hippe nachtclubs en de drukbezochte sport- en dineerfaciliteiten aan Chelsea Piers.

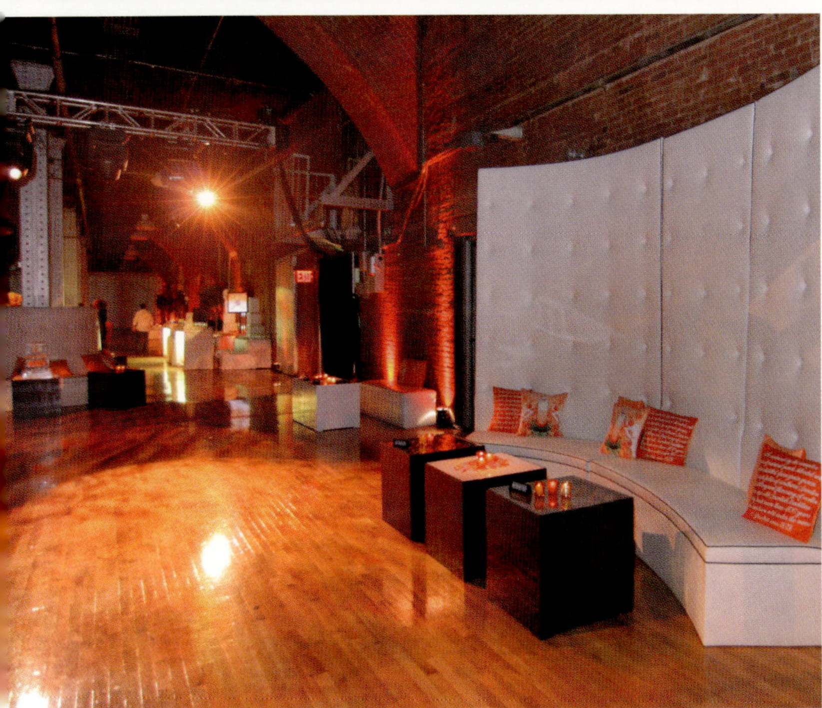

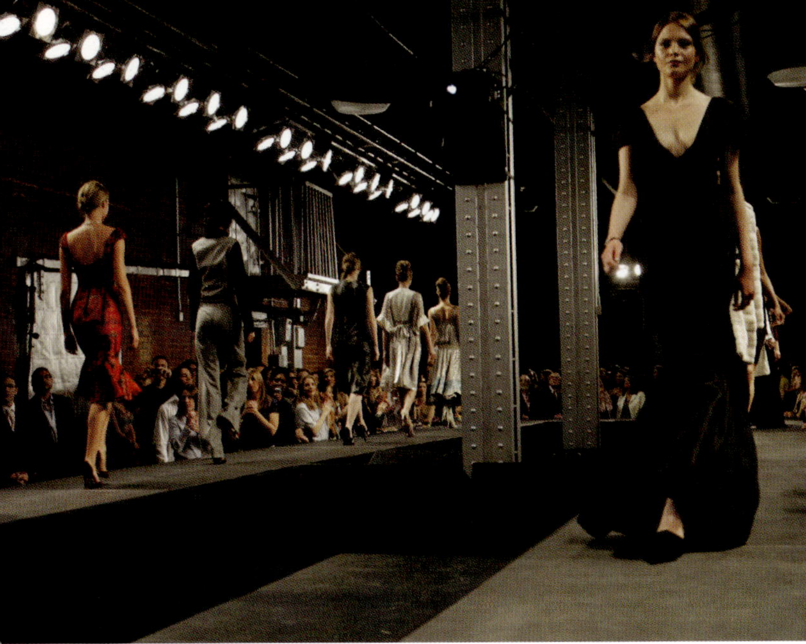

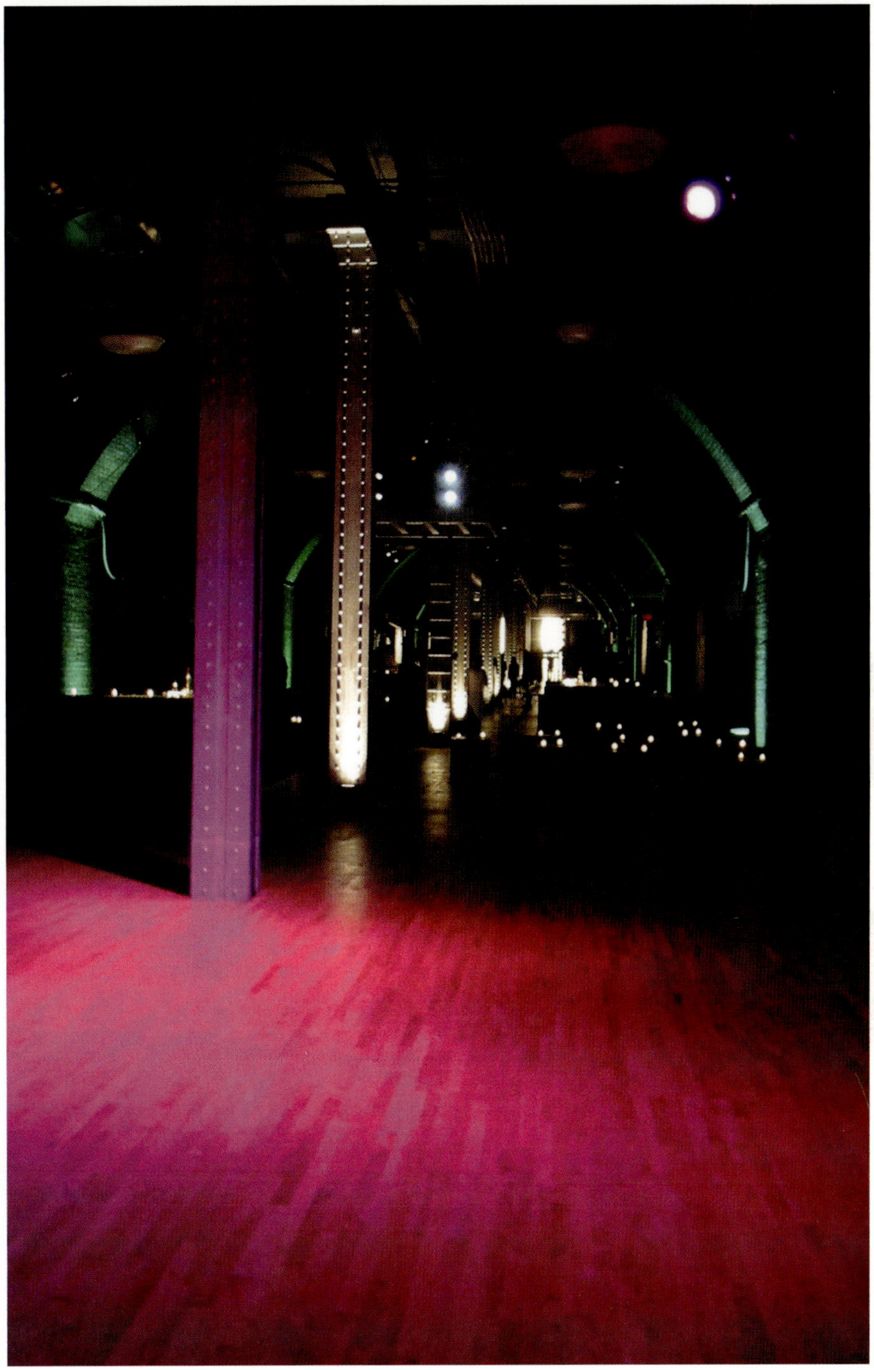

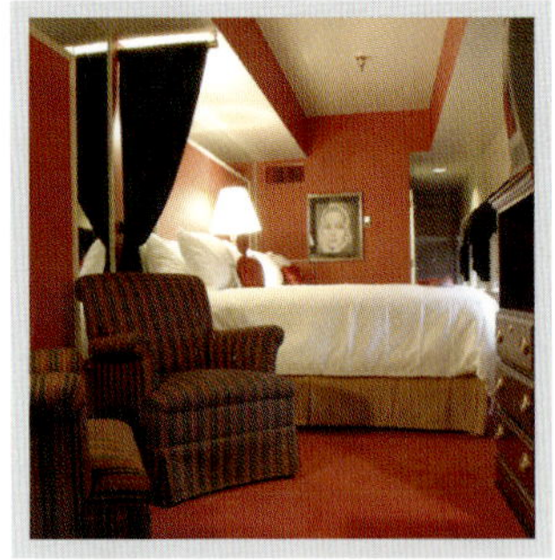
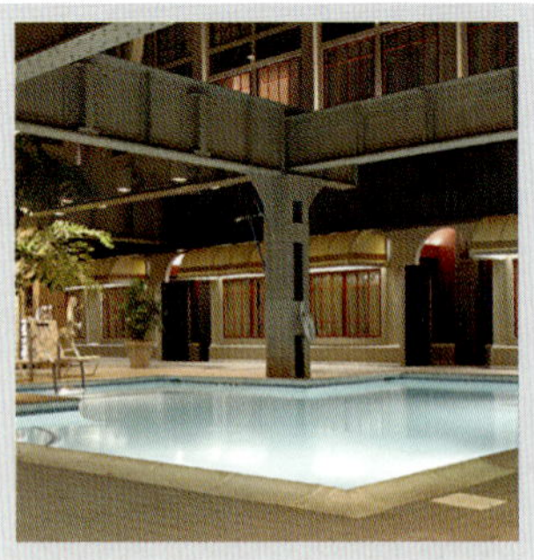

Train station hotel USA

All aboard

This impressive building in the Romanesque Revival style, built in 1888 as America's first 'Union Station', and included in the National Register of Historical Buildings since 1974, was transformed into a hotel in 1983. It has 275 spacious rooms and more than 4000 sq. m. of meeting rooms. The most impressive room is undoubtedly the Grand Hall with its distinctive pillars and arches and extremely high curved glass roof with striking stained-glass windows in the form of wagon wheels on both sides. What is more, the hotel owns thirteen authentic Pullman carriages fitted out as extra guest rooms and named after famous people of the early twentieth century such as Charlie Chaplin, Louis Armstrong, Winston Churchill, Greta Garbo, Cole Porter and so on. Each carriage has two rooms with a double or two single beds.

Cette impressionnante construction néo romane de 1888 est la toute première "Union Station" américaine. Reprise en 1974 au registre national des monuments historiques, elle a été transformée en hôtel en 1983. Elle compris 275 vastes chambres et plus de 4000 m² d'espaces de réunion. Le plus marquant est sans aucun doute le Grand Hall, avec ses piliers et ses arcs distinctifs, son immense coupole de verre et ses vitraux évoquant les roues des wagons. L'hôtel est propriétaire de treize authentiques wagons Pullman qui sont équipés comme de chambres supplémentaires et ont été dénommées d'après des personnalités du début du 20e siècle : Charlie Chaplin, Louis Armstrong, Winston Churchill, Greta Garbo, Cole Porter, etc. Chaque voiture possède deux chambres avec un lit double ou deux lits simples.

Dit indrukwekkende neoromaanse bouwwerk, in 1888 gebouwd als Amerika's allereerste 'Union Station' en sinds 1974 opgenomen in het Nationaal Register van Historische Gebouwen, werd in 1983 getransformeerd tot hotel. Het bevat 275 ruime kamers en meer dan 4000 m² vergaderruimte. De meest indrukwekkende ruimte is zonder twijfel de Grand Hall, met zijn distinctieve pilaren en bogen, en het immens hoge gebogen glazen dak met aan weerskanten opvallende glas-in-loodramen in de vorm van wagonwielen. Het hotel beschikt bovendien over dertien authentieke Pullmanwagons die ingericht werden als extra gastenkamers en vernoemd werden naar beroemde persoonlijkheden uit het begin van de twintigste eeuw, zoals Charlie Chaplin, Louis Armstrong, Winston Churchill, Greta Garbo, Cole Porter, enz. Elke wagon bevat twee kamers met een dubbel of twee enkele bedden.

CROWNE PLAZA AT THE UNION TRAIN STATION - 123 West Louisiana Street, Indianapolis, Indiana 46225, USA - +1 317 6312221 - www.ichotelsgroup.com

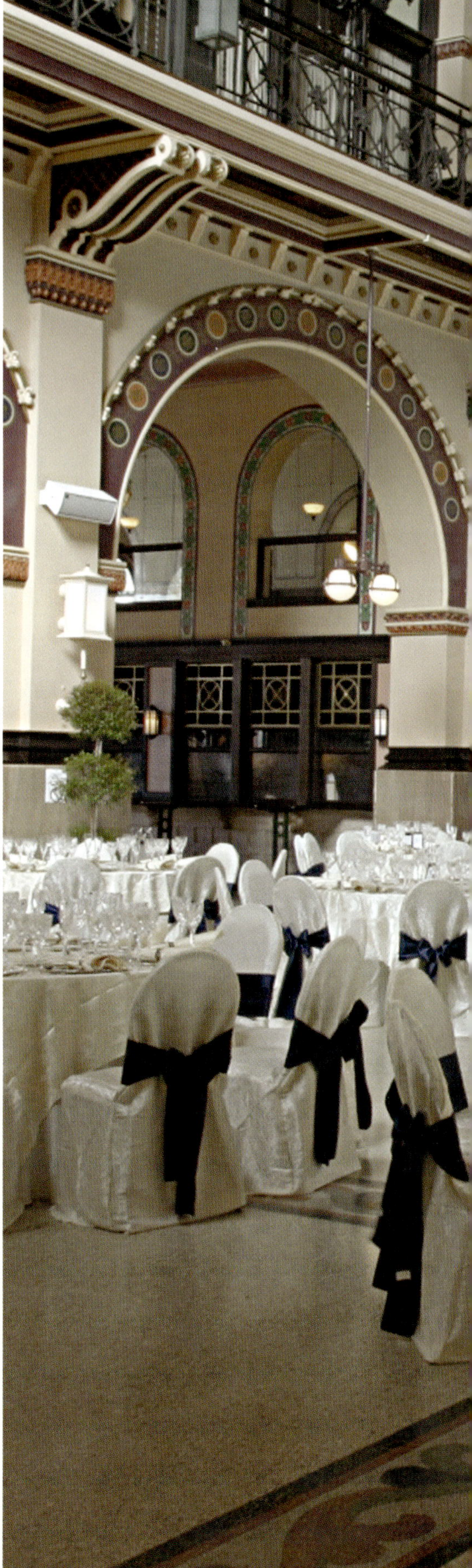

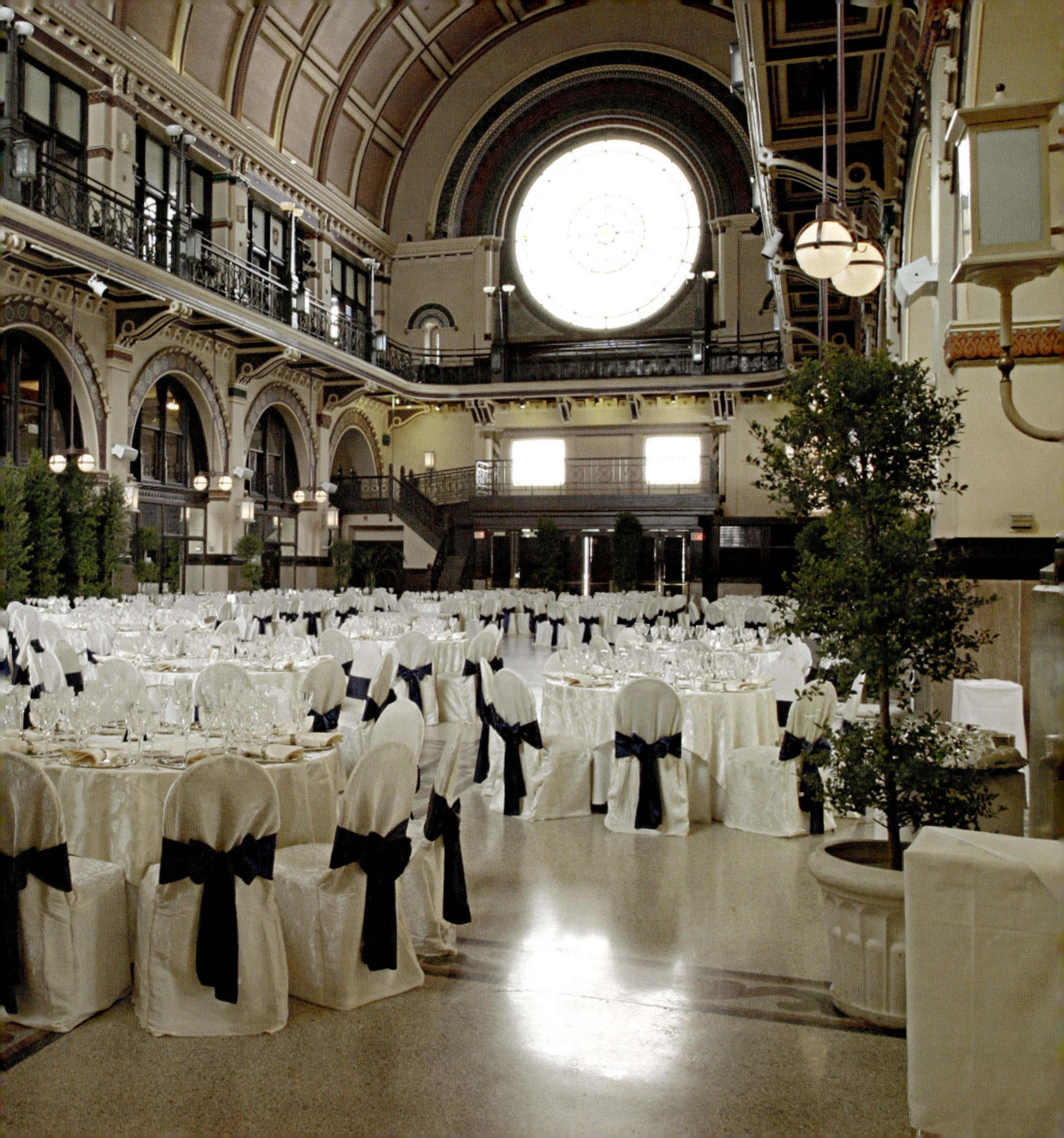

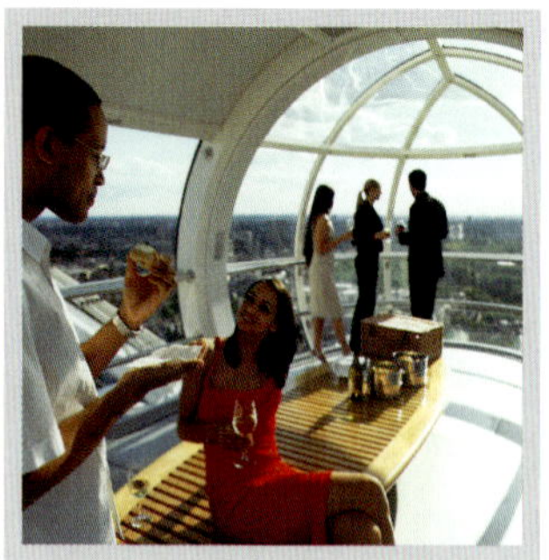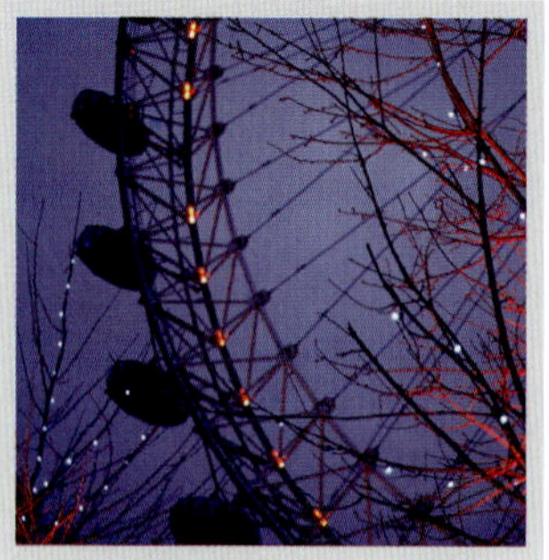

Observation wheel bar ^{UK}

Let's fly away

At a height of 135 metres, The London Eye is the world's tallest Ferris wheel and a contemporary icon for London. The construction, which was built to mark the new millennium, is fitted with 32 high tech glazed capsules each weighing 10 tonnes and each able to accommodate 25 standing visitors. A complete rotation takes half an hour and provides a magnificent view over London's most important sights. Given that the wheel turns at a stately 26 centimetres per second, visitors can get on and off without the wheel having to stop. For those who like get a little dizzier, special Laurent Perrier champagne flights are available. And those who really want to be big spenders could also book a private capsule at the same time!

Avec ses 135 mètres de haut, *The London Eye* est la plus grande roue du monde et une icône de Londres. Cette construction, édifiée à l'occasion du nouveau millénaire, est pourvue de 32 capsules de verre high-tech de 10 tonnes, qui peuvent chacune accueillir 25 passagers debout. Elles effectuent un tour complet en 30 minutes, et offre une vue spectaculaire sur les monuments incontournables de Londres. Comme la roue tourne à la vitesse de 26 centimètres par seconde, les visiteurs peuvent embarquer et débarquer sans qu'elle ne doive s'immobiliser. Des vols spéciaux au champagne Laurent Perrier sont organisés à l'attention de ceux qui veulent planer davantage. Et qui veut se donner des airs de big spender, peut bien sûr opter pour une capsule privée.

Met zijn hoogte van 135 meter is The London Eye 's werelds grootste reuzenrad en een hedendaags icoon voor Londen. De constructie, die gebouwd werd ter gelegenheid van het nieuwe millennium, is voorzien van 32 hoogtechnologische glazen capsules van 10 ton elk, die stuk voor stuk plaats bieden aan 25 staande bezoekers. Ze maken in een half uur tijd een volledige omwenteling en bieden in tussentijd een schitterend uitzicht over Londens belangrijkste bezienswaardigheden. Aangezien het rad ronddraait tegen een statige snelheid van 26 centimeter per seconde, kunnen bezoekers op- en afstappen zonder dat er gestopt moet worden. Voor wie het allemaal nóg een beetje zweveriger mag, zijn er speciale Laurent Perrier-champagnevluchten beschikbaar. En wie helemaal de big spender wil uithangen, kan dan misschien meteen ook een privécapsule boeken?

THE LONDON EYE — RIVERSIDE BUILDING, COUNTY HALL, WESTMINSTER BRIDGE ROAD, LONDON, SE1 7PB, UNITED KINGDOM - +44 (0) 870 5000 600 - CUSTOMER.SERVICES@LONDONEYE.COM - WWW.LONDONEYE.COM

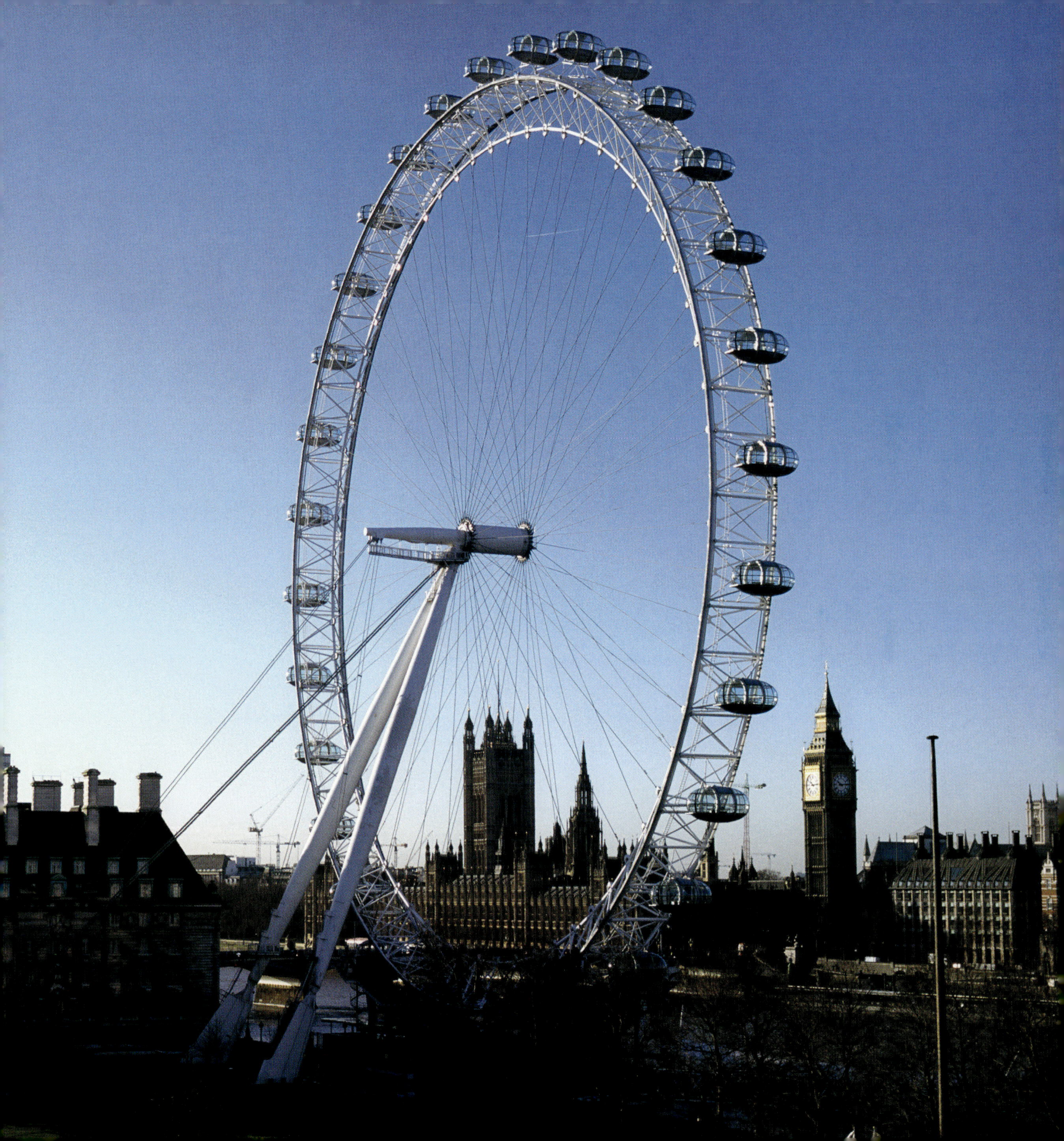

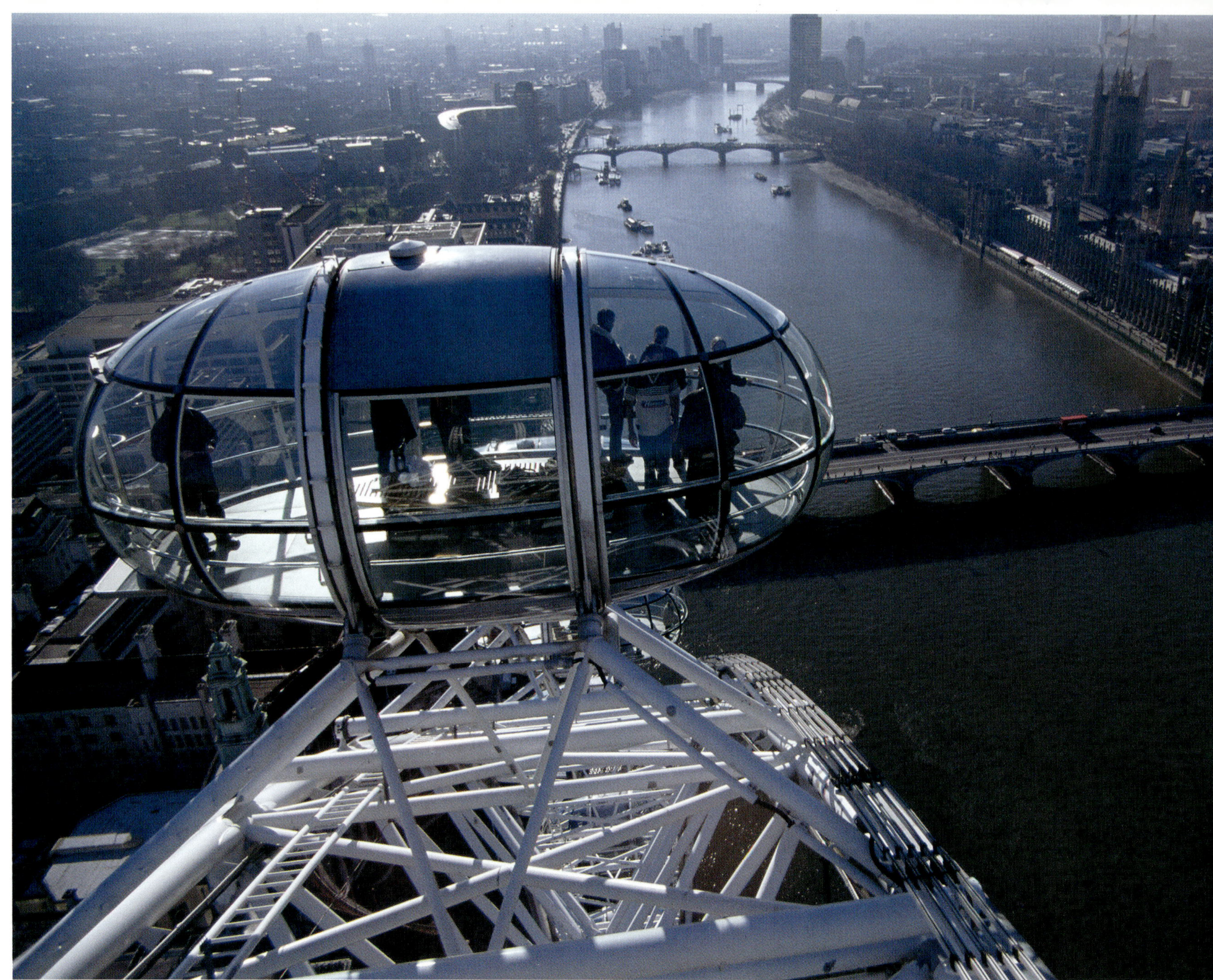

From its highest point, you can see for 40 kilometres – as far as Windsor Castle.

Du point culminant, on peut voir à 40 kilomètres – jusqu'au château de Windsor.

Vanaf het hoogste punt kan je tot 40 kilometer ver zien – zo ver als Windsor Castle.

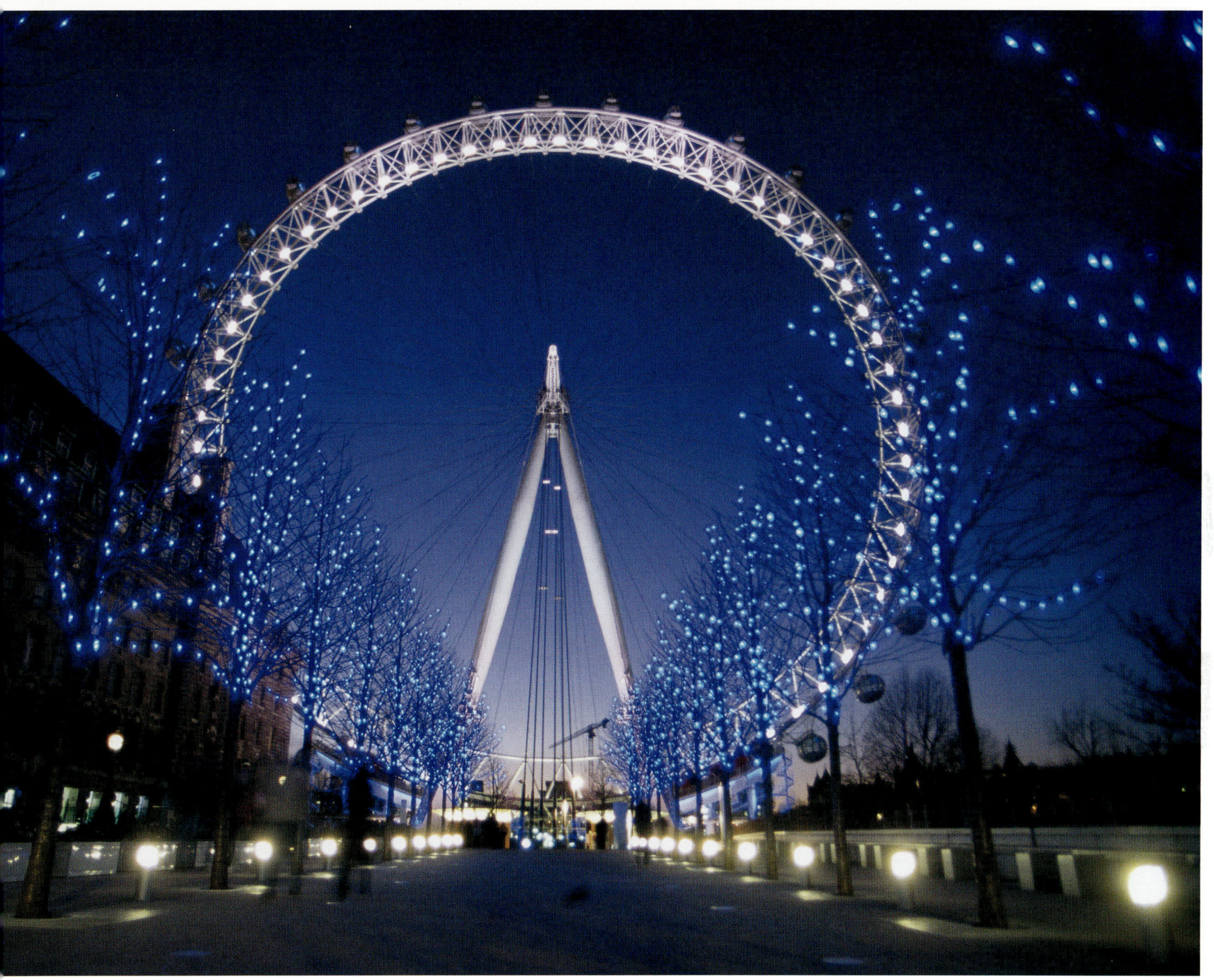

Since opening in March 2000, the wheel has welcomed more than 29 million visitors. This is 3.5 million people annually.

Depuis son ouverture, en 2000, la roue a accueilli plus de 29 millions de visiteurs, soit 3,5 millions de personnes par an.

Sinds de opening in maart 2000 verwelkomde het rad meer dan 29 miljoen bezoekers. Dat zijn jaarlijks 3,5 miljoen mensen.

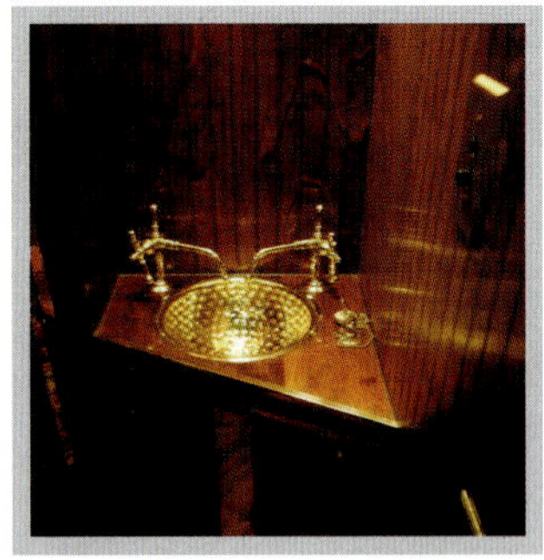 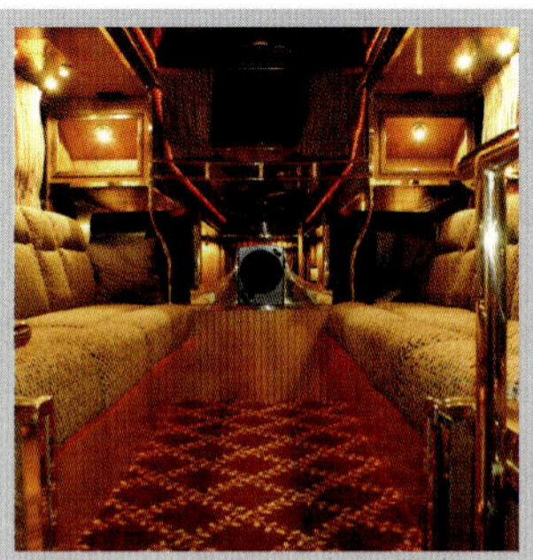

Giant party limo USA

Nightclub on wheels

The world's largest party limousine is 20 metres long, weighs 25 tonnes, has 22 wheels and 435 HP. The Midnight Rider, a "Tractor Trailer Limousine", designed in 1986, was ready for use in 2005 and is still the only of one of its kind. The mobile nightclub has a party lounge, a TV room and observation zone, a bar, a bathroom and a 1,800 watt surround sound system, air-conditioning, telephone and satellite TV. The interior, inspired by a 1870s presidential train carriage, is characterised by polished wood and brass work, silk and velour fabrics and subtle lighting. A team of 5 to 7 people are on board, ready to pamper up to 40 guests. From its operating base in Southern California, the Midnight Rider is available throughout the United States.

La plus grande limousine de fête du monde mesure 20 mètres de long, pèse 25 tonnes, possède 22 roues et 435 CV. Ce *Tractor Trailer Limousine* baptisé The Midnight Rider, a été imaginé en 1986 et mis en service en 2005. Unique en son genre, cette boîte de nuit roulante possède un salon, une chambre de télévision, une zone d'observation, un bar, une salle de bains et une installation *surround* de 1 800 watts, l'air conditionné et le téléphone. L'intérieur, inspiré d'un wagon présidentiel de 1870, se remarque par ses cuivres et son bois poli, la soie, le velours et un éclairage subtil. A bord, une équipe de 5 à 7 personnes sont aux petits soins pour 40 convives. Basé en Californie du sud, The Midnight Rider se déplace aux quatre coins des Etats-Unis.

's Werelds grootste partylimousine is 20 meter lang, weegt 25 ton en beschikt over 22 wielen en 435 PK. The Midnight Rider, een zogenaamde "Tractor Trailer Limousine", werd in 1986 ontworpen en in 2005 in gebruik genomen, en is totnogtoe de enige in zijn soort. De rijdende nachtclub beschikt over een partylounge, een tv-kamer en een observatiezone, een bar, een badkamer, een surround sound-installatie van 1.800 watt, airconditioning, telefoon en satelliet-tv. Het interieur, geïnspireerd op dat van een presidentieel treinstel uit 1870, wordt gekenmerkt door gepolierd hout- en koperwerk, zijden en velours stoffen en een subtiele verlichting. Aan boord staat een team van 5 tot 7 mensen paraat om tot 40 gasten in de watten te leggen. Vanuit zijn uitvalsbasis in Zuid-Californië is The Midnight Rider over heel de Verenigde Staten inzetbaar.

THE MIDNIGHT RIDER – TCP 18104-A, P.O. Box 390111, Anza, California 92539, United States of America - +1 951 763 4790 - Pamela@themidnightrider.com - www.themidnightrider.com

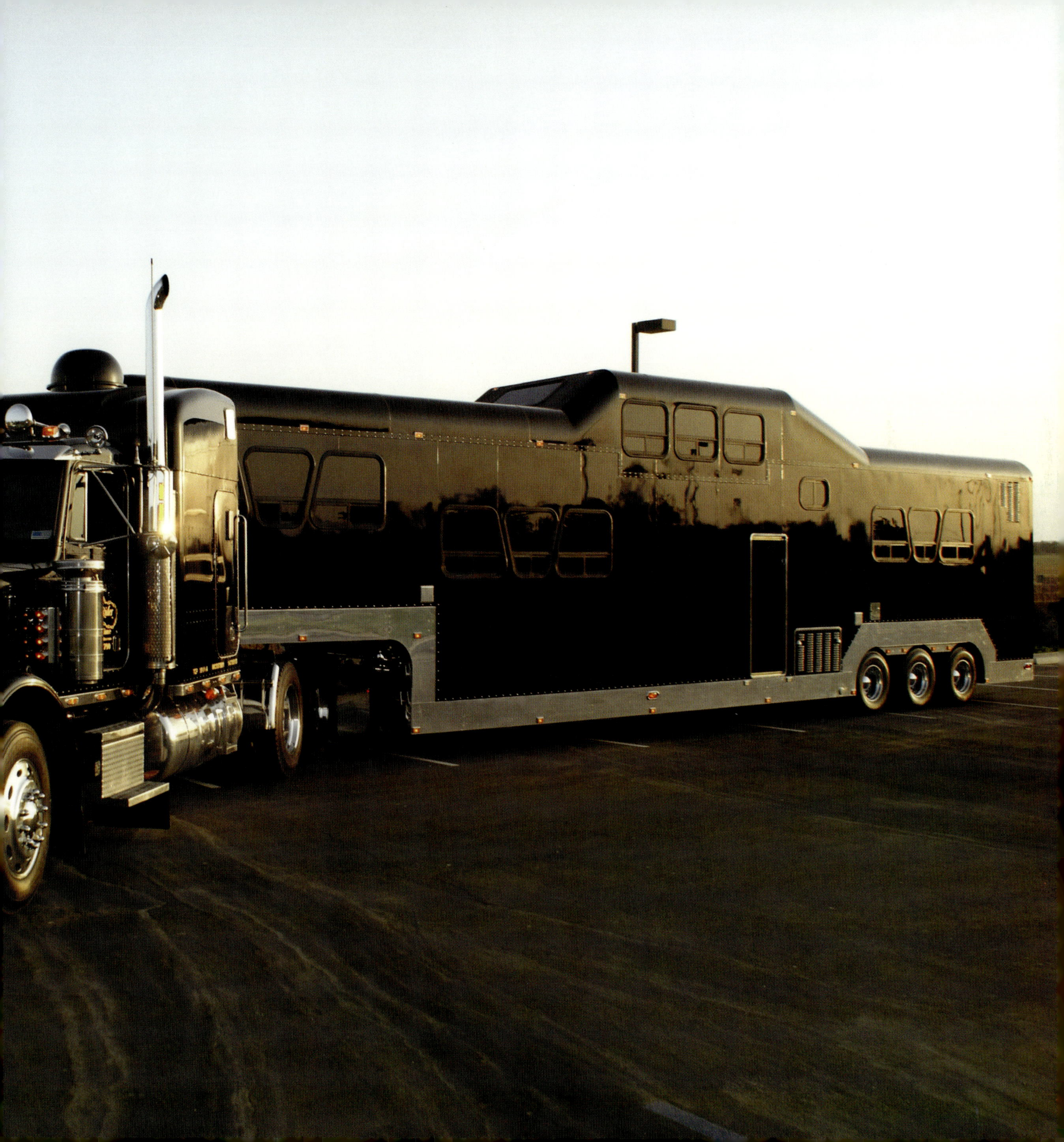

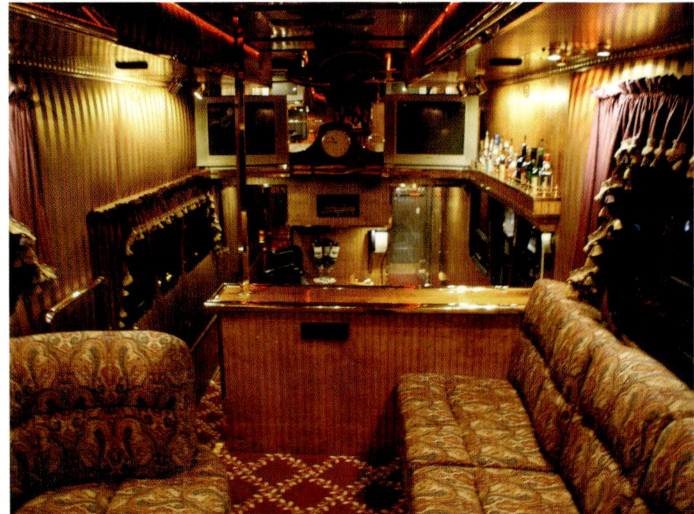

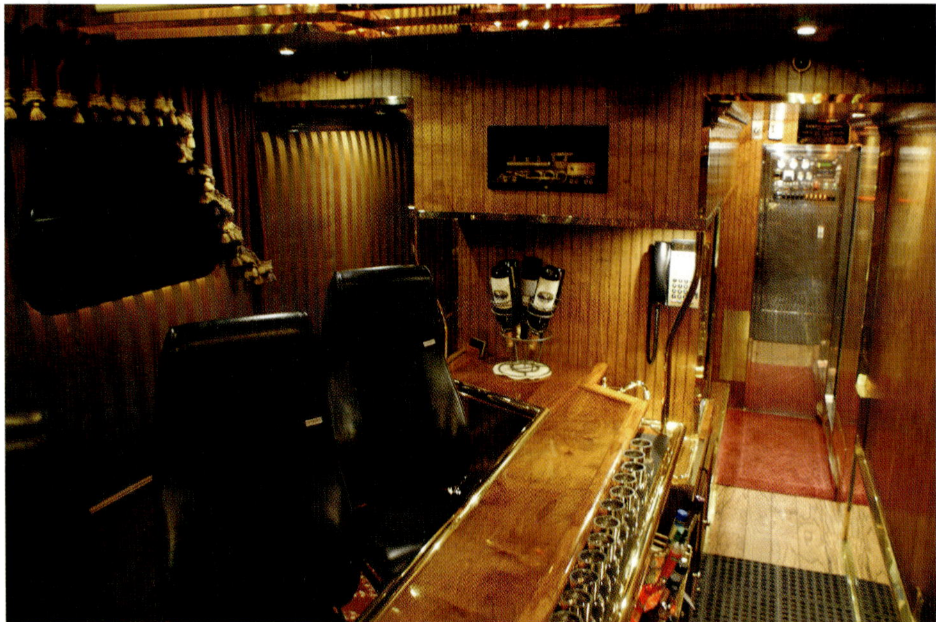

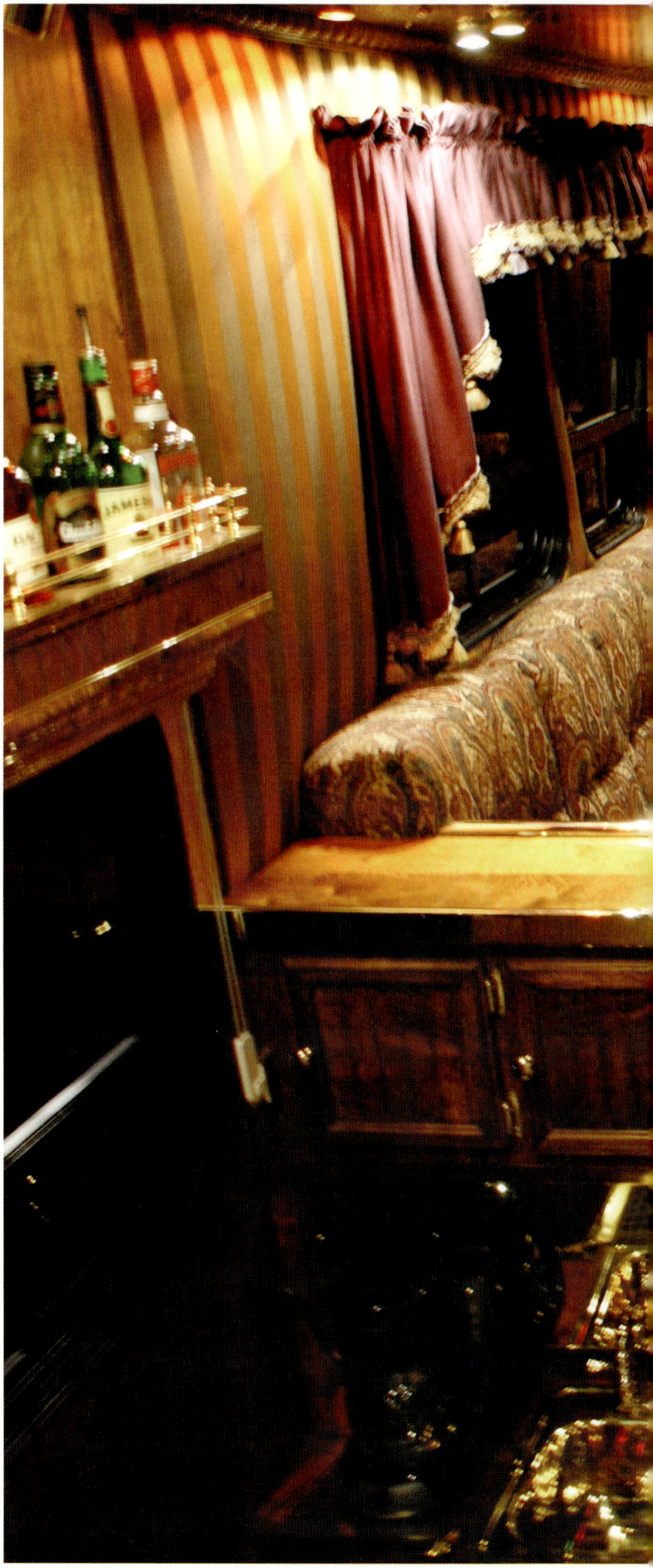

Irontree Management Company plans the construction of another 3 similar limotrucks each with its own unique interior.

Irontree Management Company prévoit la construction de trois autres limousines, chacune ayant un aménagement différent à l'intérieur.

Irontree Management Company plant de constructie van nog eens 3 soortgelijke limotrucks met telkens weer een ander uniek interieur.

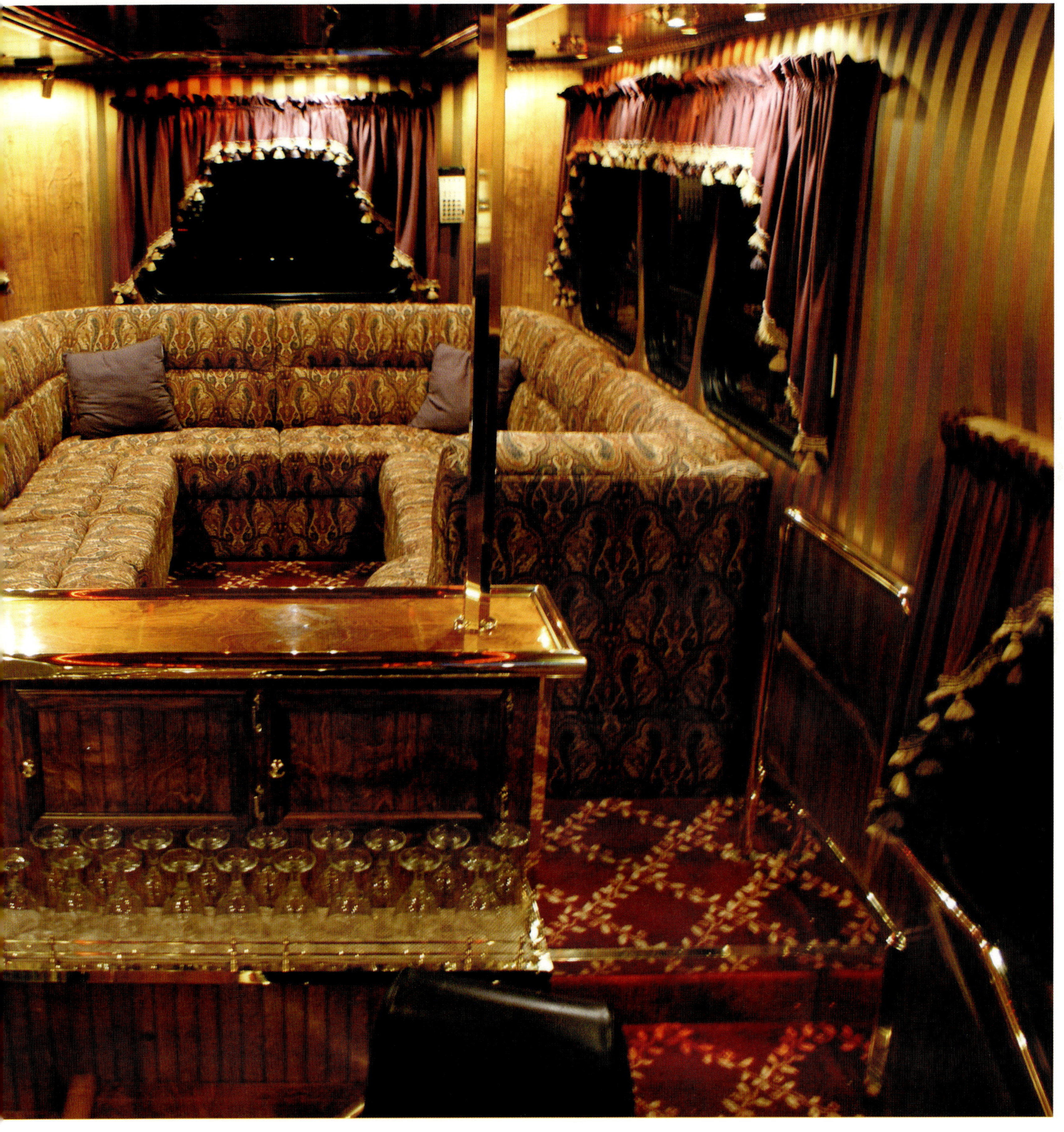

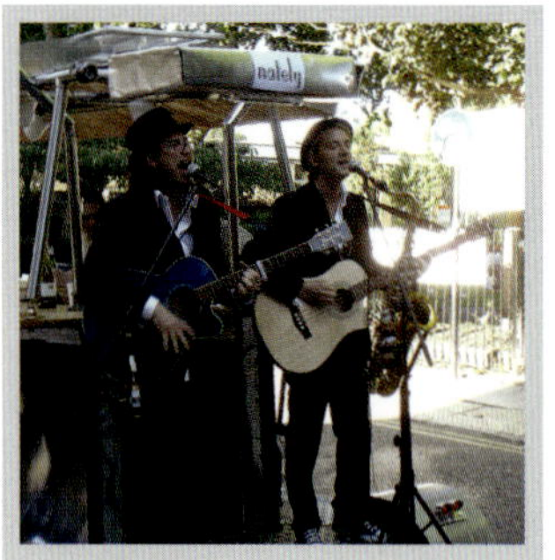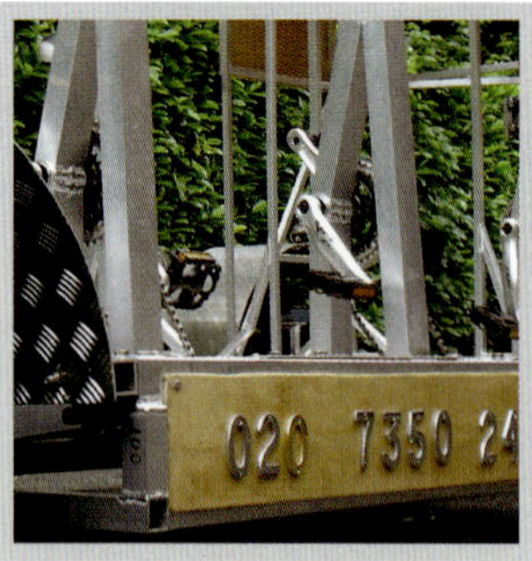

Cycling bar ^{UK}

Booze cruise

A pub-crawl is not immediately associated with fresh air and exercise, yet that is precisely what you can expect if you hire the Pubcrawler. This mobile bar, which is driven by customer's pedal power, seats 8 to 10 cyclists, 3 to 4 supporters, 1 driver and 1 barman. Its greatest advantage is that you determine your own route whilst never finding yourself more than 30 centimetres from the nearest bar. Measuring 4.5 by 2 metres and with a top speed of 15 km per hour, the bar is considered to be a tandem by British law and so parking doesn't cost a penny. Upon arrival, guests are treated to champagne or wine, after which the switch is made to drinks from the pubs that are visited or your own drinks during longer bicycle trips.

Une tournée des bars est rarement associée à l'air frais et au mouvement. Et pourtant, c'est exactement ce à quoi on peut s'attendre en louant le Pubcrawler. Ce bar mobile, propulsé par le pédalage de ses occupants, offre place à 10 cyclistes, 3 à 4 supporters, 1 chauffeur et 1 barman. Son avantage est de vous laisser choisir vous même votre itinéraire sans jamais vous éloigner de plus de 30 centimètres du bar le plus proche. Long de 4,5 mètres et large de 2, ce bar affiche une vitesse de pointe de 15 km/h. La loi britannique le considère comme un tandem ; le garer ne coûte donc rien. A leur arrivée, les invités sont accueillis avec un verre de champagne ou de vin, et peuvent ensuite consommer les boissons des pubs visités ou - pour des distances plus longues - celles qu'on emportées avec soi.

Een kroegentocht wordt niet meteen geassocieerd met frisse lucht en beweging, en toch is dat precies wat je kan verwachten als je de Pubcrawler inhuurt. Deze mobiele bar, die aangedreven wordt door de trapkracht van de klanten, biedt plaats aan 8 tot 10 fietsers, 3 à 4 supporters, 1 chauffeur en 1 barman. Het grootste voordeel dat hij biedt, is dat je volledig je eigen route kan bepalen terwijl je je toch nooit meer dan 30 centimeter van de dichtstbijzijnde bar bevindt. Met afmetingen van 4,5 op 2 meter en een topsnelheid van 15 kilometer per uur wordt de bar volgens de Britse wetgeving beschouwd als een tandem, waardoor parkeren een fluitje van een cent wordt. Bij aankomst worden de gasten getrakteerd op champagne of wijn, waarna overgeschakeld wordt op drankjes uit de bezochte pubs of -voor langere fietstochten- op zelf meegebrachte drank.

Two models are available: an Art Nouveau version that seats 11 guests and a design model for a maximum of 14 people.

Deux modèles sont disponibles : l'un en version art nouveau, qui accueille 11 clients et l'autre en modèle design, pour 14 personnes.

Er zijn 2 modellen beschikbaar: een art nouveau-versie die plaats biedt aan 11 gasten en een designmodel voor maximum 14 personen.

THE PUBCRAWLER CYCLING BAR – Available anywhere in the U.K. - +44 20 7350 2424 - info@pubcrawler.uk.com - www.pubcrawler.uk.com

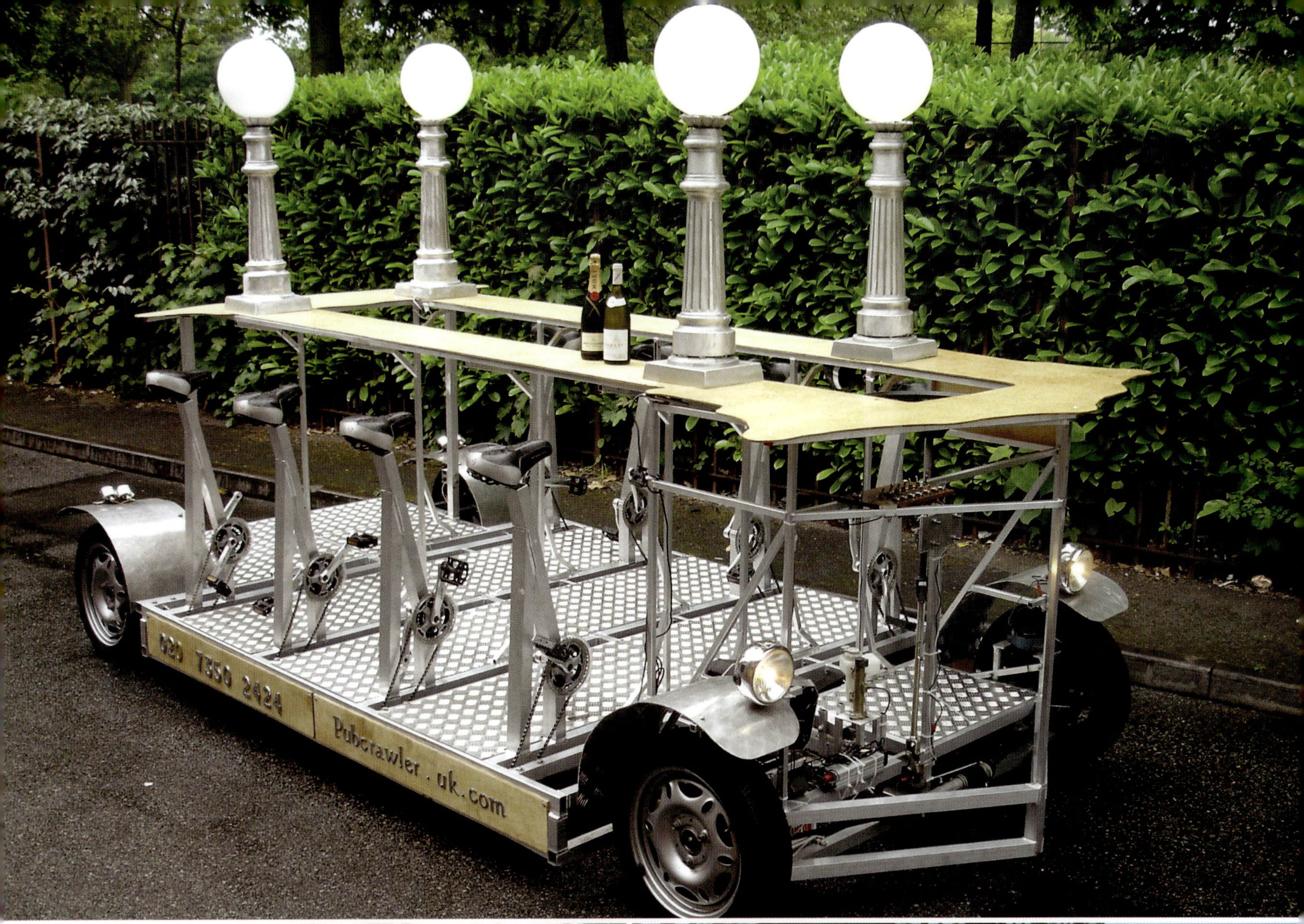

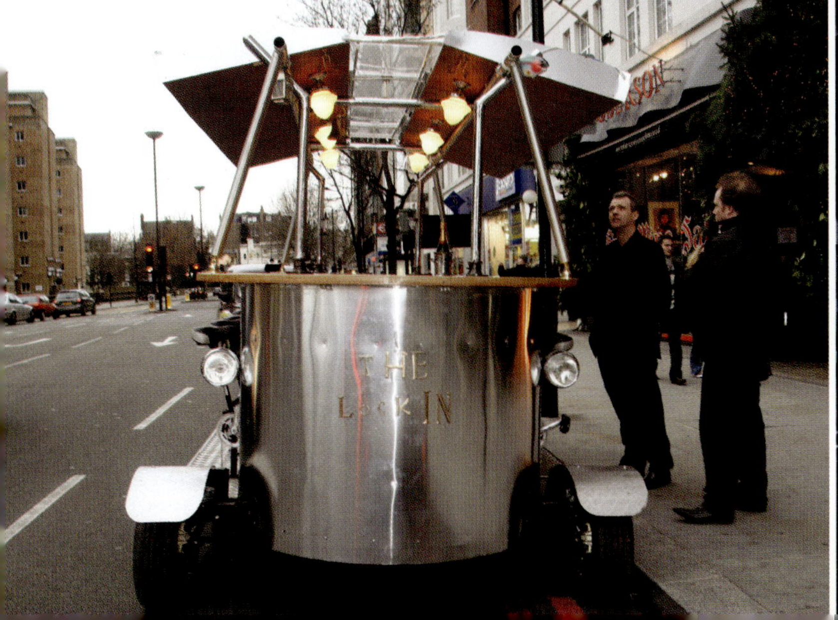
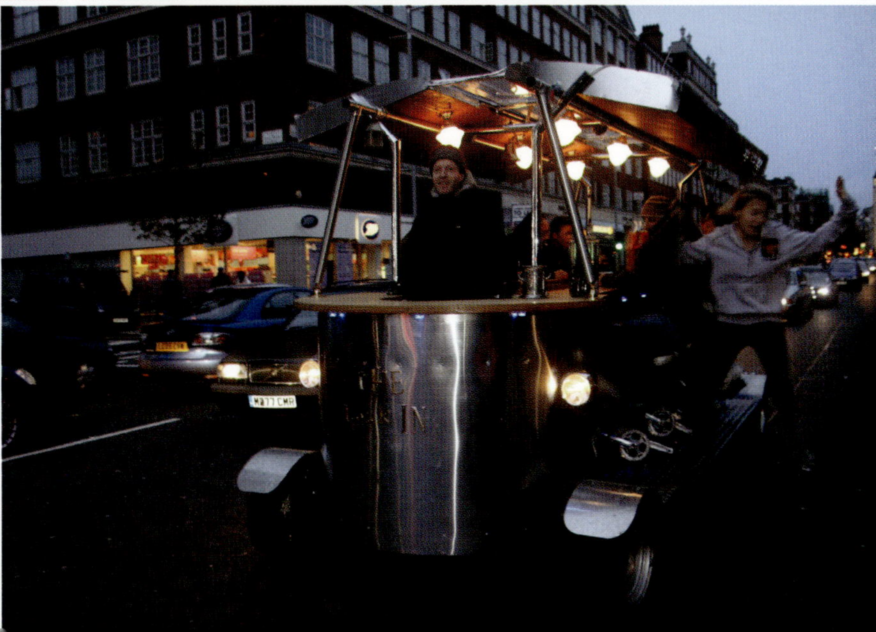

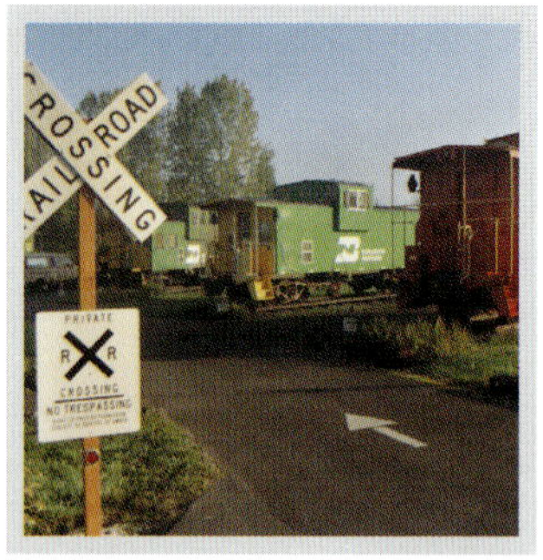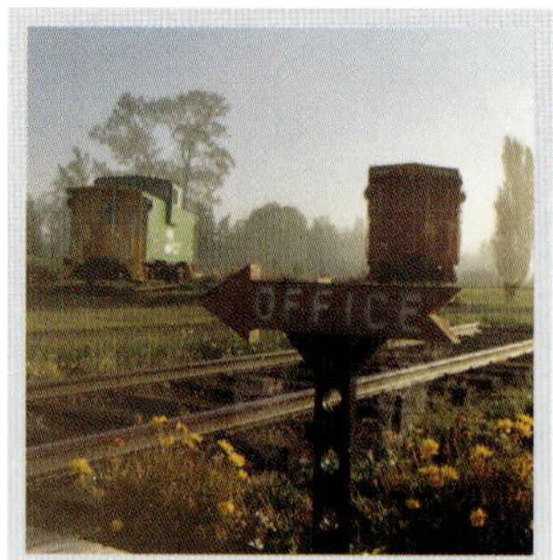

B&B cabooses USA

Stop that train

In the Red Caboose Getaway you can't possibly miss your train. This B&B in the shadow of the Olympic Mountains in the lavender capital Sequim comprises a station, four cabooses and a stainless steel Zephyr dining car, all neatly parked on their own length of track around a lake. Each caboose has been fitted out differently, with themes ranging from the Orient Express, through 'the circus', to the 'Wild West', and has a shower, bath or Jacuzzi. Although particular attention has been paid to comfort and aesthetics, such authentic elements as oak floors, drivers' platforms and original toilets have been successfully retained. A fifth caboose will be unveiled in summer 2007, and if everything goes according to plan, four more will follow.

Avec le Red Caboose Getaway, impossible de rater son train. Ce bed & breakfast est situé au pied des Olympic Mountains, à Sequim, capitale de la lavande. Il comprend une gare, quatre locomotives et un wagon-restaurant nommé Zephyr, rangés sur un morceau de voie autour d'un étang central. Chaque loco est aménagée de manière différente –au travers de thèmes allant de l'Orient Express, au cirque, en passant par le Far West — et comprennent une douche, un bain ou un bain à bulles. Bien qu'une attention particulière ait été consacrée au confort et à l'esthétique, on a réussi a conserver les éléments authentiques tels que les parquets de chêne, l'espace des machinistes et les toilettes originelles. A l'été 2007 une cinquième loco sera installée, et si tout se passe comme prévu, quatre autres devraient suivre.

Het is onmogelijk om je trein te missen in de Red Caboose Getaway. Deze B&B in de schaduw van de Olympic Mountains in lavendelhoofdstad Sequim omvat een station, vier locomotieven en een roestvrij stalen Zephyr dineerwagon, stuk voor stuk netjes geparkeerd op een eigen stukje spoor rond een centrale vijver. Elke locomotief is op een andere manier ingericht -met thema's gaande van Orient Express over circus tot Wild West- en bevat een douche, bad of whirlpool. Hoewel er speciale aandacht geschonken werd aan comfort en esthetica, is men erin geslaagd authentieke elementen zoals eiken vloeren, machinistenplaatsen en originele wc-ruimtes te behouden. In de zomer van 2007 wordt een vijfde locomotief ingehuldigd, en als alles volgens plan verloopt volgen er daarna nog vier.

RED CABOOSE GETAWAY - 24 Old Coyote Way, Sequim, WA 98382, USA - +1 360 683 7350 - www.redcaboosegetaway.com - info@redcaboosegetaway.com

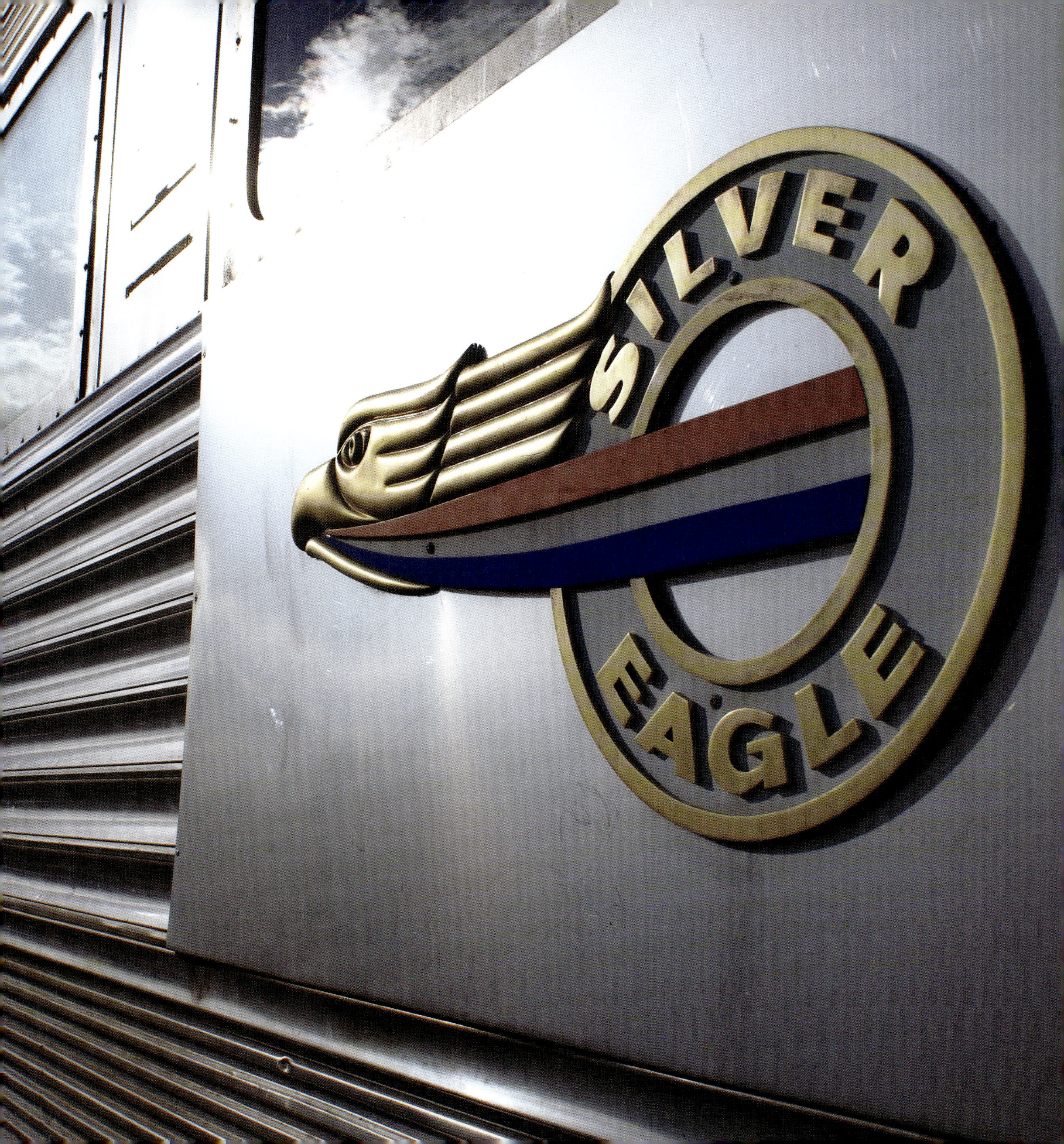

SILVER
EAGLE

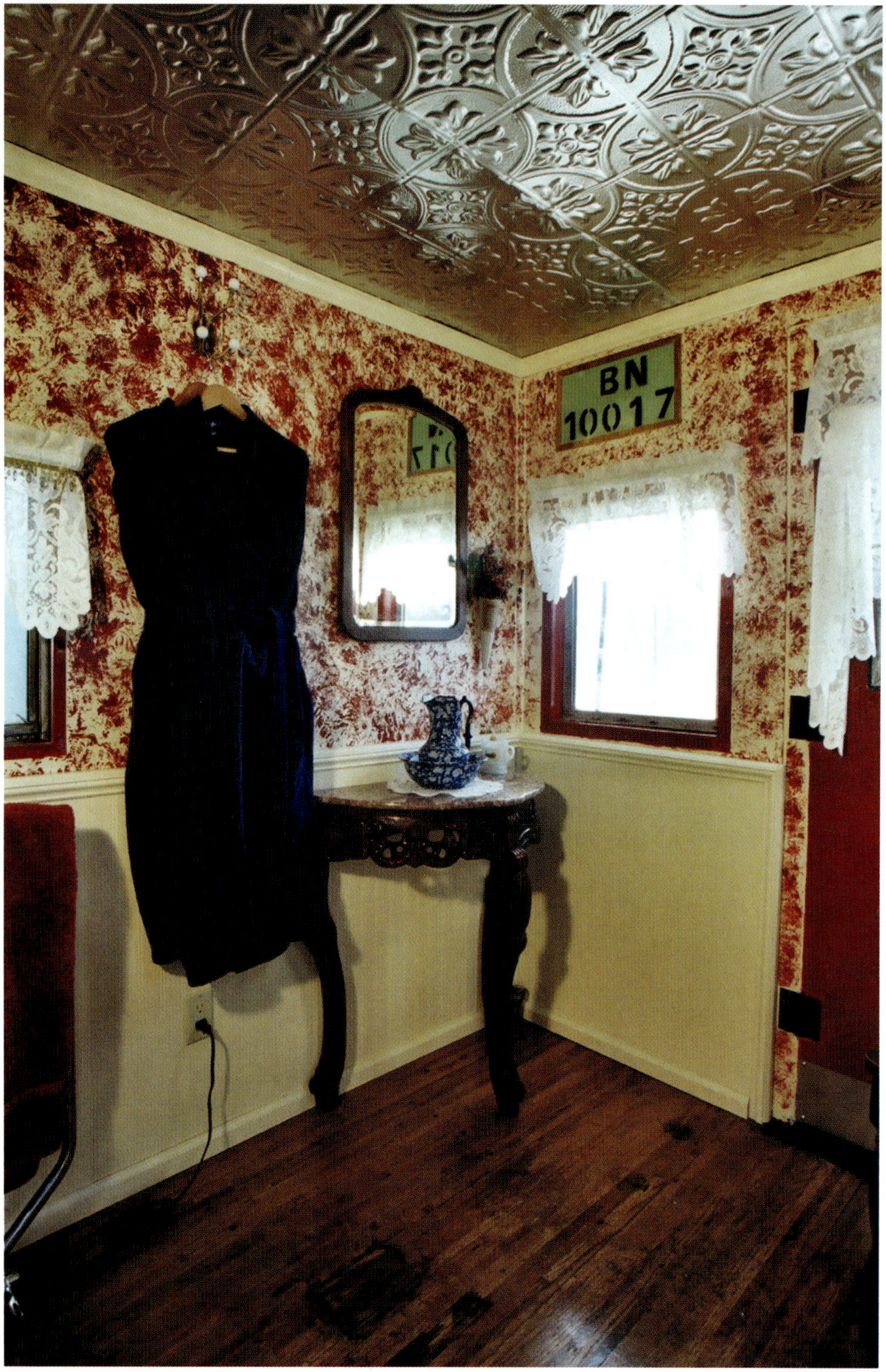

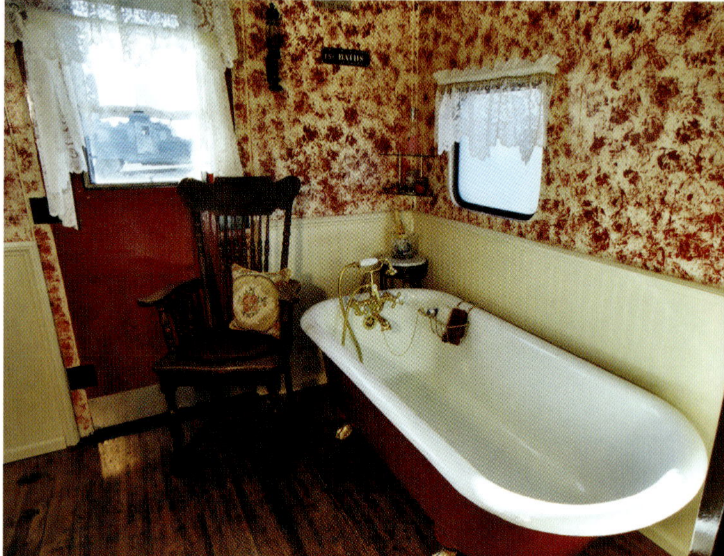

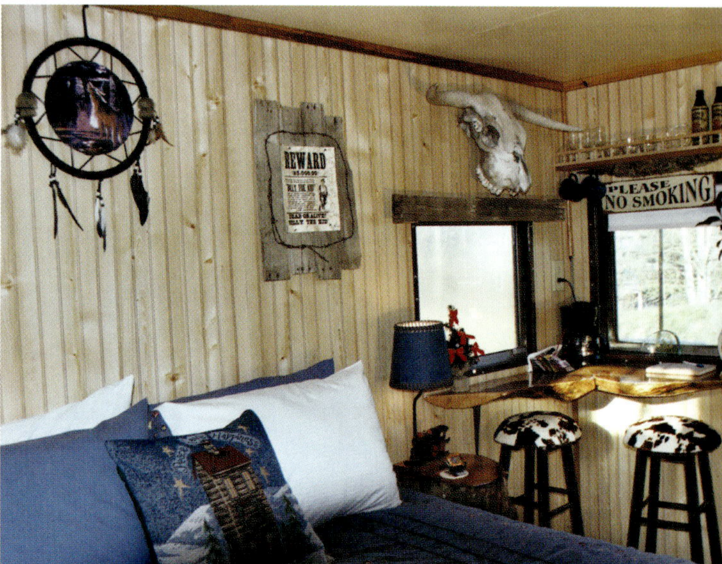

Olaf and Charlotte Protze set up Red Caboose Getaway because they are mad about B&B experiences but hate thin walls.

Olaf et Charlotte Protze ont fondé Red Caboose Getaway car ils adoraient les B&B mais n'en supportaient pas les murs trop minces.

Olaf en Charlotte Protze hebben Red Caboose Getwaway gesticht omdat ze dol waren op B&B-ervaringen, maar een hekel hadden aan dunne muren.

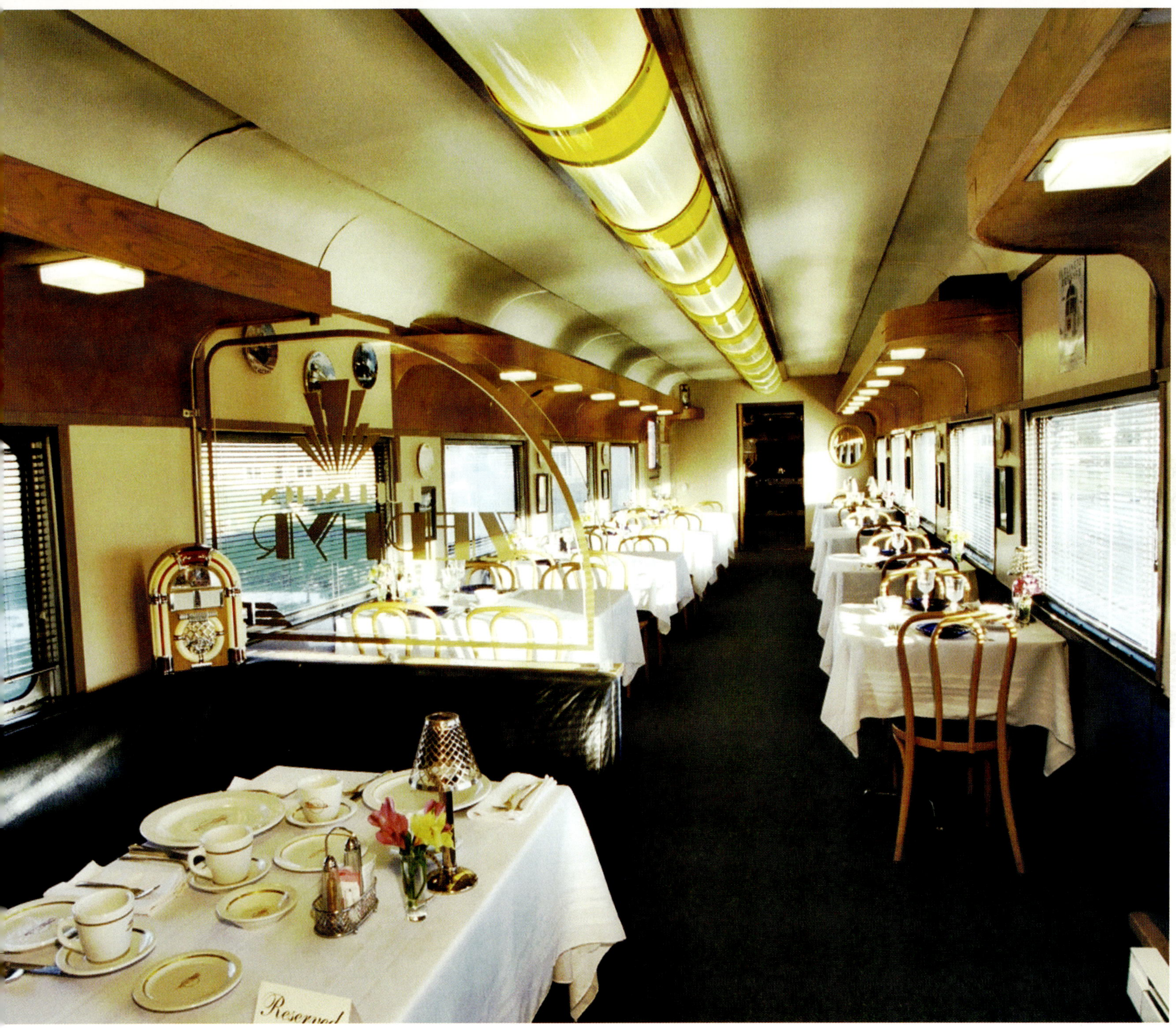

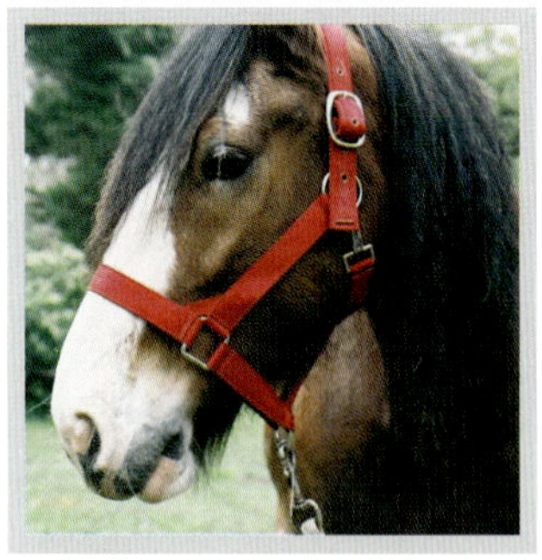 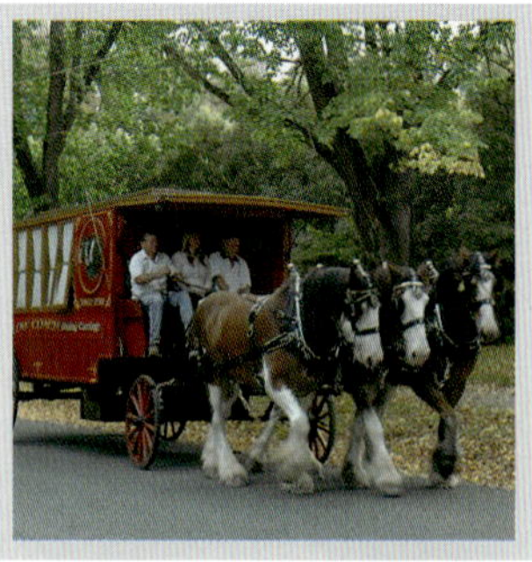

Horse drawn restaurant Australia

Ride and dine

On board The Slow Coach Dining Carriage you feel as though you've gone back in time to a bygone age. The antique carriage dates from 1890 and is drawn by 3 powerful Clydesdale horses; it can seat a maximum of 8 people who wish to dine in style. The wooden panels, lace curtains, cosy lighting and muted background music combined with fine porcelain, silver cutlery and luxurious table linen form the ideal décor for a romantic dinner 'on the road'. Along the way, you can enjoy the quiet little streets and imposing mountains of Healesville, situated in the heart of the Yarra Valley, Victoria's oldest wine growing region. The charming hostess provides impeccable service and the requisite background information during the trip. Those who feel so inclined may even take the coachman's place on the coach box and drive the horses.

A bord du The Slow Coach Dining Carriage on se croirait revenu à des temps lointains. Cette antique calèche de 1890, tirée par 3 robustes Clydesdale, offre place à 8 personnes désireuses de dîner avec style. Les panneaux en boiserie, les rideaux, la musique d'ambiance et une lumière tamisée, combinés à de la porcelaine fine et du linge de table luxueux, forment le décor idéal pour un dîner romantique '*on the road*'.
Au passage, vous admirerez les ruelles rustiques, les imposantes montagnes de Healesville, situées au cœur de la vallée de Yarra, le plus ancien vignoble de Victoria. Durant le voyage, une charmante hôtesse se charge d'assurer un service irréprochable et fournit toute l'information nécessaire. Ceux qui le souhaitent peuvent même prendre la place du cocher.

Aan boord van The Slow Coach Dining Carriage waan je je in ver vervlogen tijden. Deze antieke koets uit 1890 die getrokken wordt door 3 stoere Clydesdalepaarden biedt plaats aan maximum 8 personen die willen dineren in stijl. De houten panelen, kanten gordijntjes, sfeervolle verlichting en rustige achtergrondmuziek gecombineerd met het fijne porselein, zilveren bestek en luxueuze tafellinnen vormen het ideale decor voor een romantisch dinertje '*on the road*'. Onderweg kan je genieten van de rustieke straatjes en imposante bergen van Healesville, gelegen in het hart van de Yarravallei, Victoria's oudste wijngebied. Tijdens de rondrit zorgt de charmante gastvrouw voor een onberispelijke bediening en de nodige achtergrondinformatie. Wie zich geroepen voelt, mag de plaats van de koetsier op de bok even innemen en de paarden mennen.

The meal is collected from local restaurants along the way. This way optimal quality and freshness is guaranteed.

Les repas proviennent de restaurants locaux. De quoi garantir une fraîcheur et une qualité maximale.

De maaltijden worden onderweg opgepikt bij lokale restaurants. Op die manier wordt optimale kwaliteit en versheid gegarandeerd.

THE SLOW COACH DINING CARRIAGE · CHUM CREEK ROAD, HEALESVILLE, VICTORIA 3777, AUSTRALIA · +61 412287615 · ENQUIRIES@SLOWCOACH.COM.AU · WWW.SLOWCOACH.COM.AU

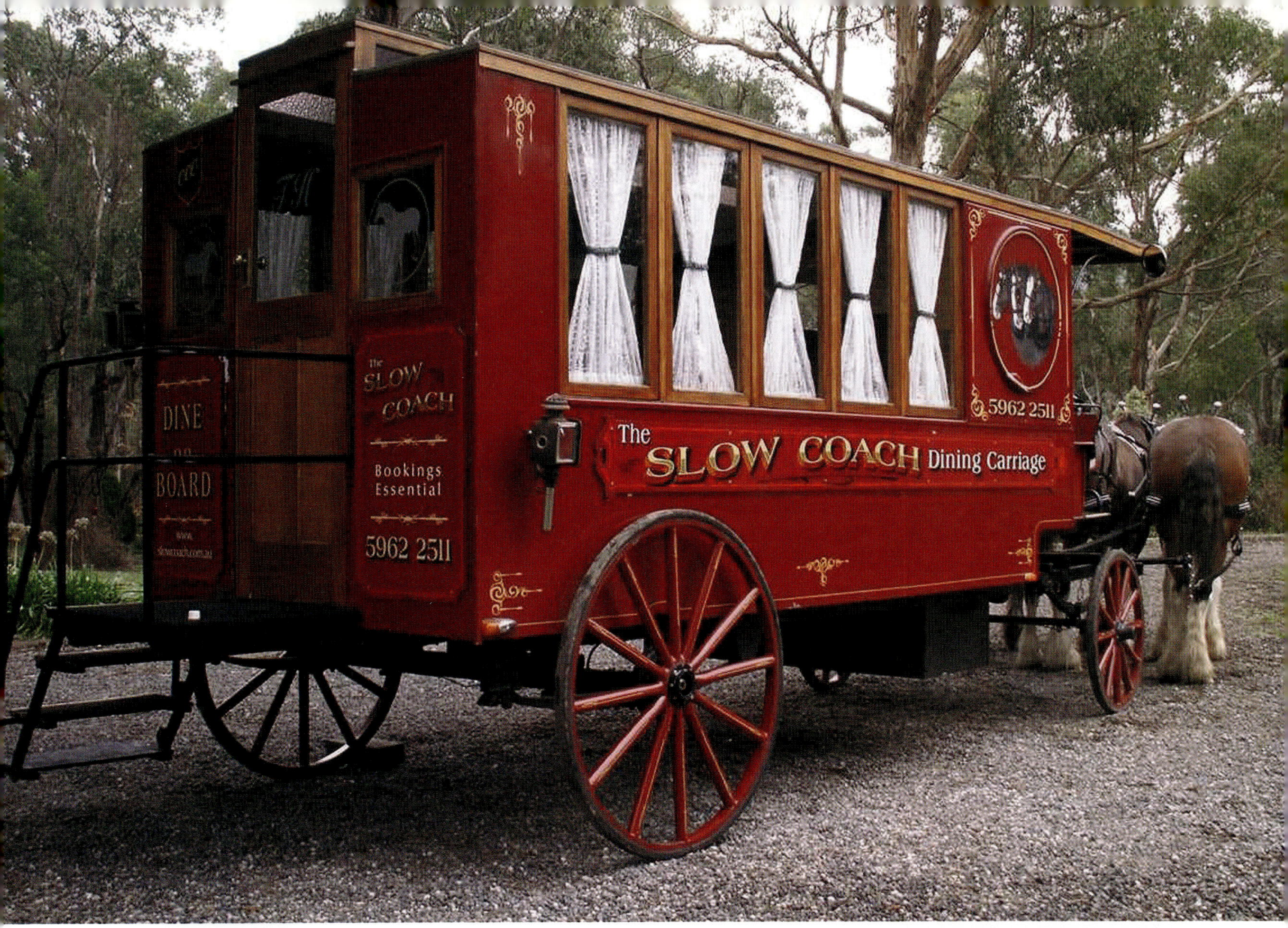

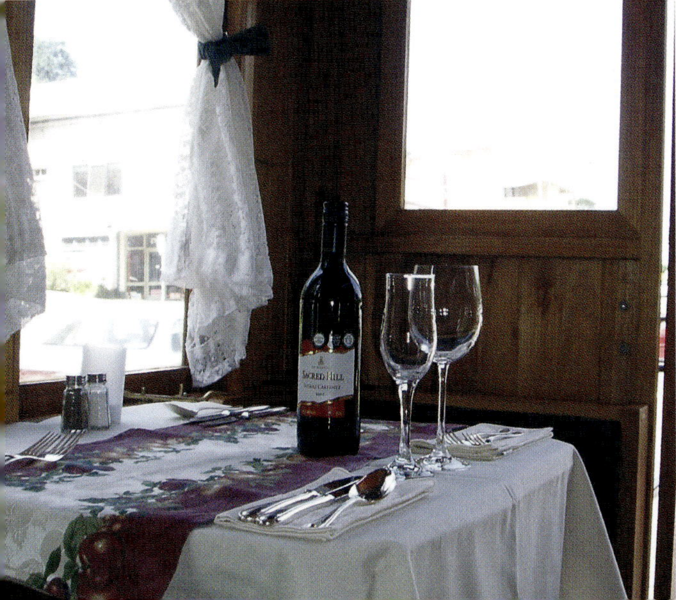

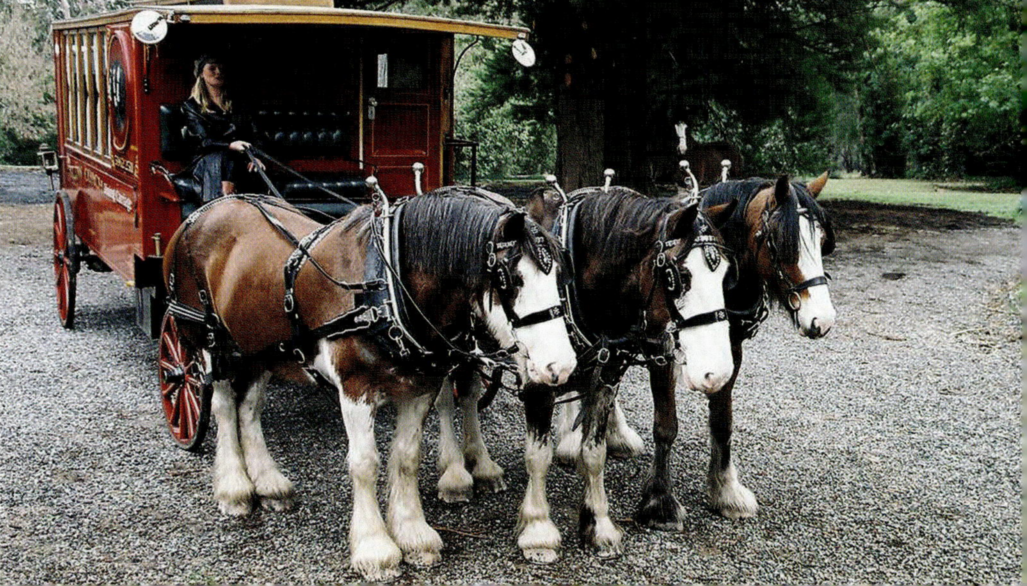

DINE
on
BOARD
www.
slowcoach.com.au
5962 2511
The
SLOW
COACH
Bookings
Essential
5962 2511
The SLOW COACH Dining Carriage
5962 2511

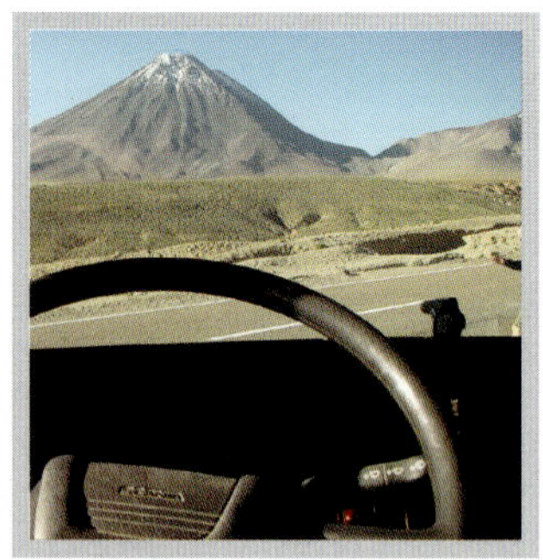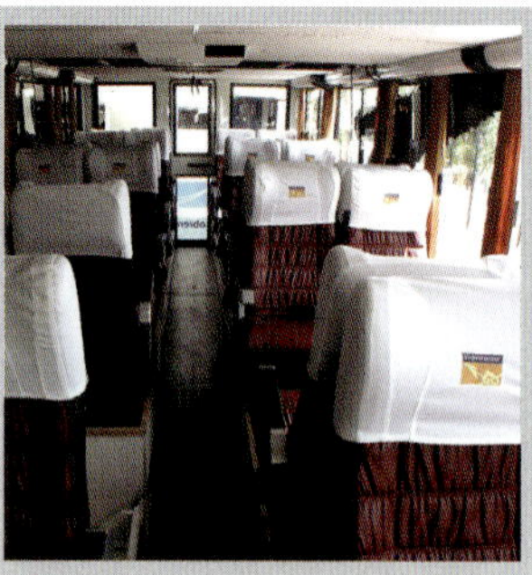

Hotel on wheels Brasil

Ticket to ride

Meet the only officially registered mobile hotel in the world. With an industrial kitchen, three bathrooms, beds, leather armchairs, observation platforms, and its own electricity and water supplies, the Exploranter is the most flexible tourist concept ever. In the rear section, which can be uncoupled for difficult roads, there are 27 rooms, every one with a 2-metre bed, a 90-litre storage space, lighting, a drying rack and a small window. You only unpack and re-pack once, even if you are on the road for a month and traverse an entire continent. And that's a distinct possibility, as the Exploranter specialises in long-distance trips through Brazil, Argentina and Chile. And what is the ultimate aim? To create an environment that brings people together in a world where everything is focused on the individual.

C'est le seul hôtel sur roues enregistré au monde. Une cuisine industrielle, trois salles de bains, des lits, des sièges de cuir, plateformes d'observation et l'approvisionnement propre en eau et électricité: l'Exploranter est le concept touristique le plus flexible jamais conçu. Dans la remorque, qui peut être détachée sur les chemins difficiles, se trouvent 27 petites chambres chacune équipées d'un lit long de deux mètres, avec un coffre de 90 litres, l'éclairage, un séchoir et une petite fenêtre. Vous ne devrez défaire et refaire vos bagages qu'une seule fois même si vous voyagez durant plus d'un mois, en explorant le continent de part en part. Et ce scénario est très probable vu que l'Exploranter est spécialisé dans les trajets de longue distance à travers le Brésil, l'Argentine, le Chili. Le but ultime? Réunir les gens dans un univers focalisé sur l'individu.

Maak kennis met het enige officieel geregistreerde mobiele hotel ter wereld. Met een industriële keuken drie badkamers, bedden, leren zetels, observatieplatforms, en eigen elektriciteits- en watervoorzieningen is de Exploranter het meest flexibele toeristische concept ooit. In het achterste gedeelte, dat op moeilijk berijdbare wegen achtergelaten kan worden, bevinden zich 27 kamertjes, stuk voor stuk uitgerust met een bed van twee meter lang, een bergvak van 90 liter, verlichting, een droogrek en een raampje. Uit- en inpakken doe je slechts een keer, zelfs als je meer dan een maand onderweg bent en een continent doorkruist. En dat zit er dik in, want de Exploranter is gespecialiseerd in langeafstandstrips doorheen Brazilië, Argentinië en Chili. Het ultieme doel? Een omgeving creëren die mensen samenbrengt in een wereld waarin alles toegespitst is op het individu.

EXPLORANTER OVERLAND HOTEL - Rua Joaquim Antunes 232, Jardim Paulistano, São Paulo - SP, Brasil - CEP05415000 +55 (11) 3085 2011 · www.exploranter.com · info@exploranter.com

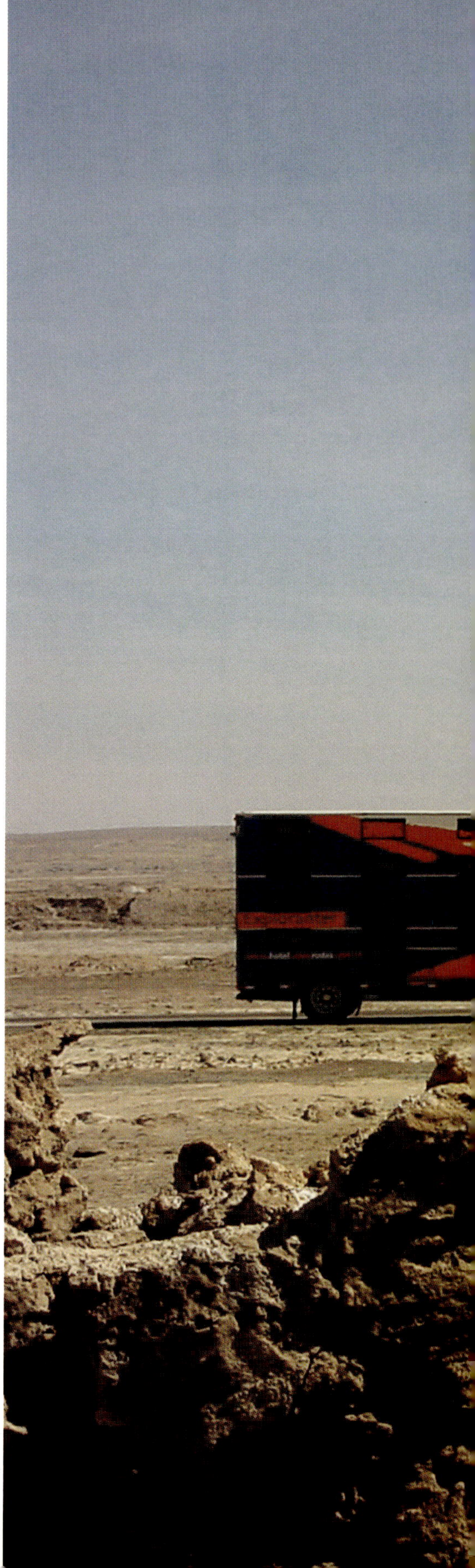

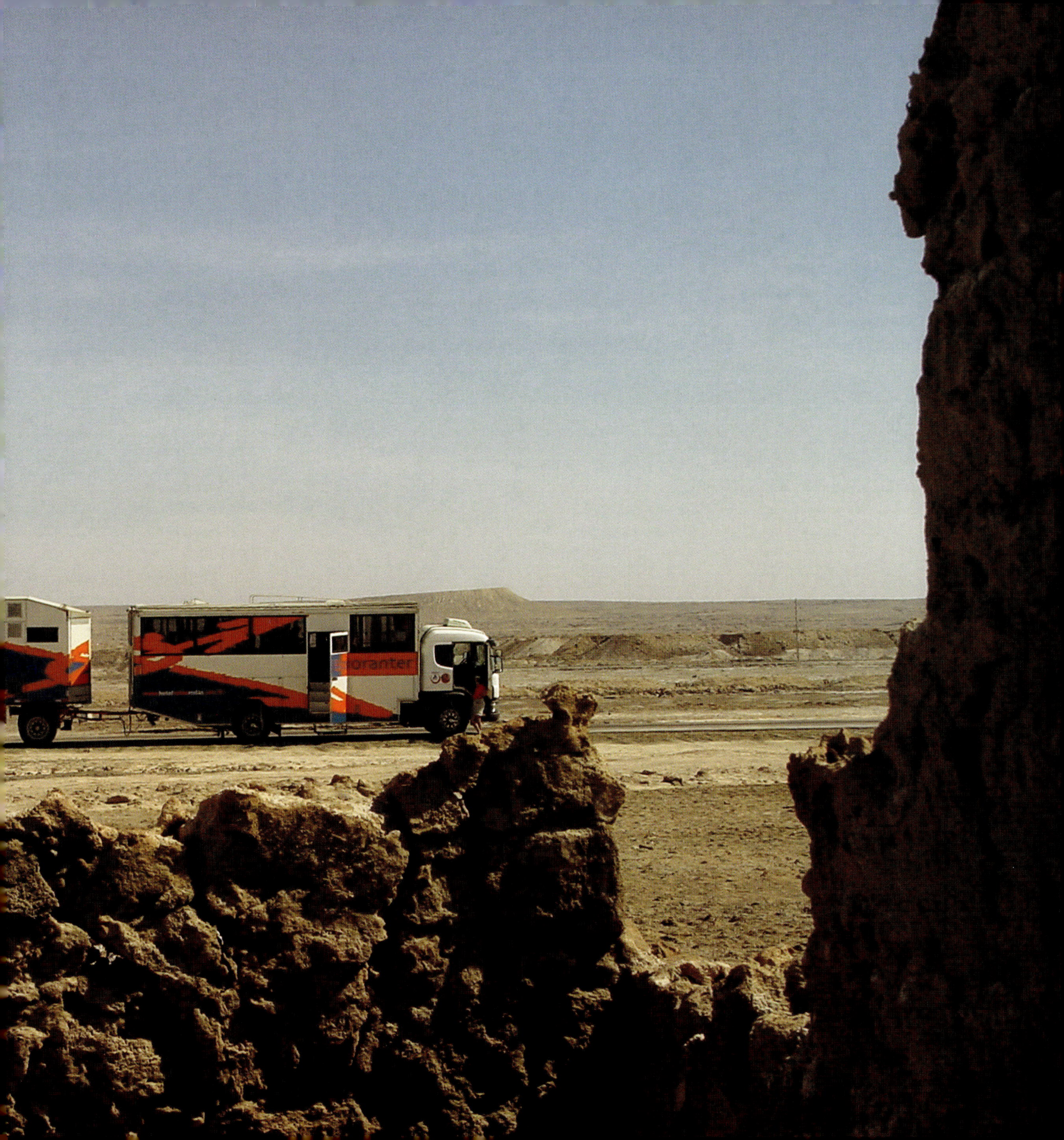
exploranter

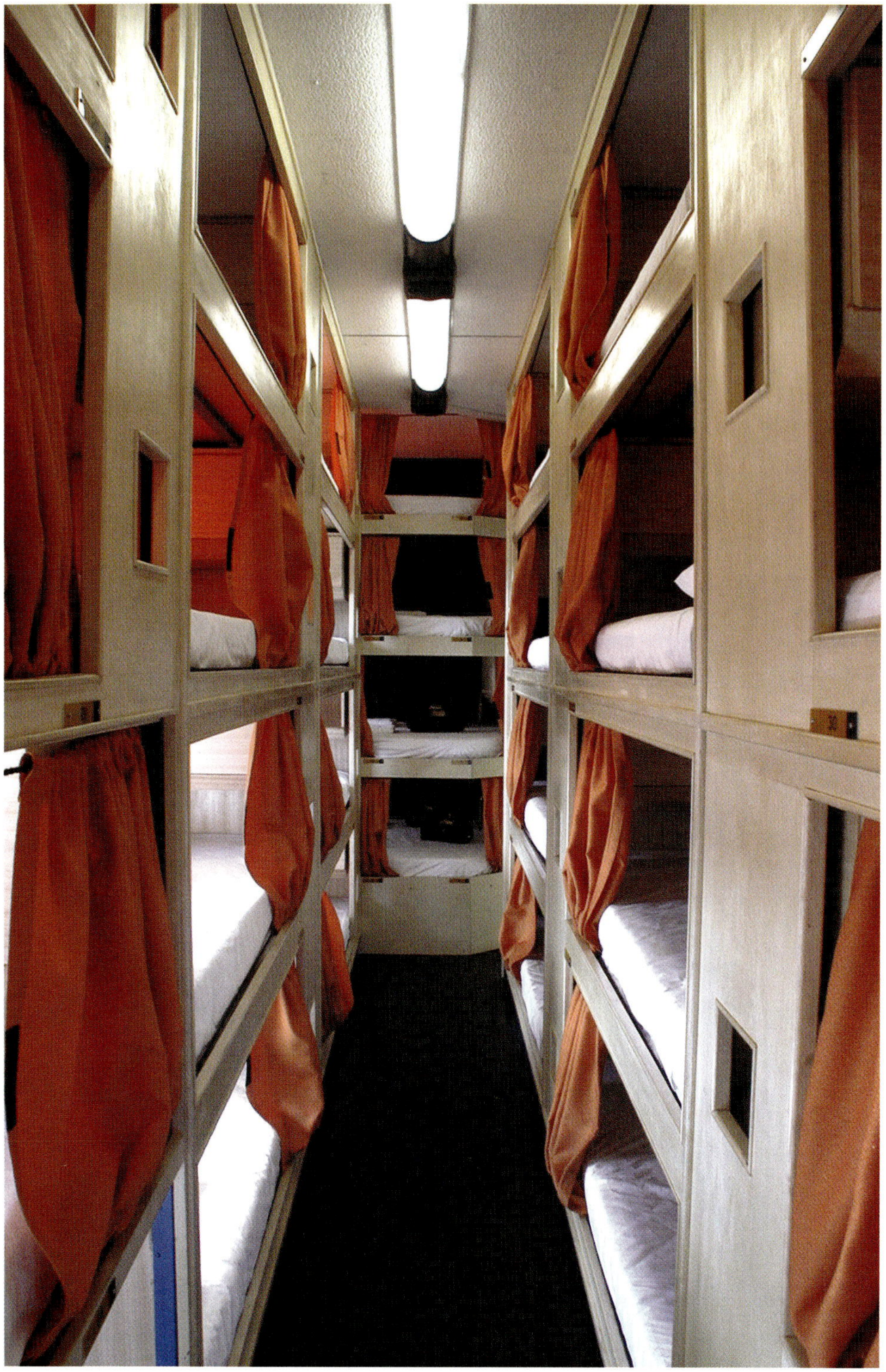

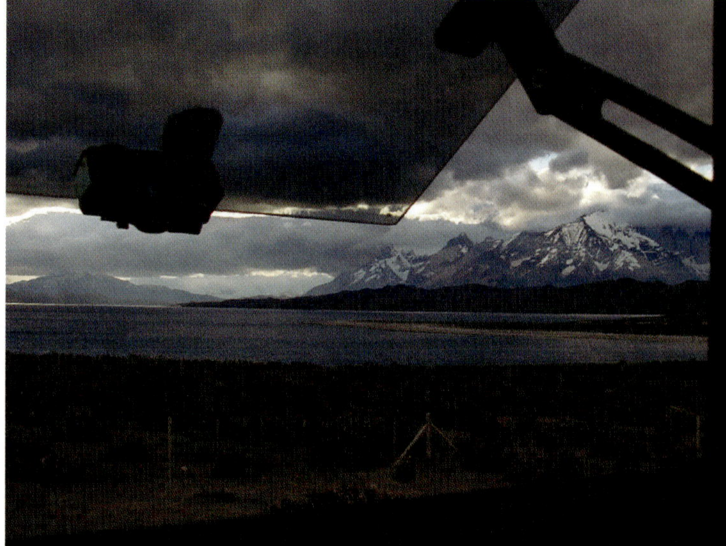

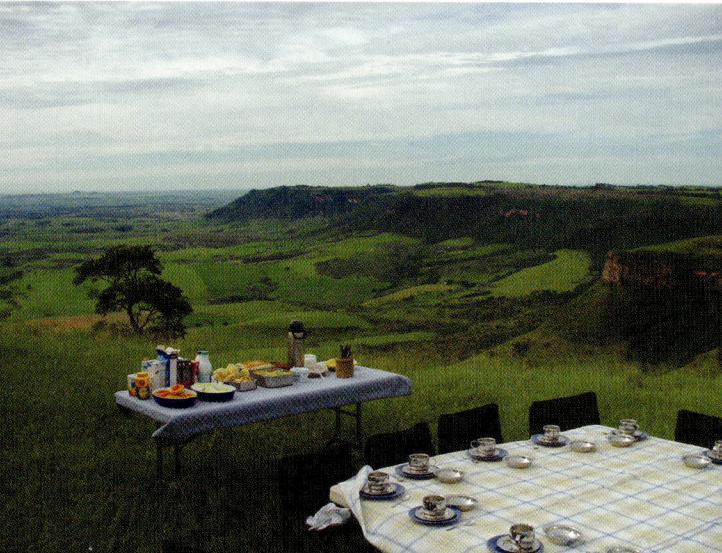

The kitchen has a computer-controlled convection oven, refriger-ators and freezers. Plus everything necessary for al fresco eating.

La cuisine comporte un four à convection commandé par ordina-teur, un congélateur et des surgélateurs. Tout ce qui est nécessaire pour manger dehors est prévu.

De keuken omvat een computergestuurde convectieoven, ijskasten en diepvriezers. Alles wat nodig is om buiten te eten, is aanwezig.

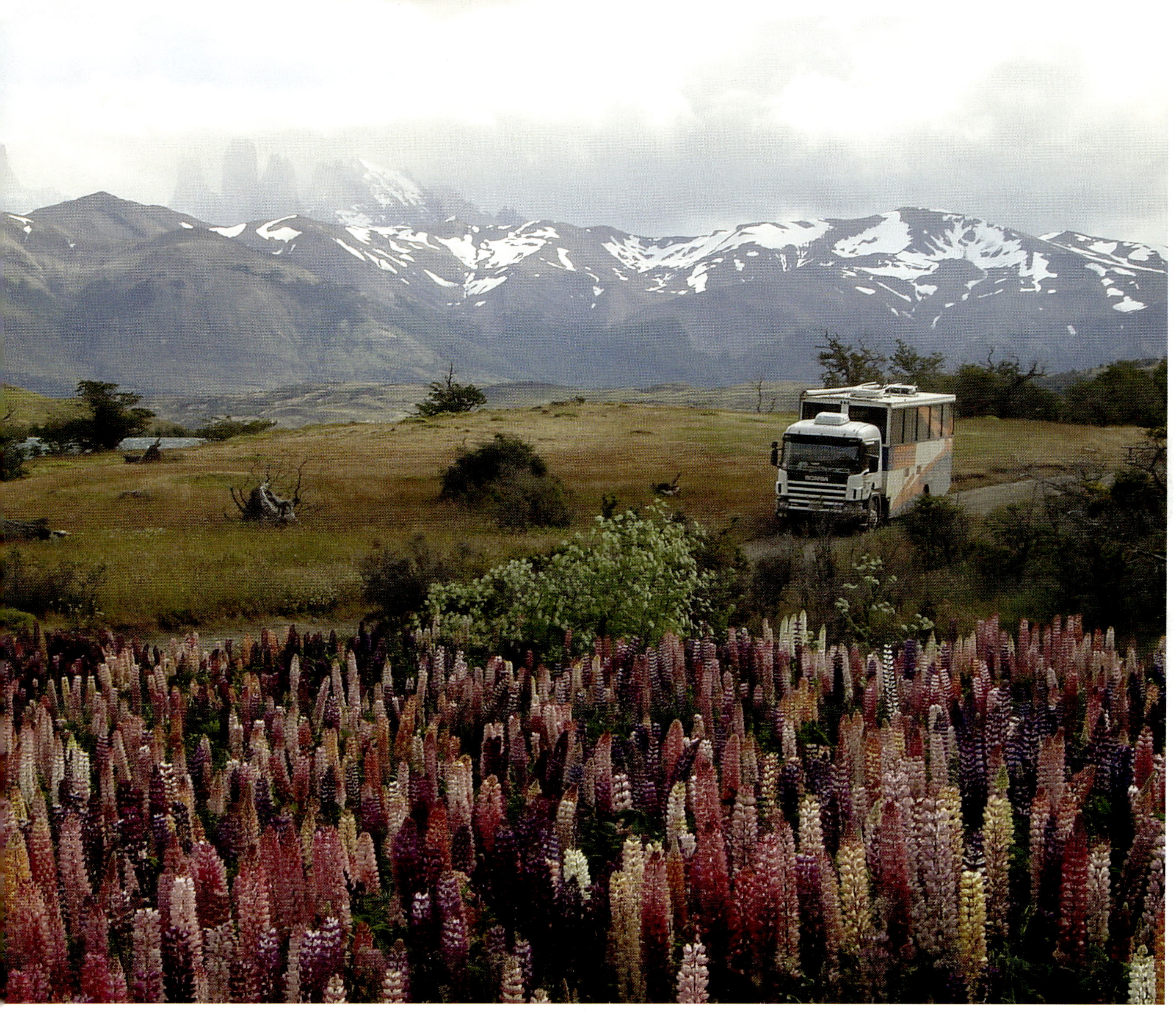

A judge and his son came up with this initiative when it appeared that like them, lots of people wanted to go on long-distance trips but did not know how to get started.

L'initiative émane d'un juge et de son fils ayant constaté que de nombreuses personnes souhaitaient effectuer de longs voyages sans savoir comment s'y prendre.

Een rechter en zijn zoon zijn met het initiatief gestart toen bleek dat velen net als zij langeafstandstrips wilden maken, maar niet wisten hoe eraan te beginnen.

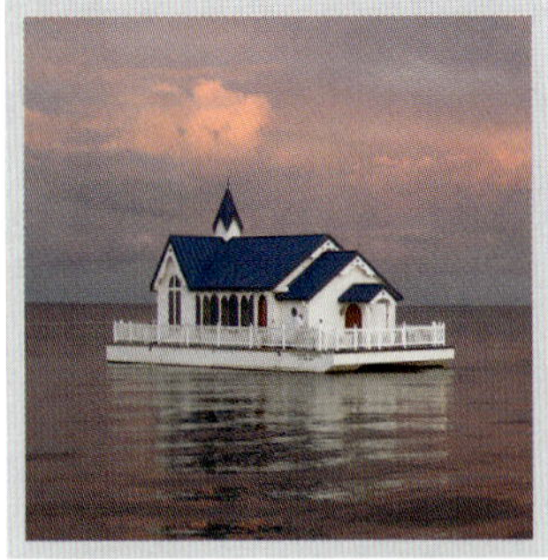 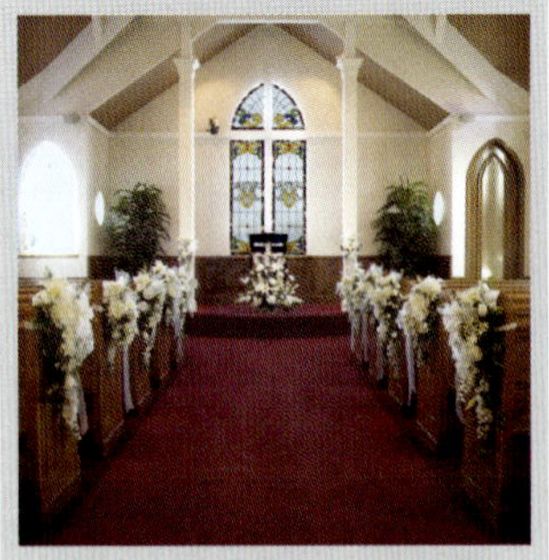

Floating chapel

Weddings on water

You won't find anything more original than this floating chapel. This ingenious 60-feet long structure is mostly used for christenings, wedding ceremonies, commemoration services and the renewal of wedding vows. The combination of traditional church surroundings with the natural beauty of Florida ensures a unique experience. The chapel is equipped with air conditioning and a modern sound system, a private bridal suite with bathroom and sitting room, solid wood pews with seating for 100 guests and 2 anchors that ensure extra stability during the service. As well as being used at sea, the craft is also suitable for navigating Intercoastal Waterways. Powered by 2 diesel engines, the chapel can reach speeds of 7 knots an hour (making it the fastest church around as well).

Vous ne trouverez rien qui soit plus original que cette chapelle flottante. Weddings on Water met à disposition cette structure ingénieuse pour des célébrations de baptêmes, des messes de mariage, des cérémonies de commémoration ou le renouvellement de promesses de mariage. La combinaison du cadre traditionnel de l'église et de la beauté naturelle de la Floride fait vivre des moments inoubliables. La chapelle est pourvue d'air conditionné et d'un système moderne de sonorisation, d'une suite nuptiale privée avec salle de bain et salon, de bancs en bois massif qui offrent de la place à une centaine d'invités et de 2 ancres qui garantissent une parfaite stabilité durant la cérémonie. On peut l'utiliser en mer mais elle est aussi parfaitement adaptée à la navigation sur les grands canaux.

Veel origineler dan deze drijvende kapel vind je ze niet. Weddings on Water zet deze ingenieuze structuur in voor doopceremonies, huwelijksmissen, herdenkingdiensten, het vernieuwen van huwelijksgeloftes enzovoort. De combinatie van de traditionele kerkomgeving met de natuurlijke schoonheid van Florida zorgt voor een unieke ervaring. De 19 meter lange kapel is uitgerust met airco en een modern geluidssysteem, een private bruidssuite met badkamer, houten banken met plaats voor 100 gasten en 2 ankers die zorgen voor extra stabiliteit tijdens de dienst. Hij kan niet enkel aangewend worden op zee, maar is ook geschikt voor het bevaren van grote kanalen. Aangedreven door 2 dieselmotoren, haalt deze kapel snelheden tot 7 knopen per uur (waardoor hij meteen ook aanspraak kan maken op de titel van 's werelds snelste kerk).

WEDDINGS ON WATER – Floating Chapel on the Bay, located at the Pier in downtown St.Petersburg, P.O. Box 3563, Clearwater, FL 33767, United States of America - +1 727 483 9020 - INFO@WEDDINGSONWATER.COM - WWW.WEDDINGSONWATER.COM

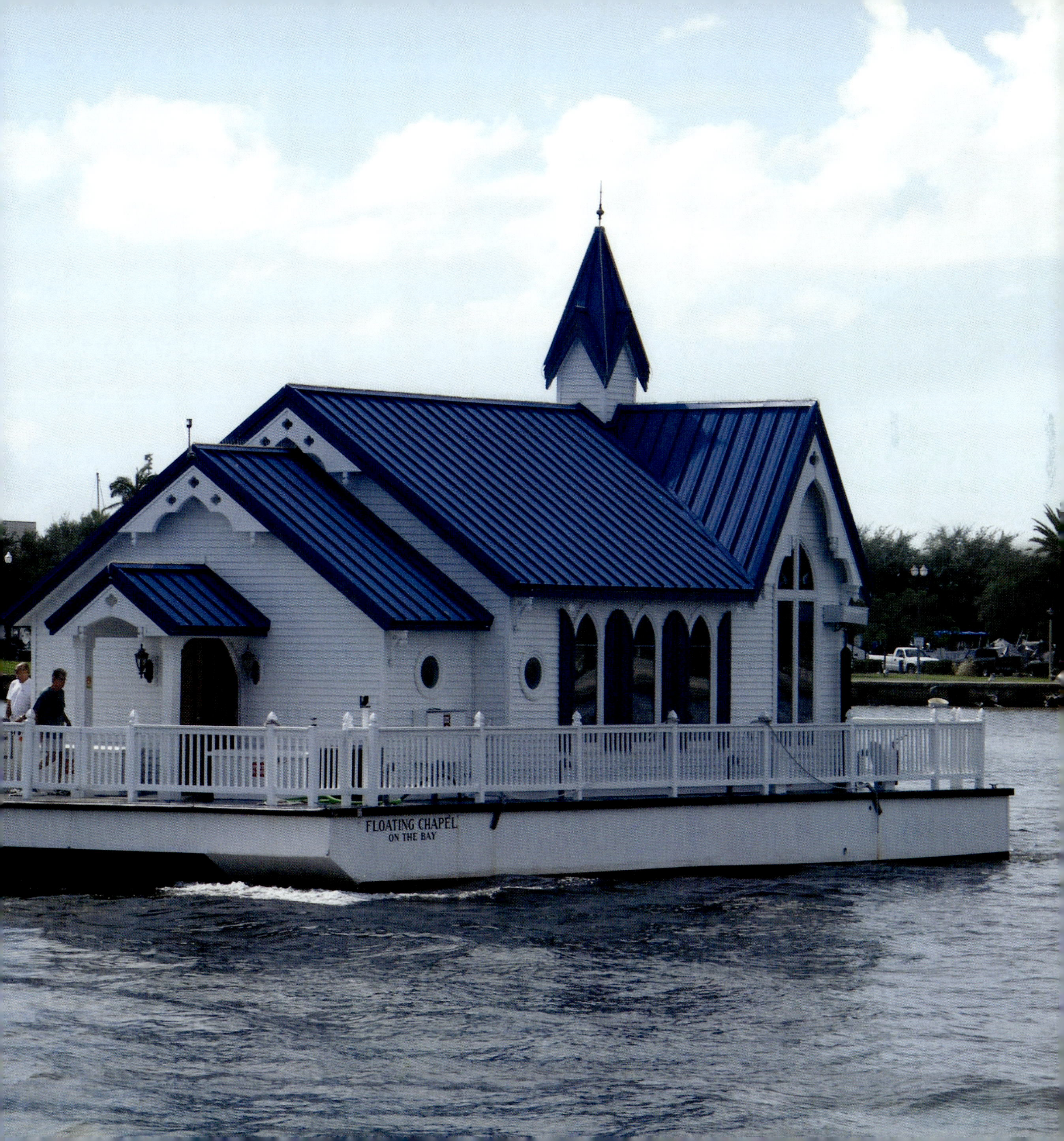

FLOATING CHAPEL
ON THE BAY

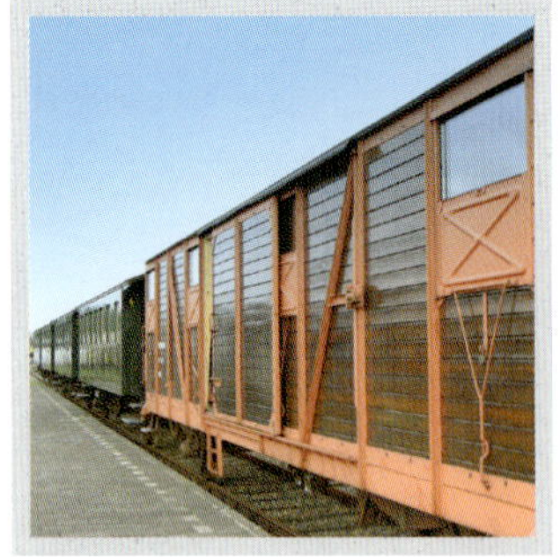 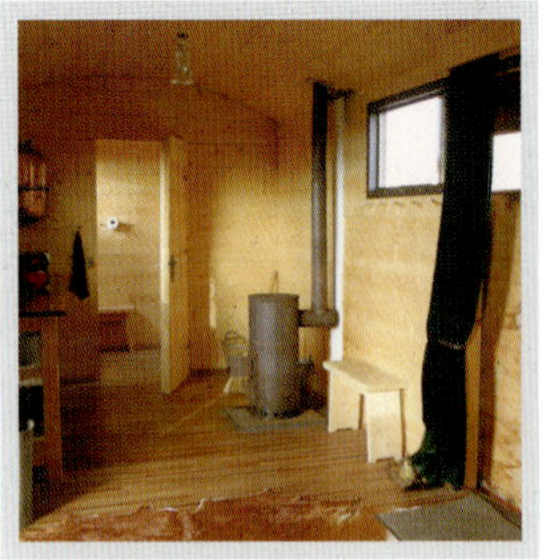

Freight car rental The Netherlands

Train hopping

Atelier Van Lieshout, an international multidisciplinary business involved in contemporary art, has for years been concerned with designing mobile units for museums and for the AVL-Ville free state. In 2001, entirely in keeping with these activities, AVL converted a goods wagon at the S.T.A.R. Museum Railway into a pioneer wagon. It was intended to hark back to the time of the peat pioneers who exploited the peat landscape. AVL replaced the wagon's woodwork and put double glazing in the ventilation openings. The interior was entirely metamorphosed, while the original appearance of the exterior was retained. The wagon is near the station at Stadskanaal, but can on request be located almost anywhere along the museum railway line. It accommodates five people and has lighting, heating, a toilet and a shower.

L'atelier Van Lieshout est une firme multidisciplinaire internationale active dans l'art moderne. Elle se consacre depuis des années à la conception d'unités mobiles à destination des musées et son projet d'état libre "AVL-Ville". Dans cette optique, AVL a transformé, en 2001, un wagon de marchandises appartenant du musée des chemins de fer S.T.A.R. Il devait évoquer le temps de premiers tourbiers. AVL a métamorphosé l'intérieur en remplaçant le bois garnissant le wagon et les ouvertures sont pourvues de double vitrage. A l'extérieur, le caractère d'origine a été préservé. La voiture est garée à la station de Stadskanaal, mais peut être déplacée à n'importe que endroit le long de la voie ferrée du musée, sur demande. Le wagon accueille jusqu'à 5 personnes et offre éclairage, chauffage toilette et douche.

Atelier Van Lieshout, een internationaal multidisciplinair bedrijf dat zich bezighoudt met moderne kunst, legt zich al jarenlang toe op het ontwerpen van mobiele units voor musea en voor vrijstaat AVL-Ville. Volledig in diezelfde lijn bouwde AVL in 2001 een goederenwagon van de Museumspoorlijn S.T.A.R. om tot pionierswagen. Deze moest verwijzen naar de tijden van de veenpioniers, die het veenlandschap ontgonnen. AVL verving het houtwerk van de wagen en voorzag de ventilatieopeningen van dubbel glas. Het interieur onderging een metamorfose, terwijl aan de buitenkant het originele karakter bewaard werd. De wagon staat bij het station te Stadskanaal, maar kan op verzoek op bijna elke plek langs het traject van de museumspoorlijn worden geplaatst. Hij biedt plaats aan vijf personen en is voorzien van verlichting, verwarming, een toilet en een douche.

S.T.A.R. WAGON · Stationsstraat 3, 9503 AD Stadskanaal, The Netherlands · +31 599 651890 · www.stadskanaalrail.nl · info@stadskanaalrail.nl

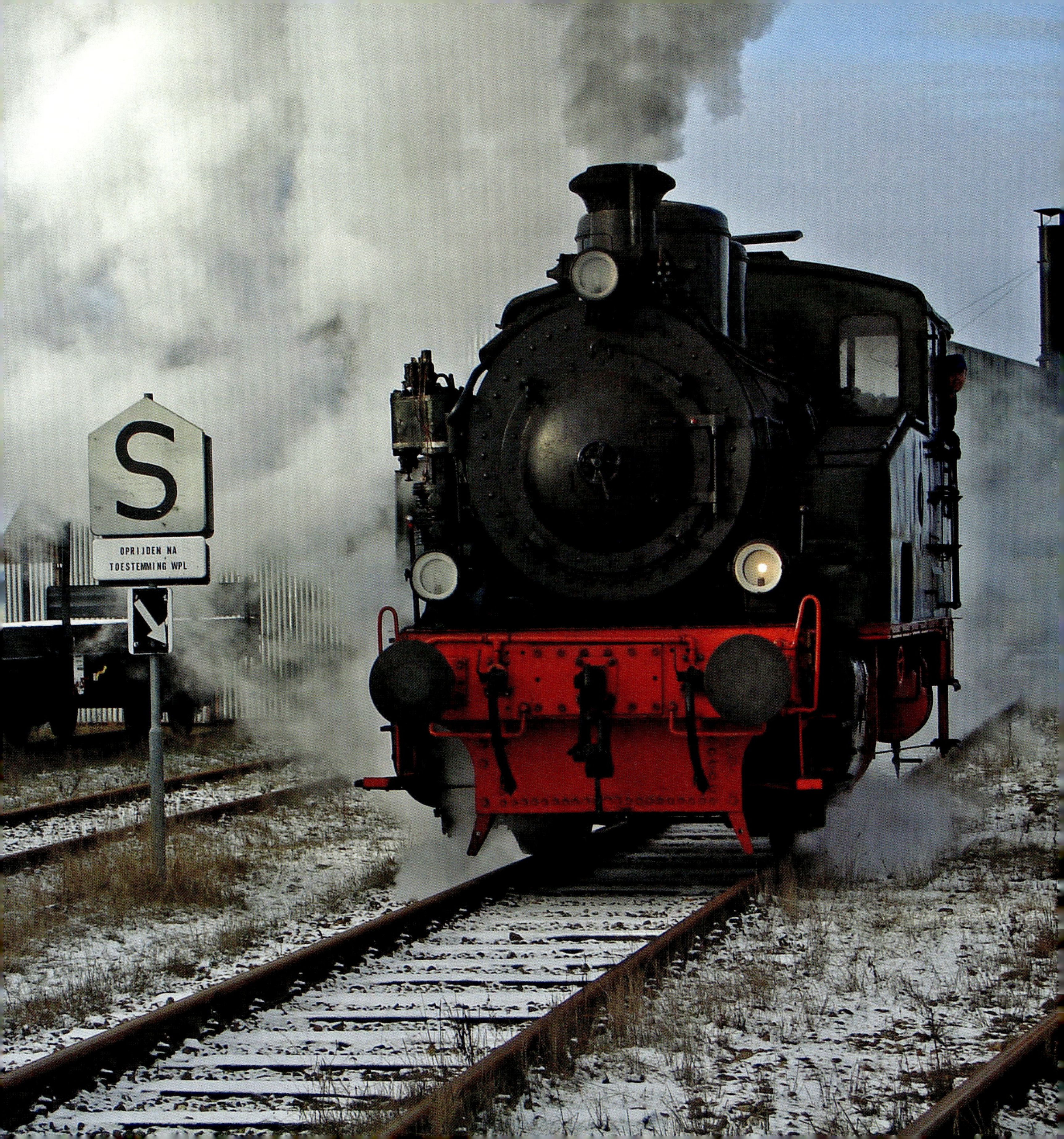

S
OPRIJDEN NA
TOESTEMMING WPL

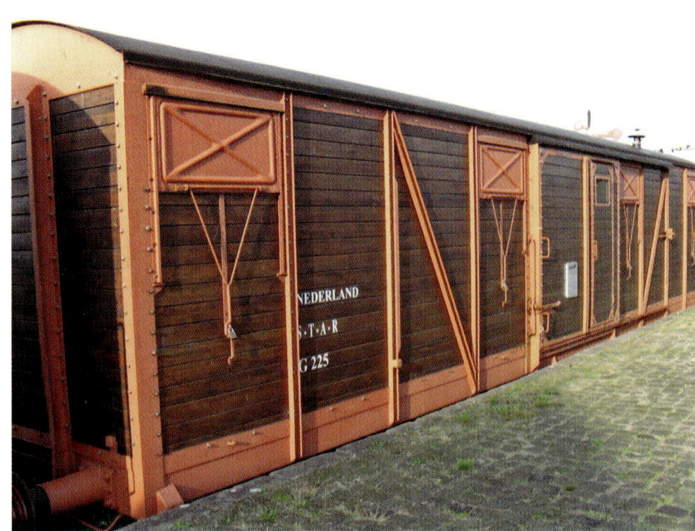

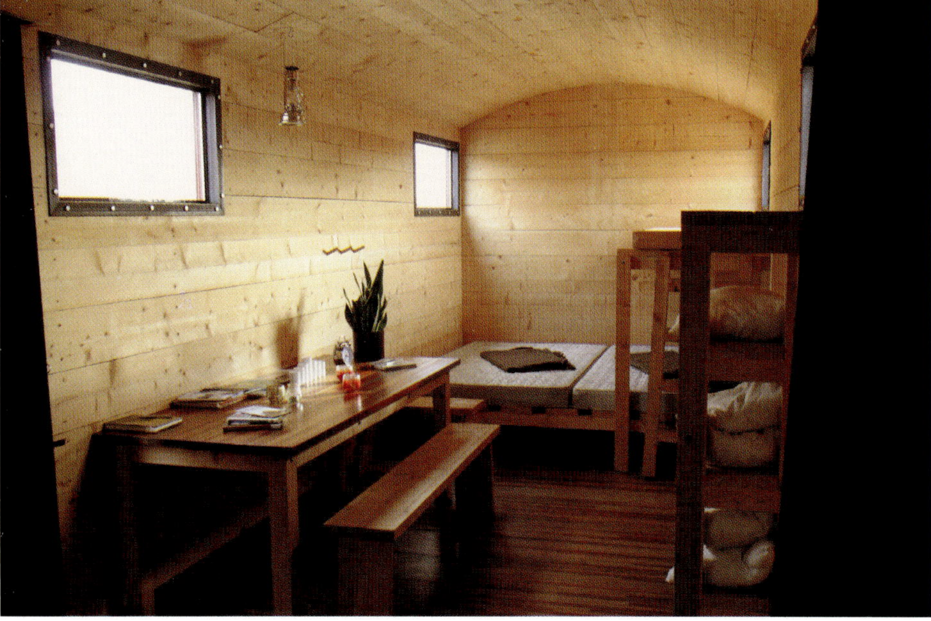

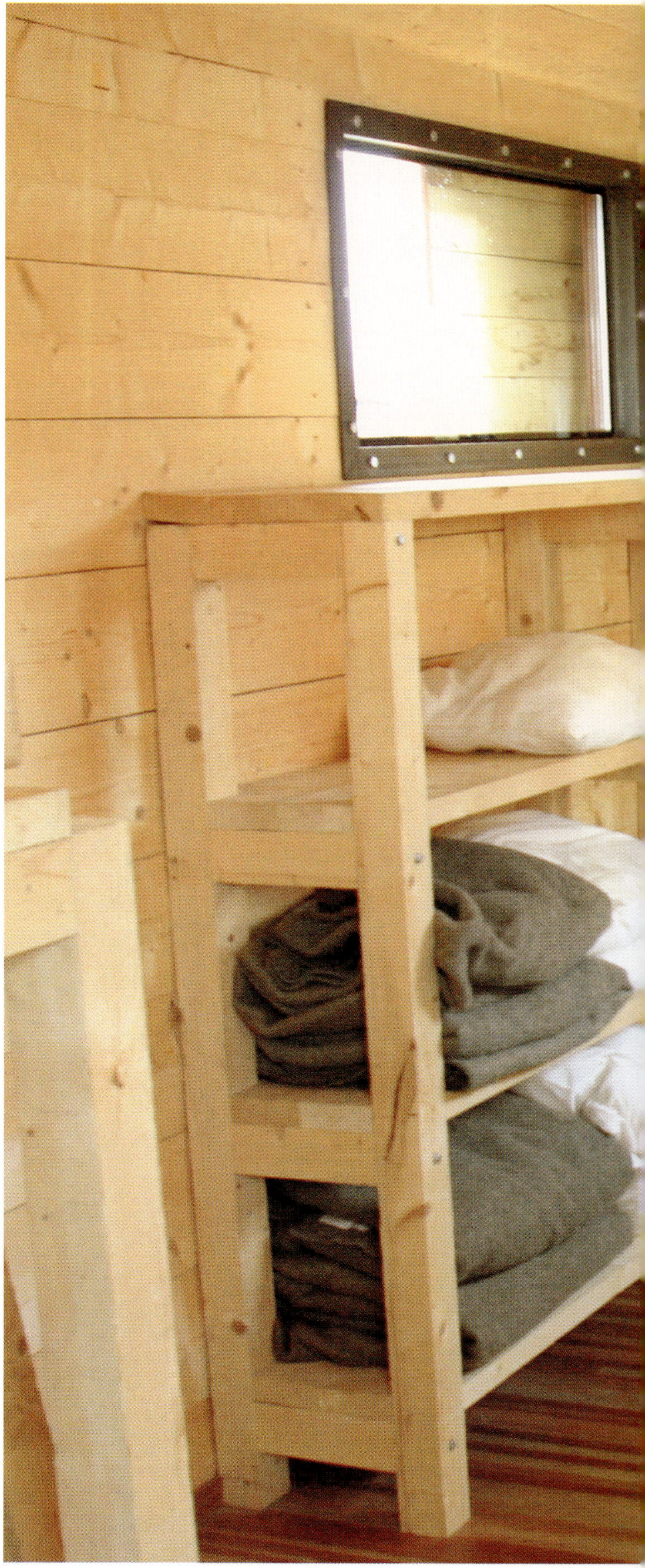

The S.T.A.R. Museum Railway has locomotives, carriages and goods wagons, and provides nostalgic trips between Veendam and Musselkanaal.

S.T.A.R. possède des locomotives, des wagons et propose des voyages nostalgiques entre Vendam et Musselkanaal.

Museumspoorlijn S.T.A.R. bezit locomotieven, rijtuigen en goederenwagons, en verzorgt nostalgische ritjes tussen Vendam en Musselkanaal.

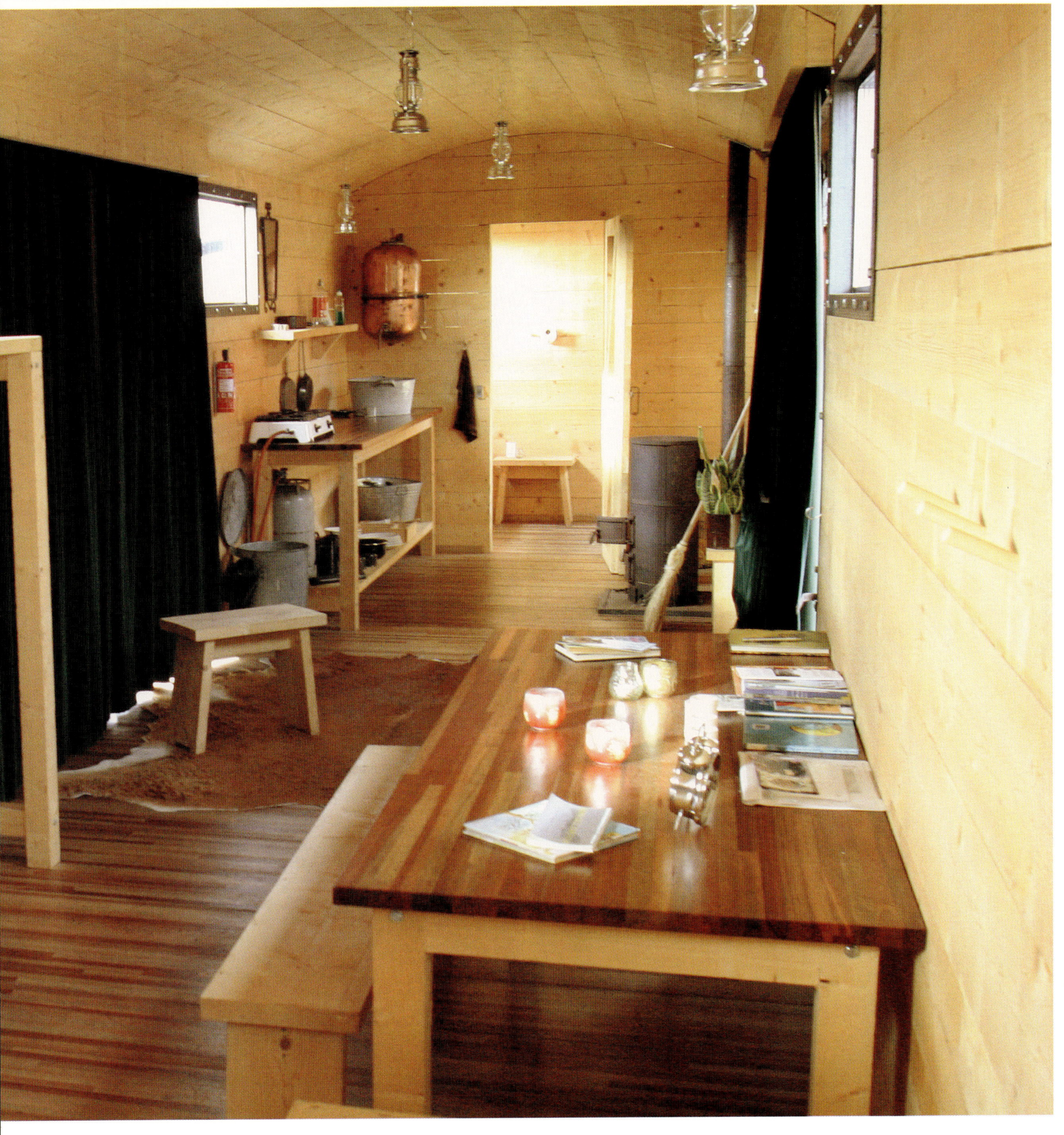

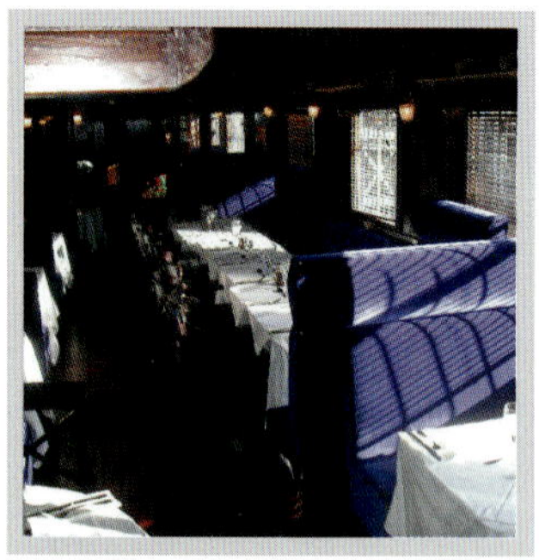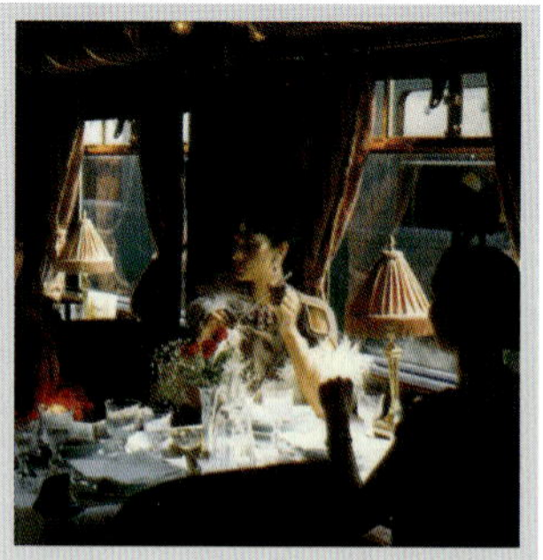

Train restaurant ^{France}

Dinner on the Orient Express

The roaming life of this beautifully restored carriage dating from 1927, that used to be part of the mythical Orient Express, came to an end when it stopped for the last time on the track between Saint-Lazare and Batignolles. Beautifully restored and converted into a restaurant, Le Wagon Bleu is a relic from a bygone age, when upper class ladies and gentlemen travelled the world by means of luxurious steam trains. The elegance of this era is retained in the interior, that has as much as possible been left intact: as revealed by the original royal blue velour seats and golden baggage racks. The restaurant not only includes the carriage itself, which seats 58 people but also a bar and a music lounge. It can accommodate up to 90 people and regular theme nights are organised.

Le vagabondage de cette magnifique voiture de 1927, qui appartenait autrefois au mythique Orient Express, a pris fin après son dernier arrêt entre Saint Lazarre et Batignolles. Superbement restauré et transformé en restaurant, Le Wagon Bleu témoigne des temps éloignés, lorsque l'aristocratie parcourait le monde dans de luxueux trains à vapeur. L'intérieur, qu'on a tâché de préserver, a conservé l'élégance de cette époque : ainsi le velours bleu d'origine fait toujours son office, tout comme les porte-bagages cuivrés. Le restaurant, qui peut accueillir 58 personnes, propose également un bar et un salon de musique. Jusqu'à 90 personnes peuvent y prendre place et des soirées à thème y sont régulièrement organisées.

Aan het zwerversleven van deze prachtig gerestaureerde treinwagon uit 1927, die vroeger deel uitmaakte van de mythische Oriënt Express, kwam een einde toen hij een definitieve standplaats kreeg langs het spoor tussen Saint-Lazare en Batignolles. Gerestaureerd en omgebouwd tot restaurant, is Le Wagon Bleu een relikwie van ver vervlogen tijden, toen dames en heren van stand de wereld afreisden met behulp van luxueuze stoomtreinen. De elegantie van dit tijdperk is behouden gebleven in het interieur, dat zoveel mogelijk intact gelaten werd: zo doet het originele koningsblauwe velours nog altijd dienst, net als de goudkleurige bagagerekken. Het restaurant omvat niet enkel het rijtuig zelf, dat plaats biedt aan 58 personen, maar ook een bar en een muzieksalon. De zaak kan tot 90 personen herbergen en er worden geregeld thema-avonden georganiseerd.

LE WAGON BLEU - 7 Rue Boursault, 75017 Paris, France - +33 1 45 22 35 25

The menu features traditional French cuisine and the kitchen is highly regarded.

Le menu propose de la cuisine française traditionnelle, très bien notée.

Het menu is traditioneel Frans en de keuken staat hoog aangeschreven.

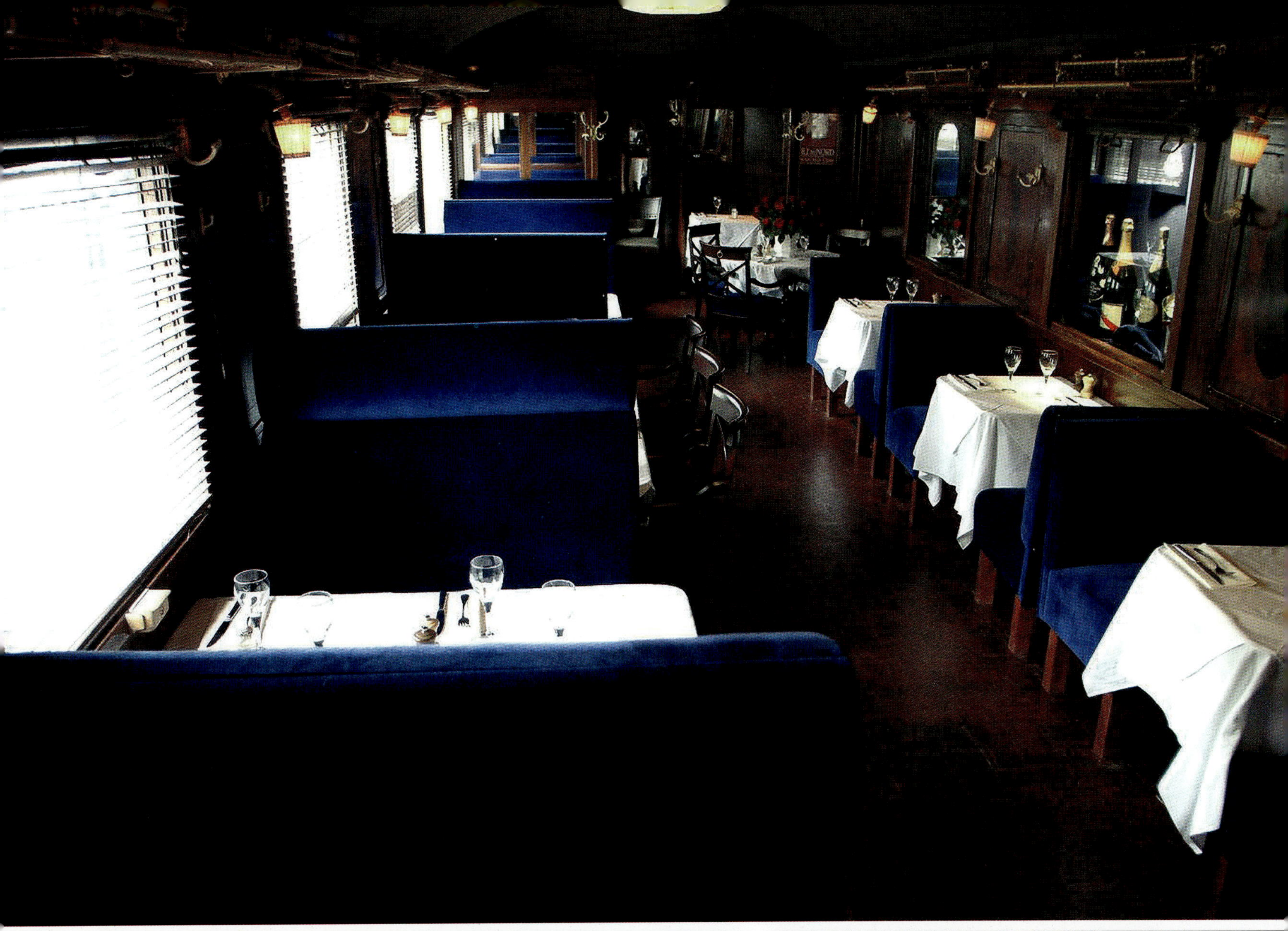

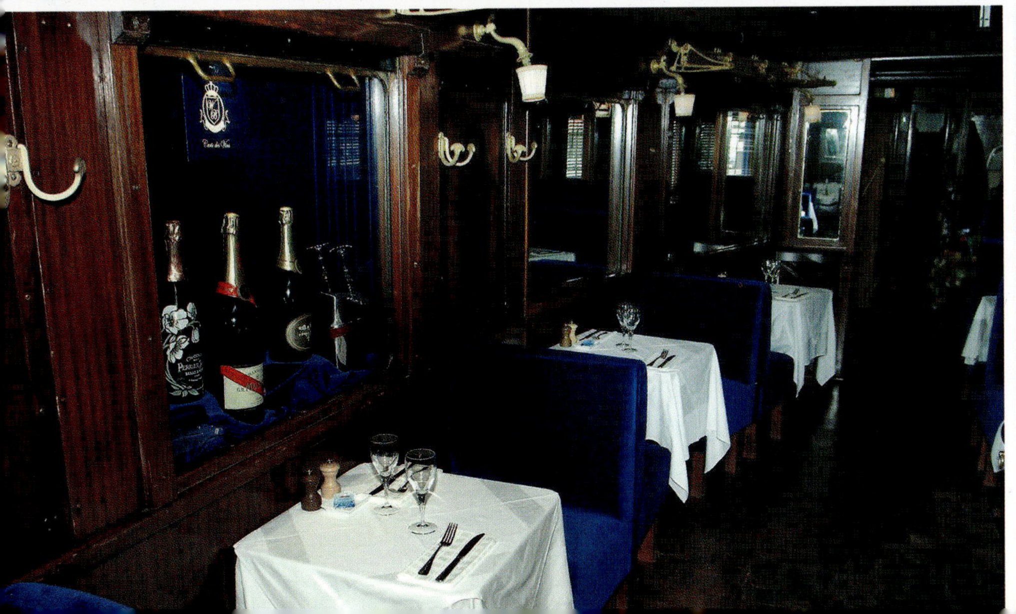
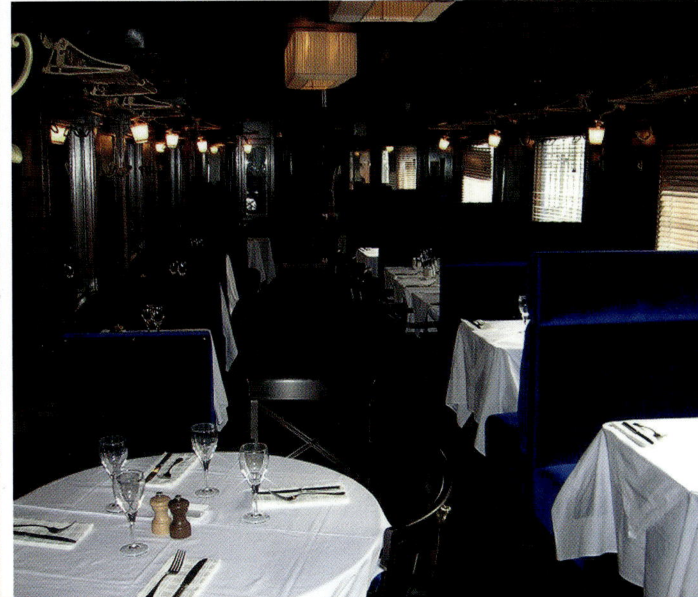

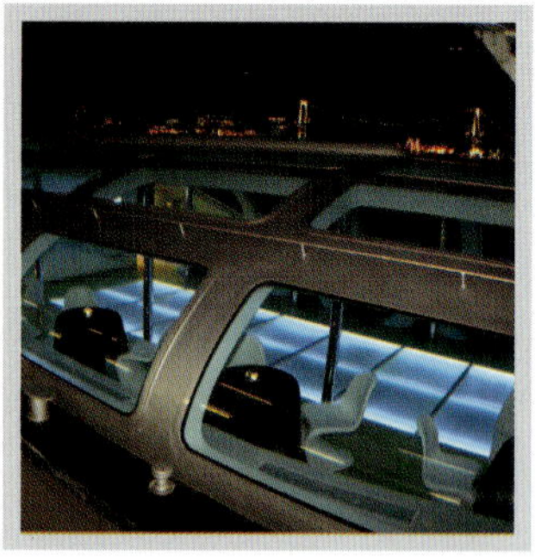
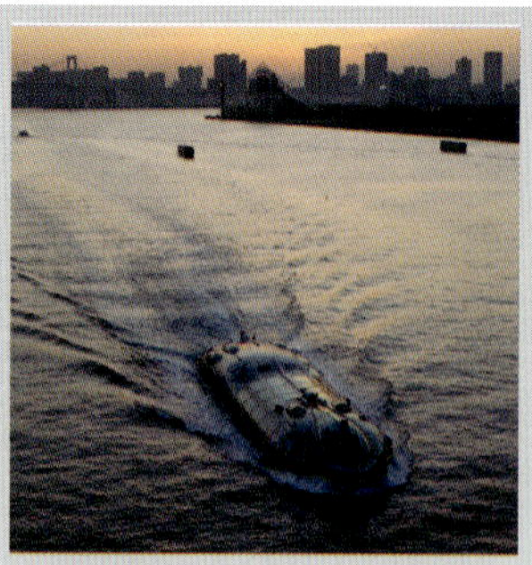

Floating bar
Japan

The spaceship experience

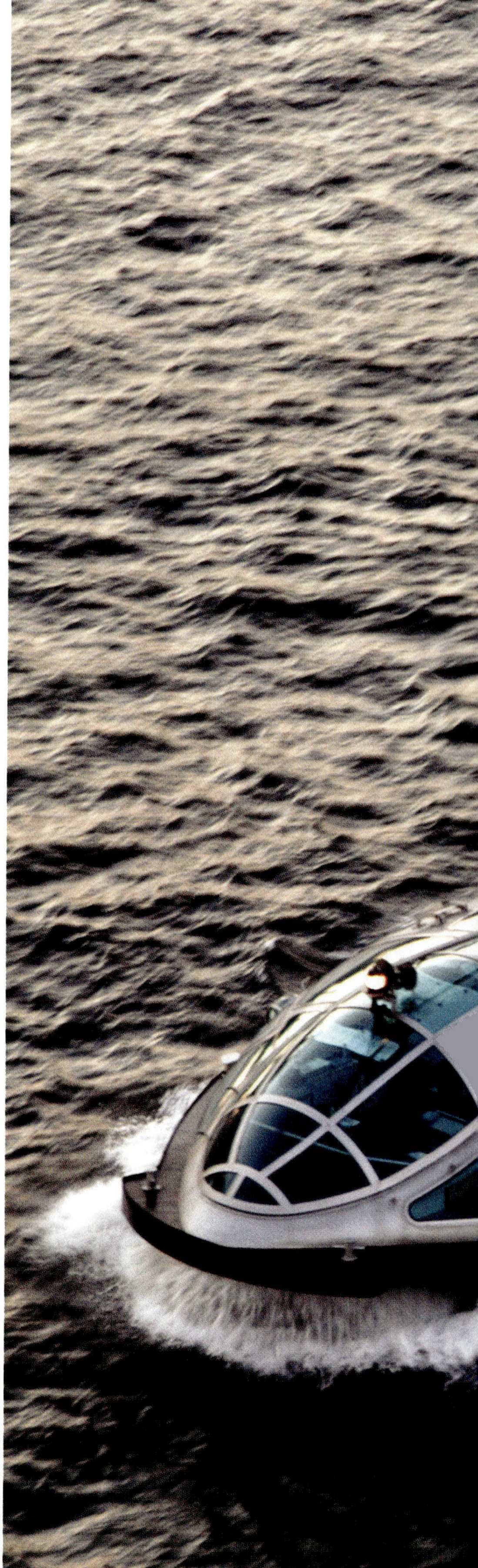

This futuristic looking vessel is not yet able to travel through time (= ji) and space (= coo) but it does offer the most stylish way of dipping into Tokyo's nightlife. Jicoo The Floating Bar looks as if it escaped from a science fiction series and that is no accident, given that the design sprang from the imagination of animation grand master Leiji Matsumoto. The 30 metre long, 9 metre wide boat is based on the shape of a teardrop and is fitted with illuminated floor panels that can change into five different colours. The floating bar traverses Tokyo Bay every Thursday, Friday and Saturday from 8 pm to 11pm, while an amiable crew welcome hip guests, provide brightly coloured drinks and play cool lounge music. The curved windows offer an irresistible view of the Tokyo skyline.

Voyager dans le temps ("ji") et l'espace ("coo") n'est pas encore une possibilité offerte par ce vaisseau futuriste, qui permet cependant de plonger avec style dans la vie nocturne de Tokyo. *Jicoo*, The Floating Bar, semble tout droit sorti d'une série de science-fiction. Ce qui n'est pas un hasard puisqu'il a été imaginé par le grand maître du dessin animé, Leiji Matsumoto. Le vaisseau long de 30 mètres et large de 9, a la forme d'une goutte d'eau et ses panneaux de sol lumineux changent de couleur. Ce bar flottant traverse la Tokyo Bay chaque jeudi, vendredi et samedi, de 20h à 23h. Un équipage tiré à quatre épingles accueille une clientèle branchée, lui offrant des boissons colorées, sur fond de musique lounge. La verrière incurvée offre une vue extraordinaire sur Tokyo.

Reizen door tijd (= ji) en ruimte (= coo) is nog niet mogelijk in dit futuristisch uitziende vaartuig, maar het biedt wél een uiterst stijlvolle manier om het nachtleven van Tokyo in te duiken. Jicoo The Floating Bar ziet eruit alsof ze ontsnapt is uit een science fiction-reeks, en dat is geen toeval, aangezien het ontwerp is ontsproten aan de geest van animegrootmeester Leiji Matsumoto. Het 30 meter lange en 9 meter brede schip is gebaseerd op de vorm van een traan en beschikt over verlichte vloerpanelen die 5 verschillende kleuren kunnen aannemen. De drijvende bar doorkruist Tokyo Bay elke donderdag, vrijdag en zaterdag van 20u tot 23u, terwijl de beminnelijke crew hippe vaargasten verwelkomt, veelkleurige drankjes schenkt en coole loungemuziek draait. De gebogen ramen bieden een onweerstaanbaar uitzicht op de skyline van Tokyo.

JICOO THE FLOATING BAR – 105-0022 2-7-104 Kaigan Minato-ku, Tokyo, Japan - +81 3 5733 2929 - T.VISION@ARION.OCN.NE.JP - WWW.JICOOFLOATINGBAR.COM

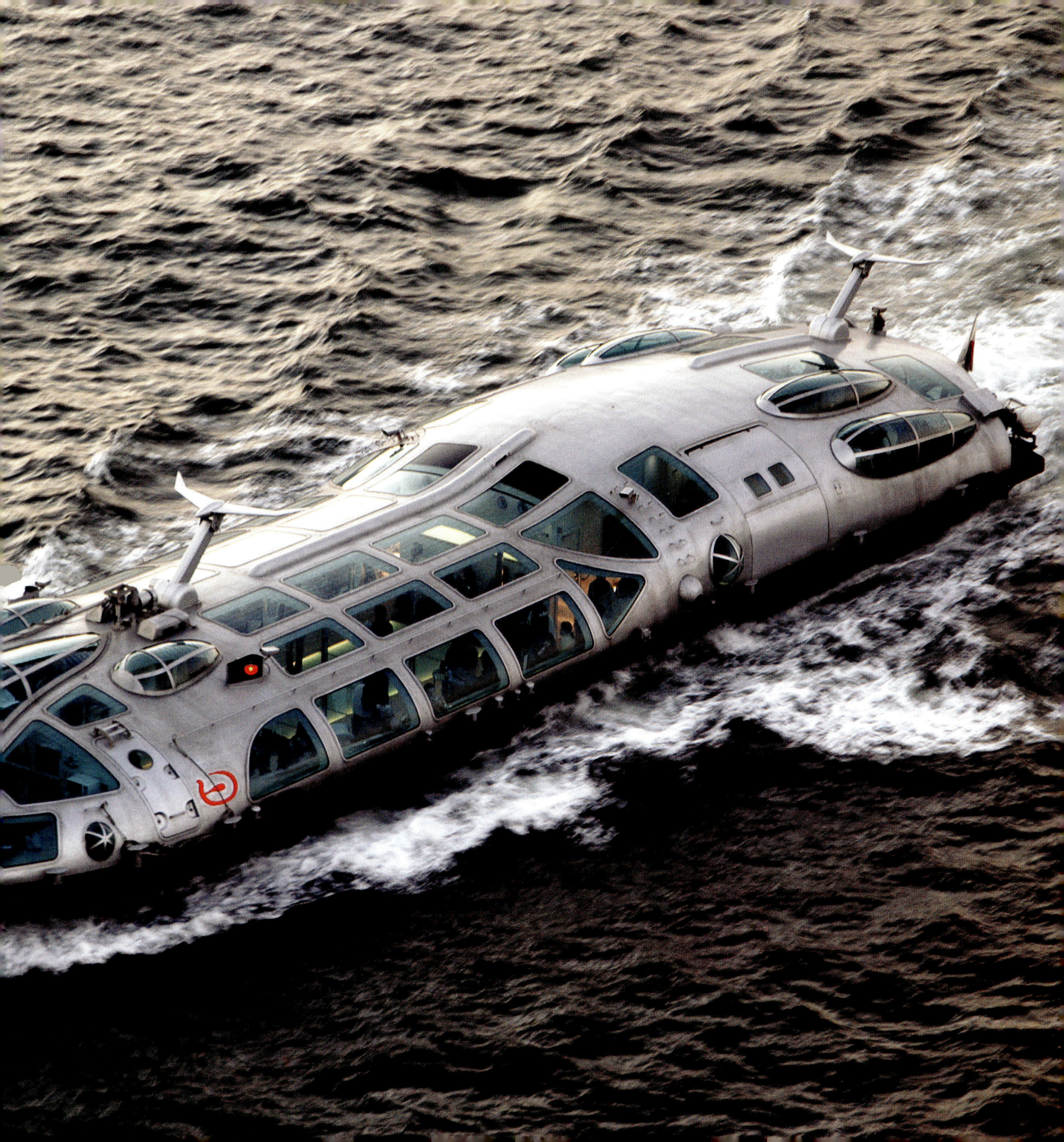

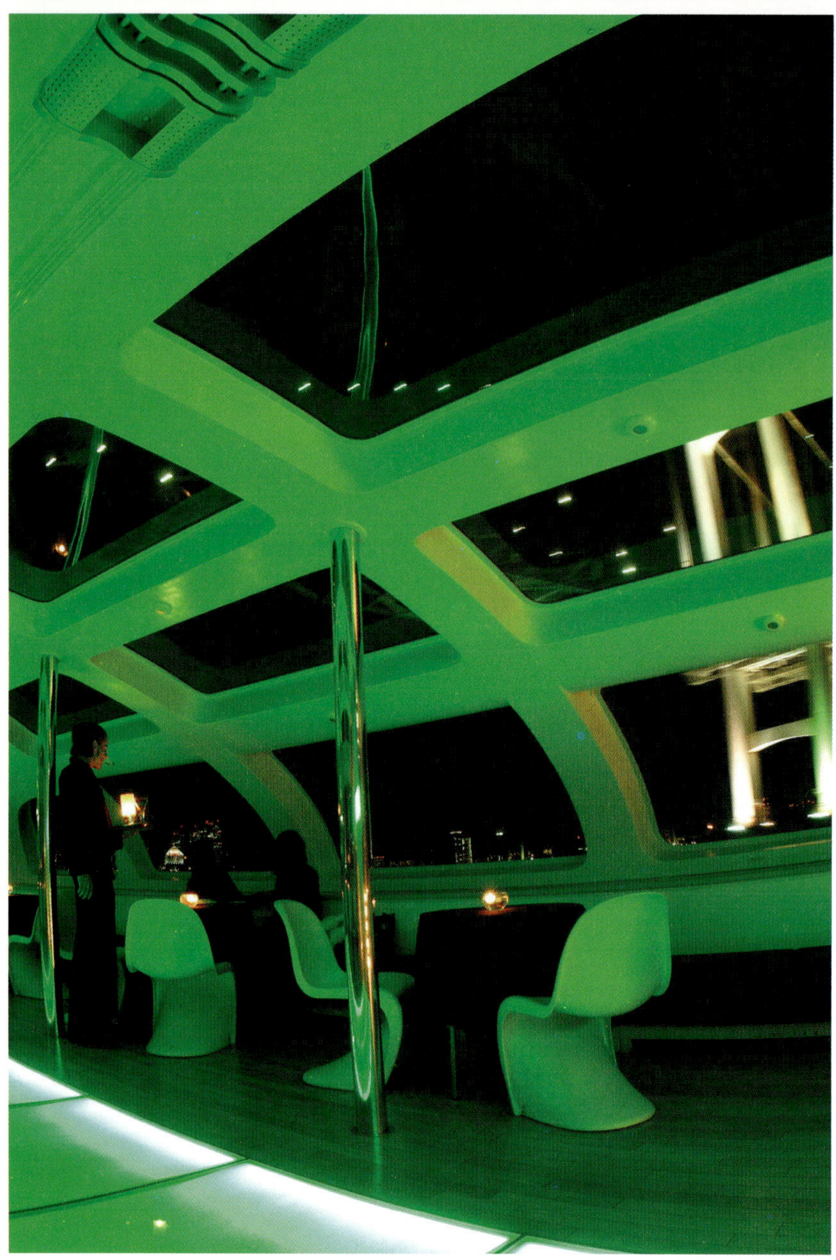

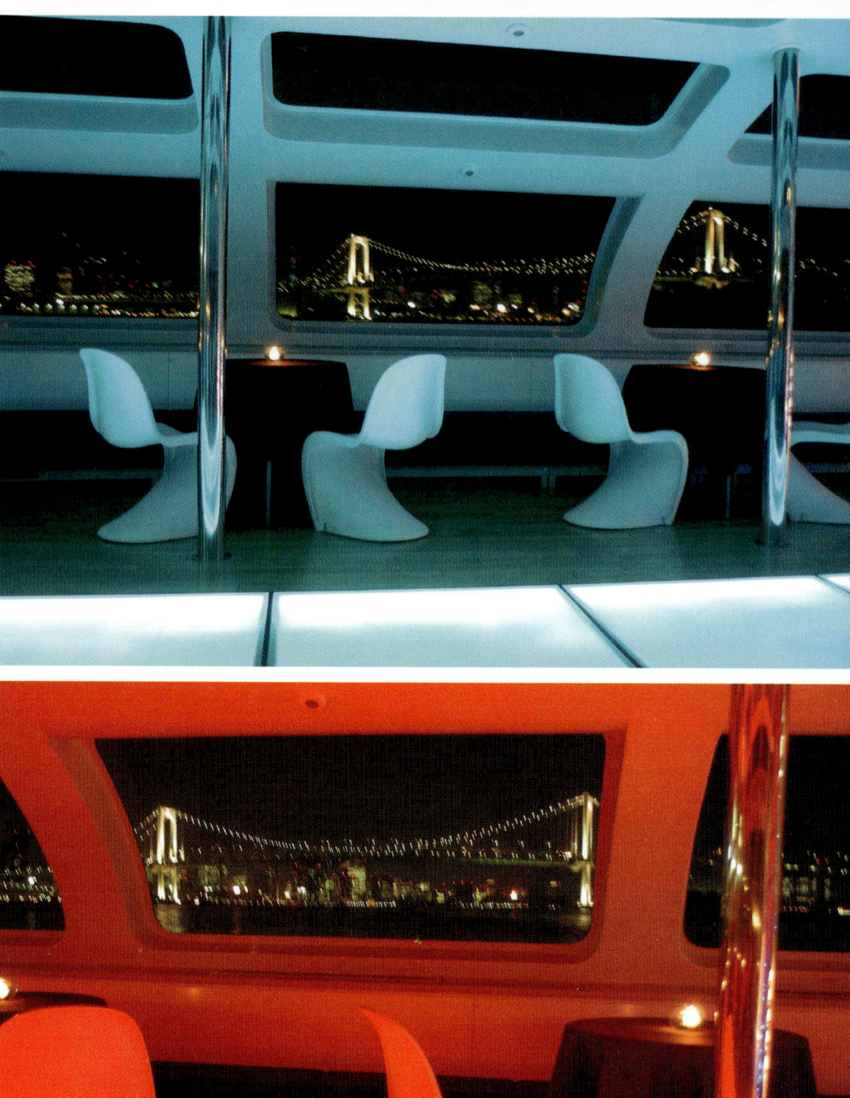

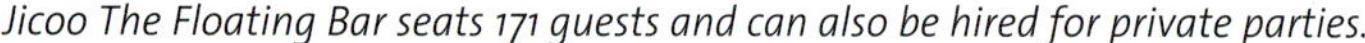

Jicoo The Floating Bar seats 171 guests and can also be hired for private parties.

Jicoo The Floating Bar peut accueillir 171 clients et peut être loué pour des fêtes privées.

Jicoo The Floating Bar biedt plaats aan 171 gasten en kan ook afgehuurd worden voor privéfeestjes..

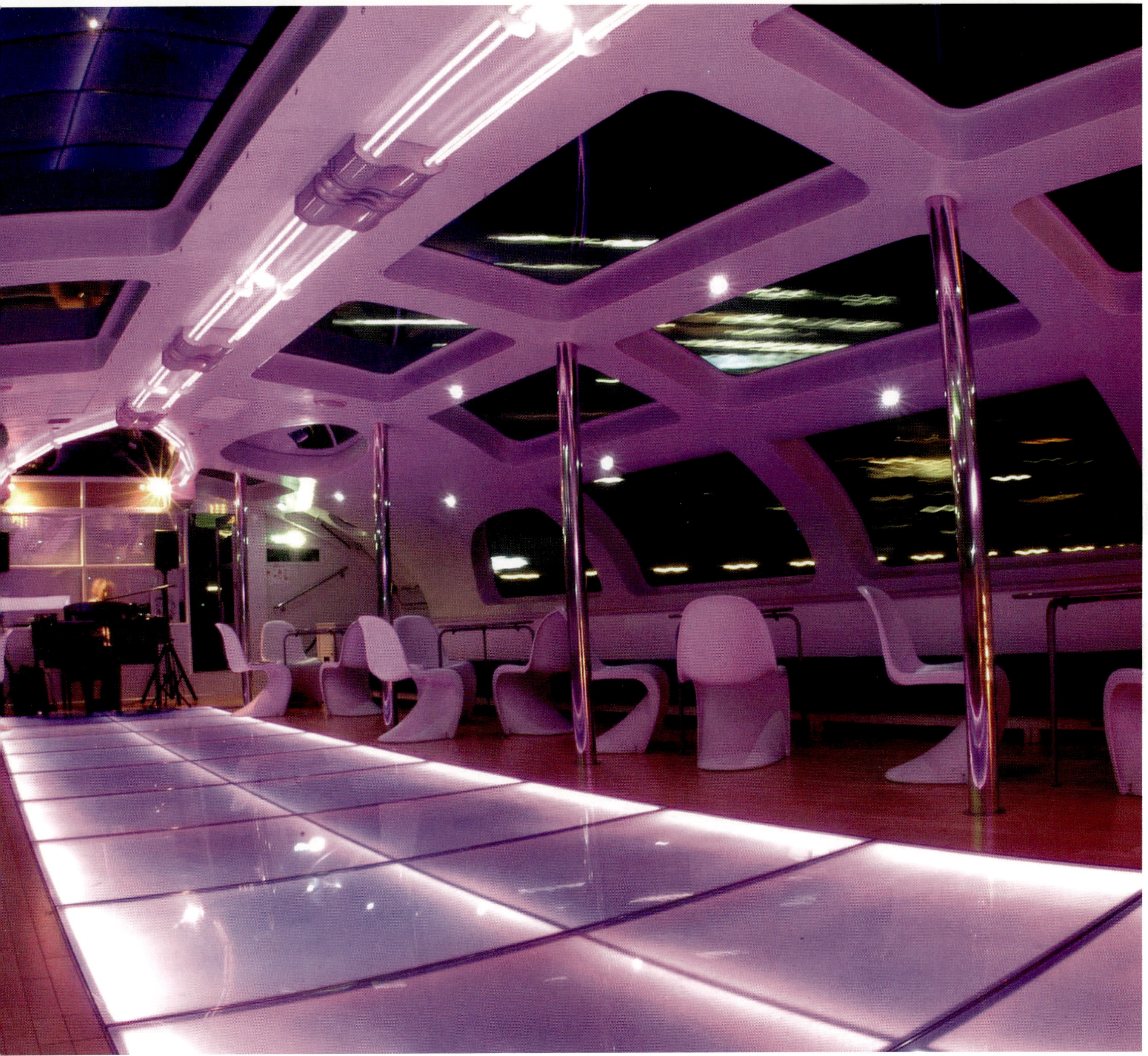

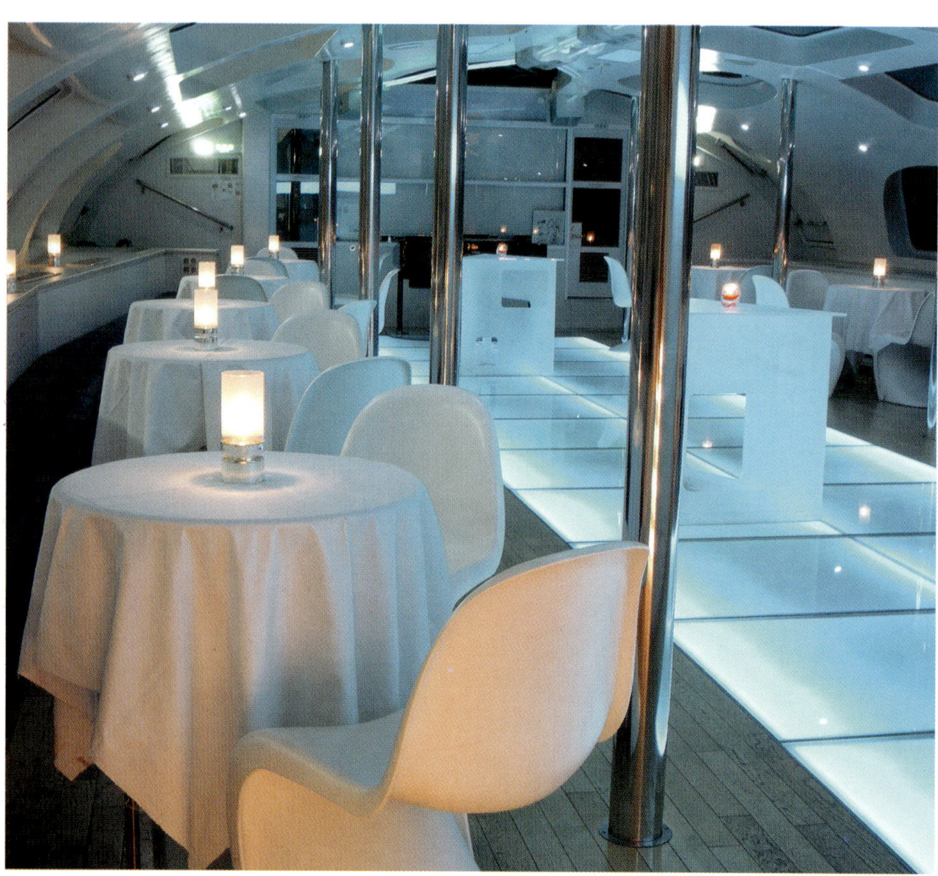

By day, Jicoo goes by the name of Himiko and serves as a ferry between Akusaka and Hinode Pier.

Durant le jour, Jicoo redevient un simple ferry, qui effectue la traversée entre Akusaka et Hinode Pier, sous le nom Himiko.

Overdag doet Jicoo onder de naam Himiko dienst als ferry tussen Akusaka en Hinode Pier.

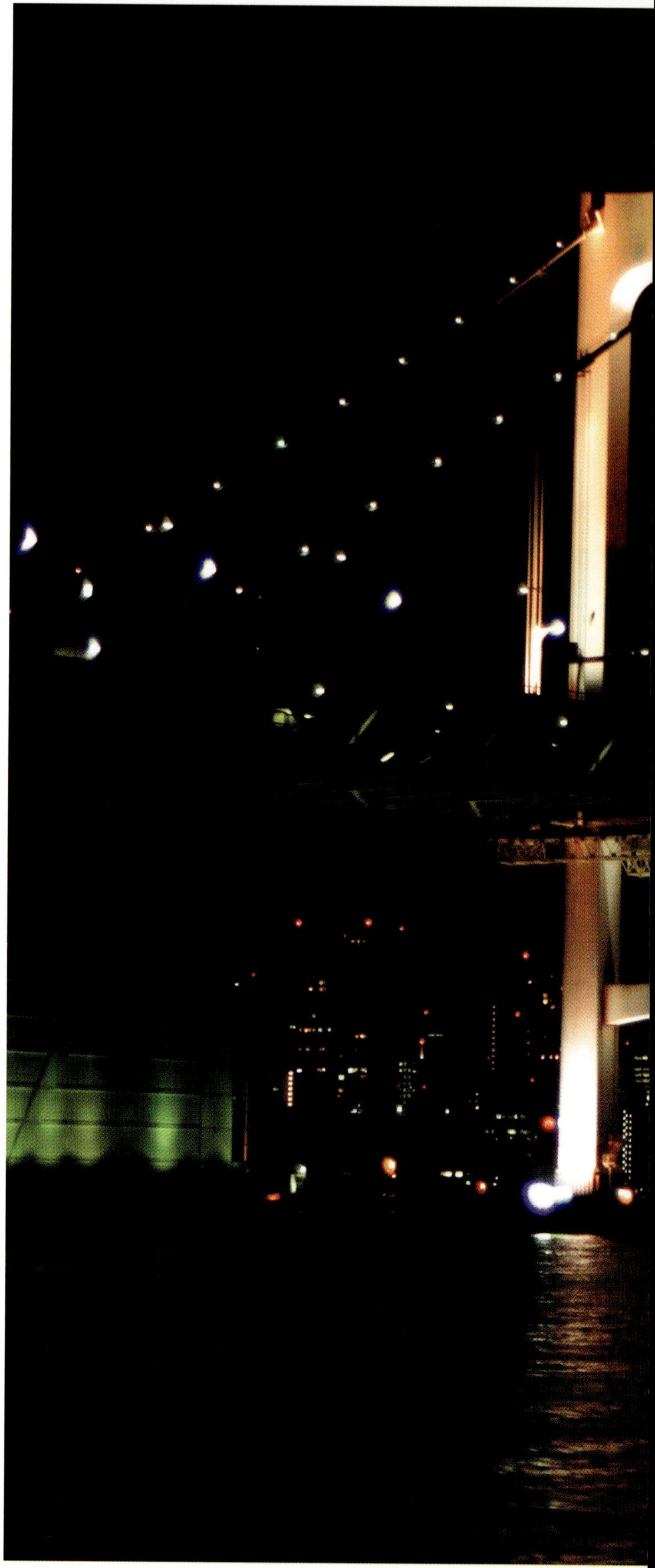

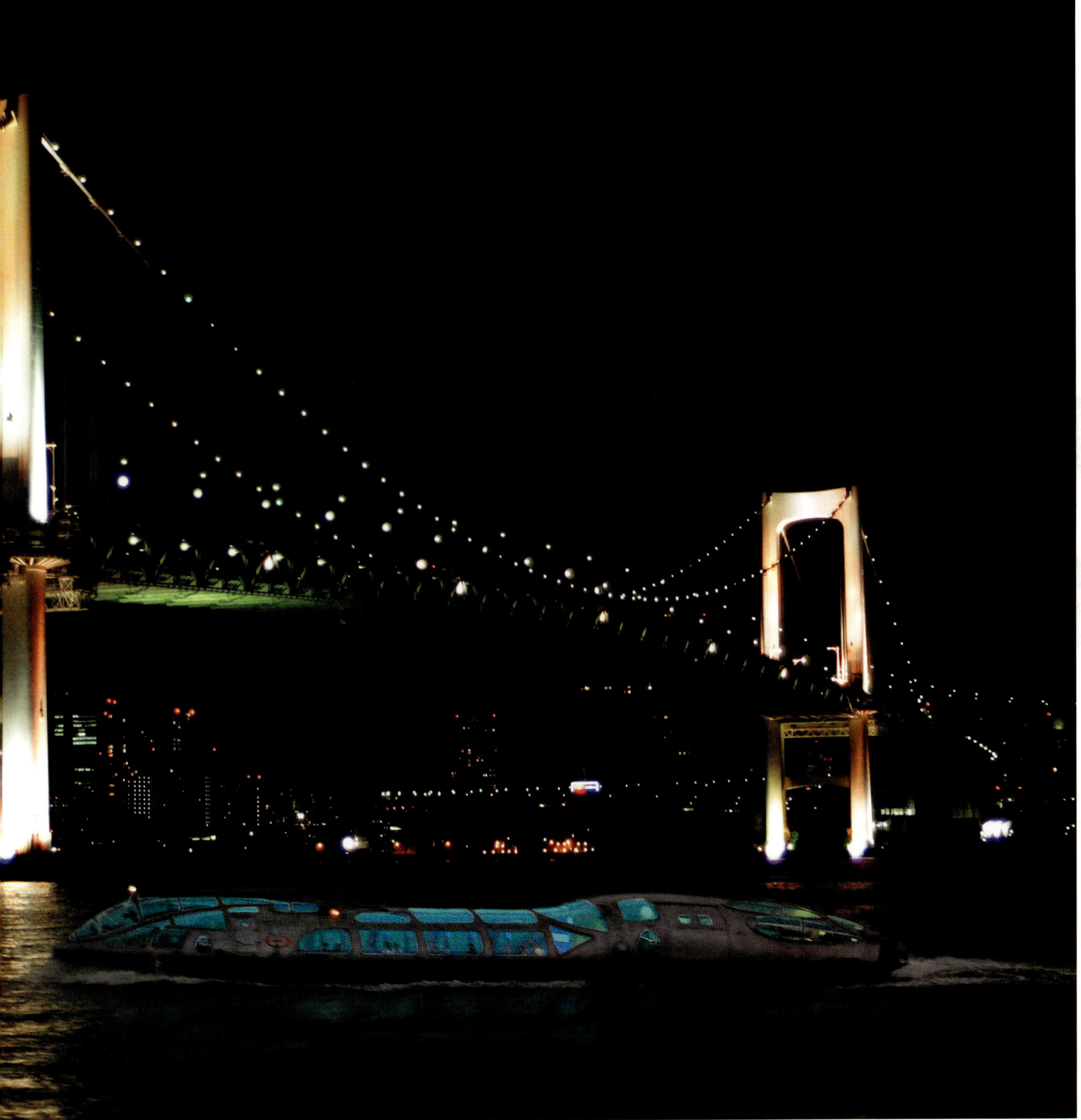

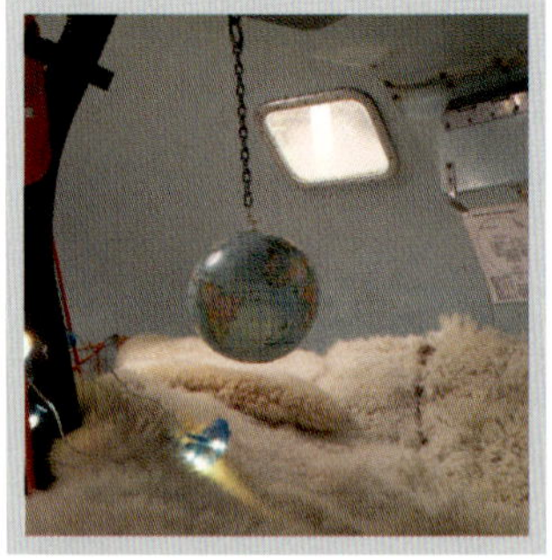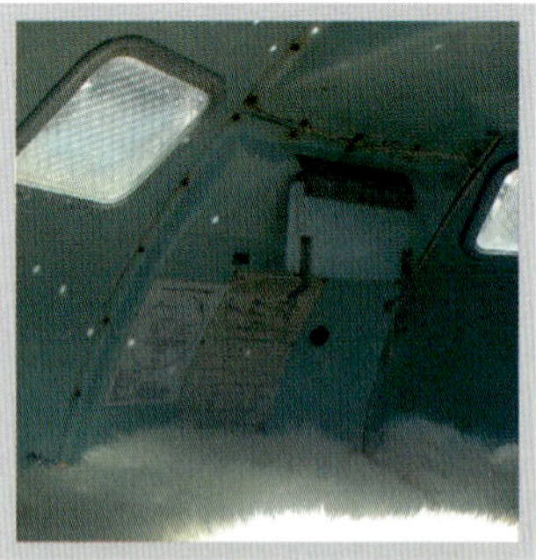

Survival capsule hotel The Netherlands

Bond meets Barbarella

In The Hague, two 1972 survival capsules with a diameter of 4.25 metres have been put to use as floating hotel rooms. Denis Oudendijk started up this project as part of 'practice-oriented waste research for the purposes of spatial design'. In the meantime it has started to lead a life of its own and you can go online to choose from three options. The luxury version includes the use of suspended nets with sheepskins, cushions, silk-sheet bags and sleeping bags, a survival package with champagne, a vodka-martini bar, a DVD player with all the James Bond films, a karaoke set, mini-library, mirrored ball, festive lighting, gadgets, toilet and even a bicycle. In the survival-plus version you have to manage without the vodka bar, champagne, sheepskins and films, and in the plain survival version even the toilet and the DVD player are missing.

Deux capsules de survie datant de 1972 et d'un diamètre de 4,25 mètres servent de chambres d'hôtel flottantes à La Haye. Denis Oudendijk a débuté ce projet dans le cadre d'une « Enquête pratique sur les déchets à l'usage de la formation d'espaces ». Entre-temps, elles ont, en quelque sorte, suivi leur chemin et il vous est possible de choisir, via internet, parmi trois options. La version de luxe prévoit hamacs et peaux de mouton, coussins, draps et sacs de couchage en soie ainsi qu'un pack de survie avec du champagne, un bar vodka-martini, un lecteur dvd avec tous les James Bond, un set de karaoké, une mini bibliothèque, un boule à facettes, un éclairage de fête, des gadgets, une toilette et même un vélo. Dans la version Survie+ vous devrez vous passer du bar à vodka, du champagne, des peaux de mouton et des films. Et la version de Survie ne comprend ni wc ni lecteur dvd.

Twee overlevingscapsules uit 1972 met een diameter van 4,25 meter doen in Den Haag dienst als drijvende hotelkamers. Denis Oudendijk ging met dit project van start in het kader van een 'praktijkgericht afvalonderzoek ten behoeve van de ruimtelijke vormgeving.' Intussen is het zo'n beetje een eigen leven gaan leiden en kan je online kiezen uit drie opties. De luxeversie omvat het gebruik van hangnetten met schapenvachten, kussens, zijdenlakenzakken en slaapzakken, overlevingspakket met champagne, wodkamartini bar, dvd-speler met alle James Bond-films, karaokeset, minibibliotheek, discobol, feestverlichting, gadgets, toilet en zelfs een fiets. In de Survival Plus-versie moet je het doen zonder wodkabar, champagne, schapenvachten en films; in de survivalversie moeten ook de wc en de dvd-speler eraan geloven.

CAPSULEHOTEL - THE NETHERLANDS - WWW.CAPSULEHOTEL.INFO

The capsules are sometimes moved around.

Les capsules changent parfois de localisation.

De capsules veranderen soms van locatie.

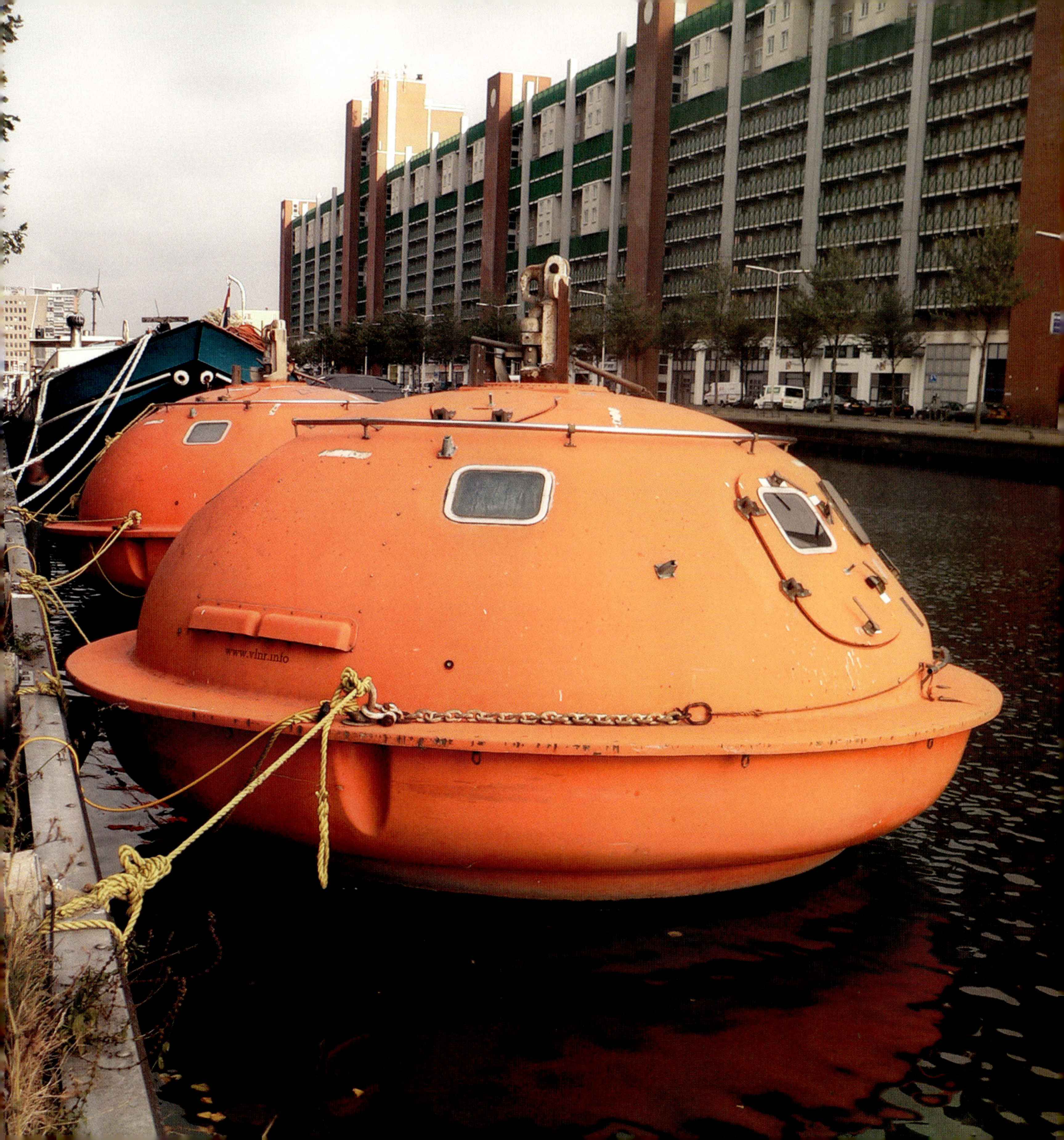

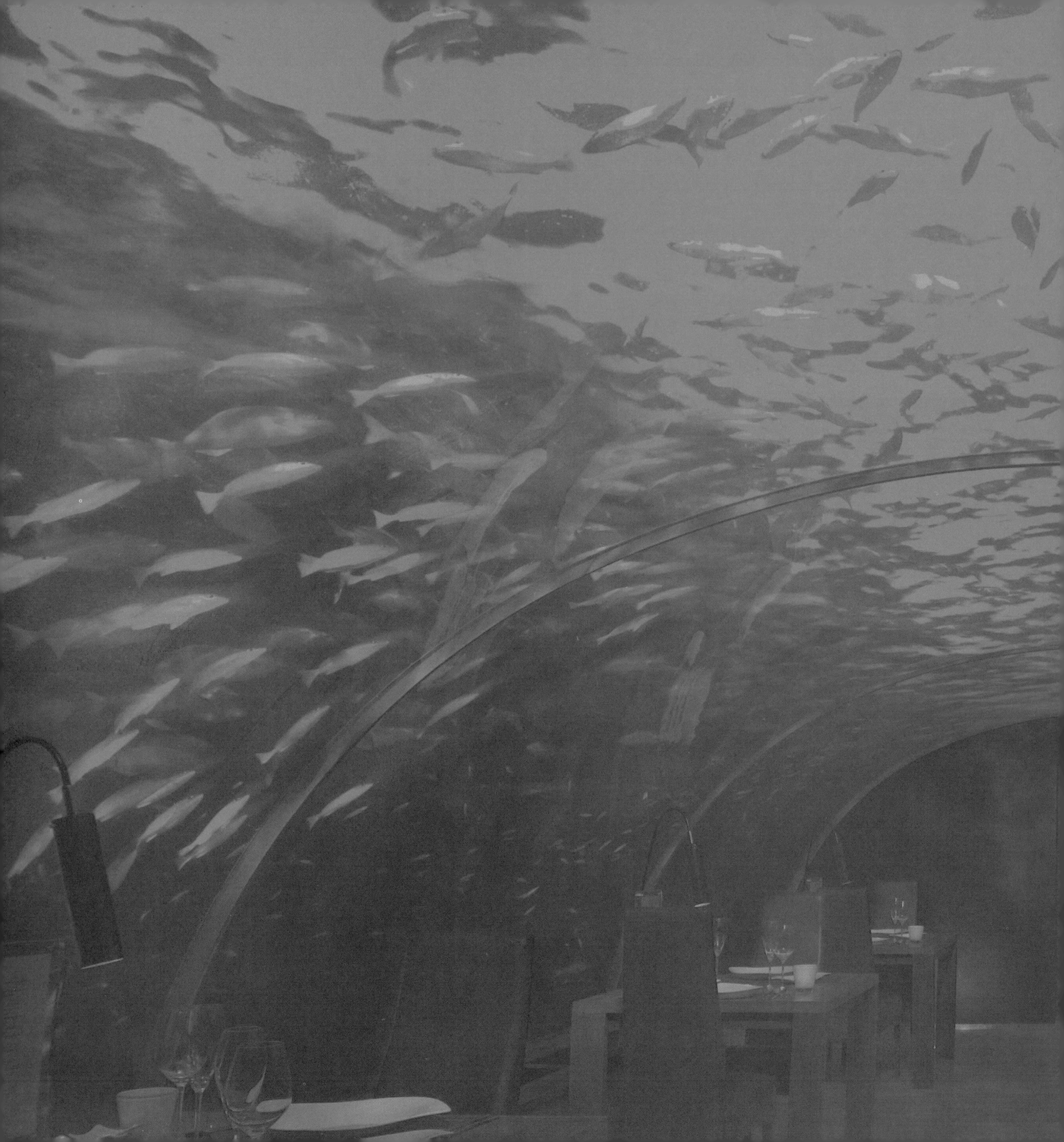

location

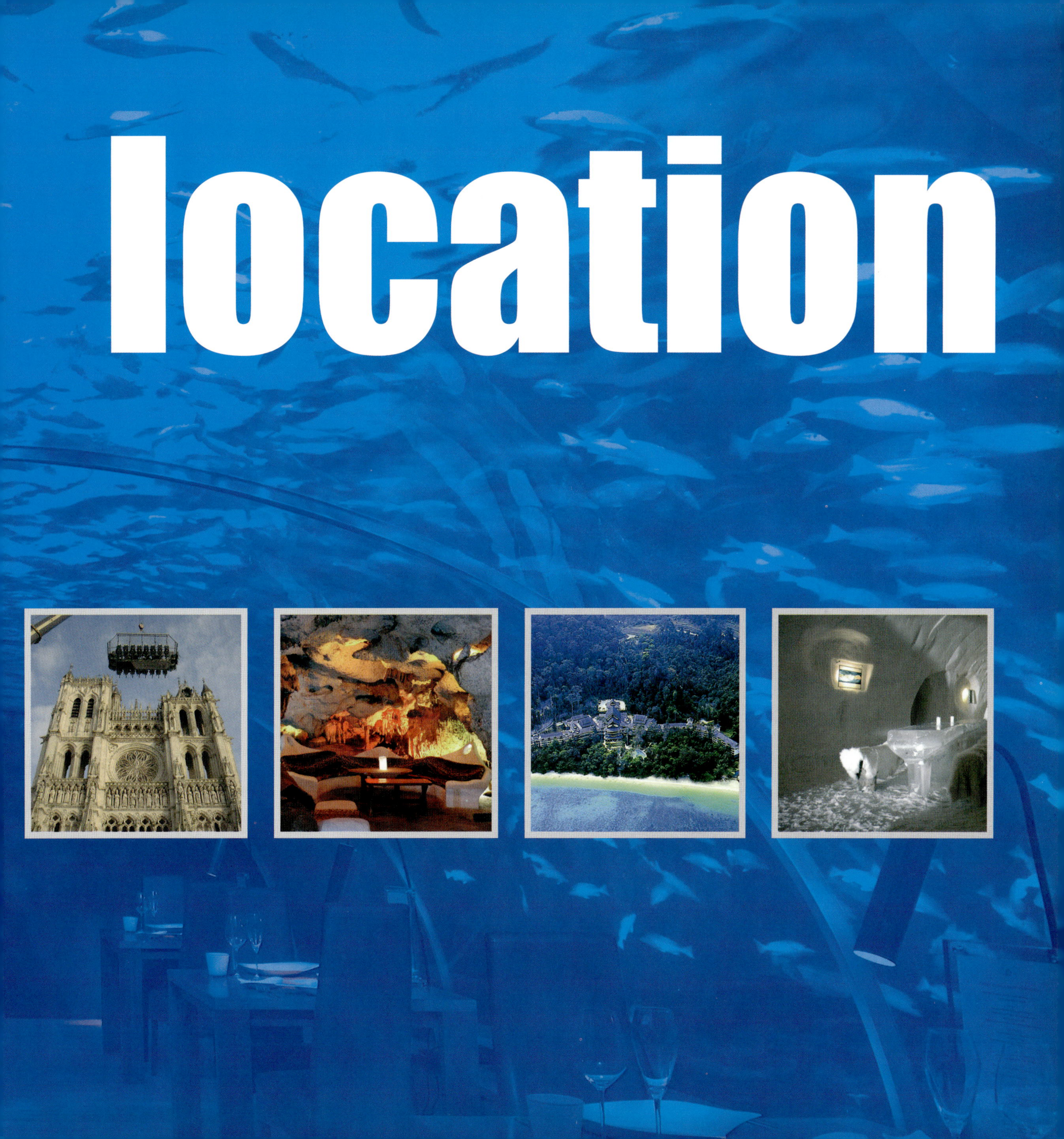

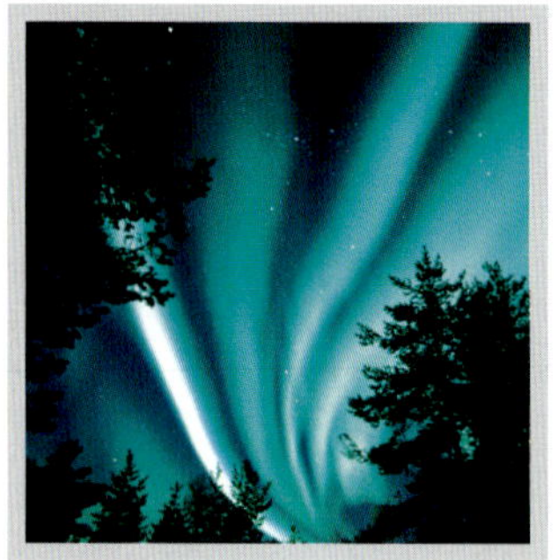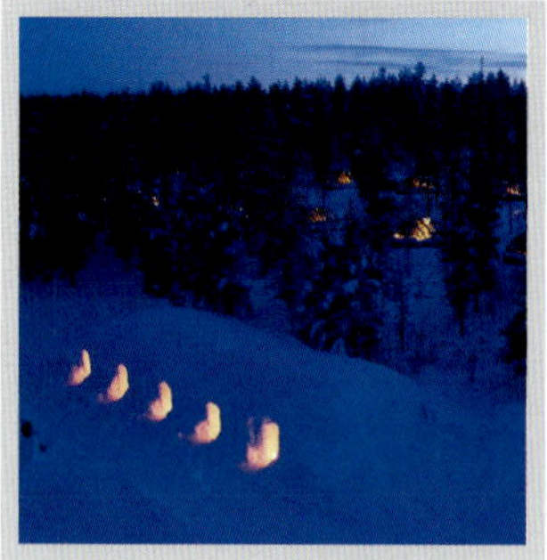

Glass igloo village

Aurora Borealis, anyone?

The Igloo Village Kakslauttanen lies two hundred and fifty kilometres north of the Arctic Circle, and is surrounded by the fabulous Lapp landscape. The twenty glass igloos that house the guests are perfect for watching the Northern Lights, the Finnish sky or – even more fun – the occasional snowstorm. The thermopane glass not only makes sure an agreeable temperature can be maintained indoors, but also prevents the view being impeded by frost-work. The igloos themselves contain luxury beds and a toilet, the world's largest sauna is very close at hand, and it is said that an early-morning dip in a hole in the ice is extremely refreshing. There's no lack of other activities: you can look for gold, make an ice-sculpture, visit a reindeer farm, go Nordic walking and lots more.

L'Igloo Village Kakslauttanen se situe à 250 kilomètres au nord du cercle polaire, entouré du légendaire paysage lapon. Les vingt igloos de verre qui vous sont proposés ici, sont idéaux pour apprécier la lumière du nord, le ciel étoilé finnois ou – encore plus amusant – la tempête de neige occasionnelle. Le double vitrage permet de maintenir une température agréable à l'intérieur et de préserver la vue en empêchant la formation de cristaux. Dans l'igloo même se trouvent un lit de luxe et des toilettes. Le plus grand sauna du monde se trouve à proximité et un plongeon matinal dans la rivière, après avoir percé un trou dans la glace, est des plus rafraîchissants. Il ne manque pas d'activités ici : vous pouvez chercher de l'or, sculpter la glace, visiter une ferme de rennes, vous adonner à la marche nordique et bien d'autres choses encore.

Tweehonderdvijftig kilometer ten noorden van de noordpoolcirkel, omringd door het fabelachtige Lapse landschap, ligt Igloo Village Kakslauttanen. De twintig glazen iglo's die hier tot je beschikking staan, zijn ideaal voor het waarnemen van het noorderlicht, de Finse sterrenhemel of – nog leuker! – de occasionele sneeuwstorm. Het thermopane glas zorgt er niet alleen voor dat er binnen een aangename kamertemperatuur aangehouden kan worden, het verhindert ook dat het zicht vertroebeld zou worden door ijsbloemen. Luxebedden en een toilet vind je in de iglo zelf, 's werelds grootste sauna is vlakbij, en een ochtendlijke duik in een gat in het ijs van de rivier is naar verluidt erg verfrissend. Aan activiteiten verder geen gebrek: je kan hier goud zoeken, een ijssculptuur maken, een rendierboerderij bezoeken, aan Nordic walking doen en nog veel meer.

HOTEL & IGLOO VILLAGE KAKSLAUTTANEN - FI-99830 SAARISELKÄ, LAPLAND, FINLAND +358 16 667 100 · WWW.KAKSLAUTTANEN.FI · HOTEL@KAKSLAUTTANEN.FI

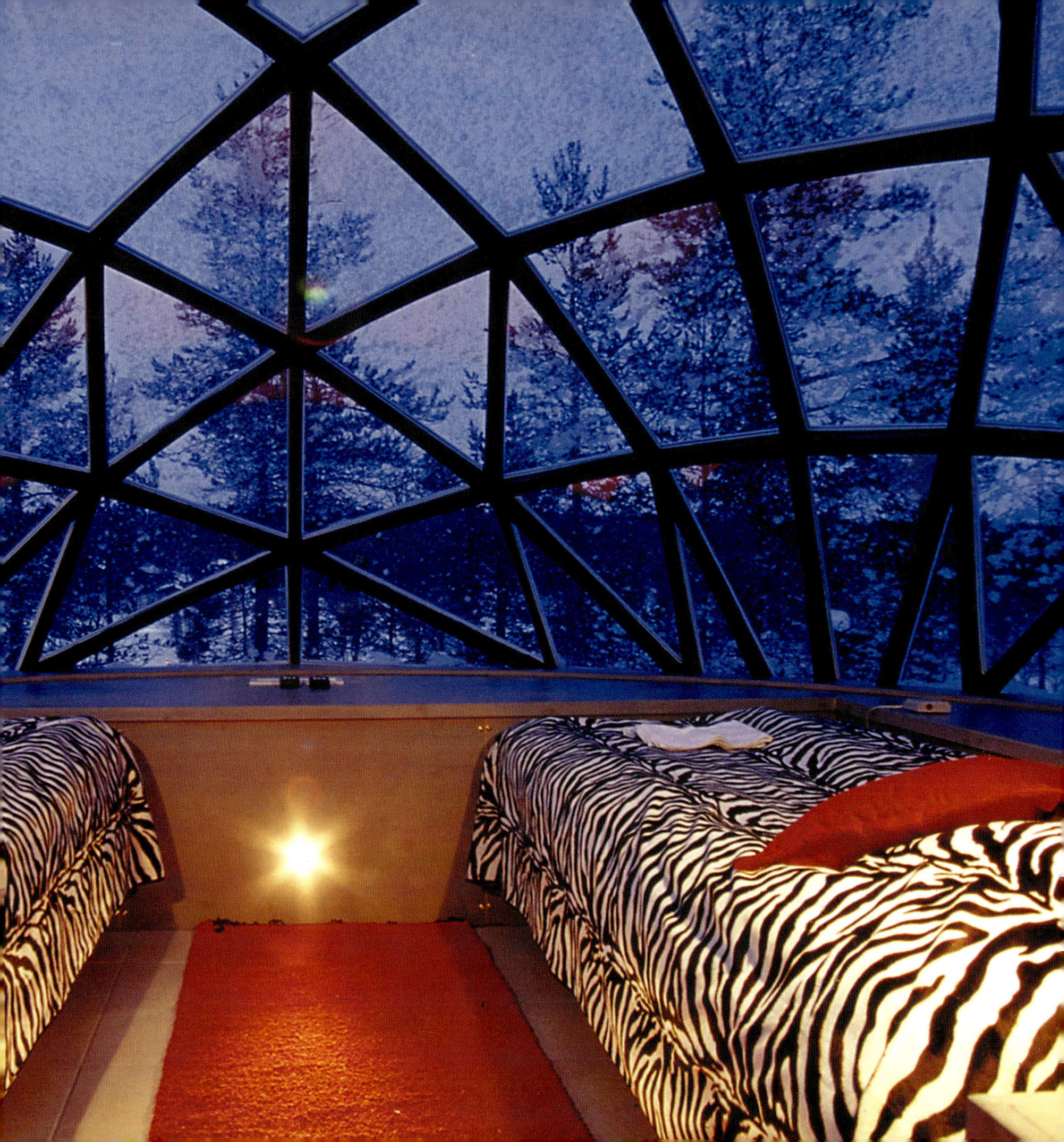

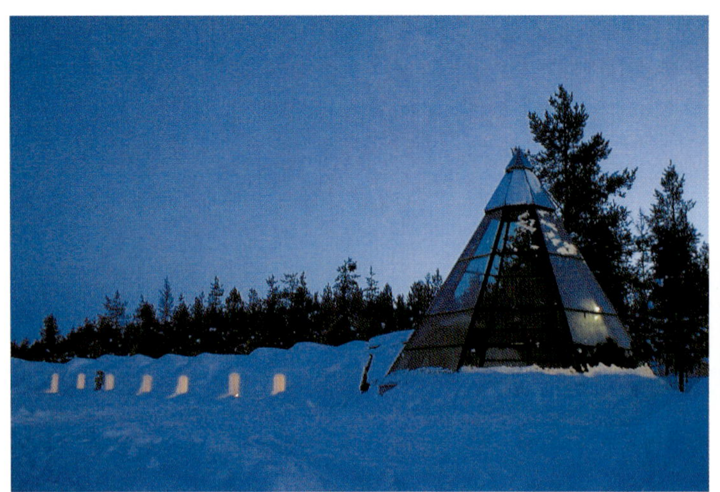

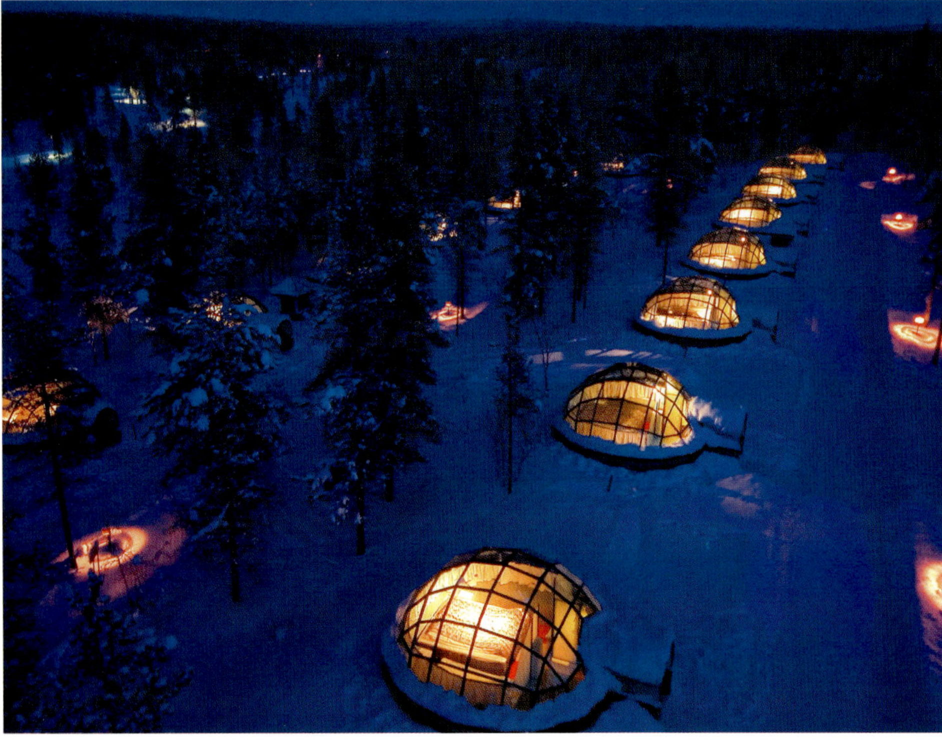

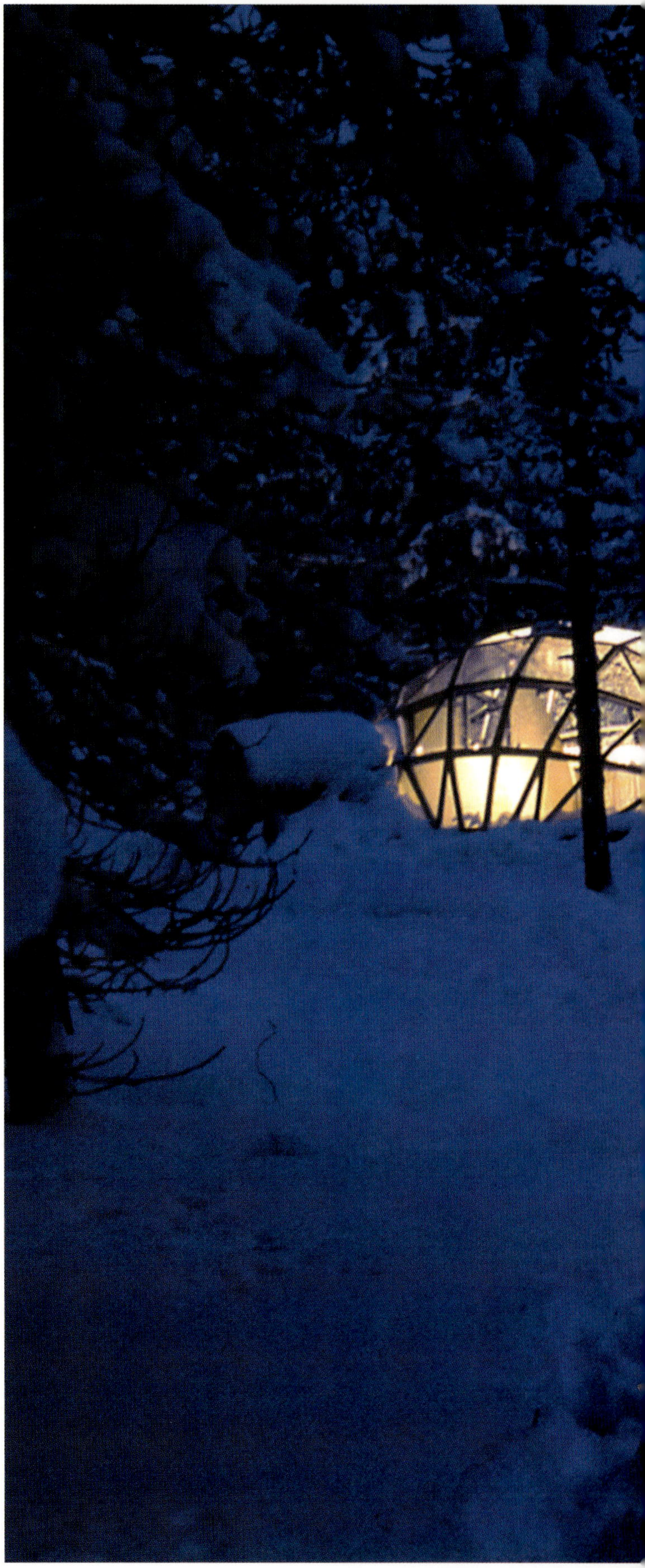

In addition to glass igloos there are also proper igloos, a kota, log cabins, an ice gallery, four restaurants, a snow chapel and meeting rooms.

A côté des igloos de verre se trouvent des igloos de glace, la "Kota", des chalets de bois, une galerie de glace, quatre restaurants, une chapelle de glace et des espaces de réunion.

Naast glazen iglo's vind je hier ook gewone iglo's, een kota, blokhutten, een ijsgalerie, vier restaurants, een sneeuwkapel en vergaderruimtes.

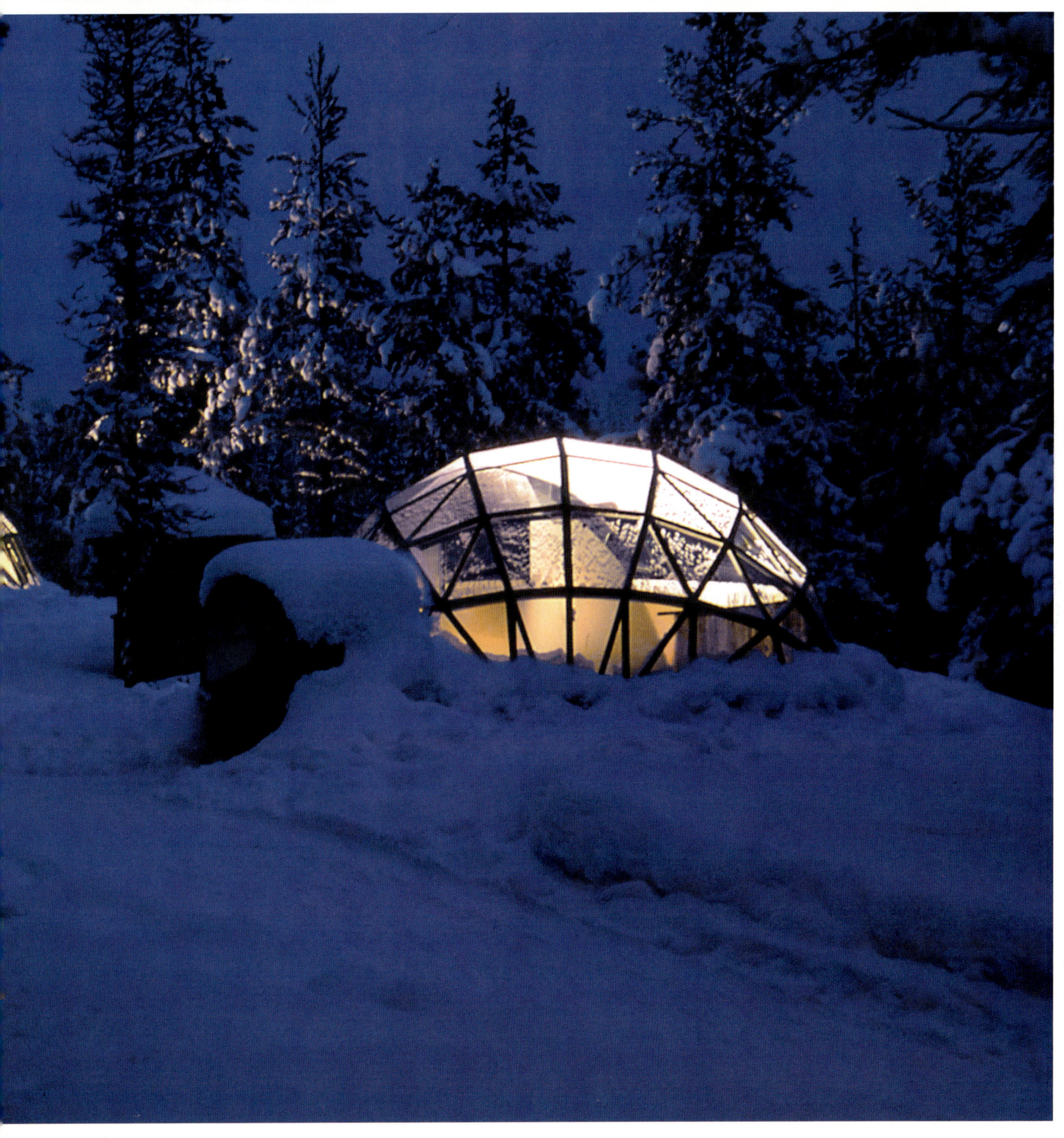

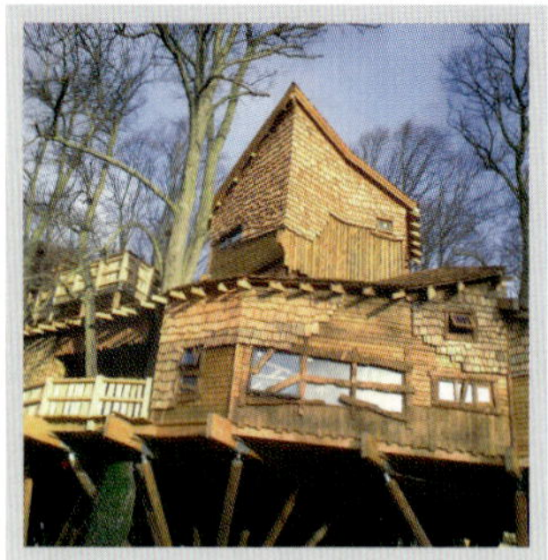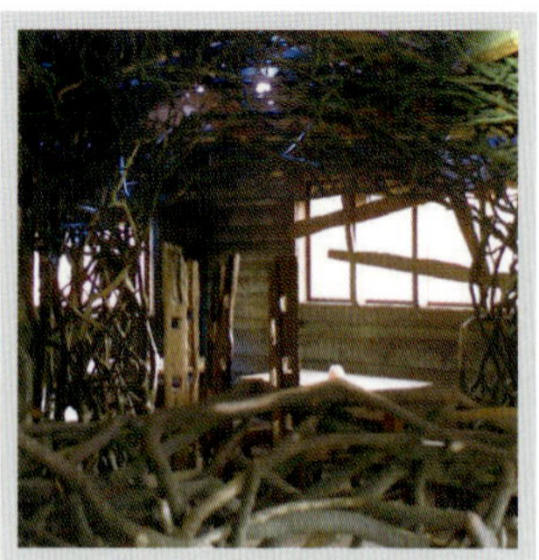

Treehouse restaurant ^{UK}

Sitting up a tree

The Treehouse at Alnwick Garden, covering an area equivalent to 2 Olympic swimming pools, is one of the largest tree houses in the world. Constructed around 16 lime trees, this wooden structure built in 2005 consists of a restaurant, 2 towers, 2 resource rooms, a veranda and various long rope bridges, each and every one accessible for buggies and wheelchairs. The living trees that seem to grow out of the floor, the crackling open fire in the heart of the space, the passionate workmanship that shines through the whole structure and the soft light at a height of 19 metres all make eating here a truly unique experience. What's more, the kitchen, which concentrates on regional specialities such as fish, shell fish and organic meat, is very highly thought of. The Treehouse is open every day for lunch and is also open for dinner on Thursday, Friday and Saturday.

De la taille de 2 piscines olympiques, The Treehouse at Alnwick Garden est, au monde, l'une des plus grandes cabanes nichées dans les arbres. Bâtie autour de 16 tilleuls, cette structure en bois construite en 2005 contient un restaurant, 2 tours, 2 petites salles, une véranda et plusieurs ponts suspendus, accessibles aux chaises roulantes. Les branches des arbres traversant le plancher, le feu crépitant au coeur de l'espace, le savoir-faire passionné qui s'exprime à travers toute la structure et la douce lumière à 19 mètres de haut, transforment le repas en une expérience unique. La cuisine qui se focalise sur les spécialités régionales telles que le poisson, les fruits de mer et la viande bio, est de surcroît très bien notée. The Treehouse est ouvert chaque jour pour le déjeuner et les jeudis, vendredis et samedis, pour le dîner.

The Treehouse at Alnwick Garden is met een grootte van 2 Olympische zwembaden een van de grootste boomhutten ter wereld. Gebouwd rond 16 linde-bomen, omvat deze houten structuur uit 2005 een restaurant, 2 torens, 2 zaaltjes, een veranda en verscheidene meterslange loop-bruggen, stuk voor stuk toegankelijk met buggy's en rolstoelen. De levende bomen die doorheen de vloer lijken te groeien, het knetterende haardvuur in het hart van de ruimte, het gepassioneerde vakmanschap dat uit de hele structuur spreekt en het zachte licht op 19 meter hoogte maken van een etentje hier een werkelijk unieke ervaring. De keuken, die zich toespitst op regionale specialiteiten zoals vis, zeevruchten en organisch vlees, staat bovendien erg hoog aangeschreven. The Treehouse is elke dag open voor de lunch, en op donderdag, vrijdag en zaterdag ook voor het diner.

THE TREEHOUSE AT ALNWICK GARDEN - The Alnwick Garden, Denwick Lane, Alnwick, Northumberland, NE66 1YU, United Kingdom - +44 1665 511350 - info@alnwickgarden.com - www.alnwickgarden.com

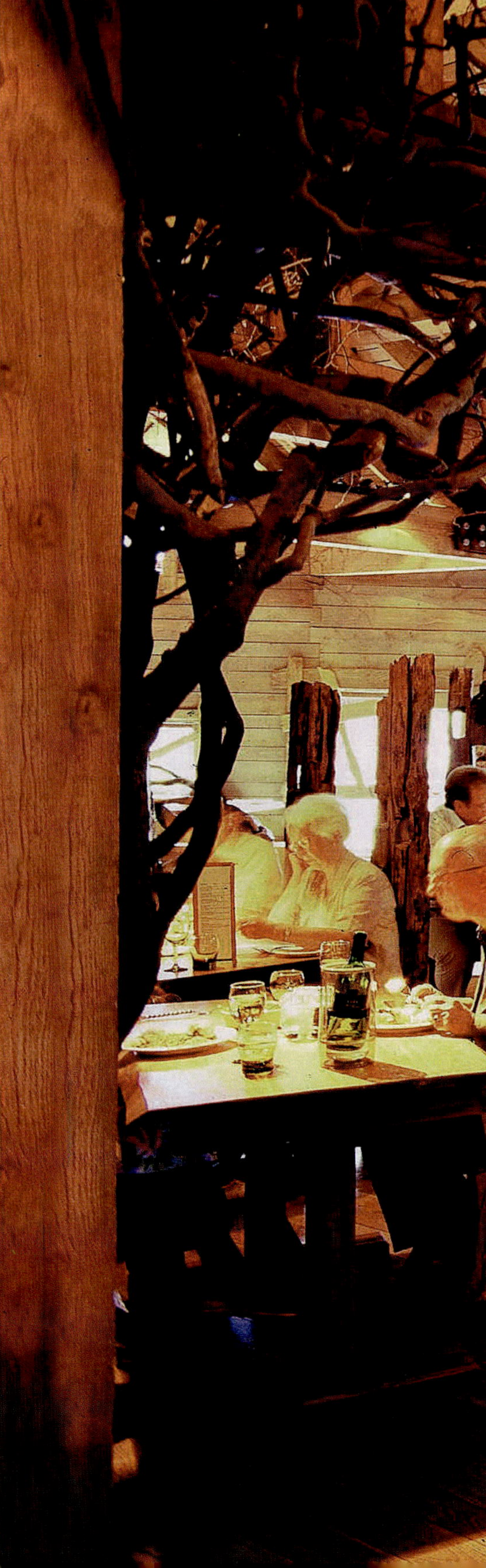

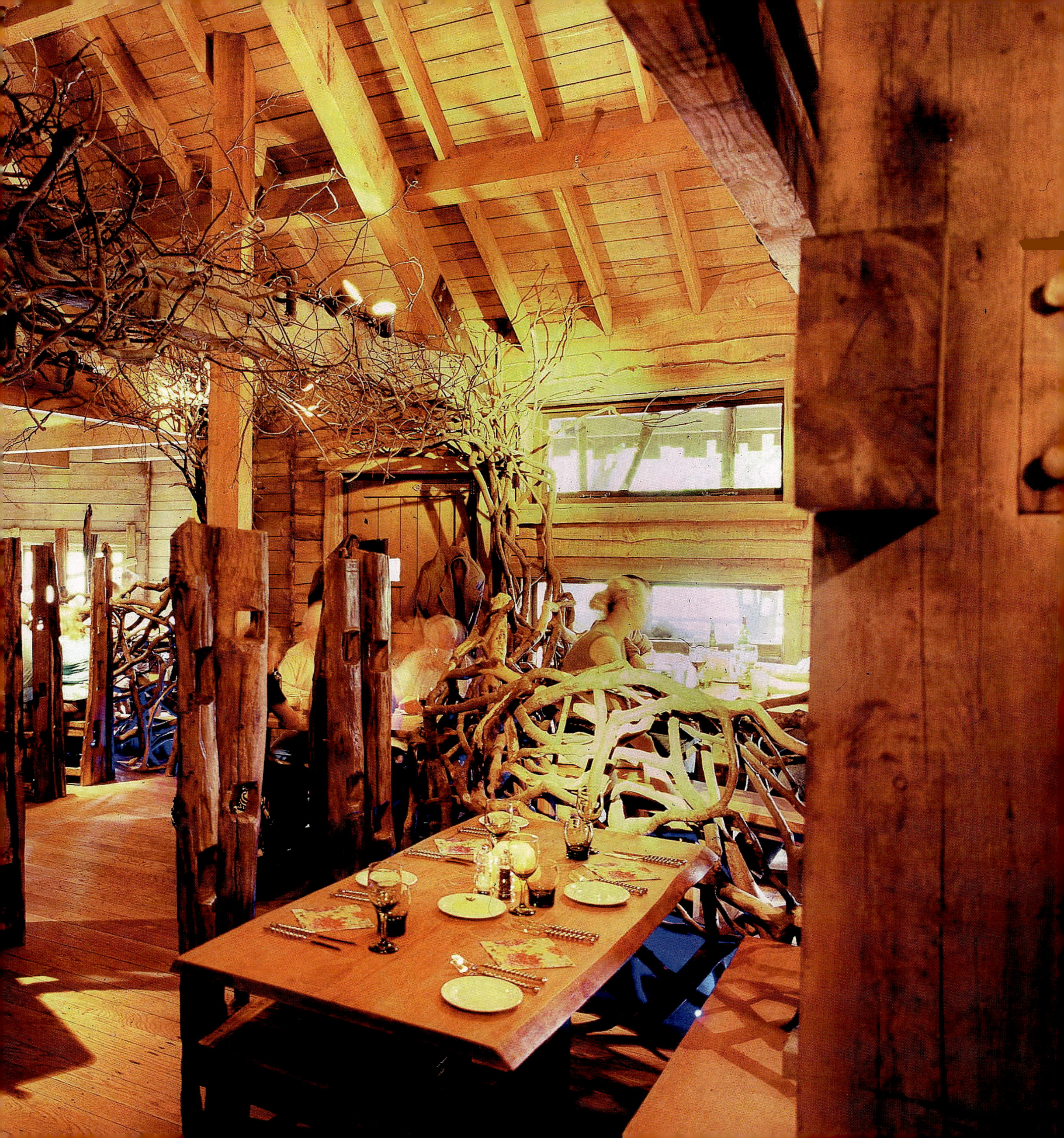

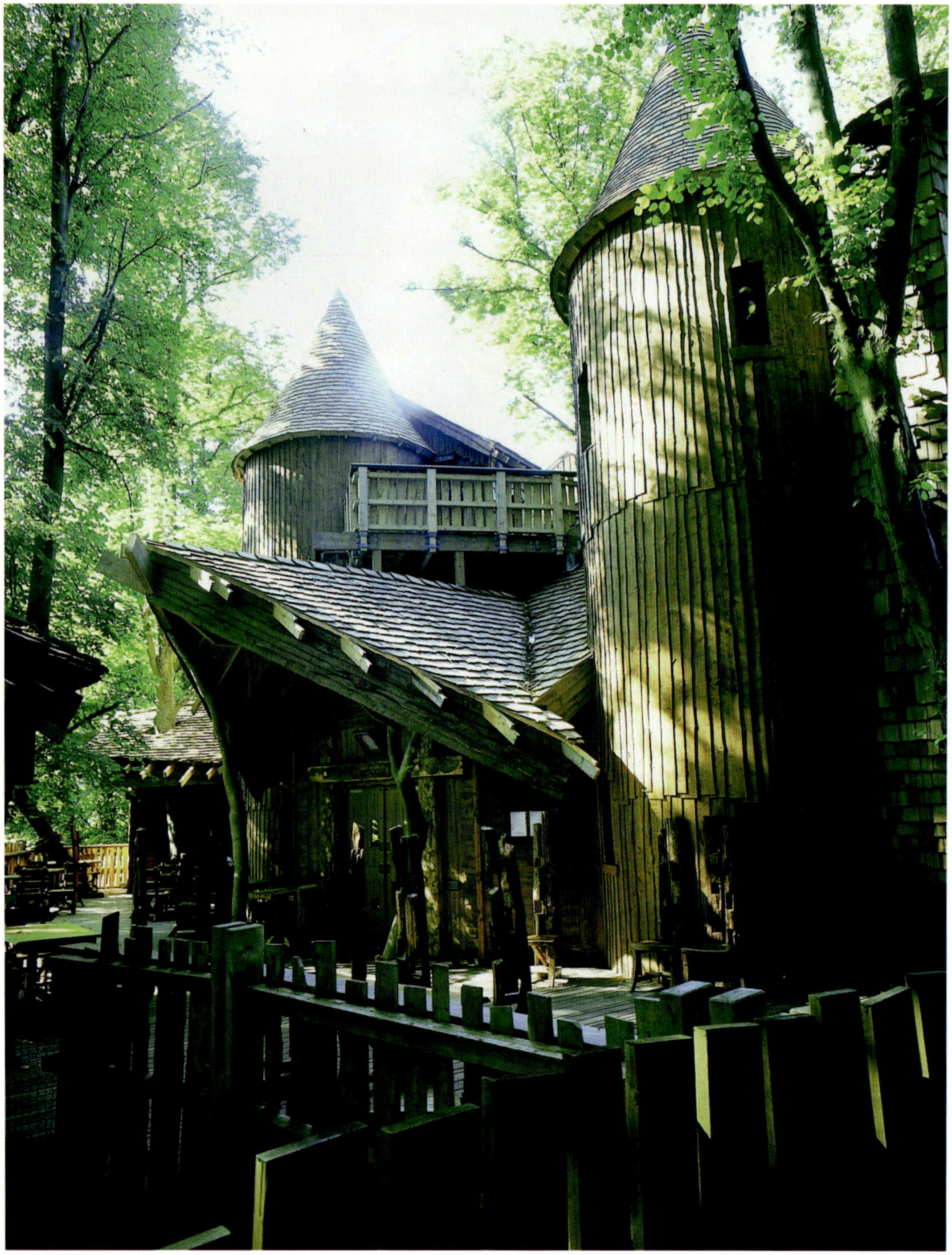

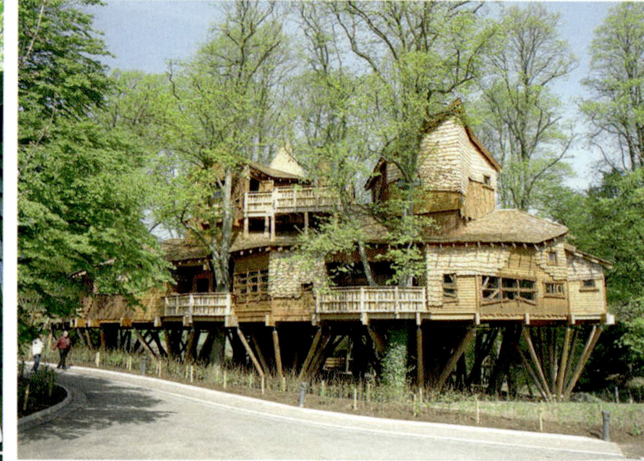

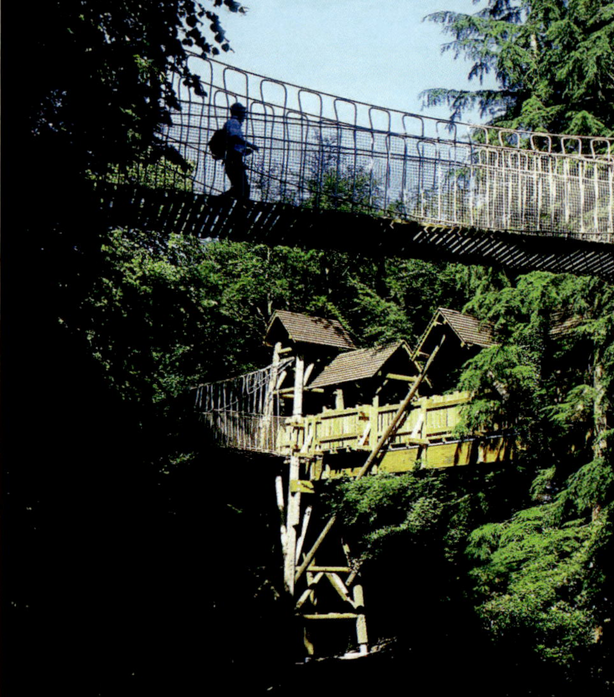

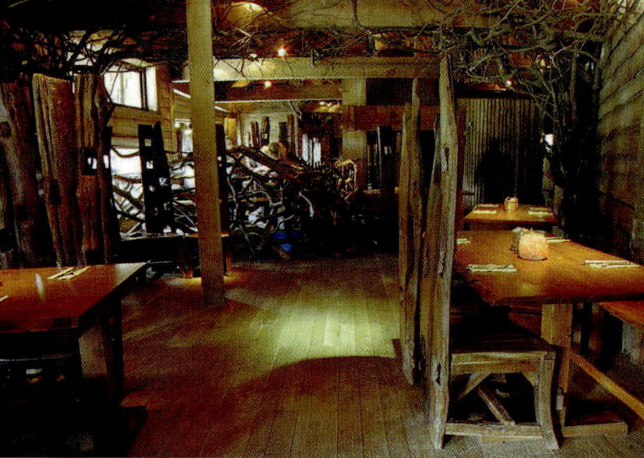

The entire structure has a capacity of 440 visitors.

La structure entière dispose d'une capacité de 440 couverts.

De volledige structuur heeft een capaciteit van 440 bezoekers.

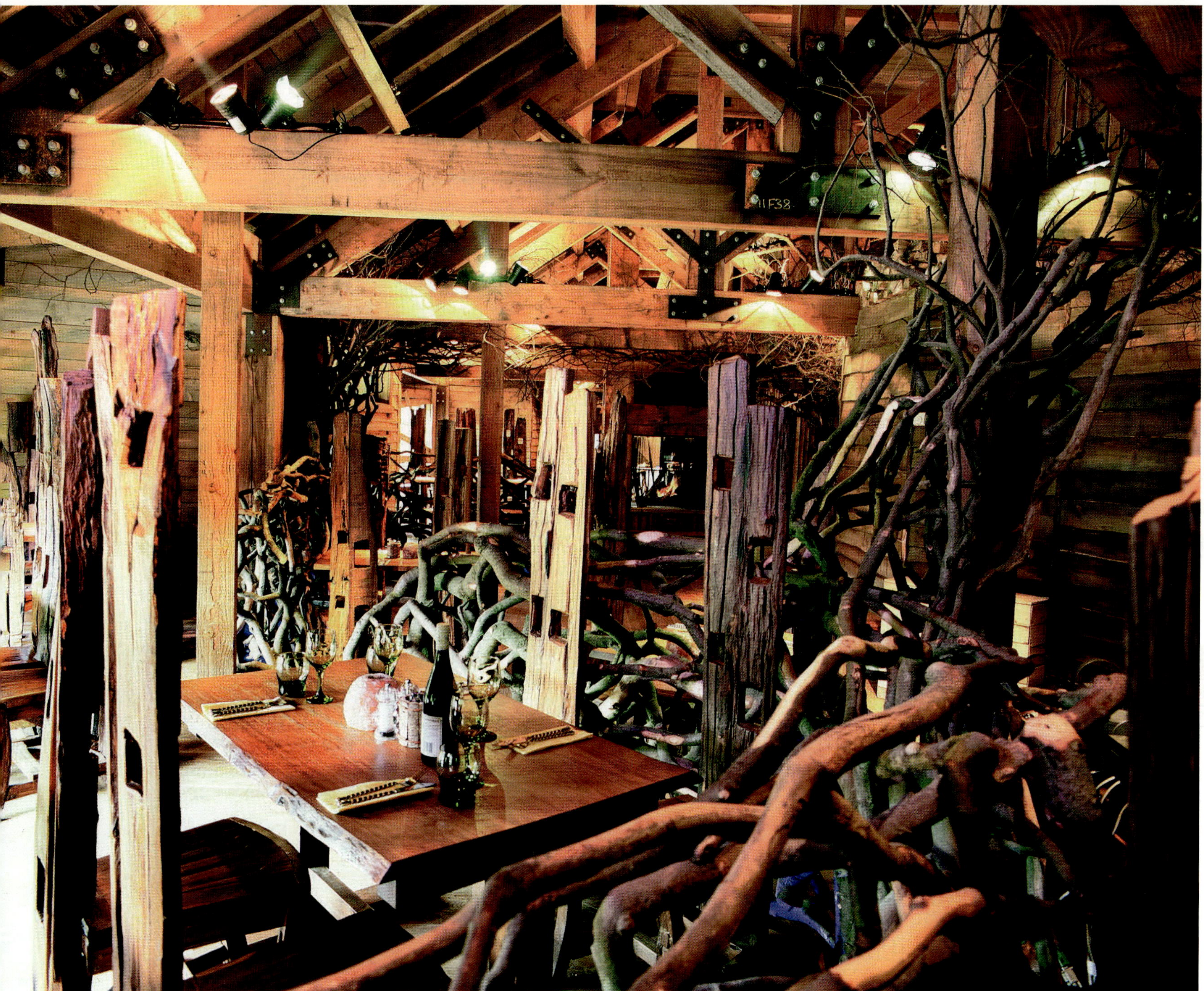

*The adjacent Alnwick Castle was presented in the Harry Potter films as
Hogwarts School of Witchcraft and Wizardry.*

*Le château d'Alnwick, tout proche, a servi de décor à l'école de magie des
différents épisodes d'Harry Potter.*

*Het aangrenzende Alnwick Castle wordt in de Harry Potter-films opgevoerd
als Zweinsteins Hogeschool voor Hekserij en Hocus-Pocus.*

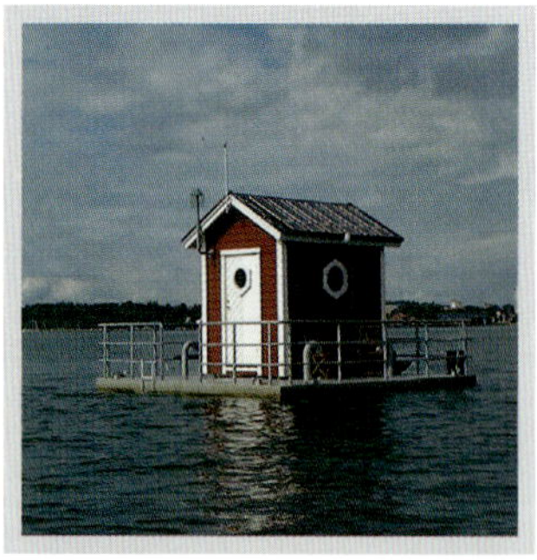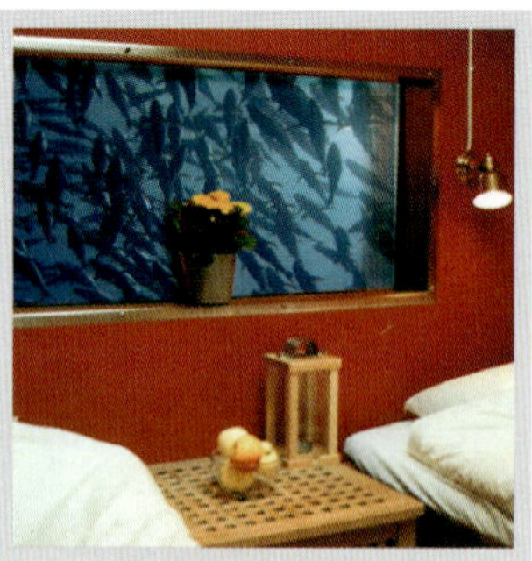

Underwater cottage Sweden

Living on a lake

This, the brainchild of the artist Mikael Genberg, is the materialisation of the Swedish dream of a red and white cottage on a private island. The Utter Inn is essentially nothing more than a watertight box, just big enough for two beds and a table, attached to the underside of a floating platform. On top there is a terrace and a little house with an oven and a toilet. A car battery provides the power for heating and light. Guests are taken by rowing boat from the harbour at Västerås to the Utter Inn, where they are left to their own devices. The evening meal – included in the deluxe version – takes the same route. But you need never really feel lonely here: through the windows on the lower floor you will attract a lot of attention from the fish, and on top you can count on the curious looks from passing boats. Fortunately the Swedish are extremely polite and will never circle around the hotel more than twice!

Ce concept qu'a imaginé l'artiste Mikael Genberg dépasse de loin le cottage rouge et blanc perché sur une île privée dont rêve tout Suédois. Utter Inn n'est au fond qu'une boîte hermétique immergée sous une plateforme, juste assez grande pour accueillir deux lits et une table. A la surface une petite maison disposant d'une cuisinière et d'une toilette, entourée d'une terrasse. Une batterie d'auto se charge de fournir chaleur et électricité. Vous êtes amenés en barques à rames du port de Västerås et déposé à Utter Inn. Le repas du soir – inclus dans la version deluxe - suit la même voie. Et malgré tout, vous ne vous sentirez jamais esseulés. Dessous, des hublots permettent d'observer les poissons. Dessus, vous pouvez compter sur la curiosité des marins. Heureusement, la politesse des Suédois les empêche d'effectuer plus de deux tours autour de l'hôtel.

Dit geesteskind van kunstenaar Mikael Genberg veruitwendigt de Zweedse droom van een rood-met-witte cottage op een privé-eiland. Utter Inn is in wezen niets meer dan een waterdichte doos, net groot genoeg voor twee bedden en een tafel, bevestigd onder een drijvend platform. Boven vind je een terras en een huisje met een fornuis en een toilet. Een auto-batterij zorgt voor verwarming en elektriciteit. Vanuit de haven van Västerås word je per roeiboot naar Utter Inn gebracht en daar achtergelaten. Het avondeten – inbegrepen in de deluxe versie – volgt via dezelfde weg. Toch hoef je je hier nooit echt eenzaam te voelen: beneden heb je dankzij de ramen volop bekijks van de vissen, boven kan je rekenen op de nieuwsgierige blikken van schippers. Gelukkig zijn Zweden erg beleefd en maken ze nooit meer dan twee rondjes rond het hotel!

UTTER INN - Lake Malaren, Västerås, Stockholm, Sweden - +46 21 39 01 00 - www.vasterasmalarstaden.se/

Genberg also made a café five metres above the ground, a transparent toilet and a treehouse hotel (see p. 306). He is currently planning a cottage on the moon.

Genberg a aussi créé un café à 5 mètres du sol, une toilette dont les parois permettent d'observer son environnement tout en restant à l'abri des regards ainsi qu'un hôtel niché dans un arbre (voir p. 306). Il projette actuellement un cottage sur la lune.

Genberg creëerde ook nog een café op vijf meter hoogte, een doorkijktoilet en een boomhuthotel (zie p. 306). Hij plant nu een cottage op de maan.

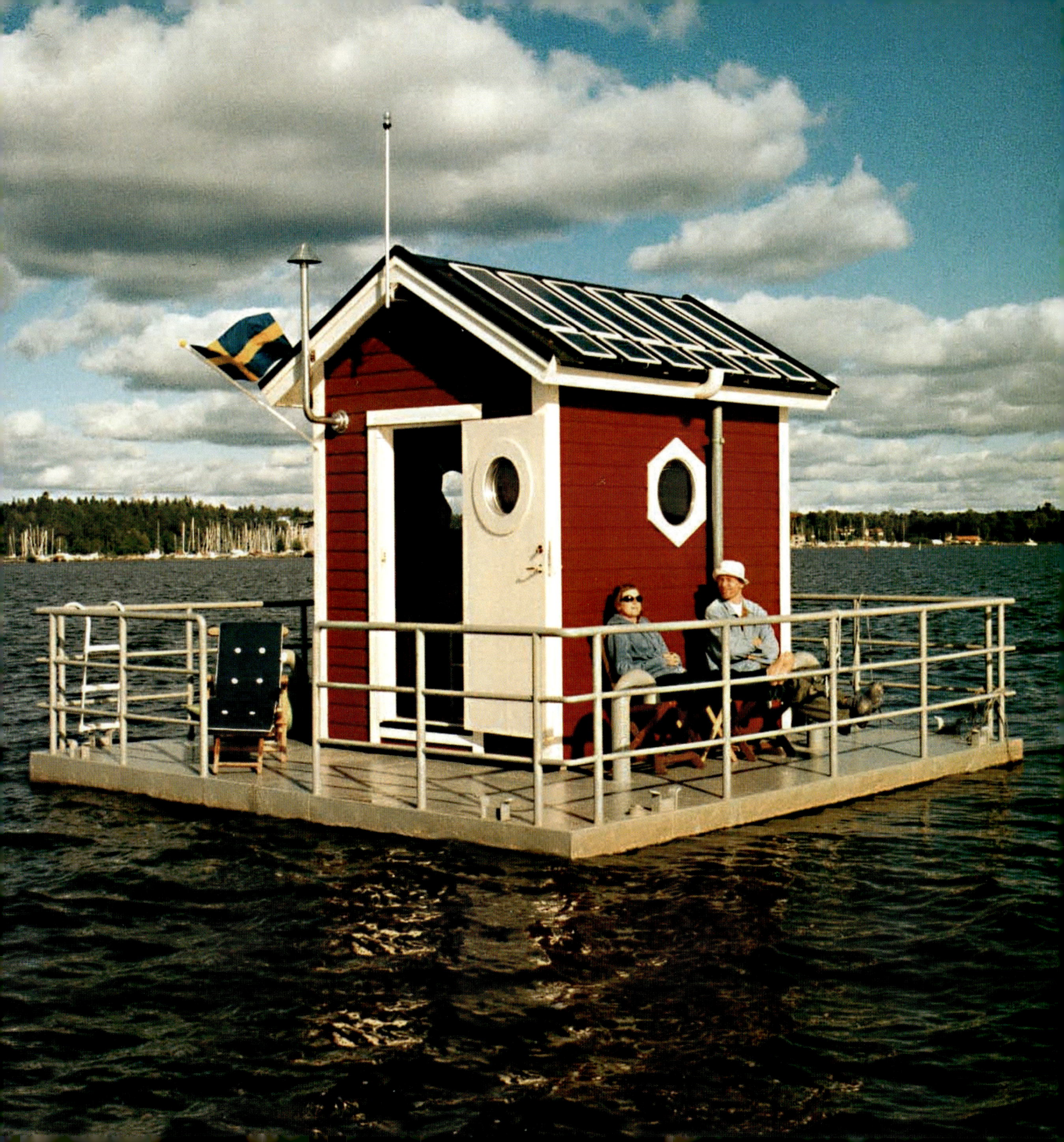

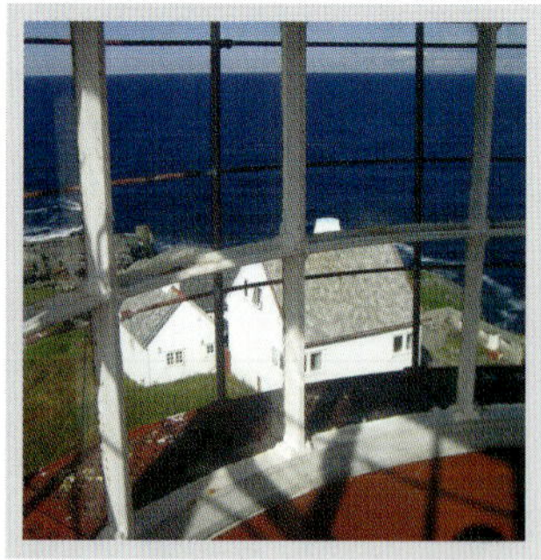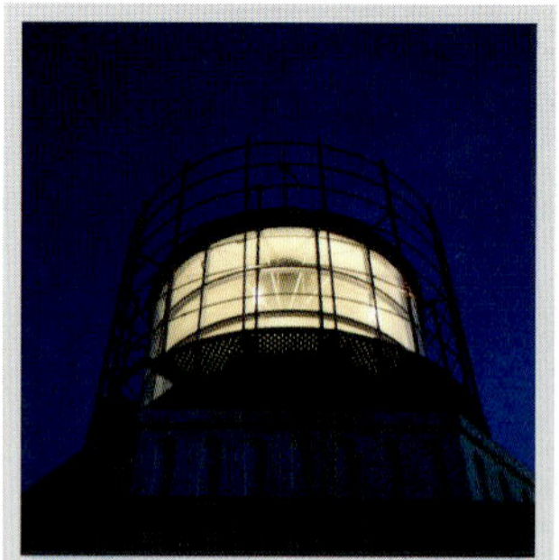

Lighthouse island
Norway

Shine on me

Do you have an important meeting ahead of you and are you determined that nobody will leave before you've finished speaking? Kidnap your team, bring them to Svinøy and your problems are over. This 900m long island is unique thanks to its extreme location and weather conditions: situated 12 nautical miles from the coast, it is home to the harshest weather that Norway has to offer. With waves that completely break over the 30m high island during storms, it is one of the few places in the world where sunsets and hurricanes are equally fascinating. 62°NORD provides groups of up to 11 people the chance to experience this unique atmosphere and feel like lords and masters of all the land in sight. During a stay in the lighthouse accommodation, the services of a fulltime staff person are included in the price.

Avez-vous une importante réunion en vue et tenez-vous à ce que personne ne s'esquive avant que vous ayez terminé votre exposé ? Emmenez votre équipe à Svinøy et vos problèmes seront résolus. Cette île de 900 mètres de long doit son originalité à sa situation extrême et à ses conditions météorologiques : logée à 12 milles marins de la côte, elle se glorifie du climat le plus rude que puisse offrir la Norvège. Avec des vagues qui, lors des tempêtes, submergent quasi totalement l'île haute de 30 mètres, il s'agit bien d'un des seuls lieux au monde où les ouragans sont aussi fascinants que des couchers de soleil. 62°NORD offre à des groupes jusqu'à 11 personnes la chance de se plonger dans cette atmosphère unique et de se sentir le maître absolu de tout le paysage que le regard embrasse. Le prix du séjour dans les annexes du phare inclut le service et les prestations du chef.

Heb je een belangrijke vergadering voor de boeg en wil je niet dat er ook maar één iemand wegloopt voor je helemaal uitgesproken bent? Ontvoer je team naar Svinøy en je problemen zijn van de baan. Dit 900 meter lange eiland is uniek dankzij zijn extreme locatie én weersomstandigheden: gelegen op 12 zeemijlen van de kust kan het prat gaan op het ruwste weer dat Noorwegen te bieden heeft. Met golven die het 30 meter hoge eiland tijdens stormen vrijwel volledig overspoelen, is het een van de enige plaatsen ter wereld waar orkanen even fascinerend zijn als zonsondergangen. 62°NORD biedt groepen tot 11 personen de kans om van deze unieke sfeer te proeven en zich heer en meester te voelen over alle land in zicht. Tijdens een verblijf in de bijgebouwen van de vuurtoren is een voltijdse hulp en kok in de prijs inbegrepen.

SVINØY LIGHTHOUSE LOCATED AT SVINØY – 62°NORD, SKANSEKAIA, 6002 AALESUND, NORWAY · +47 70114430 · WWW.62.NO

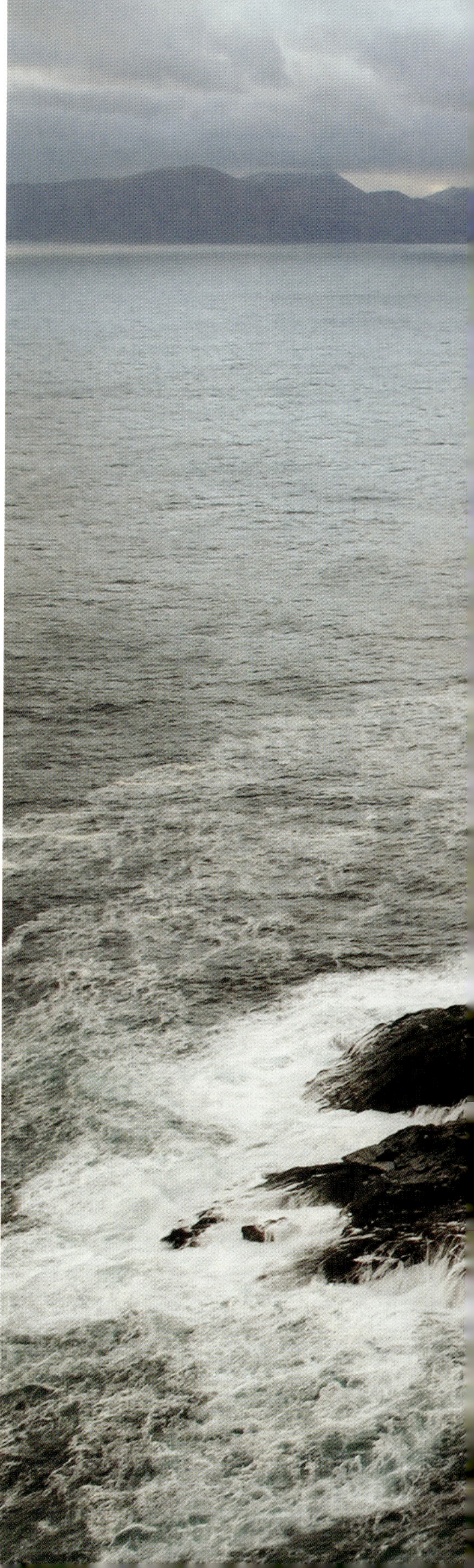

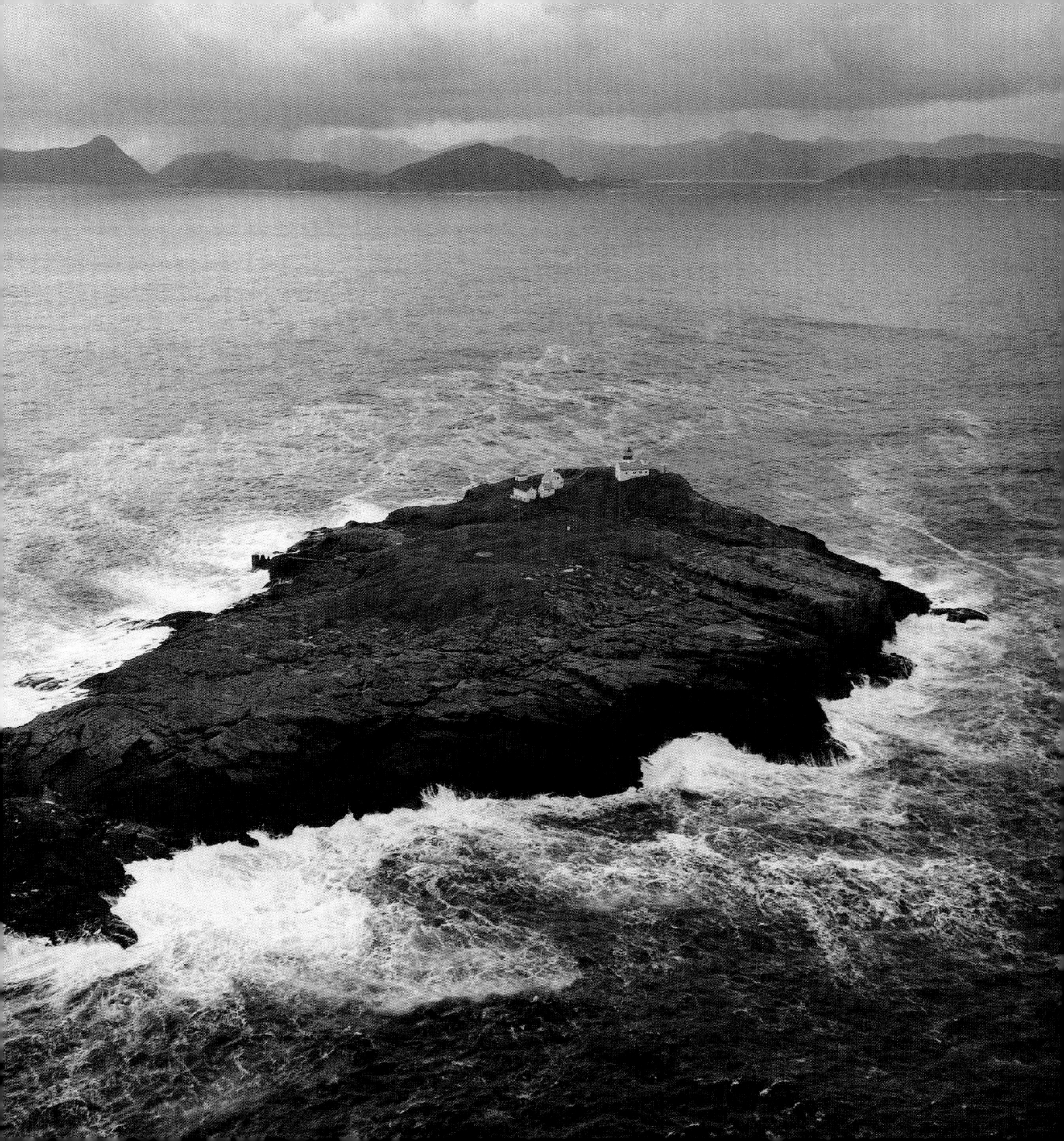

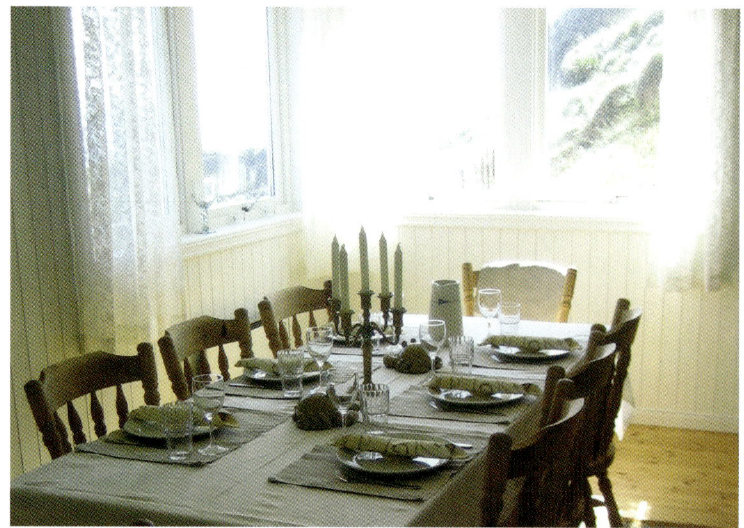

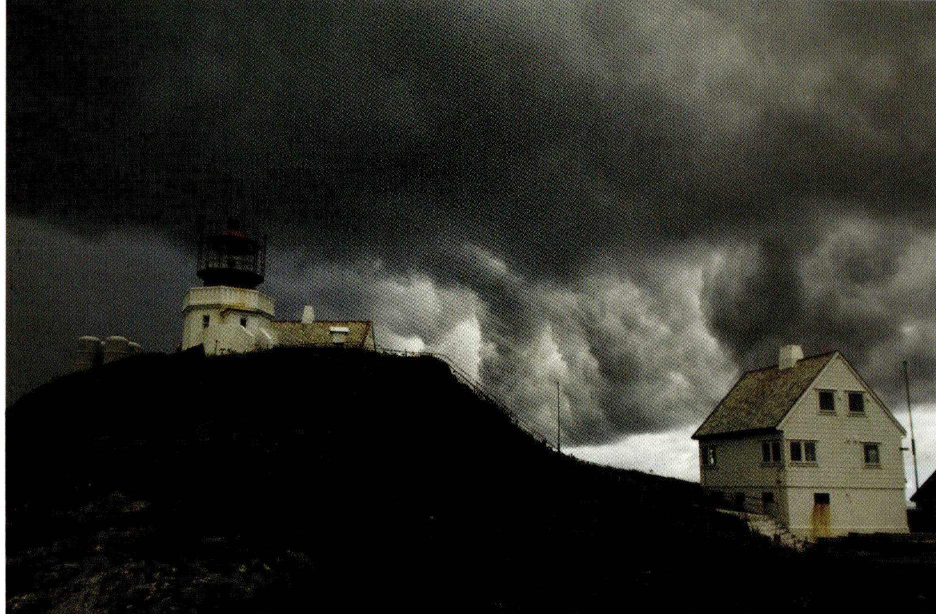

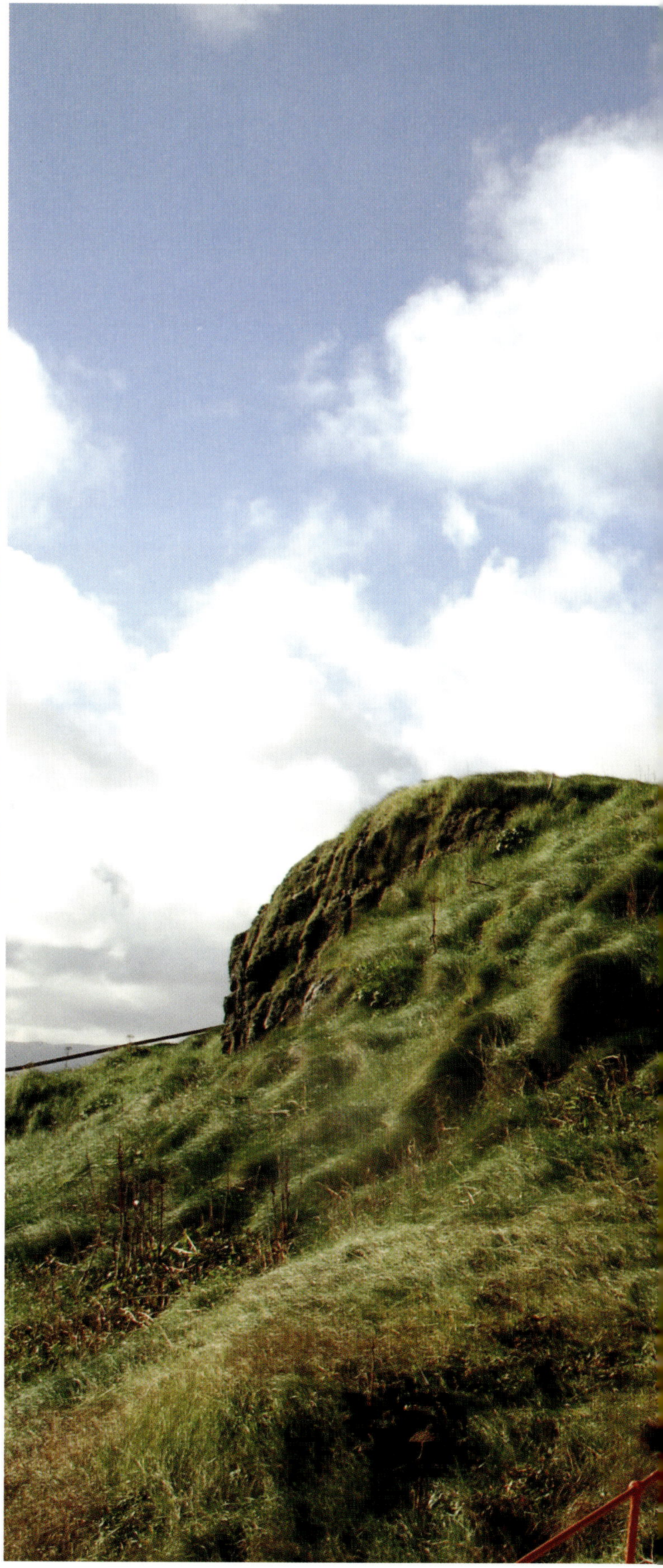

The - now automated - lighthouse was manned between 1905 and 2005 and has been used as a weather station since 1955. The island can be reached by boat from Aalesund but due to the unpredictable power and volatility of the waves, guests are only ever transported there by helicopter.

Le phare - depuis lors automatisé - a été habité de 1905 à 2005 ; il est utilisé depuis 1955 comme station météorologique. L'île est accessible par bateau depuis Aalesund, mais en raison de la force imprévisible des vagues, les hôtes sont toujours transportés par hélicoptère.

De - inmiddels geautomatiseerde - vuurtoren werd bemand van 1905 tot 2005, en wordt sinds 1955 gebruikt als weerstation. Het eiland is bereikbaar per boot vanuit Aalesund, maar omwille van de onvoorspelbare kracht van de golven worden gasten uitsluitend per helikopter vervoerd.

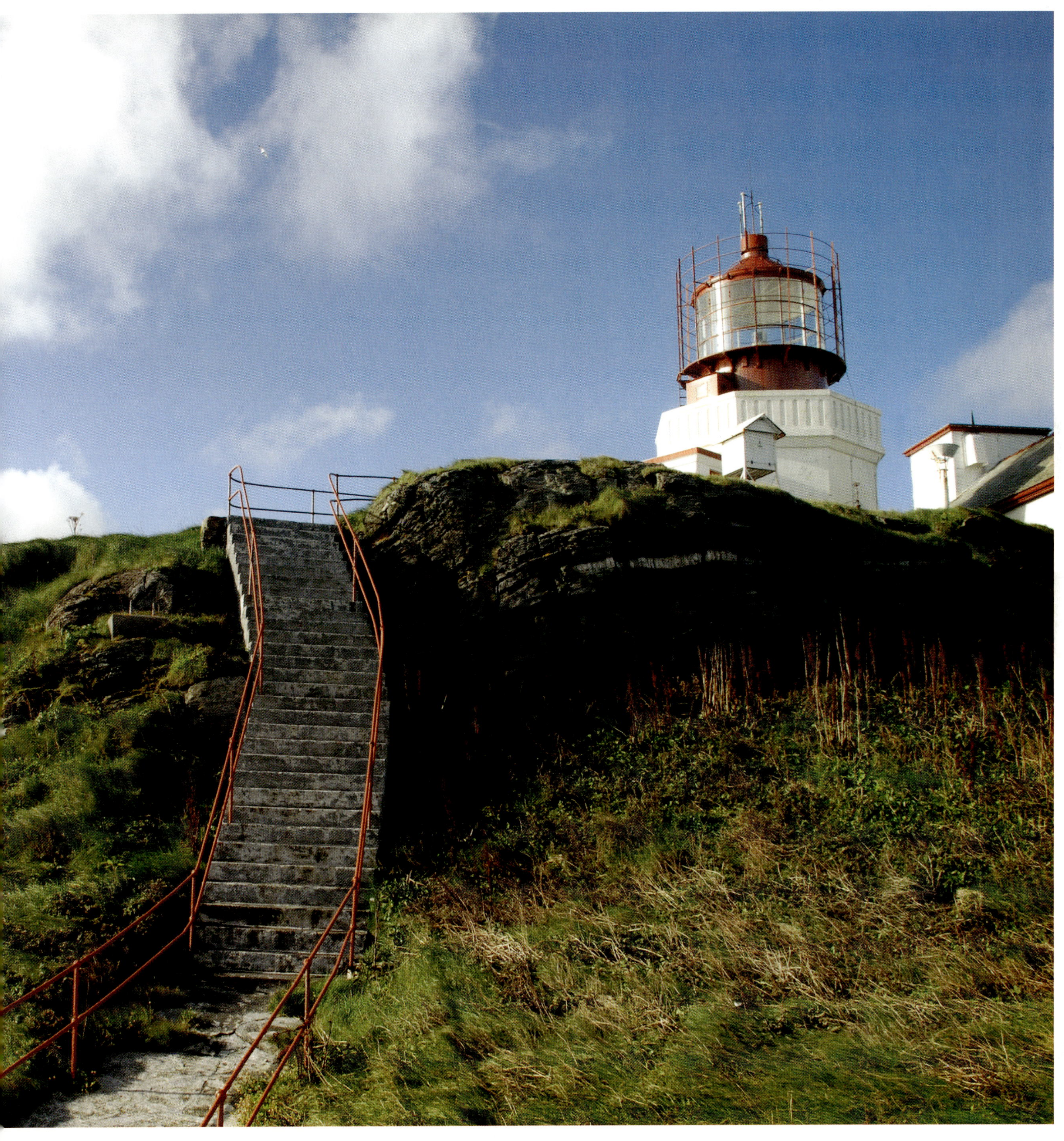

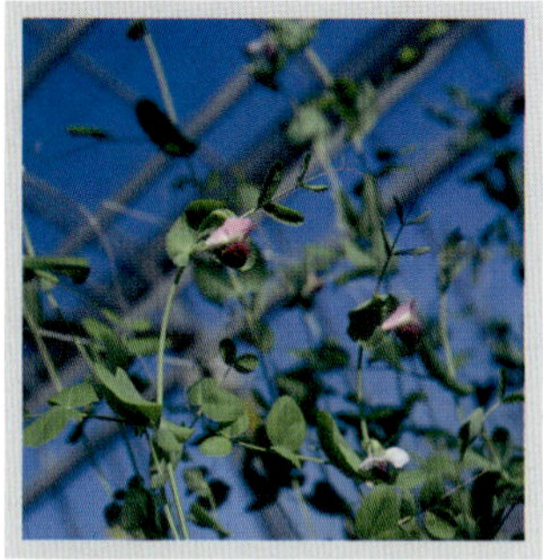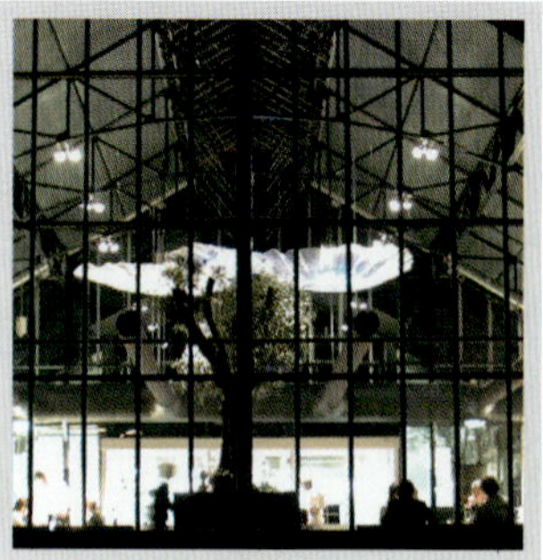

Greenhouse restaurant

The Netherlands

The flavour of fresh food

In 2001, top chef Gert Jan Hageman, who had earned a Michelin star in Dutch haute cuisine, found new means of fulfilment for both his own career as well as for the dilapidated greenhouse dating from 1926 belonging to the Amsterdam city nurseries: he renovated the glasshouse into a restaurant and nursery. In this unique interior, they maintain the hypothesis that food tastes best when prepared with truly fresh ingredients, grown and harvested with respect for nature. De Kas (The Greenhouse) only serves one menu each day, specially adapted to the day's harvest. Situated in Frankendael Park it is an oasis of calm for the 50,000 guests who turn up every year, whether to sit in the breathtaking dining room, the chef's table in the kitchen or outside in the herb garden. The 8 metre high greenhouse provides a spectacular view by day and is stylishly illuminated in the evenings.

En 2001, Gert Jan Hageman, chef de la haute cuisine néerlandaise, étoilé au Michelin, a donné une nouvelle orientation à sa carrière. Et fait de même avec l'ancienne entreprise horticole de la ville d'Amsterdam, fondée en 1926. Il a transformé l'édifice vitré en restaurant et pépinière. Dans ce décor unique, hommage est rendu à la théorie selon laquelle un plat est meilleur lorsqu'il est préparé avec des aliments ultra-frais, cultivés et récoltés dans le respect de la nature. De Kas sert quotidiennement un menu unique, composé selon la récolte du jour. Situé dans le parc de Frankendael, c'est une oasis de calme pour les 50.000 clients s'y rendent chaque année. Que ce soit dans une salle à manger à couper le souffle, à la table du chef, dans la cuisine, au jardin potager ou à l'extérieur. La serre haute de huit mètres procure une vue spectaculaire durant le jour et s'illumine agréablement le soir.

In 2001 vond topkok Gert Jan Hageman, die een Michelinster verdiend had in de Nederlandse haute cuisine, een nieuwe invulling voor zowel zijn eigen carrière als voor de vervallen kas uit 1926 van de Amsterdamse Stadskwekerij: hij verbouwde het glazen gebouw tot restaurant en kwekerij. In dit unieke decor huldigt men de stelling dat eten het best smaakt als het bereid is met kraakverse ingrediënten, geteeld en geoogst met respect voor de natuur. De Kas serveert dagelijks dan ook slechts één menu, afgestemd op de oogst van die dag. Gelegen in park Frankendael is het een oase van rust voor de 50.000 gasten die er jaarlijks aanschuiven, hetzij in de adembenemende eetzaal, hetzij aan de chefstafel in de keuken of buiten in de kruidentuin. De 8 meter hoge kas biedt overdag een spectaculair uitzicht en is 's avonds sfeervol verlicht.

RESTAURANT EN KWEKERIJ DE KAS – Kamerlingh Onneslaan 3, 1097 DE Amsterdam, The Netherlands · +31 20 462 45 62 · info@restaurantdekas.nl · www.restaurantdekas.nl

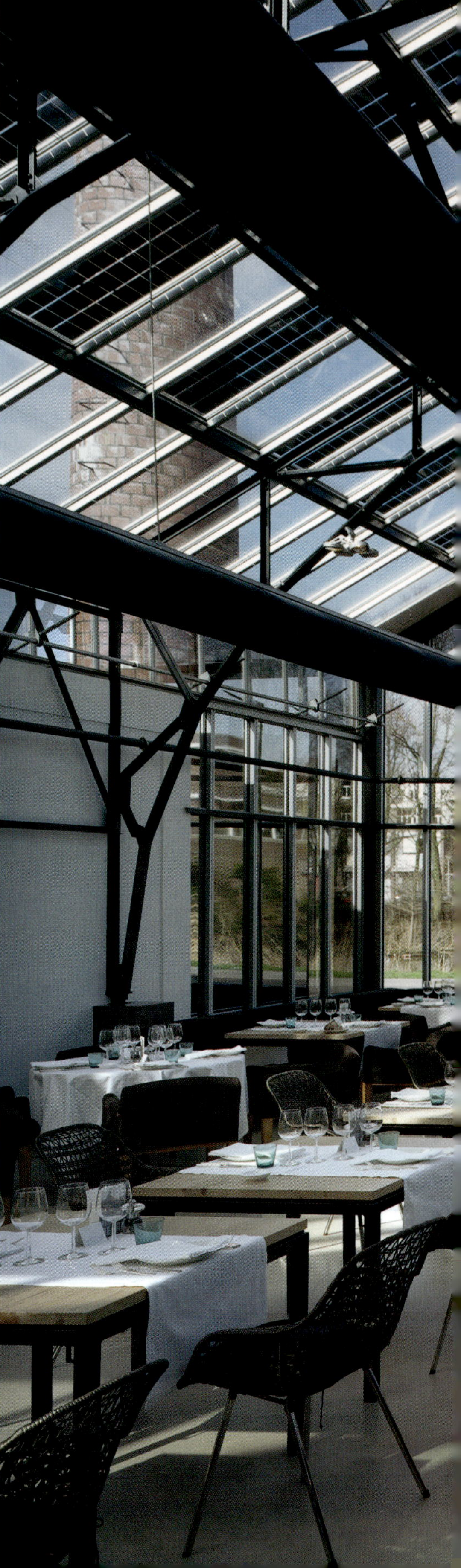

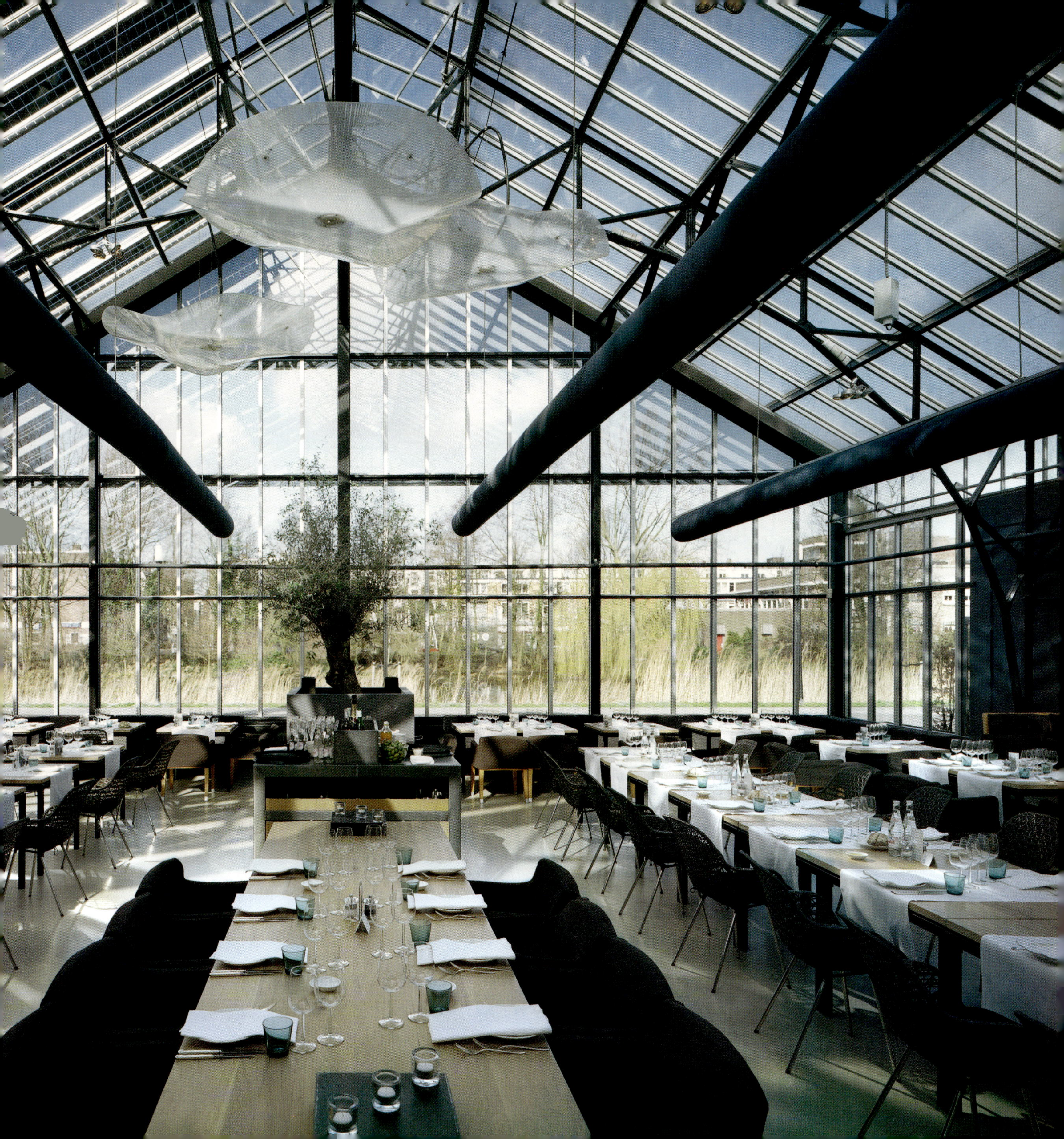

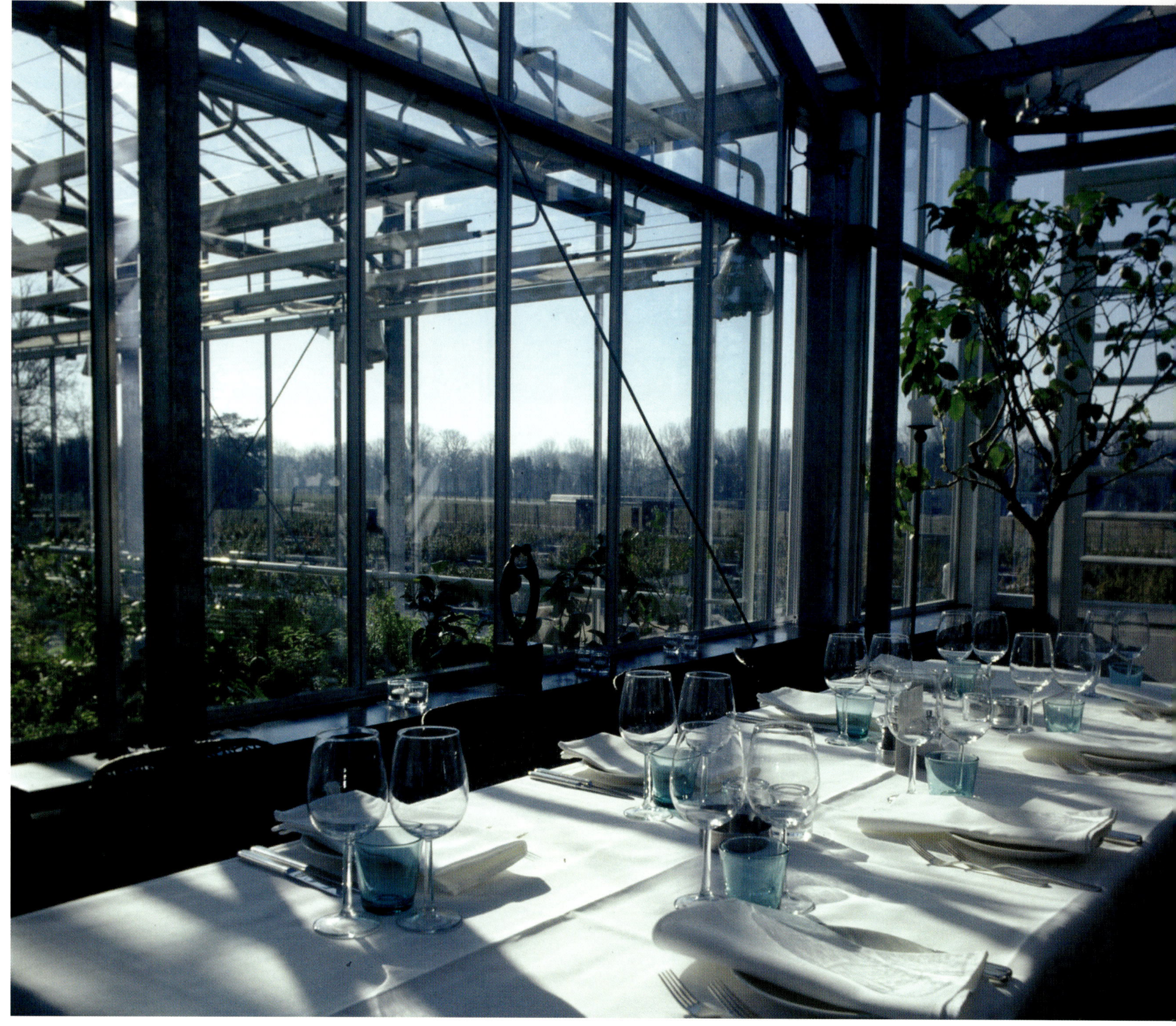

De Kas has its own greenhouses and farm land, and also buys fresh ingredients from environmentally aware farmers in the region.

De Kas possède des serres ainsi qu'un lopin de terre. Elle s'approvisionne aussi en ingrédients frais auprès d'agriculteurs bio de la région.

De Kas beschikt over eigen serres en een stuk akker, en koopt tevens verse ingrediënten in bij milieubewuste landbouwers in de omgeving.

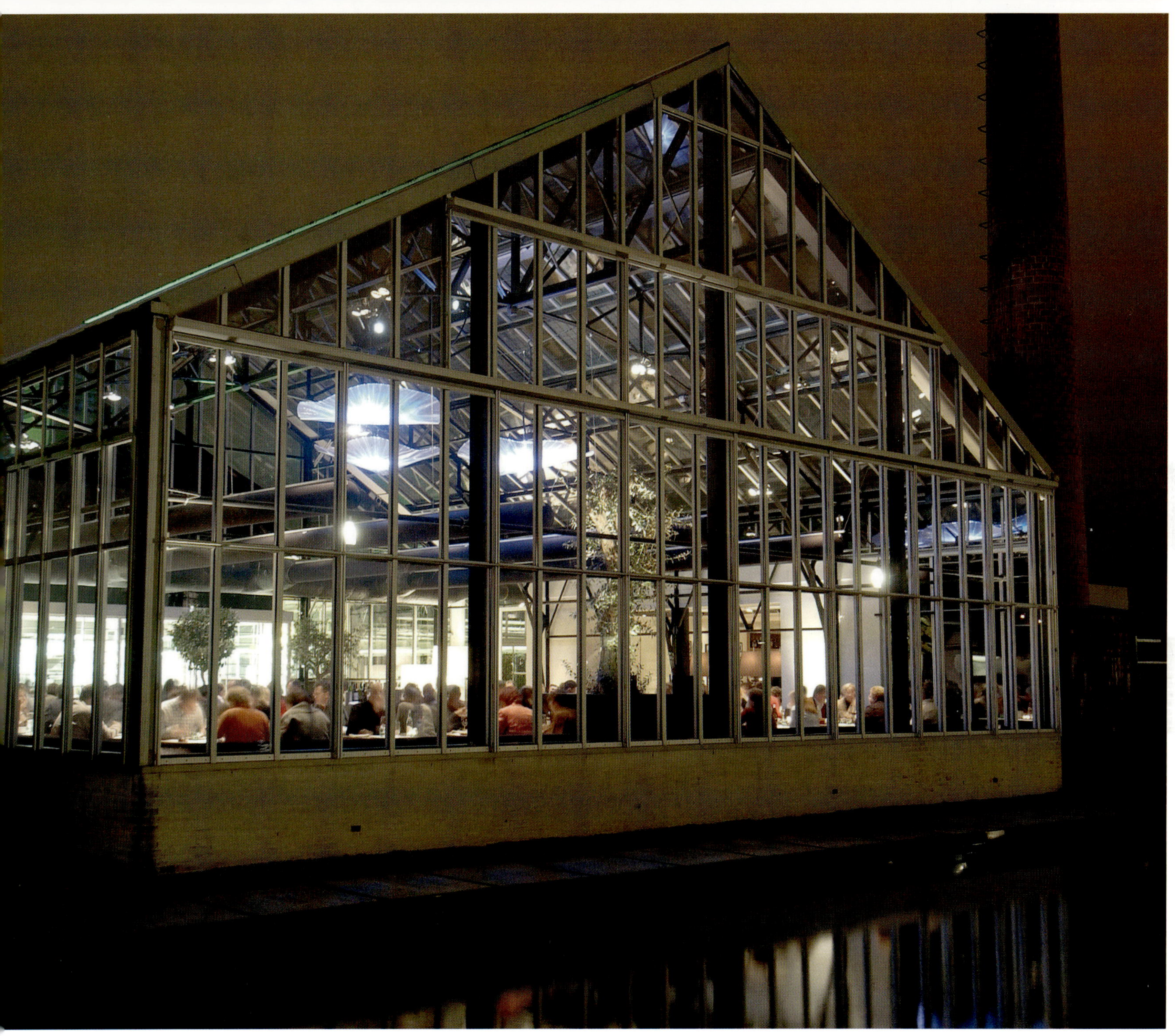

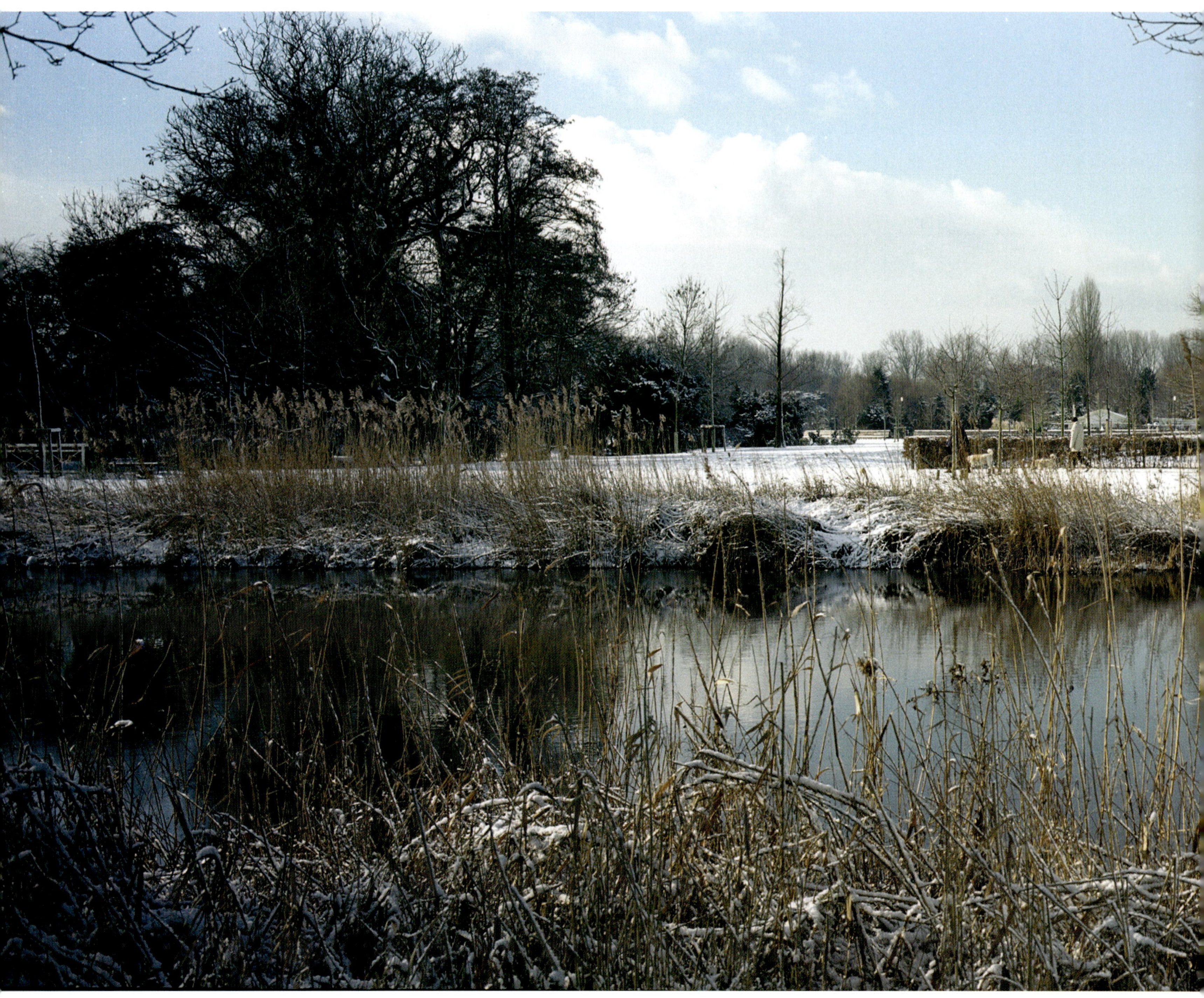

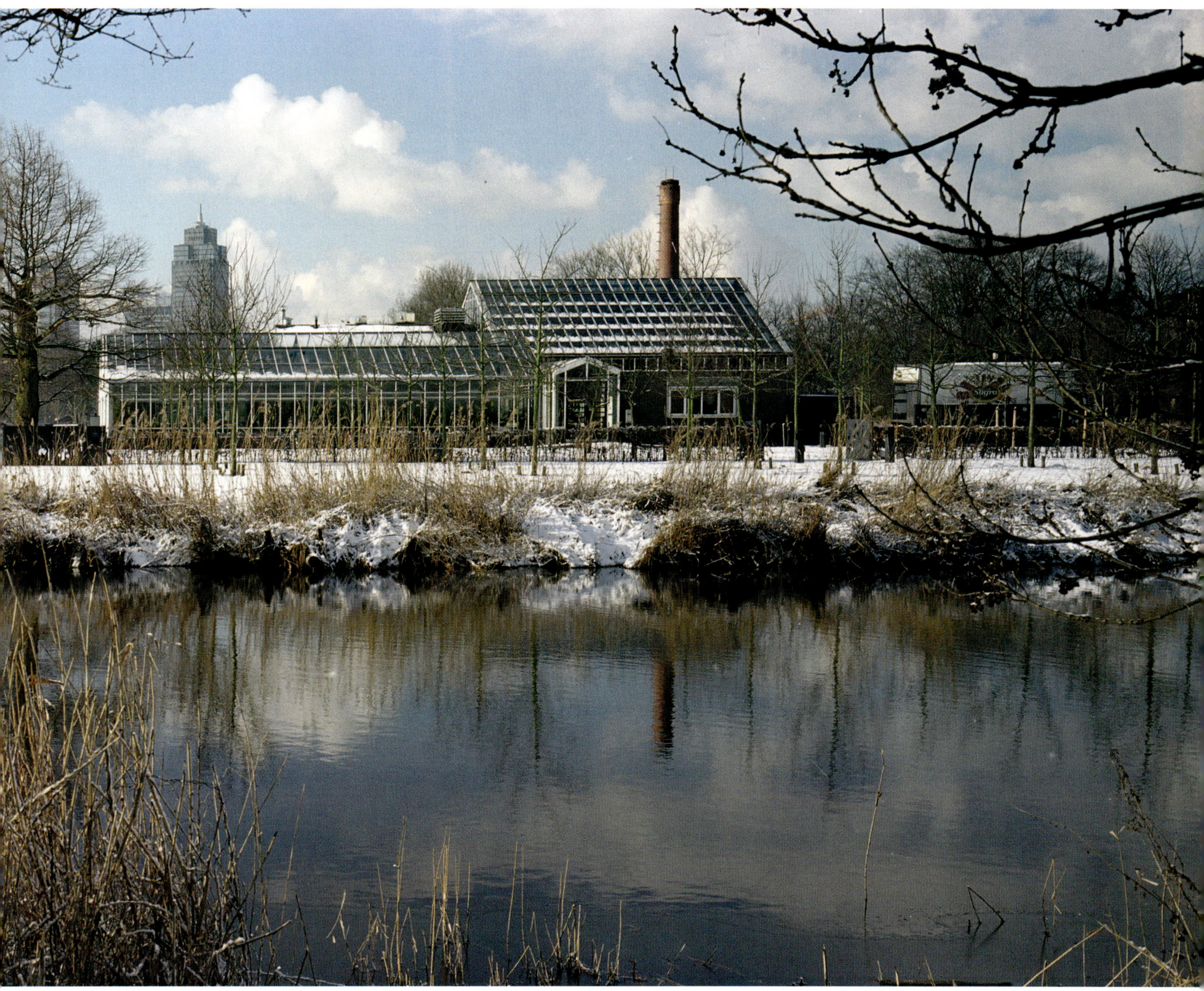

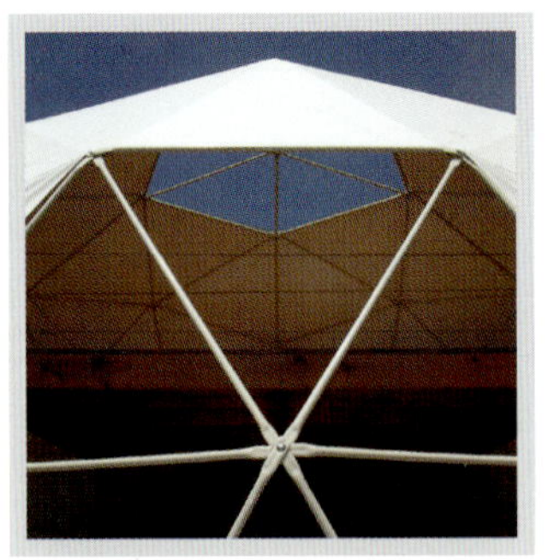
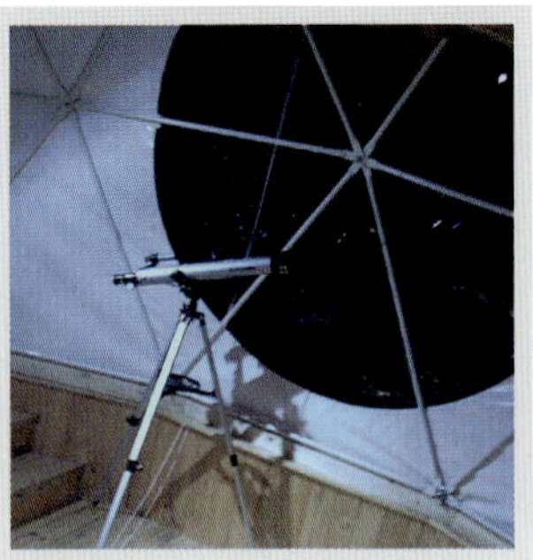

Astro hotel **Chile**

Staring at the stars

This futuristic-looking ecological hotel comprises seven small light-weight dome tents, each with a spacious private terrace and a powerful telescope. It is not without reason that the Elqui Domos, which first saw the light of day in February 2005, is called an astronomical hotel. In the domes themselves there are two floors: on the ground floor a plainly furnished living room and bathroom, and upstairs a bedroom with an unzippable roof. This enables you to still enjoy Chile's unrivalled star-spangled sky even when you are in bed. You can revel in the quietness and the view over the green Elqui Valley from your own terrace, you can enrol for nocturnal horse rides – especially magical under a full moon – or spoil yourself in the main tent with its restaurant, swimming pool and hot tub.

Cet hôtel d'aspiration écologique comprend sept petites tentes en forme de coupole, équipée chacune d'une terrasse privée et d'un télescope puissant. Elqui Domos, qui s'est ouvert en février 2005, mérite bien son nom d'hôtel astronomique. Les petits dômes comprennent deux étages: au rez-de-chaussée se trouvent une salle de bains et un séjour sobrement équipés, à l'étage une chambre à coucher avec toit ouvrant. De cette façon il est possible de profiter, allongé sur son lit, du ciel étoilé sans pareil qu'offre le Chili. De votre terrasse, vous pouvez profiter du calme et de la vue qu'offre la vallée d'Elqui. Vous pouvez vous inscrire à une randonnée nocturne à cheval – magique à la pleine lune – ou vous laisser séduire par la tente centrale où se trouvent un restaurant, une piscine et un hot tub.

Dit futuristisch ogend ecologisch hotel bestaat uit zeven lichtgewicht koepeltentjes, stuk voor stuk uitgerust met een ruim privéterras en een krachtige telescoop. Elqui Domos, dat het levenslicht zag in februari 2005, noemt zich dan ook niet voor niets een 'astronomisch hotel'. In de domes zelf vind je twee verdiepingen: op het gelijkvloers een sober ingerichte woonkamer en badkamer, en bovenin een slaapkamer met afritsbaar dak. Op die manier kan je dus zelfs vanuit je bed nog genieten van de ongeëvenaarde Chileense sterrenhemel. Ter plekke kan je vanop je eigen terrasje genieten van de stilte en het uitzicht over de groene Elquivallei, je kan je inschrijven voor nachtelijke ritjes te paard – vooral magisch bij volle maan – of je laten verwennen aan de centrale tent met restaurant, zwembad en hot tub.

ELQUI DOMOS - Camino Público Pisco Elqui a Horcón Km. 3,5, Sector Los Nichos s/n, Paihuano, Región de Coquimbo, Chile- +56 51 211 453 - www.elquidomos.cl - reservas@elquidomos.cl

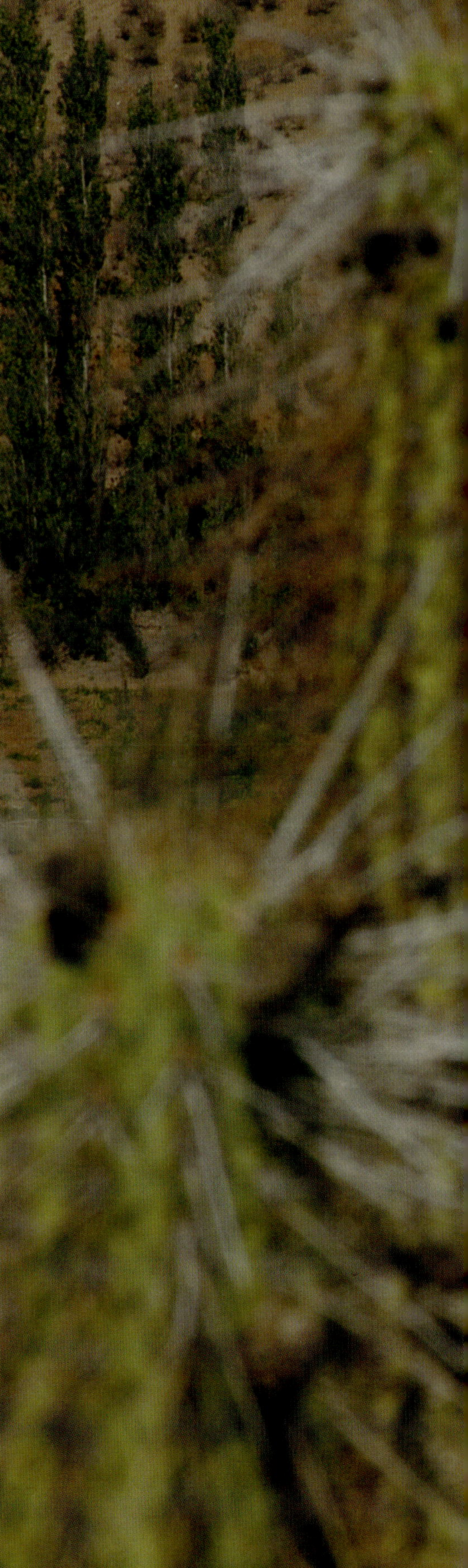

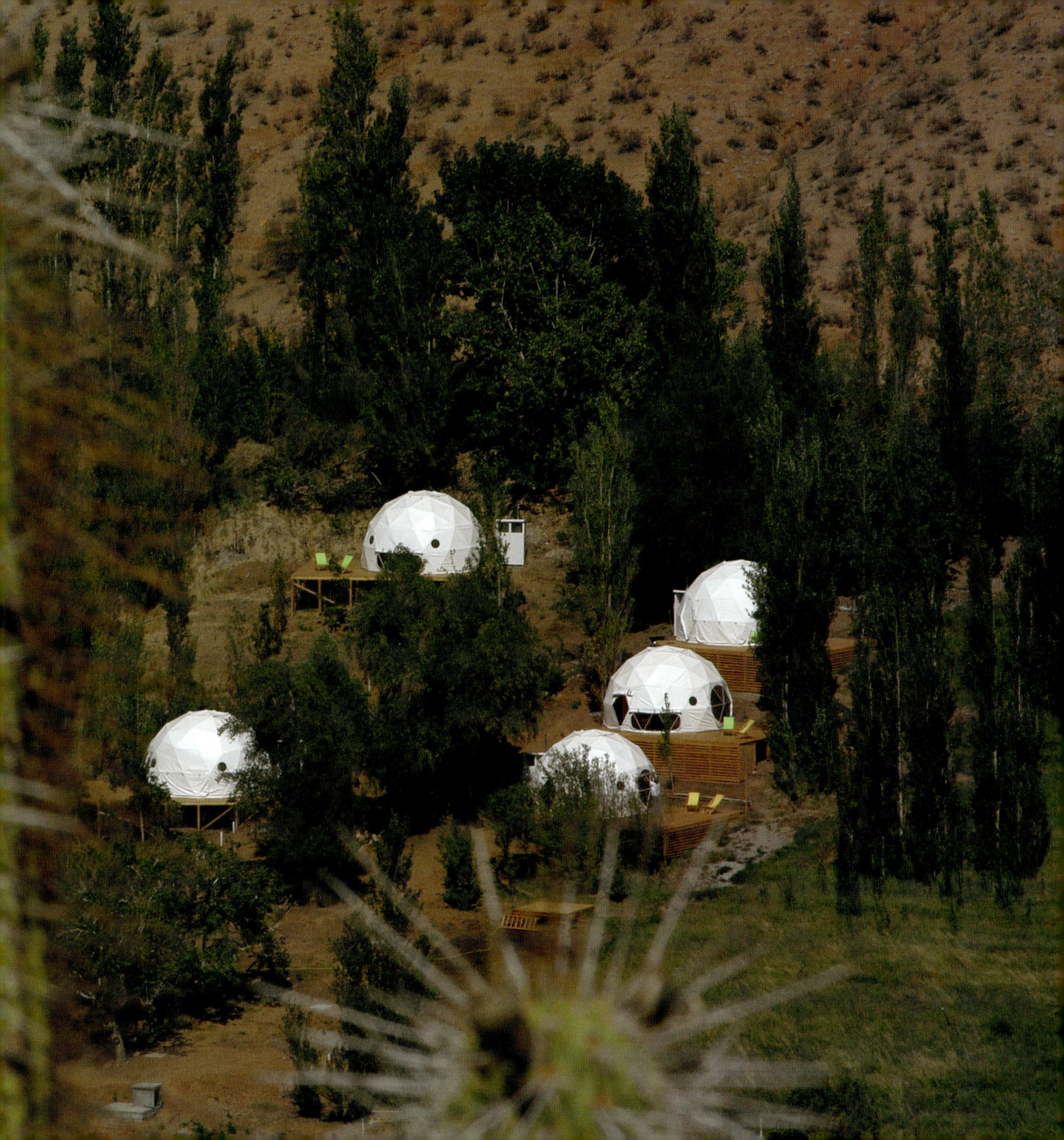

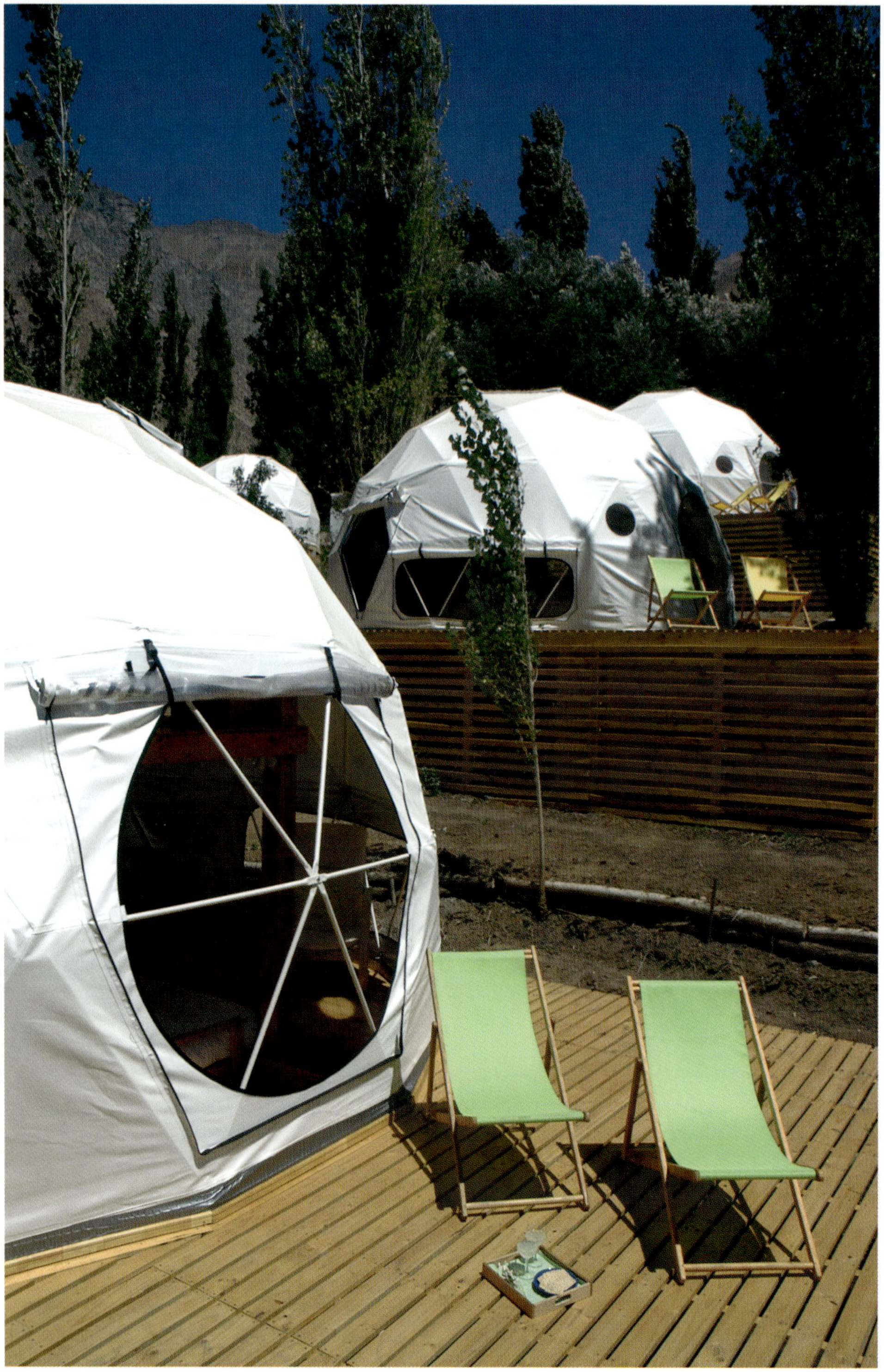

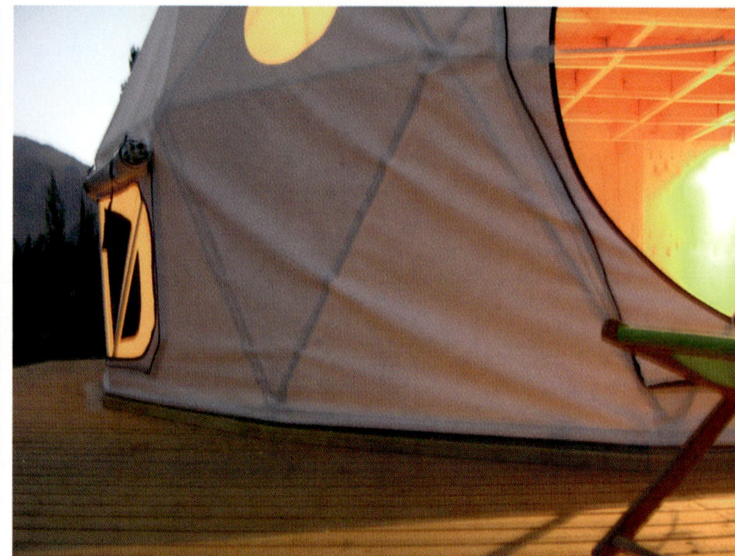

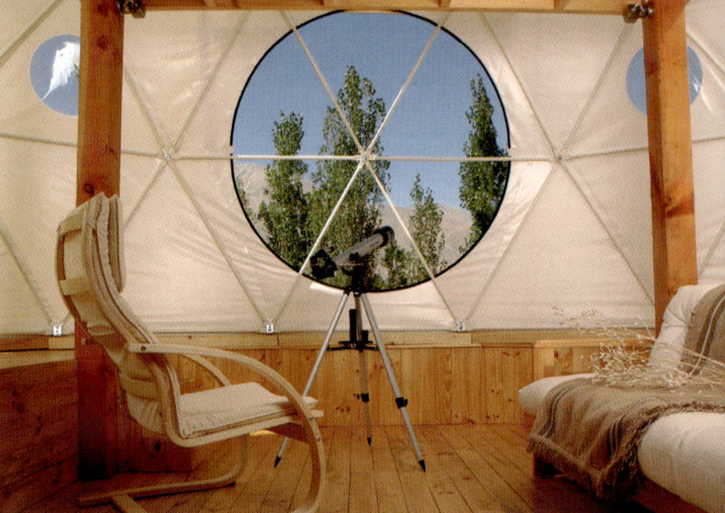

The key words at Elqui Domos are quality, small-scale and personal service.

Les mots clés chez Elqui Domos sont qualité, minimalisme et attention personnalisée.

Sleutelwoorden bij Elqui Domos zijn kwaliteit, kleinschaligheid en persoonlijke aandacht.

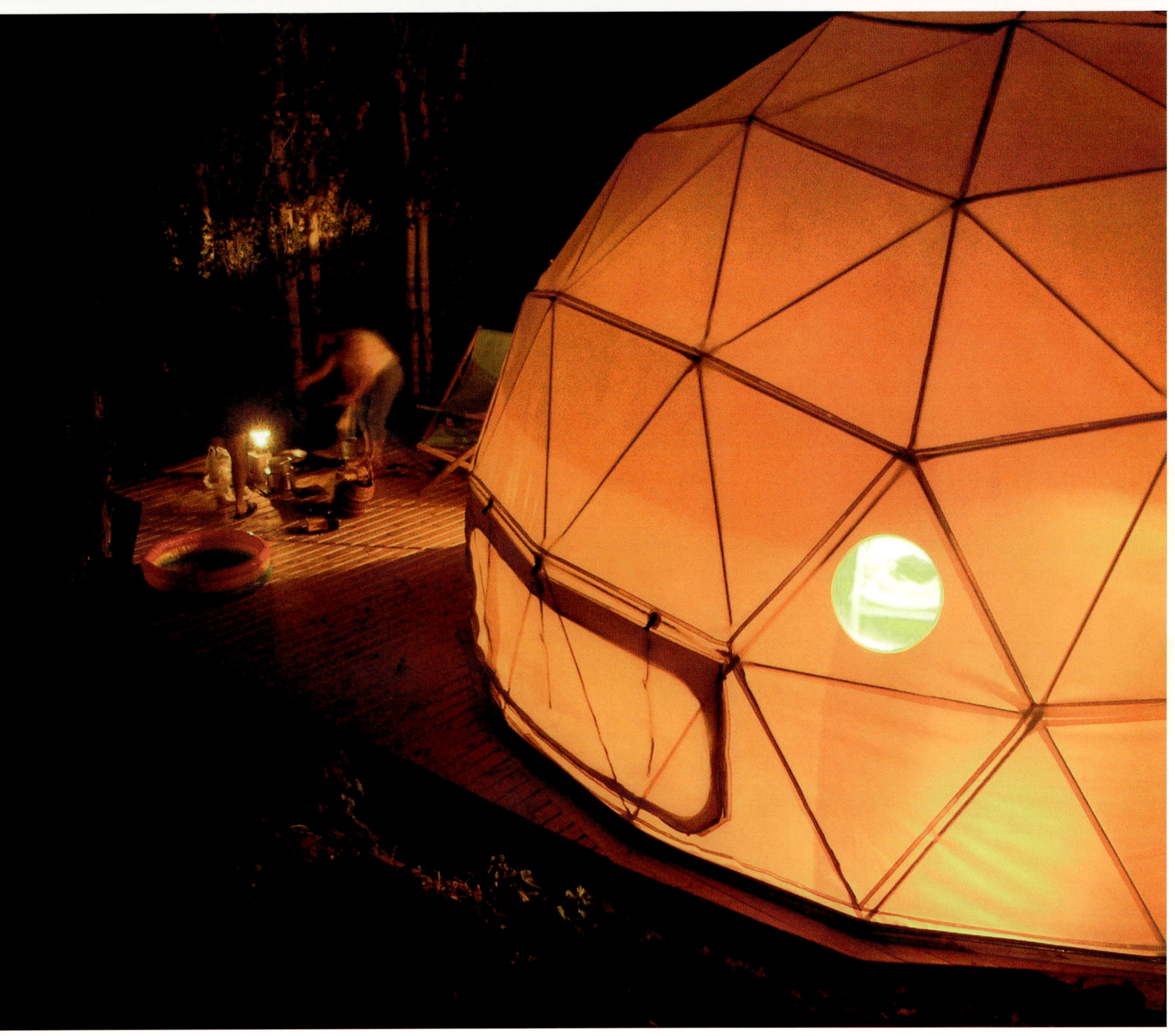

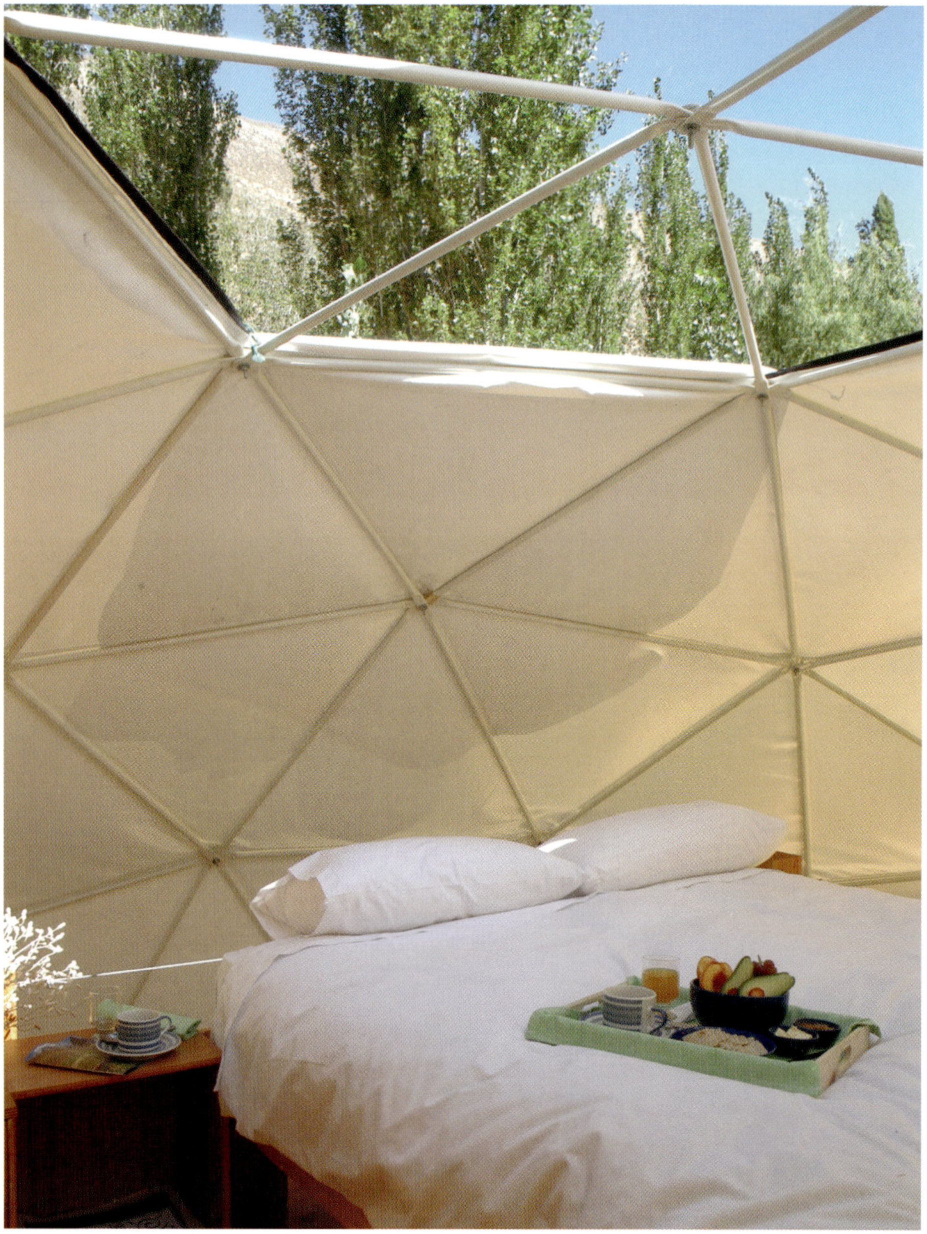

The remote setting means your star-gazing is not marred by light pollution.

Grâce à la localisation du lieu, aucune pollution lumineuse ne perturbe l'observation des étoiles.

Dankzij de afgelegen locatie heb je bij het sterrenkijken geen enkele last van lichtvervuiling.

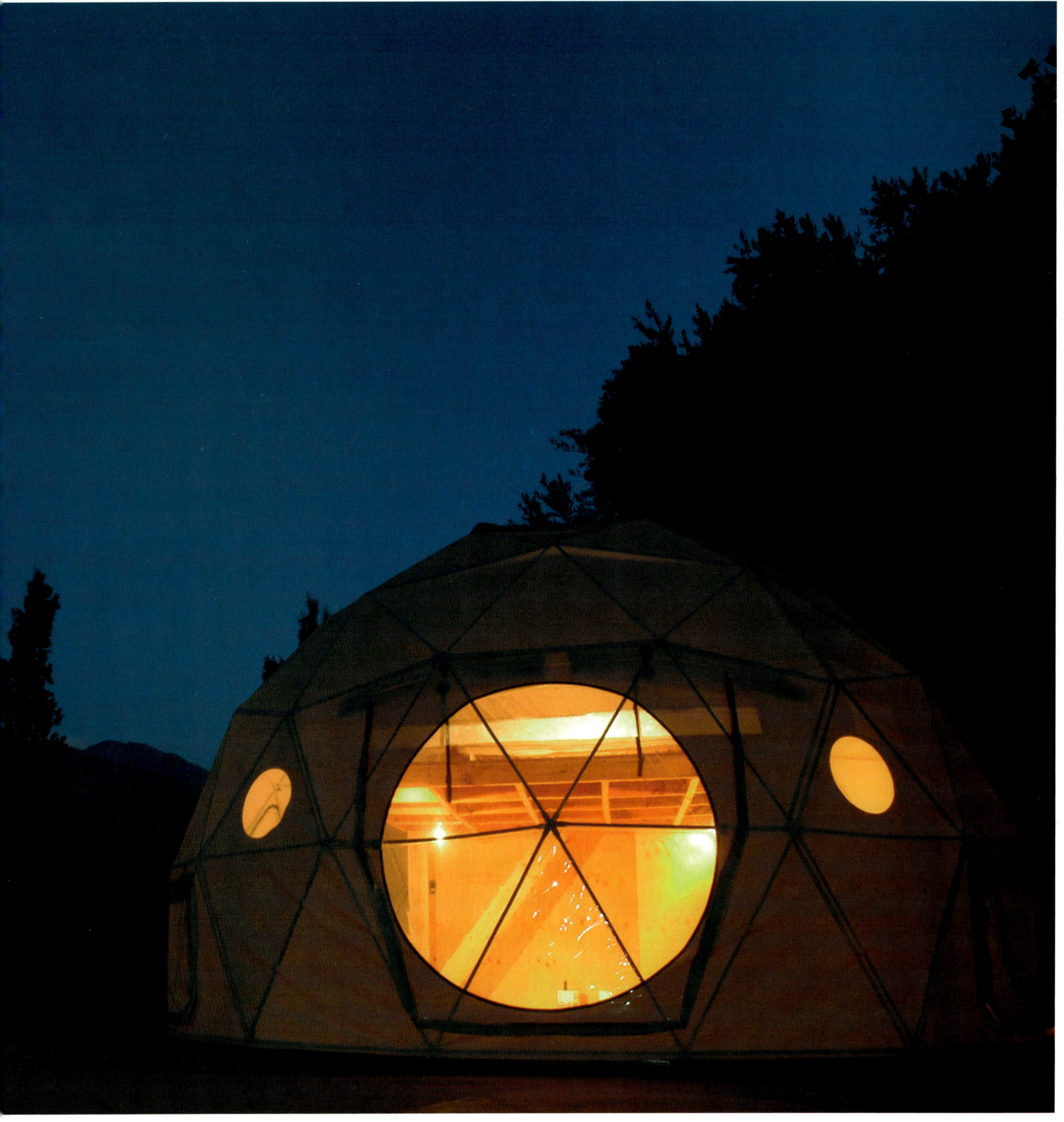

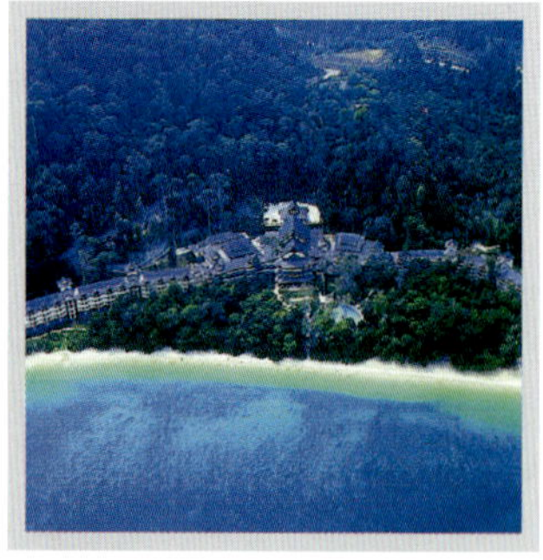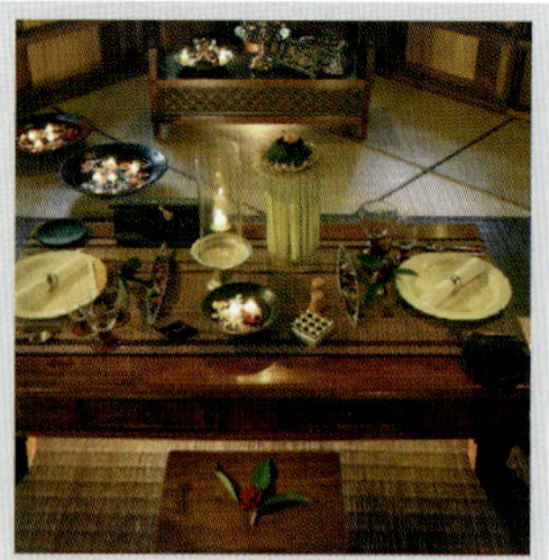

Rainforest restaurant **Malaysia**

Jungle dinner

Gulai House is a restaurant on the mystical island of Langkawi in the heart of a completely untouched piece of rainforest. It is situated 300 metres from the Andaman resort and can only be reached via an old bridge and narrow pathway lit by lanterns. Built in the traditional Malaysian Kampung style, the stilt house with a thatched roof is divided into 2 parts: a romantic inner section with special floor seating and an outdoor area with ordinary tables and chairs. The sumptuous green of the centuries old trees with enormous buttress roots envelops the restaurant and ensures that only the sounds of the jungle and the ocean remain audible whilst you enjoy your meal. Gulai House is considered one of the country's top restaurants and the kitchen offers a broad selection of authentic Malaysian and Indian tandoori dishes.

The Gulai House est un restaurant situé sur l'île mystique de Langkawi, au coeur d'un petit bout de forêt tropicale, resté intact. A 300 mètres de l'hôtel The Andaman, il n'est accessible que par un étroit sentier, éclairé aux lanternes, et par un vieux pont. Construit dans le style malaisien traditionnel Kampung, la maison sur pilotis au toit de paille est divisée en 2 parties : une partie intérieure romantique où l'on s'assoit à même le sol et une autre à ciel ouvert équipées de chaises et de tables. La végétation luxuriante des arbres centenaires, aux racines gigantesques, qui entoure le restaurant permet que seuls les bruits de la jungle et de l'océan soient audibles pendant que vous profitez du repas. The Gulai House est réputé être l'un des meilleurs restaurants du pays. Sa cuisine offre une large sélection de mets malaisiens authentiques ainsi que des tandooris indiens.

The Gulai House is een restaurant op het mystieke eiland Langkawi in het hart van een volstrekt ongerept stukje regenwoud. De zaak, gelegen op 300 meter van resort The Andaman, is enkel bereikbaar via een smal, met lantaarns verlicht paadje en een oude brug. Gebouwd in traditionele Maleisische Kampung-stijl, is de paalwoning met rieten dak onderverdeeld in 2 stukken: een romantisch binnengedeelte met speciale zitplaatsen op de grond, en een deel in openlucht met gewone tafels en stoelen. Het weelderige groen van de eeuwenoude bomen met enorme plankwortels omhult het restaurant en zorgt ervoor dat enkel de geluiden van de jungle en de oceaan hoorbaar blijven terwijl je van de maaltijd geniet. The Gulai House wordt beschouwd als een van 's lands toprestaurants en de keuken biedt een ruime selectie authentieke Maleisische gerechten en Indische tandoories.

THE GULAI HOUSE AT THE ANDAMAN - P. O. BOX 94, 07000 LANGKAWI, KEDAH DARUL AMAN, MALAYSIA - +604 959 1088 · RESERVATIONS@THEANDAMAN.COM – WWW.THEANDAMAN.COM

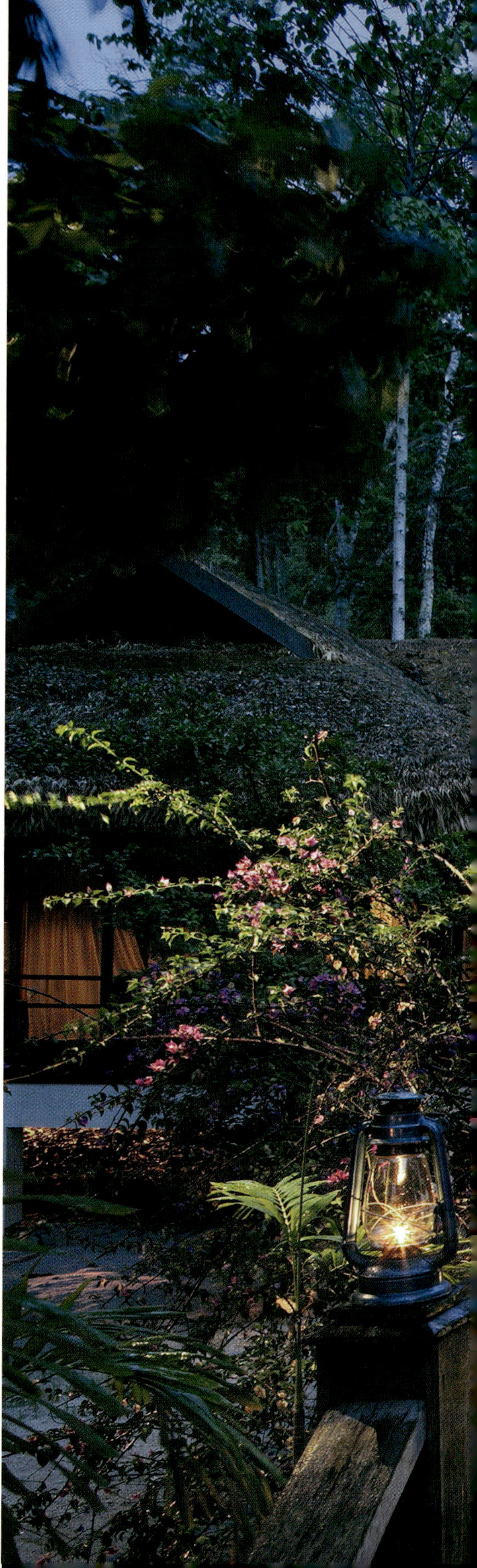

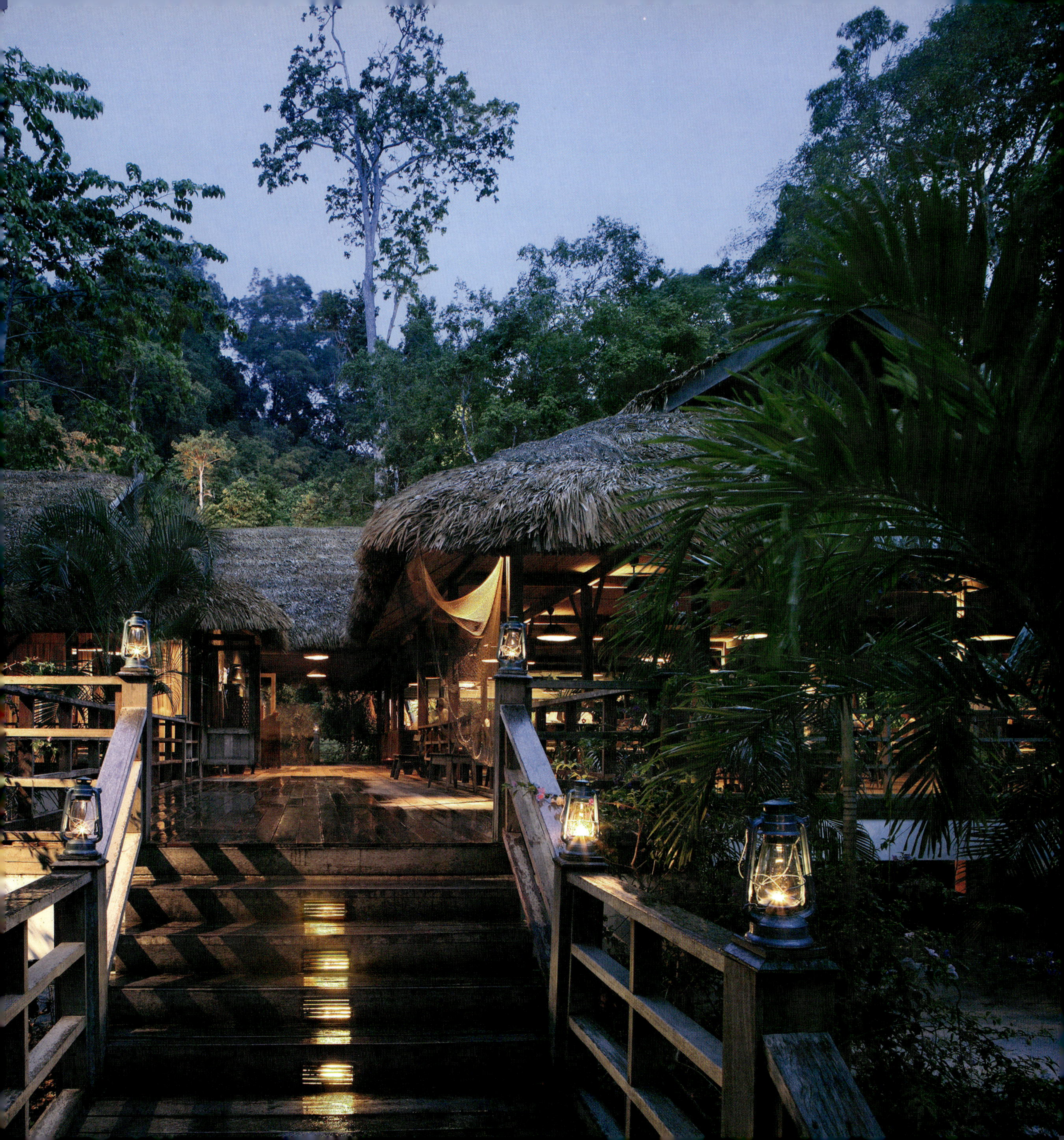

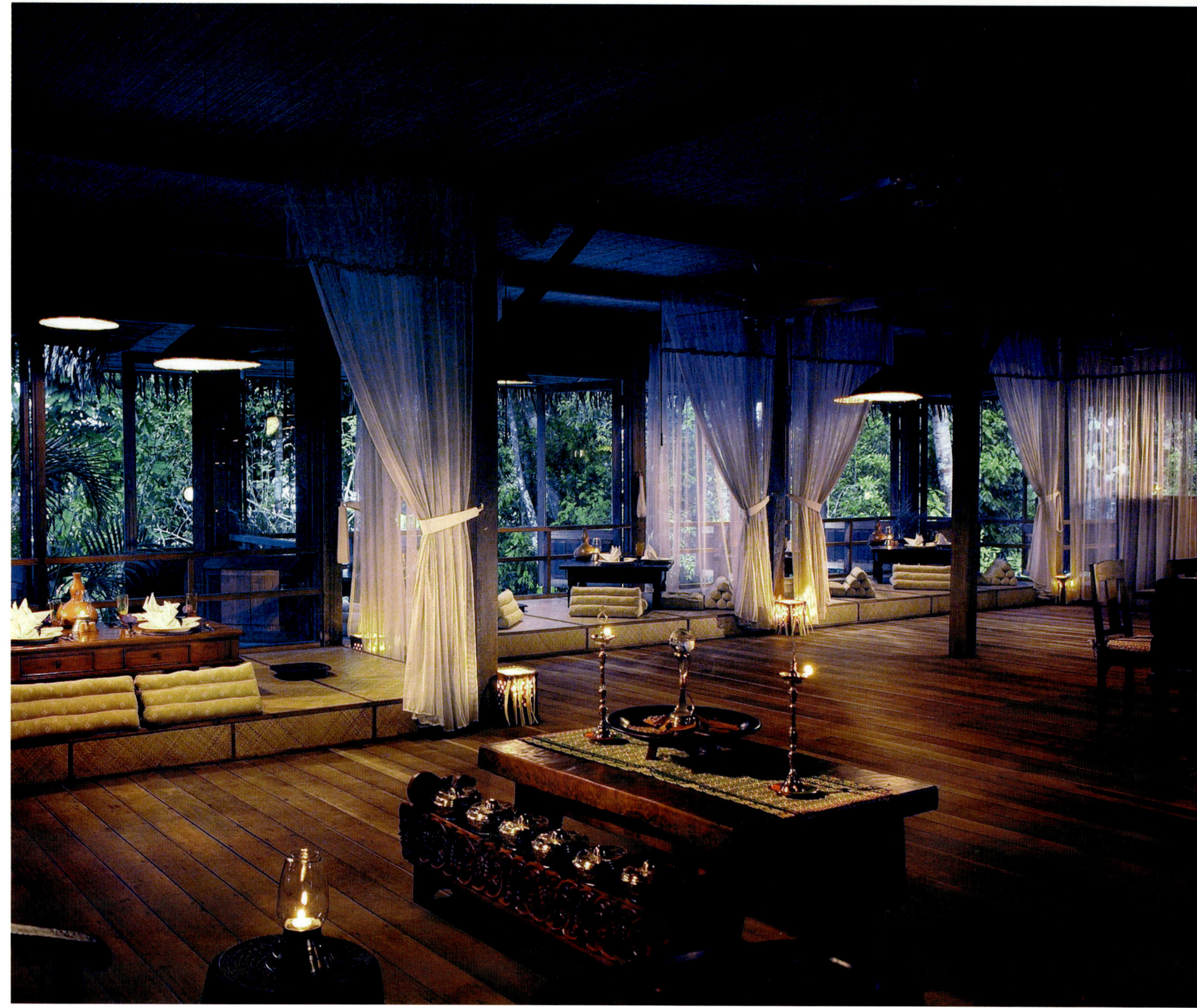

Nice detail: the menu is written in silver ink on the leaves of the mengkudu tree.

Détail amusant : le menu est écrit à l'encre argentée sur les feuilles d'un arbre, le mengkudu.

Leuk detail: het menu wordt met zilveren inkt geschreven op bladeren van de mengkuduboom.

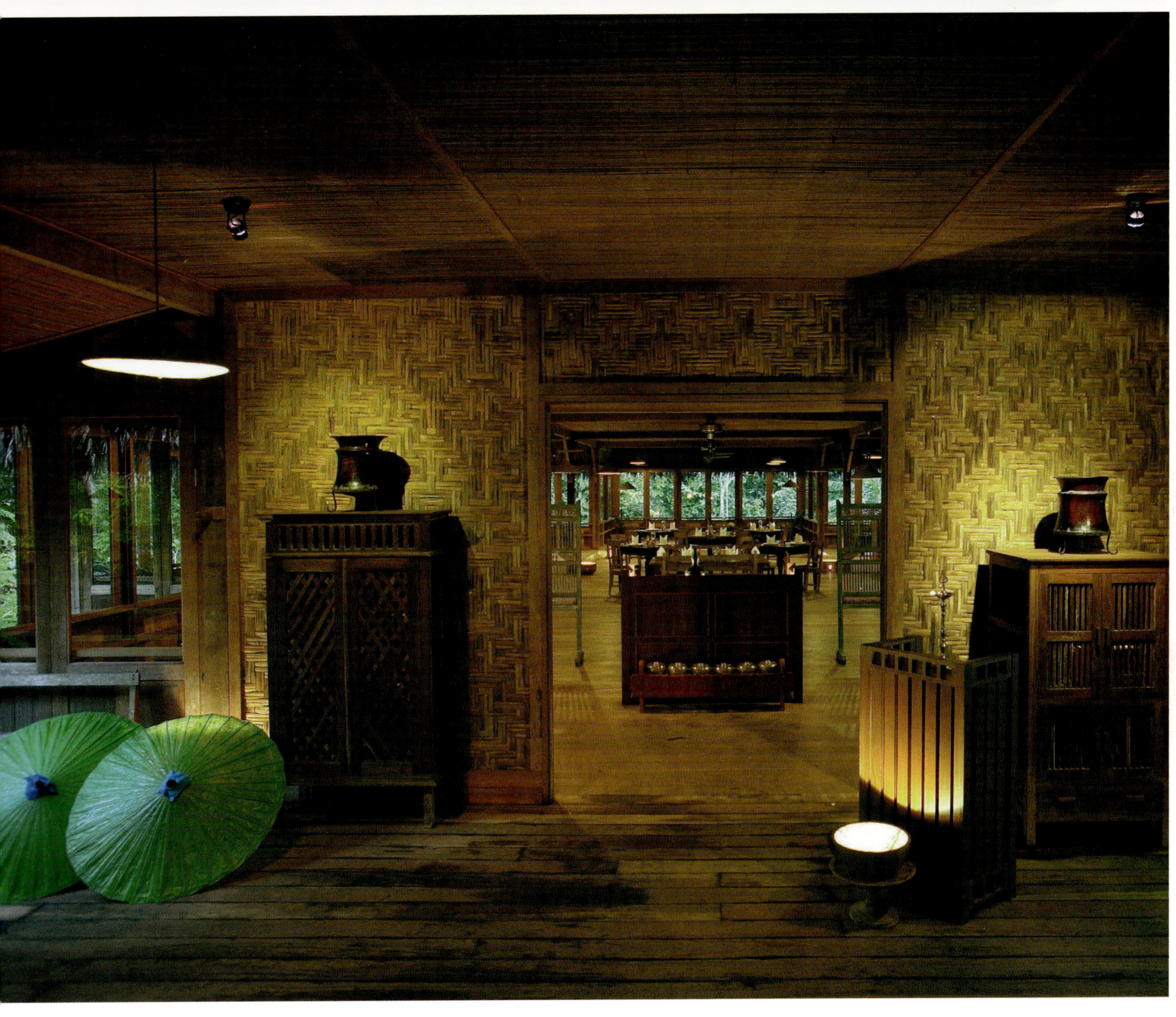

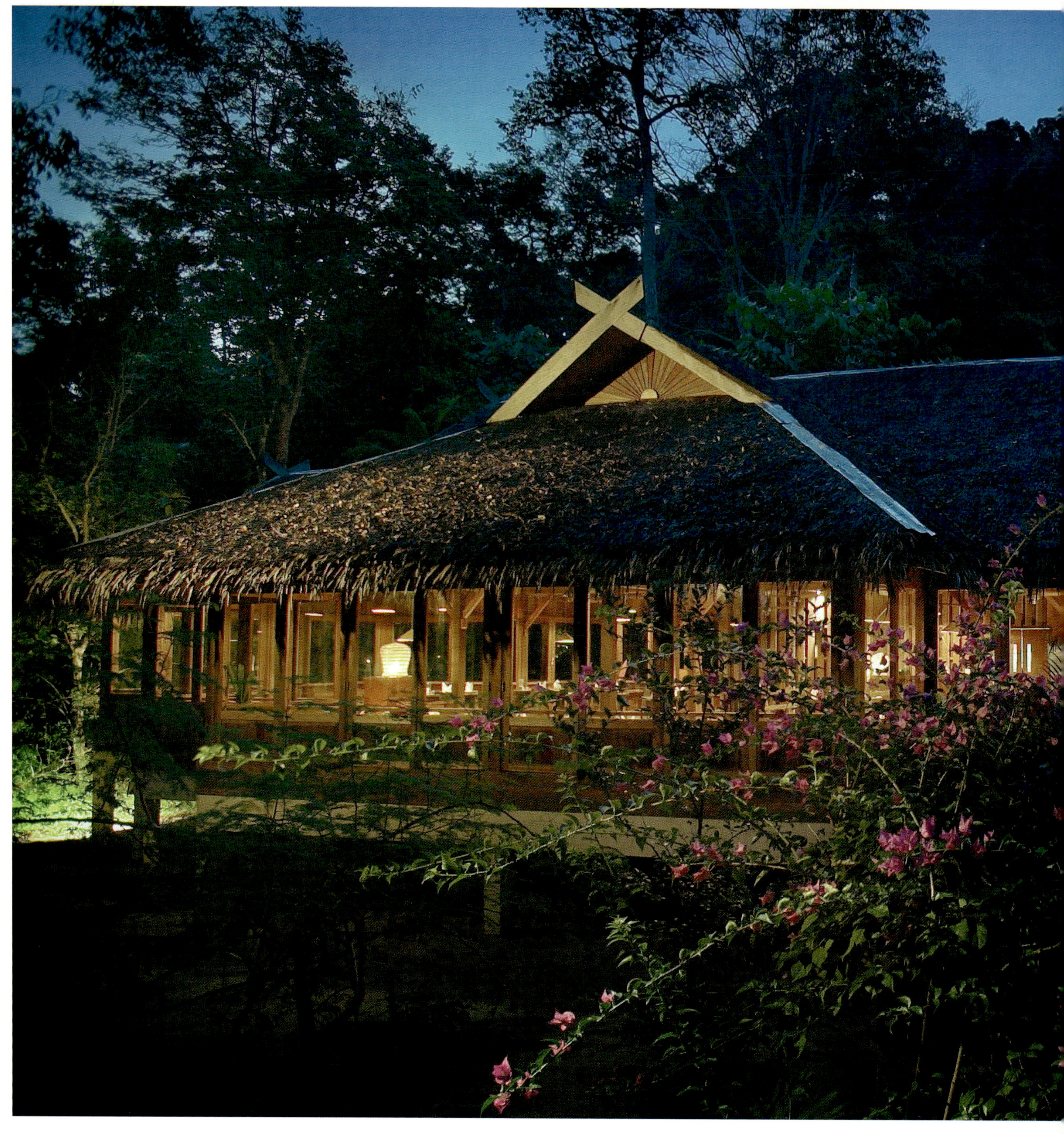

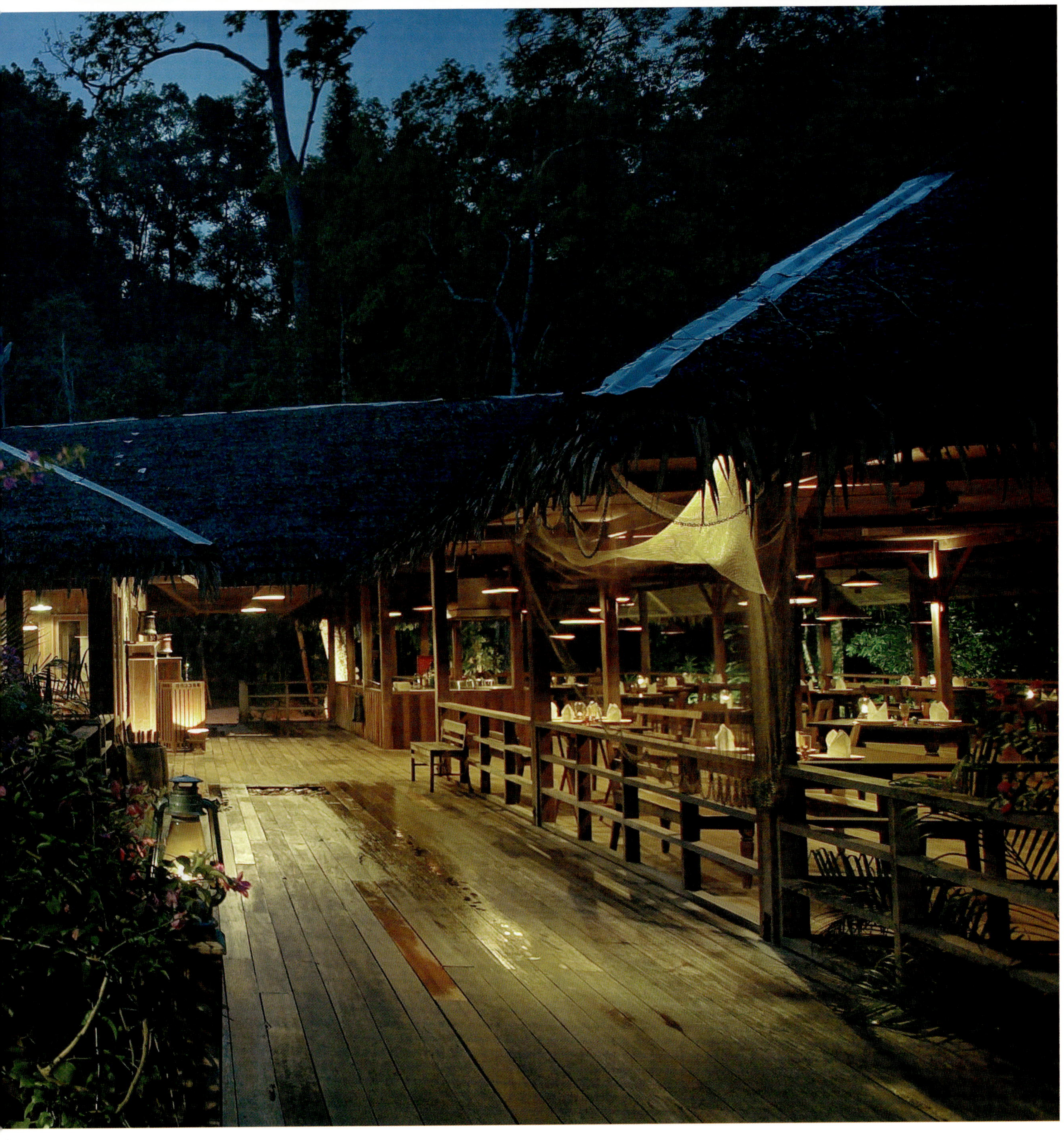

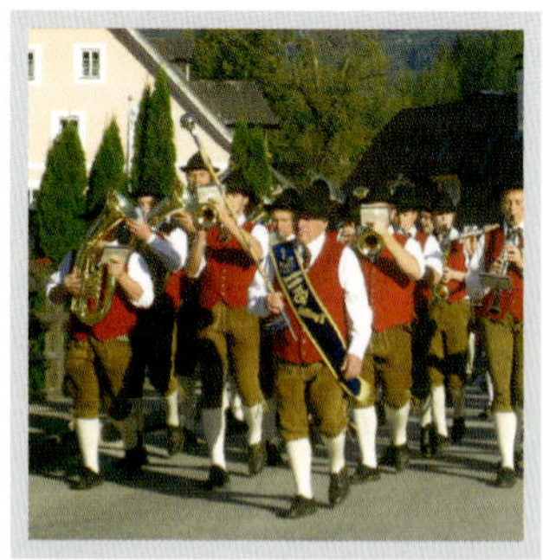
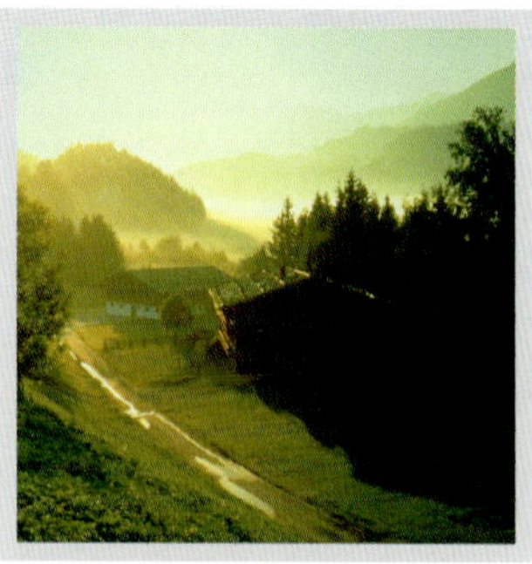

Entire village

Switzerland, Austria, Germany, Liechtenstein

Rent a village

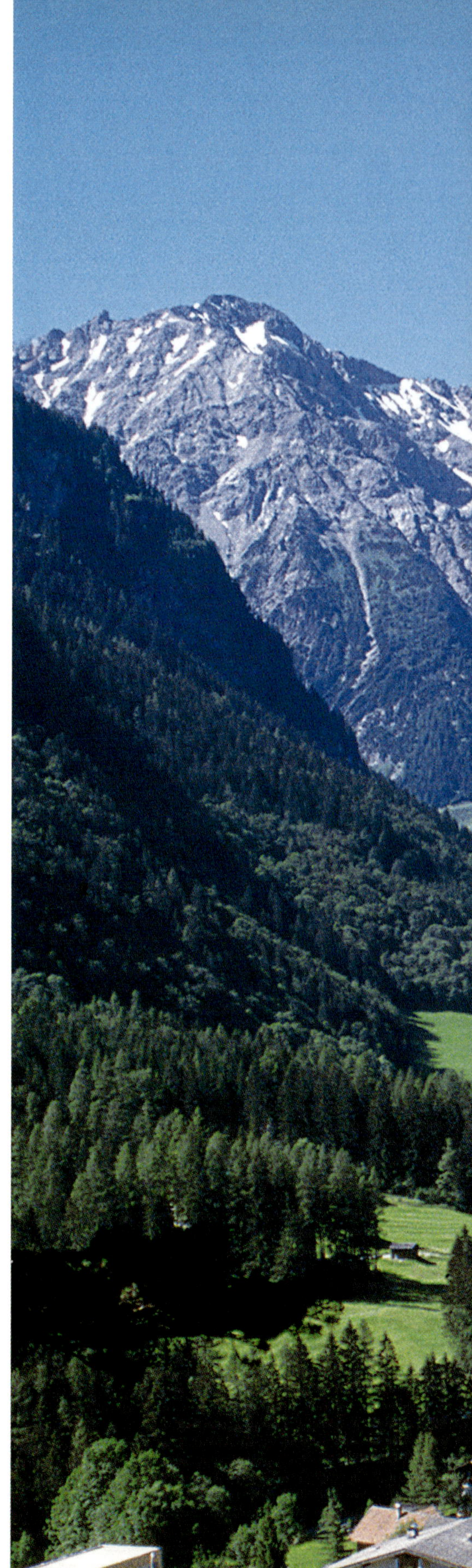

Have you always wanted to know how it feels to be a mayor or king? Try renting a village or country for your next event! Rent a Village is a concept that was invented by Austrian Karl Schwärzler in 1996 and is designed for groups of 150 or more. You can choose between 1 Swiss, 5 Austrian and 4 German villages and even a real (albeit tiny) country: Liechtenstein. From the moment you arrive everything is themed around your event: the keys are officially handed to you, street names and signs can by changed to your heart's desire (you can even rename the entire village if you like), you can introduce your own currency, you can choose from the most unlikely locations for your activities, and you can count on the assistance of all the villagers/citizens to make your stay unforgettable. Wanna bet people will never look at you in the same way again?

Avez-vous toujours rêvé de savoir ce que l'on ressent si l'on est un bourgmestre ou un roi ? Il vous suffira de louer un village, voire tout un pays, pour le prochain évènement que vous organisez ! Rent a Village est un concept inventé en 1996 par l'Autrichien Karl Schwärzler qui s'adresse à des groupes d'au moins 150 personnes. Vous avez le choix entre 1 village en Suisse, 5 en Autriche, 4 en Allemagne et même un véritable - quoique minuscule - pays : le Liechtenstein. Dès les premières minutes qui suivent votre arrivée, tout s'enchaîne sous le signe de votre évènement : les clés vous sont remises officiellement, vous pouvez changer à votre guise les noms des rues et les enseignes (vous pouvez même rebaptiser l'entièreté du village), vous avez le choix des lieux les plus inhabituels pour y organiser vos activités, et vous pouvez compter sur l'aide des habitants ou des ressortissants pour que ce séjour soit inoubliable. Parions qu'après cela chacun vous regardera d'un autre œil !

Heb je altijd al willen weten hoe het voelt om burgemeester of koning te zijn? Huur dan eens een dorp of land af voor je volgende evenement! Rent a Village is een concept dat in 1996 bedacht werd door Oostenrijker Karl Schwärzler en geschikt is voor groepen vanaf 150 personen. Je hebt de keuze uit 1 Zwitsers dorp, 5 Oostenrijkse en 4 Duitse dorpen, en zelfs een heus (zij het piepklein) land: Liechtenstein. Vanaf de eerste minuut na aankomst staat alles in het teken van jouw evenement: je krijgt de sleutels officieel overhandigd, mag je eigen munteenheid invoeren, mag straatnamen en uithangborden naar hartenlust veranderen (je mag zelfs het hele dorp herdopen als je dat wil), hebt voor activiteiten de keuze uit de meest ongewone locaties, en kan rekenen op de hulp van al je dorpelingen/onderdanen om je verblijf onvergetelijk te maken. Wedden dat iedereen je voortaan met andere ogen bekijkt?

RENT A VILLAGE / RENT A STATE BY XNET – XNET EVENT MARKETING AG · IM MALARSCH 57, FL 9494 SCHAAN, LIECHTENSTEIN · +423 230 16 96 · INFO@XNET.LI · WWW.RENTAVILLAGE.COM

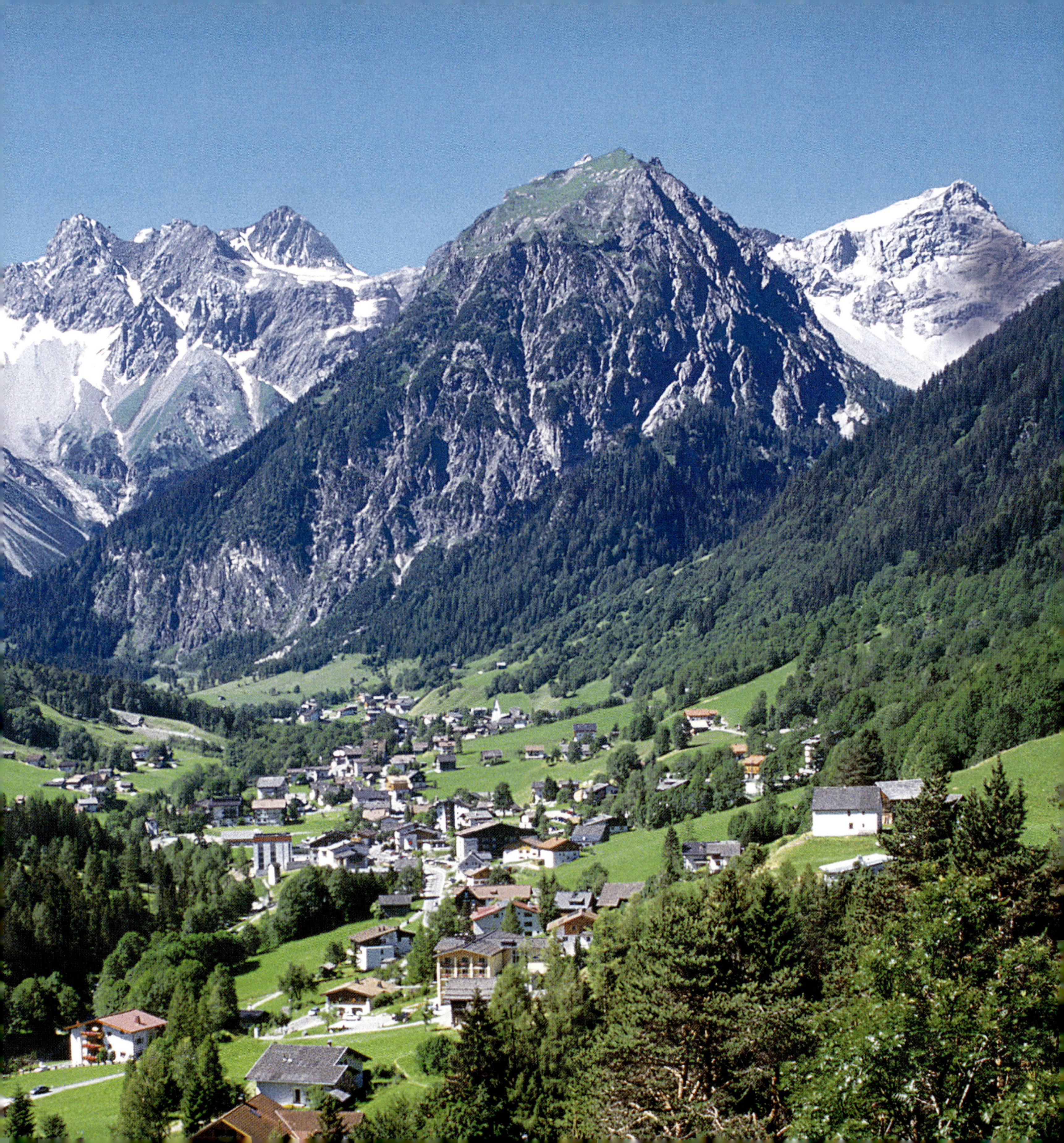

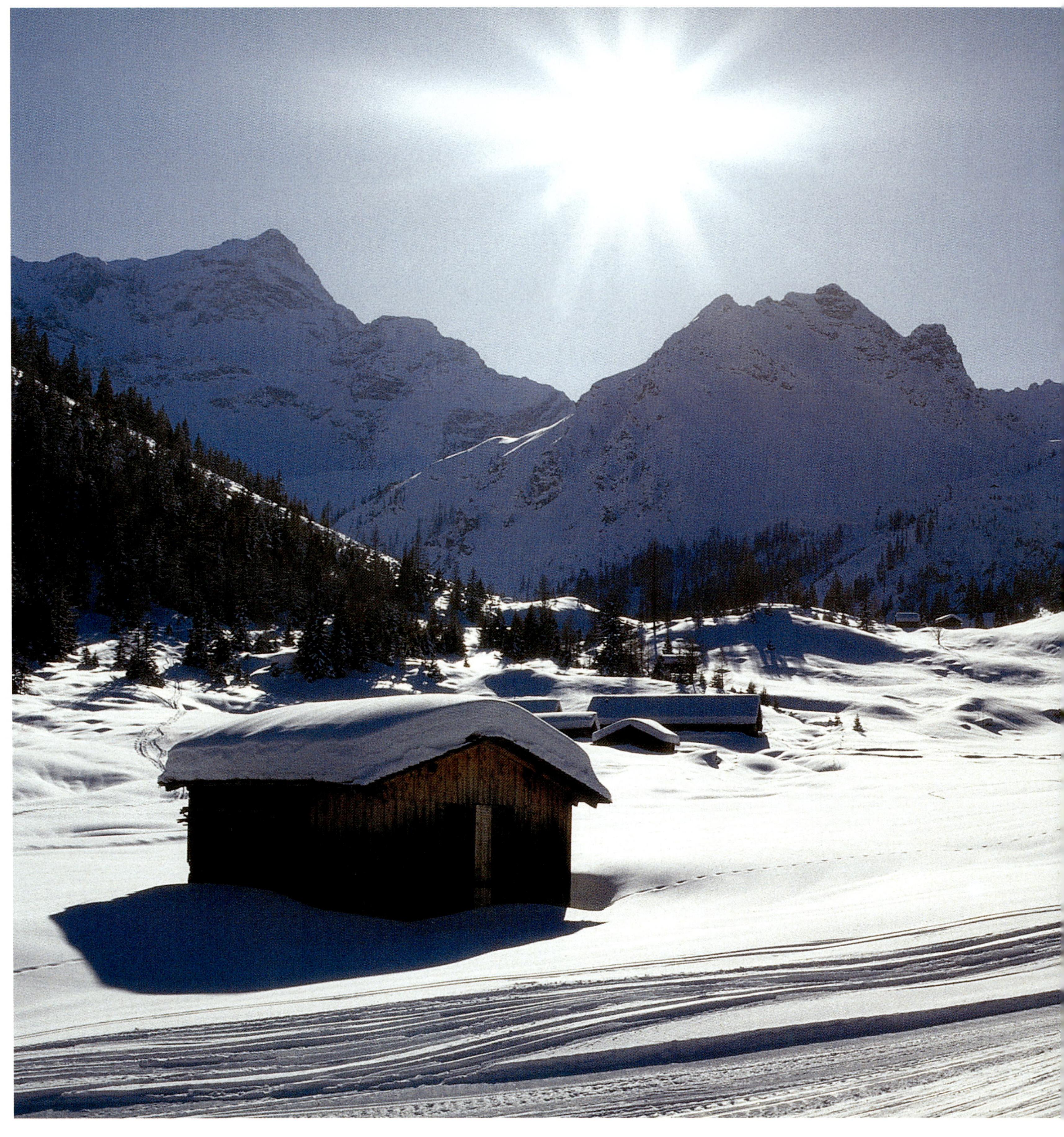

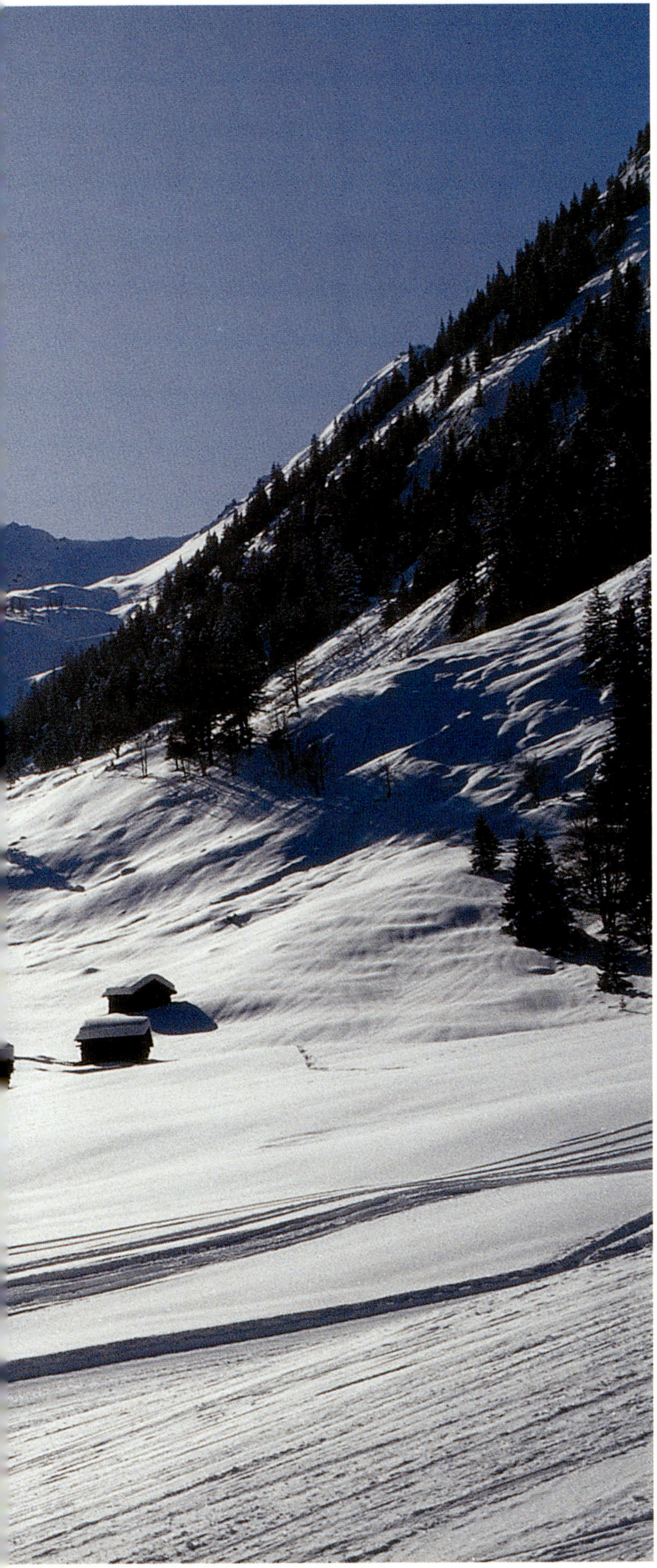

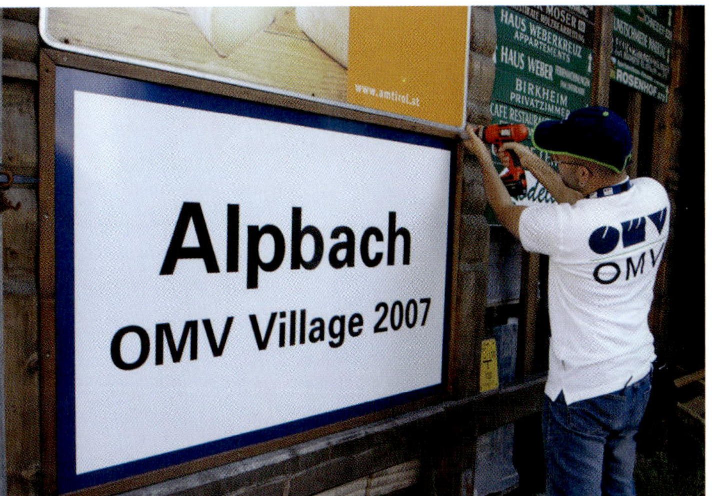

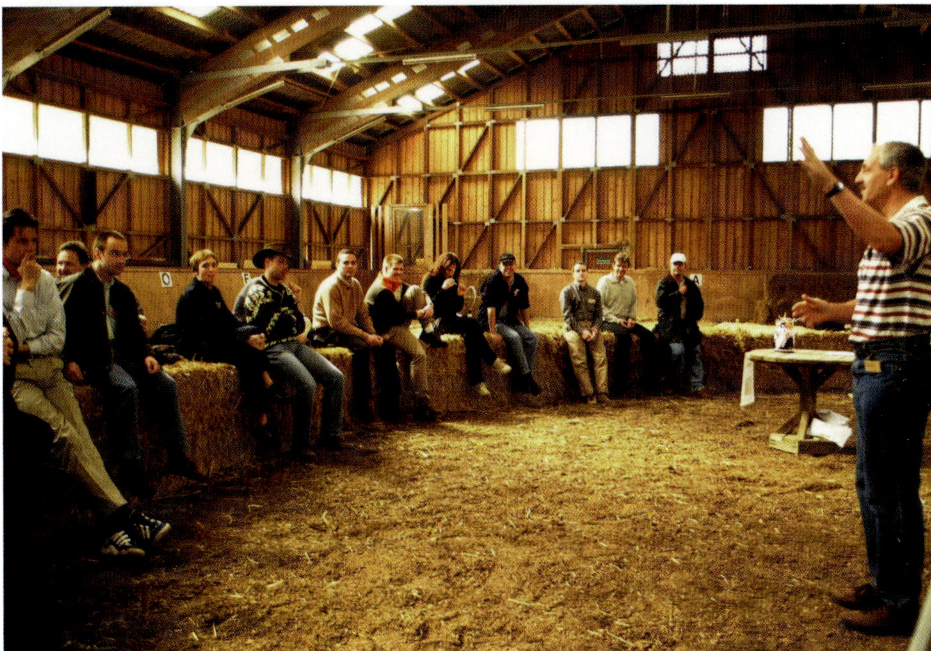

For activities, meetings and parties you can choose from a number of unusual locations such as a castle, igloo, cowshed, windmill, a mine and an Alpine meadow.

Pour organiser activités, réunions ou fêtes, vous avez un choix de lieux insolites, tels un château, un igloo, une étable, un moulin, une mine ou un alpage.

Voor activiteiten, bijeenkomsten en feesten heb je de keuze uit tal van ongewone locaties, zoals een kasteel, een iglo, een koeienstal, een molen, een mijn en een alpenweide.

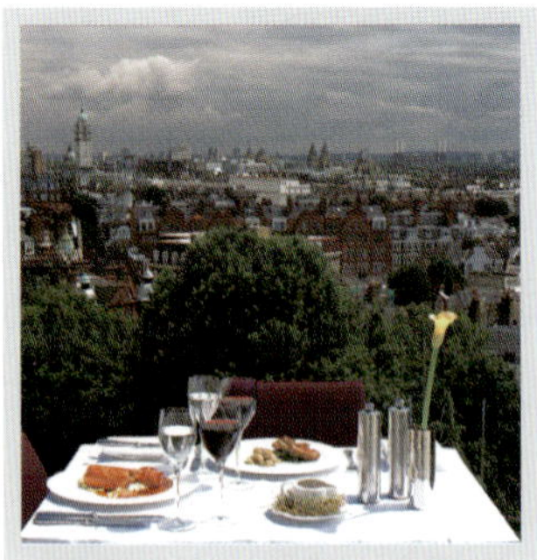
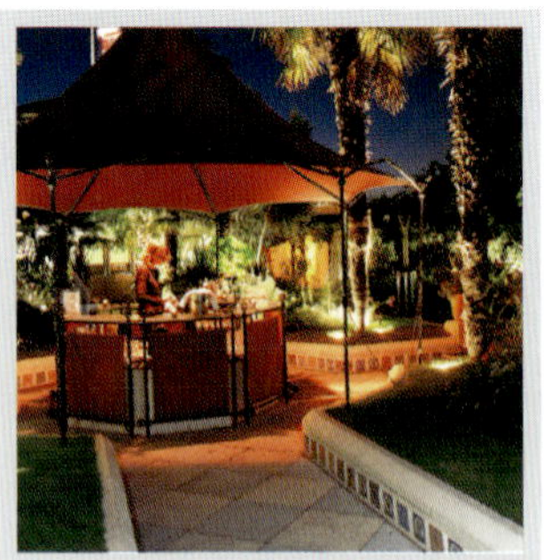

Roof garden nightclub ^{UK}

Urban rooftop oasis

Kensington Roof Gardens: a secret paradise, elevated above the bustle and noise of the British capital and within reach of the clouds. This stylish location, 30 metres above Kensington High Street, was created in 1938 by the owners of Derry and Tom's Department Store and has for the last 25 years been in the hands of the Virgin boss Sir Richard Branson. Europe's largest roof garden covering 6,000 m² on 2 levels is divided into Spanish, English and Tudor gardens and contains more than 70 mature trees, a pond populated by ducks and flamingos and a stream full of fish. The Tudor building accommodates a bar/restaurant and an exclusive nightclub, frequented by royalty and pop stars. There is an impressive view over the London skyline from practically everywhere in the garden and buildings.

Un paradis secret, surplombant le stress et le bruit de la capitale britannique, dans les cieux ? Il s'agit du Kensington Roof Gardens. Cet établissement de style, situé à 30 mètres au dessus de Kensington High Street, a été créé en 1938 par les propriétaires de Derry & Tom's Department Store. Depuis plus de 25 ans, il est aux mains du célèbre patron de Virgin, Sir Richard Branson. Le plus grand jardin suspendu d'Europe déploie ses 6 000m² sur deux étages. Il se divise en trois jardins : un espagnol, un anglais et un Tudor, comprenant plus de 70 arbres adultes, un étang peuplé de canards et de flamands roses, et un cours d'eau rempli de poissons. Le bâtiment Tudor abrite un bar restaurant et une boîte de nuit exclusive fréquentée par la royauté et les chanteurs pop. D'où que l'on se trouve, dans les jardins et les bâtiments, on bénéficie d'une vue impressionnante sur Londres.

Een geheim paradijs, verheven boven de drukte en het lawaai van de Britse hoofdstad en op reikafstand van de wolken: dat zijn de Kensington Roof Gardens. Deze stijlvolle locatie op 30 meter boven Kensington High Street werd in 1938 gecreëerd door de eigenaars van Derry and Tom's Department Store, en is intussen al meer dan 25 jaar in handen van Virgin-baas Sir Richard Branson. Europa's grootste daktuin omvat 6.000m² en 2 verdiepingen, is onderverdeeld in een Spaanse, een Engelse en een Tudortuin, en bevat meer dan 70 volwassen bomen, een vijver bevolkt door eenden en flamingo's, en een stroom vol vis. Het Tudorgebouw biedt onderdak aan een bar/restaurant en een exclusieve nachtclub, die bezocht wordt door royalty en popsterren. Van vrijwel overal in de tuinen en het gebouw heb je een indrukwekkend uitzicht over de Londense skyline.

THE ROOF GARDENS – 6th Floor, 99 Kensington High Street, London W8 5SA, United Kingdom · +44 (0)20 7368 3993 · www.virgin.com/roofgardens

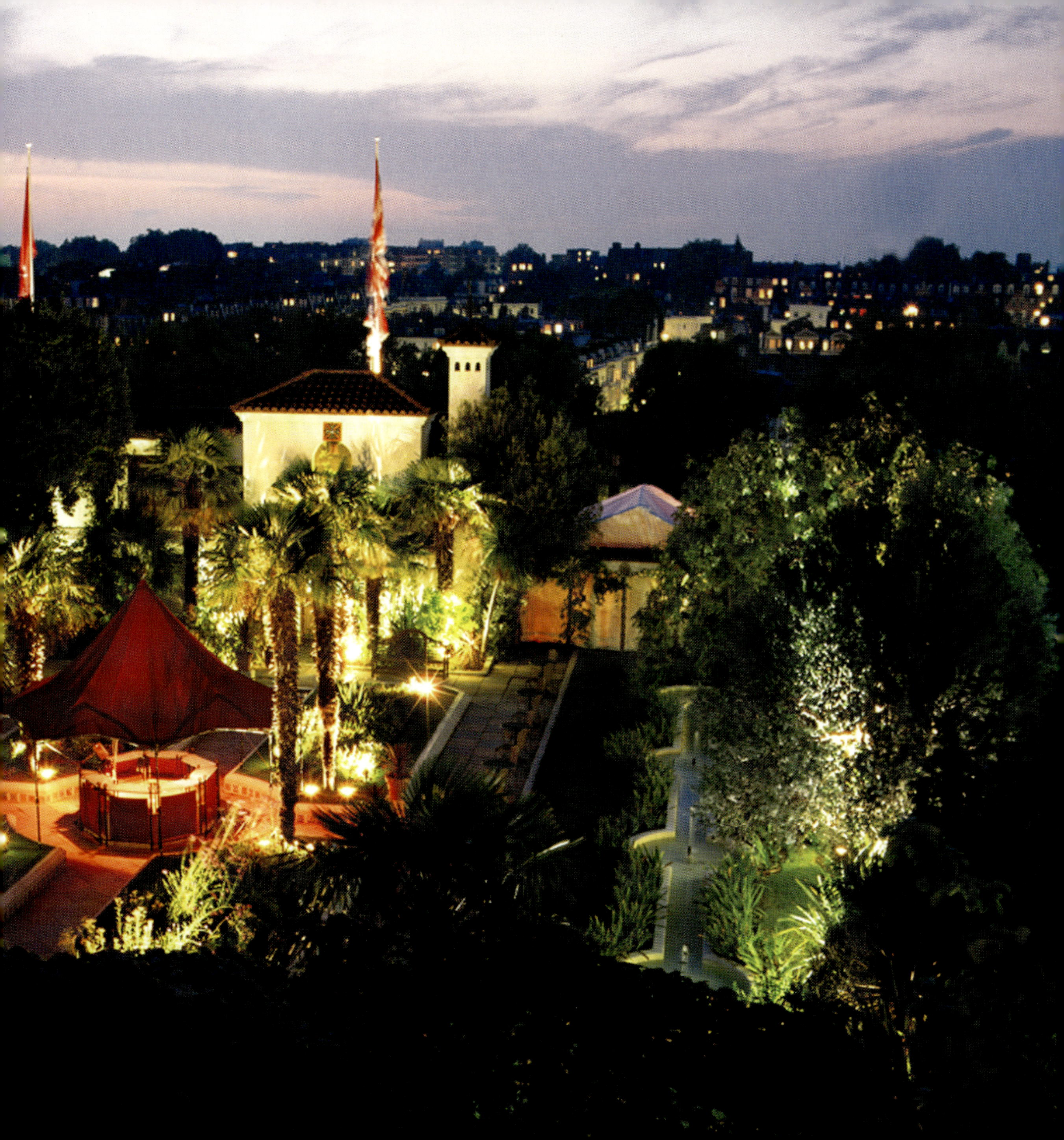

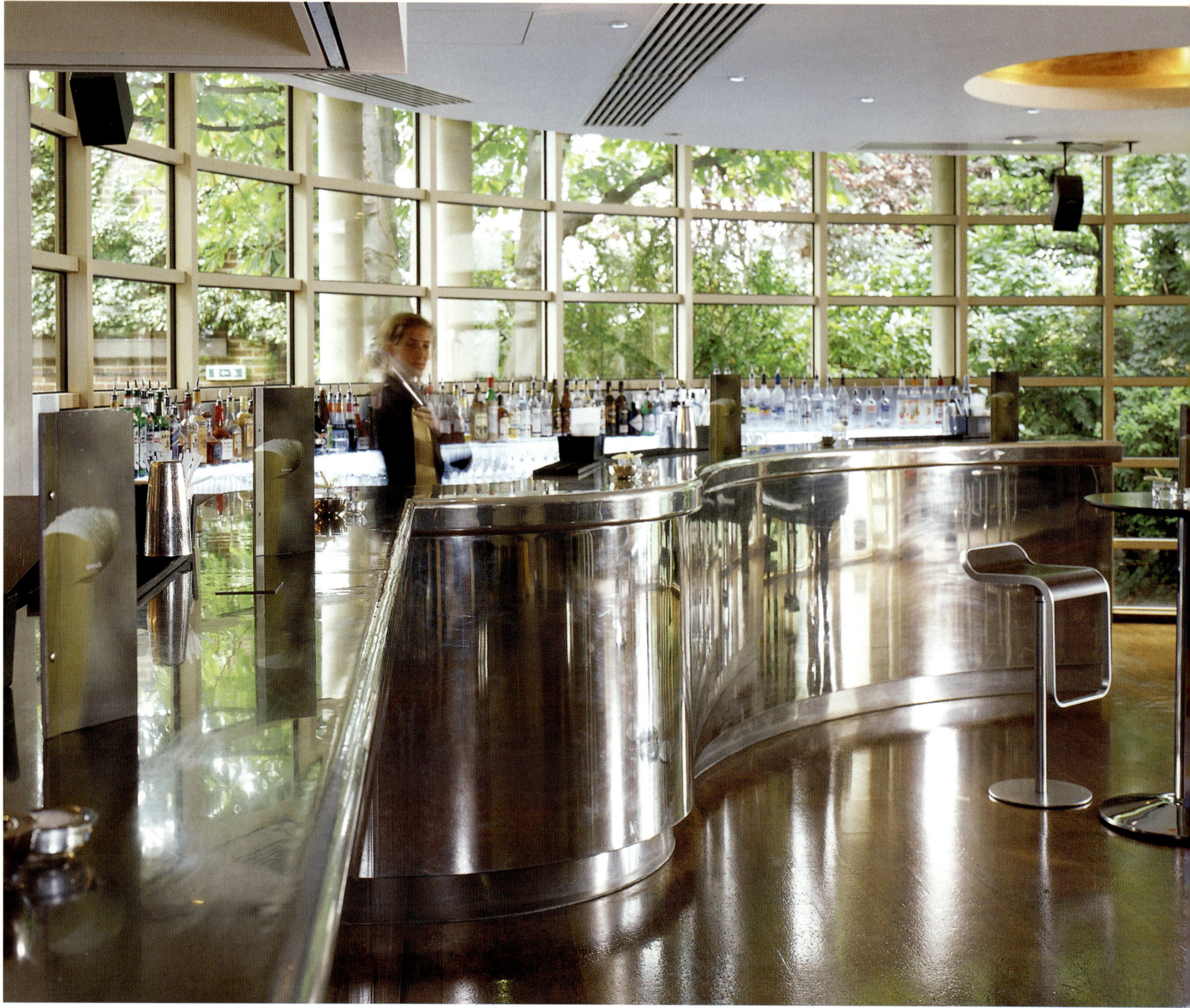

This location - one of London's best kept secrets - is rarely visited by tourists and is accessed by a door in Derry Street marked "99 Kensington High Street".

Ce lieu, l'un des secrets les mieux gardés de Londres, est rarement visité par les touristes. On y parvient par une porte dans Derry Street portant la mention 99 Kensington High Street.

De locatie -een van Londens best bewaarde geheimen- wordt nauwelijks bezocht door toeristen en kan betreden worden via een deur in Derry Street met de vermelding "99 Kensington High Street".

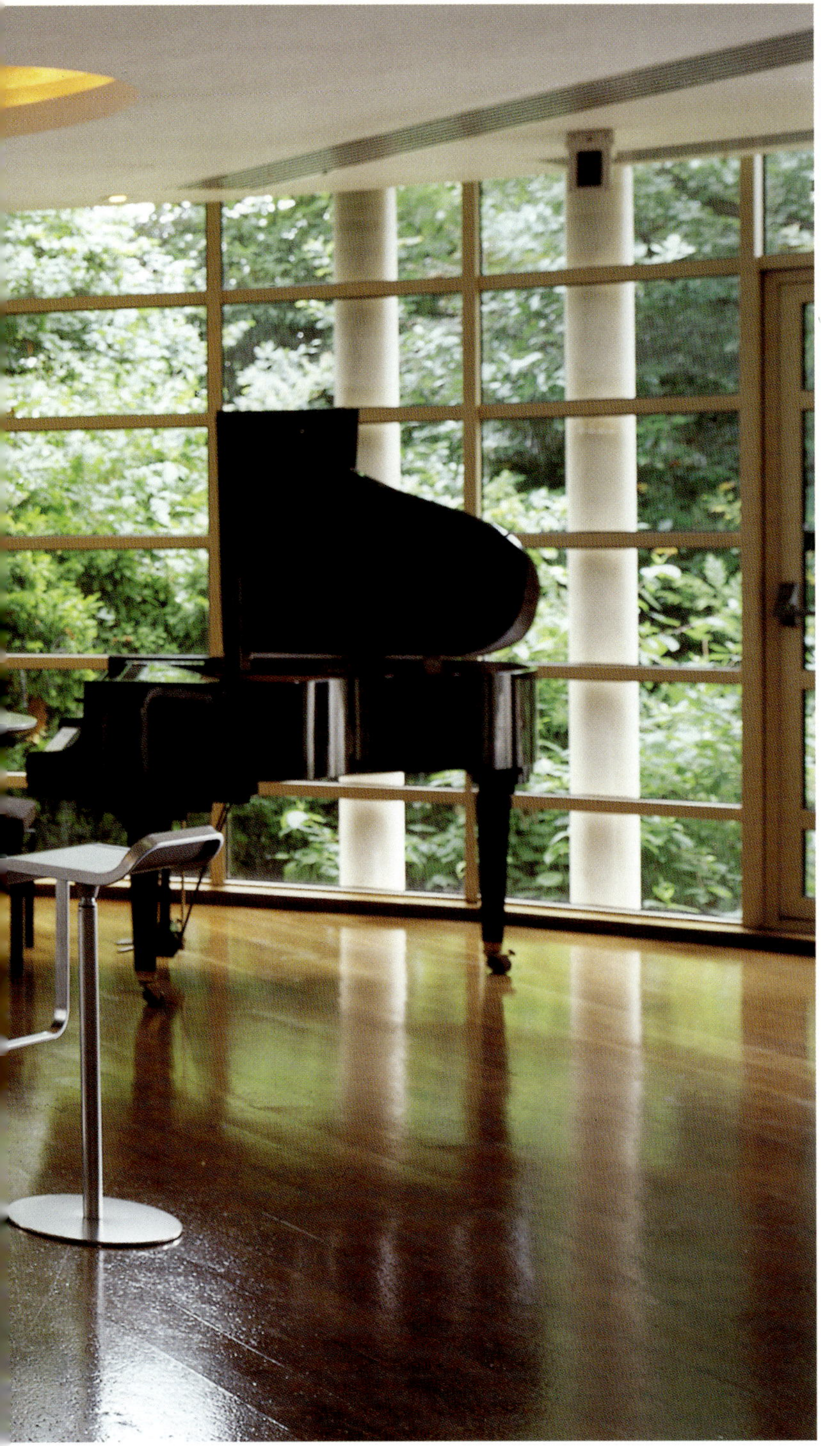

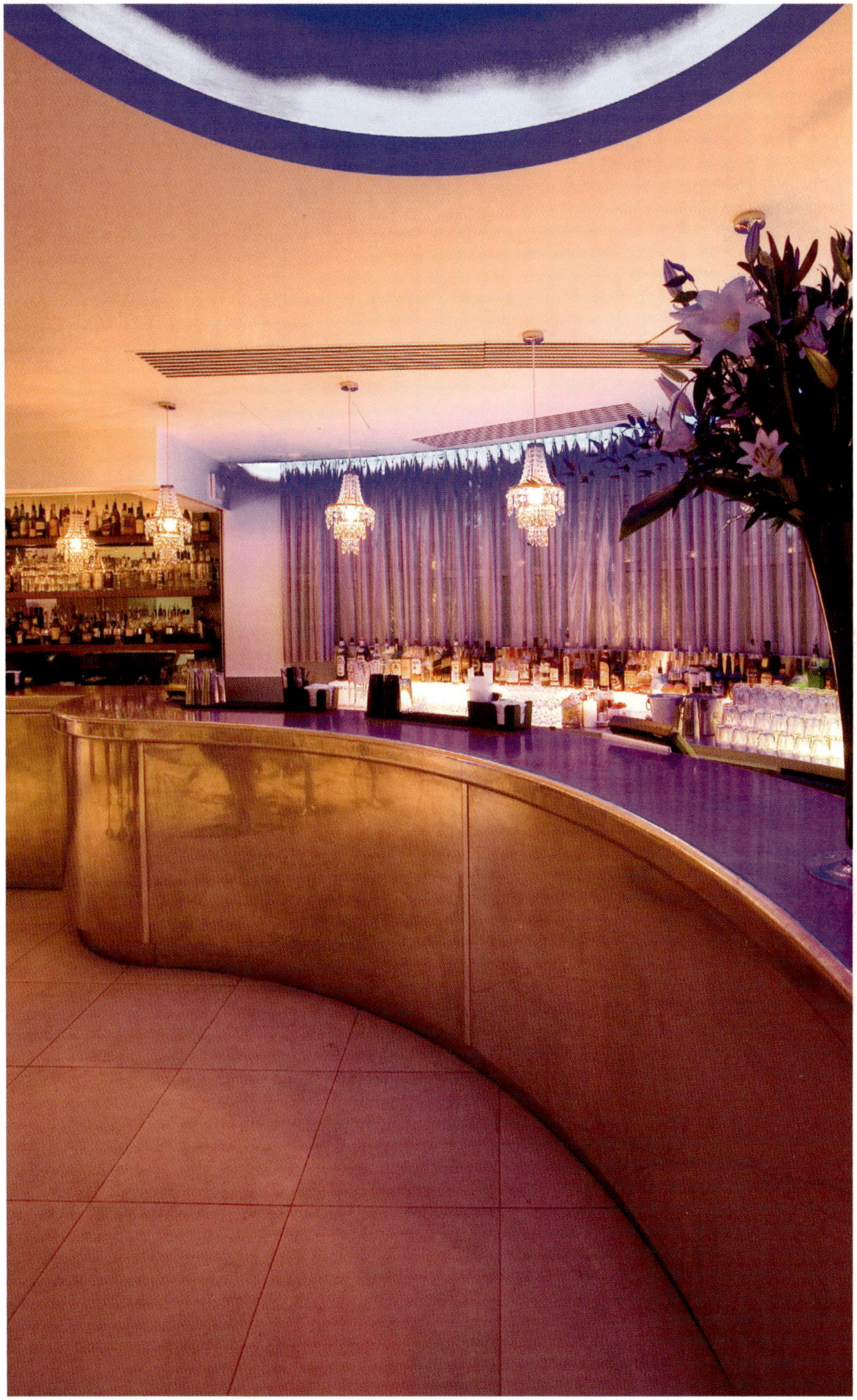

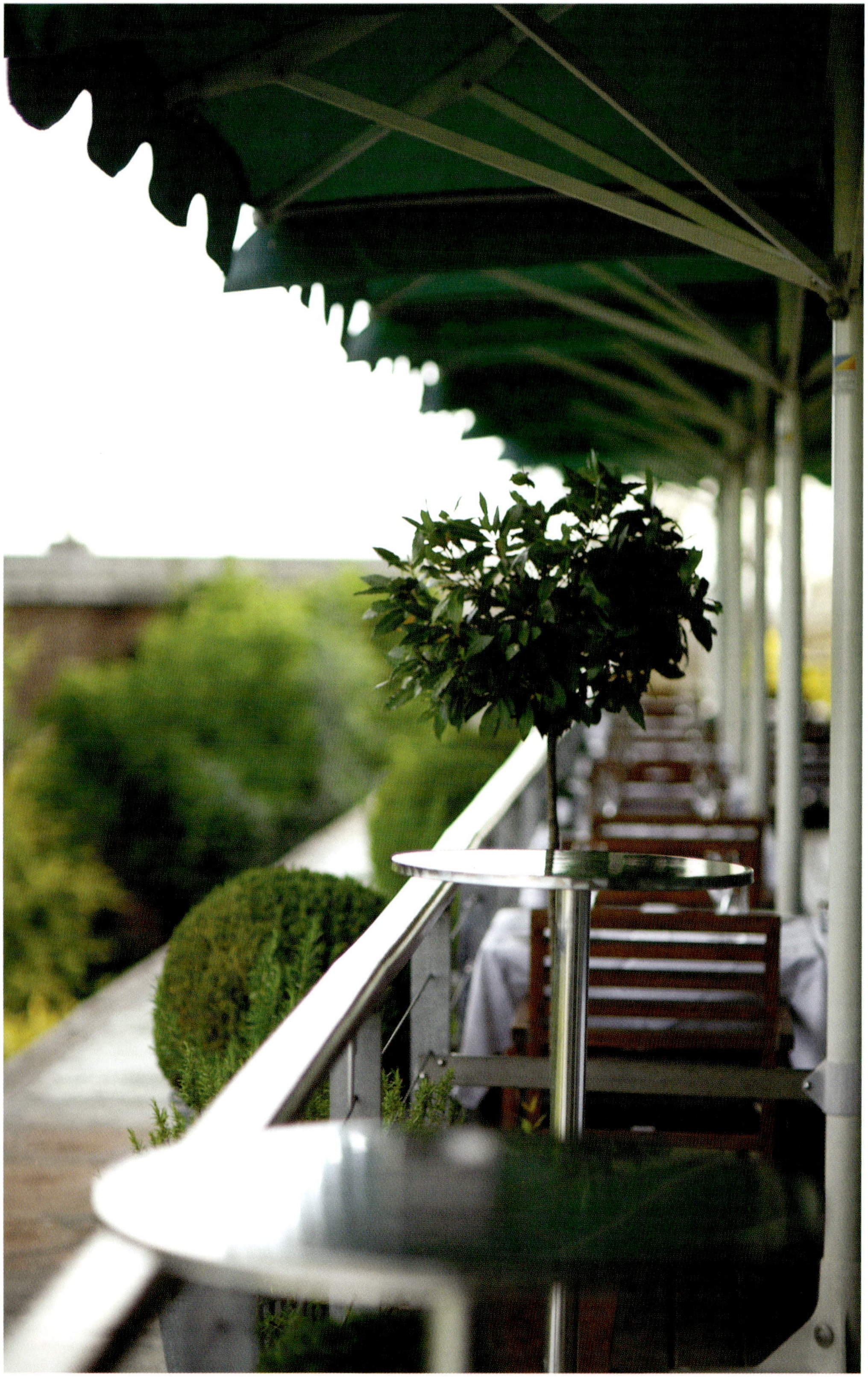

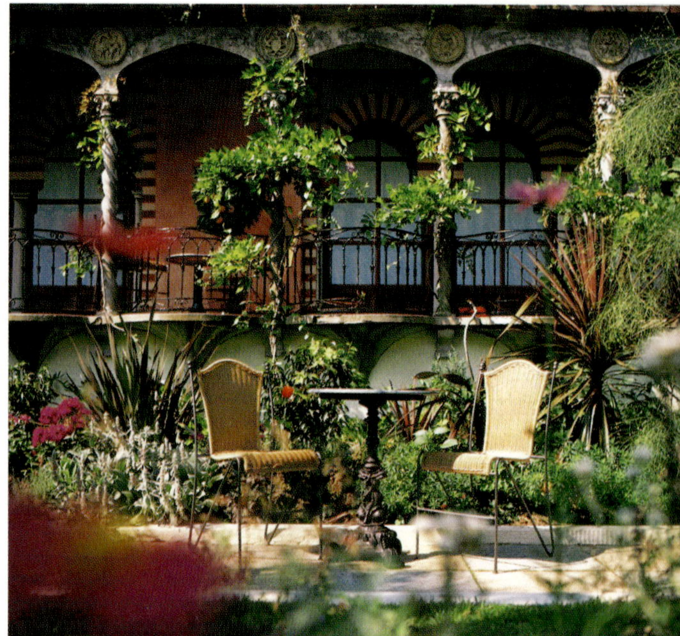

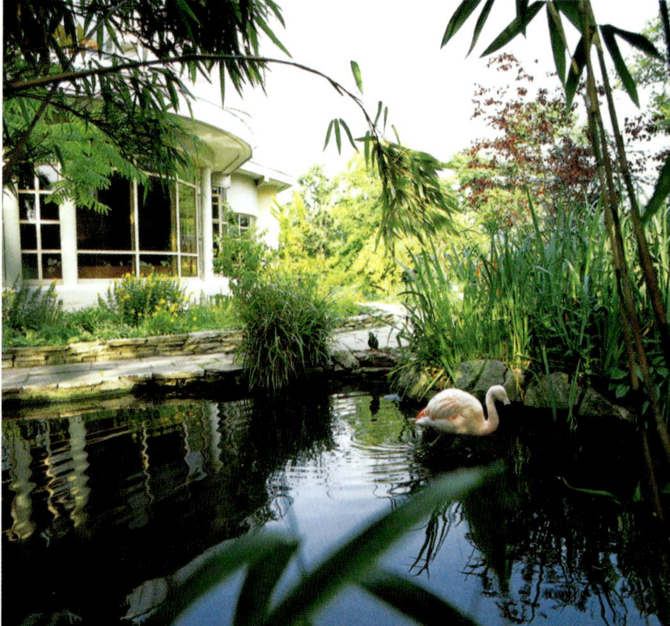

The gardens are a protected monument and are open to the public except during private parties and on club nights. Information about this can be verified on the website.

Les jardins classés sont ouverts au public, sauf lors de fêtes privées et de soirées organisées par le club. Les dates de ces événements sont indiquées sur le site.

De tuinen vormen een beschermd monument en zijn open voor het publiek behalve tijdens privéfeesten en op clubavonden. Deze data kan je checken op de website.

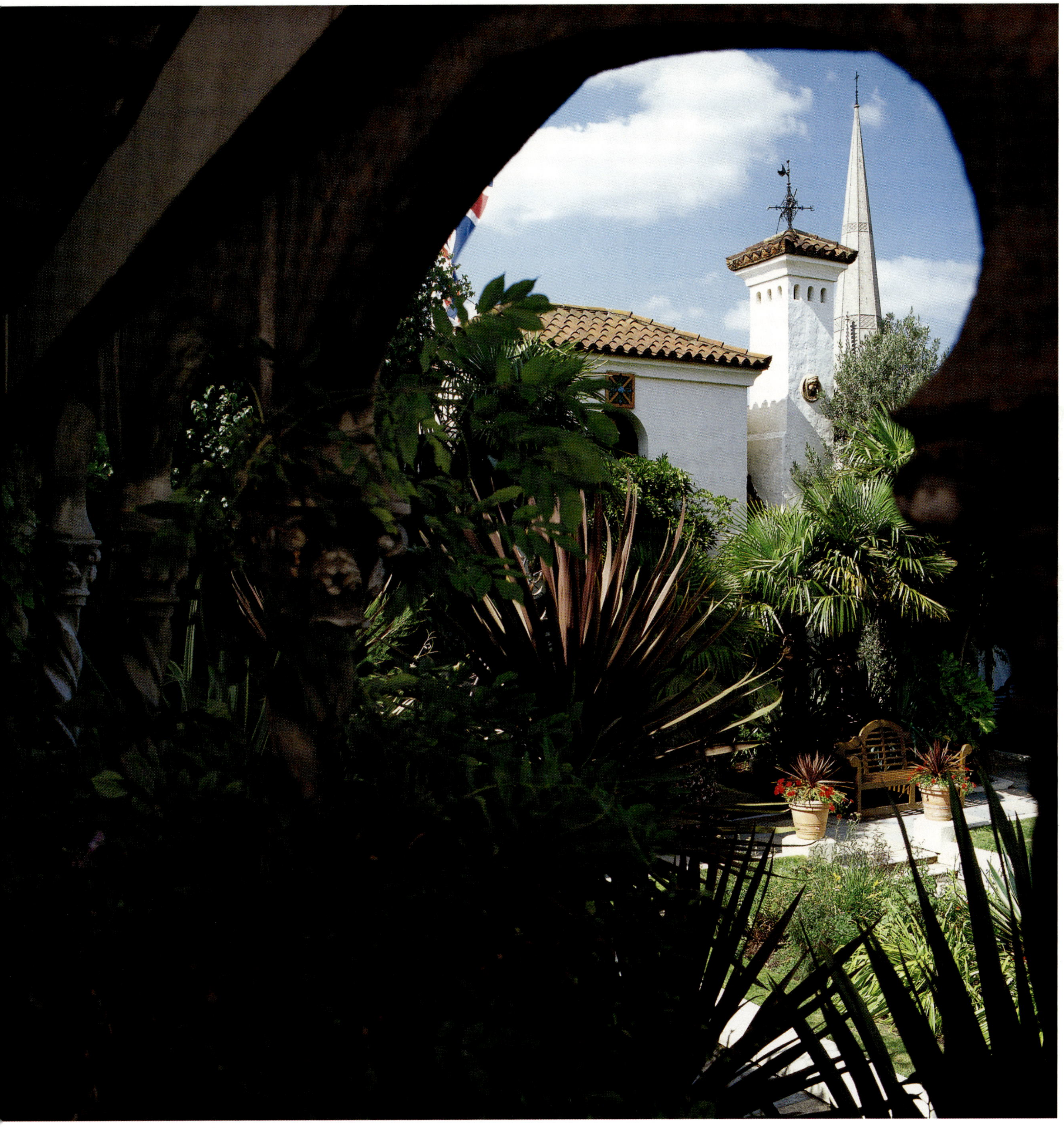

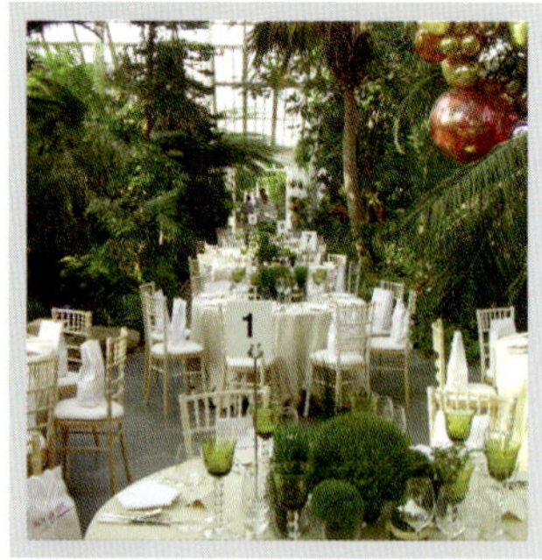
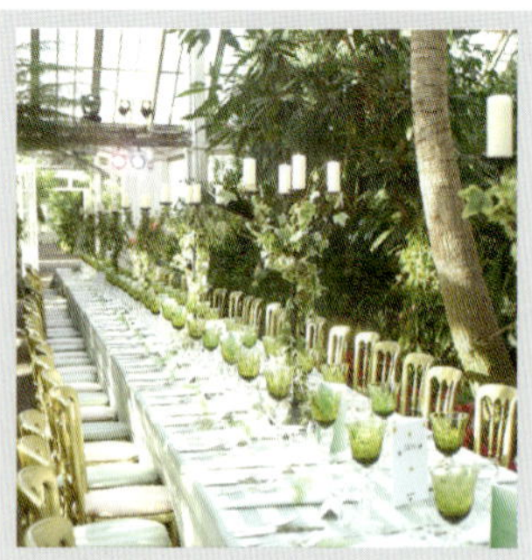

Botanical garden UK

Going green

What began in 1761 as a royal hobby has 250 years later grown into one of the most important botanical gardens in the world. Kew Gardens is a 300 acres estate that attracts more than one million visitors annually and has had the status of a Unesco World Heritage site since 2003. Indeed, the gardens are not only a valuable site where important botanical research is undertaken and rare varieties are kept from extinction but for every garden lover it is more or less a green Mecca. As if that wasn't enough, Kew also has some famous buildings that serve as splendid event locations within the landscaped gardens. Take Temperate House, for example, the largest surviving Victorian glasshouse in the world: in this superb construction of glass, iron, stucco and stone, guests can dine in the company of tropical plants and trees.

Ce qui, à ses débuts en 1761, n'était qu'un simple passe-temps de souverain, s'est développé jusqu'à devenir, 250 ans plus tard, l'un des jardins botaniques les plus importants au monde. Kew Gardens, qui couvre une étendue de 120 et attire chaque année plus d'un million de visiteurs, figure depuis 2003 sur la liste du patrimoine mondial établie par l'Unesco. A juste titre ; si les jardins représentent un bien de valeur où des études botaniques remarquables sont effectuées et où des espèces rares sont préservées de la disparition, pour tout amateur de jardin, ils sont aussi une sorte de paradis vert. Et comme si cela ne suffisait pas, Kew possède encore quelques célèbres édifices qui, dans le cadre des jardins, sont des lieux rêvés pour l'organisation d'évènements. Prenons Temperate House, la plus grande serre au monde qui remonte à l'époque victorienne : dans cette structure éblouissante de verre, de fer, de stuc et de pierre, les invités peuvent dîner au beau milieu des plantes et des arbres tropicaux.

Wat in 1761 begon als een koninklijke hobby, is 250 jaar later uitgegroeid tot een van de belangrijkste botanische tuinen ter wereld. Kew Gardens is een 120 hectare groot landgoed dat jaarlijks meer dan een miljoen bezoekers trekt en sinds 2003 op de Unesco werelderfgoedlijst staat. Terecht; de tuinen vormen niet alleen een kostbaar bezit waar toonaangevend plantkundig onderzoek wordt gedaan en zeldzame soorten voor uitsterven worden behoed, maar zijn voor iedere tuinliefhebber ook zo ongeveer het groene Mekka. Alsof dat nog niet volstaat, bevat Kew enkele befaamde gebouwen die prachtige evenementenlocaties vormen in het door tuinen gevormde landschap. Neem nu Temperate House, de grootste uit het Victoriaanse tijdperk stammende kas ter wereld: in deze schitterende structuur van glas, ijzer, stucwerk en steen kunnen gasten dineren omringd door zeldzame tropische planten en bomen.

KEW GARDENS – London, TW9 3AB, United Kingdom - +44 20 8332 5641 - www.kew.org/venues

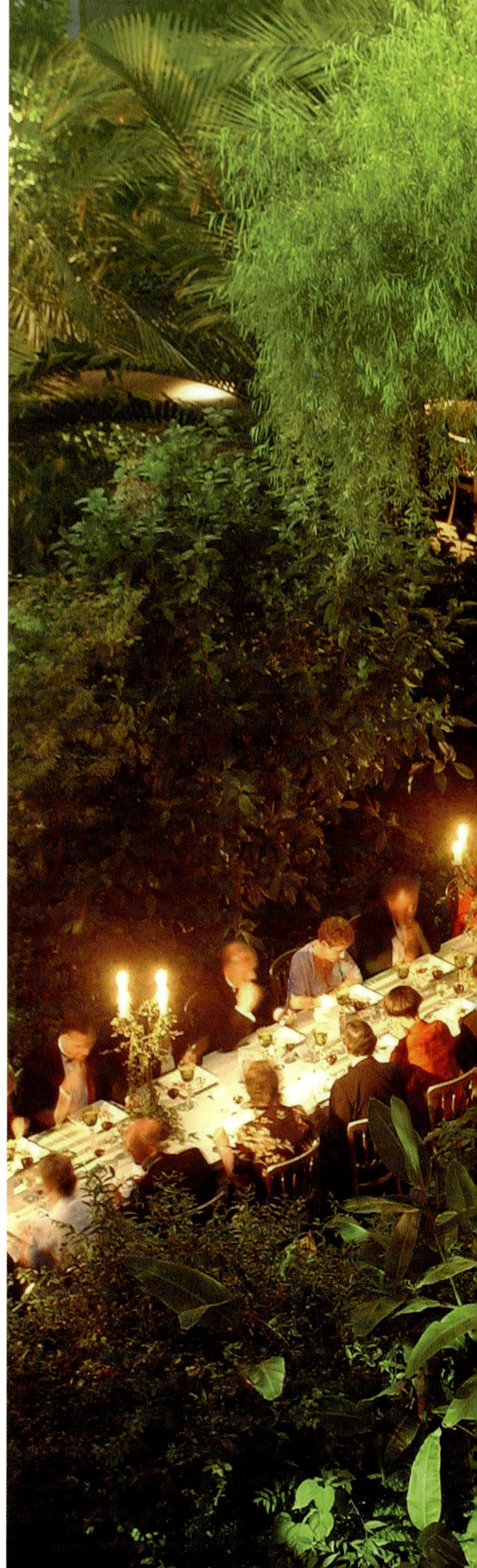

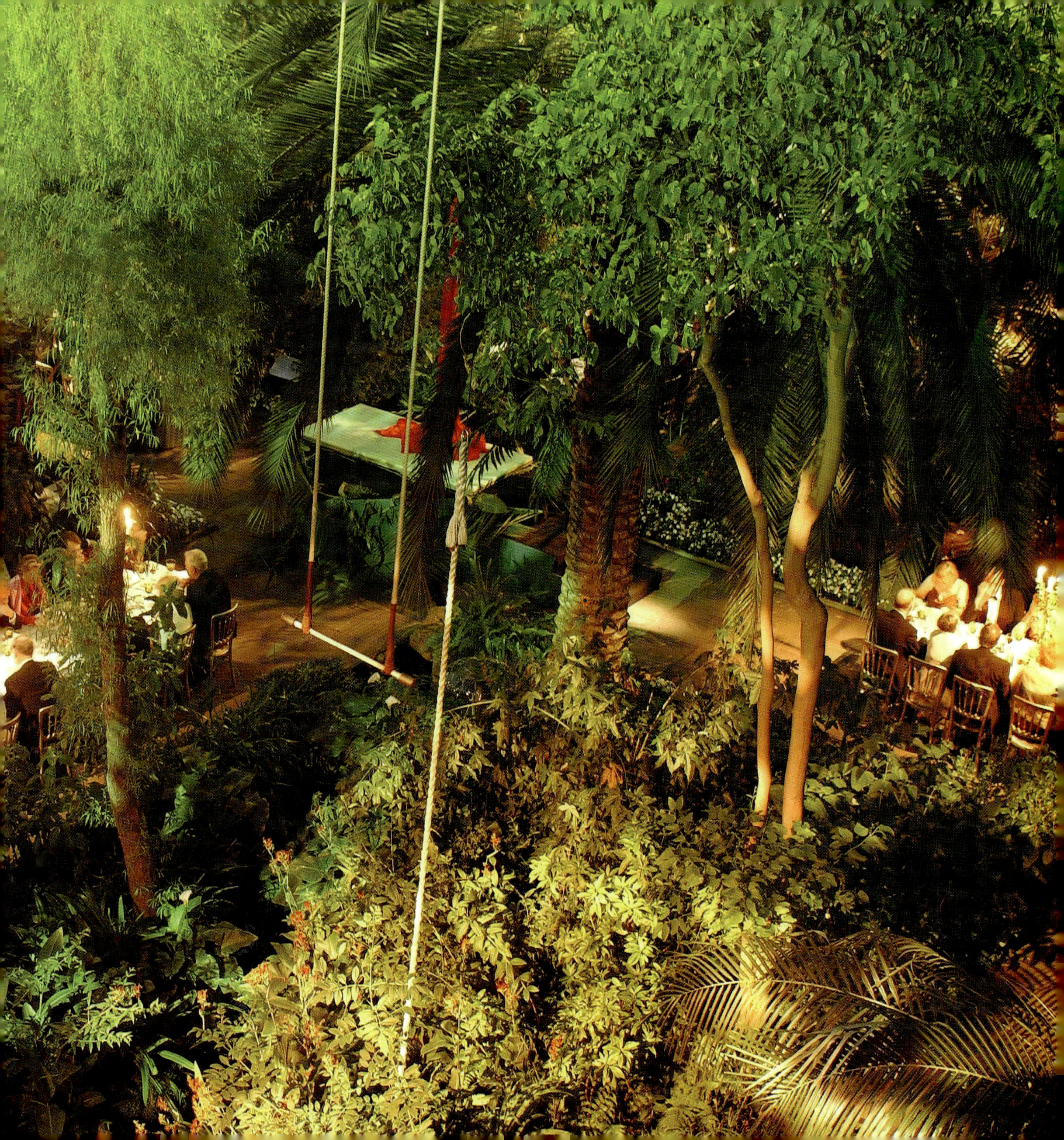

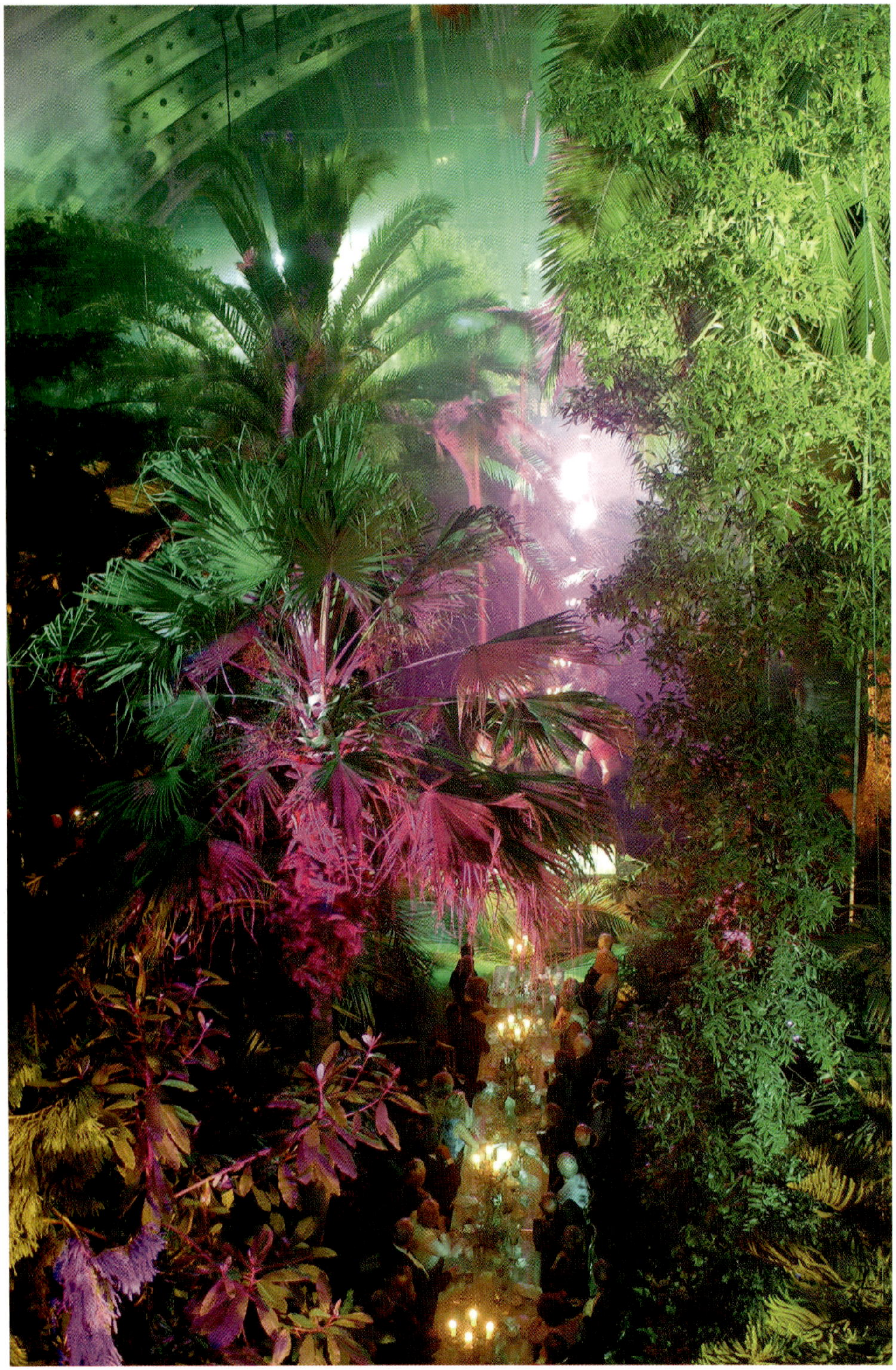

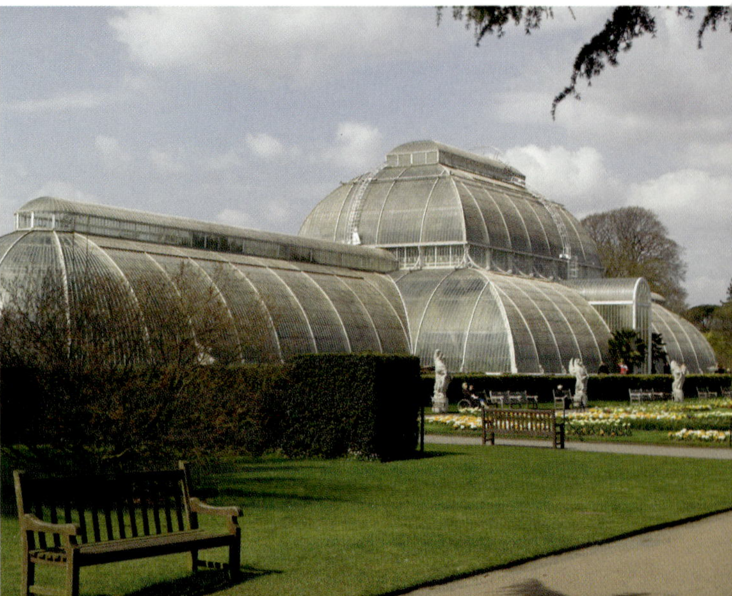

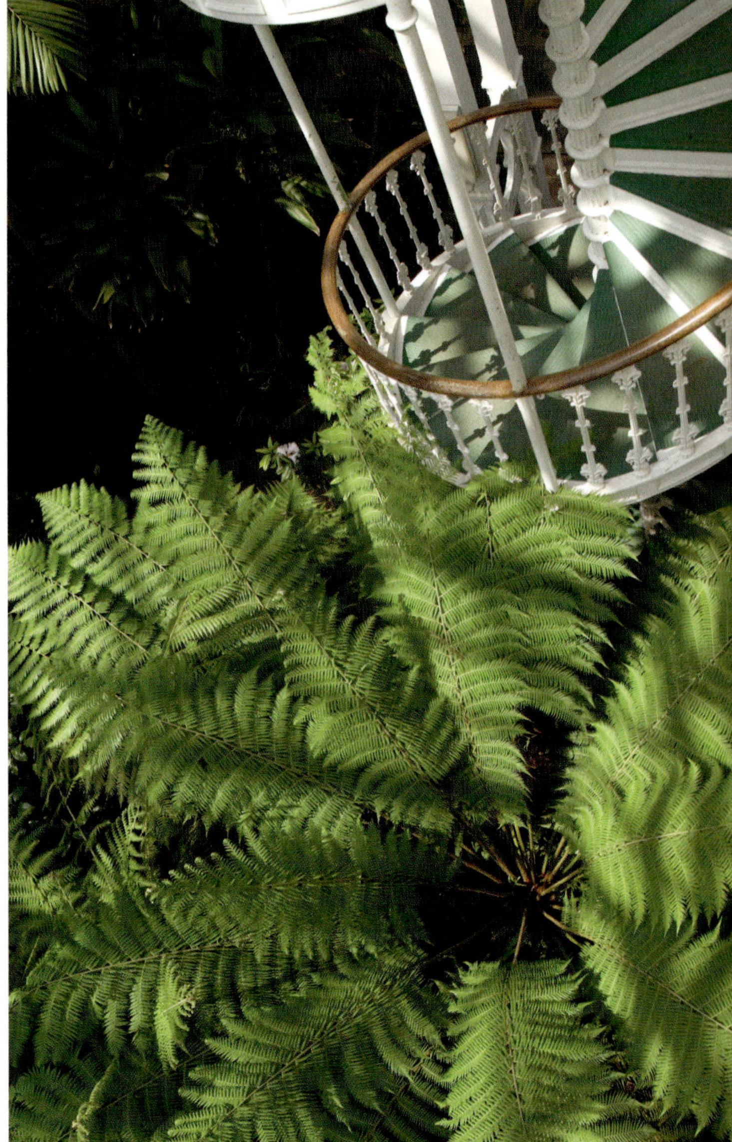

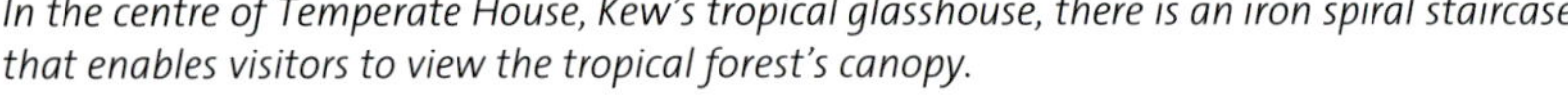

In the centre of Temperate House, Kew's tropical glasshouse, there is an iron spiral staircase that enables visitors to view the tropical forest's canopy.

Au milieu de Temperate House, la serre tropicale de Kew, un escalier en spirale permet aux visiteurs de contempler les cimes des arbres tropicaux.

Midden in Temperate House, de tropische serre van Kew, staat een ijzeren wenteltrap die bezoekers in staat stelt om de kruinen van het tropisch woud te verkennen.

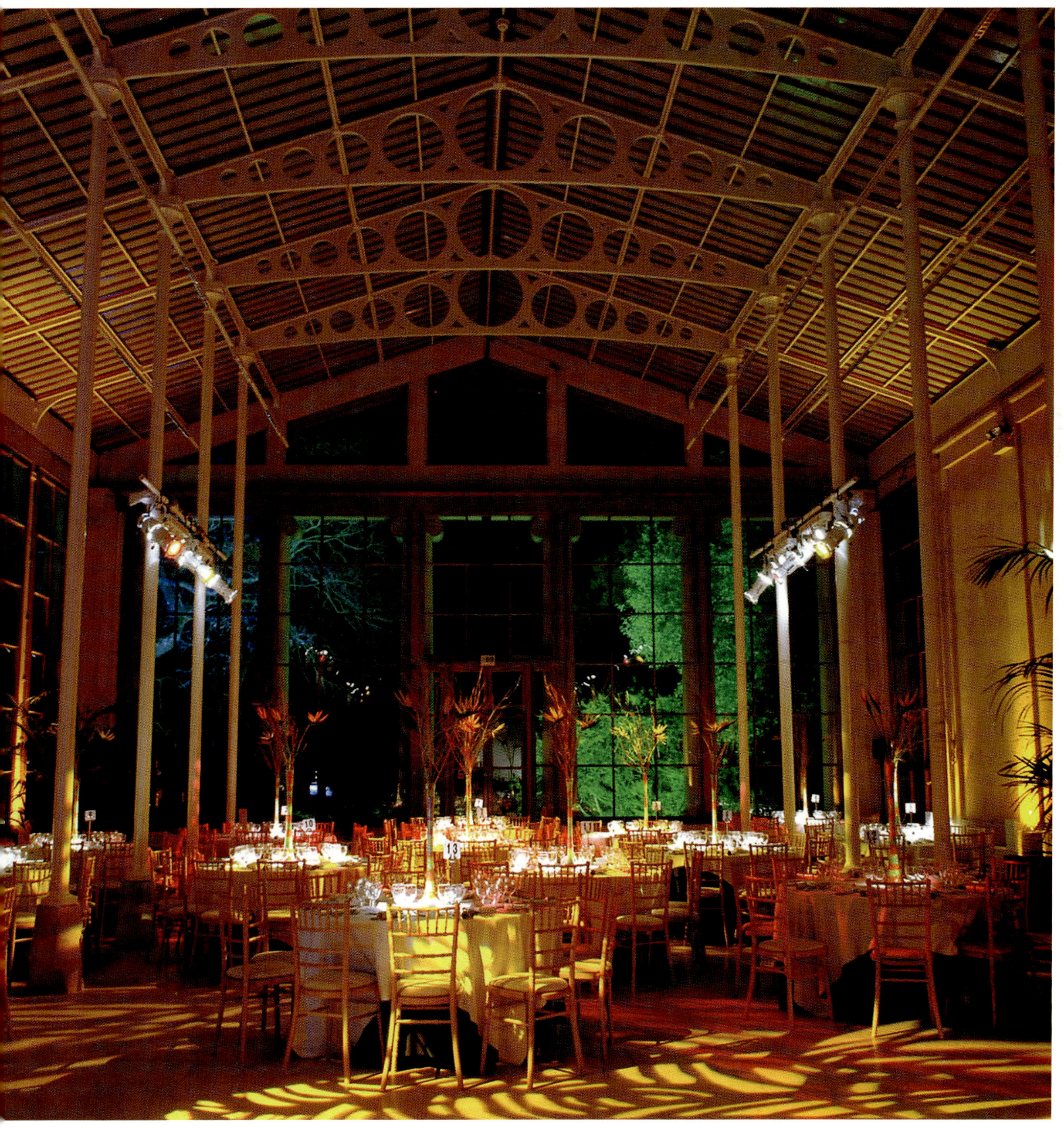

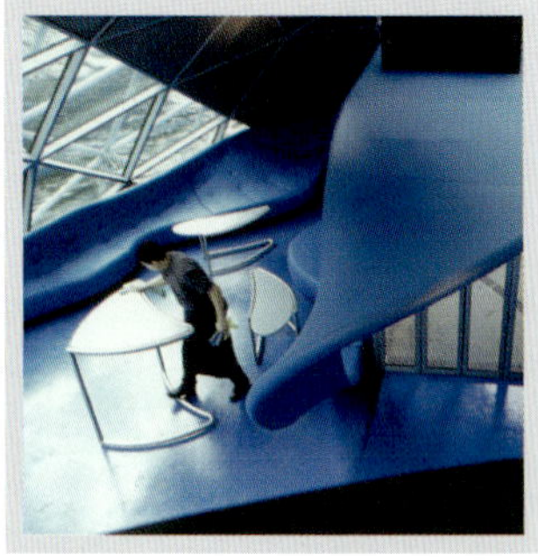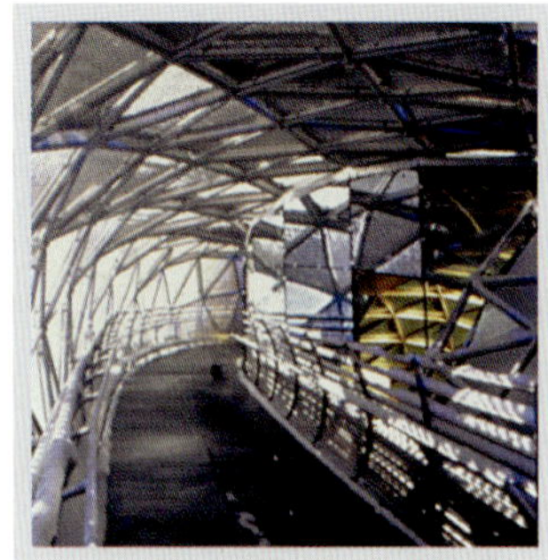

Bridge bar Austria

Bridge over troubled waters

The Austrian town of Graz, whose only claim to fame was being the birthplace of Arnold Schwarzenegger, has recently added a touristy plus point. Aiola Island (also know as Mur Island or Murinsel) is an admirable example of architecture that was created by the New York artist Vito Acconci on the occasion of Graz being awarding the European Capital of Culture in 2003. The 47 metre long steel bridge in the shape of a knot in the middle of the river Mur consists of a dome, basin and two footbridges. While the basin is used as a multifunctional public space and theatre, and the dome accommodates a café, the crossing between the two is a children's playground with lots of climbing frames. From the terrace, you have a beautiful view over the waterfall that flows over the dome and into the river.

Graz, ville natale d'Arnold Schwarzenegger en Autriche, dispose depuis peu d'un nouvel atout touristique : *Aiola Island* (aussi connu sous le nom de *Mur Island* ou Murinsel). Ce petit bijou d'architecture a été créé par l'artiste new-yorkais Vito Acconci, à l'occasion de la nomination de Graz comme capitale européenne de la culture, en 2003. Un pont d'acier, long de 47 mètres, forme un nœud au centre de la rivière Mur. L'ensemble se compose d'une coupole, d'un bassin et de deux pontons. Le bassin sert d'espace public multifonctionnel et d'amphithéâtre, la coupole abrite un café et, entre les deux, un air de jeux offre de nombreuses possibilités d'escalade. Depuis la terrasse, on a une vue magnifique sur la cascade, qui se déverse depuis la coupole dans la rivière.

Het Oostenrijkse Graz, dat tot voor kort vooral bekend stond als geboorteplaats van Arnold Schwarzenegger, heeft er sinds kort een toeristische troefkaart bij. Aiola Island (ook gekend als Mur Island of Murinsel) is een bewonderenswaardig staaltje architectuur dat gecreëerd werd door de Newyorkse kunstenaar Vito Acconci naar aanleiding van het feit dat Graz in 2003 de Culturele Hoofdstad van Europa was. De 47 meter lange stalen brug in de vorm van een knoop middenin de rivier Mur bestaat uit een koepel, een bassin en 2 loopbruggen. Terwijl het bassin dienst doet als multifunctionele publieke ruimte en theater, en de koepel plaats biedt aan een café, ontstaat op de overgang tussen beide een speeltuin met veel klimmogelijkheden. Vanaf het terras heb je een prachtig uitzicht op de waterval, die over de koepel heen de rivier in stroomt.

AIOLA ISLAND / MUR ISLAND – Mur 1, 8010 Graz, Austria – +43 (0) 316 82 26 60 – murinsel@tele2.at · www.aiola.at · www.inselindermur.at

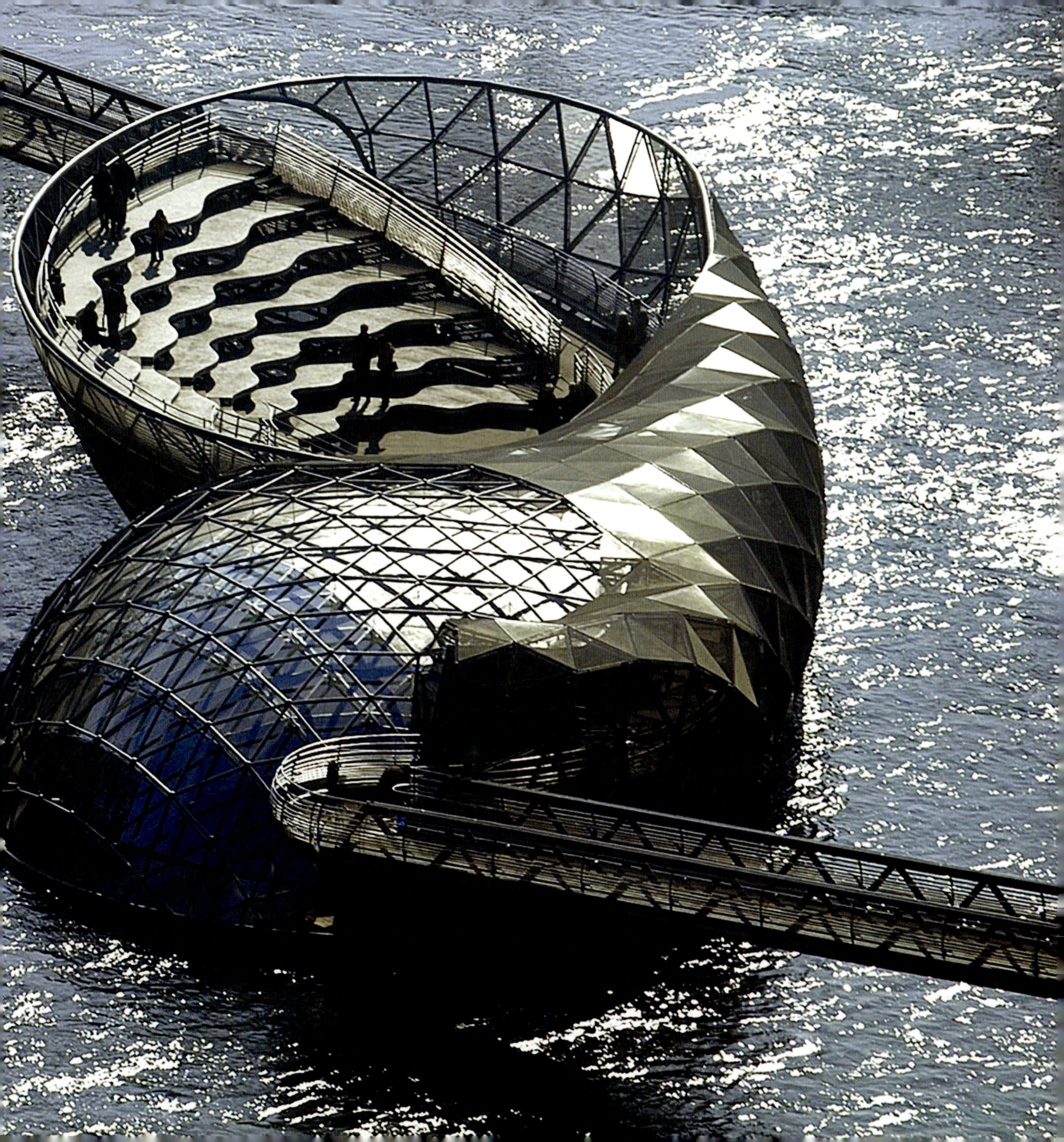

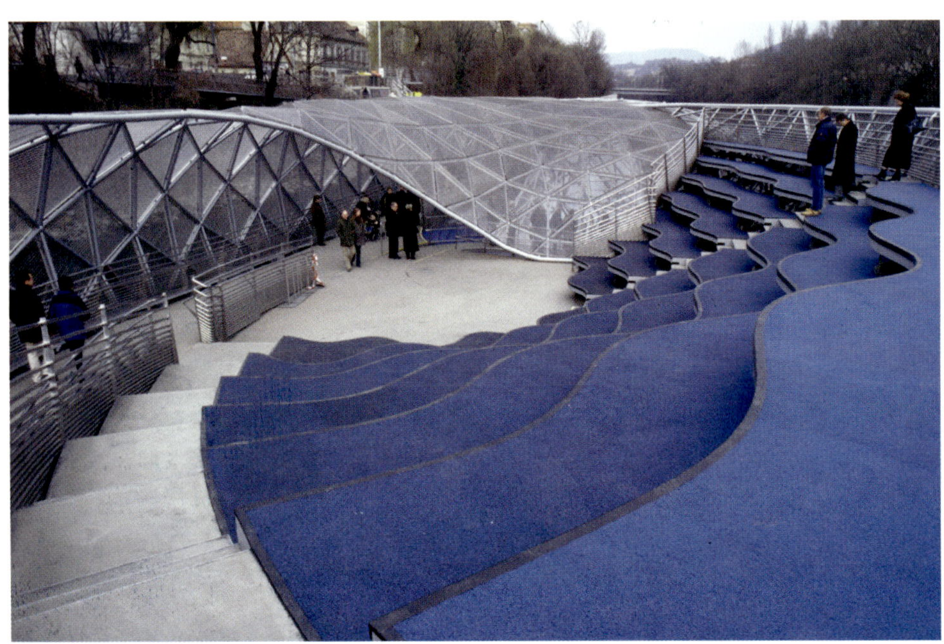

The different functions flow into each other: in the theatre the playground forms the
background of the stage and a part of the café's ceiling.

*La plaine de jeux s'amarre à l'arrière du podium de l'amphithéâtre et s'imbrique dans
le plafond du café,*

*De functies lopen door elkaar: de speeltuin vormt in het theater de achtergrond van het
podium en maakt in het café deel uit van het plafond.*

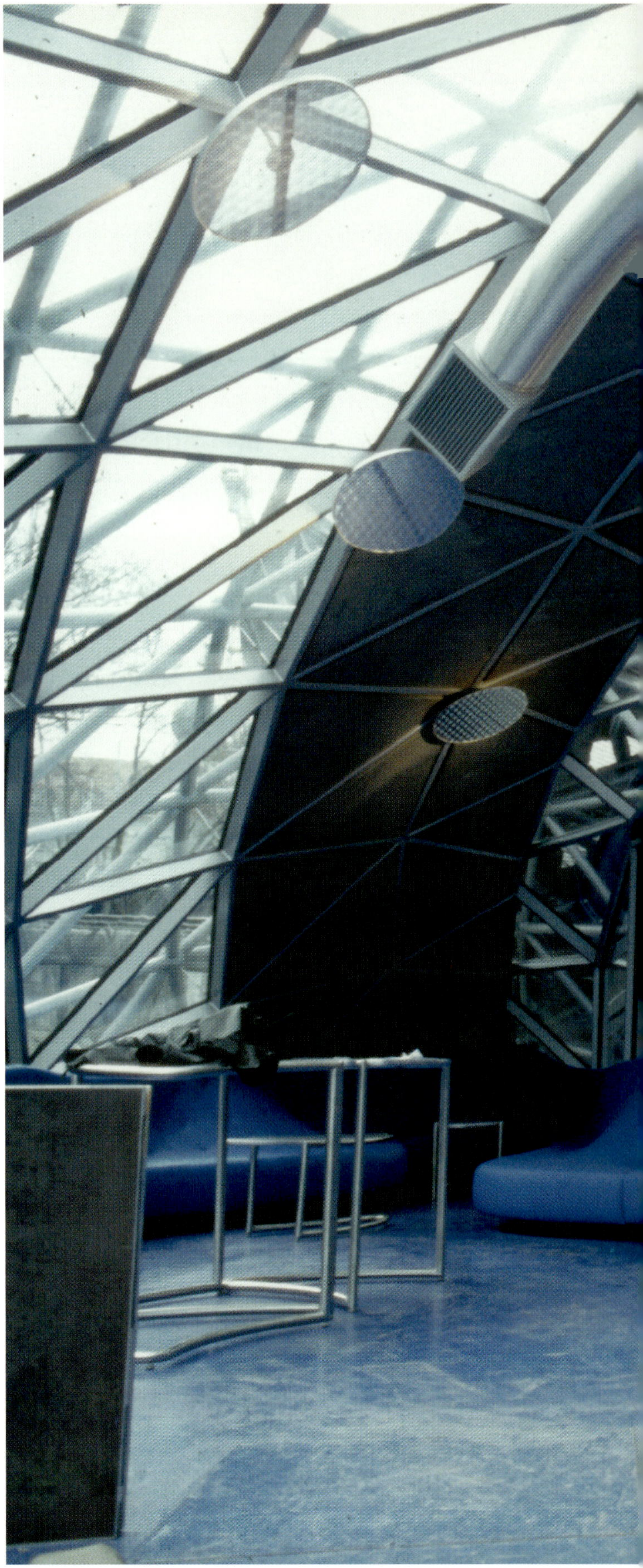

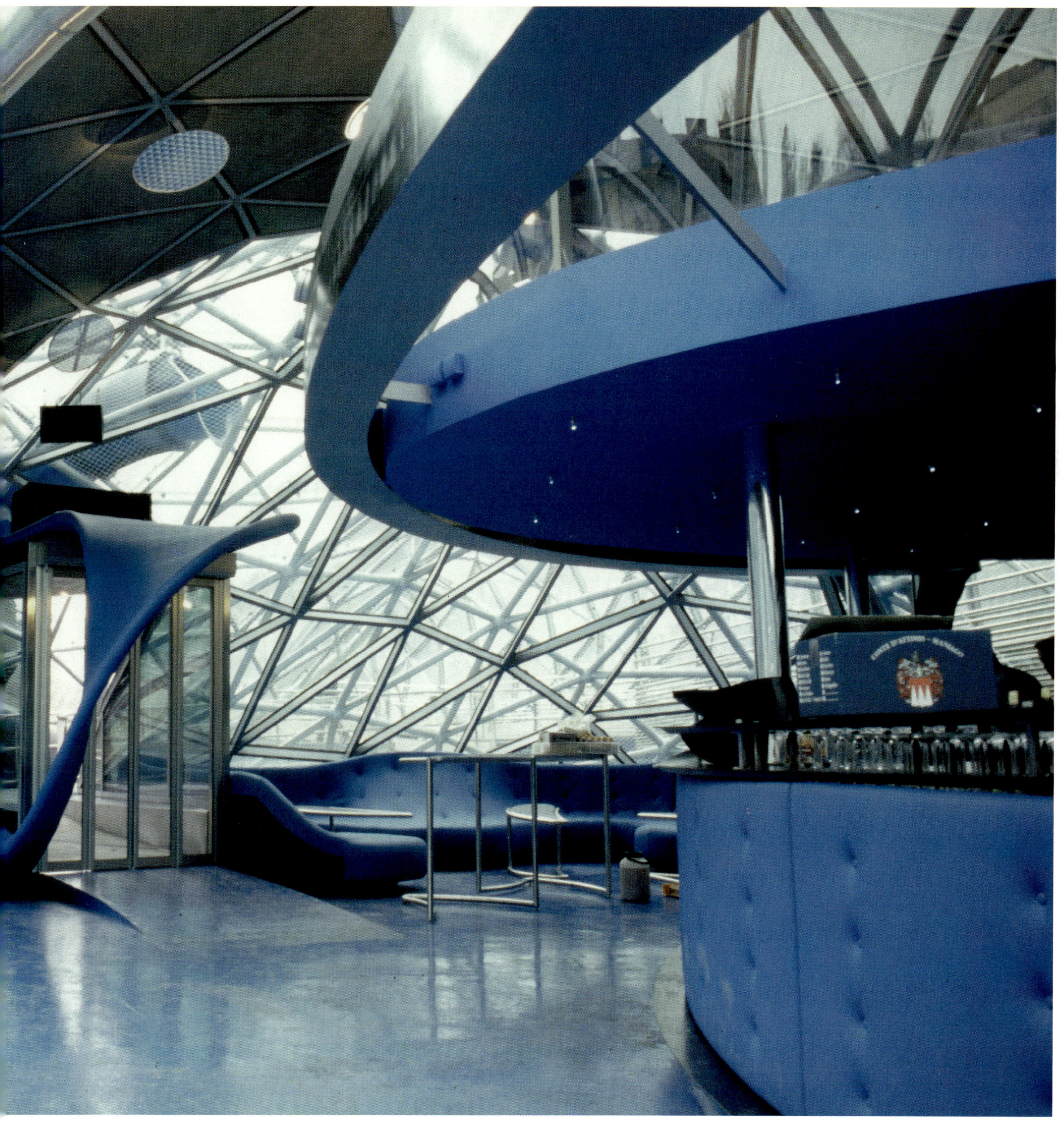

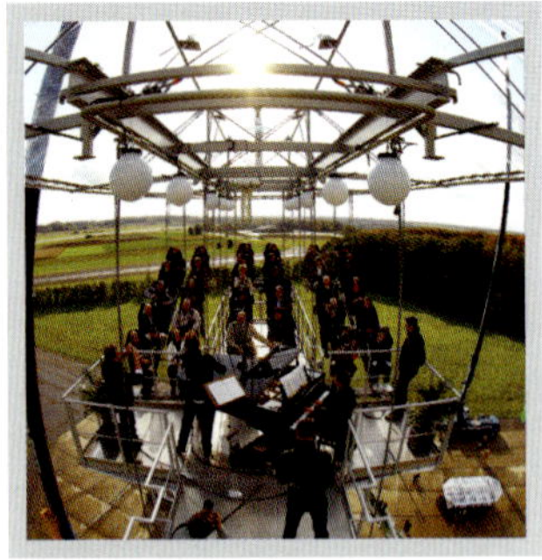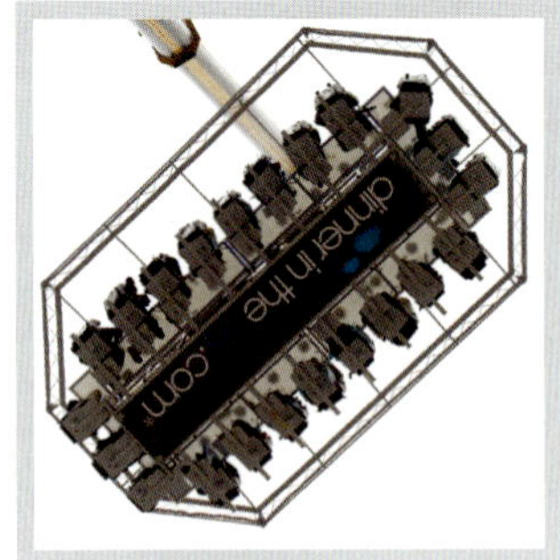

Sky venue **Belgium**

Don't look down

Do you want to avoid your meetings ending with boring chit chat, your wedding party becoming a drab affair or your concert facing an uninspired audience? Bring in some fresh air! Everything looks different dangling from a cable 50 metres above ground. In 2006, the very first 'event in the sky' was a high profile dinner above the Brussels' skyline. Since then the table and crane concept has travelled the world and has included 'meetings in the sky', 'marriages in the sky' and 'showbiz in the sky' within its repertoire. Creativity plays a key role because of course every event can be personalised in terms of location, programme and styling. One piece of advice, however, remember to visit the bathroom before you're hoisted up to high altitude!

Souhaitez-vous éviter que votre réunion débouche sur de mornes radotages, que votre fête de mariage se termine en queue de poisson ou que le concert que vous donnez ne rencontre qu'indifférence auprès du public, alors élancez-vous dans les airs ! La vision change du tout au tout lorsqu'on oscille, accroché à un câble, à 50 mètres de haut. C'est en 2006 qu'a eu lieu le tout premier "event in the sky", un dîner spectaculaire au-dessus des toits de Bruxelles. Depuis lors, le concept alliant la table et la grue s'est propagé dans le monde entier et les "meetings in the sky", "marriages in the sky" et "showbizz in the sky" appartiennent désormais au domaine du possible. La créativité joue ici un rôle essentiel car chaque évènement requiert bien entendu d'être personnalisé par le choix du lieu, du programme et du caractère qu'on lui imprime. Un bon conseil : n'oubliez pas de vous rendre une dernière fois aux commodités avant d'être hissé dans les airs !

Wil je vermijden dat je vergadering uitmondt in flets gezwets, dat je trouwpartij eindigt in een kleurloos gedoe of dat je concert af te rekenen krijgt met een ongeboeid publiek, trek er dan de lucht mee in! Bengelend aan een kabel op 50 meter hoogte ziet alles er anders uit. In 2006 was het allereerste "event in the sky" een spraakmakend diner boven de Brusselse skyline. Intussen heeft het concept met de tafel en hijskraan de hele wereld rondgereisd en behoren ook "meetings in the sky", "marriages in the sky" en "showbizz in the sky" tot de mogelijkheden. Creativiteit speelt een sleutelrol, want uiteraard kan elke bijeenkomst gepersonaliseerd worden wat betreft locatie, programma en styling. Eén goede raad: denk eraan om nog even het kleinste kamertje te bezoeken vóór je de hoogte in gehesen wordt!

DINNER IN THE SKY - +32 2 333 38 10 - INFO@DINNERINTHESKY.COM - WWW.DINNERINTHESKY.COM

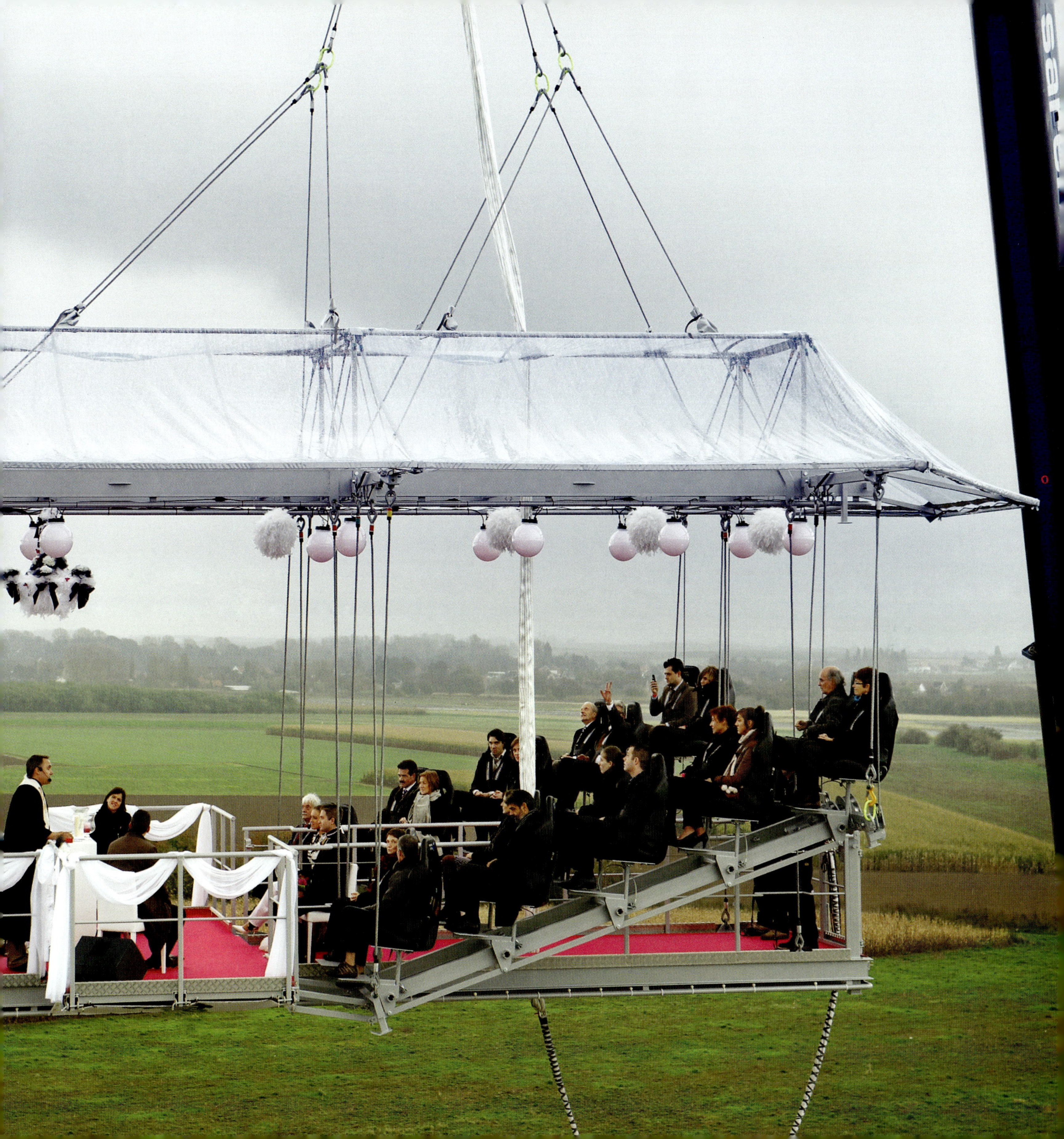

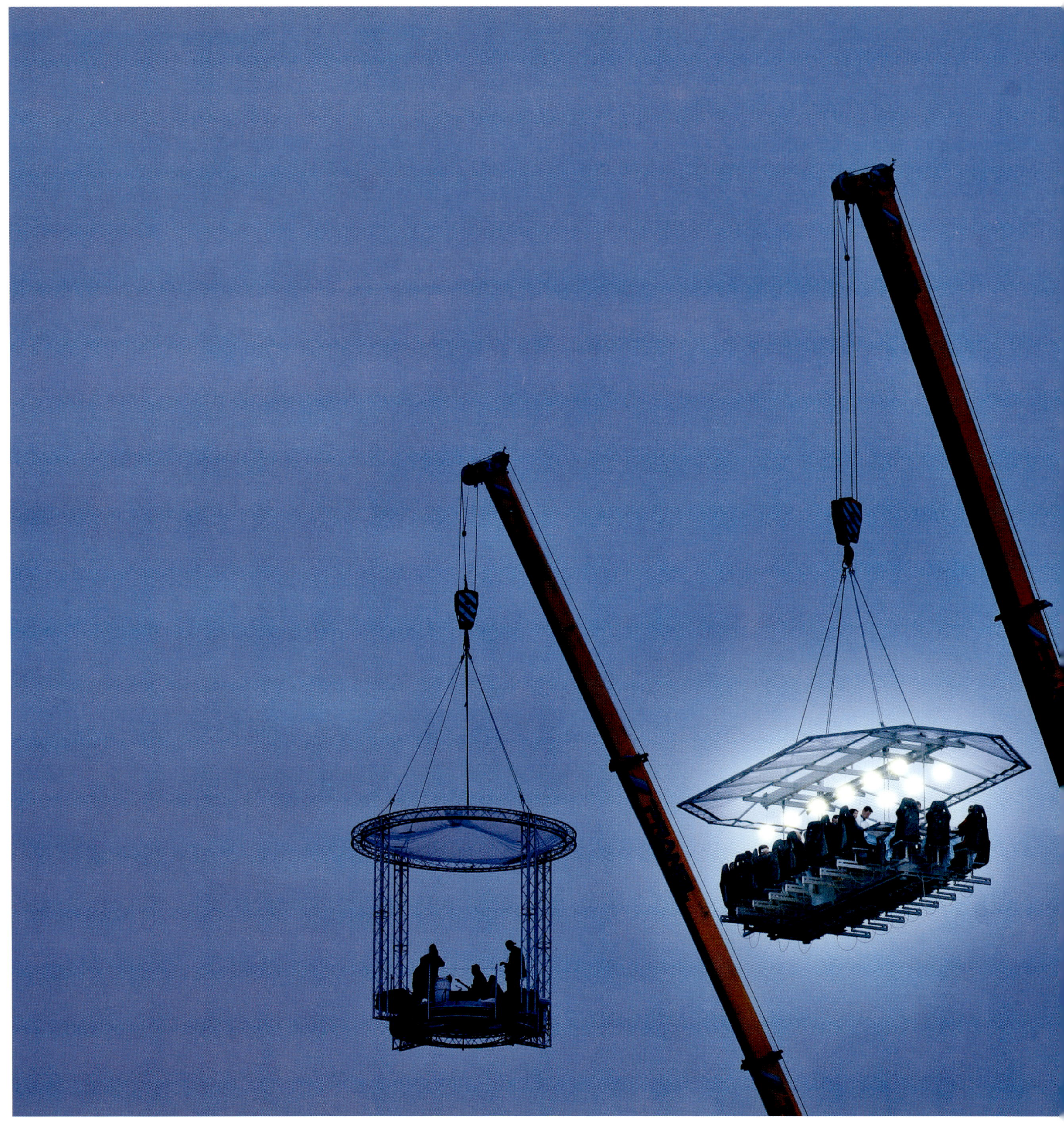

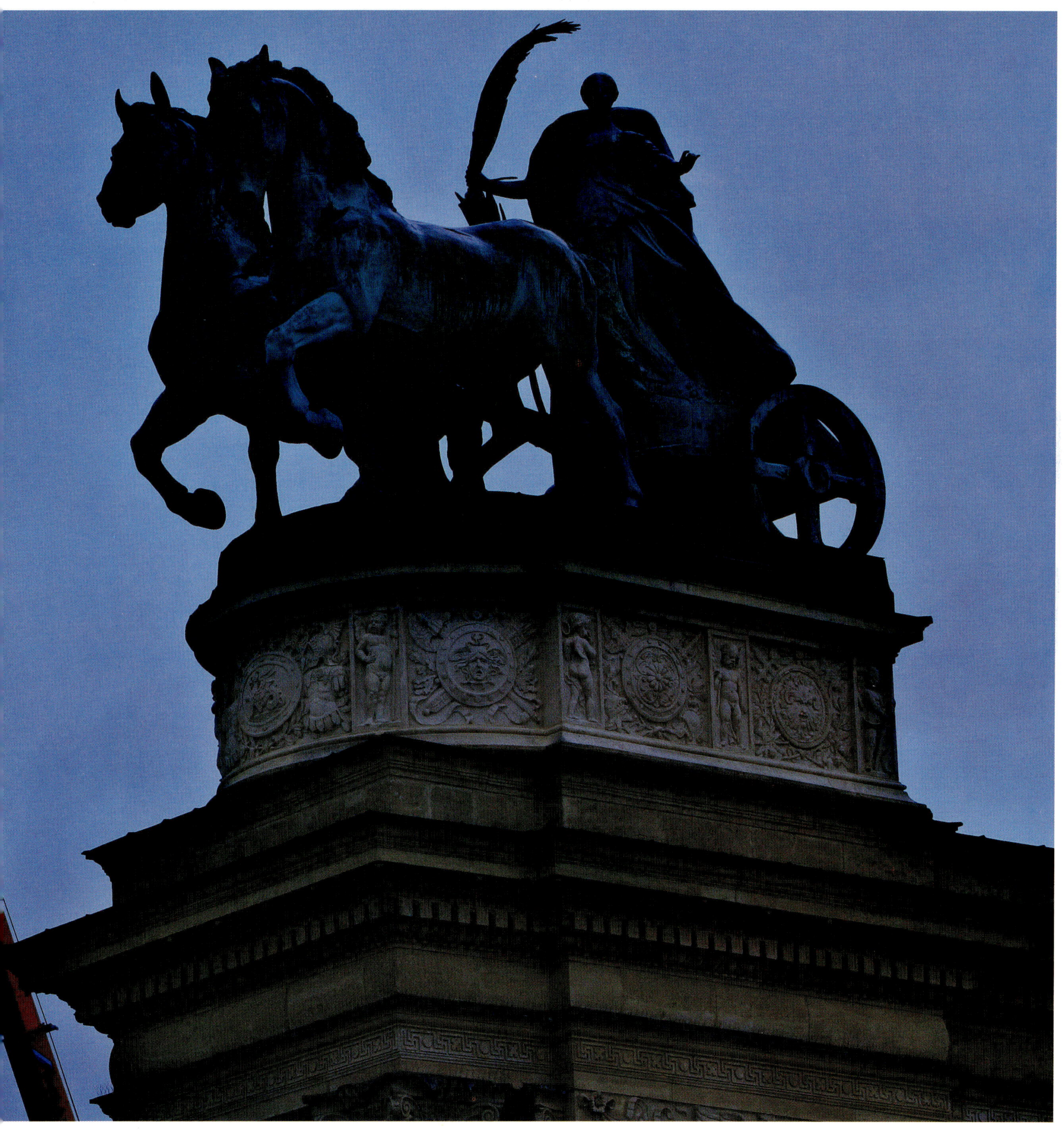

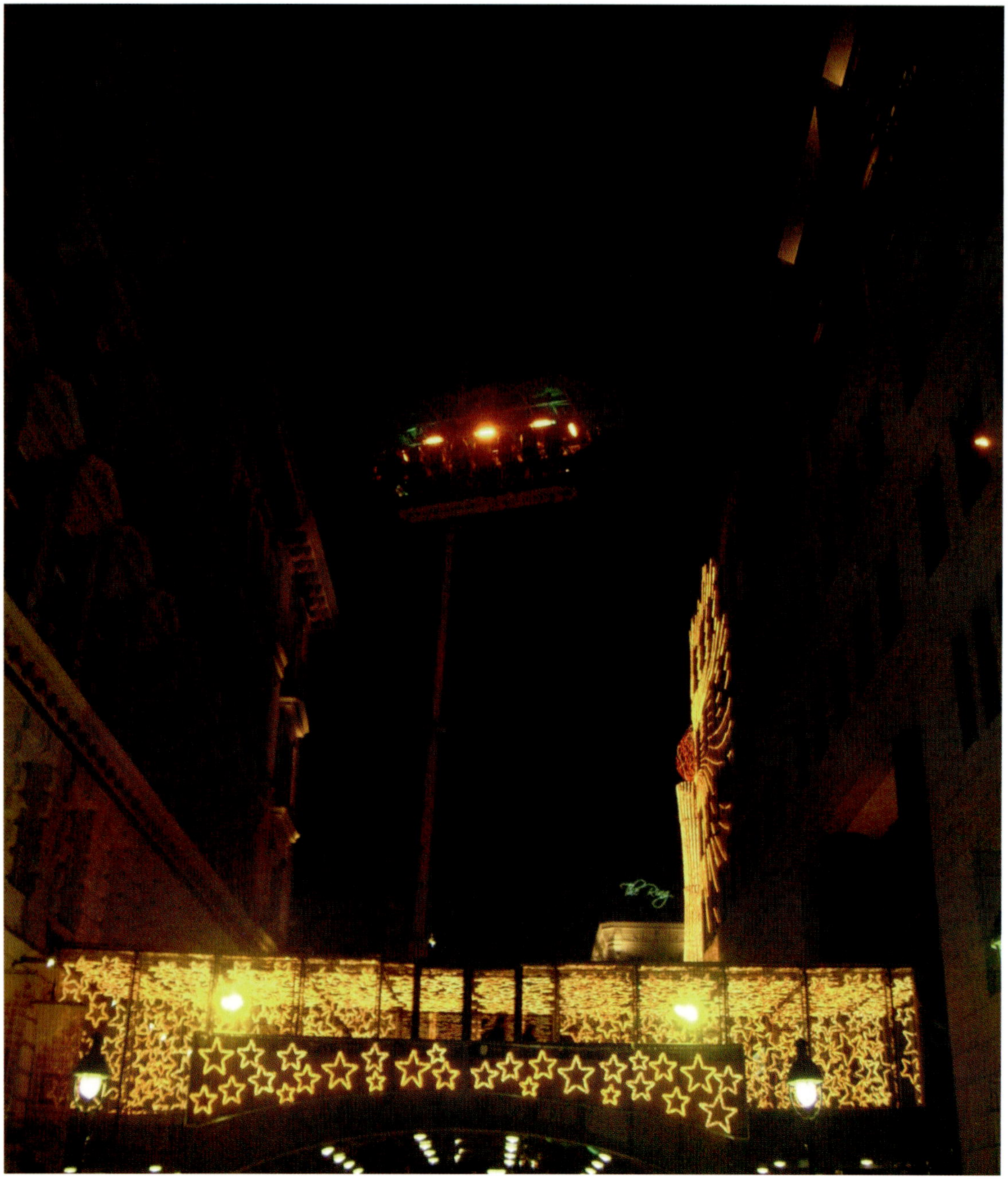

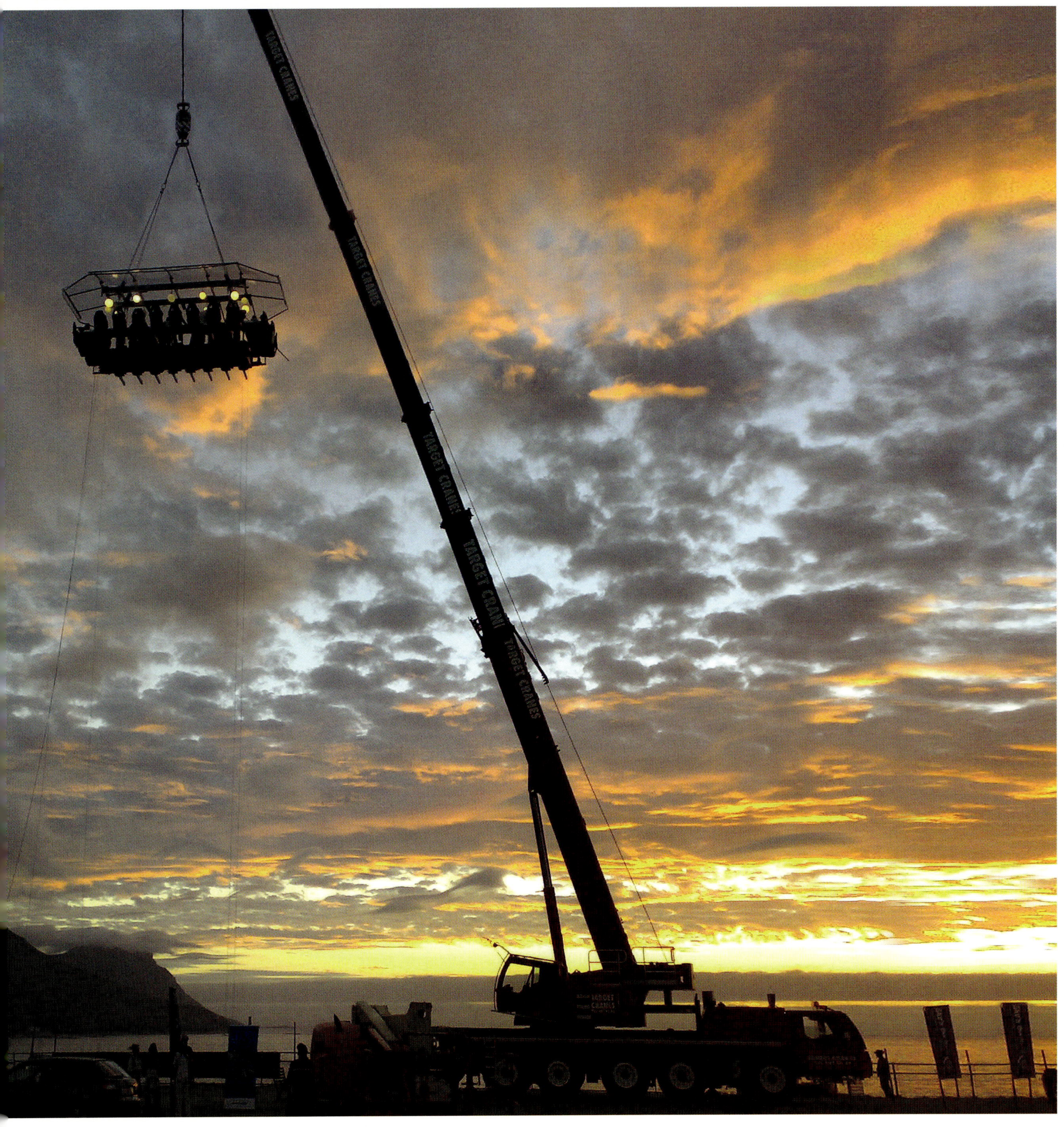

TARGET CRANES
TARGET CRANES
TARGET CRANES
TARGET CRANE
TARGET CRANES
TARGET CRANES

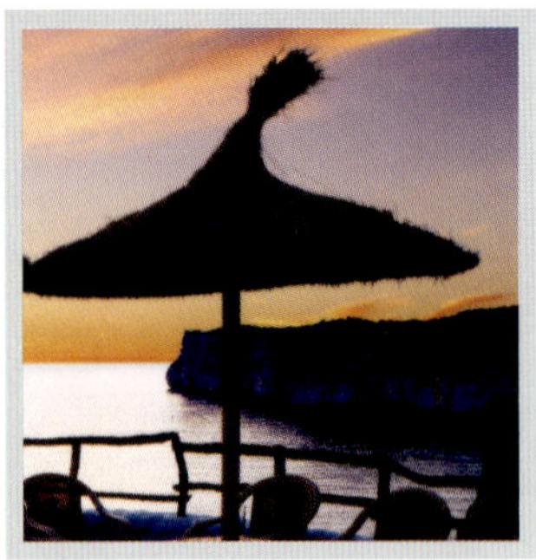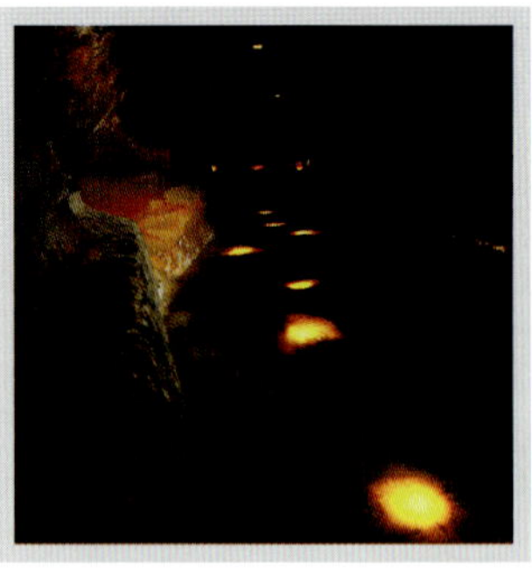

Seacave bar & club Spain

A place of legends

This historic sea cave is a unique place, not only because of its location and scenery but also due to the opportunities it provides the visitor. During the day, the bar gives tourists the chance to enjoy a spectacular view of the Menorcan coast, to discover hidden corners or have a quiet drink; at night, a rousing party breaks out in the nightclub to the rhythm of the best techno beats. According to legend, the Cova was once the hiding place of Xoroi the Moor, a shipwrecked pirate who kidnapped a girl from the village. When the villagers discovered the cave years later, not only did they find the man and the girl but their three children too. The man and his eldest son jumped from the cliffs into the sea below. The inconsolable woman and her remaining sons were brought back to the village.

Cette grotte marine, emplie d'histoire, est un lieu unique. Non seulement du fait de sa localisation et de sa topographie mais également des possibilités qu'elle offre aux visiteurs. En journée, le bar permet aux touristes de profiter d'une vue spectaculaire sur la côte sud de Minorque, de découvrir des recoins cachés, ou de siroter tranquillement un verre. La nuit, la fête bat son plein dans la boîte de nuit, au rythme de la meilleure musique techno. Selon la légende, *Cova* était autrefois le repaire de Xoroi de Moor, un pirate qui fit naufrage et kidnappa une jeune fille au village. Lorsque les villageois découvrirent la grotte, des années plus tard, ils trouvèrent l'homme et la fille mais également leurs trois enfants. L'homme et l'aîné des fils sautèrent du haut de la falaise. Son inconsolable veuve et ses autres enfants furent ramenés au village.

Deze zeegrot vol geschiedenis is een unieke plaats, niet alleen dankzij zijn locatie en topografie, maar ook door de mogelijkheden die hij de bezoeker biedt. Overdag geeft de bar de toerist de kans om te genieten van het spectaculaire uitzicht op de Menorcaanse zuidkust, om verborgen hoekjes te ontdekken of om rustig iets te drinken; 's nachts barst in de nachtclub een opzwepend feest los op het ritme van de beste technomuziek. Volgens de legende was de Cova ooit de schuilplaats van Xoroi de Moor, een piraat die schipbreuk leed en een meisje uit het dorp ontvoerde. Toen de dorpelingen de grot jaren later ontdekten, troffen ze er niet enkel de man en het meisje aan, maar ook hun 3 kinderen. De man en zijn oudste zoon sprongen van de kliffen naar beneden. De ontroostbare vrouw en haar andere zonen werden naar het dorp teruggebracht.

The Cova is a natural sea cave and can be reached by a white painted staircase along the cliffs from Cala 'n Porter. Cova d'en Xoroi is open from April to October. After which the weather conditions there are too severe.

De Cova est une grotte marine naturelle que l'on rejoint par un escalier peint de blanc, le long des falaises de Cala et Porter. Cova d'en Xoroi est ouvert d'avril à octobre, seule période où les conditions atmosphériques les permettent.

De Cova is een natuurlijke zeegrot en kan bereikt worden via een witgeschilderde trap langs de kliffen van Cala en Porter. Cova d'en Xoroi is open van april tot oktober. Daarna zijn de weersomstandigheden er te bar.

COVA D'EN XOROI – URB CALAN PORTER, ALAIOR, 07730, MENORCA, ISLAS BALEARES, SPAIN · +34 971 37 72 36 · COVA@COVADENXOROI.COM · WWW.COVADENXOROI.COM

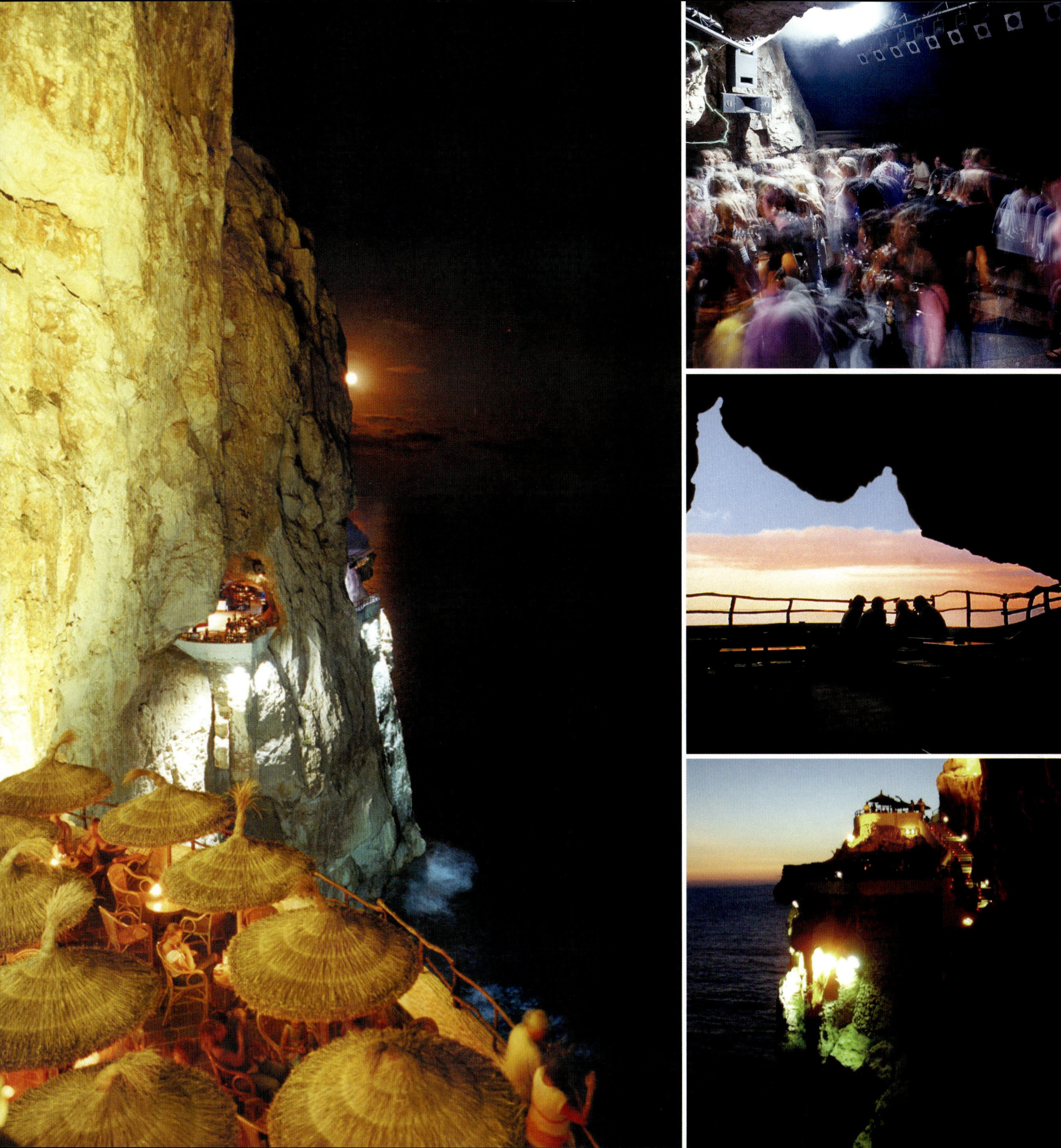

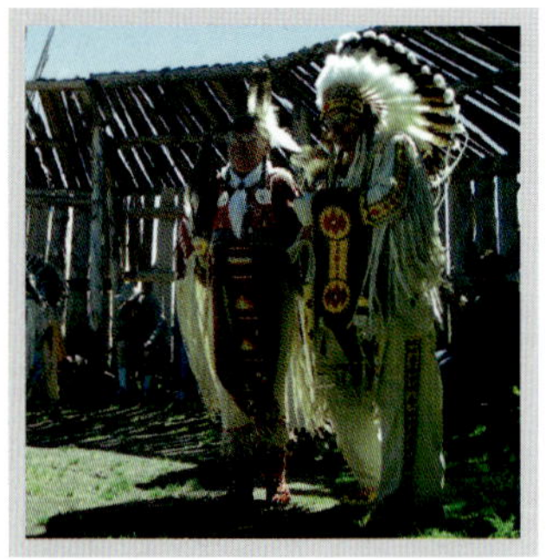 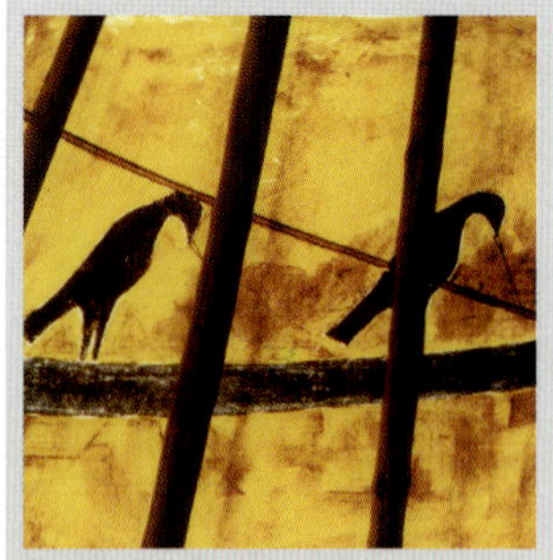

Tipi Village ^{USA}

Beautiful Blackfeet Country

This authentic tipi camp stands in the midst of the unspoiled natural environment of the Blackfeet Indian Reservation, where the prairie meets the Rocky Mountains. You can spend the night in this atmospheric setting in a traditional double-walled canvas tipi with an open fire in the middle. What you yourself need to bring are a mattress, a sleeping bag and a torch; the firewood and breakfast are provided. For the evening meal you can fill up on buffalo, deer or elk; during the night you are treated to a concert of chirruping crickets and, with a bit of luck, howling coyotes. For those who want to feel like real Indians, there is trout-fishing or hunting in the company of a Blackfeet guide, or else you can canoe or swim in a mountain lake, join in a Blackfeet art workshop or go riding on a mustang.

Au milieu d'une nature préservée, à la réserve indienne Blackfeet, située au croisement de la prairie et les Rocky Mountains, gît un authentique camp de tipis. Cet endroit magique vous permet de loger dans un tipi traditionnel comprenant une double paroi de toile et un foyer central. Vous apporterez de préférence un matelas, un sac de couchage et une lampe de poche. Le bois et le petit déjeuner vous seront fournis. Le soir vous vous régalerez d'un repas de viande de buffle, cerf ou élan. Pendant la nuit, vous assisterez à un concert de grillons et, avec un peu de chance, de coyotes hurlants. Et qui désire véritablement se glisser dans la peau d'un Indien peut s'essayer à la pêche à la truite ou chasser en compagnie d'un guide Blackfeet, faire du canoë, nager dans un petit lac de montagne, participer à un atelier d'artisanat Blackfeet ou chevaucher mustang.

Middenin de ongerepte natuur van het Blackfeet indianenreservaat, waar de prairie en de Rocky Mountains elkaar ontmoeten, ligt dit authentieke tipikamp. Op deze sfeervolle plek kan je overnachten in een traditionele dubbelwandige canvas tipi met een haardvuur in het midden. Zelf breng je liefst een matras, slaapzak en zaklamp mee; voor brandhout en ontbijt wordt gezorgd. 's Avonds kan je je te goed doen aan een maaltje van buffel-, herten- of elandenvlees; 's nachts word je vergast op een concert van tsjirpende krekels en – met een béétje geluk – huilende coyotes. Wie zich even écht een Indiaan wil voelen, kan onder meer gaan forelvissen of jagen in het gezelschap van een Blackfeet-gids, kanoën of zwemmen in een bergmeertje, deelnemen aan een 'Blackfeet art' workshop, of een ritje maken op een mustang.

LODGEPOLE GALLERY & TIPI VILLAGE - P.O. Box 1832, Browning, Montana 59417, USA - +1 406 338 2787 - www.blackfeetculturecamp.com - lodgepole@blackfeetculturecamp.com

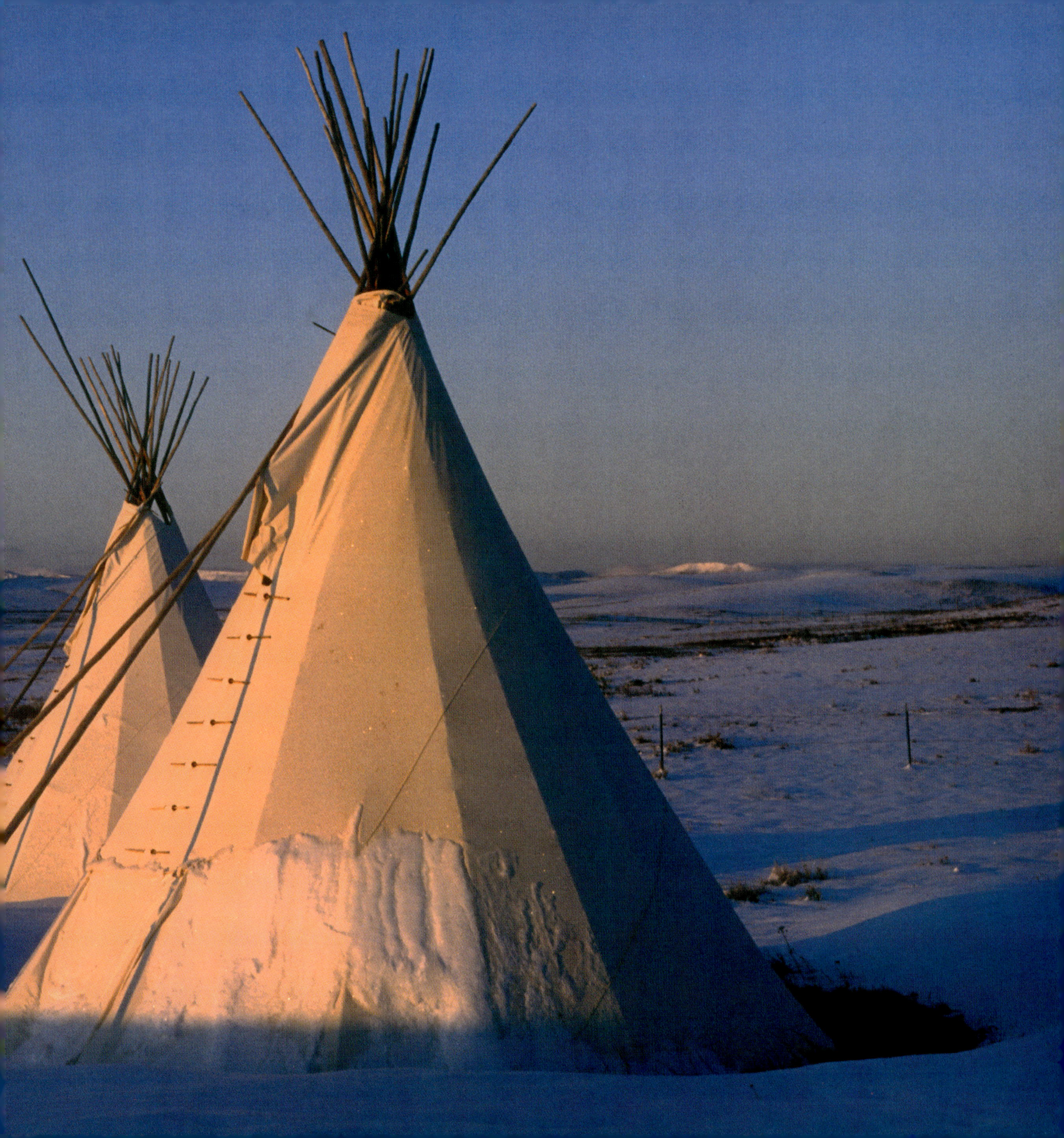

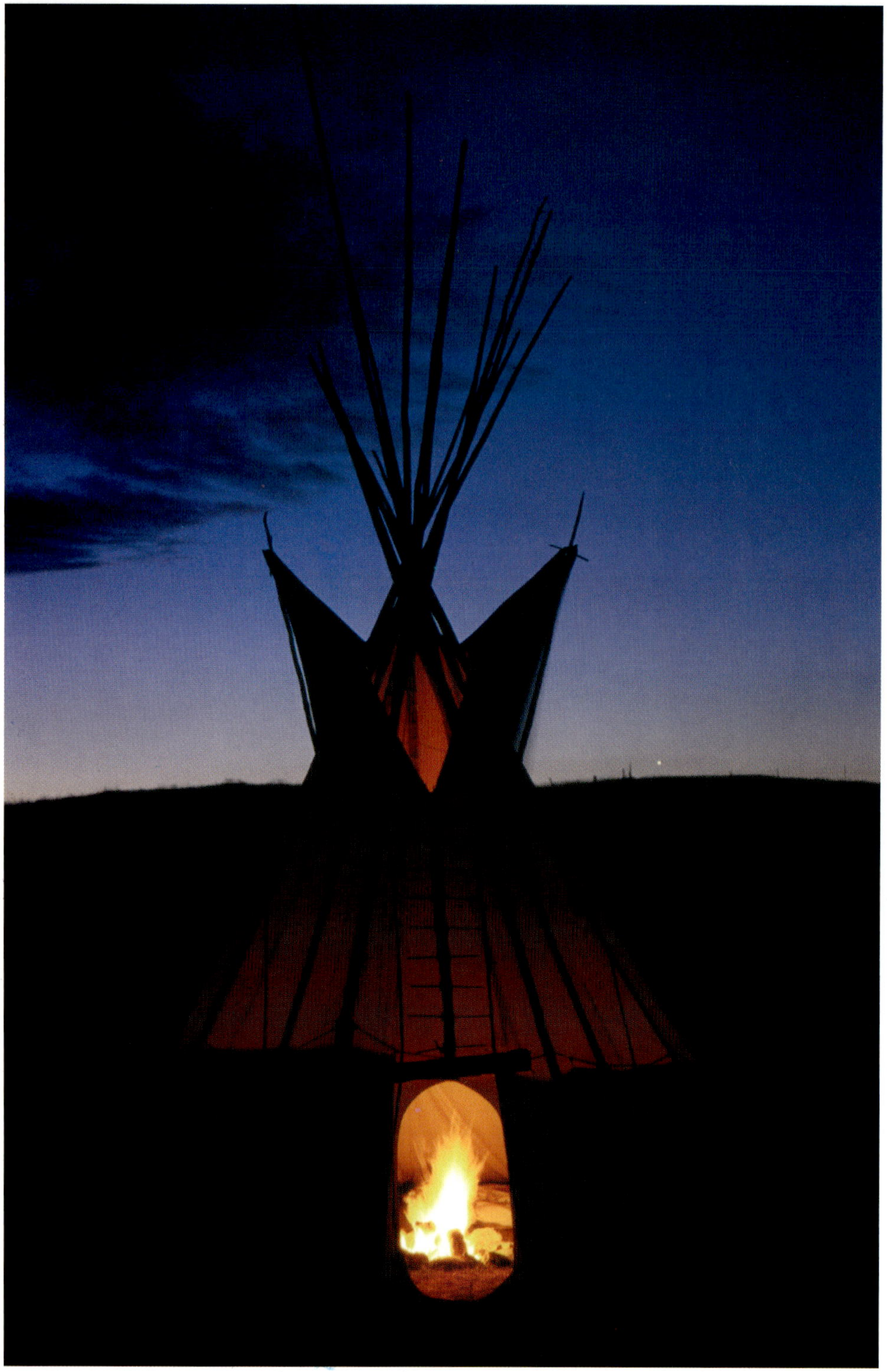

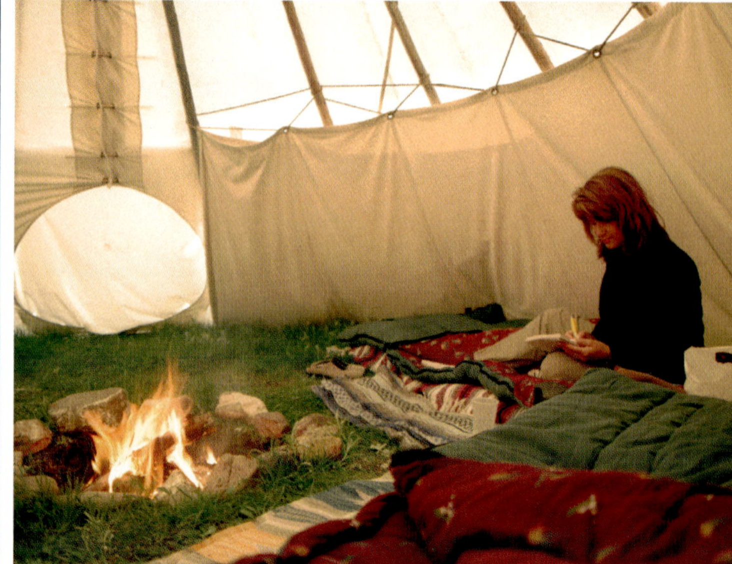

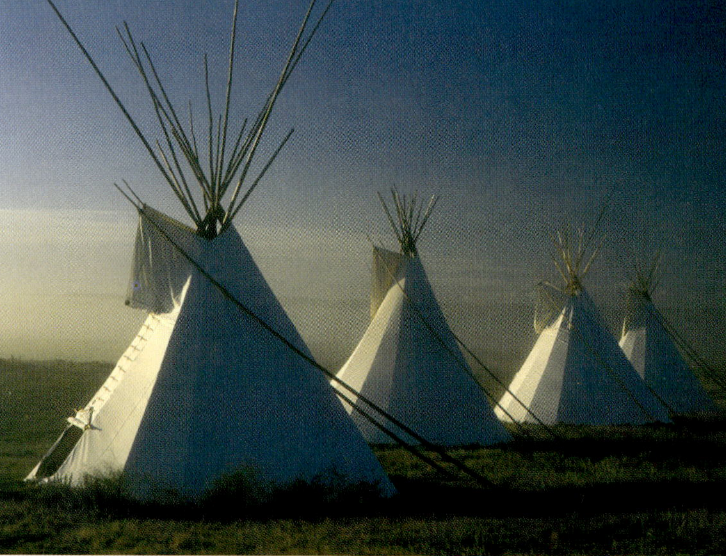

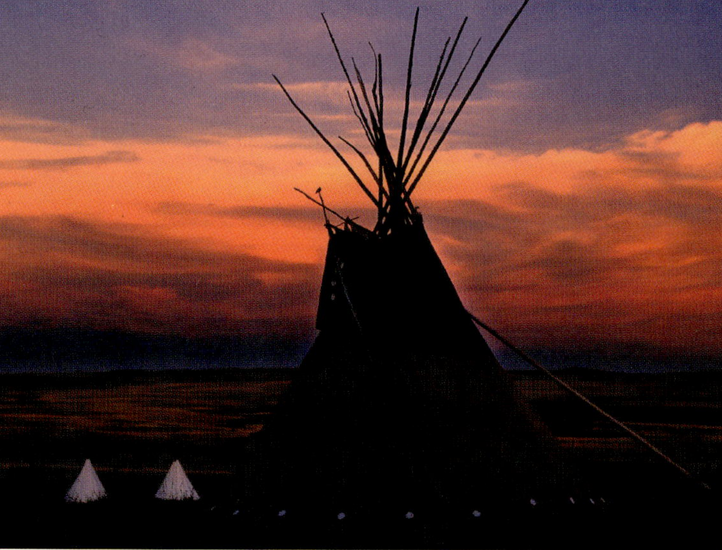

The camp has ten tipis, a ceremonial hut, a shower area and a log cabin for meals and socialising.

Le camp dispose de dix tipis, une hutte de cérémonie, un espace douche ainsi qu'un espace de restauration et de réunion.

Het kamp beschikt over tien tipi's, een ceremoniële hut, een doucheruimte en een blokhut die dient als eet- en ontmoetingsruimte.

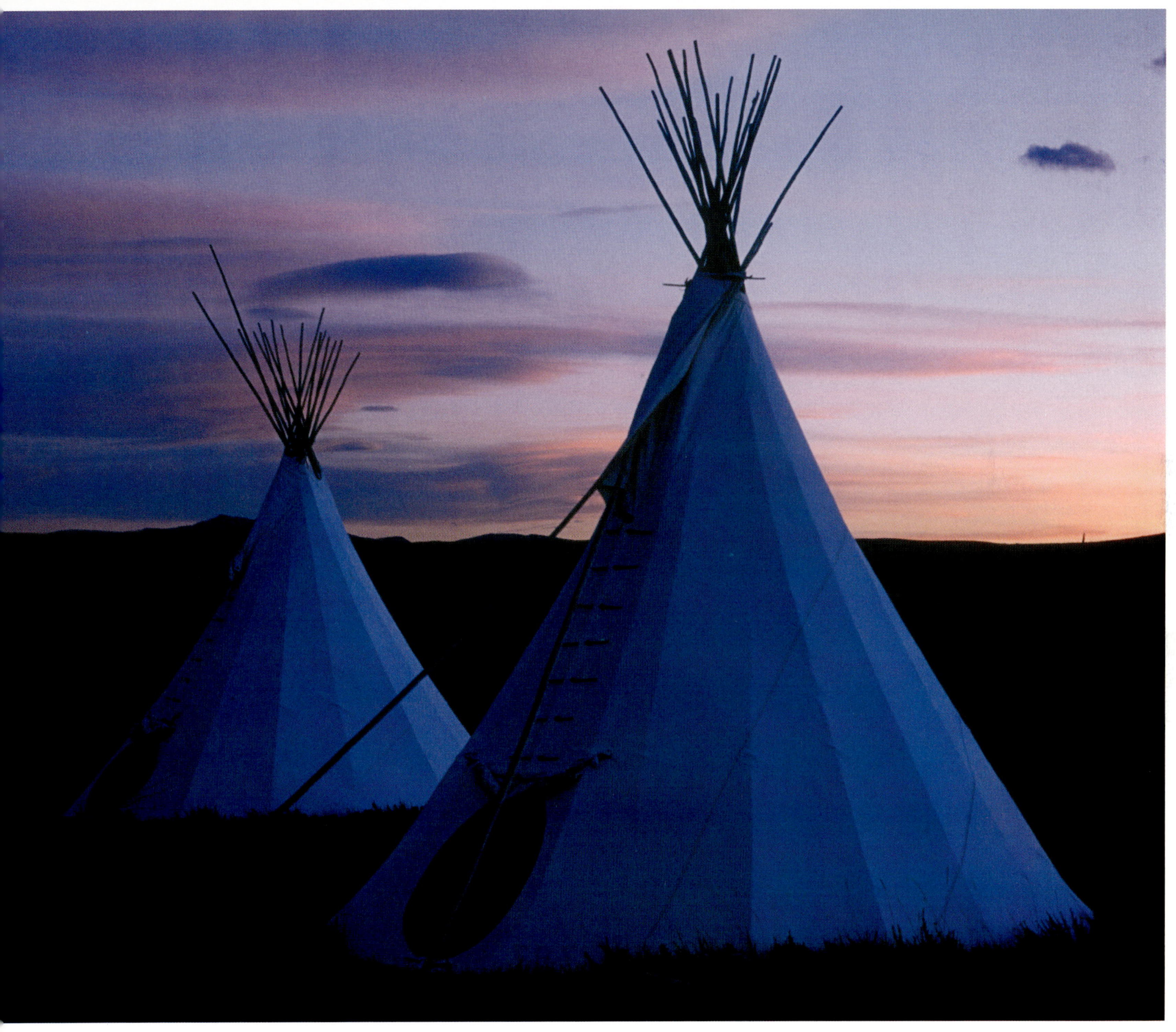

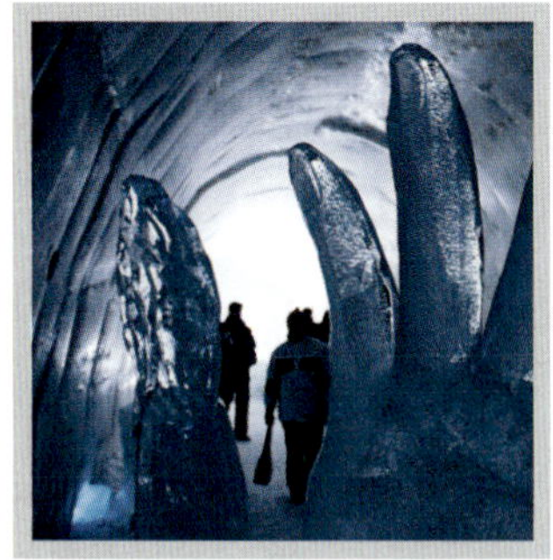 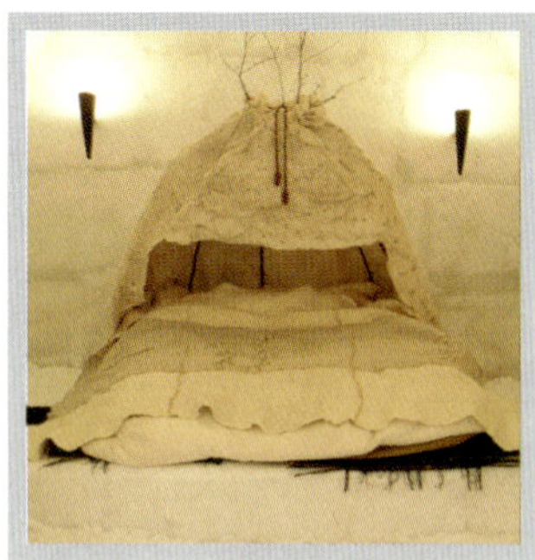

Snow hotel Finland

Mind the meltdown

LumiLinna SnowCastle & Hotel is a real work of art that Lapp artists and designers put together in December and which in April or May irrevocably melts again. The walls, floors and ceilings are made entirely of snow and ice which, combined with the light and sound effects, makes for a unique atmosphere. The hotel has twenty double rooms, three group dormitories and a bridal suite. The rooms are frugal to say the least: they contain no more than a bed and electric lighting. Your luggage is stored in a locker on arrival. At night you are able to use a special sleeping bag, you have breakfast in the heated reception area and you then get a lift to a normal hotel for a much-needed shower and sauna.

L'hôtel et la forteresse de neige LumiLinna sont une véritable oeuvre d'art. Sortie du sol en décembre grâce au travail d'artistes et créateurs lapons, elle fond inéluctablement en avril ou en mai.
Les murs, sols et plafonds sont entièrement constitués de glace et de neige qui, combinés avec des effets son et lumière confèrent une atmosphère unique au lieu. L'hôtel dispose d'une vingtaine de chambres doubles, trois hébergements de groupe et une suite matrimoniale. Les chambres peuvent être qualifiées de sobres: elles ne disposent que d'un lit et de l'éclairage électrique. A l'arrivée, votre bagage est stocké dans une armoire. Durant votre séjour vous pouvez faire usage d'un sac de couchage spécial, déjeuner dans un espace de réception chauffé. Vous serez ensuite amenés dans un hôtel ordinaire où vous pouvez profiter d'une douche et d'un sauna bienfasants.

LumiLinna SnowCastle & -Hotel is een heus kunstwerk dat in december door Lapse kunstenaars en ontwerpers uit de grond gestampt wordt om in april of mei weer onherroepelijk te smelten. De muren, vloeren en plafonds zijn voor de volle 100% opgetrokken uit sneeuw en ijs, wat in combinatie met de licht- en geluidseffecten zorgt voor een unieke sfeer. Het hotel beschikt over twintig tweepersoonskamers, drie groepsaccommodaties en een bruidssuite. De kamers zijn op zijn minst sober te noemen: ze bevatten enkel een bed en elektrische verlichting. Je bagage wordt bij aankomst opgeborgen in een kastje. Tijdens je overnachting mag je gebruik maken van een speciale slaapzak, ontbijt je in de verwarmde receptieruimte en krijg je vervolgens een lift naar een gewoon hotel voor een weldadige douche- en saunabeurt.

OY LUMILINNA KEMI, SNOWCASTLE / SNOWHOTEL LTD. - Kauppakatu 16, 94100 Kemi, Finland - +358 16 259 502 - www.snowcastle.net - info@snowcastle.net

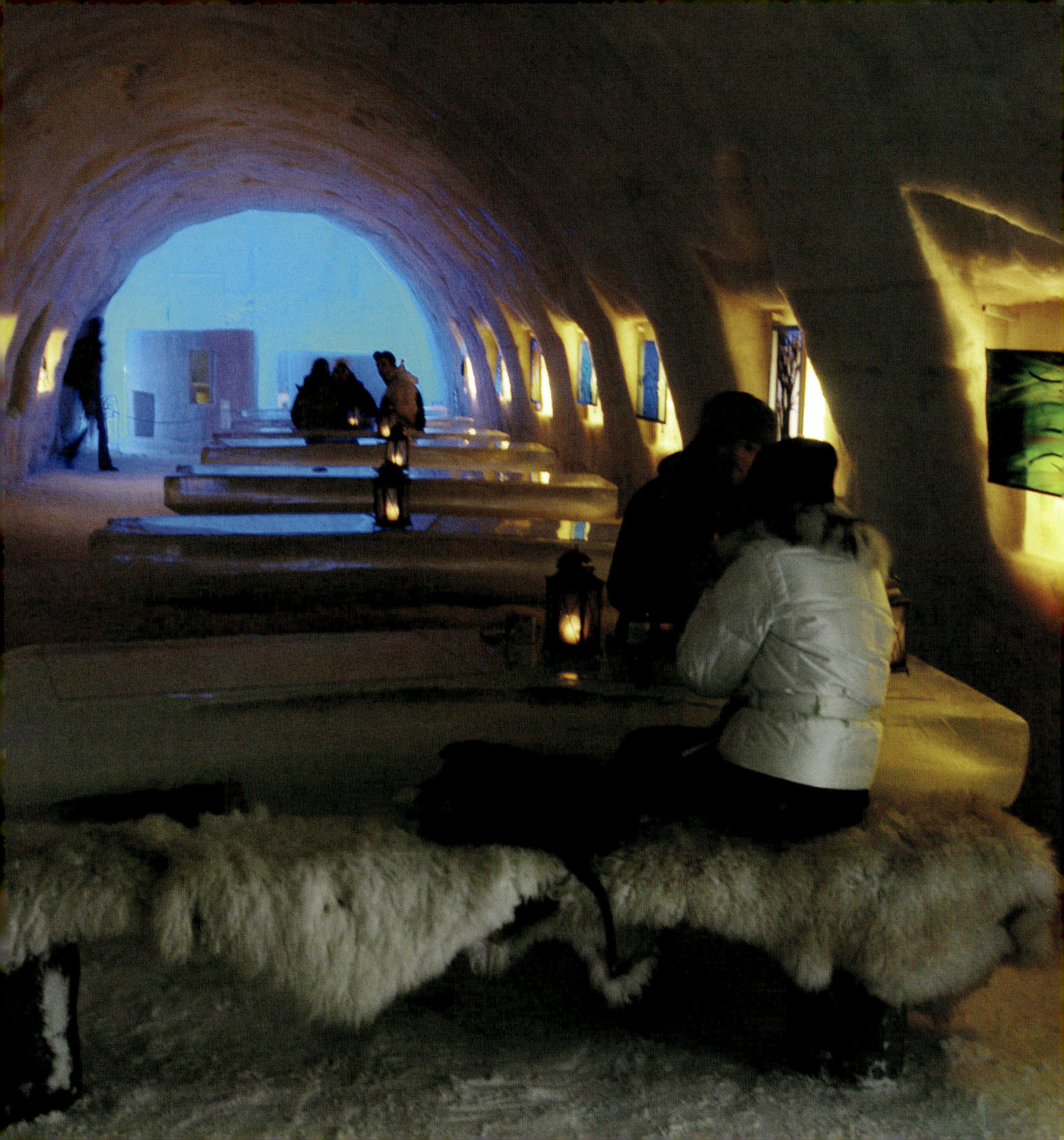

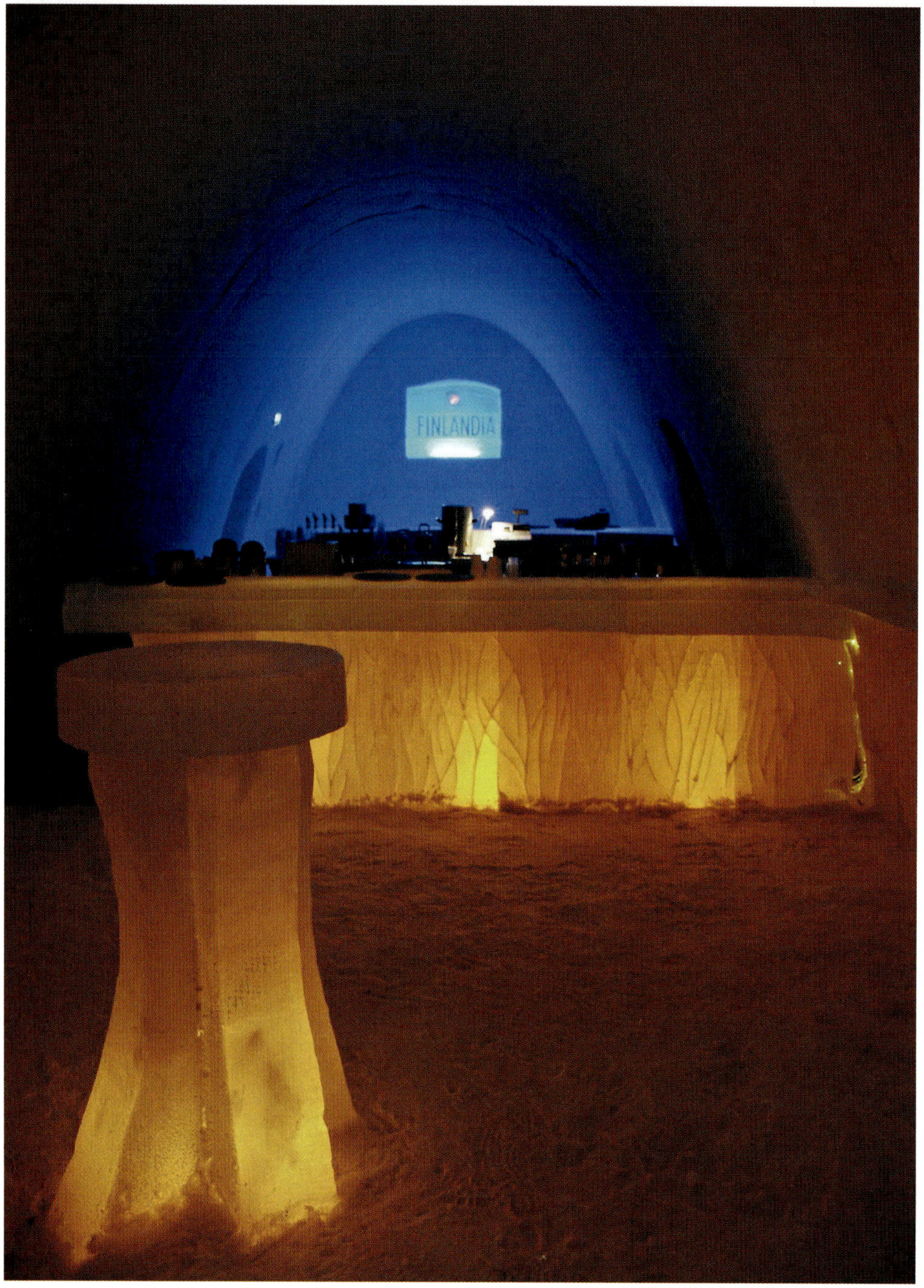

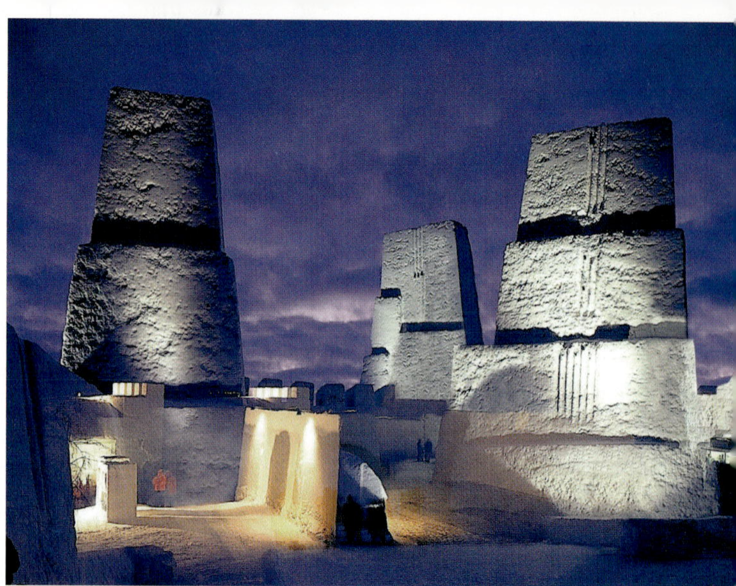

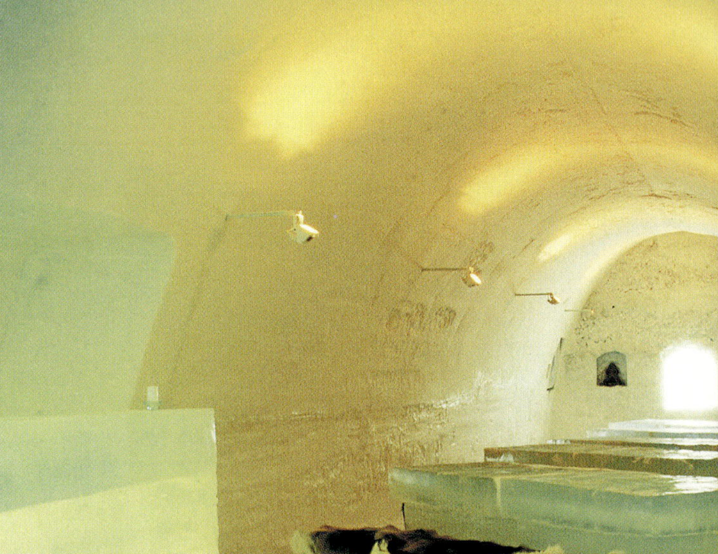

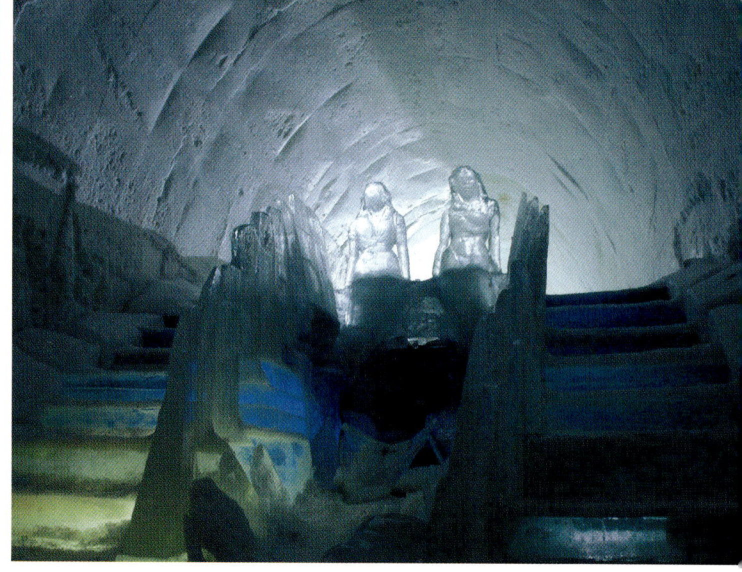

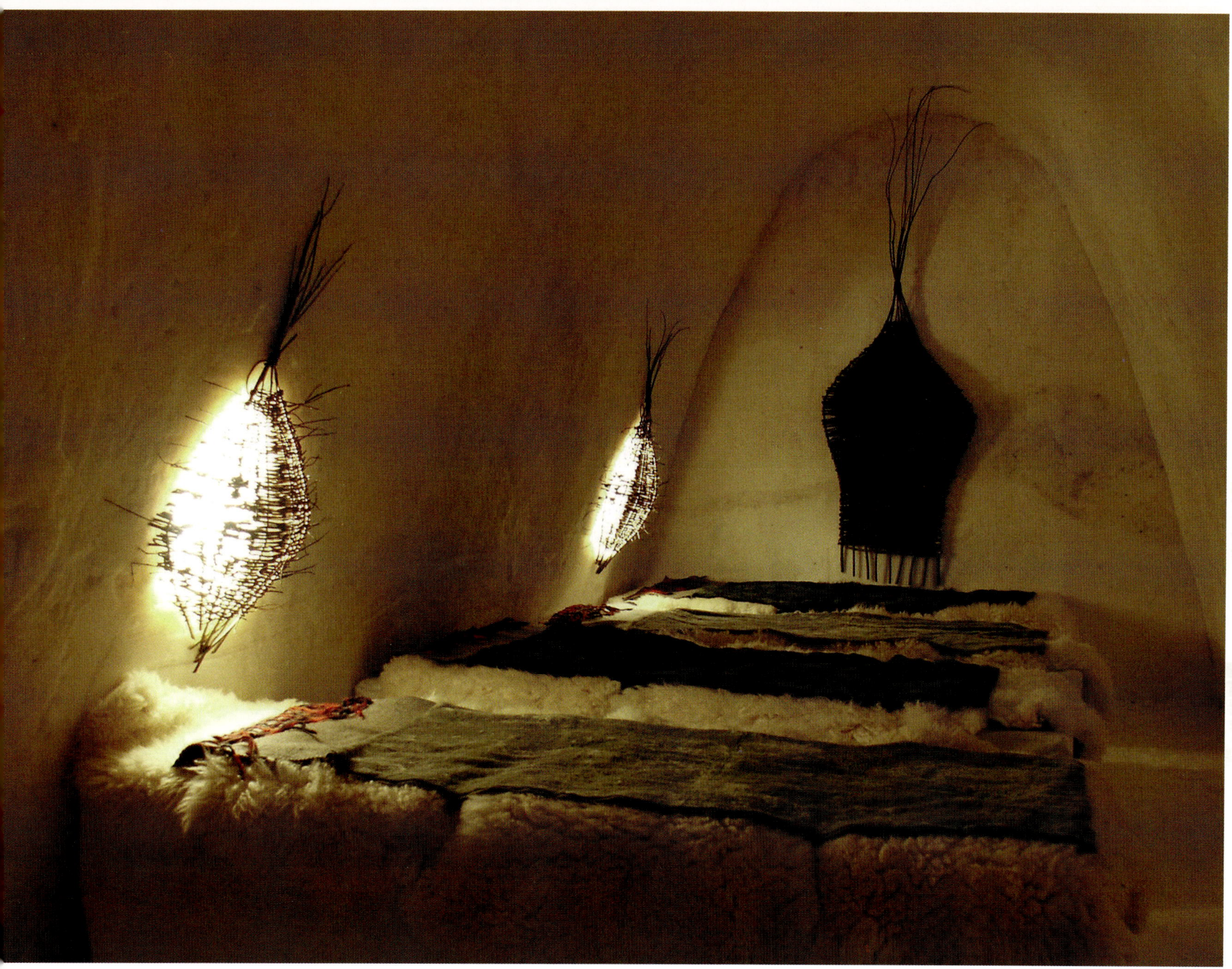

The temperature inside is -5 °C, which is pretty good compared to an outdoor temperature of around -30°C.

La température intérieure affiche -5°C, ce qui n'est pas mal compte tenu d'une température extérieure avoisinant les -30°C.

De binnentemperatuur bedraagt -5°C, wat best meevalt als je weet dat de buitentemperatuur rond de -30°C schommelt.

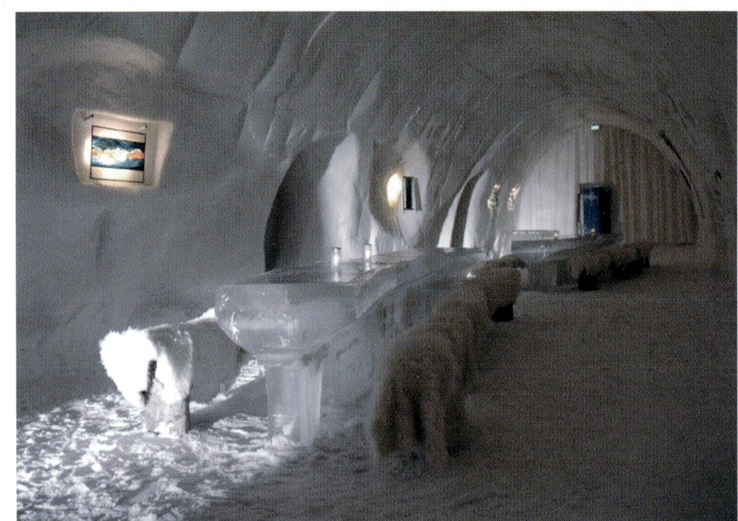

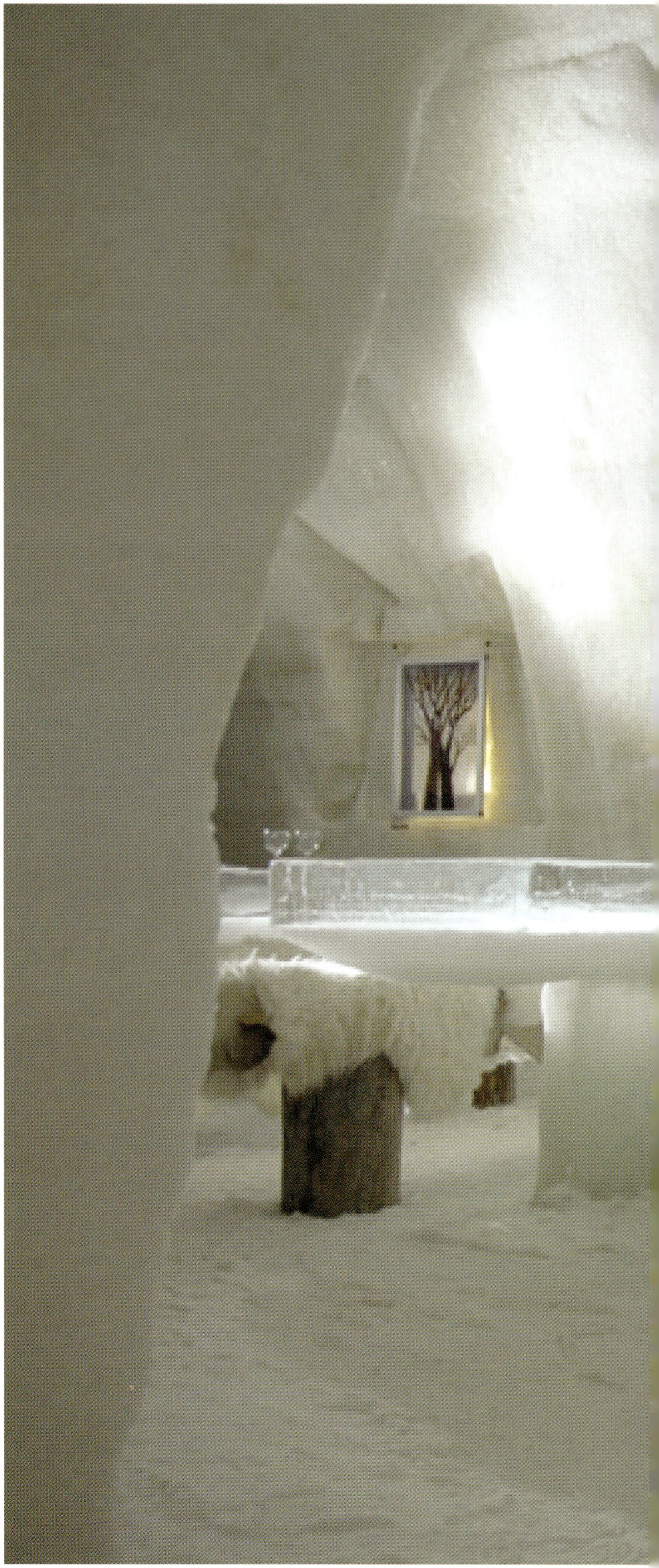

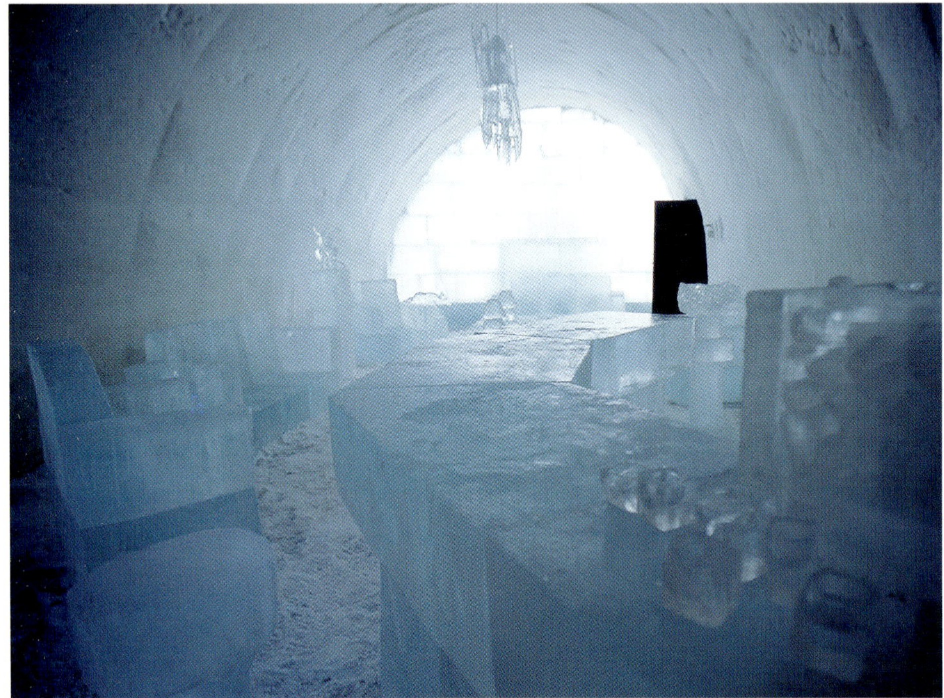

The snow chapel is very popular with those with marriage plans. One bride-groom even dared show up in a kilt!

La chapelle de neige rencontre un franc succès auprès de ceux qui désirent se marier. Un futur marié a même osé relever le défi de venir en kilt!

De sneeuwkapel is erg populair bij trouwlustigen. Eén bruidegom durfde het zelfs aan om hier gekleed in een kilt op te dagen!

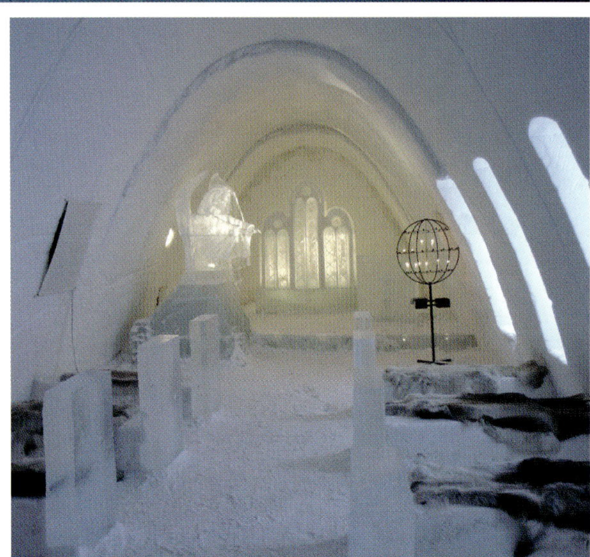

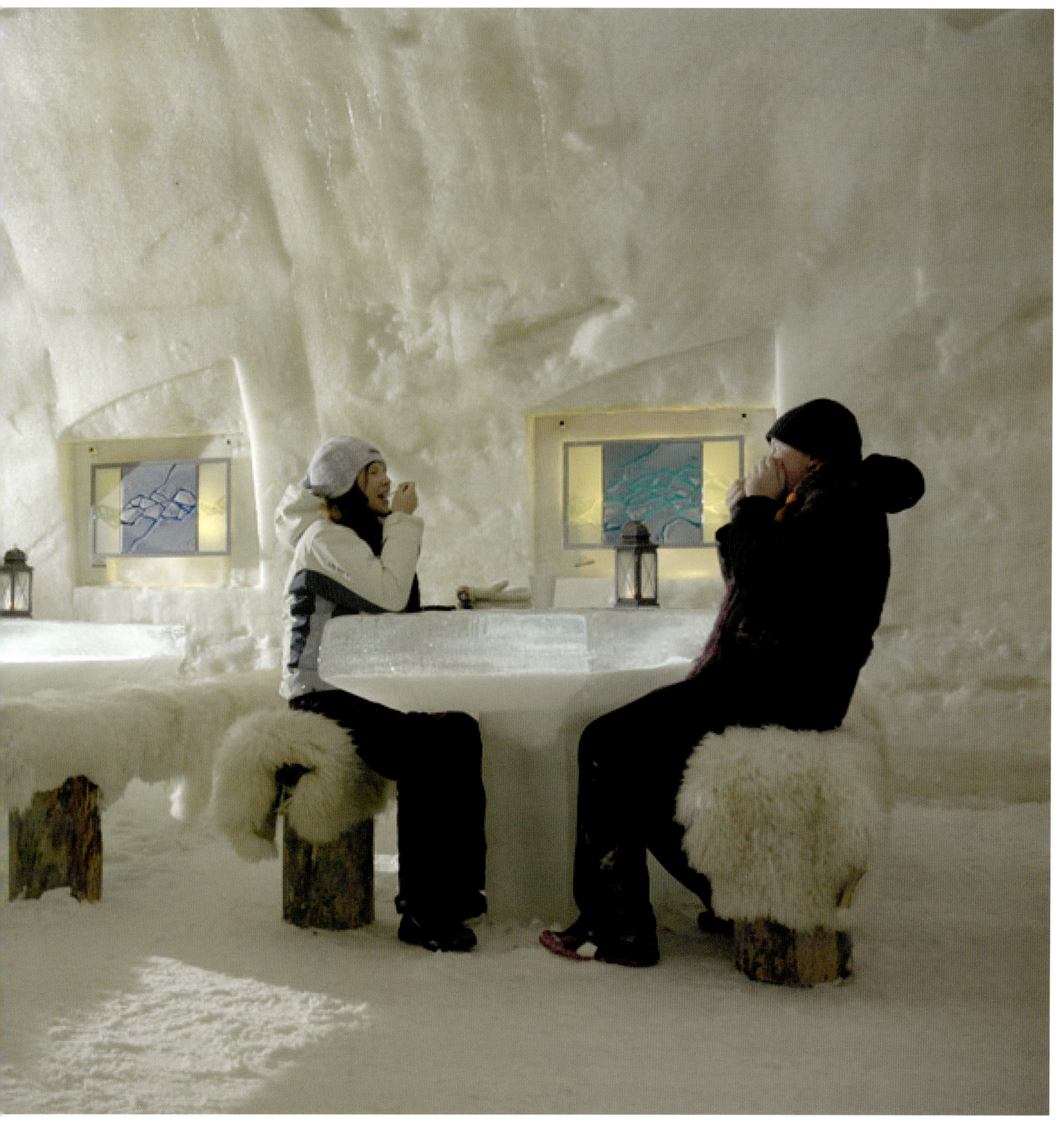

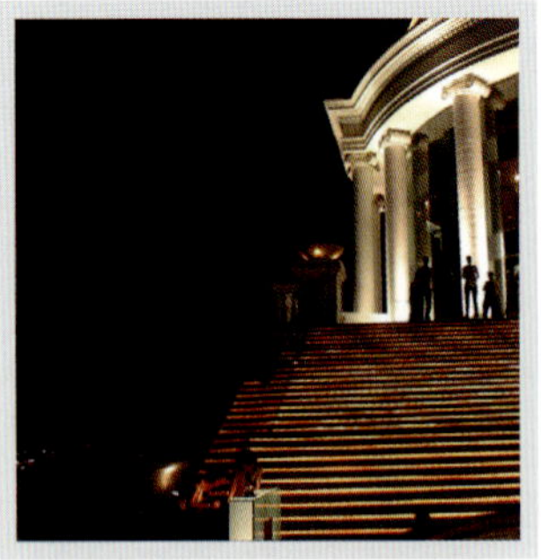

Rooftop restaurant Thailand

The world's highest outdoor restaurant

Sirocco not only earns the title of 'the world's highest outdoor restaurant' but we think that it can also call itself 'the restaurant with the biggest wow-factor in the world'. Situated on the 63rd floor of the The Dome at State Tower, Sirocco not only provides the visitor with a dazzling décor but also the most exclusive view over Bangkok. A dramatically lit staircase with glass banisters leads the guests via an enchanting fountain to a striking balcony, where the colourful Sky Bar is the main attraction. The intimately lit tables seat 150 people and the menu – designed by Stephen Dion, who was the King of Jordan's private chef for 2 years – specialises in exclusive Mediterranean dishes. Live jazz music played by internationally renowned musicians rounds off a perfect evening.

Sirocco mérite non seulement le titre du restaurant de plein air le plus haut du monde, mais nous le baptiserions volontiers le "restaurant doté du facteur waouh le plus élevé ". Situé au 63e étage du Dome at State Tower, le Sirocco offre au visiteur un décor époustouflant et un panorama exclusif sur Bangkok. L'escalier, spectaculairement illuminé et entouré de rambardes de verre, mène les clients, au-delà d'une fontaine féerique, à un surprenant balcon où le coloré Sky Bar tient la vedette. Les petites tables doucement éclairées accueillent jusqu'à 150 personnes et le menu – élaboré par Stephen Dion, qui fut pendant deux ans le chef privé du roi de Jordanie – se spécialise dans la cuisine méditerranéenne. Pour accompagner cette soirée d'exception, des musiciens reconnus jouent du jazz, en live.

Sirocco verdient niet enkel de titel 'hoogste openluchtrestaurant ter wereld', van ons mag deze zaak zichzelf gerust ook de naam 'het restaurant met de grootste wow-factor ter wereld' toedichten. Gelegen op de 63ste verdieping van The Dome at State Tower, biedt Sirocco de bezoeker niet enkel een oogverblindend decor, maar ook het meest exclusieve uitzicht over Bangkok. De dramatisch verlichte trap met glazen leuning leidt de gasten via een feeërieke fontein naar het opvallende balkon, waar de veelkleurige Sky Bar de hoofdrol speelt. De intiem verlichte tafeltjes bieden plaats aan 150 personen, en het menu - van de hand van Stephen Dion, die 2 jaar lang de privéchef was van de koning van Jordanië - is gespecialiseerd in exclusieve mediterrane gerechten. Live jazzmuziek gebracht door internationaal geroemde muzikanten maakt de avond helemaal af.

SIROCCO AT STATE TOWER - 63RD FLOOR, STATE TOWER, 1055 SILOM ROAD, BANGRAK, BANGKOK 10500, THAILAND - +66 2624 9555 - RESERVATIONS@THEDOMEBKK.COM - WWW.LEBUA.COM/EN/THE-DOME-DINING

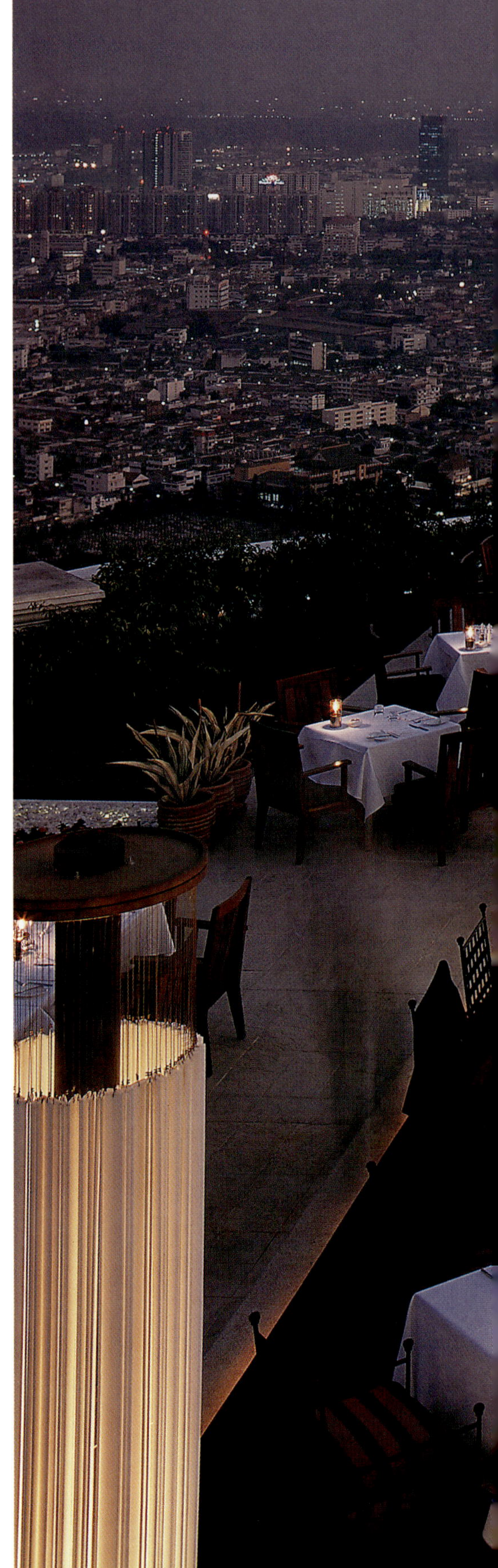

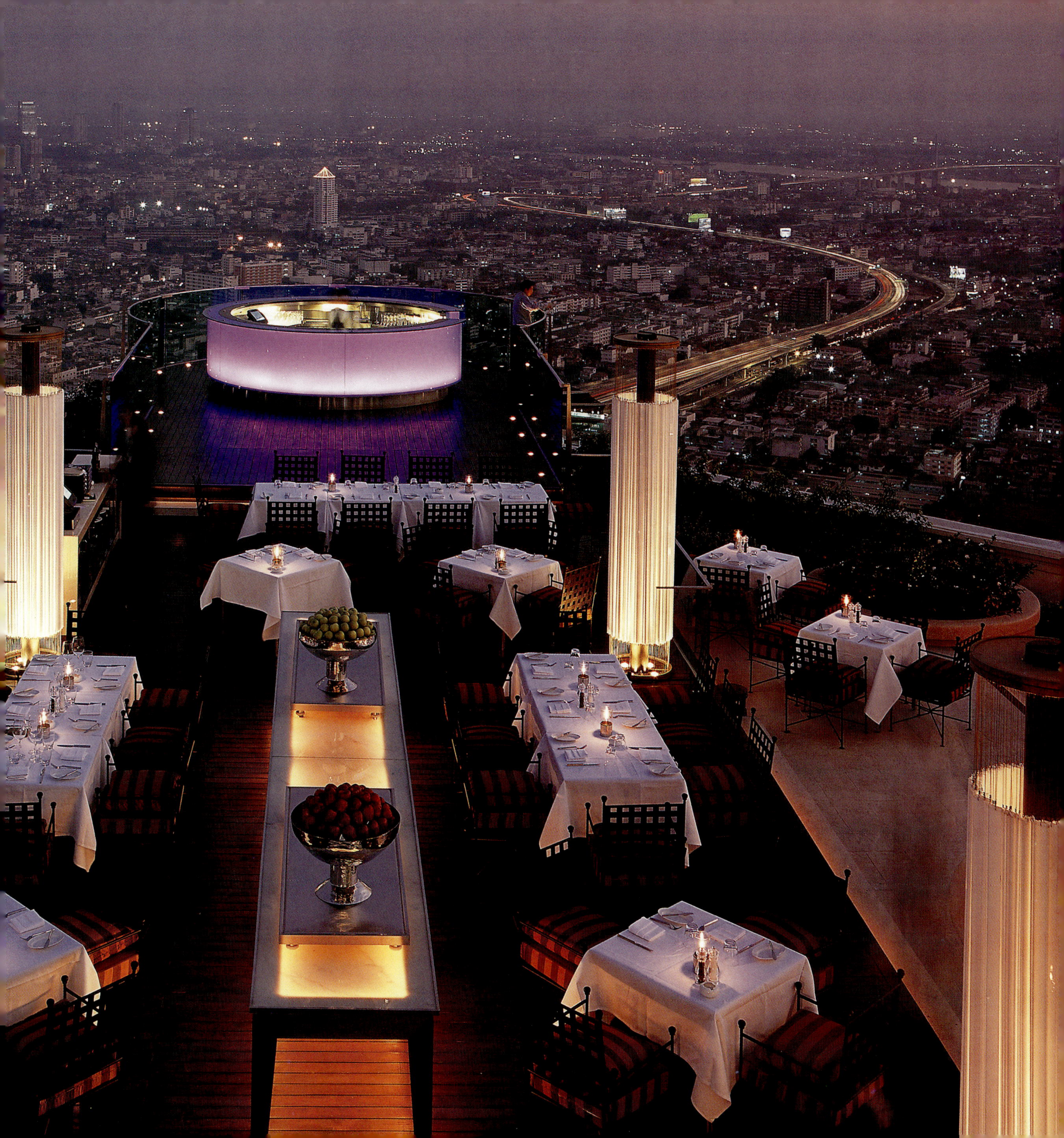

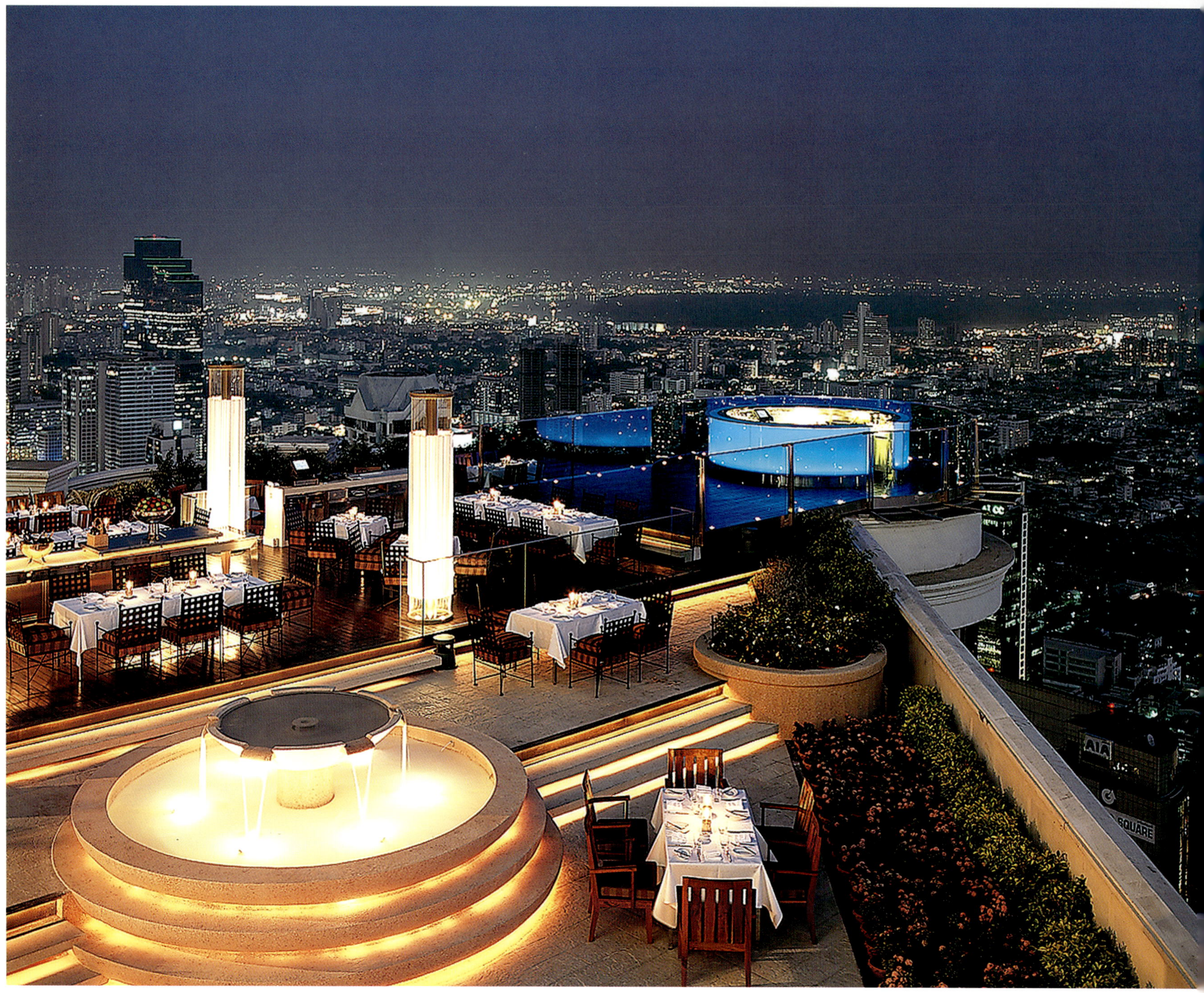

This restaurant opened its doors in 2003 and quickly became one of the favourite meeting places of the international jetset.

Dès son ouverture en 2003, ce restaurant est devenu le lieu de rencontre préféré de la jet set.

Dit restaurant opende zijn deuren in 2003 en groeide prompt uit tot de favoriete ontmoetingsplaats van de internationale jetset.

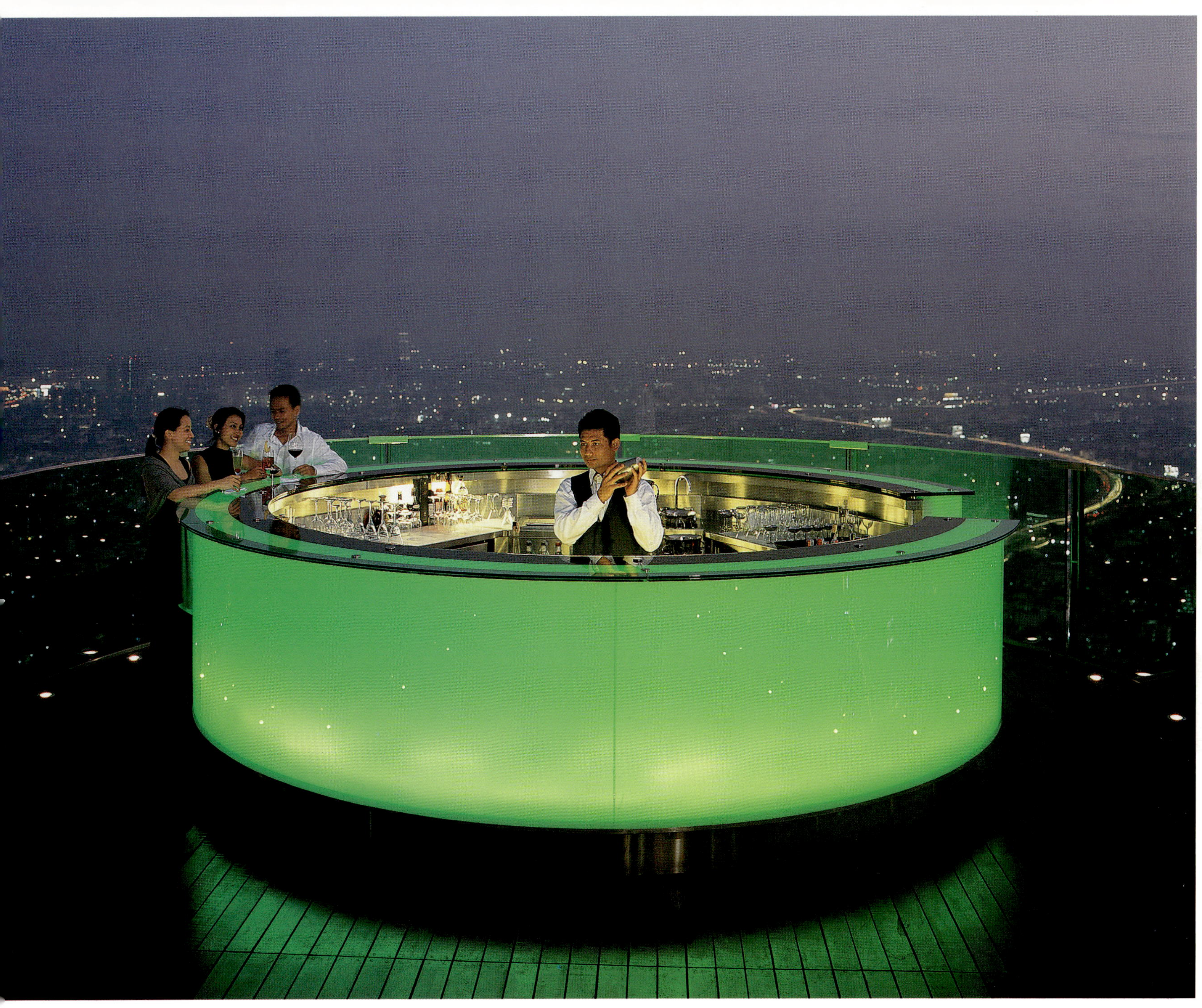

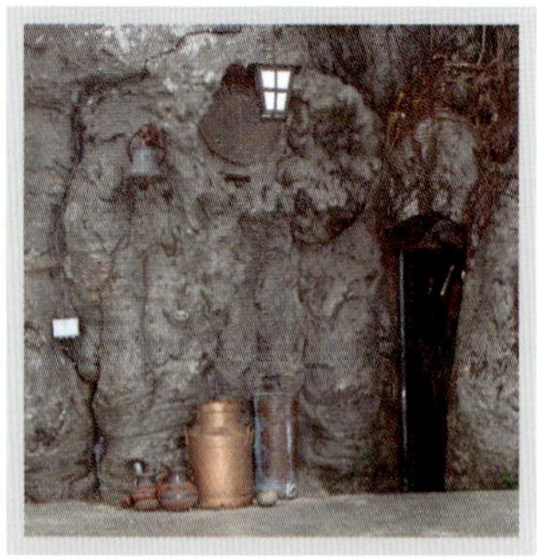 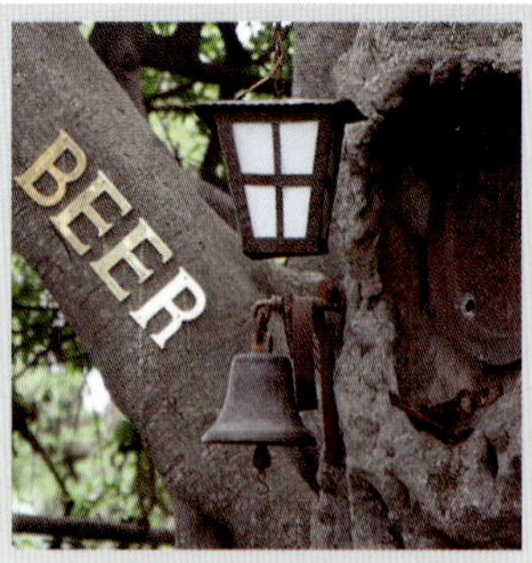

Tree bar South Africa

The world's largest tree

The Sunland Big Baobab in South Africa with a diameter of 47 metres is not only the largest known Baobab in the world, it is also the world's only tree bar. Baobabs are renowned because they can easily live for 2,000 years but this 22 metre high example is 6,000 years old - which is enough for it to acquire the title of the world's oldest living object. In 1993, when Sunland Farm owners Doug and Heather Van Heerden peered inside the trunk they found a 4 metre high hollow space. The Van Heerdens built a bar and benches out of railway sleepers, installed a tap, electricity and a sound system, they also built in a second room as a wine cellar. The result is a bar that accommodates 60 people and 2 owls and spreads a canopy of leaves every spring.

Le Sunland Big Baobab en Afrique du Sud, d'une circonférence de 47 mètres, n'est pas seulement catalogué comme le plus grand Baobab au monde, il est également le seul ''arbre bar'' du monde. Les baobabs sont connus pour leur longévité et peuvent facilement vivre 2 000 ans. Celui qui nous intéresse, haut de 22 mètres, serait âgé de 6.000 ans, méritant ainsi le titre de plus ancien être vivant au monde. Lorsqu'en 1993 Doug et Heather Van Heerden, les propriétaires de Sunland Farm, ont ouvert le tronc, ils y ont découvert une cavité de 4 mètres de haut. Ils y ont construit un bar et des bancs avec des billes de chemin de fer, installé l'électricité, une pompe, un système audio, et aménagé une cave à vins dans un espace séparé. Il en résulte un bar pouvant accueillir 60 personnes, 2 hiboux, et qui, à chaque printemps, se couvre de feuilles.

De Sunland Big Baobab in Zuid-Afrika staat met zijn omtrek van 47 meter niet enkel geboekstaafd als de grootste Baobab ter wereld; hij doet tevens dienst als 's werelds enige boombar. Baobabs staan erom bekend dat ze makkelijk een leeftijd van 2.000 jaar kunnen bereiken, maar dit 22 meter hoge exemplaar zou zo'n 6.000 jaar oud zijn - wat volstaat voor het verwerven van de titel van 's werelds oudste levende object. Toen Sunland Farm-eigenaars Doug en Heather Van Heerden in 1993 de stam open kerfden, bleek zich daar een 4 meter hoge holle ruimte in te bevinden. De Van Heerdens bouwden een bar en banken uit trein-bielzen, installeerden een tap, elektriciteit en een muzieksysteem, en richtten een tweede ruimte in als wijnkelder. Het resultaat is een bar die plaats biedt aan 60 mensen en 2 uilen, en die elke lente uitgebreid in blad schiet.

The tree's walls are 2 metres thick and it is so broad that it takes 40 adults to encircle it. Every year more than 7,000 tourists enjoy a drink in the tree bar, some of whom combine it with a stay at Sunland Farms.

L'arbre présente une épaisseur de murs de 2 mètres et est si large qu'il faut 40 adultes pour l'encercler. Chaque année, quelque 7 000 touristes viennent prendre un verre dans cet ''arbre bar'', indépendamment d'un séjour à Sunland Farms.

De boom heeft 2 meter dikke wanden en is zo breed dat er 40 volwassenen aan te pas komen om hem te omcirkelen. Jaarlijks genieten meer dan 7.000 toeristen van een drankje in de boombar, al dan niet gekoppeld aan een verblijf op de Sunland Farms.

BAOBAB TREE BAR – P.O. Box 703, Modjajiskloof, Limpopo, South Africa - +27 (015) 309 9039 - baobabbars@mweb.co.za - www.bigbaobab.co.za

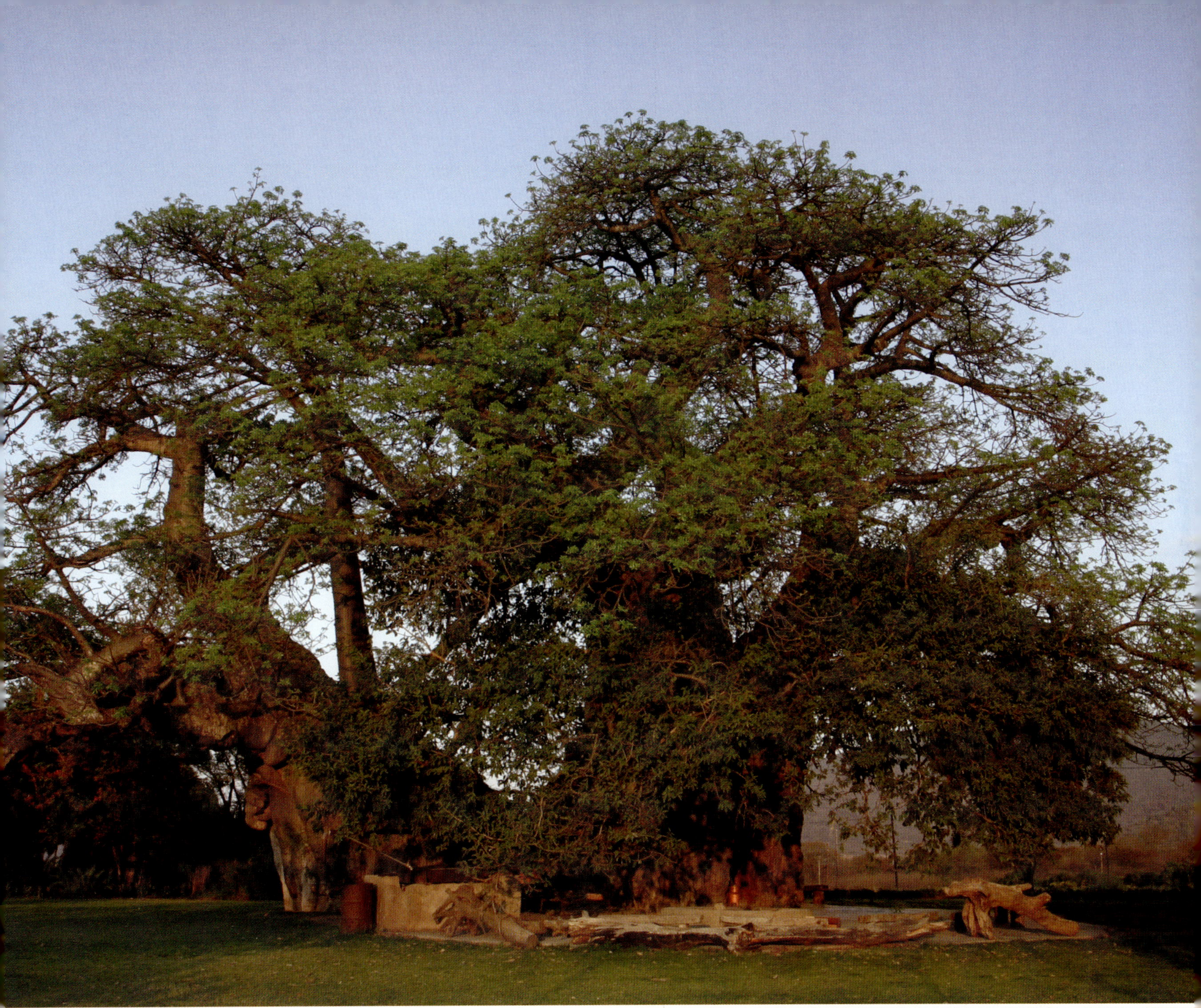

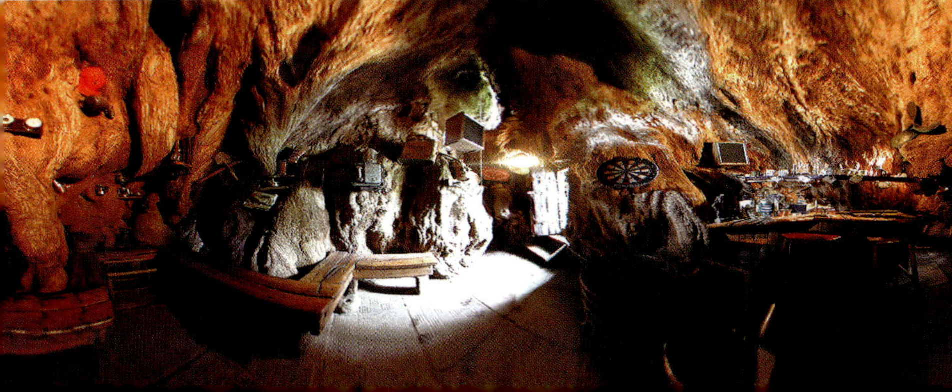
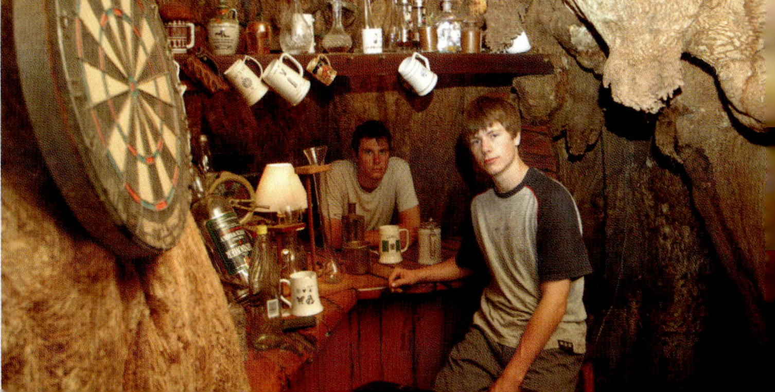

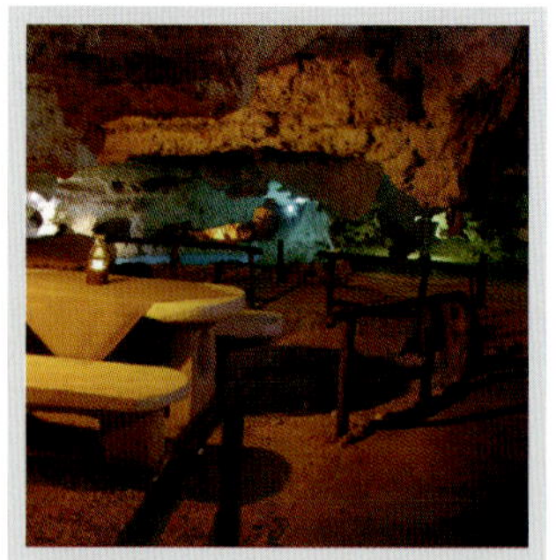
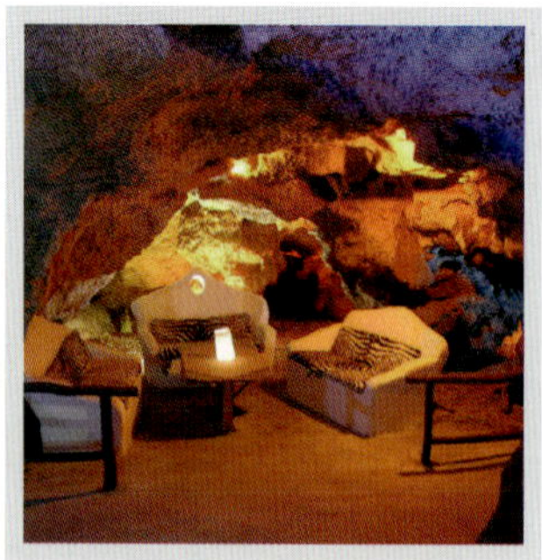

Cave restaurant Mexico

Subterranean palaces

This vast labyrinth of caverns, reservoirs and underground rivers, created by special geological circumstances and atmospheric changes, accommodates a unique lounge restaurant. Once used by the Maya as a place of shelter and ideal space in which to contact the underworld, Alux has now become a meeting place for tourists and hip residents. The establishment consists of a restaurant that can seat 150 people, a lounge bar designed for 110 guests, a private bar with space for 50 people, a VIP space that provides maximum privacy and a room used to stage events. In this fabulous interior of colourfully lit stalagmites and stalactites, you will be treated to pre-Spanish music and dance performances, while you sip your cocktail or enjoy the regional and international cooking.

Ce vaste labyrinthe de grottes, nappes phréatiques et rivières souterraines, créé par des conditions géologiques et changements atmosphériques particuliers, abrite un restaurant lounge unique, l'Alux. Jadis utilisé par les Mayas comme refuge, ce site idéal pour plonger dans le monde souterrain est aujourd'hui le lieu de rencontre des touristes et des habitants branchés. L'établissement comporte un restaurant pour 150 personnes, un bar lounge pouvant accueillir 110 clients, un bar privé d'une capacité de 50 personnes, un espace VIP assurant une discrétion maximale ainsi qu'un salon disponible pour des événements privés. Dans ce fabuleux décor de stalagmites et stalactites illuminés de couleur, vous serez accueillis en musique avec des danses ancestrales, tandis que vous siroterez un cocktail ou goûterez une cuisine régionale et internationale.

Dit labyrint van grotten, waterreservoirs en ondergrondse rivieren, ontstaan door speciale geologische omstandigheden en atmosferische veranderingen, biedt een onderkomen aan een uniek loungerestaurant. Ooit gebruikt door de Maya's als schuilplaats en ideale ruimte voor contacten met de onderwereld, is Alux nu een ontmoetingsplaats geworden voor toeristen en hippe inwoners. De zaak bestaat uit een restaurant met een capaciteit van 150 personen, een loungebar geschikt voor 110 mensen, een privé-bar met ruimte voor 50 personen, een vipruimte die maximale privacy biedt en een salon voor gebruik tijdens evenementen. In dit fabelachtige decor van kleurrijk verlichte stalagmieten en stalactieten, word je getrakteerd op muziek en pre-Spaanse dansvoorstellingen, terwijl je van je cocktail nipt of geniet van de regionale en internationale keuken.

RESTAURANT & LOUNGE ALUX - Av. Juárez, Mz. 217 Lote 2, Colonia Ejidal, Playa del Carmen, Quintana Roo, Mexico - +52 (984) 803 29 36 - cavernaalux@hotmail.com - http://aluxlounge.net

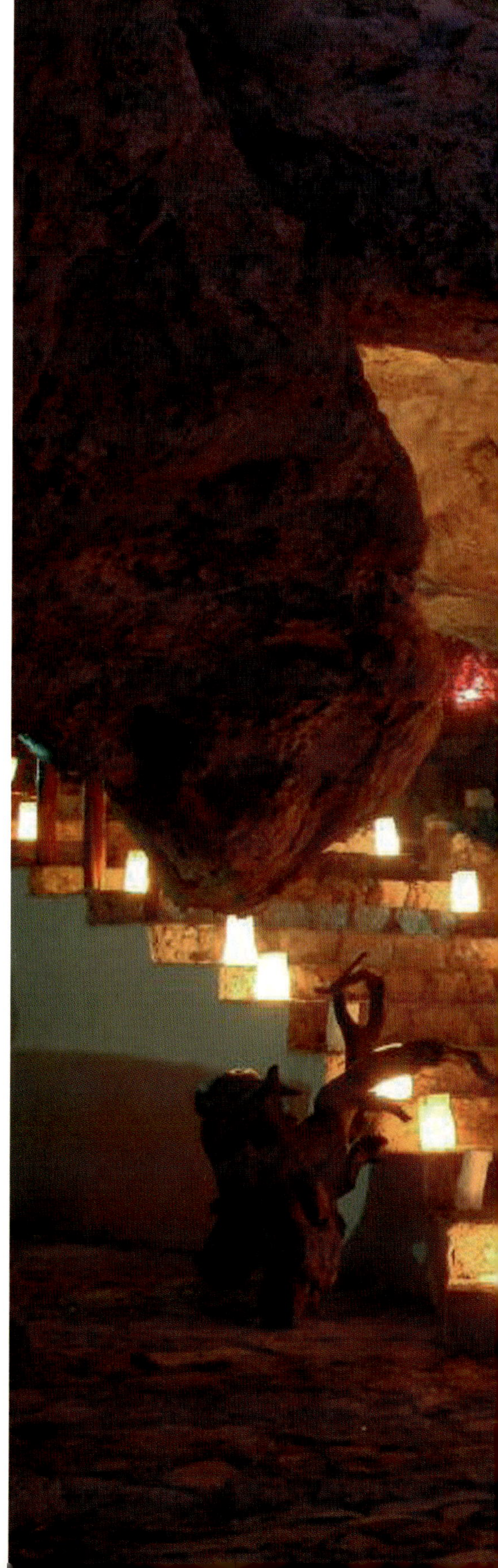

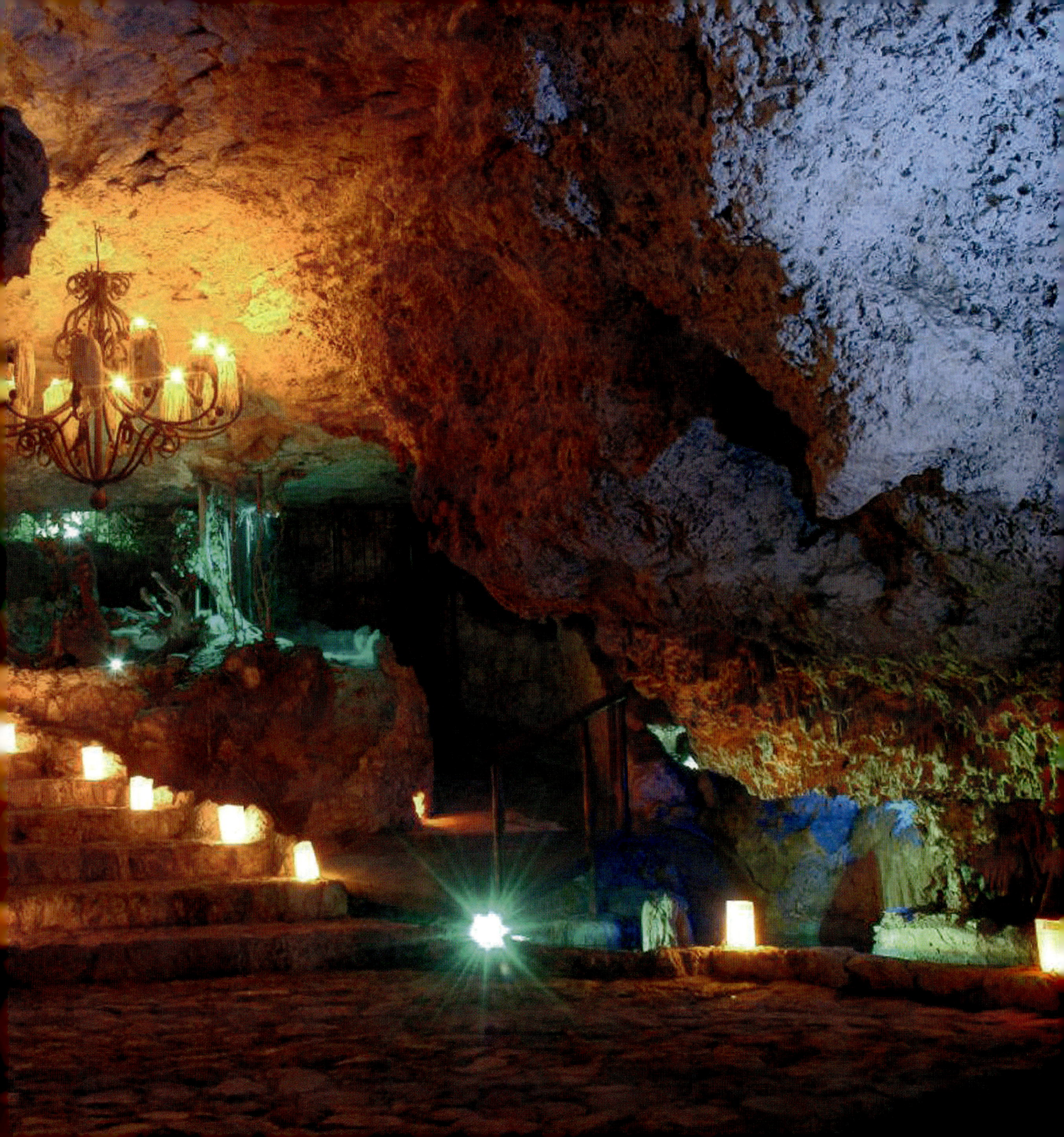

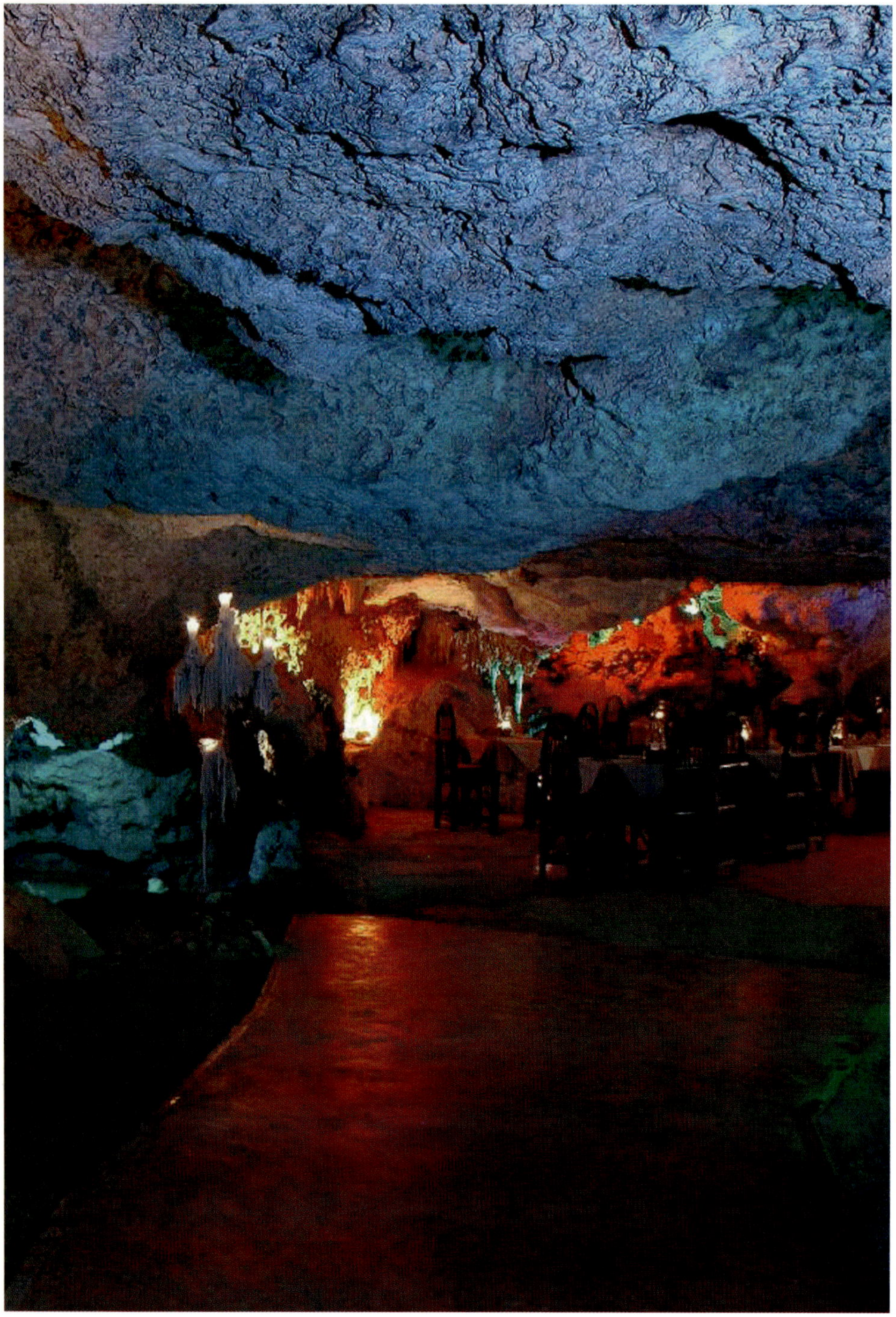

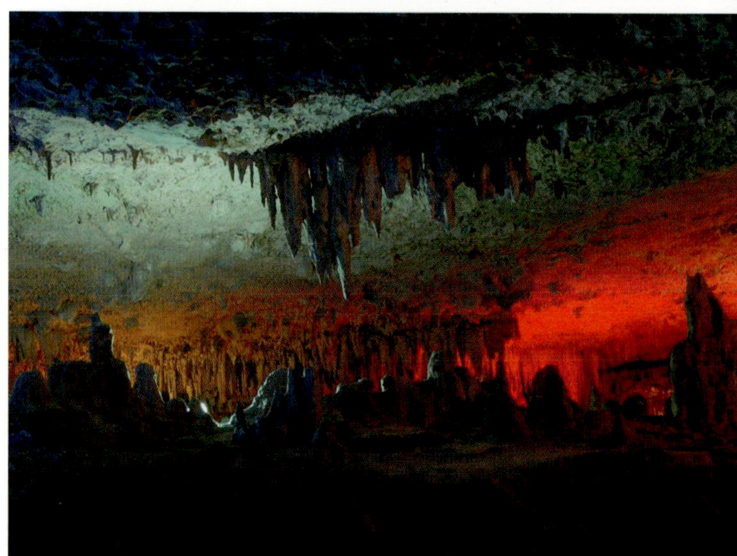

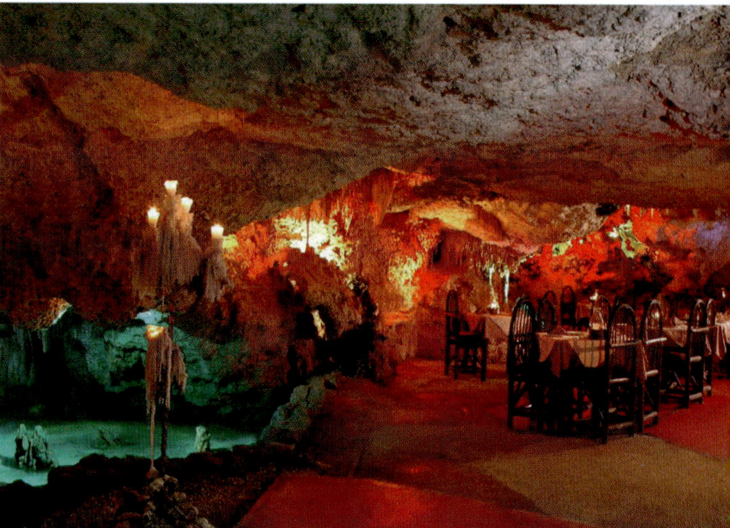

*Alux is also the home of 'Aluxob' - knee high little sprites from Maya mythology
that really enjoy playing pranks.*

*Alux est aussi le domicile des 'Aluxes' farceurs, des créatures hautes comme
trois pommes issues de la mythologie Maya.*

*Alux is ook de woonplaats van 'Aluxes', kniehoge wezentjes uit de
Mayamythologie die enorm kunnen genieten van het uithalen van grapjes.*

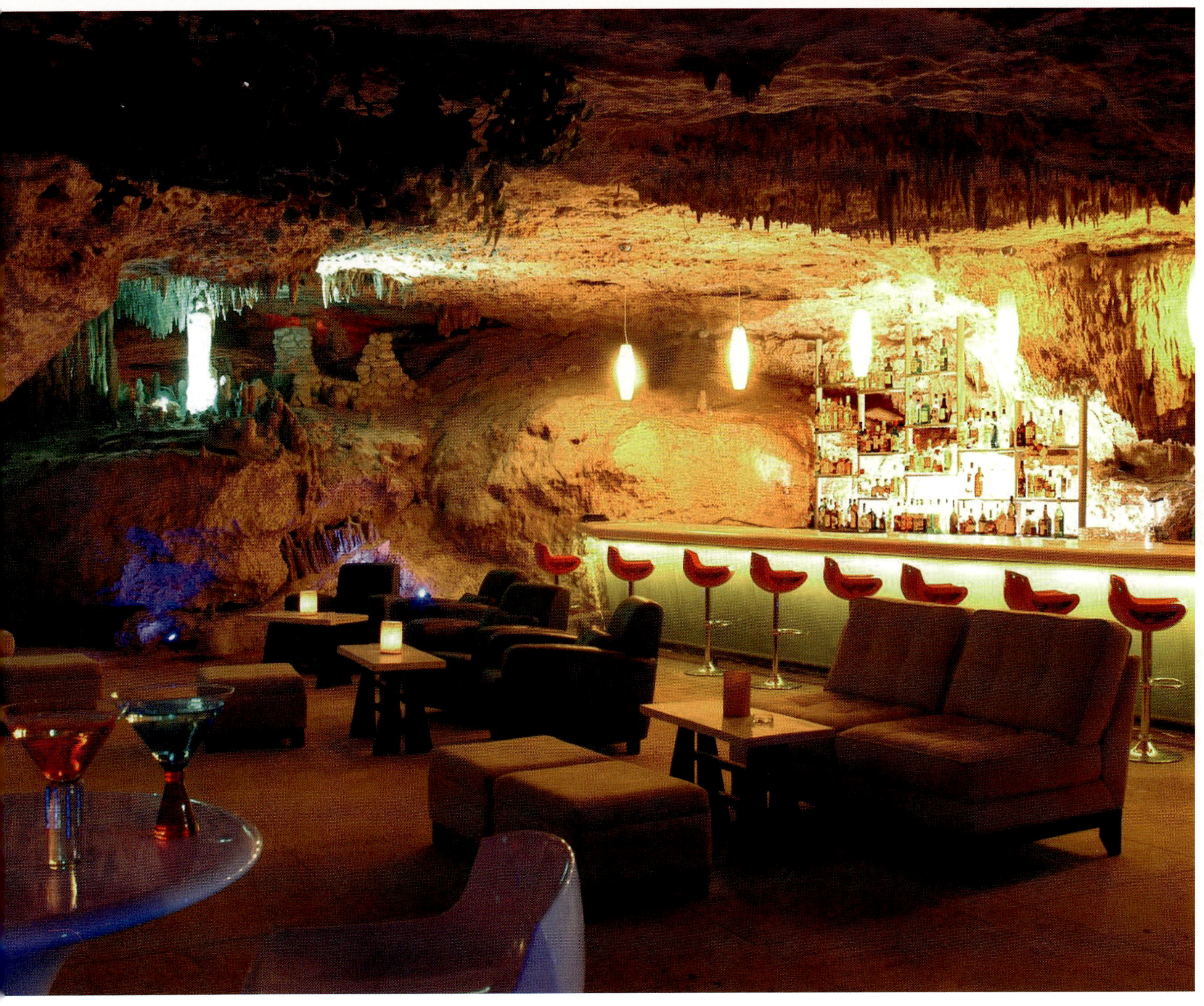

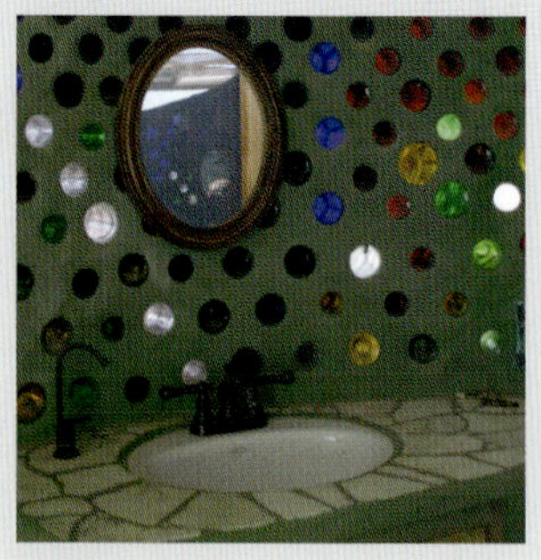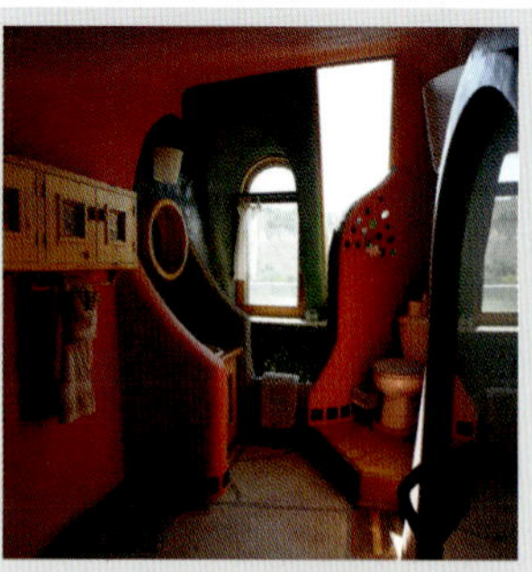

Earthship rental ^{USA}

Mother Nature's womb

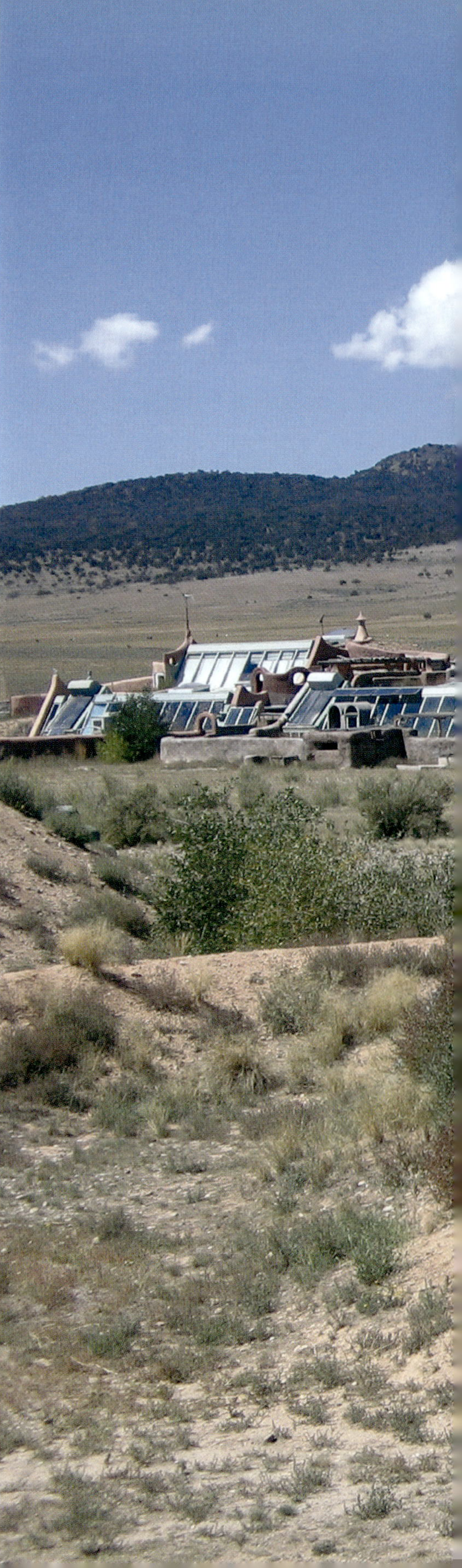

No, it's not a set from a George Lucas film, but an earthship, an ecologically sustainable house that provides for all its occupants' needs entirely autonomously. The originator of this concept is Michael Reynolds, an American "biotect" who, thirty years ago, looked for a "green" way of living that lacked none of the comfort and style we expect. The result is a type of house that heats up and cools down naturally, produces its own electricity and builds up its own stocks of water, processes its own waste water, produces food itself and is built largely using waste products such as bottles, bales of straw and old tyres. The Hut, a studio flat, and The Phoenix, a fully-equipped home, are let out by Earthship Biotecture to give people the opportunity to find out for themselves how comfortable ecological living can be.

Il ne s'agit pas d'un décor issu d'un film de George Lucas mais d'un vaisseau terrestre, une maison écologiquement responsable qui pourvoit à tous les besoins de ses locataires de manière autonome. Le concept revient à Michael Reynolds, un bio technicien américain parti il y a trente ans à la recherche d'un mode de vie écologique sans sacrifier au confort et au style. Les maisons qui en résultent sont chauffées et rafraîchies naturellement, produisent du courant, captent leur eau et traitent leurs eaux usées, produisent de la nourriture. Elles sont construites en grande partie au moyen de matériaux recyclés comme bouteilles, ballots de paille et pneus. Le studio The Hut et l'habitation complète The Phoenix, sont mis en location par Earthship Biotecture afin de permettre aux gens d'expérimenter à quel point une maison écologique peut être confortable.

Nee, dit is geen decor uit een of andere George Lucas-film, maar een aardschip, een ecologisch verantwoord huis dat geheel onafhankelijk in alle behoeften van zijn bewoners voorziet. De vader van dit concept is Michael Reynolds, een Amerikaanse 'biotect' die 30 jaar geleden op zoek ging naar een manier om 'groen' te leven zonder in te boeten aan comfort en stijl. Het resultaat zijn huizen die voor een natuurlijke opwarming en afkoeling zorgen, zelf stroom produceren en een eigen watervoorraad opbouwen, hun eigen rioolwater verwerken, zelf voedsel produceren en grotendeels gebouwd zijn met behulp van afvalstoffen, zoals flessen, strobalen en banden. The Hut, een studio, en The Phoenix, een volledig uitgeruste woning, worden door Earthship Biotecture verhuurd om mensen de kans te geven te ervaren hoe comfortabel ecologisch wonen wel kan zijn.

THE HUT & THE PHOENIX - EARTHSHIP BIOTECTURE, P.O. BOX 1041, TAOS, NEW MEXICO, USA - +1 505 751 0462 - WWW.EARTHSHIP.COM - RECEPTION@EARTHSHIP.ORG

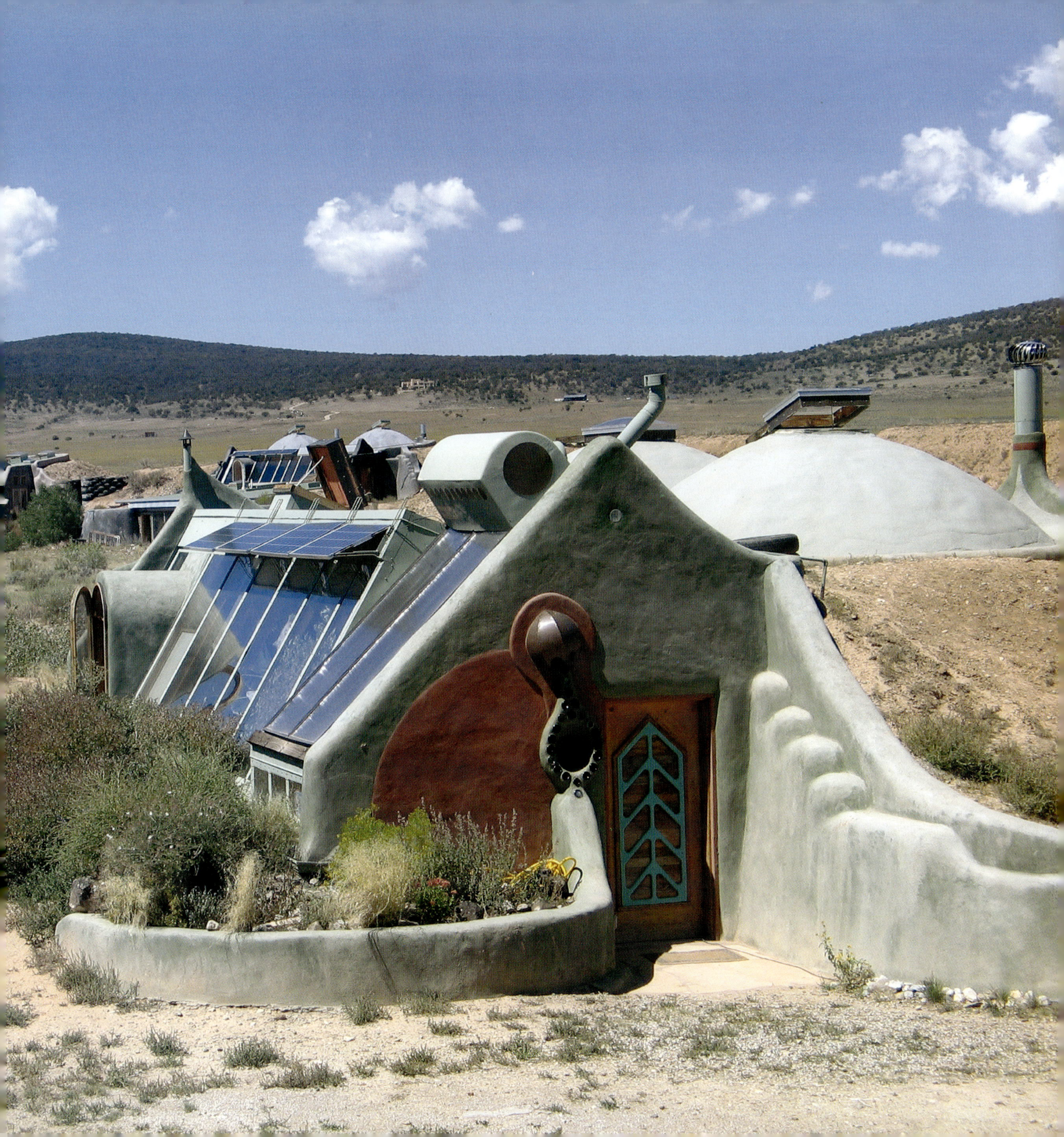

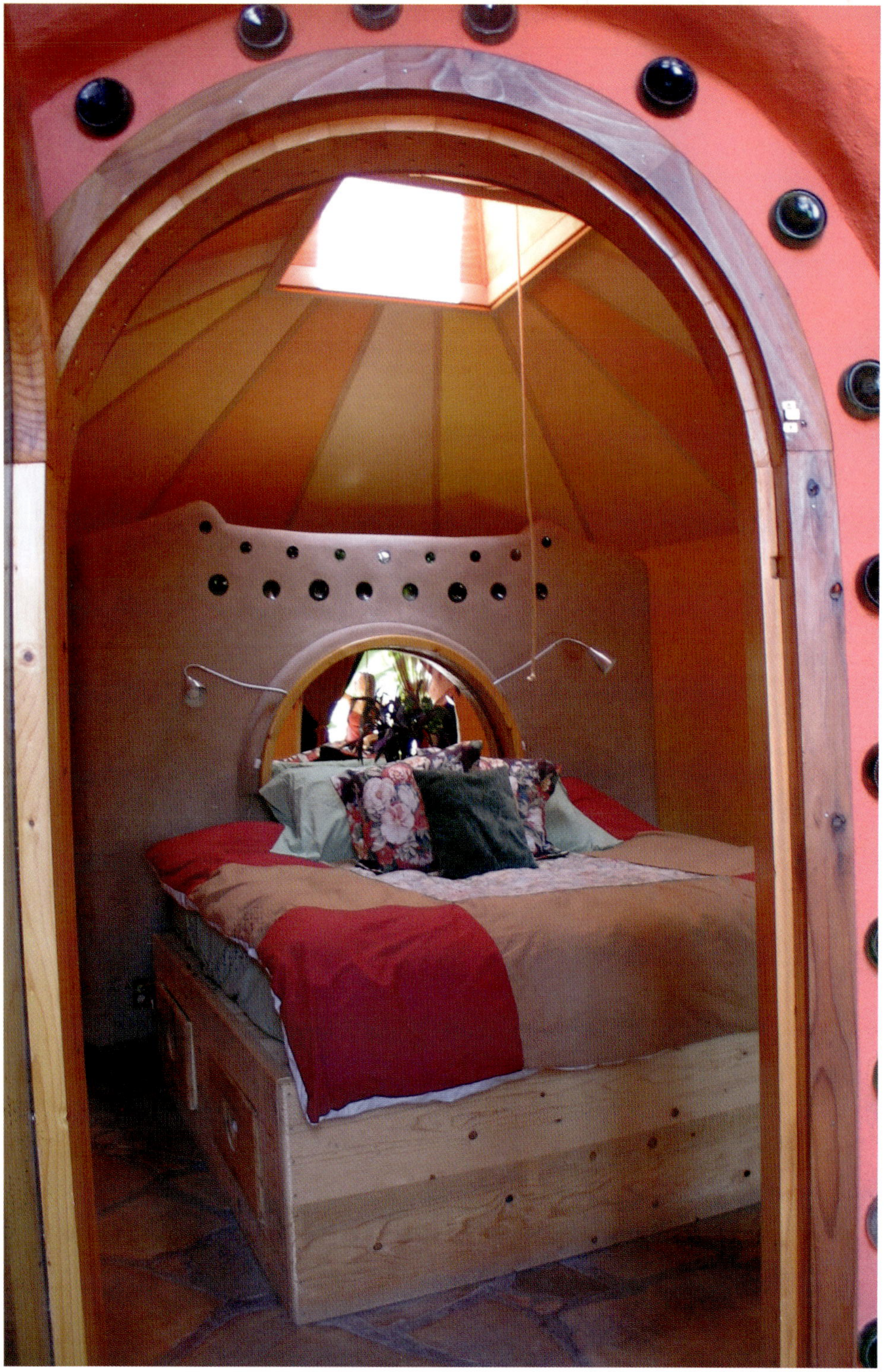

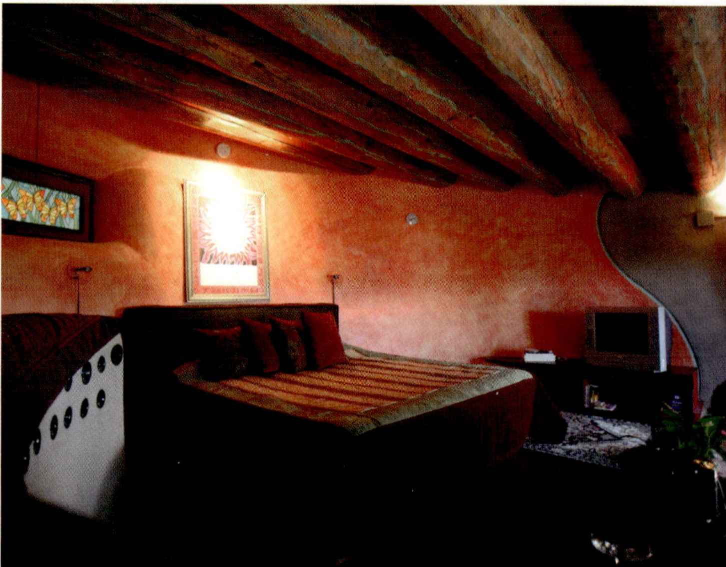

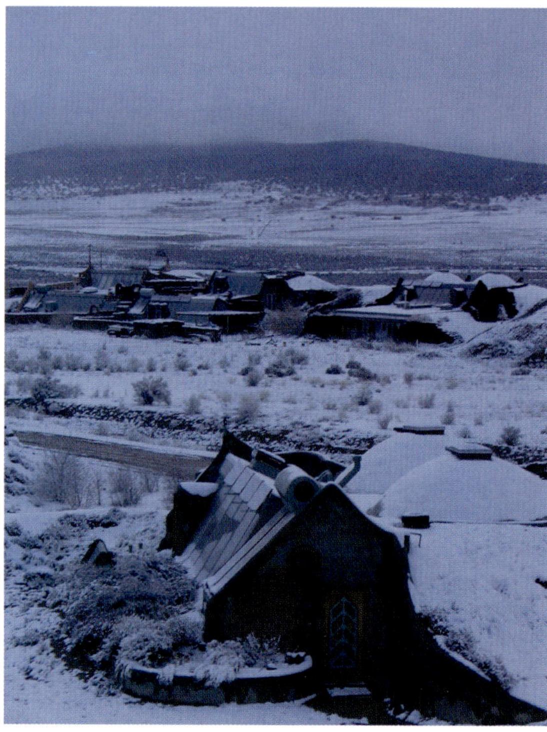

Thanks to ingenious insulation techniques, it is possible to pick edible bananas at an altitude of 2000 metres in the desert while it is snowing outside.

Grâce à d'ingénieuses technologies d'isolation il est possible de cueillir des bananes, dans le désert, à 2.000 mètres d'altitude, alors qu'il neige dehors.

Dankzij ingenieuze isolatietechnieken is het mogelijk om op 2.000 meter hoogte, in de woestijn, eetbare bananen te plukken terwijl het buiten sneeuwt.

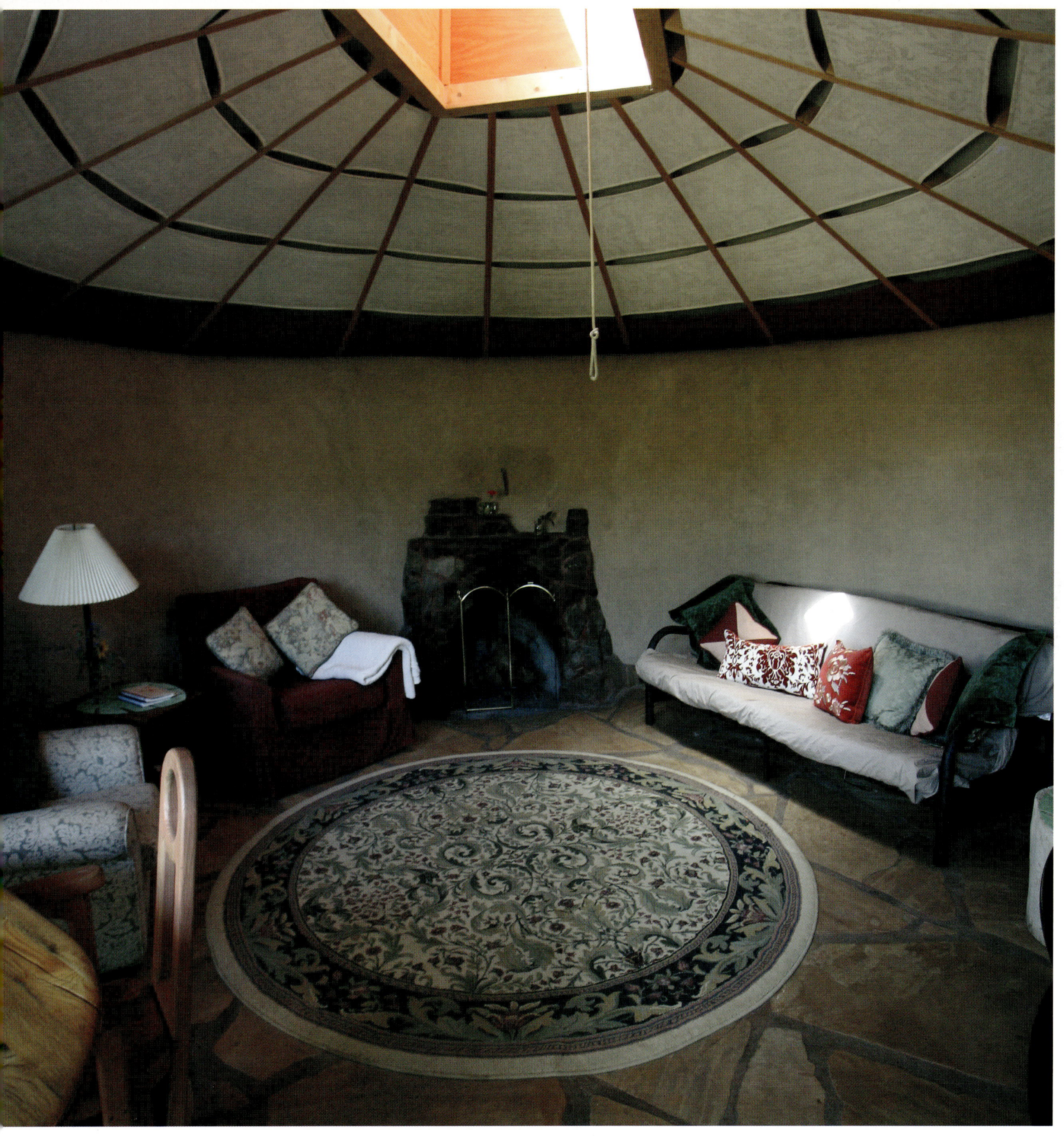

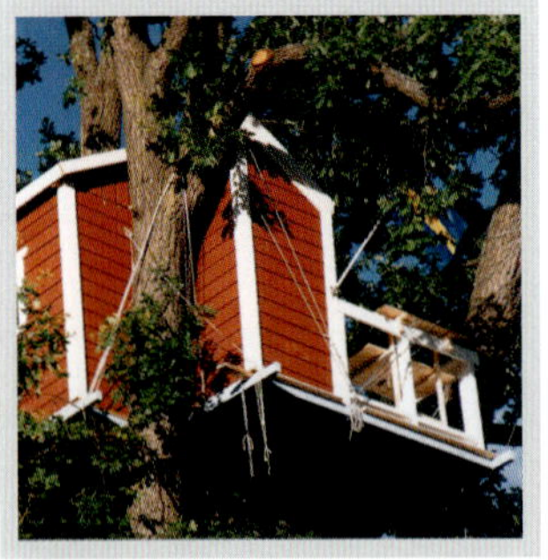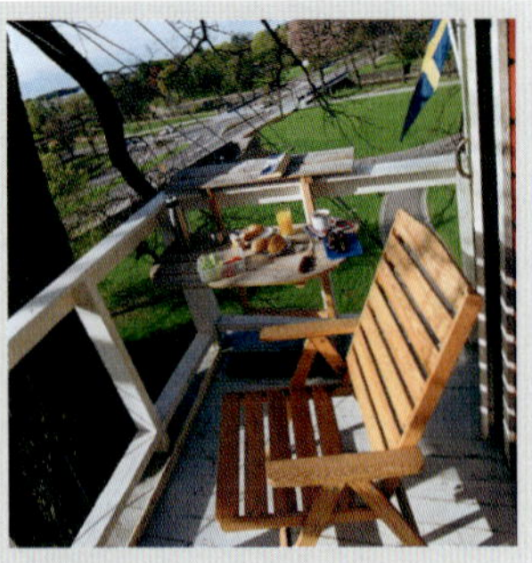

Treehouse hotel Sweden

The smallest hotel in the world

This treehouse, designed by Mikael Genberg (see p. 14) is barely 12.5 sq. m. in area and is 13 metres above the ground in the municipal park at Västerås. The original intention was that it should be free for anyone who wished to spend the night there, but when it became clear that everyone wanted to try it, Hackspett was transformed into a hotel. In 2006 the original 1998 treehouse was replaced by a new construction with two balconies, a kitchenette, a single bed, a miniature library, a verandah with hammock, a toilet and a pair of binoculars. To reach it you have to climb a ladder which is then removed. After that, your only contact with the outside world is a pulley system by which food can be hoisted up.

Cette cabane que Mikael Genberg (voir aussi p. 14) a nichée dans un arbre du parc de Västerås ne fait que 12,5 m² et se trouve à 13 mètres de haut. A l'origine, son but était d'offrir le logis à qui souhaitait passer la nuit sur place. Mais lorsqu'il devint évident que tout le monde souhaitait y passer la nuit, Hackspett fut reconverti en hôtel. La cabane d'origine, qui date de 1998, a été remplacée en 2006 par une nouvelle construction. Elle dispose de deux balcons, d'une kitchenette, d'un lit d'une personne, d'une mini-bibliothèque, d'une véranda pourvue d'un hamac, d'une toilette et de jumelles. Pour arriver à la cabane, il faut grimper à une échelle qui disparaît ensuite. Le seul contact avec l'extérieur subsistant, consiste en un système de poulie qui permet de faire monter des aliments.

Deze boomhut van de hand van Mikael Genberg (zie ook p. 14) is amper 12,5 m² groot en bevindt zich op 13 meter hoogte in het stadspark van Västerås. Oorspronkelijk was het de bedoeling dat de hut gratis onderdak zou bieden aan eenieder die er een nachtje in wilde doorbrengen, maar toen duidelijk werd dat iedereen dat wel eens wilde, werd Hackspett omgedoopt tot hotel. De originele boomhut uit 1998 werd in 2006 vervangen door een nieuwe constructie die beschikt over twee balkons, een keukentje, een eenpersoonsbed, een mini-bibliotheek, een veranda met hangmat, een toilet en een verrekijker. Om de locatie te bereiken, moet je een ladder beklimmen die later verwijderd wordt. Je enige contact met de buitenwereld bestaat daarna uit een takelsysteem waarlangs voedsel naar boven gehaald kan worden.

Although this treehouse was originally intended for one person, couples who are willing to share a narrow single bed are also welcome.

Bien que la cabane soit à l'origine destinée à une seule personne, elle accueille aussi les couples prêts à se serrer dans un petit lit.

Hoewel de boomhut oorspronkelijk bedoeld was voor een persoon, zijn paren die een smal eenpersoonsbed willen delen ook welkom.

HOTEL HACKSPETT / WOODPECKER HOTEL · Vasaparken, Västerås, Stockholm, Sweden · +46 21 39 01 00 · WWW.VASTERASMALARSTADEN.SE

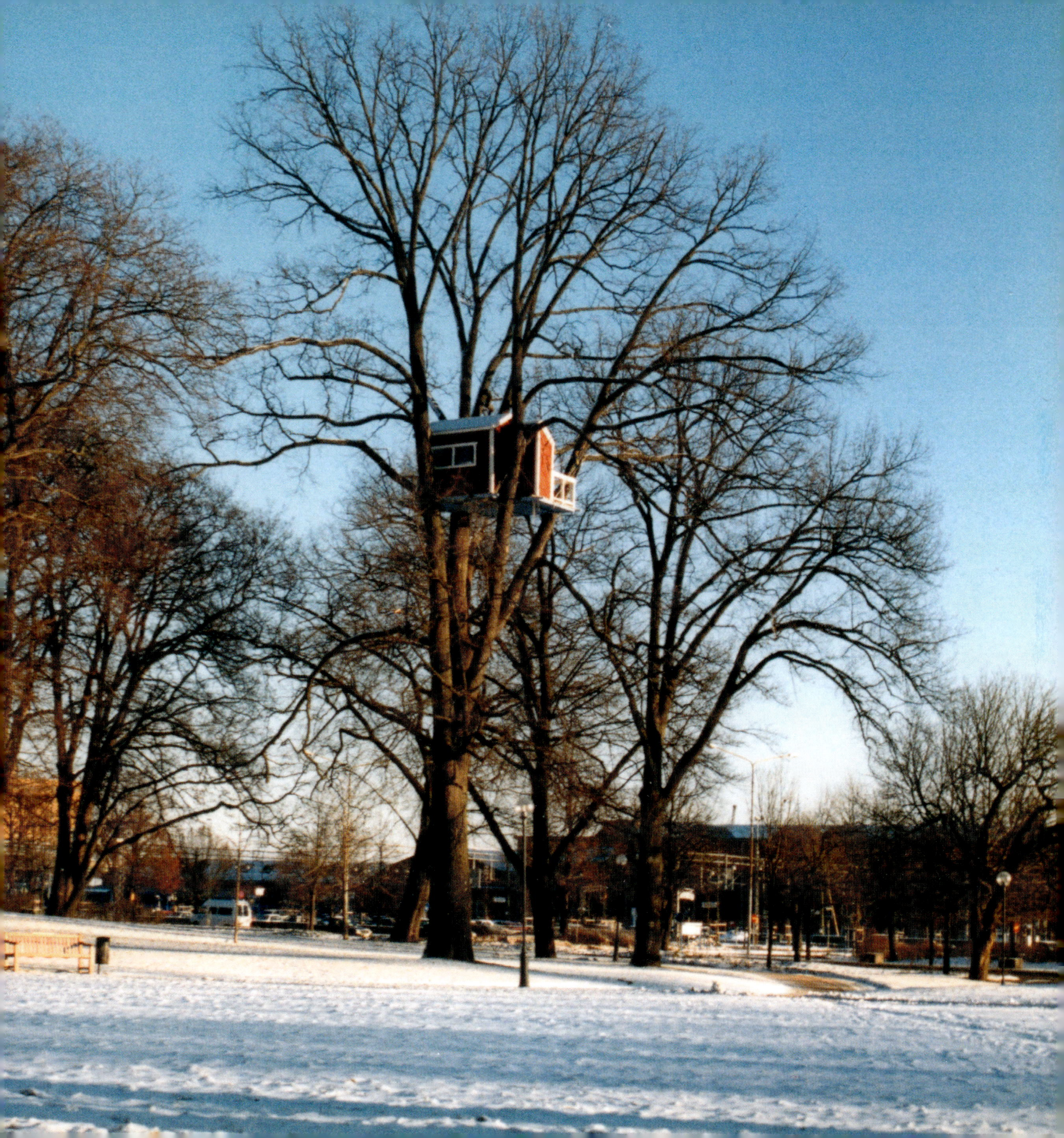

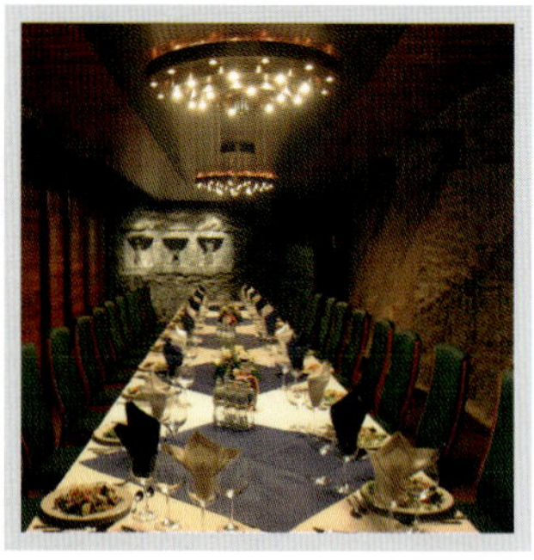 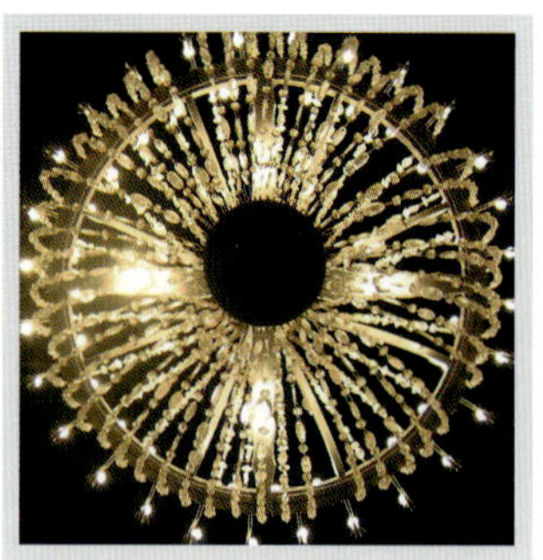

Underground restaurant Poland

Salty business

This is the only place in the world where you can eat a meal completely surrounded by salt: on your hands, under your shoes, above your head, in the air… The entire space has been literally cut out of rock-salt. The Wieliczka salt mine is not only a tourist attraction, you can also dine upon an enormous variety of traditional Polish dishes there. Part of this 900 year old mine has been used as a ballroom since the 18th century and given that the microclimate inside stimulates the appetite, there is an equally long tradition of serving food underground. Three dining halls, which can accommodate 580 people in total, are situated at a depth of 125 and 135 metres. Two new spaces are currently being renovated and they will form the new gastronomic heart of the mine in the near future.

Voici le seul endroit au monde où savourer un repas sous une montagne de sel : sur les mains, sous les semelles, au-dessus de la tête et dans l'air… En vérité, l'espace entier est littéralement sculpté dans des parois de sel. Wieliczka n'est pas seulement une attraction touristique, on peut également y savourer une énorme variété de plats polonais traditionnels. Une partie de cette mine, vieille de 900 ans, est exploitée depuis le 18e siècle comme salle de bal. Et comme le microclimat qu'on y rencontre stimule l'appétit, la tradition d'y servir des repas en sous-sol date de la même époque. A 125 et 135 mètres de fond se trouvent trois salles de banquet qui peuvent accueillir jusqu'à 580 personnes. Deux nouveaux espaces en cours de rénovation constitueront prochainement le nouveau cœur gastronomique de la mine.

Dit is de enige plaats ter wereld waar je een maaltijd kan verorberen, volledig omringd door zout: op je handen, onder je schoenen, boven je hoofd, in de lucht… De hele ruimte is dan ook letterlijk uitgehakt in de zoutrotsen. De zoutmijn van Wieliczka is niet enkel een toeristische trekpleister, je kan er ook een enorme variëteit aan traditionele Poolse gerechten verorberen. Een deel van deze 900 jaar oude mijn wordt al sinds de 18e eeuw als balzaal gebruikt, en aangezien het microklimaat dat er heerst de eetlust stimuleert, bestaat er een even lange traditie wat betreft het ondergronds serveren van maaltijden. Op 125 en 135 meter diepte bevinden zich 3 gelagzalen, die in totaal 580 mensen kunnen herbergen. Twee nieuwe ruimtes worden op dit moment gerenoveerd en zullen in de nabije toekomst het nieuwe gastronomische hart van de mijn gaan vormen.

UNDERGROUND RESTAURANT OF THE WIELICZKA SALT MINE - 10 Danilowicza Street, 32-020 Wieliczka, Poland - +48 12 278 73 24 - gastronomia@kopalnia.pl - www.kopalnia.pl

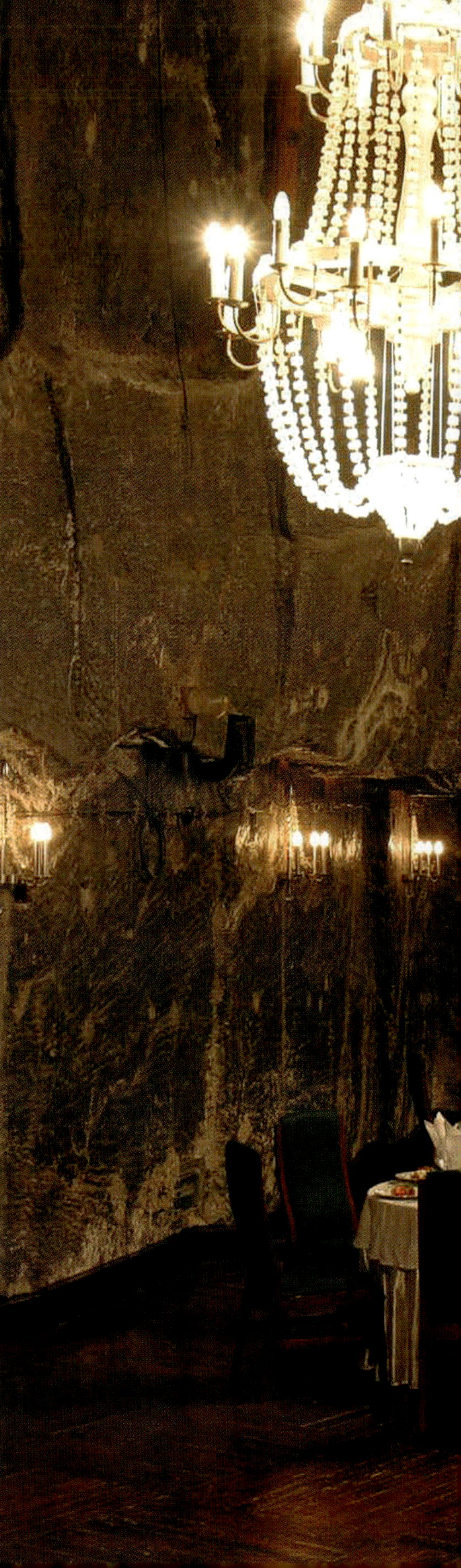

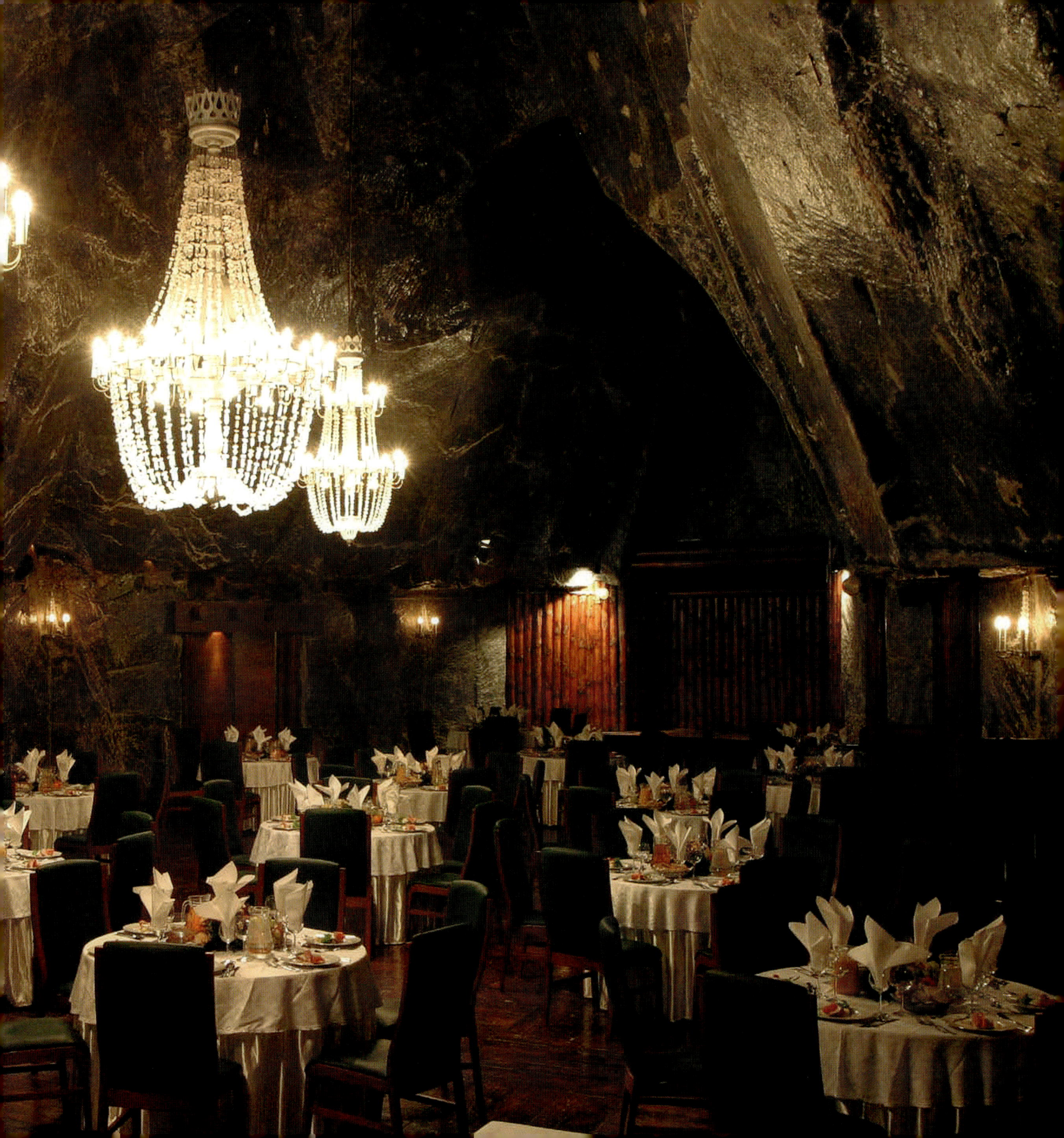

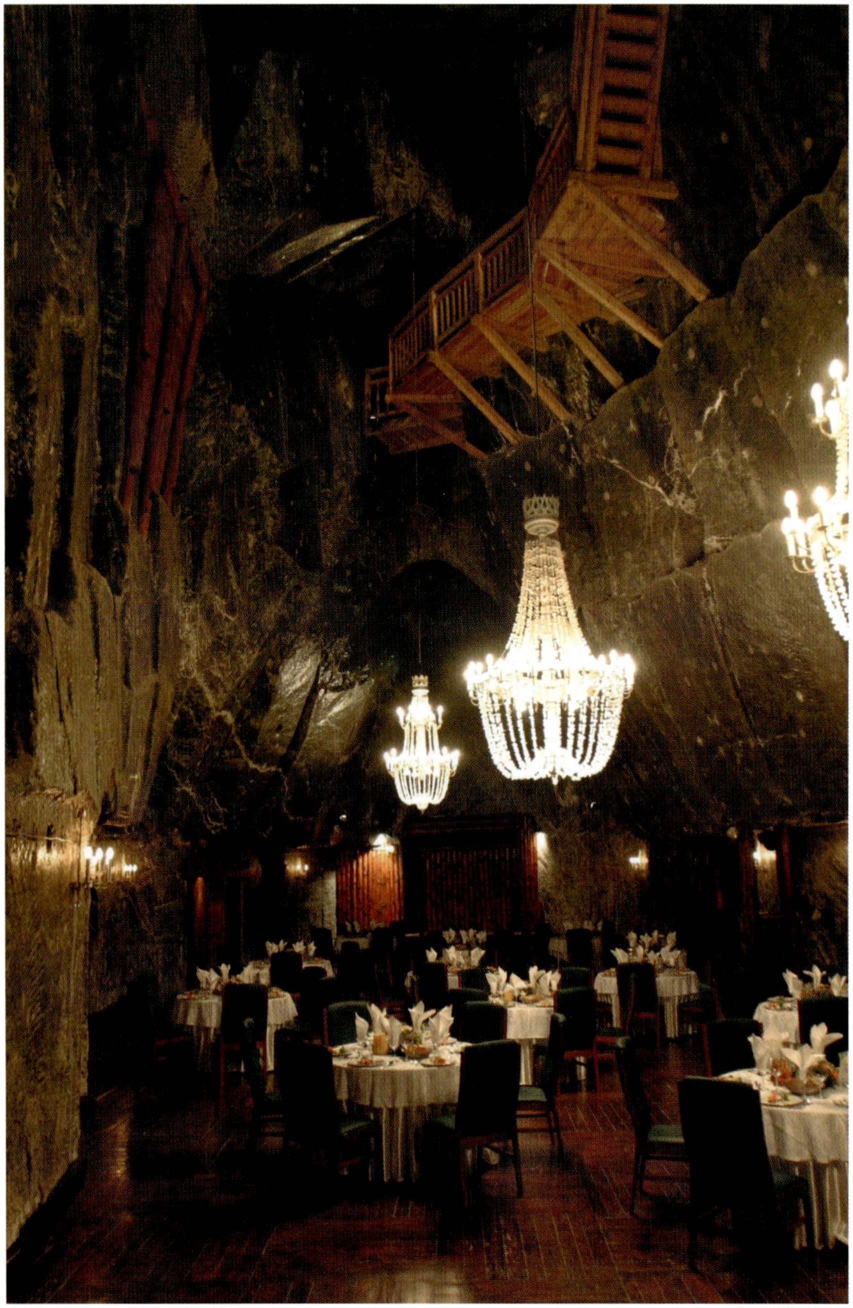

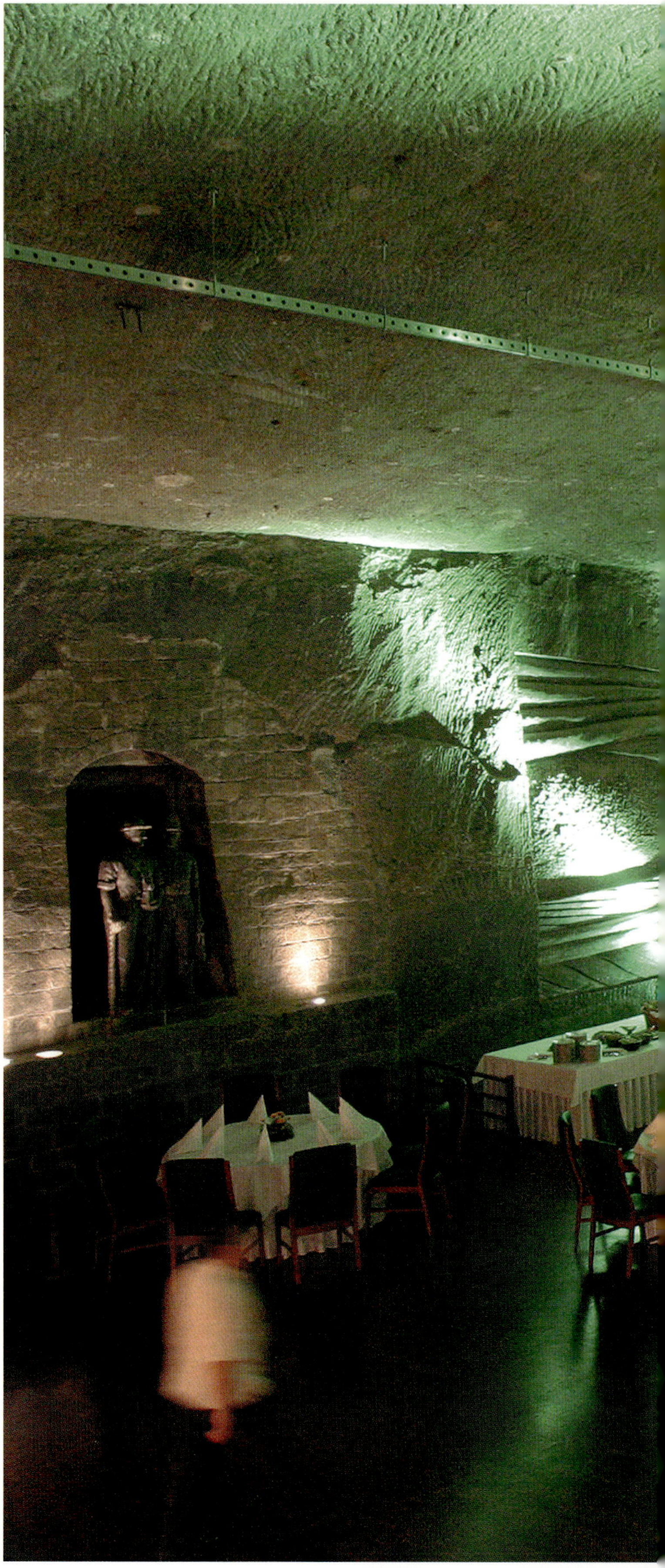

Every year more than a 1,000,000 tourists visit this mine and around 300 events are organised.

Chaque année, la mine est visitée par plus de 1.000.000 de touristes et quelque 300 événements y sont organisés.

Jaarlijks bezoeken meer dan een 1.000.000 toeristen deze mijn en worden er ongeveer 300 evenementen georganiseerd.

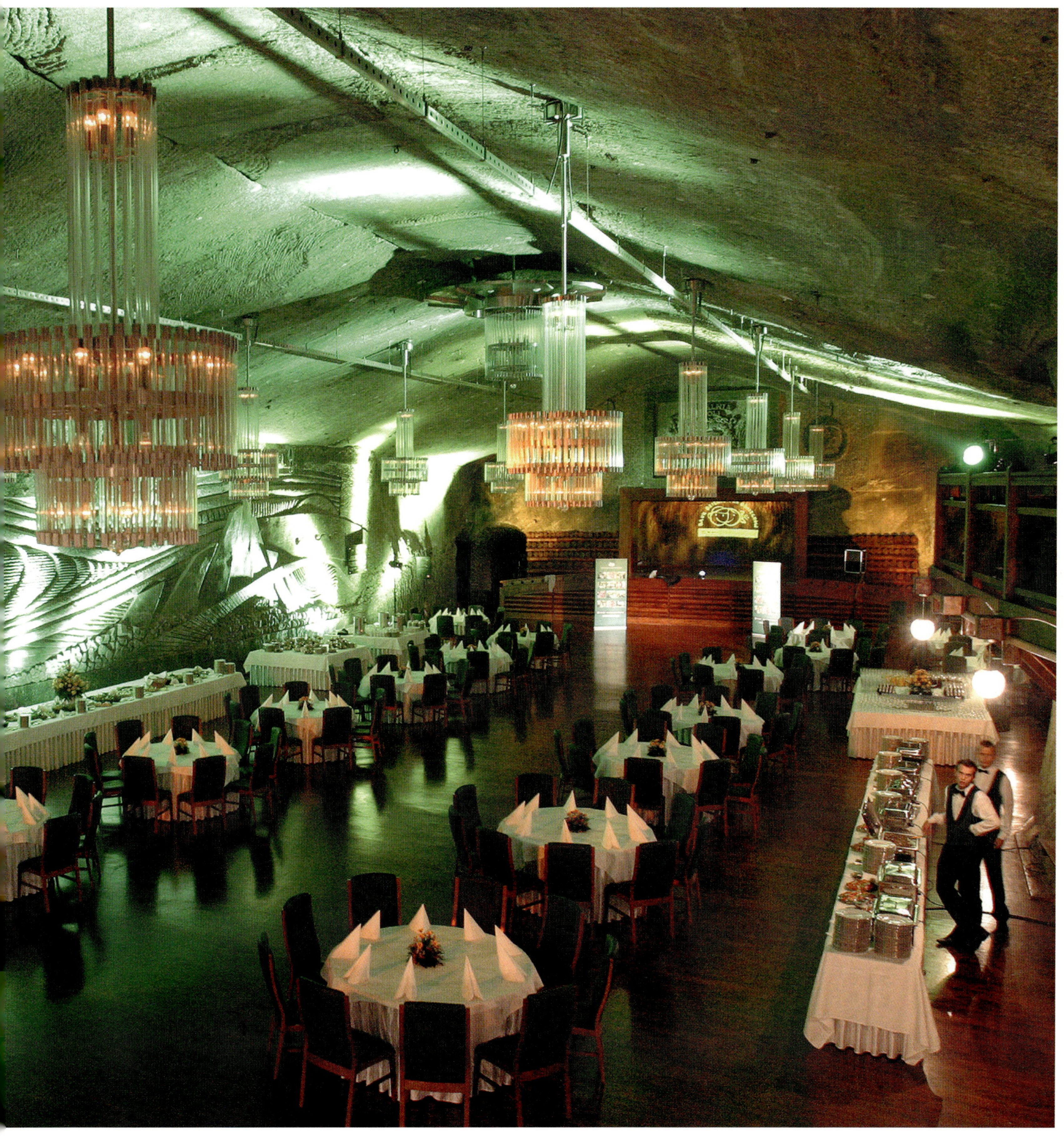

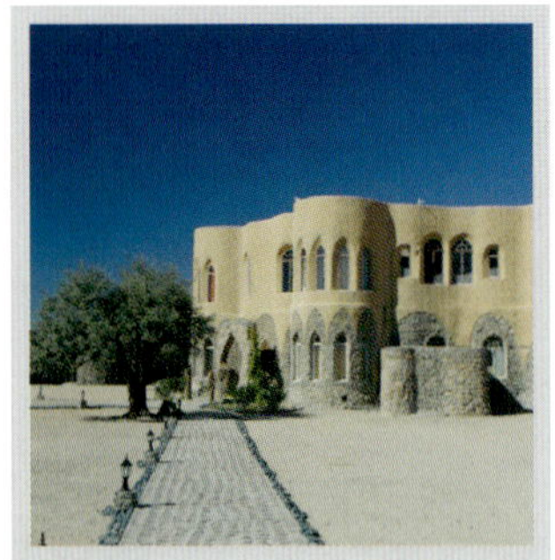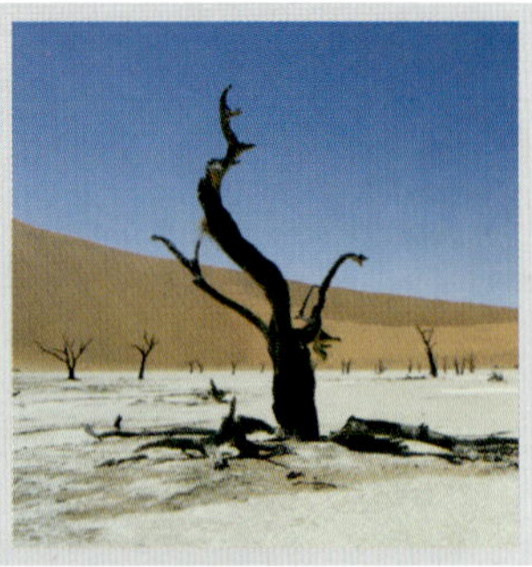

Desert castle **Namibia**

Dunes in the desert

Le Mirage Desert Lodge & Spa offers a harmonious mix of unbridled luxury and pure nature in the middle of the Namibian desert. This desert castle is built of local stone and thus appears to be an almost natural part of the environment. Inspired by Moroccan architecture and designed in accordance with the ancient forms of the African rondavel, it provides the cooling effect that is absolutely necessary in this extreme climate. The 27 luxurious suites provide a spectacular view of the desert, the pillars and arches create a mysterious atmosphere, the green enclosed garden and swimming pool offer diversion and the wellness centre the ultimate relaxation. If, in spite of all this, you still want to be active, you can dash about in the desert on a quad, visit the nearby Sossusvlei or go on a balloon flight you will never forget.

Le Mirage Desert Lodge & Spa est un mélange harmonieux de luxe démesuré et de nature à l'état pur, au milieu du désert Namibien. Le château du désert est constitué de pierres locales qui intègrent très naturellement l'édifice au paysage. Inspiré de l'architecture marocaine, il est développé selon les formes antiques d'une case africaine qui assurent la climatisation, indispensable dans ce climat extrême. Les 27 suites luxueuses offrent une vue sur le désert, les piliers et les arcades contribuent à une atmosphère mystérieuse, le jardin intérieur et la piscine se chargent de vous distraire tandis que le centre de bien-être vise la détente ultime. Et si malgré tout vous voulez rester actifs, vous pouvez traverser le désert en quad, visiter le Sossusvlei à proximité ou faire un mémorable voyage en ballon.

Le Mirage Desert Lodge & Spa biedt een harmonieuze mix van ongebreidelde luxe en puur natuur middenin de Namibische woestijn. Het woestijnkasteel is opgetrokken uit lokale steensoorten en maakt daardoor op bijna natuurlijke wijze deel uit van de omgeving. Geïnspireerd door de Marokkaanse architectuur en ontworpen volgens de aloude vormen van een Afrikaanse rondavel, zorgt het voor de verkoeling die broodnodig is in dit extreme klimaat. De 27 luxueuze suites bieden een spectaculair uitzicht over de woestijn, de bogen en pilaren creëren een mysterieuze sfeer, de groene binnentuin en het zwembad zorgen voor verstrooiing en het wellness center voor de ultieme ontspanning. Wil je desondanks toch nog actief zijn, dan kan je met een quad door de woestijn scheuren, de nabijgelegen Sossusvlei bezoeken of een memorabele ballonvaart maken.

LE MIRAGE DESERT LODGE & SPA · P.O. Box 90538, Windhoek, Namibia · +264 63 293 293 · www.leadinglodges.com · lemirage@leadinglodges.com

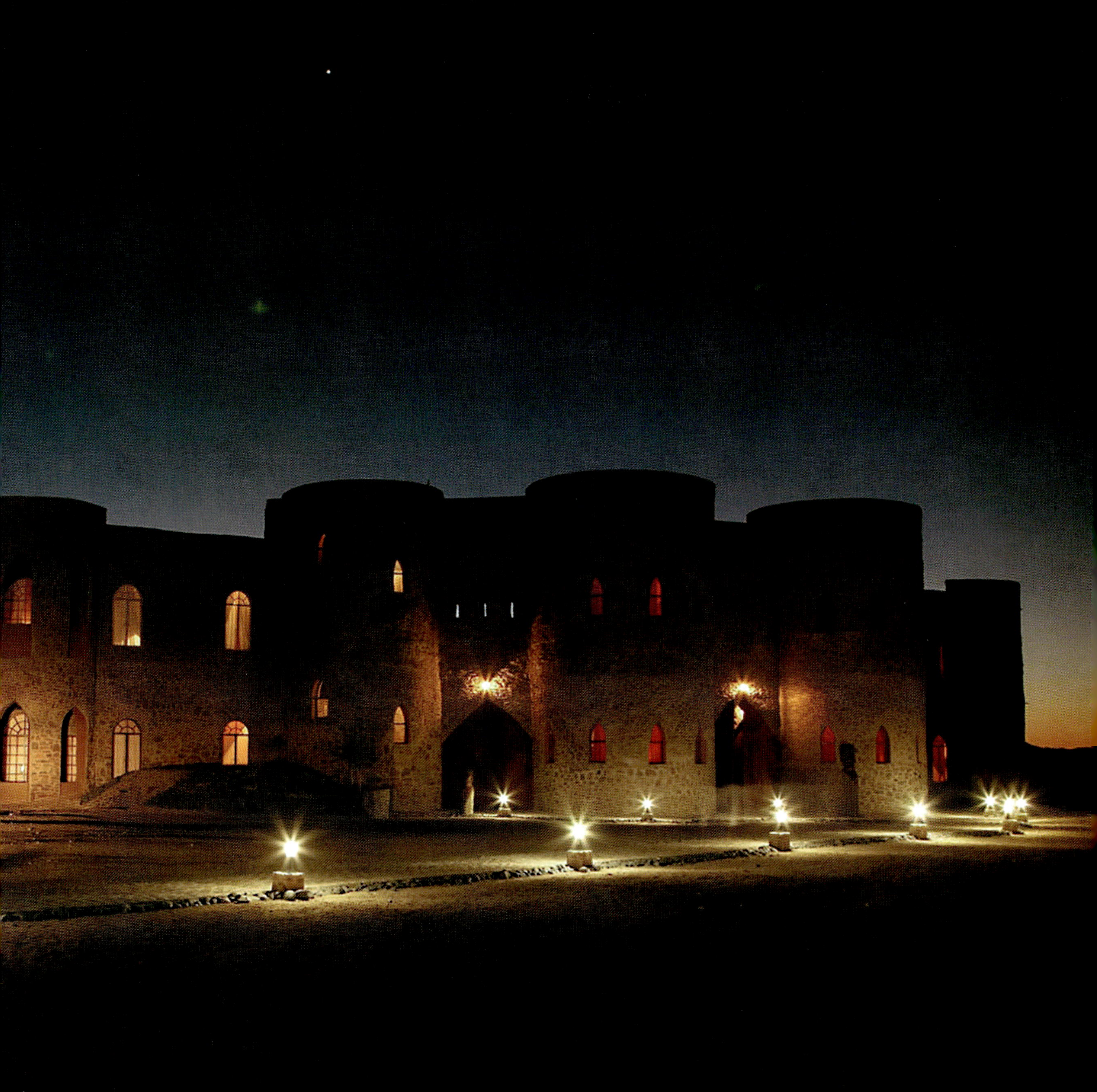

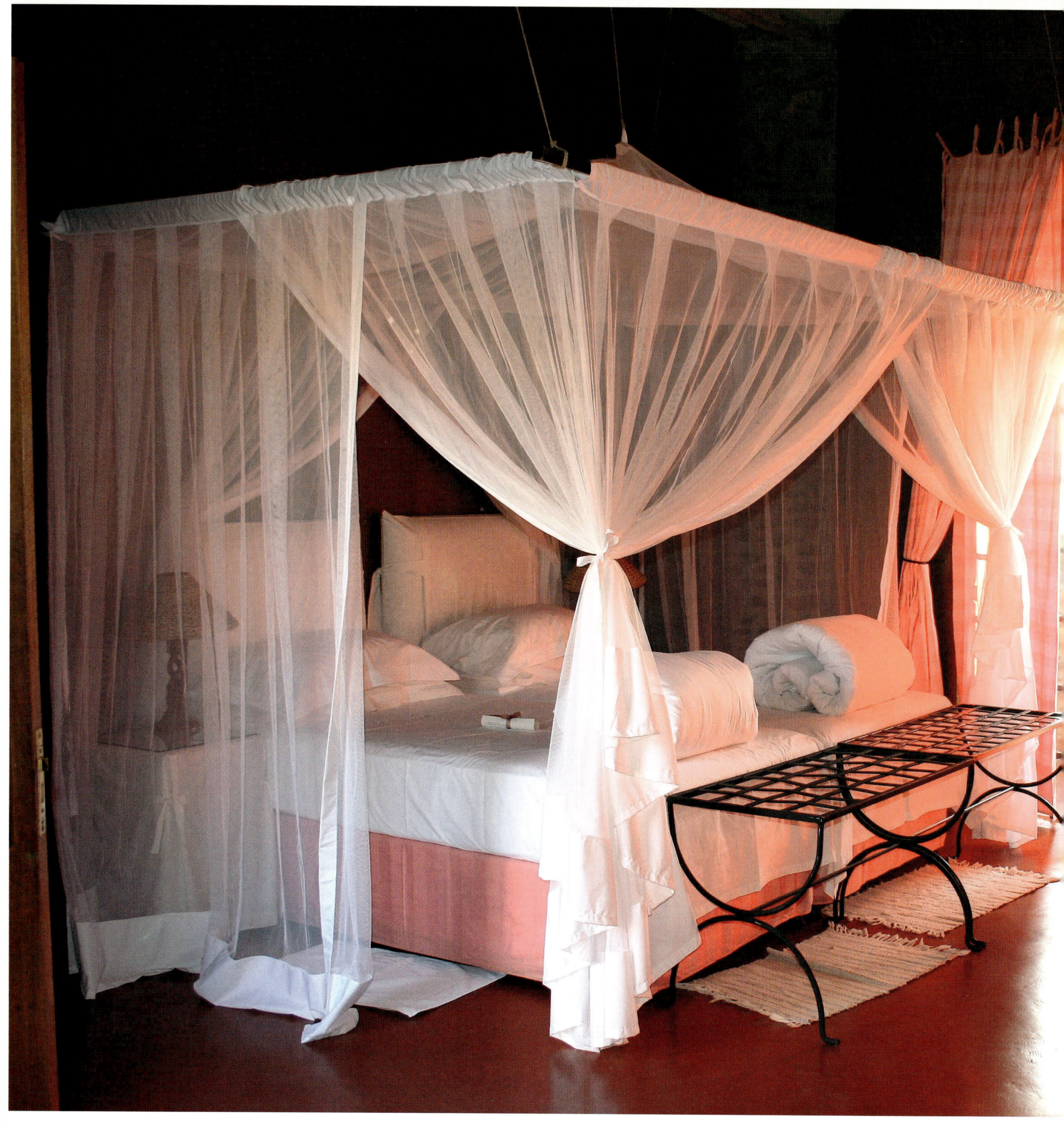

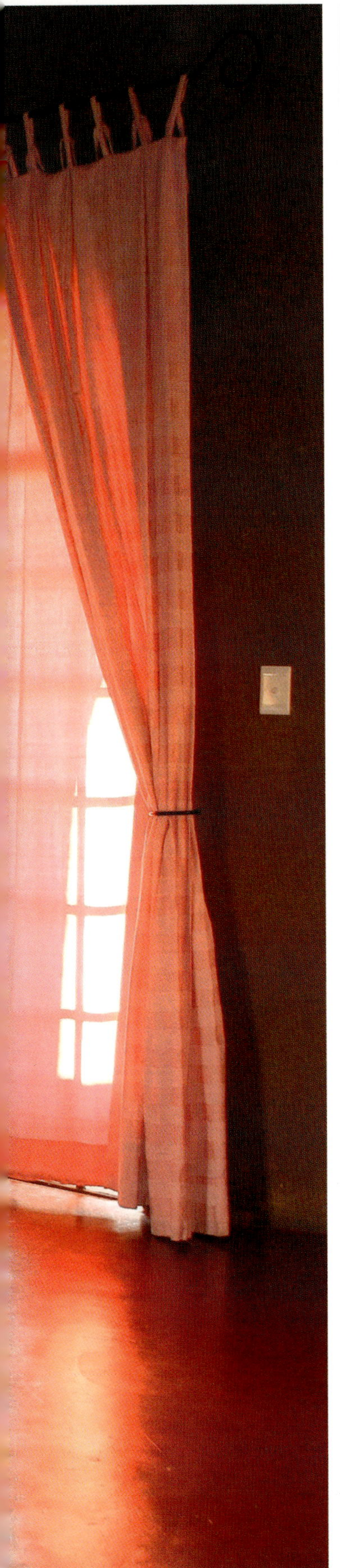

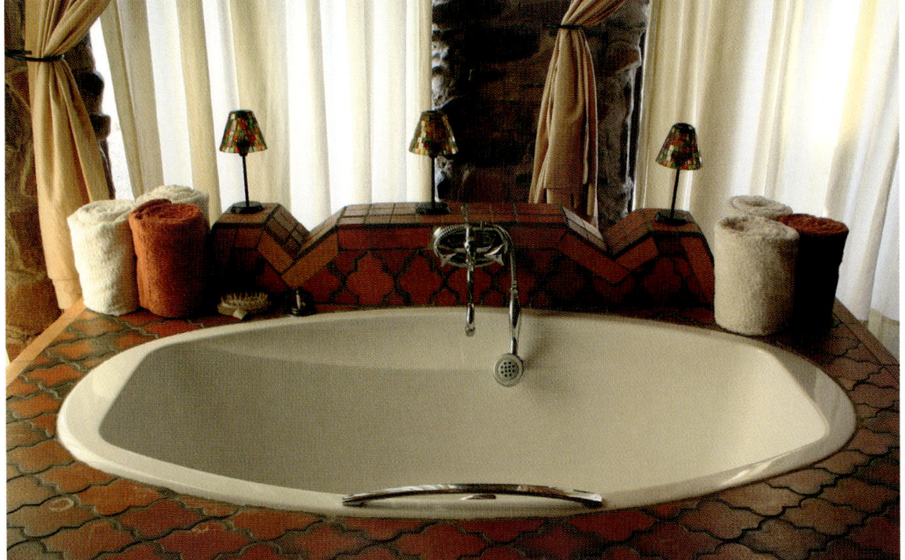

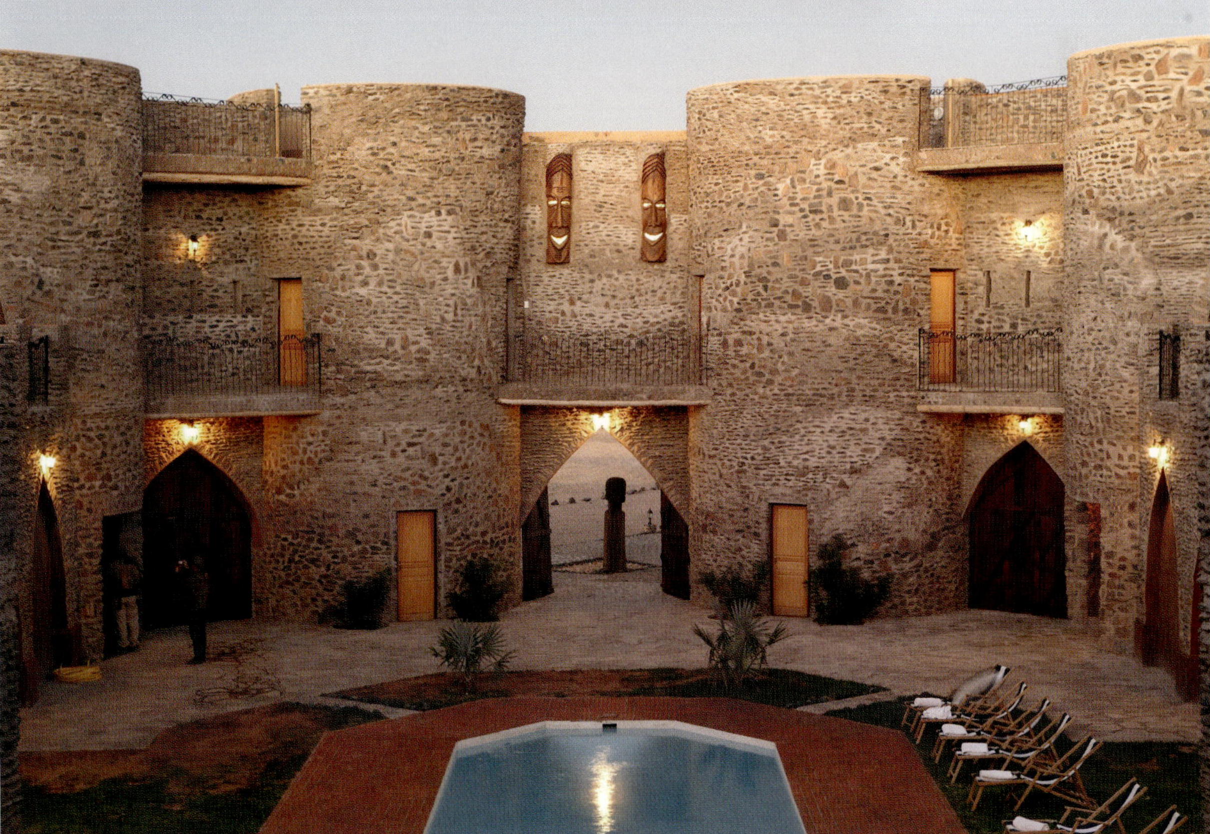

Nearby lies the Sossusvlei, a unique area of red sand dunes up to 300 metres high that present a marvellous show at sunset.

Situé non loin, le Sossusvlei, un domaine de dunes rouges qui atteignent 300 mètres de haut, promet un spectacle magnifique au lever du soleil.

Vlakbij ligt de Sossusvlei, een uniek gebied met rode zandduinen die tot 300 meter hoog worden en bij zonsopgang een prachtig schouwspel bieden.

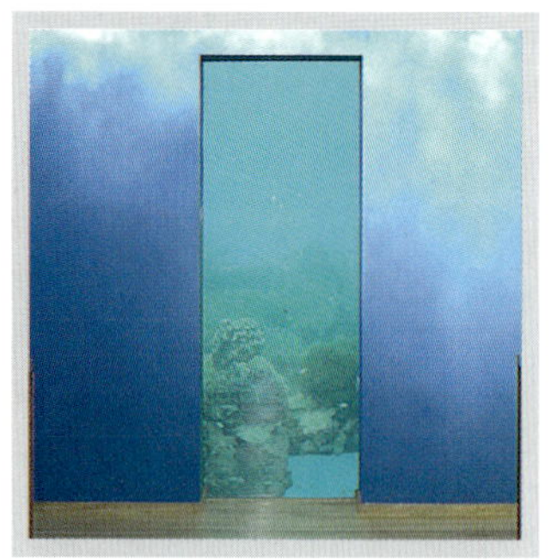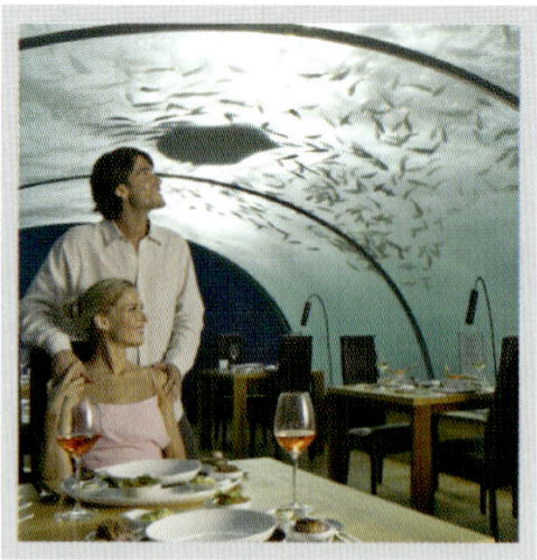

Underwater restaurant Maldives

Dining with the fishes

The world's first underwater restaurant opened its doors on the 15th of April 2005 on Rangali Island in the Maldives. Ithaa – meaning 'pearl' in the Maldivian language Divehi – is made of 3 transparent acrylic arches 12.5 cm thick that give the visitor an unlimited view of the colourful coral reef and its inhabitants. The restaurant, that sits 5 metres beneath sea level at the bottom of the Indian Ocean, is 9-by-5 metres and seats 12 guests. It is reached via a spiral staircase within a covered pavilion at the end of a jetty. The kitchen is located above water. The waiting list for a place in this exclusive world grew so quickly, they decided that the restaurant would also open for lunch. The light is so bright at that time of the day that both guests and staff have to wear sunglasses to protect their eyes.

Le premier restaurant sous-marin du monde a ouvert ses portes le 15 avril 2005, aux abords de l'île de Rangali, dans les Maldives. Ithaa – qui signifie "perle" en Divehi, la langue locale – se compose de 3 tunnels enacrylique transparent, épais de 12,5 cm. Ils offrent au visiteur une vue infinie sur un récif corallien bigarré et sa faune. Le restaurant, qui repose à cinq mètres au-dessous du niveau de la mer, au fond de l'océan indien, s'étend sur une surface de 5 mètres par 9, offrant place à 12 couverts. On y descend par un escalier en colimaçon situé sous un pavillon couvert, à l'extrémité d'un ponton. La cuisine se trouve en surface. Le temps d'attente pour obtenir une table dans cet endroit exclusif n'est pas trop long, depuis que le restaurant sert également le midi. A cet instant de la journée, la lumière est si vive que le personnel et les clients doivent impérativement porter des lunettes afin de protéger leurs yeux du soleil.

's Werelds eerste onderwaterrestaurant opende zijn deuren op 15 april 2005 naast Rangali Island in de Maldiven. Ithaa – 'parel' in de Maldivische taal Divehi – bestaat uit 3 doorzichtige acryl bogen van 12,5 centimeter dik, die de bezoeker een onbegrensd zicht bieden op het kleurrijke koraalrif en haar bewoners. Het restaurant, dat 5 meter onder zeewaterniveau op de bodem van de Indische Oceaan rust, is 9 op 5 meter groot en biedt plaats aan 12 gasten. De zaak betreed je via een draaitrap in een overdekt paviljoen aan het einde van een steiger. De keuken bevindt zich boven water. De wachttijd voor een plekje in dit exclusieve oord werd al snel zo lang dat men besloot het restaurant ook open te stellen voor de lunch. Op dat moment van de dag is het er echter zo licht dat personeel en gasten zonnebrillen moeten dragen om hun ogen te beschermen.

ITHAA - CONRAD MALDIVES RANGALI ISLAND – P.O. Box 2034, Rangali Island, 2034, Maldives - +960 668 0619 - MALDIVESINFO@CONRADHOTELS.COM - WWW.CONRADHOTELS.COM

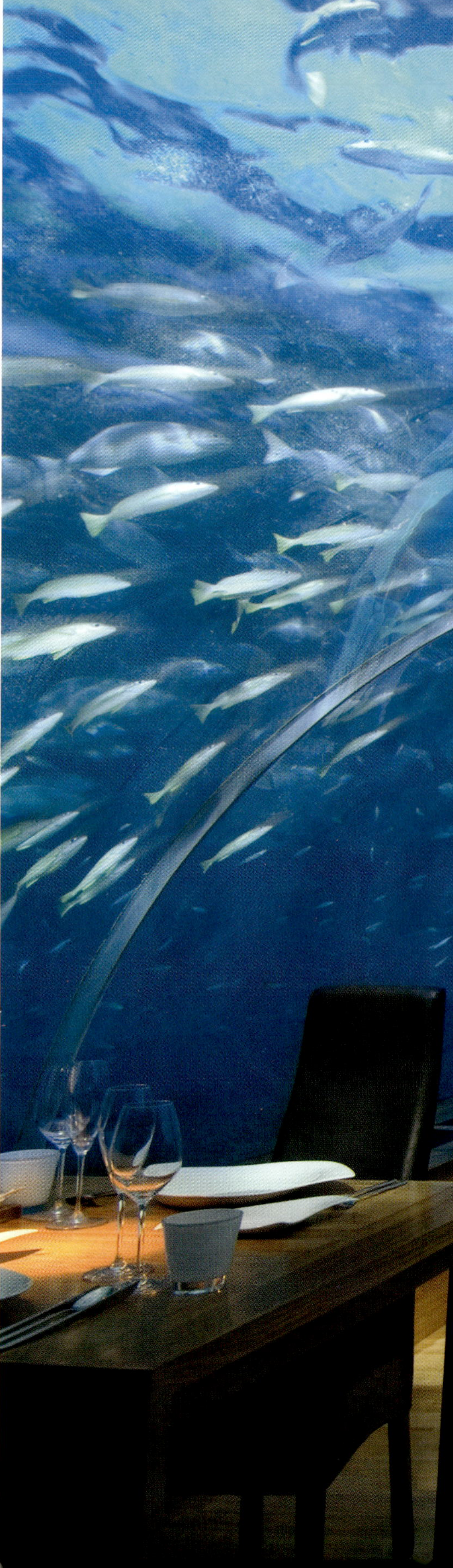

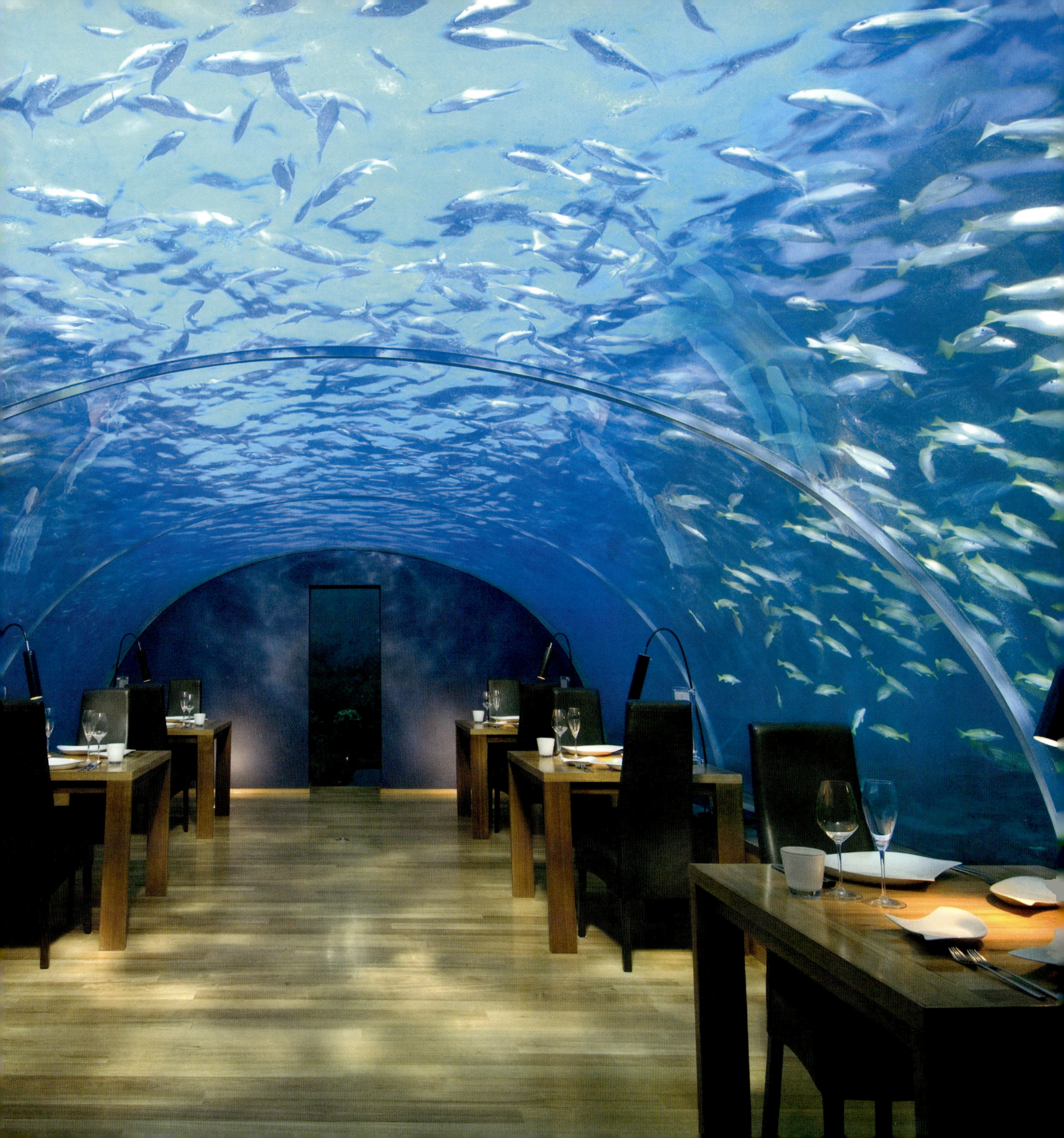

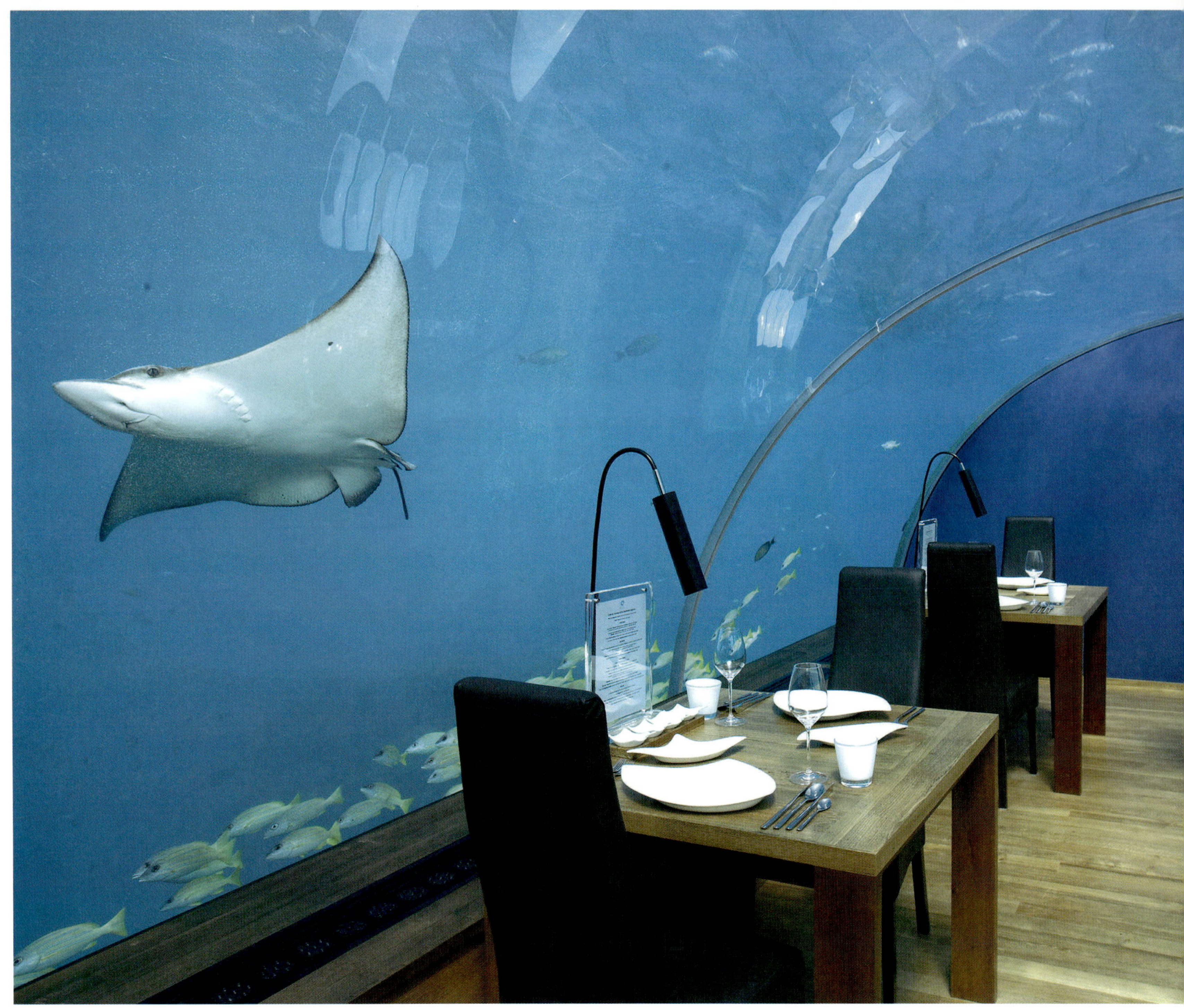

Ithaa's house wine is champagne and the kitchen specialises in international and Maldivian-western fusion dishes.

A Ithaa, le vin maison est le champagne. Le restaurant mélange la cuisine internationale et des spécialités des Maldives occidentales.

De huiswijn van Ithaa is champagne en de keuken is gespecialiseerd in internationale en Maldivisch-westerse fusiongerechten.

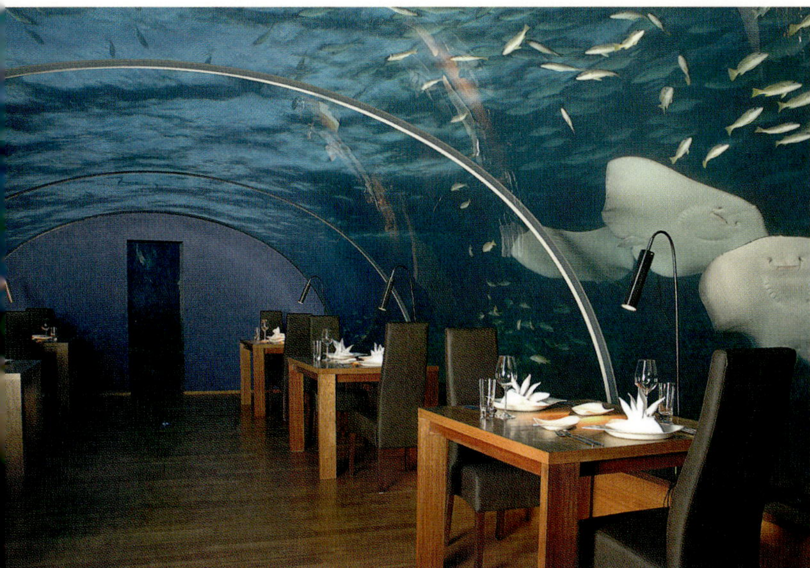

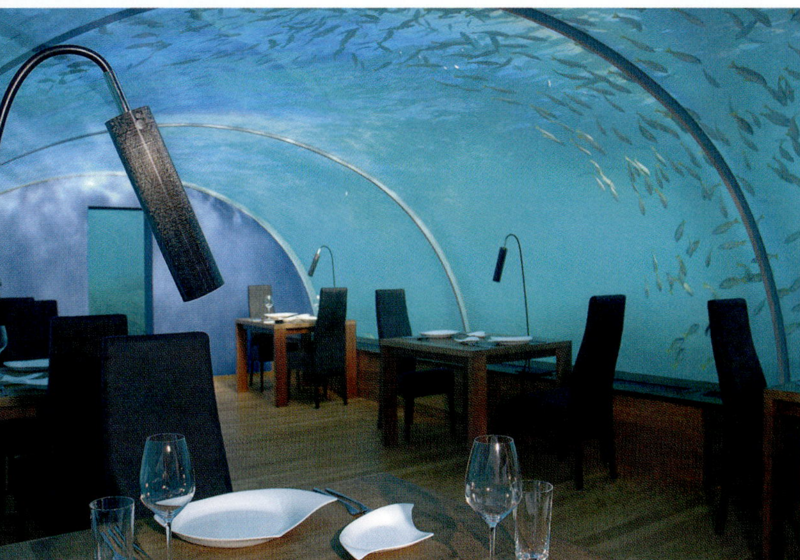

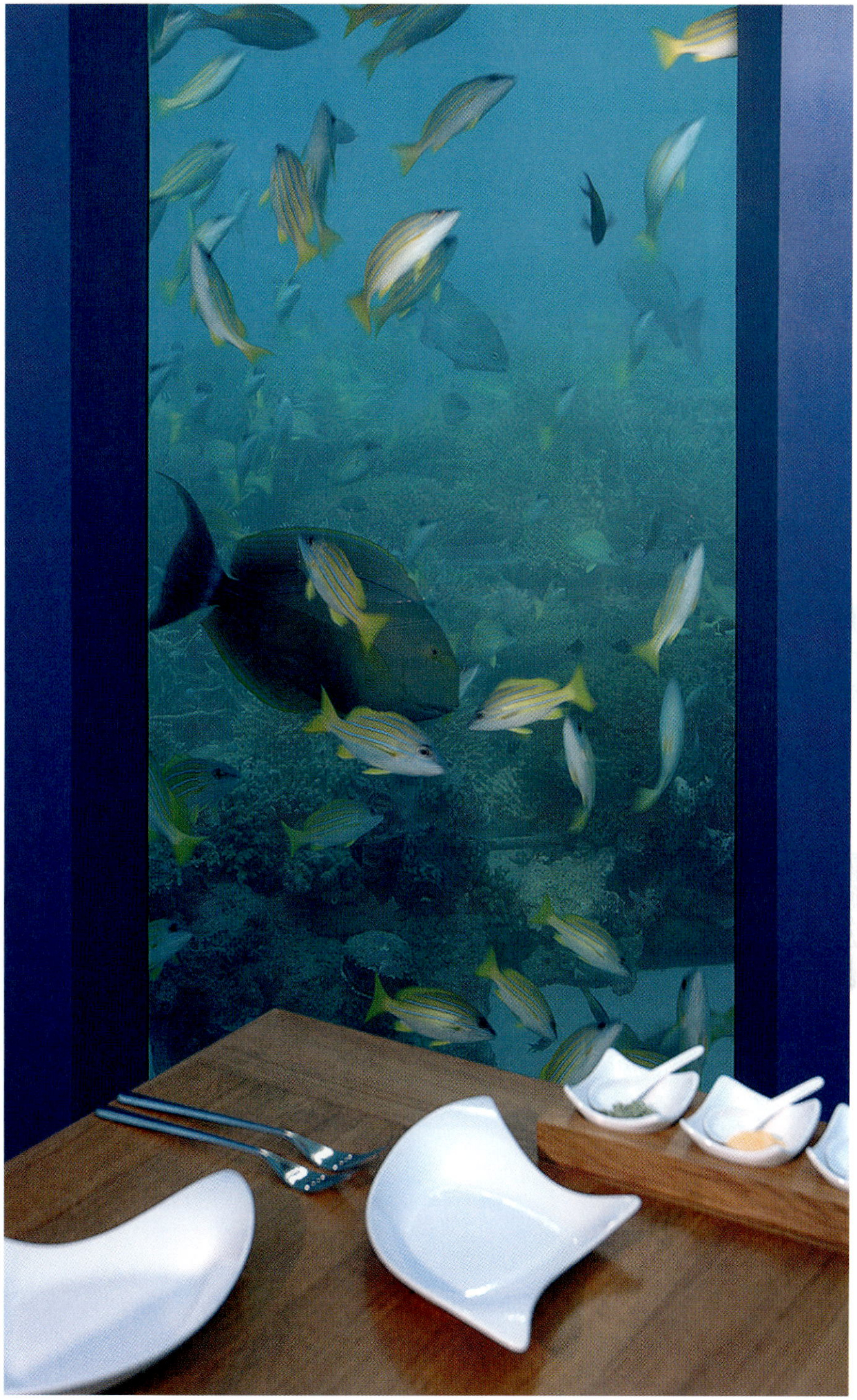

The restaurant has an expected lifespan of 20 years.

La durée de vie prévue de ce restaurant est de 20 ans.

Het restaurant heeft een verwachte levensduur van 20 jaar.

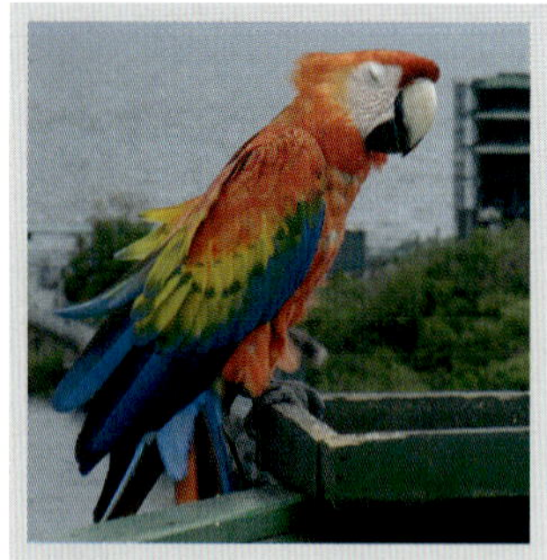 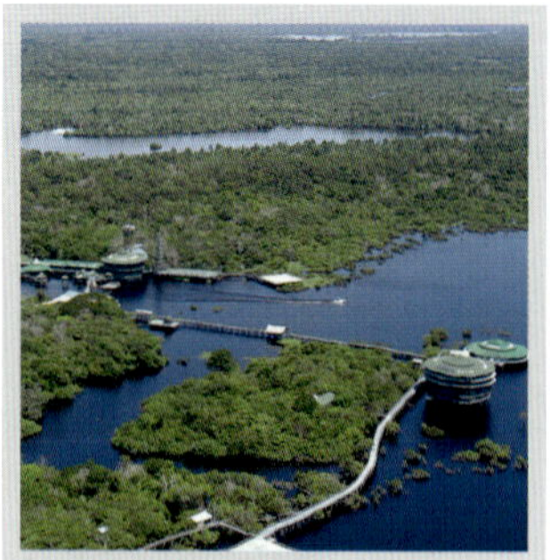

Treetop hotel

Me Tarzan, you Jane

Eight towers containing a total of 265 flats, suites and Tarzan Houses, two observation towers, two swimming pools, two restaurants, a panoramic auditorium, a bar and a cybercafé, all up there in the crowns of the trees and linked together by eight kilometres of catwalk. This is the Ariaú Amazon Towers Hotel, the world's largest treetop resort. It was built in 1987 at the confluence of the Rio Negro and Ariau Creek in the middle of the Amazon rainforest, and can only be reached by helicopter or boat. By way of entertainment, you can tear around on a canopy cart, go on walks through the rainforest, go canoeing, fish for piranhas, get to know the local people, swim with the native pink dolphins or go looking for alligators. The hotel also has a programme for the rehabilitation and release of wild animals recovered from the black market.

Huit tours comprenant 265 appartements, suites et maisons de Tarzan, deux observatoires, deux piscines, deux restaurants, un auditoire panoramique, un bar et un cybercafé, ont été assemblés pièce par pièce à hauteur d'arbre et reliés entre eux par huit kilomètres de passerelle. Nous nous trouvons au Ariaú Amazon Towers Hotel, le plus grand complexe hôtelier érigé dans les arbres. Bâti en 1987, à la croisée du Rio Negro et d'Ariau Creek, en pleine forêt amazonienne, cet hôtel n'est accessible qu'au moyen d'un bateau ou d'un hélicoptère. Pour se distraire vous pouvez faire un tour en *canopy cart*, vous promener dans la forêt tropicale, faire du canoë, pêcher des piranhas, rencontrer la population locale, nager avec les dauphins roses du coin ou partir à la recherche d'alligators. L'hôtel propose également un programme de réhabilitation et remise en liberté d'animaux sauvages confisqués au marché noir.

Acht torens met in totaal 265 appartementen, suites en Tarzan Houses, twee observatietorens, twee zwembaden, twee restaurants, een panoramisch auditorium, een bar en een cybercafé, stuk voor stuk op boomtophoogte en met elkaar verbonden door een acht kilometer lange catwalk. Dat is het Ariaú Amazon Towers Hotel, 's werelds grootste boomtopresort. Gebouwd in 1987 op de kruising van de Rio Negro en Ariau Creek, middenin het Amazoneregenwoud, is dit hotel enkel bereikbaar per helikopter of boot. Bij wijze van vertier kan je rondscheuren met een *canopy cart*, wandelingen maken door het regenwoud, kanoën, vissen op piranha's, kennismaken met de lokale bevolking, zwemmen met de lokale roze dolfijnen of op zoek gaan naar alligators. Het hotel heeft bovendien een programma voor de heropvoeding en vrijlating van op de zwarte markt onderschepte wilde dieren.

ARIAÚ AMAZON TOWERS HOTEL - RUA LEONARDO MALCHER 699, MANAUS, BRASIL - +55 92 2121 5000 - WWW.ARIAUTOWERS.COM - RESERVA@ARIAUTOWERS.COM.BR

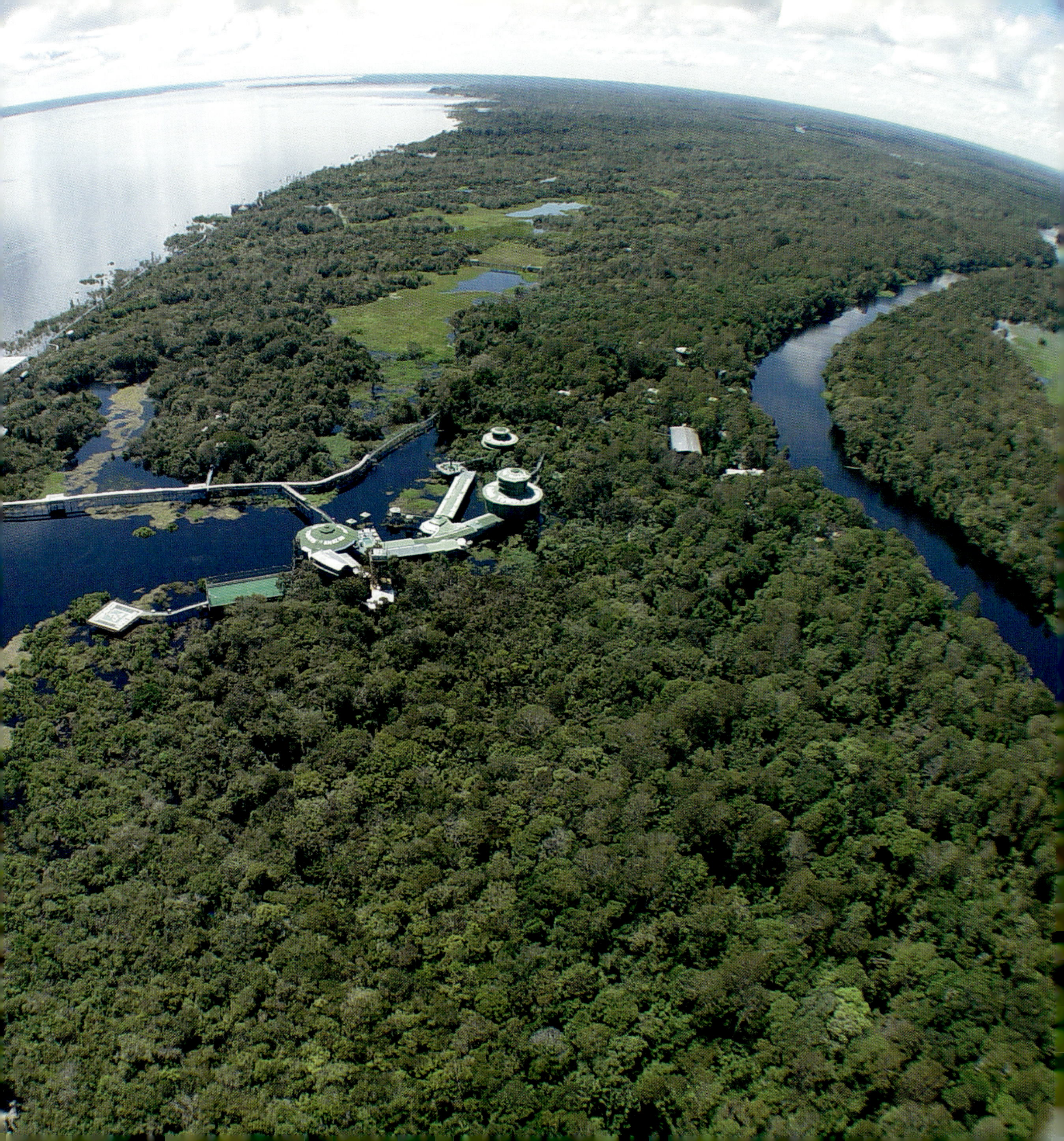

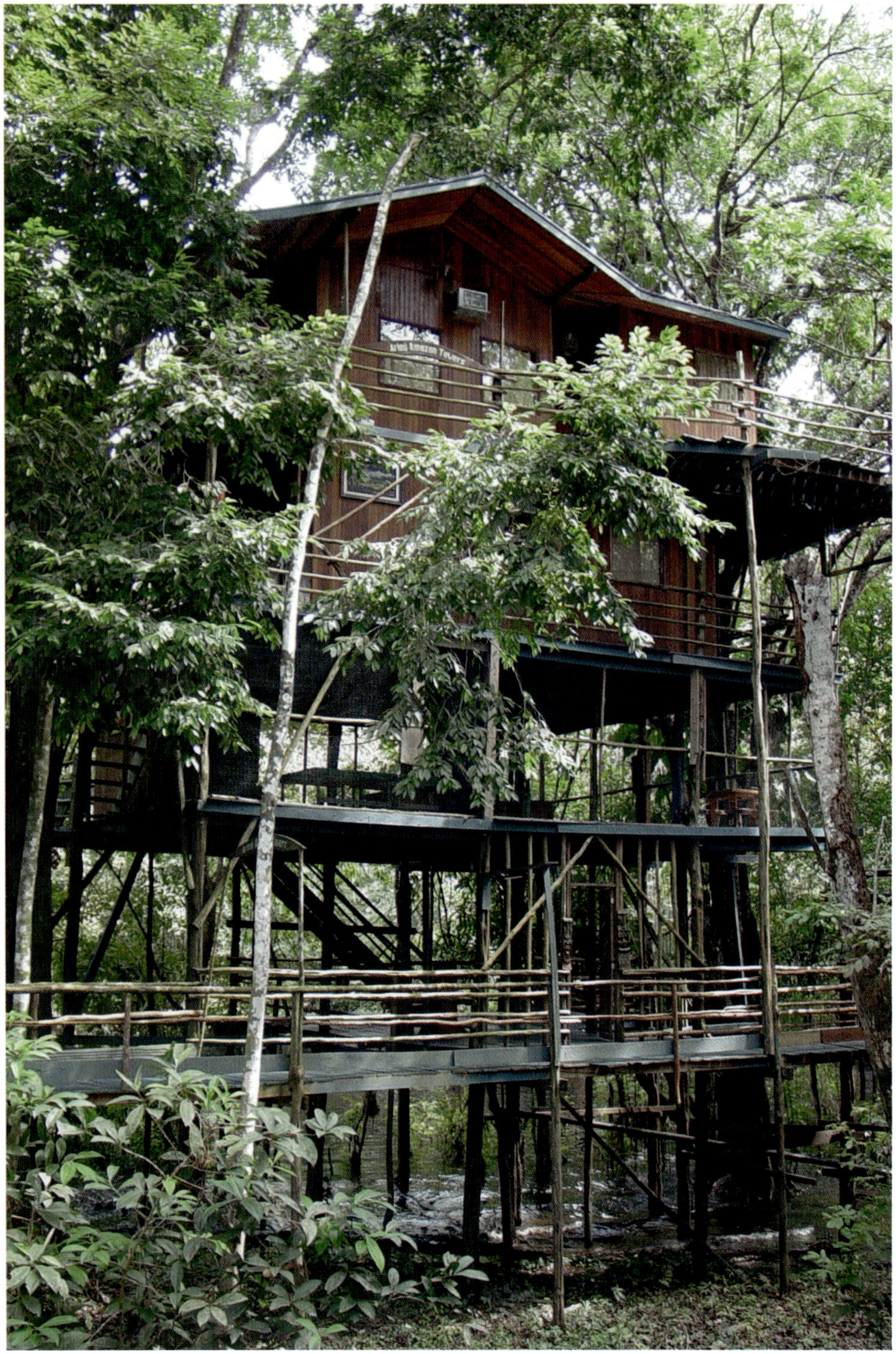

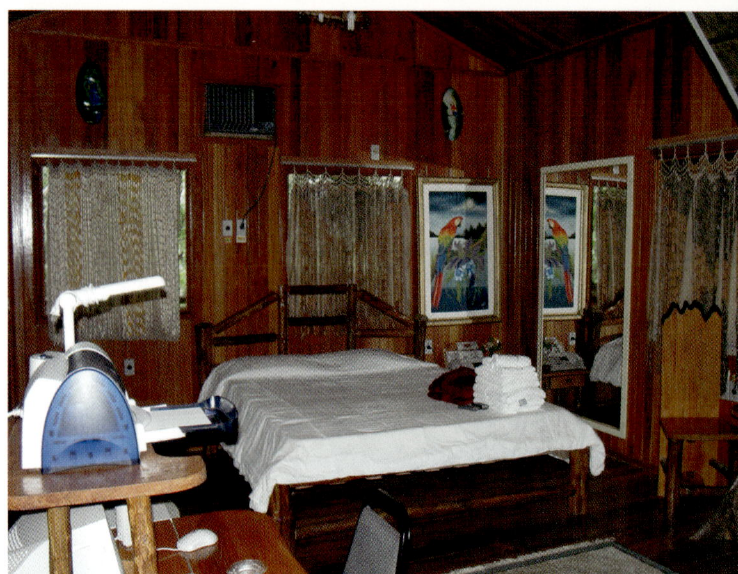

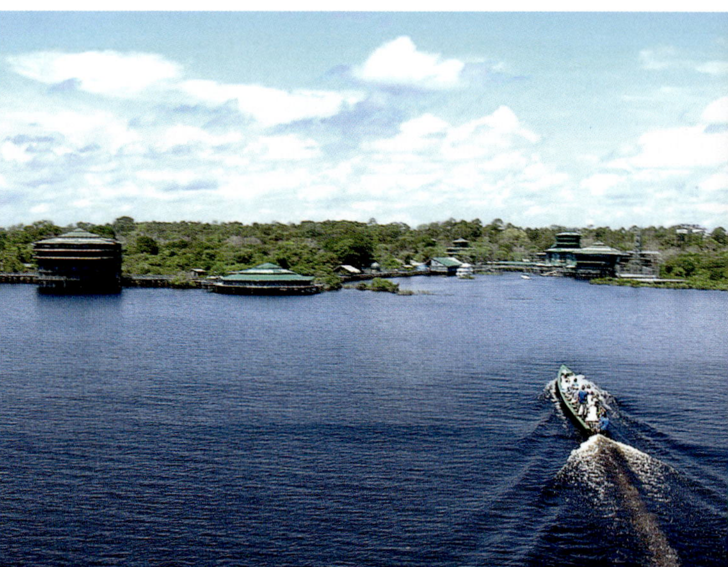

This architectural marvel gives you the opportunity to study the flora and fauna from up close without upsetting the eco-system.

Cette architecture d'altitude vous permet d'approcher de près la faune et la flore sans perturber l'écosystème.

Dit architecturale hoogstandje geeft je de kans van nabij kennis te maken met de fauna en flora zonder het ecosysteem te verstoren.

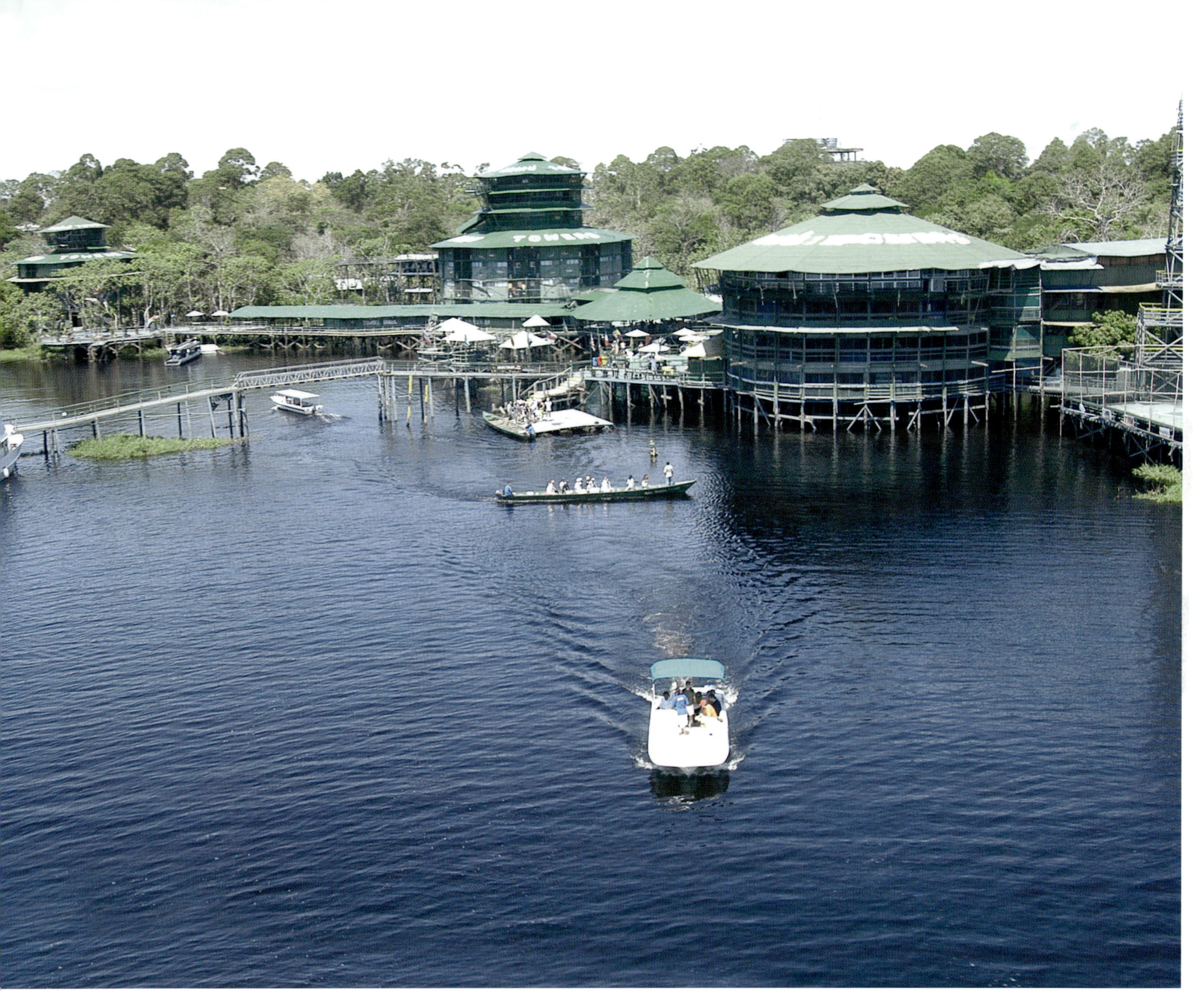

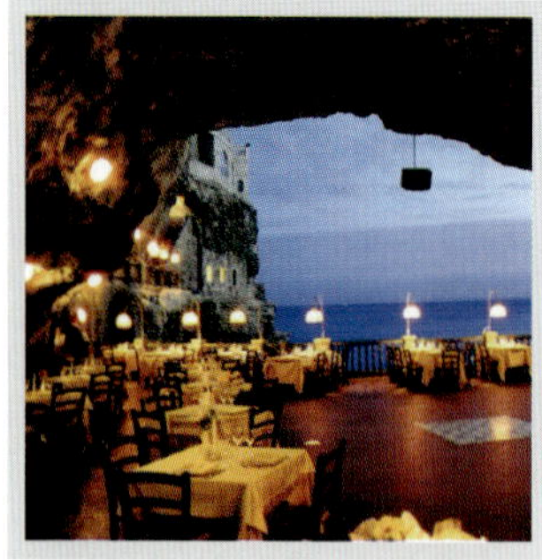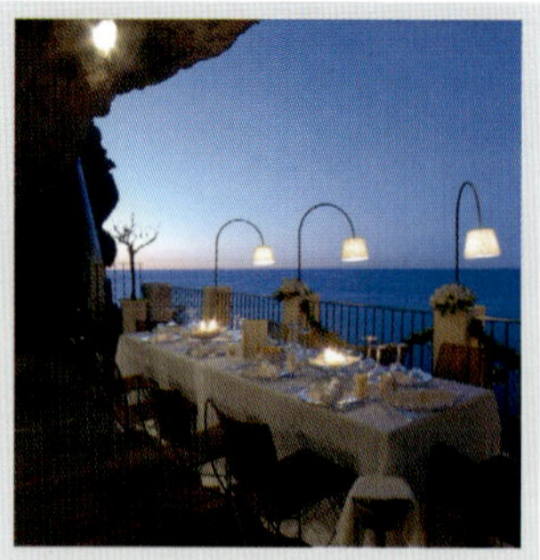

Sea cave restaurant Italy

Wonder of nature

Polignano a Mare, a small Italian town with white houses and narrow alleyways built on a cliff, is the home of the world's most beautiful sea cave: the Grotta Palazzese. This unique space, reflected in the clear blue and green water, was created by the natural phenomenon of karst (the dissolution of limestone in water) and has been used as a banquet room since the 18th century. That's when Duke Leto built a tunnel through the cliff and installed a staircase – which is still used to this day. Established 50 years ago, the restaurant seats 100 people and is part of the Grotta Palazzese hotel complex. The sea cave restaurant is open from May to October, since weather conditions can make an extended visit outside that period uncomfortable. The typically Mediterranean kitchen specialises in lobster, fish and shell fish.

Perchée sur une falaise, Polignano A Mare est une petite ville italienne aux ruelles étroites et aux maisons blanches. On y trouve l'une des plus belles grottes marines du monde : la Grotta Palazzese. Cet espace unique, qui se reflète dans une eau claire aux teintes turquoise, s'est creusé par érosion naturelle du calcaire dans l'eau. Il est utilisé depuis le 18e siècle comme salle de réception. Le Duc Leto fit creuser la roche et aménager un escalier – qu'on emprunte encore de nos jours. Le restaurant qui y est installé depuis 50 ans déjà, accueille 100 convives. Il fait partie du complexe hôtelier Grotta Palazzese et est ouvert de mai à octobre. Car, en dehors de cette période, les conditions météo rendraient un séjour prolongé inconfortable. La cuisine est typiquement méditerranéenne avec des spécialités de homard, de poisson et de fruits de mer.

Polignano a Mare, een Italiaans stadje met smalle steegjes en witte huizen gebouwd op een klif, is de thuishaven van 's werelds mooiste zeegrot: de Grotta Palazzese. Deze unieke ruimte, die gereflecteerd wordt in het heldere blauw-en-groene water, is ontstaan door het natuurlijke verschijnsel karst (het oplossen van kalksteen in water) en werd reeds in de 18e eeuw gebruikt als feestzaal. Hertog Leto liet de klif toen doorboren en een trap installeren – die nu trouwens nog altijd gebruikt wordt. Het restaurant dat er al 50 jaar gevestigd is, biedt plaats aan 100 mensen en maakt deel uit van hotelcomplex Grotta Palazzese. Het restaurant is open van mei tot oktober, omdat de weersomstandigheden een langdurig verblijf buiten die periode onaangenaam maken. De typisch mediterrane keuken is gespecialiseerd in kreeft, vis en zeevruchten.

HOTEL RISTORANTE GROTTA PALAZZESE · VIA NARCISO 59, 70044 POLIGNANO A MARE, BARI, ITALY · +39 080 4240677 · GROTTAPALAZZESE@GROTTAPALAZZESE.IT · WWW.GROTTAPALAZZESE.IT

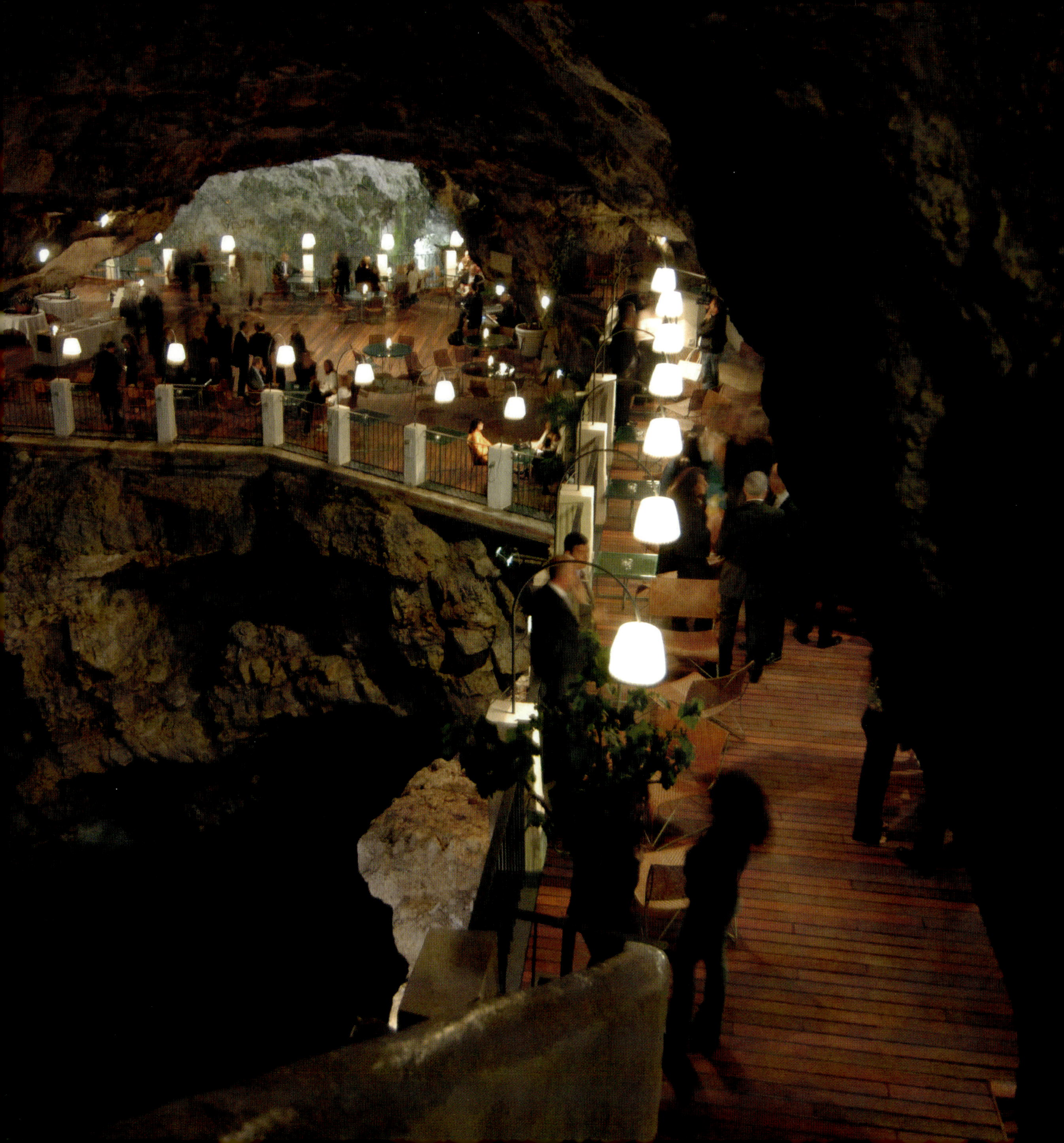

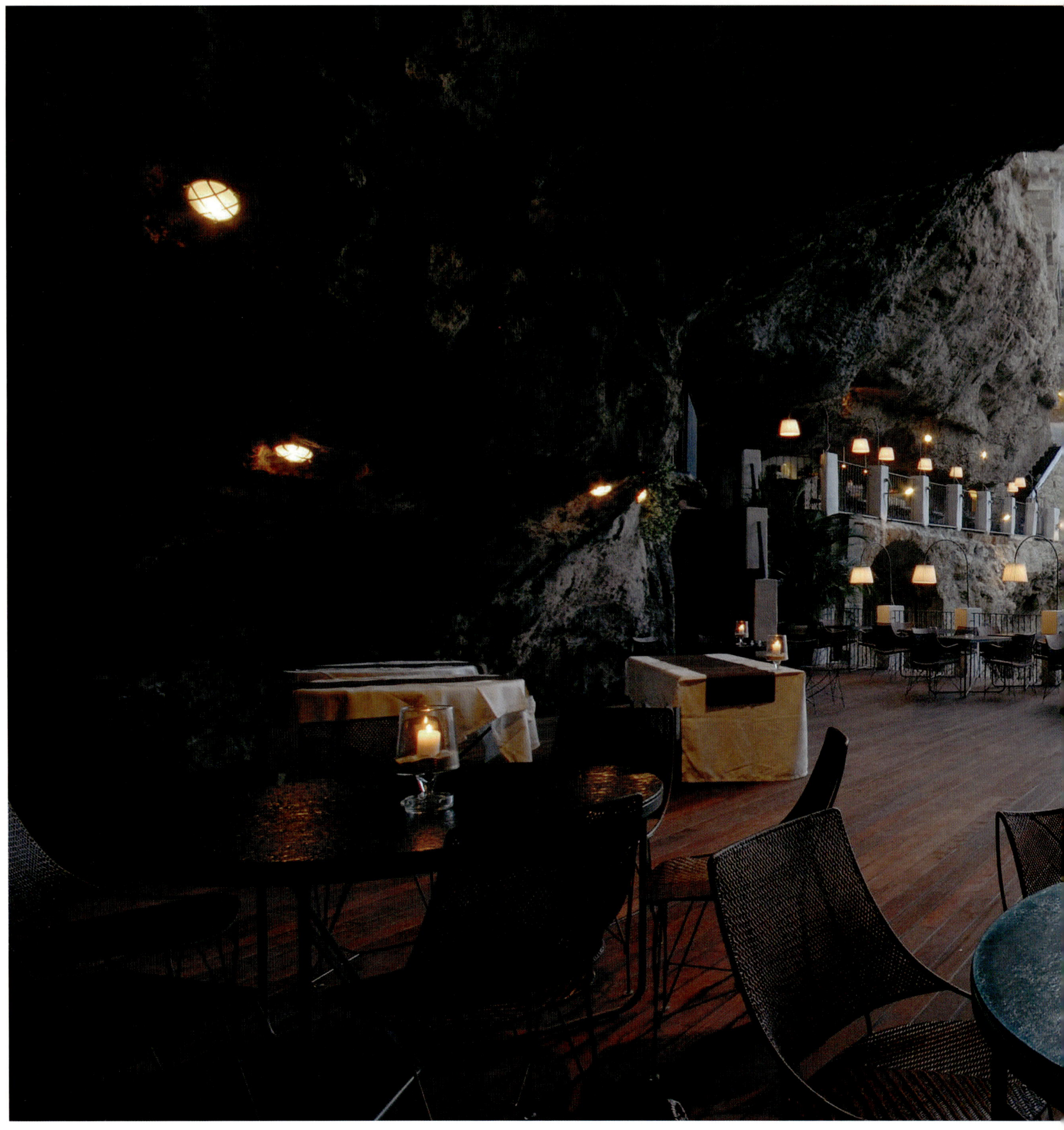

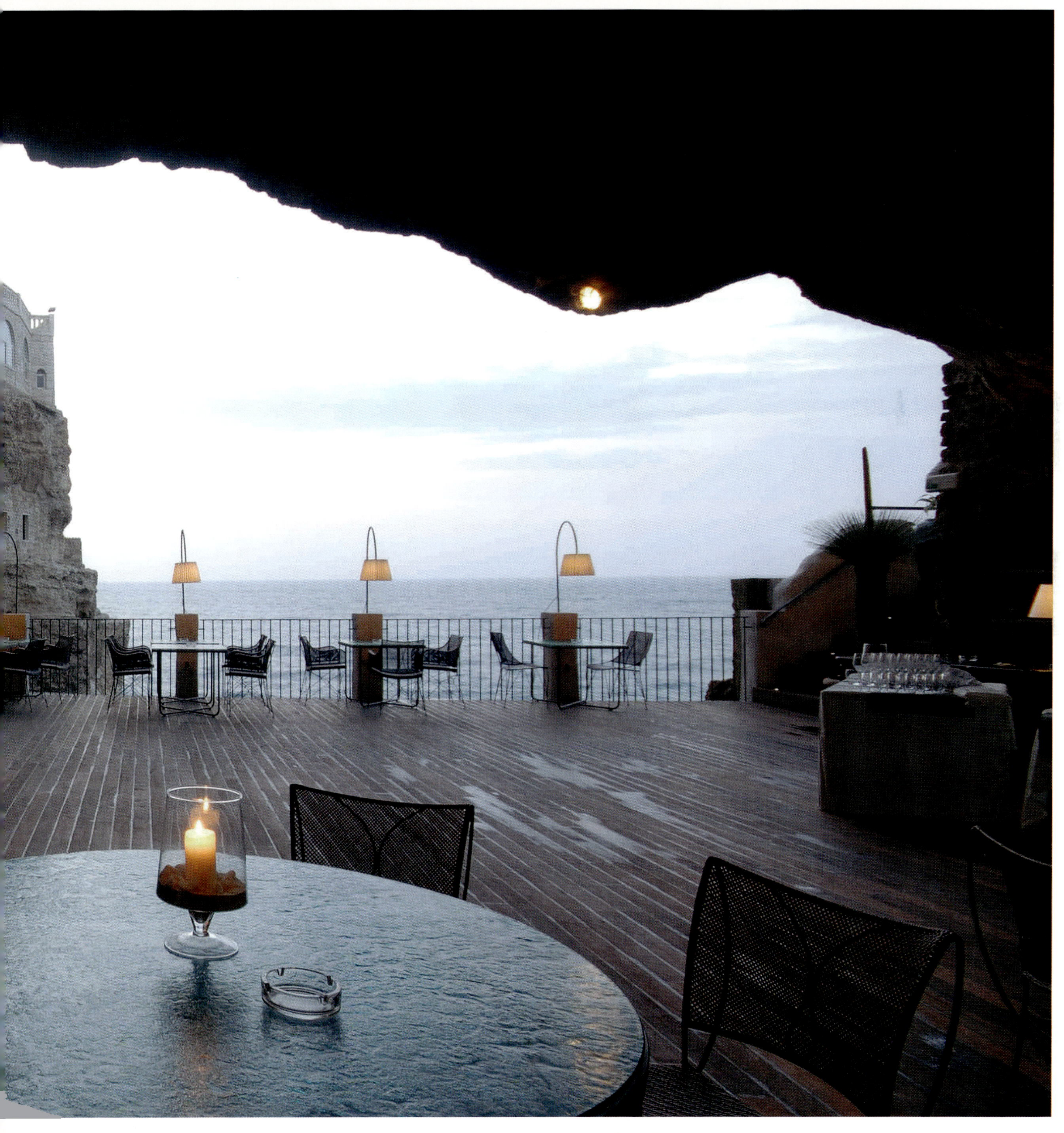

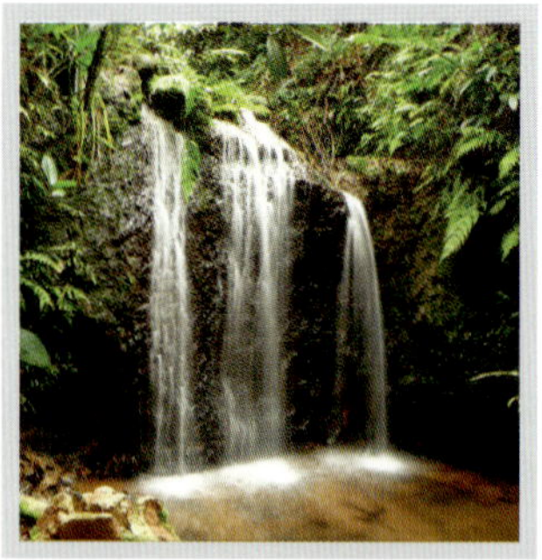
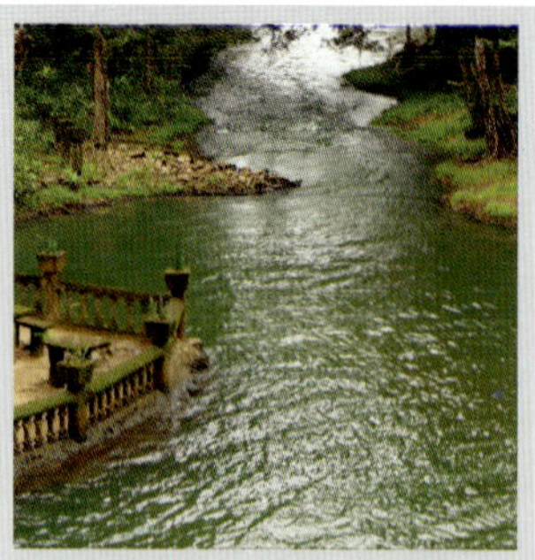

Reinvented resort Australia

Paradise regained

Created in the thirties, Paronella Park, the dream of a Spanish immigrant, is without doubt the most bizarre amusement park in Australia. Jose Paronella bought this piece of jungle in 1929 for 120 Australian dollars and created European pleasure gardens there, including a swimming pool, tea house and 'Spanish castle' with a ballroom and museum. Jose's dream was not immune from calamity, however, as in 1946 the park was hit by a flood, a fire devastated almost the entire domain in 1977 and in 1986 cyclone Winifred delivered the final blow. The current owners Mark and Judy Evans consider the dishevelled park to be a work of art and for the last 15 years have been pursuing a well-considered policy of maintenance and preservation. Nowadays Paronella Park is just as popular with tourists, nature lovers and partygoers as it was in its heyday.

Né dans les années 30 du rêve d'un immigrant espagnol, Paronella Park est sans conteste le parc d'attractions le plus singulier d'Australie. Jose Paronella fit l'acquisition de ce morceau de jungle en 1929 pour un montant de 120 dollars australiens et y créa un jardin d'agrément qui comprenait un étang où se baigner, une maison de thé et un "château espagnol" comprenant salle de bal et musée. Le rêve de Jose ne fut cependant pas à l'abri des catastrophes : en 1946 le parc fut touché par des inondations, en 1977 le feu détruisit la quasi-totalité du domaine et en 1986, le cyclone Winifred mit la touche finale à cette série noire. Les propriétaires actuels, Mark et Judy Evans, considèrent le parc revenu à l'état sauvage comme une œuvre d'art ; depuis une quinzaine d'années, ils y mènent une politique réfléchie d'entretien et de rénovation. Actuellement, Paronella Park est redevenu aussi populaire qu'à ses débuts tant parmi les touristes et les amateurs de la nature que parmi les adeptes de festivités.

Ontstaan in de jaren '30 als de droom van een Spaanse immigrant, is Paronella Park zonder twijfel het meest bizarre amusementspark van Australië. Jose Paronella kocht dit stukje jungle in 1929 voor 120 Australische dollars en creëerde er een Europese pleziertuin inclusief zwemvijver, theehuis en "Spaans kasteel" met balzaal en museum. Joses droom bleef echter niet gevrijwaard van rampen: in 1946 werd het park getroffen door een overstroming, in 1977 verwoestte een brand nagenoeg het hele domein en in 1986 zorgde cycloon Winifred voor de finishing touch. De huidige eigenaars, Mark en Judy Evans, beschouwen het verwilderde park als een kunstwerk, en voeren al 15 jaar lang een doordacht beleid van onderhoud en renovatie. Tegenwoordig is Paronella Park bij toeristen, natuurliefhebbers en feestvierders dan ook weer net zo populair als in zijn beginperiode.

PARONELLA PARK – 1671 Japoonvale Road, Mena Creek, QLD 4871, Australia - +61 7 40653225 - info@paronellapark.com.au - www.paronellapark.com.au

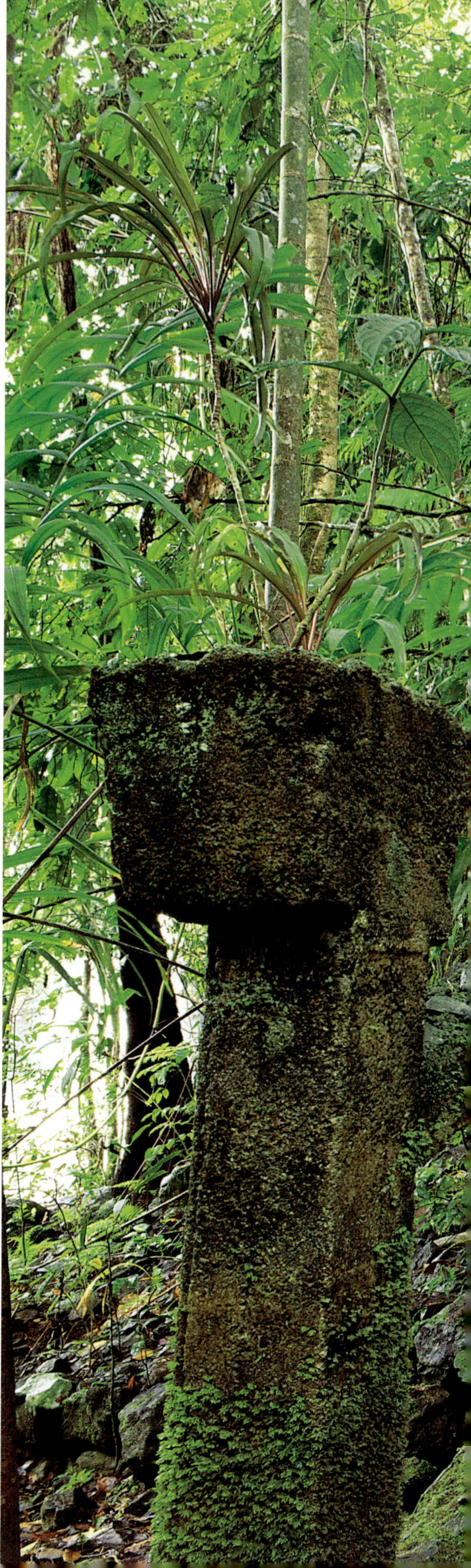

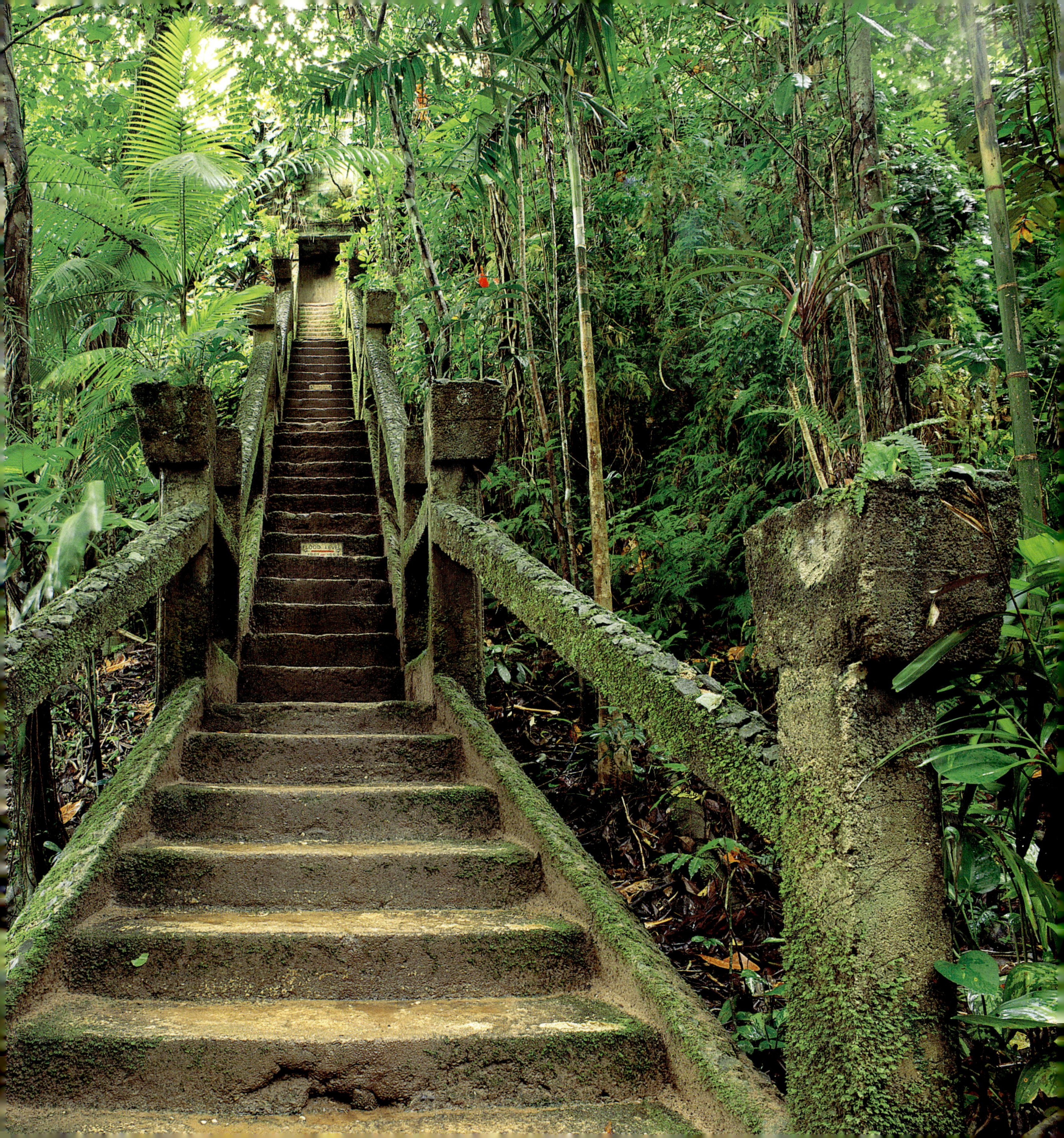
FLOOD LEVEL

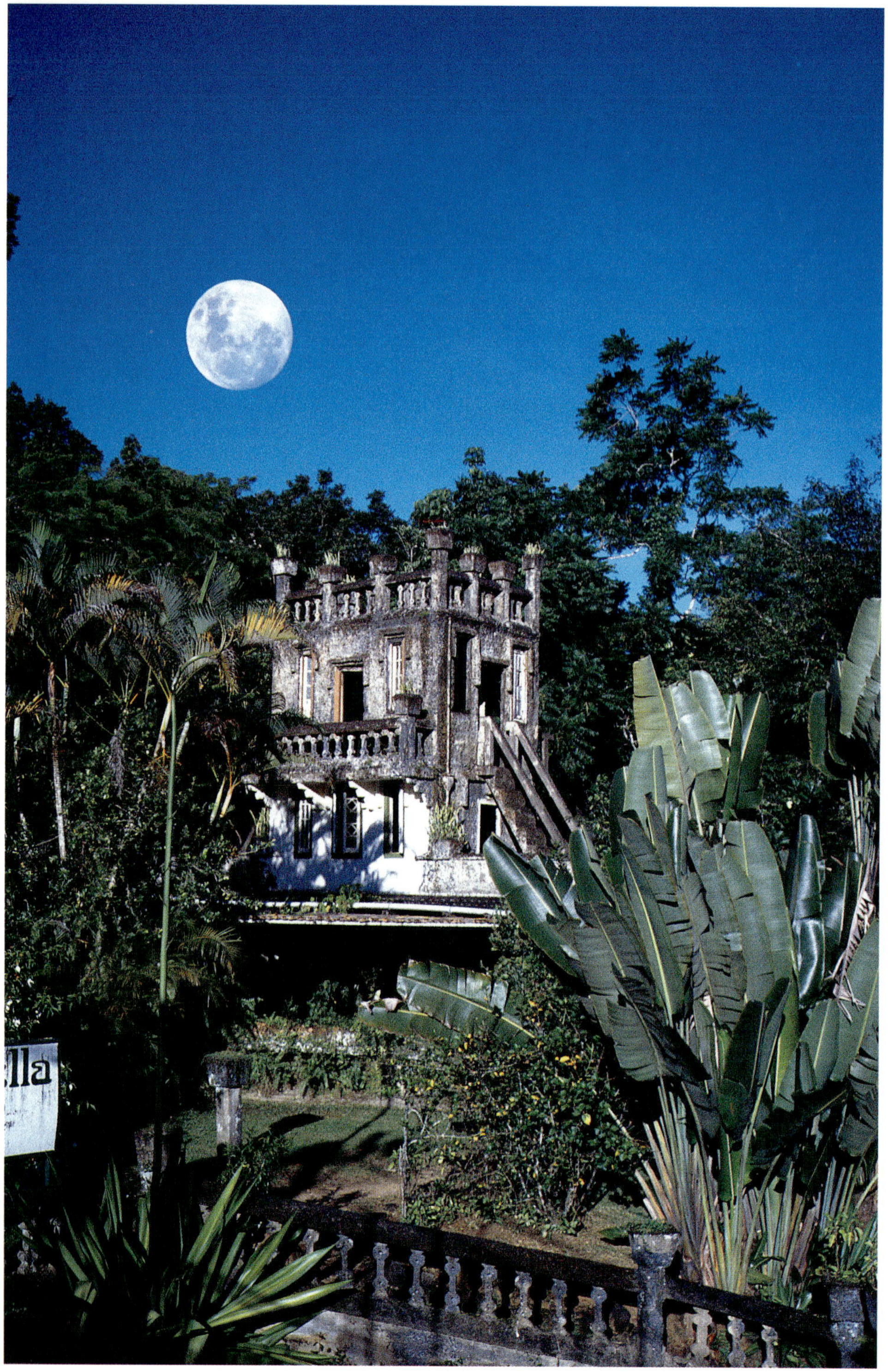

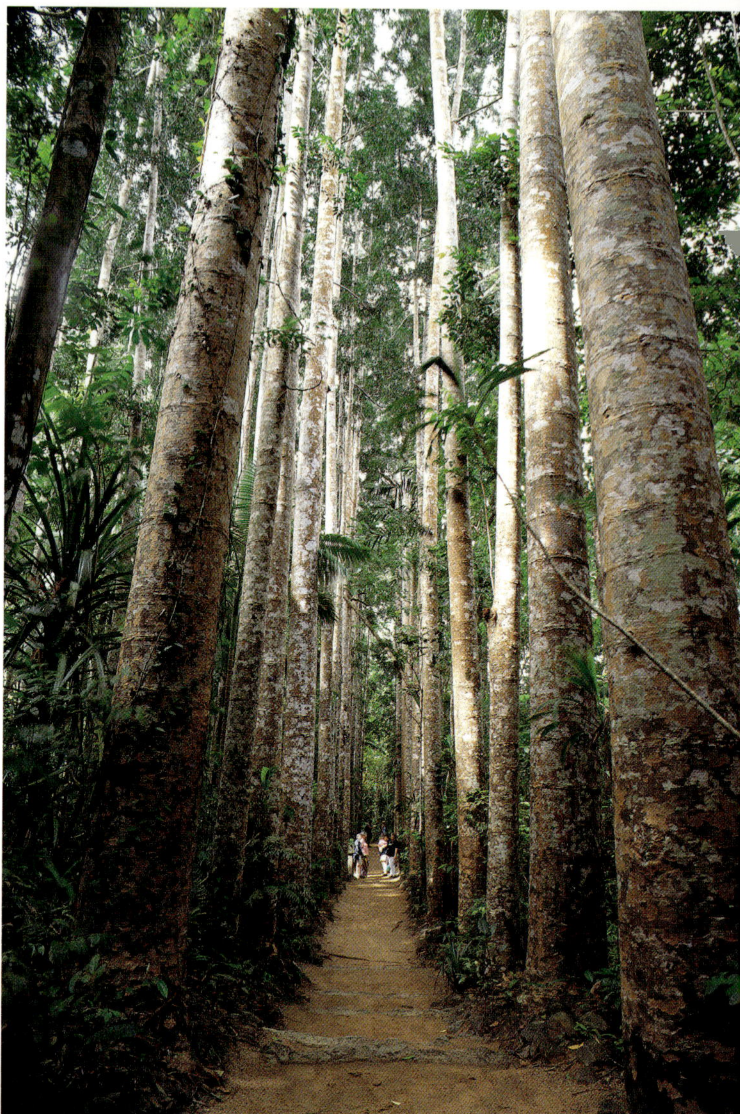

The combination of the 7,500 plants and trees that were planted and the growth that has occured has created a unique habitat for birds, butterflies, fish, bats and other animals.

La combinaison des 7.500 plantes et arbres qui y avaient été plantés et de la végétation sauvage qui s'est développée depuis lors a créé un biotope unique pour les oiseaux, les papillons, les poissons, les chauves-souris et bien d'autres animaux.

De combinatie van de 7.500 planten en bomen die aangeplant werden en de wildgroei die sindsdien plaatsvond creëerde een unieke habitat voor vogels, vlinders, vissen, vleermuizen en andere dieren.

The Park, which now has a romantic look thanks to its decline, is once more a sought after location for wedding parties, concerts, shows and events.

Le parc qui, par suite de son délabrement progressif, a pris une allure romantique est à nouveau un lieu recherché pour les mariages, les concerts, les représentations et les évènements en général.

Het park, dat dankzij het oprukkende verval een romantisch uitzicht gekregen heeft, is opnieuw een gegeerde locatie voor huwelijksfeesten, concerten, voorstellingen en evenementen.

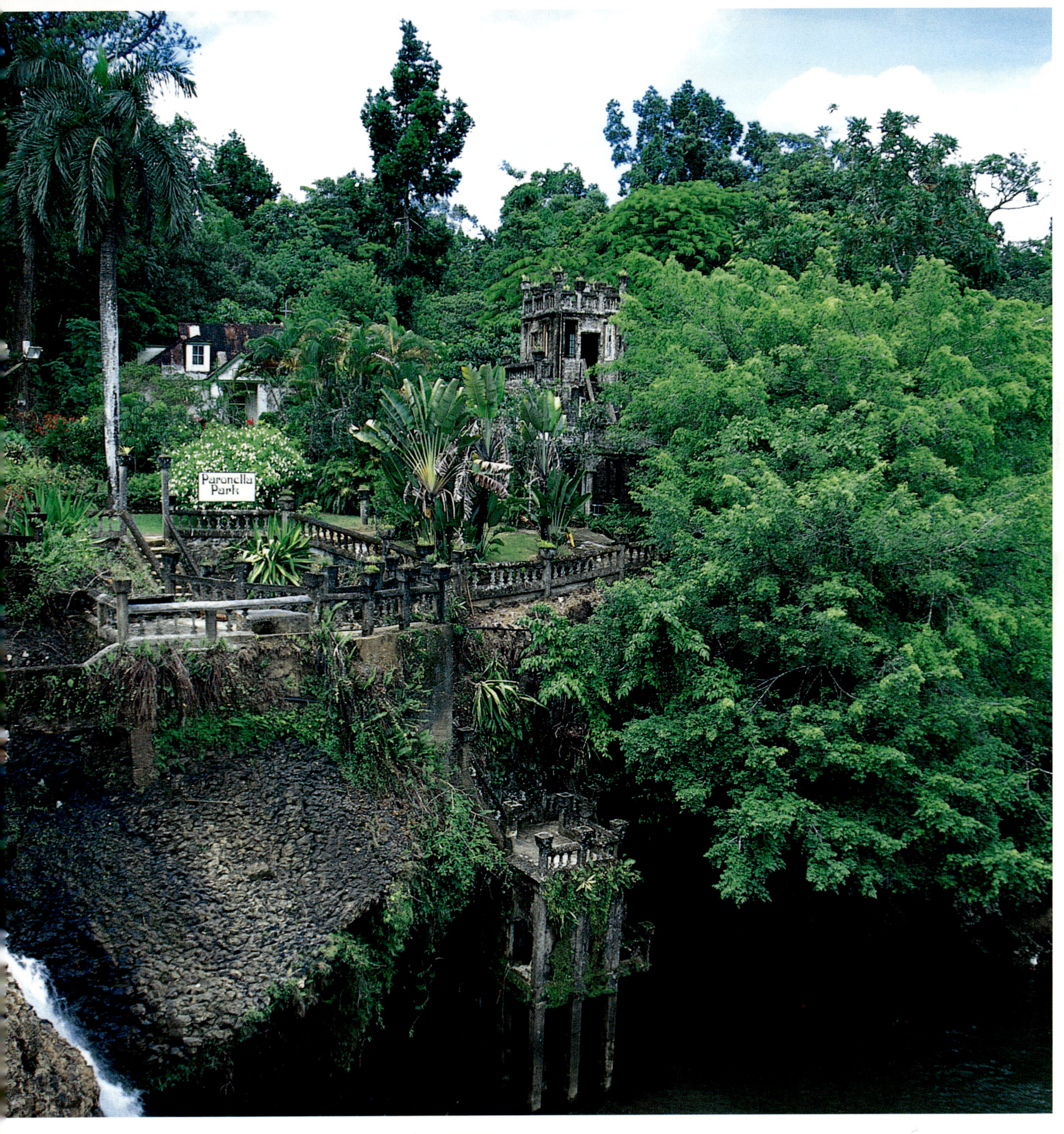
Paronella
Park

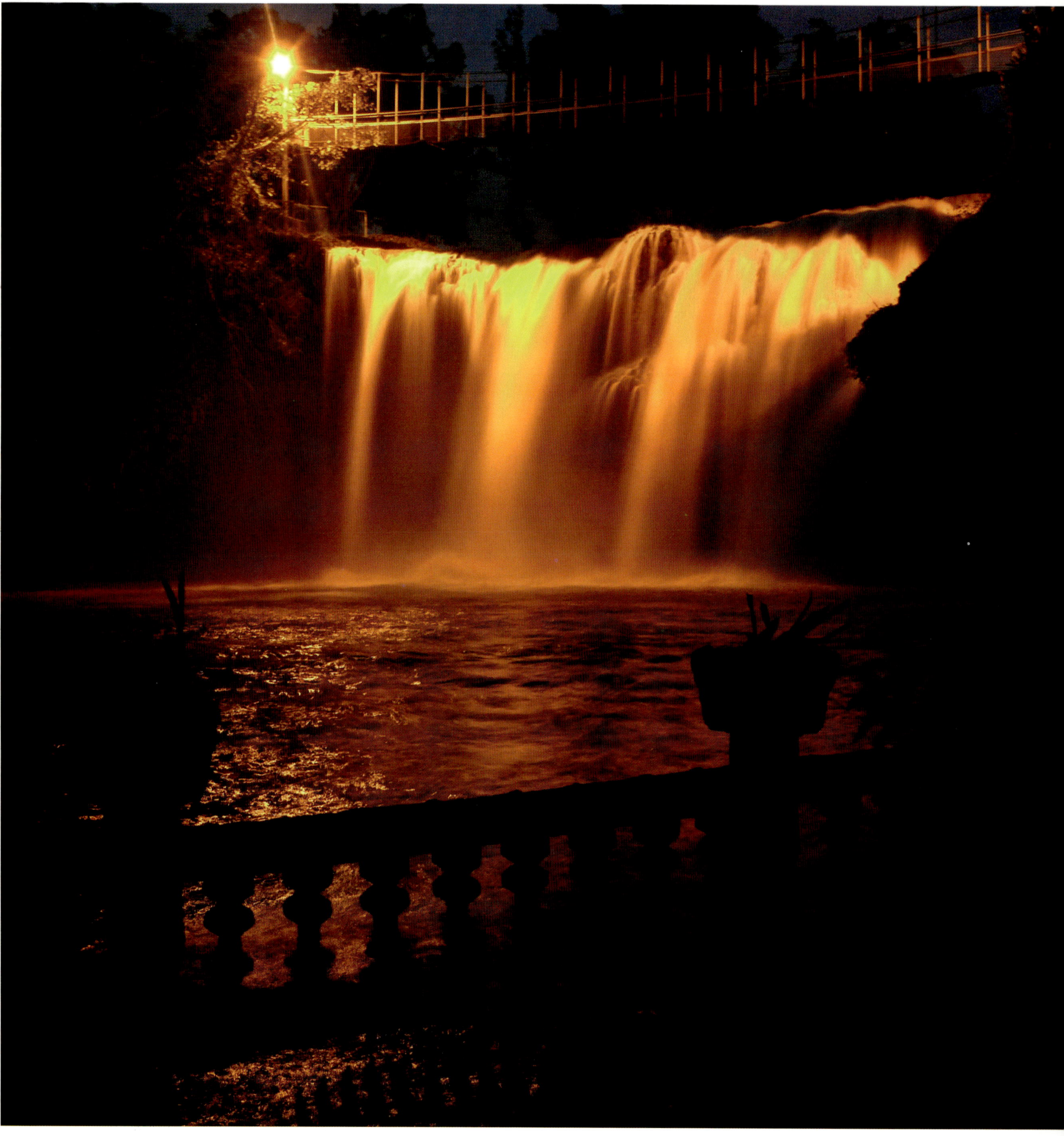

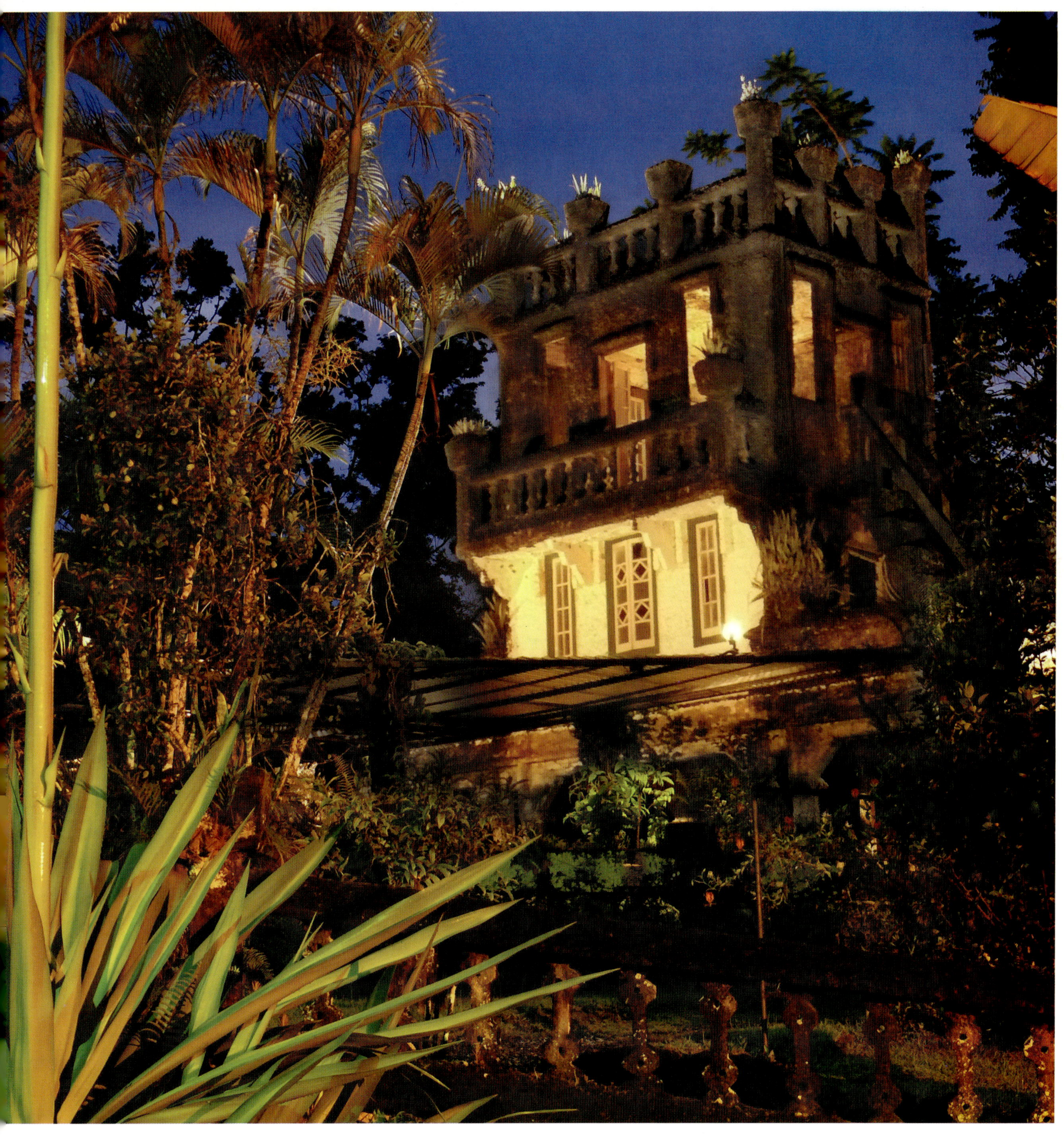

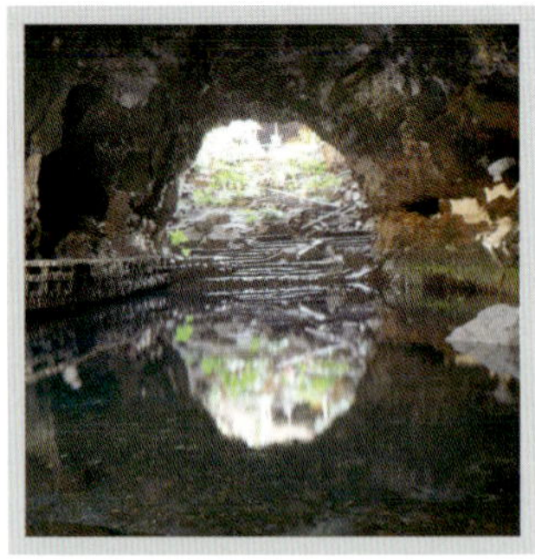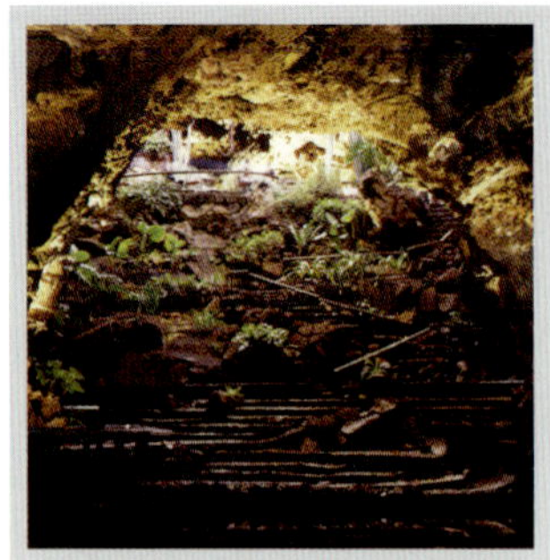

Lava bar Spain

Volcanic vision

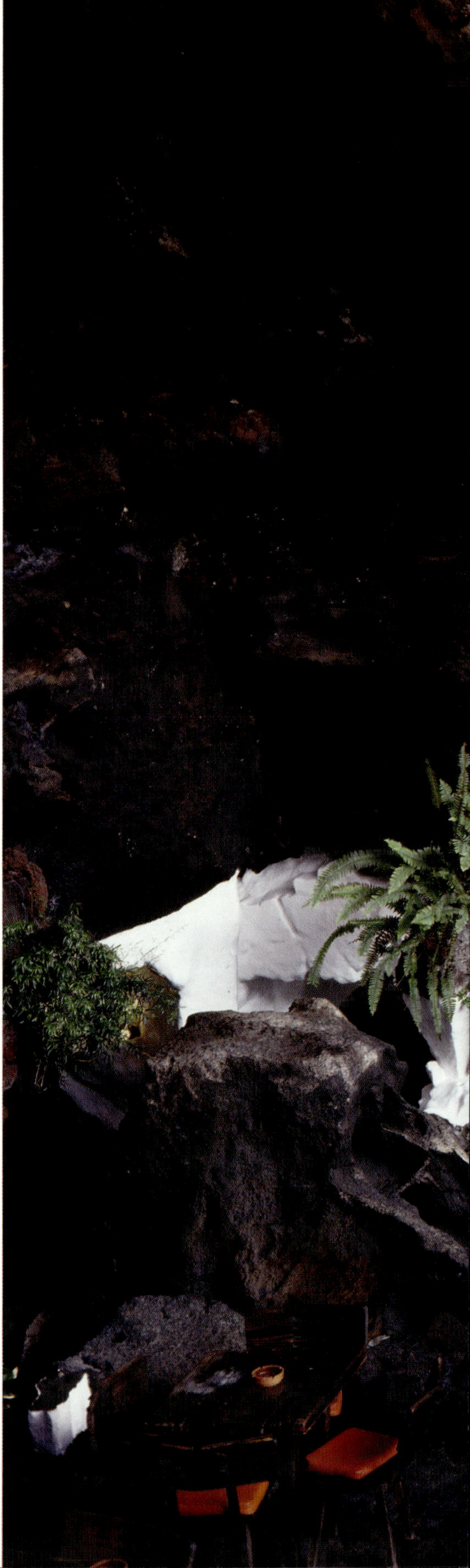

The Jameos del Agua grotto complex in Lanzarote is part of a 6 kilometre long lava tunnel that was formed when the La Corona volcano erupted 3,000 years ago. The name 'Jameo' refers to the openings that appeared when part of the tunnel's ceiling collapsed under the pressure of volcanic gases. A spiral staircase takes you into Jameo Chico, a cave that was transformed by designer Cesare Manrique into a bar/nightclub, which also includes a marble dance floor. From there a 100 metre long path leads you past a crystal clear underground lake to steep stone steps that access the Jameo Grande, a gigantic open air grotto filled with exuberant tropical fauna, an enchanting turquoise swimming pool and a second bar with views over all this beauty. The auditorium, which was built in a section of the tunnel that leads to the ocean, plays host to unique concerts.

Les grottes de Jameos del Agua, à Lanzarote, font partie d'un tunnel de lave de six kilomètres de long qui s'est formé, voici 3 000 ans, lorsque le volcan La Corona est entré en éruption. Le mot Jameo fait référence aux trous qui se sont créés lorsque certaines parties de la surface ont cédé sous la pression des gaz volcaniques. On pénètre dans le Jameo Chico par un escalier hélicoïdal. Cesare Manrique, qui a transformé cette grotte en boîte et bar de nuit, l'a pourvue d'une piste de danse en marbre. De là on accède, en longeant sur 100 mètres un lac sous terrain d'eau claire comme du cristal, à un escalier de pierre qui mène au Jameo Grande. C'est une gigantesque grotte à ciel ouvert comprenant une faune tropicale exubérante, une piscine turquoise enchanteresse et un deuxième bar offrant une vue magnifique. L'auditorium, construit dans une partie du tunnel menant à la mer, est utilisé pour des concerts exceptionnels.

Grottencomplex Jameos del Agua in Lanzarote maakt deel uit van een 6 kilometer lange lavatunnel die gevormd werd toen de vulkaan La Corona 3.000 jaar geleden uitbarstte. Het woord "Jameo" staat voor de gaten die ontstonden toen delen van het oppervlak instortten onder druk van vulkanische gassen. Via een draaitrap betreed je de Jameo Chico, een grot die door ontwerper Cesare Manrique omgetoverd werd tot bar-nachtclub, inclusief marmeren dansvloer. Van daaruit voert een 100 meter lang pad je langsheen een kristalhelder ondergronds meer naar een steile stenen trap die toegang geeft tot de Jameo Grande, een gigantische openluchtgrot met exuberante tropische fauna, een betoverend turkooizen zwembad en een tweede bar met zicht op al dit fraais. Het auditorium, dat gebouwd werd in het deel van de tunnel die naar de oceaan toe loopt, wordt aangewend voor unieke concerten.

JAMEOS DEL AGUA – Arrieta, Orzola Road, Haría, Lanzarote, Spain - +34 928848020 - www.centrosturisticos.com

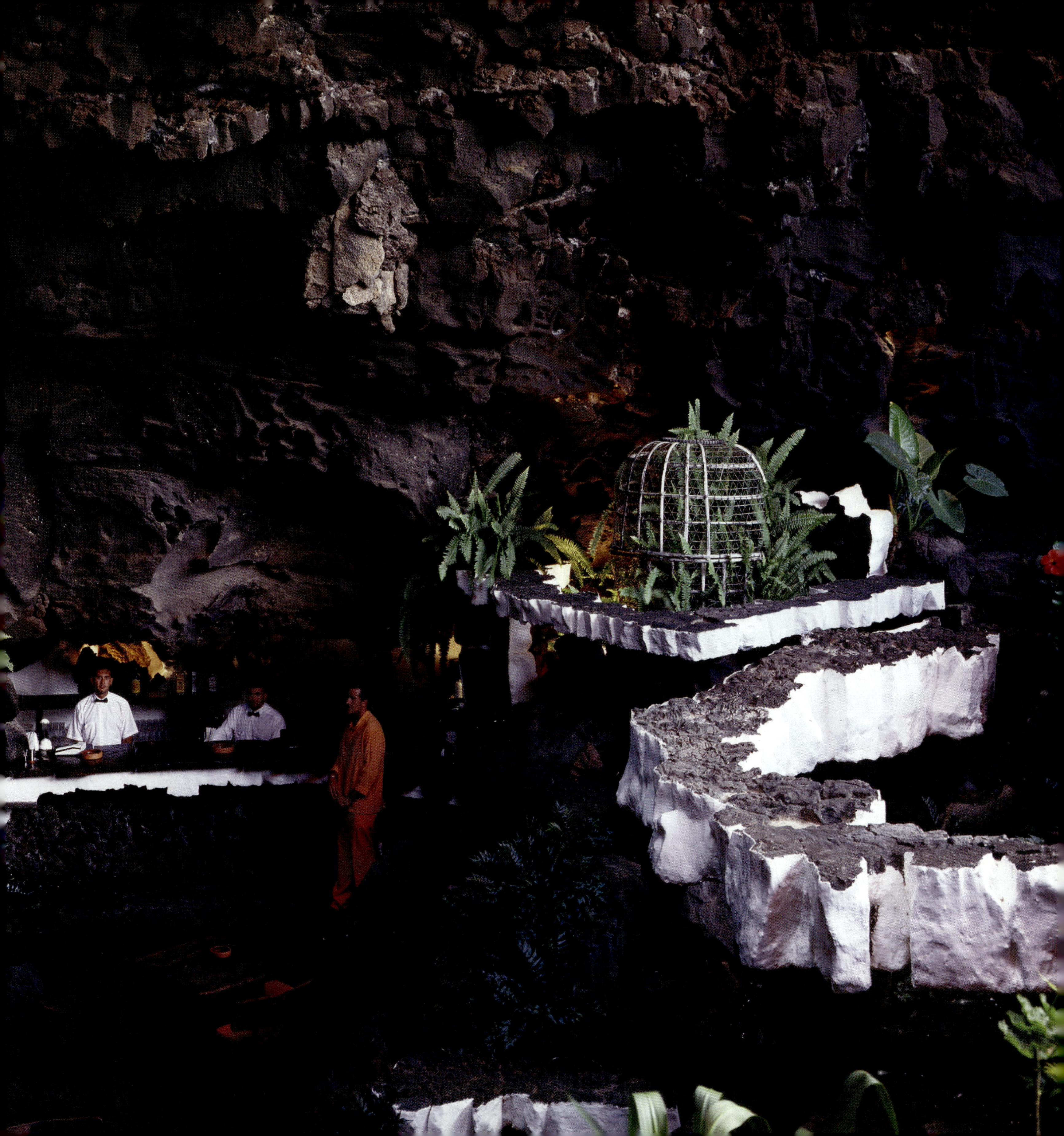

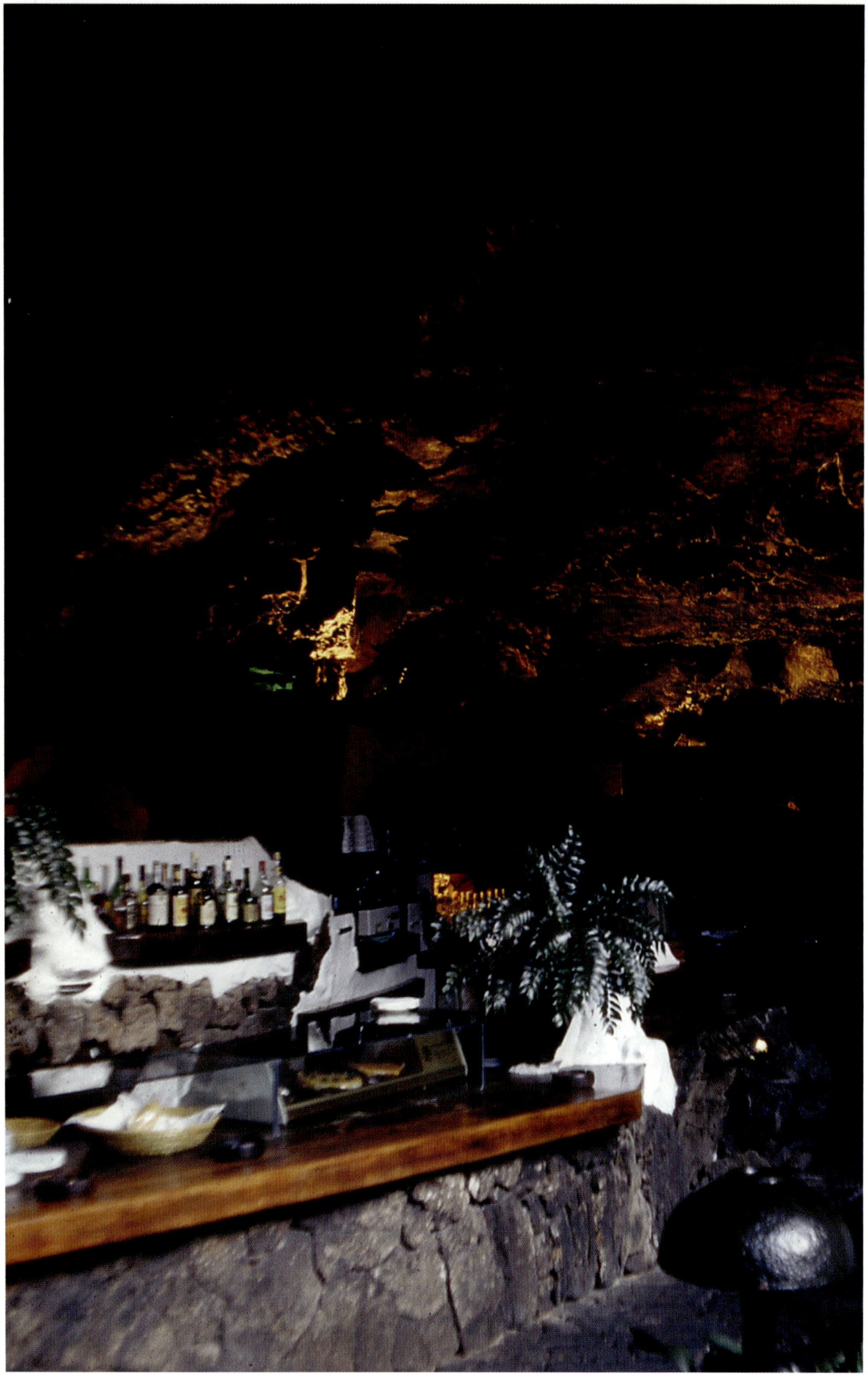

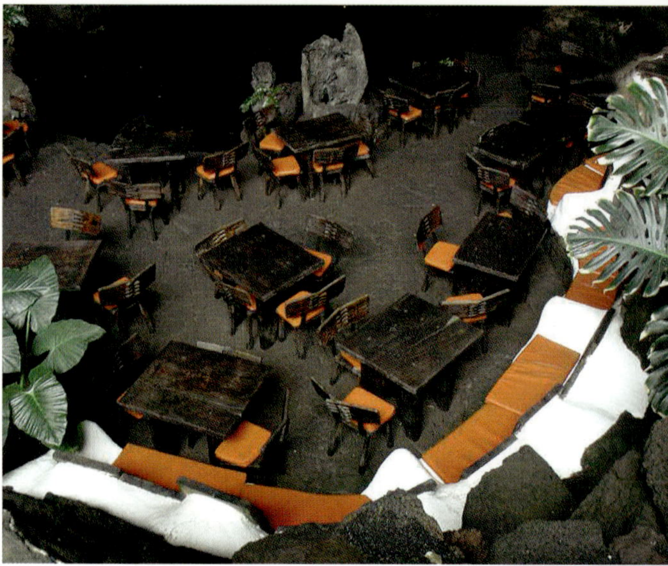

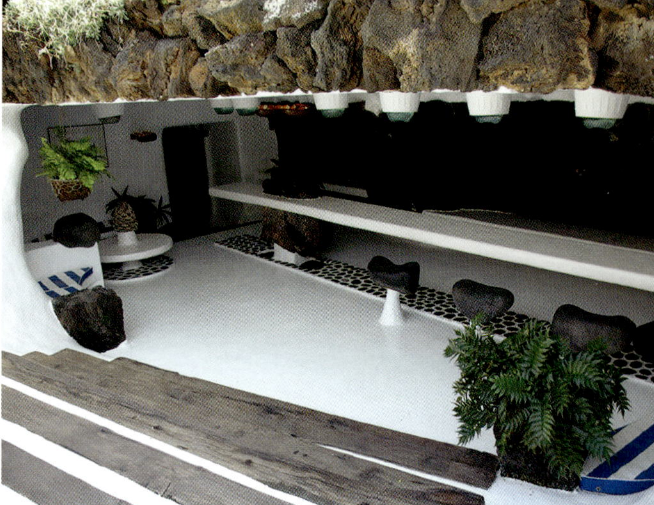

Jameos del Agua was converted by Cesare Manrique into a unique Centre for Art, Culture and Tourism in 1966.

Jameos del Agua a été transformé, en 1966 par Cesare Manrique, en Centre pour les Arts, la Culture et le Tourisme.

De Jameos del Agua werden in 1966 door Cesare Manrique omgevormd tot een uniek Centrum voor Kunsten, Cultuur en Toerisme.

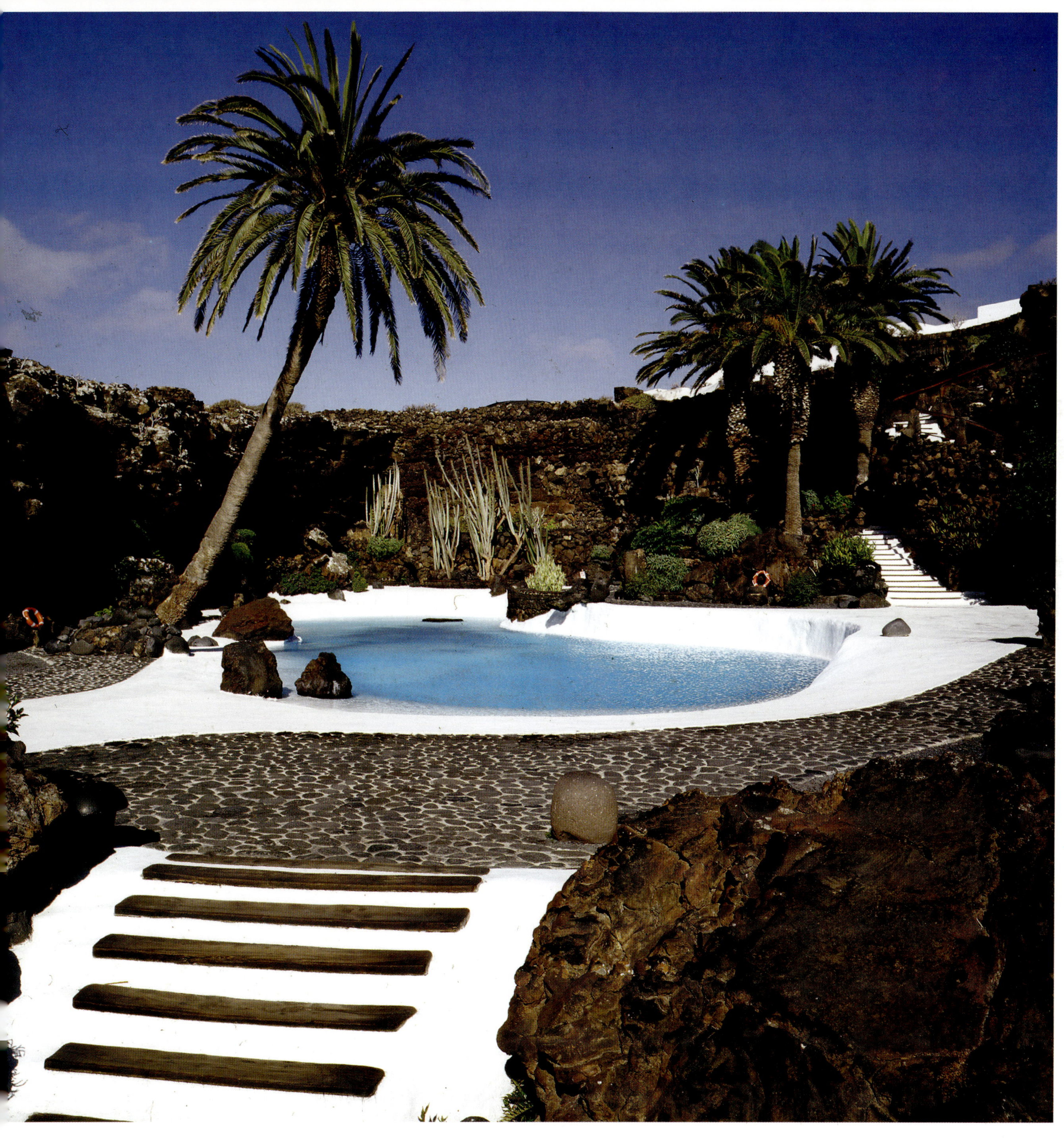

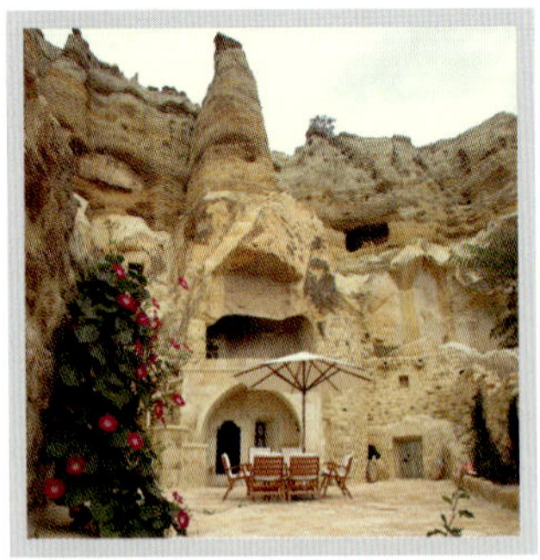
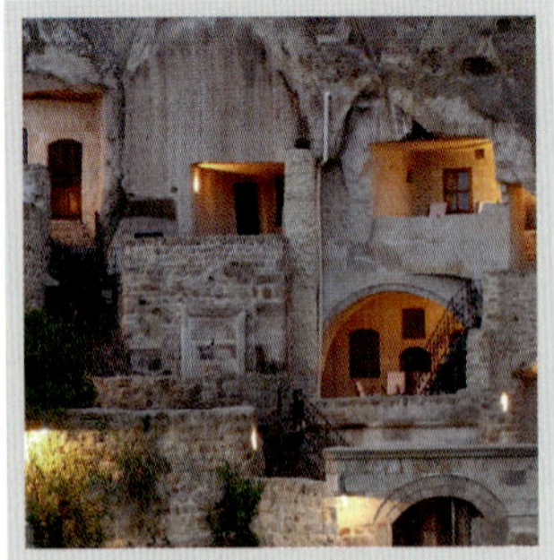

Cave hotel Turkey

Flintstone Fantasy

The unusual setting for this unique luxury hotel is Cappadocia, the world's most bizarre and surrealistic landscape. In 2000, a Turkish businessman converted thirty rooms in six fifth and sixth-century cave-dwellings into tasteful and exotic accommodation with a warm Ottoman interior, handmade antique furniture, richly decorated kilims and luxurious marble bathrooms. The rooms at the foot of the mountain can be reached by a labyrinth of narrow passages and stone spiral staircases connected to the suites at the top, which present a dizzying view of the small town of Ürgüp and the tufa cones that so typify the area. The nineteenth-century Greek house alongside the mountain contains the reception area, a well-equipped music room, a computer room, a DVD room and a meeting room.

La région Cappadoce offre le paysage le plus étrange et le plus surréaliste du monde et constitue un surprenant décor pour cet hôtel de luxe unique. Trente cavités dans six cavernes datant des cinq et sixième siècles ont été transformées en 2000 par une homme d'affaires turc. Il les a transformées en des logements exotiques et raffinés reproduisant la chaleur d'un intérieur ottoman, décorés de meubles artisanaux antiques, des kilims richement ornés et des salles de bains de marbre. On accède aux chambres au pied des montagnes par un dédale de couloirs étroits et de portes pivotantes en pierre. Les suites sont situées à l'étage, offrant une vue vertigineuse sur la petite ville d'Ürgüp et les cônes de calcaires si typiques de la région. Juste à côté de la montagne se trouve un hôtel particulier grec datant du 19e siècle où sont logés la réception, une chambre de musique, un pièce avec ordinateur, une salle de réunion et un salle de vision de dvd.

De Cappadocië-regio, 's werelds meest bizarre en surrealistische landschap, vormt het bevreemdende decor voor dit unieke luxehotel. Dertig kamers in zes grotwoningen uit de vijfde en zesde eeuw werden in 2000 door een Turkse zakenman getransformeerd in smaakvolle exotische accomodaties met een warm Ottomaans interieur, handgemaakte antieke meubels, rijkelijk versierde kilims en luxueuze marmeren badkamers. De kamers aan de voet van de berg zijn via een labyrint van smalle gangen en stenen draaitrappen verbonden met de suites bovenaan, die een duizelingwekkend uitzicht bieden over het stadje Ürgüp en de tufsteenkegels die zo typisch zijn voor de streek. In het negentiende-eeuwse Griekse herenhuis naast de berg vind je de receptie, een goed uitgeruste muziekkamer, een computerkamer, een dvd-kamer en een vergaderzaal.

YUNAK EVLERI - Yunak Mahallesi 50400, Urgup, Cappadocia, Turkey, +90 384 341 6920 · www.yunak.com · yunak@yunak.com

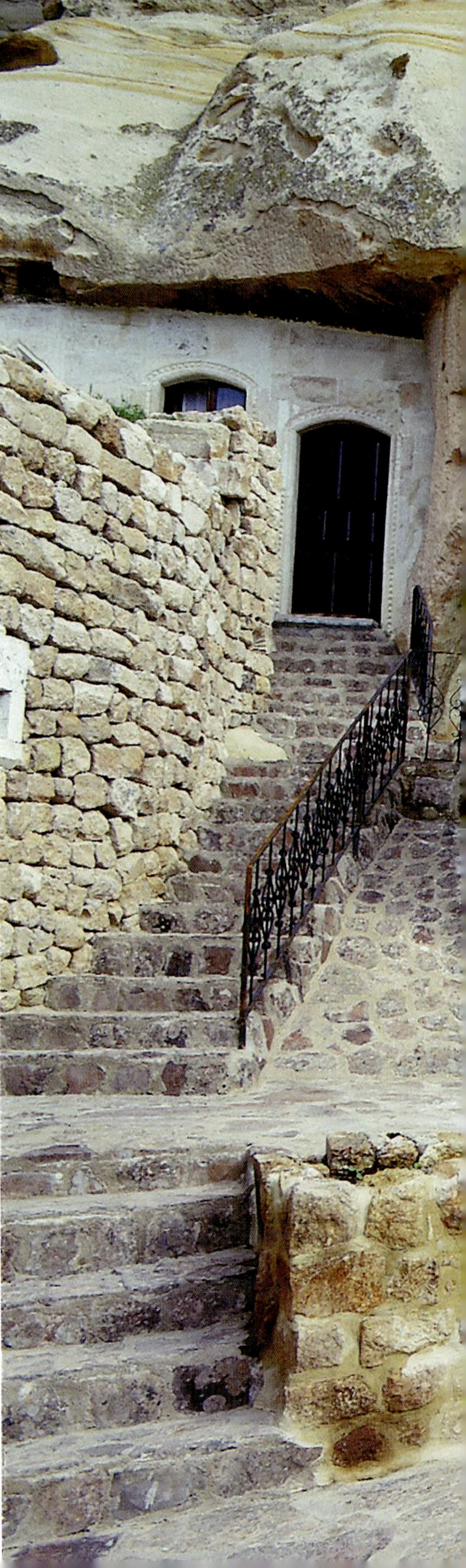

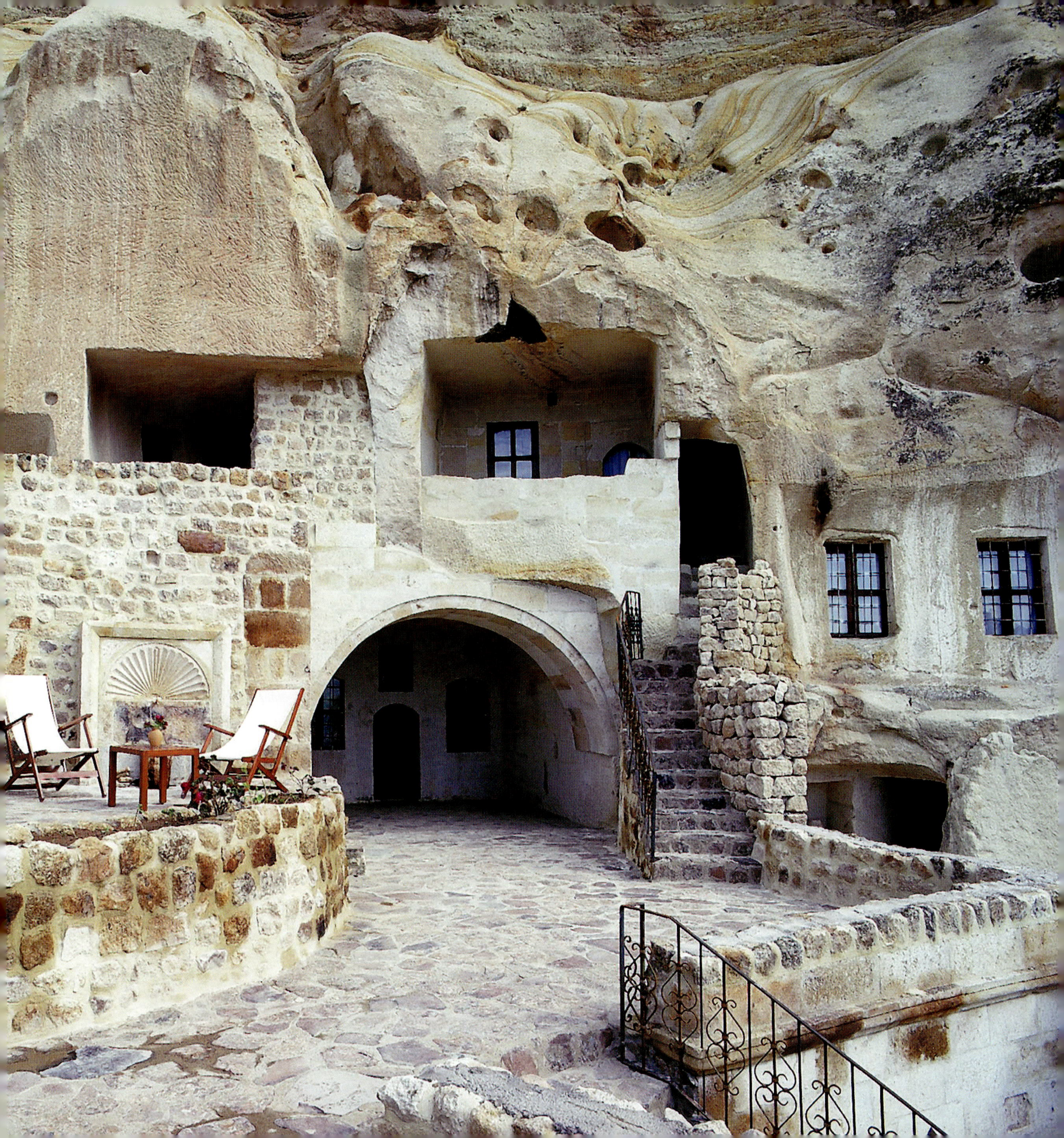

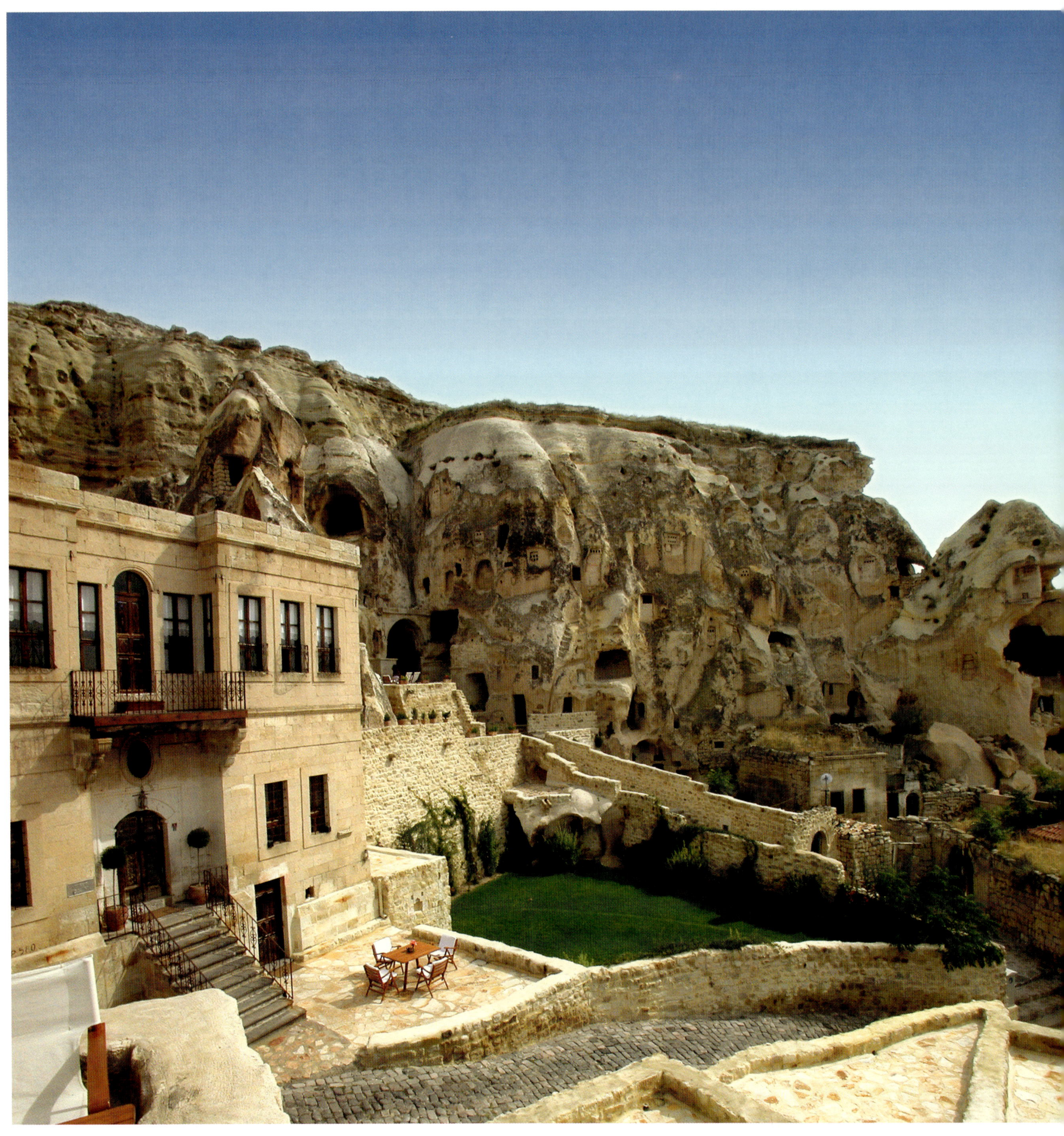

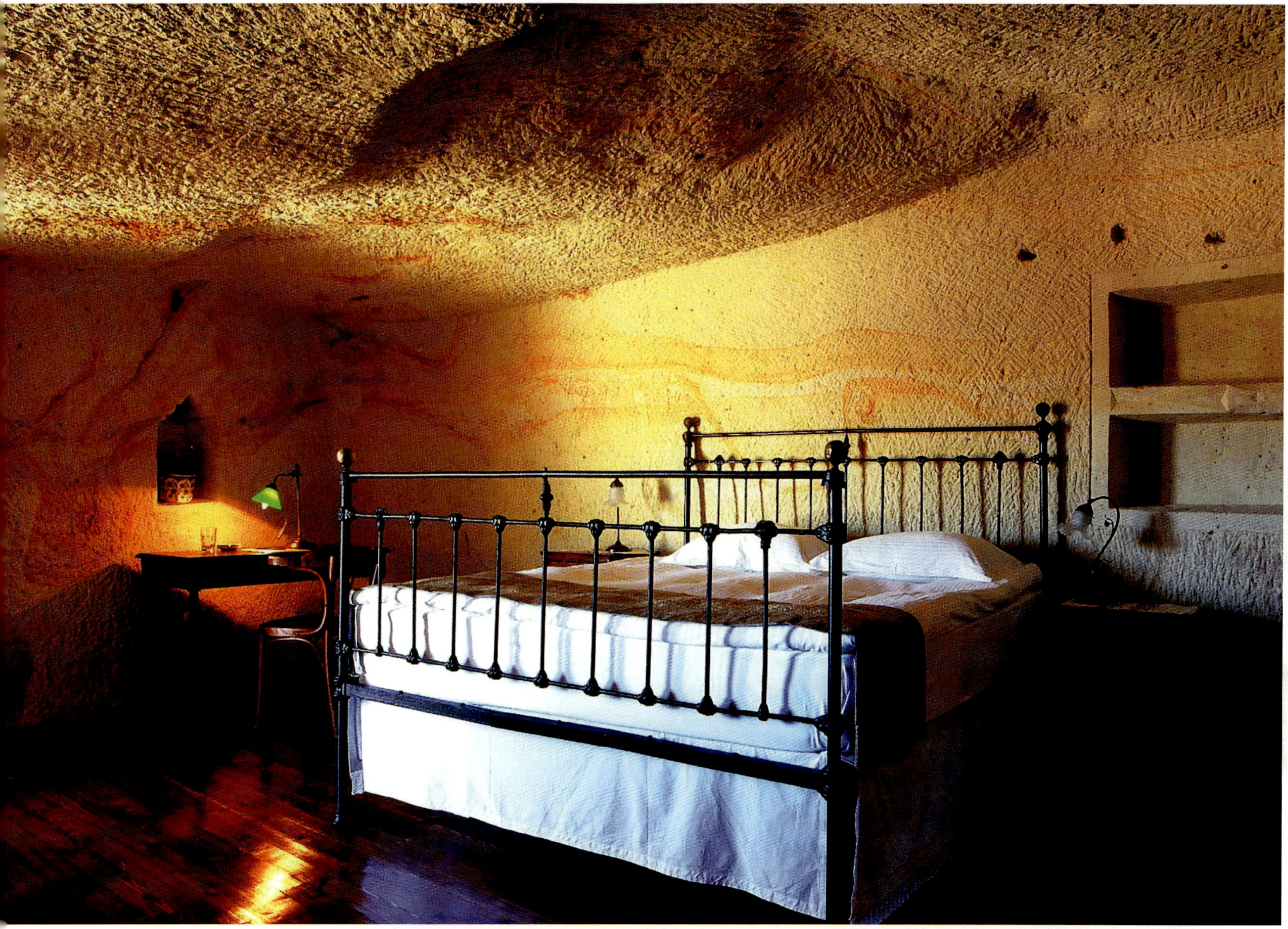

Cave-dwellings were already in use in Cappadocia in prehistoric times. So by now some of the rock faces and cones look as if attacked by woodworm.

La Cappadoce abrite des grottes depuis la préhistoire et certains cônes et parois rocheuses évoquent du gruyère.

Cappadocië herbergt al grotwoningen sinds de prehistorie. Vandaag de dag zien sommige rotswanden en kegels er dan ook uit als een gatenkaas.

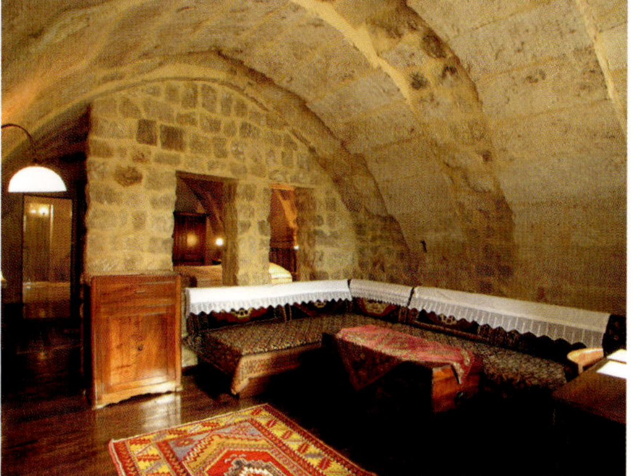
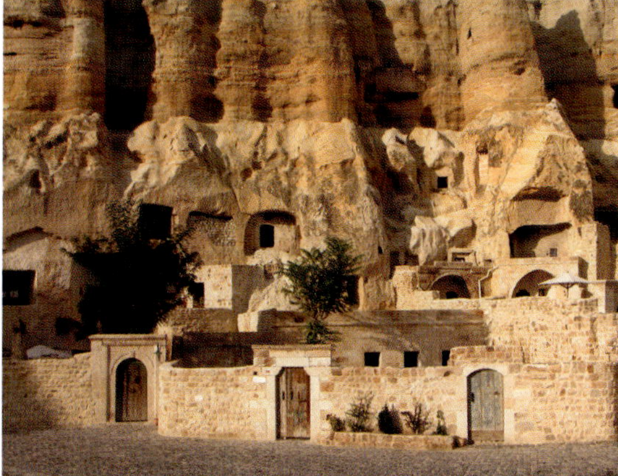

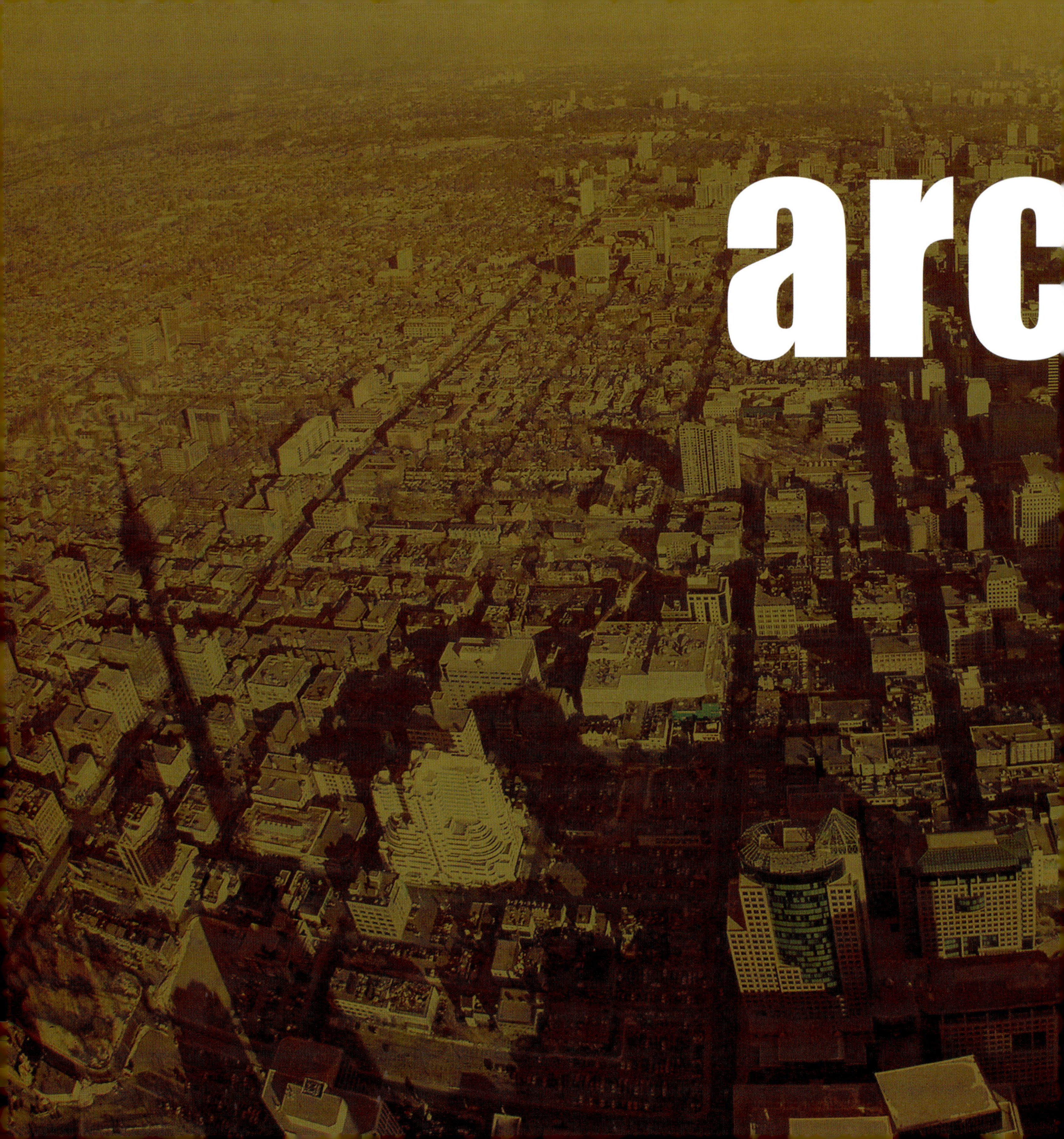

arc

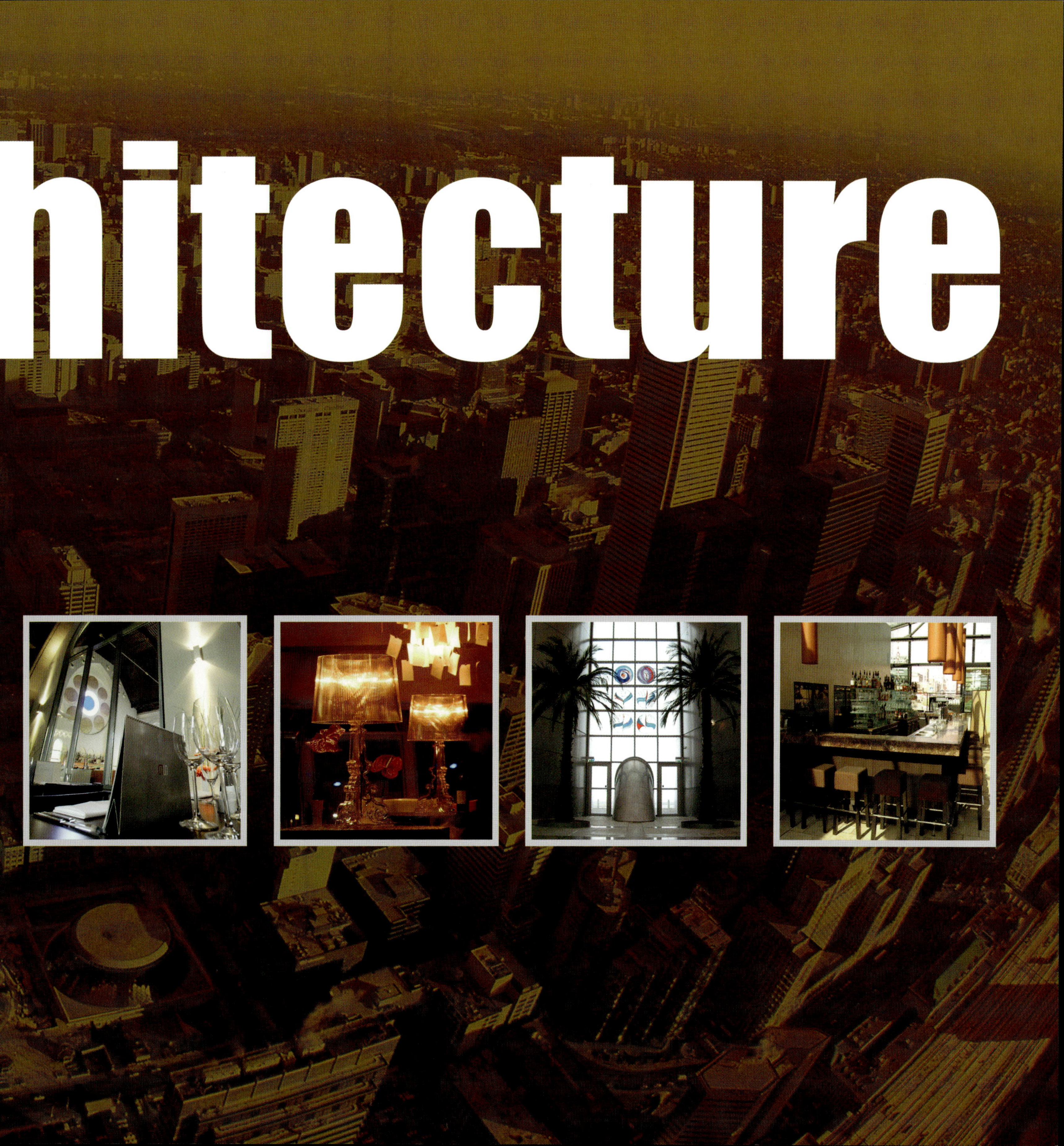

hitecture

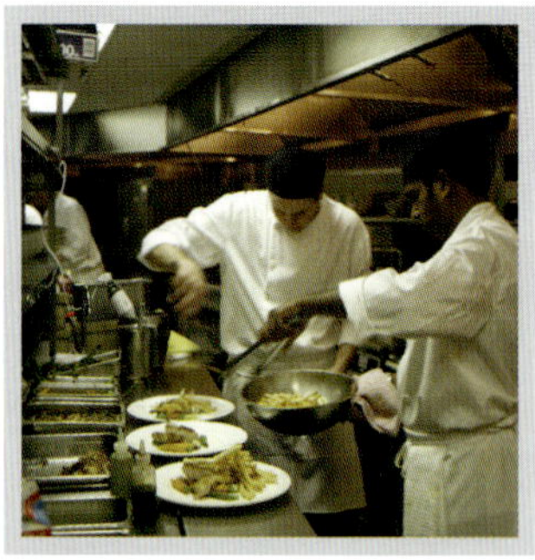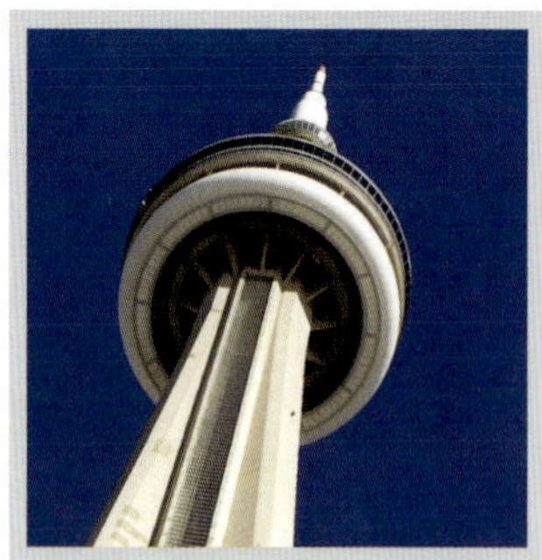

Rotating restaurant

Canada

Somewhere between heaven and earth

The winning combination at 360, the restaurant at the top of the CN Tower, is an excellent kitchen and an unrivalled view. At a height of 553.33 metres, the world's tallest tower is not only an important telecommunications centre but also the most popular tourist attraction in Toronto. In the restaurant, guests can enjoy an all-encompassing view over the city from a comfortable chair: it takes 72 minutes to rotate 360° on its axis. The restaurant specialises in market fresh dishes made with local ingredients and takes pride in having the world's highest wine cellar. A few interesting facts: in 2006 the tower celebrated its 30th birthday, it is visited by more than 2 million people each year, lightning strikes the tower on average 75 times a year and on a clear day from the highest point you can see 160 kilometres into the distance.

Une cuisine remarquable et une vue inégalée sont les atouts du 360, le restaurant chapeautant la CN Tower. D'une hauteur de 553,33 mètres, la plus haute tour du monde n'est pas seulement un important centre de télécommunication, mais aussi une attraction touristique à Toronto. Confortablement assis, les clients du restaurant peuvent apprécier une vue complète sur la ville : en 72 minutes, le 360 effectue un tour complet sur son axe. L'établissement est spécialisé dans les plats élaborés selon le marché du jour avec des ingrédients locaux. Il peut se targuer de posséder la cave à vin la plus "élevée" du monde. Bon à savoir : en 2006, la tour a fêté ses 30 ans d'existence. Deux millions de visiteurs la fréquentent chaque année. L'éclair la frappe 75 fois par an et par temps clair, on peut voir à 160 kilomètres de distance.

Een voortreffelijke keuken en een ongeëvenaard uitzicht, dat zijn de troeven van 360, het restaurant bovenin de CN Tower. Met een hoogte van 553,33 meter is 's werelds hoogste toren niet enkel een belangrijk telecommunicatie-centrum maar tevens de belang-rijkste toeristische trekpleister van Toronto. In het restaurant kunnen gasten vanuit hun comfortabele stoel genieten van een allesomvat-tend zicht over de stad: in 72 minuten tijd draait 360 immers volledig rond zijn as. De zaak is gespecialiseerd in marktverse gerechten met lokale ingrediënten, en kan prat gaan op 's werelds hoogste wijnkelder. Enkele leuke weetjes: de toren vierde in 2006 zijn 30-jarig bestaan, hij wordt jaar-lijks bezocht door meer dan 2 miljoen mensen, de bliksem slaat er gemiddeld 75 keer per jaar op in, en op heldere dagen kan je vanaf het hoogste punt 160 kilometer ver kijken.

360 - CN Tower, 301 Front Street West, Toronto, Ontario M5V 2T6, Canada – +1 416 362 5411 - www.cntower.ca

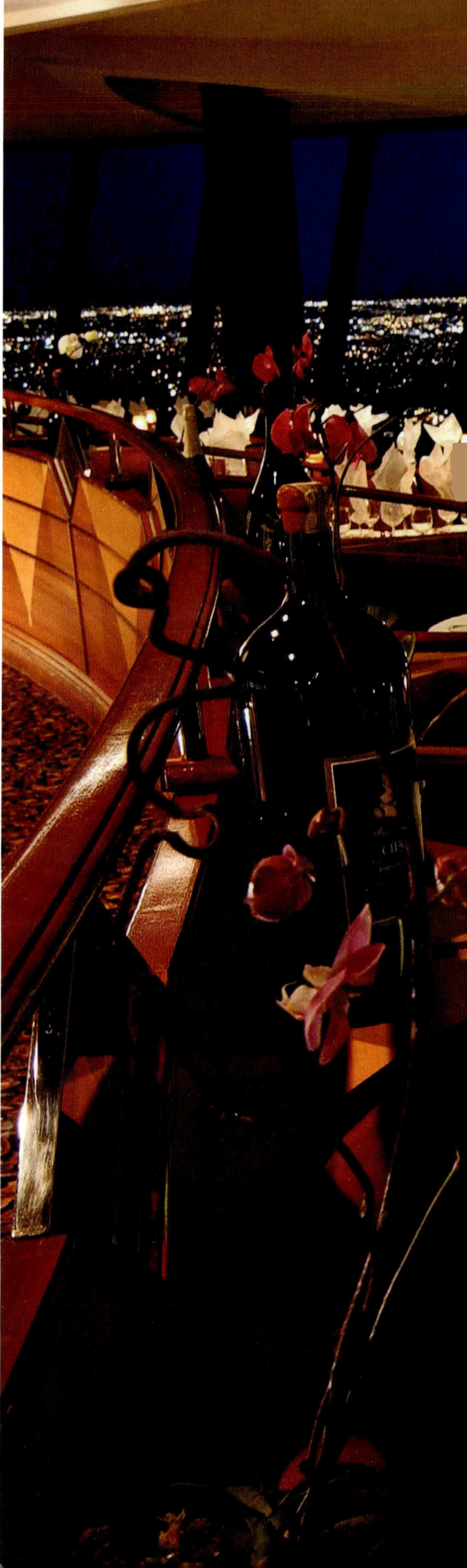

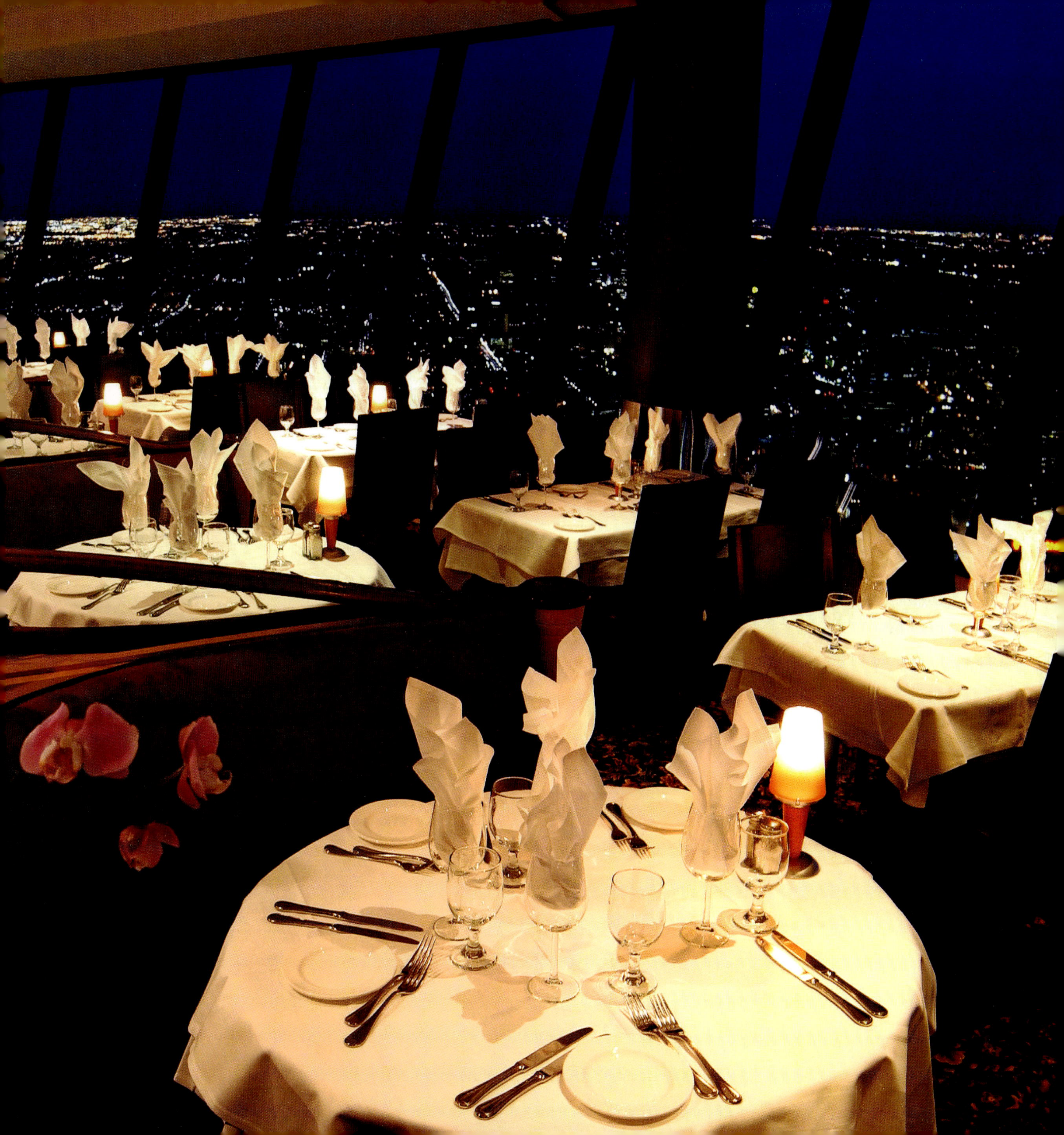

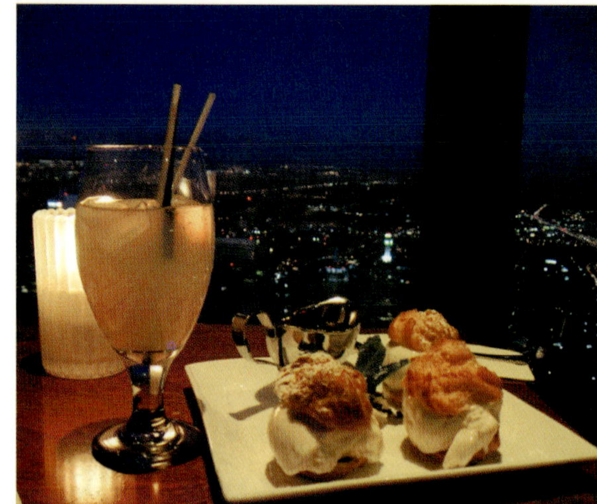

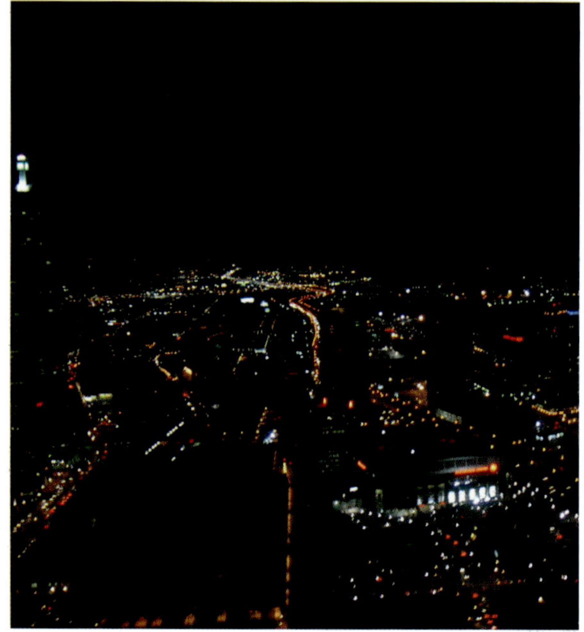

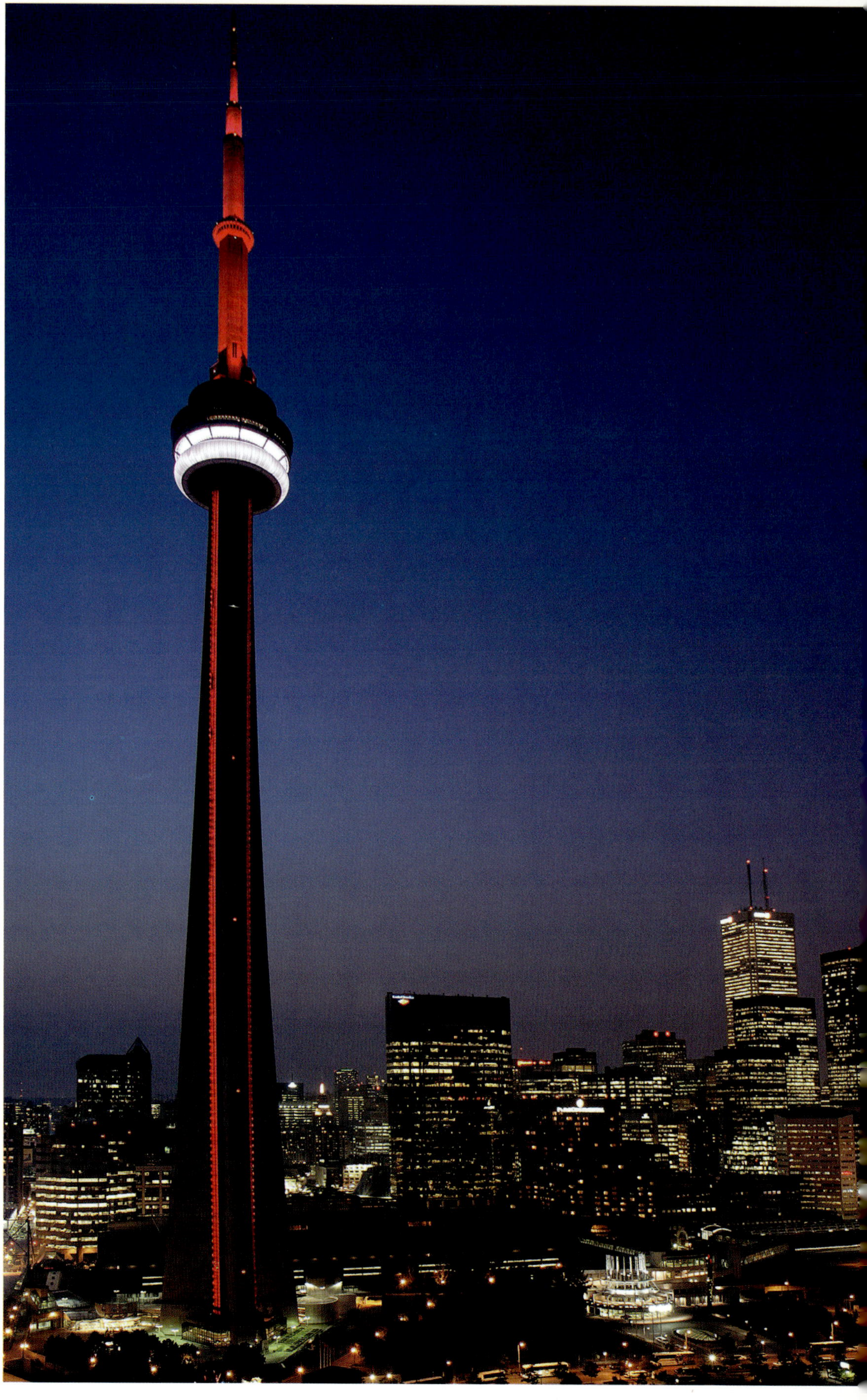

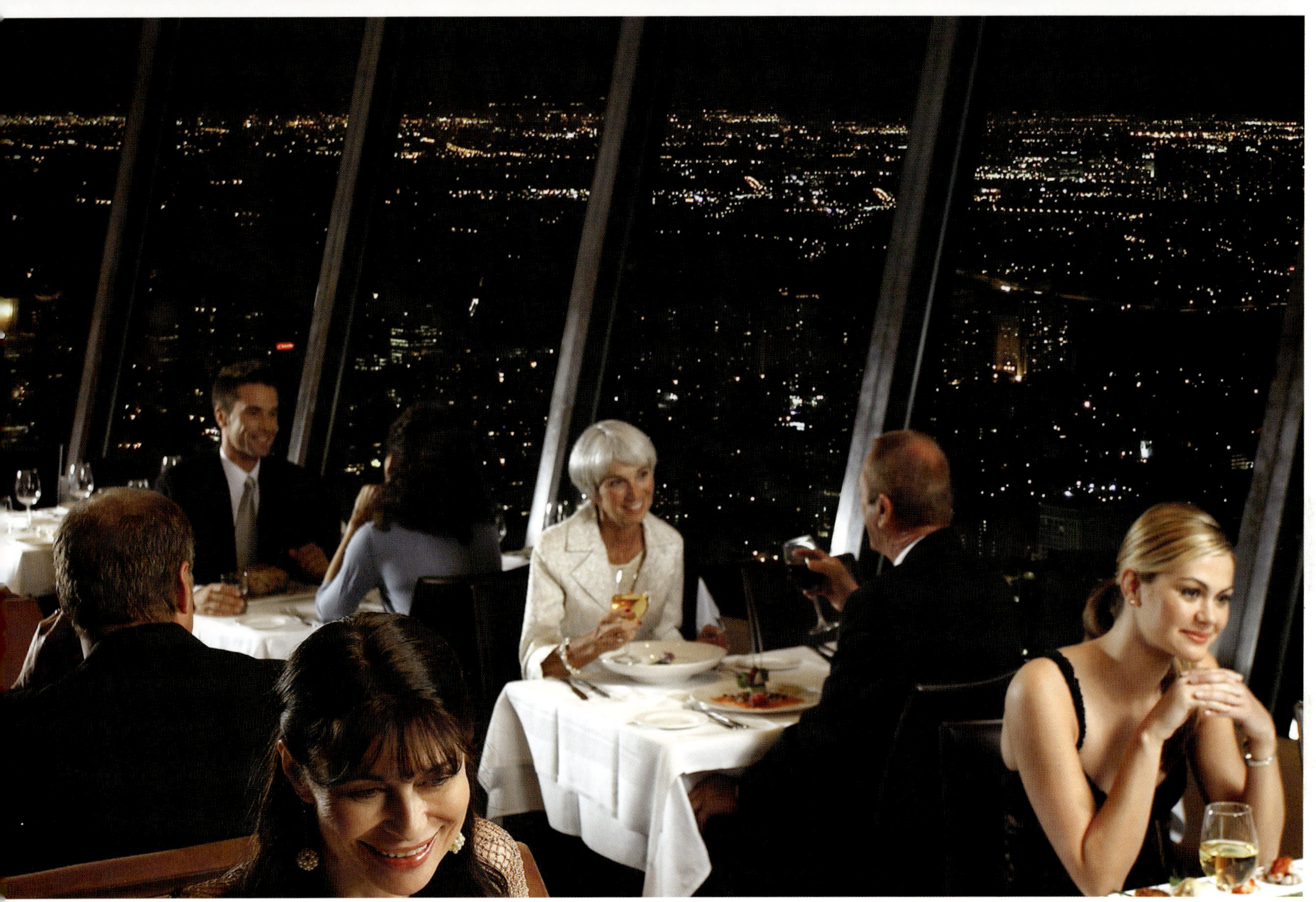

On one particular record day 360 succeeded in serving as many as 1,855 meals.

Le 360 a réussi un jour à servir le nombre record de 1.855 couverts.

Op één welbepaalde recorddag slaagde 360 erin maar liefst 1.855 maaltijden te serveren.

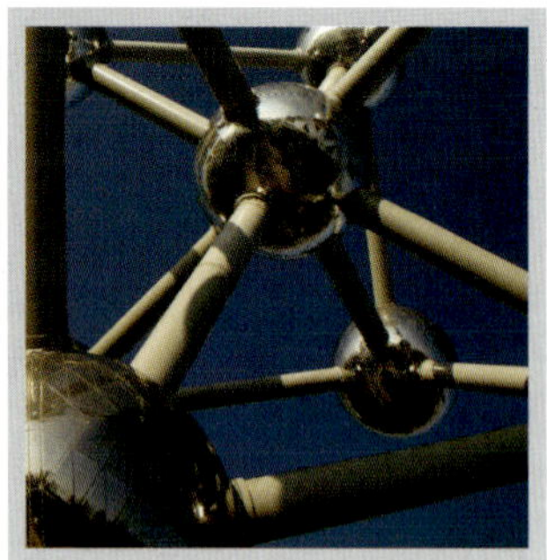 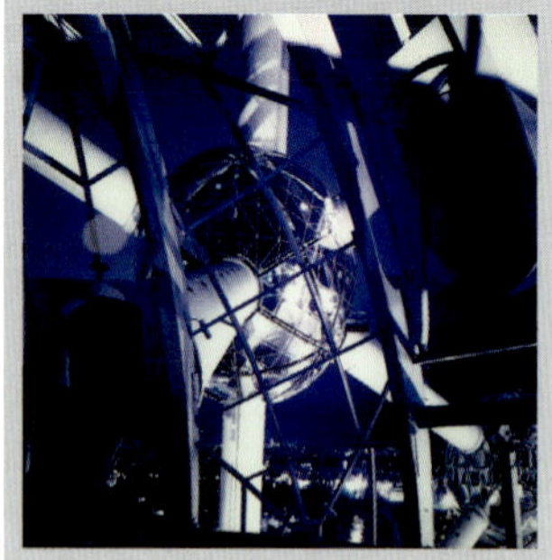

Monument Belgium

Molecular design

The Brussels Atomium, designed by André Waterkeyn to represent Belgium at the World Exhibition in 1958, was originally planned to remain there only for 6 months. A good 50 years later and this architectural gem is still one of the most famous and most visited constructions in the world. The 102 metre high monument, that consists of 9 spheres and 20 pipes that together form a scale model of an iron cristal, can - with the exception of the restaurant - be entirely or partly hired. The rooms in the central, upper and lower spheres can accommodate 30 to 200 people and the entire Atomium can house 800 guests. In addition, the children's sphere offers groups of school children from age 6 to 12 the opportunity to stay the night in the "Rain molecules" designed by the Spanish artist Alicia Framis.

L'Atomium de Bruxelles, conçu par André Waterkeyn pour représenter la Belgique lors de l'Exposition universelle de 1958, ne devait initialement rester en place que 6 mois. Quelque 50 ans plus tard, cette perle d'architecture est encore toujours l'un des ouvrages parmi les plus connus et les plus visités du monde. Le monument, haut de 102 mètres, se compose de 9 sphères et de 20 tubes de liaison dont la combinaison représente un modèle, à l'échelle, d'une cristal de fer. A l'exception du restaurant, l'Atomium peut être pris en location, en partie ou dans son ensemble. Les salles qui se trouvent dans la partie médiane, supérieure ou inférieure peuvent accueillir de 30 à 200 personnes tandis que la totalité de l'espace disponible a une contenance de 800 invités. La sphère des Enfants permet en outre à des groupes d'enfants des écoles primaires de passer la nuit dans les "Molécules de pluie " réalisées par l'artiste espagnole Alicia Framis.

Het Brusselse Atomium, dat door André Waterkeyn ontworpen werd om België te vertegenwoordigen op de Wereldtentoonstelling van 1958, mocht volgens het oorspronkelijke plan slechts 6 maanden blijven staan. Ruim 50 jaar later is dit architecturale pareltje echter nog steeds een van de bekendste en meest bezochte bouwwerken ter wereld. Het 102 meter hoge monument, dat bestaat uit 9 bollen en 20 buizen die samen een schaalmodel van een ijzerkristal vormen, kan - met uitzondering van het restaurant - volledig of gedeeltelijk afgehuurd worden. Zo bieden zalen in de centrale, bovenste en onderste bol plaats aan 30 tot 200 personen en kan het Atomium in zijn geheel 800 gasten herbergen. De Kinderbol biedt groepen schoolkinderen van 6 tot 12 jaar bovendien de mogelijkheid om te overnachten in de "Regenmoleculen" van de Spaanse kunstenares Alicia Framis.

ATOMIUM – ATOMIUM vzw, ATOMIUMSQUARE, 1020 BRUSSEL, BELGIUM - +32 2 475 47 75 - INFO@ATOMIUM.BE - WWW.ATOMIUM.BE

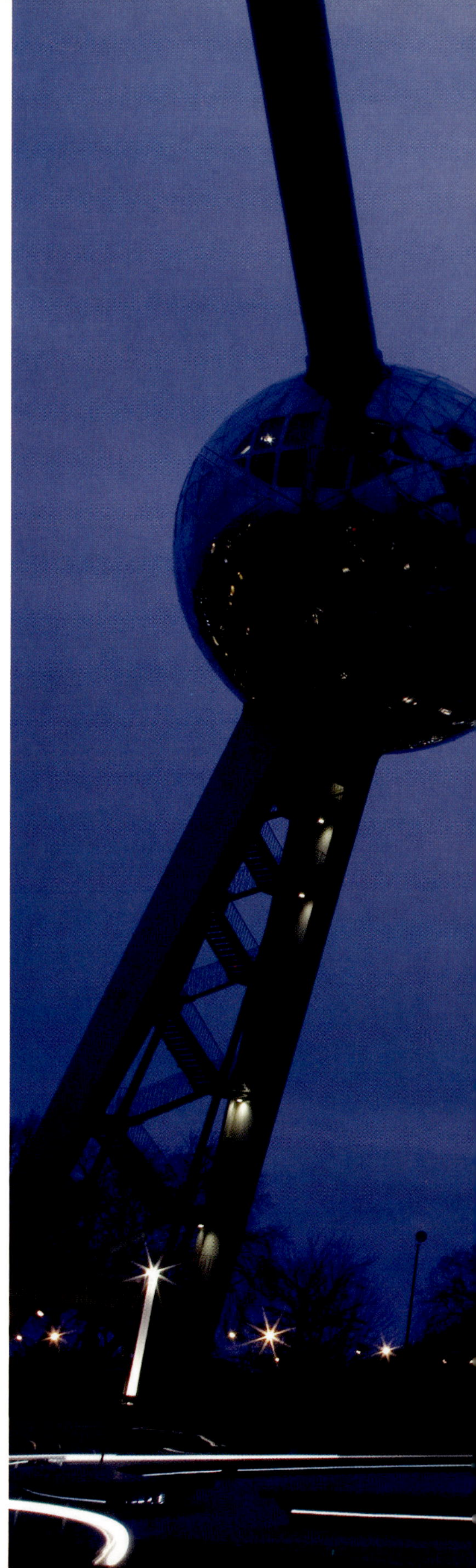

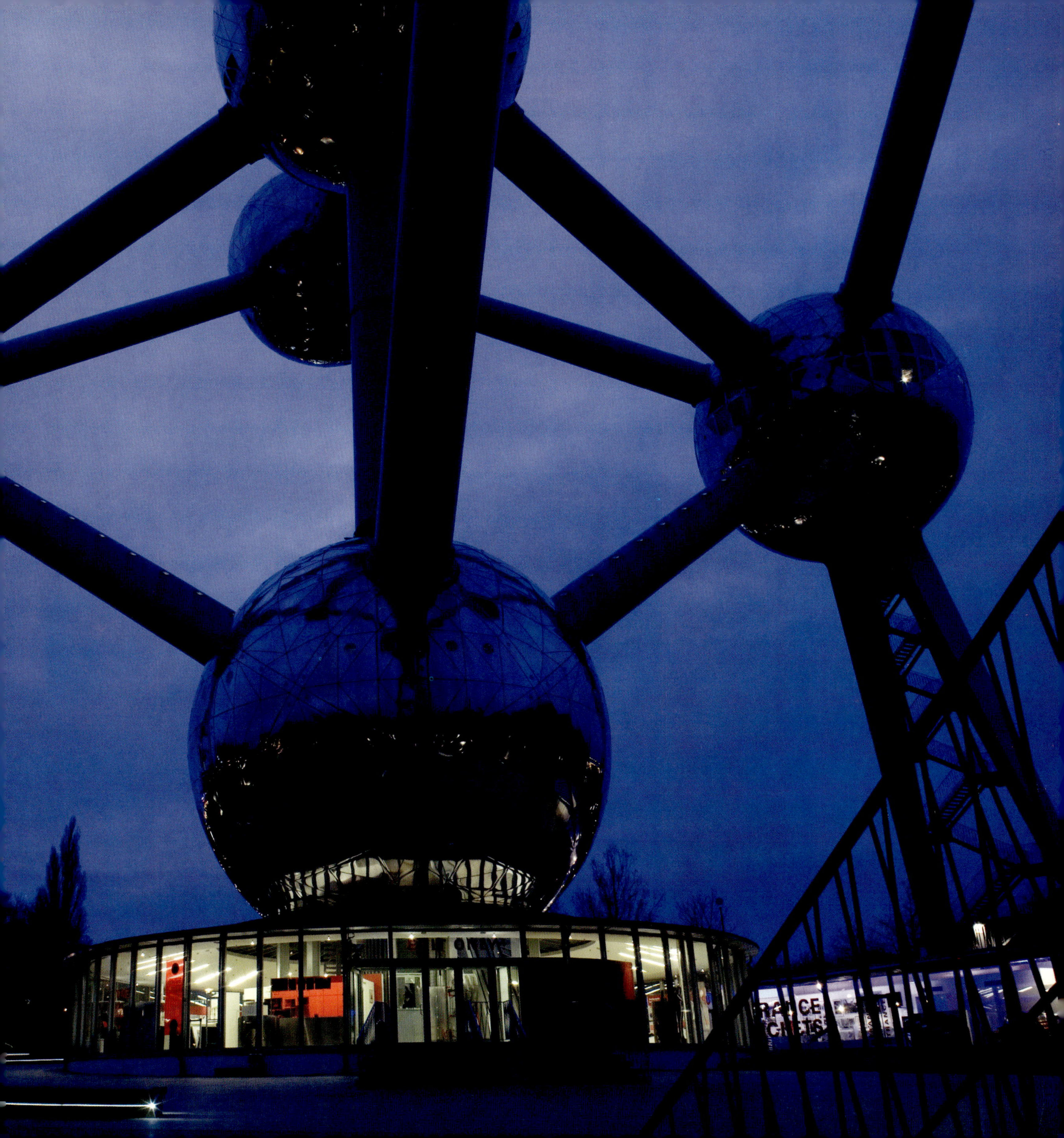

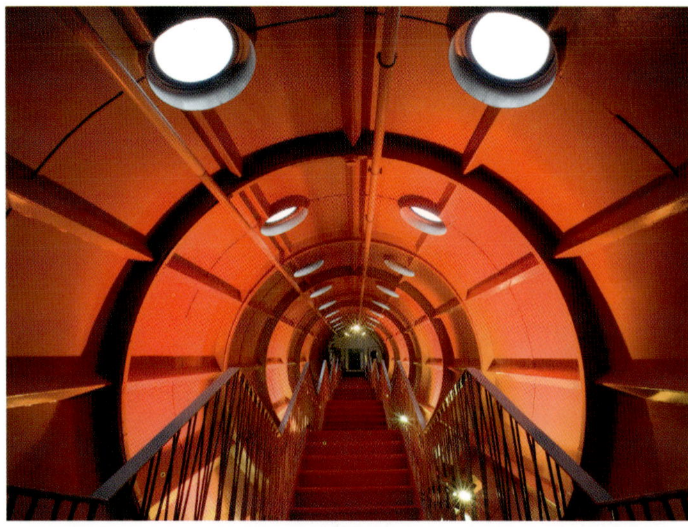

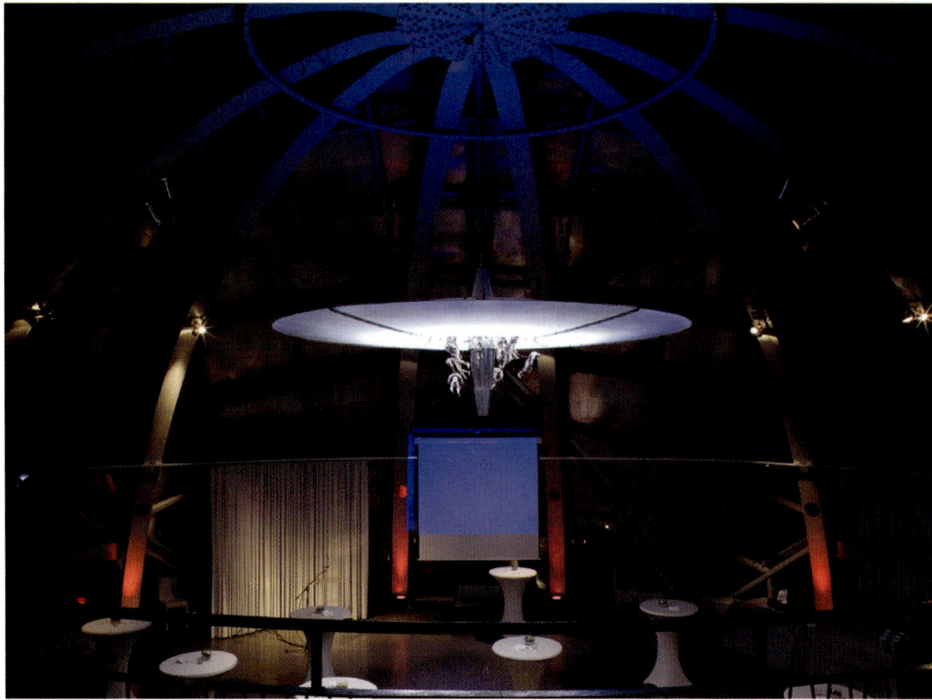

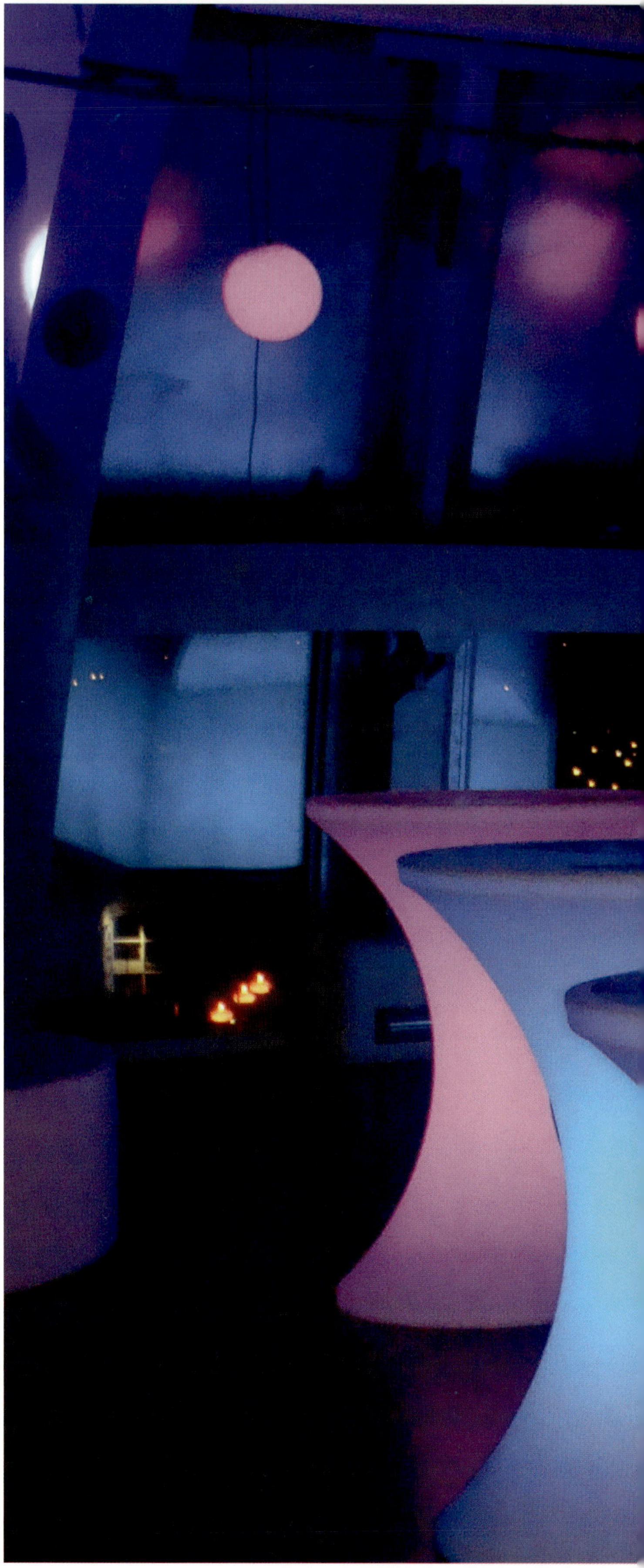

During the 2004 renovation, lighting artist Ingo Maurer designed the lighting plan. Inside he designed a light sculpture in the shape of UFOs and a system using LED for the exterior.

A l'occasion de la rénovation en 2004, le designer Ingo Maurer a conçu les nouveaux éclairages. A l'intérieur, il a créé des sculptures lumineuses en forme d'ovnis et adopté, à l'extérieur, un système de LEDs.

Bij de renovatie in 2004 tekende lichtkunstenaar Ingo Maurer voor het lichtplan. Voor binnen ontwierp hij verlichtingssculpturen in de vorm van UFO's en voor buiten een systeem met LEDs.

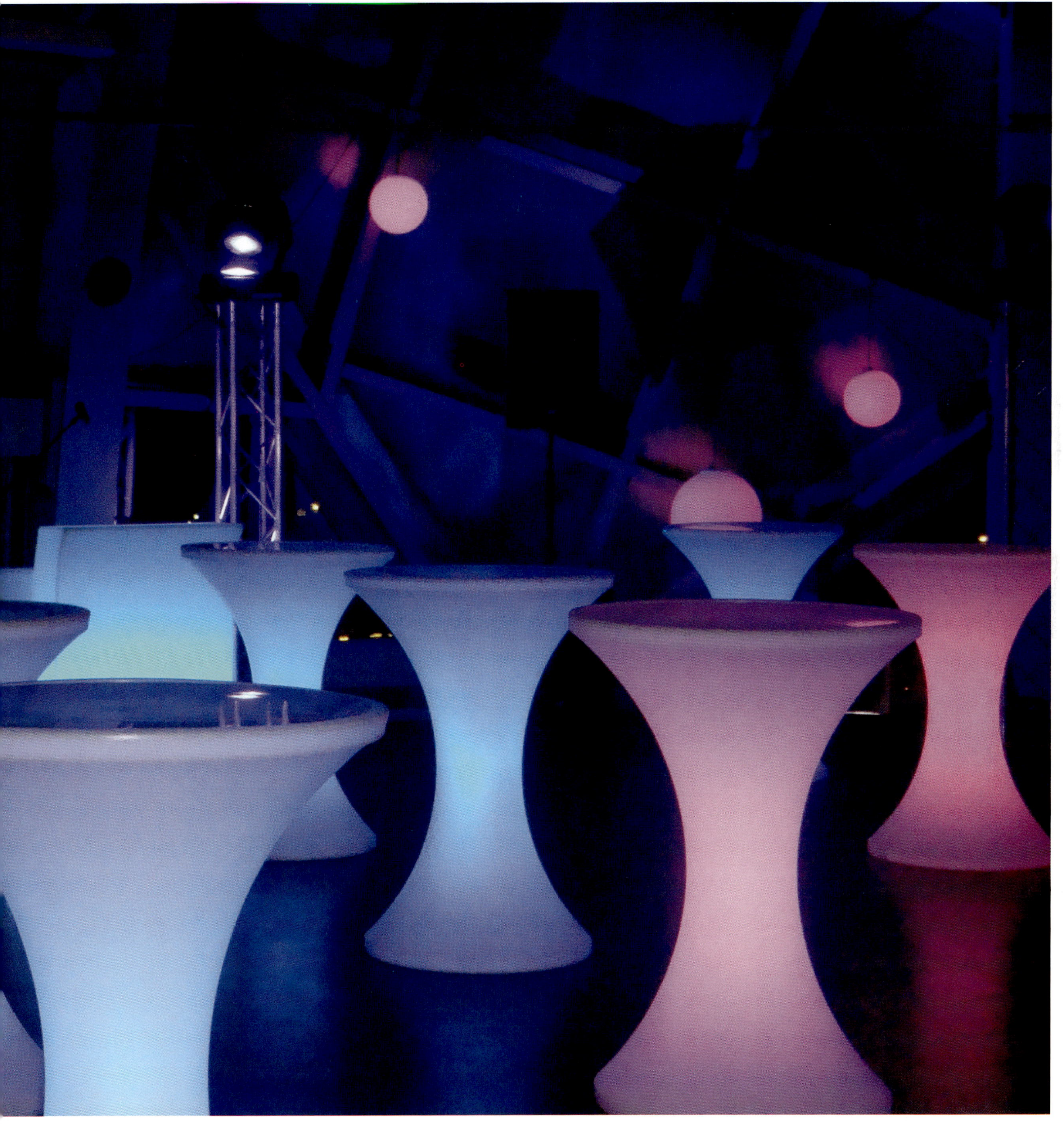

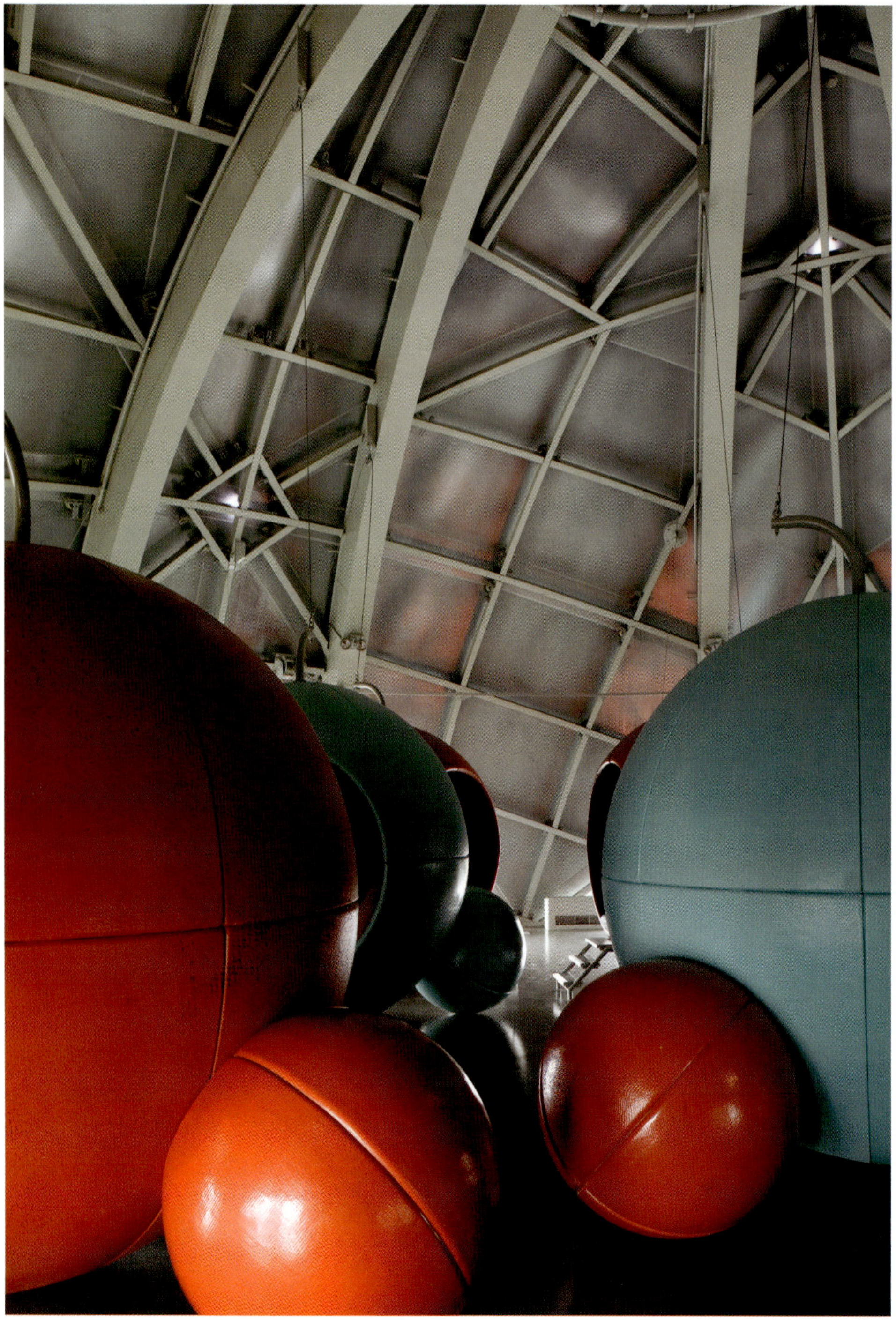

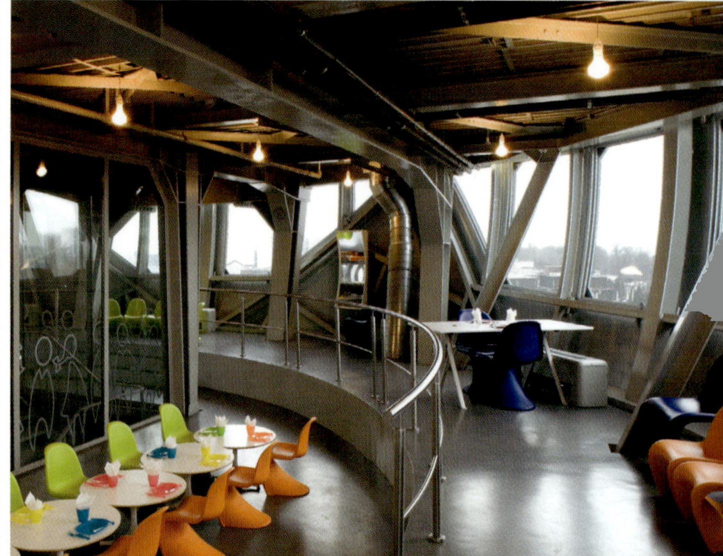

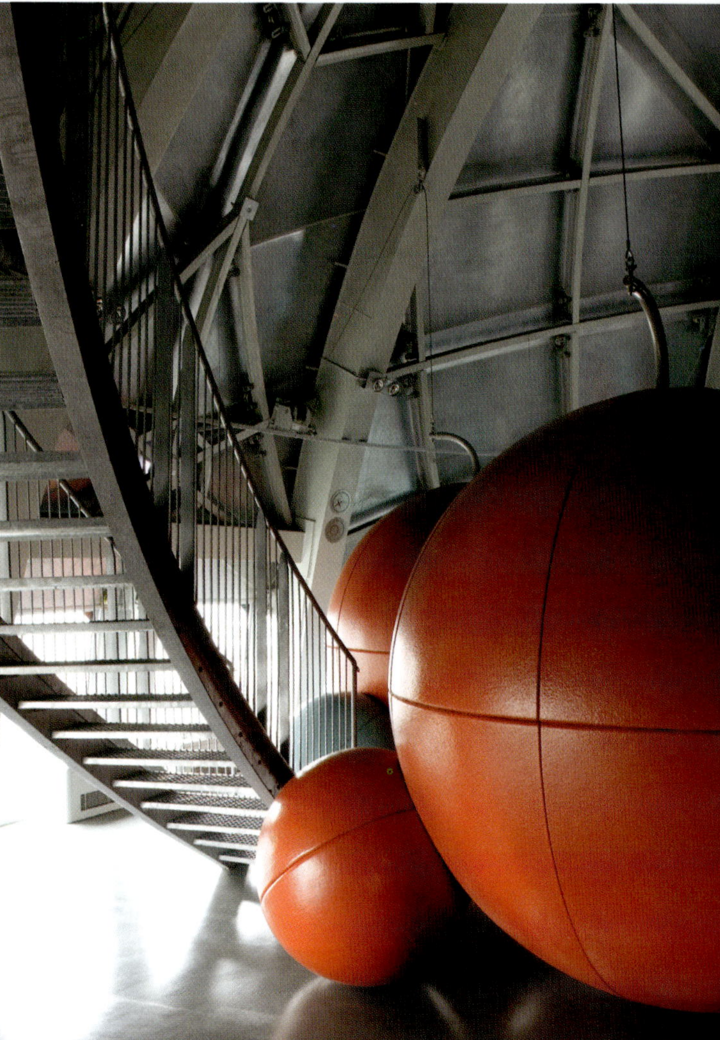

In the Panorama room, on the lowest level of the highest sphere, you can discover Brussels from a height of 95 metres. Each window is provided with an interactive screen with information about the surrounding landscape.

Dans la salle du Panorama, située à la partie inférieure de la sphère supérieure, vous pouvez découvrir Bruxelles depuis une hauteur de 95 mètres. Chaque fenêtre est pourvue d'un écran interactif qui fournit des informations sur les éléments du paysage.

In de Panoramazaal, op de onderste verdieping van de bovenste bol, ontdek je Brussel van op een hoogte van 95 meter. Elk raam is voorzien van een interactief scherm met informatie over de omgeving.

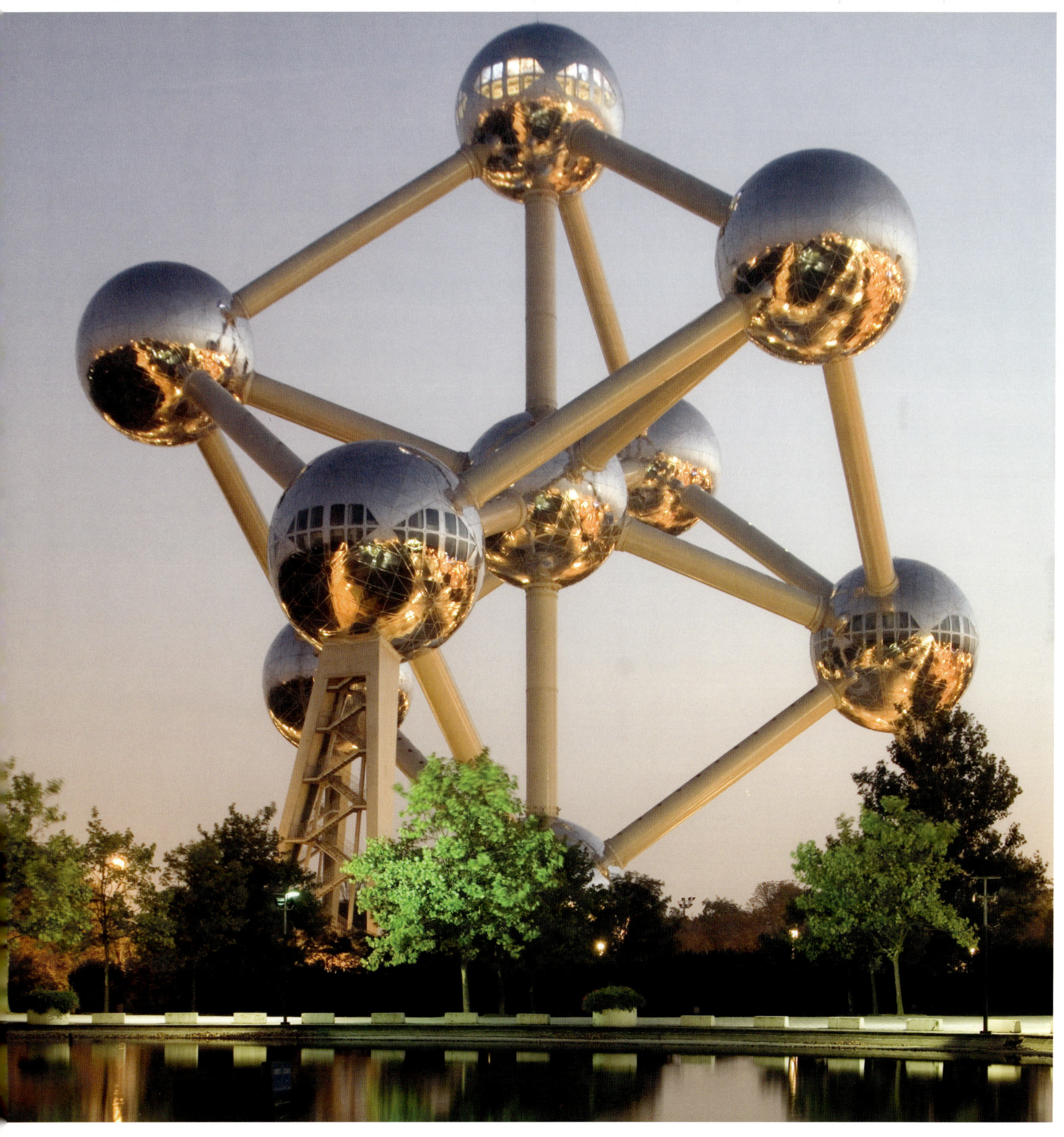

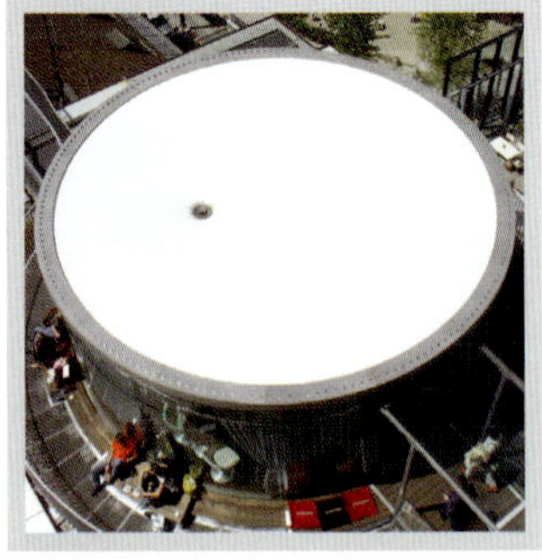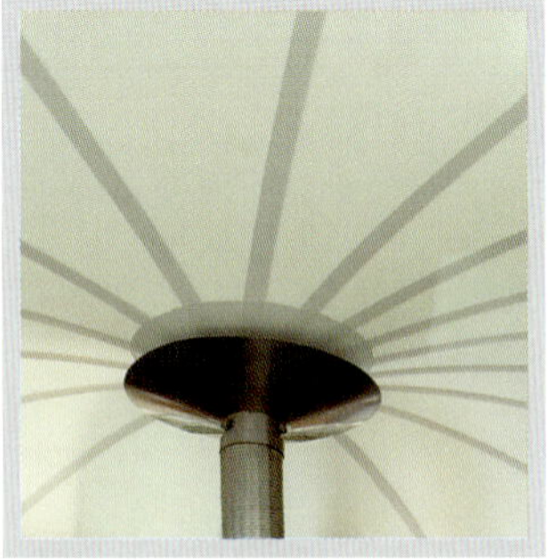

Glass box cafe
Austria

Seventh Heaven

With walls made of laminated glass and a translucent membrane roof, this hypermodern circular bar looks like a gigantic light bulb at night. Café - winebar - lounge 360° has a unique location on the roof of Innsbruck's town hall, and is a continuation of the restaurant of the same name, which is also made of glass but has been given a rectangular shape. The bar, which opened its doors in 2005, provides from the 7th floor an unrivalled 360° view of the city and surrounding Alps and was designed by architect Dominique Perrault, just like the city hall and the neighbouring Rathaus Galleries. The curved wall panels can be made to slide halfway open so that the boundary between inside and out largely fades away. The interior is chic and the atmosphere sophisticated.

Avec ses parois de verre et son toit fait d'une membrane translucide, ce bar circulaire ultra moderne ressemble la nuit à une gigantesque ampoule. Café, bar à vin et lounge, le 360° est situé à un endroit exclusif, sur le toit de l'hôtel de ville d'Innsbruck. Il prolonge le restaurant du même nom, également réalisé en verre, mais de forme carrée. Le bar, qui a ouvert ses portes en 2005 offre, du 7e étage, une vue inégalée à 360° sur la ville et les Alpes voisines. Tout comme l'hôtel de ville et la galerie Rathaus toute proche, il a été dessiné par l'architecte Dominique Perrault. Les parois arrondies peuvent être ouvertes sur leur moitié, effaçant ainsi la frontière entre l'extérieur et l'intérieur, au style chic et à l'atmosphère sophistiquée.

Met muren die vervaardigd zijn uit gelamineerd glas en een dak dat bestaat uit een doorschijnend membraan, ziet deze hypermoderne ronde bar er 's nachts uit als een gigantische gloeilamp. Café - wijnbar - lounge 360° heeft een unieke ligging op het dak van het Stadhuis van Innsbruck, en vormt een verlengstuk van het gelijknamige restaurant, dat eveneens in glas uitgevoerd werd, maar een rechthoekige vorm meekreeg. De bar, die haar deuren opende in 2005, biedt vanaf de 7e verdieping een ongeëvenaard zicht van 360° op de stad en de omliggende Alpen, en werd net zoals het Stadhuis en de ernaast gelegen Rathaus-Galerien ontworpen door architect Dominique Perrault. De ronde muurpanelen kunnen voor de helft opengeschoven worden, zodat de grens tussen binnen- en buitenruimte grotendeels vervaagt. Het interieur is chic en de sfeer gesofistikeerd.

360° – Rathaus, Maria-Theresienstrasse 18, 7th Floor, 6020 Innsbruck, Tirol, Austria - +0664 840 65 70 50 - office@360-grad.at - www.360-grad.at

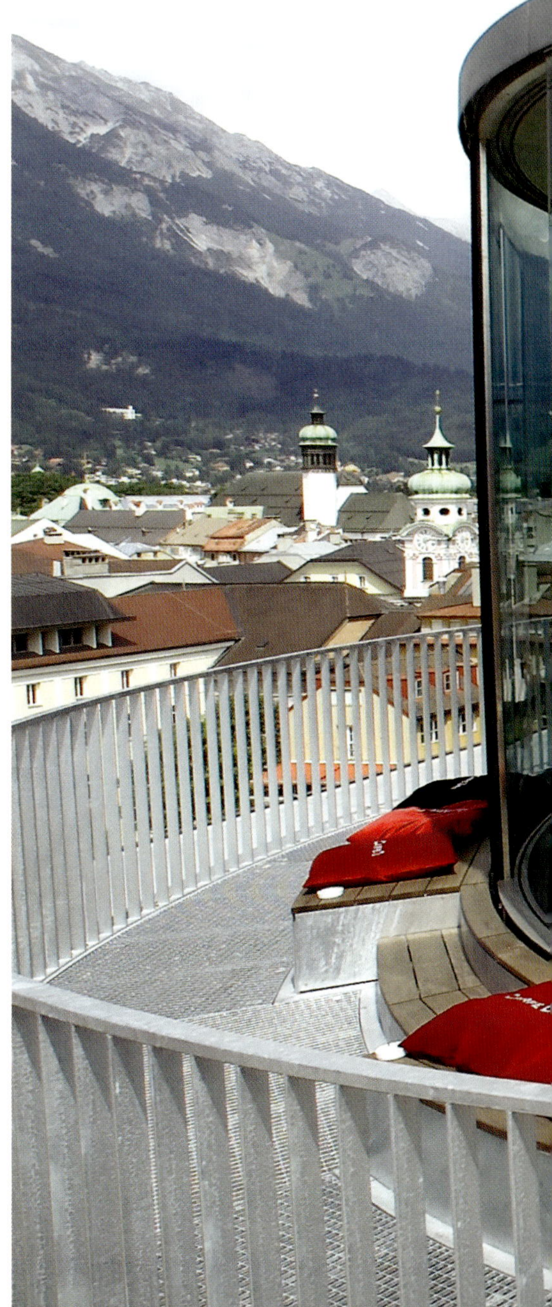

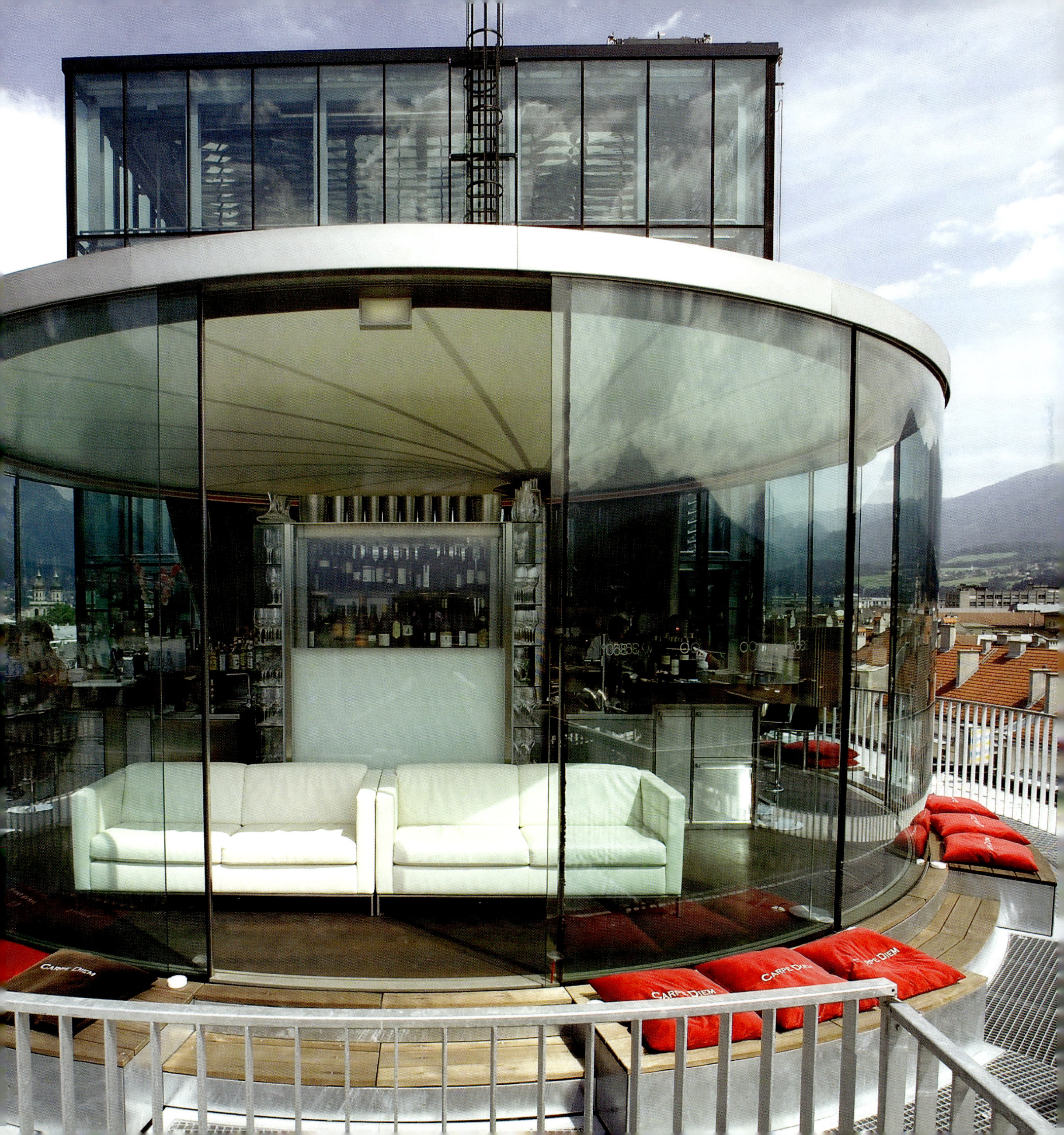

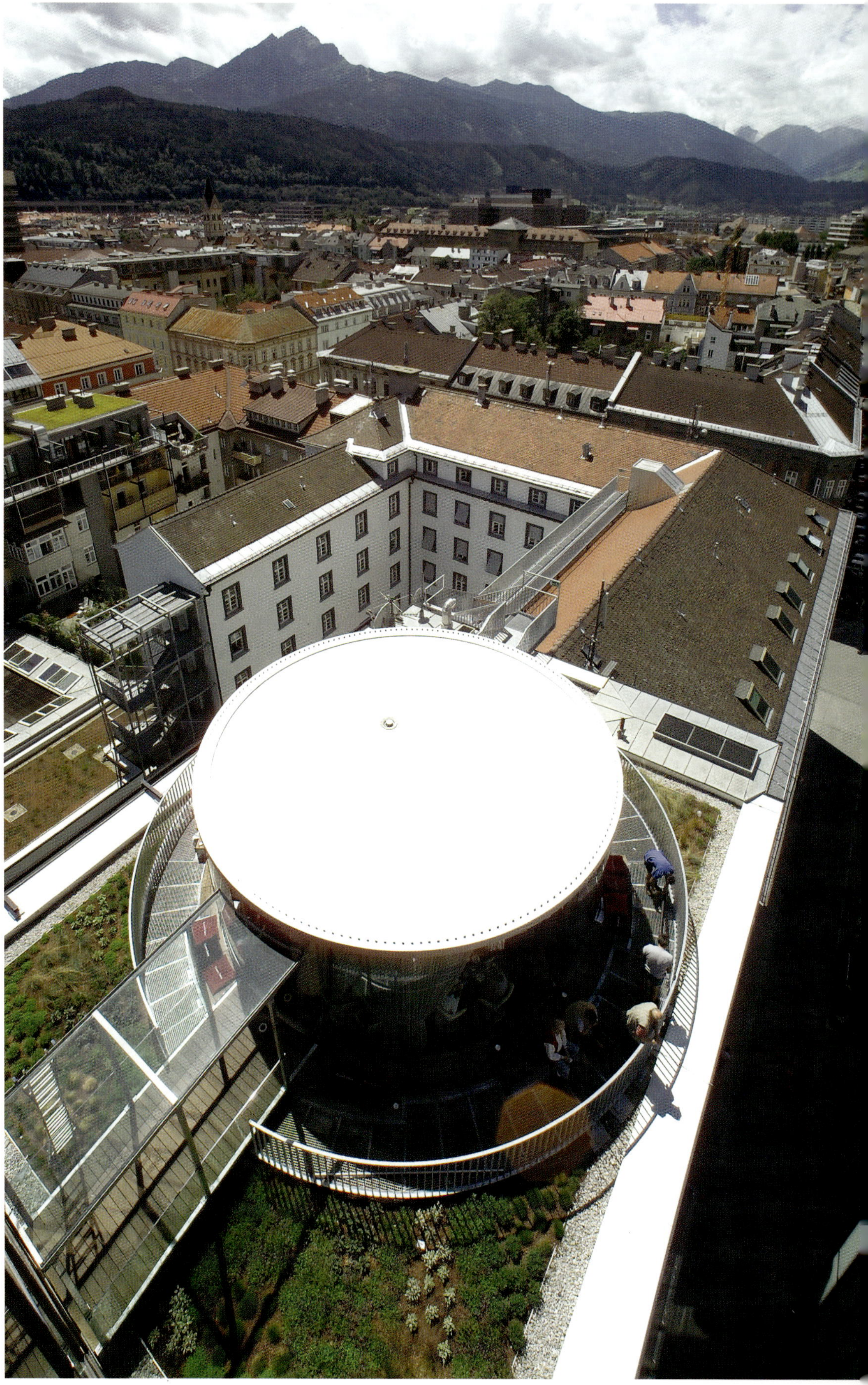

The structure appears transparent due to the use of glass panels and the membrane that lets in the sunlight.

La construction est tout en transparence grâce à l'usage de panneaux vitrés et la membrane qui laisse passer la lumière du soleil.

De constructie biedt een transparante aanblik dankzij het gebruik van de glazen panelen en het zonlicht doorlatende membraan.

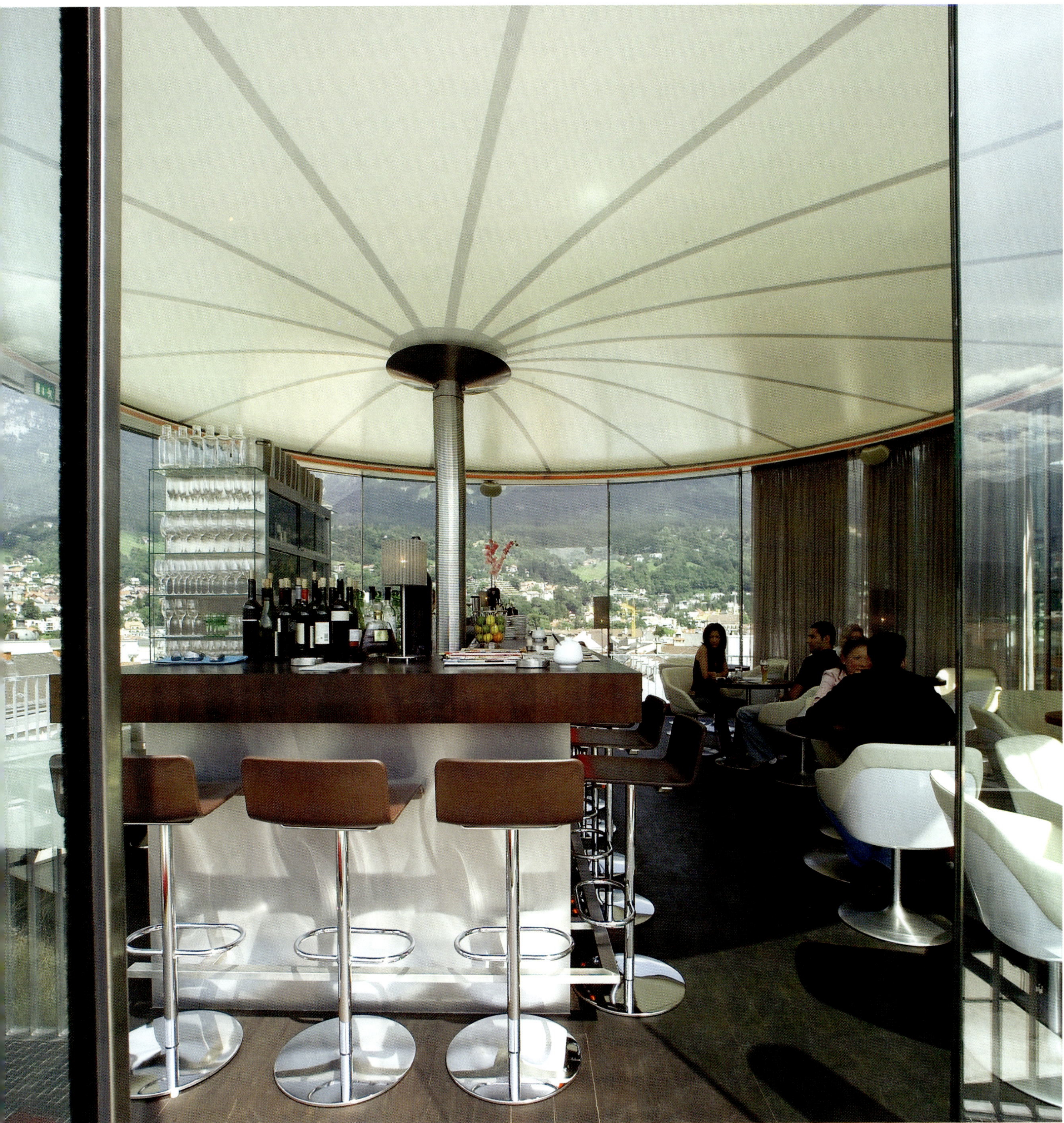

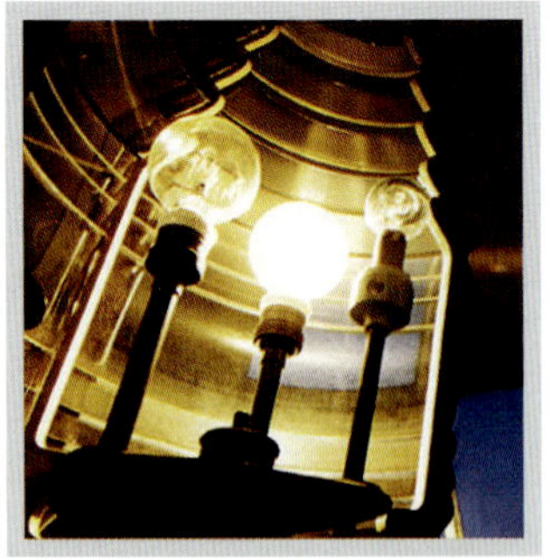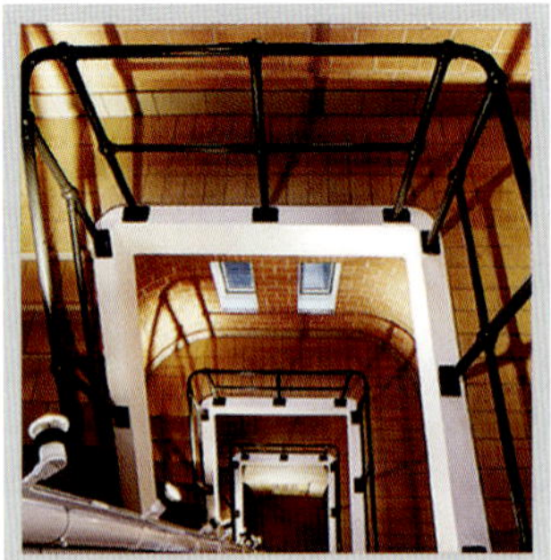

Lighthouse B&B
The Netherlands

Light my fire

In 1998, after three-quarters of a century of loyal service, the lamp in the lighthouse at Harlingen was finally extinguished. The future of this striking monument hung very briefly in the balance. Until a private individual had the idea of turning it into a unique bed & breakfast. Now, after thorough restoration, the lighthouse provides accommodation for two people all year round. After a number of turns up the stairwell you reach the bathroom floor with its round shower. A curved passage leads to the living room with a custom-made bed, a TV corner and a worktable. The surrounding glass enables you to enjoy the expansive view even from your bed. A steep staircase then takes you up to the lantern where a lamp as big as a Skippy Ball once burned. Here, beneath the original copper dome, you can sit at a table for two or enjoy the matchless view from the outside gallery 24 metres above the ground.

En 1998, après trois-quarts de siècle de service, la lumière du phare de Harlingen s'est éteinte. L'avenir de ce monument marquant est resté incertain jusqu'à ce qu'un particulier eut l'idée de la convertir en bed & breakfast. Entièrement restauré, le phare offre chaque jour un toit à deux pensionnaires. La cage d'escalier vous mène au terme de quelques circonvolutions à la salle d'eau et sa douche circulaire. Un couloir courbe vous amène au séjour, son lit sur-mesure, son coin TV et le bureau. Le vitrage tout autour permet de profiter, de son lit, d'une vue grandiose. Par un escalier raide, on accède à l'endroit où brûlait, dans le passé, une gigantesque ampoule. Sous la coupole de cuivre, il est possible de s'attabler à deux et du bastingage de la galerie extérieure, de profiter de l'extraordinaire panorama, à 24 mètres de hauteur.

Na driekwart eeuw trouwe dienst doofde in 1998 het licht in de vuurtoren van Harlingen. Heel even was de toekomst van het markante monument onzeker. Tot een particulier het idee kreeg er een unieke bed & breakfast van te maken. Volledig gerestaureerd biedt de vuurtoren nu dagelijks onderdak aan twee gasten. Via het trappenhuis bereik je na een aantal omwentelingen de bad-verdieping met ronde douche. Een gebogen gangetje leidt naar de woonkamer met een op maat gemaakt bed, een tv-hoek en een werkblad. Het glas rondom maakt dat je zelfs vanuit bed kan genieten van het weidse uitzicht. Een steile trap brengt je naar de plaats waar ooit een lamp zo groot als een Skippy-bal brandde. Hier, onder de originele koperen koepel, kan je aanschuiven aan een tafel voor twee of buiten vanaf de omheinde omloop genieten van het onovertroffen uitzicht op 24 meter hoogte.

VUURTOREN VAN HARLINGEN - HAVENWEG 1, HARLINGEN, THE NETHERLANDS - +31 517 414410 - WWW.VUURTOREN-HARLINGEN.NL - INFO@DROMENAANZEE.NL

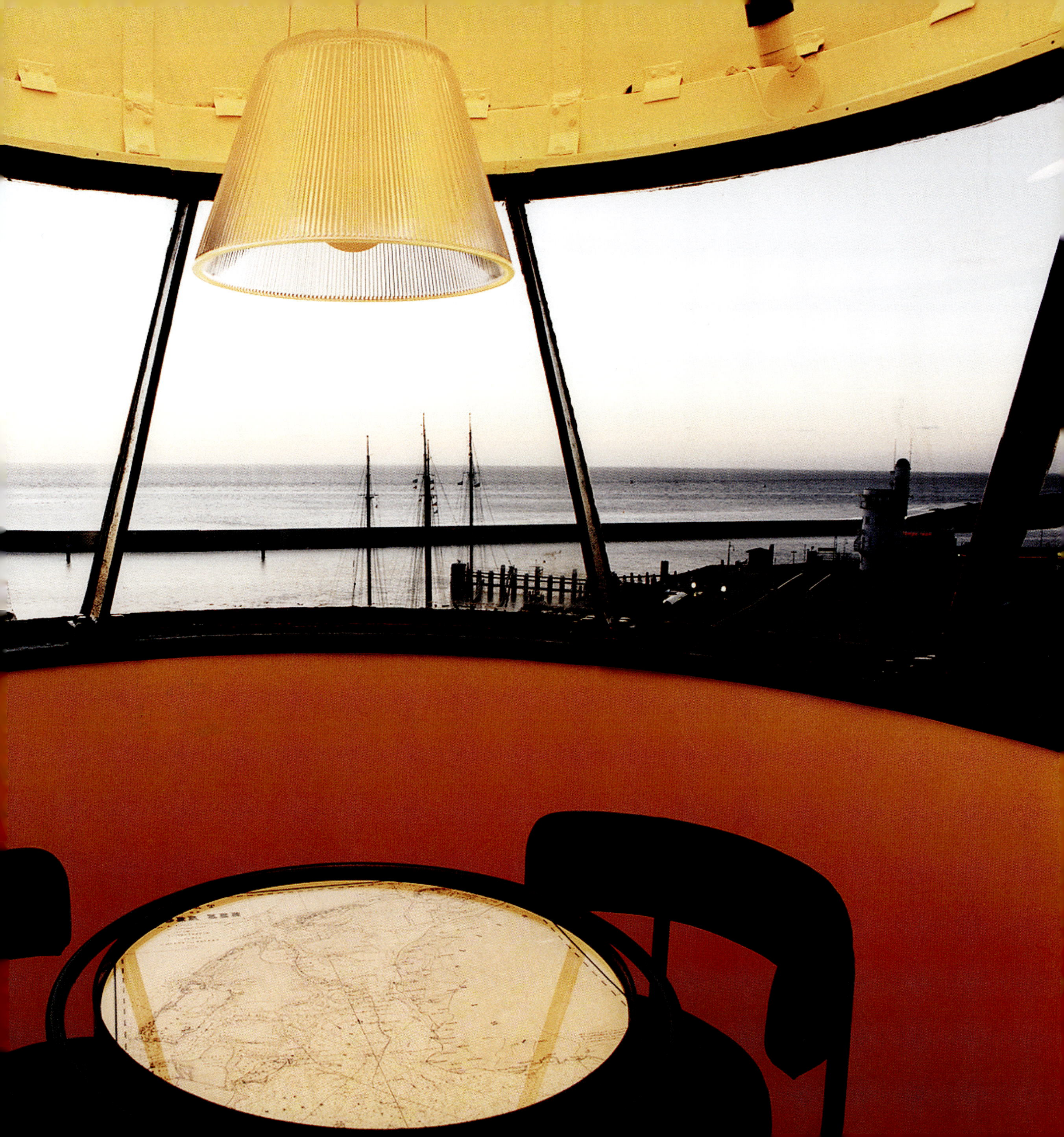

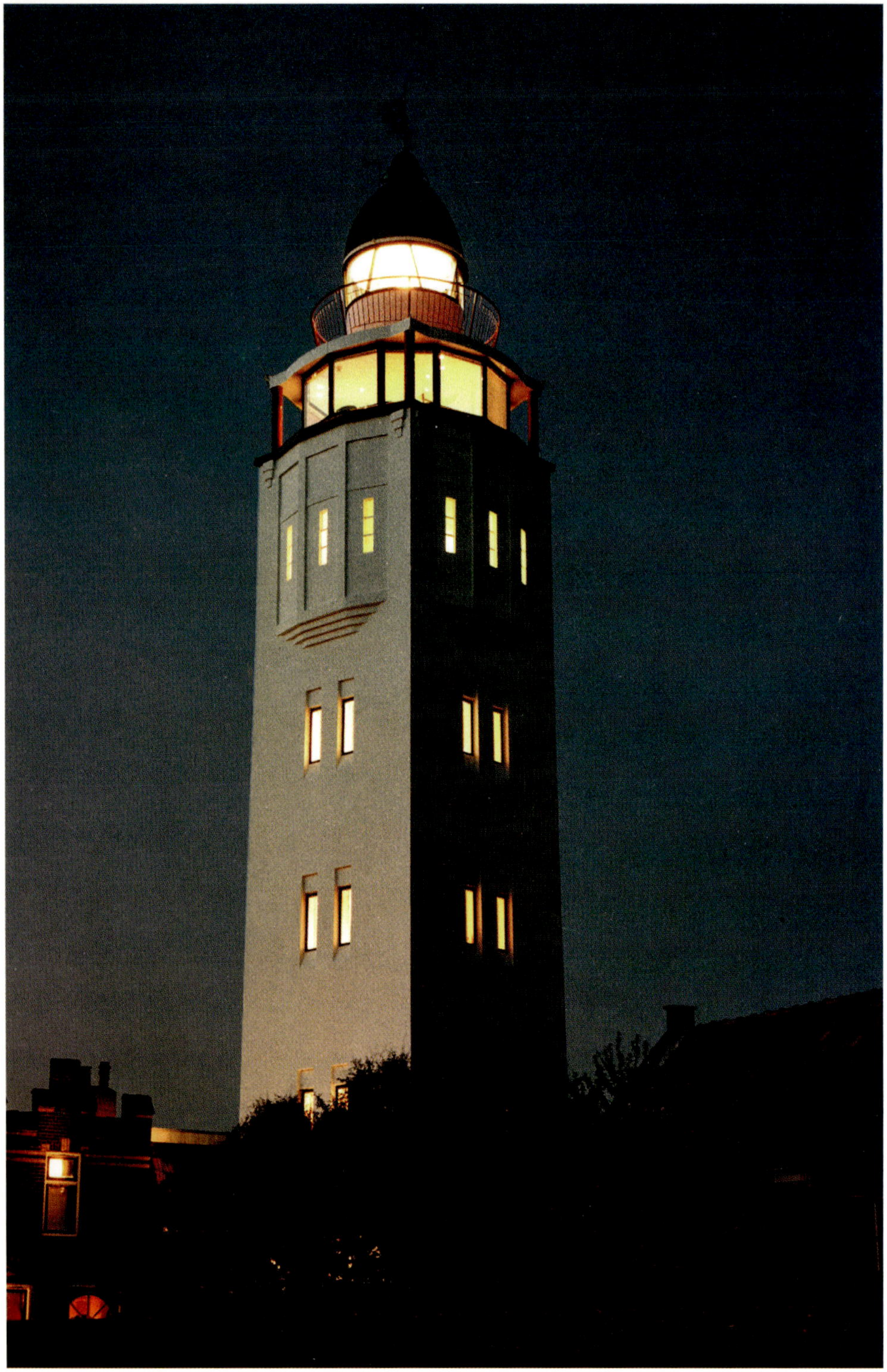

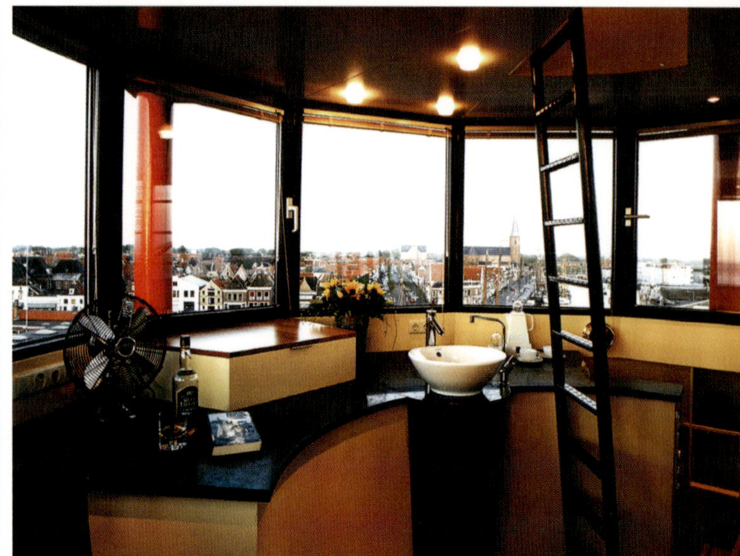

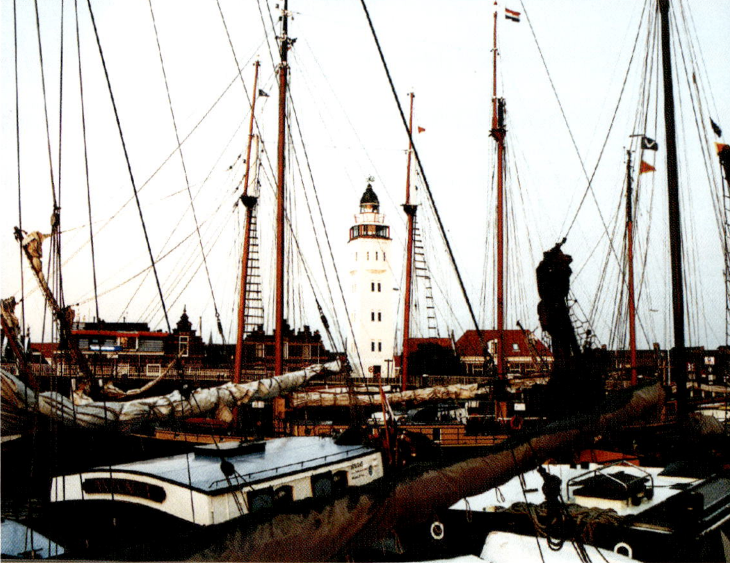

This lighthouse has become so popular that the waiting list has lengthened to at least a year!

Ce phare rencontre un tel succès que le temps d'attente atteint un an!

Deze vuurtoren is intussen zo populair dat de wachttijd is opgelopen tot ruim een jaar!

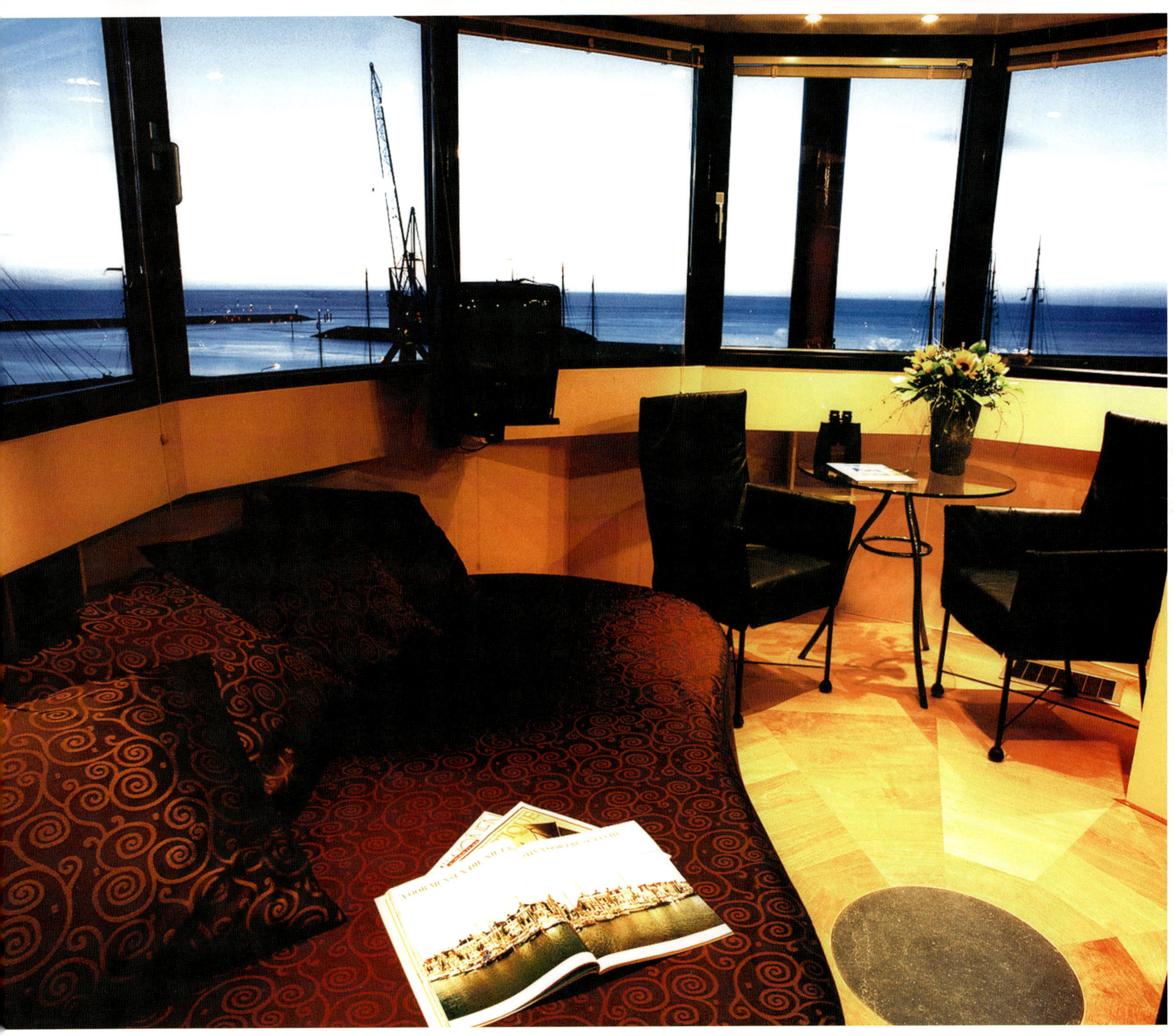

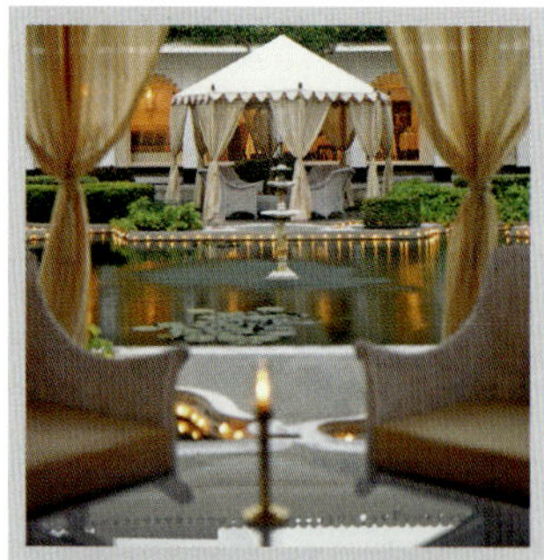
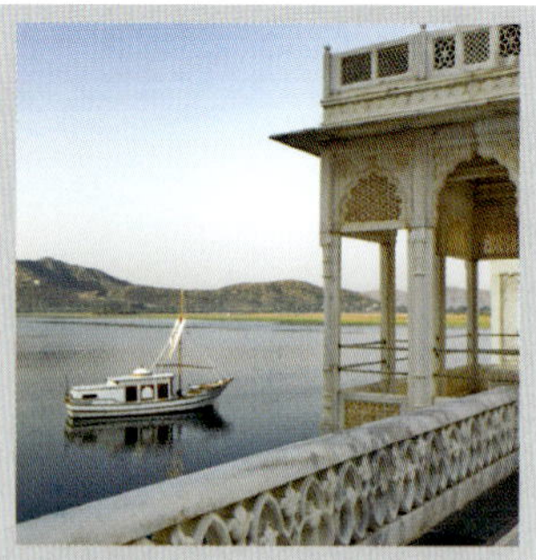

Floating palace

White marble dream destination

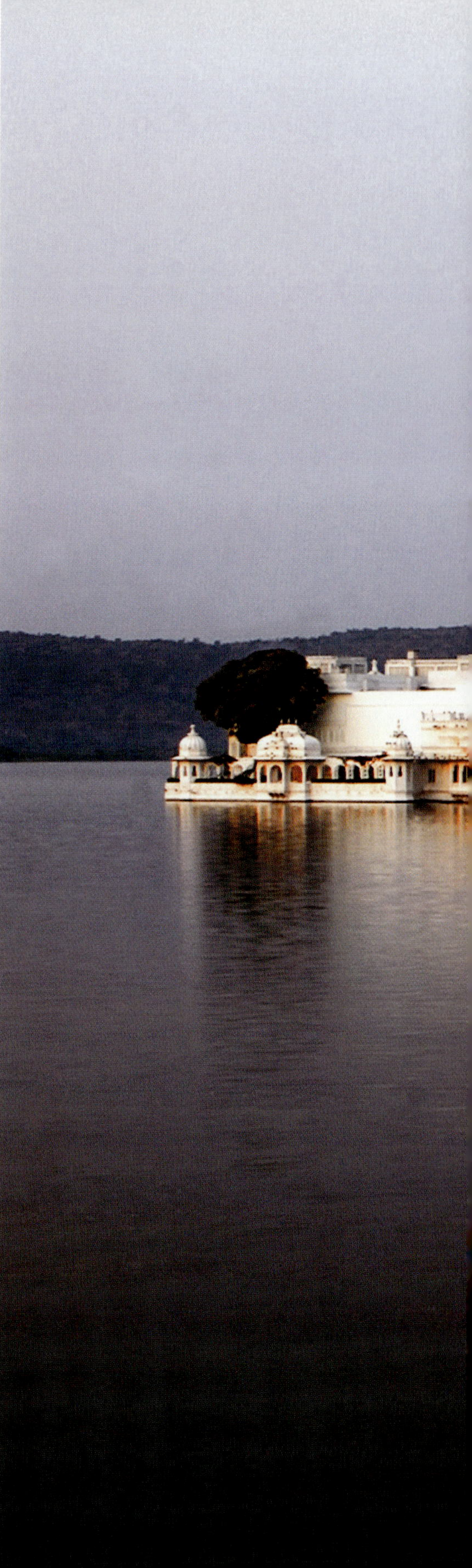

The Taj Lake Palace, that rises majestically from the gently lapping waters of lake Pichola, is possibly the most romantic hotel in the world. Built in 1746, this surrealist vision in white marble and mosaic is flanked by the enchanting Aravalli mountain ranges on one side and the dream palaces of Udaipur on the other. The structure, that encompasses a 1.6 hectare island, offers 83 hotel rooms, 3 restaurants and a bar, an inner garden and a spa. The inner garden with Lily Pond is perfect for cocktail receptions and small dinner parties, the Mewar Terrace is ideal for themed events and the meeting rooms can comfortably accommodate gatherings of up to 35 people. If you want absolutely the best view of the city, hire the ceremonial barge for an exclusive private party or book a pontoon for a highly intimate dinner.

Le Taj Lake Palace, qui surgit de façon majestueuse des eaux clapotant doucement du lac Picola, est sans doute l'hôtel le plus romantique qui soit. Bâti en 1746, il apparaît comme une vision surréaliste en marbre blanc et mosaïque, flanqué par les admirables monts Aravalli d'un côté et de l'autre par les palais de rêve d'Udaipur. Le complexe, qui occupe une île de 1,6 hectare, abrite 83 chambres d'hôtel, 3 restaurants et un bar, un jardin intérieur et un centre de cure. Si le jardin intérieur avec son étang de lys se prête parfaitement aux cocktails et buffets, les évènements à thème sont particulièrement mis en valeur sur la terrasse Mewar et les salles de réunion accueillent confortablement jusqu'à 35 personnes. Si vous voulez absolument la meilleure vue sur la ville, il vous faut prendre en location la barge de cérémonie pour une petite fête privée exclusive ou bien louer un ponton pour un petit dîner particulièrement intime.

Het Taj Lake Palace, dat op majestueuze wijze verrijst uit het zacht kabbelende water van meer Pichola, is wellicht het meest romantische hotel ter wereld. Gebouwd in 1746, wordt dit surrealistische visioen in wit marmer en mozaïek geflankeerd door het betoverende Aravalligebergte aan de ene kant en de droompaleizen van Udaipur aan de andere kant. De structuur, die een eiland van 1,6 hectare inpalmt, biedt onderdak aan 83 hotelkamers, 3 restaurants en een bar, een binnentuin en een kuuroord. De binnentuin met lelievijver is perfect voor cocktailrecepties en etentjes, themaevenementen komen het best tot hun recht op het Mewar Terras en vergaderruimten bieden op comfortabele wijze plaats aan gezelschappen tot 35 personen. Wil je absoluut het beste uitzicht van de stad, huur dan de ceremoniële barge af voor een exclusief privéfeestje of boek een ponton voor een uiterst intiem dinertje.

TAJ LAKE PALACE — P.O. BOX N°5, LAKE PICHOLA, UDAIPUR 313001, RHAJASTAN, INDIA • + 91 294 2428800 • LAKEPALACE.UDAIPUR@TAJHOTELS.COM • WWW.TAJHOTELS.COM

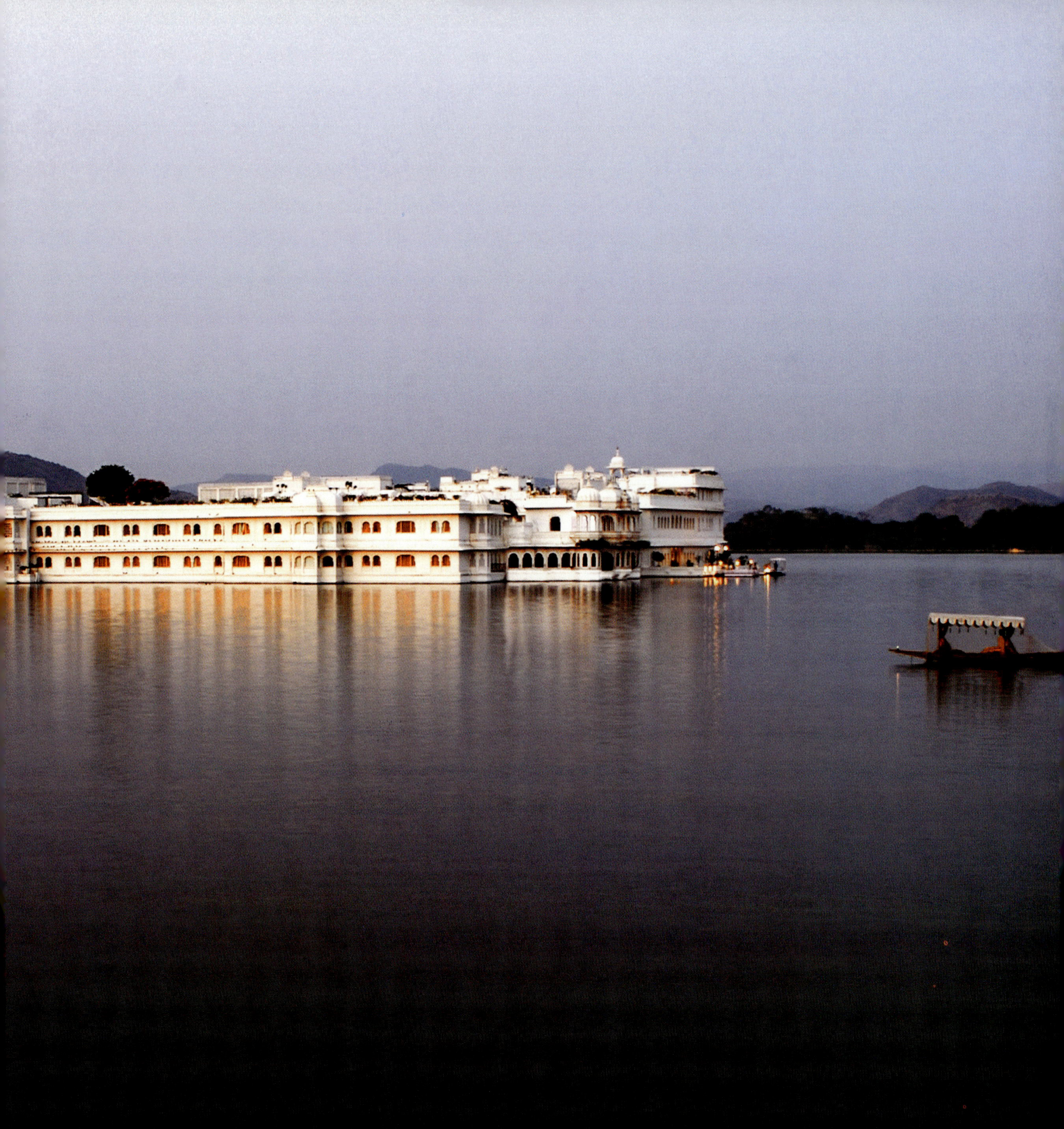

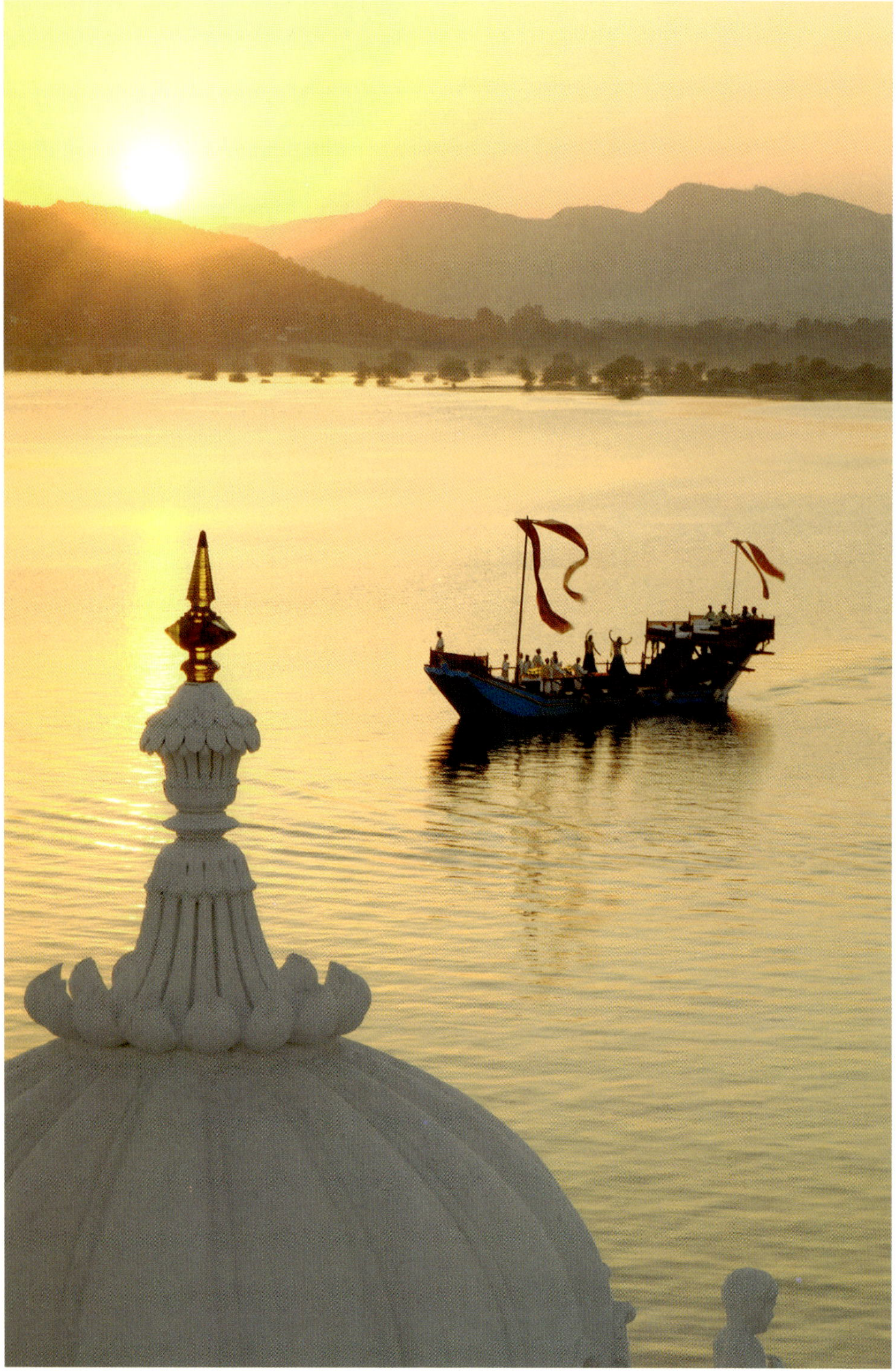

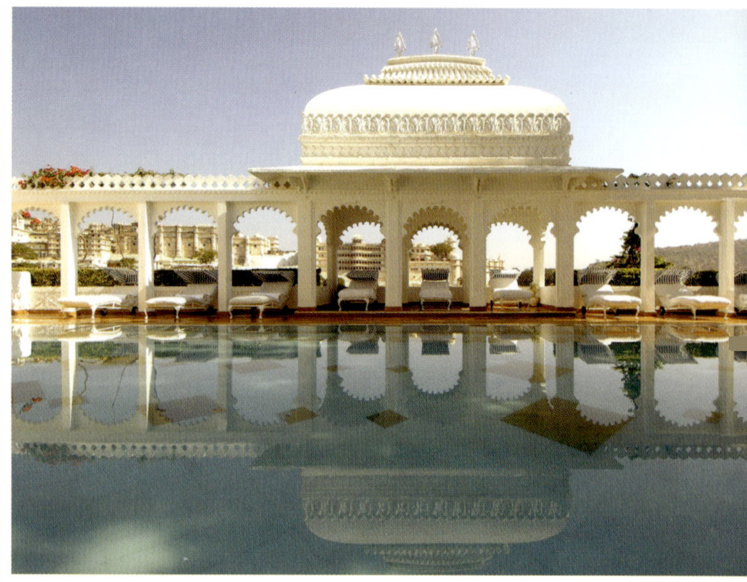

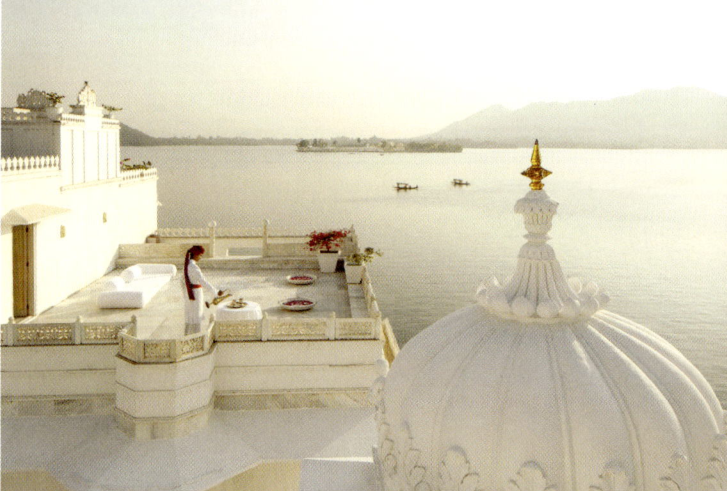

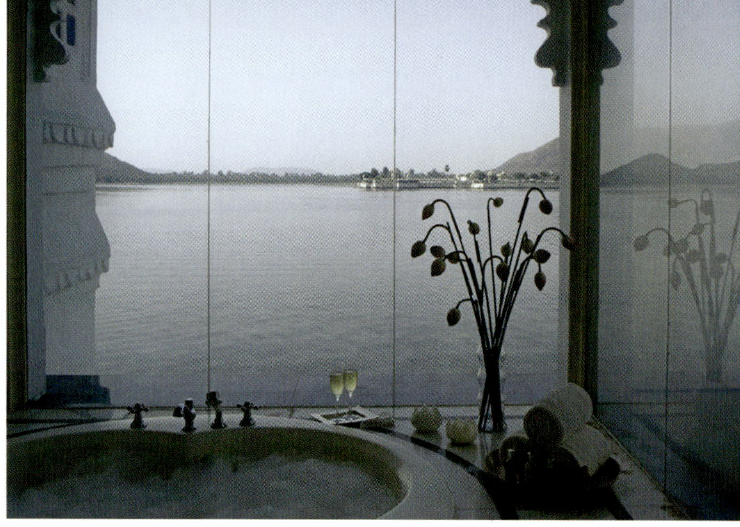

The Royal Butlers, descendents of the original palace guards, ensure that guests will always receive their daily comforts.

Les Butlers Royaux, descendants des premiers gardiens du palais, veillent pour leurs hôtes à ce que rien ne fasse défaut au confort moderne.

De Koninklijke Butlers, afstammelingen van de originele paleisbewaarders, zorgen ervoor dat het de gasten op geen enkele manier ontbreekt aan hedendaags comfort.

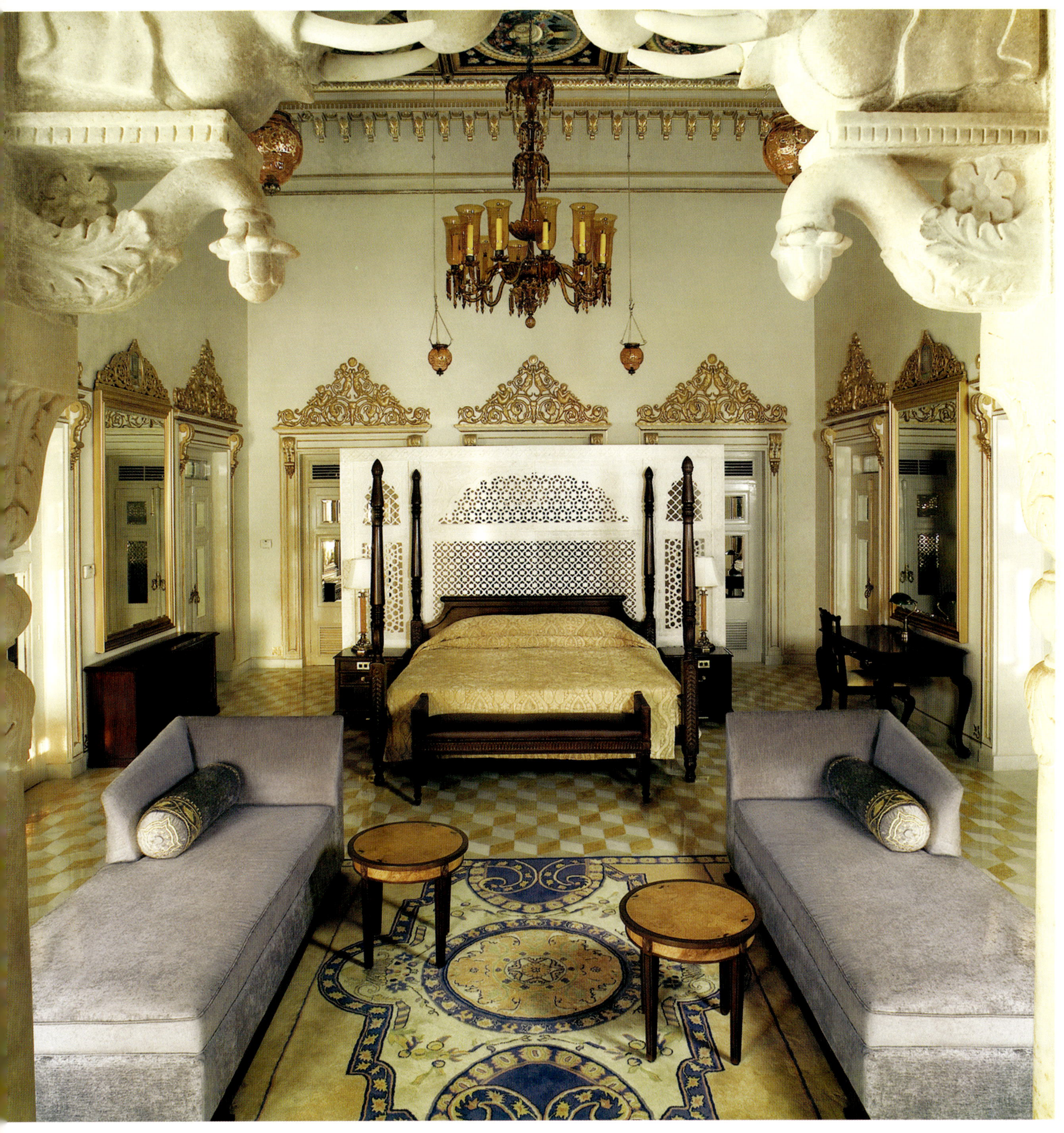

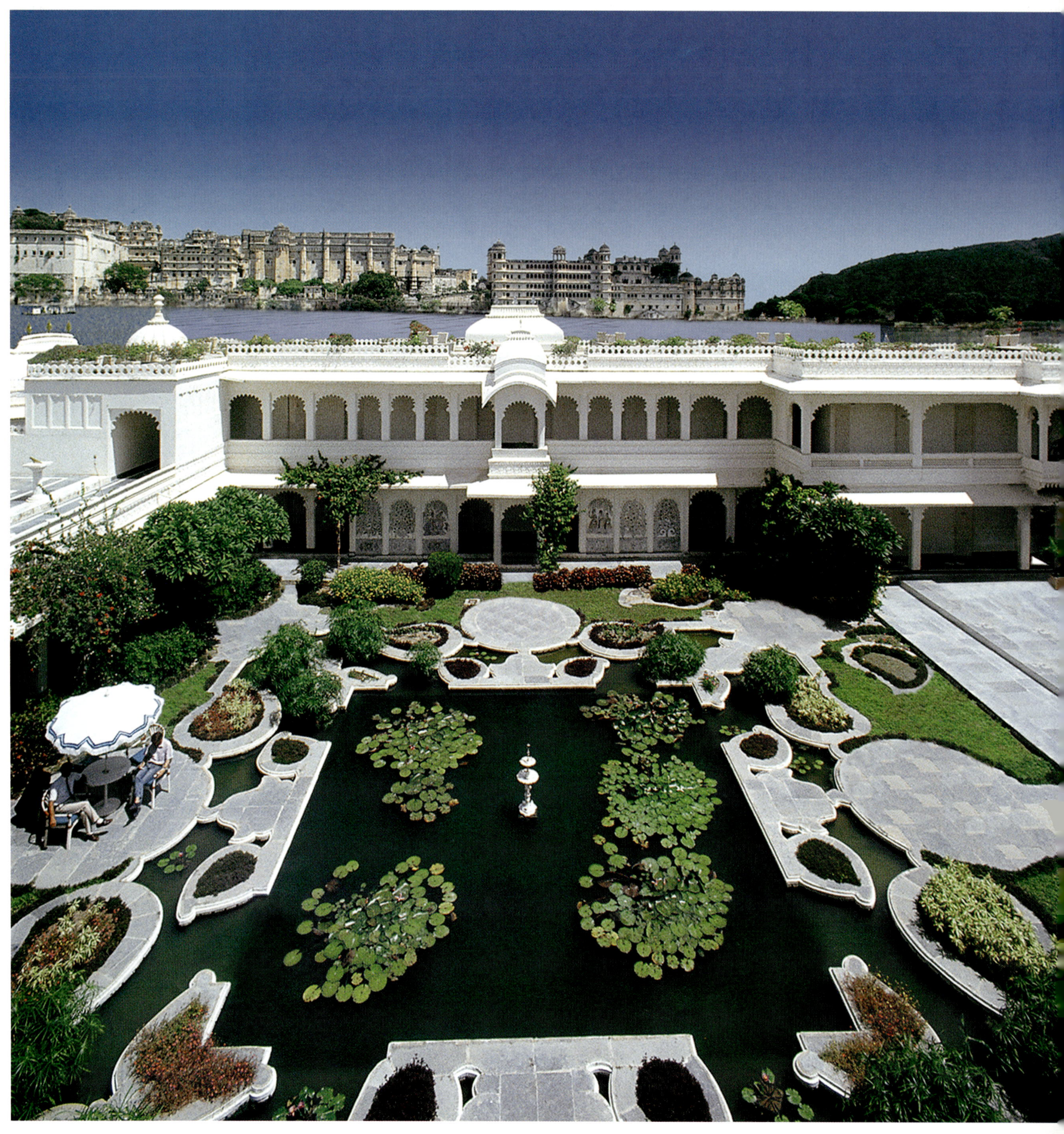

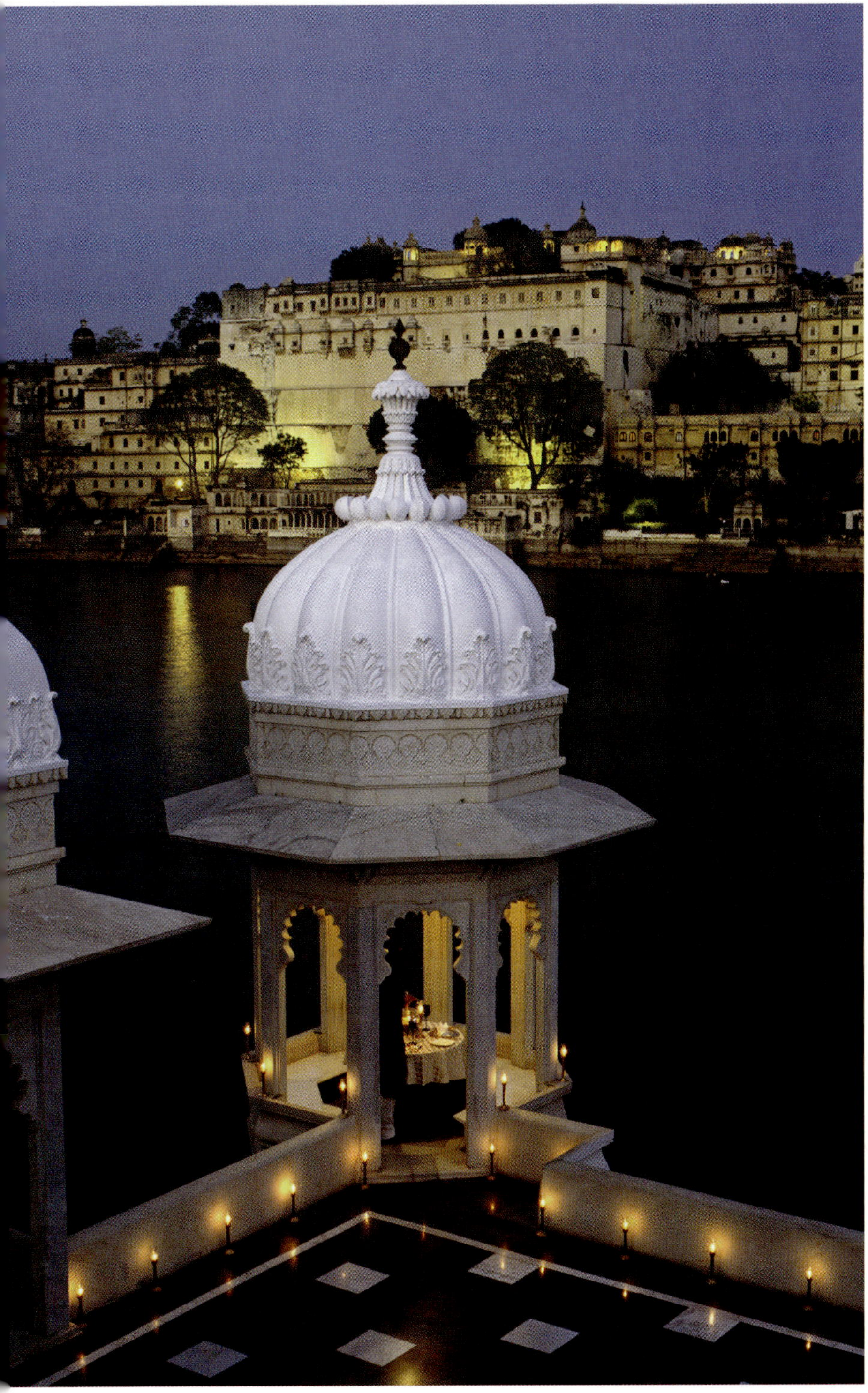

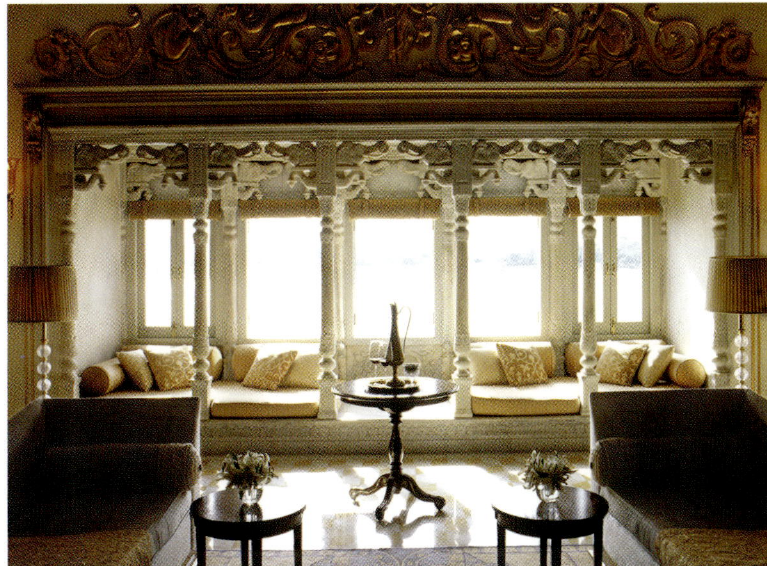

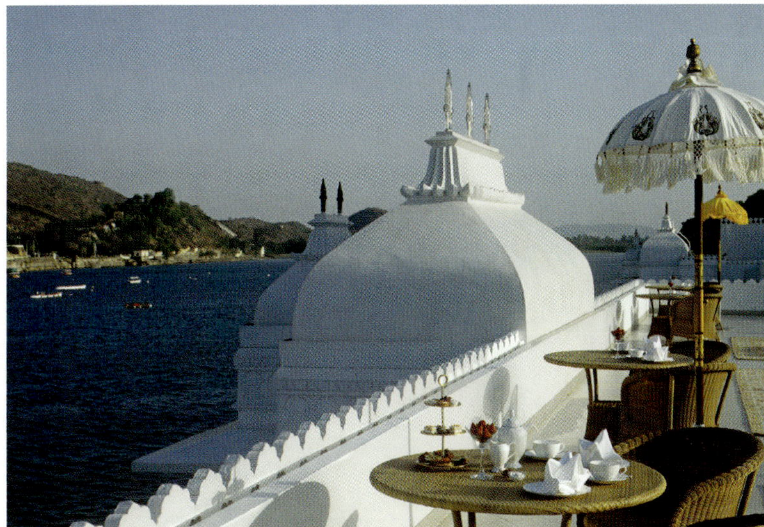

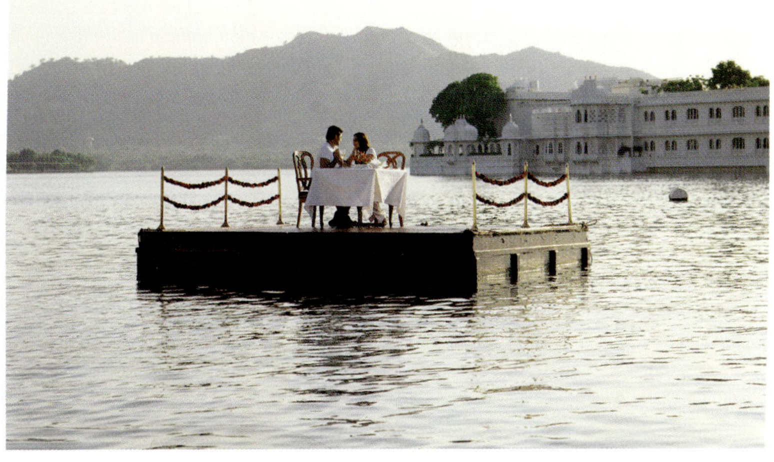

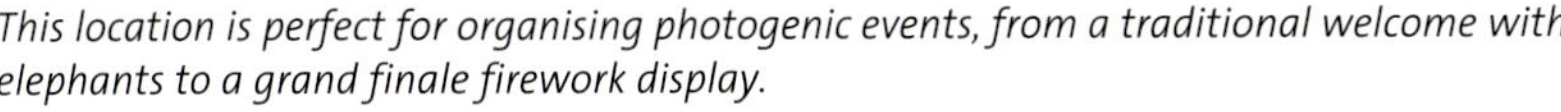

This location is perfect for organising photogenic events, from a traditional welcome with elephants to a grand finale firework display.

L'endroit est parfait pour l'organisation d'évènements photogéniques, depuis l'accueil traditionnel avec éléphants et chameaux jusqu'au grand feu d'artifice final.

Deze locatie is perfect voor het organiseren van fotogenieke evenementen, van een traditioneel welkom met olifanten en kamelen tot een grote finale met vuurwerk.

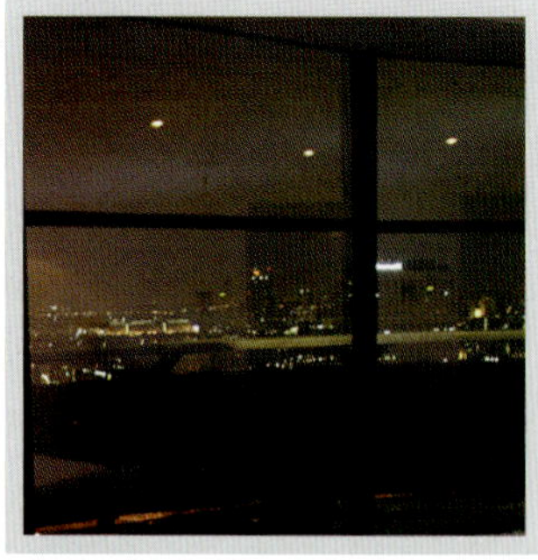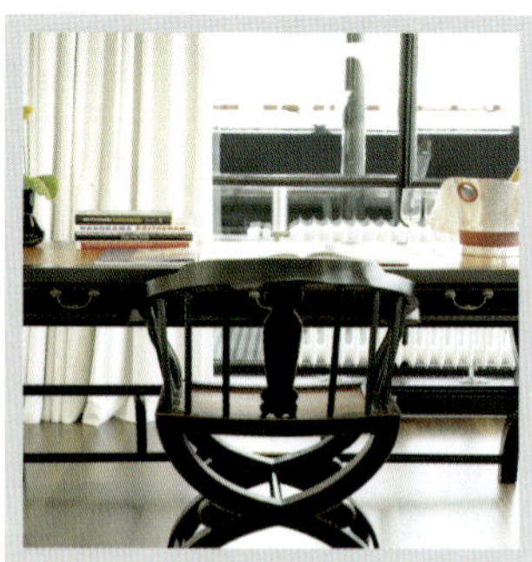

Tower suites The Netherlands

Stars in Heaven

The Euromast, the tallest tower in the Netherlands and the symbol of Rotterdam, commonly known as 'De Paal', had stood empty collecting dust for decades when it was decided to restyle it in 2004. After intensive conversion work, the tower now not only has a new restaurant, but also two design suites by the interior designer Jan des Bouvrie and the stylist Stef Bakker. Heaven and Stars are both above De Brasserie, 100 metres above the ground. They contain a double bed, a lounge area, a mini-bar, wireless internet connection, air conditioning and TV with DVD. Suite Stars has a bathroom with jacuzzi, Heaven contains a shower. Guests receive a festive bottle of champagne and can call on room service. What's more, the biggest and highest balcony in the Netherlands, which during the day is packed with visitors, is reserved exclusively for the guests from 10 pm to 10 am.

L'Euromast, la plus haute tour des Pays-Bas et le symbole de Rotterdam, prenait la poussière depuis des décennies lorsqu'on décida en 2004 de restyler le « Pilier ». Au terme d'une rénovation intense, la tour s'est non seulement retrouvée pourvue d'un restaurant nouveau mais aussi de deux suites design, dessinées par l'architecte Jan des Bouvrie et le décorateur, Stef Bakker. Heaven et Stars se trouvent au-dessus de "De Brasserie", à 100 mètres de haut. Ces suites disposent d'un lit double, d'un lounge, d'un minibar, d'une connexion à internet sans fil, d'air conditionné, et d'une télévision avec lecteur dvd. Suite Stars a une salle de bains avec jacuzzi, Heaven a une douche. Les clients se voient offrir une bouteille de champagne et disposent d'un room service. En outre, le plus grand et le plus haut balcon des Pays-Bas, pris d'assaut par la foule durant le jour, est réservé de 22 heures à 10 heures à l'usage exclusif des habitants de la tour.

De Euromast, de hoogste toren van Nederland en hét symbool van Rotterdam, stond al decennialang te bestoffen toen men in 2004 besloot om 'De Paal' te restylen. Een intensieve verbouwing later, beschikt de toren niet enkel over een nieuwe brasserie, maar ook over twee design-suites van de hand van interieur-architect Jan des Bouvrie en stylist Stef Bakker. Heaven en Stars liggen boven De Brasserie, op ruim 100 meter hoogte. Ze beschikken over een tweepersoonsbed, een loungehoek, een minibar, draadloze internet-aansluiting, airco en tv met dvd. Suite Stars heeft een badkamer met jacuzzi, Heaven beschikt over een hemeldouche. Logees krijgen een feestelijke fles champagne en kunnen gebruik maken van room service. Bovendien is het grootste en hoogste balkon van Nederland, dat overdag door dagjesmensen overrompeld wordt, tussen 10 uur 's avonds en 10 uur 's ochtends, exclusief voorbehouden aan de gasten.

EUROMAST SUITES STARS & HEAVEN - Euromast, Parkhaven 20, 3016 GM Rotterdam, The Netherlands - +31 10 436 48 11 - www.euromast.nl - info@euromast.nl

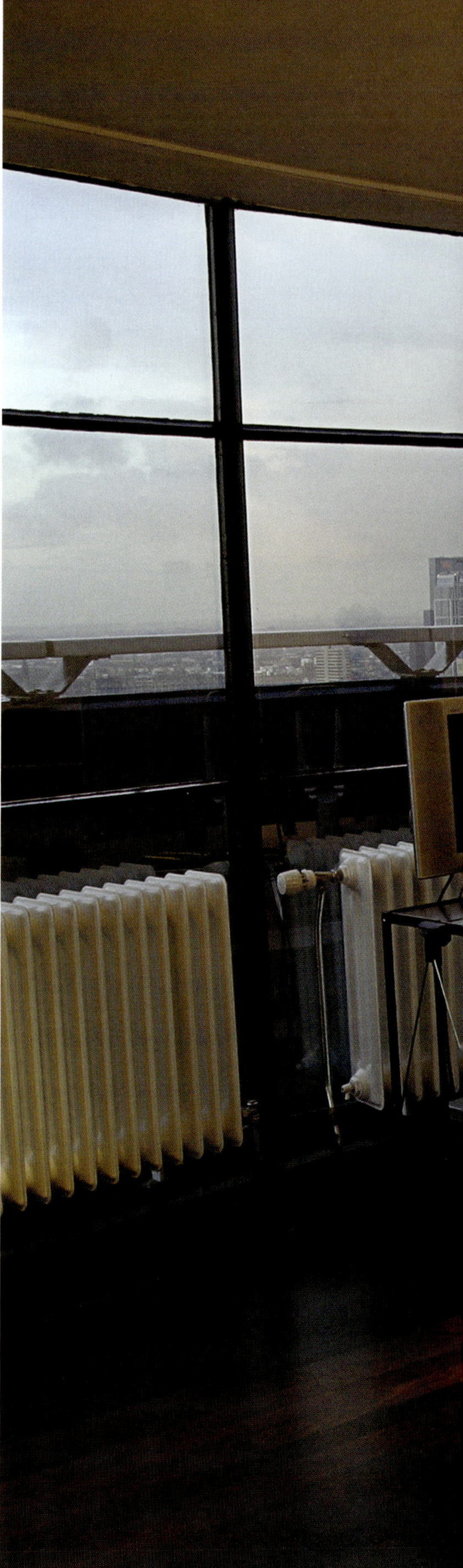

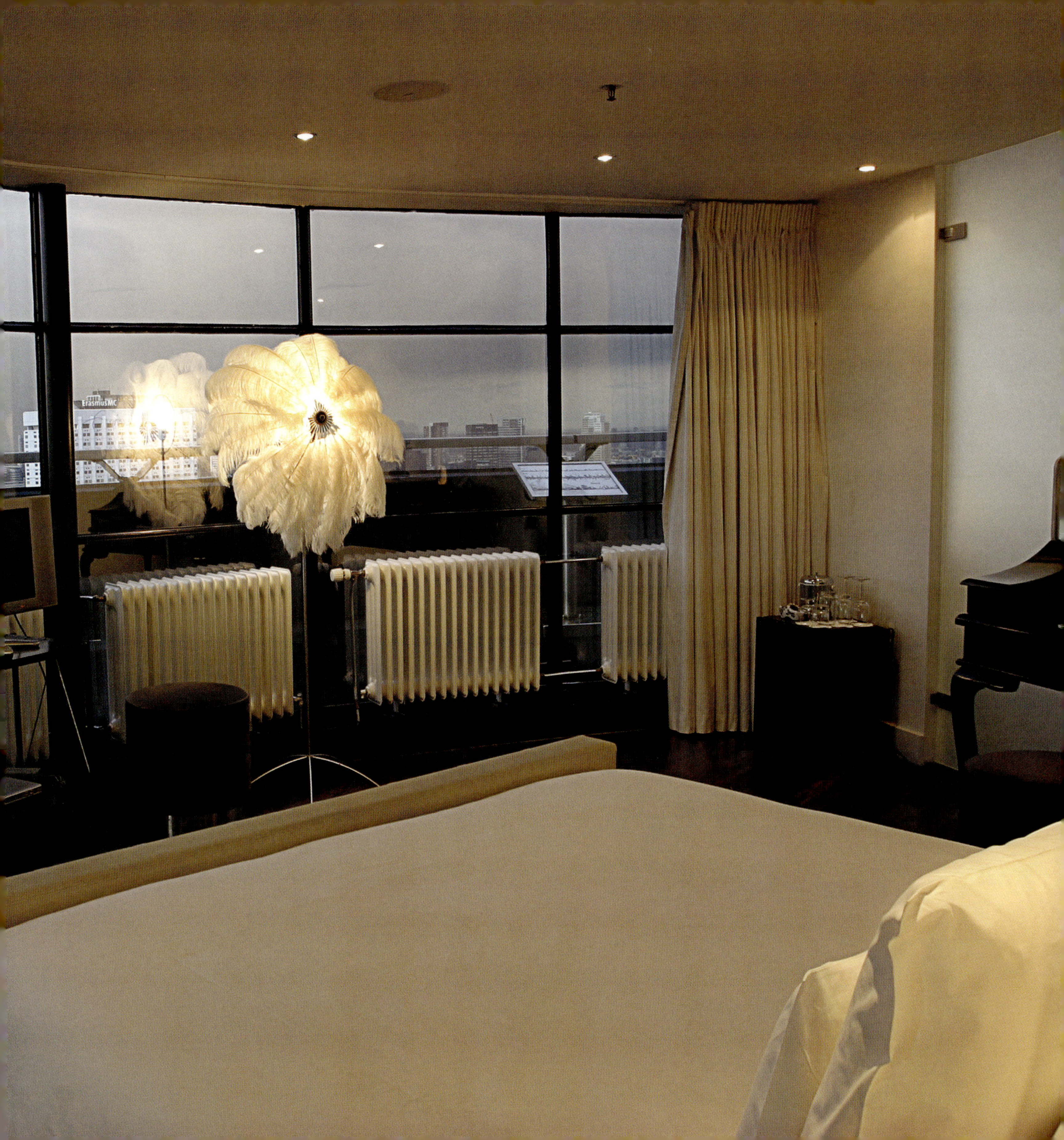

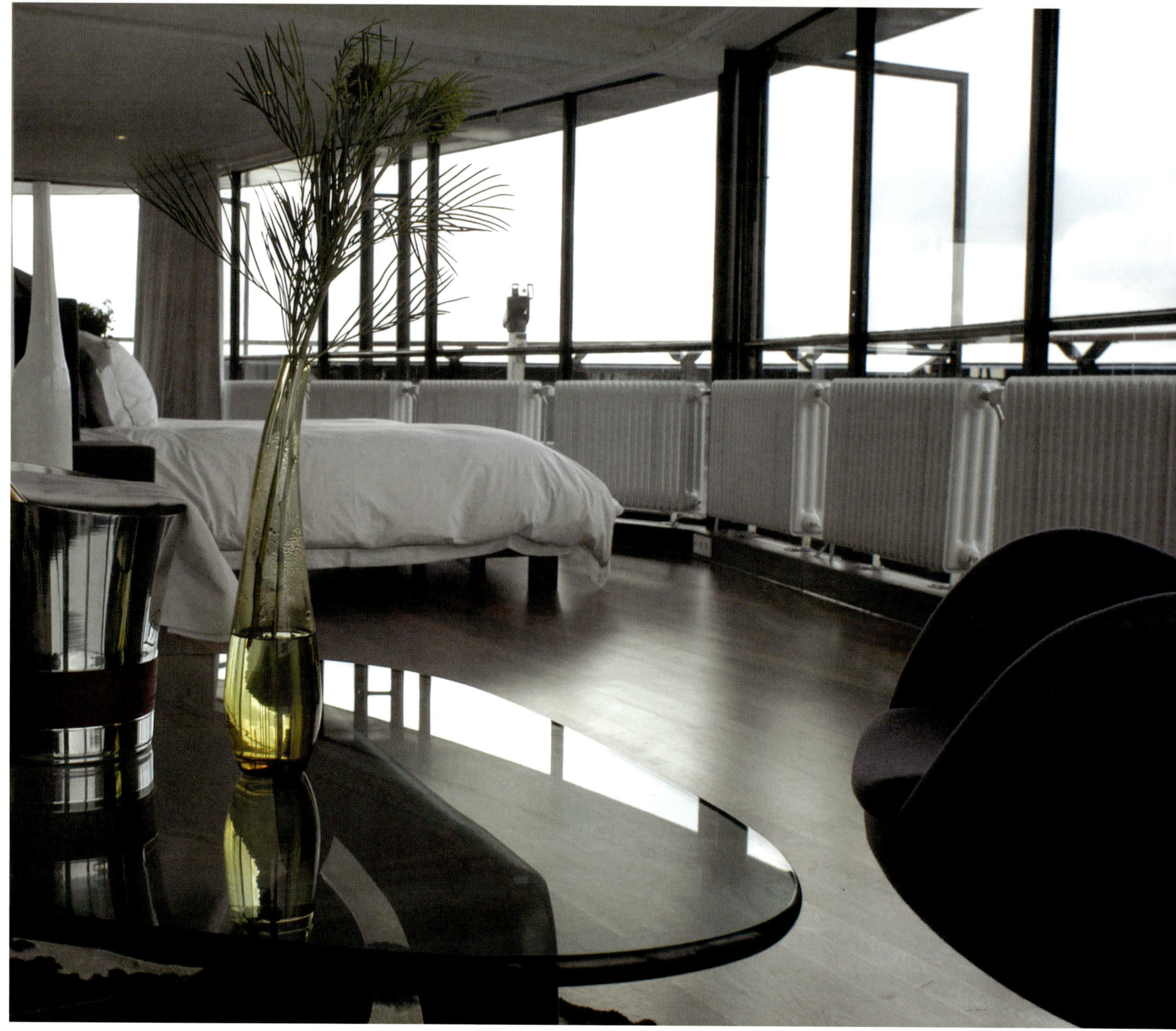

The charm of this sixties building is expressed in the whistling of the wind, the swaying of the tower and the formation of frost-work on the single-glazing.

Le charme de ce bâtiment des années soixante ressort particulièrement avec le sifflement du vent, l'oscillation des tours et la formation de givre sur le simple vitrage.

De charme van het sixtiesgebouw komt tot uitdrukking in het zingen van de wind, het wiegen van de toren en de vorming van ijsbloemen op het enkele glas.

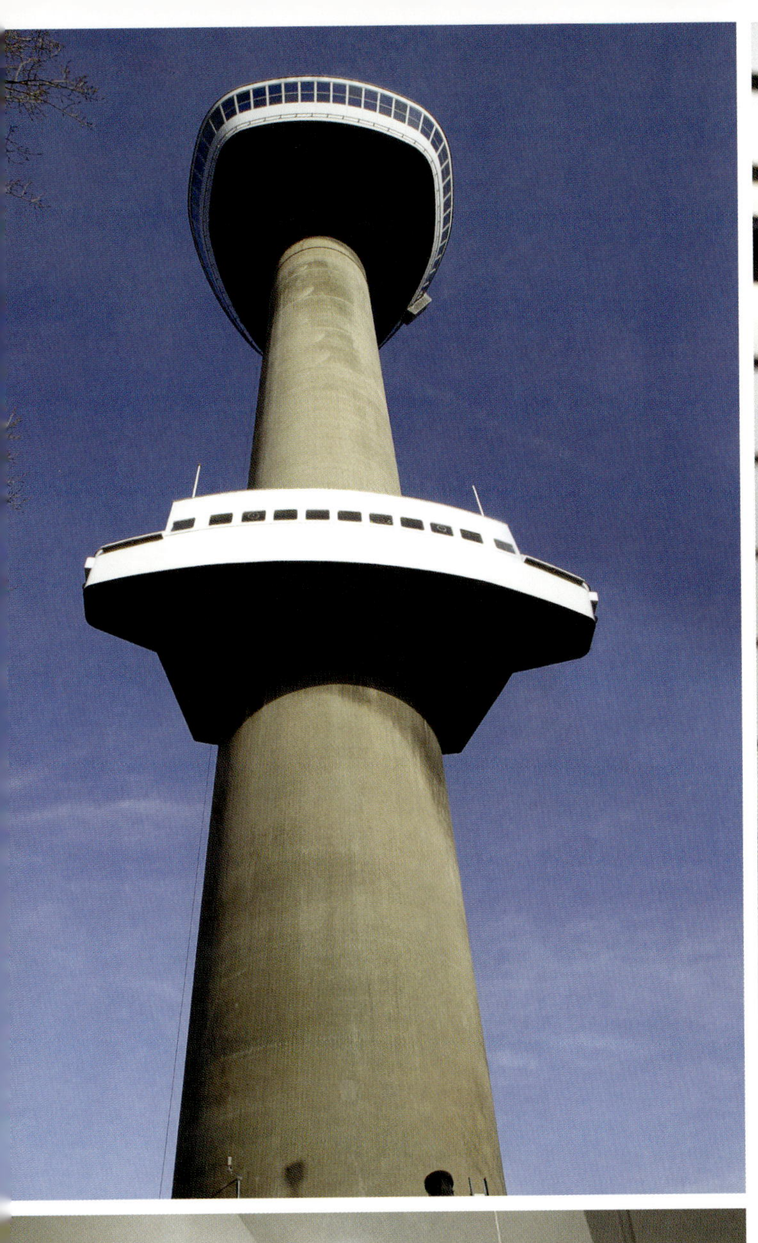

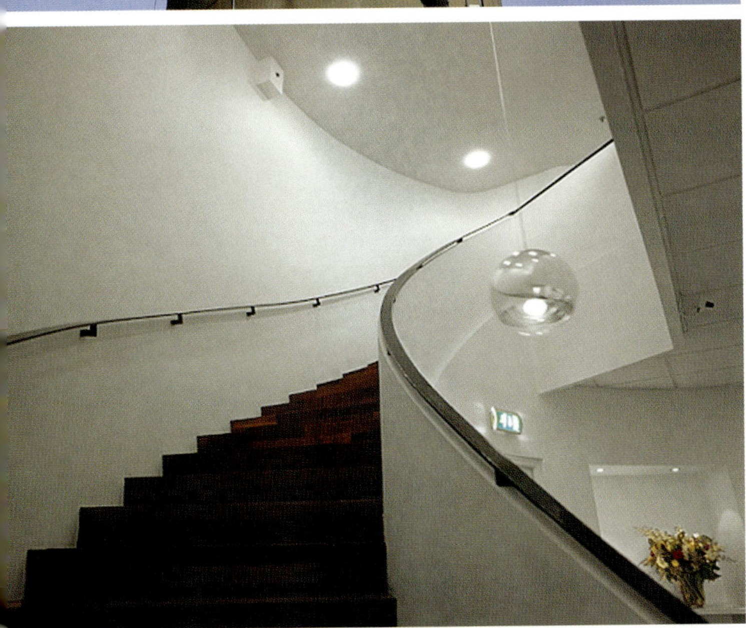

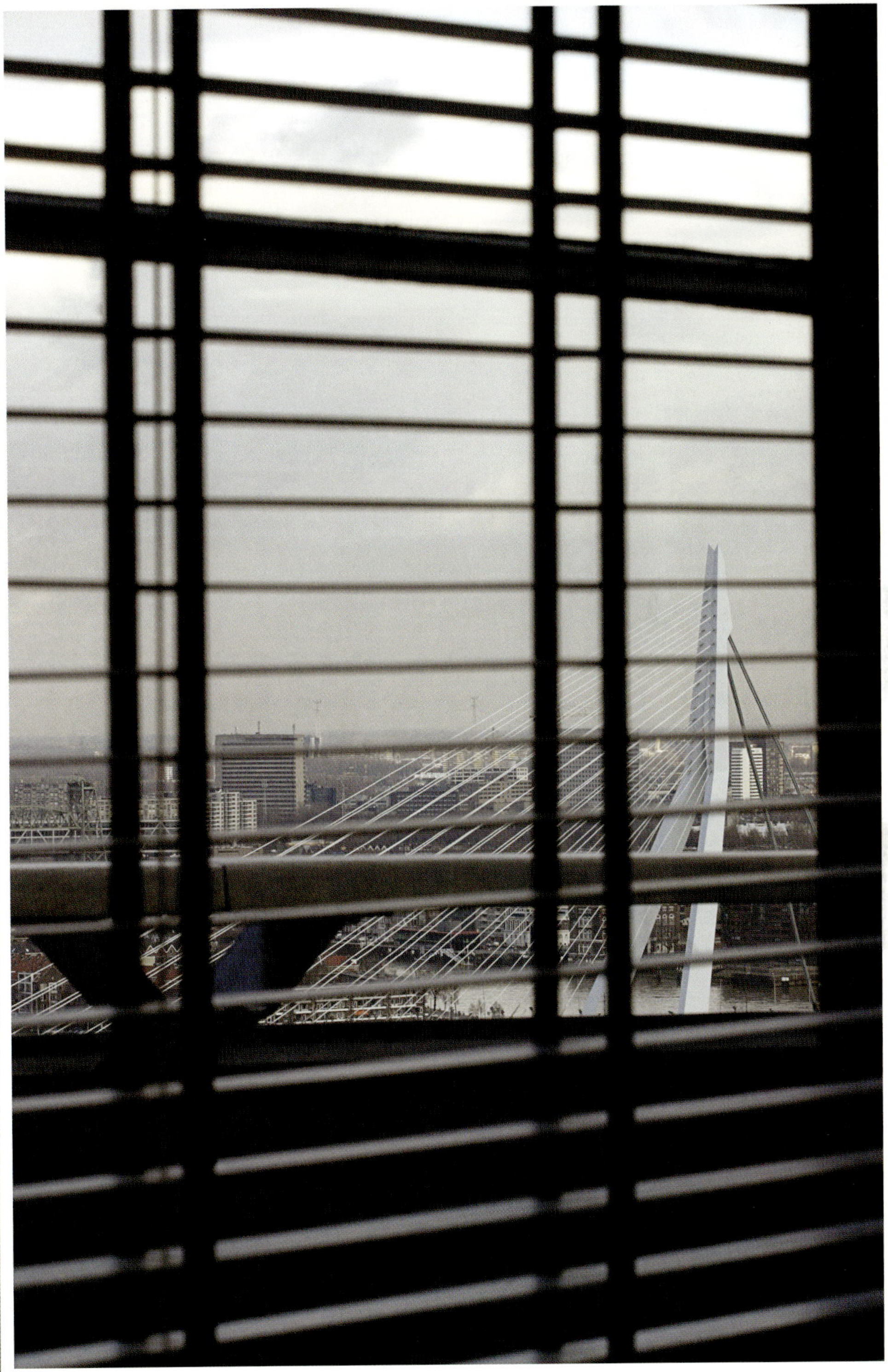

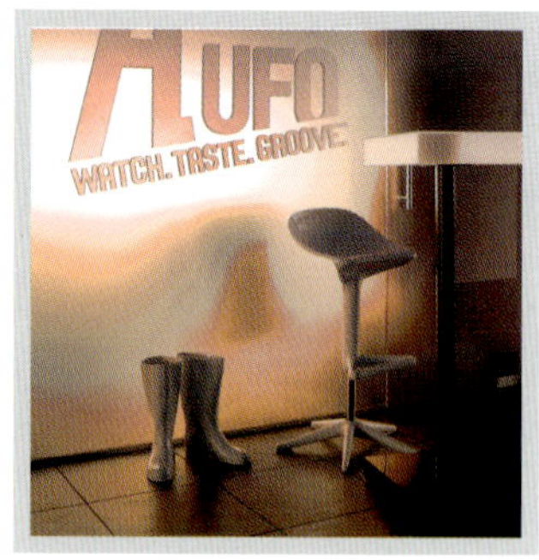

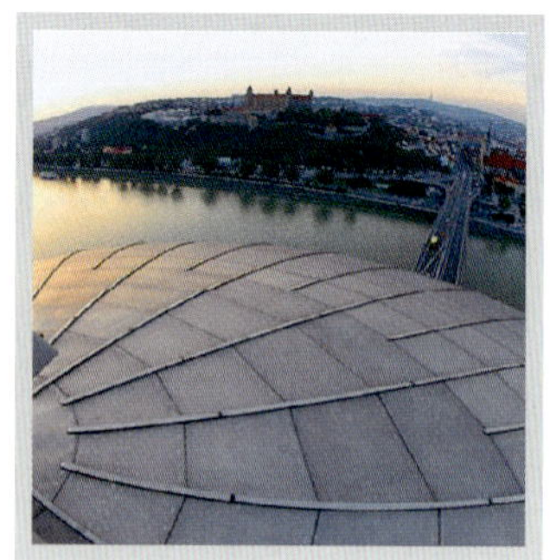

Ufo restaurant Slovakia

Aliens with style

The Bridge of the Slovak National Uprising was built over the Danube between 1967 and 1972 and accommodates one the most exciting restaurants in Bratislava. The flying saucer shape of UFO watch.taste.groove. towers high above the city at the top of the only pylon on the 431 metre long bridge. The A-shaped construction houses in one leg a staircase with 430 steps and in the other there is a lift that takes a mere 45 seconds to bring you to the top. This was the world's first asymmetric suspension bridge. It has 2 levels with 2 footbridges and a bridge for motorised traffic. In the restaurant, at a height of 85 metres, you are on the same level as Bratislava castle and as if that wasn't enough, there is also an observation deck 10 metres higher that has the best view in the city.

Le Bridge of the Slovak National Uprising, érigé entre 1967 et 1972 au-dessous du Danube, abrite l'un des restaurants les plus exaltants de Bratislava. En forme de soucoupe volante, le UFO watch.taste.groove. plane au-dessus de la ville, au sommet de l'unique pylône de ce pont long de 431 mètres. Cette construction en forme de A cache dans l'un de ses piliers, un escalier de 430 marches, et dans l'autre, un ascenseur qui vous amène tout en haut, en 45 petites secondes. Il s'agit du premier pont asymétrique suspendu au monde. Il compte deux niveaux, avec un pont piétonnier et un pont pour les véhicules motorisés. A 85 mètres de hauteur, vous vous situez à la même altitude que le château de Bratislava. Et comme si cela n'était pas suffisant, un pont d'observation, dix mètres plus haut, offre la meilleure vue de la ville.

De Bridge of the Slovak National Uprising die tussen 1967 en 1972 over de Donau opgetrokken werd, herbergt een van de meest opwindende restaurants van Bratislava. De vliegende schotelvorm van UFO watch.taste.groove. torent hoog uit boven de stad in de top van de enige pyloon die de 431 meter lange brug rijk is. Deze A-vormige constructie verbergt in de ene poot een trap van 430 treden en in de andere een lift die je in een luttele 45 seconden naar boven brengt. Dit was 's werelds eerste asymmetrische hangbrug. Ze bestaat uit 2 niveaus met 2 voetgangersbruggen en een brug voor gemotoriseerd verkeer. In het restaurant, op 85 meter hoogte, zit je op hetzelfde niveau als het kasteel van Bratislava, en alsof dat nog niet genoeg is, biedt het 10 meter hoger gelegen observatiedek het beste uitzicht dat de stad rijk is.

UFO WATCH.TASTE.GROOVE. - NOVÝ MOST 1, BRATISLAVA, SLOVAKIA - +421 262520300 – WWW.REDMONKEYGROUP.COM - HTTP://WWW.U-F-O.SK/EN/

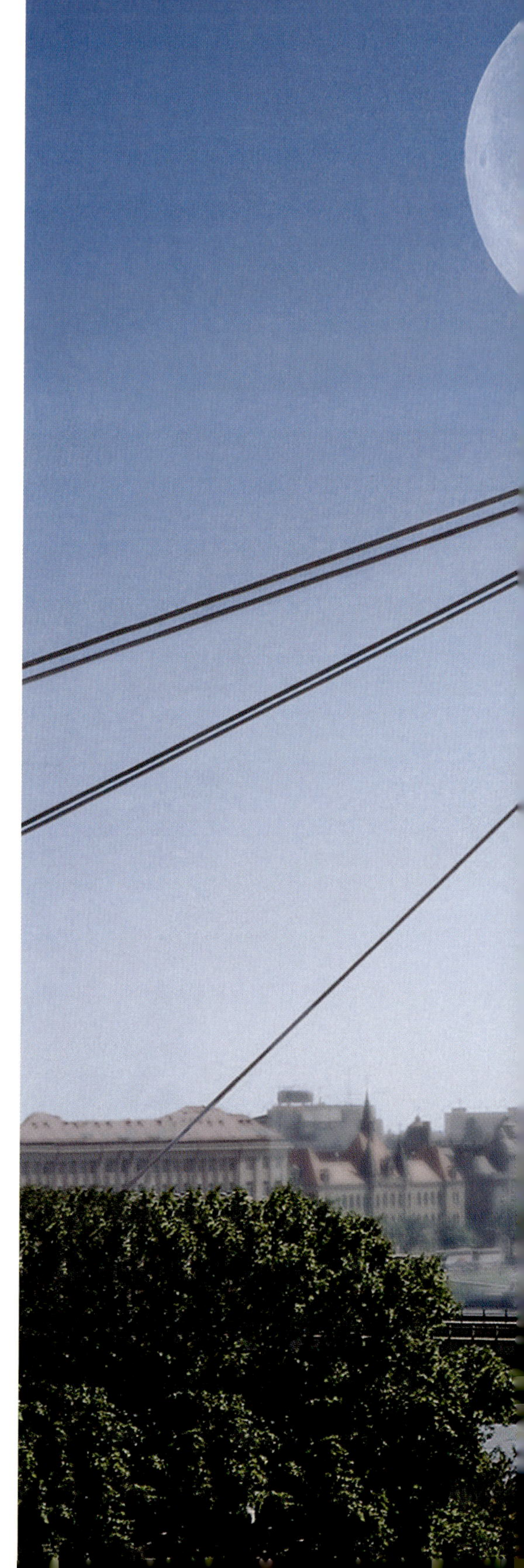

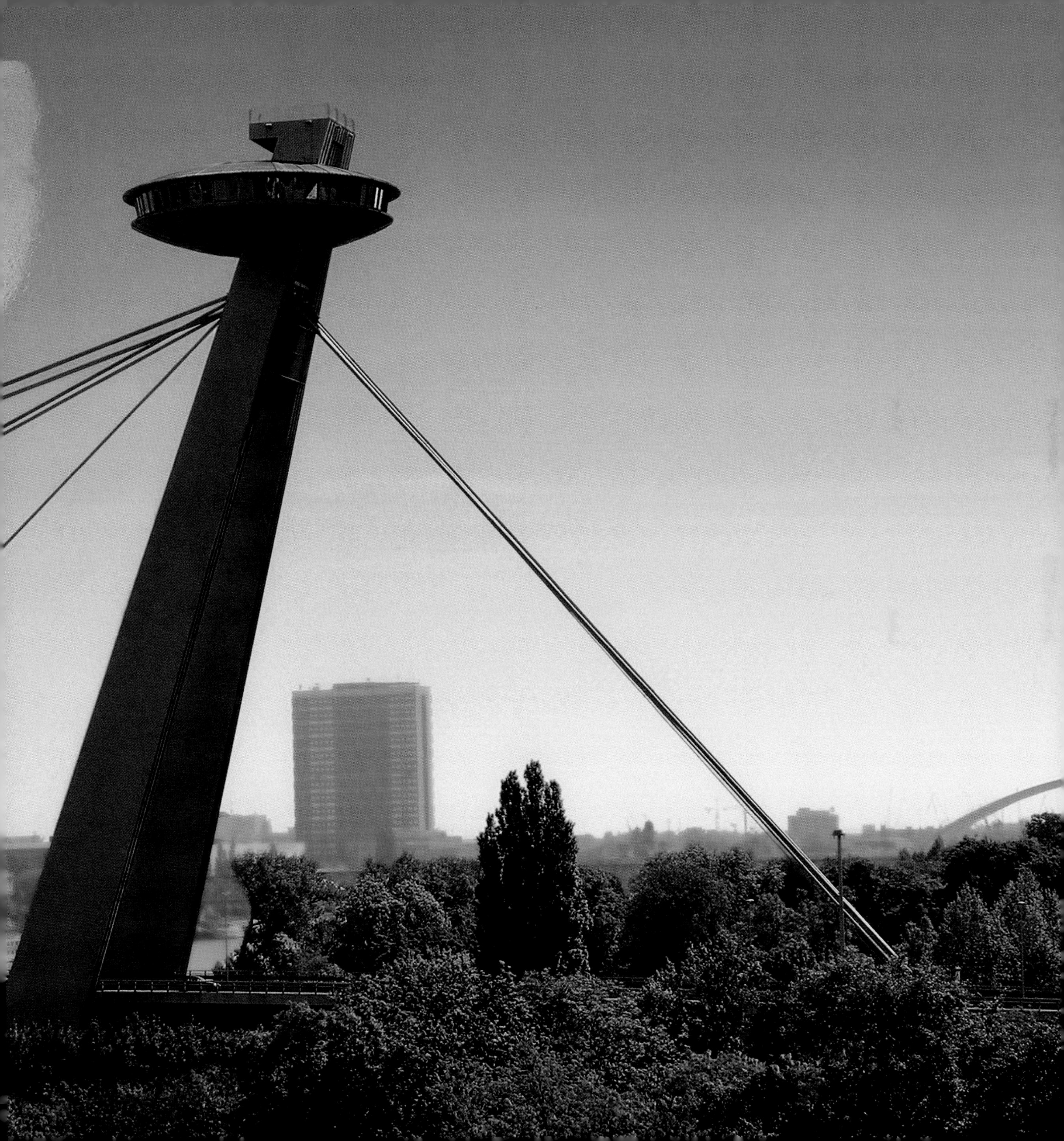

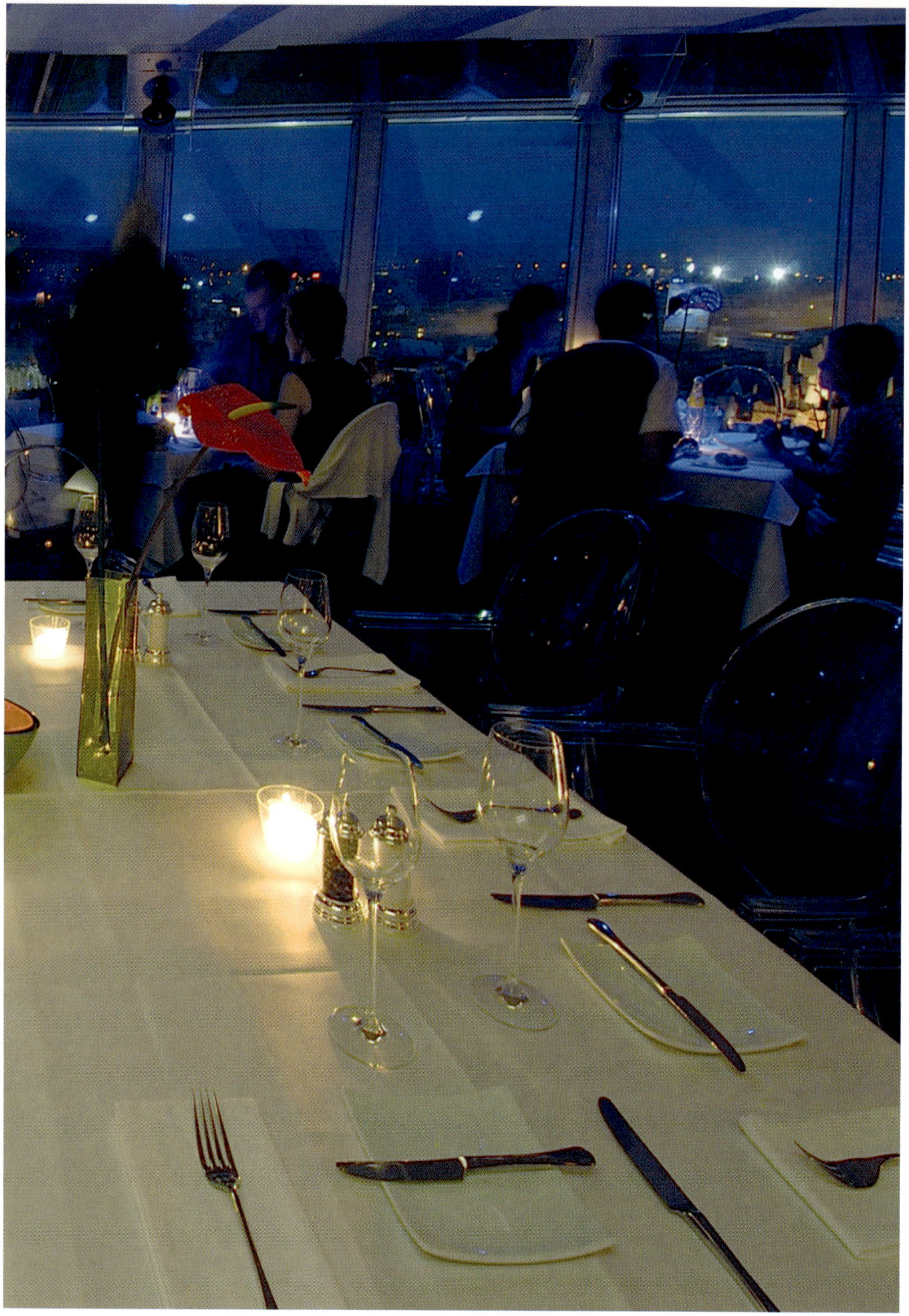

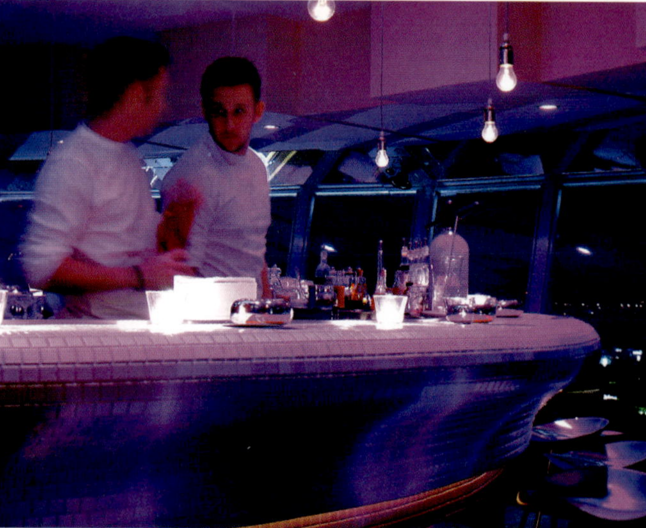

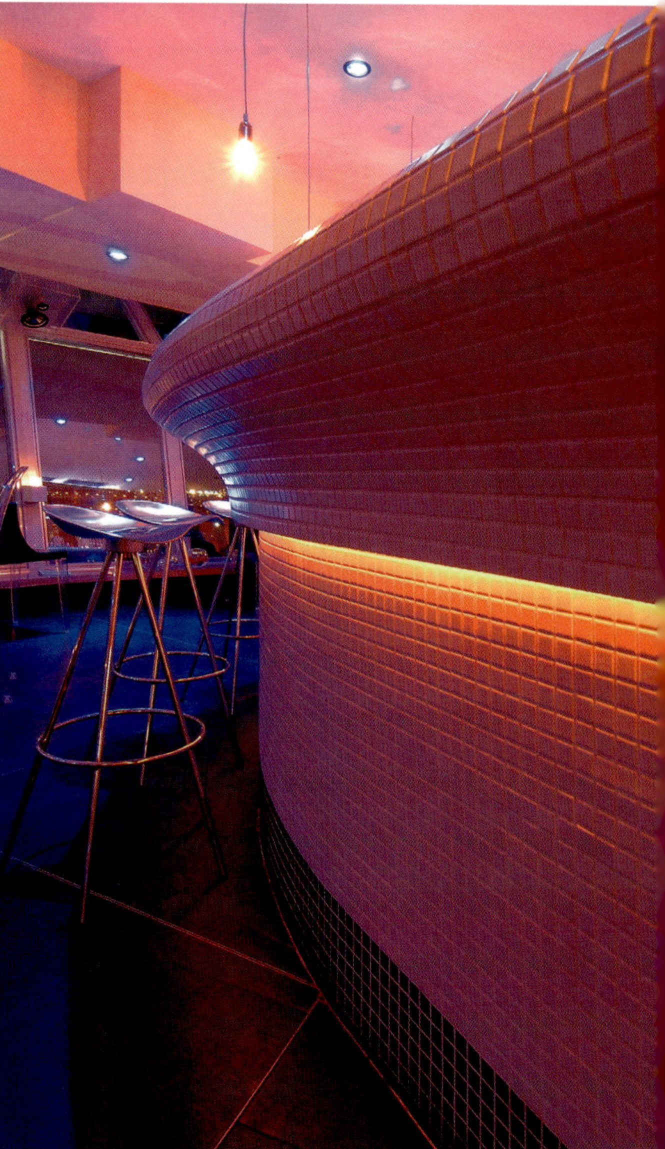

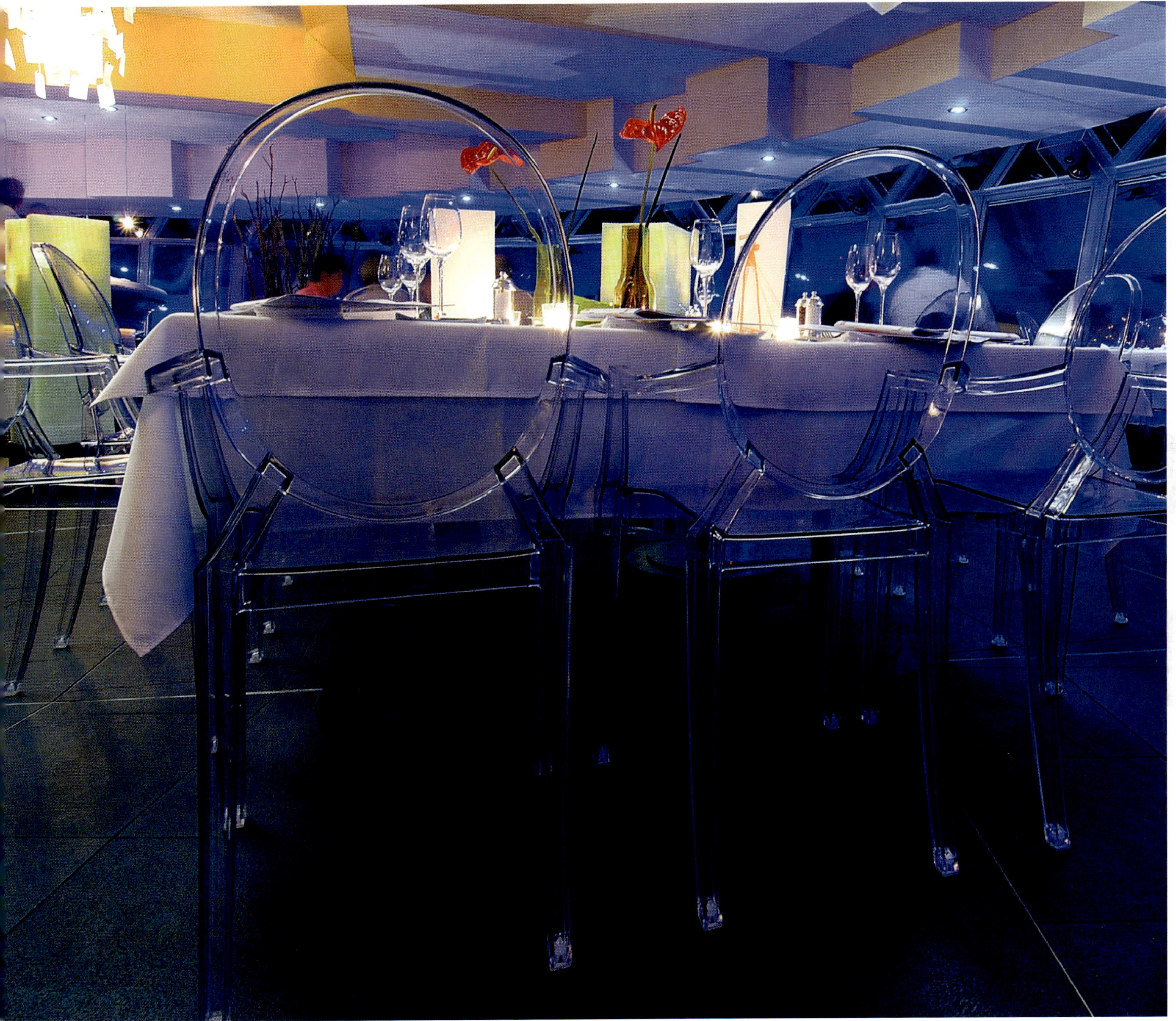

The restaurant was given a modernised, futuristic look in 2005, can accommodate 70 people and offers a
menu that brings together the best of Mediterranean and Asian cooking.

*Le restaurant, qui peut accueillir 70 personnes, a reçu en 2005 un nouveau décor futuriste et son menu
combine le meilleur des cuisines méditerranéenne et asiatique.*

*Het restaurant, dat 70 personen kan herbergen, kreeg in 2005 een vernieuwd, futuristisch design en biedt een
menu dat het beste uit de mediterrane en Aziatische keuken met elkaar verenigt.*

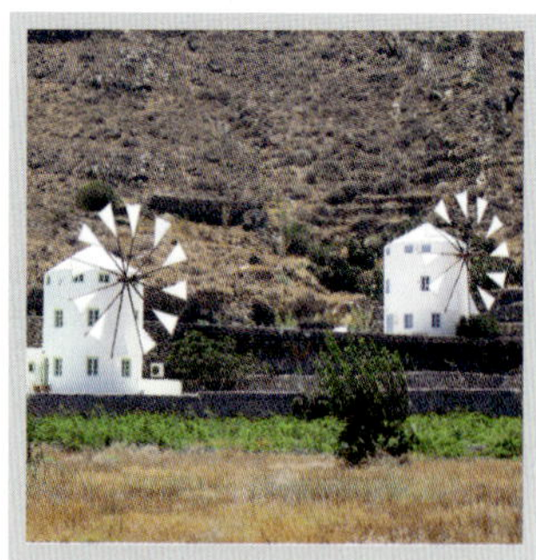 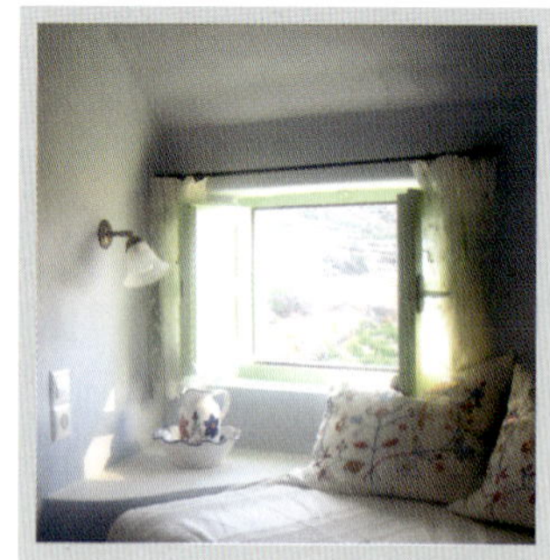

Wind mill rental Greece

The Mill of dreams

These two charming and typically Greek windmills are on a 4000 sq. m. organic estate on the magical island of Santorini. One of them is used by its owners in the summer, and the other is available to rent. The ground floor, with its view over the vineyards, the sea and the swimming pool, contains a kitchen and living and dining rooms. A spiral staircase leads to the first and second floors, each with its bedroom and bathroom. From here you can see the sun rise over the sea (leave the shutters open!) or enjoy the unsurpassed view over the Aegean and the islands of Ios, Naxos, Amorgos and Anafi. If the minimalist architecture of these windmills doesn't win you over immediately, you certainly will love the absolute silence and privacy and the seasonal products from the garden, guaranteed 100% organic.

L'île magique de Santorin, sur un terrain bio de 4000 m², le charme de deux moulins grecs typiques. L'un d'eux est occupé durant les mois d'été par les propriétaires, l'autre est mis en location. Le rez, où se trouve la cuisine, la salle à manger et le séjour, offre une vue panoramique sur les vignes, la mer et la piscine. Un escalier en colimaçon conduit aux deux étages, formant une chambre à coucher et une salle de bain. De ce poste, vous pouvez observer le lever du soleil sur la mer (en n'oubliant pas d'ouvrir les volets!) et profiter de la vue exceptionnelle sur la mer Egée et les îles de Ios, Naxos, Amorgos et Anafi. Si l'architecture minimaliste des moulins à vent ne vous séduit pas immédiatement, le calme absolu, l'intimité et les produits de saison du jardin, garantis 100% bio, s'en chargeront.

Op het magische eiland Santorini, op een biologisch landgoed van 4000 m², staan deze twee charmante, typisch Griekse windmolens. Een ervan wordt in de zomermaanden door de eigenaars gebruikt, de andere wordt verhuurd. De benedenverdieping met het panoramische zicht over de wijngaarden, de zee en het zwembad, bestaat uit een keuken, woon- en eetkamer. Een ronde trap leidt naar de eerste en de tweede verdieping, beide uitgerust met een slaap- en een badkamer. Van hieruit kan je de zon zien opkomen uit de zee (luikjes open laten!) of genieten van het onovertroffen uitzicht over de Aegeïsche Zee en de eilanden Ios, Naxos, Amorgos en Anafi. Als je niet als een blok valt voor de minimalistische architectuur van de windmolen, doe je dat vast wel voor de absolute stilte en privacy of voor de 100% gegarandeerd biologische seizoensproducten uit de tuin.

SANTORINI WINDMILL - Santorini, Greece - Winter +30 210 8976016, summer +30 228 60 25207 - www.windmill.gr - info@windmill.gr

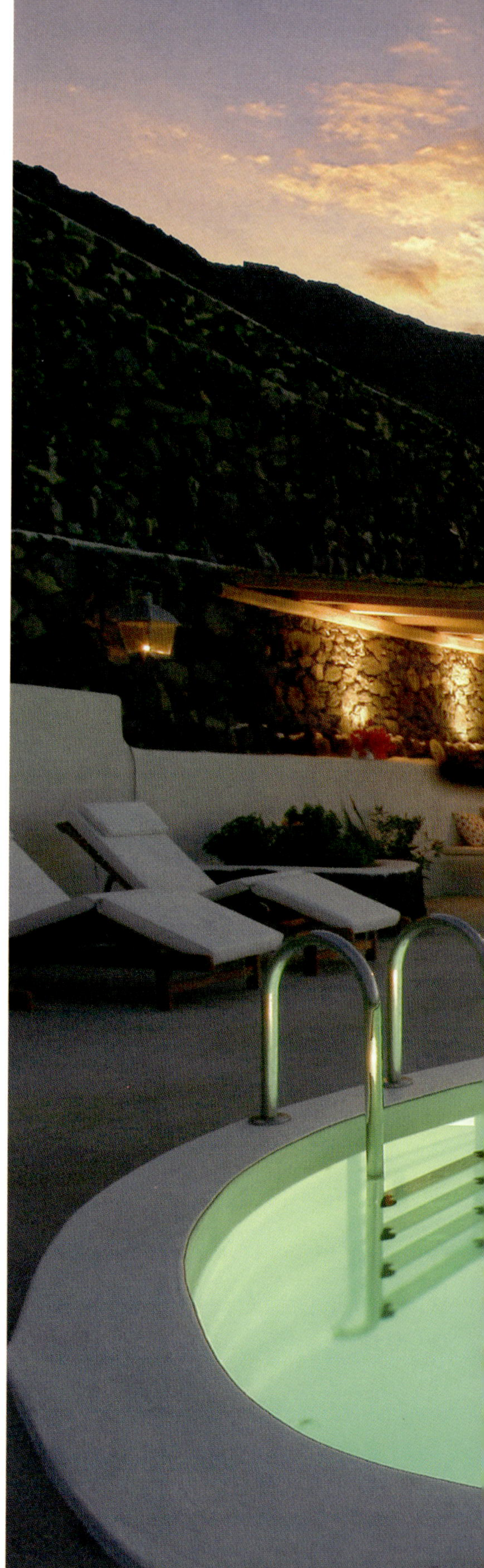

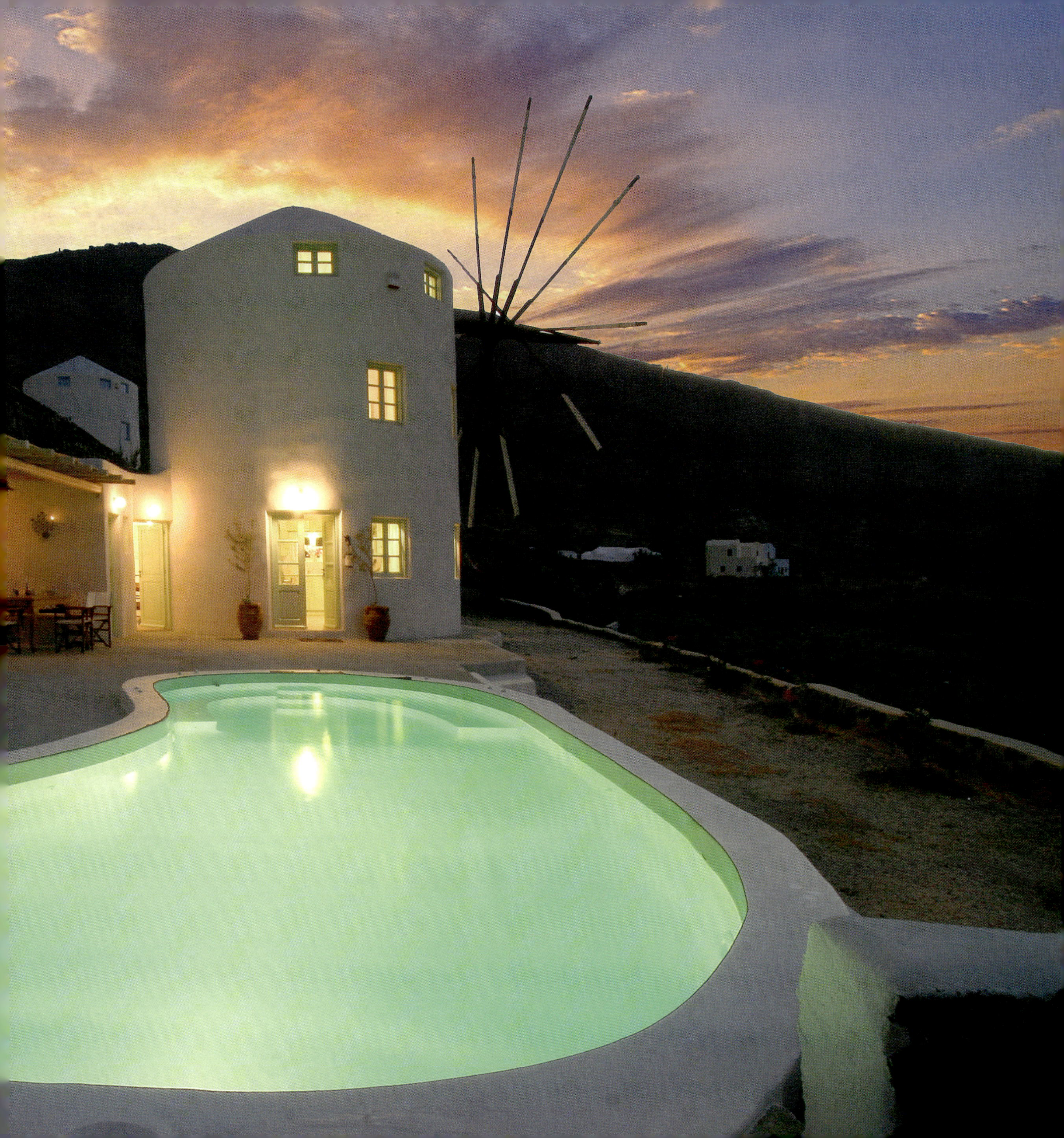

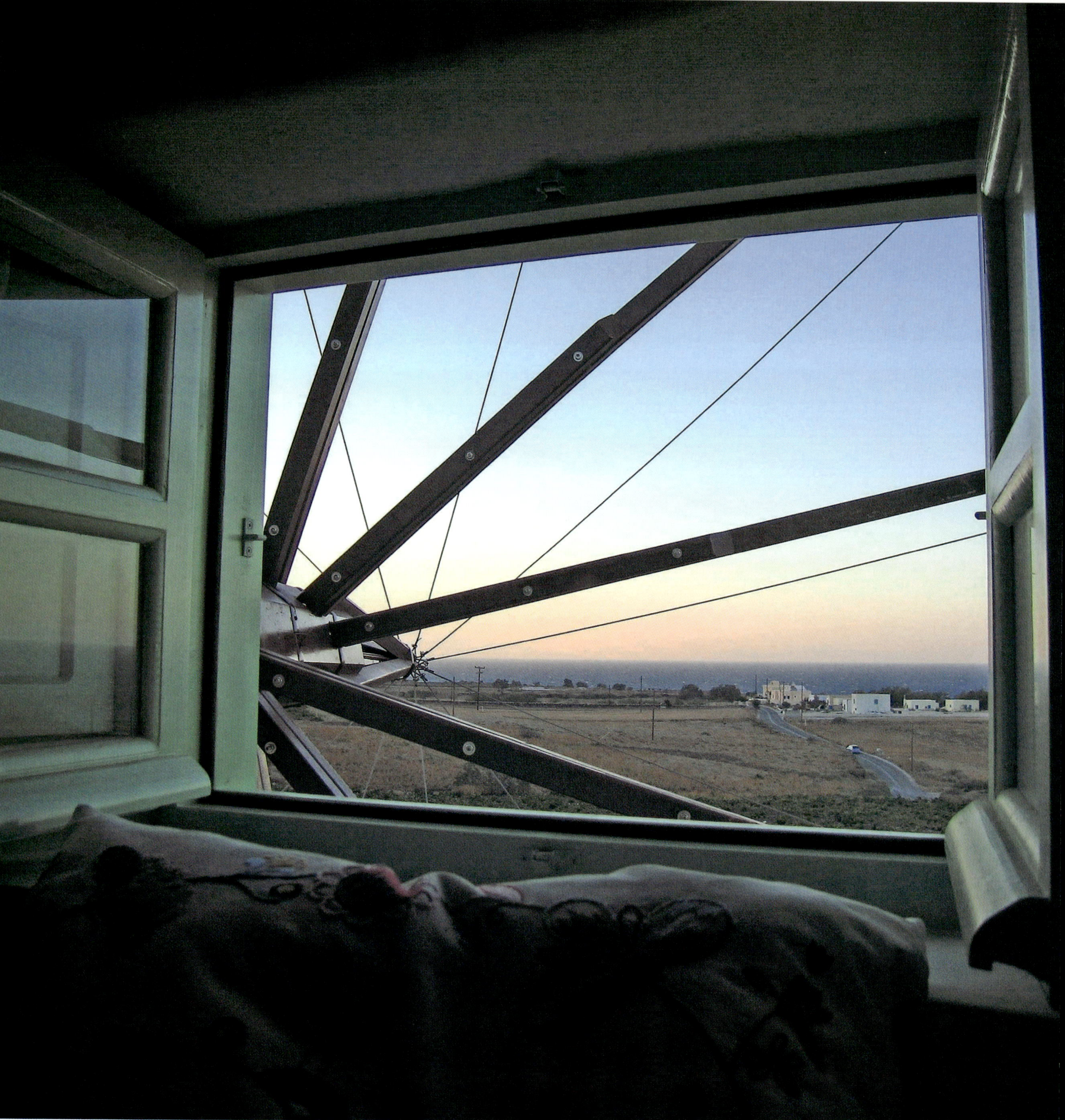

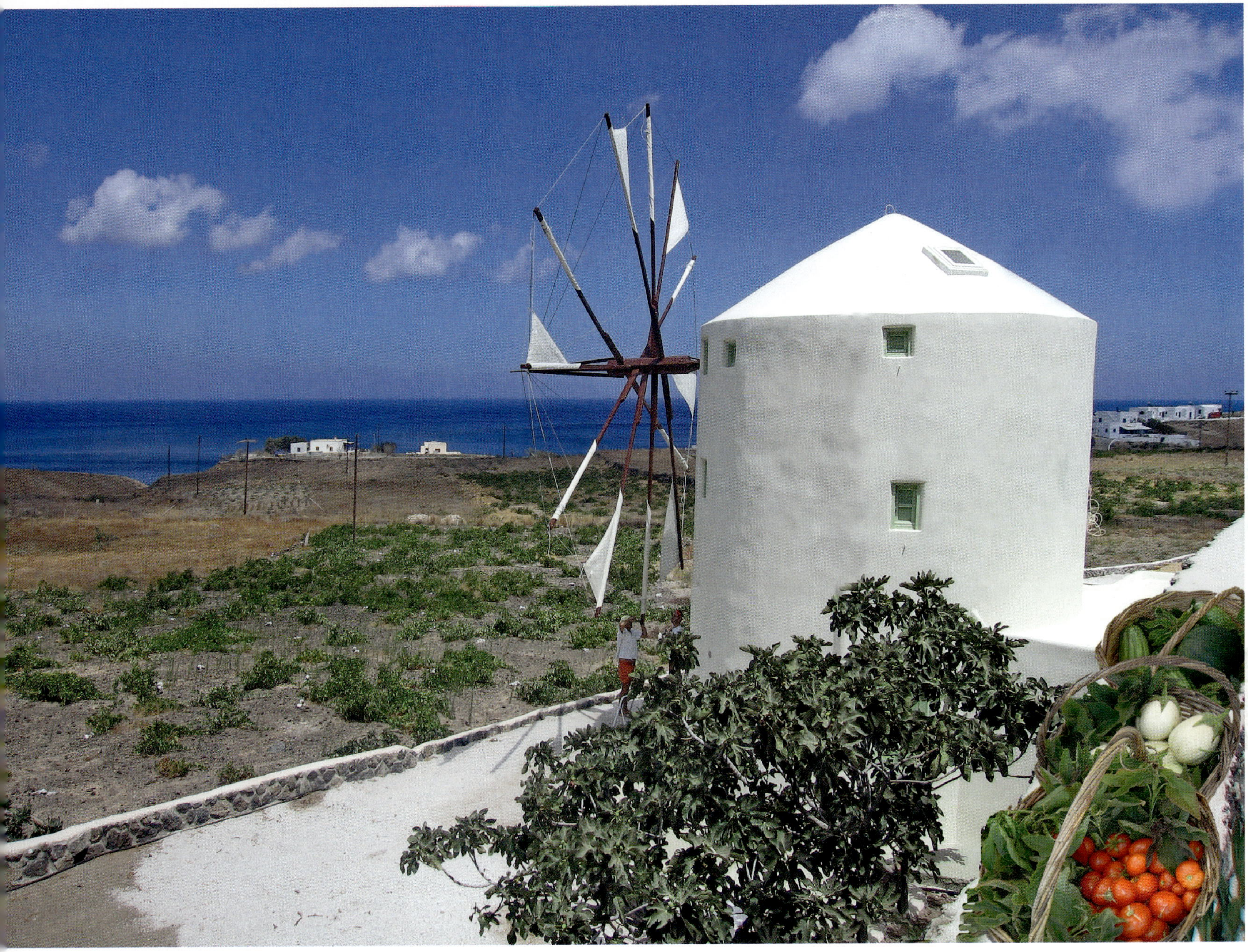

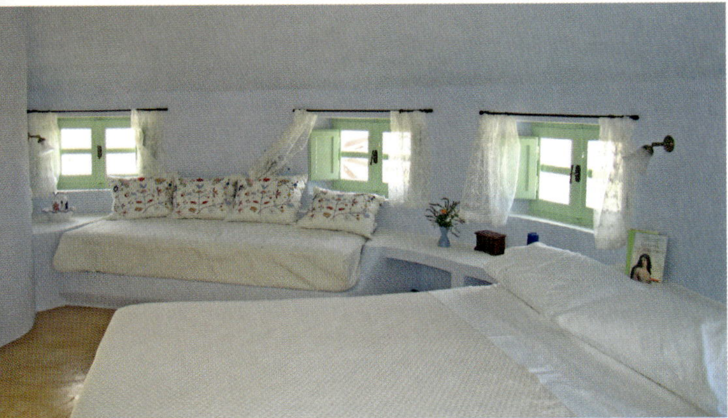

This mill contains all modern conveniences: satellite TV, CD/DVD players, telephone, internet-access, a dishwasher and a hydromassage pool.

Ce moulin comprend toutes les aisances modernes: le satellite télé, système cd/dvd, téléphone, le raccordement d'internet, un lave-vaisselle et une piscine équippé de jets de massage.

Deze molen, bevat alle moderne gemakken: satelliet-tv, cd/dvd-speler, telefoon, internetaansluiting, een afwasmachine en een hydromassagezwembad.

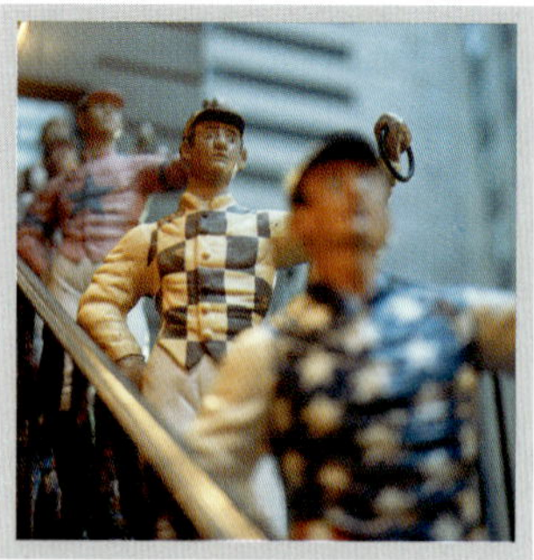

Secret wine cellar ^{USA}

Spirits of the past

'21' Club's wine cellar, a vestige from the mythical days of prohibition, is the ideal spot for an exclusive party. Established in 1930, when it was illegal to serve alcohol in the US, '21' Club quickly became a popular speakeasy. Despite several police raids, not a single drop of alcohol was ever found. In those days the club was not only equipped with 4 alarm buttons and a bottle shelf that could drop its contents into a rubbish chute in the blink of an eye, it also had a secret wine cellar that contained around 2,000 cases of wine and other stronger spirits. The space, which is part of an adjacent building, was hidden from view by a brick wall that slides back if you insert a thin metal rod into a tiny crack. Part of it has recently been refurbished to serve as a function room for 20 people.

La cave à vin du '21' Club, un vestige des jours mythiques de la prohibition est un lieu idéal pour une petite soirée exclusive. Fondé en 1930, à un moment où la consommation de boissons alcoolisées était interdite, le '21' Club se transforma rapidement en un populaire "*speakeasy*" (débit de boisson clandestin). En dépit de nombreuses descentes de police, on n'y trouva jamais une goutte d'alcool. Il faut dire que le club était équipé de 4 boutons d'alarme et d'une étagère à bouteilles qui pouvait, en l'espace d'un instant, déverser son contenu dans un conduit d'évacuation ; s'y trouvait également une cave à vin secrète contenant environ 2.000 caisses de vin et une réserve suffisante de boissons fortes. Cet espace, qui faisait partie d'un bâtiment attenant, était dérobé aux regards par un mur de briques qui pivotait lorsqu'on introduisait une mince tige dans un trou minuscule. On en a récemment transformé une partie en salle de réception pour 20 personnes.

De wijnkelder van '21' Club, een overblijfsel uit de mythische dagen van de drooglegging, is de ideale plek voor een exclusief feestje. Gesticht in 1930, toen het in de V.S. verboden was om alcoholische dranken te schenken, groeide '21' Club al snel uit tot een populaire "*speakeasy*". Meerdere invallen van de politie ten spijt, werd er nooit één druppel alcohol gevonden. De club was dan ook niet enkel uitgerust met 4 alarmknoppen en een flessenrek dat zijn inhoud in een oogwenk in een afvalkoker kon dumpen, maar beschikte tevens over een geheime wijnkelder die gemiddeld 2.000 kisten wijn en de nodige sterke drank bevatte. De ruimte, die deel uitmaakte van een belendend pand, werd aan het oog onttrokken door een bakstenen muur, die openzwaaide als je een dunne staaf inbracht in een minuscuul gaatje. Een deel ervan werd onlangs heringericht om dienst te doen als feestruimte voor 20 personen.

'21' CLUB – 21 West 52nd Street, New York, NY 10019, United States of America - +1 212 582 7200 - reservations@21club.com - www.21club.com

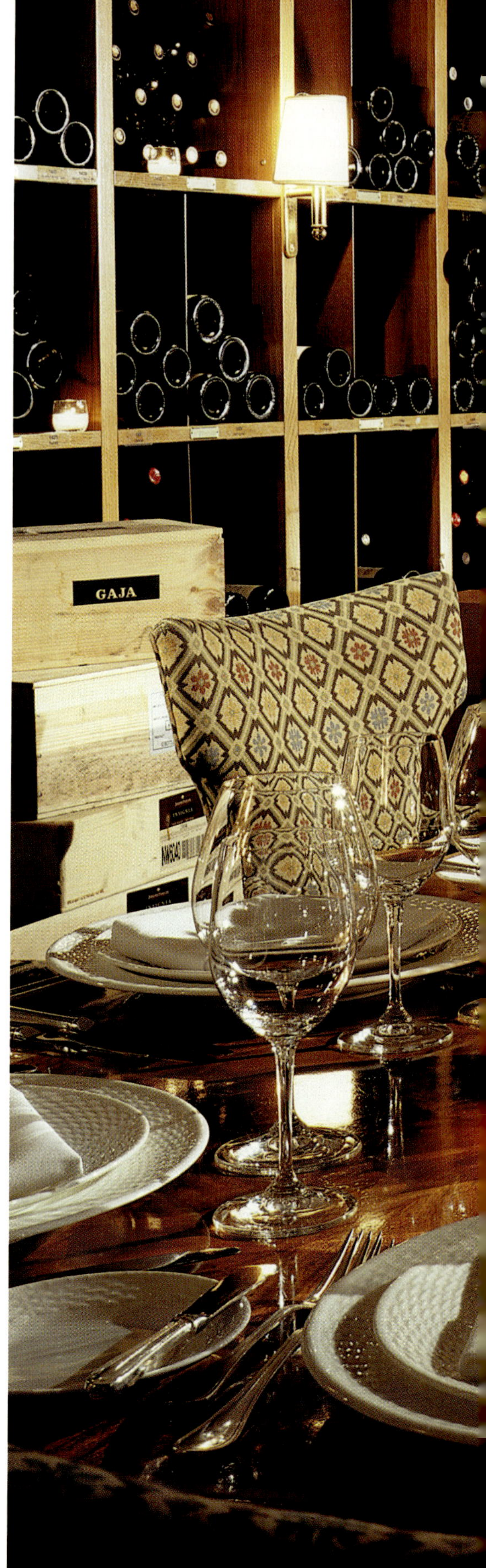

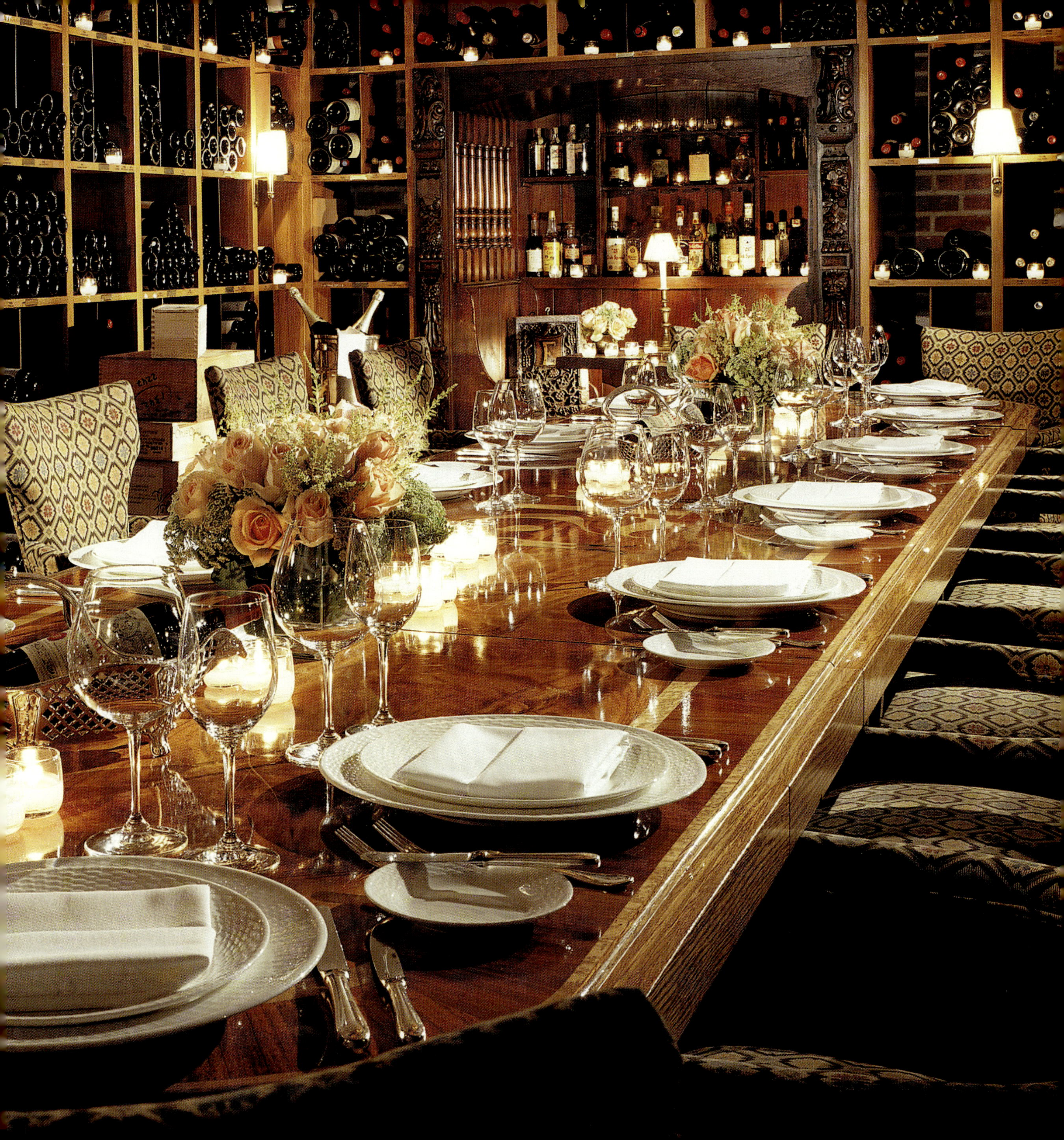

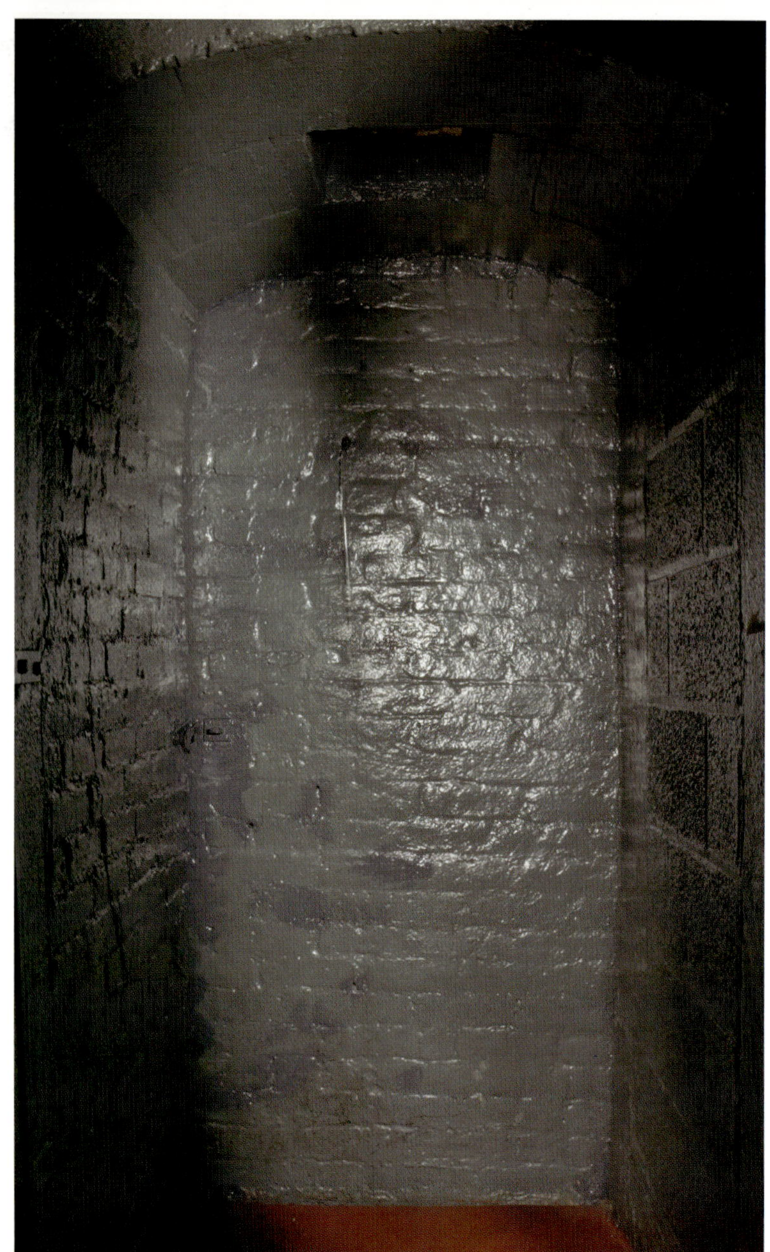

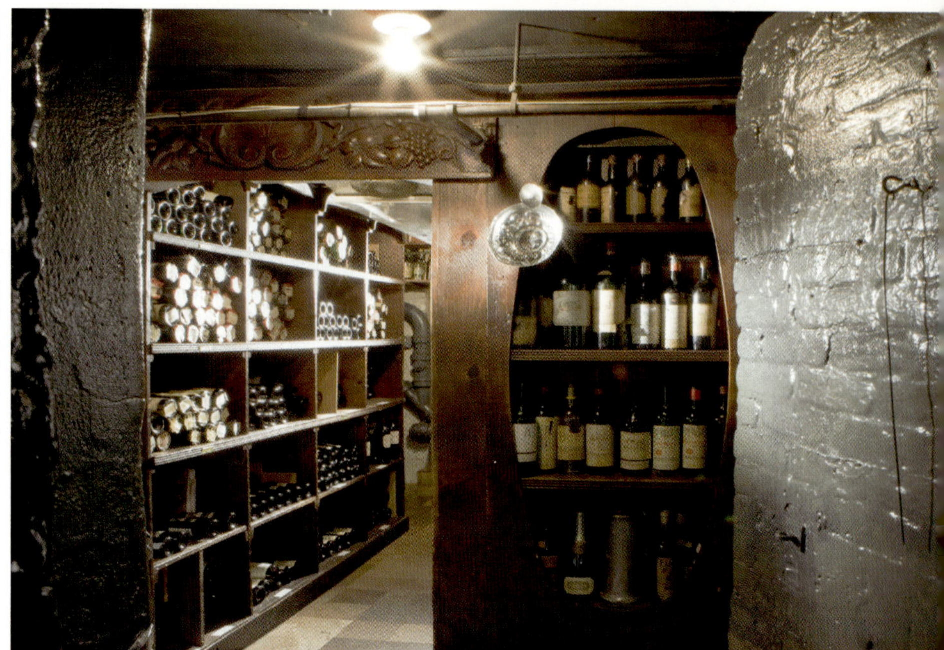

The cellar contains not only the club's own vintage wines and liqueurs but also houses the private collections of Elizabeth Taylor and Aristotle Onassis, amongst others.

La cave contient les vins et liqueurs vintage du '21' mais aussi des boissons de collection qui ont appartenu notamment à Elisabeth Taylor et Aristote Onassis.

De kelder bevat niet enkel de vintage wijnen en likeuren van '21' zelf, maar biedt ook plaats aan de drankverzamelingen van onder meer Elizabeth Taylor en Aristoteles Onassis.

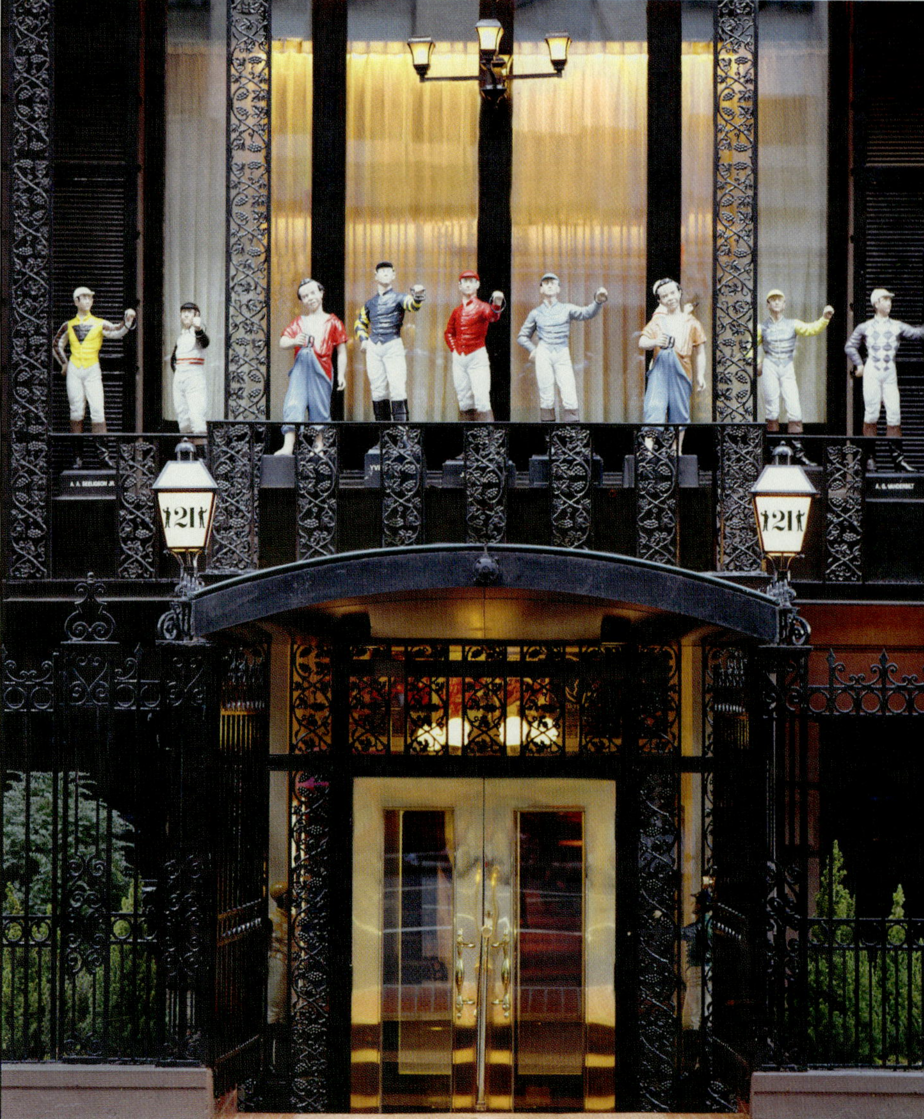

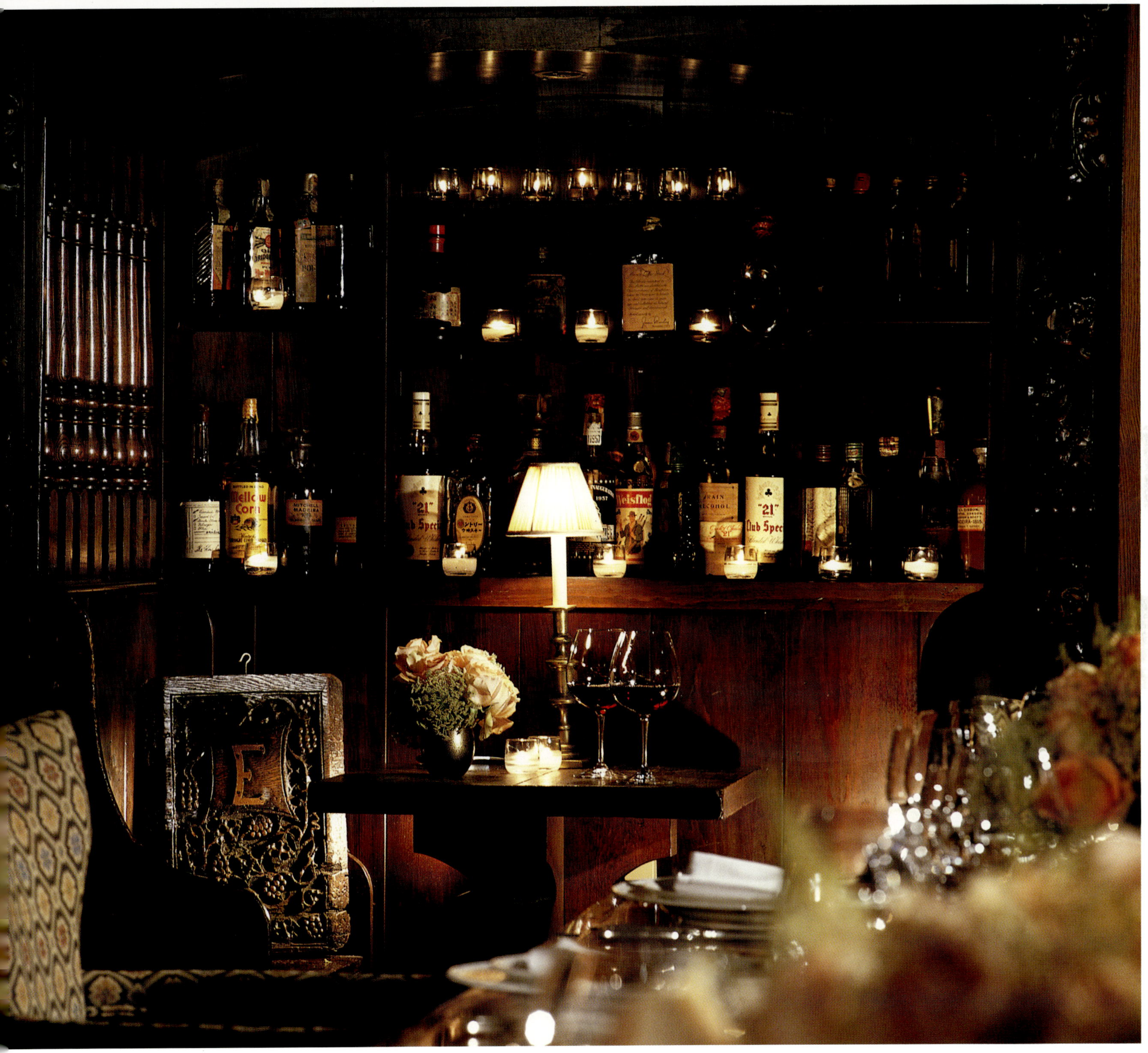

'21' Club has 10 unique private dining rooms and appears in more films than any other New York restaurant, films such as All About Eve, Wall Street and Sex and the City.

Le '21' Club dispose de 10 salles à manger privées originales et apparaît, plus qu'aucun autre restaurant newyorkais, dans de nombreux films tels All About Eve, Wall Street et Sex and the City.

'21' Club beschikt over 10 unieke private eetruimtes en duikt op in meer films dan enig ander Newyorks restaurant, zoals All About Eve, Wall Street en Sex and the City.

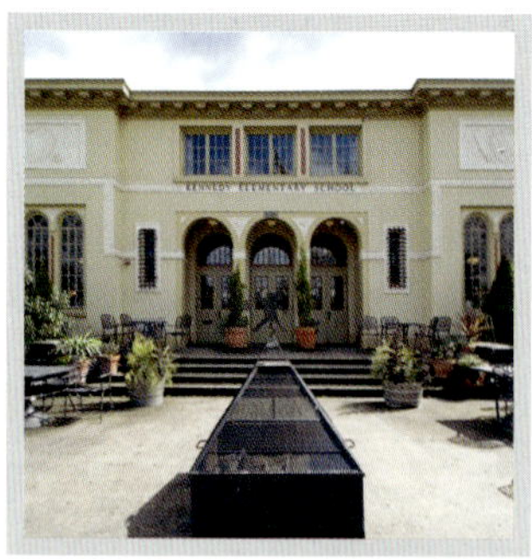 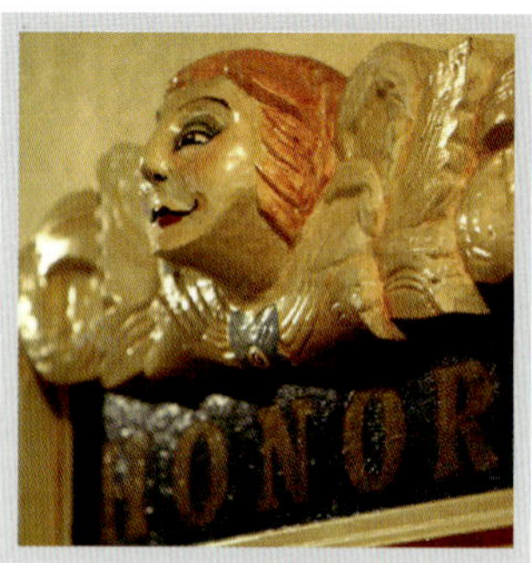

School hotel USA

Fall asleep in class

When the Kennedy School had to close down because of the lack of pupils, the whole neighbourhood spontaneously started devoting itself to the preservation of the building. Mike and Brian McMenamin, brothers and owners of a whole chain of pubs and breweries, came up with by far the most original proposal: to make it into a hotel with a pub attached. So since 1997 McMenamins Kennedy School has housed 35 guestrooms (including the original blackboards and decorations!), a unique restaurant, several cosy bars, a small cinema, a paddling pool and a real brewery. The main aim of the conversion was to create atmosphere, and this is plain to see: hundreds of works of art and old photos adorn the walls, ceilings and doorways. This might well be a school where you would not mind being kept after class.

Lorsque l'école Kennedy fut amenée à fermer ses portes en raison d'un nombre décroissant d'élèves inscrits, tout le voisinage se mobilisa afin de préserver le bâtiment. Mike et Brian McMenamin, frères et propriétaires de toute une série de pubs et brasseries, vinrent de loin avec une proposition des plus originales: transformer l'école en un hôtel que jouxterait un pub. Depuis 1997 McMenamins Kennedy School propose 35 chambres (comprenant les tableaux noirs et la déco d'origine!), un restaurant unique, plusieurs bars sympathiques, une salle de cinéma, une pataugeoire et une authentique brasserie. Durant les transformations, des centaines d'oeuvres d'art et de photos d'archive ont enjolivé les murs, les plafonds et l'embrasure des portes. Ceci pourrait bien être l'école où vous ne trouveriez pas grave d'être retenu...

Toen de Kennedy School wegens dalende leerlingenaantallen zijn deuren moest sluiten, begon de hele buurt spontaan te ijveren voor behoud van het gebouw. Mike en Brian McMenamin, broers en eigenaars van een hele reeks pubs en brouwerijen, kwamen veruit met het meest originele voorstel op de proppen: er een hotel annex pub van maken. Sinds 1997 huisvest McMenamins Kennedy School dan ook 35 gastenkamers (inclusief originele schoolborden en decoraties!), een uniek restaurant, meerdere gezellige bars, een filmzaal, een plonsbad en een heuse brouwerij. Sfeer stond voorop tijdens de verbouwing, en dat is eraan te zien: werkelijk honderden kunstwerken en historische foto's verfraaien de muren, plafonds en deuropeningen. Dit zou best wel eens een school kunnen zijn waar je het niet erg vindt om na te moeten blijven...

MCMENAMINS KENNEDY SCHOOL - 5736 N.E. 33RD AVENUE, PORTLAND, OREGON 97211 ,USA - +1 888 249 3983 - WWW.MCMENAMINS.COM - INFO.KS@KENNEDYSCHOOL.COM

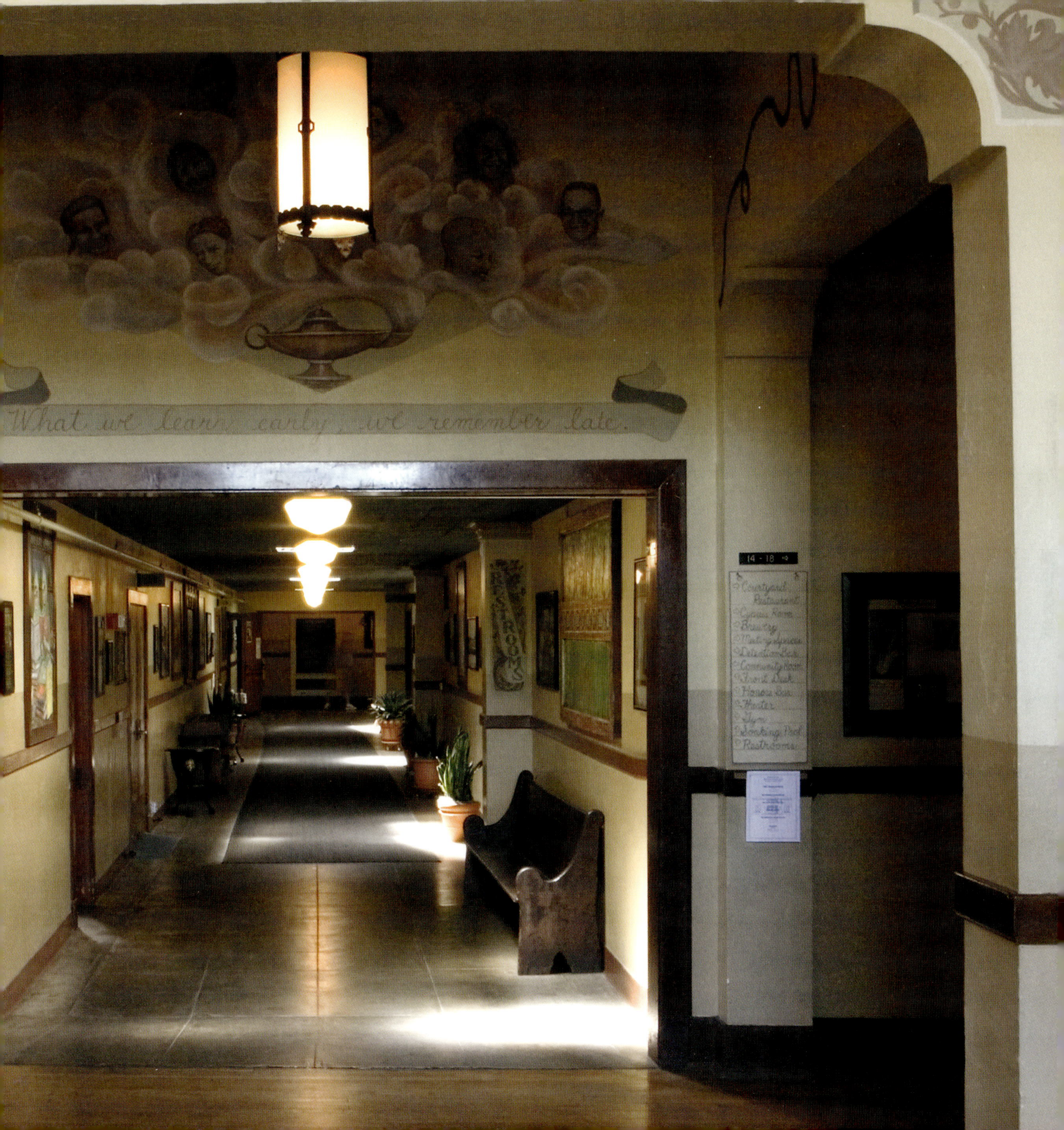

What we learn early, we remember late.
14 · 18
Courtyard Restaurant
Cyrus Room
Brewery
Multiple Spaces
Delicatessen Bar
Community Room
Front Desk
Honors Bar
Theater
Gym
Soaking Pool
Restrooms
RESTROOMS

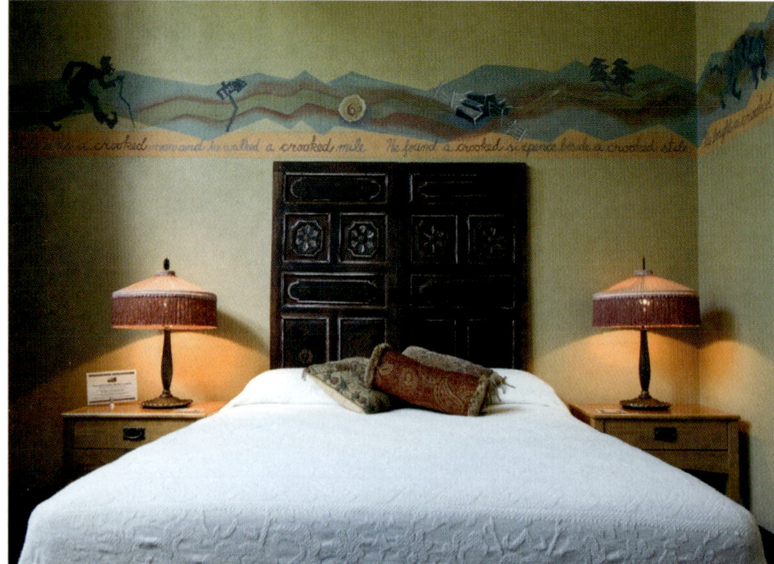

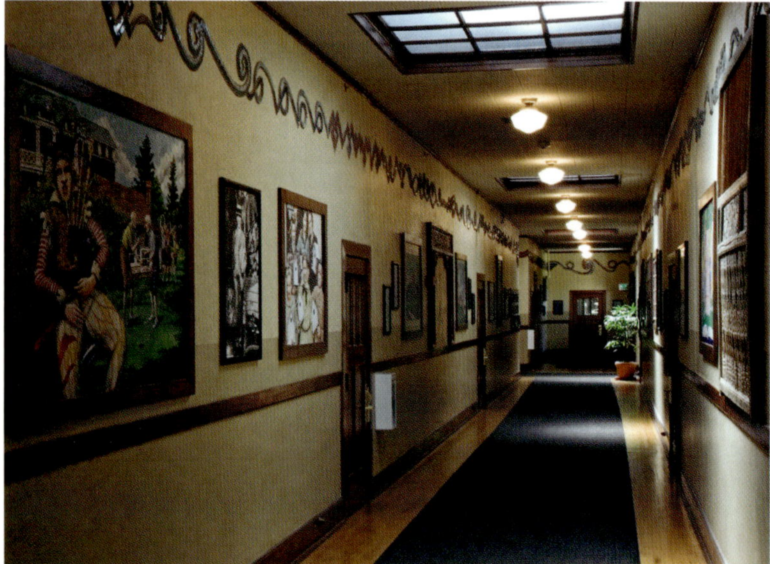

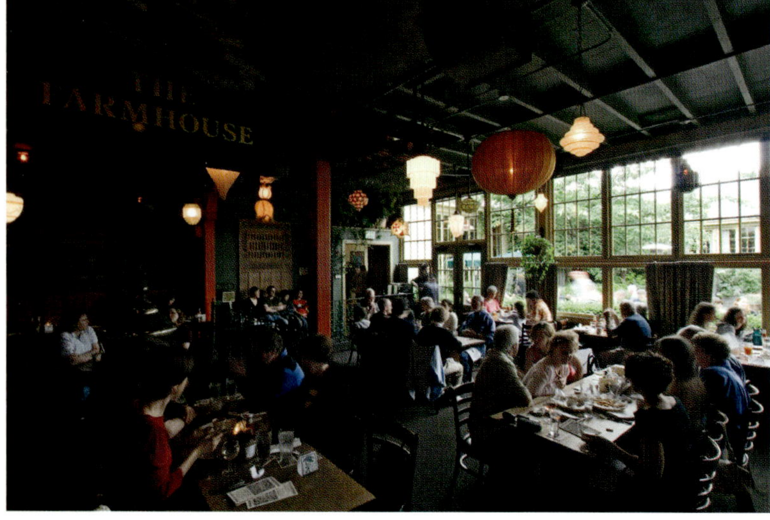

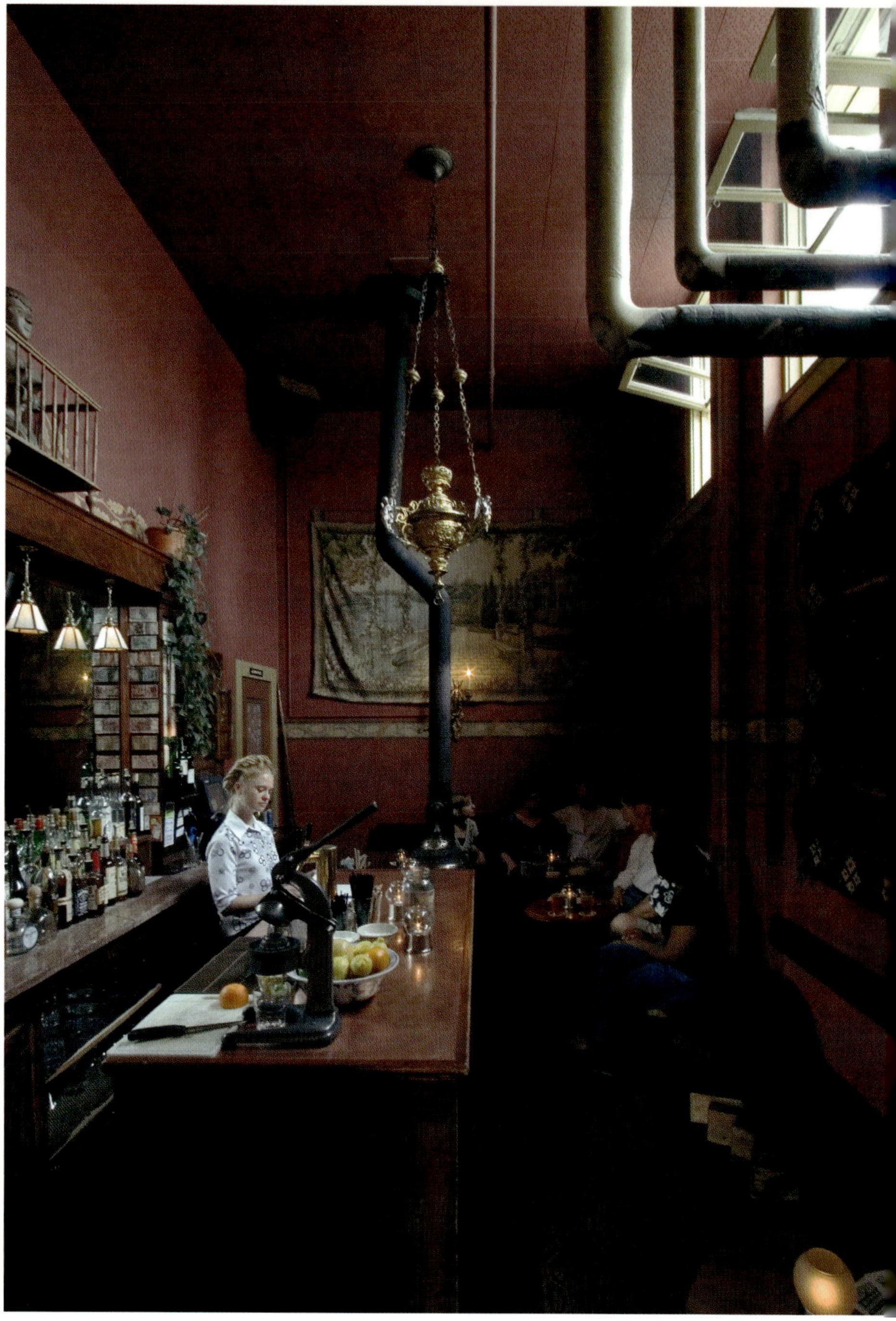

The bars have been given suitable names: do you prefer the detention bar or the honors bar?

Les bars ont reçu des noms évocateurs : choisirez-vous le bar des punitions ou celui des distinctions ?

De bars kregen toepasselijke namen: verkies je de strafstudiebar of de onderscheidingbar?

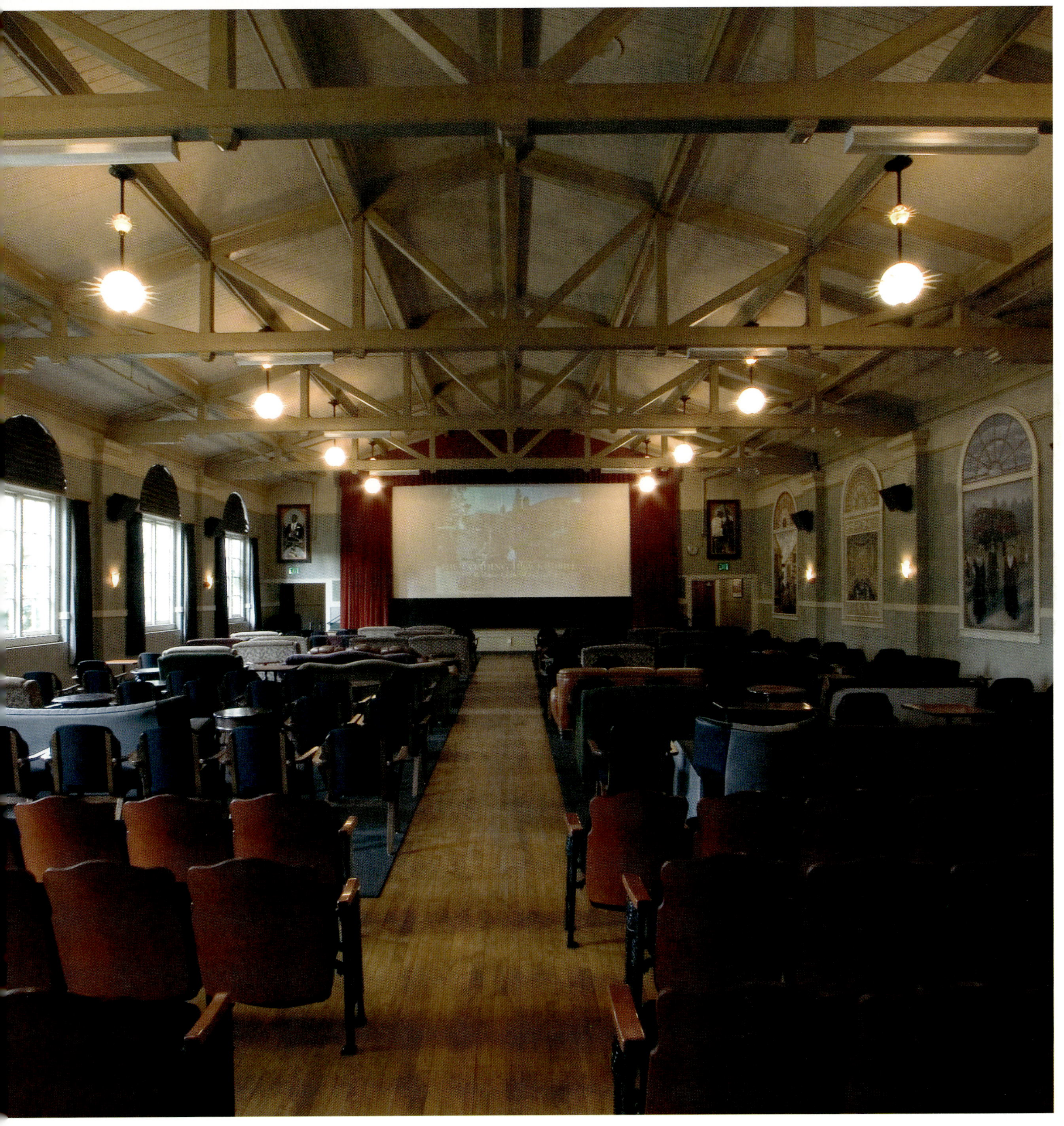

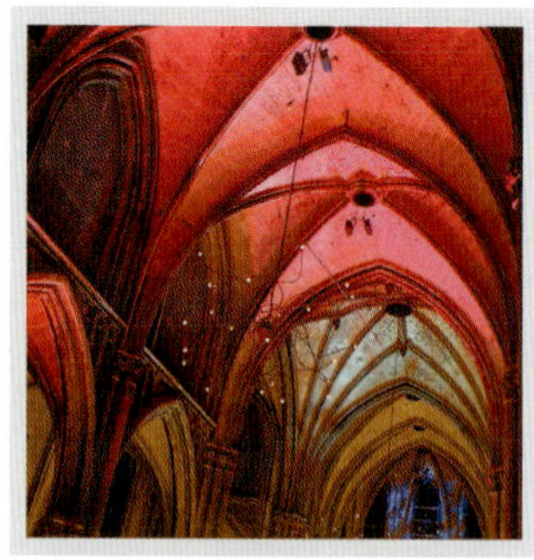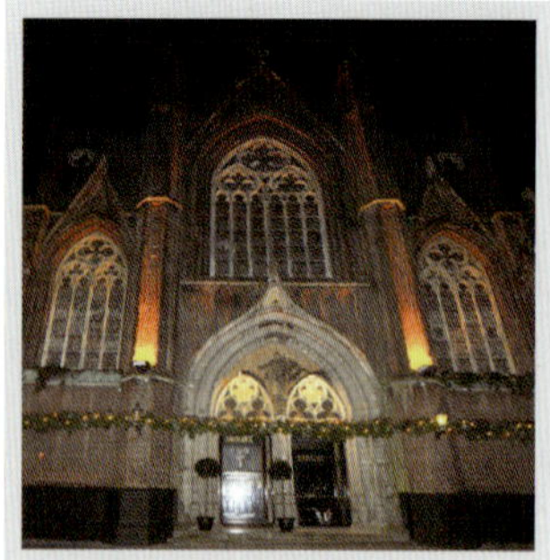

Church The Netherlands

God is a deejay

In the heart of the Hertogenbosch, amongst the atmospheric shopping streets, cafés and pretty canals, is the Orangerie, a former church that is used as an enchanting location for events. Built in 1850, the church and adjoining cloister was originally the home of more than 200 priests. After they left in 1971 this exceptional building was used as a space for artists, flea markets and concerts, until in 1989 for the symbolic price of 1 guilder, it was taken over from the council. After a thorough renovation, the Orangerie opened its doors in 1991. The location includes 3 beautiful neo-gothic style rooms, each with their own unique charm: the Orangerie Room with its imposing roof, the highly stylish Jeroen Bosch Room and the intimate Pleasure Garden in the catacombs.

Au cœur de 's-Hertogenbosch, au milieu de rues commerçantes pleines d'ambiance, de cafés et de jolis canaux, se trouve l'Orangerie, une église désaffectée qui est à présent utilisée comme un lieu d'évènements très attrayant. Bâtis en 1850, l'église et le cloître qui la jouxte étaient à l'origine occupés par environ 200 religieux. A leur départ, en 1971, cet ensemble extraordinaire ne fut plus occupé que par des artistes, des brocantes et des concerts, jusqu'à ce qu'en 1989, il soit repris pour le prix symbolique d'un gulden de la municipalité. Après une rénovation profonde, l'Orangerie ouvrit ses portes en 1991. L'endroit peut se prévaloir de 3 magnifiques salles en style néo-gothique, chacune ayant son charme propre : la Salle Orangerie avec sa voûte impressionnante, l'élégante Salle Jeroen Bosch et le Jardin des Délices, au caractère intime, dans les catacombes.

In het hart van 's-Hertogenbosch, midden tussen de sfeervolle winkelstraten, cafés en mooie grachten, staat de Orangerie, een voormalige kerk die gebruikt wordt als betoverende evenementenlocatie. Gebouwd in 1850, werd de kerk met aangrenzend klooster oorspronkelijk ingepalmd door ruim 200 paters. Na hun vertrek in 1971 werd het bijzondere pand enkel nog gebruikt als ruimte voor kunstenaars, rommelmarkten en concerten, tot het in 1989 voor het symbolische bedrag van 1 gulden werd overgenomen van de gemeente. Een grondige verbouwing later opende de Orangerie in 1991 haar deuren. De locatie kan prat gaan op 3 prachtige zalen in neogotische stijl, elk met een eigen unieke charme: de Orangerie Zaal met zijn machtige gewelf, de uiterst stijlvolle Jeroen Bosch Zaal en de intieme Tuin der Lusten in de catacomben.

ORANGERIE – St. Josephstraat 15a, 5211 NH 's-Hertogenbosch, The Netherlands - +31 73 6148701 - www.orangerie.nl - www.huttencatering.nl

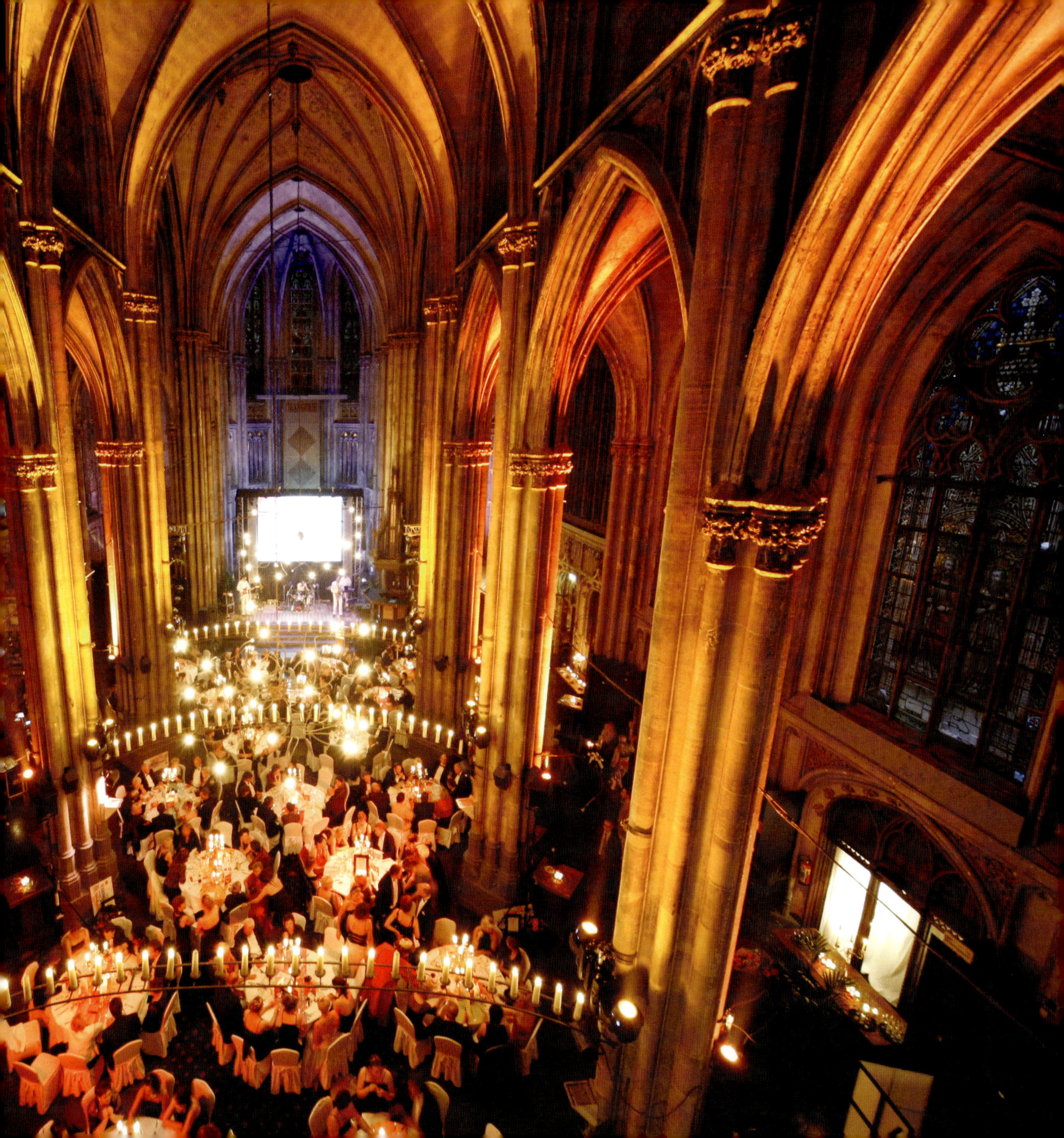

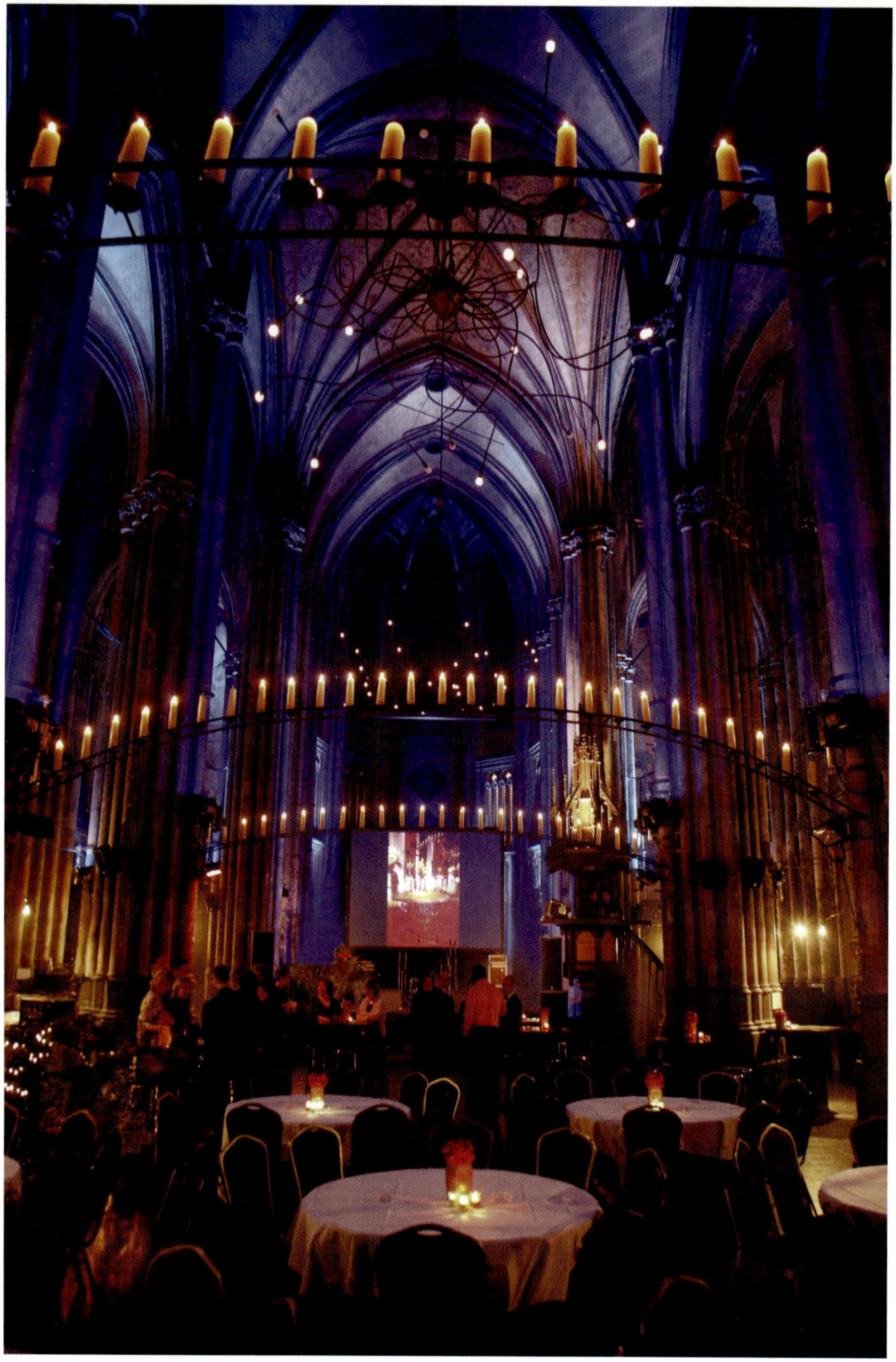

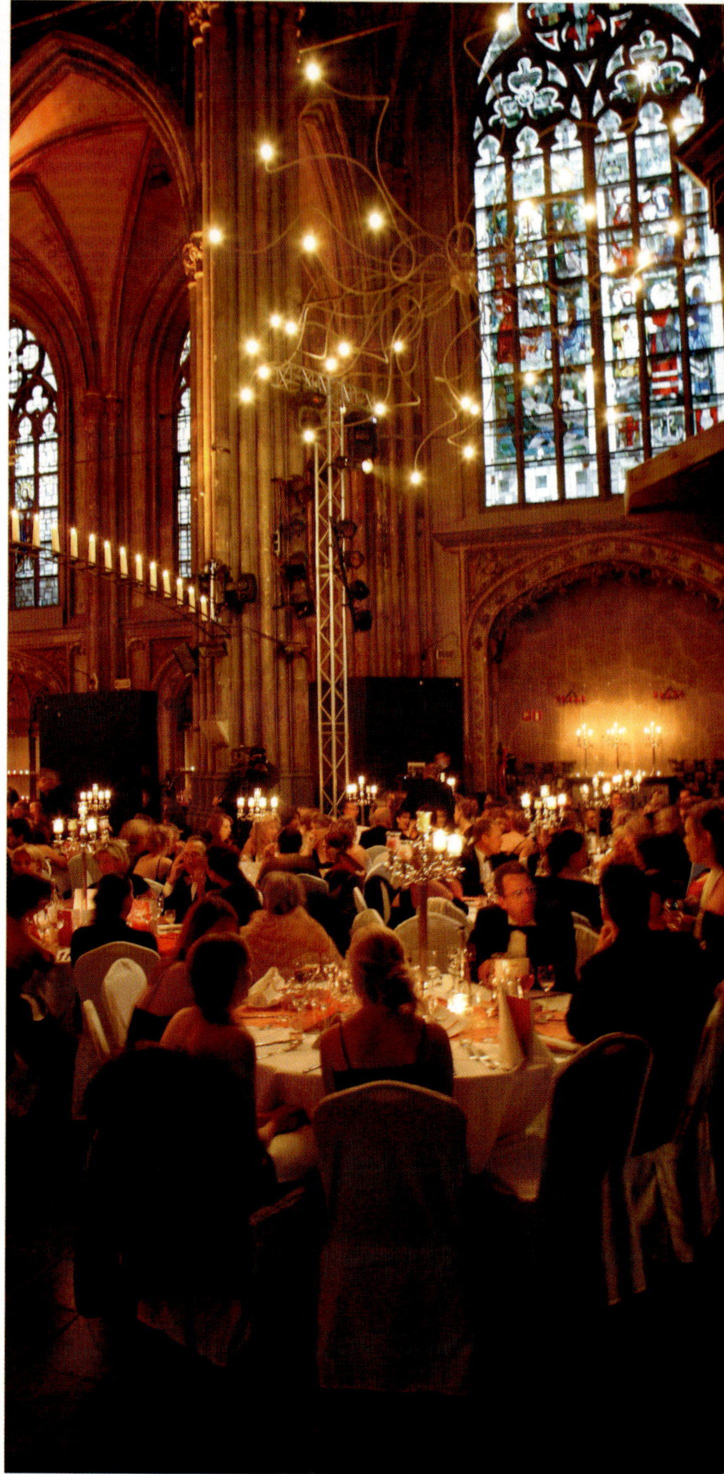

The colourful lighting of the walls and furniture adds an extra dimension to the Orangerie Room, which can accommodate 800 people.

Les éclairages très étudiés du décor et du mobilier sont un atout supplémentaire de la Salle Orangerie qui peut accueillir 800 personnes.

De kleurrijke belichting van het decor en meubilair voegt een extra dimensie toe aan de Orangerie Zaal, die plaats biedt aan 800 personen.

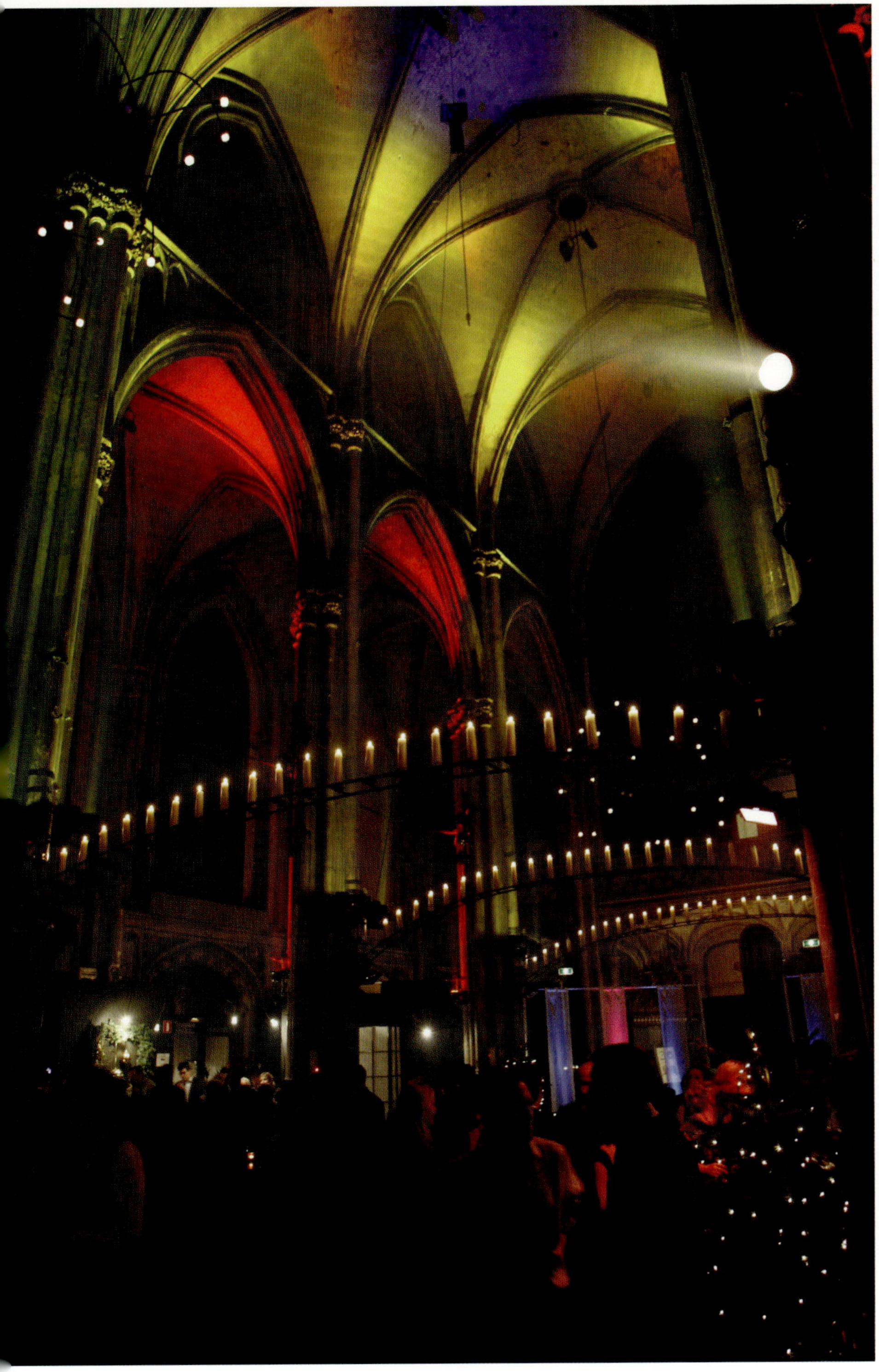

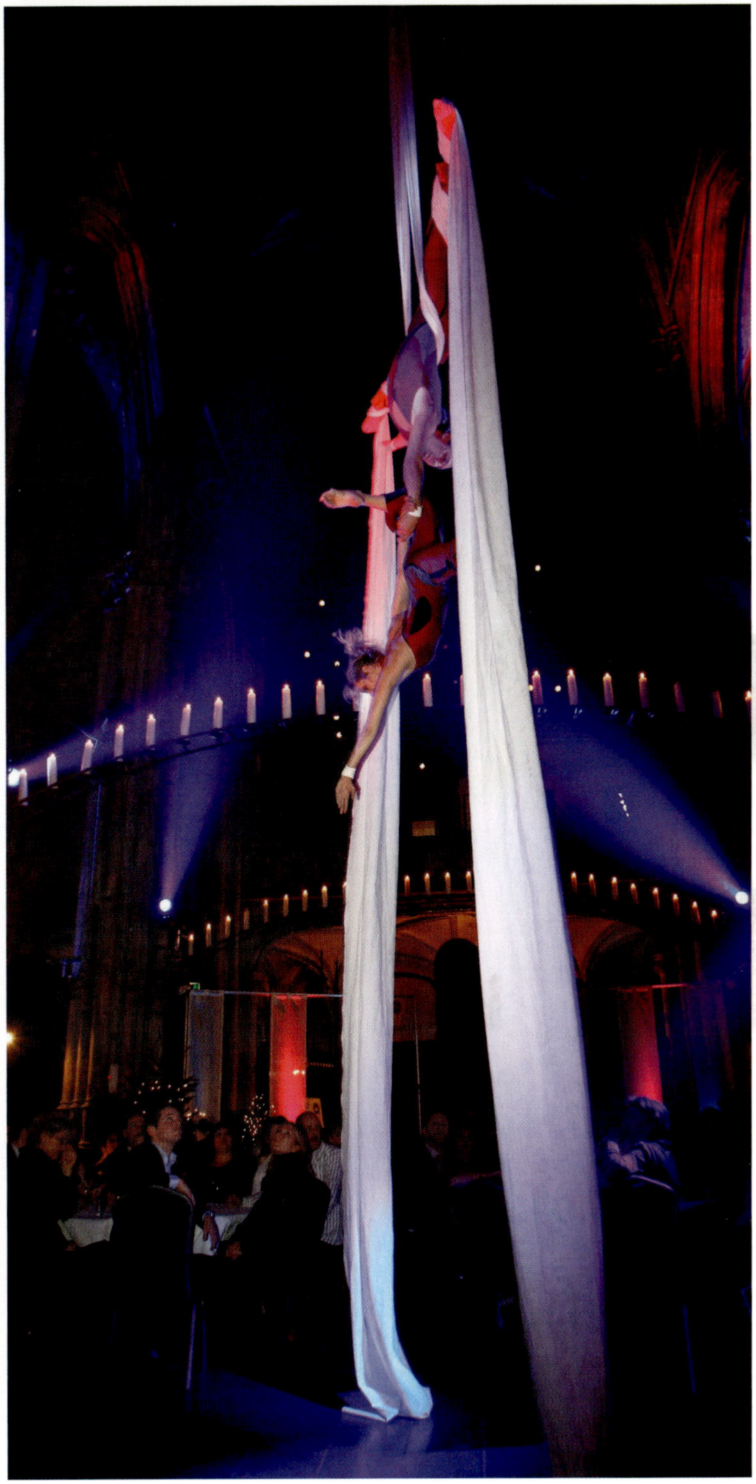

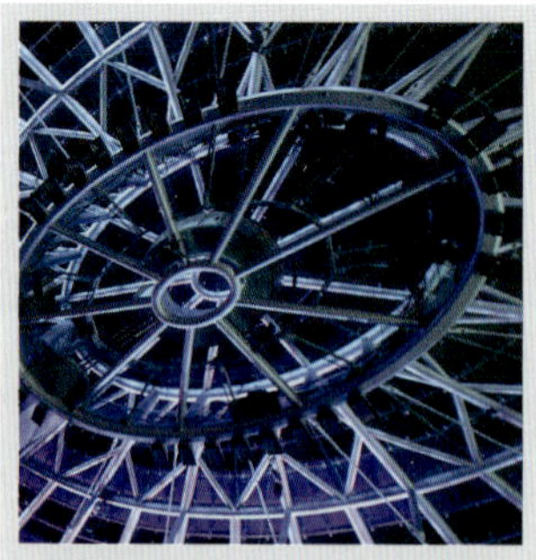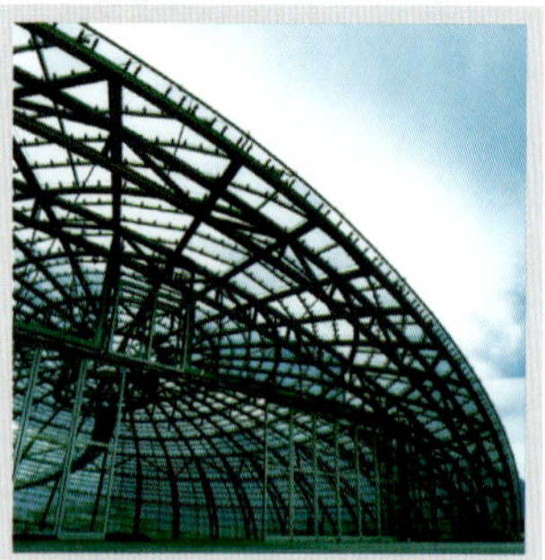

Hanging bar Austria

Walking on thin air

Red Bull gives you wings - and how! At the top of Red Bull Hangar-7 you find yourself in a bar that literally makes you feel like you're floating. Threesixty Bar is made entirely of glass, from floor to ceiling and provides a startling birds eye view of the fleet of vintage aeroplanes that belong to the Flying Bulls. Hangar-7, an architectural tour de force in the shape of a wing with a surface area of 4,000 m², contains an aeroplane museum, an art gallery, a gourmet restaurant, 2 bars and a lounge - café. This unique place where technology, art and passion combine, opened its doors in 2003 and has quickly become Salzburg's hippest meeting place. Visitors wander first past the aeroplanes, then take the spiral shaped foot-bridge to the Threesixty Bar for an aperitif before having dinner in the restaurant Ikarus.

Red Bull vous donne des ailes … et comment! Au sommet du Red Bull Hangar-7 se trouve un bar qui vous donne littéralement l'impression de planer. Threesixty Bar est muré de verre, du sol au plafond, et procure une vue panoramique sur la flotte d'avions des Flying Bulls. Hangar-7, un chef d'œuvre d'architecture qui s'étend sur 4. 000 m², contient un musée aéronautique, une galerie d'art, un restaurant, deux bars et un café-lounge. Ce lieu unique où se rencontrent la technologie, l'art et la passion a ouvert ses portes en 2003 et est rapidement devenu un des lieux de rencontre les plus branchés de Salzbourg. Les visiteurs commencent par se promener entre les avions, avant d'emprunter le pont en spirale menant au Threesixty Bar, pour un apéritif et terminer au restaurant.

Red Bull geeft je vleugels - en hoe! In de top van *Red Bull Hangar-7* bevindt zich een bar die je letterlijk het gevoel geeft dat je zweeft. *Threesixty Bar* werd van vloer tot plafond in glas uitgevoerd en biedt een verrassend vogelperspectief op de vintagevliegtuigenvloot van het *Flying Bulls*-showteam. *Hangar-7*, een architecturaal hoogstandje in de vorm van een vleugel met een oppervlakte van 4.000 m², biedt onderdak aan een vliegtuigmuseum een kunstgalerij, een gastrono-misch restaurant, 2 bars en een loungecafé. Deze unieke plek waar technologie, kunst en passie elkaar ontmoeten, opende zijn deuren in 2003 en is snel uitgegroeid tot Salzburgs hipste ontmoetings-plaats. Bezoekers dwalen eerst langs de vliegtuigen, alvorens de spiraal-vormige loopbrug te nemen naar *Threesixty Bar* voor het aperitief om te eindigen in het restaurant.

THREESIXTY BAR – Red Bull Hangar-7, Wilhelm-Spazier-Strasse 7A, 5020 Salzburg, Austria · +43 662 21 97 0 · office@hangar-7.com · www.hangar-7.com

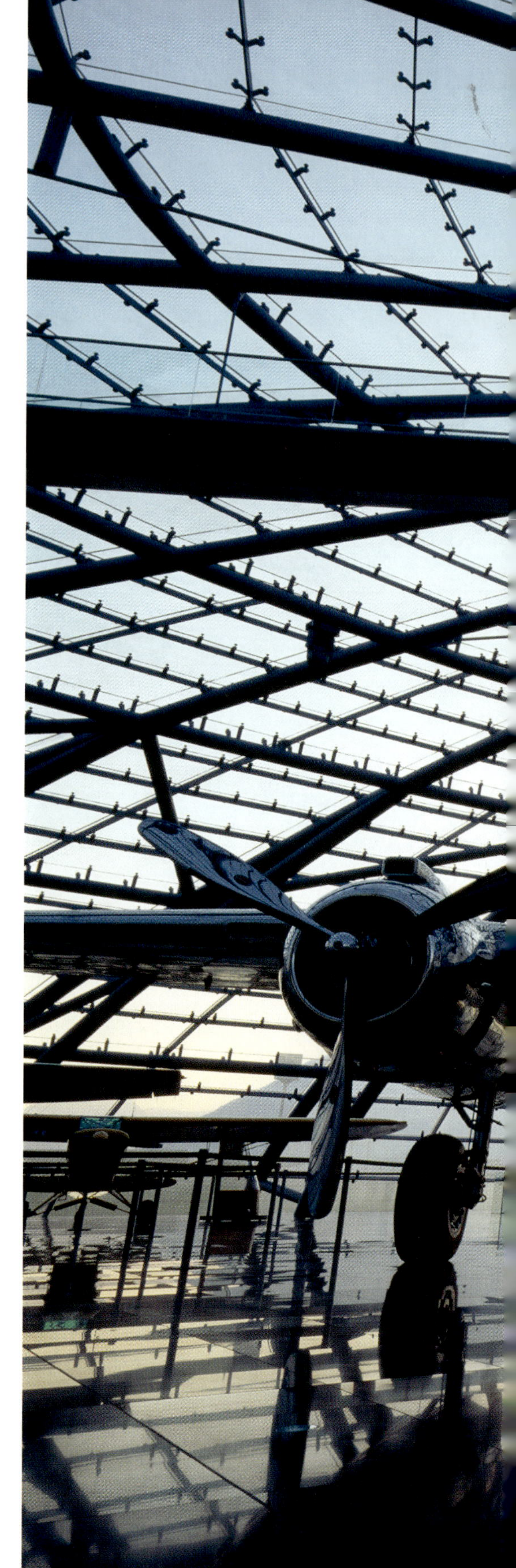

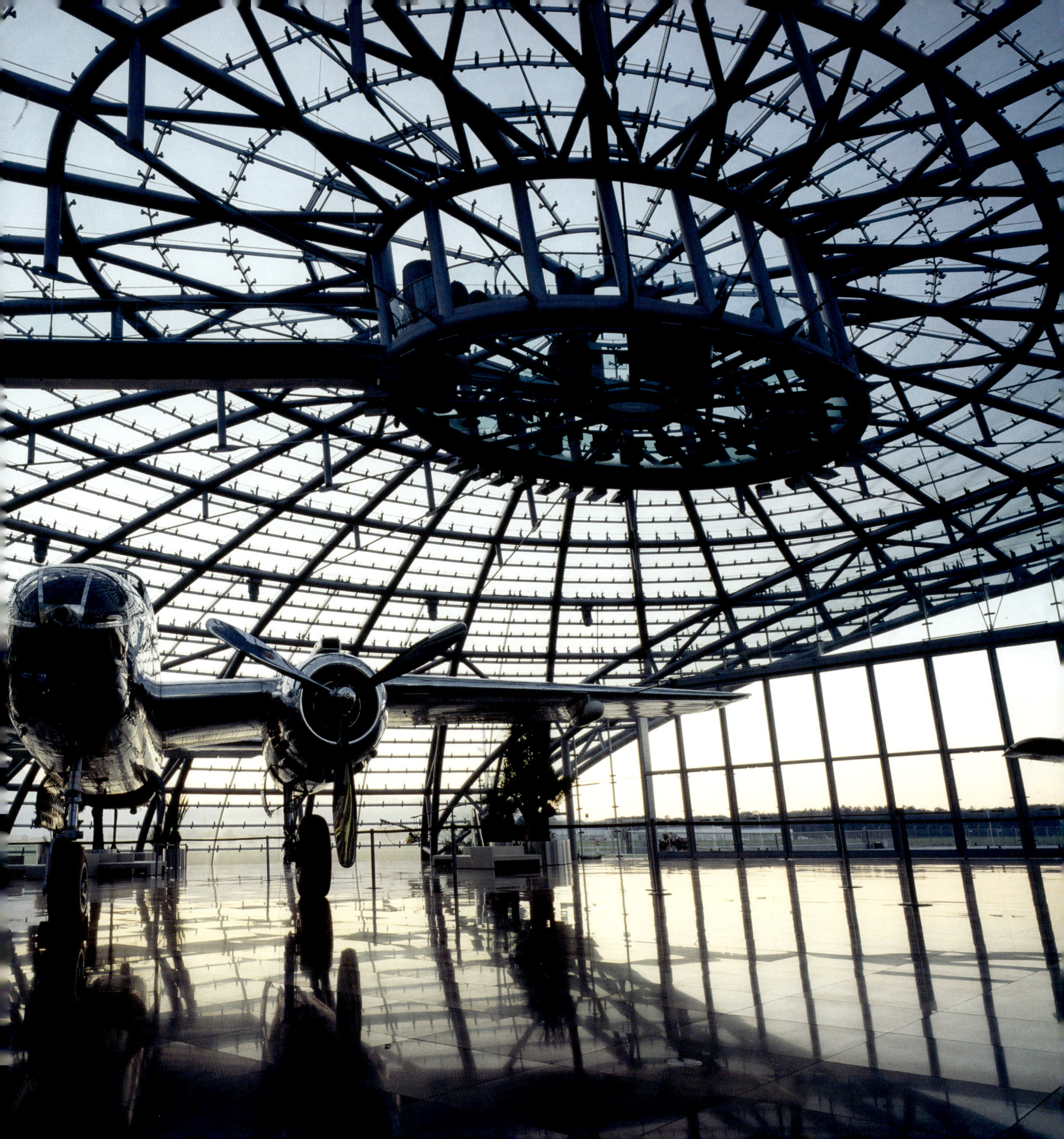

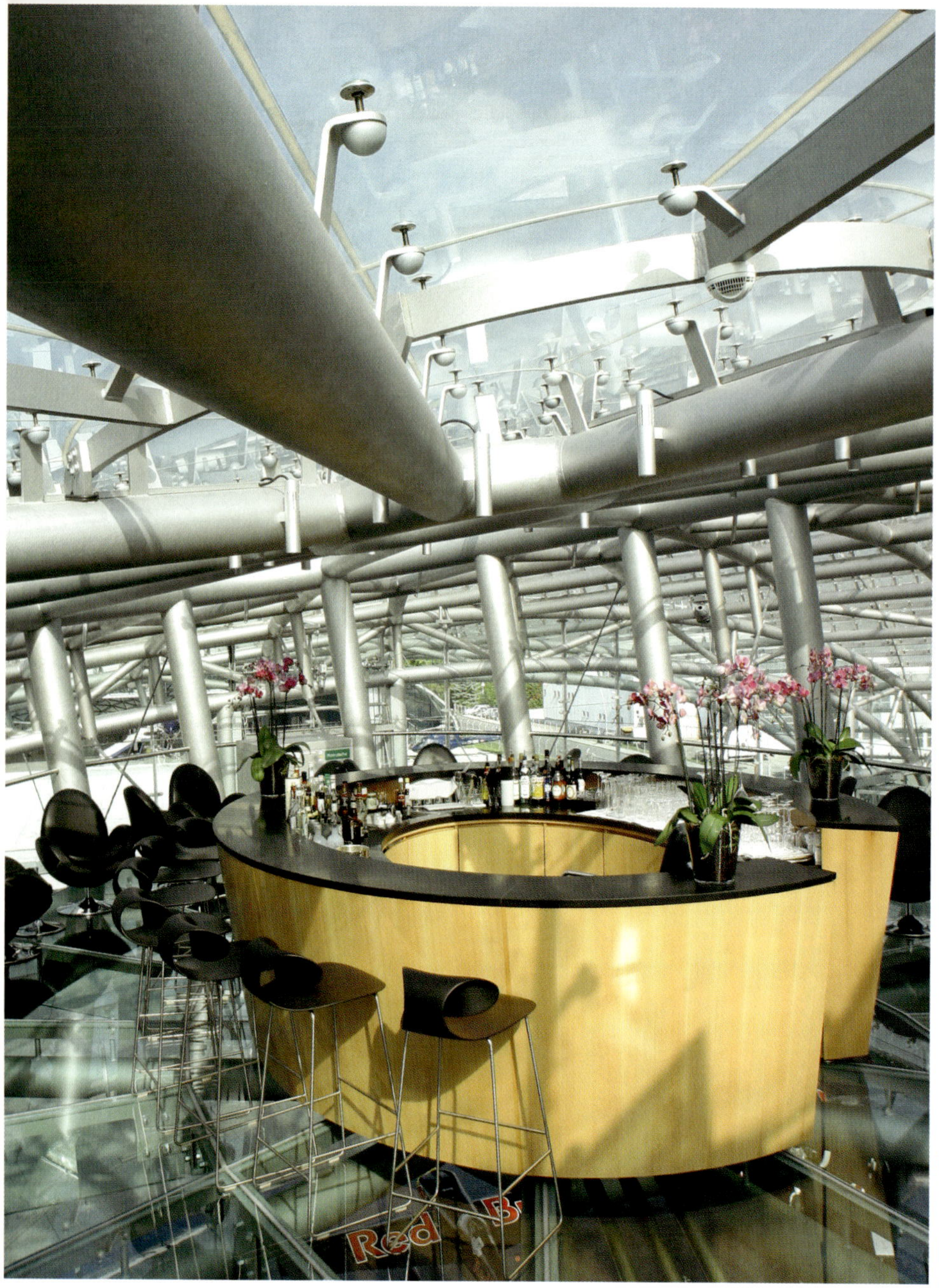

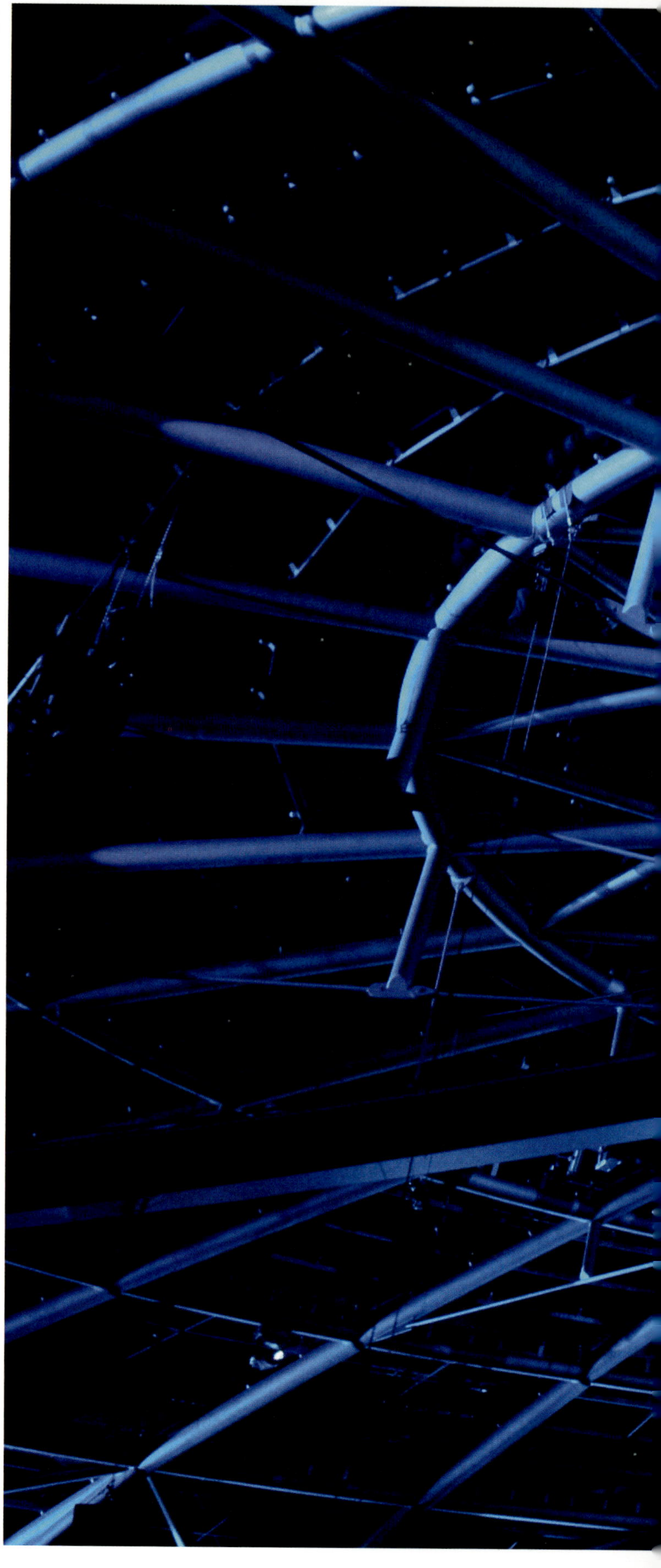

Red B

The bar, situated at a height of 15 metres,
accommodates 25 people.

Le bar, à une hauteur de 15 mètres, permet
d'accueillir 25 personnes

De bar, die gelegen is op een hoogte van 15
meter, biedt plaats aan 25 personen.

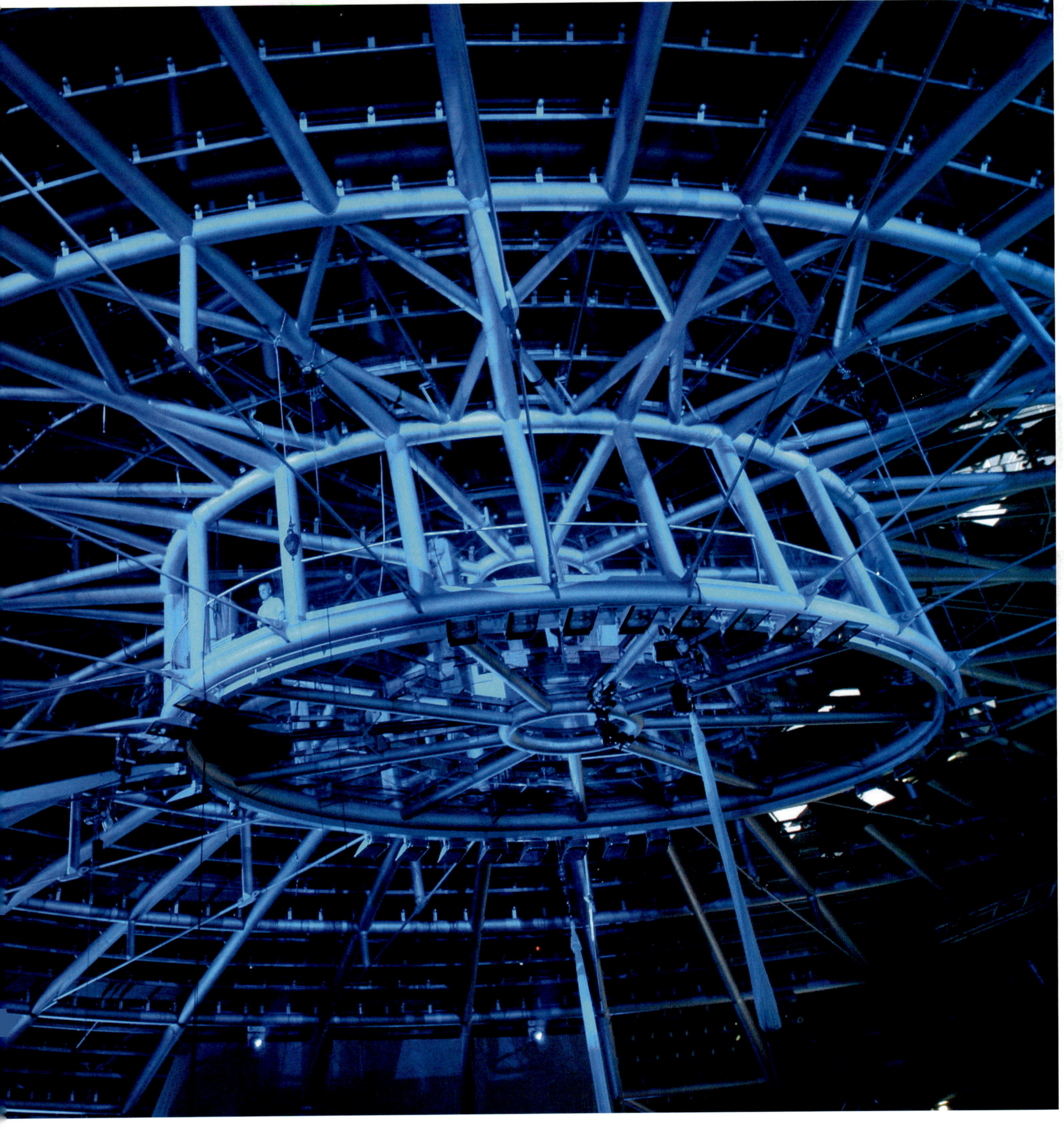

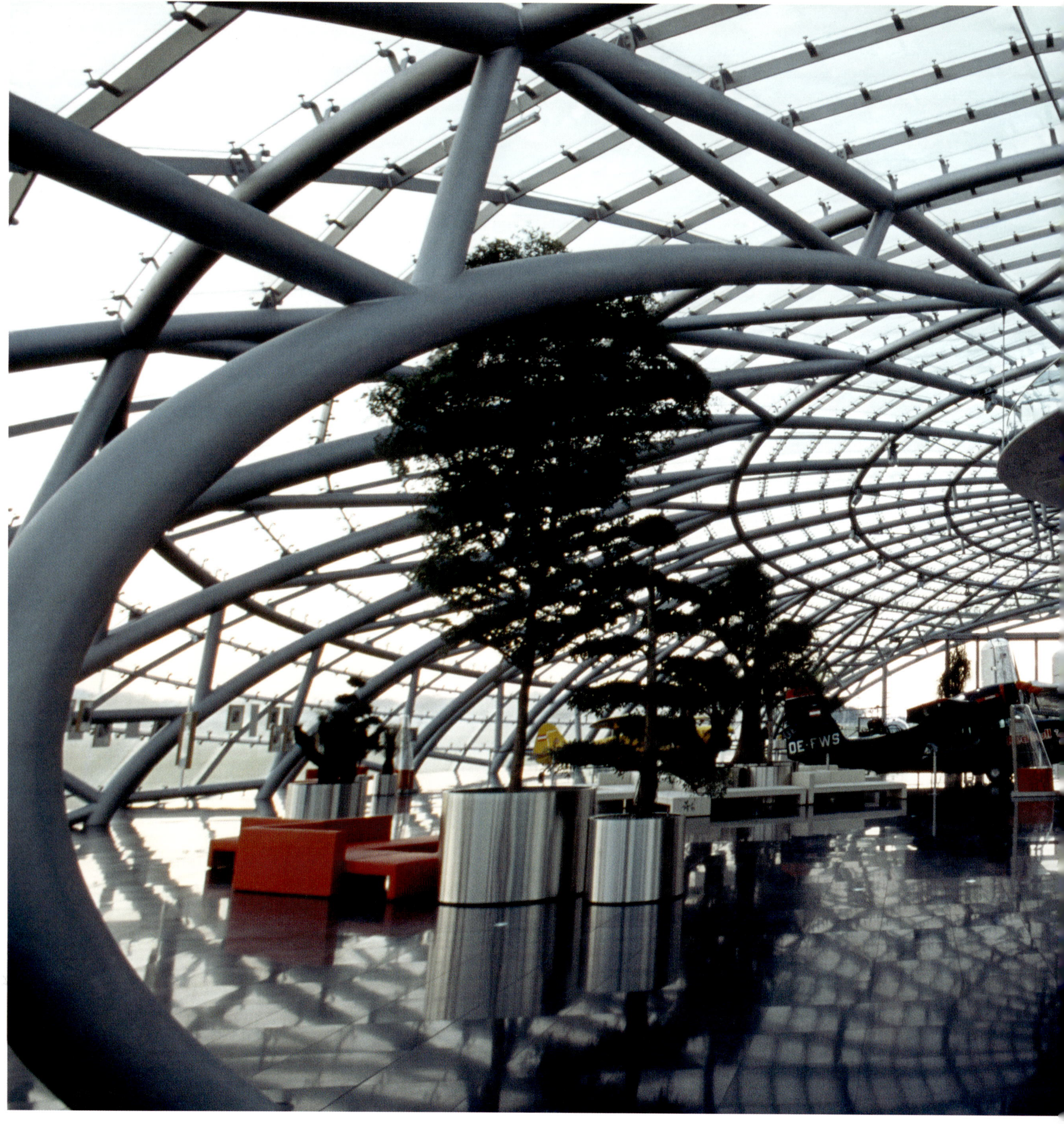

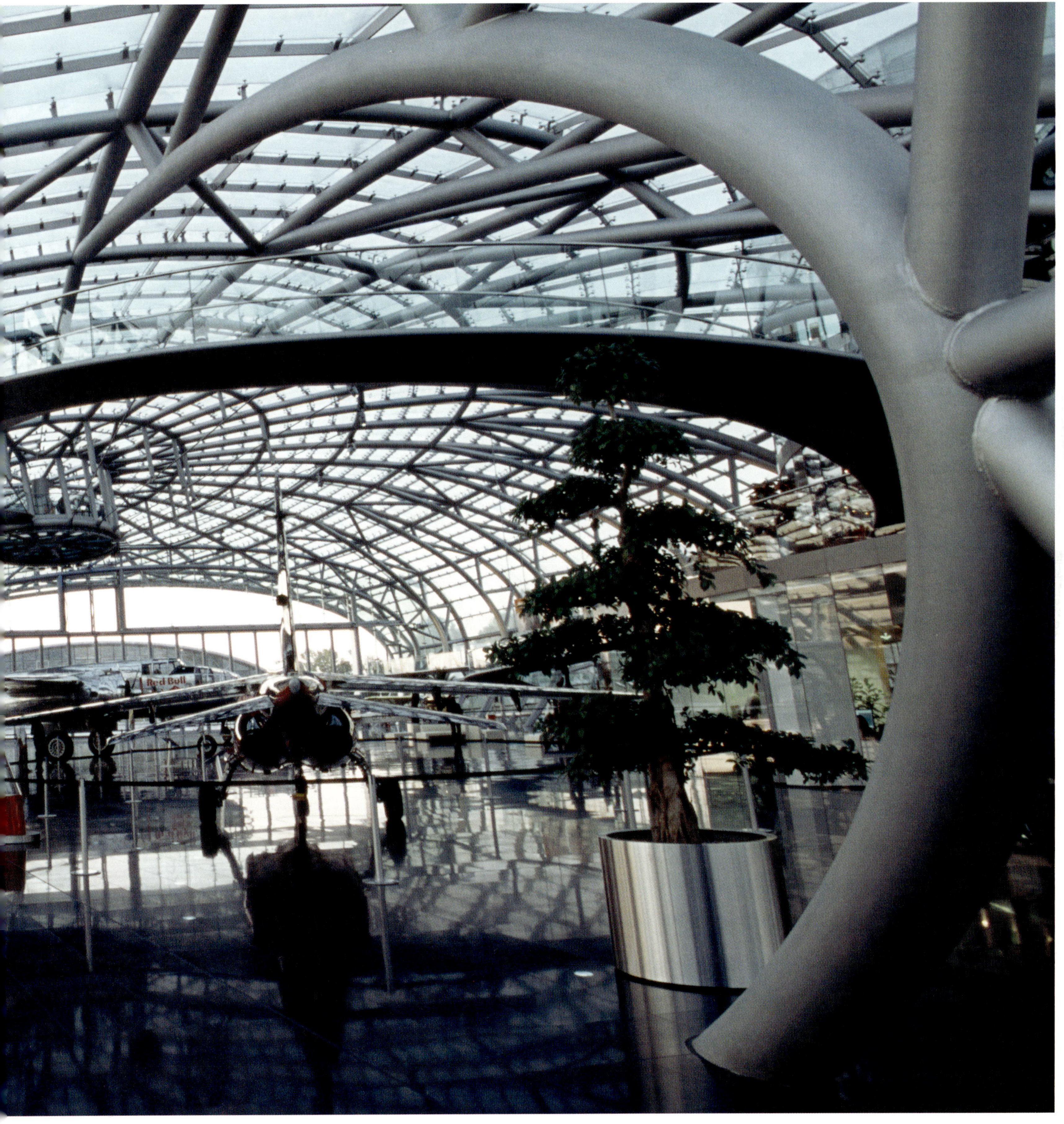

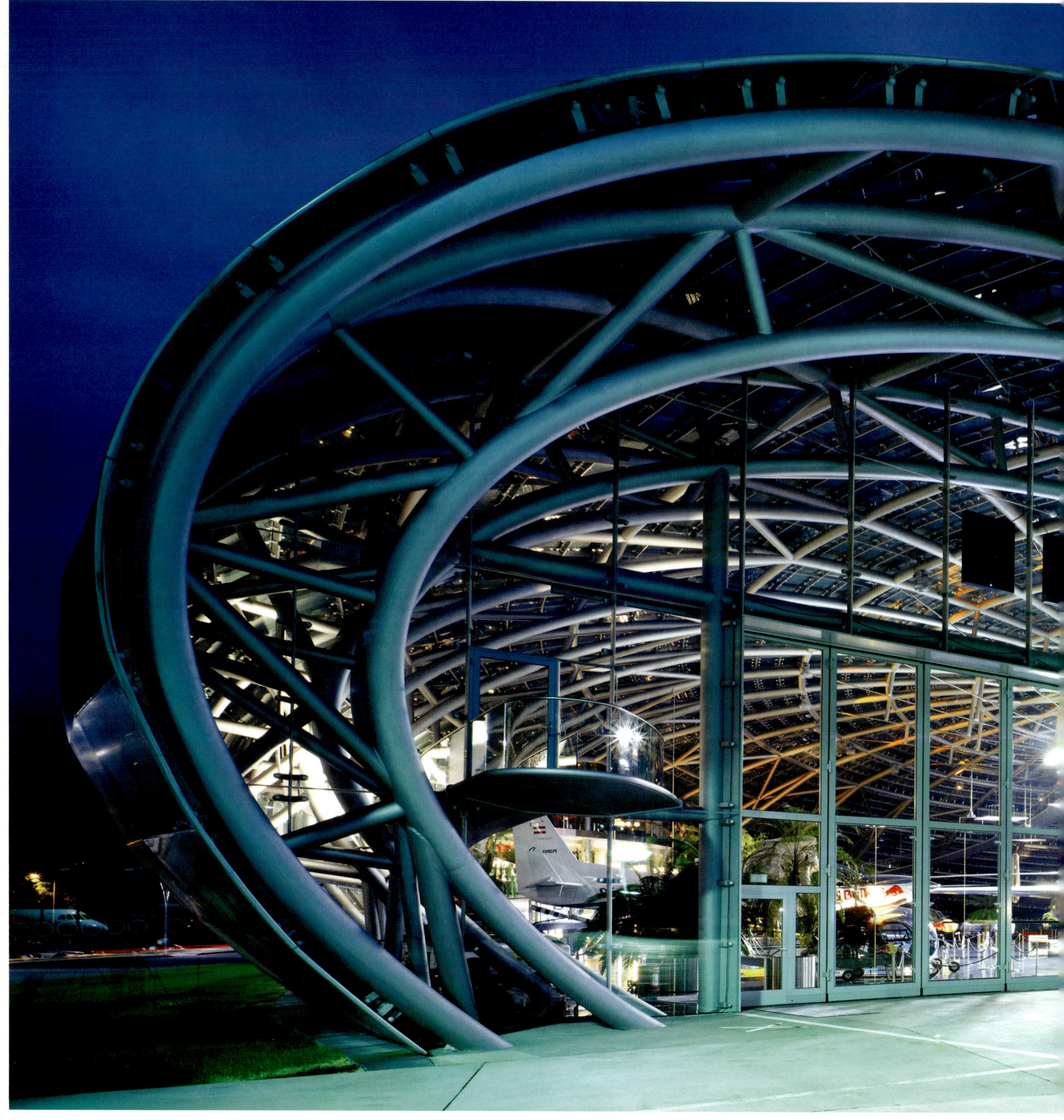

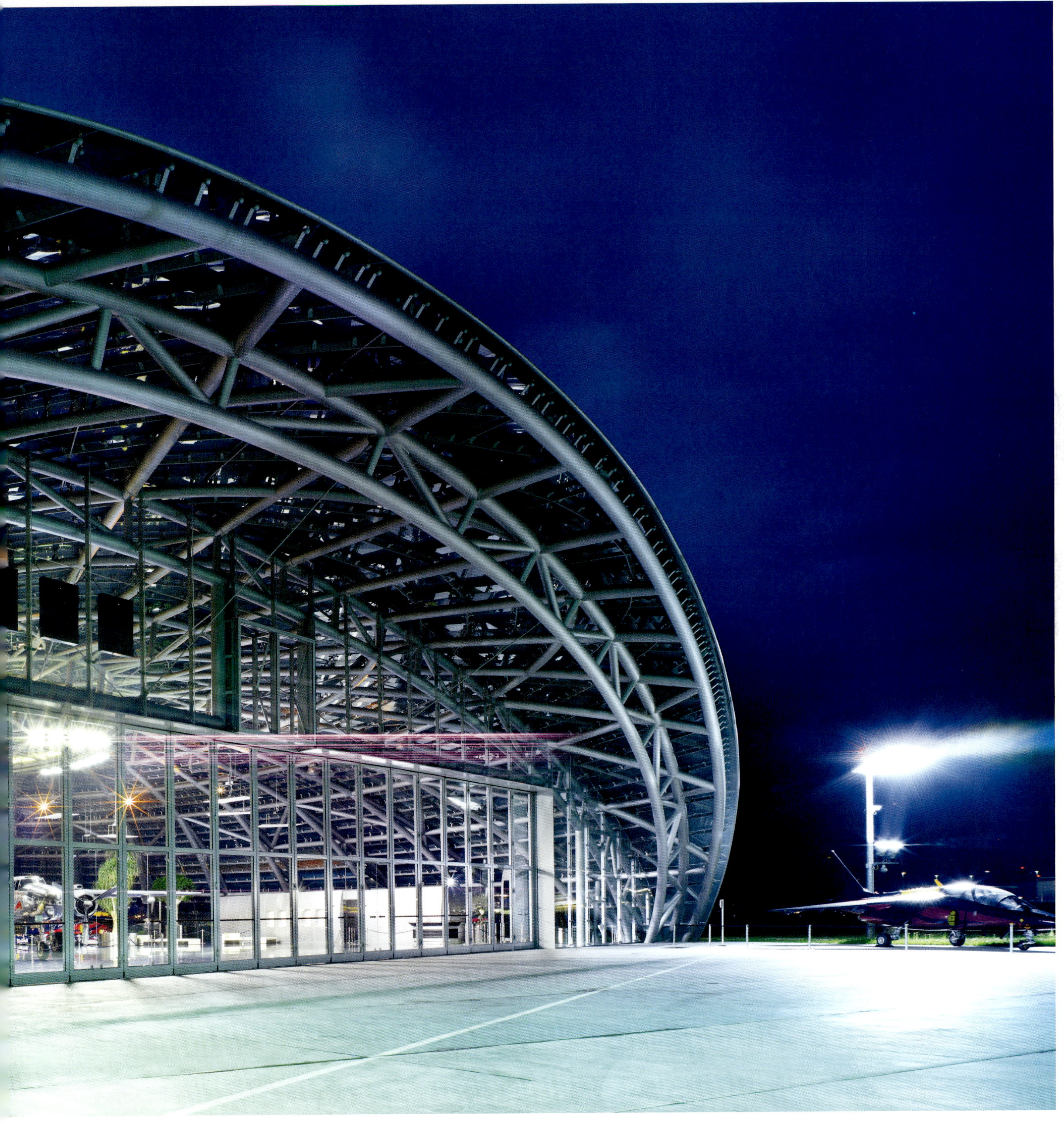

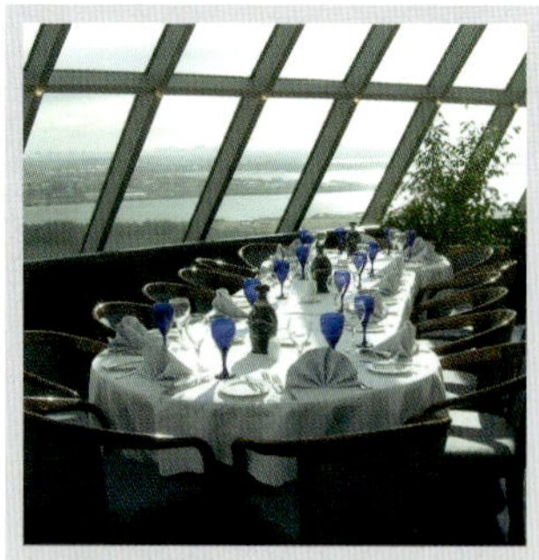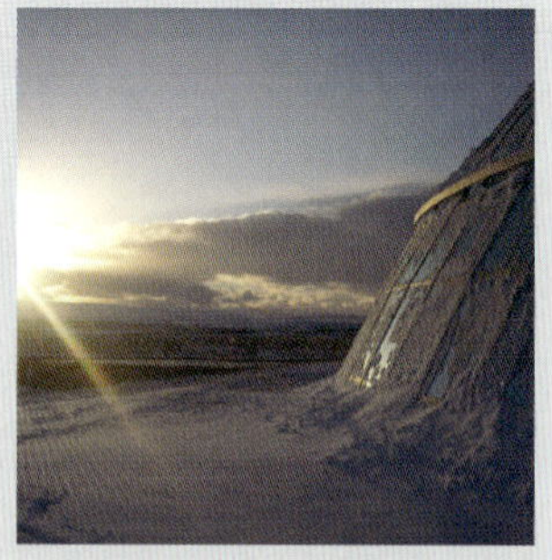

Water tank restaurant Iceland

Hot springs heaven

To dine on top of 6 aluminium-sided tanks, filled with 24 million litres of hot water, you have to be in Iceland. Perlan – 'Pearl' in Icelandic – is not only the supplier of Reykjavik's warm water, but also the most striking building and most exceptional restaurant in the city. The structure dating from 1991 cleverly makes use of geothermic heat: water with an average temperature of 85°C is pumped out of underground hot water springs through 70 holes, reaching depths of 500 metres to 3 kilometres. The whole city is provided with warm water from Öskjuhlífb-hill, which lies 61 metres above sea level. The restaurant is covered by 1,176 window panes and hot or cold water is pumped through the metal framework so that a comfortable temperature is always maintained.

Pour pouvoir dîner au sommet de ces six réservoirs, habillés d'alu, contenant 24 millions de litres d'eau chaude, il faut se rendre en Islande. Perlan – "perle" en islandais – n'est pas seulement le réservoir d'eau chaude de Reykjavik c'est aussi le bâtiment le plus extraordinaire et le restaurant le plus exceptionnel de la ville. La structure qui date de 1991 exploite de façon intelligente la géothermie : de l'eau, à la température moyenne de 85°c, est pompée des sources d'eau chaudes souterraines au moyen de 70 forages allant de 500 à 3.000 mètres de profondeur. A 61 mètres au-dessus du niveau de la mer, le site d'Öskjuhlífb approvisionne toute la ville en eau chaude. Le dôme de verre qui recouvre le restaurant compte 1.176 fenêtres. Sa structure en acier creux permet faire circuler de l'eau chaude durant l'hiver et de l'eau froide, pendant l'été, afin de conserver une température idéale toute l'année.

Dineren bovenop 6 met aluminium beklede tanks, gevuld met 24 miljoen liter heet water, daarvoor moet je in IJsland zijn. Perlan - 'Parel' in het IJslands - is niet alleen Reykjaviks warmwatervoorraad, maar ook het meest opvallende gebouw en meest uitzonderlijke restaurant van de stad. De structuur uit 1991 maakt op een slimme manier gebruik van geothermische warmte: door middel van 70 gaten, in diepte variërend van 500 meter tot 3 kilometer, wordt water van gemiddeld 85 graden Celsius uit de ondergrondse warmwaterbronnen opgepompt. Vanaf de 61 meter boven zeewaterniveau gelegen Öskjuhlífb-heuvel wordt de hele stad vervolgens van warm water voorzien. Het restaurant werd overkoepeld met behulp van 1.176 glasramen en een hol stalen gebinte waardoor in de winter warm en in de zomer koud water gepompt wordt, zodat er altijd een comfortabele temperatuur heerst.

PERLAN - Öskjuhlíð, Box 5252, 125 Reykjavík, Iceland – +354 562 0200 – perlan@perlan.is – www.perlan.is

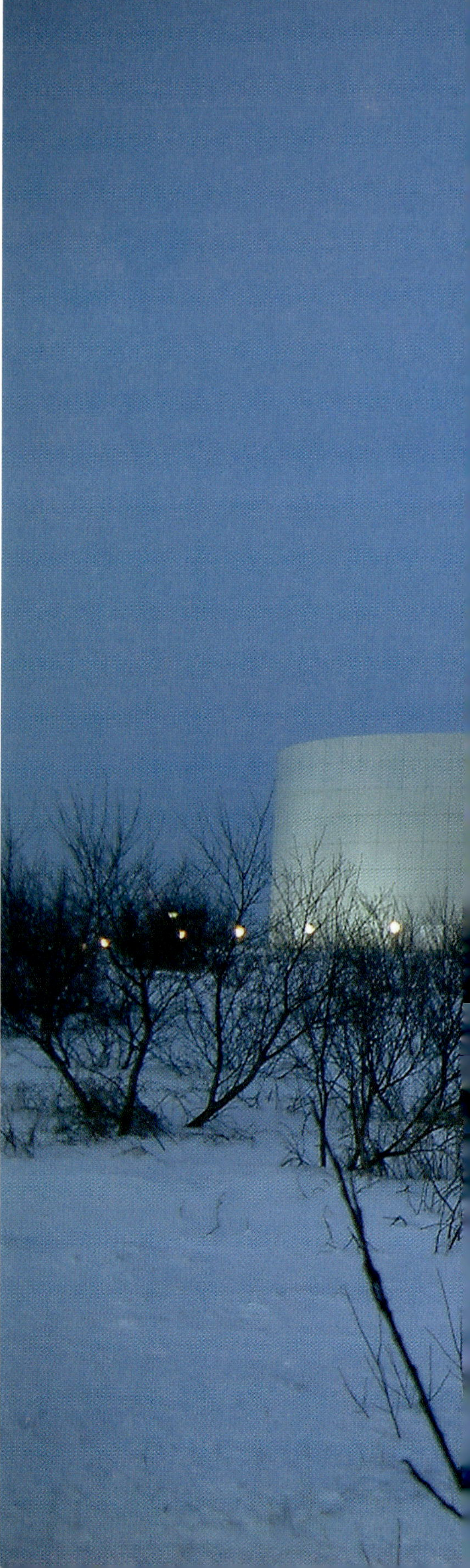

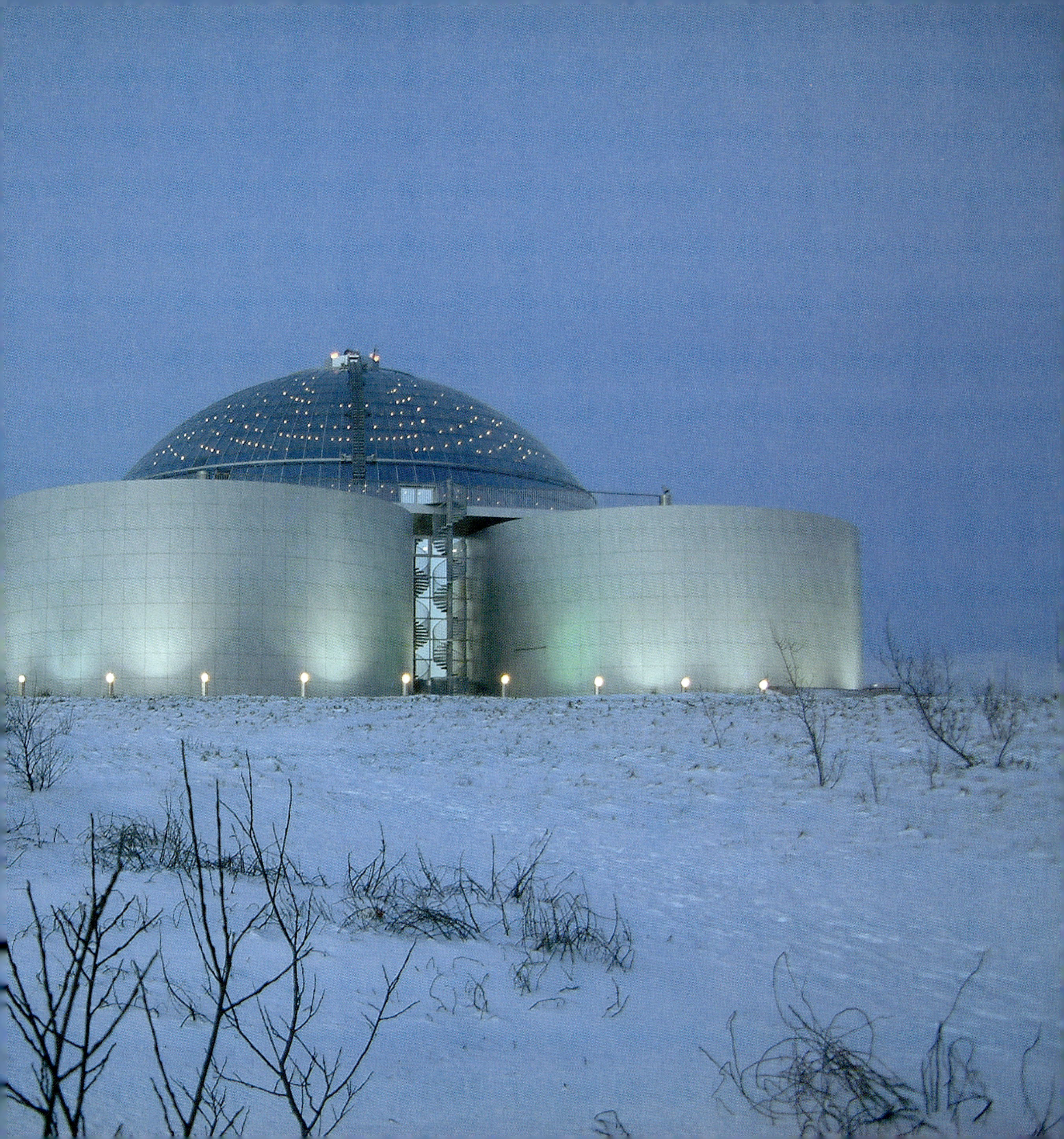

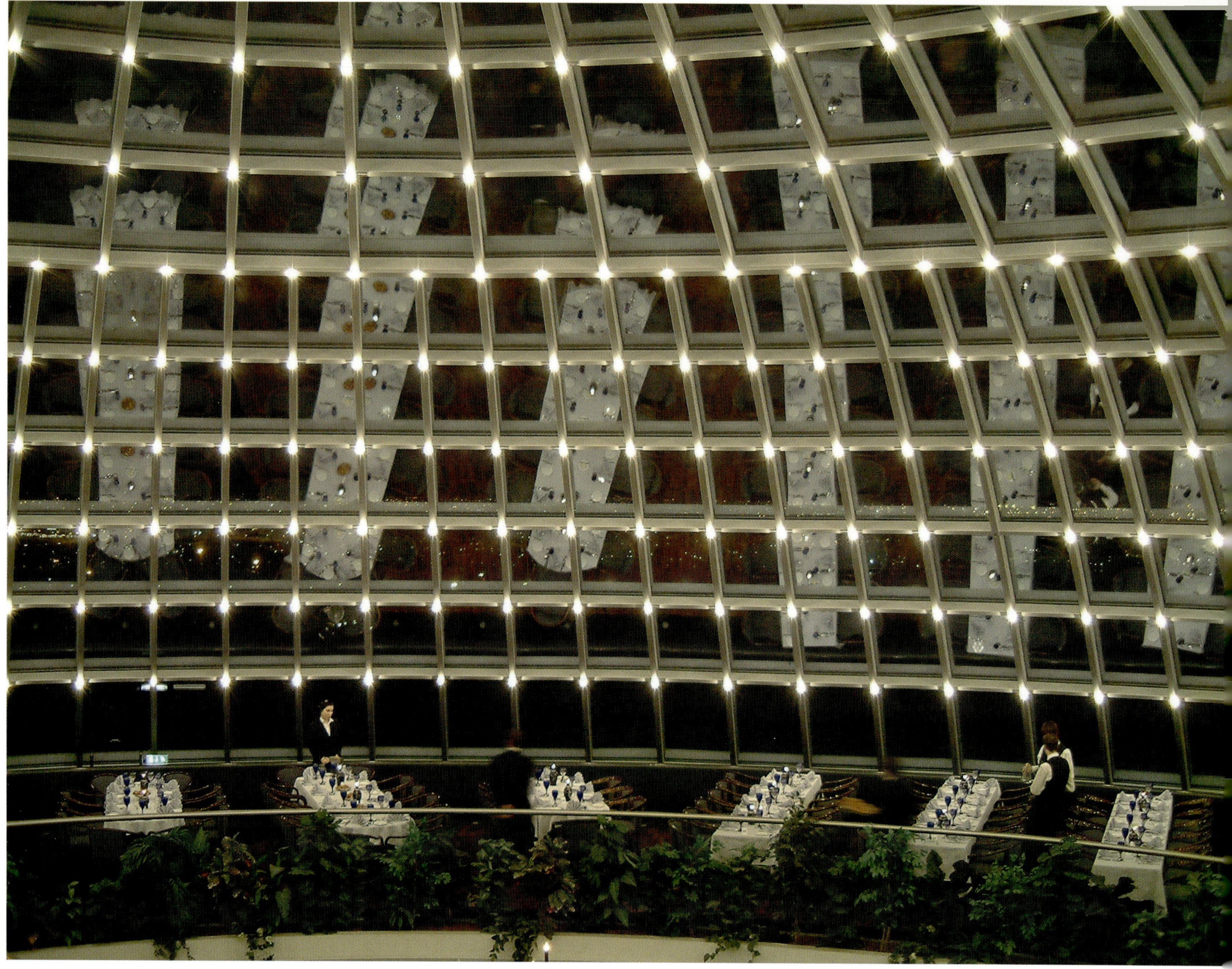

You can enjoy outstanding cuisine and a panoramic view: the restaurant takes 2 hours to revolve 360° on its axis.

Vous pouvez profiter d'une excellente cuisine et d'une vue panoramique : le restaurant tourne entièrement sur son axe, en deux heures.

In het restaurant kan je genieten van een uitstekende keuken en een panoramisch uitzicht: de zaak draait in 2 uur tijd volledig rond haar as.

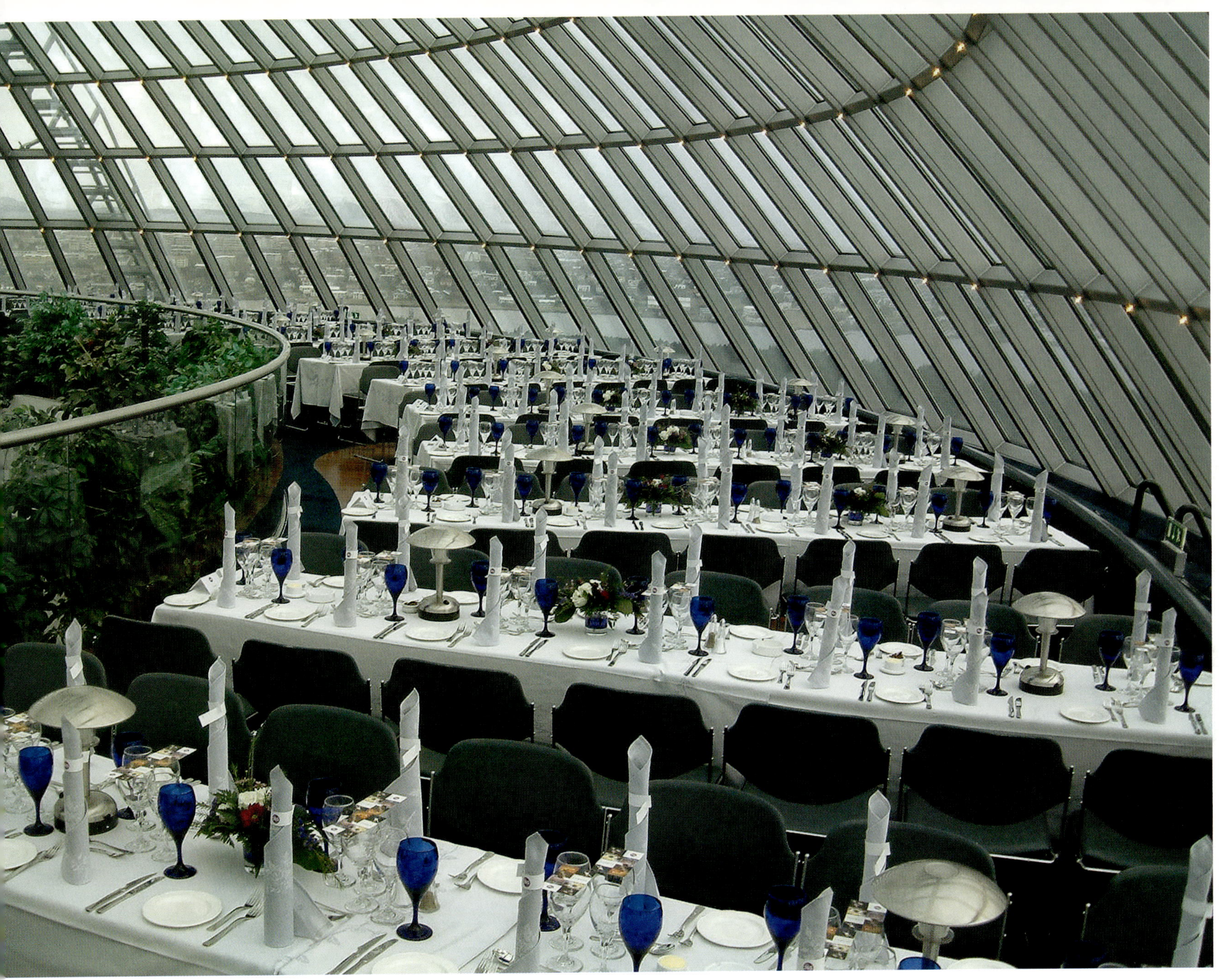

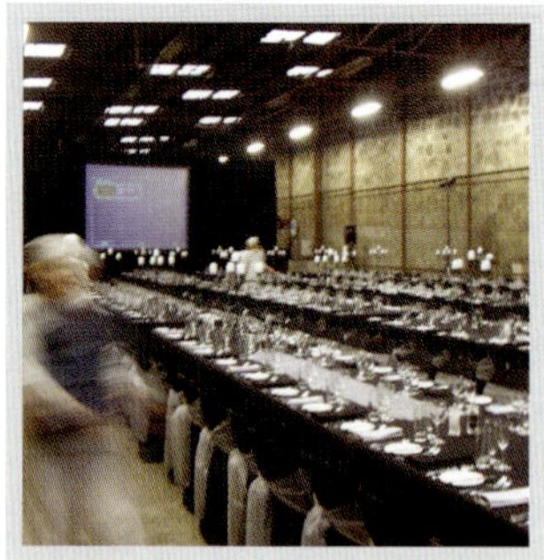 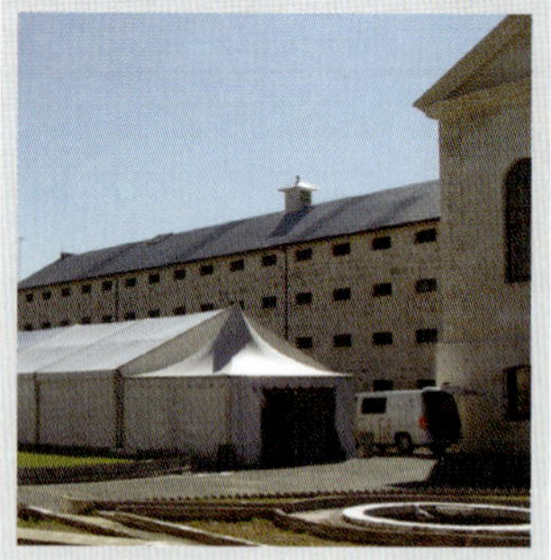

Prison Australia

Jailhouse rock

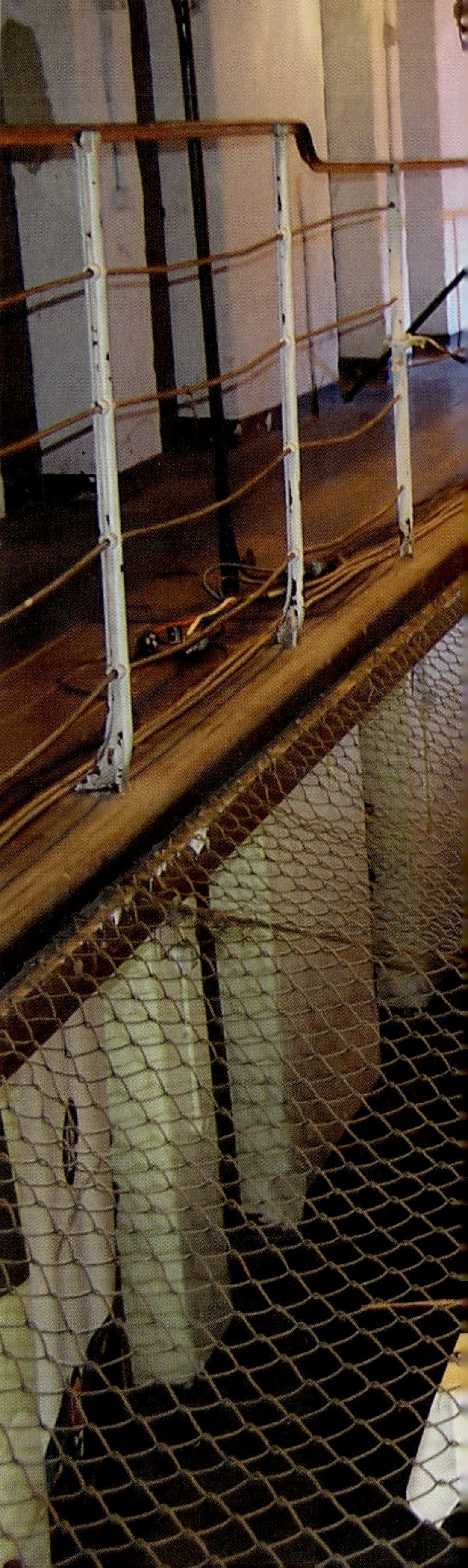

Fremantle Prison, one of Australia's most fascinating cultural heritage sites, is literally a 'captivating' location for parties. The site was built in 1850 by means of convict labour and served as a penitentiary for almost 140 years until it was turned into a museum in 1991. The 60,000 m² terrain is walled and consists of a main building, a gatehouse, some small outbuildings, 2 chapels (protestant and catholic) and an extended system of underground tunnels. For gatherings with a maximum of 500 guests, you can take over dramatic spaces such as the Main Cell Block, the exercise yards and even several stylish underground rooms. A Jailhouse Rock party, an ironic wedding ceremony, a dinner where all the guests dress as convicts and are served by actors in prison guard uniforms... the possibilities are endless.

Fremantle Prison, l'un des vestiges les plus extraordinaires du patrimoine culturel de l'Australie, est au propre comme au figuré un lieu "captivant" pour des festivités. Le complexe a été construit en 1850 par des forçats et servit de pénitencier pendant près de 140 ans avant d'être converti en musée, en 1991. Le terrain d'une superficie de 60.000 m² est emmuraillé et comprend un bâtiment principal, une porte monumentale, quelques bâtiments annexes, 2 chapelles (l'une protestante, l'autre catholique) et un vaste réseau de galeries souterraines. Pour des réunions allant jusqu'à 500 personnes, vous pouvez occuper ici des espaces aussi impressionnants que le bloc principal des cellules, le préau et même quelques pièces souterraines qui ne manquent pas d'allure. Une soirée rock Jailhouse, une bénédiction de mariage pleine de sous-entendu, un dîner pour lequel vos invités endosseront des habits de bagnards et seront accueillis par des acteurs en tenues de gardiens... les possibilités sont sans fin.

Fremantle Prison, één van Australiës meest fascinerende stukjes cultureel erfgoed, is letterlijk en figuurlijk een "boeiende" locatie voor feesten. De site werd in 1850 gebouwd door dwangarbeiders en deed bijna 140 jaar lang dienst als strafinrichting tot ze in 1991 omgeturnd werd tot museum. Het 60.000 m² grote terrein is ommuurd en bevat een hoofdgebouw, een poortgebouw, enkele kleine bijgebouwen, 2 kapellen (een protestantse en een katholieke) en een uitgebreid ondergronds tunnelsysteem. Voor bijeenkomsten met maximum 500 gasten kan je hier dramatische ruimtes inpalmen zoals het hoofdcelblok, de luchtplaats en zelfs enkele stijlvolle ondergrondse kamers. Een Jailhouse Rock-fuif, een huwelijksinzegening met een knipoog, een diner waarbij al je gasten uitgedost worden in gevangeniskleren en ontvangen worden door acteurs in cipieroutfits... de mogelijkheden zijn eindeloos.

FREMANTLE PRISON – 1 THE TERRACE, FREMANTLE, WA 6160, AUSTRALIA - +61 8 9336 9200 - INFO@FREMANTLEPRISON.COM.AU - WWW.FREMANTLEPRISON.COM.AU

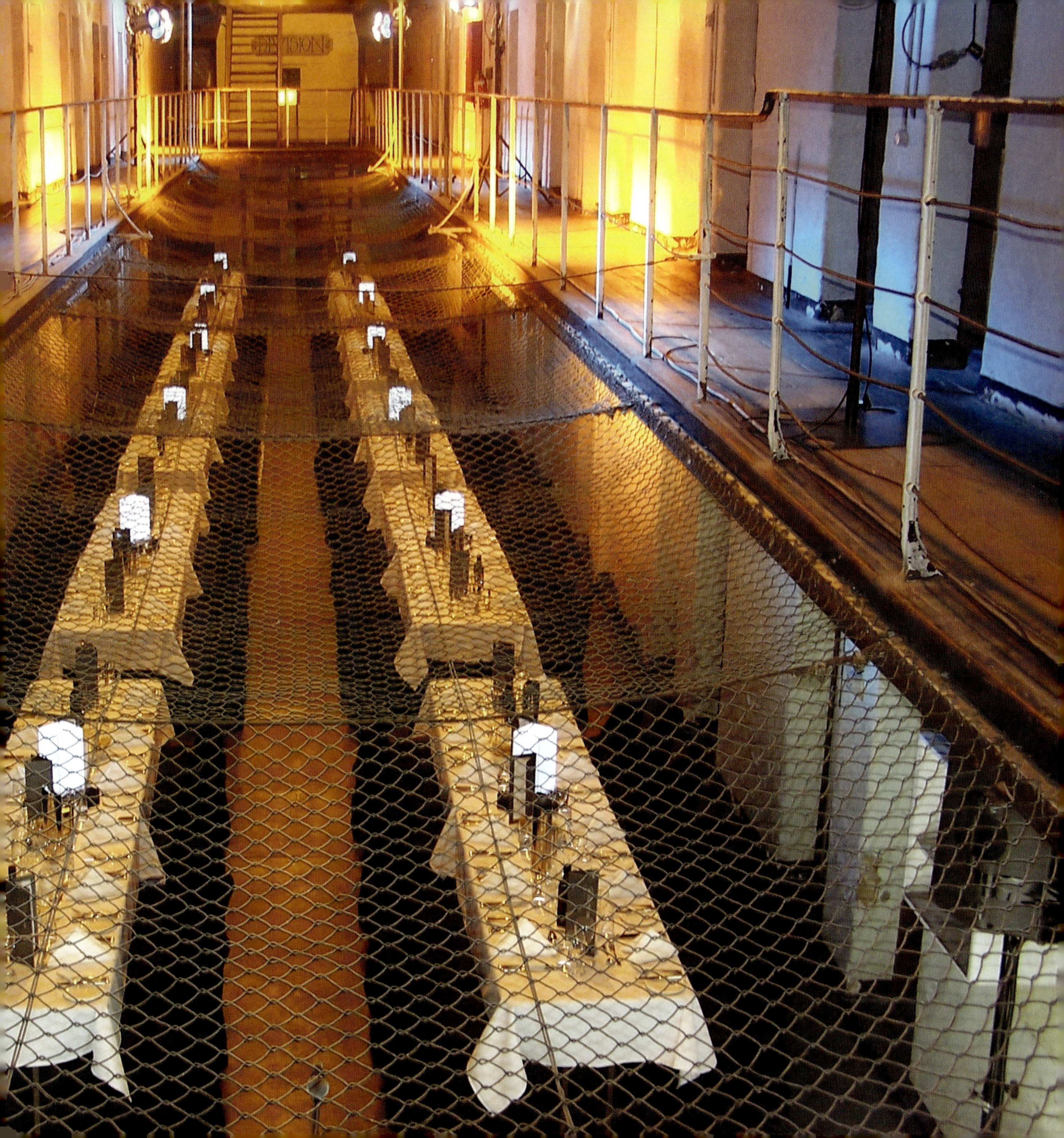

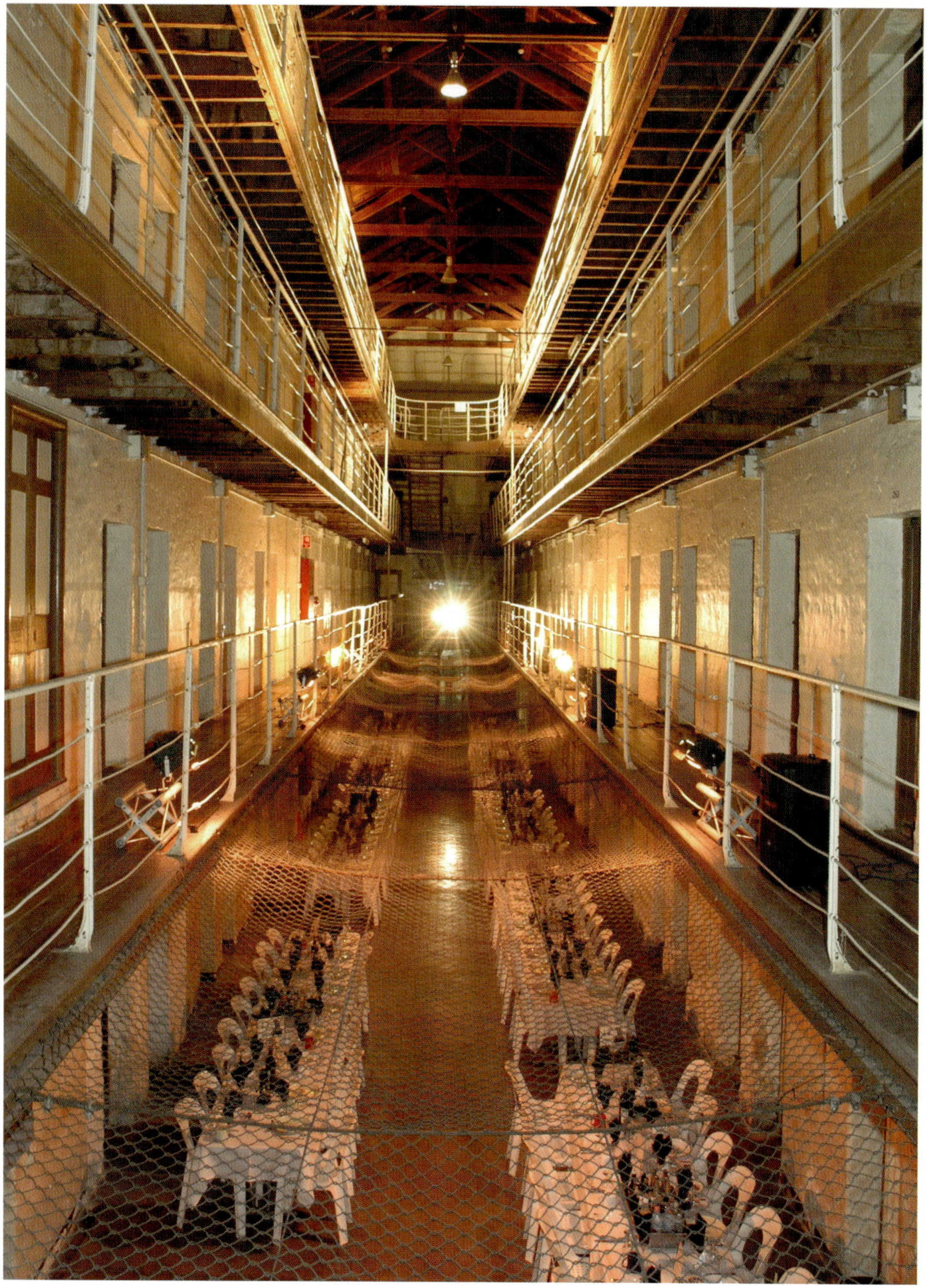

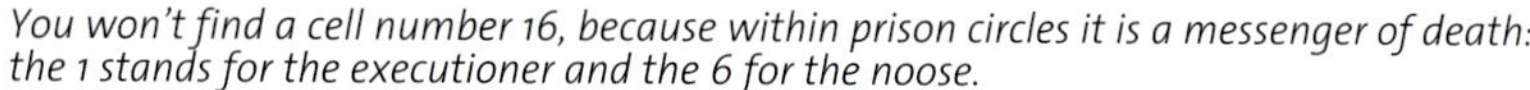

You won't find a cell number 16, because within prison circles it is a messenger of death:
the 1 stands for the executioner and the 6 for the noose.

*Vous n'entrerez jamais dans la cellule numéro 16 car ce chiffre est censé porter
malheur en milieu carcéral : le '1' signifiant le bourreau, le '6', la corde de la potence.*

*Cel nummer 16 zal je nergens aantreffen, aangezien het een ongeluksgetal is in
gevangenismiddens: de '1' staat voor de beul, de '6' voor de strop.*

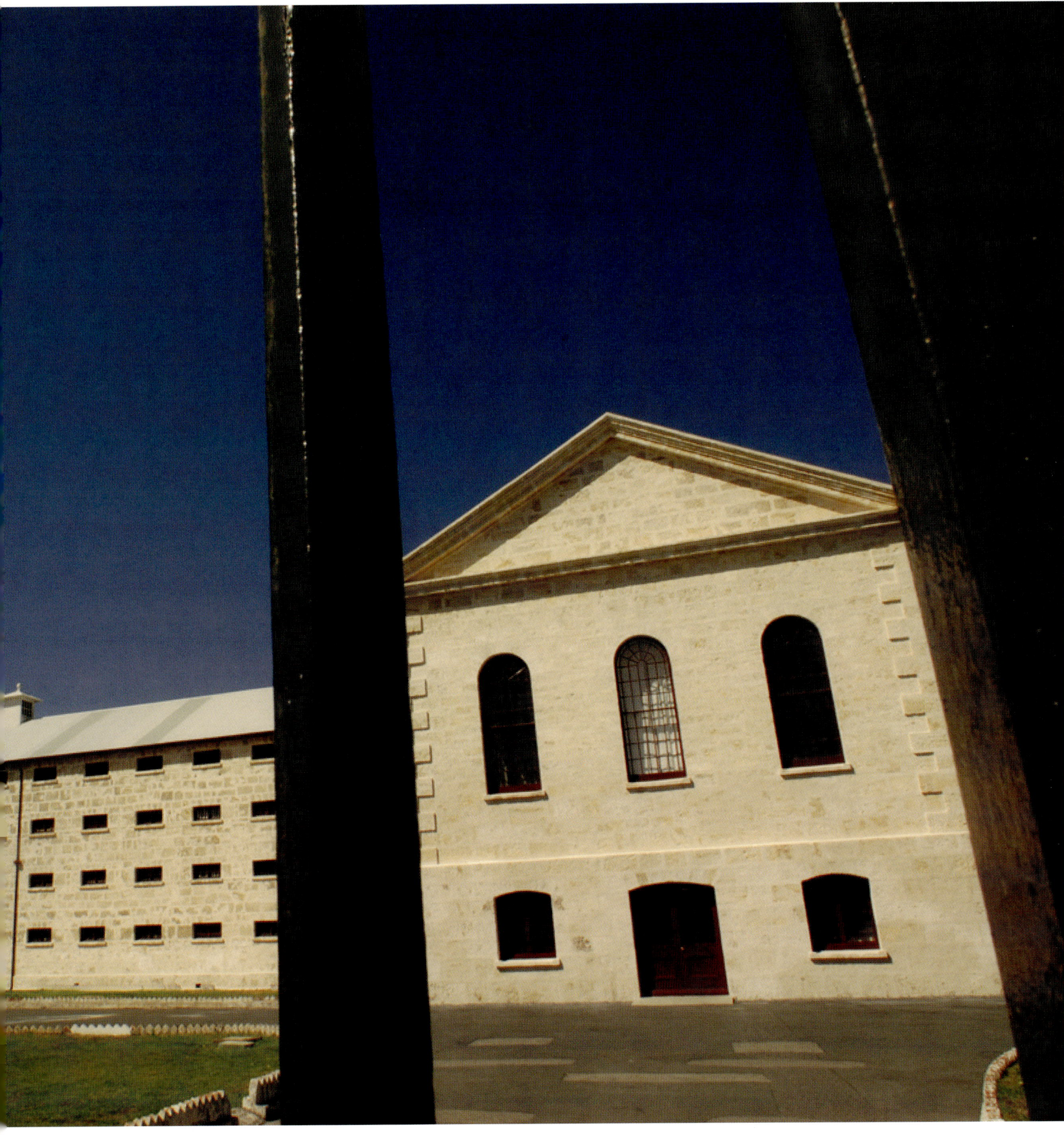

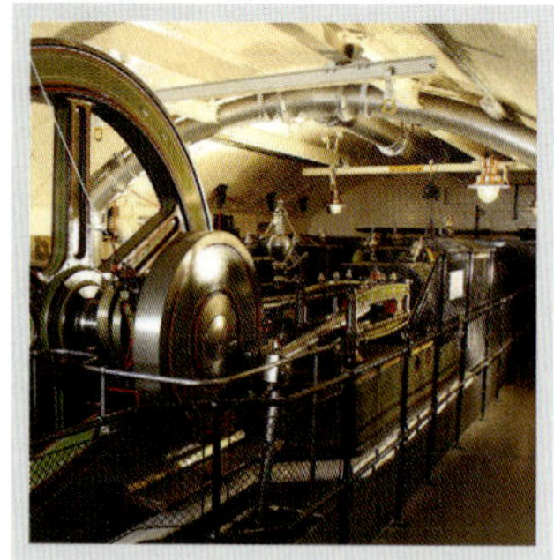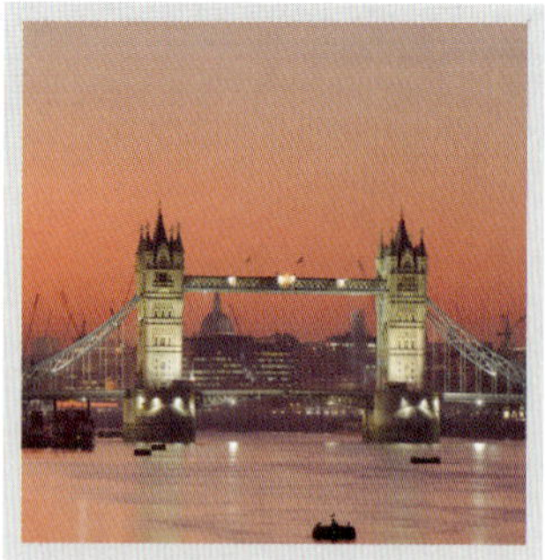

Tower Bridge ^{UK}

Under the bridge

Tower Bridge is not only one of the most recognisable sights in London and one of the most beautiful bridges in the world, it also houses 4 unusual spaces for events. The 45 metre high panoramic Walkways are a magical location for receptions and dinners, and the Victorian Engine Rooms house gigantic machines that are perfect for exceptional events. The Bridge Master's Dining Room in the southern bridgehead provides a space for intimate dinners, meetings and cocktail parties, while the hip North Tower Lounge is a pleasant place for memorable receptions. Nowhere else in London do you have a better view of the metamorphosis that takes place when the vibrant nightlife takes over at sunset or when the city wakes at dawn's first light.

Tower Bridge n'est pas seulement l'une des vues les plus reconnaissables de Londres et l'un des plus beaux ponts du monde, il abrite aussi 4 espaces pour des évènements hors du commun. C'est ainsi que les passerelles pour piétons, à 45 mètres de haut, sont un endroit magique pour les réceptions tandis que les salles des machines de l'époque victorienne renferment des engins gigantesques qui forment un parfait décor pour des évènements d'exception. La salle à manger toujours intacte du gardien dans la tête sud du pont permet des dîners intimes, des réunions, des cocktails tandis que le salon branché, dans la tour nord, offre un espace confortable à des réceptions qui font date. Nulle part ailleurs dans Londres vous ne pourrez mieux voir la métamorphose qui s'opère lorsque la vie nocturne s'installe après le coucher du soleil, ou au contraire lorsque la ville s'éveille aux premières lueurs du jour.

Tower Bridge is niet alleen een van de meest herkenbare zichten van Londen en een van de mooiste bruggen ter wereld, ze biedt bovendien onderdak aan 4 ongewone evenementenruimtes. Zo zijn de voetgangersbruggen op 45 meter hoogte een magische locatie voor recepties en dinertjes, en herbergen de Victoriaanse machinekamers gigantische machines die het perfecte decor vormen voor uitzonderlijke evenementen. De traditionele eetkamer van de brugwachter in het zuidelijke bruggenhoofd biedt ruimte voor intieme diners, vergaderingen en cocktailparty's, terwijl de hippe lounge in de noordelijke toren een comfortabele ruimte vormt voor spraakmakende recepties. Nergens anders in Londen heb je een beter zicht op de metamorfose die plaatsvindt als het nachtleven op gang komt bij zonsondergang of als de stad wakker wordt bij het eerste ochtendgloren.

TOWER BRIDGE – Tower Bridge Road, London, SE1 2UP, United Kingdom - +44 207 407 9222 - enquiries@towerbridge.org.uk - www.towerbridge.org.uk

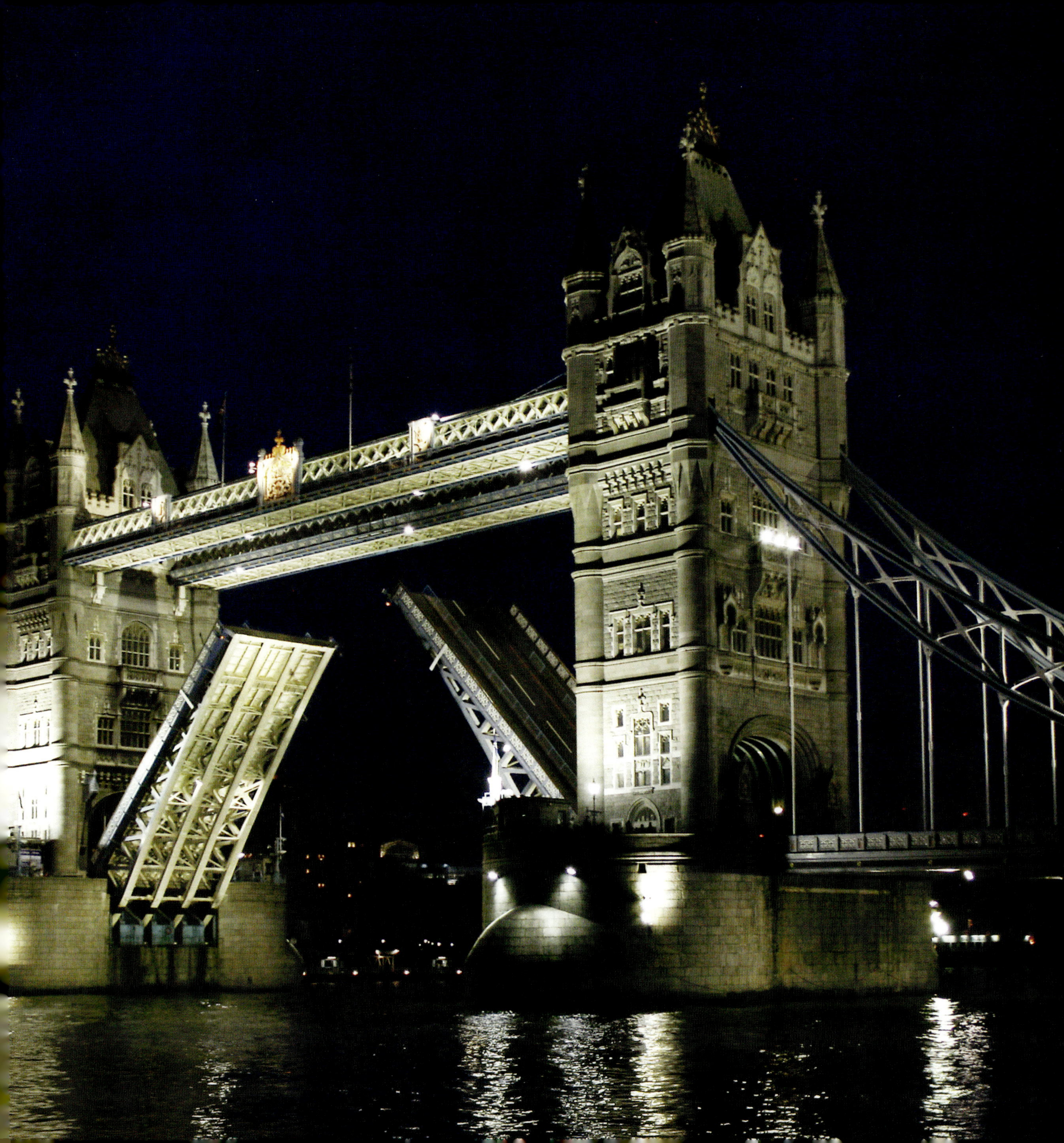

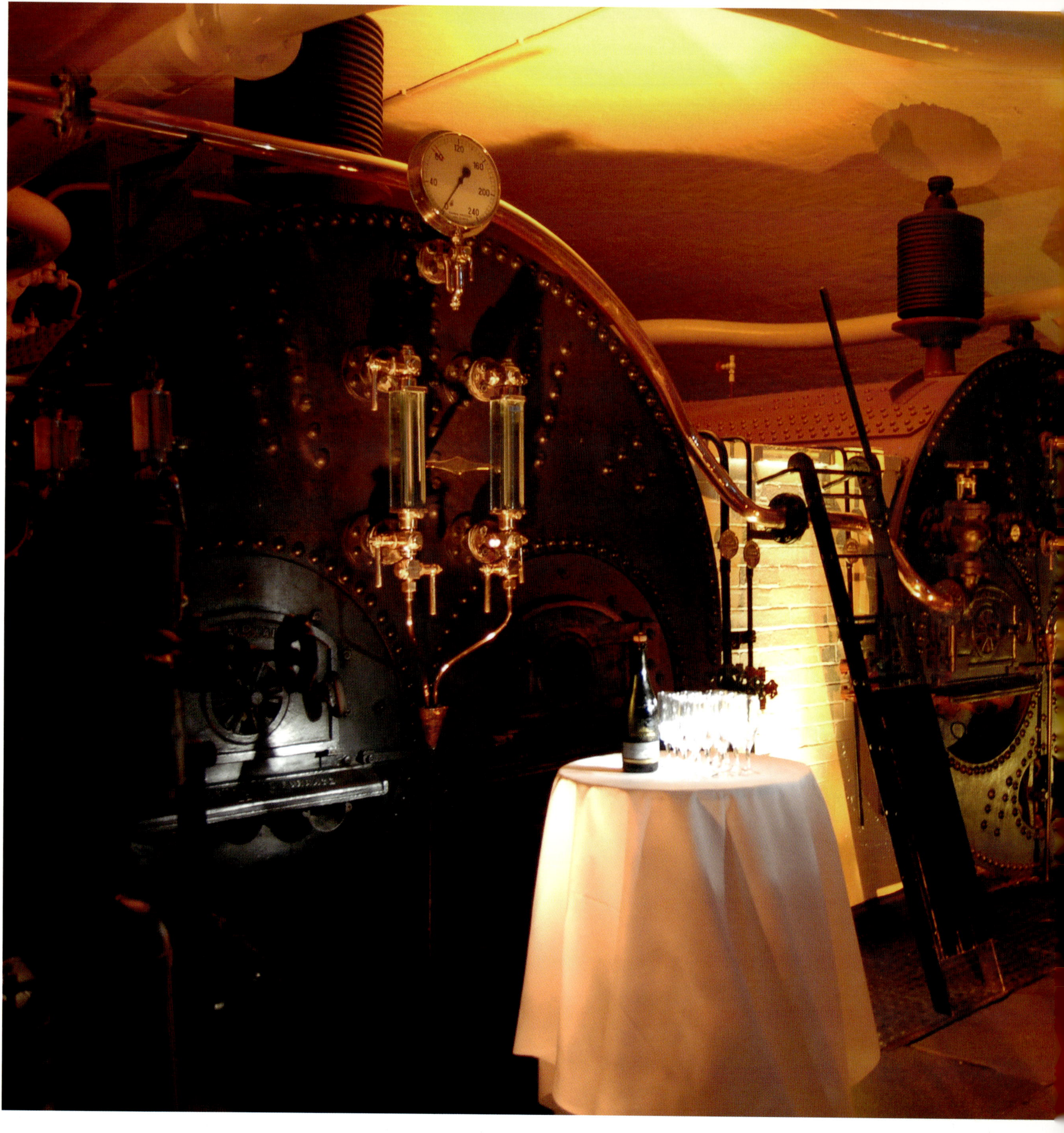

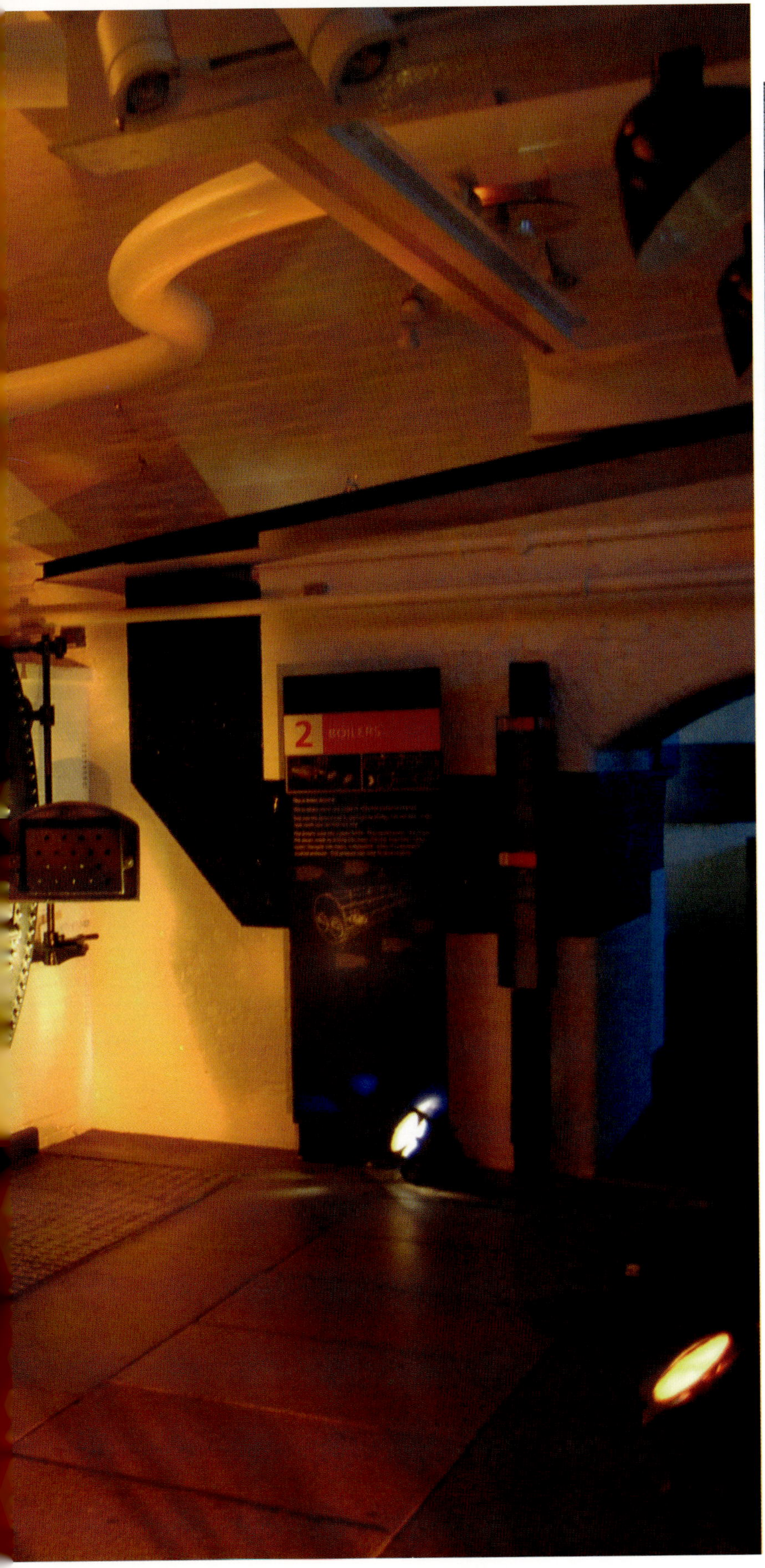

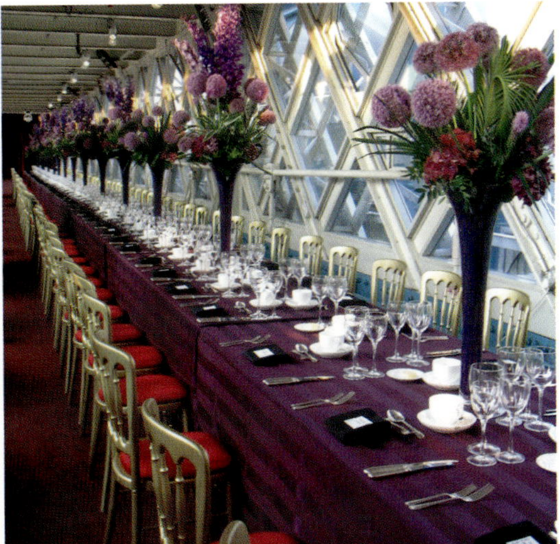

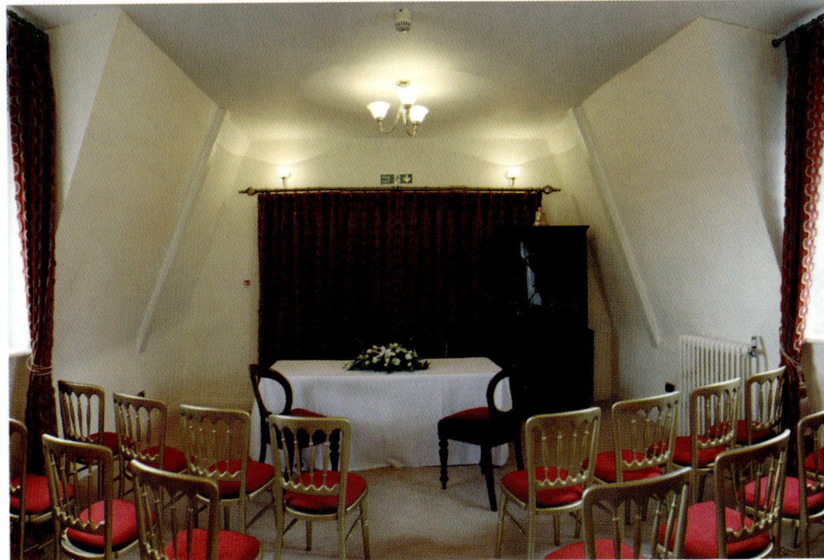

The bridge, which has towered over the Thames since 1894, is opened about 1,000 times each year to allow large ships to pass.

Le pont, qui depuis 1894 se dresse au-dessus de la Tamise, s'ouvre environ 1.000 fois par an pour permettre le passage de grands bateaux.

De brug, die al sinds 1894 uittorent boven de Theems, wordt gemiddeld 1.000 keer per jaar geopend om grote vaartuigen doorgang te verlenen.

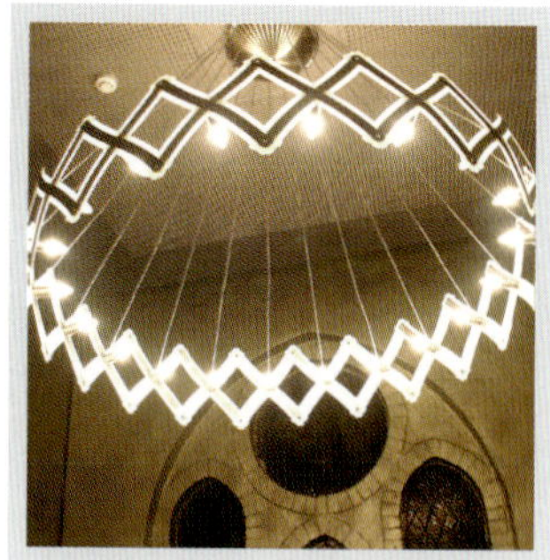 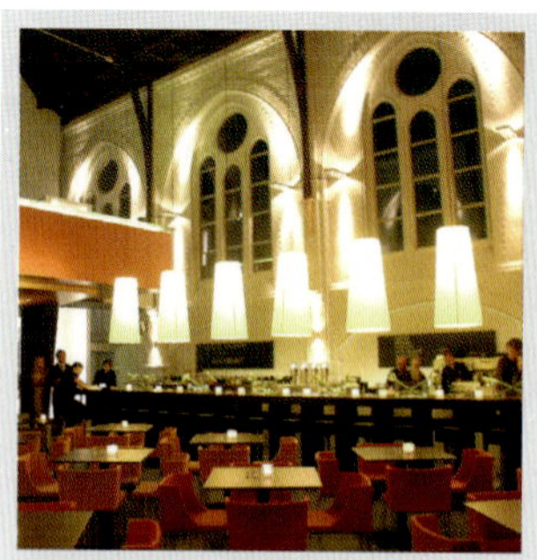

Church restaurant

Germany

Soul food

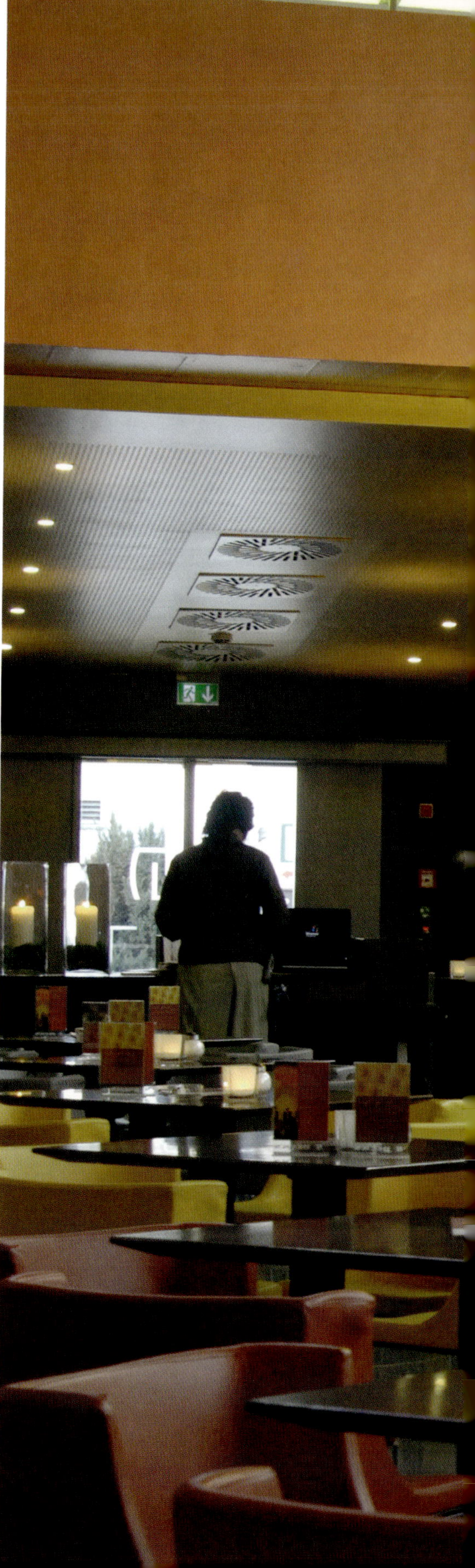

Restaurant-bistro-lounge Glück und Seligkeit is located in the former Martini Church in Bielefeld. This neo-gothic church built in 1897 was ready for demolition in 2005 when the German restaurateur Achim Folka came up with the idea of lovingly converting it into a stylish restaurant and lounge. The bistro was accommodated in the nave and altar, while the higher level of the aisles is occupied by the restaurant. Those who would like to enjoy a cocktail before or after their meal can do so in the lounge in the organ room, from where you also have the best view over the restaurant. The whole building can accommodate 350 guests and the large terrace with a play area can seat another 320 people. The type of people who frequent the place is extremely varied: from parents with their children to business men and students, the trendy crowd and young at heart senior citizens.

Le restaurant lounge Glück und Seligkeit se situe dans l'ancienne église Martini, à Bielefeld. Cette église néogothique de 1897 était sur le point d'être démolie en 2005, lorsque le restaurateur allemand Achim Folka la transforma amoureusement en un restaurant lounge. Le bistrot occupe la nef centrale et l'autel, tandis que les allées surélevées abritent le restaurant. Pour un cocktail avant ou après le repas, le lounge, installé en lieu et place de l'orgue, offre la meilleure vue du restaurant. La structure peut accueillir 350 convives. La grande terrasse et son jardin de jeux, 320 personnes de plus. Le public est varié : familles, hommes d'affaires ou étudiants, *trendy people* et jeunes retraités.

Restaurant-bistro-lounge Glück und Seligkeit is gevestigd in de voormalige Martinikerk in Bielefeld. Deze neogotische kerk uit 1897 was klaar voor de sloop toen de Duitse restaurateur Achim Folka in 2005 op het idee kwam ze op liefdevolle wijze te verbouwen tot sfeervol restaurant met lounge. De bistro werd ondergebracht in het middenschip en de altaarruimte, terwijl de hoger gelegen zijbeuken ingenomen worden door het restaurant. Wie voor of na het eten graag een cocktail nuttigt, kan terecht in de lounge in de orgelruimte, van waaruit je ook het beste zicht over de zaak hebt. De hele structuur kan 350 gasten herbergen, en het grote terras met speeltuin biedt plaats aan nog eens 320 personen. Het publiek dat de zaak bezoekt is zeer gevarieerd: van ouders met kinderen over zakenlui tot studenten, trendy people en jonge senioren.

RESTAURANT - BISTRO – LOUNGE GLÜCK UND SELIGKEIT · Artur-Ladebeck-Strasse 57, 33617 Bielefeld, Germany – +49 521 557 65 00 – info@glueckundseligkeit.de – www.glueckundseligkeit.de

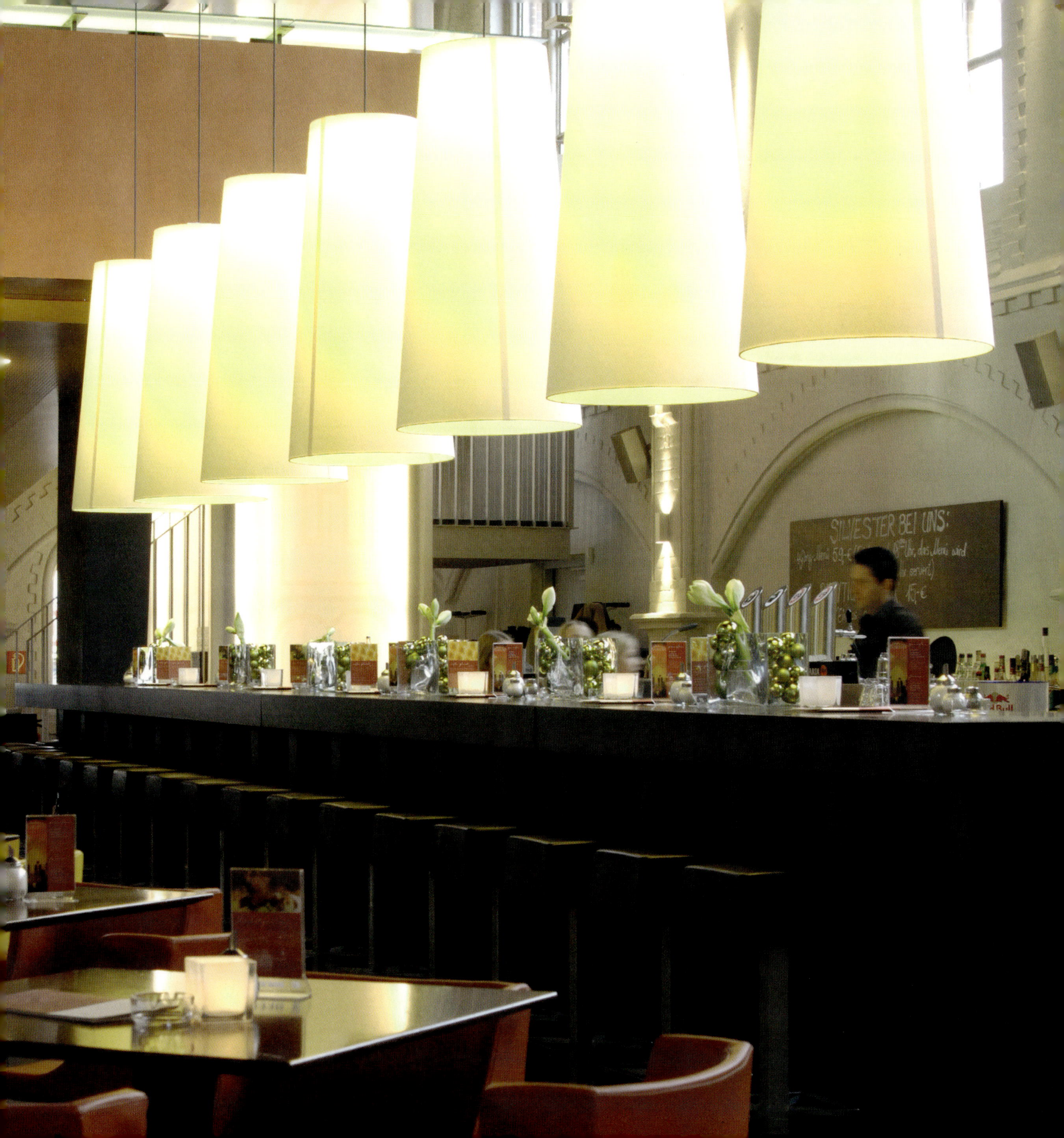

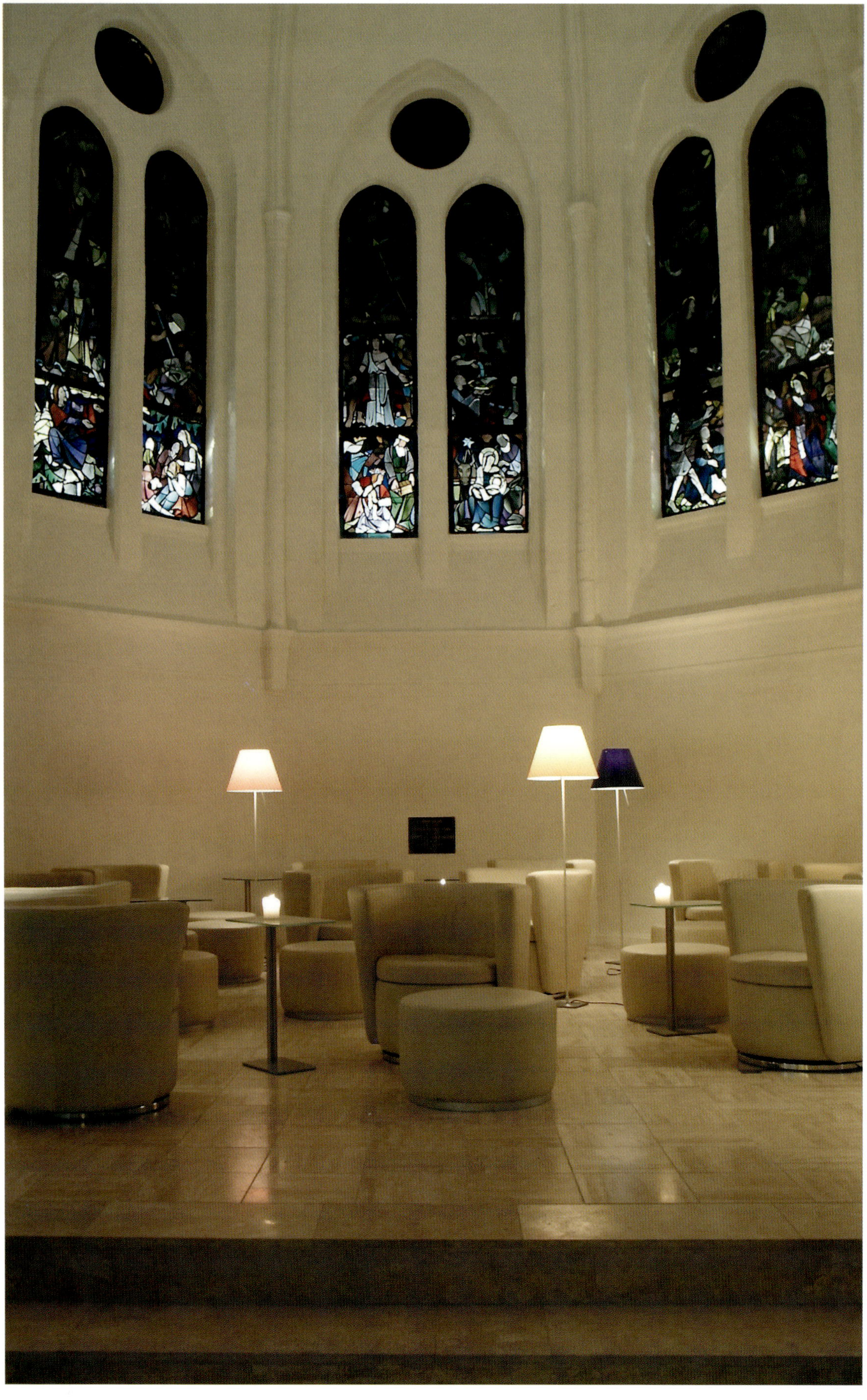

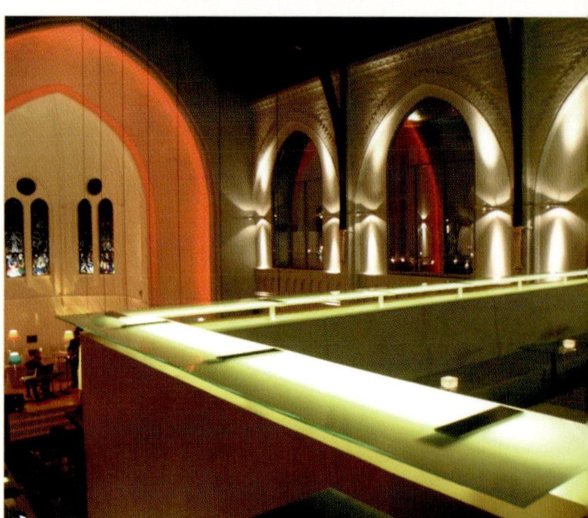

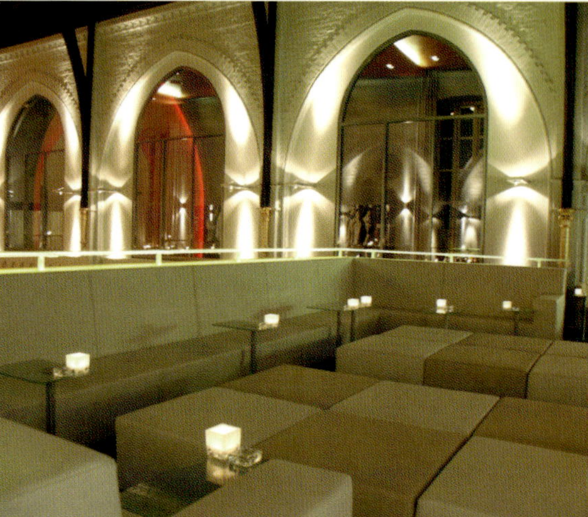

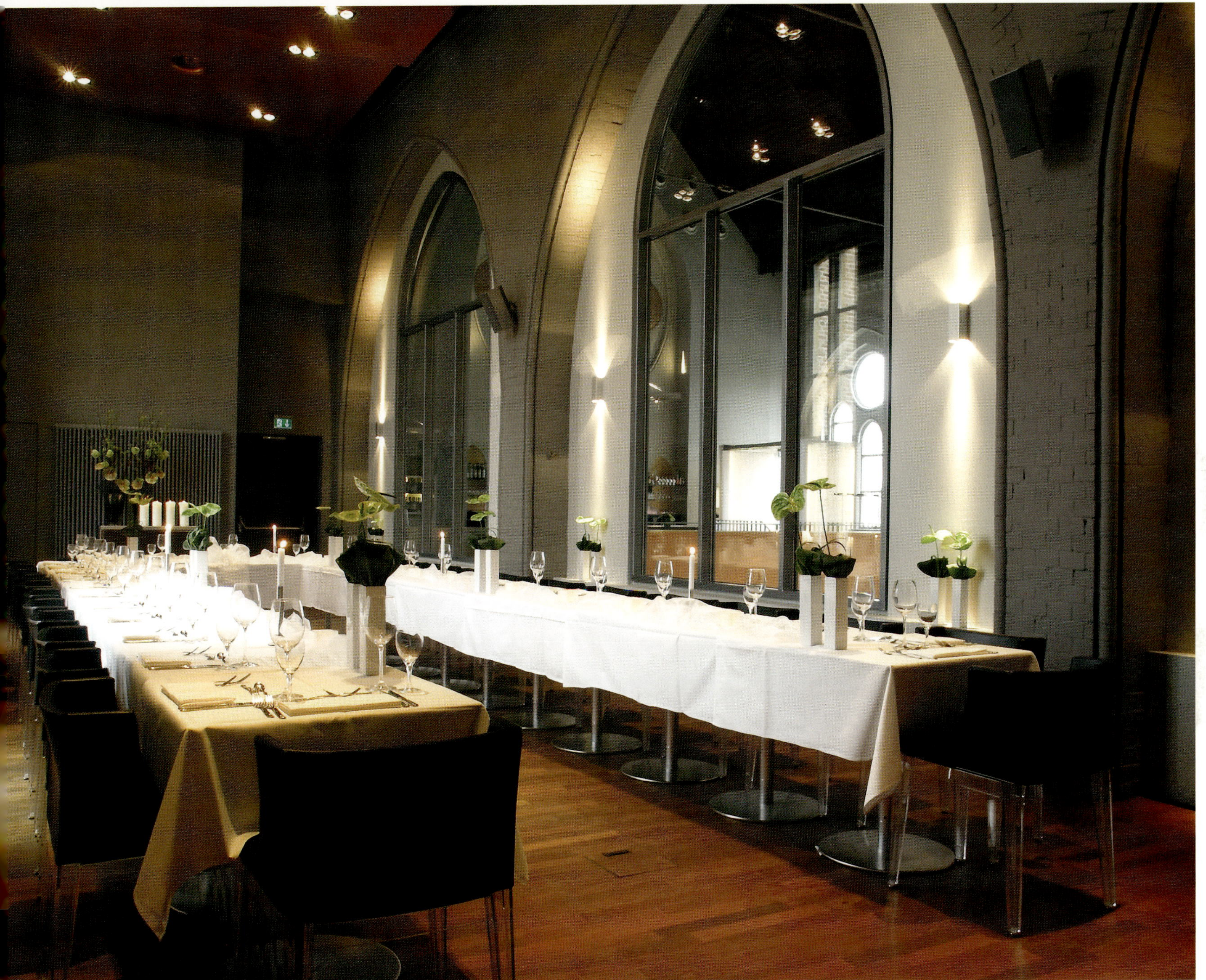

The name of the restaurant 'Happiness and Bliss', reflects the experience they would like to give their guests.

Le nom du restaurant, "Bien-être et félicité", dépeint ce que les propriétaires souhaitent offrir à leurs clients.

De naam van het restaurant, 'Geluk en zaligheid', weerspiegelt de ervaring die men de gasten wil bezorgen.

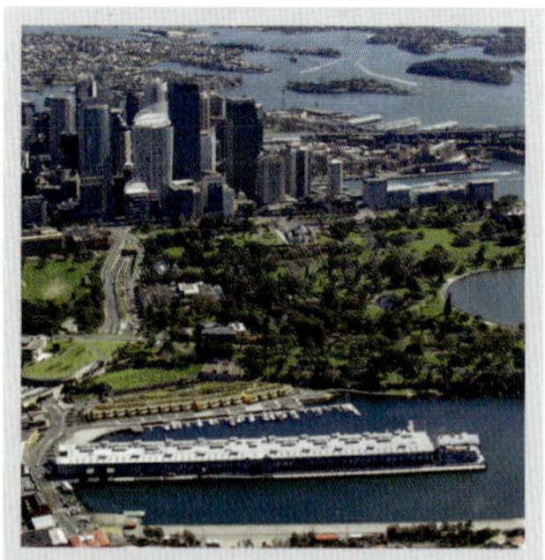 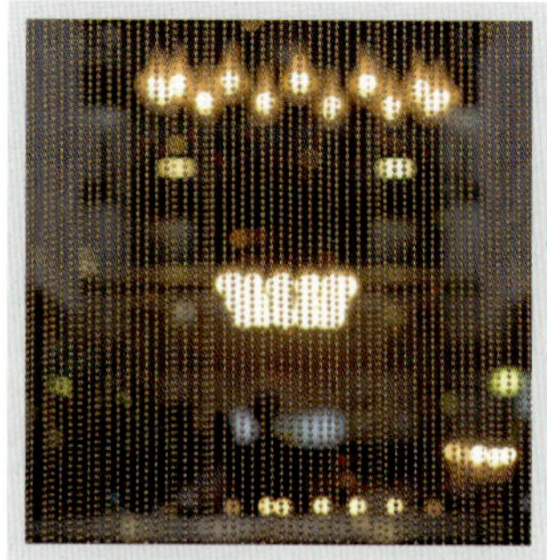

Wharf Australia
warehouse bar

Cocktails on the water

A shipyard founded in 1915, where once wool used to be stored and where troops assembled during both world wars, is now the Australian jet set's favourite haven. Woolloomooloo Wharf, measuring 410 by 64 metres is the largest wooden pole construction in the world, consisting of 2 buildings linked by a covered walkway. It was transformed in the early 1990s into a fashionable complex with super deluxe loft apartments, trendy restaurants and the Blue Hotel, the Wharf also houses Sydney's most dramatic bar, the Water Bar. In this ultra long hotel lounge, designer Cate Young created a look that she describes as "spilt light", a theme inspired by the moonlit waters of the Wharf that is captured in the Swarovski crystal curtains, black lacquered surfaces, silver seating and black mirrors.

Un chantier naval de 1915, où on entreposait autrefois la laine et où se sont rassemblées les troupes durant l'entre deux guerres, est devenu le refuge favori de la jet set australienne. Woolloomooloo Wharf, qui mesure 410 mètres sur 64 est la plus grande construction sur pilotis d'acier du monde. Deux bâtiments reliés entre eux par un passage couvert ont été transformés, au début des années 90, en un complexe à la mode, comprenant des lofts luxueux, des restaurants tendance et le Blue Hotel. Le Wharf abrite également le bar le plus spectaculaire de Sydney, le Water Bar. Dans ce lounge d'hôtel tout en longueur, la créatrice Cate Young a imaginé ce qu'elle-même décrit comme ''une éclaboussure de lumière'', un thème inspiré par les eaux du Wharf au clair de lune. La lumière est reflétée par les rideaux en cristal Swarovski, les surfaces laquées, les fauteuils argentés et les miroirs noirs.

Een scheepswerf uit 1915, waar ooit wol opgeslagen werd en troepen zich verzamelden tijdens de 2 wereldoorlogen, is nu het favoriete toevluchtsoord van de Australische jetset. Woolloomooloo Wharf, met zijn afmetingen van 410 op 64 meter de grootste getimmerde paalconstructie ter wereld, bestaat uit 2 gebouwen die met elkaar verbonden zijn door een overdekte weg. Begin 1990 omgetoverd in een modieus complex met superdeluxe loftwoningen, trendy restaurants en het Blue Hotel, biedt de Wharf ook onderdak aan Sydney's meest dramatische bar, de Water Bar. In deze ultralange hotellounge creëerde ontwerpster Cate Young een look die ze zelf omschrijft als "gemorst licht", een thema geïnspireerd op de door maanlicht verlichte wateren van de Wharf, dat doorgetrokken wordt in de gordijnen van Swarovski kristallen, zwartgelakte oppervlakken, zilveren zetels en zwarte spiegels.

WATER BAR – BLUE A TAJ HOTEL, THE WHARF AT WOOLLOOMOOLOO, 6 COWPER WHARF ROAD, SYDNEY, NSW 2011, AUSTRALIA - (61 2) 9331 9000 - BLUE.SYDNEY@TAJHOTELS.COM - WWW.TAJHOTELS.COM

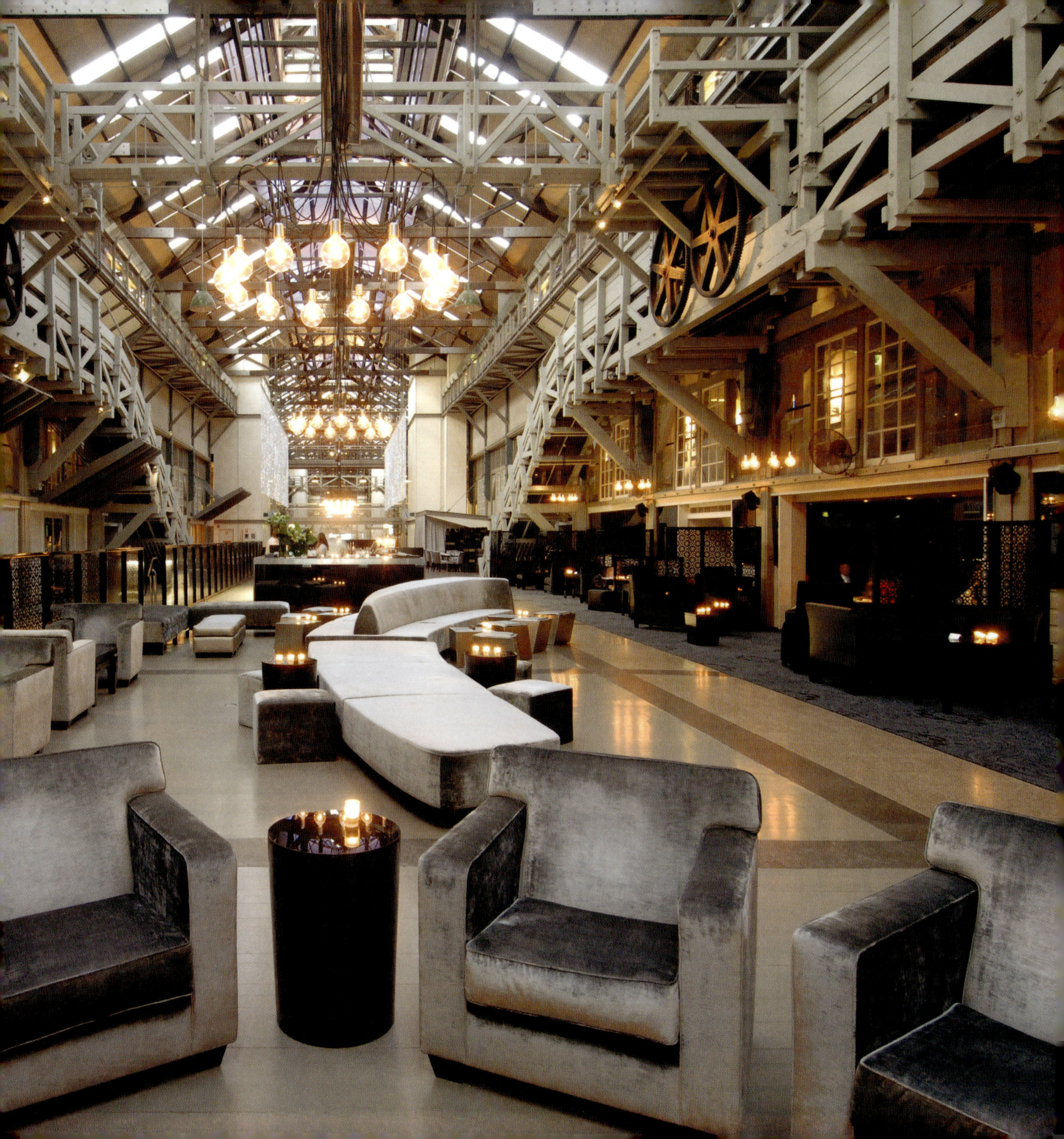

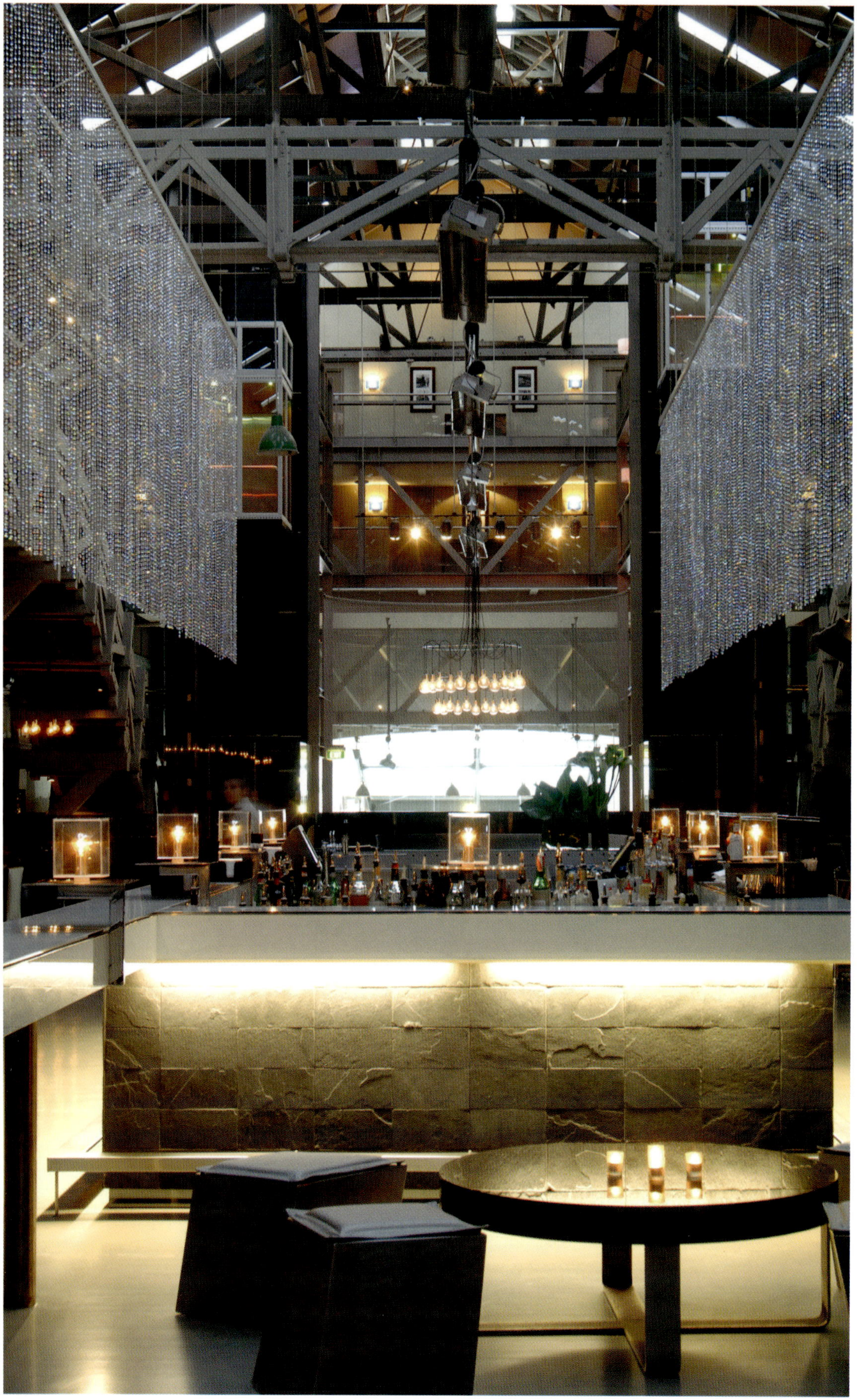

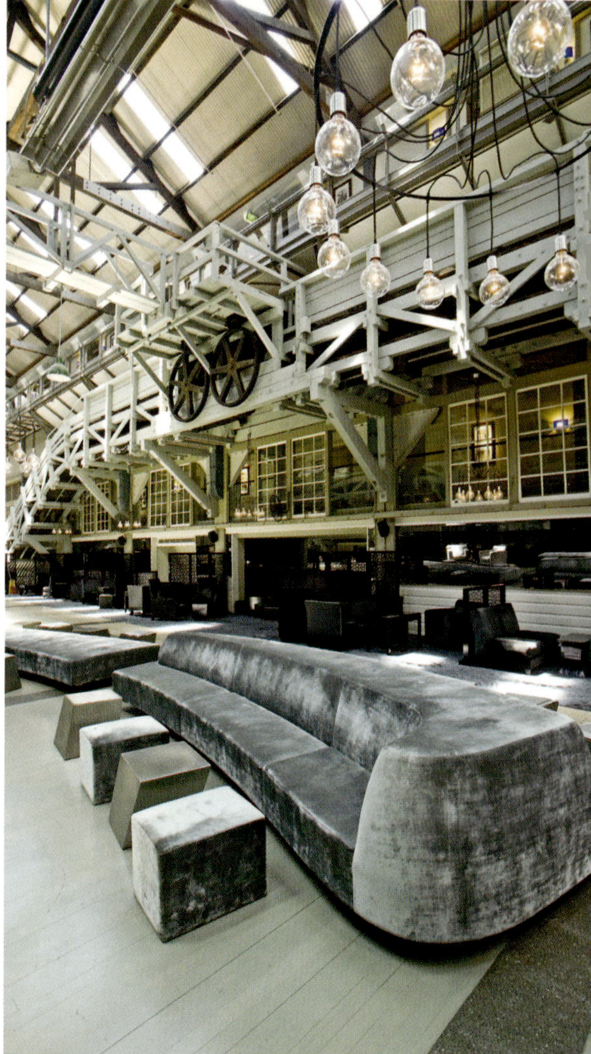

Discrete niches, separated from each other by perforated screens, create different zones within the open space of the bar.

Des niches discrètes, séparées par des écrans ajourés, délimitent différentes zones à l'intérieur de l'espace ouvert du bar.

Discrete nissen, van elkaar afgescheiden door geperforeerde schermen, creëren verschillende zones binnen de open ruimte van de bar.

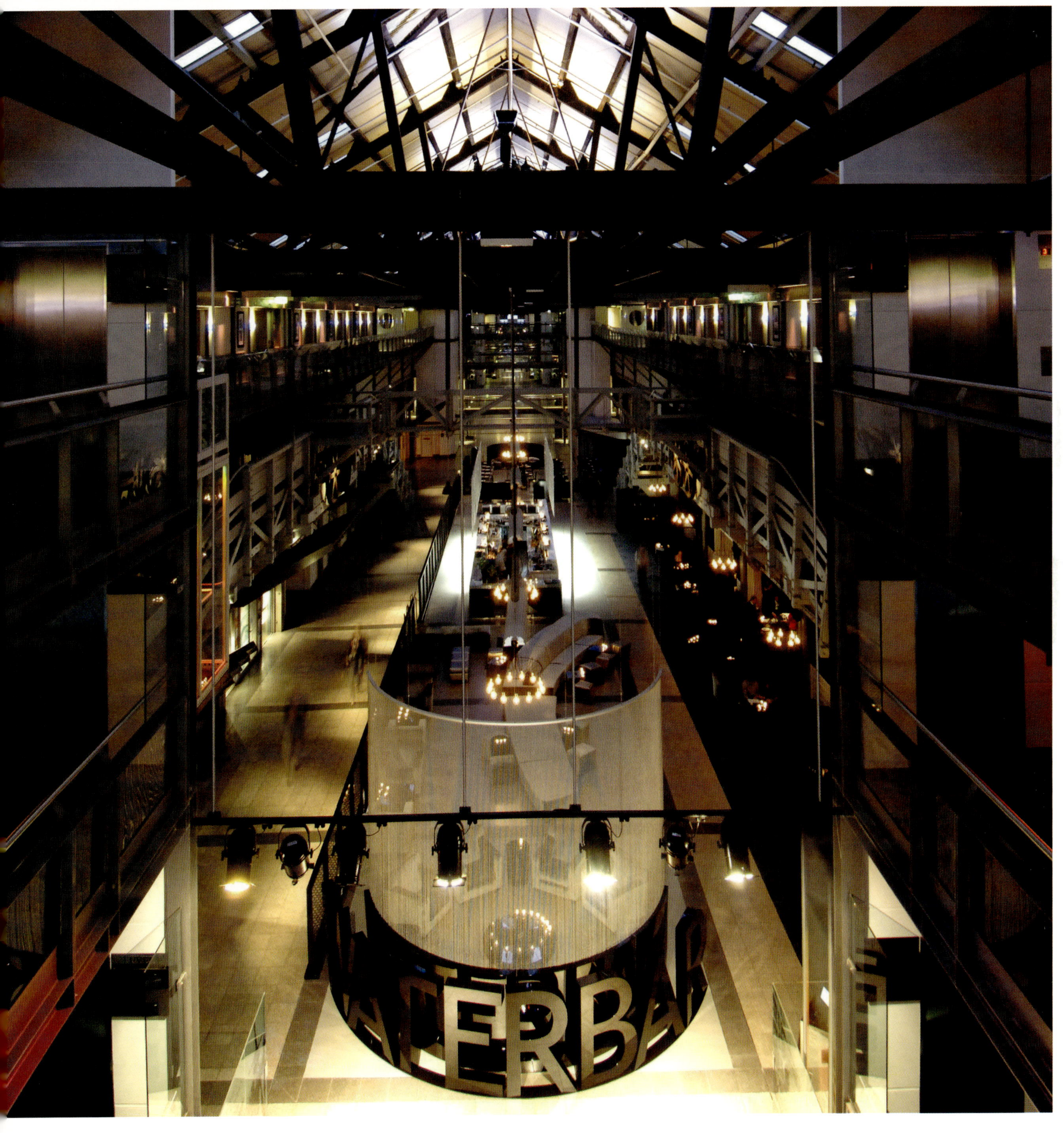

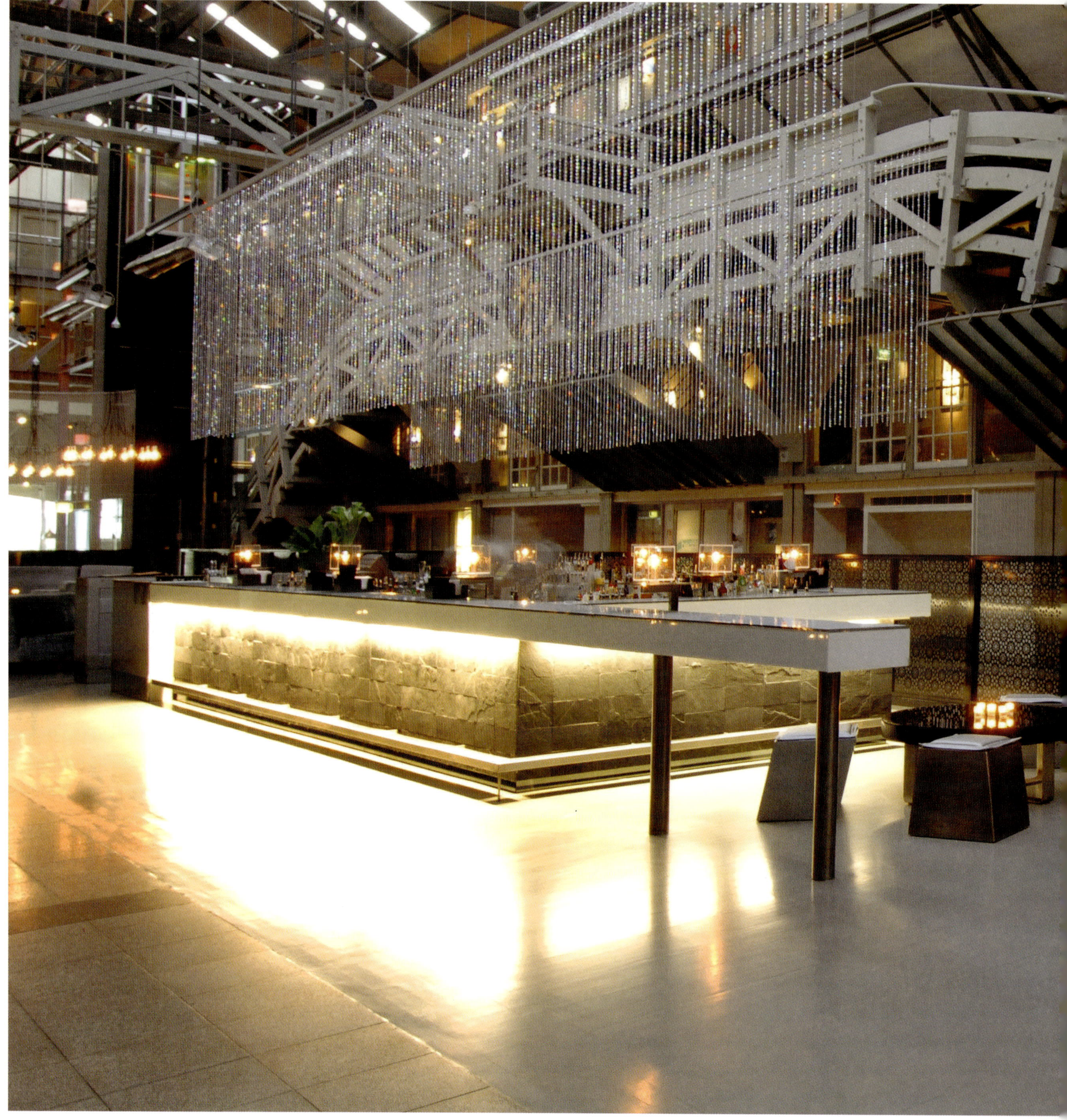

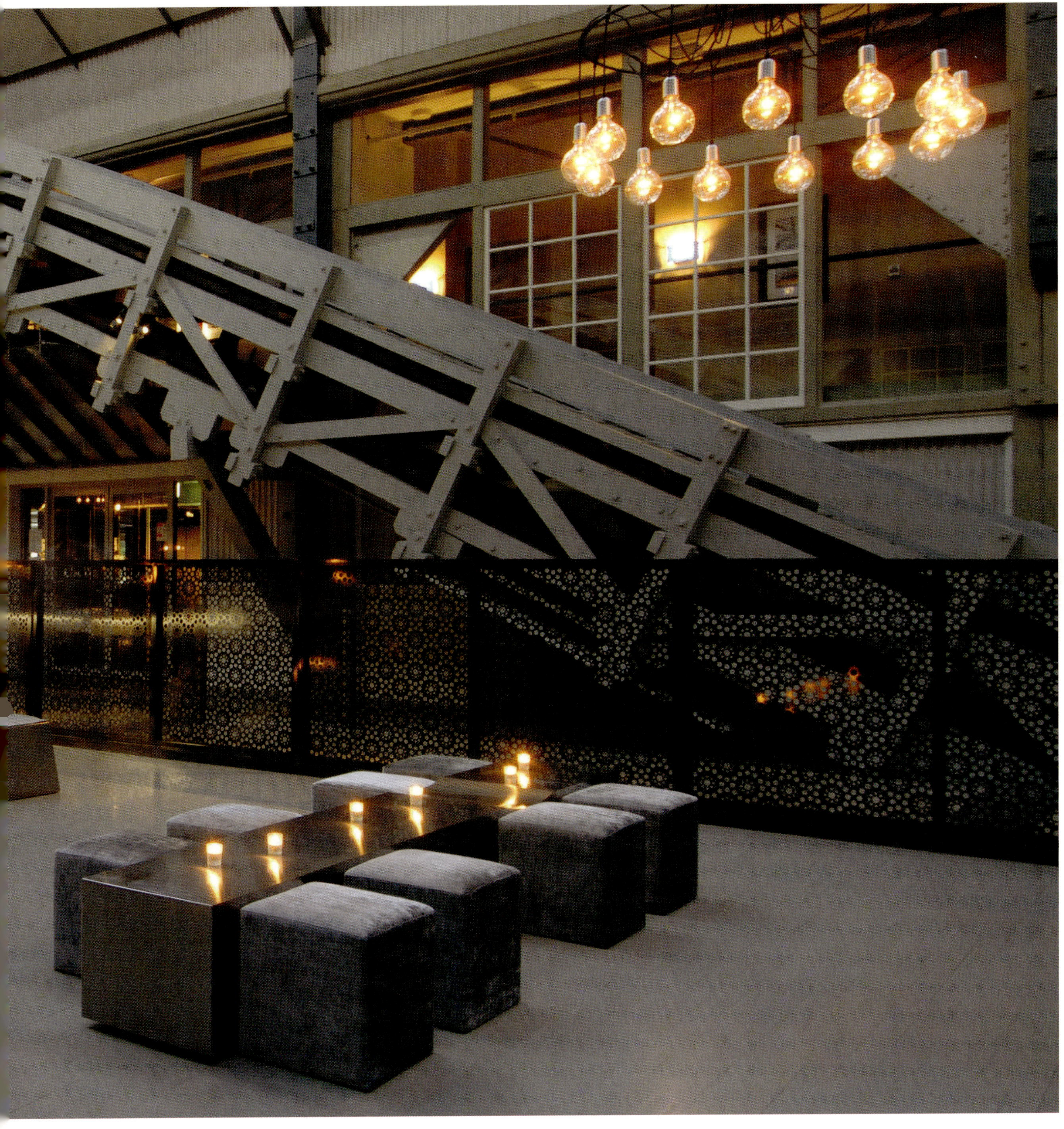

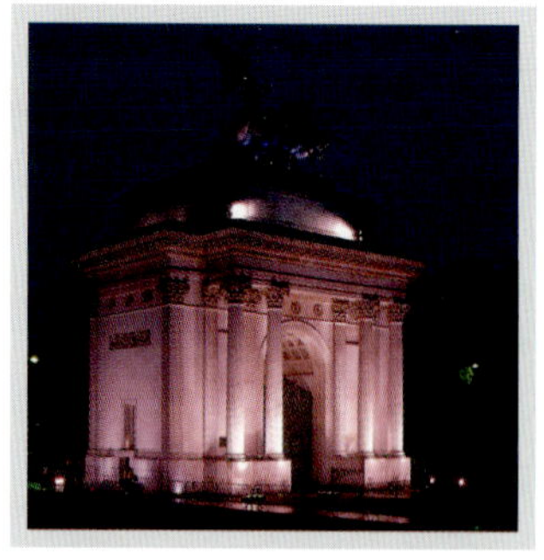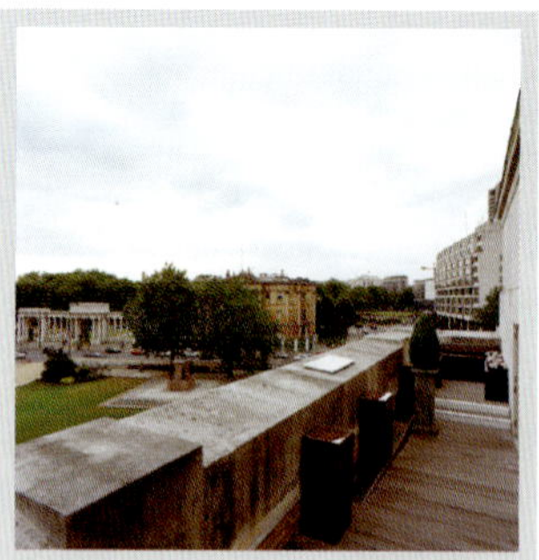

Triumphal Arch ^{UK}

Cry victory

Is there a more appropriate place for a victory party or a graduation celebration than a triumphal arch? Wellington Arch, built in London in 1828 to honour the Duke of Wellington, is hollow inside and contains one of the city's most beautiful event locations. This arch originally provided access into London from the west, but as a result of road widening in 1883 it was moved to its current location on Hyde Park Corner. Until 1992, the arch contained the city's 2nd smallest police station. Today this monument not only serves as an exhibition space but can also be hired for private parties. Most guests are amazed when as soon as they arrive they are taken to the top, where 2 surprisingly large mezzanine rooms and panoramic balconies await them.

Existe-t-il un lieu mieux adapté qu'un arc de triomphe pour célébrer une victoire ou la fin des études ? Wellington Arch, l'arc de triomphe londonien érigé en 1828 à la gloire du duc de Wellington, recèle à l'intérieur l'un des plus beaux lieux d'évènements de la capitale. À l'origine, ce monument faisait office de porte d'accès à Londres depuis l'ouest de la ville, mais par suite d'un élargissement de la voie, en 1883, il a été transporté vers son emplacement actuel à Hyde Park Corner. Jusqu'en 1992, il a abrité un commissariat de police, quasi le plus petit de la ville. Aujourd'hui, il sert de salle d'exposition mais peut aussi être loué pour des soirées privées. La plupart des invités n'en reviennent pas lorsqu'ils se voient emportés, dès leur arrivée, au faîte du monument où les attendent 2 spacieux salons, avec leur mezzanine et leurs balcons panoramiques surprenants.

Bestaat er een toepasselijkere plek voor een overwinningsfeestje of een afstudeerborrel dan een triomfboog? Wellington Arch, het Londense exemplaar uit 1828 ter ere van de hertog van Wellington, is van binnen hol en herbergt een van de mooiste evenementenlocaties van de stad. Oorspronkelijk deed deze boog dienst als westelijke toegang tot Londen, maar ten gevolge van een wegverbreding in 1883 werd hij verplaatst naar zijn huidige locatie op Hyde Park Corner. Binnenin was tot 1992 het op een na kleinste politiebureau van de stad gevestigd. Vandaag de dag doet dit monument niet enkel dienst als tentoonstellingsruimte, maar kan men het ook afhuren voor privéfeestjes. De meeste gasten staan versteld wanneer ze meteen na aankomst meegenomen worden naar de top, waar 2 verbazingwekkend ruime kamers met mezzanine en panoramische balkons op hen wachten.

WELLINGTON ARCH — HYDE PARK CORNER, LONDON W1J 7JZ, UNITED KINGDOM · +44 207 973 3416 · HOSPITALITY@ENGLISH-HERITAGE.ORG.UK · WWW.ENGLISH-HERITAGE.ORG.UK

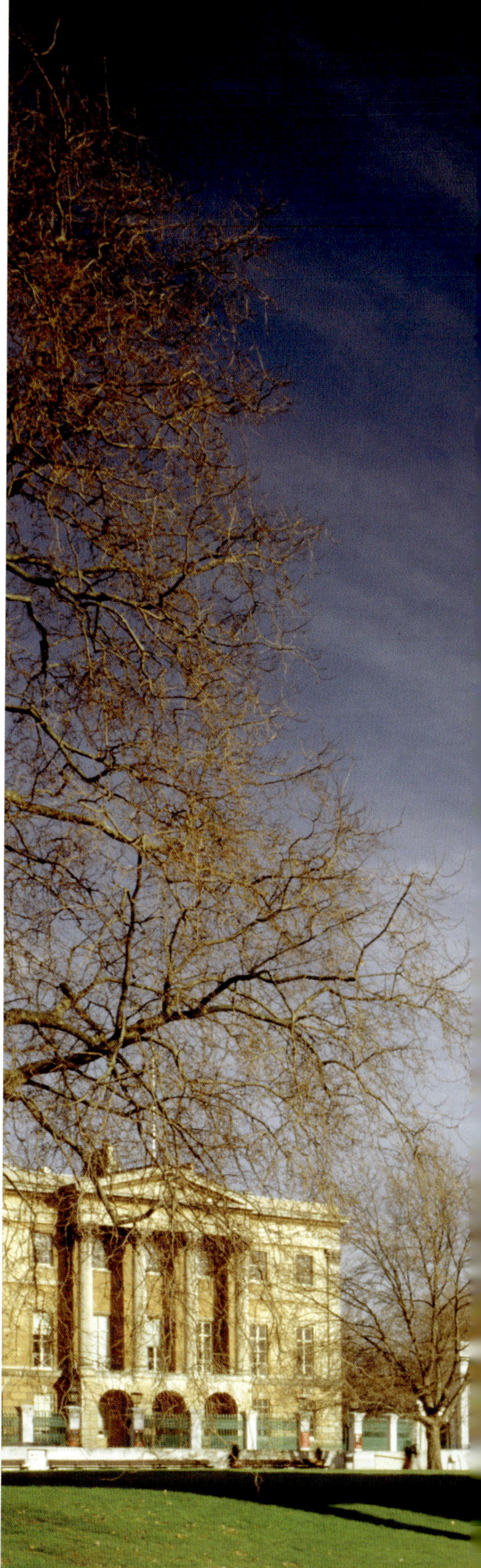

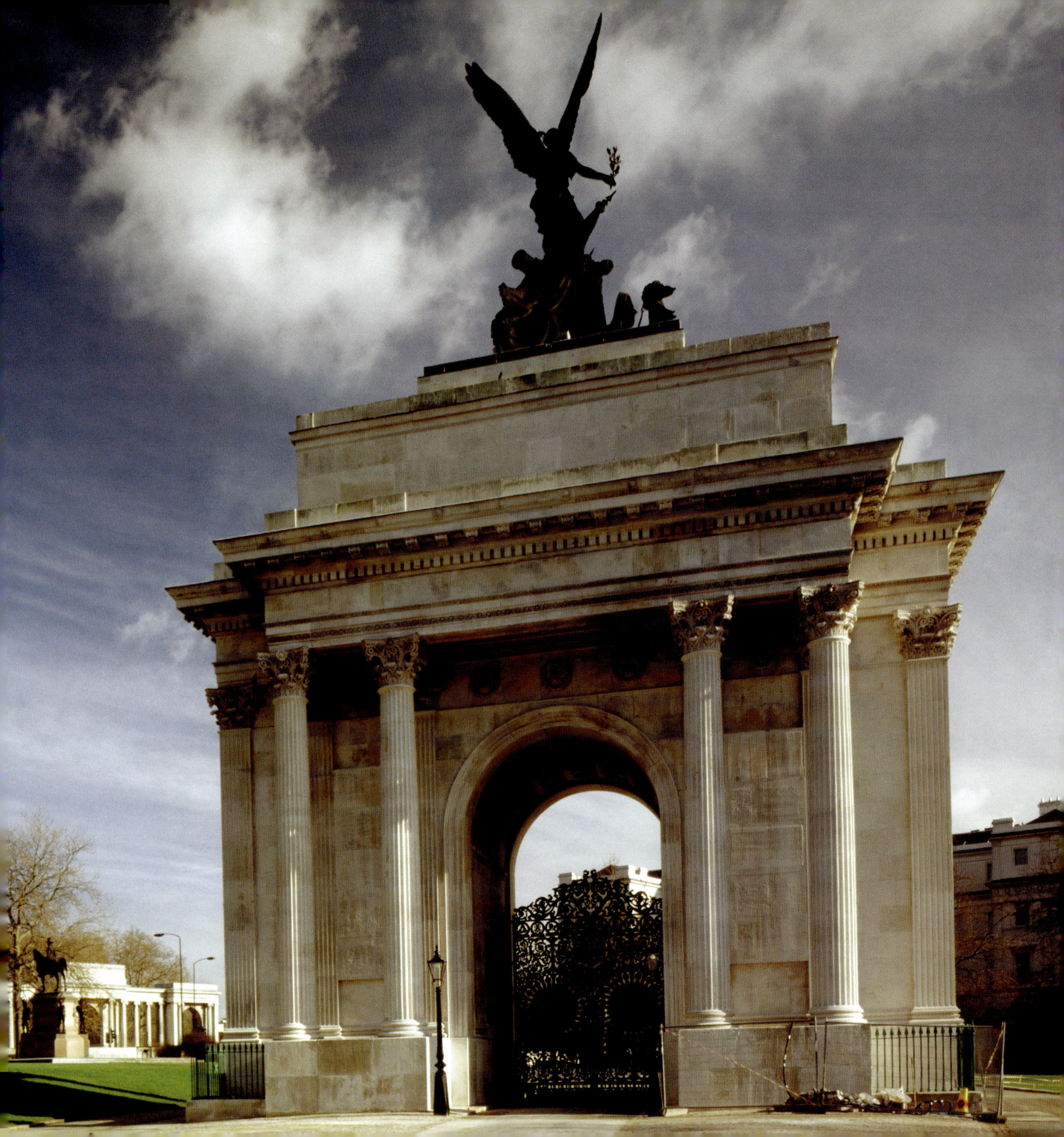

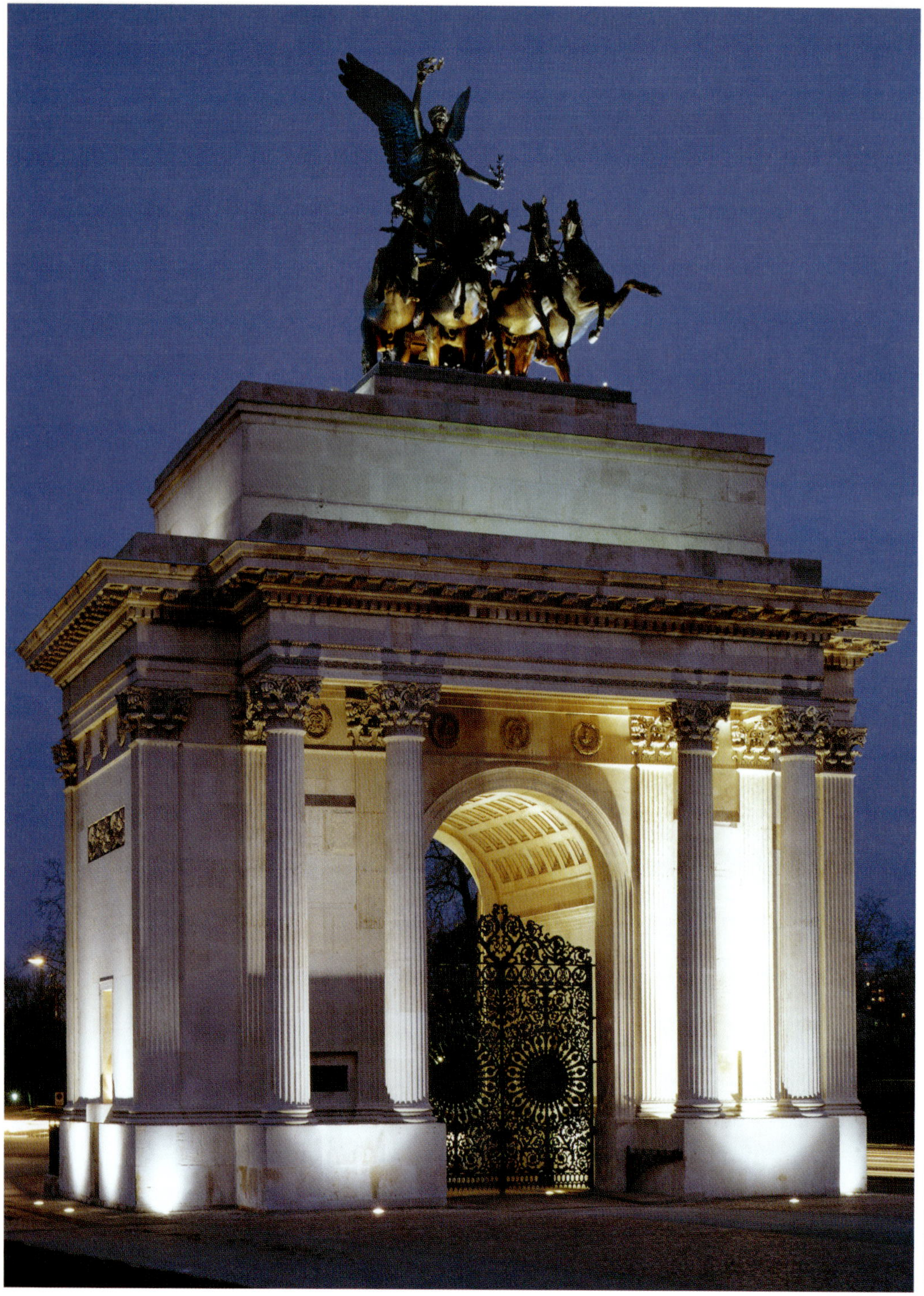

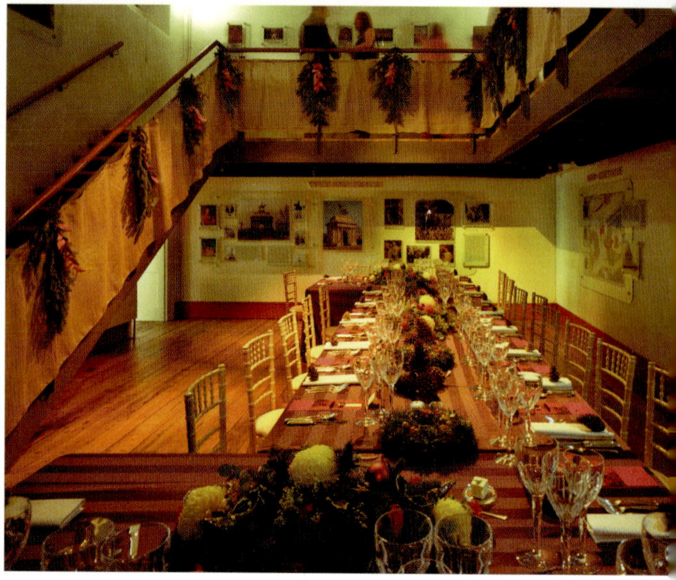

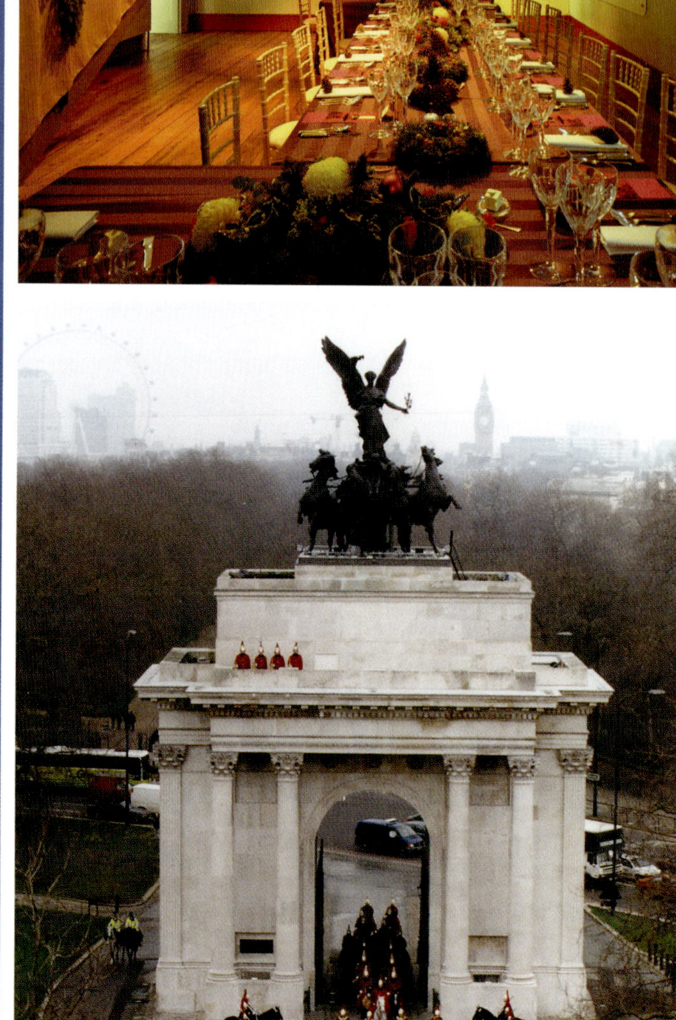

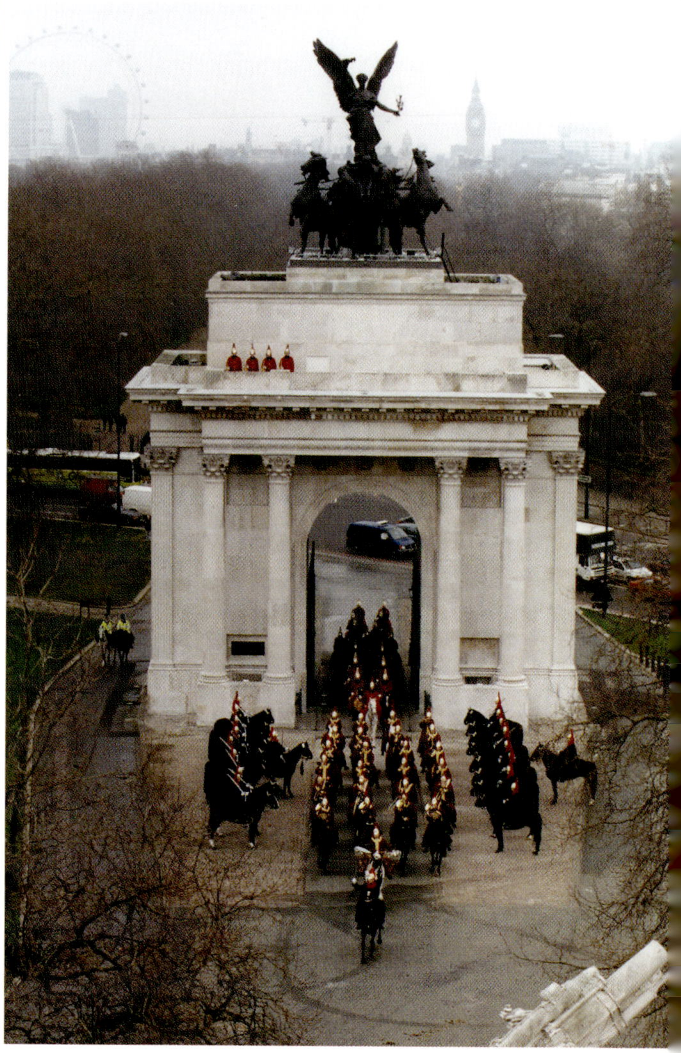

The statue of the Duke of Wellington above the arch was replaced by a bronze quadriga in 1885 because Queen Victoria complained that it spoilt her view from Buckingham Palace.

La statue du duc de Wellington qui dominait l'arc a été remplacée en 1885 par un quadrige en bronze parce que la reine Victoria se plaignait qu'elle gâchât la vue depuis Buckingham Palace.

Het standbeeld van de Hertog van Wellington bovenop de boog werd in 1885 vervangen door een bronzen vierspan omdat koningin Victoria klaagde dat het haar uitzicht vanaf Buckingham Palace verpestte.

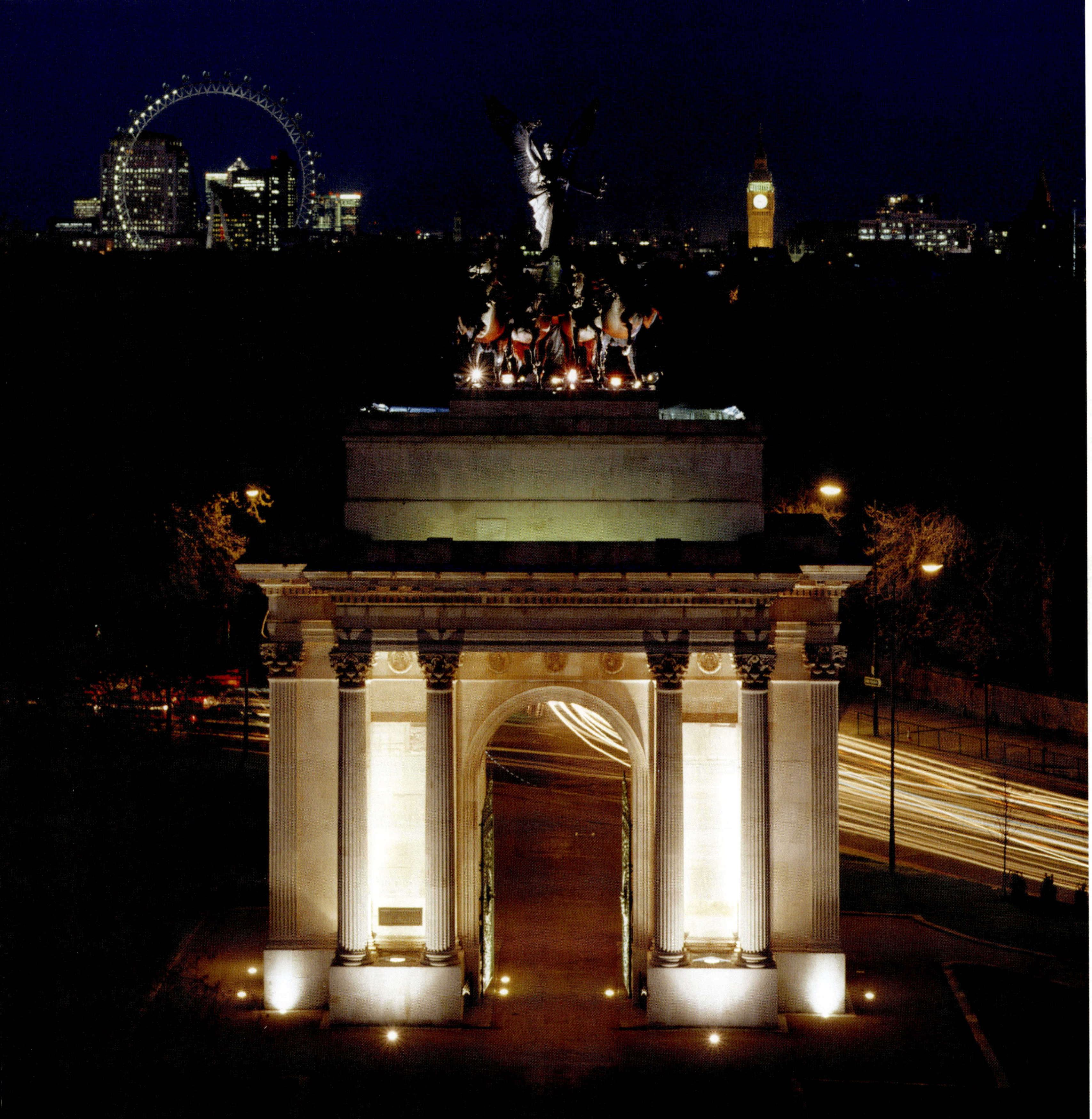

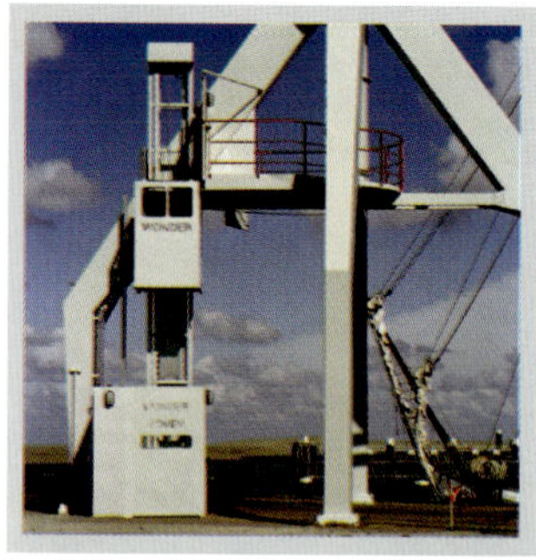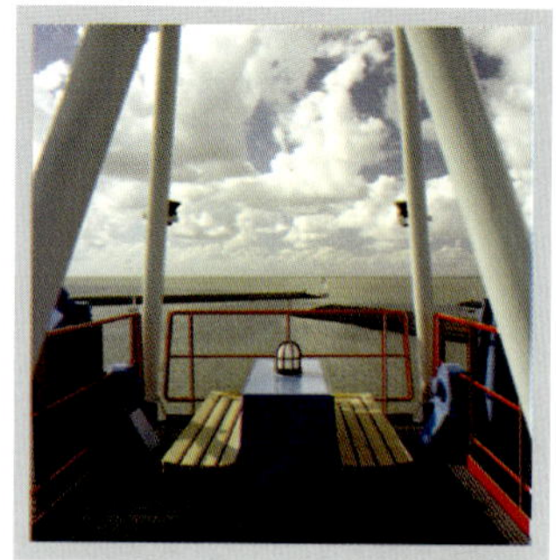

Harbour crane B&B

An Engine Room with a View

Swaying in the wind on tall, slender legs, this authentic specimen of the industrial heritage looks out over both the Waddenzee and the harbour, as well as the historical centre of Harlingen. Here, fifteen metres above sea level, the view is for the taking: the guests can operate the crane themselves to make it turn and in many cases thereby fulfil a childhood dream. The living space is just large enough for two and, in addition to an extremely tight interior and a fantastic terrace, also has a couple of high-tech gadgets, such as a DVD player with LCD screen, a two-person shower with five-colour lighting, a tap with boiling water, air conditioning and operation of all the amenities by means of a touchscreen. If you liked the Harbour Crane, you can also book a lifeboat or a lighthouse from Dromen aan Zee (see p. 348).

Haut perché sur ses pattes, bercé au gré du vent, cet authentique témoignage industriel offre une vue sur la mer des Wadden ("Waddenzee") et le port que le centre historique de Harlingen. A quinze mètres d'altitude, la vue est grisante: les hôtes peuvent piloter la grue eux-mêmes, ce qui signifie, pour beaucoup, la concrétisation d'un rêve. L'espace de séjour est juste suffisant pour deux personnes et comprend – hormis une fantastique terrasse et un intérieur ultra réduit – quelques gadgets technologiques comme un lecteur dvd avec écran à cristaux liquides, une douche pour deux personnes dont l'éclairage change de couleur, un jet d'eau bouillante, l'air conditionné et un écran plat qui permet de commander tout. Si la grue du port vous séduit, vous pouvez aussi visiter un canot de sauvetage et un phare grâce à "Dromen aan Zee" (voir p. 348).

Op hoge, slanke benen, wiegend in de wind, kijkt dit authentiek stukje industrieel erfgoed zowel uit over de Waddenzee en de haven als over het historisch centrum van Harlingen. Vijftien meter boven de waterspiegel ligt het uitzicht dan ook voor het grijpen: de gasten kunnen de havenkraan zelf om haar as draaien en dat blijkt voor velen de vervulling van een kinderdroom. De woonruimte is net groot genoeg voor twee en omvat – naast een ultrastrak interieur én een fantastisch terras – ook een paar hoogtechnologische snufjes, zoals een dvd-speler met lcd-scherm, een tweepersoonsdouche met vijfkleurenverlichting, een kokend-water-kraan, airco en bediening van alle voorzieningen door middel van touch screen. Is de Havenkraan je bevallen, dan kan je via Dromen aan Zee ook nog een reddingsboot en een vuurtoren (zie p. 348) boeken.

DE HAVENKRAAN VAN HARLINGEN · DOKKADE 5, HARLINGEN, THE NETHERLANDS · +31 517 414410 · WWW.HAVENKRAAN.NL · INFO@DROMENAANZEE.NL

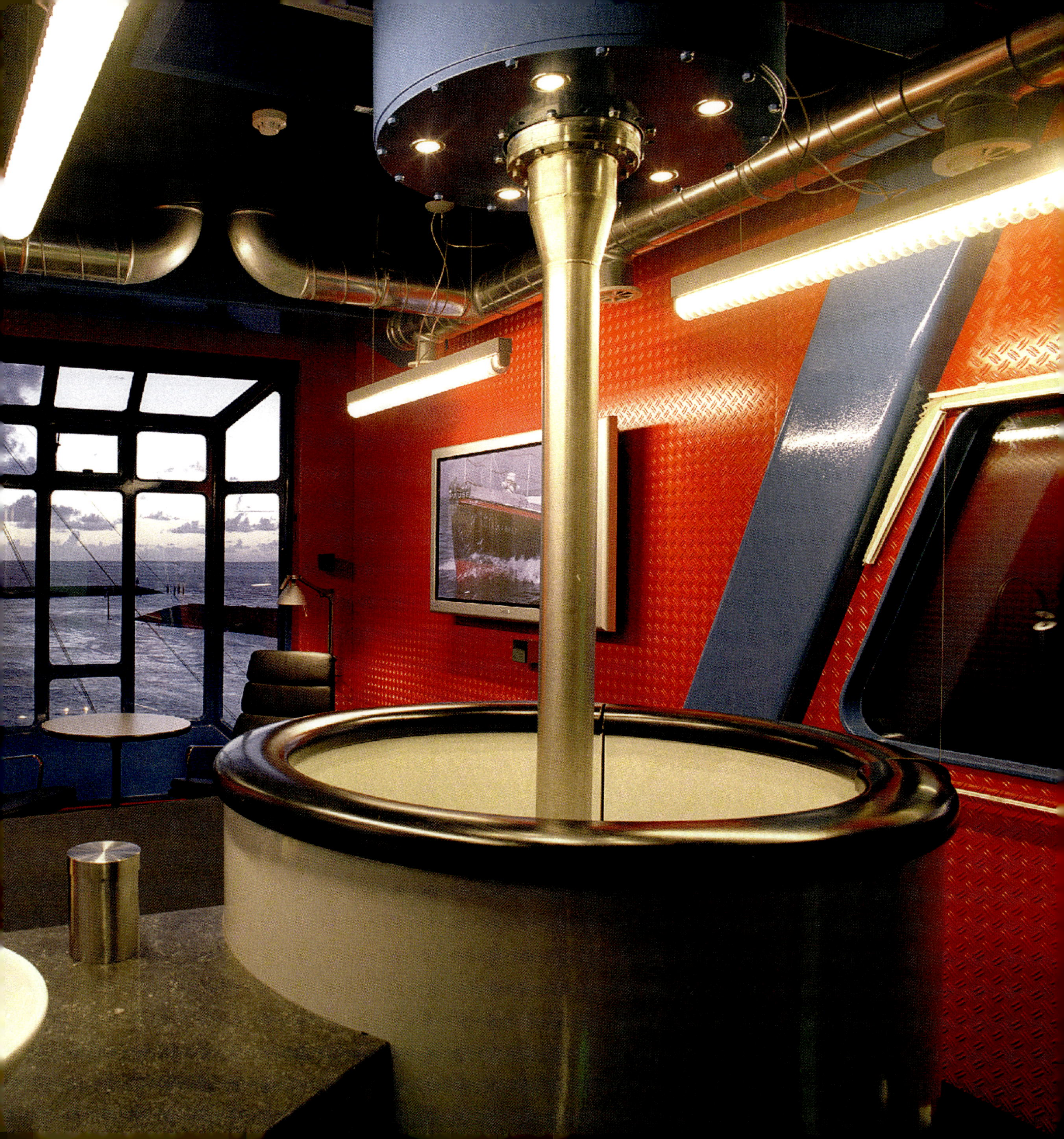

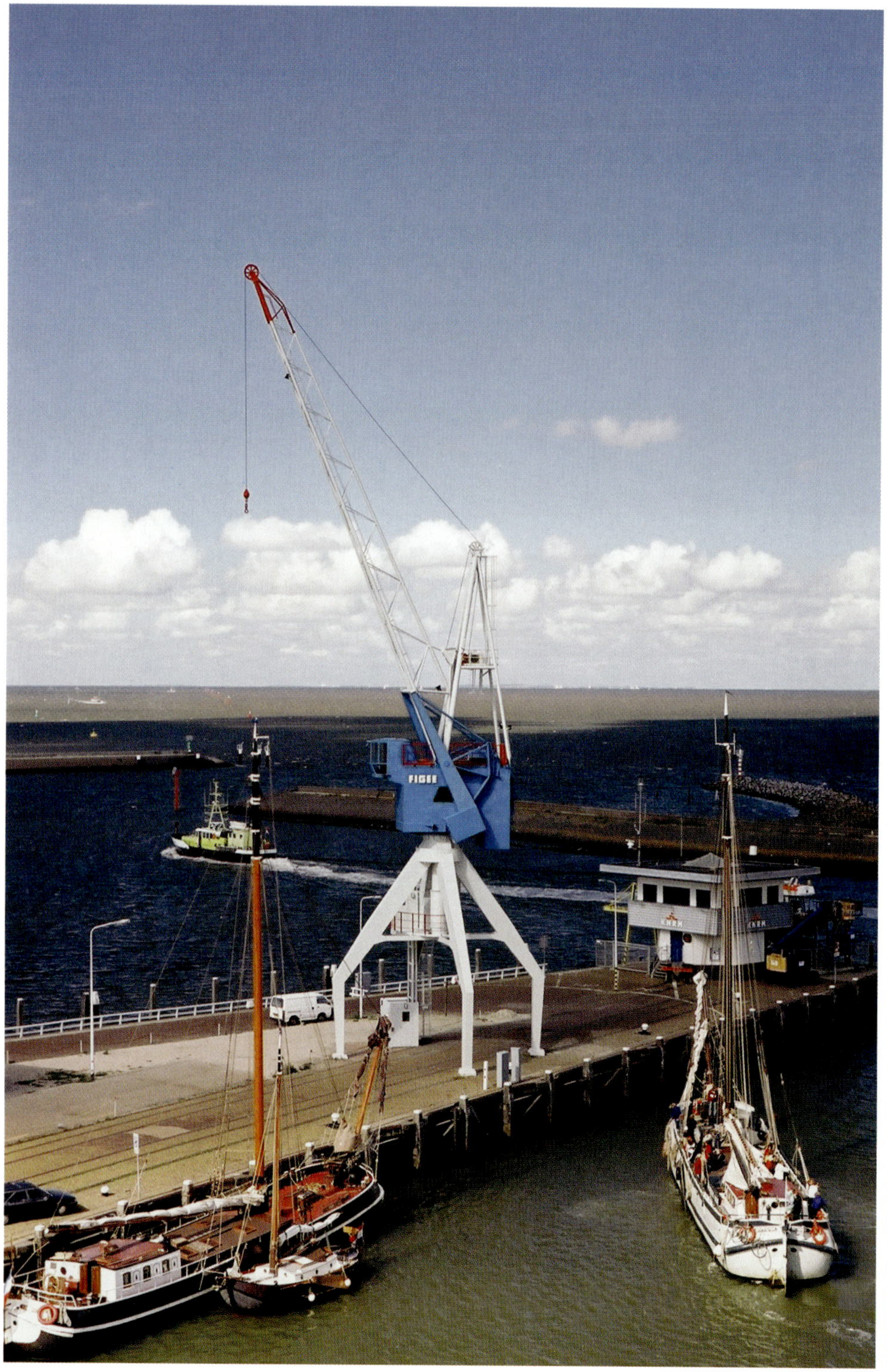

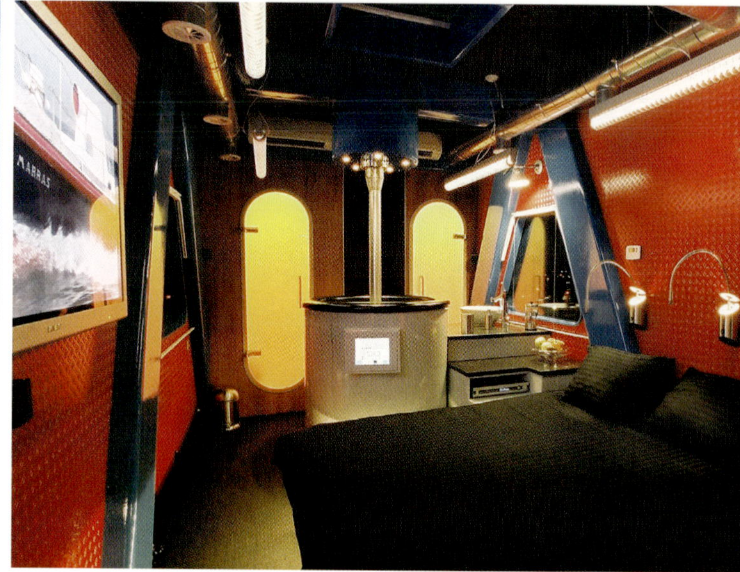

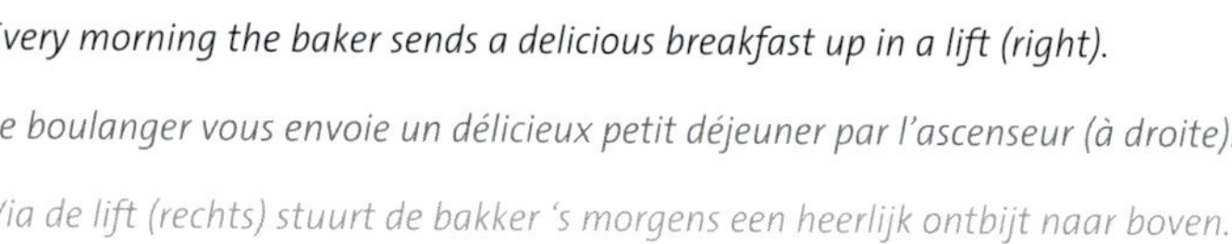

Every morning the baker sends a delicious breakfast up in a lift (right).

Le boulanger vous envoie un délicieux petit déjeuner par l'ascenseur (à droite).

Via de lift (rechts) stuurt de bakker 's morgens een heerlijk ontbijt naar boven.

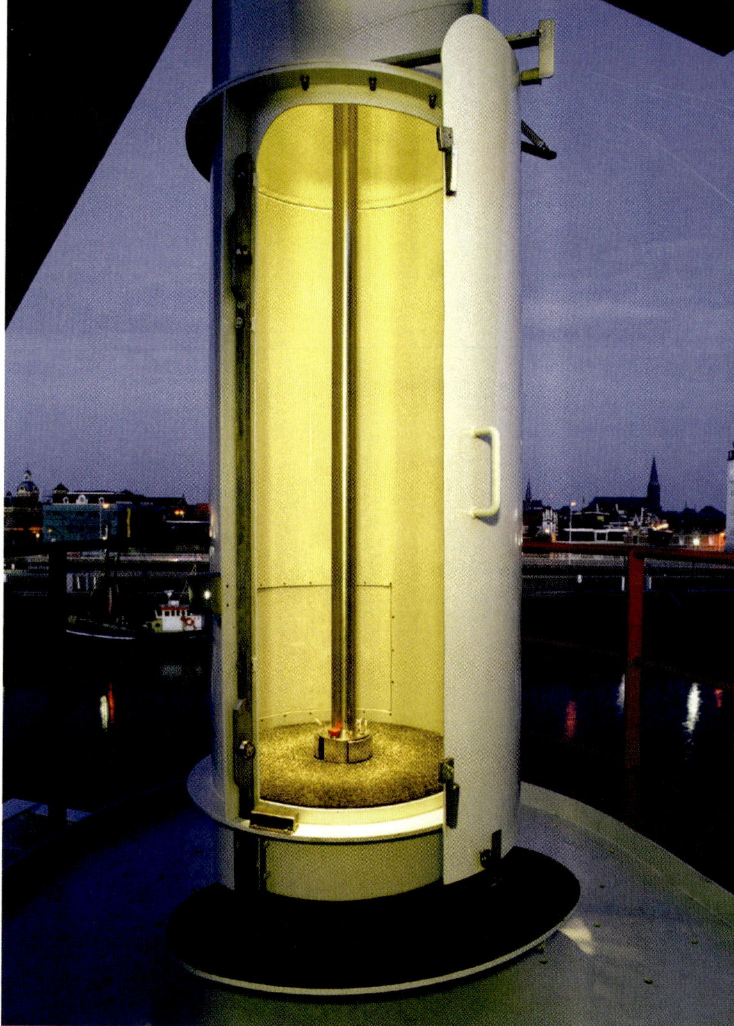

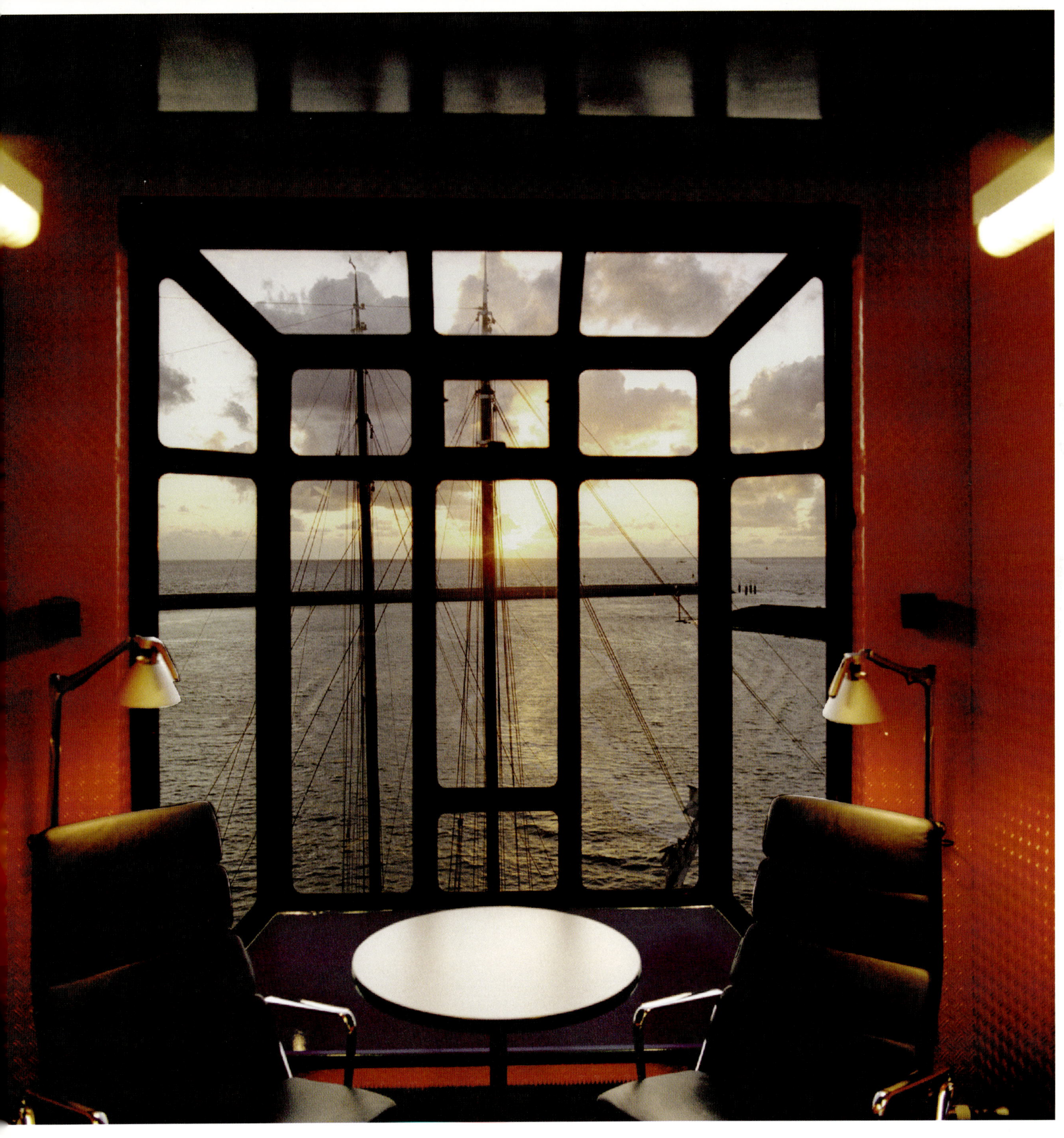

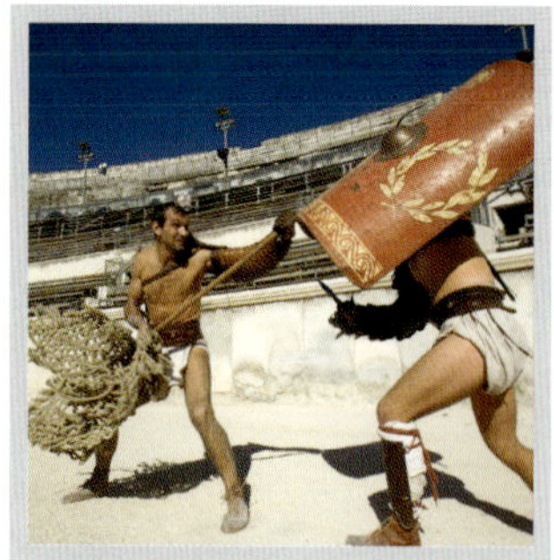
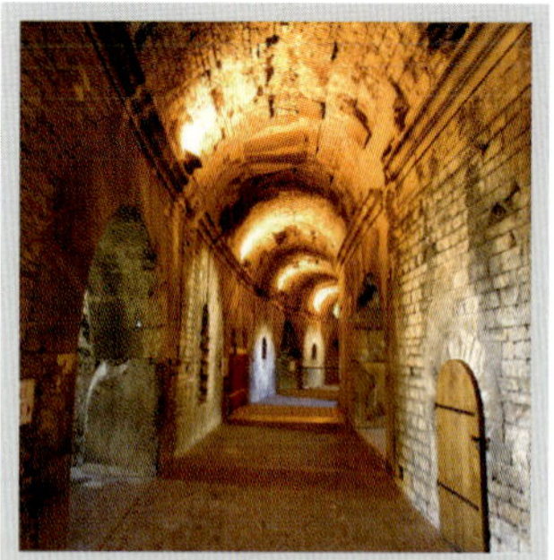

Amphitheatre

France

Those who are about to party, salute you

Nowhere else is Roman history as close at hand as in Nîmes. Take the Arènes de Nîmes, for example, one of the best preserved amphitheatres in the world. The arena, which is 113 x 101 m and is characterised on the outside by 2 levels each with 60 arches, was equipped with 124 entrances and exits and provided seating for 24,000 spectators. Although it was originally designed for gladiator fights, it was converted into a fortified village in the middle ages and until 1786 had 2 churches, a small castle and 220 houses. With a capacity for 10,000 visitors, this atmospheric construction is now regularly used for bull fights, concerts and shows and provides a magical backdrop for receptions and events. Alongside the arena and stands, the underground tunnels and gladiator quarters are also accessible.

Il n'est pas de lieu où l'Antiquité romaine soit plus proche de nous qu'à Nîmes. Voyez Les Arènes de Nîmes, l'un des amphithéâtres les mieux conservés au monde. Les arènes qui mesurent 113 mètres sur 101 et présentent, à l'extérieur, 2 niveaux comptant chacun 60 arcades, étaient pourvues de 124 entrées (et sorties) et pouvait accueillir 24.000 spectateurs. Conçues à l'origine pour des combats de gladiateurs, elles furent transformées au Moyen Âge en un village fortifié et, jusqu'en 1786, elles renfermaient 2 églises, un petit château et 220 maisons. Actuellement, cet ouvrage, d'une capacité de dix mille visiteurs, est encore employé régulièrement lors de corridas, de concerts et de représentations et offre un cadre magique aux réceptions et événements qui y sont organisés. Outre l'arène elle-même et les tribunes, l'ensemble des corridors souterrains et les loges des gladiateurs sont utilisables à cet effet.

Nergens anders is de Romeinse oudheid zo dichtbij als in Nîmes. Neem nu de Arènes de Nîmes, een van de best bewaard gebleven amfitheaters ter wereld. De arena, die 113 bij 101 meter groot is en aan de buitenkant gekenmerkt wordt door 2 niveaus met telkens 60 bogen, was uitgerust met 124 in- en uitgangen, en bood plaats aan 24.000 toeschouwers. Hoewel oorspronkelijk ontworpen voor gladiatorengevechten, werd ze in de Middeleeuwen verbouwd tot een versterkt dorp en beschikte ze tot 1786 over 2 kerken, een kasteeltje en 220 huizen. Met een capaciteit van 10.000 bezoekers wordt dit sfeervolle bouwwerk tegenwoordig nog regelmatig gebruikt voor stierengevechten, concerten en voorstellingen, en vormt het een magisch decor voor recepties en evenementen. Naast de arena en de tribunes zijn ook het ondergrondse gangenstelsel en de gladiatorenkwartieren toegankelijk.

ARÈNES DE NÎMES — LE CENTRE VILLE, 30000 NÎMES, FRANCE - +33 4 66 21 82 56 · MESSAGE@NIMES-ROMAINE.COM - WWW.ARENES-NIMES.COM

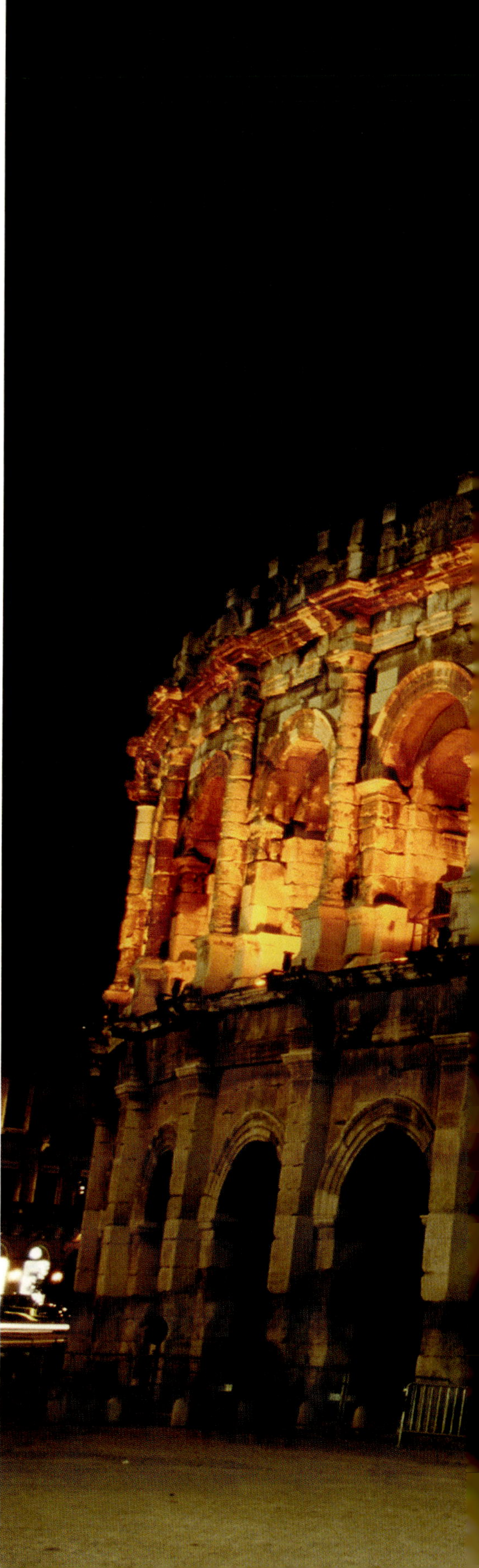

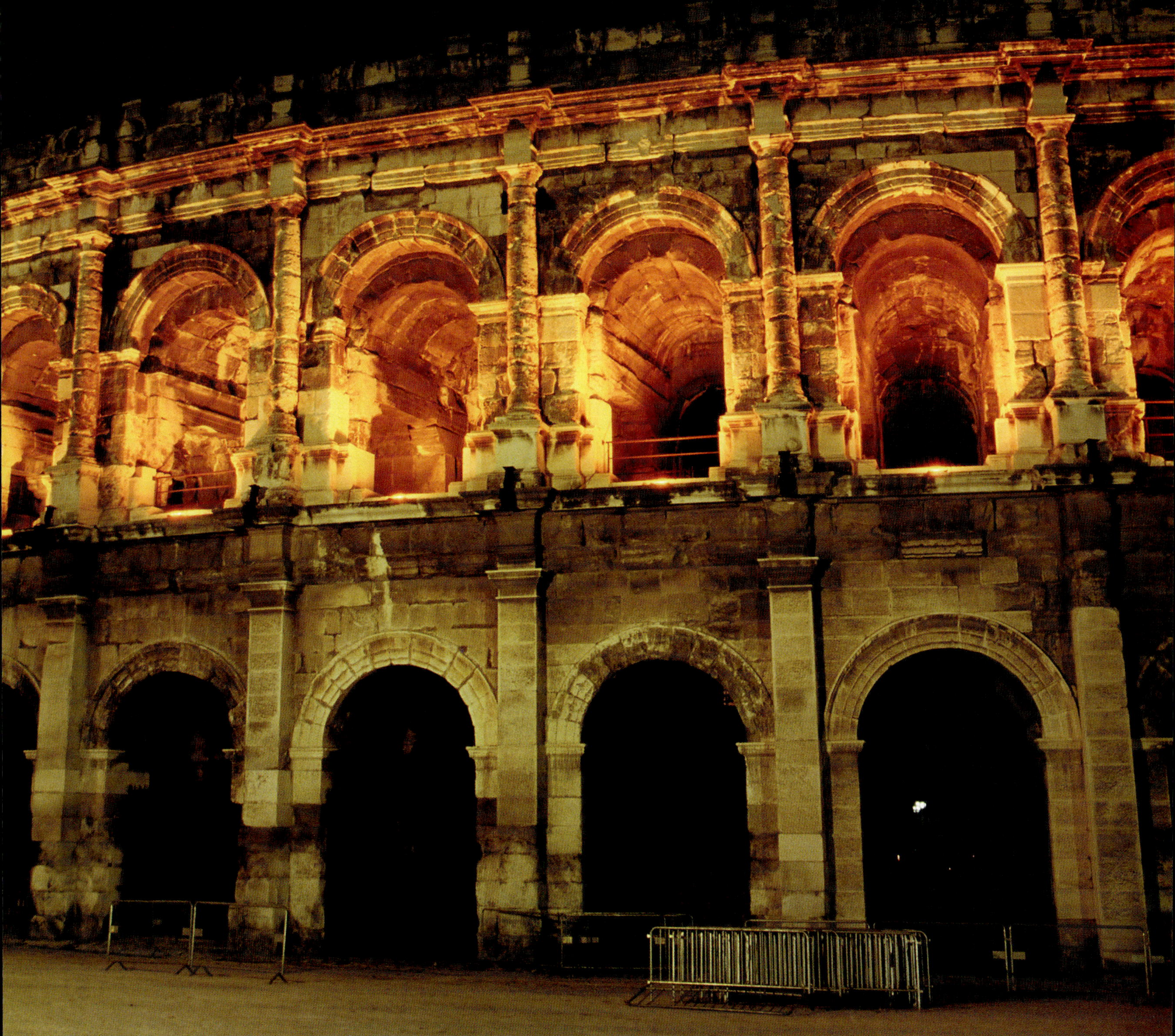

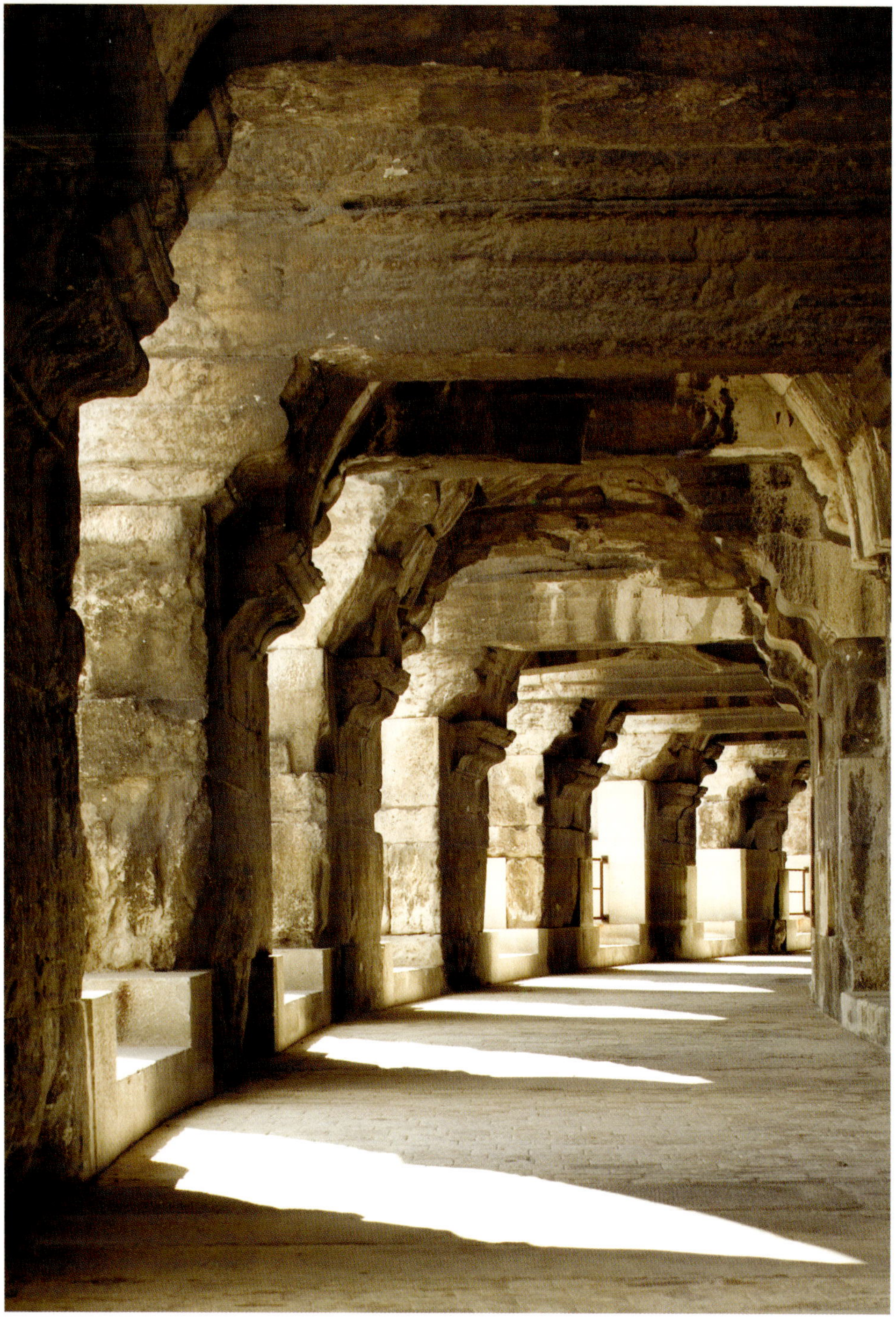

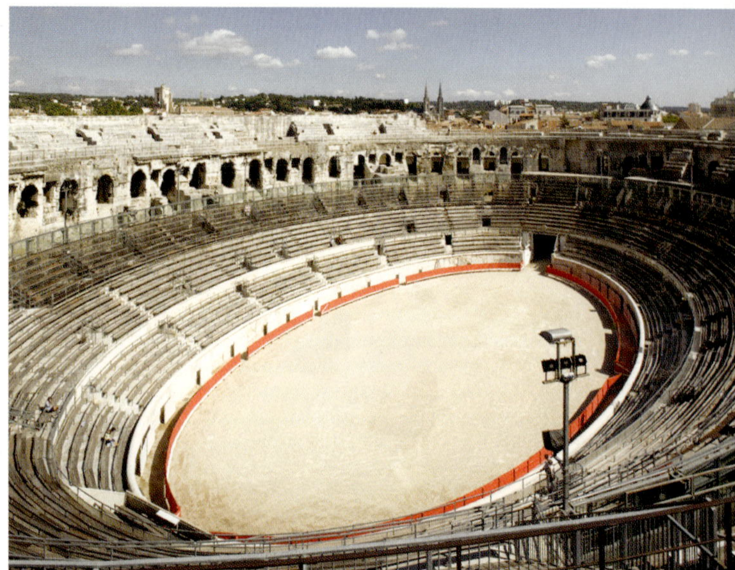

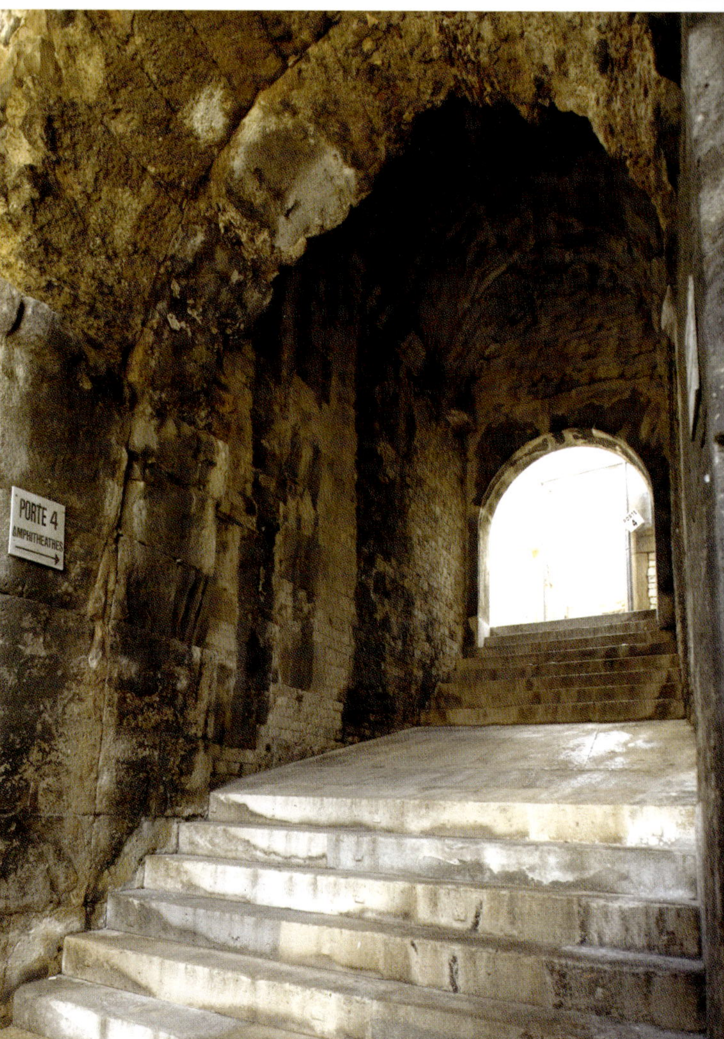

Les Arènes de Nîmes were built in the same period as the Colosseum in Rome, at the end of the first century AD. The city of Nîmes was named Nemausus.

Les Arènes de Nîmes furent bâties au cours de la même période que le Colisée à Rome, à la fin du Ier siècle après Jésus-Christ. La ville de Nîmes s'appelait alors Nemausus.

De Arènes de Nîmes werd gebouwd in dezelfde periode als het Colosseum in Rome, aan het einde van de eerste eeuw na Christus. De stad Nîmes werd toen Nemausus genoemd..

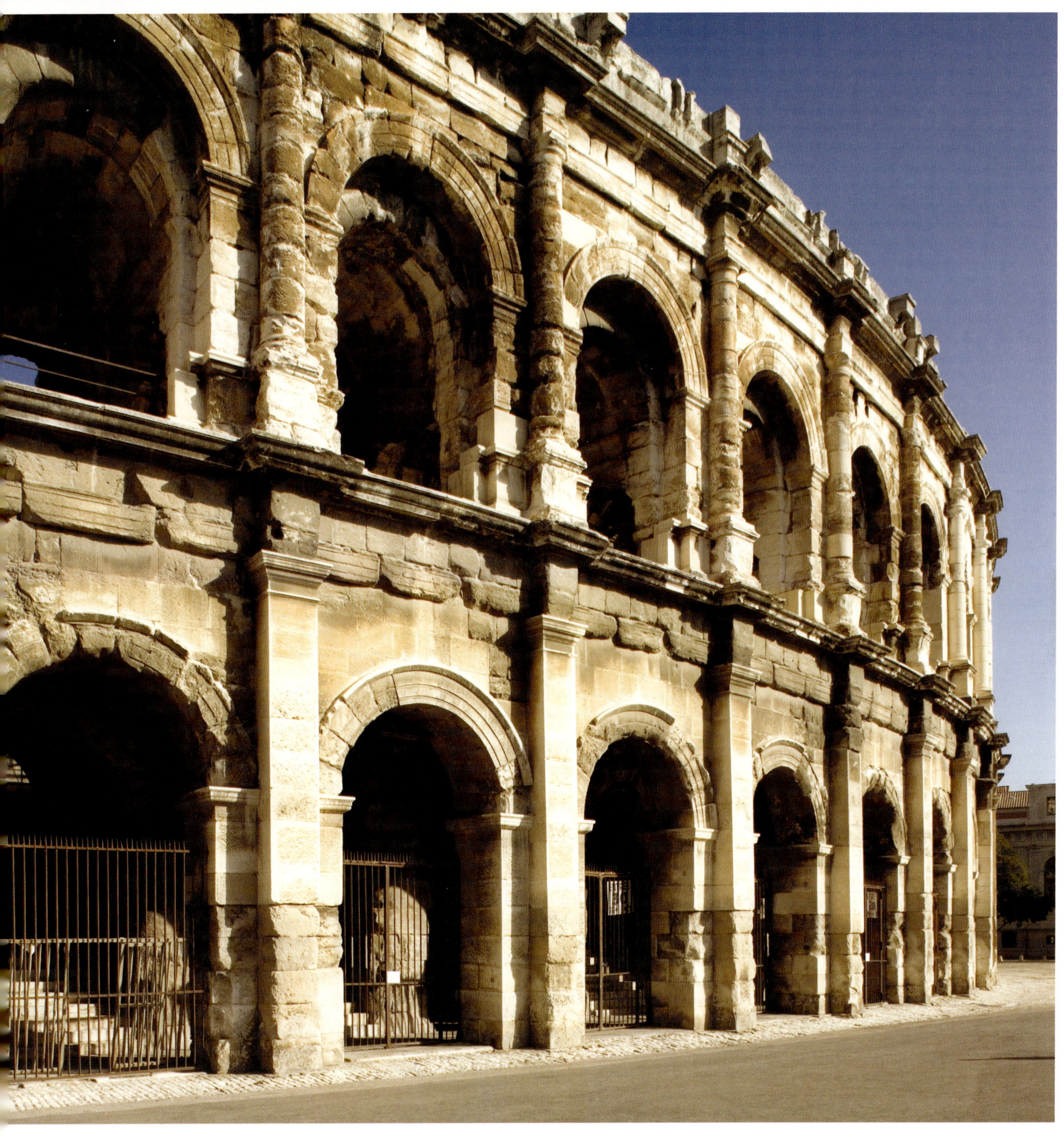

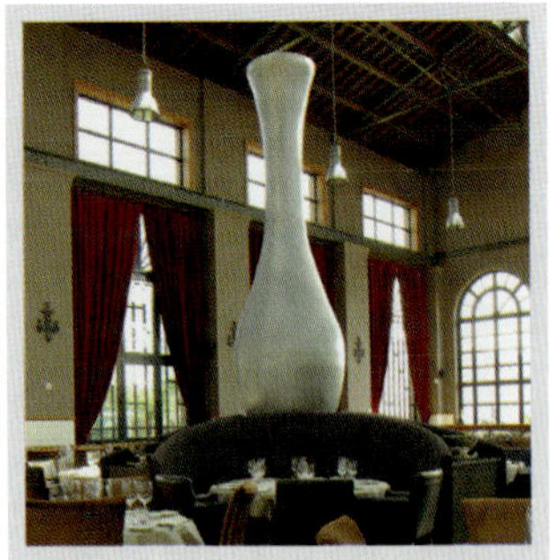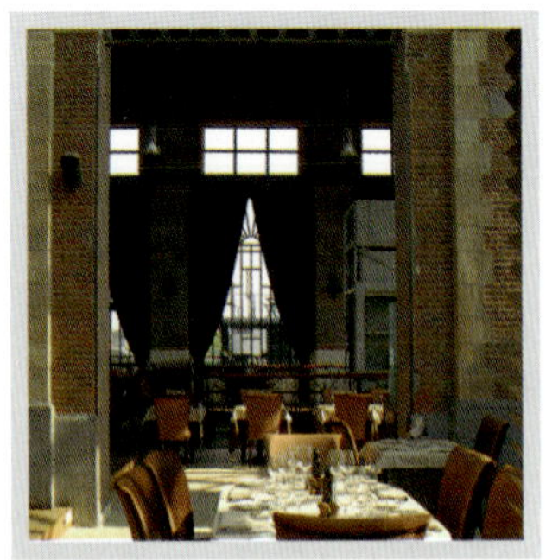

Pump house restaurant Belgium

Harbour monument

In the middle of Antwerp harbour, with a unique view over cranes, docks, bridges and boats, is restaurant & bar Het Pomphuis. This beautiful art nouveau structure, built in 1920 to drain the dry dock next to it, was taken out of service in 1982 and reopened in 2002 as a remarkable restaurant location. On the ground floor, the Grand Café with its large central bar is the beating heart, while the newly covered inner courtyard serves as the restaurant. The mezzanine and pump room, located 7 metres lower, form unique spaces for exclusive dinners. The biggest eye-catchers are the 3 colossal cast iron centrifugal pumps, the round arched windows, the high ceiling with original tropical wood finishing and the stairs against the inner walls of the hall that lead to metal walkways with decorative iron balustrades.

Au plein centre du port d'Anvers, procurant une vue unique sur les grues, docks, ponts et autres bateaux, trône le bar-restaurant Het Pomphuis. Cette magnifique structure Art Nouveau, bâtie en 1920 pour écoper le dock situé à proximité, a été mise hors service en 1982. Elle a rouvert en 2002 sous la forme d'un établissement exceptionnel. Au rez-de-chaussée bat le cœur du restaurant, avec le Grand Café et son bar immense. Le restaurant est installé dans la cour intérieure, nouvellement couverte. Pour des dîners plus exclusifs, on peut également profiter de la mezzanine et de la salle des pompes, sept mètres plus bas. Le regard se porte sur les trois énormes pompes centrifuges, les fenêtres arquées, le haut plafond en bois exotique originel et les escaliers intérieurs menant aux galeries ainsi que ses rampes élégantes.

Middenin de Antwerpse haven, met een uniek uitzicht op kranen, dokken, bruggen en boten, staat restaurant & bar Het Pomphuis. Deze prachtige art nouveau structuur, gebouwd in 1920 om het ernaast gelegen droogdok leeg te pompen, werd in 1982 buiten dienst gesteld en in 2002 heropend als opmerkelijke horecagelegenheid. Op het gelijkvloers vormt het Grand Café met de grote centrale bar het kloppend hart, terwijl de nieuw overdekte binnenplaats dienst doet als restaurant. De mezzanine en de 7 meter dieper gelegen pompenzaal vormen unieke ruimtes voor exclusieve dinertjes. De grootste blikvangers zijn de 3 kolossale giet-ijzeren centrifugaalpompen, de rondboogvensters, het hoge plafond met de origineel tropisch houten afwerking en de trappen tegen de binnenwanden van de hal die leiden naar metalen galerijen met sierlijke ijzeren borstweringen.

HET POMPHUIS RESTAURANT & BAR - Siberiastraat z/n, 2030 Antwerp, Belgium – +32 3 770 86 25 - info@hetpomphuis.be - www.hetpomphuis.be

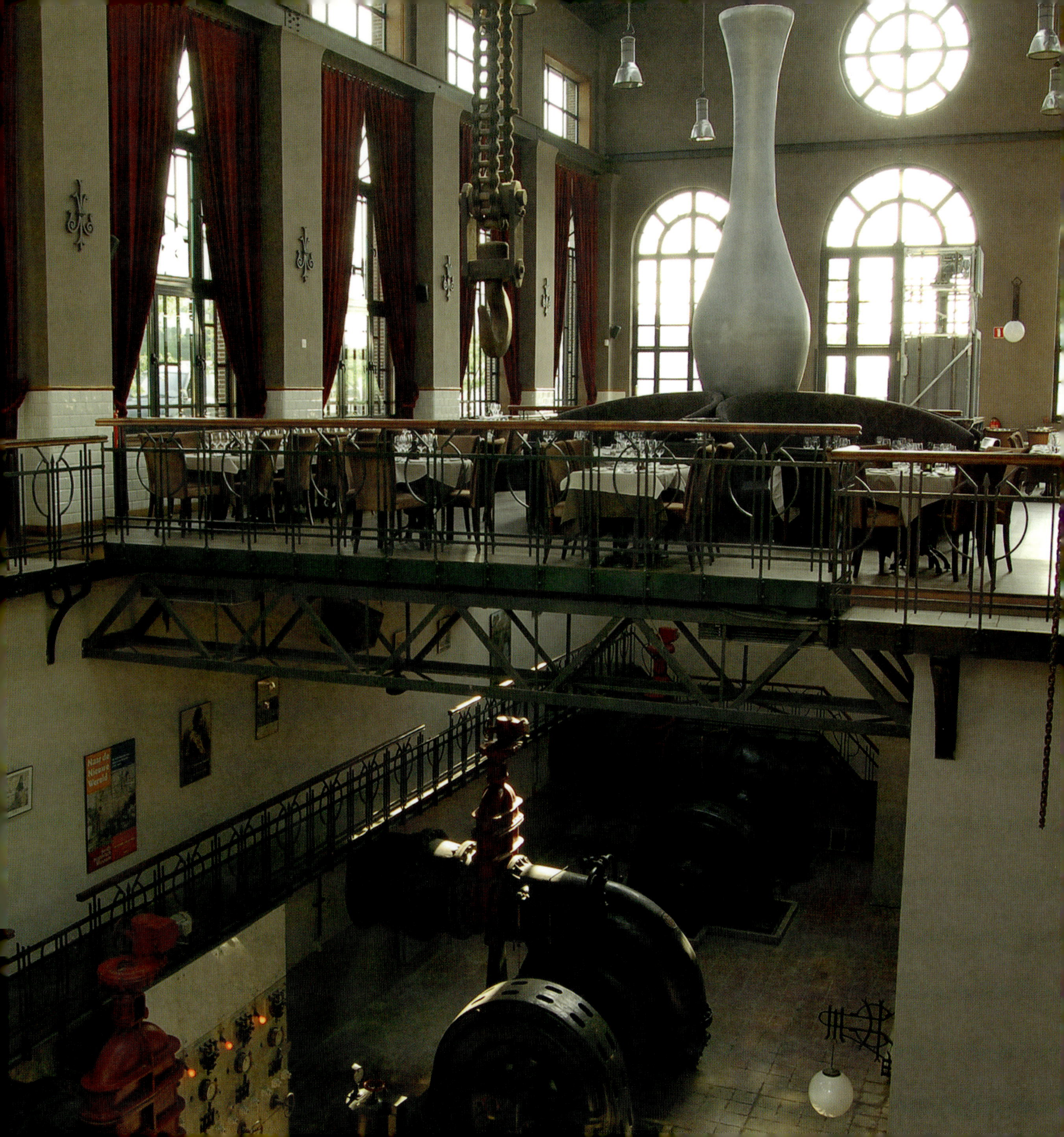

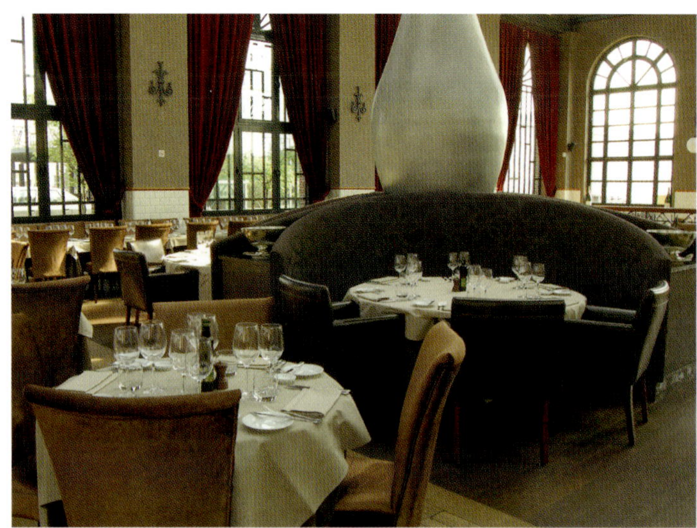

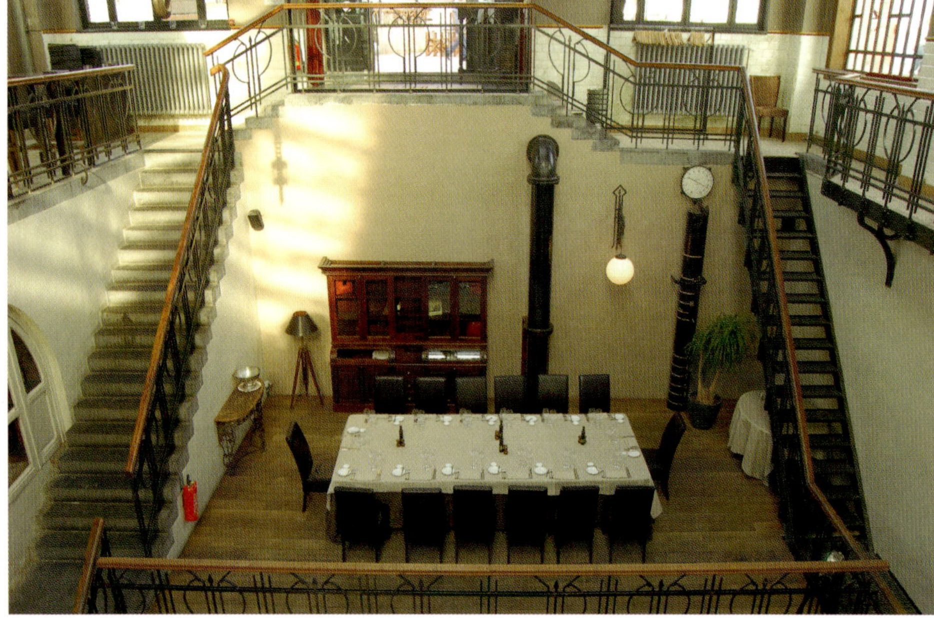

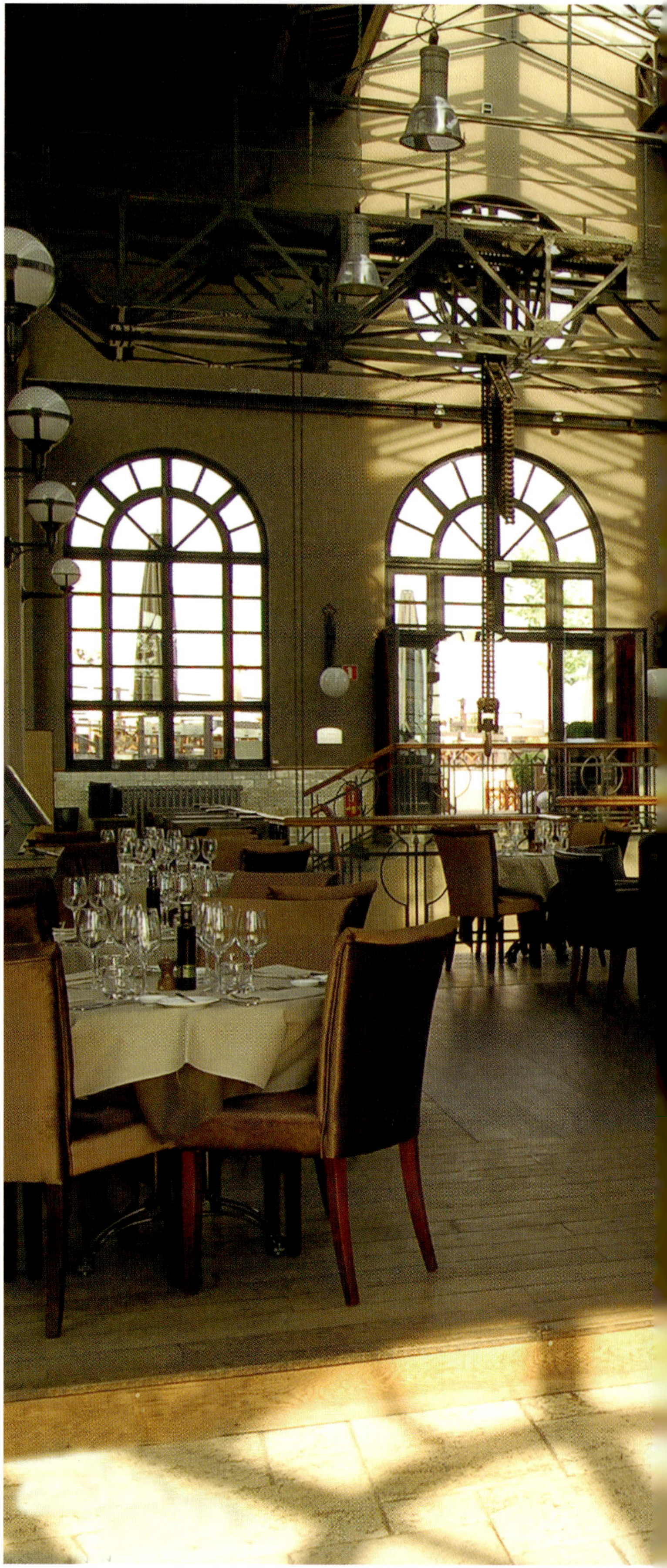

The kitchen serves Pacific Rim cooking, a new term for fusion cooking at its best, with combinations of European, Asiatic and Pacific influences.

La carte propose des spécialités Pacific Rim, un terme désignant la cuisine fusion, combinant des influences européenne, asiatique et du Pacifique.

De keuken biedt Pacific Rim Cooking, een nieuwe term voor fusionkeuken op zijn best, met combinaties van Europese, Aziatische en Pacifische invloeden.

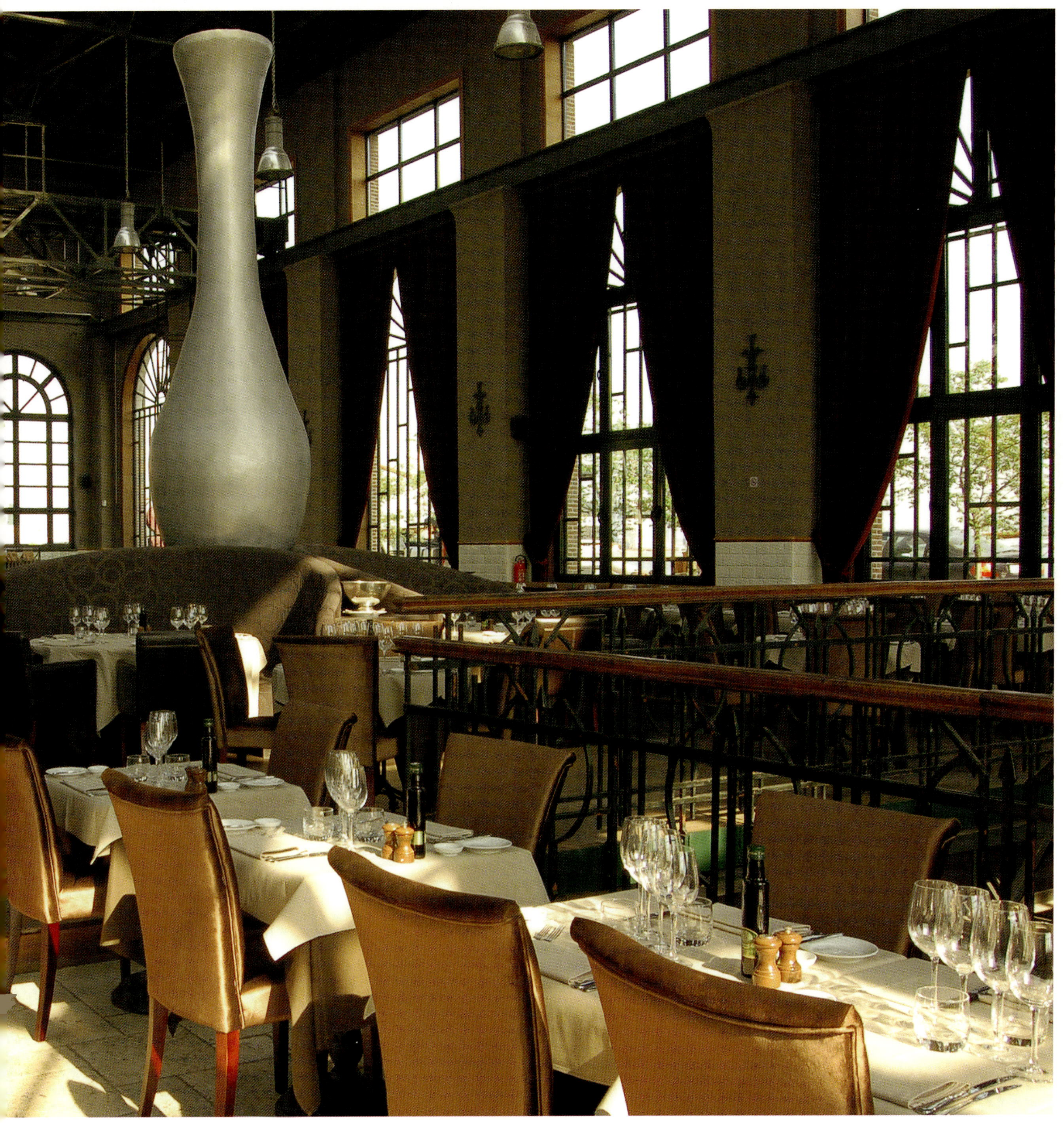

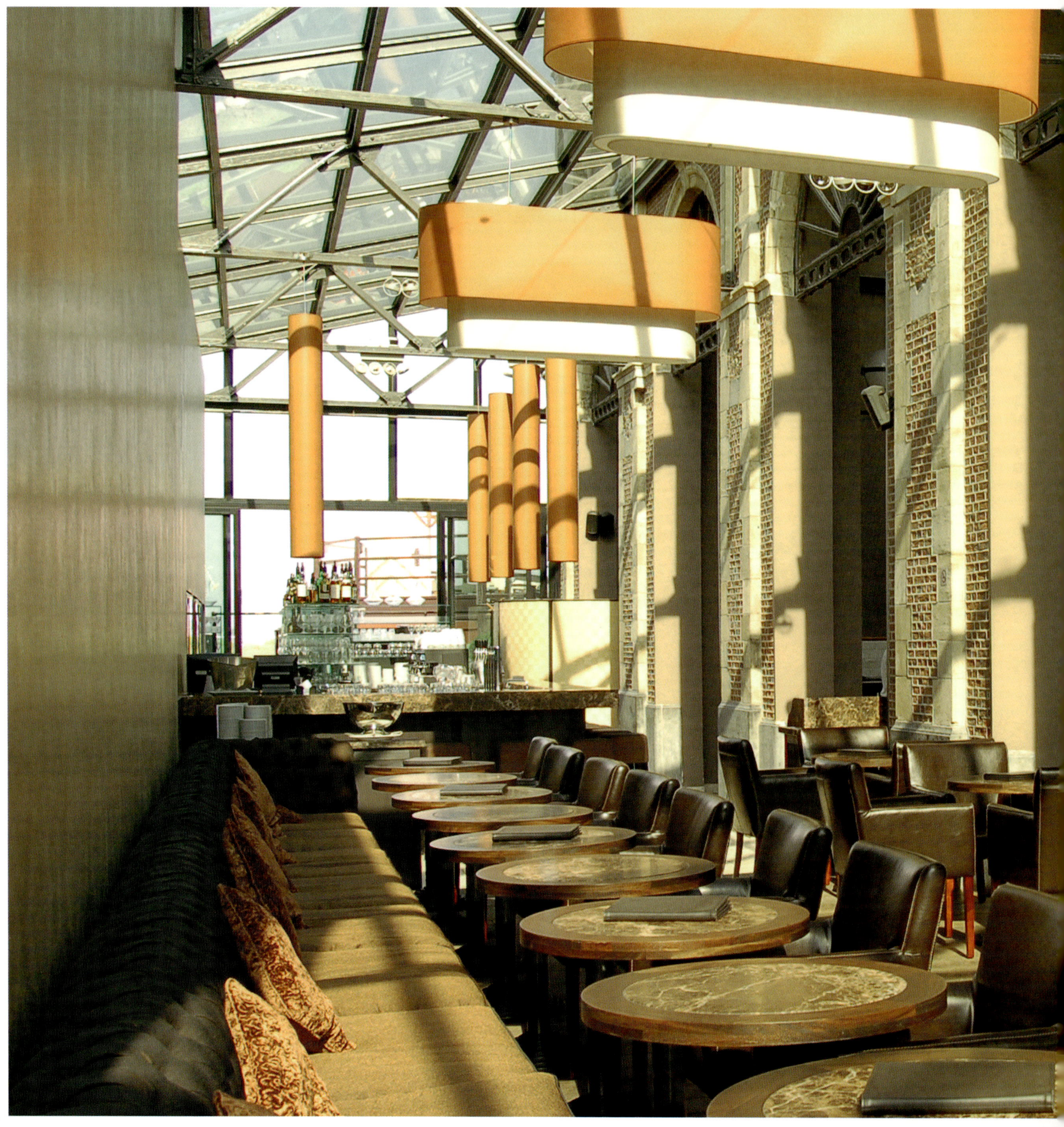

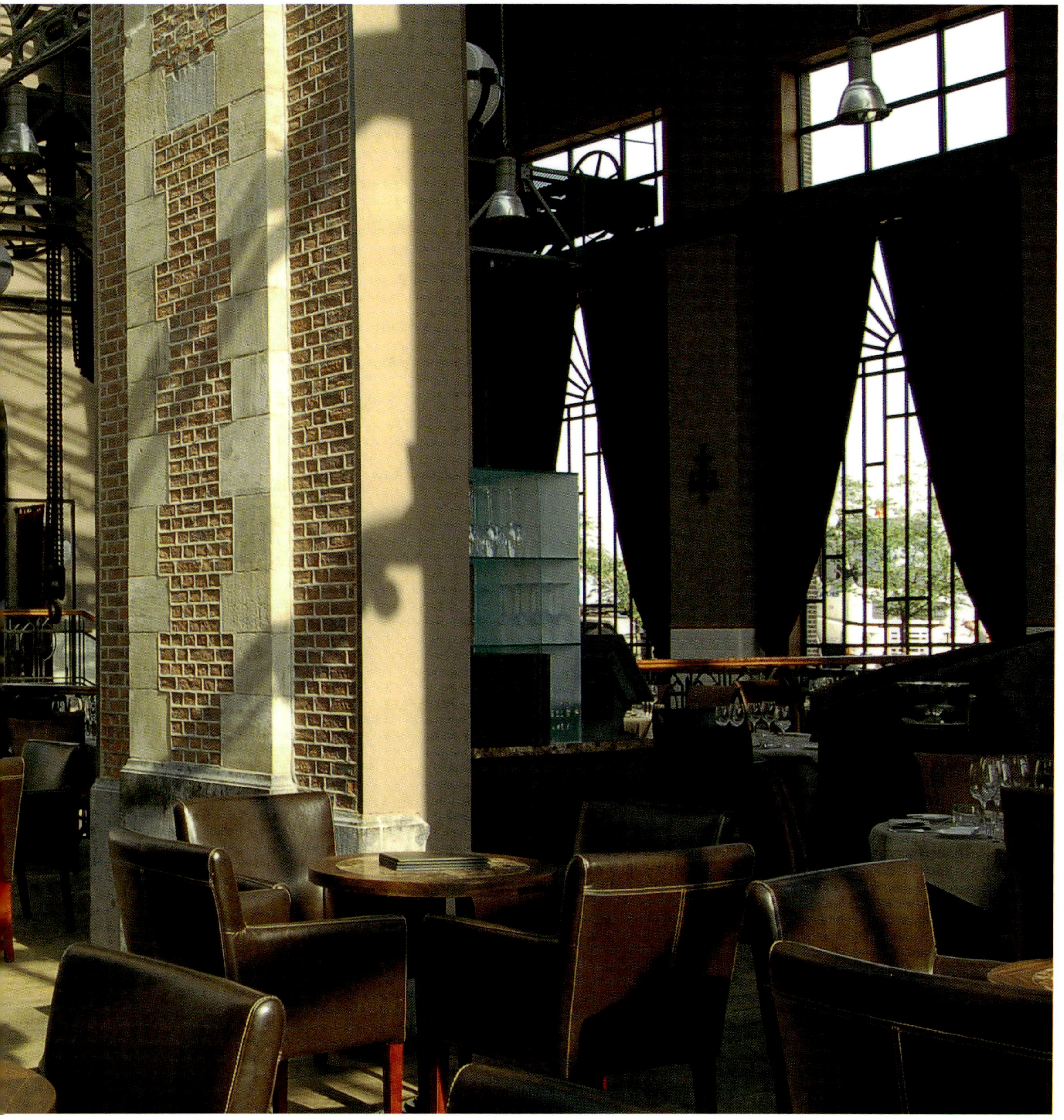

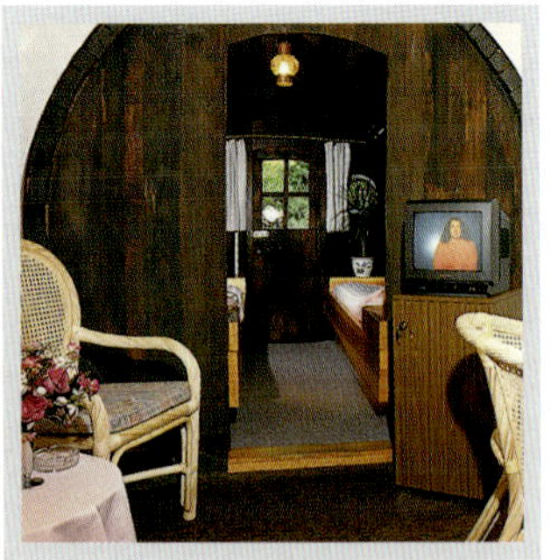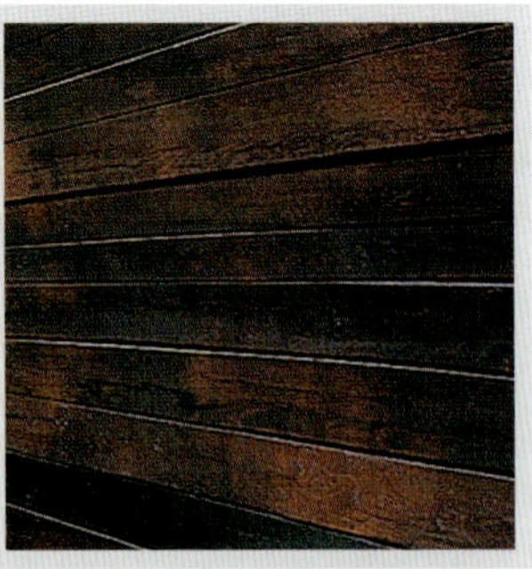

Wine barrel hotel
The Netherlands

Do the Diogenes

Stavoren was once the largest and richest town in Friesland and is now a stylish tourist attraction, as well as being home to the De Vrouwe van Stavoren hotel and restaurant. What looks like a quite ordinary hotel, though in a particularly fine spot with a view of the lively marina, turns out to have some very unusual rooms. Four original Swiss wine barrels with a capacity of 15,000 litres have here been put to use as comfortable and atmospheric hotel rooms. Each 'hotel vat' is just big enough for two single beds and bedside cabinets, and has a small sitting room with a TV, radio, telephone, shower and toilet. The Greek philosopher Diogenes had already proved that it was possible to live in a barrel, and this is where you can imitate him.

Stavoren, jadis la ville la plus riche et la plus grande de la Frise et aujourd'hui lieu de villégiature recherché, est le port d'attache de l'hôtel-restaurant De Vrouwe van Stavoren. Ce qui, de l'extérieur, ressemble à un hôtel des plus ordinaires, situé il est vrai dans un endroit admirable avec vue sur un port de plaisance, abrite en réalité des chambres pour le moins originales. Quatre tonneaux suisses d'une contenance de 15.000 litres chacun font office de chambres très accommodantes. Chaque barrique est juste assez spacieuse pour contenir un lit double et des tables de chevets. Elle comprend un petit coin télé pourvu d'une radio et d'un téléphone, un coin douche et une toilette. Le philosophe grec Diogène l'avait déjà prouvé, on peut vivre dans un tonneau. Ici vous pouvez l'imiter.

Stavoren, ooit de grootste en rijkste stad van Friesland en nu een toeristische trekpleister van allure, is de thuishaven van hotel-restaurant De Vrouwe van Stavoren. Wat eruit ziet als een doodgewoon hotel op een weliswaar bijzonder fraaie locatie met uitzicht op de levendige jachthaven, blijkt binnenin enkele wel zeer ongewone kamers te herbergen. Vier originele Zwitserse wijnvaten van 15.000 liter elk doen hier immers dienst als gerieflijke, sfeervolle hotelkamers. Elk 'hotelvat' is net ruim genoeg voor twee eenpersoonsbedden en -nachtkastjes, en is voorzien van een zitkamertje met tv, radio, telefoon, douche en toilet. De Griekse wijsgeer Diogenes bewees al dat het kon: wonen in een ton. Hier kan je het 'm nadoen.

The name of the hotel refers to an old saga about a rich merchant's widow who found a ring, which had been thrown into the sea, inside a haddock.

Le nom de l'hôtel est tiré d'une vieille légende selon laquelle la femme d'un riche commerçant a retrouvé une bague jetée à la mer dans les entrailles d'un aiglefin.

De naam van het hotel slaat op een oude sage over een rijke koopmansweduwe die een in zee geworpen ring terugvindt in een schelvis.

DE VROUWE VAN STAVOREN - Havenweg 1, 8715 EM Stavoren, The Netherlands - +31 514 681202 - www.hotel-vrouwevanstavoren.nl

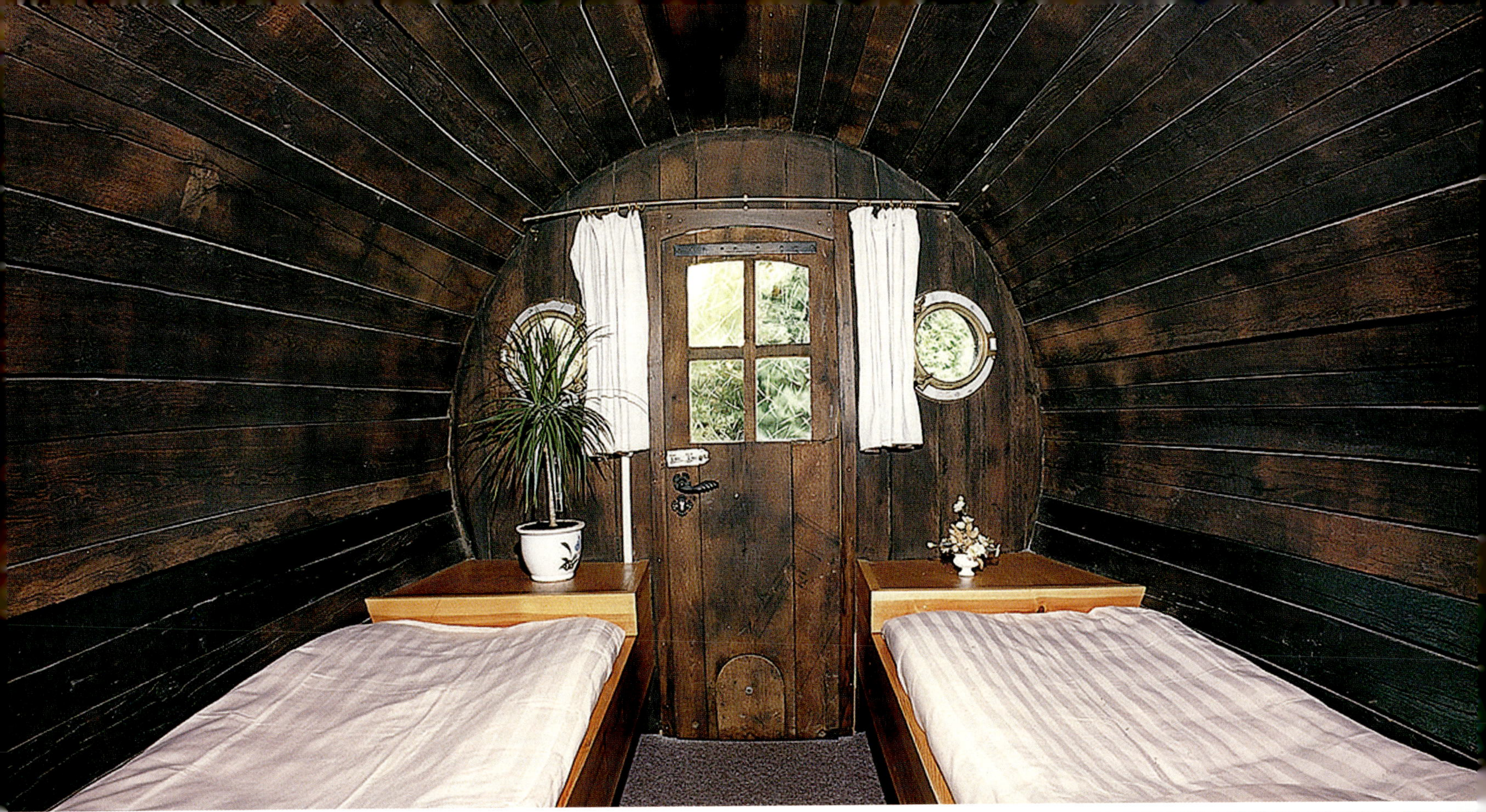

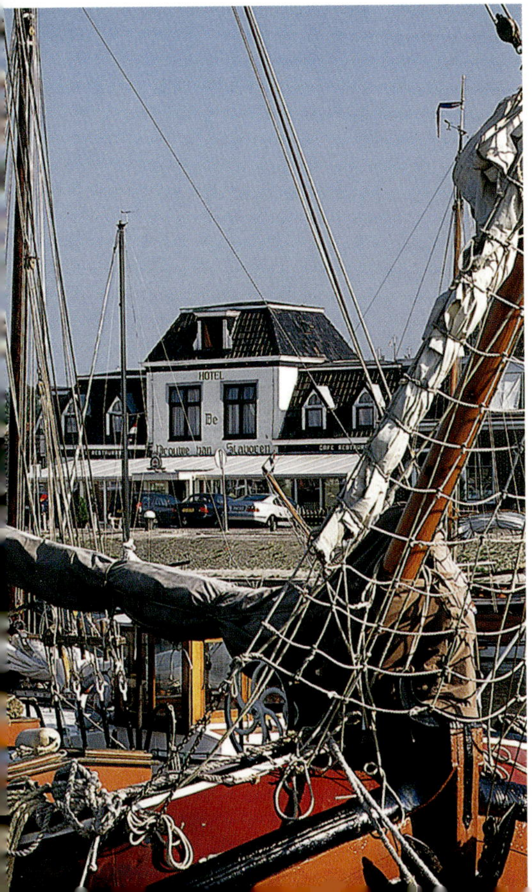
HOTEL
De
Vrouwe van Stavoren

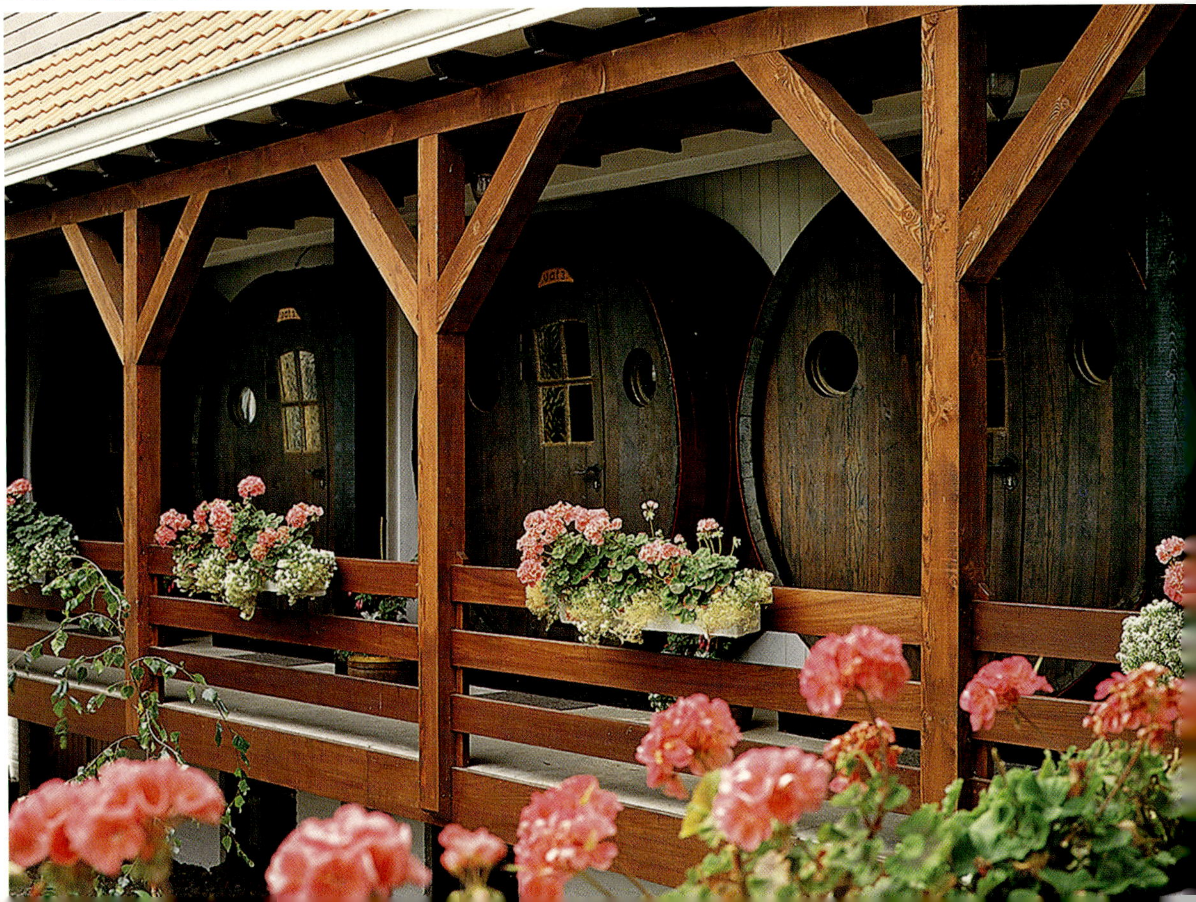

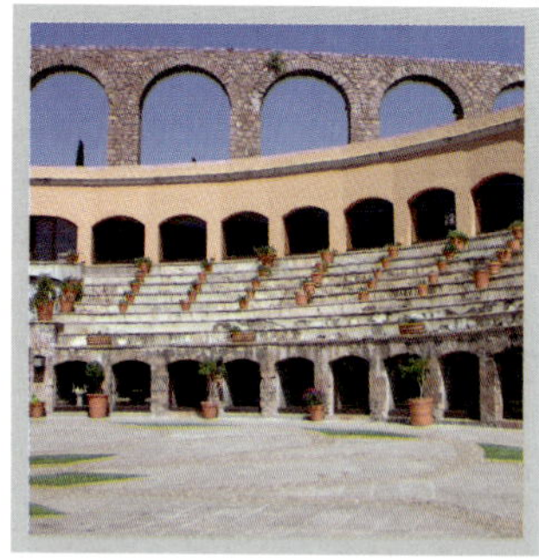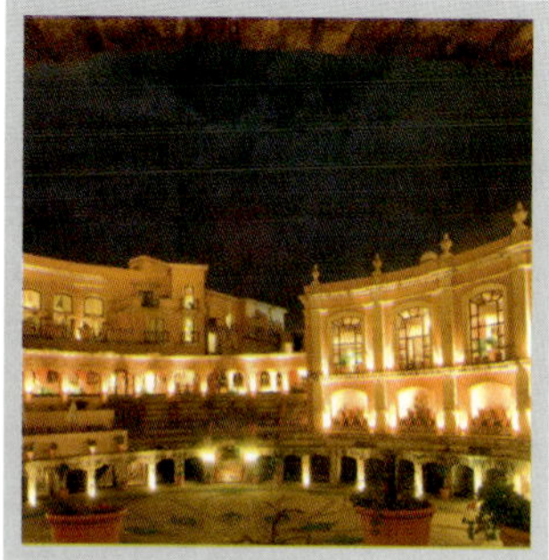

Arena hotel ^{Mexico}

Bullring brunching

This 1866 arena – which in times long past was used as the setting for bullfights – has been used as a hotel since 1989. When it was renovated, its original character and unique structure were meticulously preserved, so now the rooms and restaurant look out on what has now become a huge circular patio. With its clinker flooring and mass of Mediterranean flowers it is the ideal spot for festive occasions. If intimacy is more your thing, you will be happier in the vaulted cellars of the Botarel Bar, where the bulls slept in the past. The Mexican town of Zacatecas is built in a deep ravine and is renowned for its silver mines and superb colonial era centre, which is on the UNESCO World Heritage list.

Cette arène datée de 1866 fut, en son temps, le théâtre de combats de taureaux. Transformé en hôtel en 1989, le bâtiment a conservé son caractère original, de telle manière que les chambres et le restaurant ont vue sur ce qui est aujourd'hui, un immense patio circulaire. Le revêtement pavé et la profusion de fleurs du sud en font un lieu idéal pour organiser des festivités. Pour plus d'intimité, rendez-vous dans les caves voûtées du bar Botarel, l'endroit où dormaient jadis les taureaux. Bâtie au fond d'un ravin, La Zacatecas est une région du Mexique réputée pour sa mine d'argent et son splendide centre-ville, datant des colonies et repris au patrimoine mondial de l'UNESCO.

Deze arena uit 1866 – die in vervlogen tijden gebruikt werd als schouwtoneel voor stierengevechten – doet sinds 1989 dienst als hotel. Het originele karakter en de unieke structuur van het gebouw werden tijdens de renovatie zorgvuldig bewaard, zodat de hotelkamers en het restaurant uitkijken op wat nu een immens grote, ronde patio geworden is. Met zijn beklinkerde vloer en zuiderse bloemenpracht is dit de gedroomde locatie voor feestelijkheden. Ben je meer gesteld op intimiteit, dan kan je terecht in de gewelvenkelders van de Botarel Bar, de plek waar vroeger de stieren sliepen. Het Mexicaanse Zacatecas is gebouwd in een diep ravijn, en staat bekend om zijn zilvermijnen en zijn prachtige stadscentrum uit de koloniale tijd, dat opgenomen is op de werelderfgoedlijst van de UNESCO.

QUINTA REAL ZACATECAS - Av. Rayon 434, Col. Centro Zacatecas, Zac, Mexico - contact info: +52 (55) 11 05 10 00 - www.quintareal.com

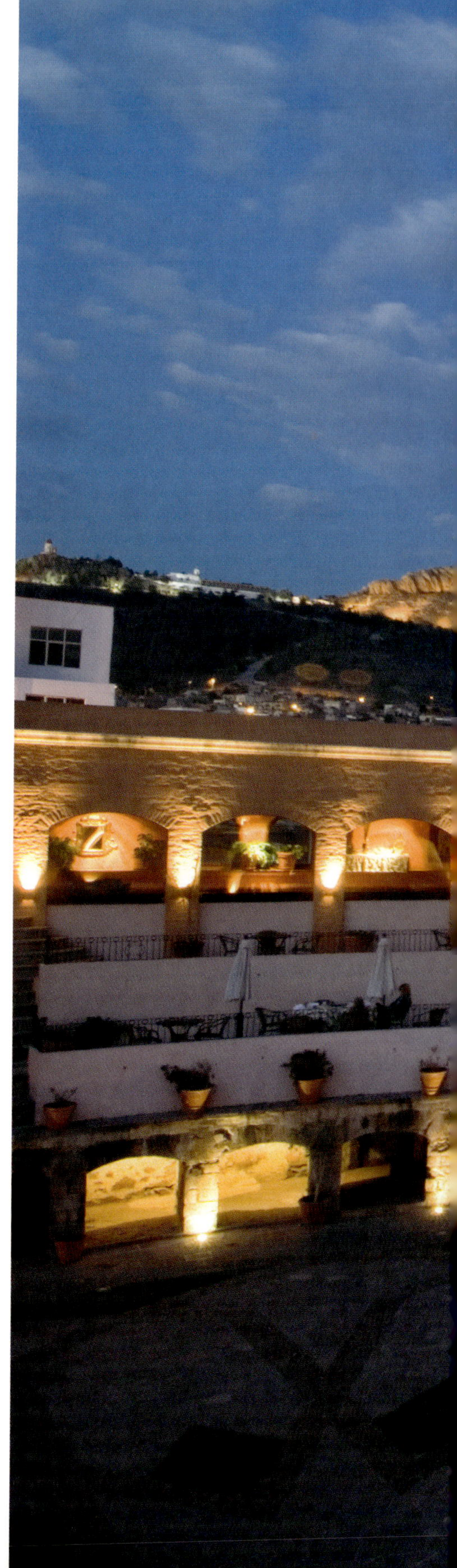

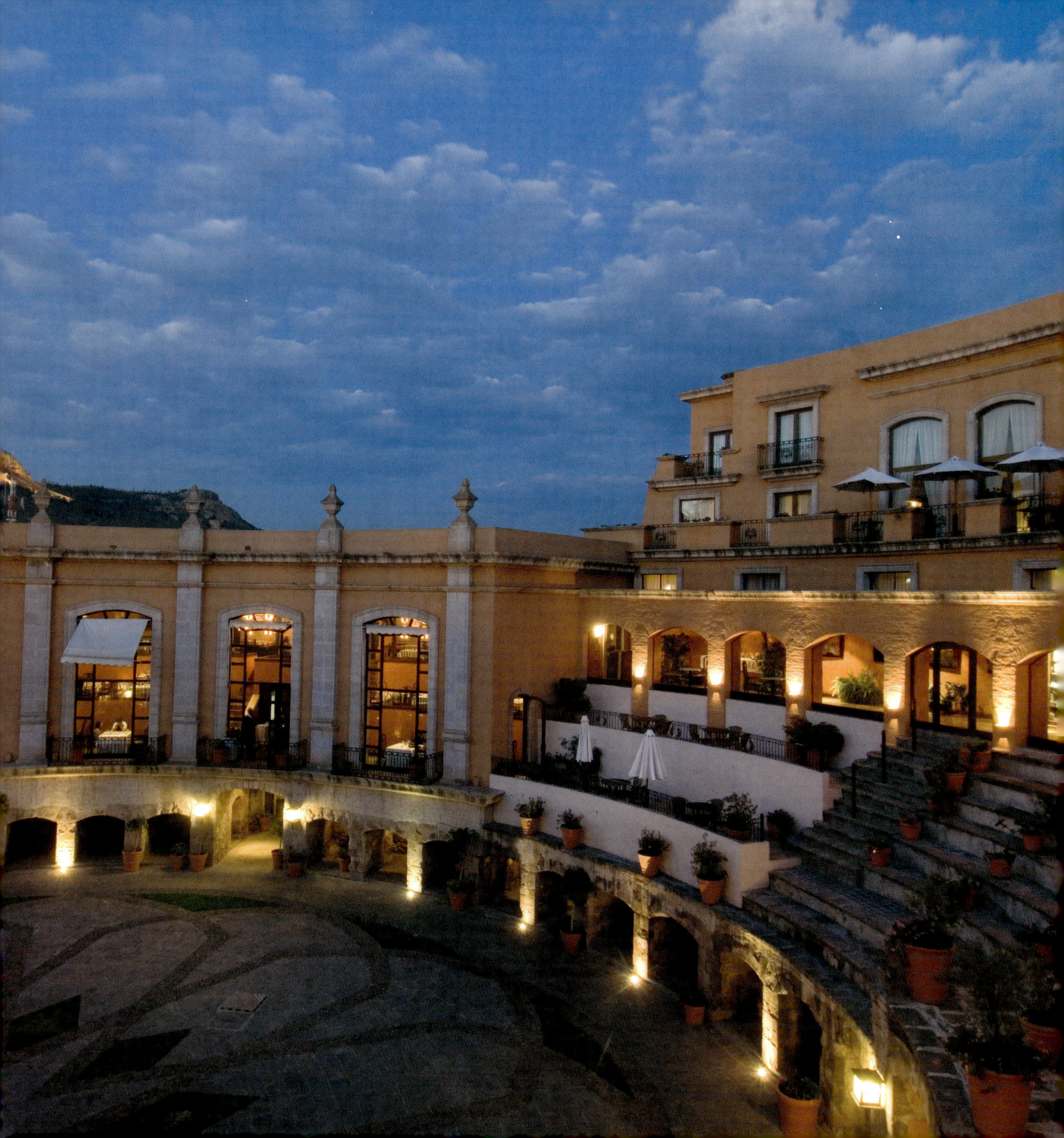

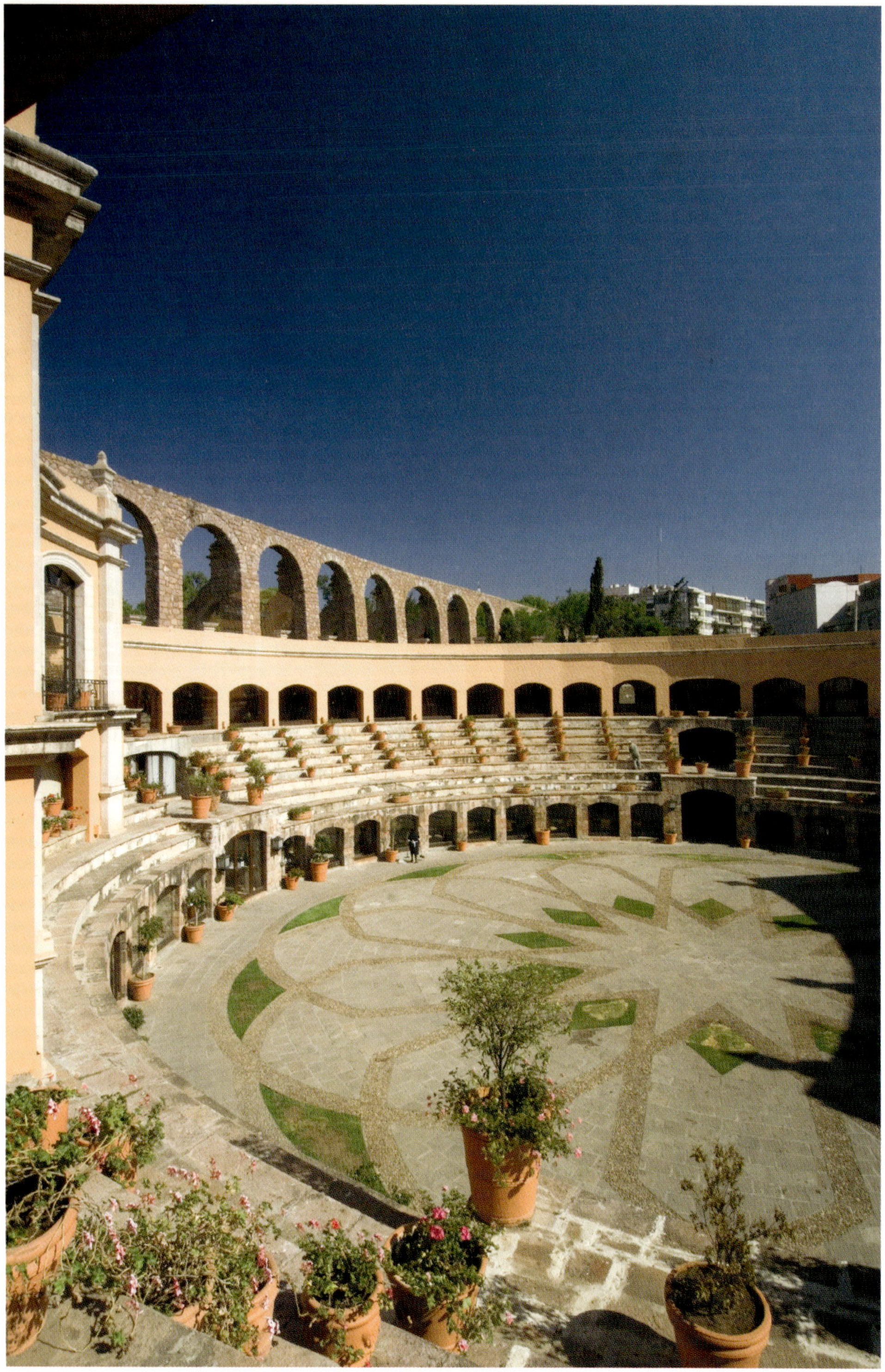

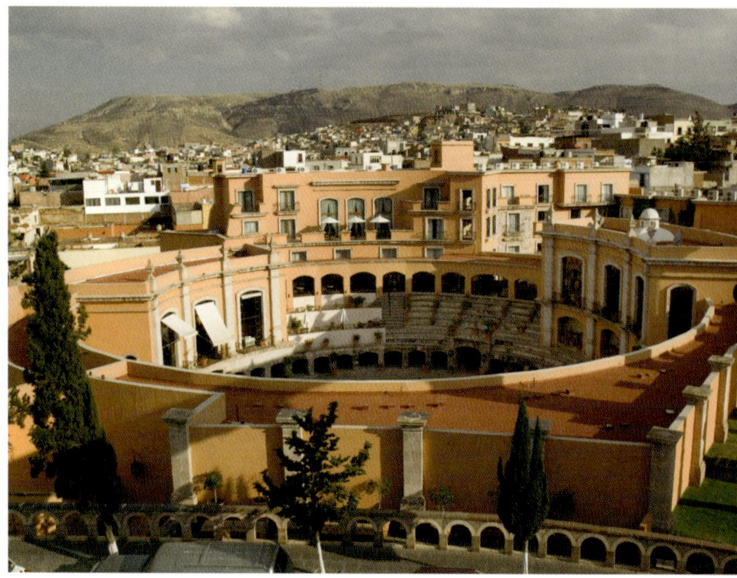

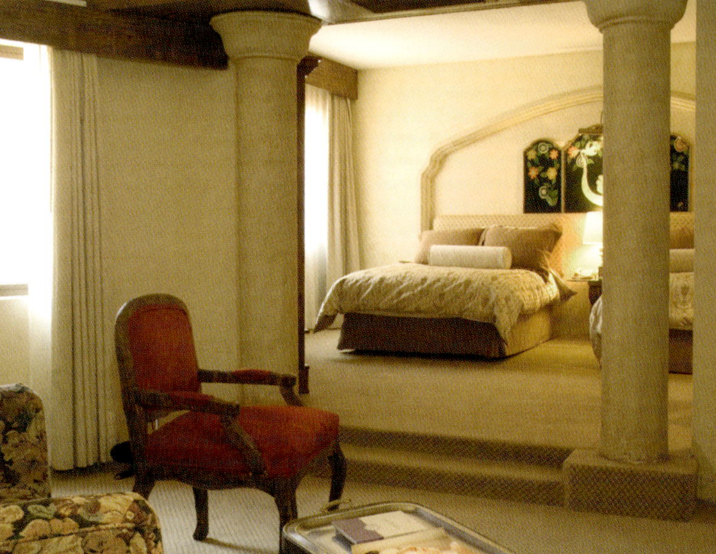

The original aqueduct alongside the arena has also been preserved.

L'aqueduc courant le long de l'arène a également été préservé.

Ook het originele aquaduct langsheen de arena werd behouden.

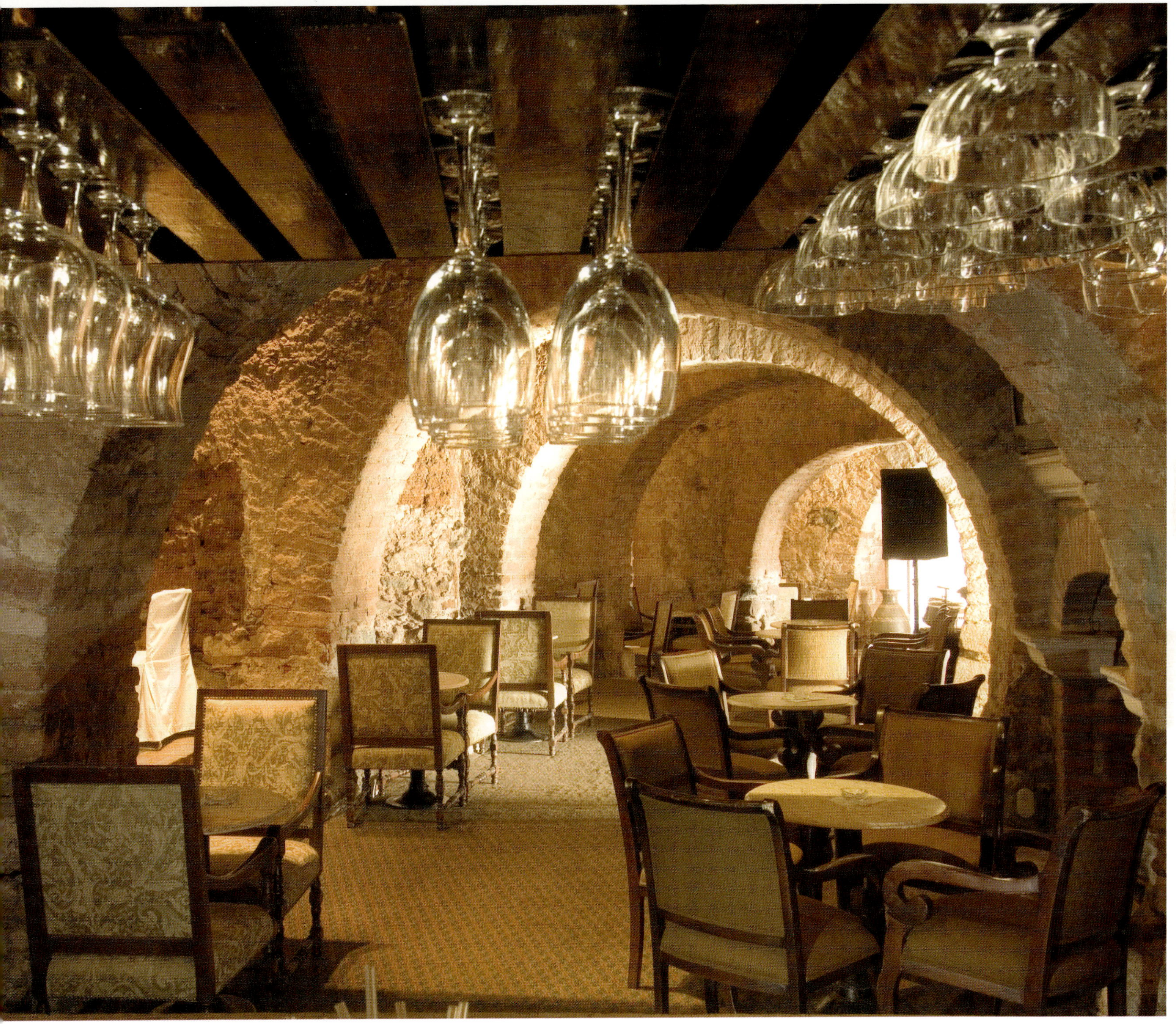

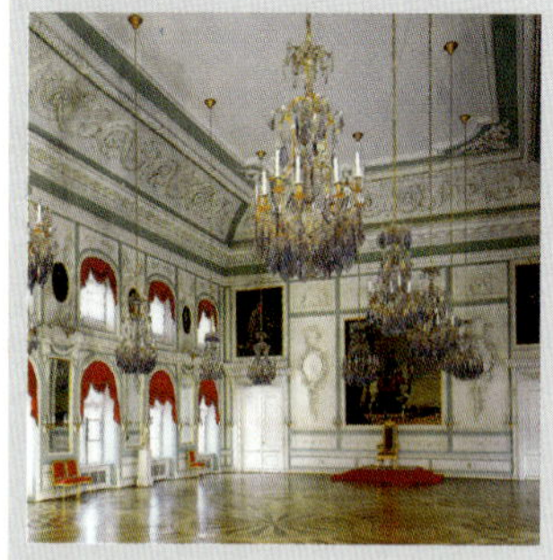 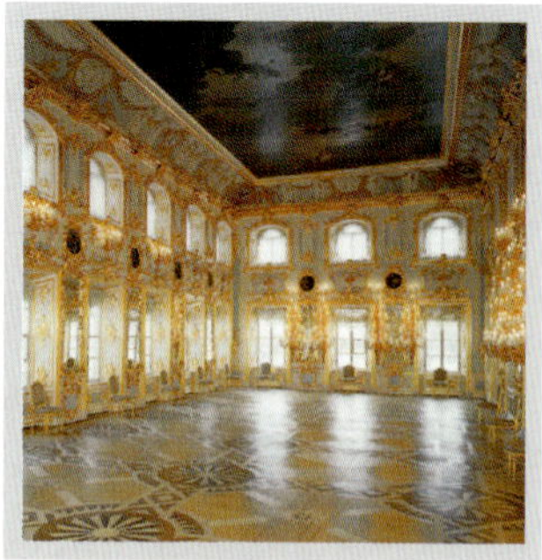

Imperial palace Russia

Fairytale fountains

For those who like to be enchanted by impressive interiors and magical fountains, the Russian Peterhof is a dream location. St. Petersburg's most famous and most spectacular royal country house is situated on a cliff, 100 metres from the coast on the Gulf of Finland. The 1,000 hectare palace and garden complex, which was built by Czar Peter the Great with a view to surpassing Versailles, includes magnificent landscaped gardens, fairytale fountains, golden sculptures and exuberant palaces. The most important building, the Great Palace at the top of the cliff, contains galleries, state rooms, private rooms and even a church. It has 3 rooms that can be used for exceptional exclusive receptions or dinners: the ballroom, the throne room and the public hall.

Pour qui se laisse volontiers séduire par des intérieurs prestigieux et des fontaines féeriques, Peterhof en Russie est le lieu rêvé pour un évènement. La propriété de campagne la plus connue et la plus spectaculaire de l'empereur est située sur une falaise, à 100 mètres de la mer, surplombant le Golfe de Finlande. L'ensemble des palais et jardins, qui couvre 1.000 hectares, fut construit par le tsar Pierre le Grand en 1714 avec l'ambition de surpasser Versailles ; il se compose de jardins superbement aménagés, d'éblouissantes fontaines, de sculptures dorées et de palais exubérants. Dans la construction la plus importante, le Grand Palais au sommet de la falaise, on trouve des galeries, des salons d'apparat, des cabinets privés et même une église ainsi que des espaces - la salle de bal, la salle du trône et le hall - où l'on peut organiser des dîners ou des réceptions parmi les plus exclusives qui soient.

Wie zich graag laat betoveren door indrukwekkende interieurs en feeërieke fonteinen, vindt in het Russische Peterhof de gedroomde evenementenlocatie. Sint-Petersburgs bekendste en meest spectaculaire keizerlijke buitenverblijf is gelegen op een klif 100 meter van de kust aan de Finse Golf. Het 1.000 hectare grote paleizen- en tuinencomplex, dat in 1714 door tsaar Peter de Grote gebouwd werd met de ambitie om Versailles te overtreffen, omvat prachtig aangelegde tuinen, sprookjes-achtige fonteinen, gouden beeld-houwwerken en exuberante paleizen. Het belangrijkste bouwwerk, het Grote Paleis op de top van het klif, bevat galerijen, staatsieruimtes, privévertrekken en zelfs een kerk-gebouw, en beschikt over 3 zalen die gebruikt kunnen worden voor uiterst exclusieve recepties of diners: de balzaal, de troonzaal en de publiekshal.

PETERHOF GRAND PALACE – 2 RAZVODNAYA STREET, PETERHOF, ST. PETERSBURG, RUSSIA · VENUE HIRE BY LILAC PALM LTD., 28 OLD BROMPTON RD., SOUTH KENSINGTON, LONDON SW7 3DL, UNITED KINGDOM · +44 207 736 1606 · INFO@LILACPALM.COM · WWW.LILACPALM.COM

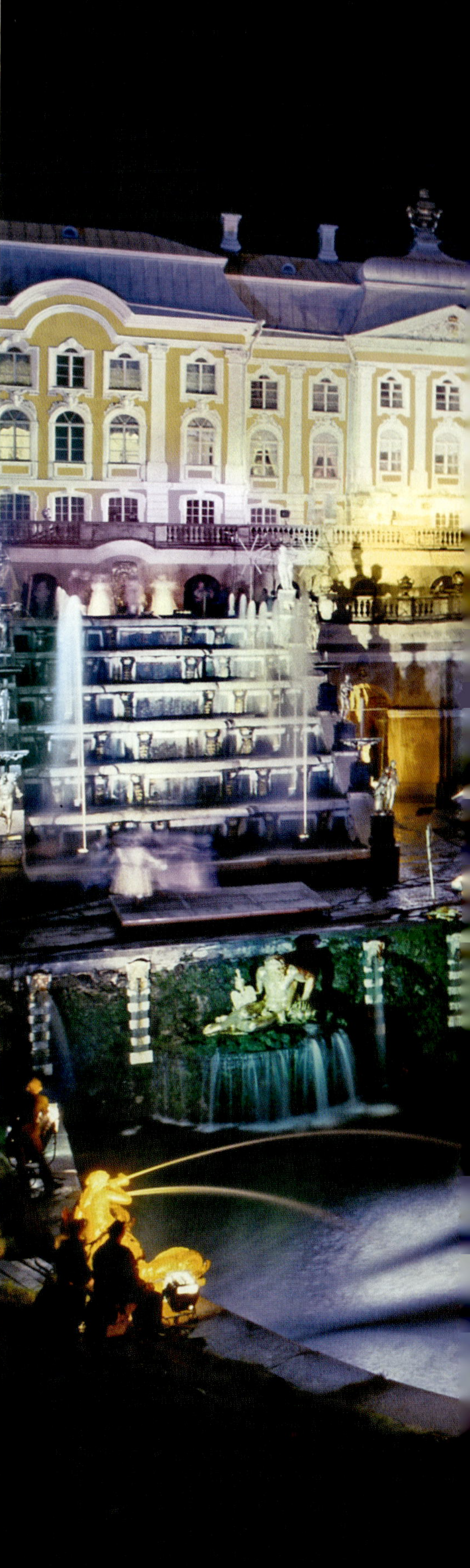

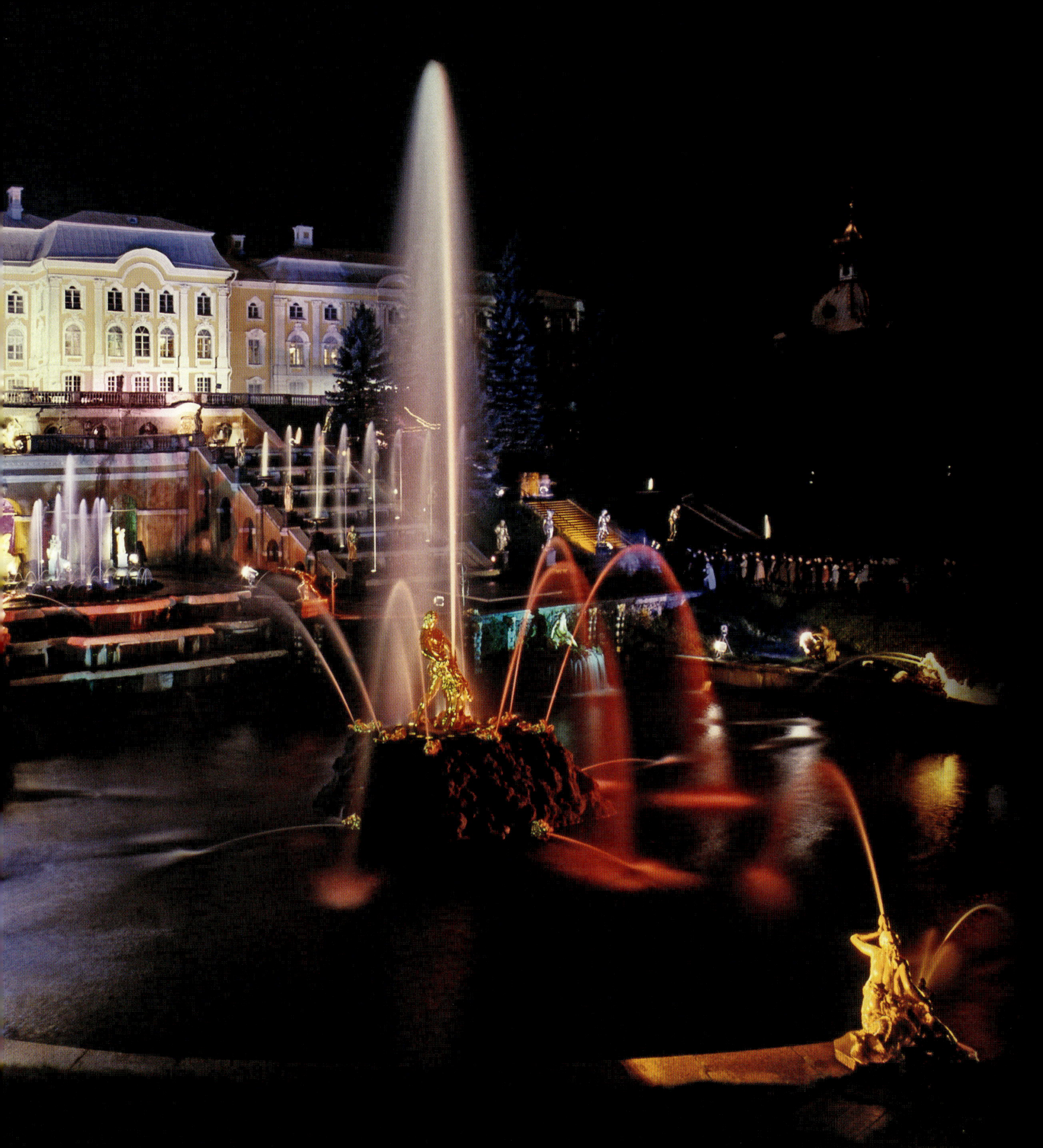

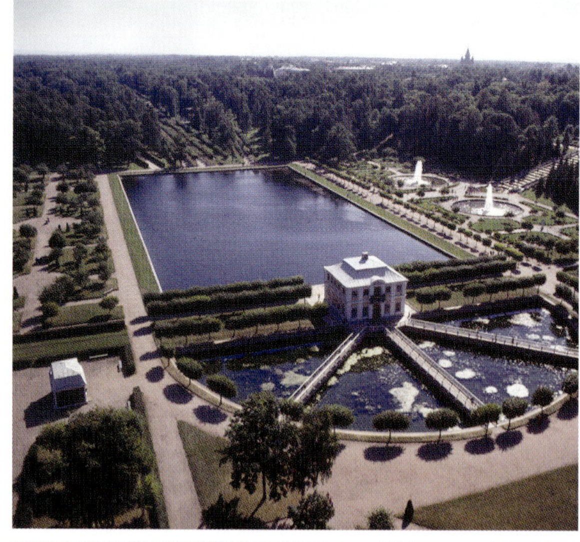
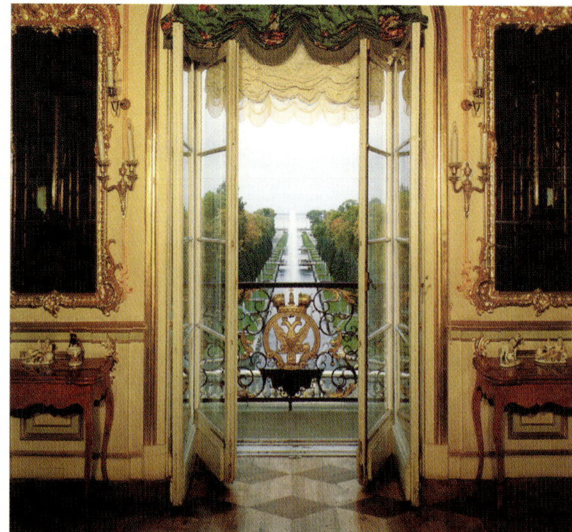
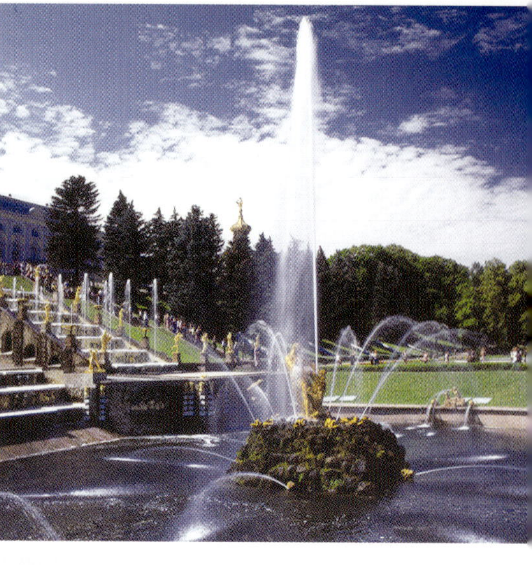
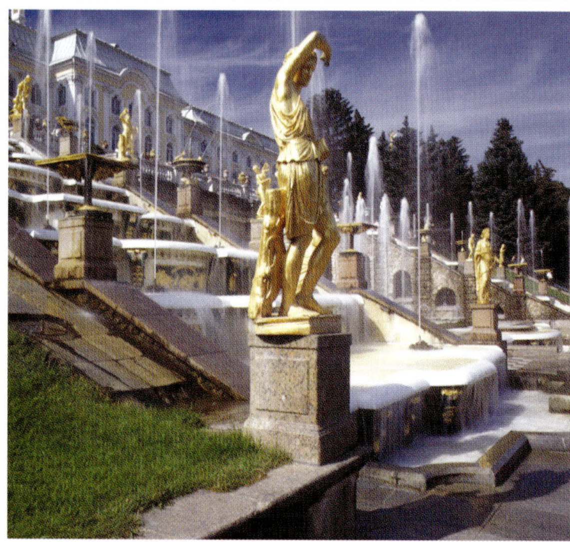
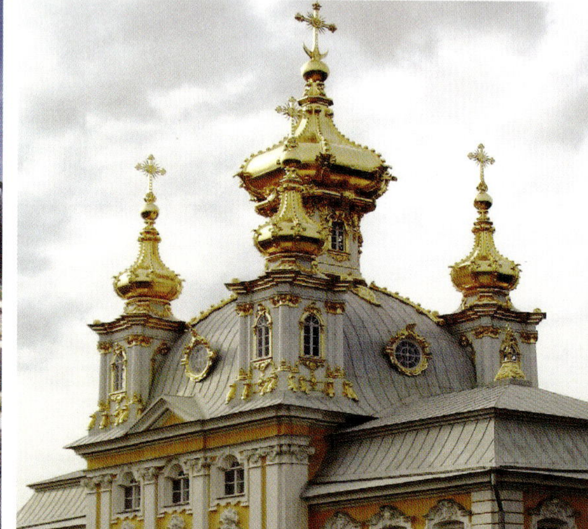
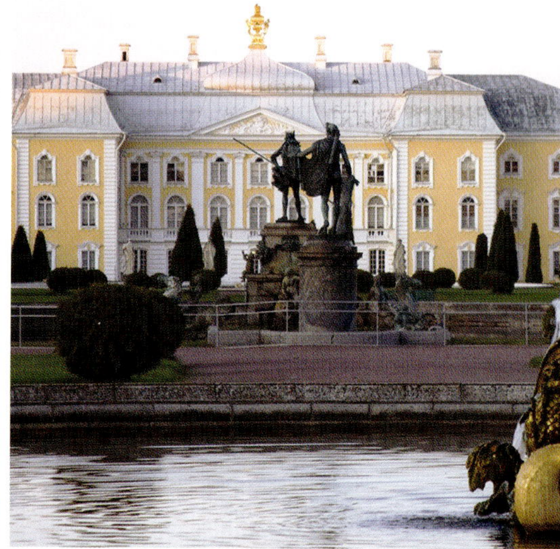
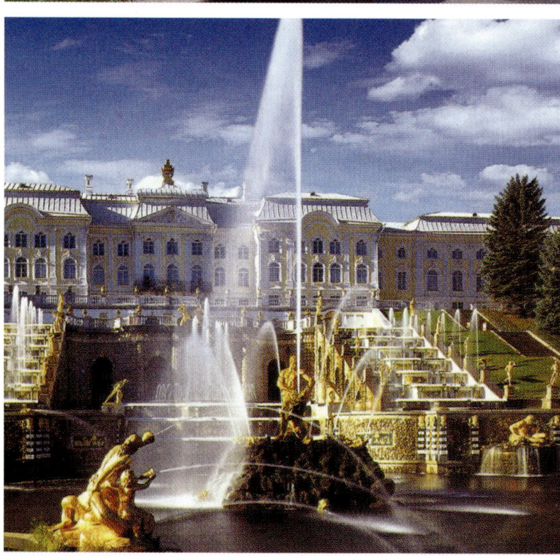
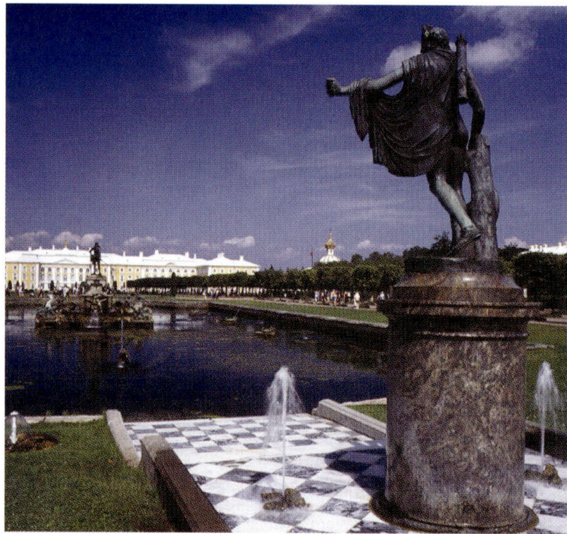
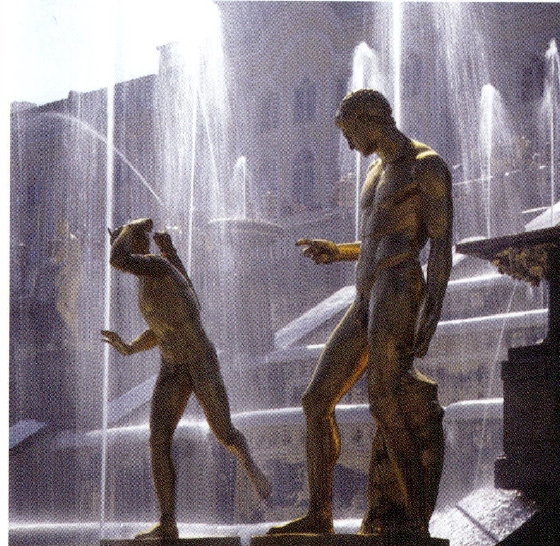

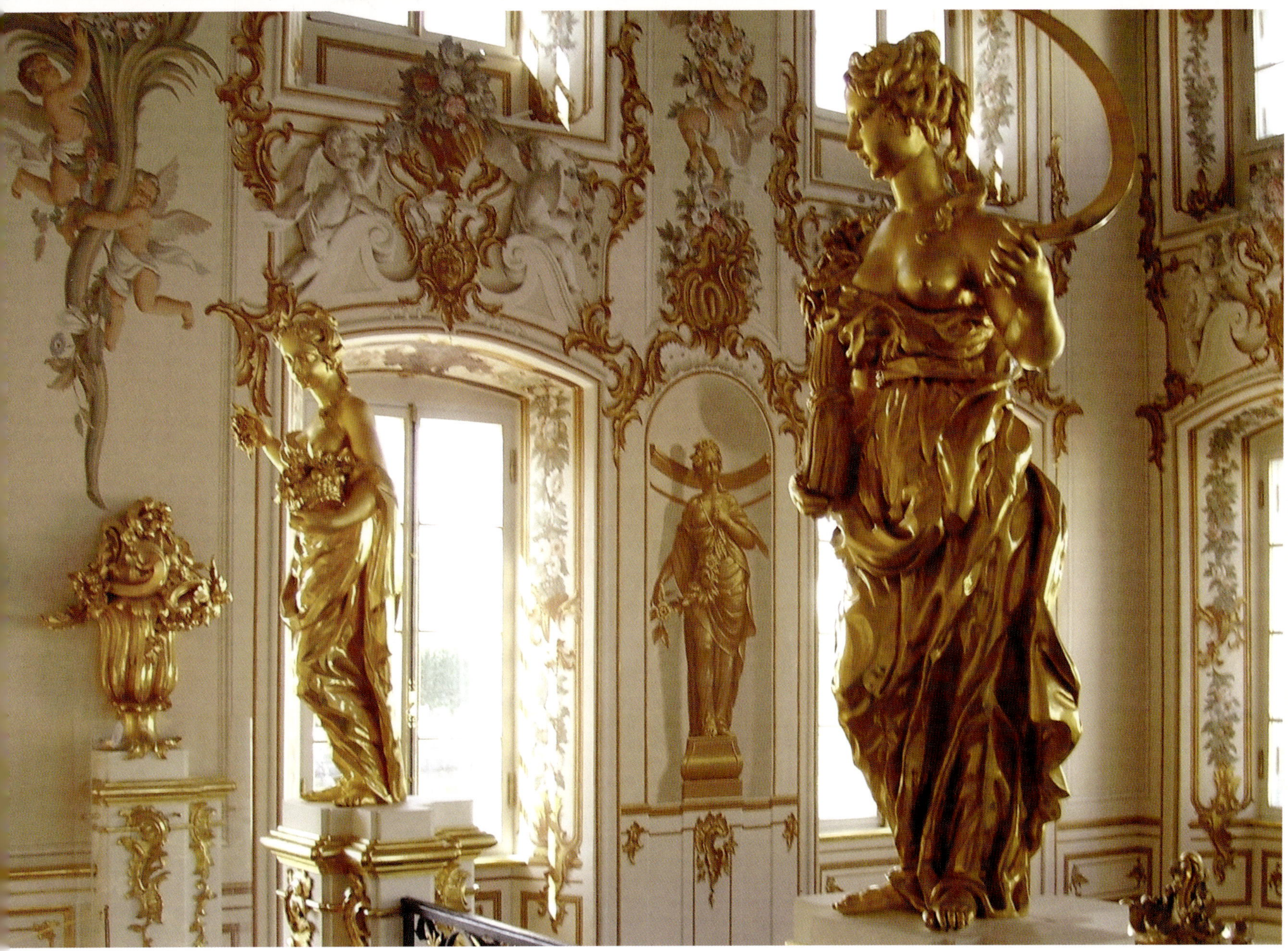

With more than 150 fountains, Peterhof has the world's largest fountain system - one that is not driven by pumps but by means of an aqueduct and the forces of gravity.

Avec plus de 150 fontaines, Peterhof possède le plus vaste ensemble que l'on puisse trouver au monde ; ces fontaines ne sont pas alimentées par des pompes, mais bien par un réseau d'aqueducs qui fonctionne grâce à la gravité.

Met meer dan 150 fonteinen beschikt Peterhof over 's werelds grootste fonteinensysteem - een dat niet aangedreven wordt door pompen, maar door middel van een aquaduct gebruik maakt van de zwaartekracht.

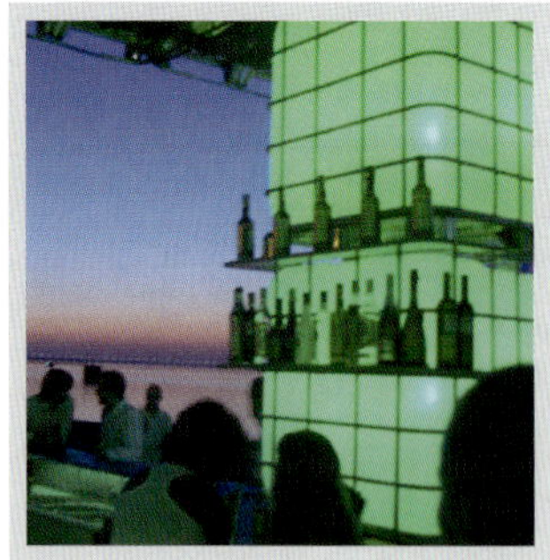 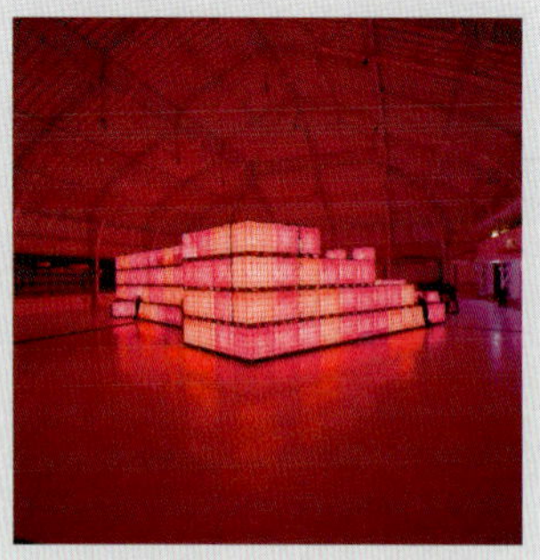

Light club Travelling

Glow in the dark

Kubik has shown since 2006 that a cool club design doesn't need to cost a fortune. This temporary and easily transportable club concept brings vacant city spaces to life with the help of recycled water tanks, coloured lights and electronic music. It was dreamed up by the cultural management office Balestra Berlin, the architects at Modulor Beat and lighting artist Andreas Barthelmes. This new outdoor club concept was welcomed with open arms by party communities throughout Europe during the last few summers, when Kubik turned up in Berlin, Barcelona, Lisbon and Milan. The stacked 1,000 litre water tanks, can function separately and light up in various colours, for a spectacular background that vibrates along to the beats of minimalist electronic music.

Un club design qui ne coûte pas nécessairement une fortune ? C'est ce que prouve Kubik, depuis 2006. Ce concept éphémère et mobile anime les places vides des villes au moyen de réservoirs d'eau recyclés, de lumières de couleurs et de musique électronique. Pensé par le bureau de gestion culturelle Balestra Berlin, les architectes de Modulor Beat et l'artiste Andreas Barthelmes, ce concept de club en plein air a été accueilli à bras ouverts l'été dernier par la party community de toute l'Europe. Kubik est ainsi allé à Berlin, Barcelone, Lisbonne et Milan. Les réservoirs de 1 000 litres assemblés et illuminés dans des couleurs vives forment un décor qui vibre au rythme d'une musique électronique minimaliste.

Dat een cool clubdesign geen handenvol geld hoeft te kosten, bewijst Kubik al sinds 2006. Dit tijdelijke en gemakkelijk verplaatsbare clubconcept brengt ongebruikte stedelijke ruimtes tot leven met behulp van gerecycleerde watertanks, gekleurde lichten en elektronische muziek. Bedacht door het culturele managementbureau Balestra Berlin, de architecten van Modulor Beat en lichtkunstenaar Andreas Barthelmes, werd dit nieuwe openlucht-clubconcept de afgelopen zomers met open armen onthaald door de *party community* van gans Europa. Zo deed Kubik onder meer al Berlijn aan, Barcelona, Lissabon en Milaan. De opeengestapelde watertanks van 1.000 liter, apart bedienbaar en in verschillende kleuren verlicht, vormen een spectaculaire achtergrond die mee vibreert op de beats van minimale elektronische muziek.

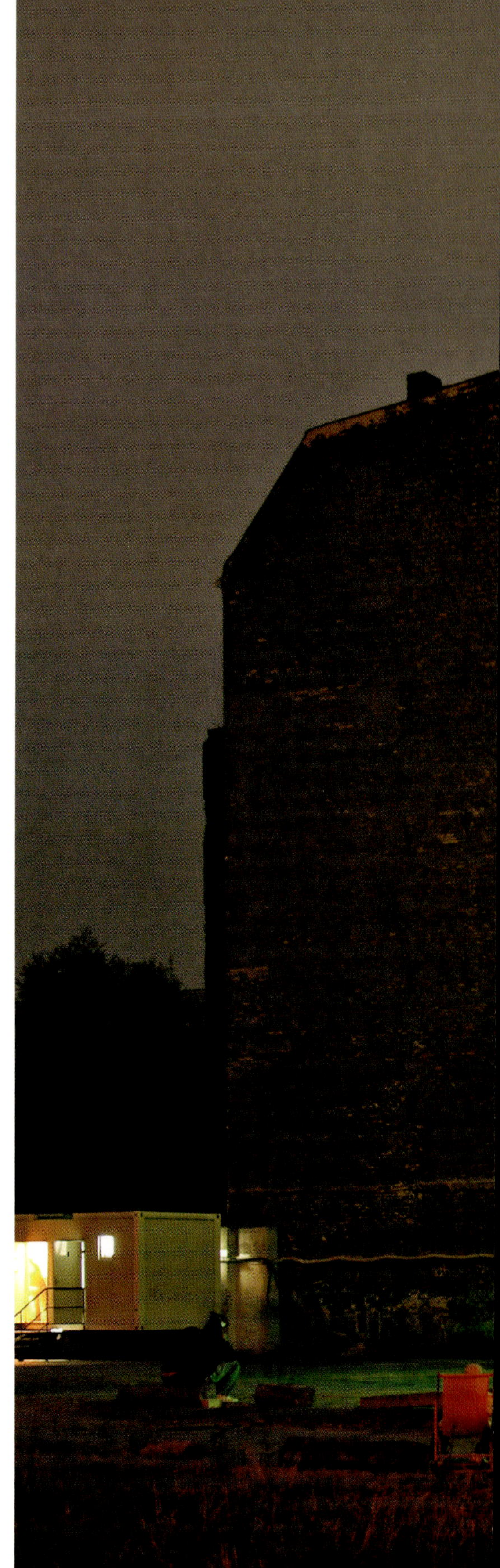

KUBIK – IN THE SUMMER OF 2008 IN ROME AND AT THE SUDOEST-FESTIVAL IN PORTUGAL (AND OTHER LOCATIONS) - WWW.BALESTRABERLIN.COM

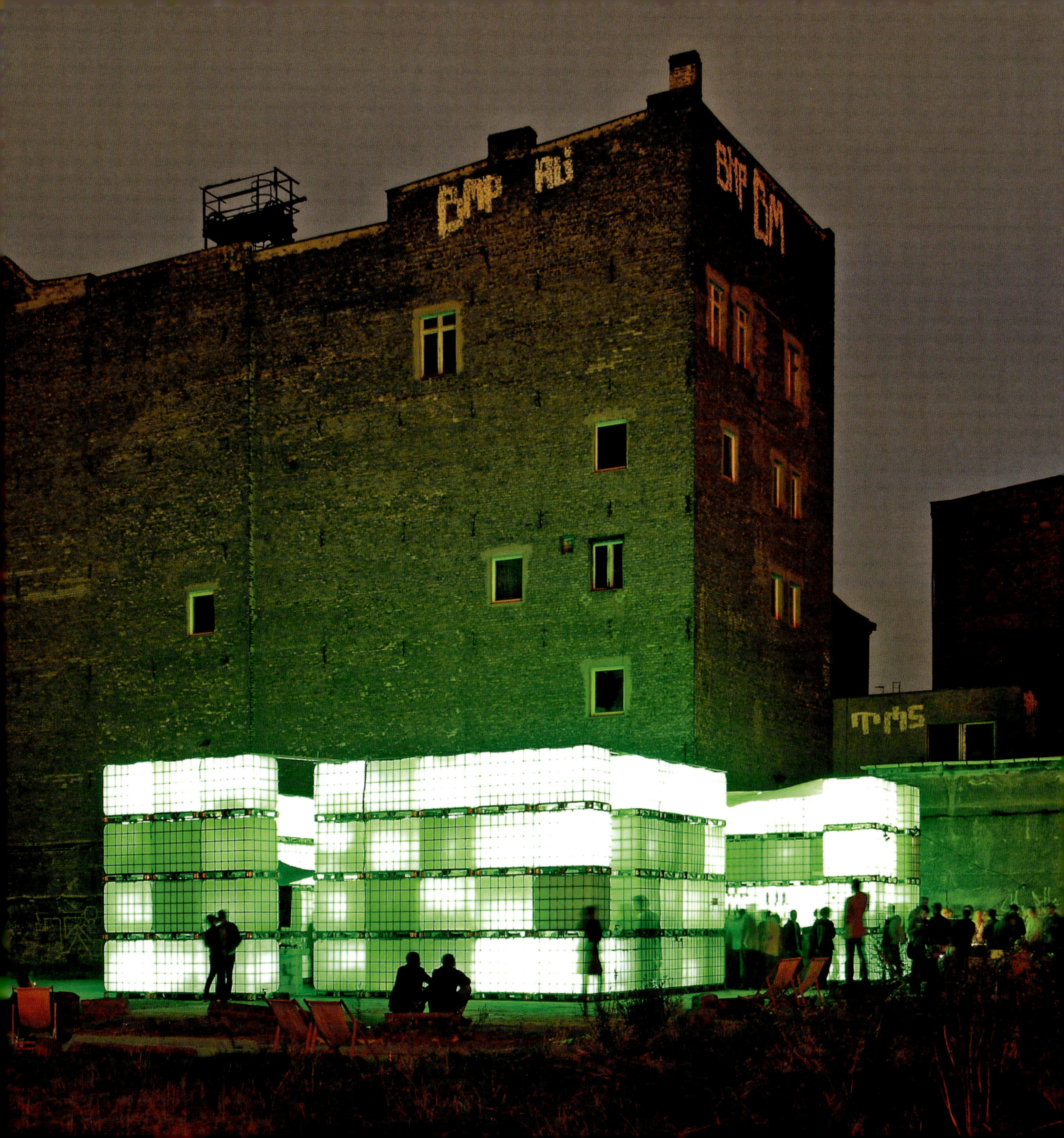

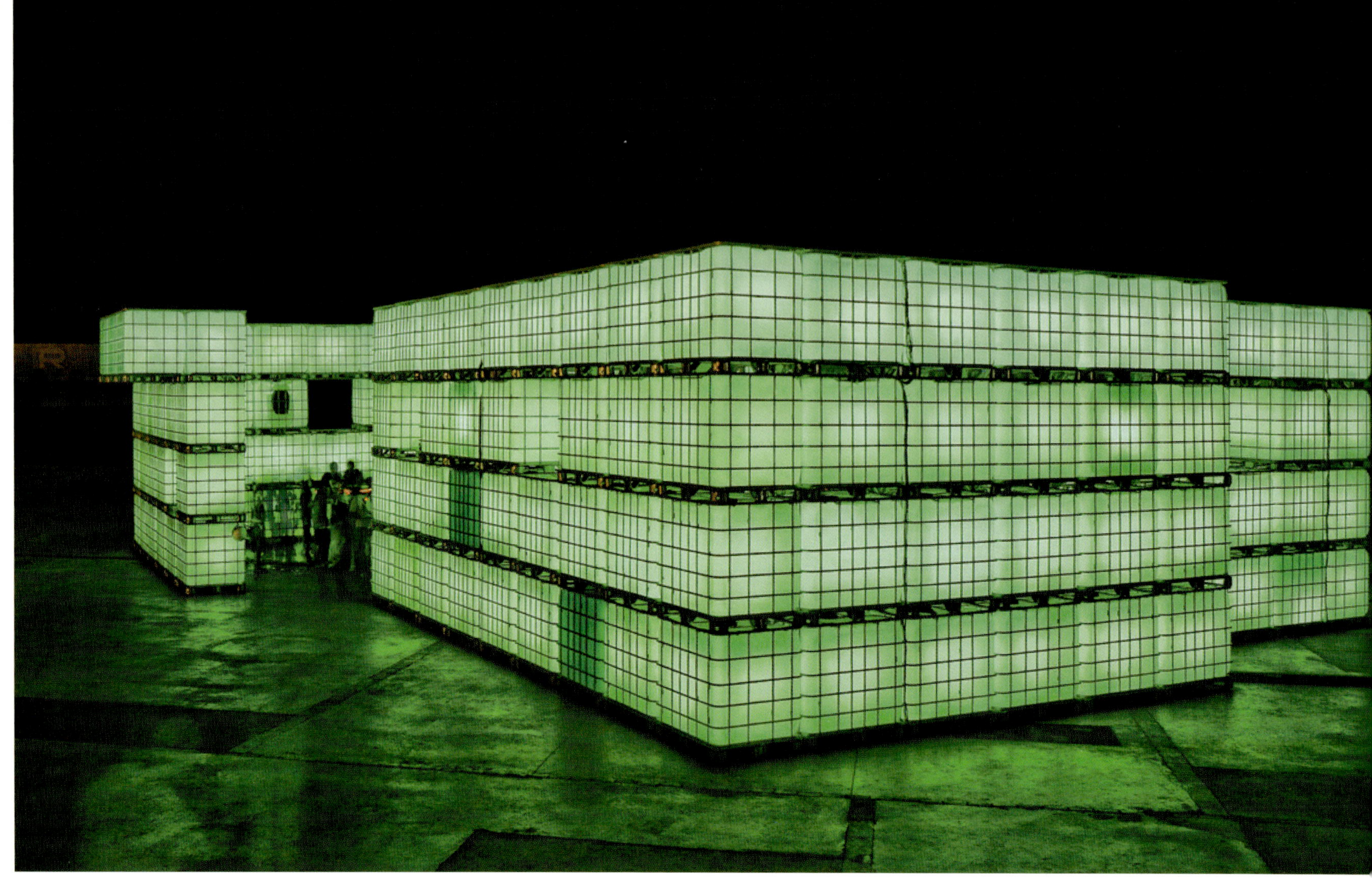

Capacity is also flexible: Kubik Berlin can accommodate 800 people, Kubik Lisbon can welcome 1,500 guests and Kubik Barcelona 2,000.

Sa capacité est également flexible : Kubik Berlin a accueilli 800 personnes, Kubik Lisbonne a pu en recevoir 1 500 et Kubik Barcelone 2 000.

Ook de capaciteit is flexibel: Kubik Berlijn bood plaats aan 800 mensen, Kubik Lissabon kon 1.500 gasten ontvangen en Kubik Barcelona 2.000.

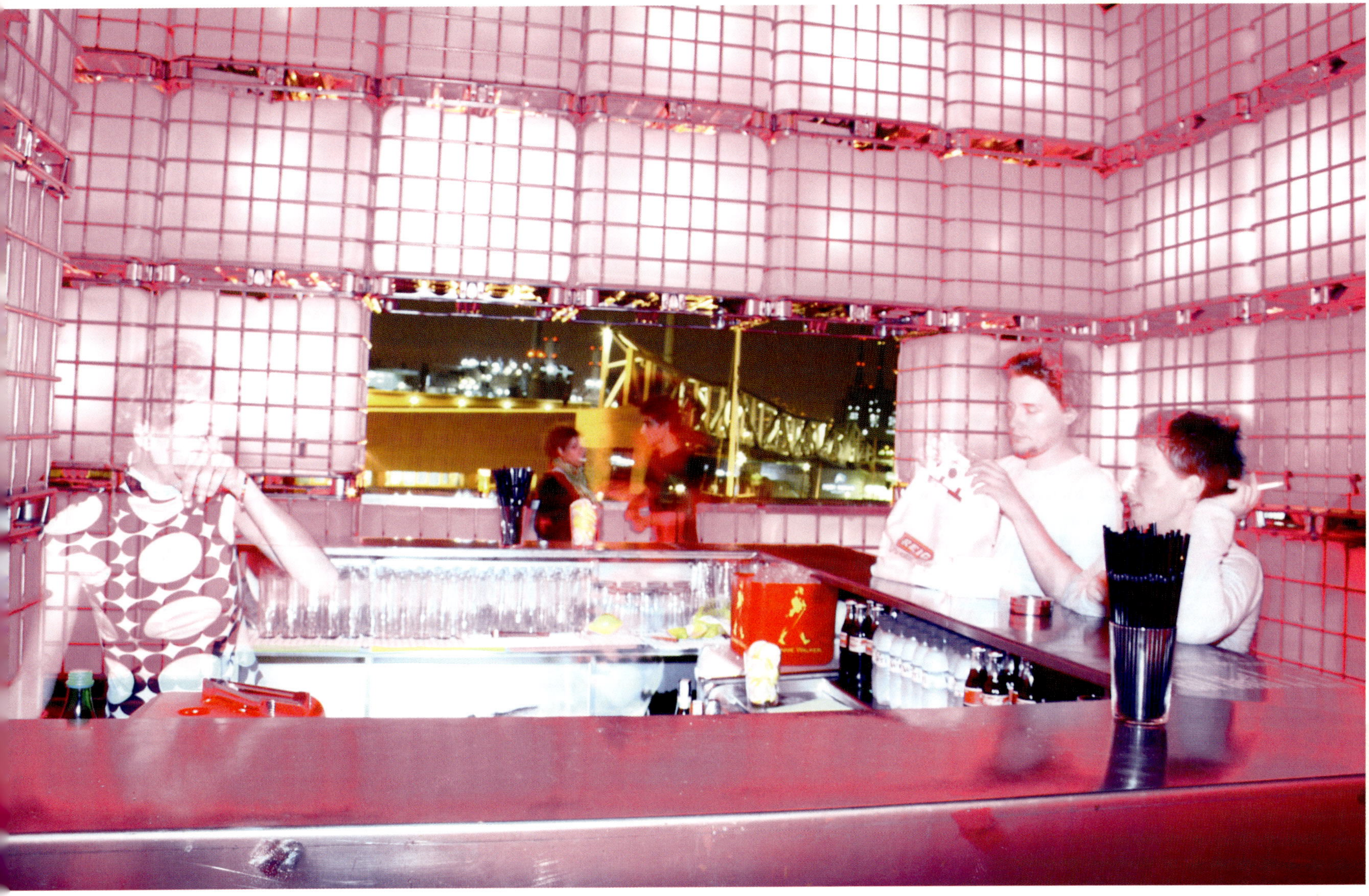

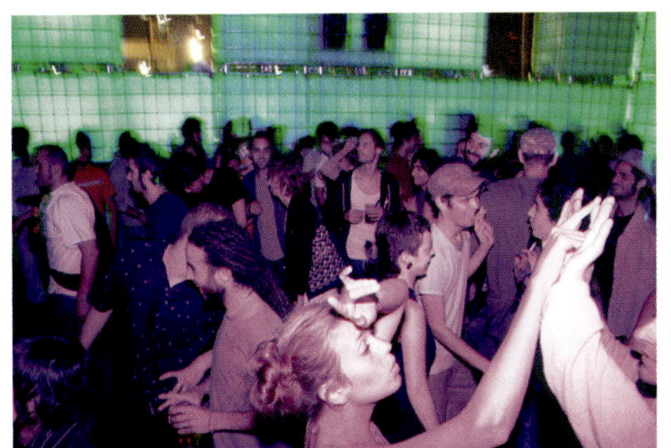
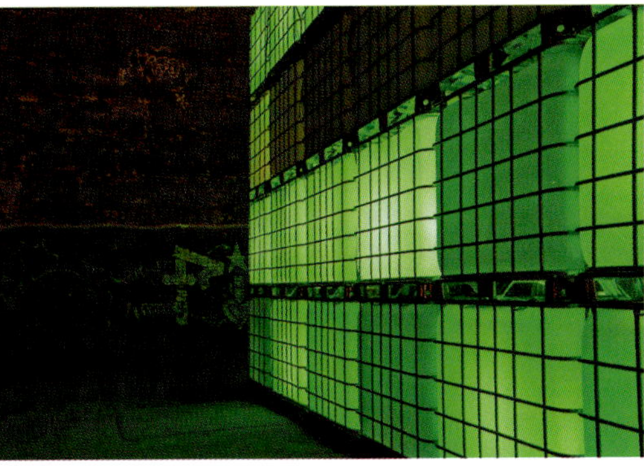
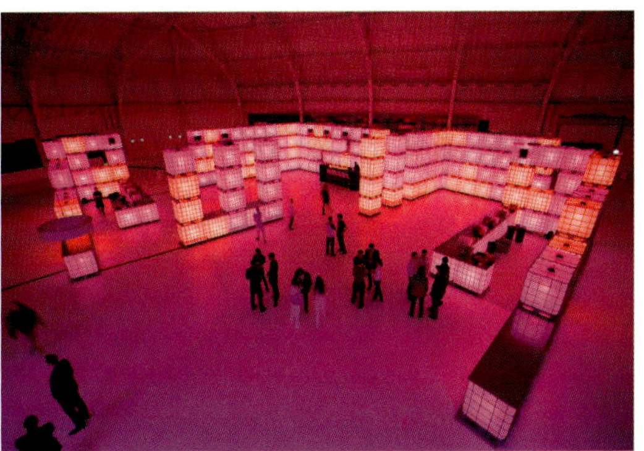

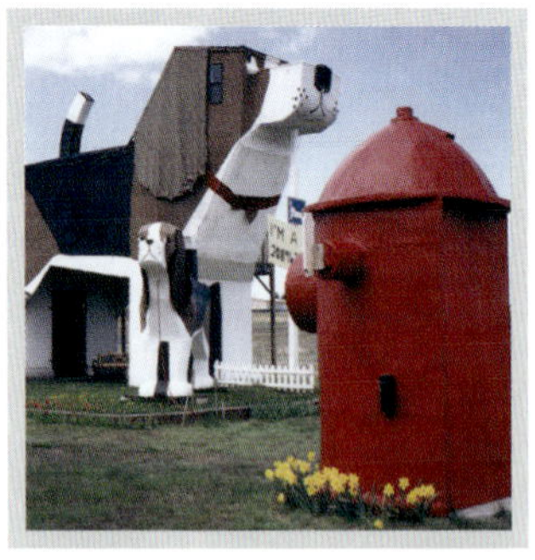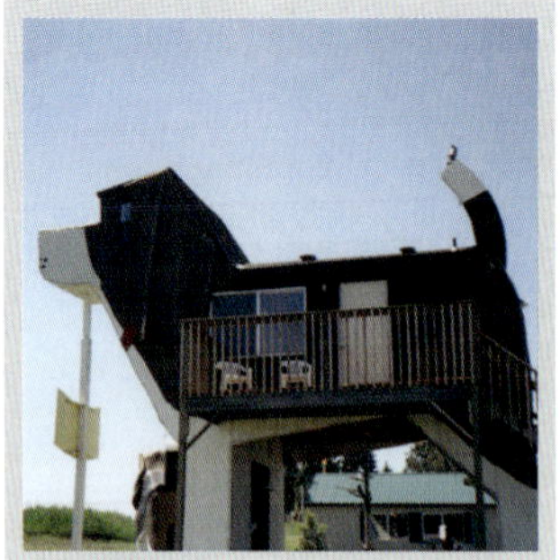

B&B Beagle ^{USA}

In the doghouse

Why not make the acquaintance of Sweet Willy, the world's largest (and probably only) bed & breakfast dog. He and his slightly smaller companion Toby are the brainchild of the chainsaw artists Dennis Sullivan and Frances Conklin. To lure more visitors to their studio in rural Idaho, in 1997 they decided to create a typical American roadside attraction. Six years later the ten metre tall B&B Beagle was officially opened. Guests enter the dog over a spacious terrace. In the dog's belly is a double bed, a bathroom and a small cooking area, while the head is a loft space with two double futon mattresses and the snout is an agreeable reading area. While staying there, you are free to poke around in the studio, book a jetboat trip in America's deepest canyon, visit the Wolf Center or go horseriding.

Voici Sweet Willy, le plus grand (et surtout le seul) chien-hébergement du monde. Lui et son pote Toby sont les enfants spirituels des artistes à la tronçonneuse Dennis Sullivan et Frances Conklin. Leur idée était d'attirer plus de visiteurs vers leur atelier de l'Idaho. C'est ainsi qu'ils décidèrent, en 1997, de créer une attraction routière typique des Américains. Six ans plus tard, le Beagle de dix mètres de haut a été officiellement installé. Les hôtes peuvent rejoindre l'intérieur du chien par une vaste terrasse. Dans les entrailles du chien se trouve un lit double, une salle de bains et une petite cuisine. Sa tête est un espace loft garni de deux matelas futon tandis que le museau fait office d'un confortable coin lecture. Il vous est loisible de fouiner dans l'atelier, d'effectuer un tour en jet boat dans la faille la plus profonde d'Amérique, de visiter le centre des loups ou d'entreprendre une randonnée à cheval.

Maak kennis met Sweet Willy, 's werelds grootste (en vooral enige) Bed & Breakfast-hond. Hij en zijn iets kleinere maatje Toby zijn de geesteskinderen van kettingzaagkunstenaars Dennis Sullivan en Frances Conklin. Om wat meer bezoekers naar hun atelier in het landelijke Idaho te lokken, besloten zij in '97 om een typisch Amerikaanse 'roadside attraction' te creëren. Zes jaar later werd de tien meter hoge B&B beagle officieel ingehuldigd. Gasten kunnen de hond betreden vanaf een ruim terras. In de buik van de hond vind je een dubbel bed, een badkamer en een klein kookplekje, het hoofd is een loftruimte met twee dubbele futonmatrassen en de muil vormt een gezellige leeshoek. Ter plekke kan je het atelier doorsnuisteren, een jetboat-trip boeken doorheen Amerika's diepste kloof, het Wolvencentrum bezoeken of een ritje te paard maken.

The dog theme is everywhere, from the hand-carved figures on the bed to the dog-shaped biscuits on your pillow.

Ici, la thématique du chien est déclinée partout : des figurines sculptées à la main ornant la tête de lit jusqu'aux biscuits déposés sur votre oreiller.

Het hondenthema wordt overal doorgetrokken, van de handgekerfde hondenfiguurtjes op het bed tot de koekjes in hondenvorm op je hoofdkussen.

DOG BARK PARK INN B&B - 2421 BUSINESS HIGHWAY 95 AT THE DOG, COTTONWOOD, IDAHO 83522, USA - +1 208 962-3647 - WWW.DOGBARKPARKINN.COM - DOGBARK@CAMASNET.COM

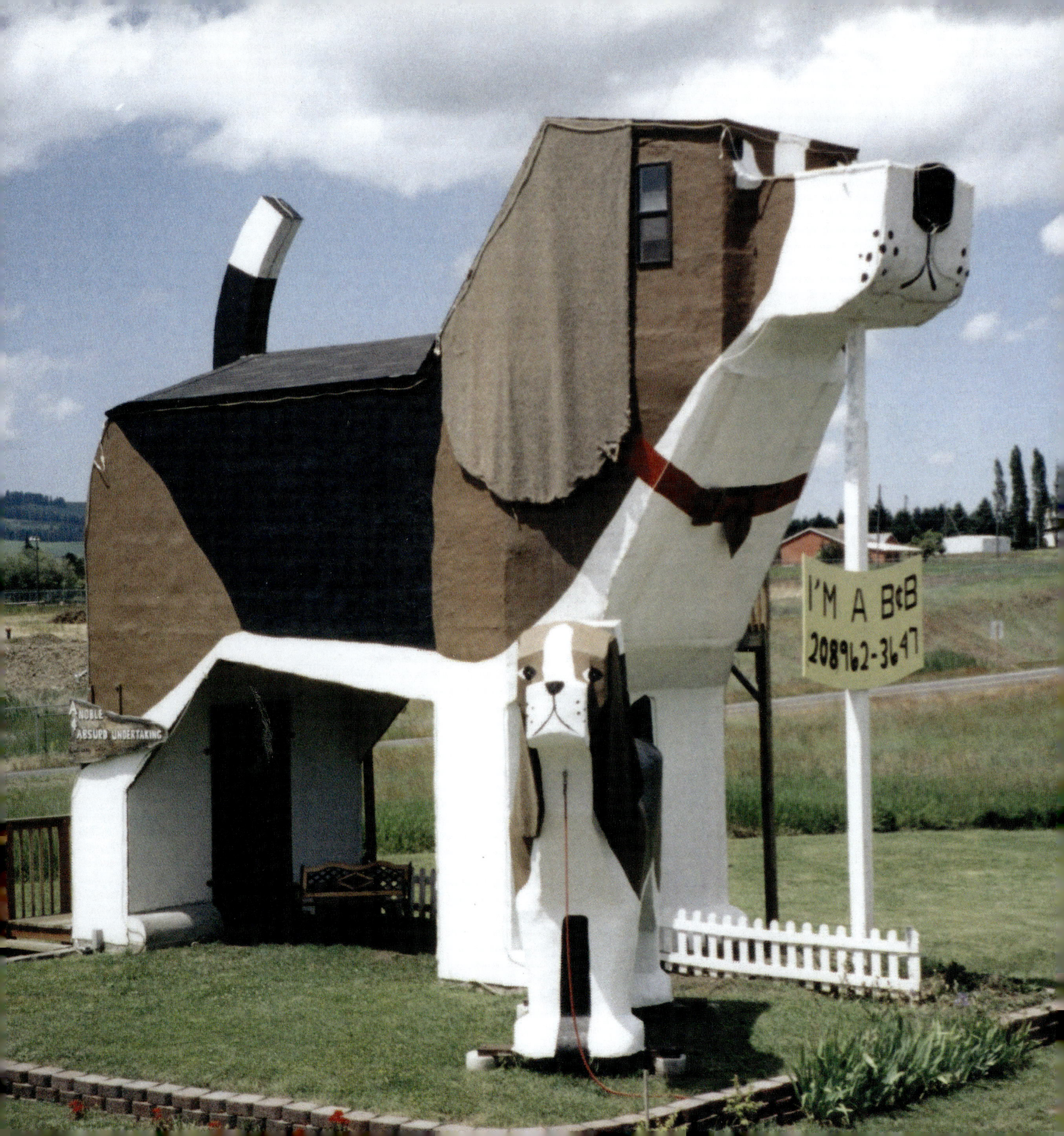

I'M A B&B
208962-3647
NOBLE
ABSURD UNDERTAKING

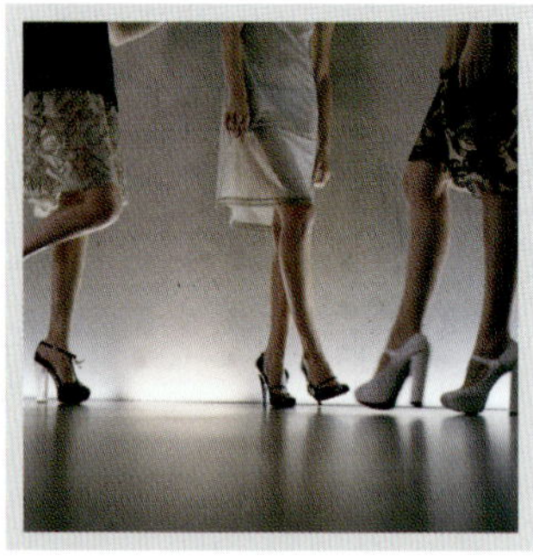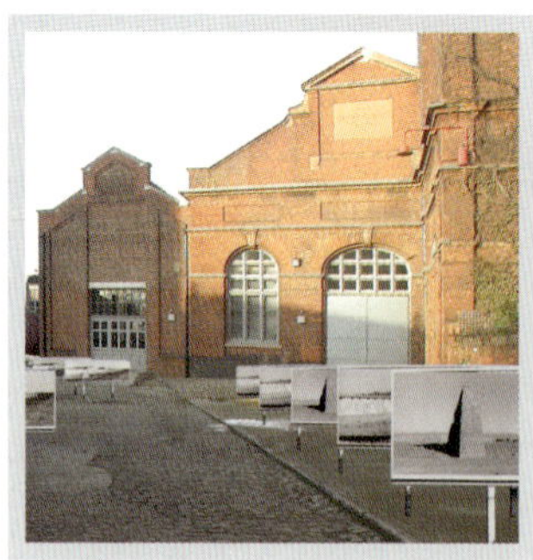

Power plant restaurant ^{UK}

Architecture, art, performance & food

Wapping Hydraulic Power Station in London's East End is an awe inspiring structure. Built in 1890 and taken out of service in 1977, this monumental building was rechristened as an art centre and restaurant in 2000 by film director Jules Wright. In its unchanged state, with the machinery still in place and bathed in pools of natural light, it is an inspiring place both for performances and exhibitions as well as for dinner dates. Driven by perfectionism and ambition, Wright is just as fussy about the appointment of chefs as she is about the choice of artists. Restaurant Wapping Food, situated in the motor and turbine rooms, has acquired a good reputation in London's culinary world thanks to a daily changing menu, the in-house butcher's shop and an unceasing concern for quality.

Wapping Hydraulic Power Station dans l'East End londonien est un bâtiment qui suscite le respect. Edifié en 1890 comme centrale électrique et mis hors service en 1977, l'ensemble monumental a été réaffecté en 2000 par le régisseur Jules Wright, en centre pour les arts ainsi qu'en restaurant. Intact, sa machinerie toujours en place est baignée de lumière naturelle. C'est un lieu d'inspiration tant pour les expositions que pour les dîners d'affaires. Perfectionniste et ambitieux, Wright est aussi exigeant dans son choix de chefs que dans celui des artistes. Le restaurant Wapping Food, logé dans la salle des moteurs et des turbines, s'est forgé une solide réputation à, grâce à son menu qui change chaque jour, à sa boucherie maison et à l'attention portée sans relâche à la qualité.

Wapping Hydraulic Power Station in de Londense East End is een gebouw dat ontzag opwekt. Gebouwd als krachtcentrale in 1890 en buiten dienst gesteld in 1977, werd het monumentale pand in 2000 door regisseur Jules Wright omgedoopt tot kunstencentrum en restaurant. In zijn onveranderde staat, met de machinerie nog op zijn plaats en badend in poelen van natuurlijk licht, is het een inspirerende plek voor zowel voorstellingen en expo's als dineerafspraken. Gevoed door een gevoel voor perfectie en ambitie, is Wright even kieskeurig wat betreft de aanstelling van chefs als over de keuze van kunstenaars. Restaurant Wapping Food, gesitueerd in de motor- en turbineruimtes, heeft in de Londense horecawereld dan ook al een stevige reputatie verworven, mede dankzij het dagelijks veranderende menu, de interne slagerij en de niet-aflatende aandacht voor kwaliteit.

WAPPING FOOD @ THE WAPPING PROJECT - Wapping Hydraulic Power Station, Wapping Wall, E1W 3SG London, UK - +44 207 680 2080 - jules@thewappingproject.com - www.thewappingproject.com

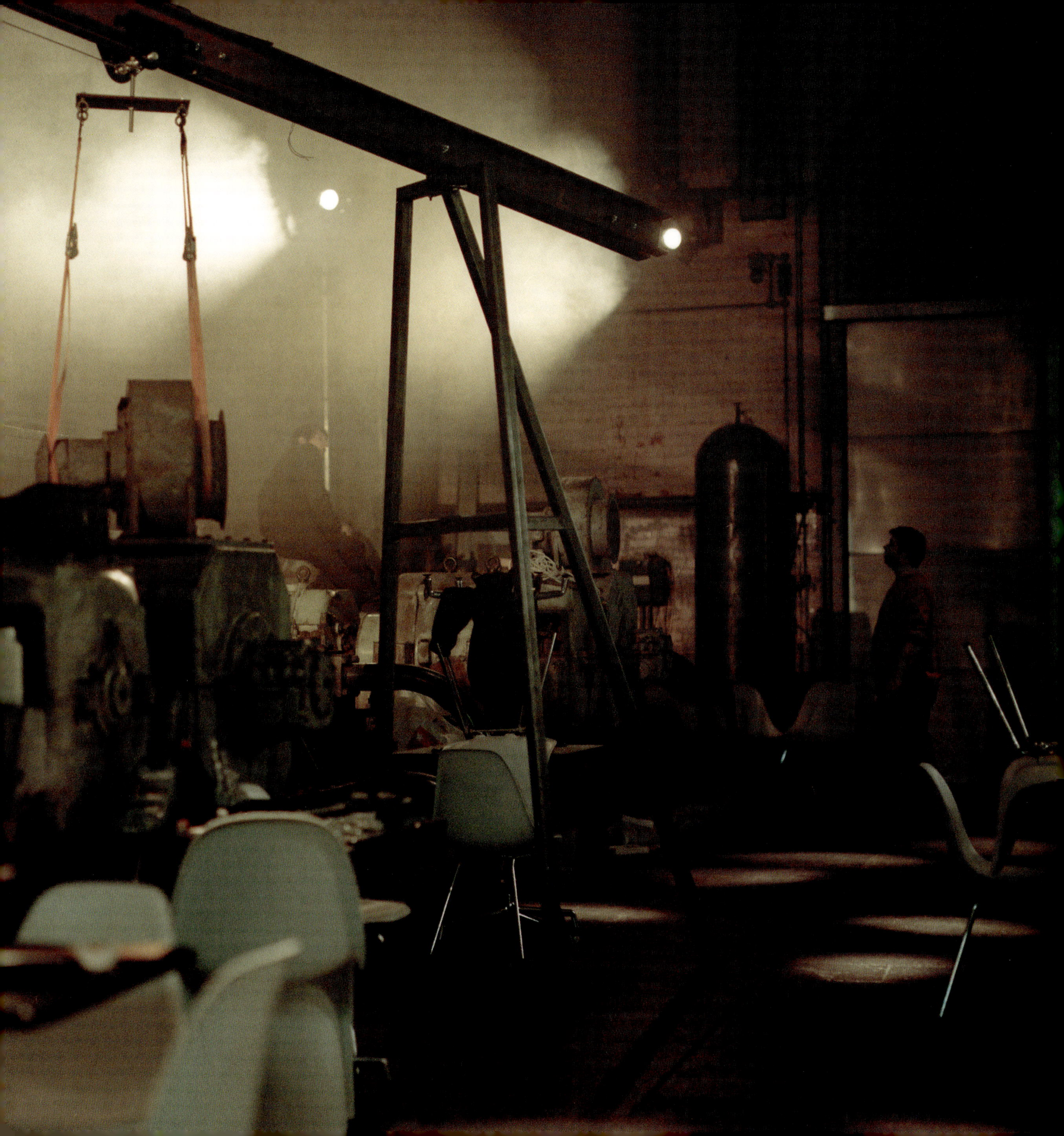

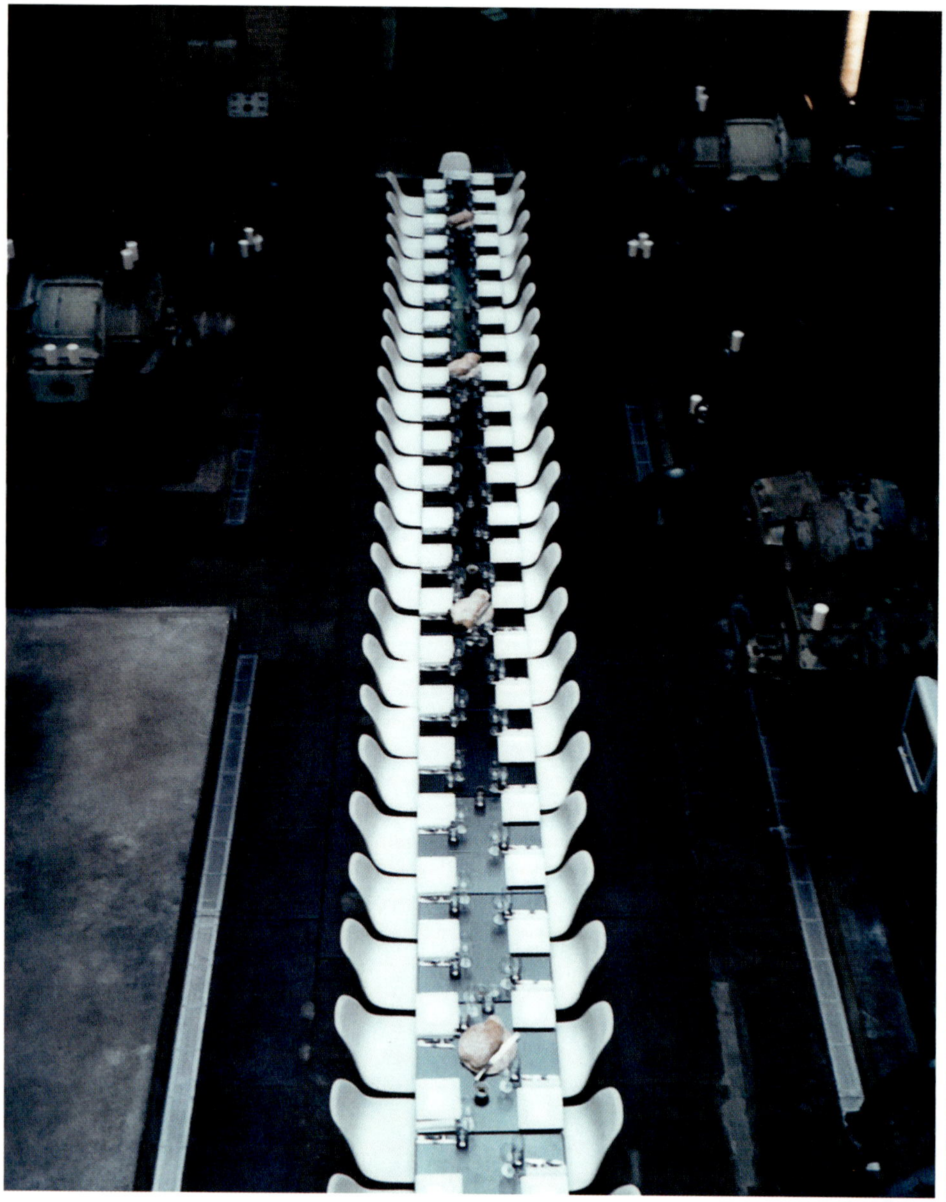

The building radiates a certain dramatic feel and lends itself time and time again to be rediscovered and transformed.

Le bâtiment affiche un certain penchant dramatique et s'ingénie à paraître à chaque fois réinventé et transformé.

Het gebouw straalt een zeker gevoel voor dramatiek uit, en leent zich ertoe om telkens weer uitgevonden en getransformeerd te worden.

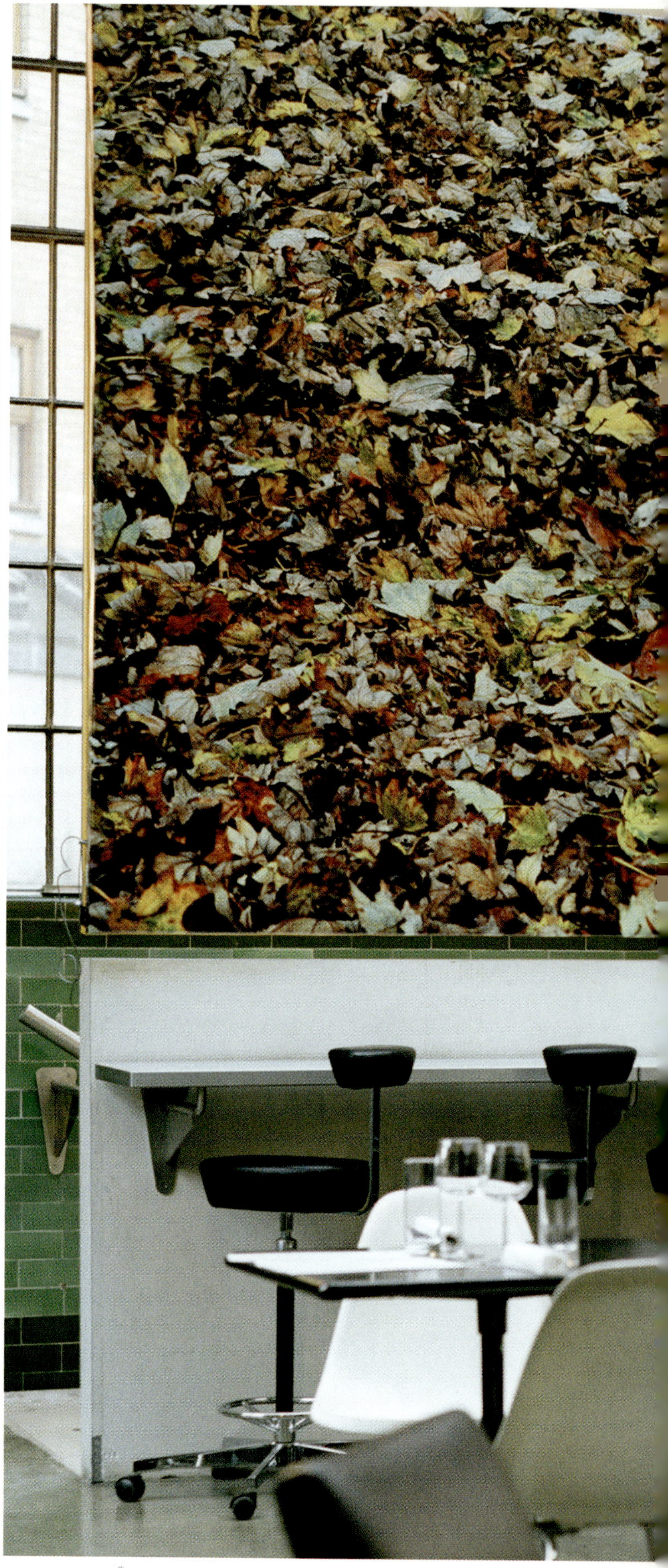

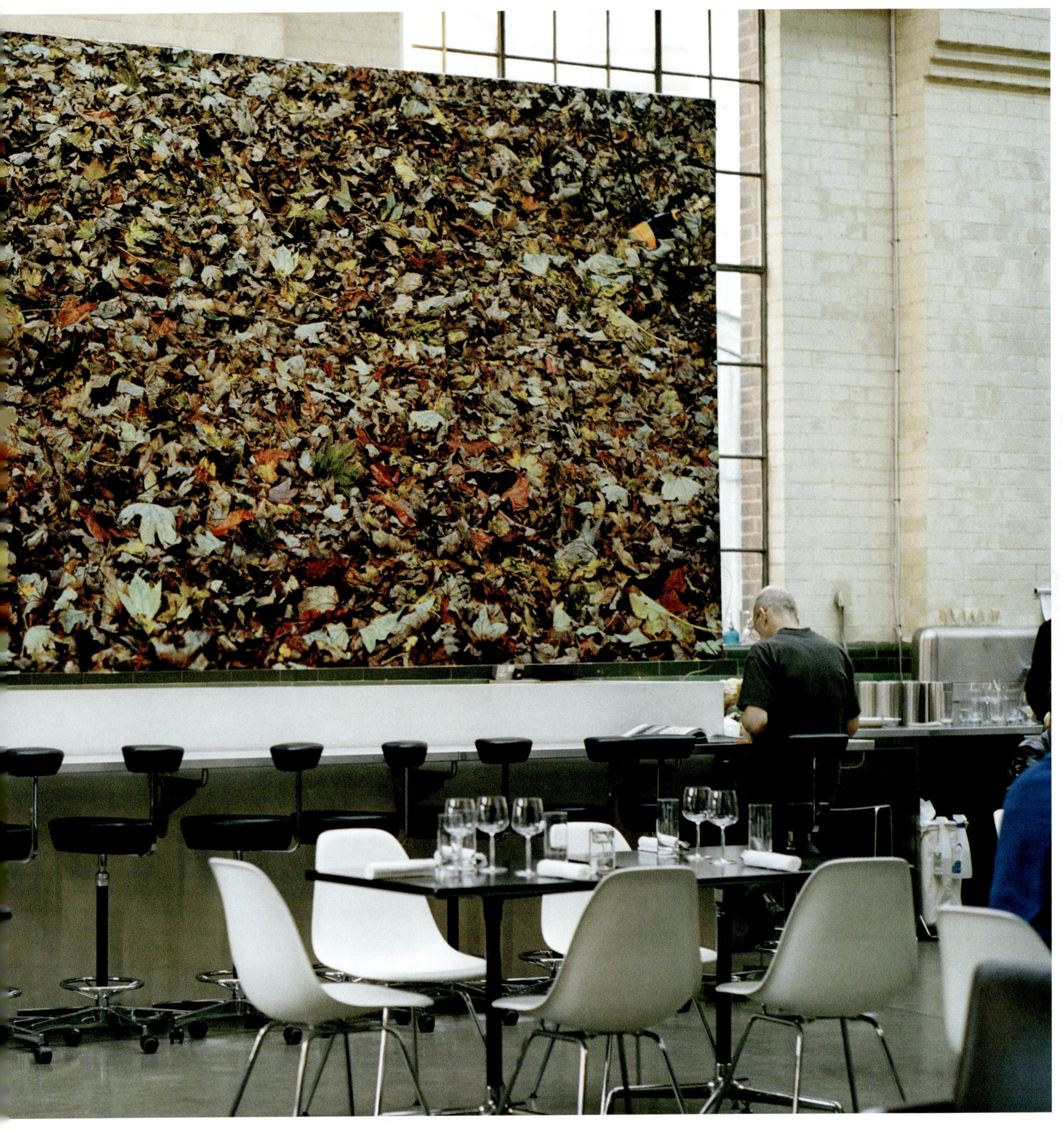

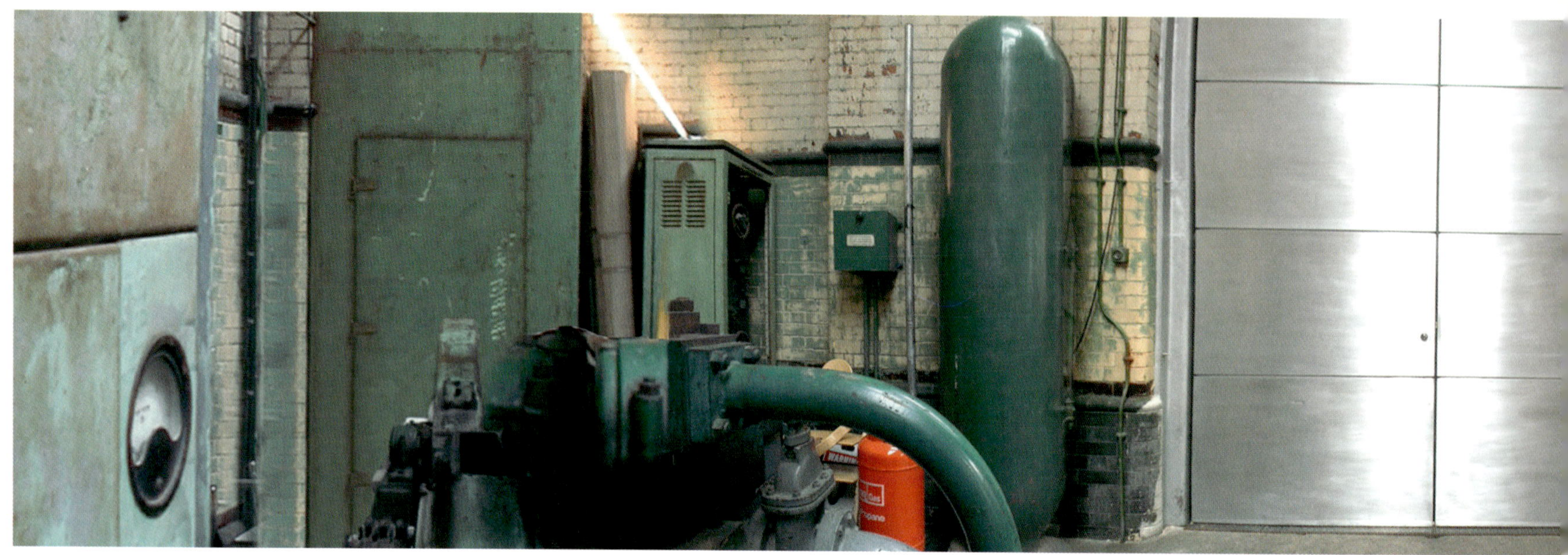

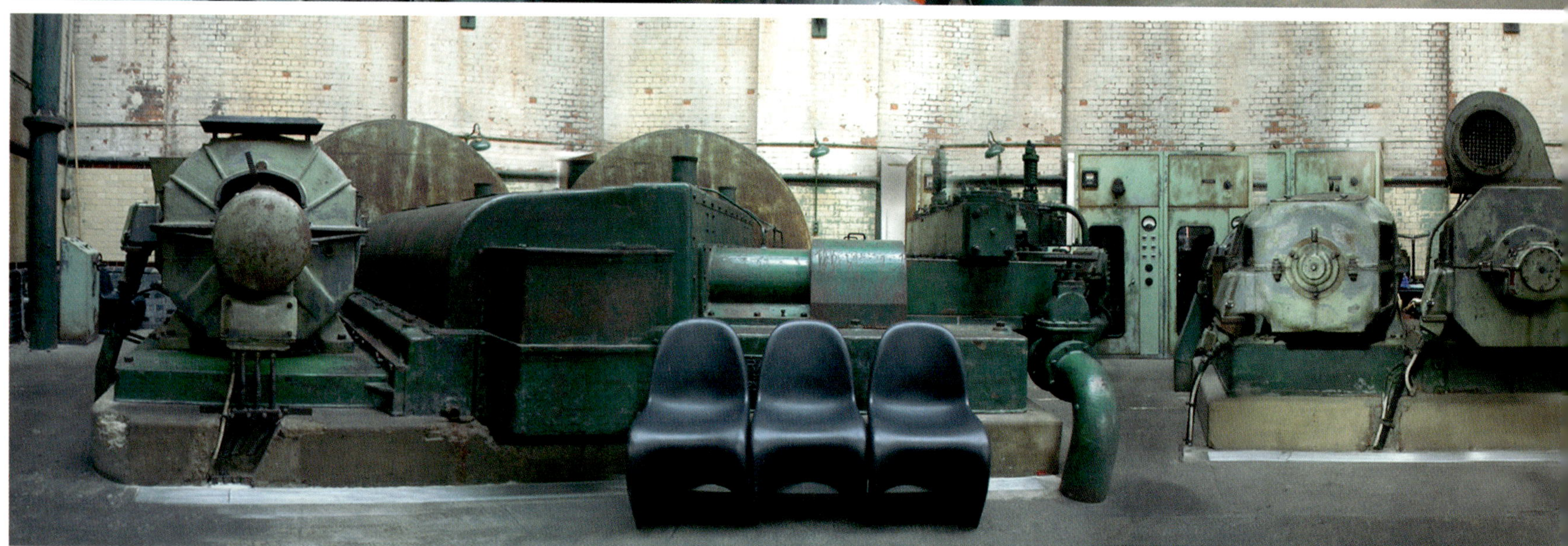

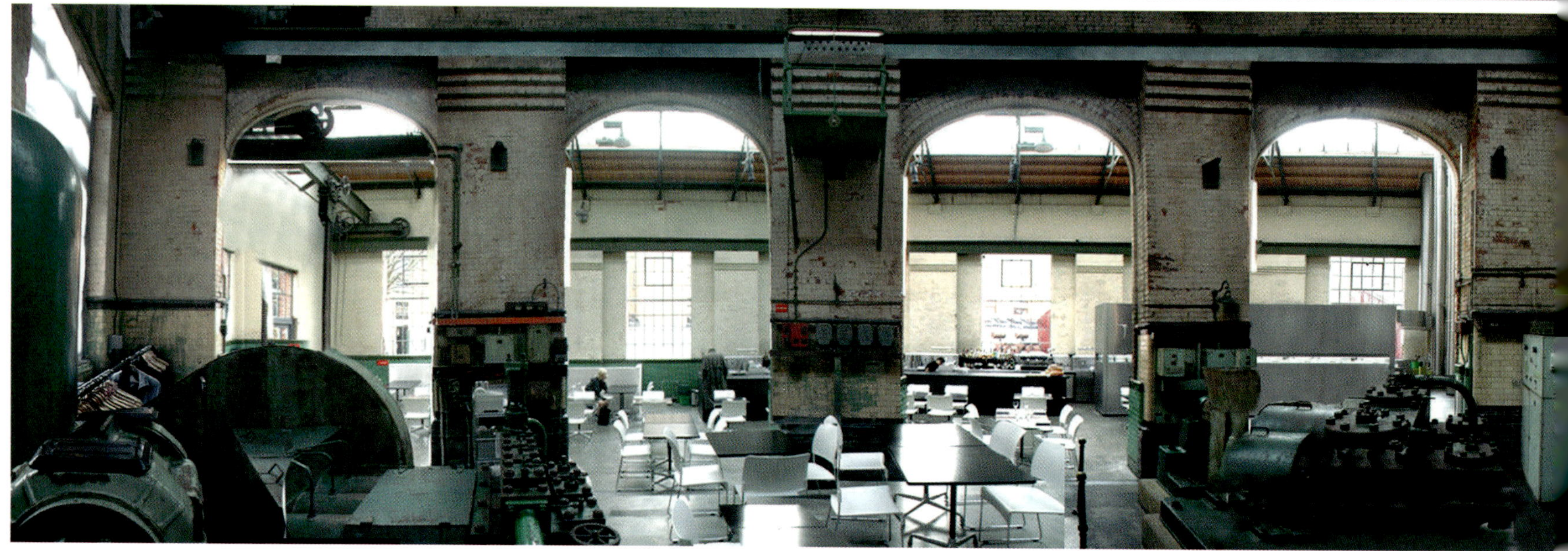

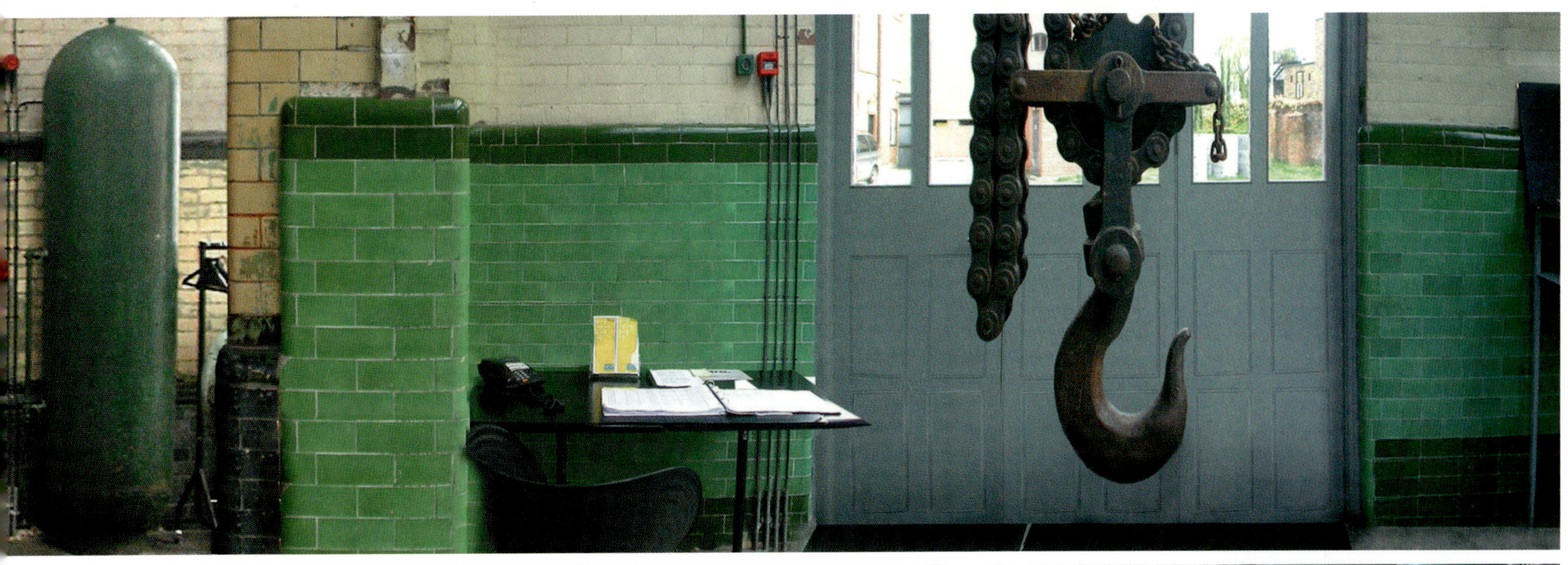

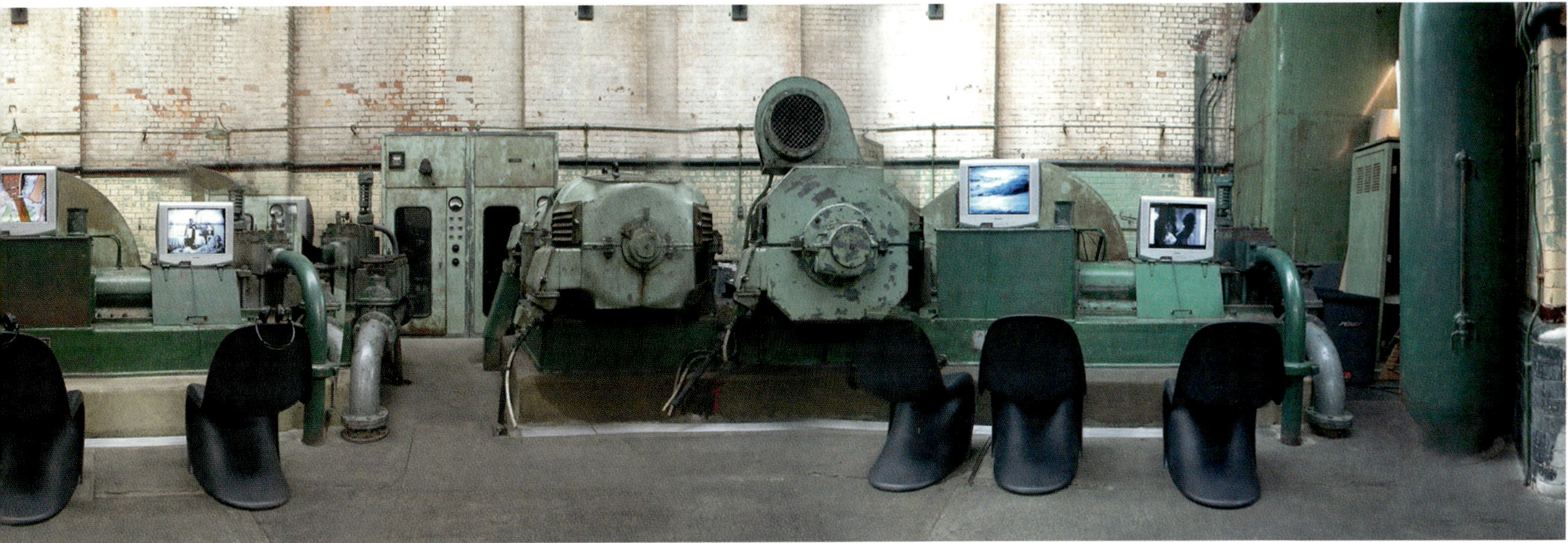

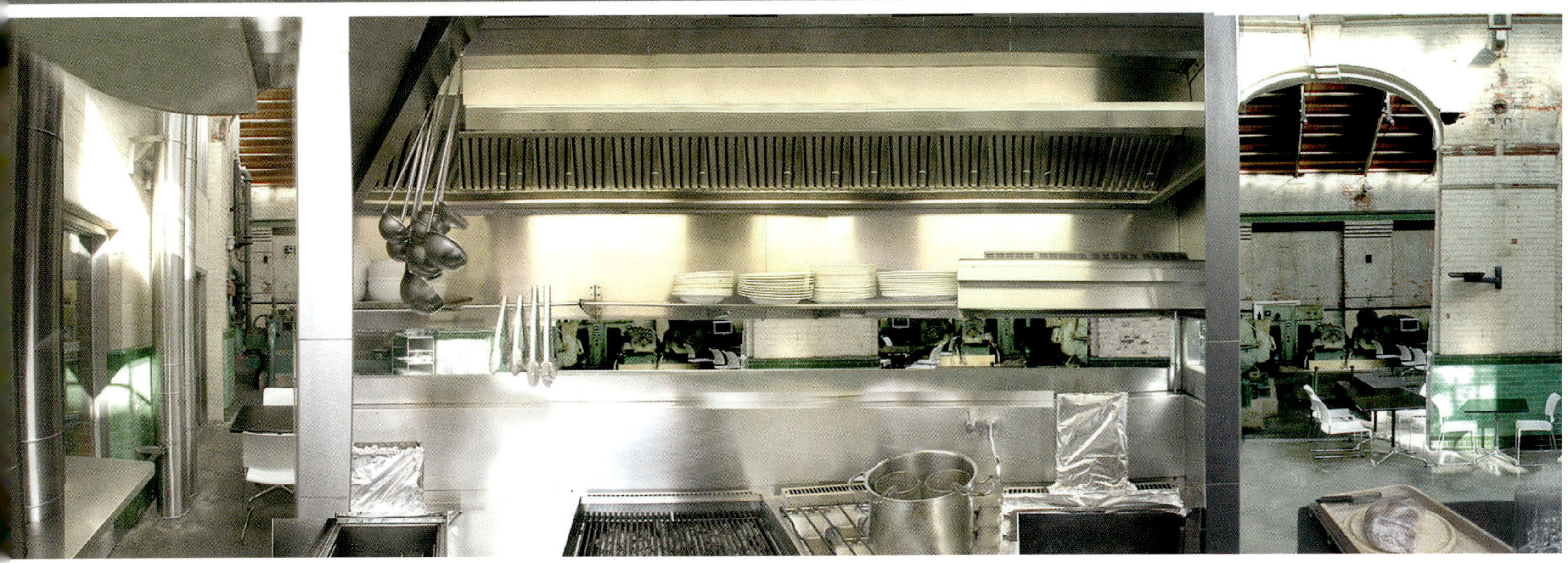

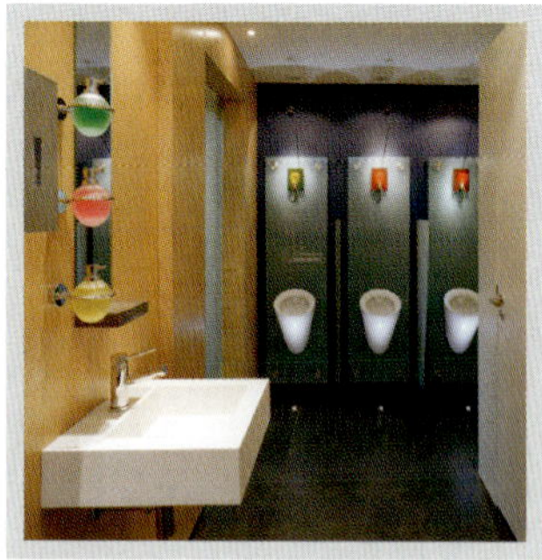 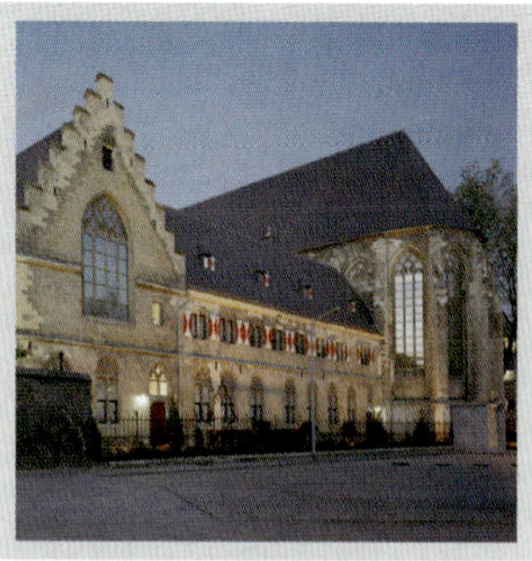

Church hotel
The Netherlands

In the name of design

This monumental fifteenth-century gothic church with its monastery in the centre of Maastricht was transformed at the beginning of this century to make a luxurious five-star hotel where antiquity and modern design are uniquely interwoven. Designs by such giants as Le Corbusier, Rietveld and Starck form striking combinations with the original stained-glass windows and paintings on walls and ceilings. The former nave of the church now houses the reception, the lobby, three lounge areas, a library, a wine bar and a fantastically attractive mezzanine that is used as breakfast area and, through the big windows in what used to be the church's choir, offers a marvellous view of the city. The monastery garden, surrounded by atmospheric cloisters, has also been restored to its former glory.

Cette monumentale église gothique du 15e siècle et son cloître, située en plein centre de Maastricht a été convertie au début du 21e siècle en un hôtel cinq étoiles où le luxe mêle harmonieusement l'ancien et le design. Les objets signés Le Corbusier, Rietveld et Philippe Starck se combinent avec caractère aux vitraux originaux des fenêtres et aux peintures des murs et des plafonds. Dans la nef de l'église se trouve la réception, le lobby, trois coins salon, une bibliothèque, un bar à vin et une mezzanine de toute beauté. C'est là qu'est servi le petit-déjeuner et que grâce aux grandes fenêtres du choeur on profite d'une superbe vue sur la ville. Le jardin, entouré des couloirs du cloître, a retrouvé sa splendeur d'antan.

Deze vijftiende-eeuwse monumentale gotische kerk met klooster in het centrum van Maastricht werd aan het begin van de eeuwwisseling getransformeerd in een bijzonder luxueus vijfsterrenhotel waarin oudheid en design op unieke wijze met elkaar verweven zijn. Zo vormen ontwerpen van de hand van designers als Le Corbusier, Rietveld en Philippe Starck er sterke combinaties met de originele glas-in-loodramen en muur- en plafondschilderingen. Het vroegere schip van de kerk bevat de receptie, de lobby, drie loungecorners, een bibliotheek, een wijnbar en een waanzinnig mooie entresol. Deze doet dienst als ontbijtruimte en biedt dankzij de grote ramen van het voormalige kerkkoor een schitterend uitzicht over de stad. Ook de kloostertuin, die omgeven wordt door sfeervolle kloostergangen, werd in al zijn oude glorie hersteld.

KRUISHERENHOTEL MAASTRICHT - Kruiserengang 19-23, 6211 NW Maastricht, Nederland - +31 43 329 20 20 - www.chateauhotels.nl - info@kruiserenhotel.com

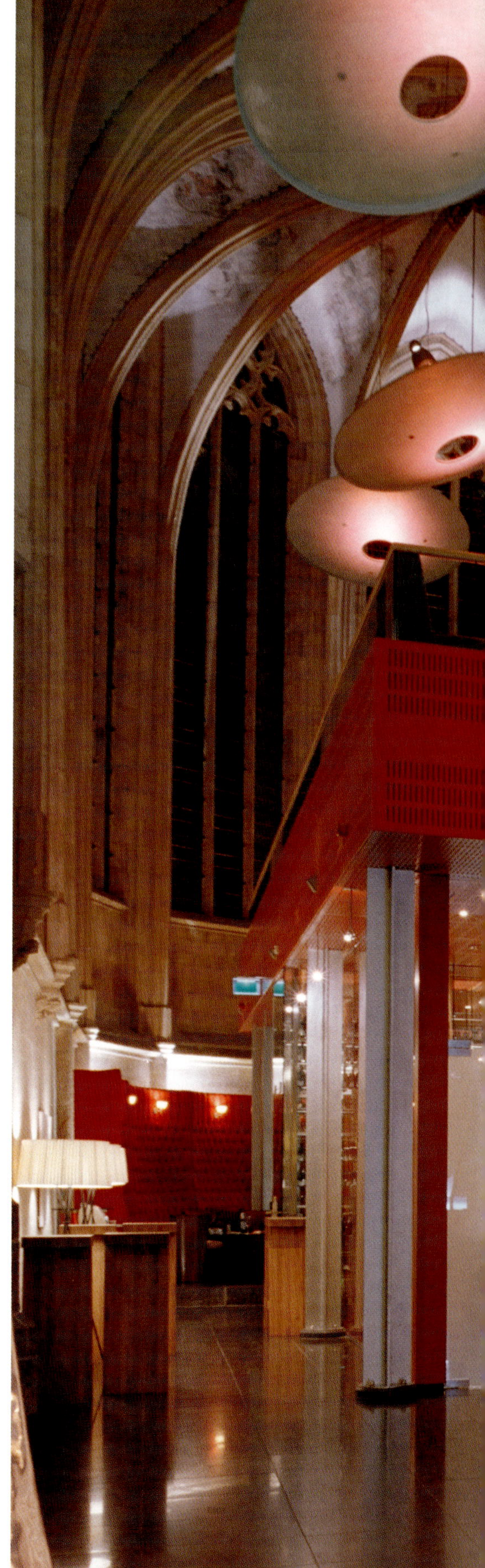

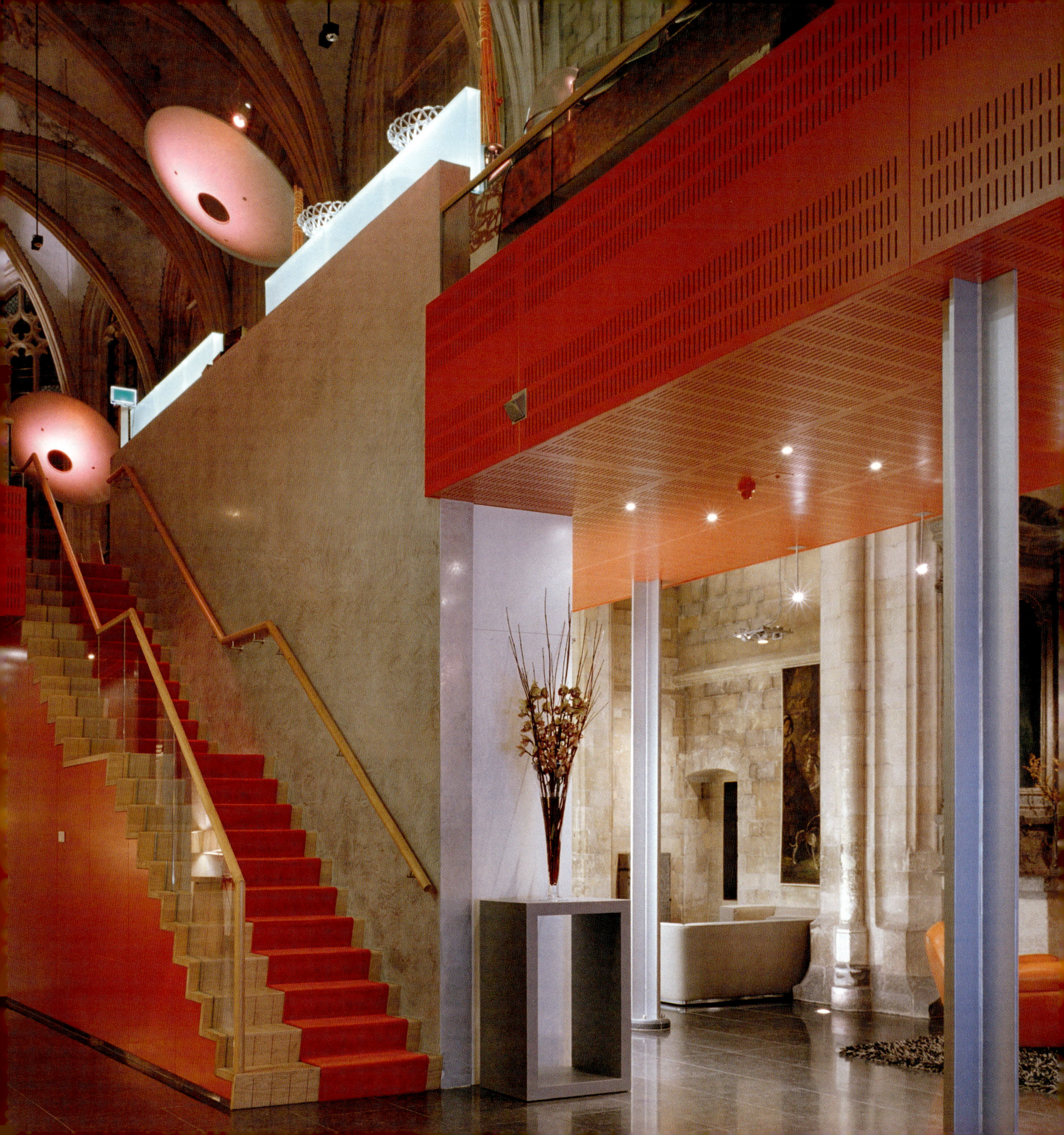

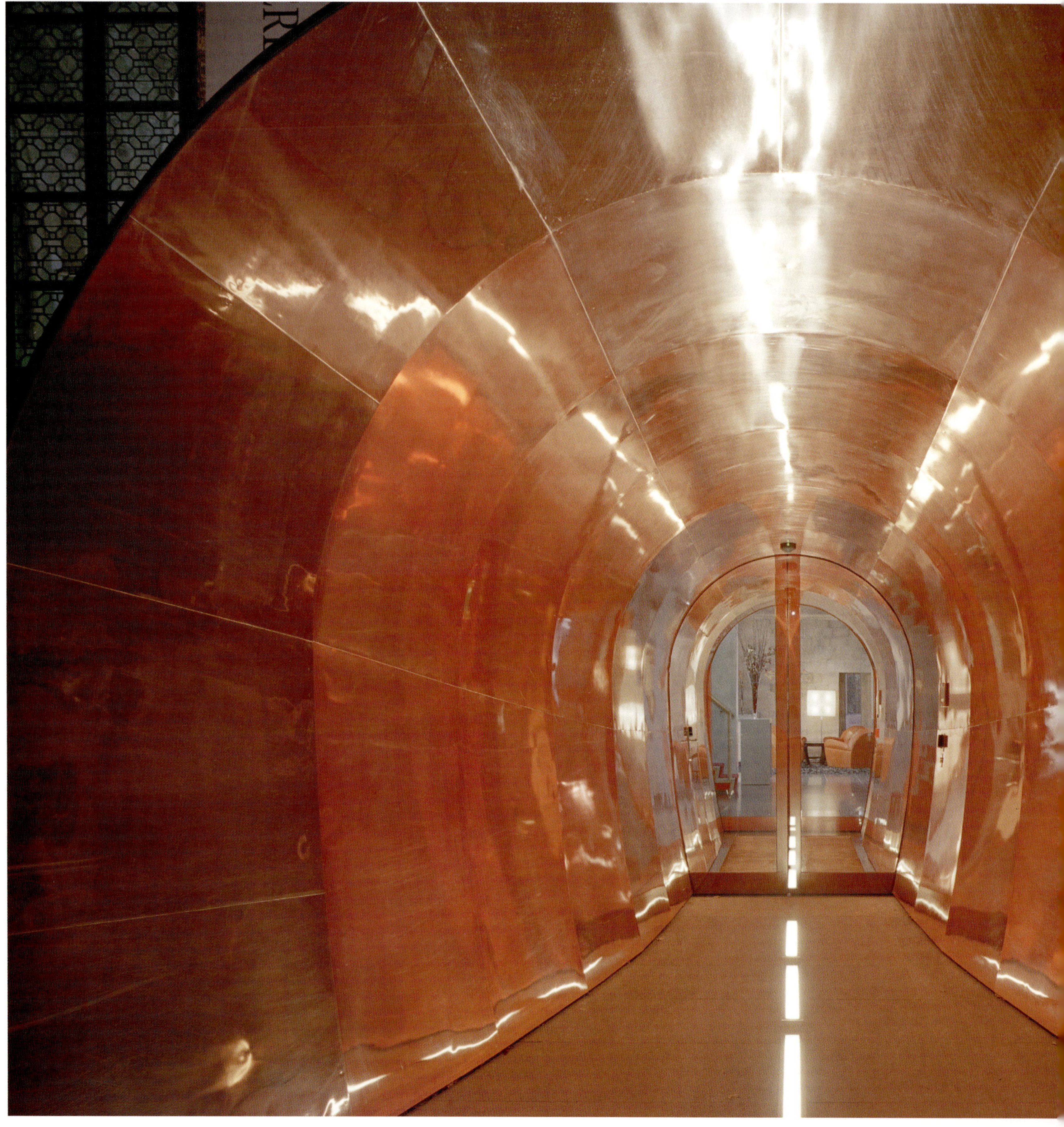

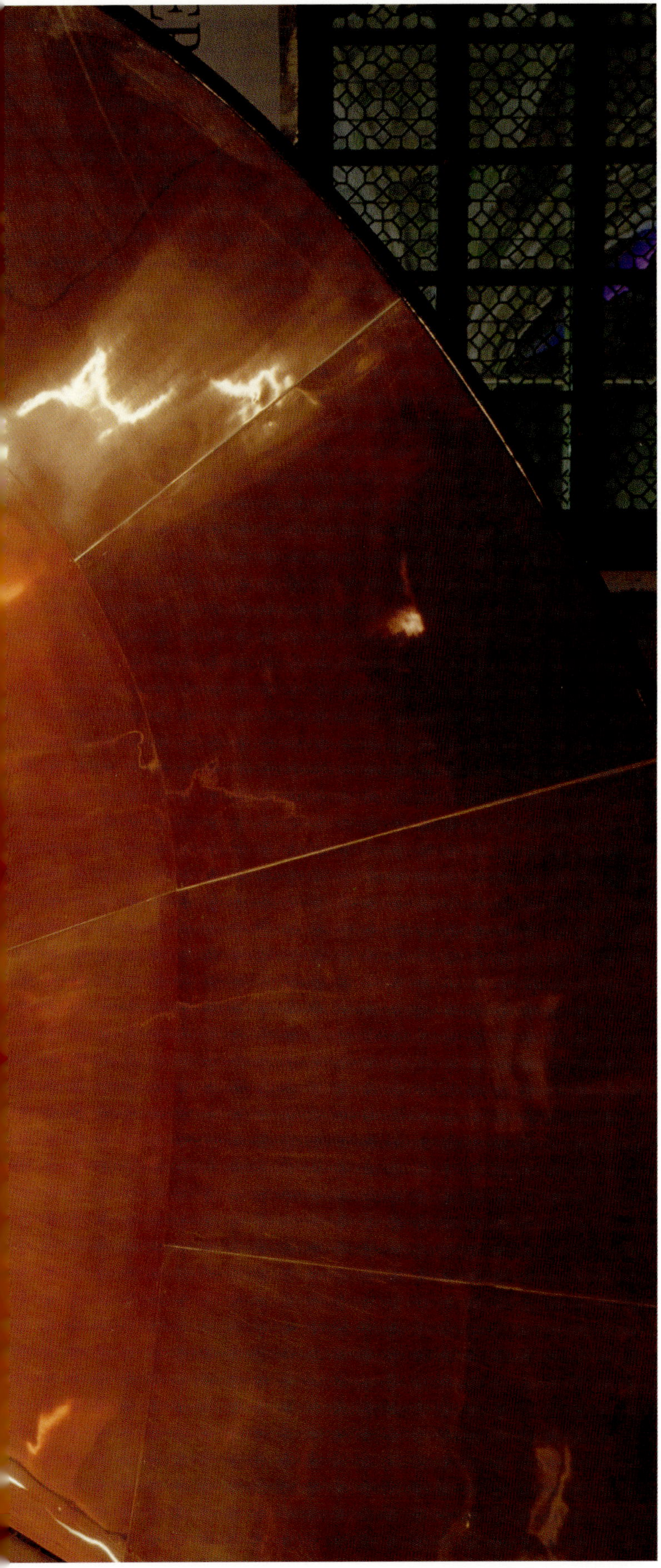

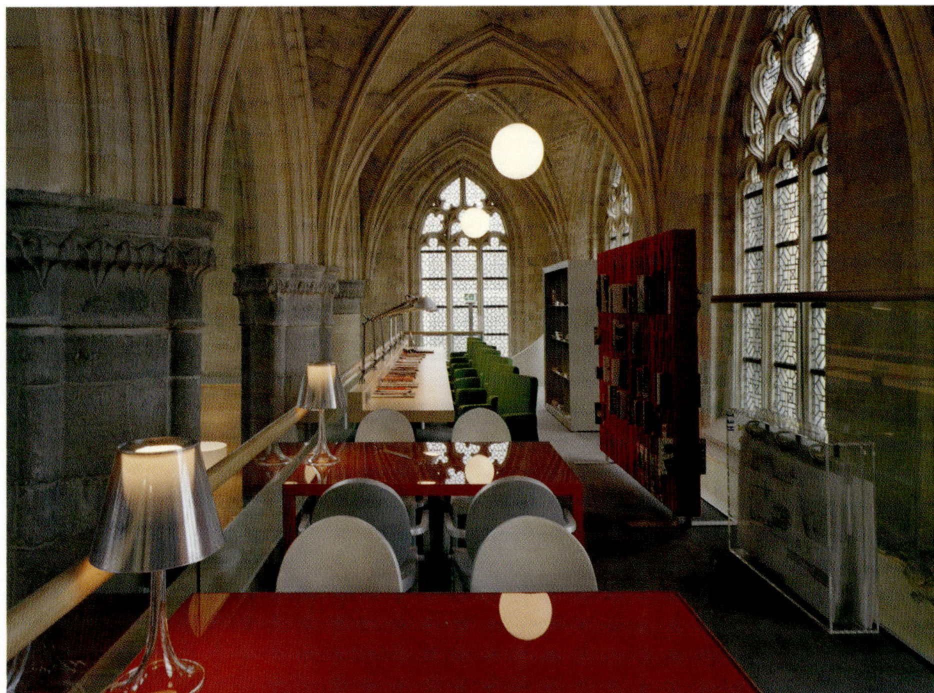

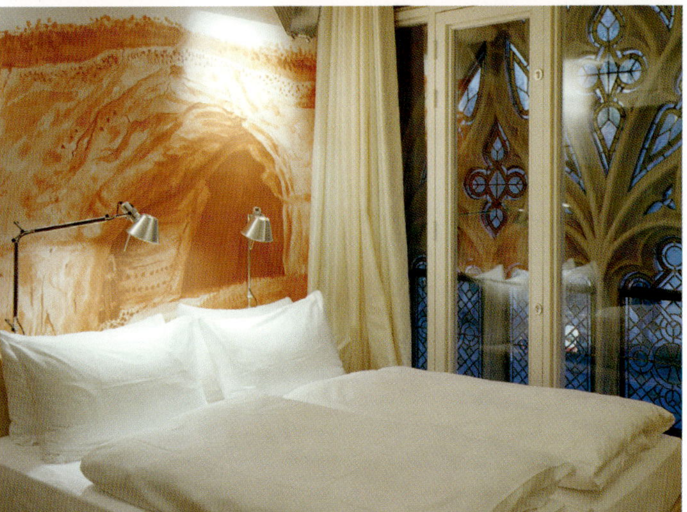

Each of the 60 rooms has its own appeal and is provided with all modern comforts including flatscreen TV, computer connection and air conditioning.

Les 60 chambres ont chacune un éclat particulier. Elles disposent de tous les équipements modernes tels qu'écran plat, connexion informatique et air conditionné.

De 60 kamers hebben elk een andere uitstraling en zijn voorzien van alle moderne gemakken zoals flatscreen tv, computeraansluiting en airco.

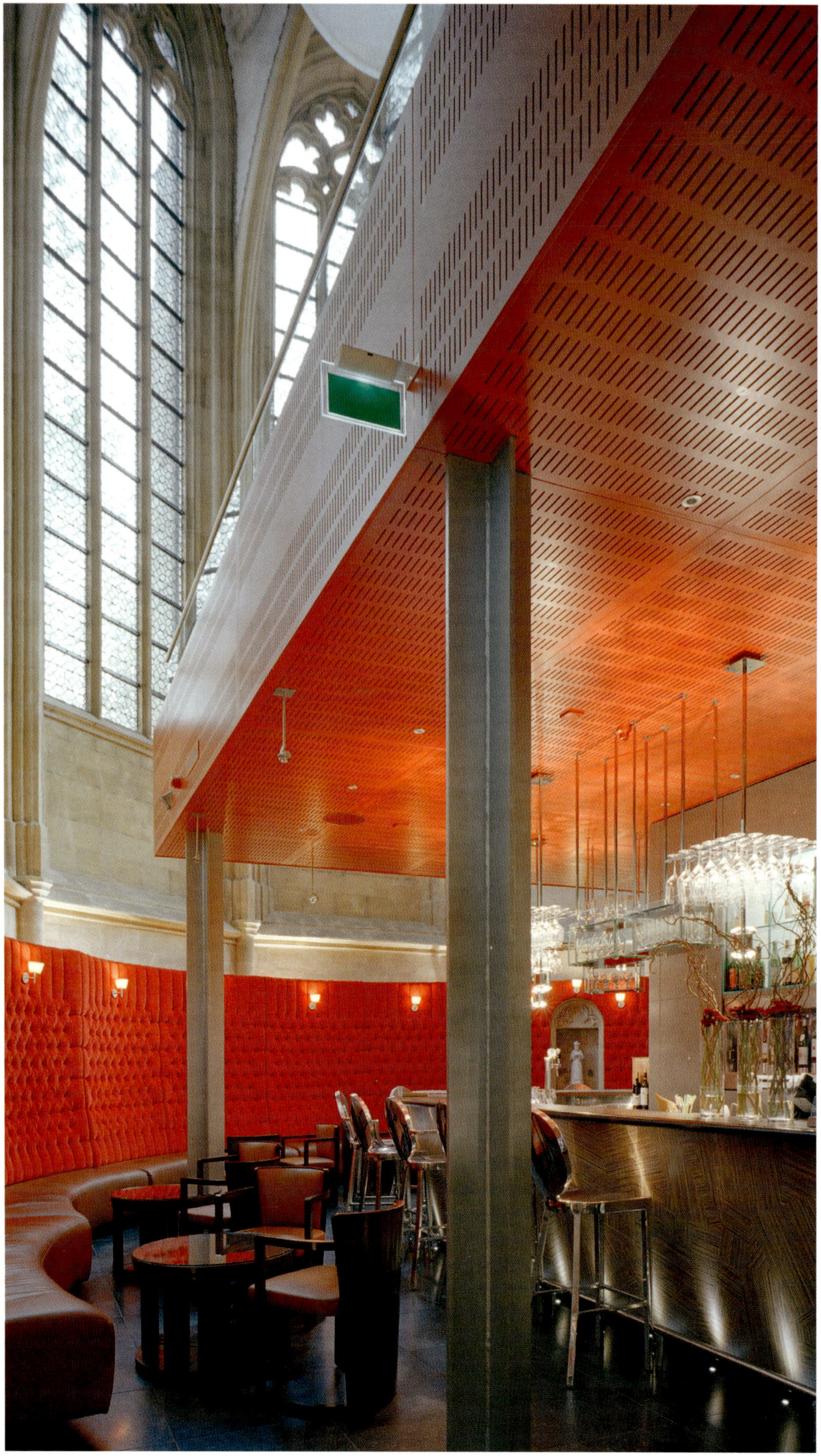

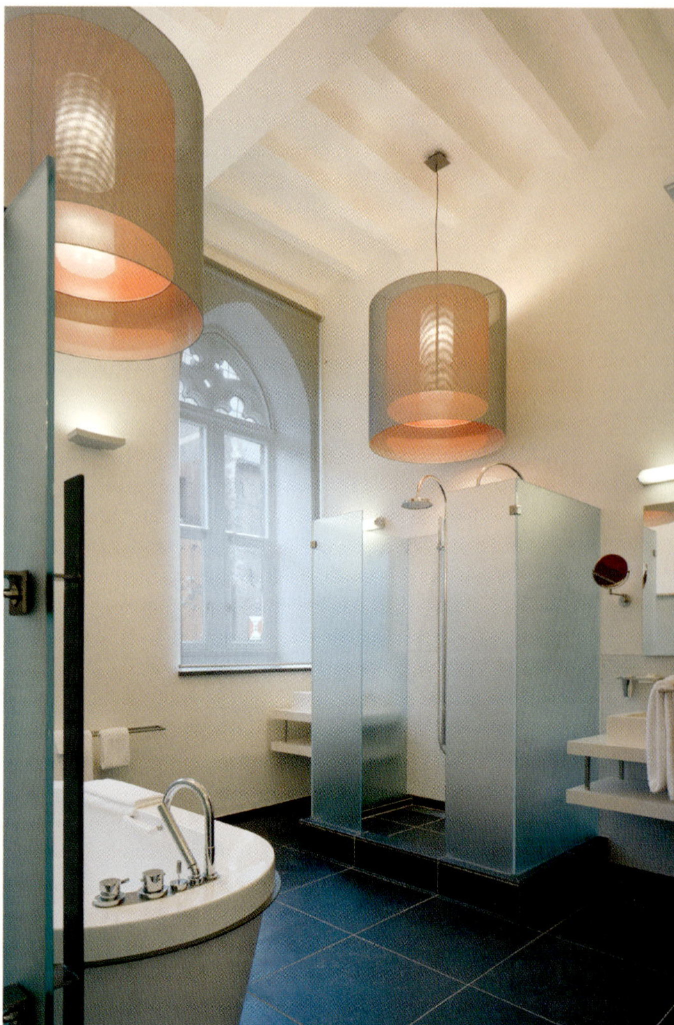

The beautiful light objects by German industrial designer and inventor Ingo Mauer give this wondrous combination of old and new a surprising finishing touch.

Les superbes luminaires de l'inventeur et designer industriel allemand Ingo Mauer apportent cette merveilleuse combinaison d'ancien et de contemporain, une touche finale saisissante.

De prachtige lichtobjecten van de Duitse industrieel ontwerper en uitvinder Ingo Mauer geven deze wonderlijke combinatie van oud en nieuw een verrassende finishing touch.

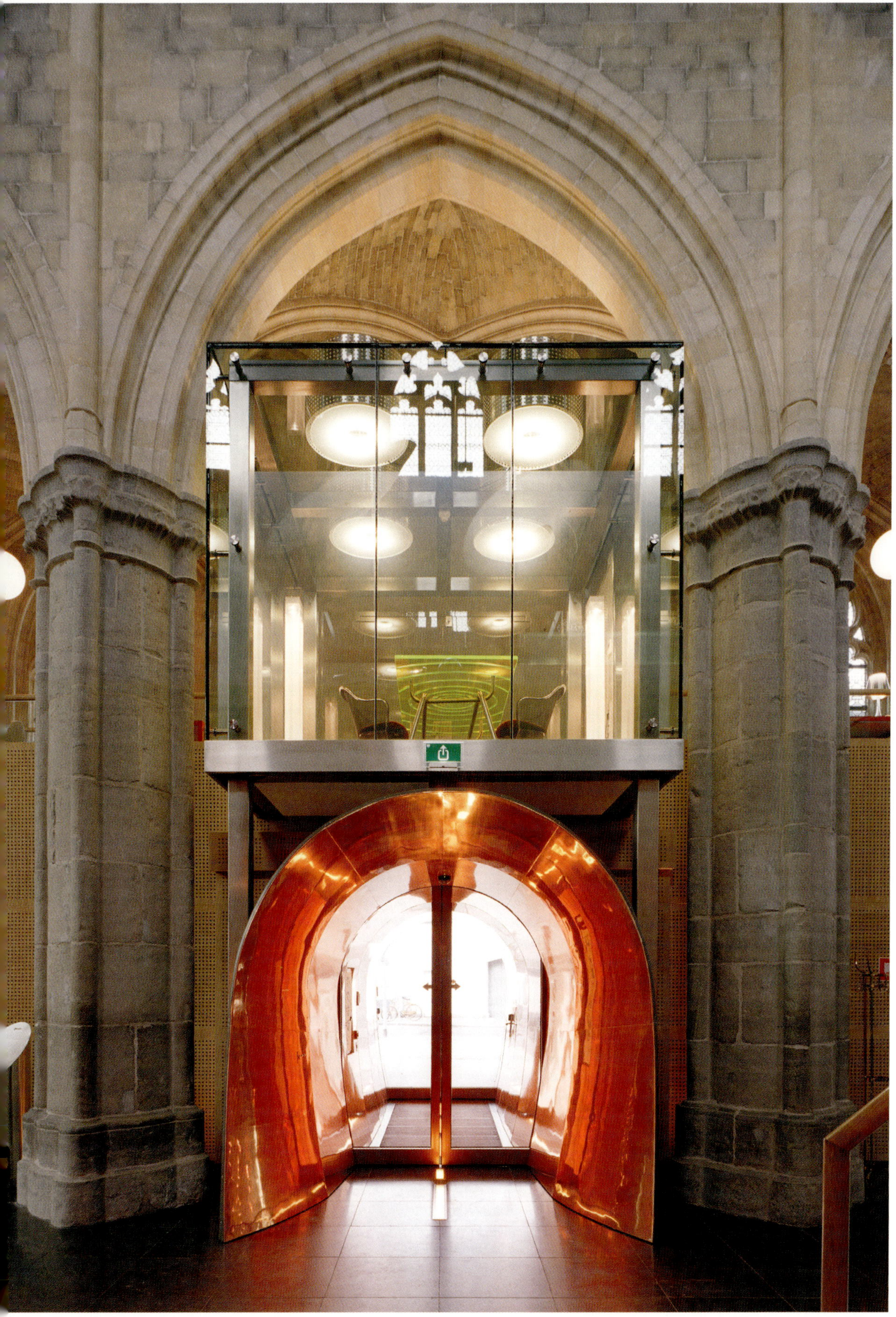

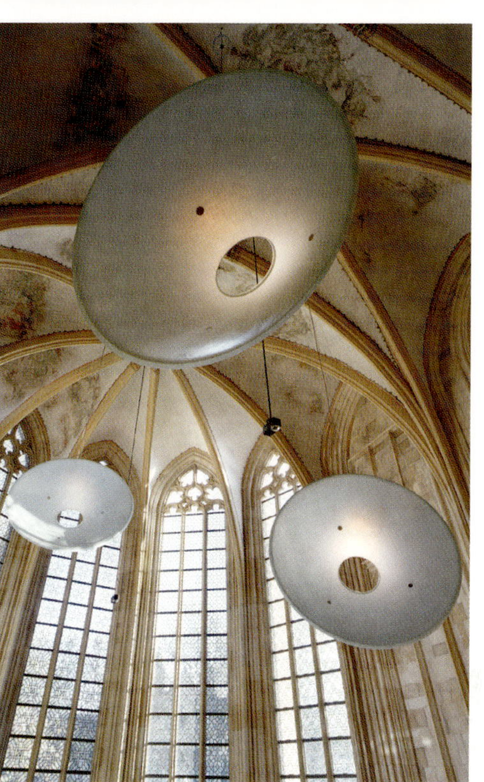

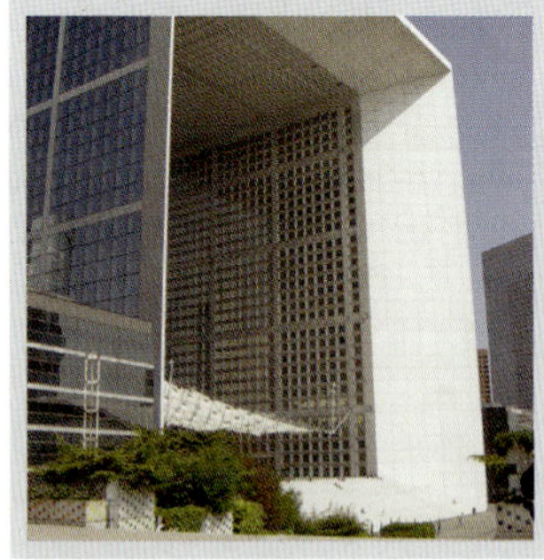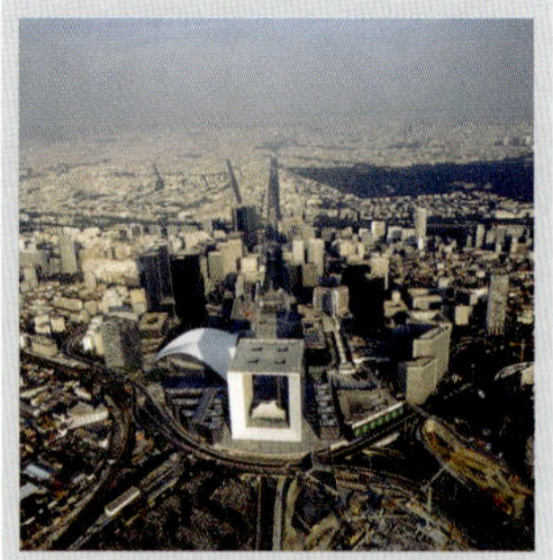

Rooftop France

Cubist party

This 20th century version of a triumphal arch is perhaps the most controversial of President Mitterrand's construction projects. La Grande Arche de la Défense was designed by Danish architect Johann Otto Von Spreckelsen on the occasion of the 200th anniversary of the French Revolution. This cube shaped construction has 35 levels and is open in the centre where there is a covered square of almost 1 hectare. The walls, finished in marble and glass, provide 87,000 m² of office space and support a roof weighing 30,000 tons. This roof is a unique location that not only offers an amazing view of the French capital but also houses an IT Museum, 2 modular spaces measuring 800 m² and 4 auditoriums equipped with highly modern facilities for conferences, exhibitions and congresses.

Cette version contemporaine d'un arc de triomphe est sans doute le plus controversé de tous les projets de construction mis en chantier par le Président Mitterrand. La Grande Arche de la Défense fut conçue par l'architecte danois Johann Otto Von Spreckelsen à l'occasion du 200e anniversaire de la Révolution française. Cet ouvrage compte 35 étages ; en forme de cube évidé, il abrite une esplanade couverte d'environ un hectare. Les murs, revêtus de marbre et de verre, renferment 87.000 m² de bureaux et supportent une toiture pesant 30.000 tonnes. Ce toit est un endroit exceptionnel qui, au delà de la vue superbe qu'il offre sur la capitale de la France, héberge également le Musée de l'Informatique, 2 espaces modulables de 800 m² au total et 4 auditoriums, équipés de la façon la plus moderne, que l'on utilise pour des réunions, des expositions et des congrès.

Deze 20ste eeuwse versie van een triomfboog is wellicht het meest controversiële van alle door president Mitterrand opgezette bouwprojecten. La Grande Arche de la Défense werd ontworpen door de Deense architect Johann Otto Von Spreckelsen naar aanleiding van de 200ste verjaardag van de Franse Revolutie. Dit kubusvormige bouwwerk telt 35 verdiepingen en is van binnen open waardoor een overdekt plein ontstaat van bijna 1 hectare groot. De wanden, die afgewerkt werden met marmer en glas, bieden plaats aan 87.000 m² kantoorruimte en dragen een dak van 30.000 ton. Dit dak is een unieke locatie die niet enkel een verbluffend uitzicht biedt over de Franse hoofdstad, maar ook onderdak verleent aan het IT-Museum, 2 modulaire ruimtes van in totaal 800 m² en 4 auditoria, uitgerust met de modernste faciliteiten voor vergaderingen, tentoonstellingen en congressen.

TOIT DE LA GRANDE ARCHE — 1 PARVIS DE LA DÉFENSE, 92044 PARIS LA DÉFENSE CEDEX, FRANCE - EVENEMENTIEL@GRANDEARCHE.COM - WWW.GRANDEARCHE.COM

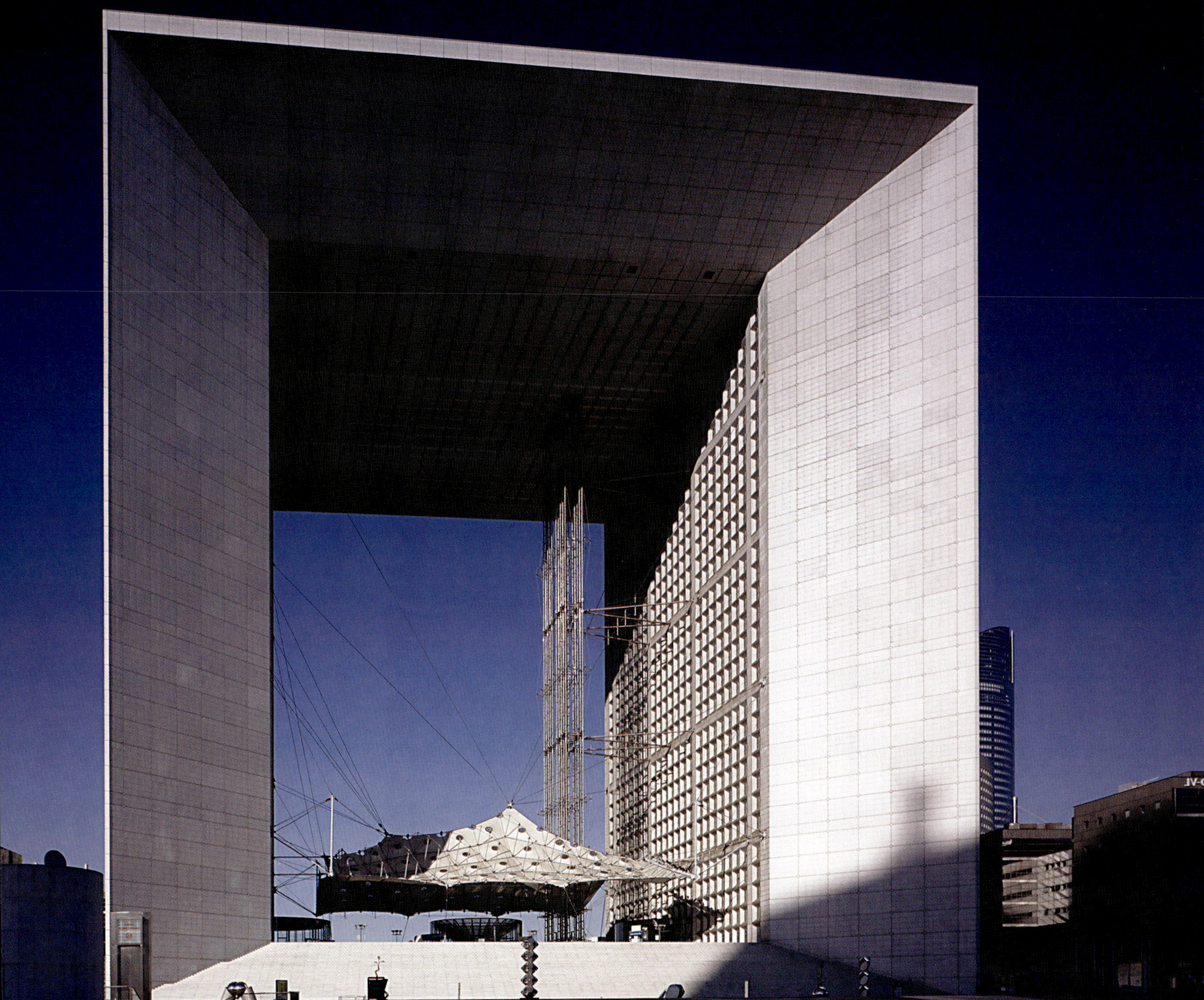

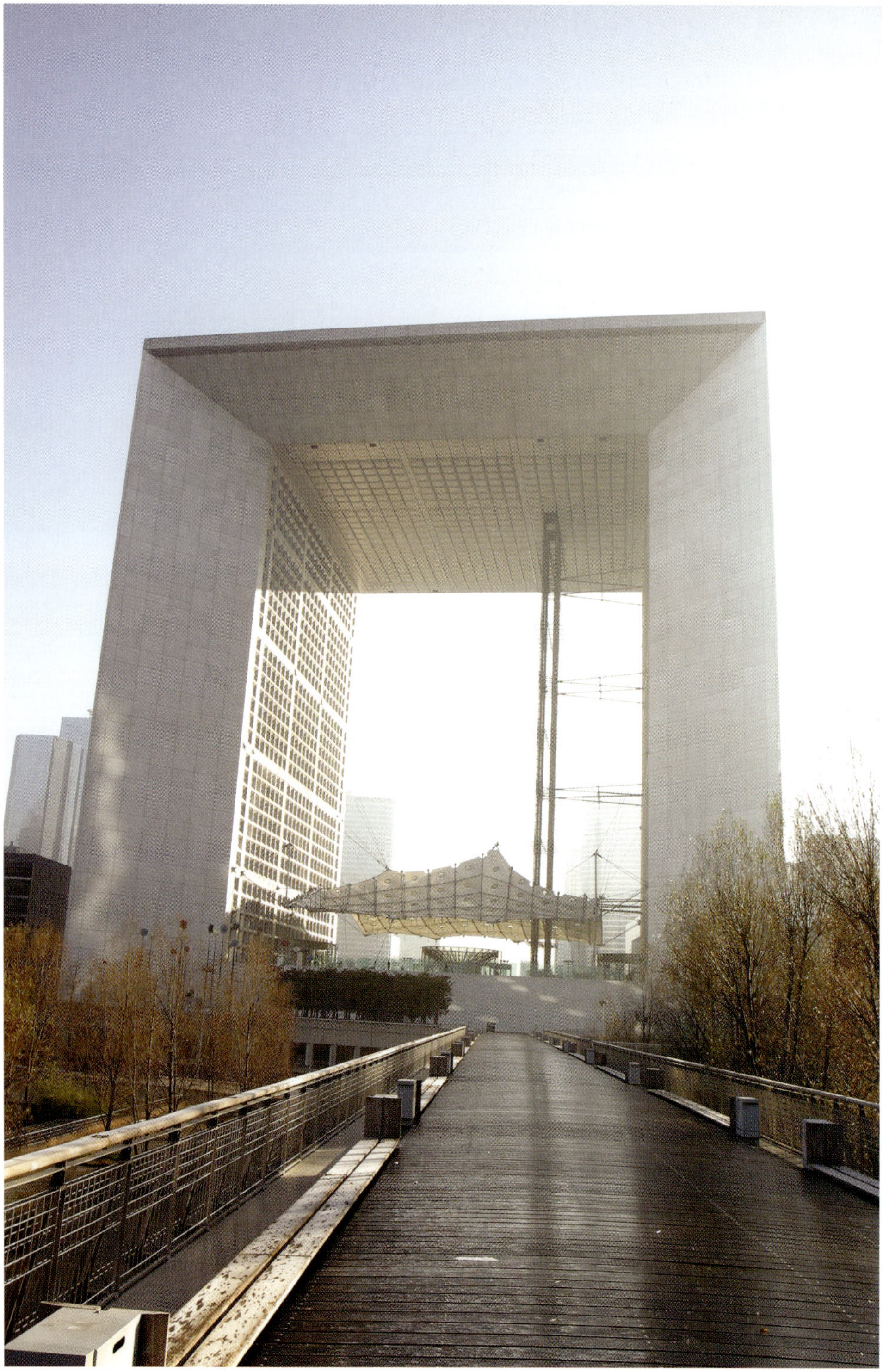

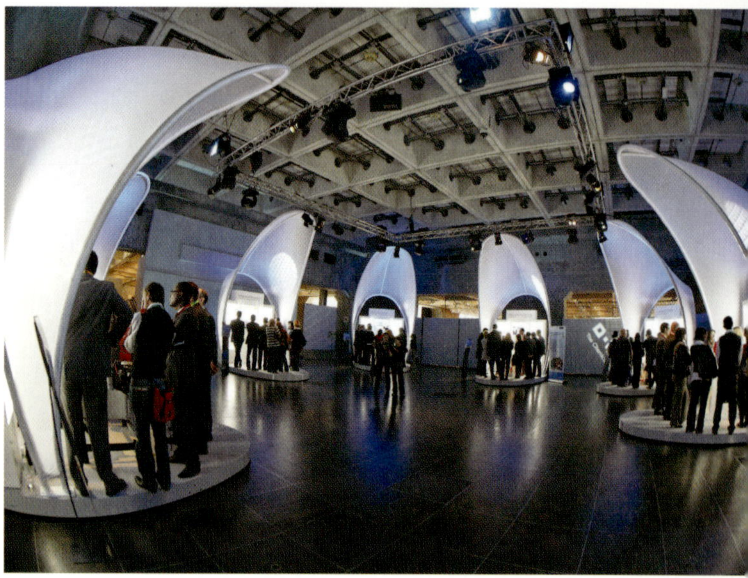

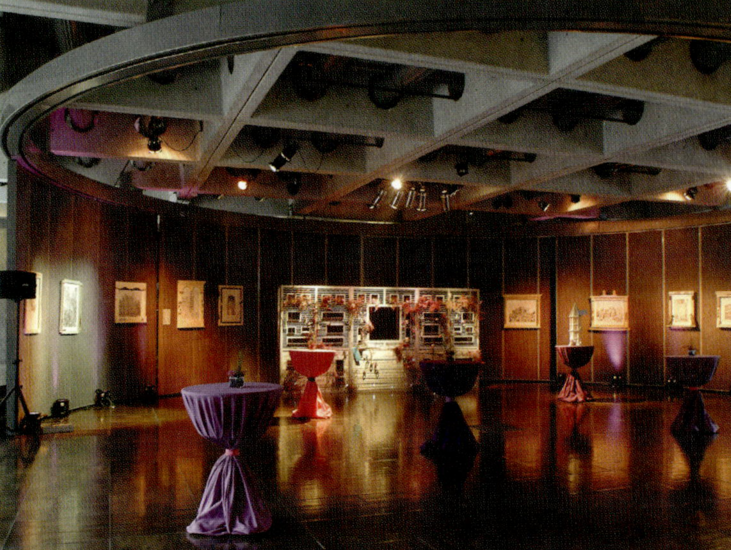

La Grande Arche de la Défense is 100 metres high, 108 metres long and 112 metres deep.
The empty space inside is so big that it could easily swallow up Paris' Notre Dame Cathedral.

La Grande Arche de la Défense, haute de 100 mètres, mesure cent 108 de long et est profonde de 112 mètres.
L'espace intérieur est si vaste qu'il pourrait contenir facilement la cathédrale Notre-Dame de Paris.

La Grande Arche de la Défense is 100 meter hoog, 108 meter lang en 112 meter diep. De lege ruimte
binnenin is zo groot dat ze gemakkelijk de kathedraal Notre Dame de Paris zou kunnen bevatten.

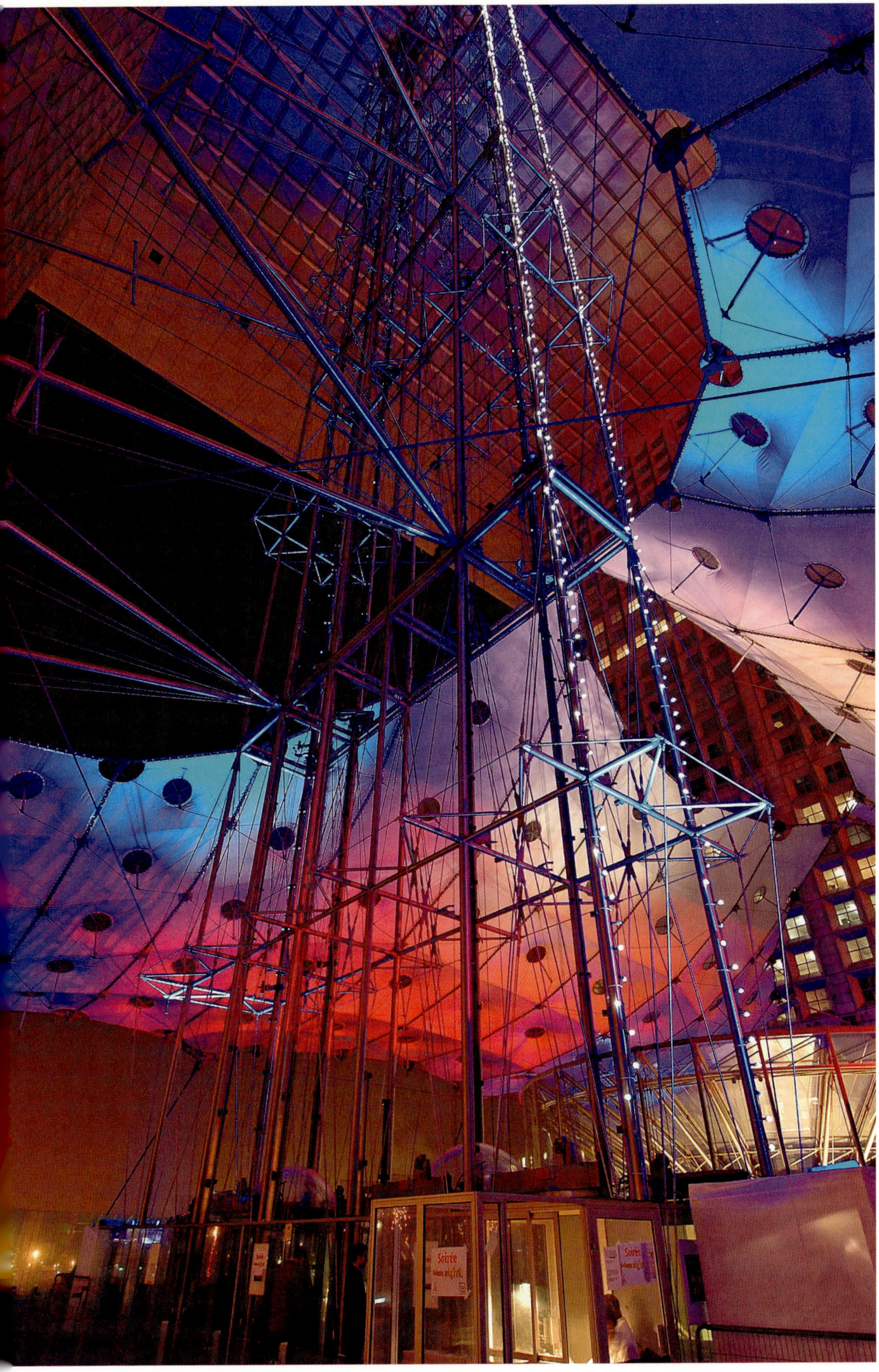

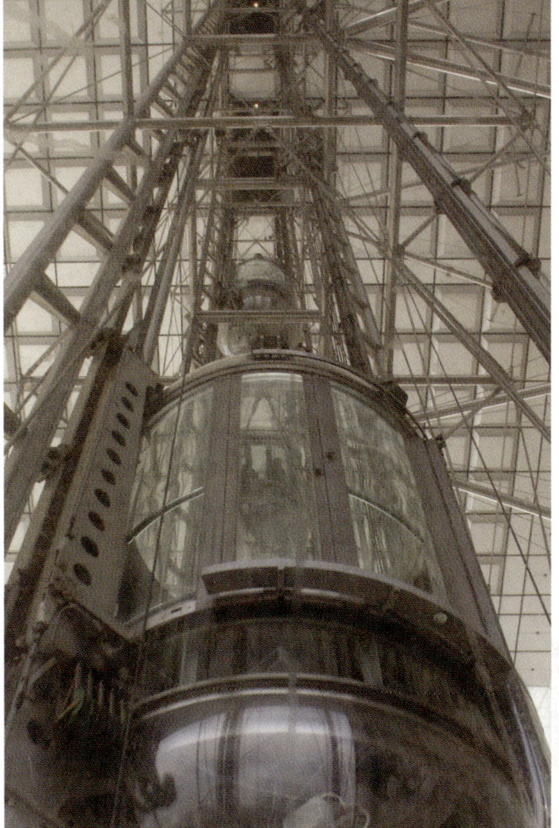

From the roof, accessible via a glass exterior lift, you can see perfectly how this monument stands on the Great Axis, a line that connects the Arc de Triomphe with the obelisk from Luxor and the Louvre's pyramid.

Du haut du toit, que l'on atteint grâce à un ascenseur aux parois de verre, on distingue parfaitement que le monument se place dans le prolongement exact du Grand Axe qui relie l'Arc de triomphe à l'obélisque de Louxor et à la pyramide du Louvre.

Vanaf het dak, bereikbaar per glazen buitenlift, zie je perfect hoe dit monument op de Grand Axe staat, een lijn die de Arc de Triomphe verbindt met de obelisk van Luxor en de piramide van het Louvre.

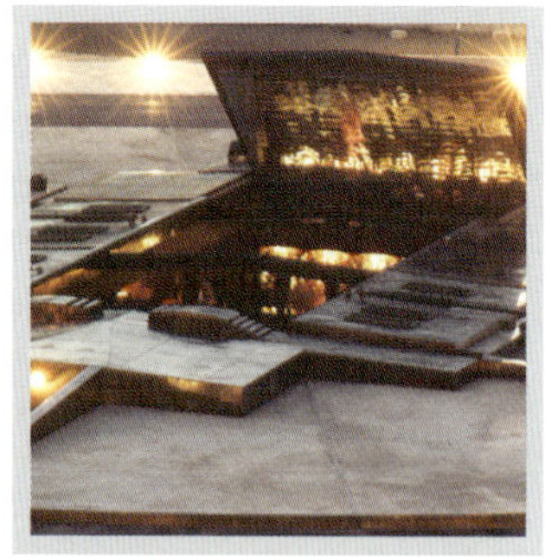 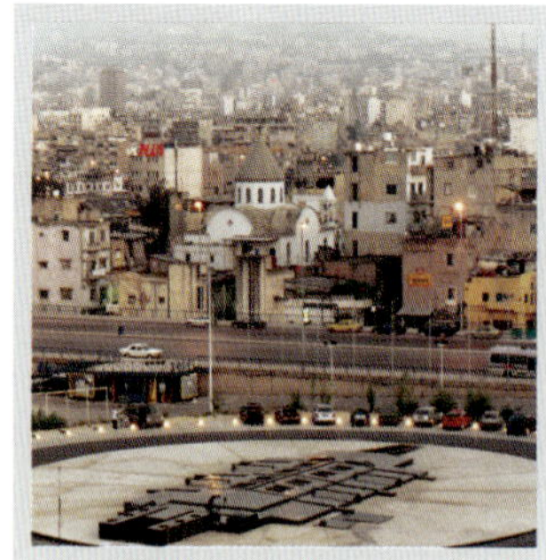

War

War monument club

Inside out bunker

The location of club B018 could be described as macabre, to say the least: La Quarantaine is an area on the outskirts of Beirut that served as a refugee camp until its 20,000 inhabitants were murdered by local militia in 1976 during the Lebanese civil war. Architect Bernard Khoury wanted to emphasize the historical significance of the location and that is why he chose a dramatically metaphorical structure. He created an underground club, imbedded in a round concrete shaft that sticks out just above the asphalt and is encircled by parking spaces. More or less invisible during the day, B018 comes alive late in the evening, when the heavy metal roof folds back and brings the night sky into the club. A reshaped mirror above the bar in the corner set at a 50° angle ensures that the city and the cars on the motorway are also part of the club's atmosphere.

L'emplacement du club B018 peut pour le moins sembler macabre : la Quarantina se situe aux confins de Beyrouth, à un endroit qui servait de camp de réfugiés jusqu'à ce que la milice locale tue ses 20 000 occupants en 1976, durant la guerre civile libanaise. L'architecte Bernard Khoury voulait souligner le caractère historique de l'endroit, c'est pourquoi il a opté pour une structure métaphorique dramatique. Il a créé un club souterrain, logé dans un cratère de béton, qui émerge de l'asphalte et est entouré de places de parking. Invisible le jour, le B018 s'anime le soir venu lorsque le lourd toit de métal s'ouvre, laissant la nuit étoilée s'introduire dans le club. Un miroir déformé placé dans un angle à 50° au dessus du bar permet que la ville et les voitures circulant sur l'autoroute fassent partie de l'animation.

De locatie van club B018 is op zijn minst macaber te noemen: de Quarantaine is een plek aan de rand van Beiroet die dienst deed als vluchtelingenkamp tot een lokale militie de 20.000 kampbewoners in 1976 uitmoordde tijdens de Libanese burgeroorlog. Architect Bernard Khoury wilde de historische littekens van de locatie benadrukken en koos daarom voor een dramatische metaforische structuur. Hij creëerde een ondergrondse club, ingebed in een ronde betonnen schijf die net boven het asfalt uitsteekt en omringd wordt door parkeerplaatsen. Overdag vrijwel onzichtbaar, komt B018 pas in de late uren tot leven, wanneer het zware metalen dak open plooit en de nachthemel in de club geïntroduceerd wordt. Een vervormende spiegel boven de bar in een hoek van 50° zorgt ervoor dat ook de stad en de auto's op de snelweg deel uitmaken van het clubleven.

B018 – Quarantina, Lot N. 317, Beirut, Lebanon - + 961 1 580 018

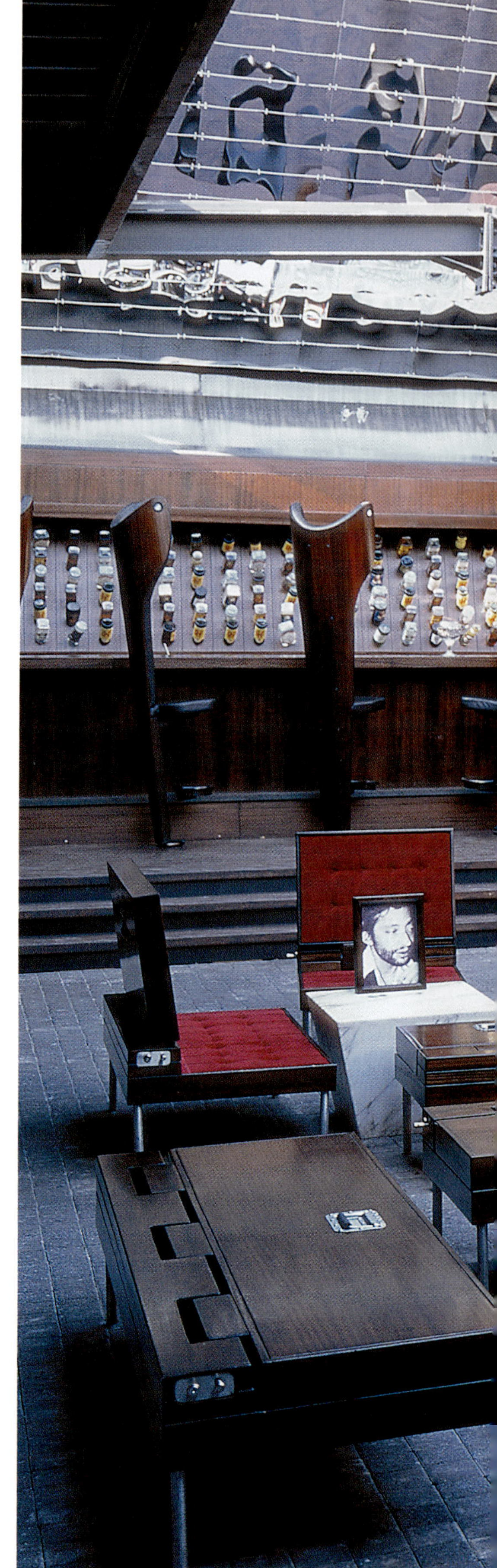

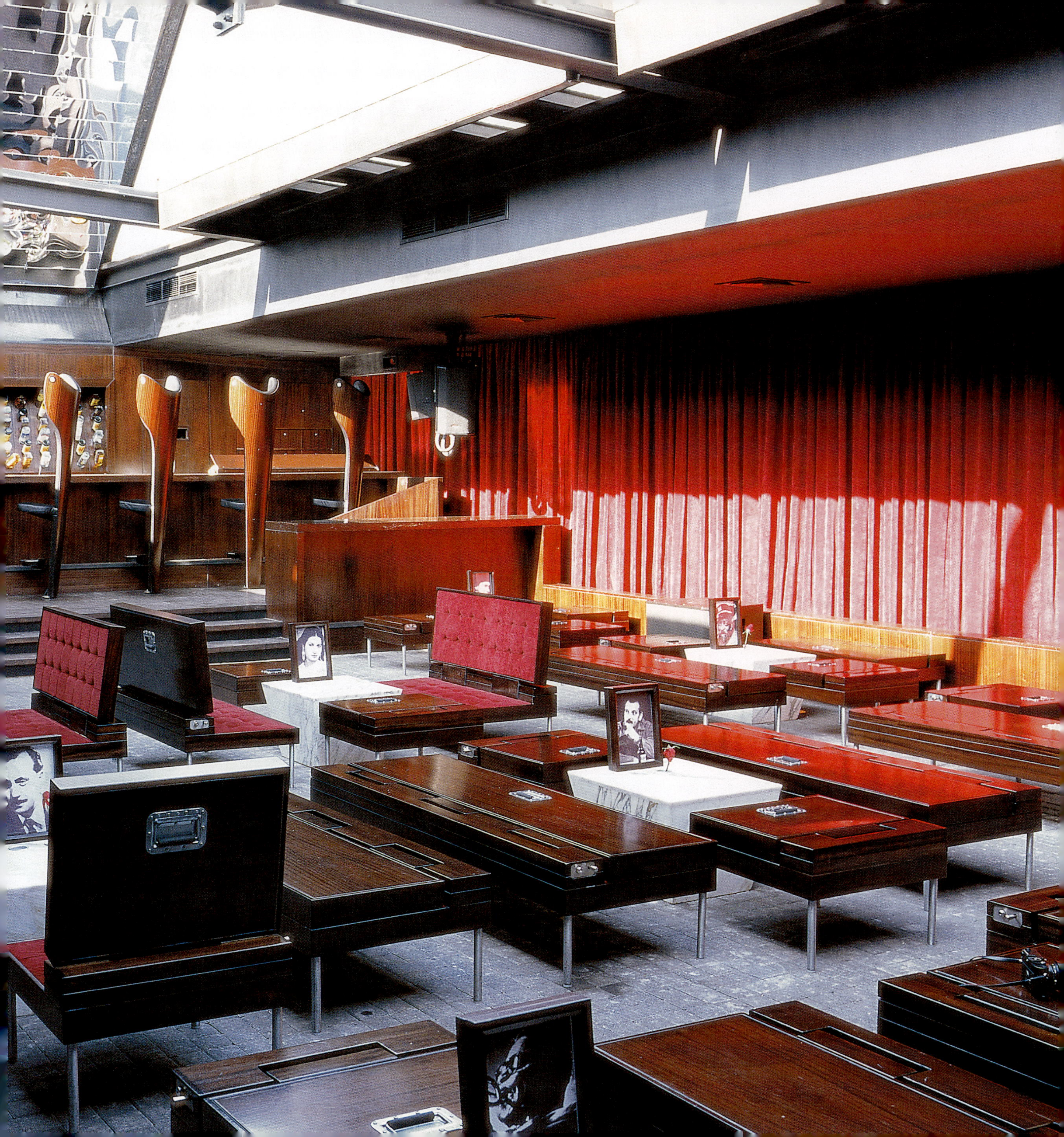

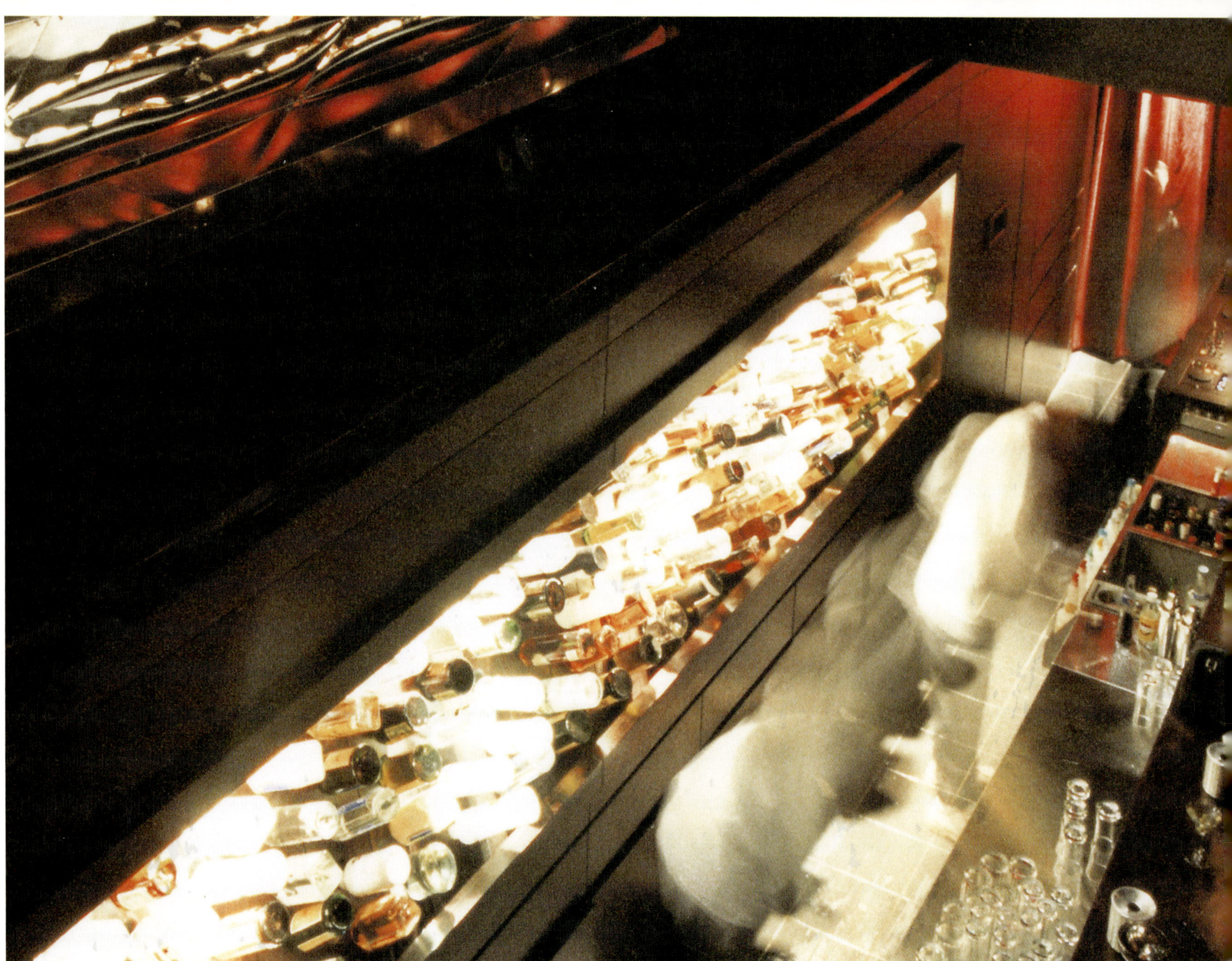

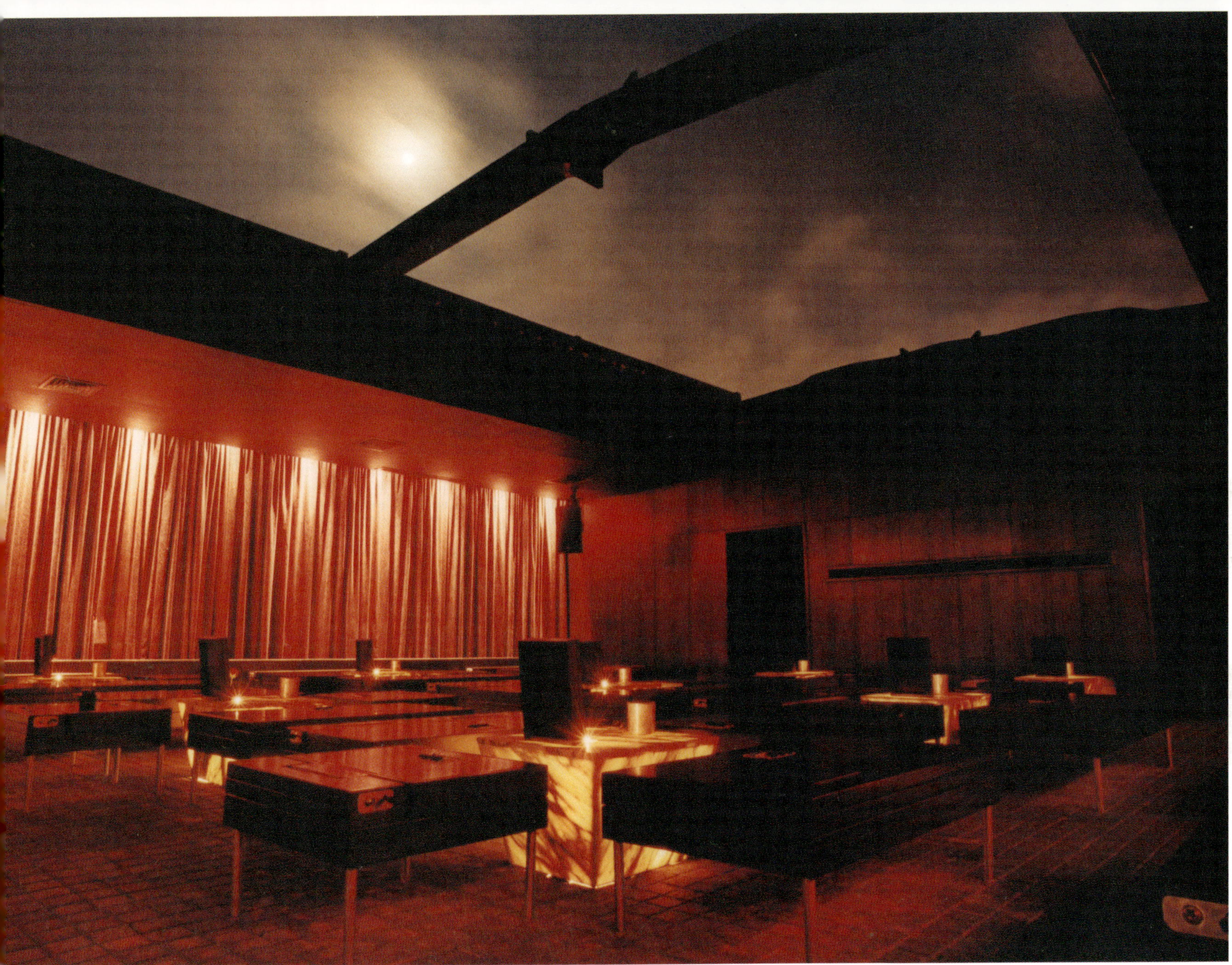

The coffin-like velour folding chairs are also used as dance podiums.

Les sièges pliants en forme de cercueils couverts de velours servent aussi de podiums pour danser.

De doodskistachtige inklapbare zetels met velours bekleding doen ook dienst als danspodia..

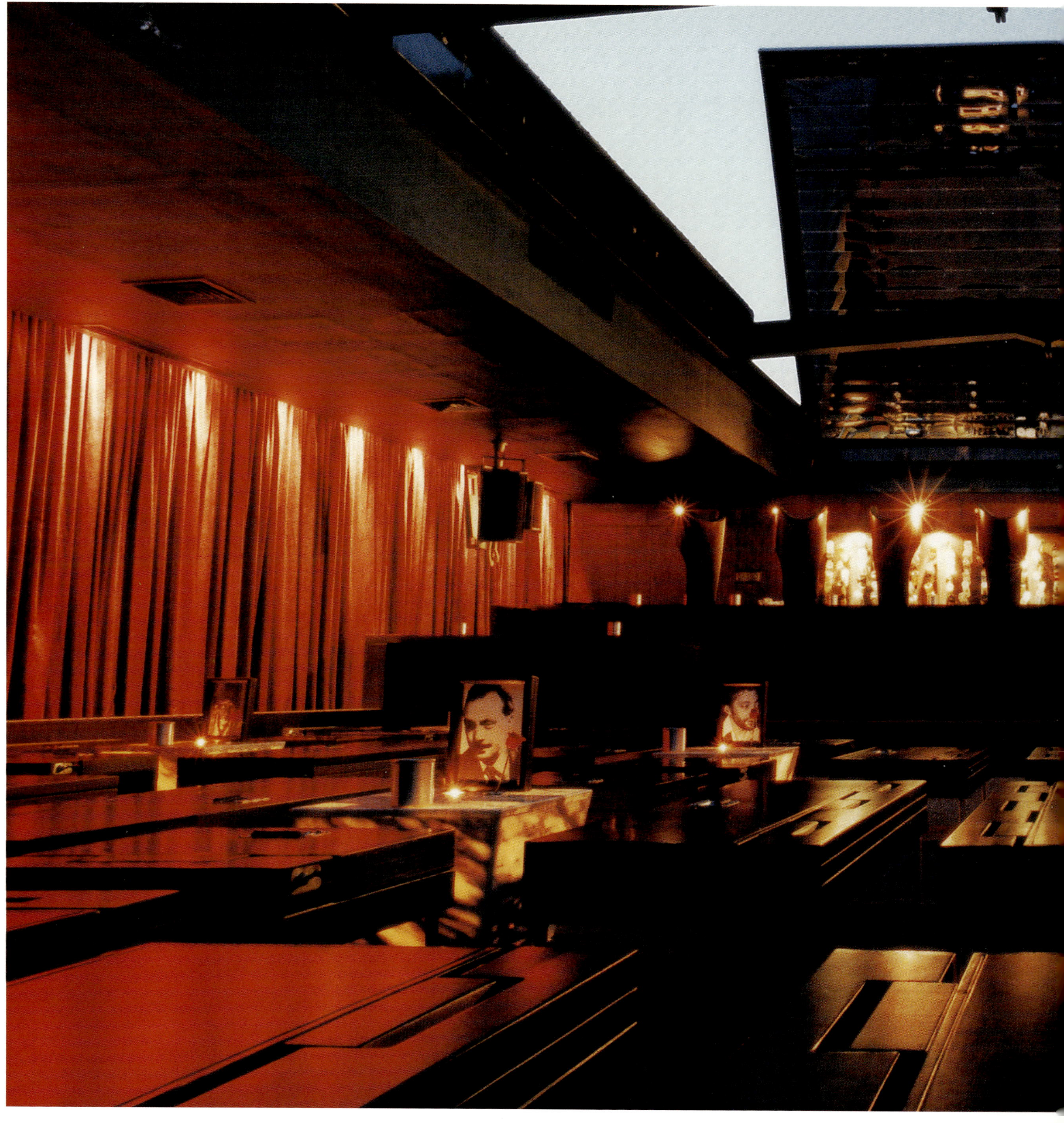

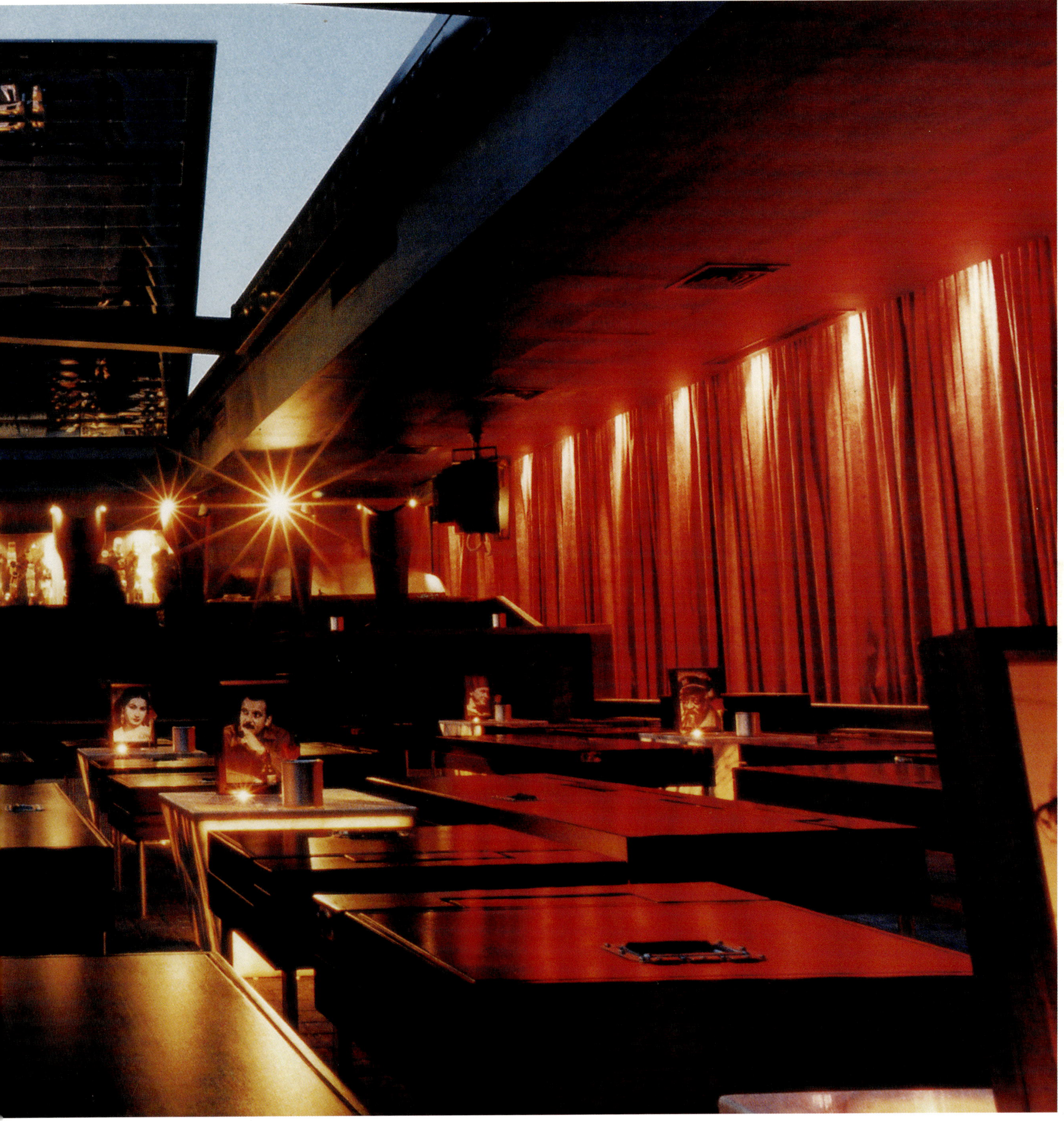

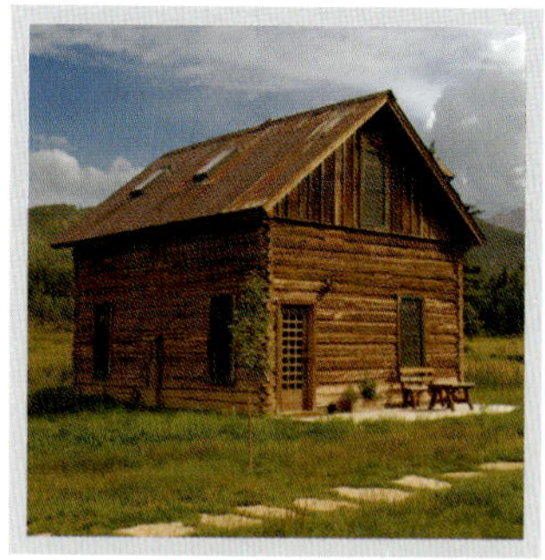 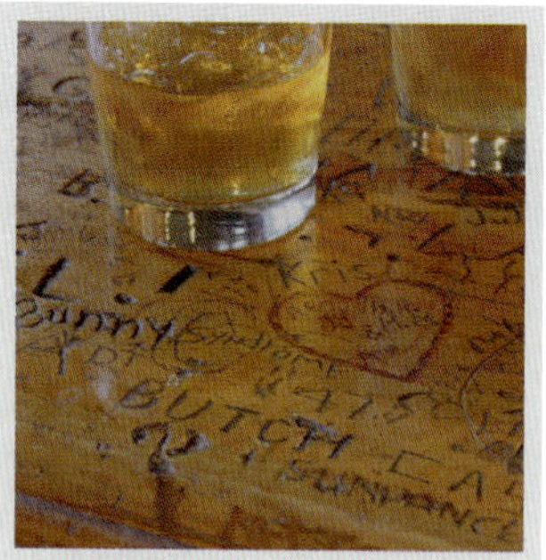

Ghost town USA

Once upon a time in Colorado

This perfectly restored Wild West ghost town, between two National Parks in the Colorado Rocky Mountains, is packed with contrasts: exquisitely furnished log cabins built with hand-hewn beams, delectable dishes served in an age-old saloon, sensual hot water springs hidden beneath a glistening carpet of snow, and much more. The village comprises eleven luxurious log cabins and a teepee, five hot water springs, a saloon, an open-air wedding chapel (right next to a waterfall!), a library, a bath house, a yoga studio and a gym. Those who come for a rest can surrender to one of the many forms of pampering available. Adventurers can enrol for horseback trekking, heli-skiing trips, fly fishing sessions, dog sledding trips, boxing lessons and so on.

Cette ville fantôme du Far West, parfaitement restaurée, est située entre deux parcs nationaux des Rocky Mountains au Colorado. Les contradictions ne manquent pas: d'exquises huttes faites de rondins de bois taillés à la main, des repas savoureux servis dans un ancien "saloon", des sources d'eaux chaudes cachées sous un scintillant manteau de neige... Le village est constitué de onze chalets et un tipi, cinq sources d'eau chaudes, un saloon, une chapelle de mariage à ciel ouvert (juste à côté d'une cascade!), une bibliothèque, des bains publics, un studio de yoga et une salle de gym. Qui est en quête de repos trouvera de nombreuses façons de se laisser dorloter. Les aventuriers pourront s'inscrire à une promenade à cheval, des excursions à ski amené par hélicoptère, des sessions de poissons volants, des expéditions en chiens de traîneau, des leçons de boxe, etc.

Dit perfect gerestaureerde Wild West-spookstadje, gelegen tussen twee Nationale Parken in de Colorado Rocky Mountains, is een vat vol tegenstellingen: exquis ingerichte blokhutten gemaakt uit met de hand gehouwen balken, tongstrelende gerechten geserveerd in een eeuwenoude saloon, sensuele warmwaterbronnen die verborgen liggen onder een glinsterend sneeuwtapijt... Het dorp omvat elf luxueuze blokhutten en een tipi, vijf warmwaterbronnen, een saloon, een openlucht trouwkapel (vlak naast een waterval!), een bibliotheek, een badhuis, een yogastudio en een gymzaal. Wie uit is op rust, kan zich overgeven aan een van de vele verwennerijen. Avonturiers kunnen zich inschrijven voor trektochten te paard, helikopterskitochten, vliegvissessies, hondensleetrips, bokslessen, enzovoort.

DUNTON HOT SPRINGS - 52068 WEST FORK ROAD #38, DOLORES, COLORADO, USA 81323 - +1 970 882 4800 - WWW.DUNTONHOTSPRINGS.COM - INFO@DUNTONHOTSPRINGS.COM

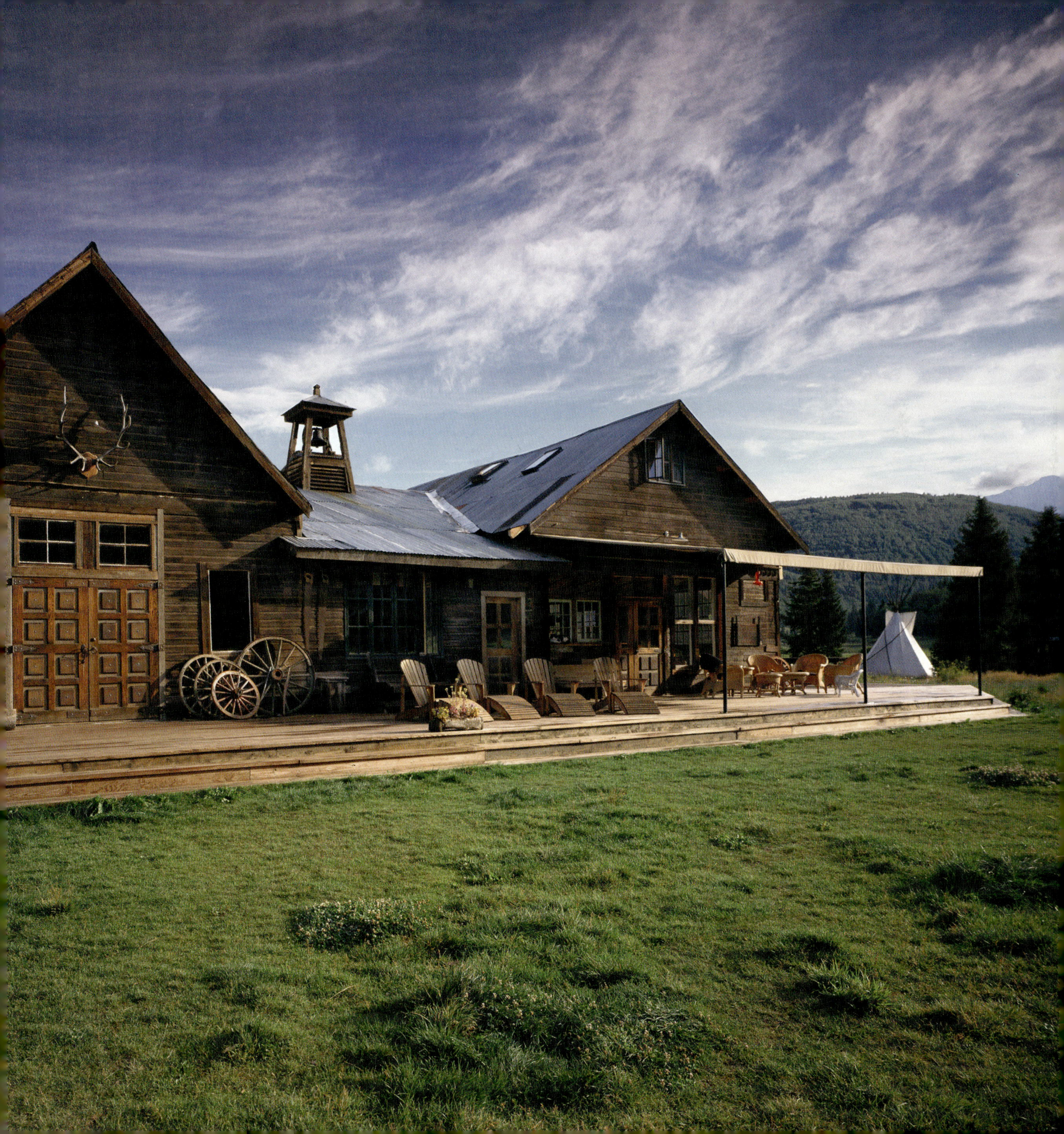

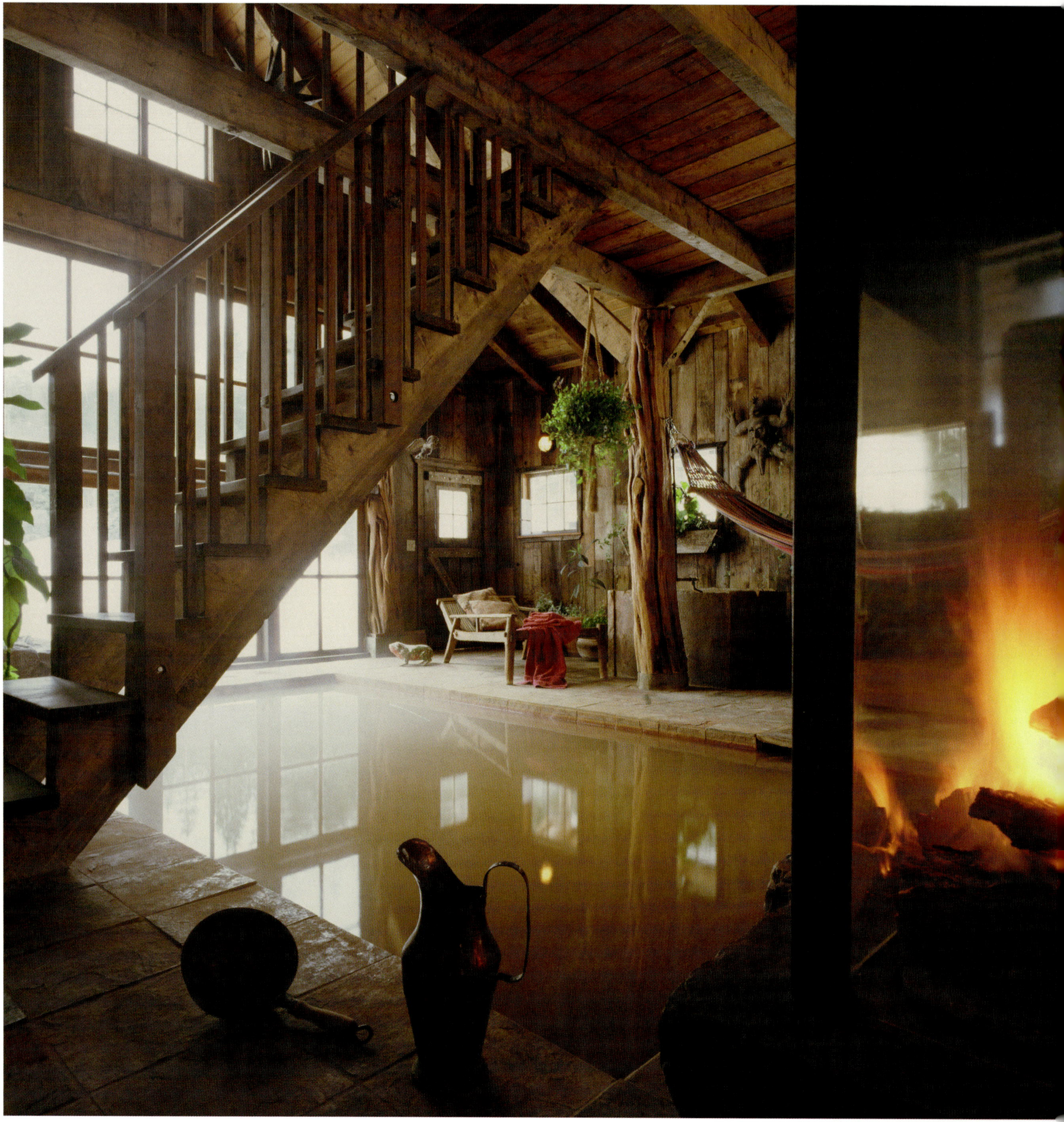

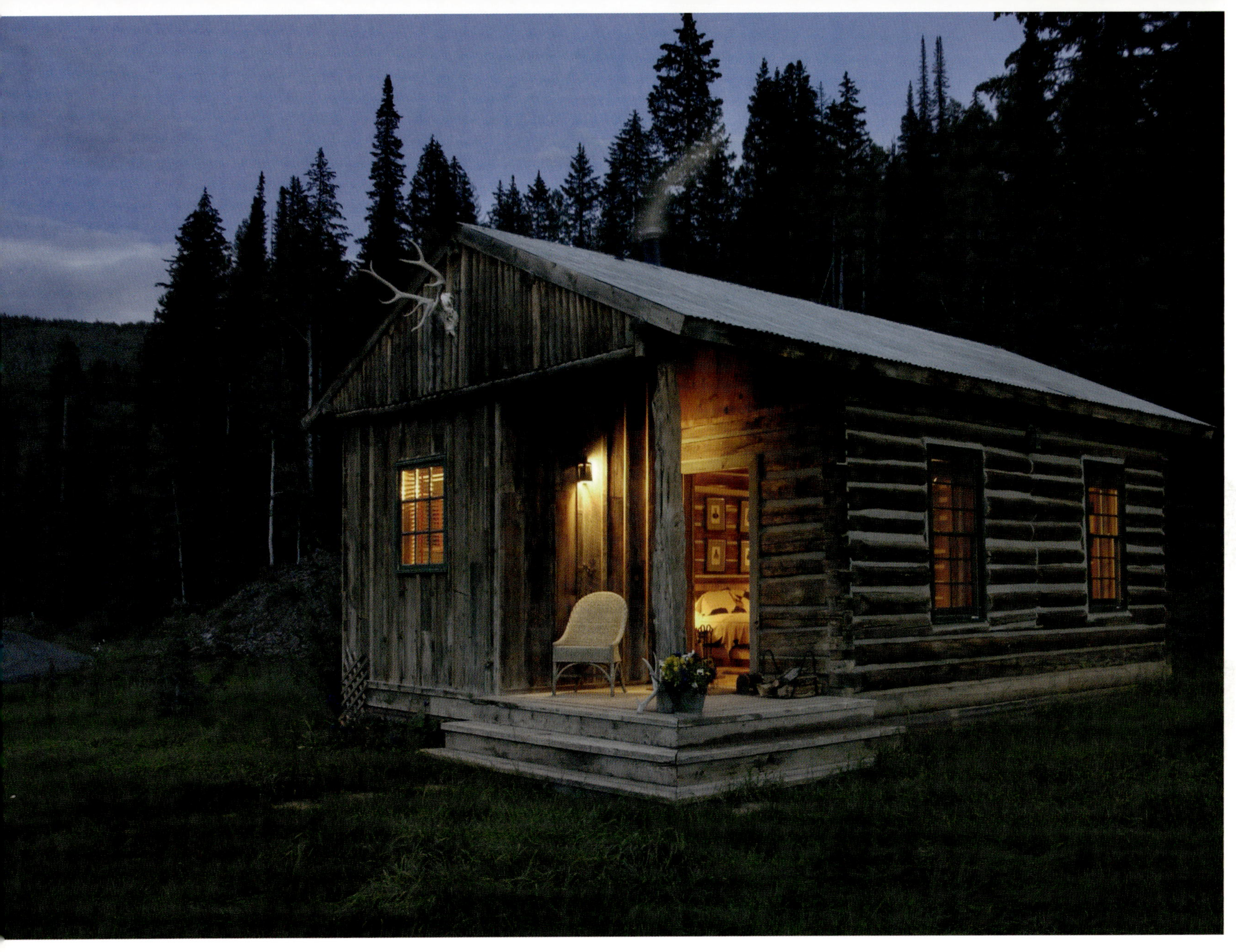

The rooms are let out separately, but if you would like to imagine yourself a real sheriff, you can rent the whole village with 33 of your best friends and play cowboy and Indian in style.

Les logements sont loués séparément. Mais qui veut se sentir dans la peau d'un shérif peut s'approprier le village entier avec 33 amis et jouer cow-boy et indien comme il faut.

De verblijven worden apart verhuurd, maar wie zich graag eens écht sheriff waant, kan met 33 vrienden het hele dorp inpalmen voor een deftig spelletje cowboy-en-indiaan.

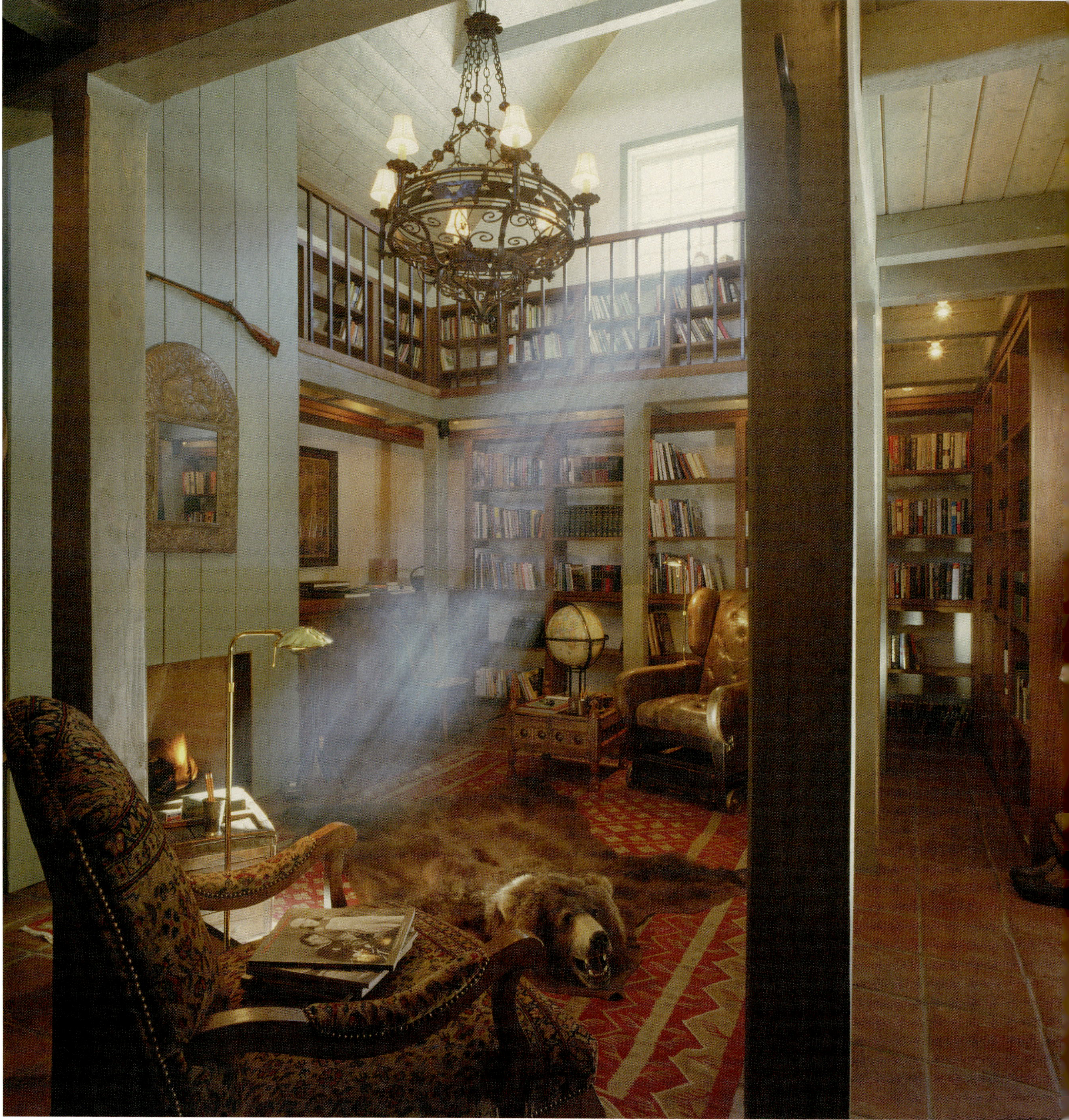

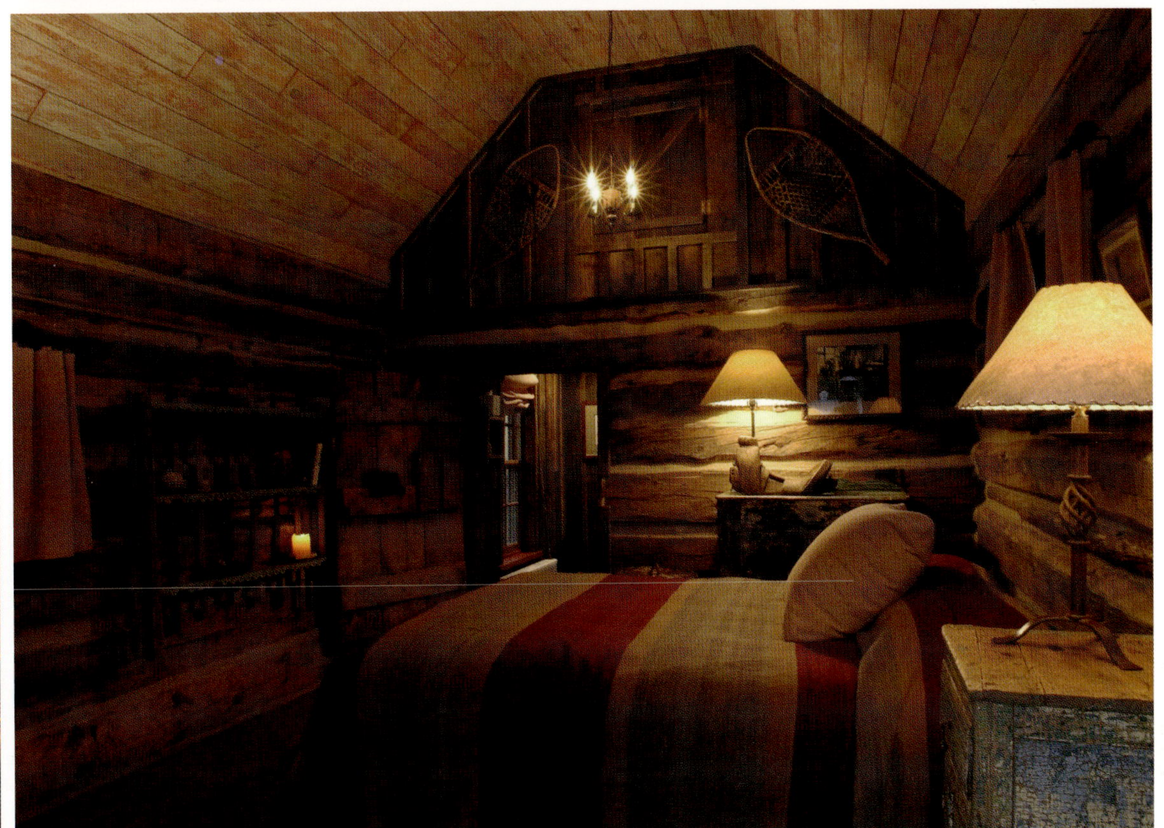

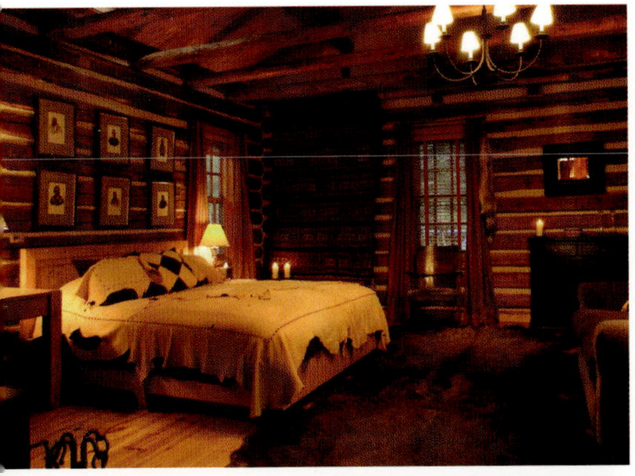

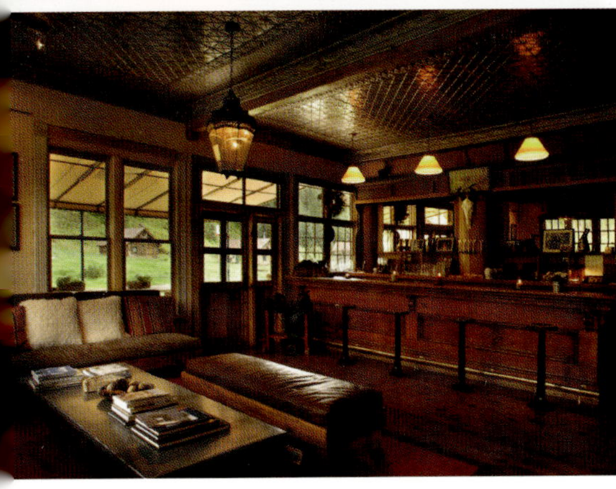

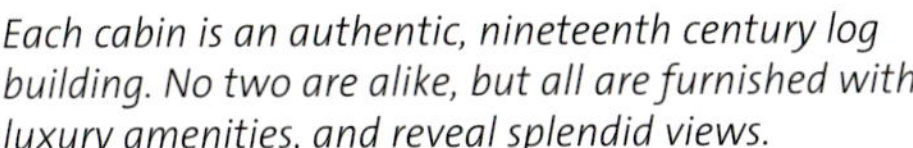

Each cabin is an authentic, nineteenth century log building. No two are alike, but all are furnished with luxury amenities, and reveal splendid views.

Chaque logement est une authentique cabane du 19e siècle. Aucune n est pareille mais toutes sont luxueusement équipées et offrent de magnifiques panoramas.

Elk gastenverblijf is een authentieke negentiende-eeuwse blokhut. Geen twee zijn dezelfde, maar alle beschikken ze over luxueuze voorzieningen en bieden ze schitterende vergezichten.

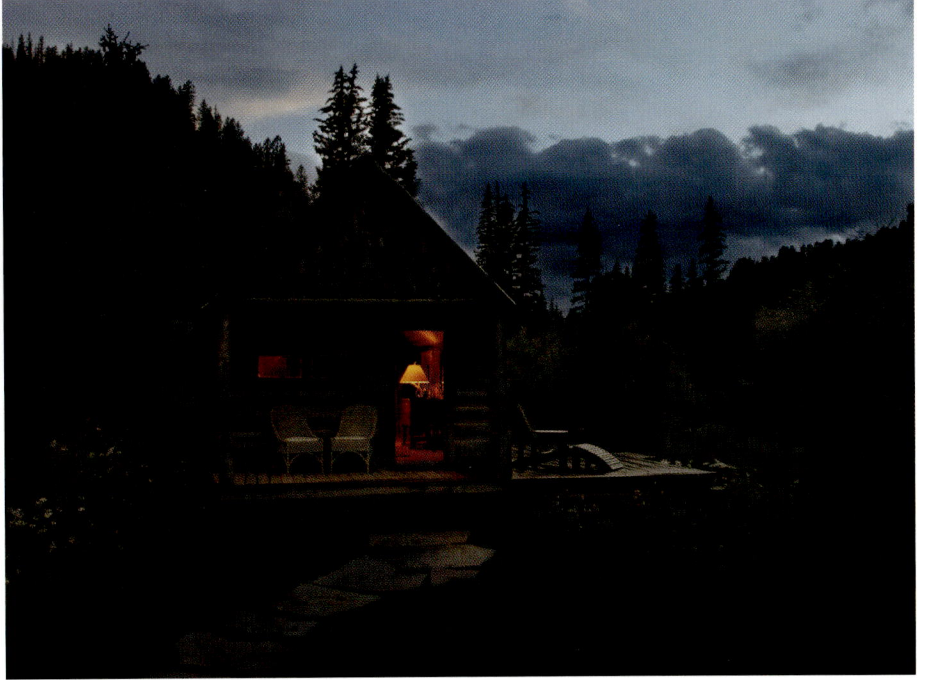

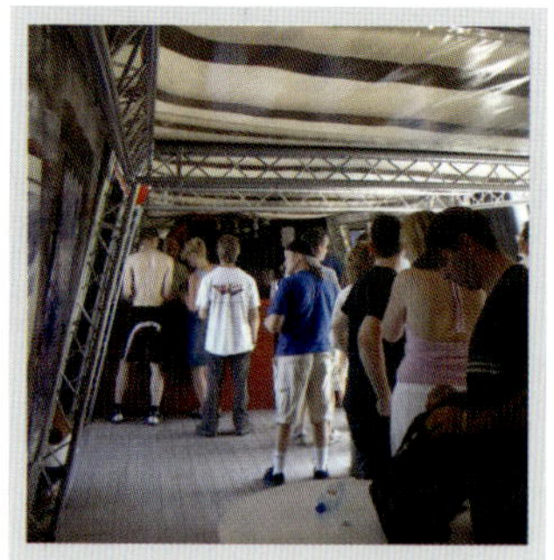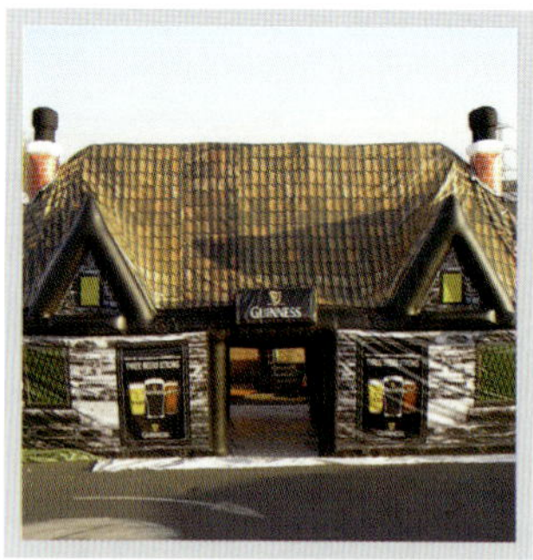

Inflatable pub ^{UK}

The portable pub

"If you can't get to the pub, then the pub will come to you", must have been what the people at Airquee thought when they launched the portable pub in 2004. The days when it seemed like there was never a pub in the area when you really needed one are now well and truly over. For those who are crazy about a drink when appropriate, can take their own inflatable pub with them where ever they go, including fake stone walls and a tiled roof. With its handy 7 by 15 metre format, this temporary roof for travelling alcoholics (and their 30 to 70 best friends) can, with the help of 2 pumps, be inflated in around 10 minutes. A strong aluminium frame can be used to mount speakers, plasma screens or a disco ball and also serves as security, in case one the guests is really bad at darts.

''Si tu ne peux pas aller au pub, le pub viendra à toi''. C'est ce qu'ont du penser les fondateurs d'Airquee lorsqu'ils lancèrent le pub portable, en 2004. Fini le temps où l'on pensait qu'il n'y aurait jamais de café dans les environs. Pour avoir son verre en temps et en heure, on peut emmener son propre pub gonflable partout avec soi, murs de pierre et toit de tuiles inclus. Son format pratique de 7 mètres sur 15 permet à cet abri provisoire pour alcooliques ambulants (et 30 à 70 de leurs amis) d'être gonflé en 10 minutes. Un cadre en aluminium peut être utilisé comme tribune, pour suspendre des écrans plasma, une boule à facettes et servir de garde-fou, au cas où l'un des convives se révèlerait maladroit aux fléchettes.

"Als jij niet naar de pub kan gaan, zal de pub naar jou toe komen", moeten de mensen van Airquee gedacht hebben toen ze in 2004 de draagbare pub lanceerden. De dagen dat het leek alsof er nooit een café in de buurt was als je het echt nodig had, zijn nu dan ook definitief voorbij. Wie echt gebrand is op zijn drankje op tijd en stond, kan zijn eigen opblaasbare pub overal mee naartoe nemen, inclusief nepstenen muren en pannen dak. Met zijn handige formaat van 7 op 15 meter kan dit tijdelijke onderdak voor de rondtrekkende alcoholicus (en zijn 30 tot 70 beste vrienden) met behulp van 2 pompjes in ongeveer 10 minuten tijd opgeblazen worden. Een stevig aluminium frame kan gebruikt worden om boxen, plasmaschermen of een discobal aan op te hangen en dient meteen ook als beveiliging voor het geval een van je gasten echt slecht is in *darts*.

The idea came when Airquee created an inflatable church and someone remarked that they should also make something to make the other half of the population happy.

L'idée est née à l'époque où Airquee avait créé une église gonflable. Quelqu'un a fait remarquer qu'ils devaient faire quelque chose pour contenter l'autre moitié de la population.

Het idee ontstond toen Airquee een opblaasbare kerk had gecreëerd en iemand opmerkte dat ze nu ook wel eens iets mochten doen om de andere helft van de bevolking blij te maken.

THE PORTABLE PUB BY AIRQUEE LTD. – Unit 2A, Barton Hill Trading Estate, Barton Hill, Bristol, BS5 9RD, United Kingdom · +44 1179 414 918 · info@airquee.co.uk · www.airquee.co.uk/pub

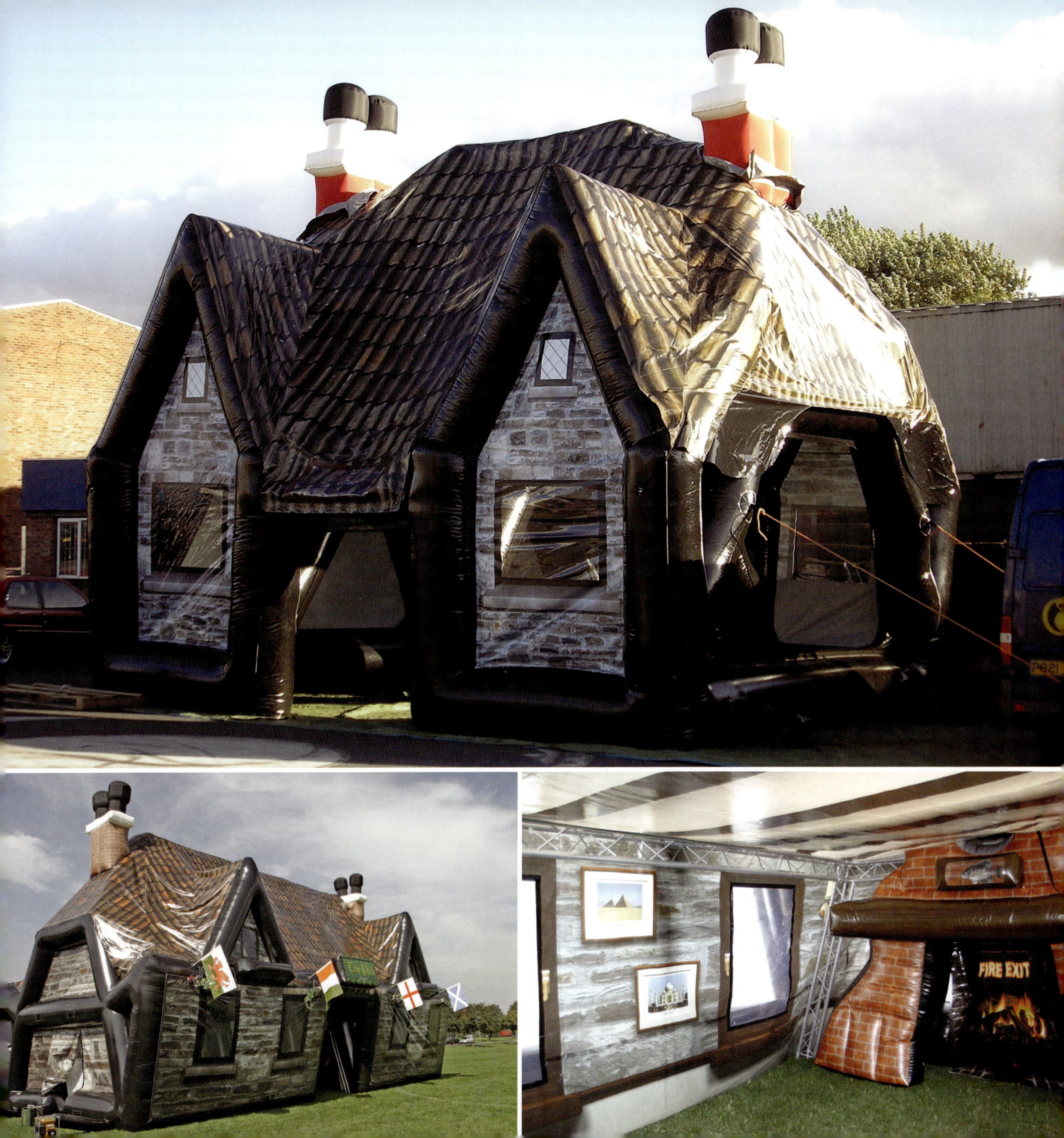

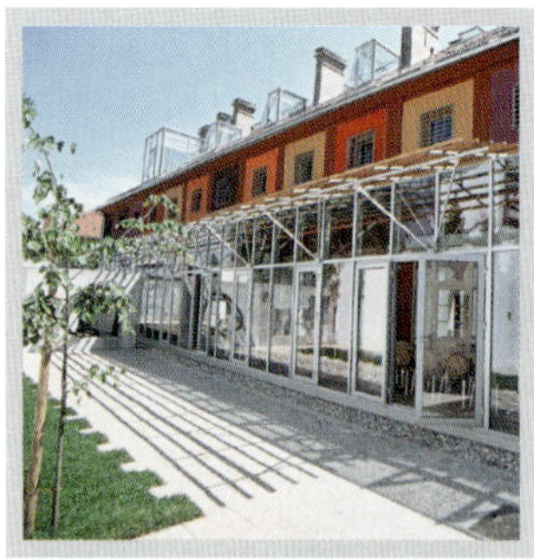
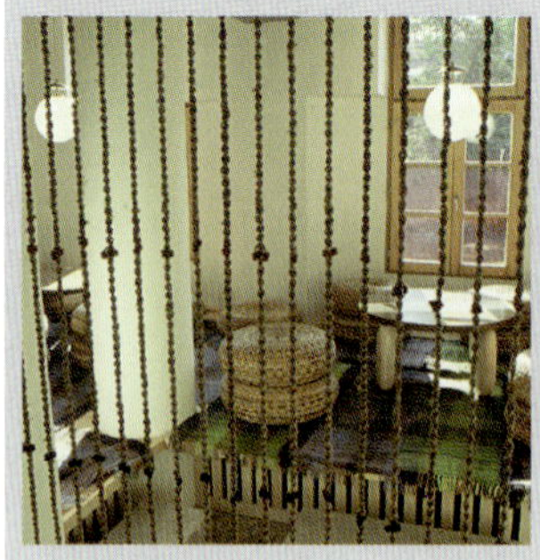

Prison hostel **Slovenia**

Jailhouse nap

This artistic youth hostel in the centre of Ljubljana, very appropriately called Celica (cell), opened in a former military prison in 2003. More than 80 artists were involved in its renovation and the result is staggering: this formerly depressing building was transformed into a colourful meeting place and each of the twenty cells was tackled in an individual way. There is no age limit in this youth hostel, but it is worth knowing that Celica is located in Metelkova City, a squatted army barracks that houses one of the largest centres of alternative culture in Europe. This 8000 sq. m. site is home to studios and stages for artists, theatre-makers, musicians and film-makers, as well as dozens of night-clubs and bars. So there's no escaping the noise!

Cette auberge de jeunesse, au centre de Ljubljana, a été nommée fort à propos Celica (qui signifie cellule). Il s'agit d'une ancienne prison militaire reconvertie, en 2003, grâce à la contribution de plus de 80 artistes. Le résultat est bluffant: ce lieu sinistre a fait place à un lieu de réunion multicolore et les 20 cellules ont chacune reçu un aménagement singulier. L'auberge de jeunesse n'impose aucune limite d'âge mais il est bon de savoir que Celica se situe à Metelkova City, une caserne squattée qui héberge l'un des plus grand centre de culture alternative d'Europe. Les 8.000 m² de terrain sont occupés par des ateliers et plateformes pour artistes, gens du théâtre, musiciens et cinéastes, ainsi que plusieurs bars et boîtes de nuit. Le tapage nocturne est compris dans le prix!

Deze artistieke jeugdherberg in het hart van Ljubljana, zeer toepasselijk Celica (de cel) genaamd, opende in 2003 zijn deuren in een voormalige militaire gevangenis. Meer dan 80 kunstenaars waren betrokken bij de renovatie en het resultaat is verbluffend: het deprimerende gebouw werd getransformeerd in een kleurrijke ontmoetingsplaats en de twintig cellen kregen stuk voor stuk een unieke invulling. De jeugdherberg hanteert geen leeftijdslimiet, maar misschien is het wel goed om weten dat Celica zich bevindt in Metelkova City, een gekraakte legerkazerne die een van de grootste centra voor alternatieve cultuur in Europa huisvest. Het 8.000 m² grote terrein omvat ateliers en podia voor kunstenaars, theatermakers, muzikanten en filmers, naast ettelijke nachtclubs en bars. Geluidsoverlast is dus iets dat je erbij moet durven nemen!

HOSTEL CELICA - METELKOVA ULICA 8, SI-1000 LJUBLJANA, SLOVENIA - +386 1 430 18 90 - WWW.SOUHOSTEL.SI - RECEPCIJA@SOUHOSTEL.SI

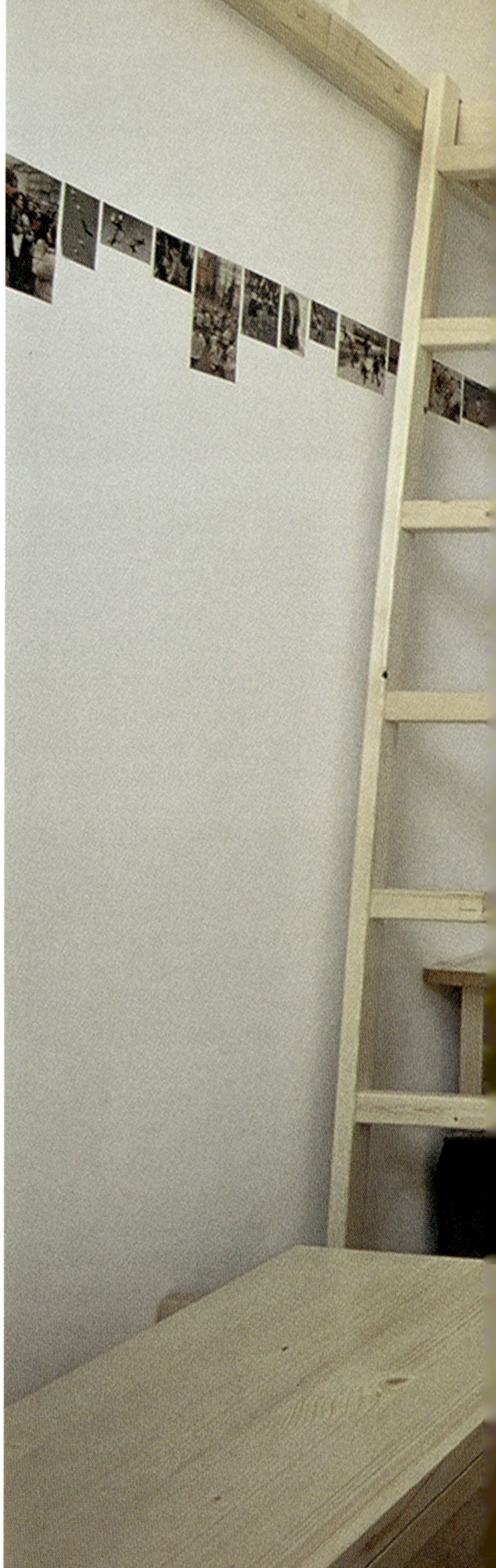

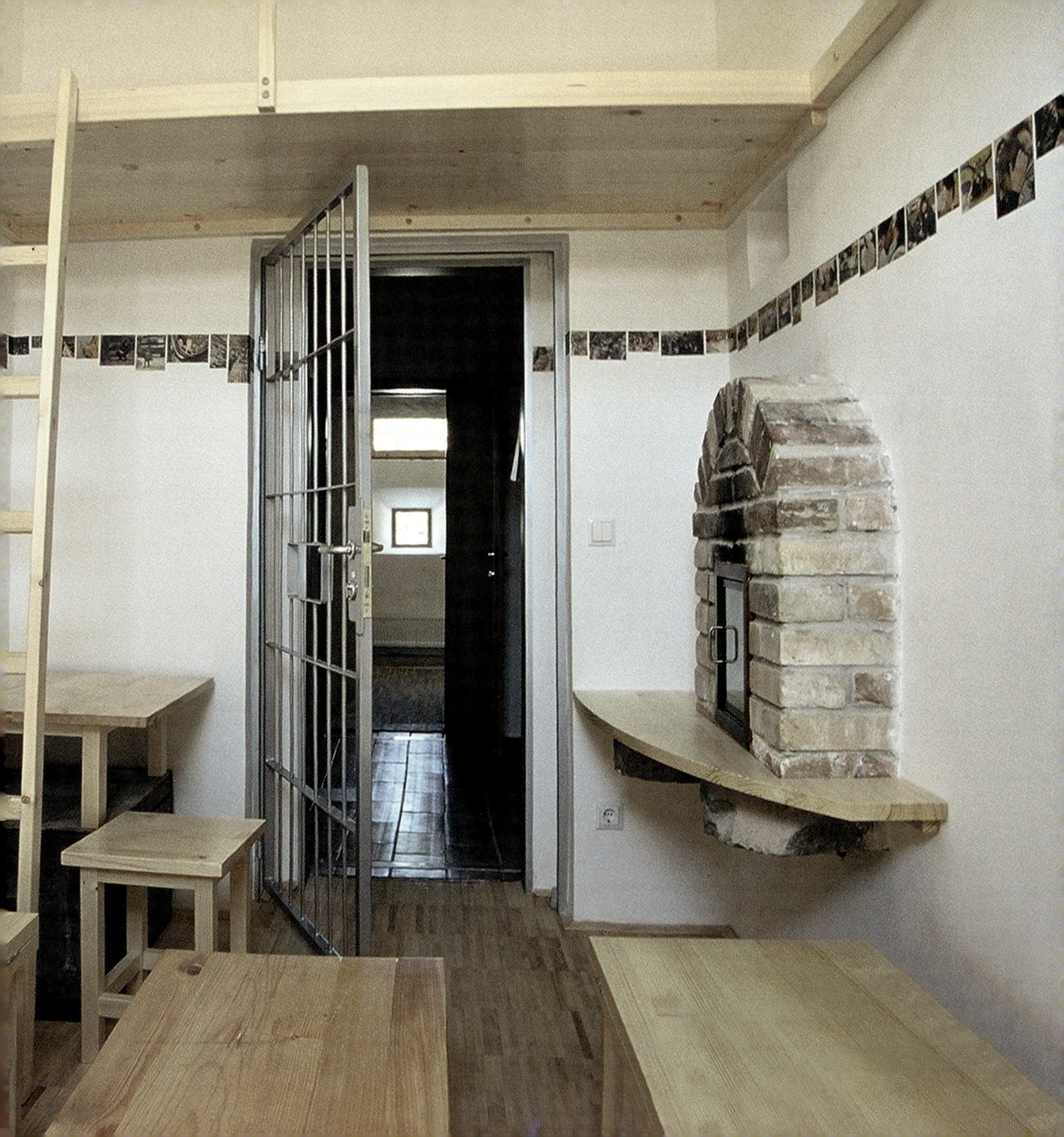

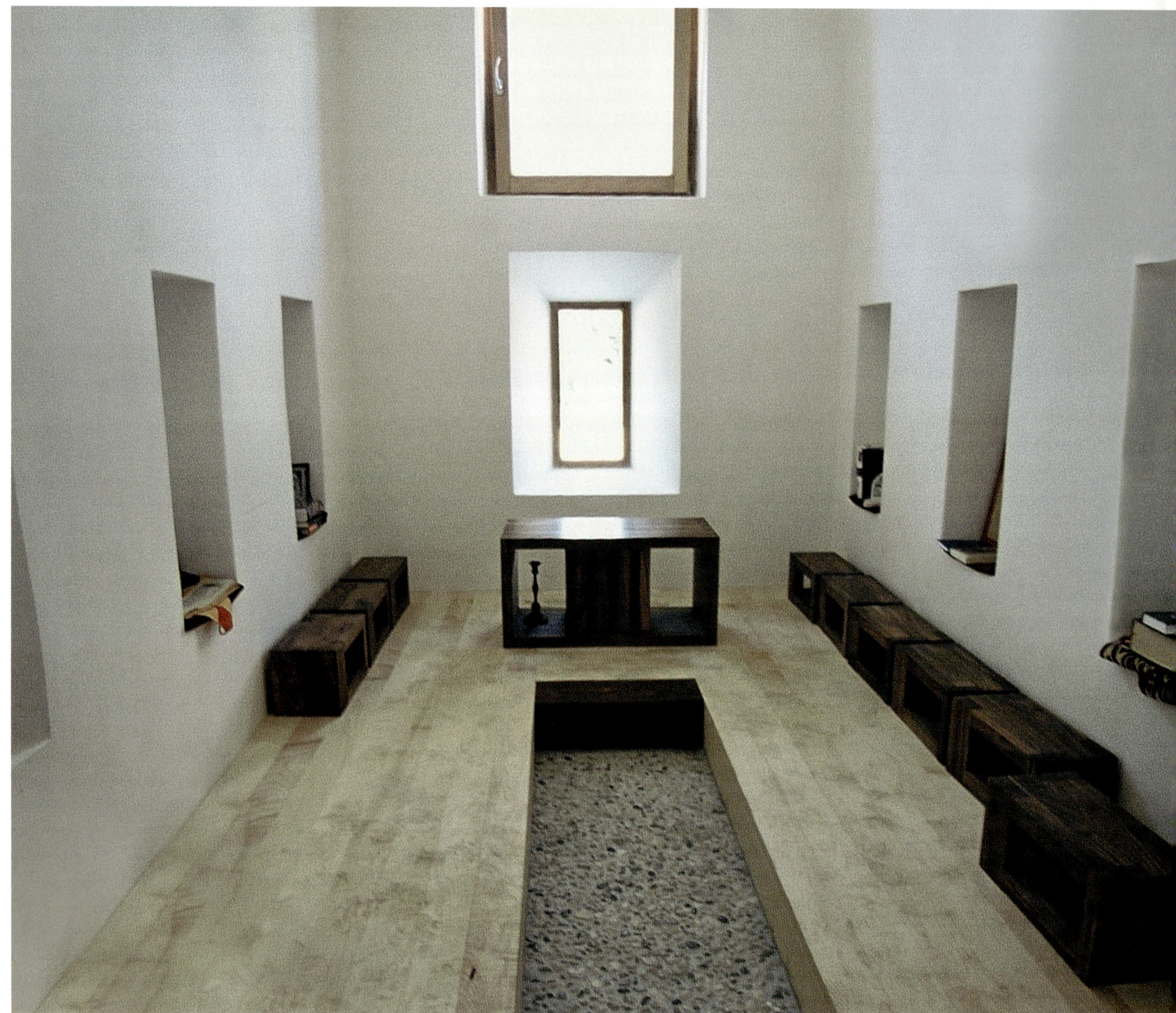

One of the cells contains six recesses with devotional objects from the five major religions and an empty one for visitors of other faiths.

Une des cellules comprend six niches présentant chacune des objets religieux des cinq plus grands cultes. Une niche est laissée vide, à disposition des visiteurs ayant d'autres croyances.

Een van de cellen bevat zes nissen met geloofsvoorwerpen van de vijf grootste religies en een leeg nis voor bezoekers van een ander geloof.

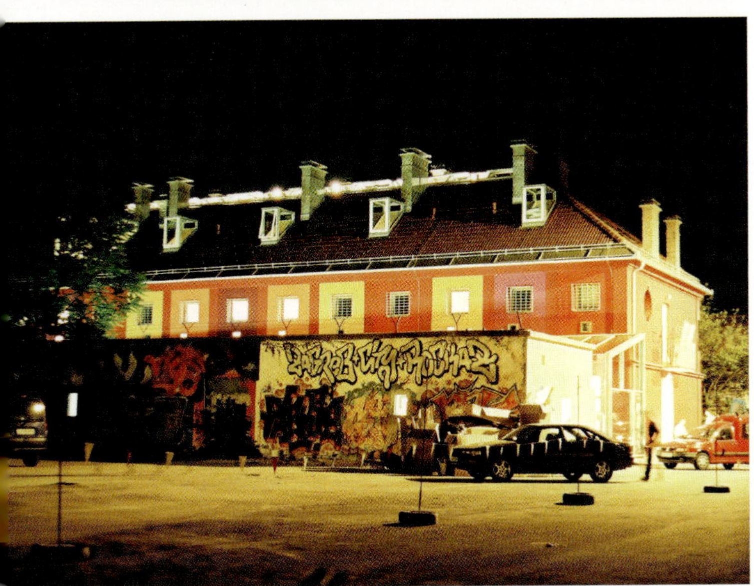

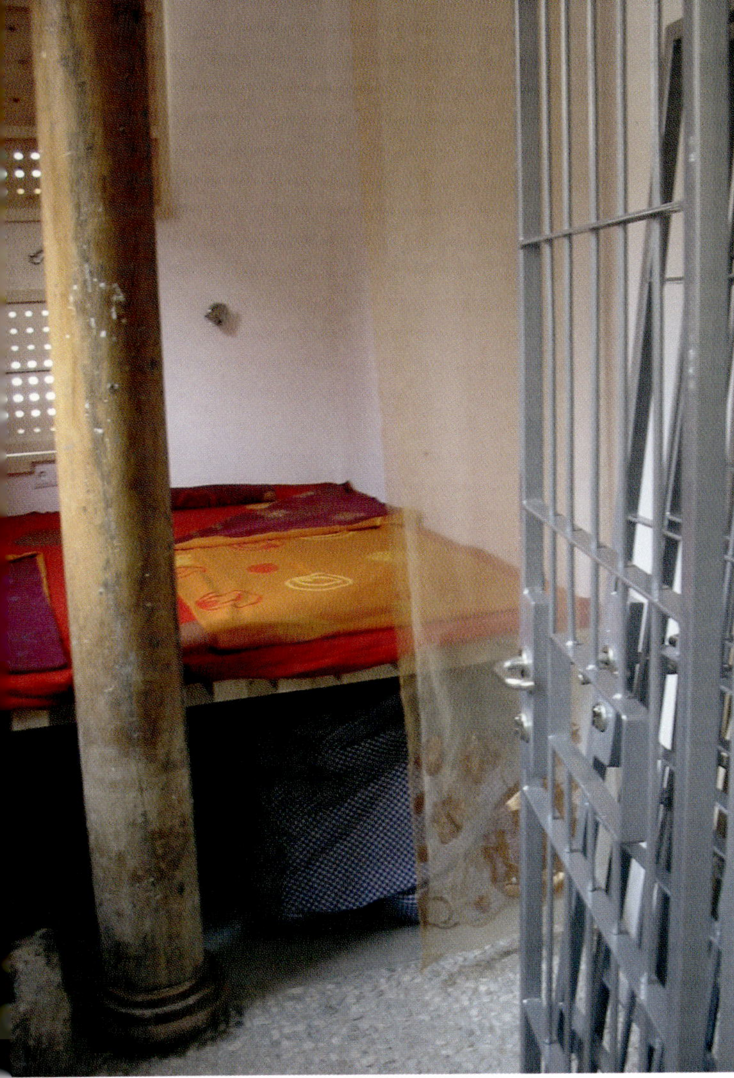

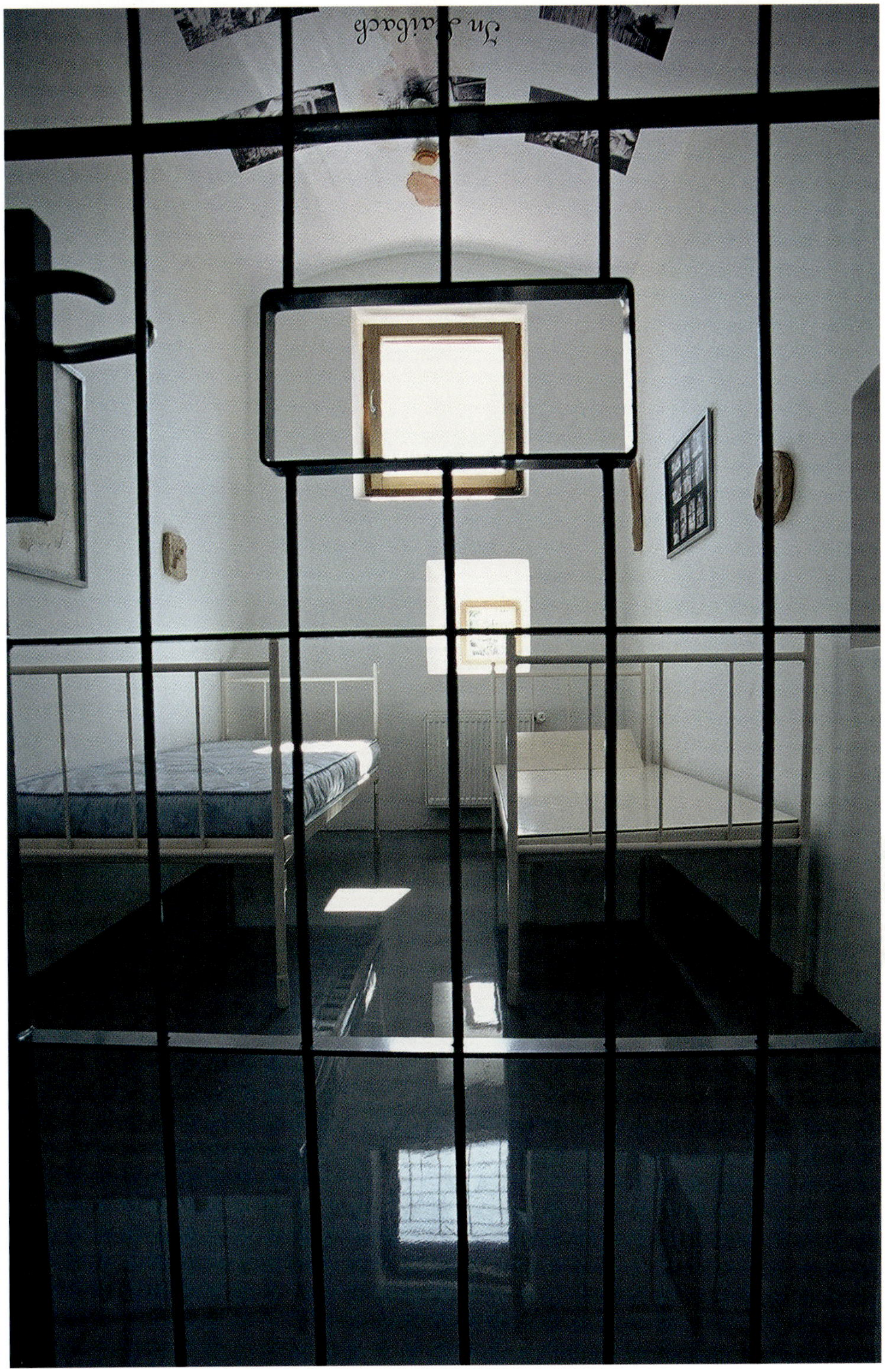

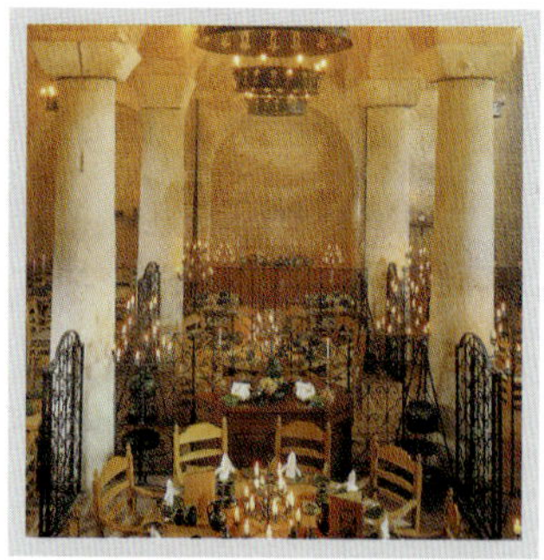 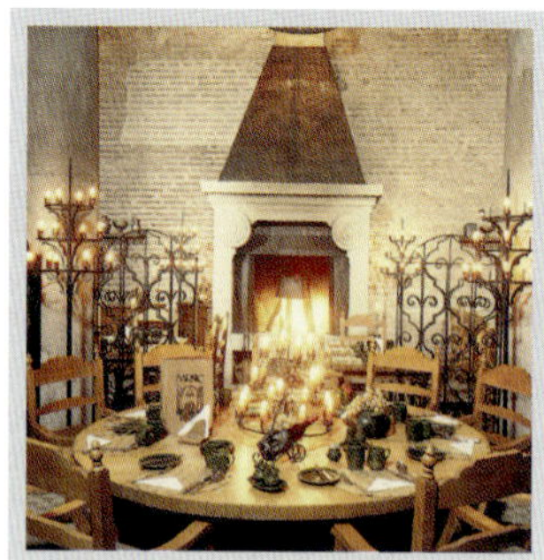

Cistern restaurant Turkey

Anno 500

Close to the Hagia Sophia, in a Roman cistern that is as old as the former cathedral, lies one of the most unusual restaurants in Istanbul. This structure, with its 6 massive stone columns and 10 metre high brick ceiling, stands opposite a row of houses and together they form the narrow lane that runs between the walls of the Topkapi Palace and the Hagia Sophia. In 1986, The Turkish Touring and Automobile Association transformed what were ruins into guest houses and turned the cistern, which was being used as a car workshop, into a restaurant. The floor is actually 7 metres lower than street level but investigations have revealed that the columns definitely continue another 3 metres deeper. With the exception of the hearth, everything is authentic. Lit only by the light of hundreds of candles in wrought iron candlesticks, the restaurant seats 110 people.

Près de l'Aya Sofya, dans une citerne romaine aussi vieille que la cathédrale, loge le restaurant le plus original d'Istanbul. L'édifice présente six piliers massifs et un plafond de briques, haut de dix mètres. Il se trouve à l'entrée d'une impasse étroite bordée de petites maisons, entre les murs du Palais Topkapi et l'Aya Sofya. Le TTOK, le touring club turc, a transformé ces ruines en 1986 en maisons d'hôtes et le réservoir, qui jusque là servait de garage, en restaurant. Le sol se trouve à sept mètres en dessous du niveau de la rue mais des fouilles ont montré que les piliers se prolongeaient encore trois mètres plus bas. A l'exception de la cheminée, tout est authentique. Eclairé seulement aux bougies, par centaines, dans des chandeliers en fer forgé, le restaurant peut accueillir 110 personnes.

Vlak naast de Aya Sofya, in een Romeins waterreservoir dat even oud is als deze voormalige kathedraal zelf, ligt het meest ongewone restaurant van Istanbul. Dit bouwwerk, met zijn 6 massieve stenen zuilen en 10 meter hoge bakstenen plafond, staat vooraan een rij huisjes die samen een nauwe steeg vormen, gelegen tussen de muren van het Topkapipaleis en de Aya Sofya. De Turkse bond voor toerisme en automobilisme vormde de bouwvallen in 1986 om tot gasthuizen en maakte een restaurant van het waterreservoir, dat op dat moment gebruikt werd als autowerkplaats. Het niveau van de vloer ligt 7 meter onder straatniveau, maar onderzoek heeft uitgewezen dat de zuilen nog zeker drie meter lager doorlopen. Met uitzondering van de haard is alles authentiek. Slechts verlicht door honderden kaarsen in smeedijzeren kandelaars, biedt het restaurant plaats aan 110 personen.

SARNIÇ RESTAURANT - SOĞUKÇEŞME SOKAĞI, 34122 SULTANAHMET, ISTANBUL, TURKEY - +90 212 512 42 91 – SARNIC@TURING.ORG.TR – WWW.AYASOFYAPENSIONS.COM

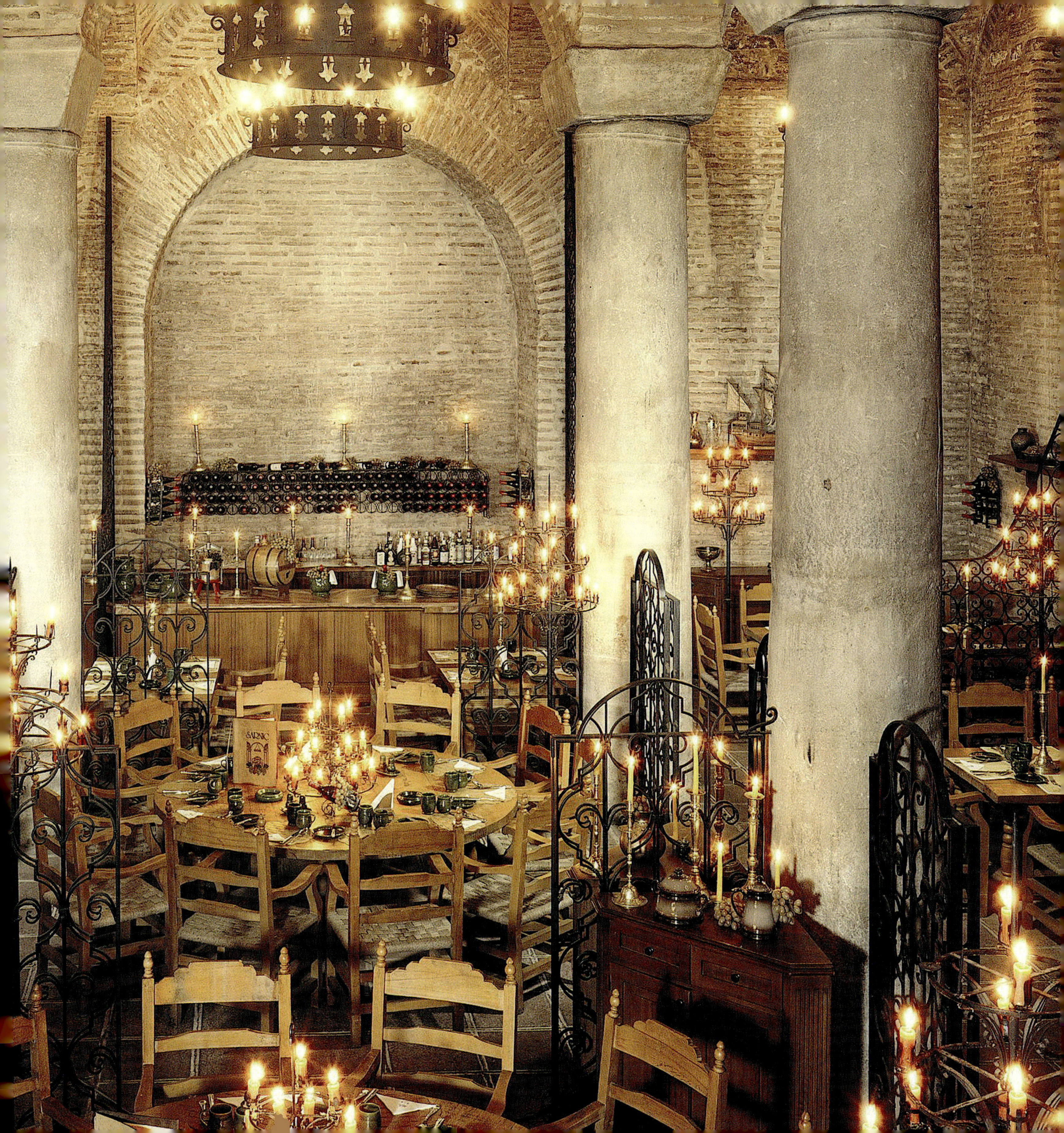

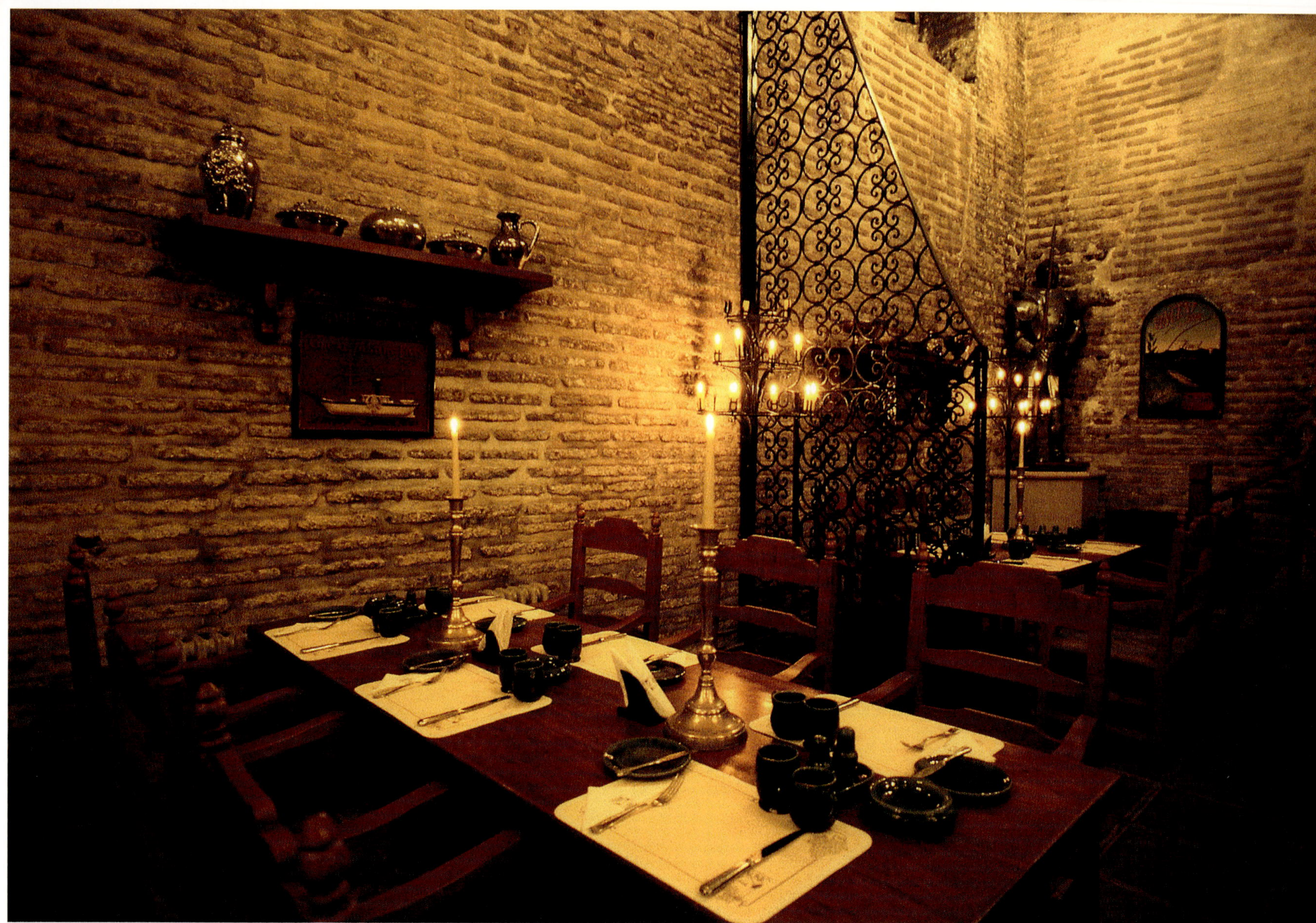

It is always cool in Sarnıç Restaurant, even during the hottest days of summer.

La température du Sarnıç Restaurant est toujours agréablement fraîche, même durant les jours les plus chauds de l'été.

In Sarnıç Restaurant is het altijd heerlijk koel, zelfs tijdens de warmste dagen van de zomer.

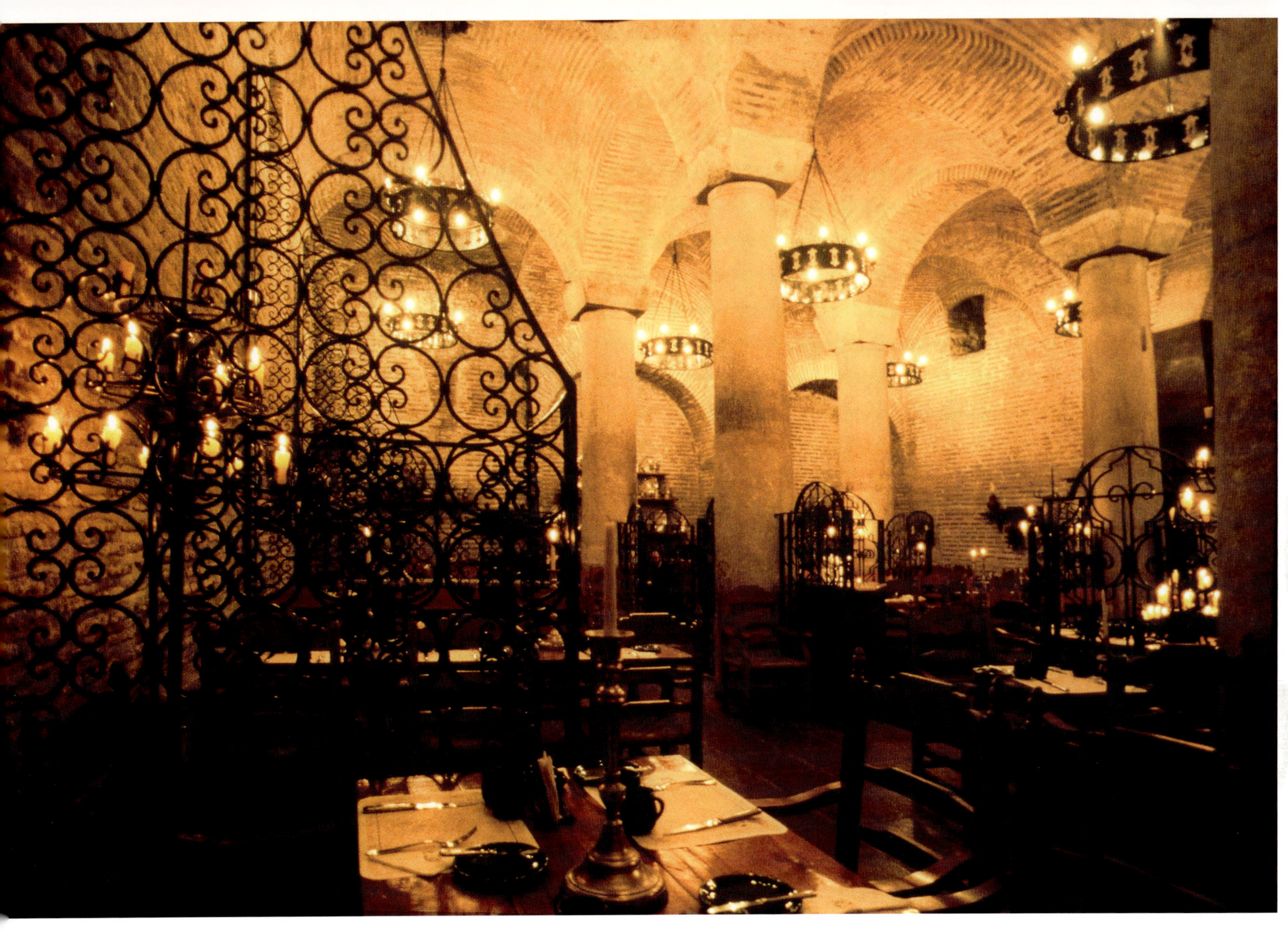

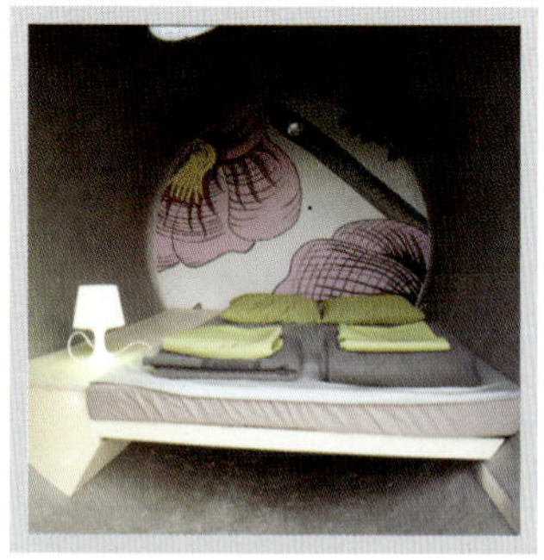 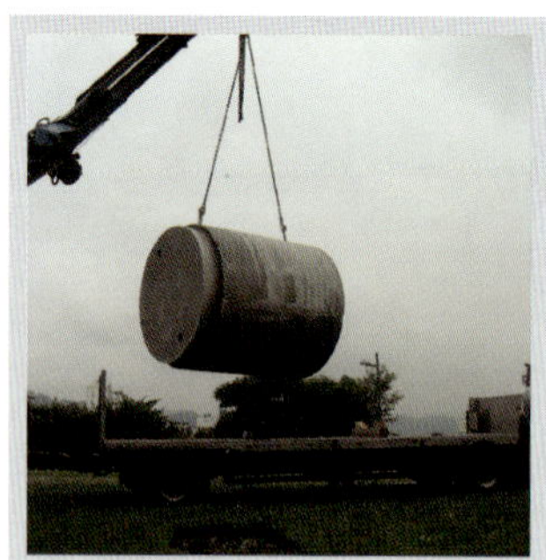

Sewer-pipe hotel Austria

Dreaming in the Drain

A sewer-pipe may not be on your list of dream destinations, but these specimens on the banks of the Danube are certainly unique. Despite their concrete exterior, these three accommodation units by the artist Andreas Strauss are astonishingly well-equipped: they have electricity, an internet connection, a double bed, cotton sleeping bags and a woollen blanket. And the other amenities such as the toilet, showers, minibar and café are in the surrounding park. After booking online you are sent a personal code that enables you to open your 'room' throughout your stay. The 'pay as you wish' system that has been used so far, has succeeded in covering the costs of maintenance and repair. This Dasparkhotel will probably soon be travelling to other cities in and beyond Austria.

Une évacuation d'égout ne figure pas d'emblée sur la liste de vos destinations de rêve. Mais celles des berges du Danube sont uniques. Malgré leur aspect, ces trois logements de béton, oeuvres de l'artiste Andreas Strauss, sont étonnamment confortables: ils disposent d'électricité, d'une connexion à internet, d'un lit double, d'un sac de couchage en coton et de couvertures de laine. Toilettes, douches, minibar et autre café se trouvent dans le parc. Après avoir réservé en ligne, vous recevez un code d'accès unique qui vous permet d'entrer dans votre chambre durant votre séjour. Le systéme de "pay as you wish" couvre jusqu'au présent les frais d'entretien et de réparation. Bientôt le Dasparkhotel sera exporté vers d'autres villes autri-chiens et étrangers.

Een rioolbuis mag dan niet meteen op je lijstje met droombestemmingen staan, deze exemplaren aan de oevers van de Donau zijn wél uniek. Ondanks het betonnen uitzicht zijn deze drie verblijven van de hand van kunstenaar Andreas Strauss verbazingwekkend gerieflijk: ze beschikken over elektriciteit, een internetverbinding, een dubbel bed, katoenen slaapzakken en een wollen deken. In het park vind je bovendien voorzieningen zoals een toilet, douches, een minibar en een café. Na je online reservatie krijg je een unieke code toegestuurd die je in staat stelt je 'kamer' gedurende je hele verblijf te openen. Het 'pay as you wish'-systeem dekt op redelijk succesvolle wijze onderhouds- en herstelkosten. Binnenkort gaat Daspark-hotel wellicht ook op verplaatsing naar andere steden in binnen- en buitenland.

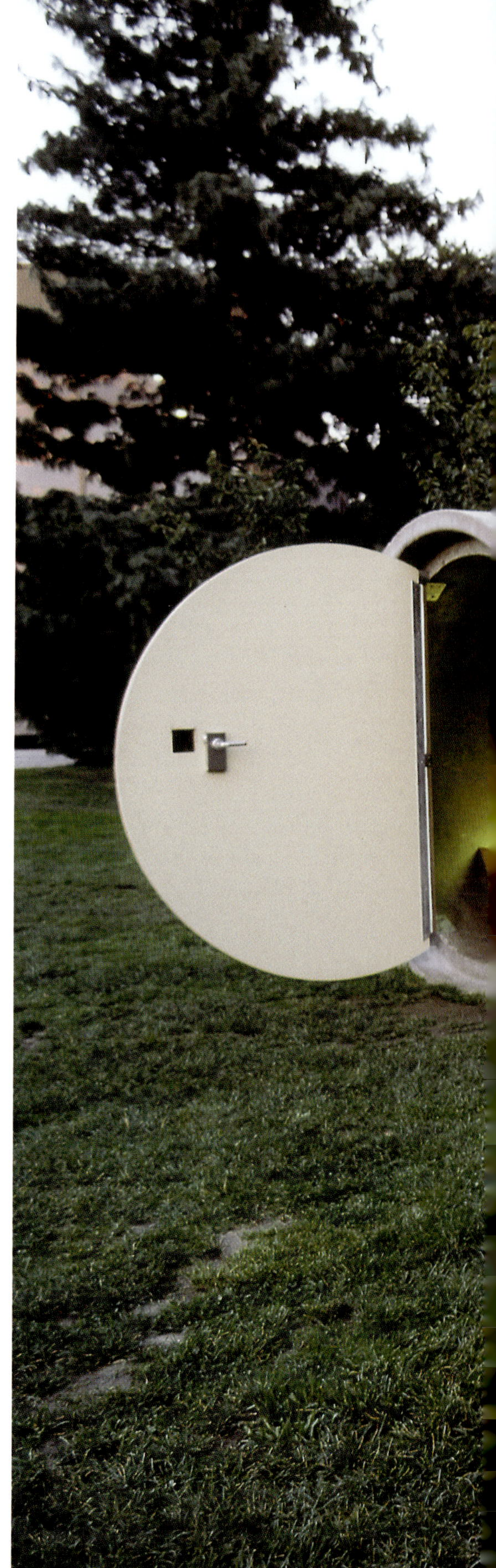

DASPARKHOTEL - DONAUPARK, LINZ, AUSTRIA - WWW.DASPARKHOTEL.NET - INFO@DASPARKHOTEL.NET

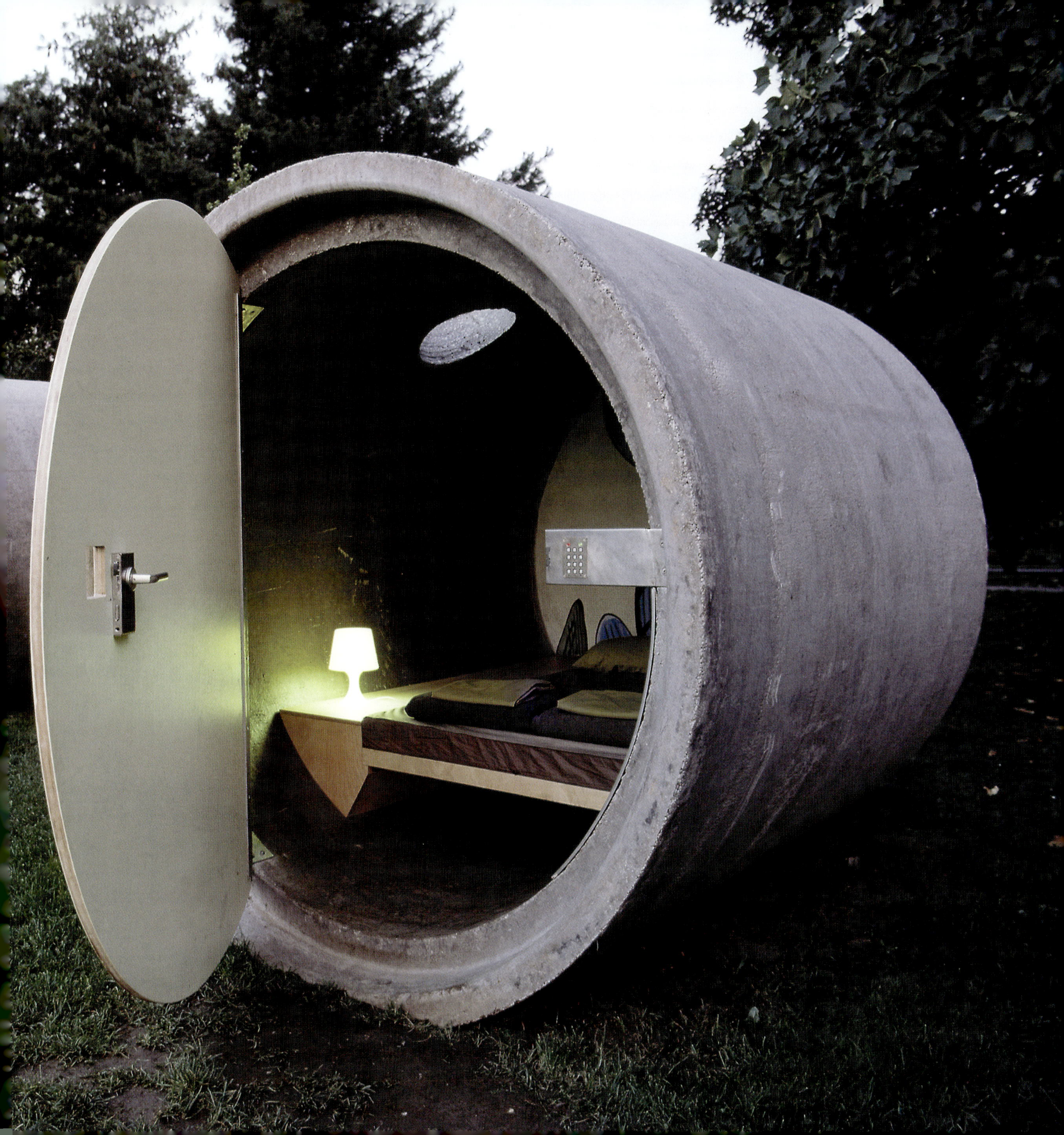

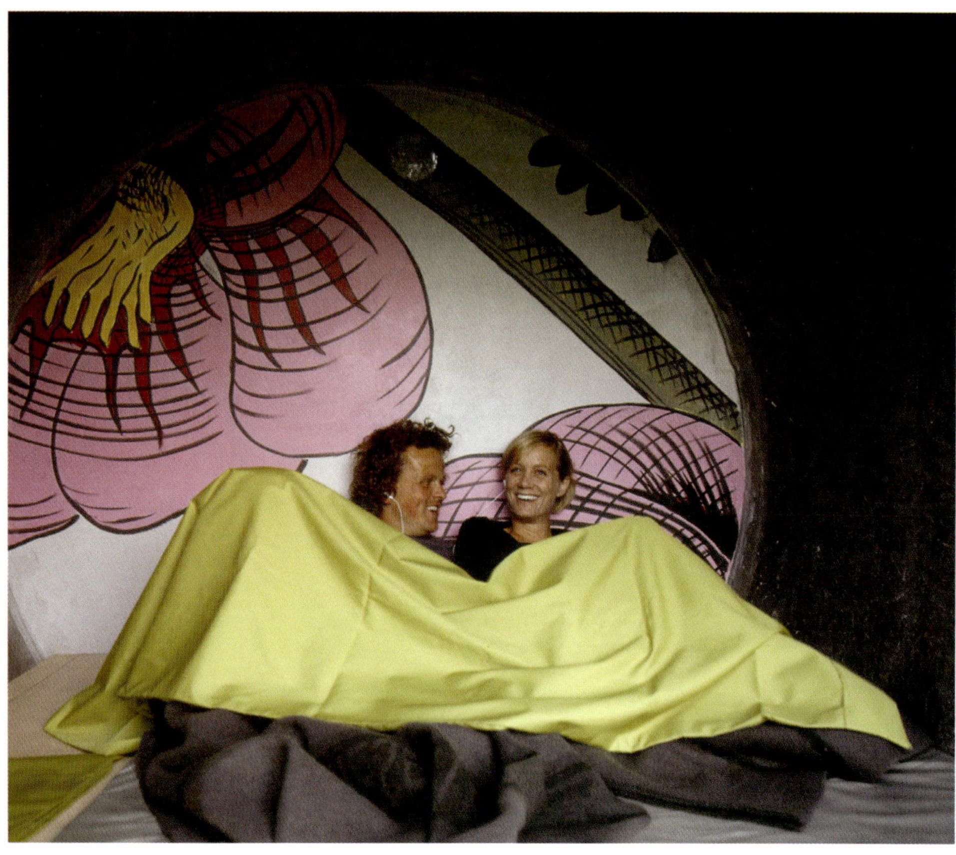

Each section of pipe weighs 9.5 tons, so even those who sleep restlessly need have no fear of the hotel room running off in the night.

Chaque tuyau pesant 9,5 tonnes, ceux qui dorment mal ne doivent pas craindre l'inconsistance de ces chambres d'hôtel.

Elke buis weegt 9,5 ton, dus ook wie onrustig slaapt, hoeft niet bang te zijn voor op hol geslagen hotelkamers.

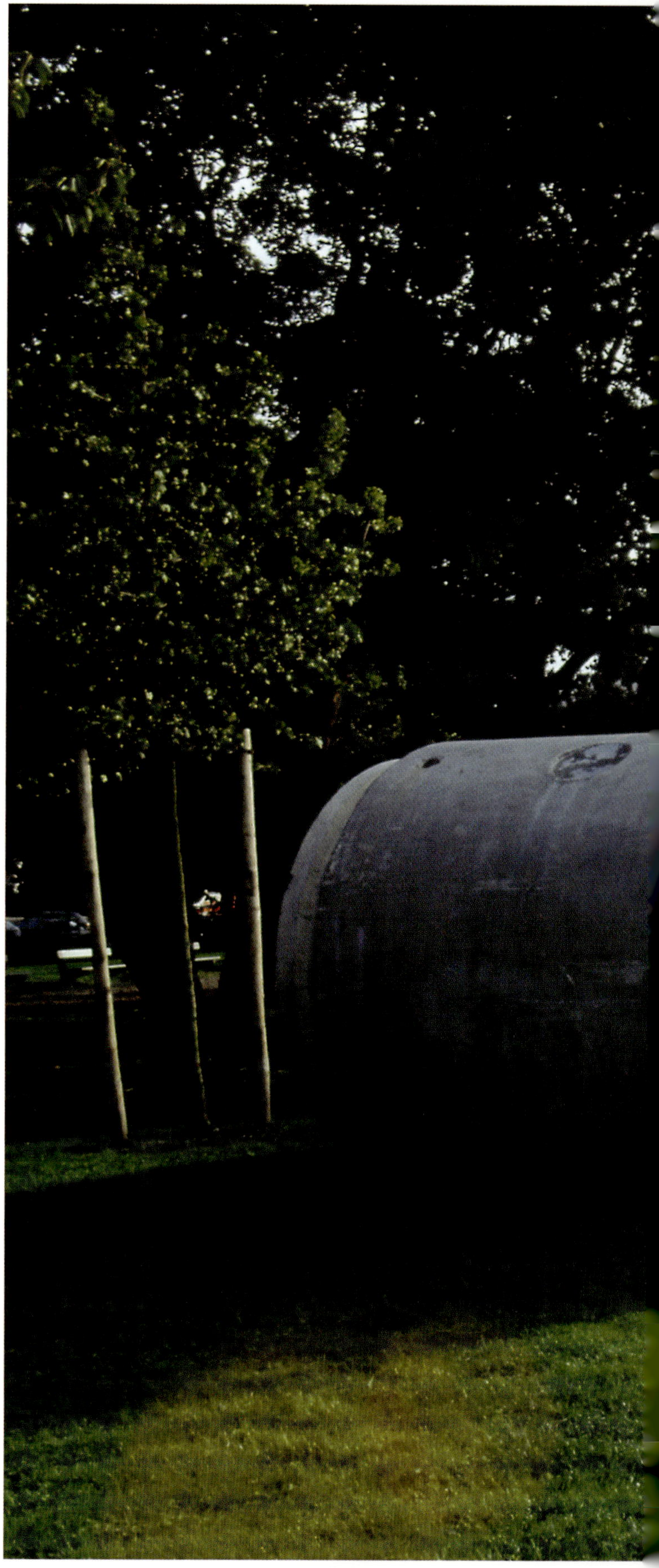

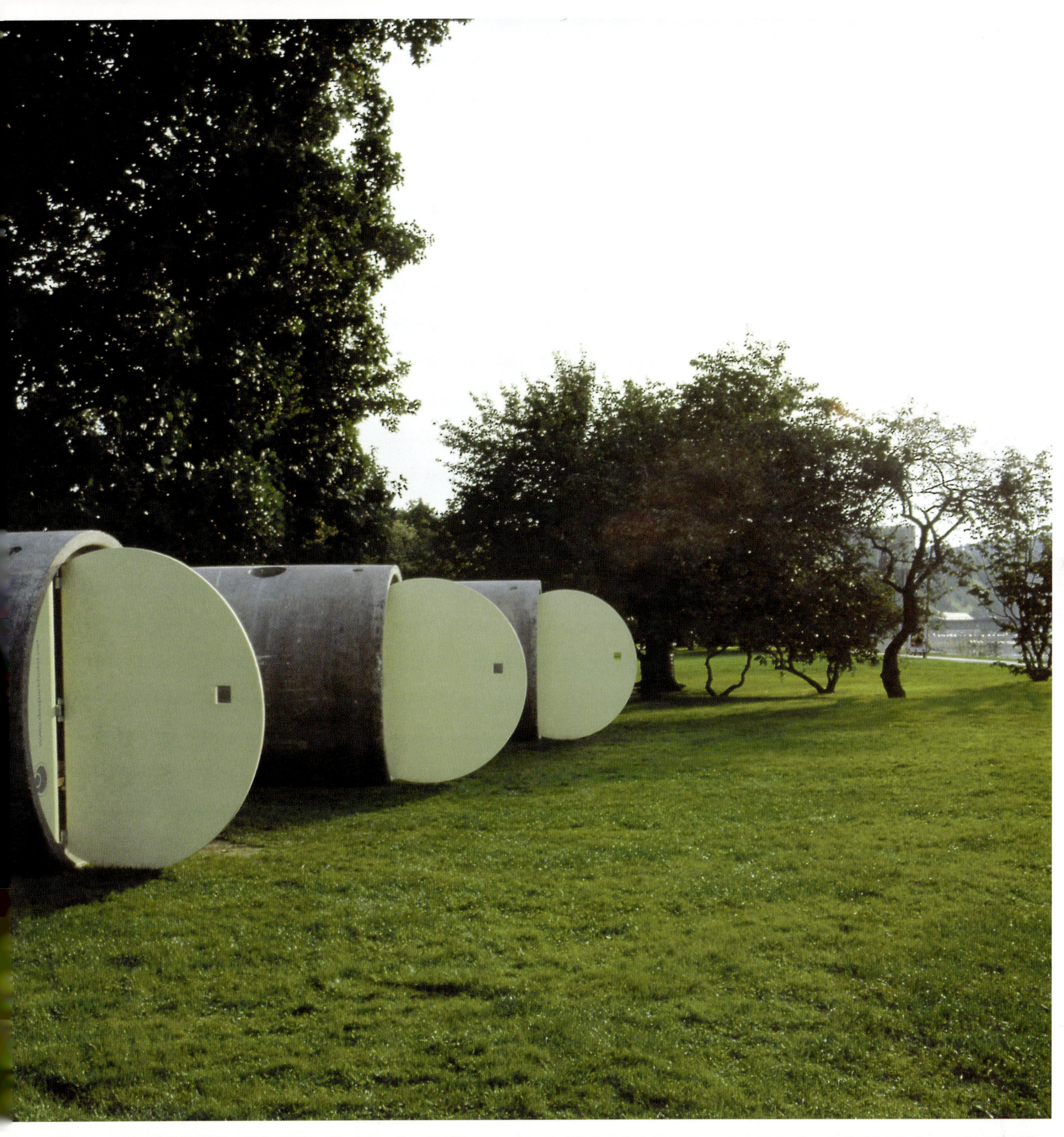

Acknowledgements

INTERIOR DESIGN

AURUM @ THE CLINIC
Photos © Sash Alexander
Interior design © Concrete
Architectural Associates,
The Netherlands
(www.concreteamsterdam.nl)

B.E.D. Miami
Photos © B.E.D. Miami

BEAUTY BAR
Photos © Beauty Bar

CHAMPAGNEBAR LAURENT PERRIER
Photos © www.laurent-perrier.com

CLUB BOND
Photos © twentyfour:London courtesy
AOB Communications / Mindstorm
Interactive Surface Solutions
Design iWalls & iBar © Mindstorm
Interactive Surface Solutions,
London, U.K.
www.mindstorm.eu.com

COCOON CLUB
Photos © Cocoon Club / Angela Raab /
Stephan Schramm
Interior design © 3deluxe
Transdisciplinary Design -
www.3deluxe.de

YOTEL
Prototype images © Yotel

HOTEL SILKEN PUERTA AMÉRICA
Photos © Rafael Vargas

KOROVA MILK BAR
Photos © Adam Chinitz -
Korovamilkbar.com

's BAGGERS®
Photos © 's BAGGERS®

PROPELLER ISLAND CITY LODGE
Photos © Lars Stroschen

SUR UN ARBRE PERCHÉ
Photos © Xavier Renauld
Photos © Ralston & Bau
Interior Design © Ralston & Bau,
Norway (www.ralstonbau.com)

THE CLINIC
Photos © Alexander Sash
Interior design © Concrete
Architectural Associates, Amsterdam,
The Netherlands -
www.concreteamsterdam.nl

THE WINE TOWER BAR
Photos © Radisson SAS Hotel London
Stansted Airport

ENTERTAINMENT

ALTON TOWERS
Photos © Alton Towers

CAFE SCIFI+TIQUE
Photos © Kazuo Kawamura
Conceptual design © Cafe Scifi+tique

DANS LE NOIR
Photos © Dans Le Noir

GRACELAND
Elvis images used by permission,
Elvis Presley Enterprises Inc.

KELVEDON HATCH
SECRECT NUCLEAR BUNKER
Photos © John Henry

KOOKFABRIEK
Photos © Kookfabriek

LES MACHINES DE L'ILE
Photos © Dominique Billaud
courtesy of Nautilus Nantes
Project: François Delarozière, Pierre
Orefice

LONDON AQUARIUM
Photos © London Aquarium

LONDON DUNGEON
Photos © London Dungeon

MADAME TUSSAUDS
Photos © Madama Tussauds

MODERN TOILET
Photos © Modern Toilet

THE PUB - PILSNER UNIQUE BAR
Photos © Alexander Vacek
Design © Respect A

REMOTE LOUNGE
Photos © Jordan Parnass Digital
Architecture
Design © Jordan Parnass Digital
Architecture, NY, USA - www.jpda.net

RIPLEY'S BELIEVE IT OR NOT
Photos © Ripley's Believe It or Not!
Times Square / theodoresamuels.com

SCIENCE MUSEUM
Photos © Science Museum

SMITHSONIAN NATIONAL
AIR AND SPACE MUSEUM
Photos © courtesy of NASM

SPOTLIGHT LIVE
Photos © Spotlight Live
Photos © Peter Paige Photography,
New Jersey

TEATRO ZINZANNI
Photos © Marty Sohl

TRANSPORT

BOHEEMS PARADIJS
Photos © Boheems Paradijs

CHRISTCHURCH TRAMWAY
RESTAURANT
Photos © Christchurch Tramway
Restaurant

CROWN PLAZA AT THE
UNION TRAIN STATION
Photos © Intercontinental Hotels Group

EXPLORANTER OVERLAND HOTEL
Photos © Exploranter Overland Hotel

FINLEY MOBILE EXPERIENCE
Photos © Finley
Design: Finley

GOLD COAST GONDOLAS
Photos © Gold Coast Gondolas

JICOO THE FLOATING BAR
Photos © Leji Matsumoto, Kankokisen Inc
Design © Leiji Matsumoto

L' ALEXCELLENT
Photos © L' Alexcellent

LE WAGON BLEU
Photos © l'agence Press for You,
Paris, France
www.press4u.fr

PONT 13
Photos © Frederique Masselink
van Rijn

PUBCRAWLER CYCLING BAR
Photos © www.pubcrawler.uk.com
Design © Luke Roberson, London,
England - www.Pedibus.co.uk

SUBMARINE WEDDING
Photos © Tim Clark Photography

STUCKLI SKY DINING
Photos © Stuckli Sky Dining

SURVIVAL CAPSULE HOTEL
Photos © Capsulehotel

THE MIDNIGHT RIDER
Photos © The Midnight Rider
Design © Irontree Coach & Carriage
Works / Pamela Bartholomew &
Michael Machado / Anza, CA, USA -
pamela@themidnightrider.com /
mike@themidnightrider.com

THE QUEEN MARY
Photos © The Queen Mary

THE WATERFRONT
Photos © Waterfront NY

RED CABOOSE GETAWAY
Photos © Red Caboose Getaway

THE SLOW COACH DINING CARRIAGE
Photos © The Slow Coach Dining
Carriage

S.T.AR.WAGON
Photos © STARwagon
Photos © Wiebrand Stuive

WAITOMO WORLD UNIQUE HOTELS
Photos © Waitomo World
Unique Motels

WEDDINGS ON WATER
Photos © Gracia Bennish -
Gracia Creative Photography /
Provident Creative
Superstructure: Deichmann-Parker,
Architecture: Coleman Karskey

LOCATION

ARIAU AMAZON TOWERS HOTEL
Photos © Ariaú Amazon Towers Hotel

BAOBAB TREE BAR
Photos © The Big Baobab

COVA D'EN XOROI
Photos © C&C Fotògrafs

ELQUI DOMOS
Photos © www.obtura.cl & Elqui Domos

LE MIRAGE DESERT LODGE & SPA
Photos © Le Mirage Desert Lodge & Spa

DINNER IN THE SKY
Photos © JJ De Neyer / Triptyque
Photos © Cyrille Struy
Photos © David Ghysels
Photos © Belgium: JJ De Neyer / D. Plas

Budapest: Péter Vanicsek
Toronto: Olivier Samson Arcand

GROTTA PALAZZESE
Photos © Grotta Palazzese

GULAI HOUSE
Photos © The Andaman

HOTEL WOODPECKER
Photos © Mikael Genberg

IGLOO VILLAGE KAKSLAUTTANEN
Photos © Hotel & Igloo Village
Kakslauttanen

ITHAA
Photos © Conrad Hotels & Resorts
Photos © Hilton Worldwide Resorts

JAMEOS DEL AGUA
Photos: Pedro Martínez de Albornoz
© Archivo Fundación César Manrique
Design © César Manrique

KEW GARDENS
Photos © Kew Gardens

LODGEPOLE TIPI VILLAGE
Photos © Angelika Harden-Norman
at www.blackfeetculturecamp.com
Inside view: Photo © Christian Lindén

MUR ISLAND / AIOLA ISLAND
Photos courtesy Acconci Studio /
Harry Schiffer / Elvira Klamminger
Design © Acconci Studio, New York,
USA - www.acconci.com

OY LUMILINNA KEMI
Photos © Lumilinna Kemi,
Snowcastle Ltd.

PARONELLA PARK
Photos © Paronella Park

RENT A VILLAGE / COUNTRY
Photos © Xnet , Alpbachtal Tourismus
Alpenregion Bludenz Tourismus GmbH
OMV - Vom Pagen zum König

RESTAURANT DE KAS
Photos © Ronald Hoeben
Interior Design © Piet Boon,
The Netherlands
(www.pietboon.nl)

RESTAURANT & LOUNGE ALUX
Photos © Restaurant & Lounge Alux

SIROCCO
Photos © Lebua at State Tower

SVINØY LIGHTHOUSE
Photos © Steve Michael Røyset, Knut
Flakk, Ståle Wattø, Karl Petter Løvoll,
www.62.no

THE HUT & THE PHOENIX EARTHLIGHTS
Photos © Earthship Biotecture

THE ROOF GARDENS
AT KENSINGTON HIGH STREET
Photos © The Roof Gardens at Kensington
High Street courtesy EdenCancan

THE TREEHOUSE AT ALNWICK GARDENS
Photos © Alnwick Gardens

UNDERGROUND RESTAURANT OF
WIELICZKA SALT MINE
Photos © Rafal Stachurski - Wieliczka
Salt Mine

UTTER INN
Photos © Mikael Genberg

YUNAL EVLERI
Photos © Yunak Evleri

ARCHITECTURE

'21' CLUB
Photos © Mark Molloy,
Roberto Bonardi,
Andreas Gra Quagliata
courtesy of '21' Club
and Orient-Express Hotels

360 at CN TOWER
Photos © CN Tower

360°
Photos © Günter Richard Wett
Design © Dominique Perrault
Architecture, Paris, France -
www.perraultarchitecte.com

ARENES DE NIMES
Photos © C. Recoura, V. Formica
courtesy of Culturespaces

ATOMIUM
Photos © Photostudio Guy Obijn bvba
- www.atomium.be
Design © André Waterkeyn,
Interior Design: Architectenbureo
Conix, Lighting: Ingo Maurer

Bo18
Photos © DW5 / Bernard Khoury
Design © DW5 / Bernard Khoury,
Beirut, Lebanon -
www.bernardkhoury.com

DASPARKHOTEL
Photos © Dietmar Tollerian

DOG BARK PARK INN
Photos © Dog Bark Park
Photo © Layne Kennedy

DUNTON HOT SPRINGS
Photos © Dunton Hot Springs

EUROMAST
Photos © Rinie Bleeker Fotografie

FREMANTLE PRISON
Photos © Fremantle Prison

GLÜCK UND SELIGKEIT
Photos © GlückundSeligkeit

HAVENKRAAN VAN HARLINGEN
Photos © André Minkema

HET POMPHUIS
Photos © Het Pomphuis

HOSTEL CELICA
Photos © Ziga Okorn

KRUISHERENHOTEL MAASTRICHT
Photos © Luc Boegly – Paris

KUBIK
Photos © Frank Schöpken / Robert
Ostmann / Robin Thomas / Balestra
Berlin / Gergo Somogyvari
Design © Balestra Berlin, Berlin,
Germany - www.balestraberlin.com

MCMENAMINS KENNEDY SCHOOL
Photos © McMenamins Kennedy School

ORANGERIE
Photos: interior © De Orangerie,
exterior © Cor Buser

PERLAN
Photos © Thorlakur Ludviksson -
Hringbrot (www.hringbrot.is)

PETERHOF GRAND PALACE
Photos © Lilac Palm

QUINTA REAL ZACATECAS
Photos © Mexico Boutique Hotels

SARNIC
Photos © Türkiye Turing ve Otomobil
Kurumu

TAJ LAKE PALACE
Photos © Taj Hotels
Resorts and Palaces

THE PORTABLE PUB FROM AIRQUEE
Photos © Airquee Ltd.
Design © Airquee Ltd.

THREESIXTY BAR
Photos © Jürgen Skarwan/Red Bull
Photofiles - ulrichgrill.com/Red Bull
Photofiles - Ralph Richter/Red Bull
Design © Atelier Volkmar Burgstaller,
Salzburg, Austria -
http://www.burgstaller-arch.at/

TOIT DE LA GRANDE ARCHE
Photos exterior © Otto Von
Spreckelsen

TOWER BRIDGE
Photos © Tower Bridge

UFO WATCH. TASTE. GROOVE.
Photos © UFO Watch. Taste. Groove.
Concept © Red Monkey Group

VUURTOREN VAN HARLINGEN
Photos © André Minkema

WAPPING FOOD at
THE WAPPING PROJECT
Photo Leaves © by thomas
zanon-larcher commissioned by
The Wapping Project on behalf
of Veuve Cliquot 2007
Photos © thomas zanon-larcher
Photos © Jeff Vanderpool

WATER BAR
Photos © marcus clinton and Ashley
Mackevicius and Cate Young Design
Interior Design © Cate Young Design /
www.cyd.com.au

WELLINGTON ARCH
Photos © Wellington Arch

WIND MILL RENTAL
Photos © Lazaros Orfanidis

WINE BARREL HOTEL
Photos © De Vrouwe van Stavoren